Medizinische Fachangestellte

Behandlungsassistenz und Patientenbetreuung nach Lernfeldern

Dr. med. Christa-M. Feuchte

Clarissa Krobath, MTA-Labor

Angelika Mayer, Fachärztin für Allgemeinmedizin, Diabetologin

OStR Dr. med. Winfried Stollmaier

5., überarbeitete Auflage

Handwerk und Technik – Hamburg

Hinweise zum Buch

Im Autorenteam sind ausgebildete Ärzte mit Praxiserfahrung, die evtl. angegebene Anwendungen, Medikationen oder Dosierungen sehr sorgfältig überprüft haben. Trotz gewissenhafter Bearbeitung, kann sich mal ein Fehler einschleichen; auch ist die medizinische Wissenschaft ständigen Entwicklungen ausgesetzt. Verlag und Autorenteam können deshalb keinerlei Gewähr übernehmen für die Richtigkeit der Angaben über Dosierungsanweisungen, Applikationsformen oder Kontraindikationen. Es gelten bei Medikamenten immer die Aussagen in der Gebrauchsinformation. Die geschilderten Arbeitsweisen haben erklärende Funktion. Sie stellen insbesondere keine Arbeitsanweisung im Sinne einer Gebrauchsanleitung für ein Medizinprodukt dar. Es müssen stets die mit CE gekennzeichneten Gebrauchsvorschriften der Medizinprodukte-Hersteller beachtet werden. Änderungen in der Vorgehensweise zu den Hersteller-Gebrauchsvorschriften erfolgen unter alleiniger Verantwortung der Durchführenden.

Geschützte Warennamen (Warenzeichen) sind kenntlich gemacht worden. Aus dem Fehlen eines entsprechenden Hinweises kann jedoch nicht geschlossen werden, dass es sich nicht um einen geschützten Namen handelt.

Für einige medizinische Begriffe finden sich in der Literatur unterschiedliche Schreibweisen, z. B. Glukose/Glucose, Laktose/Lactose, Sonographie/Sonografie. Im Buch wird immer nur eine der möglichen Schreibweisen verwendet.
In diesem Buch ist von Patienten, Kranken, Ärzten, ... die Rede und immer sind selbstverständlich Menschen aller Geschlechter gemeint. Wir sprechen von der Medizinischen Fachangestellten, weil es in der Praxis sehr viele Frauen sind, die diesen Beruf ausüben. Zugunsten der einfacheren Lesbarkeit verzichten wir auf die parallele Nennung der weiblichen und der männlichen Form, z. B. Patient/Patientin oder Arzt/Ärztin. Wir bitten dafür um Ihr Verständnis und meinen, damit auch in Ihrem Sinne zu handeln. Einfachheitshalber verwenden wir im Buch fast ausschließlich die Abkürzung MFA.

Vorwort zur 5. Auflage

Dieses Buch dient der Aus- und Weiterbildung der/des Medizinischen Fachangestellten.
Der Mensch als ganzheitliche Persönlichkeit dient dabei als Leitbild und steht in allen seinen Ausformungen im Mittelpunkt unserer Betrachtung: als gesunder oder kranker, als alter oder sehr junger, als hilfsbedürftiger Mensch oder als Mensch mit einer Behinderung. Der Gesamtorganismus wird als System betrachtet und erläutert.

Besondere Merkmale des vorliegenden Lehrbuchs:

- Es enthält alle Lernfelder mit medizinischen Fachinhalten. Auf einige Inhalte des Lernfeldes 1 „Im Beruf und Gesundheitswesen orientieren“ wird kurz zu Beginn des Lernfeldes 2 eingegangen.
- Ausführlich wird dieses Lernfeld zusammen mit den anderen wirtschaftlich orientierten Lernfeldern in dem Buch „Praxisorganisation, Praxisverwaltung und Wirtschaftskunde für Medizinische und Zahnmedizinische Fachangestellte“ abgehandelt (siehe Seite 493).
- Die umfangreichen Aufgabenteile sind in die Bereiche „Zur Wiederholung“ und „Zur Vertiefung“ untergliedert.
- Außerdem gibt es am Ende jedes Lernfeldes eine oder mehrere farblich hervorgehobene „Lernsituationen“ aus dem Praxisalltag. Sie sind optimal für die Prüfungsvorbereitung und den Einstieg in den Unterricht geeignet.
- Die Randspalte enthält gelb markierte Querverweise auf andere Seiten zu dem entsprechenden Sachverhalt. Im blauen Rahmen stehen Definitionen, Übersetzungen oder kurze weiterreichende Infos. Der laufende Text enthält viele „Praxistipps“, die durch einen farbigen Rahmen gekennzeichnet sind.
- Viele Checklisten lassen sich direkt in die Praxis übertragen.

Die 5. Auflage wurde durchgehend und umfangreich aktualisiert z. B. um alles Wissenswerte zu COVID-19. Besonders viel Wert wurde bei der Bearbeitung wieder auf die Aktualität des Kapitels zur Praxishygiene gelegt, das ständigen Veränderungen unterliegt.

Vor dem umfangreich erweiterten Sachwortverzeichnis befinden sich Tabellen mit den wichtigsten Einheiten und Untersuchungsnormwerten. Fremdsprachliche Fachbegriffe werden im hinteren Umschlag erläutert. Das Sachwortverzeichnis enthält zusätzlich alle gängigen Abkürzungen.

In diesem Sinne viel Freude und Erfolg beim Arbeiten mit diesem Buch wünschen
das Autorenteam und der Verlag

Inhalt

Lernfeld 2: Patienten empfangen und begleiten ... 11

1 Arztpraxis ... 12
1.1 Medizinische Fachangestellte als Mitarbeiterin ... 12
1.1.1 Berufsbild der Medizinischen Fachangestellten ... 12
1.1.2 Berufsverbände ... 14
1.2 Praxisinhaber ... 14
1.2.1 Ausbildung zum Arzt und Facharzt ... 14
1.2.2 Ärztliche Körperschaften ... 15
1.3 Stellung der Praxis im Gesundheitssystem ... 16
1.3.1 Gesundheitswesen ... 16
1.3.2 Berufe im Gesundheitswesen ... 17
1.3.3 Finanzierung des Gesundheitswesens ... 17
1.4 Gang durch die Praxis ... 18
1.4.1 Praxisorganisation ... 18
1.4.2 Praxisformen ... 19
1.4.3 Medizinische Fachsprache ... 19
1.4.4 Grundlagenfächer der Medizin ... 21
1.4.5 Allgemeine Begriffe aus dem Sprechstundenalltag ... 22
1.4.6 Untersuchungsverfahren ... 23

2 Arbeitsschutz ... 25
2.1 Sozialer Arbeitsschutz ... 25
2.2 Technischer Arbeitsschutz ... 27

3 Kommunikation ... 29
3.1 Kommunikationsmodell ... 29
3.2 Kommunikationsformen ... 30
3.3 Kommunikationsstörungen ... 31
3.4 Gesprächsführung ... 31
3.5 Verhalten am Telefon ... 33
3.6 Datenschutz ... 34

4 Stress und Konfliktmanagement ... 35
4.1 Stress ... 35
4.1.1 Stressreaktionen ... 35
4.1.2 Stresserscheinungen mit Krankheitsfolgen ... 36
4.1.3 Stressbewältigungsstrategien ... 37
4.2 Konfliktmanagement ... 37
4.2.1 Konflikttypen ... 37
4.2.2 Konfliktentwicklung ... 37
4.2.3 Umgang mit Konflikten ... 38

5 Patientenbetreuung ... 40
5.1 Persönlichkeitsmodelle ... 40
5.1.1 Persönlichkeitstypologien ... 40
5.1.2 Psychodynamische Konzepte ... 41
5.2 Entwicklung ... 43
5.2.1 Entwicklungsphasen ... 43
5.2.2 Sozialisation und Rollenverständnis ... 48
5.3 Krankheitserleben und Verhalten des kranken Menschen ... 49
5.3.1 Krankheitserleben ... 49
5.3.2 Krankheitsverarbeitung ... 49
5.4 Psychisch gestörte Patienten ... 51
5.4.1 Psychopathologie ... 51
5.4.2 Organische, einschließlich symptomatischer psychischer Störungen (F00–F09) ... 52
5.4.3 Psychische und Verhaltensstörungen durch psychotrope Substanzen (F10–F19) ... 53
5.4.4 Schizophrenie (F20–F29) ... 53
5.4.5 Affektive Störungen (F30–F39) ... 54
5.4.6 Neurotische, Belastungs- und somatoforme Störungen (F40–F49) ... 54
5.4.7 Verhaltensauffälligkeiten mit körperlichen Störungen und Faktoren (F50–F59) ... 55
5.4.8 Persönlichkeits- und Verhaltensstörungen (F60–F69) ... 56
5.4.9 Psychotherapie ... 59
5.5 Umgang mit Patienten ... 59
5.5.1 Allgemeine Verhaltensregeln ... 59
5.5.2 Bestimmte Patientengruppen ... 60
5.5.3 Patienten mit Einschränkungen ... 64

Aufgaben und Lernsituationen ... 69

Lernfeld 3: Praxishygiene und Schutz vor Infektionskrankheiten organisieren 73

1 **Krankheitserreger** 74
1.1 **Pilze** 74
1.1.1 Pilzzellen und Pilzvermehrung 74
1.1.2 Pilzerkrankungen 75
1.1.3 Therapie und Prophylaxe 76
1.2 **Bakterien** 77
1.2.1 Bakterienzellen und Bakterienvermehrung 77
1.2.2 Verläufe bakterieller Erkrankungen 78
1.2.3 Therapie bakterieller Erkrankungen 78
1.3 **Viren** 79
1.3.1 Virusaufbau und Virusvermehrung 79
1.3.2 Verläufe von Viruserkrankungen 79
1.3.3 Virustherapie und Prophylaxe 80
1.4 **Protozoen** 80
1.4.1 Toxoplasmose 80
1.4.2 Trichomoniasis 81
1.4.3 Malaria (Wechselfieber, Sumpffieber) 81
1.5 **Prionen** 81
1.6 **Parasiten** 81

2 **Infektionskrankheiten** 82
2.1 **Übertragungswege und typischer Verlauf** 82
2.2. **Diagnostik von Infektionskrankheiten** 84
2.2.1 Nachweis des Erregers 84
2.2.2 Indirekte Nachweismethoden 84
2.3 **Meldepflichtige Erkrankungen** 86
2.4 **Häufige Infektionskrankheiten in der Bevölkerung** 87
2.4.1 Durchfallerkrankungen 87
2.4.2 Virusgrippe und grippeähnliche Erkrankungen ... 87
2.4.3 Coronavirus Disease (COVID-19) 88
2.5 **Kinderkrankheiten** 90
2.6 **Häufige berufsbedingte Infektionskrankheiten** 93
2.6.1 Virushepatitiden 93
2.6.2 AIDS 93
2.6.3 Tuberkulose 95

3 **Impfungen** 95
3.1 **Aktive Immunisierung** 95
3.2 **Passive Immunisierung** 96
3.3 **Besondere Impfverfahren** 96
3.4 **Impfkalender** 97
3.5 **Impfungen in der Diskussion** 99

4 **Praxishygiene** 100
4.1 **Rechtliche Grundlagen** 100
4.2 **Reinigungs- und Desinfektionsplan (Hygieneplan)** 101
4.3 **Persönliche Hygiene** 102
4.3.1 Allgemeine Anforderungen 102
4.3.2 Arbeitskleidung und Schutzkleidung 102
4.4 **Reinigung** 104
4.4.1 Hände waschen 104
4.4.2 Flächen reinigen 104
4.5 **Desinfektion** 104
4.5.1 Grundlagen der Desinfektion 104
4.5.2 Hygienische Händedesinfektion 106
4.5.3 Chirurgische Händedesinfektion 107
4.5.4 Hautdesinfektion vor einer Punktion 107
4.5.5 Flächendesinfektion 108
4.5.6 Instrumentendesinfektion 109
4.6 **Sterilisation** 109
4.6.1 Grundlagen der Sterilisation 109
4.6.2 Dampfsterilisator (Autoklav) 111
4.6.3 Kaltsterilisation (Gassterilisation, Bestrahlung) 111
4.6.4 Sterilisationskontrollen 112
4.6.5 Freigabe nach der Sterilisation 113
4.7 **Abfallbeseitigung in der ärztlichen Praxis** 113
4.7.1 Grundsätze 113
4.7.2 Unproblematische Abfälle 114
4.7.3 Typische medizinische Abfälle 114
4.7.4 Infektiöse Abfälle 114
4.7.5 Sondermüllabfälle 114
4.7.6 Körperteile, Organe, Blutbeutel und Blutkonserven 114

Aufgaben und Lernsituationen 115

Lernfeld 4: Bei Diagnostik und Therapie von Erkrankungen des Bewegungsapparates assistieren 116

1 Zellen 118
1.1 Charakteristische Merkmale der Zelle 118
1.2 Unterschiede zwischen den Zellen 118
1.3 Grundaufbau einer Zelle 119
1.3.1 Zellmembran 119
1.3.2 Zellorganellen 120
1.3.3 Zellkern 120
1.4 Leistungen der Zelle 121
1.4.1 Zellteilung 121
1.4.2 Stoffwechsel 122
1.4.3 Reizaufnahme 122
1.5 Stoffaustausch und Stofftransport 123
1.6 Stammzellen 123

2 Gewebe 124
2.1 Grundgewebearten 124
2.2 Epithelgewebe (Epithelien) 125
2.2.1 Oberflächenepithel 125
2.2.2 Drüsenepithel 126
2.2.3 Sinnesepithel 126
2.3 Bindegewebe und Stützgewebe 126
2.3.1 Bindegewebe 127
2.3.2 Fettgewebe 127
2.3.3 Knorpelgewebe 128
2.3.4 Knochengewebe 128
2.4 Muskelgewebe 129
2.5 Nervengewebe 130

3 Störungen und Veränderungen von Zellen und Geweben 131
3.1 Allgemeine Krankheitslehre 131
3.2 Ursachen und Verlauf von Krankheiten 133
3.3 Spezifische Krankheitsursachen 136
3.3.1 Angeborene Störungen 136
3.3.2 Entzündungen 136
3.3.3 Reaktionen der Zelle auf verschiedene Einflüsse 138
3.3.4 Tumoren 140
3.3.5 Zirkulationsstörungen 142

4 Halte- und Bewegungsapparat 143
4.1 Orientierung am Körper 143
4.2 Aufbau und Aufgaben von Knochen, Gelenken und Muskeln 144
4.2.1 Skelett 144
4.2.2 Gelenke 146
4.2.3 Skelettmuskulatur 147
4.3 Einzelne Körperabschnitte 149
4.3.1 Schädel 149
4.3.2 Rumpfskelett 150
4.3.3 Rumpfmuskulatur 152
4.3.4 Skelett der oberen Extremität 153
4.3.5 Muskeln der oberen Extremität 154
4.3.6 Skelett der unteren Extremität 154
4.3.7 Muskulatur der unteren Extremität 157

5 Erkrankungen des Halte- und Bewegungsapparates und ihre Behandlung 157
5.1 Gelenk- und Knochenverletzungen 157
5.2 Erkrankungen der Wirbelsäule und ihre Behandlung 159
5.2.1 Skoliose 159
5.2.2 Degenerative Wirbelsäulenerkrankungen 159
5.2.3 Bandscheibenvorwölbung und Bandscheibenvorfall 160
5.2.4 HWS-Schleudertrauma 160
5.2.5 Morbus Scheuermann 160
5.2.6 Wirbelfraktur 160
5.3 Knochenerkrankungen und ihre Behandlung 161
5.3.1 Osteoporose 161
5.3.2 Osteomalazie 162
5.3.3 Glasknochenkrankheit 162
5.3.4 Knochentumor 162
5.3.5 Morbus Perthes 162
5.4 Arthrose (Rheumatisch degenerative Erkrankung) 163
5.5 Rheumatisch entzündliche Erkrankungen und ihre Behandlung 164
5.5.1 Allgemeines 164
5.5.2 Rheumatoide Arthritis (R.A.) 164
5.5.3 Akutes rheumatisches Fieber 165
5.5.4 Morbus Bechterew 166
5.5.5 Kollagenosen 166
5.6 Weichteilrheumatismus und seine Behandlung 166
5.6.1 Allgemeines 166
5.6.2 Tennisellenbogen 167
5.6.3 Fibromyalgie 167
5.7 Infektiöse Gelenkentzündung 168
5.8 Carpaltunnelsyndrom 168
5.9 Impingementsyndrom 168
5.10 Fußfehlbildungen und Fußfehlstellungen 169
5.11 Fersensporn 170
5.12 Eingeweidebrüche (Hernien) 170

6 Apparative diagnostische Verfahren 171
6.1 Ultraschalldiagnostik 171
6.1.1 Schallentstehung 171
6.1.2 Verhalten des Ultraschalls im Körper 171
6.1.3 Ultraschall-Verfahren 172
6.1.4 Vorteile einer Ultraschalluntersuchung 173
6.1.5 Anwendungen 173
6.1.6 Endosonographie 173
6.2 Endoskopische Diagnostik 173
6.2.1 Endoskope 173
6.2.2 Anwendungen 175
6.2.3 Vorteile einer endoskopischen Untersuchung 175
6.3 Röntgendiagnostik 175
6.3.1 Grundlagen 175
6.3.2 Röntgenuntersuchungen ohne Kontrastmittel 177
6.3.3 Röntgenuntersuchungen mit Kontrastmittel 178
6.3.4 Spezielle Anwendungen der Röntgenstrahlen 179
6.4 Nuklearmedizinische Diagnostik 180
6.4.1 Szintigraphie 180
6.4.2 Positronen-Emissions-Tomographie (PET) und Single-Photon-Emissions-Computertomographie (SPECT) 181
6.5 Kernspintomographie (MRT) 181
6.6 Strahlenwirkung und Strahlenbelastung 181
6.7 Strahlenschutz 182

7 Physikalische therapeutische Verfahren 186
7.1 Herkömmliche Wärmetherapie 186
7.1.1 Wärmewirkung 187
7.1.2 Indikationen zur Wärmetherapie 187
7.1.3 Methoden der herkömmlichen Wärmetherapie 188
7.2 Kältetherapie 189
7.2.1 Kältewirkung 189
7.2.2 Indikationen und Anwendungsmethoden 189
7.3 Elektrotherapie 189
7.3.1 Grundlagen der Elektrizitätslehre 189
7.3.2 Wirkungen des elektrischen Stromes 191
7.3.3 Galvanisation 191
7.3.4 Reizstromtherapie 193
7.3.5 Kontraindikationen der Elektrotherapie 193
7.3.6 Allgemeine Vorsichtsmaßnahmen bei der Therapie mit elektrischen Geräten 193
7.4 Hochfrequenz-Wärmetherapie (HF-Therapie) 194
7.4.1 Kurzwellentherapie 194
7.4.2 Mikrowellentherapie 195
7.4.3 Indikationen der HF-Therapie 195
7.4.4 Vorsichtsmaßnahmen und Besonderheiten bei der HF-Therapie 195
7.5 Lichttherapie 195
7.5.1 Therapie mit sichtbarer Strahlung 195
7.5.2 Infrarottherapie (IR-Therapie) 195
7.5.3 Ultraviolettherapie (UV-Therapie) 196
7.5.4 Lasertherapie 197
7.6 Hydrotherapie und Balneotherapie 197
7.7 Inhalationstherapie 197
7.8 Manuelle Therapie (Therapie mit den Händen) 198
7.9 Massage 199
7.10 Krankengymnastik 199
7.11 Ultraschalltherapie 199
7.12 Strahlentherapie 200

8 Injektionen und Infusionen 201
8.1 Injektions- und Infusionsverfahren 201
8.1.1 Vorteile der Injektion / Infusion 201
8.1.2 Durchführung der Injektion 201
8.1.3 Risiken der Injektion 202
8.1.4 Durchführung der Infusion 202
8.1.5 Risiken der Infusion 203
8.2 Spritzenaufbau 204
8.3 Injektionsarten 204
8.4 Rechtliche Grundlagen 207

9 Verbände 207
9.1 Aufgaben von Verbänden 207
9.2 Verbandsmaterialien 207
9.3 Anlegen von Verbänden 208
9.4 Einzelne Verbände 208
9.5 Verbandsarten 211

10 Arzneimittellehre 212
10.1 Aufgaben und Wirkungen von Arzneimitteln 212
10.1.1 Aufgaben 212
10.1.2 Wirkungen 212
10.2 Vertrieb von Arzneimitteln 213
10.2.1 Arzneimittelabgabe 213
10.2.2 Arzneimittelkennzeichnung 214
10.2.3 Generika 214
10.3 Arzneimittelformen 215
10.4 Aufbewahrung von Arzneimitteln 216
10.5 Applikationsarten 216
10.6 Dosierung von Medikamenten 218
10.7 Arzneimittelgruppen 219
10.8 Alternative Arzneimittel 221
10.8.1 Wirkungsweise alternativer Arzneimittel 221
10.8.2 Homöopathie 221
10.8.3 Phytotherapie 222
10.8.4 Akupunktur 224
10.8.5 Bach-Blüten-Therapie 224
10.8.6 Schüssler-Salze 224
10.9 Heil- und Hilfsmittel 224

Aufgaben und Lernsituationen 225

Lernfeld 5 Zwischenfällen vorbeugen und in Notfallsituationen Hilfe leisten 228

1 Notfälle 230
1.1 Überprüfung von Notfallpatienten 230
1.2 Herz-Kreislaufstillstand 232
1.2.1 Herz-Lungen-Wiederbelebung 232
1.2.2 Ablauf der Herz-Lungen-Wiederbelebung 233
1.3 Blutungen 236
1.3.1 Äußere Verletzungen 236
1.3.2 Nasenbluten 237
1.3.3 Ösophagusvarizenblutung 237
1.4 Schock 238
1.4.1 Volumenmangelschock 238
1.4.2 Kardiogener Schock 239
1.4.3 Anaphylaktischer Schock 239
1.5 Schmerzen 240
1.5.1 Angina pectoris 240
1.5.2 Herzinfarkt 241
1.5.3 Akutes Abdomen 242
1.6 Bewusstseinsstörungen 243
1.6.1 Vagovasale Synkope (Ohnmacht) 243
1.6.2 Großer epileptischer Anfall 244
1.6.3 Fieberkrampf bei Säuglingen und Kleinkindern 245
1.6.4 Hypoglykämie 246
1.7 Atemnot 247
1.7.1 Fremdkörper in den Atemwegen 247
1.7.2 Asthma bronchiale 248
1.7.3 Akutes Lungenödem 249
1.7.4 Lungenembolie 250

2 Blut 251
2.1 Aufbau und Aufgaben des Blutes 251
2.1.1 Blutzellen 252
2.1.2 Blutplasma 253
2.1.3 Gerinnungssystem 255
2.1.4 Blutgruppen und das HLA-System 255
2.2 Erkrankungen des Blutes und ihre Behandlung 257
2.2.1 Erkrankungen der Erythrozyten 257
2.2.2 Erkrankungen der Leukozyten 258
2.2.3 Störungen des Gerinnungssystems 259
2.3 Untersuchungsverfahren 259
2.3.1 Blutbild 259
2.3.2 Gerinnungsdiagnostik 260
2.4 Blutentnahme 261
2.4.1 Blutentnahmesysteme 261
2.4.2 Venöse Blutentnahme 261
2.4.3 Durchführungshinweise für die venöse Blutentnahme 265
2.4.4 Kapilläre Blutentnahme 266
2.4.5 Arterielle Blutentnahme 267
2.4.6 Nadelstichverletzung 267

3 Immunsystem und lymphatisches System 268
3.1 Teilsysteme der Abwehr 268
3.2 Ablauf des Abwehrvorganges 268
3.3 Lymphatisches System 271
3.4 Erkrankungen des Immunsystems und ihre Behandlung 272
3.4.1 Immunmangelkrankheiten 272
3.4.2 Allergische Reaktionen 272
3.4.3 Autoimmunerkrankungen 274
3.5 Diagnostik bei Allergien 274

4 Herz 275
4.1 Aufbau und Aufgaben des Herzens 275
4.1.1 Aufgabe und Lage des Herzens 275
4.1.2 Aufbau des Herzens 275
4.1.3 Funktion des Herzens 276
4.2 Erkrankungen des Herzens und ihre Behandlung 277
4.2.1 Herzinsuffizienz 277
4.2.2 Koronare Herzkrankheit 278
4.2.3 Entzündungen 279
4.2.4 Herzfehler 279
4.2.5 Herzrhythmusstörungen 279
4.3 Untersuchungsverfahren 280
4.3.1 Elektrokardiogramm (EKG) 280
4.3.2 Koronarangiographie 283
4.3.3 Echokardiographie 283

5 Kreislauf 284
5.1 Aufbau und Aufgaben des Kreislaufs 284
5.1.1 Gefäße 284
5.1.2 Aufbau des Blutkreislaufs 285
5.2 Kreislauferkrankungen und ihre Behandlung .. 286
5.2.1 Arteriosklerose 286
5.2.2 Arterielle Verschlüsse 287
5.2.3 Hypertonie 288
5.2.4 Hypotonie 288
5.2.5 Venenerkrankungen 289
5.3 Untersuchungsverfahren 290
5.3.1 Messung des Pulses 290
5.3.2 Messung des Blutdrucks 291
5.3.3 Dopplersonographie 295

6 Atmungssystem 295
6.1 Aufbau und Aufgaben des Atmungssystems ... 295
6.1.1 Äußere und innere Atmung 295
6.1.2 Obere Luftwege 296
6.1.3 Untere Luftwege 298
6.1.4 Atemmechanik 299

6.2 Erkrankungen des Atmungssystems und ihre Behandlung ... 300
6.2.1 Erkrankungen der oberen Luftwege ... 300
6.2.2 Erkrankungen der unteren Luftwege ... 301
6.2.3 Erkrankungen von Lunge und Pleura ... 304
6.3 Untersuchungsverfahren ... 306
6.3.1 Allgemeine Untersuchungsmethoden der Atemwege ... 306
6.3.2 Funktionsprüfungen ... 306
6.3.3 Inhalationstherapie ... 307

7 Sinnessystem ... 309
7.1 Reiz und Wahrnehmung ... 309
7.2 Aufbau und Aufgaben des Gesichtssinns ... 309
7.2.1 Auge ... 309
7.2.2 Schutz- und Hilfseinrichtungen ... 310
7.2.3 Der Sehvorgang ... 311
7.3 Erkrankungen des Auges und ihre Behandlung 312
7.3.1 Bindehautentzündung ... 312
7.3.2 Liderkrankung ... 312
7.3.3 Fehlsichtigkeiten ... 312
7.3.4 Grauer Star ... 313
7.3.5 Grüner Star (Glaukom) ... 314
7.3.6 Erkrankungen der Netzhaut ... 314
7.3.7 Augenverätzung ... 315
7.4 Untersuchungsverfahren am Auge ... 315
7.5 Aufbau und Aufgaben des Hör- und Gleichgewichtssystems ... 316
7.5.1 Aufbau des Ohres ... 316
7.5.2 Hörvorgang ... 317
7.5.3 Gleichgewichtssinn ... 318
7.6 Erkrankungen des Hör- und Gleichgewichtssinns und ihre Behandlung ... 318
7.6.1 Krankheiten des äußeren Ohres ... 318
7.6.2 Krankheiten des Mittelohres ... 318
7.6.3 Krankheiten des Innenohres ... 319
7.6.4 Akustikusneurinom ... 321
7.6.5 Erkrankungen des Gleichgewichtssinns ... 321
7.7 Untersuchungsverfahren des Hör- und Gleichgewichtssystems ... 321
7.8 Geruchs- und Geschmackssinn ... 323

8 Nervensystem ... 324
8.1 Aufbau und Aufgaben des Nervensystems ... 324
8.1.1 Zentrales Nervensystem ... 325
8.1.2 Peripheres Nervensystem ... 327
8.1.3 Vegetatives Nervensystem ... 328
8.2 Erkrankungen des Nervensystems und ihre Behandlung ... 329
8.2.1 Schlaganfall (Apoplexie) ... 329
8.2.2 Entzündungen ... 329
8.2.3 ZNS-Verletzungen ... 330
8.2.4 Epilepsie ... 331
8.2.5 Morbus Parkinson ... 331
8.2.6 Symptom „Kopfschmerz“ ... 332
8.2.7 Multiple Sklerose (MS) ... 332
8.3 Untersuchungsverfahren ... 333
8.3.1 Elektroenzephalogramm (EEG) ... 333
8.3.2 Lumbalpunktion ... 333

Aufgaben und Lernsituationen ... 334

Lernfeld 8: Patienten bei diagnostischen und therapeutischen Maßnahmen der Erkrankungen des Urogenitalsystems begleiten ... 341

1 Harnsystem ... 342
1.1 Aufbau und Aufgaben des Harnsystems ... 342
1.1.1 Lage und Aufgaben der Nieren ... 342
1.1.2 Aufbau der Nieren ... 342
1.1.3 Feinbau und Funktion der Nieren ... 343
1.1.4 Ableitende Harnwege ... 344
1.2 Erkrankungen des Harnsystems und ihre Behandlung ... 344
1.2.1 Entzündungen ... 344
1.2.2 Harnsteinerkrankungen (Urolithiasis) ... 345
1.2.3 Tumorerkrankungen ... 345
1.2.4 Harninkontinenz ... 346
1.2.5 Niereninsuffizienz ... 346
1.2.6 Therapie der Nierenerkrankungen ... 347
1.3 Spezifische apparative Untersuchungsverfahren ... 348
1.3.1 Zystoskopie ... 348
1.3.2 Legen eines Blasenkatheters ... 348
1.3.3 Urodynamik ... 350
1.4 Harnuntersuchungen ... 350
1.4.1 Uringewinnung ... 350
1.4.2 Labordiagnostik ... 351

2 Hormonsystem ... 355
2.1 Kennzeichen von Hormonen ... 355
2.2 Epiphyse und Hypophyse ... 356
2.3 Schilddrüse (Glandula thyreoidea) ... 357
2.3.1 Aufbau und Aufgaben ... 357
2.3.2 Erkrankungen der Schilddrüse und ihre Behandlung ... 357

2.4 **Nebenschilddrüsen (Epithelkörperchen)** 358
2.4.1 Aufbau und Aufgabe 358
2.4.2 Erkrankungen der Nebenschilddrüsen und ihre Behandlung 359
2.5 **Nebennieren** 359
2.5.1 Aufbau und Aufgaben 359
2.5.2 Erkrankungen der Nebennieren 360

3 **Geschlechtsorgane** 361
3.1 **Bau und Funktion der männlichen Geschlechtsorgane** 361
3.2 Untersuchung der männlichen Geschlechtsorgane 362
3.3 **Erkrankungen der männlichen Geschlechtsorgane und ihre Behandlung** 362
3.3.1 Erkrankungen der Hoden 362
3.3.2 Erkrankungen des Penis 363
3.3.3 Erkrankungen der Prostata 363
3.3.4 Störungen der Potenz 363
3.4 **Bau und Funktion der weiblichen Geschlechtsorgane** 364
3.4.1 Äußeres Genitale (Vulva) 364
3.4.2 Innere Geschlechtsorgane 364
3.4.3 Weiblicher Zyklus 366
3.4.4 Weibliche Brust 367
3.5 Untersuchung der weiblichen Geschlechtsorgane 367
3.6 **Erkrankungen der weiblichen Geschlechtsorgane und ihre Behandlung** 368
3.6.1 Erkrankungen des äußeren Genitale 368
3.6.2 Erkrankungen von Gebärmutter und Adnexe 368
3.6.3 Erkrankungen der weiblichen Brust 369
3.7 **Empfängnisregelung** 370
3.7.1 Pearl-Index 370
3.7.2 Empfängnisverhütung 370
3.7.3 Schwangerschaftsabbruch 371
3.7.4 Ursachen, Diagnostik und Therapie weiblicher und männlicher Unfruchtbarkeit 372

4 **Schwangerschaft, Geburt und Wochenbett** 373
4.1 **Schwangerschaft** 373
4.1.1 Embryonal- und Fetalperiode 373
4.1.2 Mutterschaftsvorsorgeuntersuchungen 375
4.1.3 Verhalten während der Schwangerschaft 378
4.1.4 Erkrankungen in der Schwangerschaft 378
4.1.5 Regelwidrige Schwangerschaftsdauer 379
4.2 **Geburt** 379
4.2.1 Geburtsphasen 379
4.2.2 Operative Entbindung 380
4.3 **Neugeborene** 380
4.4 **Wochenbett** 381

5 **Sexuell übertragbare Krankheiten (STD)** 382

Aufgaben und Lernsituationen 384

Lernfeld 9: Patienten bei diagnostischen und therapeutischen Maßnahmen der Erkrankungen des Verdauungssystems begleiten 387

1 **Grundlagen der Ernährung** 388
1.1 **Nährstoffe** 388
1.2 **Ballaststoffe** 390
1.3 **Vitamine** 391
1.4 **Sekundäre Pflanzenstoffe** 392
1.5 **Mineralstoffe und Spurenelemente** 392
1.6 **Wasser** 393
1.7 **Würzstoffe/Gewürze** 393
1.8 **Arten der Ernährung** 394
1.8.1 Vollwertige Ernährung 394
1.8.2 Vegetarische und vegane Ernährung 395

2 **Aufbau und Aufgaben des Verdauungssystems** 396
2.1 **Mundhöhle, Rachen, Speiseröhre** 396
2.2 **Magen (Gaster)** 398
2.3 **Dünndarm (Intestinum tenue)** 399
2.4 **Dickdarm (Kolon)** 400
2.5 **Bauchspeicheldrüse (das Pankreas)** 401
2.6 **Leber (Hepar)** 402

3 **Erkrankungen des Verdauungssystems und ihre Behandlung** 403
3.1 **Erkrankungen im Bereich der Mundhöhle** 403
3.2 **Erkrankungen der Speiseröhre** 404
3.3 **Erkrankungen des Magens** 404
3.4 **Erkrankungen des Darmes** 406
3.5 **Erkrankungen der Leber** 409
3.6 **Erkrankungen der Gallenblase und Gallenwege** 411
3.7 **Erkrankungen der Bauchspeicheldrüse** 411

4 **Untersuchungsverfahren** 412
4.1 **Blutuntersuchungen** 412
4.2 **Stuhluntersuchungen** 413
4.2.1 Bakteriologie 413
4.2.2 Test auf okkultes Blut 413
4.3 **Sonographie** 414
4.4 **Endoskopie** 414
4.4.1 Gastroskopie (Magenspiegelung) 414
4.4.2 Koloskopie (Dickdarmspiegelung) 415

5 **Stoffwechselerkrankungen und ihre Behandlung** ... 416
5.1 **Adipositas** ... 416
5.1.1 Diagnostik der Adipositas ... 416
5.1.2 Therapie der Adipositas ... 417
5.2 **Fettstoffwechselstörung Hyperlipoproteinämie / Hyperlipidämie** ... 417
5.3 **Phenylketonurie** ... 419
5.4 **Gicht und Hyperurikämie** ... 419
5.5 **Diabetes mellitus** ... 420
5.5.1 Blutzuckerregelkreis ... 420
5.5.2 Einteilung des Diabetes mellitus (Zuckerkrankheit) ... 420
5.5.3 Diagnose des Diabetes mellitus ... 421
5.5.4 Therapie des Diabetes mellitus ... 423
5.5.5 Folgeerkrankungen des Diabetes mellitus – Veränderungen der Blutgefäße (Angiopathie) ... 426
5.5.6 Betreuung des Diabetikers ... 427

Aufgaben und Lernsituationen ... 428

Lernfeld 10: Patienten bei kleinen chirurgischen Behandlungen begleiten und Wunden versorgen ... 431

1 **Haut** ... 432
1.1 **Aufbau und Aufgaben der Haut** ... 432
1.1.1 Aufbau der Haut ... 432
1.1.2 Aufgaben der Haut ... 433
1.1.3 Anhangsgebilde der Haut ... 433
1.2 **Erkrankungen der Haut und ihre Behandlung** .. 434
1.2.1 Untersuchung der Haut ... 434
1.2.2 Infektionen der Haut ... 436
1.2.3 Schuppenflechte (Psoriasis) ... 440
1.2.4 Akne vulgaris ... 440
1.2.5 Neubildungen der Haut ... 441
1.2.6 Allergisch bedingte Hauterkrankungen ... 442
1.2.7 Verbrennungen ... 443
1.2.8 Erfrierungen ... 444
1.2.9 Grundzüge der Behandlung von Hauterkrankungen ... 444
1.3 **Schmerz** ... 445

2 **Instrumentenkunde** ... 448

3 **Anästhesie** ... 454
3.1 **Vollnarkose** ... 454
3.2 **Regionalanästhesie** ... 455
3.3 **Vor- und Nachteile der verschiedenen Anästhesieverfahren** ... 456

4 **Wundmanagement** ... 456
4.1 **Wunden** ... 456
4.1.1 Wundheilung ... 456
4.1.2 Wundversorgung ... 458
4.1.3 Verbandswechsel ... 459

5 **Chirurgische Assistenz** ... 460
5.1 **Kleine chirurgische Eingriffe** ... 460
5.2 **Vorbereitung und Betreuung des Patienten** ... 461

Aufgaben und Lernsituationen ... 463

Lernfeld 11: Patienten bei der Prävention begleiten ... 465

1 **Prävention und Prophylaxe** ... 466
1.1 **Definitionen** ... 466
1.2 **Die Rolle des (Haus-)Arztes bei der Prävention** 467

2 **Früherkennungsuntersuchungen** ... 468
2.1 **Früherkennung im Kindesalter: U1–U9** ... 468
2.2 **Früherkennung bei Erwachsenen** ... 469

3 **Gesundheitsvorsorge** ... 471

4 **Rehabilitation** ... 473

Aufgaben und Lernsituationen ... 474

Anhang ... 475

Vorsatzzeichen für Einheiten ... 475
Im Buch benutzte Einheiten ... 475
Normwerte / Normbereiche bei Blutuntersuchungen .. 476
Normwerte / Normbereiche bei Harnuntersuchungen 478
Sonstige Untersuchungen ... 478
Sachwortverzeichnis ... 479
Bildquellenverzeichnis ... 491
Fremdsprachliche Fachbegriffe ... 493

Lernfeld 2
Patienten empfangen und begleiten

1 Arztpraxis 12

- Berufe
- Ausbildung
- Aufgaben
- Gesundheitswesen
- Praxisorganisation
- Untersuchungsverfahren

2 Arbeitsschutz 25

- Arbeitsschutzvorschriften
- Gefahrstoffe
- Gefahrenpiktogramme

3 Kommunikation 29

- Kommunikationsmodelle
- Kommunikationsformen
- Kommunikationsstörungen
- Gesprächsführung
- Telefonieren

4 Stress und Konfliktmanagement 35

- Stressursachen
- Stressreaktionen
- Stressbewältigung
- Konfliktarten
- Konfliktentwicklung
- Konfliktstrategien

5 Patientenbetreuung 40

- Persönlichkeitstypen
- Entwicklungsphasen
- Sozialisation
- Krankheitsverarbeitung
- Psychisch gestörte Patienten
- Junge und alte Patienten
- Patienten mit Einschränkungen

1 Arztpraxis

Bild 1 Praxisteam.

Eine medizinische Leistung kann vom Patienten nicht unbedingt beurteilt werden. So werden oft unbewusst andere Gesichtspunkte gewählt, um die medizinische Leistungsfähigkeit abzuschätzen. Dabei spielt der Eindruck, den die Praxis und das Praxisteam machen, eine große Rolle (Bild 1). Patienten erleben eine gut gestaltete Praxis und ein angenehmes Arbeitsklima positiv und fühlen sich gut aufgehoben.

1.1 Medizinische Fachangestellte als Mitarbeiterin

Das „Aushängeschild" oder die „Visitenkarte" einer Arztpraxis ist die Medizinische Fachangestellte (MFA). Sie steht im Spannungsfeld zwischen organisieren und verwalten, assistieren und beraten (Bild 2). Sie empfängt, begrüßt und begleitet den Patienten auf seinen Wegen durch die Praxis.

1.1.1 Berufsbild der Medizinischen Fachangestellten

Berufliche Zugangsvoraussetzung. Für den Beruf der Medizinischen Fachangestellten (MFA) wird keine bestimmte schulische oder berufliche Vorbildung vorgeschrieben. Die meisten MFA haben einen Hauptschul- oder Realschulabschluss. Die dreijährige Ausbildung wird durch die Ausbildungsordnung geregelt. Sie erfolgt im dualen System, also in einem Ausbildungsbetrieb (normalerweise einer Arztpraxis) und in der Berufsschule. Durch berufsbegleitende Kurse kann man sich z. B. zur Fachwirtin für ambulante medizinische Versorgung, Gesundheitspädagogin, Diätberaterin, Notfallfachkraft oder Präventionsfachkraft fortbilden.

Berufsqualifikation. Die Medizinische Fachangestellte sollte Organisationsvermögen besitzen, außerdem EDV-Kenntnisse, absolute Vertrauenswürdigkeit bezüglich Datenschutz, diplomatisches Geschick und Behutsamkeit im Umgang mit Menschen.

Wünschenswert sind weitere persönliche Eigenschaften:

- Gepflegte Erscheinung und freundliche, offene, herzliche Umgangsformen,
- allgemeines Interesse an Menschen und der Wunsch, leidenden Menschen zu helfen,
- gute Auffassungsgabe, um eine Aufgabe schnell und zuverlässig zu erledigen und um kritische Situationen zu entkrampfen,
- die Fähigkeit, auch unter Zeitdruck einen kühlen Kopf zu bewahren,
- Eigeninitiative beim Zupacken und Handeln, wenn's drauf ankommt,
- die Bereitschaft, Verantwortung zu tragen, selbstständig anfallende Arbeit zu erkennen und zu übernehmen, um den Chef damit zu entlasten,
- flexibel, kooperativ, hilfsbereit und anpassungsfähig in der Gemeinschaft sein,
- das Praxisklima durch Ideen positiv beeinflussen,
- Humor, um Situationen zu entschärfen, besänftigend zu wirken und Stress zu ertragen.

Die Tätigkeit der MFA umfasst vielfältige Arbeiten, die genau festgelegt und nach Absprache erweitert oder ergänzt werden können (Bild 2). Sie unterliegt der Schweigepflicht nach § 203 Strafgesetzbuch.

Patientenorientierte Begrüßung, Betreuung, Beratung

- Kontakt schaffen, Aufmerksamkeit zeigen
- Auf Diskretion, Vertraulichkeit achten
- Datenschutz bei Bildschirmtätigkeit beachten
- Auskunft geben, z. B. über Wartezeiten informieren
- Positive Sprache verwenden

Arztassistenz

Praxisambiente

- Anmeldebereich und Praxisräume auf Ordnung und Sauberkeit überprüfen
- Optimale Beschilderung und Beleuchtung
- Information für Patienten bereit legen, Leseangebote
- Praxisdekoration

Übernahme bestimmter Funktionsbereiche

- Labor, EKG
- Gerätekontrolle
- Überwachung und Betreuung von Auszubildenden
- Einweisung und Betreuung bestimmter Patientengruppen

Zeitmanagement

- Telefonservice
- Terminplanung
- Bestellpraxis, Sondersprechstunde
- Endkontrolle
- Karteikarten vorbereiten

Verwaltung und Abrechnung

- Postbearbeitung: Vorsortierung, Ein- / Ausgang
- rationelle Korrespondenzmöglichkeiten überlegen
- Arbeitsmaterialien überprüfen
- Bestandsverzeichnis aktualisieren
- Hygieneplan kontrollieren
- Umwelt- und arbeitsmedizinische Bestimmungen beachten

Weitere Aufgaben

- Überwachung von Fristen und Erledigungsterminen, z. B. Gutachten
- Regelung von Wochen- und Urlaubszeiten
- Organisation von internen und externen Fortbildungsmaßnahmen
- Praxisanalyse

Bild 2 Die MFA an ihrem Arbeitsplatz.

1.1.2 Berufsverbände

Die Berufsverbände vertreten ihre Mitglieder und deren Interessen bei der Berufsausbildung, der beruflichen Fortbildung und bei Tarifrunden (Tabelle 1).

Verband medizinischer Fachberufe e. V.	44135 Dortmund; www.vmf-online.de
Vereinigte Dienstleistungsgewerkschaft ver.di	www.verdi.de

Tabelle 1 Berufsverbände.

1.2 Praxisinhaber

1.2.1 Ausbildung zum Arzt und Facharzt

Ausbildung. Die Ausbildungsordnung für den Arztberuf schreibt das Studium an einer Hochschule vor. Die Gesamtdauer des Hochschulstudiums beträgt 6 Jahre.

Die ärztliche Ausbildung fällt in die Zuständigkeit des Staates, wird mit dem Staatsexamen überprüft und mit der Approbation abgeschlossen. Diese erlaubt dann die eigenverantwortliche Tätigkeit. Die Approbation wird von der zuständigen Landesbehörde ausgestellt.

Approbation: staatliche Erlaubnis zur Ausübung des Heilberufes als Arzt

Die Promotion ist der Erwerb des Doktortitels. Sie kann nach einem abgeschlossenen Hochschulstudium mit einer eigenständigen wissenschaftlichen Arbeit erworben werden.

Weiterbildung. Der erfolgreiche Abschluss einer Weiterbildung befähigt und berechtigt den Arzt zum Führen von Gebiets-, Schwerpunkt- und Zusatzbezeichnungen (Tabelle 2).

Beispiele für Gebietsbezeichnungen sind klinische Pharmakologie, Laboratoriumsmedizin, öffentliches Gesundheitswesen, Psychiatrie und Psychotherapie, Nervenheilkunde, Hals-, Nasen-, Ohrenheilkunde (HNO), Augenheilkunde, Rechtsmedizin, Nuklearmedizin, Strahlentherapie.

Unabhängig von der Fachrichtung können Zusatzbezeichnungen wie Allergologie, Betriebsmedizin, Flugmedizin, Homöopathie, Schmerzmedizin, Rettungsmedizin, Sportmedizin, Tropenmedizin, Geriatrie (Altersheilkunde) erworben werden.

Gebietsbezeichnung	Schwerpunktbezeichnung
Facharzt für Chirurgie	Unfallchirurgie Gefäßchirurgie Thoraxchirurgie (Brustchirurgie) Viszeralchirurgie (Bauchchirurgie)
Facharzt für innere Medizin oder internistische Medizin	Angiologie (Gefäßheilkunde) Endokrinologie (Hormonheilkunde) Gastroenterologie (Magen- Darm-Heilkunde) Hämatologie (Blutheilkunde) Kardiologie (Herz- Kreislauf- Heilkunde) Onkologie (Geschwulsterkrankungen) Pneumonologie (Bronchial- und Lungenheilkunde) Rheumatologie (rheumatische Erkrankungen)
Facharzt für Kinder- und Jugendmedizin (Pädiatrie)	Kinderkardiologie Neonatologie (Neugeborenenheilkunde)

Tabelle 2 Gebiets- und Schwerpunktbezeichnungen (Auswahl).

Ärztliche Tätigkeitsbereiche. In Deutschland sind laut Bundesärztekammer (BÄK) zirka 410 000 approbierte Ärzte in verschiedenen Bereichen tätig (Bild 3). Zirka 130 000 Ärzte sind im Ruhestand bzw. ohne ärztliche Tätigkeit.

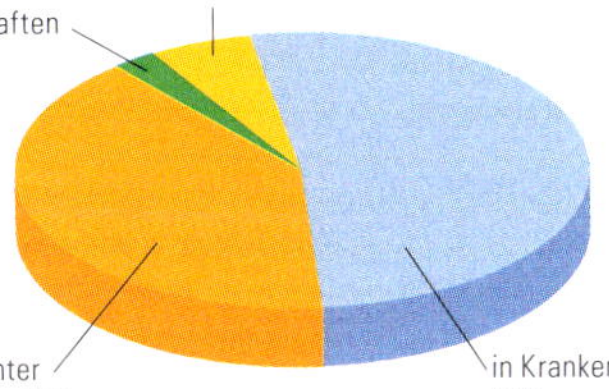

Bild 3 Ärztliche Tätigkeitsbereiche.

Physician Assistant (PA) oder Arztassistent ist ein neuer akademischer Gesundheitsberuf. Der Arzt überträgt dem PA delegierbare Aufgaben, z. B. einfache chirurgische Eingriffe wie Wundversorgung oder Mitwirkung an der Erstellung, Ausführung und Erläuterung eines Behandlungsplanes. Es ist eine duale Weiterbildung für Personen mit einem abgeschlossenen Ausbildungsberuf im Gesundheitswesen, u. a. Kranken-, Altenpfleger, MFA, MTA, Physiotherapeut.

Der Psychologe ist kein Mediziner. Das Psychologiestudium beschäftigt sich im weitesten Sinn mit dem Erleben und Verhalten des Menschen und wird mit dem Bachelor oder Master (früher: Diplom) abgeschlossen. Ein geprüfter Psychologe kann im klinischen Bereich, d. h. mit kranken Menschen, arbeiten. Er darf aber keine Medikamente verschreiben.

Die Berufsordnung legt die beruflichen Pflichten der Ärzte fest. Dazu gehören Schweigepflicht und die Belehrung der Mitarbeiter darüber. Sie regelt die Zusammenarbeit der Ärzte untereinander, die Pflicht zur Fortbildung und die Ausbildung von Mitarbeitern. Außerdem verbietet sie die Werbung für die Praxis.

1.2.2 Ärztliche Körperschaften

Die Ärztekammer ist eine berufsständische Einrichtung. Jeder Arzt ist zur Mitgliedschaft verpflichtet.

Die jeweilige Landesbehörde übt die Staatsaufsicht aus. Die Ärztekammer fördert u. a. die ärztliche Ausbildung und Fortbildung, sorgt für einen sittlich und wissenschaftlich hoch stehenden Ärztestand, ordnet die ärztlichen Berufspflichten und wirkt an der Gesetzgebung auf dem Gebiet des öffentlichen Gesundheitswesens mit.

Die kassenärztliche Vereinigung (KV) ist ebenso wie die Ärztekammer eine Körperschaft des öffentlichen Rechtes. Sie erfüllt Aufgaben, die im öffentlichen Interesse liegen (Tabelle 3). Jeder Kassenarzt ist ihrem Regelwerk verpflichtet. Kassenärztliche Vereinigungen gibt es seit 1931.

Andere ärztliche Verbände sind der Marburger Bund, der Hartmannbund und weitere ärztliche Berufsverbände, die nach Teilgebieten gegliedert sind und u. a. auch wirtschaftliche Interessen der freiwilligen Mitglieder vertreten.

Bachelor (engl.) = unterster akademischer Grad und **Master** (engl.) = nächsthöherer akademischer Abschluss; ersetzen im Zuge europäischer Vereinheitlichung die Diplomstudiengänge

Hoheitsrechtliche Aufgaben	Ordnungspolitische Aufgaben
Sicherstellungsauftrag: Vertragsärztliche Versorgung wird gesichert.	Interessenvertretung: Die KV vertritt die Interessen der Mitglieder gegenüber den Kassen.
Gewährleistungsauftrag: Vertragsärztliche Tätigkeit sowie ambulante Notdienste werden gewährleistet.	Vertragshoheit: Im Auftrag der Vertragsärzte schließt die KV Verträge mit den Kassen.
Wirtschaftlichkeitsprüfung: Wirtschaftlichkeit der Ärzte wird durch den Prüfungsausschuss überwacht.	Honorarabrechnung: Die Honorarverteilung der Ärzte findet über die KV statt.
Disziplinarwesen: Abweichendes Verhalten wird mit Geldbußen oder Entzug von Ämtern bestraft. (Die Approbation kann nur durch den Staat / das Innenministerium des Landes entzogen werden.)	
Qualitätssicherung: Qualitätsnormen werden vorgegeben und kontrolliert.	

Tabelle 3 Aufgaben der kassenärztlichen Vereinigung.

1.3 Stellung der Praxis im Gesundheitssystem

Die Arztpraxis gehört zu der ambulanten Versorgung. Sie wird durch niedergelassene Ärzte sichergestellt. 90 % der niedergelassenen Ärzte arbeiten als Kassenärzte. Der restliche Anteil ist privat niedergelassen und behandelt ausschließlich Privatpatienten. Die ambulante Versorgung ist eine der drei „Säulen" des Gesundheitswesens.

Prävention ▸ S. 466

1.3.1 Gesundheitswesen

Die Gesundheit zu erhalten, zu schützen und im Bedarfsfall wieder herzustellen, ist das zentrale Anliegen vieler Menschen und Institutionen, die man unter dem Begriff „Gesundheitswesen" zusammenfasst (Bild 4).

Kurative Medizin: Gesundheit nach Möglichkeit und Notwendigkeit wiederherzustellen

Epidemiologie: Lehre von der Häufigkeitsverteilung der Krankheiten

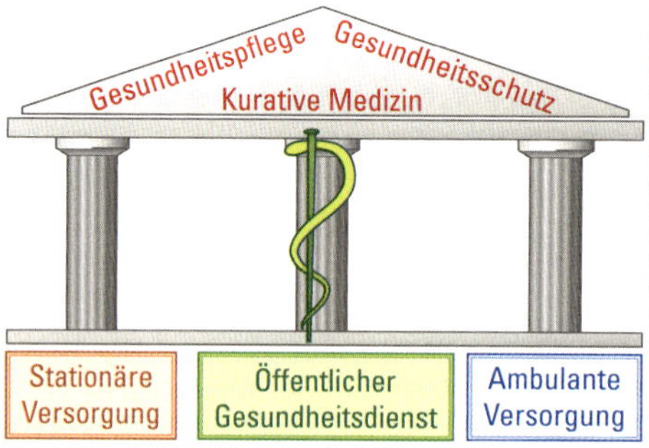

Bild 4 Die drei Säulen des Gesundheitswesens.

Der öffentliche Gesundheitsdienst wird repräsentiert durch die Gesundheitsbehörden des Bundes und der Länder. Das Bundesministerium für Gesundheit (BMG) ist die oberste Bundesbehörde. Unter seiner Dienst- und Fachaufsicht arbeiten fünf Institute (Bild 5).

Bundesministerium für Gesundheit (BMG)

Robert Koch-Institut (RKI): Forschungsinstitut zur Erkennung und Erfassung von Infektionskrankheiten

Paul-Ehrlich-Institut (PEI): Bundesinstitut für Impfstoffe und biomedizinische Arzneimittel

Bundeszentrale für gesundheitliche Aufklärung (BZgA): Fachbehörde für Prävention und Gesundheitsförderung auf Bundesebene

Bundesinstitut für Arzneimittel und Medizinprodukte (BfArM)

Deutsches Institut für Medizinische Dokumentation und Information (DIMDI)

Bild 5 Institute des Bundesministeriums für Gesundheit.

Die Gesundheitsämter sind dem jeweiligen Landesinnen- oder Landessozialministerium unterstellt. Sie werden von einem Amtsarzt geleitet.

Aufgaben des Gesundheitsamtes sind u. a.:

- Seuchen- und Umwelthygiene, z. B. Hygieneaufsicht in Praxen, Altenheimen, Kosmetikstudios, Überwachung von Bädern,
- Prävention und Gesundheitsförderung, z. B. reisemedizinische Beratung, AIDS- und Tuberkulose-Beratung, psychosozialer Dienst,
- kinder- und jugendärztlicher Dienst, z. B. Einschulungsuntersuchung, Mütterberatung,
- gerichtsärztlicher Dienst, z. B. Gutachten zum Betreuungsgesetz oder Unterbringungsgesuche,
- amtsärztlicher Dienst, z. B. Ausstellung von amtsärztlichen Zeugnissen, Eignungsuntersuchungen von Taxi- oder Busfahrern,
- Öffentlichkeitsarbeit, z. B. Berichterstattung über epidemiologische Untersuchungen oder Auswertungen von Reihenuntersuchung zur Früherkennung.

Stationäre Versorgung. Dafür ist das Krankenhauswesen zuständig. Finanziert werden die Häuser durch öffentliche, freie, gemeinnützige, kirchliche oder private Krankenhausträger. Die Krankenhäuser werden nach Ausstattung und Behandlungsmöglichkeiten eingeteilt:

- Das Krankenhaus der Grund- und Regelversorgung betreut zumeist Patienten mit häufig vorkommenden Erkrankungen ohne Komplikationen aus den Bereichen der inneren Medizin, Chirurgie und Frauenheilkunde. Häufig haben niedergelassene Fachärzte in diesen Häusern Belegbetten. Das heißt, der jeweilige Praxisinhaber, z. B. ein HNO- oder Augenarzt, versorgt seine stationären Patienten selbst.
- Das Schwerpunktkrankenhaus hat ein erweitertes Spektrum an Krankenhausabteilungen und an Diagnose- und Therapiemöglichkeiten. Beispiel: Gefäßchirurgie, in der sämtliche Eingriffe am Gefäßsystem bis auf den Einsatz der Herz-Lungenmaschine durchgeführt werden.

- Das Zentralkrankenhaus und die Universitätskliniken versorgen oft „Problempatienten“ mit seltenen und/oder komplizierten Erkrankungen, die Spezialkenntnisse in Krankheitslehre, Untersuchungen und Vorgehensweise erfordern. Außerdem sind sie Ausbildungs- und Forschungsstätten.
- Sonderkrankenhäuser behandeln nur bestimmte Patientengruppen, z. B. als Zentrum für Psychiatrie.

1.3.2 Berufe im Gesundheitswesen

Bereich	Berufe	Ausbildungsgrundlagen
Heilberufe	Arzt, Zahnarzt, Physician Assistant Tierarzt, Apotheker	Hochschule
Assistenzberufe (Helferinnenberufe)	Medizinische Fachangestellte (MFA oder MF) Tiermedizinische Fachangestellte Zahnmedizinische Fachangestellte (ZFA) Pharmazeutisch kaufmännische Angestellte	Berufsbildungsordnung
diagnostisch-technische Berufe	medizinisch technischer Laborassistent (MTA) pharmazeutisch technischer Assistent (PTA)	Realschulabschluss und Ausbildung in anerkannten Berufsfachschulen
Krankenpflegeberufe	Pflegefachfrau/mann (generalistische Ausbildung seit 1.1.2020) Gesundheits- und Krankenpfleger und Altenpfleger (bisherige Bezeichnung)	Berufsbildungsordnung bundeseinheitliche Ausbildung
therapeutisch rehabilitative Berufe	Physiotherapeut, Logopäde, Diätassistent Hebammen, Entbindungspfleger Rettungsassistenten (unterstützen Notarzt)	bundeseinheitliche Ausbildung Berufsbildungsordnung bundeseinheitliche Ausbildung
eingeschränkte Ausübung des Heilberufes	Heilpraktiker	Überprüfung durch Amtsarzt Besonderheit: Behandlungsverbote für bestimmte Infektionskrankheiten und Geburtshilfe sowie Verbot der Rezeptierung verschreibungspflichtiger Medikamente

Tabelle 4 Berufe im Gesundheitswesen.

1.3.3 Finanzierung des Gesundheitswesens

Das soziale Netz funktioniert durch das Solidaritätsprinzip, d. h., alle zu versichernden Risiken werden gemeinsam getragen.

In den Sozialgesetzbüchern (SGB) ist der Gesamtrahmen der Gesundheitsversorgung geregelt. Dazu gehören u. a. gesetzliche Kranken-, Renten-, Unfall- und Pflegeversicherung.

Finanziert wird das Gesundheitswesen durch öffentliche und private Träger (Bild 6).

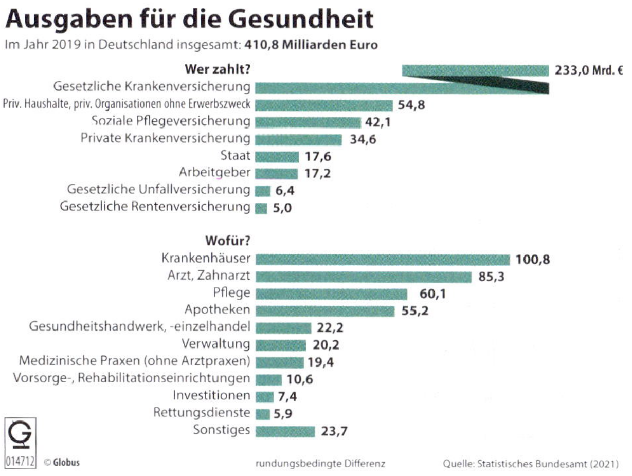

Bild 6 Ausgaben im Gesundheitswesen.

1.4 Gang durch die Praxis

1.4.1 Praxisorganisation

Jede Praxis wird individuell ausgestaltet, abhängig von den persönlichen Ideen und Möglichkeiten des Praxisteams und abhängig von den funktionalen Anforderungen der fachärztlichen Tätigkeit. Bestimmte typische Praxisbereiche lassen sich aber immer voneinander abgrenzen (Bild 7).

- Der Anmelde- und Empfangsbereich vermittelt den ersten Eindruck. Er ist als Verwaltungsbereich ein wichtiges Arbeitsfeld der MFA.
- Die Wartezonen werden in einen Vorwartebereich und das eigentliche Wartezimmer unterteilt. Patienten, die nur kurz warten müssen, weil sie eine Spritze bekommen, ein Rezept erhalten oder dergleichen, werden in den Vorwartebereich gebeten, wo auch Praxisinformationen und sachliche Informationen mit medizinischen Inhalten ausliegen.
- Das Sprechzimmer mit Schreibtisch, Stühlen, Untersuchungsliege und Umkleideecke ist der Ort, an dem ausführlichere Beratungsgespräche, Fragen der Diagnostik und Therapie, aber auch Befürchtungen und Ängste des Patienten besprochen werden können.
- Funktionsräume sind Behandlungsräume, in denen je nach Bedarf Verbandswechsel, Wundversorgung, einfache Untersuchungen oder Laborarbeiten durchgeführt werden. Sie können auch als Therapiekabinen dienen.
- ein Sozialraum für die Mitarbeiter sowie Umkleidemöglichkeiten und sanitäre Einrichtungen gehören ebenfalls zu einer Praxis.

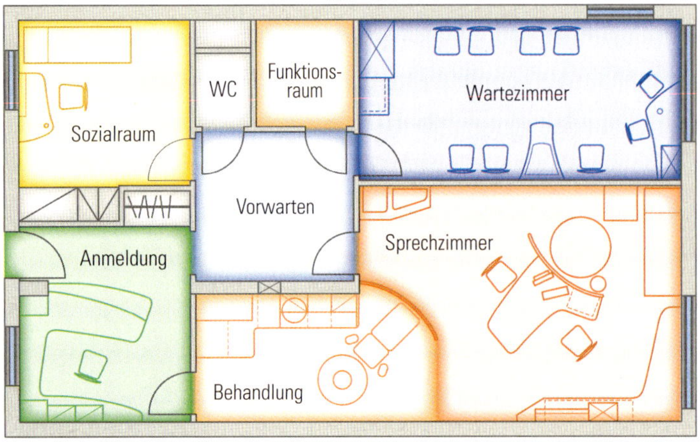

Bild 7 Beispiel für einen Grundriss einer Arztpraxis.

Eine gute Organisation des Praxisablaufes trägt wesentlich dazu bei, dass Zeit und Kosten gespart, die Qualitätsstandards gehalten und Arbeitsabläufe verbessert werden können. Bei Bedarf, z. B. bei Rechtsstreitigkeiten oder Regressansprüchen, stehen die notwendigen Unterlagen zur Verfügung. All dies trägt dazu bei, dass sich die Beteiligten wohl fühlen.

Mithilfe von Checklisten können Arbeitsabläufe und komplexe Aufgaben in übersichtliche und sinnvoll aufeinander folgende Teilaufgaben gegliedert werden, deren Durchführung so auch überprüft werden kann (Bild 8).

Checkliste: Notfall in der Praxis

Was kann die Medizinische Fachangestellte vorbereiten?

- ✔ Ist die Notfallnummer am Telefon eindeutig lesbar?
- ✔ Ist der Notfallkoffer überprüft und vollständig?
- ✔ Sind Praxisschild und Eingang gut erkennbar?
- ✔ Sind Zugangswege für den Rettungsdienst problemlos benutzbar?
- ✔ Bestehen für den Notfall Absprachen mit anderen Fachärzten?
- ✔ Ist sicher gestellt, dass immer ein Arzt erreichbar ist?
- ✔ Kann ein Notfall zuverlässig in Gedanken durchgespielt werden?

Bild 8 Checkliste Notfall (Beispiel).

Die Patienten sollten darüber informiert werden, dass sie sich 24 Stunden am Tag, 7 Tage in der Woche an den Patientenservice mit der Telefonnummer 116117 wenden können. Dort erhalten Sie Hilfe bei akuten Beschwerden, aber auch Unterstützung bei der Terminvereinbarung bei Haus- und Fachärzten sowie Psychotherapeuten.

1.4.2 Praxisformen

- **Partnerschaft:** ist vergleichbar mit einer „offenen Handelsgesellschaft", in der mehrere Personen als Eigentümer und Geschäftsführer fungieren.
- **Praxisgemeinschaft:** Ärzte arbeiten selbstständig in eigener Regie unter einem gemeinsamen Dach; jeder Arzt besitzt seine eigene KV-Nummer.
- **Gemeinschaftspraxis (= Berufsausübungsgemeinschaft):** Ärzte arbeiten gemeinschaftlich zusammen und teilen Kosten und Einnahmen; besitzt 1 KV-Nummer.
- **Apparategemeinschaft:** Ärzte gleicher / verschiedener Fachrichtung nutzen gemeinsam technische Geräte.
- **Medizinische Versorgungszentren:** Fachübergreifende, ärztlich geleitete Einrichtungen, in denen Ärzte als Angestellte oder Vertragsärzte tätig sind.

1.4.3 Medizinische Fachsprache

Als Besucher einer Praxis wird der Patient immer wieder mit medizinischen Begriffen und Abläufen konfrontiert. Die MFA kann ihm hilfreich zur Seite stehen, wenn sie deren Bedeutung kennt und erläutern kann.

Herkunft und Schreibweise der Fachausdrücke. Die meisten medizinischen Fachausdrücke stammen aus dem Griechischen und dem Lateinischen. Einige wenige Begriffe kommen aus dem arabischen, italienischen oder französischen Sprachbereich. Die Bedeutung der angloamerikanischen Medizin ist an der wachsenden Verwendung englischer Begriffe zu erkennen.

Die lateinische Sprache kennt kein „K", kein „Z" und keine Umlaute. Bei der Eindeutschung wird dann „C" zu „Z" oder „K" (Beispiel: carcinoma ▸ Karzinom) und die entsprechenden Umlaute werden geschrieben.

Die medizinischen Begriffe griechischen Ursprungs werden so behandelt, als stammten sie aus dem Lateinischen. Häufig verwendet werden die ersten Buchstaben des griechischen Alphabets (α = alpha, β = beta, γ = gamma).

Die angloamerikanischen Begriffe werden nicht eingedeutscht, sondern so ausgesprochen wie im Englischen (z. B. bypass).

Aus diesem Sprachraum stammen auch viele Abkürzungen, z. B. COPD.

Im klinischen Sprachgebrauch geht es manchmal wild durcheinander: lateinische, griechische, englische Begriffe werden zu einem Fachbegriff kombiniert und viele Begriffe haben bei den verschiedenen Ärzten eine unterschiedliche Schreibweise.

Beispiel:

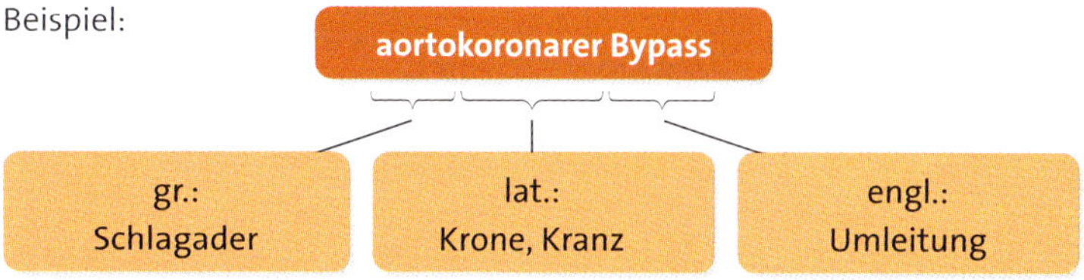

Übersetzung: die Verengung eines Herzkranzgefäßes wird durch das Einsetzen eines neuen Gefäßes umgangen; Abkürzung: ACB.

Ein häufiger Fehler von Berufsanfängern ist die Verwechslung von Einzahl und Mehrzahl: ein Patient mit Mandelentzündung bekommt nicht ein „Antibiotika" verschrieben, sondern ein „Antibiotikum". Antibiotika ist nämlich die Mehrzahl von Antibiotikum.

Aufbau der Fachbegriffe. Medizinische Fachbegriffe können aus einer Vorsilbe (Präfix), einem Wortstamm und aus einer Nachsilbe (Suffix) aufgebaut sein (Tabelle 5).

Die Vor- und Nachsilben wiederholen sich häufig. Zusammen mit dem Wortstamm geben sie dem Fachbegriff seine spezifische Bedeutung. Dies sollen die Beispiele auf der nächsten Seite zeigen (Tabellen 6 bis 7, S. 20 / 21).

Vorsilbe	Wortstamm	Nachsilbe
Poly- *Mehrfach*	trauma *Verletzung*	
An- *Verneinung*	ämie *Blut*	
	Gastr- *Magen*	itis *Entzündung*
	Nephro- *Nieren*	pathie *Erkrankung*
Poly- *Mehrfach*	arthr- *Gelenk*	itis *Entzündung*

Tabelle 5 Aufbau medizinischer Fachbegriffe.

Fremdsprachliche Fachbegriffe ▸ hinterer Umschlag

Vorsilbe	Bedeutung	Beispiel	Übersetzung
hyper-	über, übermäßig	Hypertonie	Bluthochdruck
hypo-	unter, unterhalb	Hypotonie Hypoglykämie	niedriger Blutdruck niedriger Blutzucker
extra-	außerhalb	Extrasystole	Herzschlag außerhalb der Schlagfolge
intra-	innen, in ... hinein	intravenös	in die Vene hinein
prä-	vor	Prävention	Vorsorge
post-	nach	postoperativ	nach der Operation
im-, in-	1. in, hinein	Implantation Injektion	Einpflanzung Einspritzung
	2. Verneinung	Inkontinenz	Unfähigkeit, Harn / Stuhl zu halten
endo-	in, innerhalb	Endoskopie	Spiegelung im Inneren des Körpers
a-, an-	Verneinung	Anästhesie	Schmerzausschaltung
poly-	viel, zahlreich	Polytrauma	Mehrfachverletzung
re-	zurück, wieder	Rehabilitaion	Wiederherstellung
pro-	für, vor	Prognose	Vorhersage

Nachsilbe	Bedeutung	Beispiel	Übersetzung
-itis	Entzündung	Nephritis Arthritis	Nierenentzündung Gelenkentzündung
-ose	chronische, degenerative Erkrankung	Arthrose Nephrose	Gelenkverschleiß chron. Nierenerkrankung
-algie	Schmerz	Neuralgie	Nervenschmerz
-om	Geschwulst	Myom Karzinom	Muskelgeschwulst Krebsgeschwulst
-ektomie	Herausschneiden	Appendektomie	operat. Entfernung des Wurmfortsatzes
-skopie	Betrachtung	Gastroskopie	Magenspiegelung
-gramm	Geschriebenes	Elektroenzephalo-gramm (EEG)	Aufzeichnung der elektrischen Gehirnströme
- logie	Lehre	Gynäkologie	Frauenheilkunde
-pathie	Erkrankung	Neuropathie	Erkrankung der Nerven
-gen	verursachend, auslösend	pathogen	krankmachend
-zid	abtötend	Suizid	Selbsttötung

Tabelle 6 Übersicht wichtiger Fachbegriffe.

Richtungsbezeichnungen ▸ S. 143 f.

Lage- und Richtungsbezeichnungen an Kopf und Rumpf		Lage- und Richtungsbezeichnungen an den Extremitäten	
cranial	oben, weiter oben	proximal	zum Körper (Rumpf) hin
caudal	unten, weiter unten	distal	vom Körper weg
dexter	rechts	radial	daumenwärts
sinister	links	ulnar	kleinfingerwärts
medial	zur Mitte hin	tibial	schienbeinwärts
lateral	von der Mitte weg	fibular	wadenbeinwärts
dorsal	hinten, zum Rücken hin, am Rücken	dorsal	am Handrücken bzw. Fußrücken
ventral	vorn, zum Bauch hin, am Bauch	volar	auf der Handinnenfläche
posterior	hinten	plantar	auf der Fußsohle
anterior	vorne		

Tabelle 7 Gebräuchliche medizinische Bezeichnungen.

1.4.4 Grundlagenfächer der Medizin

Zur Beschreibung und Erklärung eines medizinischen Geschehens werden die Wissensinhalte aus den Grundlagenfächern Anatomie, Physiologie und Pathologie herangezogen und zusammengefügt. Sie werden von wissenschaftlich speziell ausgebildeten Ärzten erarbeitet.

Anatomie ist die Lehre vom Bau des Körpers. Sie ist ein wissenschaftliches Verfahren des Aufschneidens und Zergliederns, mit dessen Hilfe man wichtige Erkenntnisse gewinnt (Tabelle 8).

Physiologie ist die Lehre von den natürlichen Abläufen im Körper, wie Stoffwechsel, Wachstum, Erneuerung der Zellen und Gewebe, Fortpflanzung.

Pathologie bedeutet Krankheitslehre. Der Begriff Pathologie wird auch für ein Institut verwendet, in dem Leichen mit Zustimmung der Angehörigen untersucht werden. Ein weiteres, mittlerweile umfangreicheres Aufgabengebiet des pathologischen Instituts ist die Beurteilung von Zellen, Geweben und Organen, die von lebenden Menschen entnommen werden.

Ein unnatürlich Verstorbener wird im rechtsmedizinischen Institut auf Veranlassung der Staatsanwaltschaft obduziert.

„Der Anatom untersucht gesunde Leichen, der Pathologe kranke Leichen, der Rechtsmediziner kriminelle Leichen.“

Obduktion oder **Sektion** oder **Autopsie:** Leichenöffnung

Biopsie: Gewebeentnahme vom Lebenden

Bezeichnung	Beschreibung	Beispiel
topographische Anatomie	Einzelheiten und Lage der Organe zueinander werden erfasst.	Die Leber liegt im rechten Oberbauch unter dem Zwerchfell.
makroskopische Anatomie	Die Organe und Strukturen werden mit bloßem Auge betrachtet.	Die gesunde Leber sieht dunkelrot aus und hat eine glatte Oberfläche.
mikroskopische Anatomie	Organe, Gewebe und Zellen werden mit dem Mikroskop beurteilt.	Die Leber besteht aus vielen kleinen sechseckigen Leberläppchen.

Tabelle 8 Teilgebiete der Anatomie.

1.4.5 Allgemeine Begriffe aus dem Sprechstundenalltag

Die Anamnese (Krankengeschichte) dient als Wegweiser für die Erkennung der vorliegenden Erkrankung. Zur Einleitung des Anamnesegesprächs kann z. B. gefragt werden: „Was ist der Grund Ihres Kommens?“ oder „Was führt Sie zu uns?“

Symptom: Krankheitszeichen
Syndrom: typische Kombination von Symptomen

Im Rahmen der Eigenanamnese schildert der Patient selbst seine Beschwerden und antwortet auf die Fragen des Untersuchers aus seiner Erinnerung heraus.

Die Anamnese umfasst (Bild 9):

- die Eigenanamnese (EA). Zu dieser gehören jetzige Beschwerden, zurückliegende Krankheiten, Operationen und Unfälle. Vegetative Erscheinungen wie Schlaf, Stuhlgang usw. werden erfragt, ebenso Medikamenteneinnahme, Allergien und Vorbehandlungen. Bedeutsam ist auch, wie der Patient selbst sein Kranksein erklärt und erlebt.
- die Familienanamnese (FA). Durch sie erfährt man, ob bei Eltern, Geschwistern und anderen Angehörigen ähnliche Symptome zu finden sind, z. B. Übergewicht, Krebs, Alkoholabhängigkeit. Dies kann als Hinweis gewertet werden, ob bestimmte genetische Belastungen vorliegen.
- die Sozialanamnese. Sie beleuchtet das soziale Umfeld des Patienten, also wirtschaftliche, berufliche, familiäre Verhältnisse.
- die Fremdanamnese. Sie findet statt, wenn der Patient nicht selbst Auskunft gibt, z. B. bei Kindern, verwirrten oder geistig behinderten Menschen.

vegetatives Nervensystem ▶ S. 328

internationale Klassifikation ▶ S. 54 f.

Therapie: Krankheitsbehandlung

Prävention ▶ S. 466

Checkliste: Anamnese

- ✔ Name, Alter
- ✔ Größe, Gewicht
- ✔ Aktuelle Hauptbeschwerden nach Art, Ort und Dauer
- ✔ Begleitsymptome
- ✔ Vorerkrankungen, Operationen, chronische Erkrankungen
- ✔ Körperfunktionen (Appetit, Schlaf, Leistungsknick, Stuhlgang usw.)
- ✔ Konsum von Genussgiften wie Kaffee, Tabak, Alkohol
- ✔ Medikamenteneinnahme
- ✔ Bisherige Therapie
- ✔ Familienanamnese
- ✔ Soziale Anamnese
- ✔ Je nach Fragestellung: Reiseanamnese, Schmerzanamnese, Sexualanamnese, psychiatrische Anamnese, gynäkologische Anamnese, durchgemachte Kinderkrankheiten, Impfungen usw.

Bild 9 Checkliste Anamnese.

Diagnose heißt Krankheitsfeststellung oder Krankheitsbezeichnung. Eine Krankheit äußert sich durch eine Ansammlung verschiedener Symptome, die erfasst und differenzialdiagnostisch abgewogen werden müssen.

Die Differenzialdiagnose grenzt bei gleichartigen Symptomen Krankheiten gegeneinander ab. Beispielsweise kann das Symptom Gelbsucht bei einer Leberentzündung auftreten, aber auch bei einem Verschluss des Gallenganges.

Normalerweise beinhaltet die Diagnose die Krankheitsbeschreibung, z. B. Magen-Darm-Entzündung. Dies kann mit einem Syndrom gleichgesetzt werden. Beispiel: HWS-Syndrom (Halswirbelsäulen-Syndrom) bezeichnet typische schmerzhafte Nacken-/Schulter-Beschwerden.

Als diagnostische Bezeichnung wird auch der Begriff Morbus (M.), lateinisch Krankheit, eingesetzt, z. B. M. Parkinson (Schüttellähmung).

Diagnosen müssen verschlüsselt werden, z. B. F20 = Schizophrenie, internationale Klassifikation.

Therapie. Krankheiten können vielfältig behandelt werden. So lassen sich die Therapieformen nach unterschiedlichen Gesichtspunkten einordnen (Tabelle 9).

Prävention oder **Prophylaxe** heißt Vorbeugung. Es handelt sich um Maßnahmen, die Krankheitsfolgen begrenzen oder gesundheitsschädigende Faktoren ausschalten.
Beispiele: Impfungen, Diät, Training.

Rehabilitation ist die berufliche und soziale Wiedereingliederung einschließlich allgemeiner postoperativer Maßnahmen und Nachsorge.

Therapieform	Merkmal	Beispiel
• kurativ	• Heilung, Wiederherstellung des ursprünglichen Zustands	• endgültige Tumorentfernung
• palliativ	• Krankheitslinderung ohne Heilung	• Schmerztherapie bei Krebsleiden
• operativ, chirurgisch	• Behandlung mit Messer / Skalpell, Laser	• operative Versorgung eines gebrochenen Knochens durch Platten, Nägel, Schrauben
• konservativ	• Behandlung ohne Operation	• Ruhigstellen des gebrochenen Knochens durch Gipsverband
• medikamentös	• mit Arzneimitteln	• Tabletten, Salben, ...
• kausal	• Beseitigung der Krankheitsursachen	• Nierensteinentfernung
• symptomatisch	• Linderung von Krankheitszeichen	• Schmerzbehandlung bei Nierensteinkolik
• Strahlentherapie	• mit energiereichen Strahlen	• Krebszellen werden zerstört
• physikalische Therapie	• Behandlung mit Wärme / Kälte, Reizstrom, ...	• Kurzwellenbestrahlung
• Psychotherapie	• Beeinflussung im Denken, Fühlen, Wahrnehmen, ...	• Verhaltens- / Entspannungstherapie bei Spinnenphobie
• Homöopathie	• hochverdünnte Arzneimittel, die symptomorientiert eingesetzt werden	• Echinacea (Sonnenhut) zur Stärkung der körpereigenen Abwehrkräfte

Tabelle 9 Einteilung der Therapieformen.

1.4.6 Untersuchungsverfahren

Die körperliche Untersuchung. Der Untersuchende (meistens der Arzt) benutzt dazu seine Hände und seine Sinne sowie Hilfsmittel (Stethoskop, Reflexhammer, Spatel oder Maßband). Untersuchungsverfahren sind

- Inspektion (Betrachtung): Das Aussehen des Patienten, sein Verhalten oder auch nur der erkrankte Bezirk werden gemustert;
- Palpation (Abtastung): Durch Abtasten oder Befühlen des Patienten können Beschaffenheit, Temperatur, Schmerzhaftigkeit, Größen- und Formveränderung der Körperoberfläche und der darunterliegenden Strukturen beurteilt werden, z. B. Puls, Verhärtung, Knoten;
- Perkussion (Abklopfen): Durch Abklopfen der Körperoberfläche entsteht Schall, der je nach Dichte des darunterliegenden Gewebes unterschiedlich ist. Luftfreies Gewebe, z. B. beim Beklopfen der Leber, ergibt eine Dämpfung der Perkussionsschwingungen. Das Beklopfen der Brust mit der darunterliegenden lufthaltigen Lunge lässt einen lauten anhaltenden Perkussionsschall hören. Mithilfe des Klopfschalls können Ausdehnung von Lunge und Leber untersucht, aber auch der Zustand anderer Organe beurteilt werden;

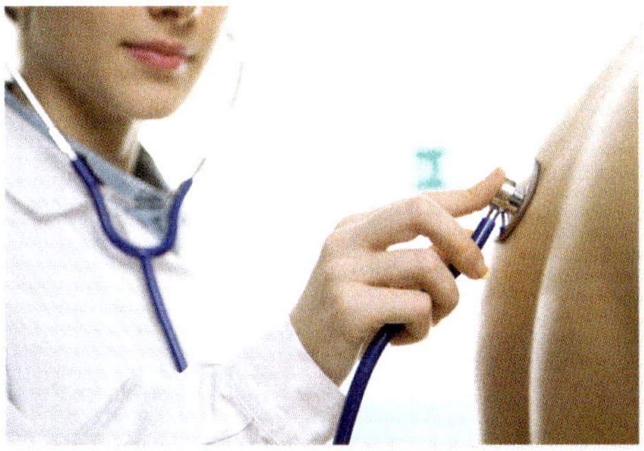

Bild 10 Auskultation.

- Auskultation (Abhören): Wird mit dem Stethoskop durchgeführt, z. B. werden Herzgeräusche abgehört (Bild 10);
- Funktionsprüfungen: Dies sind grob orientierende Untersuchungen über die Leistungsfähigkeit eines Organsystems. Beispielsweise werden Nervenleitungen durch Reflexauslösung untersucht.

Tätigkeiten der Medizinischen Fachangestellten im Rahmen einer Allgemeinuntersuchung können die Ermittlung der Körpermaße (Gewicht, Größe) sein, Messung der Körpertemperatur, Puls- und Blutdruckmessung.

Blutdruckmessung ▸ S. 292

Die Messung der Körpertemperatur (Tabelle 10) erfolgt mit digitalen Thermometern. Die Messung kann an folgenden Orten stattfinden:

- unter der Zunge: sublingual, oral
- in der Achselhöhle: axillar
- im Mastdarm (am genauesten!): rektal
- im äußeren Gehörgang

Körperkerntemperatur	Bewertung
37 °C	normal
bis 38,5 °C	subfebril
über 38,5 °C	Fieber
über 39 °C	hohes Fieber

Tabelle 10 Körperkerntemperaturen rektal gemessen.

Diagnostische Verfahren. Ausgehend von den Krankheitszeichen können je nach Notwendigkeit weiterführende diagnostische Verfahren eingesetzt werden, z. B. Labor-, Röntgenuntersuchung, bildgebende und invasive Techniken. Der Untersuchende ordnet, bewertet und gewichtet die Symptome und Befunde. So kann die Diagnose gestellt werden, die die Grundlage für die Behandlung bildet. Tabelle 11 gibt eine Übersicht der unterschiedlichen Untersuchungsverfahren, die vom Symptom zur Diagnose führen.

Anamnese	Körperliche Untersuchungen	Labordiagnostik	Bildgebende Verfahren	Invasive Techniken	Pathologisch-histologische Untersuchung
Eigenanamnese: • jetzige Beschwerden • frühere Erkrankungen • Unfälle, OP • vegetative Anamnese • Medikamente • Vorbehandlungen **Familienanamnese:** • Zuckerkrankheit • Bluthochdruck • Krebs • … **Sozial- und Berufsanamnese** **Psychosoziale Anamnese:** Wie erlebt und beurteilt der Patient selbst seine Erkrankung? Fremdanamnese	Inspektion Palpation Perkussion Auskultation Funktionsprüfung Körpergröße Körpergewicht Körpertemperatur Blutdruck Puls	**Blut:** • Blutzellen, weiße, rote • Serumenzyme • Plasmaeiweiße • Glucose, Harnstoff • Elektrolyte • … **Urin:** • Eiweiß • Glucose • Blut **Stuhl:** • Blut **EKG** (Elektrische Herzstromkurve) **EEG** (Elektrische Hirnstromkurve) **Spirometrie** (Lungenfunktionstest) …	**Sonographie** (Ultraschalluntersuchung) **Röntgenaufnahmen:** • Leeraufnahme • Kontrastaufnahme • Schichtaufnahme (Tomographie) • CT (Computergestützte Schichtaufnahmen) **Szintigraphie** (Untersuchung mit radioaktiv markierte Substanzen) **MRT** (Magnetresonanztomographie, Kernspintomographie)	**Endoskopie** (Spiegelung innerer Organe) **Biopsie** (Entnahme von Gewebe am Lebenden) **Operative Eingriffe:** • Schnellschnitt • Lymphknotenentfernung	makroskopische und feingewebliche Untersuchung der Organe, Gewebe und Zellen von: • Körperflüssigkeiten wie Magen-, Gallensaft, … • Punktionsflüssigkeiten aus Gelenk, Bauchhöhle usw. • bioptischem Material • operativen Eingriffen

Tabelle 11 Vom Symptom zur Diagnose.

2 Arbeitsschutz

Der Arbeitsschutz befasst sich mit den Zusammenhängen zwischen Arbeit und Gesundheit bzw. Krankheit sowie mit dem Unfallschutz.

In Deutschland wird der Arbeitsschutz in einem dualen System überwacht:

- durch die Arbeitsschutzbehörden der Bundesländer (Gewerbeaufsichtsamt, Amt für Arbeitsschutz und Sicherheitstechnik),
- durch die Träger der gesetzlichen Unfallversicherung (Berufsgenossenschaften und Unfallkassen; für MFA die Berufsgenossenschaft für Gesundheitsdienst und Wohlfahrtspflege).

Der Arbeitsschutz unterscheidet zwischen technischem Arbeitsschutz und sozialem Arbeitsschutz (Bild 11).

2.1 Sozialer Arbeitsschutz

Der soziale Arbeitsschutz beinhaltet allgemeine und auf bestimmte Personengruppen bezogene Vorschriften.

Das Arbeitszeitgesetz (ArbZG) schreibt die Bestimmungen für Arbeitszeiten und Pausen der Arbeitnehmer vor. Arbeitszeit ist die Zeit vom Beginn bis zum Ende der Arbeit ohne die Ruhepausen. Demnach beträgt die regelmäßige tägliche Arbeitszeit höchstens acht Stunden. Sie kann auf bis zu zehn Stunden verlängert werden, wenn dafür an einem anderen Tag entsprechend weniger gearbeitet wird.

Grundsätzlich dürfen Arbeitnehmer an Sonn- und Feiertagen nicht beschäftigt werden. Ausnahmeregelungen sind z. B. für den ärztlichen Notdienst vorgesehen.

BGW Berufsgenossenschaft für Gesundheitsdienst und Wohlfahrtspflege

Das Bundesurlaubsgesetz (BUrlG) regelt, in welchem Umfang ein Arbeitgeber den Arbeitnehmern bezahlten Erholungsurlaub zu gewähren hat. Der Mindesturlaubsanspruch beträgt 24 Werktage bzw. 20 Arbeitstage bei einer Fünf-Tage-Woche. Das Bundesurlaubsgesetz (BUrlG) gilt nicht für minderjährige Arbeitnehmer. Diese haben laut Jugendarbeitsschutzgesetz einen altersabhängigen Urlaubsanspruch zwischen 25 und 30 Werktagen.

Werktage: Montag bis Samstag

Das Kündigungsschutzgesetz (KSchG) soll im Idealfall verhindern, dass ein Arbeitnehmer unvorbereitet und in unzumutbarer Weise seine Existenzgrundlage verliert.

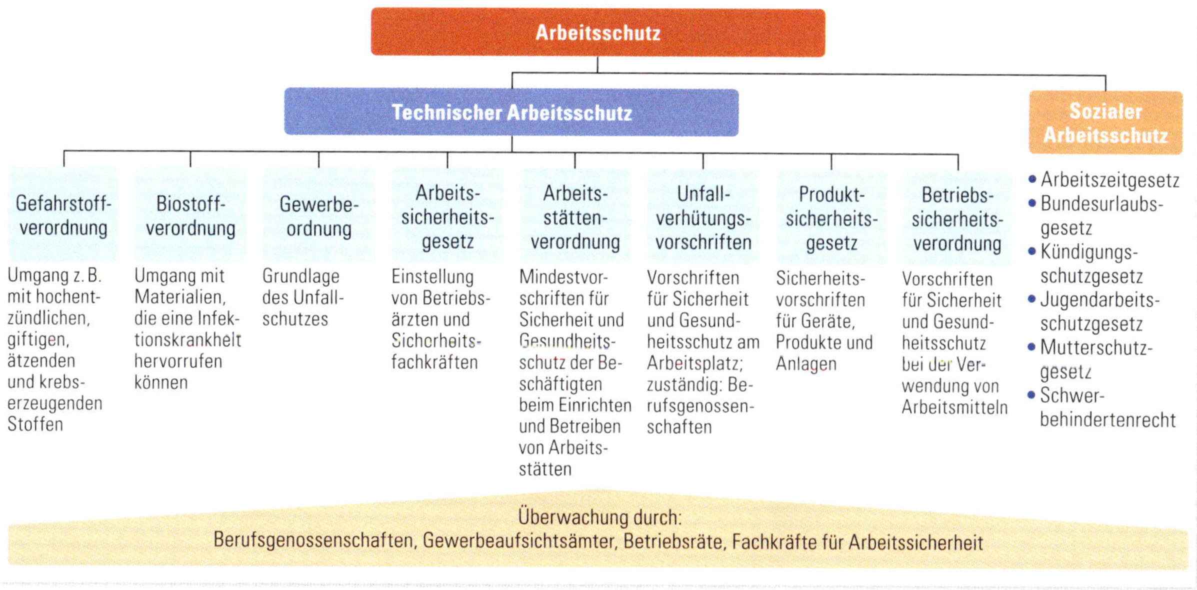

Bild 11 Übersicht Arbeitsschutz.

Zu unterscheiden sind der allgemeine Kündigungsschutz und der besondere Kündigungsschutz:

Einen besonderen Kündigungsschutz genießen Auszubildende, Betriebsratsmitglieder, Schwangere, Menschen mit Schwerbehinderung und Wehrpflichtige. Der besondere Kündigungsschutz ist so weitreichend, dass die genannten Personengruppen gewissermaßen unkündbar sind, es sei denn, es liegt ein wichtiger Grund vor. Eine Kündigung aus wichtigem Grund kommt dann infrage, wenn es für einen der Vertragspartner unzumutbar wäre, das Arbeitsverhältnis aufrechtzuerhalten (z. B. die MFA hat gestohlen oder der Arzt hat die MFA geschlagen).

Der allgemeine Kündigungsschutz besteht darin, dass in Betrieben mit mehr als zehn Arbeitnehmern die Mitarbeiter nach sechs Monaten Kündigungsschutz genießen. Ein Arbeitgeber darf nach dem KSchG nur dann kündigen, wenn die Kündigung durch einen der folgenden Gründe gerechtfertigt ist:

- durch die Person des Arbeitnehmers (z. B. ist den Arbeitsanforderungen nicht gewachsen; hat zu hohe krankheitsbedingte Fehlzeiten),
- durch das Verhalten des Arbeitnehmers (z. B. Arbeitsverweigerung; häufige Unpünktlichkeit) – einer verhaltensbedingten Kündigung muss eine schriftliche Abmahnung vorausgehen,
- durch die betriebliche Situation (z. B. Patientenrückgang in der Arztpraxis).

Abmahnung: formale Aufforderung des Arbeitgebers, ein bestimmtes Verhalten künftig zu unterlassen

physisch: den Körper betreffend

psychisch: die Seele betreffend

Das Jugendarbeitsschutzgesetz (JArbSchG) soll verhindern, dass Jugendliche in ihrer physischen und psychischen Reifung behindert werden. Es gilt für Jugendliche ab dem 15. Lebensjahr bis zur Volljährigkeit (18. Lebensjahr); Kinderarbeit ist verboten.

Jugendliche dürfen im Rahmen einer Fünf-Tage-Woche maximal 40 Stunden arbeiten, dabei darf die tägliche Arbeitszeit von acht Stunden nur in Ausnahmefällen um 30 Minuten überschritten werden. Eine Beschäftigung nach 20 Uhr und vor 06 Uhr ist nicht zulässig (es gibt jedoch eine Reihe von Ausnahmen z. B. für Bäckereien).

Das Jugendarbeitsschutzgesetz enthält außerdem Vorschriften für den Jahresmindesturlaub, die Pausenregelung und den Berufsschulbesuch.

Das Mutterschutzgesetz (MuSchG) soll werdende Mütter und deren ungeborene Kinder vor gesundheitsschädlichen Tätigkeiten schützen. Es gilt auch für Auszubildende.

Laut Gesetz dürfen werdende Mütter in den letzten sechs Wochen vor der Entbindung nur auf eigenen Wunsch beschäftigt werden. Nach der Entbindung besteht für die Mütter acht Wochen ein absolutes Beschäftigungsverbot. Bei Mehrlings- und/oder Frühgeburten erhöht sich die Zeit des Beschäftigungsverbots auf zwölf Wochen. Auch Mütter von Kindern mit Behinderungen erhalten 12 Wochen Mutterschutz.

Werdende Mütter dürfen keine körperlich schweren Arbeiten verrichten und keinem Infektionsrisiko (z. B. bei der Behandlungsassistenz) oder sonstigen Gesundheitsrisiken (z. B. beim Röntgen) ausgesetzt werden (Gefährdungsbeurteilung). Das hat zur Folge, dass eine schwangere MFA nur sehr begrenzt in der Praxis einsetzbar ist. Gelegentlich ist es einer Praxis gar nicht möglich, die Schwangere entsprechend den gesetzlichen Bestimmungen zu beschäftigen – sie muss dann für die Zeit der Schwangerschaft bei vollem Gehalt von der Arbeit freigestellt werden.

Das Schwerbehindertenrecht (Sozialgesetzbuch IX, Teil 3) enthält besondere Regelungen für Menschen mit Schwerbehinderung, um ihnen die Teilnahme am Arbeitsleben zu ermöglichen. Weil der Arbeitsalltag für Menschen mit Schwerbehinderung besonders belastend ist, haben sie, neben anderen Vergünstigungen, z. B. Anspruch auf fünf Tage Zusatzurlaub.

Laut Gesetz sind Arbeitgeber mit mindestens 20 Angestellten verpflichtet, eine gewisse Anzahl an Menschen mit Schwerbehinderung zu beschäftigen. Wird die Zahl unterschritten, muss der Arbeitgeber eine monatliche Ausgleichsabgabe zahlen.

2.2 Technischer Arbeitsschutz

Der technische Arbeitsschutz soll die Gesundheit der Arbeitnehmer schützen und die Arbeit menschengerecht gestalten.

Die Gefahrstoffverordnung (GefStoffV) ist eine Verordnung zum Schutz vor gefährlichen Stoffen. Das Gesetz regelt den Umgang mit gefährlichen Arbeitsstoffen (z. B. Röntgenchemikalien) und gibt Sicherheitsauflagen vor. Gefahrenstoffe können auf unterschiedliche Weise aufgenommen werden (Bild 12).
Ein Teil der ärztlichen Fürsorgepflicht besteht darin, die Mitarbeiter zu schützen, wenn sie mit Produkten umgehen, die Arbeitsunfälle verursachen oder Berufskrankheiten auslösen können. Die Maßnahmen sind in der Gefahrstoffverordnung geregelt. Der Umgang mit einem Gefahrenstoff muss geregelt werden (Bild 13). Zur Kennzeichnung von Gefahrstoffen dienen Gefahrensymbole (Tabelle 12, S. 30).

Die Biostoffverordnung (BioStoffV) soll die Sicherheit im Umgang mit biologischen und möglicherweise infektiösen Arbeitsstoffen regeln. In der Praxis denkbar sind z. B. Infektionen durch

- direkten Kontakt mit Blut, Speichel usw.,
- indirekte Übertragung (z. B. über kontaminierte Instrumente oder Hände).

Die Gewerbeordnung (GewO) verpflichtet Ärzte, die Räume und Geräte so zu gestalten, dass die Arbeitnehmer möglichst gut gegen Gefahren geschützt sind.

Das Arbeitssicherheitsgesetz (ASiG) verpflichtet jeden Arbeitgeber, Betriebsärzte und Fachkräfte für Arbeitssicherheit zu bestellen, die ihn beim Arbeitsschutz und bei der Unfallverhütung unterstützen. Der Betriebsarzt berät in allen Fragen des Gesundheitsschutzes; die Fachkraft für Arbeitssicherheit untersucht, wo mögliche Gefahren zu erwarten sind.

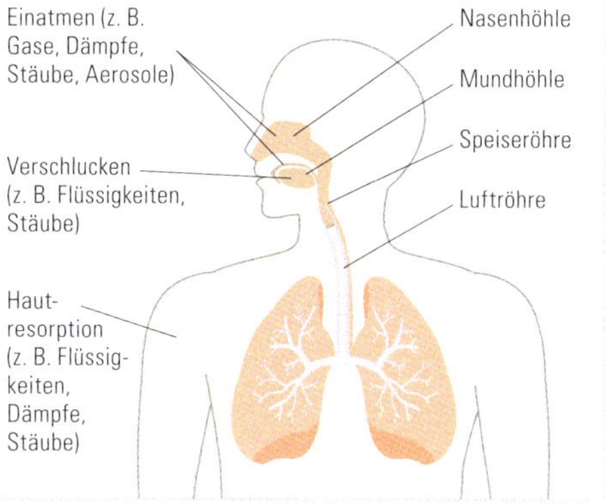

Bild 12 Auf diesen Wegen können Gefahrstoffe aufgenommen werden.

In der Arbeitsstättenverordnung (ArbStättV) finden sich u. a. Vorgaben zu Größe, Licht, Luft und Temperatur der Arbeitsräume, zu Fluchtwegen und zur Bereitstellung eigener Sanitär- und Pausenräume für das Personal.

Die Unfallverhütungsvorschriften (UVV, heute DGUV-Vorschriften = Vorschriften der Deutschen Gesetzlichen Unfallversicherung) werden von den Berufsgenossenschaften als Trägern der gesetzlichen Unfallversicherung erlassen. Für die MFA gilt die DGUV Vorschrift 1 „Grundsätze der Prävention". Sie zeigt, wie Arbeitsunfälle, Berufskrankheiten und arbeitsbedingte Gesundheitsgefahren vermieden werden können. Der Arbeitgeber hat seine Mitarbeiter regelmäßig und umfassend zu unterweisen. Die DGUV Vorschrift 1 kann aus dem Internet heruntergeladen werden (www.dguv.de).

Das Medizinprodukterecht-Durchführungsgesetz (MPDG) regelt in erster Linie den Handel mit Medizinprodukten. Nach diesem Gesetz ist es z. B. verboten, Medizinprodukte mit abgelaufenem Haltbarkeitsdatum in den Verkehr zu bringen.

Fürsorgepflicht: Jeder Arbeitgeber ist gesetzlich dazu verpflichtet, Leben und Gesundheit des Arbeitnehmers zu schützen.

DGUV
Deutsche Gesetzliche Unfallversicherung
Spitzenverband

Medizinprodukte: medizinische Instrumente, Apparate, Vorrichtungen und Substanzen

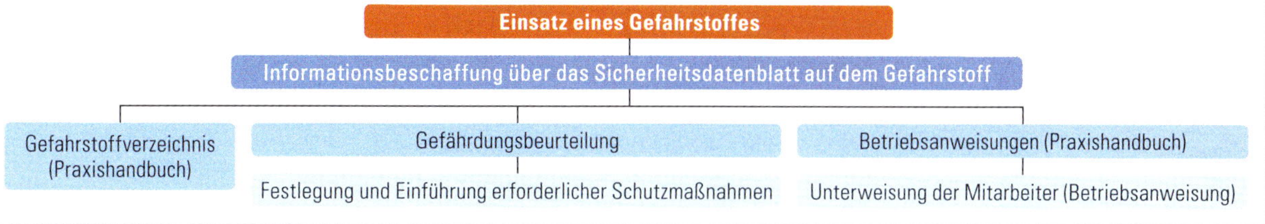

Bild 13 Ablaufschema zum Umgang mit Gefahrstoffen.

Außerdem darf nicht behauptet werden, dass durch ein Produkt eine gesundheitliche Verbesserung zu erwarten ist, wenn dies nicht wahr und nicht ausreichend belegt ist.

Das Produktsicherheitsgesetz (ProdSG) regelt den Umgang mit Geräten und Maschinen, die nicht zu den Medizinprodukten gehören, z. B. eine in der Praxis aufgestellte Waschmaschine.

Strahlenschutzgesetz und Strahlenschutzverordnung ▸ S. 183

Die Betriebssicherheitsverordnung (BetrSichV) dient dazu, die Sicherheit bei der Verwendung unterschiedlicher Arbeitsmittel zu garantieren. Sie regelt z. B. den Umgang mit Geräten, die mit Druck arbeiten (z. B. Autoklaven, Feuerlöscher).

Die Strahlenschutzverordnung (StrlSchV) schreibt u. a. vor, dass Personen, die Röntgenstrahlen anwenden, unterwiesen wurden in Arbeitsmethoden, möglichen Risiken des Röntgens und anzuwendenden Schutzmaßnahmen.

Bezeichnung / Symbol	Wirkungsbeispiele	Stoffbeispiele	Produktbeispiele	Sicherheitshinweise
 (sehr) giftig	Können bereits in kleineren Mengen sofort zu schweren gesundheitlichen Schäden oder zum Tode führen.	• Formaldehyd • Methanol • Flusssäure	• Frostschutzmittel • Ätzgel	• nicht einatmen, berühren, verschlucken • Persönliche Schutzausrüstung (PSA) tragen • bei Vergiftung: sofort Giftinformationszentrum / Arzt anrufen; stabile Seitenlage
 reizend	Führen zu gesundheitlichen Schäden, reizen Augen, Haut oder Atemwegsorgane. Führen in größeren Mengen zum Tode.	• Kaliumcarbonat • Natriumcarbonat • Essigsäure	• Röntgenchemikalien • Desinfektionsmittel für Flächen und Instrumente • Entkalker • Gerätereiniger	s. o. (bei Hautreizungen oder Augenkontakt sofort mit Wasser oder geeignetem Mittel spülen)
 systemische Gefährdung	Können Allergien auslösen, Krebs erzeugen, das Erbgut verändern, die Fortpflanzung beeinträchtigen und Organe schädigen.	• Jod • Glykol	• Desinfektionsmittel • Dentalkunststoffe	• vor der Arbeit mit solchen Stoffen gut informieren • Persönliche Schutzausrüstung (PSA) tragen
 entzündlich	Können sich selbst entzünden oder zu Explosionen führen.	• Aceton • Alkohol • Benzin	• Händedesinfektionsmittel • Kältespray	• von offenen Flammen und Wärmequellen fernhalten • Gefäße dicht verschließen • brandsicher aufbewahren
 brandfördernd	Reagieren mit Sauerstoff und verstärken Brände.	• Wasserstoffperoxid	• Desinfektionsmittel • Spüllösung	• von brennbaren Stoffen fernhalten und nicht mit diesen mischen • sauber aufbewahren
 ätzend	Zerstören Metalle, verätzen Körpergewebe und können schwere Augenschäden verursachen.	• Wasserstoffperoxid • Essigsäure • Natronlauge • Flusssäure	• Desinfektionsmittel für Flächen und Instrumente • Entkalker • Rohrreiniger	• Kontakt vermeiden • Schutzbrille und Handschuhe tragen • bei Kontakt Augen und Haut mit Wasser spülen
 umweltgefährlich	Sind für Wasserorganismen schädlich oder giftig.	• Blei	• Akkus und Batterien • Röntgenchemikalien	• nicht in die Umwelt gelangen lassen • als Sondermüll entsorgen (evtl. Entsorgungsbelege aufbewahren)
 explosionsgefährlich	Explodieren durch Feuer, Schlag, Reibung, Erwärmung.	• Alkohol	• Händedesinfektionsmittel • Anästhetika	• nicht reiben oder stoßen • Feuer, Funken und jede Wärmeentwicklung vermeiden
 komprimierte Gase	Gasflaschen unter Druck können beim Erhitzen explodieren.	Gasflaschen unter Druck	• Sauerstoff • Narkosegas • Propangas • Kältespray	• nicht erhitzen • bei kalten Gasen Schutzhandschuhe tragen

Tabelle 12 Gefahrensymbole und Gefahrstoffe in der Arztpraxis.

3 Kommunikation

3.1 Kommunikationsmodell

Kommunikation bedeutet die Übermittlung einer Botschaft oder Nachricht vom Sender oder Sprecher an einen Empfänger oder Hörer. Die Mitteilung wird codiert, z. B. durch die verwendete Sprache, und an den Empfänger gesendet. Dieser nimmt die Nachricht auf und entziffert (decodiert) sie. Der Empfänger wird nun wieder zum Sender einer Botschaft, indem er durch Sprechen und / oder Verhalten reagiert. Es findet ein wechselseitiger Austausch von Informationen (Interaktion) statt.

Die vier Seiten einer Botschaft. Sieht man eine Botschaft genauer an, so kann man feststellen, dass sie immer mehr oder minder deutlich vier Anteile hat (Bild 15).

- Der Sachinhalt drückt die Fakten aus.
- Der Beziehungsinhalt stellt die Haltung zwischen Sender und Empfänger dar, z. B. Ablehnung, Mitgefühl, Überlegenheit.
- Der Selbstoffenbarungsinhalt lässt Einblicke in die Persönlichkeit zu. Der Sender äußert eigene Gefühle und Gedanken.
- Der Appellinhalt möchte etwas bewirken.

Beispiel: Der Patient sagt: „Ich habe Schmerzen." (Bild 14).

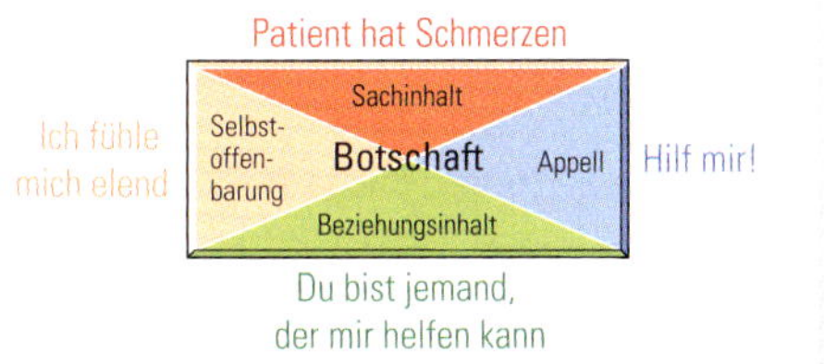

Bild 14 Sender: Ich habe Schmerzen.

Situation, Persönlichkeitszüge, bewusste und unbewusste Motive lassen einen bestimmten Gesichtspunkt der Botschaft stärker hervortreten.

So kann die Aussage „Ich habe Schmerzen" z. B. durch den Ton in ganz unterschiedlichem Licht erscheinen:

- Klare deutliche Betonung hebt den Sachinhalt „Schmerzen" hervor.
- Ein lauter vorwurfsvoller Ton verstärkt den Beziehungsinhalt: „Ihr taugt nicht viel ...".

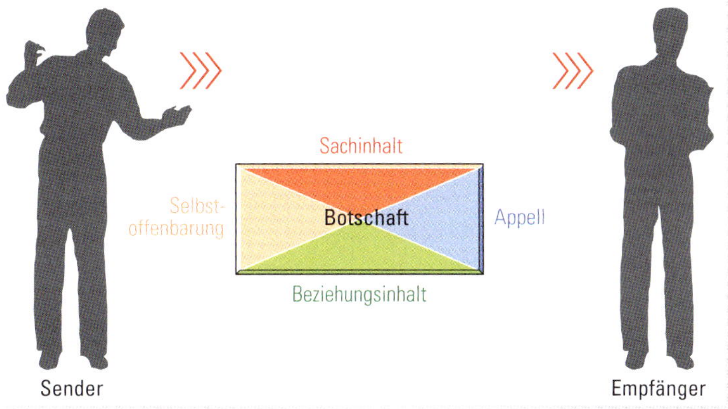

Bild 15 Vier Seiten einer Botschaft.

- Schwankendes, wenig ausdrucksstarkes Sprechtempo betont den Selbstoffenbarungsinhalt: „Ich leide fürchterlich".
- Ein abgehackter Rhythmus und herrischer Tonfall unterstreichen den Appellinhalt: „Ihr seid dazu da, mir zu helfen ...".

codieren = verschlüsseln

decodieren = entschlüsseln

Empfänger der Botschaft. Betrachtet man die Botschaft aus der Sicht des Empfängers wird deutlich, dass jeder Mensch vier verschiedene „Nachrichtenohren" hat. Wie ausgebildet das jeweilige Empfangsohr ist und wie oft es eingeschaltet wird, hängt von der Persönlichkeit des Empfängers und seiner Lebensgeschichte ab.

Wie kann die MFA die Schmerzbotschaft des Senders aufnehmen? Je nachdem, auf welchem Ohr sie hört, wird die Botschaft ganz unterschiedlich aufgenommen (Bild 16).

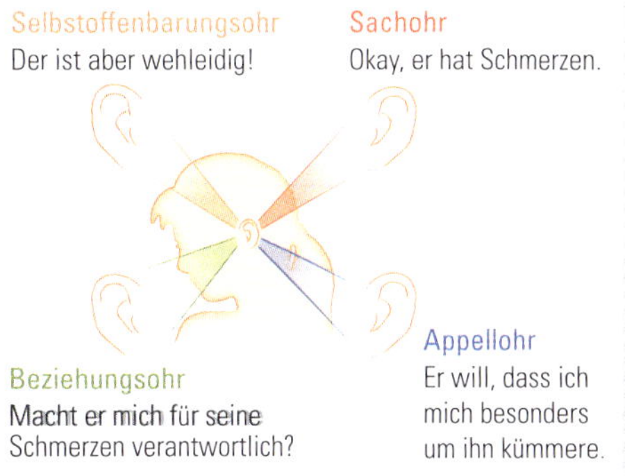

Bild 16 Die vier Ohren des Empfängers.

3.2 Kommunikationsformen

verbale Kommunikation = sprachliche Verständigung

nonverbale Kommunikation = nichtsprachliche Verständigung

Verbale Kommunikation. Eine Botschaft kann verbal in Form von Sprache bzw. festgelegten Zeichen und nonverbal durch Körperhaltung und Körpersprache übermittelt werden. Die verbale Kommunikation spricht eher den Verstand und das bewusste Erfahren und Denken an. Nonverbale Kommunikation vermittelt Gefühle und die damit verbundenen zwischenmenschlichen Beziehungen. Freud sagt, dass nur 20 % unseres Handelns, Denkens und Fühlens wie die Spitze eines Eisbergs in das Bewusstsein hineinragen, alles andere bleibt unbewusst. Dies bedeutet, dass die Übermittlung einer Botschaft über die verschiedenen Kommunikationskanäle oft nicht widerspruchsfrei ist. Die Kommunikationsforschung konnte zeigen, dass von einer Information nur etwa 60 % beim Empfänger ankommen.

Gestik: das Sprechen mit Händen und Füßen

Mimik: das Sprechen mit dem Gesicht

Bis die ankommende Information verstanden und verarbeitet ist, bleiben 40 % übrig und 20 % werden behalten. Daraus folgt, dass der Sender z.B. durch Nachfragen sicherstellen muss, ob der Empfänger die Botschaft wirklich verstanden hat.

Nonverbale Kommunikation. Kommunikation und Beziehungspflege werden etwa zu 10 % durch Worte gestaltet, zu 40 % durch Tonfall und zu 50 % durch Körpersprache.

Die äußere Erscheinung, Stimmlage, Augen- und Gesichtsausdruck, Körperhaltung und Körperkontakte ergeben einen Eindruck, der die Einstellung dem Gesprächspartner gegenüber und die Handlungsweise in der Gesprächssituation beeinflusst. Körperhaltung, Gestik und Mimik lassen Gefühle und Einstellungen sichtbar werden (Tabelle 13).

Äußerungsform	Mögliche Bedeutung
mit den Fingern trommeln	Erstaunen, Ungeduld
unsichere, verkrampfte Hände	Angst, Unsicherheit
gerade Körperhaltung	sichere innere Haltung
hochgezogene Schultern	Hilflosigkeit, Gefühl der Bedrohung
Achselzucken, evtl. eingezogener Kopf	Hilflosigkeit, Interesselosigkeit
Gestik des Oberkörpers	Offenheit, Entgegenkommen
Hände nach oben geöffnet	Offenheit, Entgegenkommen
Hände in die Hüfte gestemmt	Zielstrebigkeit, Trotz, Wunsch nach Überlegenheit
Arme vor der Brust verschränkt	Unbehagen, Selbstschutz
aufgerissene Augen	Erstaunen, Überraschung
zugekniffene Augen	Abwehr, Unlust
Zuwendung des Gesichts	Interesse, Offenheit
Nasenrümpfen	Unbehagen, angewidert sein
Mundwinkel nach oben gezogen	positive, fröhliche Einstellung
verkniffener Mund	Verbissenheit, kontaktscheu
auf die Lippen beißen	Nervosität, Angespanntheit
blass werden	Angst, Wut
erröten	Zorn, Verlegenheit

Tabelle 13 Signale der nonverbalen Kommunikation.

Mitteilungen auf dem nonverbalen Kommunikationskanal üben normalerweise eine starke unmittelbare Wirkung auf die Kommunikationspartner aus. Sie sind ursprünglicher und werden großenteils von Geburt an verstanden. Einen Menschen, der traurig ist, versteht man auch ohne viele Worte. Die Anwendung und der Ausdruck von Körpersignalen werden jedoch teilweise kulturabhängig erlernt. Beispielsweise erscheint dem Europäer das Gesicht eines Asiaten in vielen Situationen eher maskenhaft und ausdruckslos. Denn in Asien ist es verpönt, Gefühle durch Gesichtsausdruck und Körpersprache auszudrücken.

Die Signale der nonverbalen Kommunikation sind prinzipiell mehrdeutig und müssen im Zusammenhang mit dem Gesamtverhalten bewertet werden.

Die Stimmlage gibt Einblick in die Persönlichkeit. Die Klangfarbe verrät den Gemütszustand des Sprechers, da die Tonbildung auch von innerer und äußerer Spannung und Konzentration abhängt. Neben Sprachrhythmus, Sprachmelodie, Geschwindigkeit und Lautstärke wird die Wirkung einer Aussage ferner durch Verständlichkeit der Sprache und angemessene Sprechpausen bestimmt. So klagt manch einer: „Es hat mich nicht gekränkt, was er gesagt hat, sondern wie er es gesagt hat."

3.3 Kommunikationsstörungen

Wenn eine Nachricht anders ankommt, als sie gemeint ist, kann dies verschiedene Ursachen haben. Alles, was den Vorgang der Verständigung beeinträchtigen kann, wie Dialekt, sprachliche Zweideutigkeit, Nervosität, ein Beziehungsproblem oder auch unterschiedliches kulturelles Selbstverständnis, führt zu Kommunikationsstörungen. Störfaktoren können sein:

- Negative Formulierungen, die Druck erzeugen „Sie täuschen sich!" oder „Das ist doch nicht meine Schuld!" werden besser ersetzt durch: „Da haben wir uns falsch verstanden."
- Es wird eine Sprache verwendet, die dem Gesprächspartner nicht angepasst ist, z. B. Fremdworte, Zweideutigkeiten, Ironie, abstrakte Begriffe. Aussagen wie „bleiben Sie nüchtern" oder „der Befund ist negativ" sind für den medizinischen Laien nicht eindeutig. Besser ist stattdessen zu sagen: „Sie dürfen sechs Stunden vor der Untersuchung nichts essen und trinken." oder „Die Untersuchung ergab, dass alles in Ordnung ist."
- Ablenkung und unkonzentriertes Zuhören, z. B. bei gleichzeitigem Telefonieren, beeinträchtigen eine erfolgreiche Kommunikation.
- Fehlende Mimik und Gestik, die das gesprochene Wort unterstreichen oder verdeutlichen, erschweren das Verstehen. Zu einem freundlichen „Guten Morgen" gehört ein freundliches Lächeln.
- Fehlende Übereinstimmung zwischen verbaler und nonverbaler Kommunikation führt zu Verwirrung und Unsicherheit beim Empfänger, z. B. einen ungünstigen Untersuchungsbefund lächelnd zu übermitteln.

3.4 Gesprächsführung

Das Gespräch nimmt eine zentrale Rolle in der Beziehungsgestaltung zwischen Menschen ein. Wichtige Voraussetzungen für ein erfolgreiches Gespräch sind die passende Zeit und ein geeigneter Raum.

Das Gespräch sollte in einer freundlichen und ausgeglichenen Atmosphäre ohne Lärm und Hektik stattfinden. Unruhe und Zeitnot verhindern eine störungsfreie Sendung und einen störungsfreien Empfang der Nachricht. Bei einem gut geführten Gespräch schleichen sich dann auch keine typischen Gesprächsfehler ein (Bild 17, S. 34).

Vermeiden Sie

Bagatellisieren	d. h., den Patienten nicht ernst nehmen, seine Beschwerden verharmlosen, sich über den Patienten lustig machen, ihm besserwisserische Ratschläge erteilen.
Moralisieren	d. h., den Patienten durch Drohungen erpressen, ihm Vorwürfe machen, ihm das eigene Wertesystem aufdrängen.
Monologisieren	d. h., den Patienten nicht sprechen lassen, sich in den Vordergrund stellen, dem Patienten nicht zuhören.

STOP

Bild 17 Fehler in der Gesprächsführung.

Kompetenz (lat.) = wozu man fähig / befähigt ist

Compliance (engl.) = Befolgung einer Therapie; Mitarbeit des Patienten

Wichtig sind auch die Bereitschaft zuzuhören und die Fähigkeit, sich auf die Bedürfnisse des anderen einzustellen. Ehrliches Interesse und innere Anteilnahme (Empathie) schaffen die Voraussetzungen für Vertrauen und Wertschätzung. Wenn ein Mensch sich mit seinen Schwächen und Stärken kennt und annimmt, ist er auch fähig, positiv zu denken, zu sprechen und sich auf seinen Gesprächspartner zu konzentrieren. Er kann zuhören und beobachten, kann verschlüsselte sprachliche und nichtsprachliche Signale erkennen und verstehen. Mit seinem positiven Zuhörverhalten vermittelt er dem Gesprächspartner Sicherheit und das Gefühl, ernst genommen zu werden. Dieser wird ruhiger und entspannter, kann seine Gedanken klarer darlegen und kommt schneller auf den Punkt. Er kann darüber sprechen, was ihn bewegt und kann seine Befürchtungen äußern, ohne sich in seinem Selbstwertgefühl beeinträchtigt zu fühlen. So bekommt ein Patient auch die Gelegenheit, Behandlungsvorschläge zu machen, was die Mitarbeit (Compliance) fördert.

Tipps für aktives bewusstes Zuhören:

- Das Gespräch sollte verständlich aufgebaut und überlegt gegliedert sein. Die Sätze sollten kurz, einfach und einprägsam sein. Sie sollten positiv formuliert sein.
- Gesprächseinladungen können sein: „Würde es Ihnen helfen, wenn Sie darüber sprechen ...", „Erzählen Sie ...". Oder man fügt einen Satz an, wenn unklar ist, was der Patient meint: „Es ist also in Ihrem Sinn, wenn ...".
- Zwischen den Gesprächspartnern soll Blickkontakt bestehen. Durch zugewandte Körperhaltung, Wiederholung, Kopfnicken, „Aha, ..." „... ich höre gern zu", bestätigt man dem anderen, dass seine Nachricht ankommt.
- Längere Redepassagen werden durch Zwischenfragen, Zusammenfassung unterbrochen: „Habe ich Sie richtig verstanden ...".
- Allgemein gilt: erst zuhören, dann darüber nachdenken und dann erst antworten.
- Aussprache, Lautstärke und Sprechtempo sollen den Bedürfnissen des Patienten angepasst sein. Schrille, piepsende Laute sind unangenehm. Sanft, dunkel, leise gesprochene Worte überzeugen eher. Wer lächelt, hat eine wirkungsvolle und voll tönende Stimme.

Soziale Kompetenz bildet die Grundlage für eine erfolgreiche Kommunikation und ein wirkungsvolles Miteinander, um Aufgaben zu lösen. Sie befähigt, verantwortungsvoll zu entscheiden und zu handeln (Bild 18).

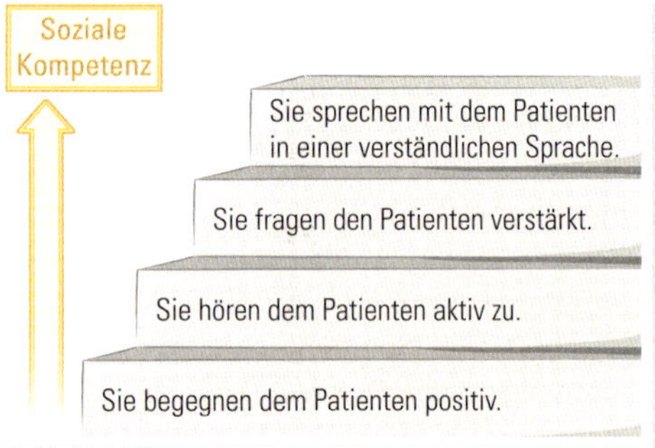

Bild 18 Stufen auf dem Weg zur sozialen Kompetenz.

Mitarbeiterbesprechung / Teammeeting. Wer ein Treffen plant, sollte sich im Vorfeld zwei wichtige Fragen stellen:

- Was soll mit der Veranstaltung erreicht werden, welches Thema, welches Ziel wird verfolgt?
- Was wollen die Teilnehmer? Welche Erwartungen bringen sie zum Treffen mit?

Bei mehr oder minder regelmäßigen Meetings wird über die Leistungen des Teams berichtet, wobei gute, aber auch weniger gute Aspekte besprochen werden. Hinzu kommen Punkte, die sich neu seit der letzten Besprechung ergeben haben, die nun auf die Tagesordnung gesetzt werden.

Im Vorfeld können Ideen und Gedanken zur Aufgabenstellung gesammelt werden, aber es darf keine fertige Lösung vorliegen. Das Meeting dient dazu, weitere Informationen, Vorschläge und Ideen seitens der Mitarbeiter einfließen zu lassen, um schließlich ein Ergebnis zu erzielen, das alle zufriedenstellt (Bild 19 und 20).

Bild 19 Teammeeting.

Checkliste: Meeting

- ✔ zeitlichen Rahmen vorgeben (pünktlicher Beginn, evtl. Zeitvorgabe für die Dauer)
- ✔ kurze, wesentliche Beiträge fordern
- ✔ keine Killerphrasen („Das haben wir schon immer so gemacht.") oder Dominanzverhalten zulassen
- ✔ Sachverhalte zuerst beschreiben und danach bewerten
- ✔ gemeinsam beschlossene Entscheidungen nicht mehr infrage stellen
- ✔ entscheidungsreifen Vorschlag vorlegen, wenn die Gruppe zustimmen soll
- ✔ mit der Einladung verteilte Unterlagen als bekannt voraussetzen

Bild 20 Checkliste Meeting.

Wer Anderen ein **Feedback** gibt, sollte folgende Regeln beachten:

- Es werden nur Beobachtungen und Eindrücke beschrieben, nicht das Verhalten des anderen wird bewertet.
- Jeder spricht nur für sich selbst, von dem was er beobachtet oder empfunden hat.
- Keine Verallgemeinerungen äußern, sondern immer Bezug nehmen auf konkrete Handlungen oder Ereignisse.
- Auch positive Beobachtungen ansprechen, um es dem Anderen zu erleichtern, Kritik anzunehmen.
- Es werden auch Rückmeldungen angenommen, die nicht gefallen.
- Der Andere hört zu und gibt keine Erklärung oder Rechtfertigung ab.
- Wenn etwas nicht verstanden wurde, soll nachgefragt werden.

Weitere Punkte für eine möglichst störungsfreie und erfolgreiche Sitzung sind

- Störungen im Team wahrnehmen und bearbeiten. Solange die Teammitglieder sich untereinander nicht verstehen, kommt man auch mit dem Sachthema nicht voran.
- Alle Teilnehmer am Lösungsprozess beteiligen. Fragen und Einwände ansprechen.
- Nicht die Personen stehen im Mittelpunkt, sondern die Sache selbst. Dies fördert einen achtsamen und respektvollen Umgang miteinander. Auf dieser Grundlage lassen sich Inhalte diskutieren, neue Ideen entwickeln und Ergebnisse sichern.

3.5 Verhalten am Telefon

Ein Telefongespräch wird vorbereitet, indem Unterlagen, Notizblock und Stift bereitgelegt werden (Bild 22, S. 34). Klingelt das Telefon, gilt Folgendes:

- Nach kurzem Läuten des Telefons nehmen Sie den Hörer ab. Mit freundlicher, angenehmer Stimme begrüßen Sie den Anrufer. Verständlich und deutlich nennen Sie den Namen der Praxis und Ihren eigenen Namen.
- Sie achten genau auf den Namen des Anrufers, fragen evtl. höflich nach: „Würden Sie bitte Ihren Namen wiederholen?" und schreiben ihn auf. Um sicherzugehen, erfragen Sie evtl. noch zusätzlich das Geburtsdatum des Anrufers.
- Während des Telefonierens sprechen Sie den Anrufer immer wieder mit seinem Namen an.
- Sie lassen beim Telefonieren keine Anzeichen von Ungeduld aufkommen.
- Sie verprellen den Anrufer nicht mit Formulierungen wie „Wir haben keinen Termin" oder „Der Chef ist nicht da, rufen Sie ein anderes Mal an." Stattdessen schlagen Sie den nächstmöglichen Zeitpunkt für einen Termin vor oder bieten einen Rückruf an.

- Sie gehen auf die Wünsche des Anrufers ein. Sie geben kompetent und sachgerecht Auskunft: „Ihr gewünschtes Rezept liegt um ... Uhr für Sie bereit."
- Verwirrende Hintergrundgeräusche, wie Lärm, Geschrei, Gelächter oder geflüsterte Bemerkungen stören ein Telefongespräch. Sie achten darauf, dergleichen auszuschalten oder zu vermeiden.
- Sie schreiben telefonische Mitteilungen auf und sagen das dem Patienten.
- Mit einer freundlichen Verabschiedung „Vielen Dank, Frau M., dass Sie uns angerufen haben." beenden Sie das Gespräch und warten auch die Abschiedsworte des Gesprächspartners ab.
- Einem Patienten mit einer akuten Erkrankung sagen Sie, dass Sie alles Notwendige veranlassen werden. Sprechen Sie noch einige gute Wünsche aus.
- Das Gespräch wird nicht durch abruptes Auflegen beendet oder negativ durch Mimik und Gestik kommentiert. Ihr Verhalten wird durch Patienten im Empfangsbereich beobachtet.

Zum Umgang mit dem Anrufbeantworter gilt:

- Der Text auf dem Anrufbeantworter enthält den Praxisnamen, die Öffnungszeiten und einen Hinweis, an wen man sich im Notfall wenden kann.
- Sprechen Sie in natürlichem, freundlichem Tonfall. Die Information soll klar gegliedert und verständlich sein. Wiederholen Sie wichtige Angaben, damit der Anrufer sich etwas notieren kann (Bild 21).

» Guten Tag. Sie haben den Anschluss der Praxis von Dr. Weiß gewählt. Unsere Praxis ist zurzeit geschlossen. Sie erreichen uns montags bis freitags von 8 bis 18 Uhr. In Notfällen rufen Sie den ärztlichen Notdienst an, Telefon 116 117. Ich wiederhole: Telefon 116 117. Wir danken Ihnen für Ihren Anruf. «

Bild 21 Beispiel eines Ansagetextes.

DSGVO = Datenschutz-Grundverordnung

TI = Telematik-infrastruktur

Bild 22 Gut vorbereitet telefonieren.

3.6 Datenschutz

Seit dem 25. Mai 2018 gilt in Deutschland die **Datenschutz-Grundverordnung (DSGVO)** der Europäischen Union. Datensicherheit ist vor allem in Bezug auf Patienteninformationen zu beachten. Hierzu gehört nicht nur die digitale Sicherheit, sondern auch die ärztliche Schweigepflicht und sogar der geeignete Platz für den Computer. Ärzte müssen gewährleisten, dass personenbezogene Daten nicht in die Hände Unbefugter gelangen. Alle Praxen und Medizinischen Versorgungszentren benötigen

- ein Verzeichnis der Tätigkeiten, bei denen personenbezogene Daten verarbeitet werden,
- eine Aufstellung der in der Praxis getroffenen Maßnahmen zum Datenschutz,
- eine Patienteninformation zum Datenschutz in der Praxis, z. B. als Aushang,
- Einwilligungserklärungen mit dem Hinweis, dass Patienten ihre Einwilligung jederzeit widerrufen können,
- umfassende Datenschutzerklärungen zur Einstellung ins Internet,
- eine Sicherstellung des Datenschutzes beim Dienstleister,
- Datenschutzbeauftragten ab 20 Mitarbeitern.

Die Datenschutz-Grundverordnung ist ebenso bei der Einführung der **Telematikinfrastruktur (TI)** zu beachten. Sie bildet die Basis für den digitalen Austausch von Patienten- und Behandlungsdaten zwischen den verschiedenen Bereichen des Gesundheitswesens. Hierzu gehören z. B. die elektronische Gesundheitskarte (eGK), die elektronische Patientenakte (ePA), die elektronische Arbeitsunfähigkeits-Bescheinigung (eAU) und das elektronische Rezept (eRezept). Die TI wurde auf Grundlage des E-Health-Gesetzes entwickelt.

4 Stress und Konfliktmanagement

4.1 Stress

Das Wort Stress kommt aus dem Englischen und bedeutet Anspannung, Belastung. Es wird in Medizin und Psychologie verwendet für spezifische und unspezifische Reaktionen eines Organismus auf Reizereignisse (Stressoren).

Diese Stressoren beeinträchtigen das körperliche und psychische Gleichgewicht eines Menschen und können dazu führen, dass der Betroffene nicht mehr in der Lage ist angemessen und zielgerichtet zu reagieren.

Die Antwort auf einen Stressreiz setzt sich zusammen aus einer Kombination von unterschiedlichen Gefühlen, Gedanken, Wahrnehmungen, Verhalten und körperlichen (vegetativen) Reaktionen. Sie kann individuell sehr unterschiedlich ausfallen. Mancher reagiert bereits bei wenig Stress mit hoher Alarmbereitschaft, während ein anderer ein stressreiches Ereignis nach dem anderen erlebt ohne zusammenzubrechen. Grundsätzlich kann zwischen angenehmem Eustress und unangenehmem Disstress unterschieden werden.

Akuter Stress ist charakterisiert durch vorübergehende Erregungsmuster, die klar abgrenzbar beginnen und enden. Er klingt in der Regel folgenlos ab.

Als chronischen Stress bezeichnet man den Zustand kontinuierlicher (andauernder) Erregung, bei dem die Person die an sie gestellten Anforderungen für größer als ihre Möglichkeiten (Kraftquellen, Ressourcen) betrachtet. Beispiele sind Überarbeitung, Überanstrengung, Überschätzung der eigenen Energien.

4.1.1 Stressreaktionen

Bei jeder physiologischen Stressreaktion spielt ein bestimmter Bereich des Gehirns, der Hypothalamus, eine entscheidende Rolle. Er steuert das vegetative Nervensystem und beeinflusst die Hirnanhangsdrüse (Hypophyse), die Hormone ausschüttet (Bild 23). Das vegetative Nervensystem (VNS) steuert automatisch die lebensnotwendige Tätigkeit der inneren Organe und stimmt sie aufeinander ab.

Insgesamt wird durch Stress ein uraltes körperliches Überlebensprogramm aktiviert, das ausgerichtet war auf eine Gefahr, gegen die man kämpfen oder vor der man fliehen musste (fight or flight).

Stress (engl.) = Druck, Anspannung

physiologisch: normale Abläufe im Körper betreffend

Hypothalamus ▶ S. 326

Hypophyse ▶ S. 356

vegetatives Nervensystem ▶ S. 328

eu (gr). = gut , **dis** = miss-, un-, schwierig

fight or flight (engl.) = kämpfen oder fliehen

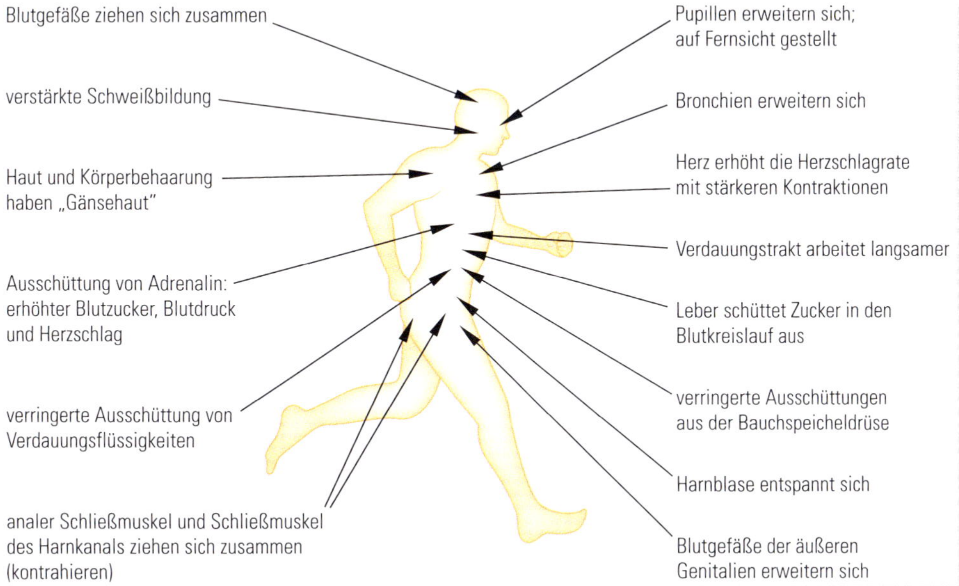

Bild 23 Physiologische Stressreaktionen.

Burn-out (engl.) = Ausgebranntsein

Adaptation = Anpassung

Adrenalin ▸ S. 359

Resistenz = Widerstand

Suizid ▸ S. 62 f.

Mobbing, von **to mob** (engl.) = über jemanden herfallen

Tinnitus von tinnire (lat.) = klingen, klingeln

Tinnitus ▸ S. 319

Die gleichen Stressreaktionen treten auch als Folge psychischer Stressoren auf, zu deren Bewältigung sie jedoch nicht angemessen sind, da hierbei oft keine körperliche Aktivität, die Kraft und Energie benötigt, erforderlich ist.

Die physiologischen Auswirkungen von andauerndem Stress werden als **allgemeines Adaptationssyndrom** zusammengefasst:

- **Die Alarmreaktion** geht einher mit Erhöhung des Hormonspiegels von Adrenalin, Noradrenalin und Kortison und den damit verbundenen negativen Gefühlsbewegungen. Es besteht erhöhte Anfälligkeit gegenüber weiteren Stressoren. Die Alarmreaktion mobilisiert die körpereigenen Kräfte zur Wiederherstellung des inneren Gleichgewichts.
- **Die Resistenzphase** folgt, wenn die Stress auslösende Situation anhält. In dieser Phase hält die erhöhte Ausschüttung vor allem von Kortison an, was die Widerstandsfähigkeit auch gegenüber geringeren belastenden Reizereignissen schwächt und die Immunabwehr mindert.
- **Die Erschöpfungsphase** tritt ein, wenn die Stress auslösende Situation zu lange andauert. Die erhöhte Hormonausschüttung hört auf, Alarmsymptome treten erneut auf und der Mensch verliert die Fähigkeit, in bedrohlichen Situationen angemessen zu reagieren. Im Extremfall treten Krankheit und Tod ein.

Psychische Reaktionen auf Stress laufen „automatisch" ab. Sie sind größtenteils erlernt und in hohem Maße von persönlicher Wahrnehmung und Interpretation der Welt abhängig. Beispielsweise kann die Wahrnehmung infolge von Reizen, die als Stressoren angesehen werden, eingeengt werden. Es kommt zu Denkblockaden, Konzentrationsstörungen, Albträumen, Gedankenkreisen usw.

Auf emotionaler Ebene kann sich Stress äußern durch Angst, Unsicherheit, Wut, Depression, Nervosität, Gereiztheit und unruhige Überaktivität.

Stress, der als positiv angesehen wird, steigert Vitalität und Antrieb, führt zu Optimismus und Glücksgefühlen.

4.1.2 Stresserscheinungen mit Krankheitsfolgen

Burn-out ist eine Auswirkung auf erlebten Dauerstress, der aus einem im Beruf positiv eingestellten und engagierten Menschen einen behandlungsbedürftigen Patienten macht. Zunächst erlahmen Begeisterung und Einsatzfreude für die Arbeit. Es folgen aggressive Impulse, die sich in erhöhter Reizbarkeit, Launenhaftigkeit und Wut äußern und schließlich in Leeregefühle, Selbstmitleid und depressive Gefühle übergehen. Körperliche Symptome sind u.a. Schlafstörungen, Muskelschmerzen, Schwindel und Leistungsschwäche. Es besteht erhöhtes Risiko für Alkohol- oder Medikamentenmissbrauch. Zum Schluss herrschen Gefühle der Sinnlosigkeit, Angst, Verzweiflung und Suizidgedanken vor.

Mobbing. Wo stressreiches Betriebsklima herrscht, wo Arbeit zum Überlebenskampf wird oder wo unklare Rollen und Positionen bestehen, ist der Nährboden für Mobbing vorbereitet.

Bei Mobbing handelt es sich um negative kommunikative Handlungen gegen eine Person, die sich durch systematische Schikanen, Erniedrigungen, Beleidigungen, Gerüchte oder Isolation bis hin zu körperlicher Gewalt äußern. Dies geschieht

- durch Angriffe auf das soziale Ansehen und die sozialen Beziehungen, z. B. Ignorieren der gemobbten Person,
- durch Angriffe auf die Möglichkeit sich mitzuteilen, z. B. Telefonterror oder Zurechtweisung vor Anderen,
- durch Zuweisung sinnloser Aufgaben, die die berufliche Qualifikation des Betroffenen infrage stellen und herabwürdigen.

Als Folge davon leidet der Betroffene unter Antriebslosigkeit, Leistungs- und Konzentrationsstörungen und unter Depressionen, was sich auch auf sein soziales Umfeld auswirkt.

Tinnitus kann eine weitere Stresserscheinung sein, insbesondere bei einem chronischen Tinnitus. Oft liegen jedoch auch andere Ursachen für die Ohrgeräusche vor.

4.1.3 Stressbewältigungsstrategien

Durch Untersuchungen konnte gezeigt werden, dass Menschen am besten in der Lage sind Stress zu bewältigen, wenn sie

- die Veränderung als Herausforderung und nicht als Bedrohung annehmen,
- zielgerichtet bestimmte Aktivitäten aufnehmen,
- das Gefühl der inneren Kontrolle für ihr Handeln besitzen.

Geht man davon aus, dass die Ursache des Stresserlebens oft in dem Menschen selbst begründet ist, lassen sich verschiedene Herangehensweisen zur Stressbewältigung ableiten:

- In der Stresssituation wird die Erregung durch entsprechende „Techniken" gedrosselt und damit verhindert, dass sich ein Stresssyndrom aufbaut, beispielsweise Entspannungsübungen oder aktiv Verantwortung übernehmen, klipp und klar sagen, was man denkt, damit man sich nicht als Opfer fühlt.
- Stressoren vermeiden und ausschalten, z. B. Prioritäten setzen bei zu erledigenden Dingen.
- Eigene Einstellungen und Verhalten ändern, Methoden zur Problem- und Konfliktlösung einsetzen, um zu mehr Gelassenheit zu gelangen (kognitive Umstrukturierung).

4.2 Konfliktmanagement

4.2.1 Konflikttypen

Ein Konflikt entsteht, wenn widersprüchliche Bedürfnisse, Interessen, Absichten oder Probleme vorhanden sind, die nicht gleichzeitig erfüllt oder gelöst werden können. Konflikte können in einer Person (intrapersonal) oder zwischen Personen (interpersonal) vorliegen. Konflikte können auch innerhalb einer Gruppe oder zwischen Gruppen auftreten, z. B. in einem Praxisteam.

Ziel- oder Interessenkonflikte können aufkommen, wenn eine unterschiedliche Gewichtung von Bedürfnissen besteht. Beispiel: Die eine Mitarbeiterin wünscht sich feste Arbeitszeiten, keine Abend- oder Wochenendeinsätze, während die andere Mitarbeiterin flexible Sprechstundenzeiten bei höherer Bezahlung anstrebt.

Rollenkonflikte treten auf, wenn an einen Rolleninhaber widersprüchliche Erwartungen gestellt werden. Beispielsweise erwartet der Arzt von der MFA, dass die Termine knapp aufeinander abgestimmt werden, während der Patient erwartet, dass sie den Termin so plant, dass der Arzt sich viel Zeit für ihn nimmt.

Verteilungskonflikte treten beispielsweise auf, wenn Arbeitsbelastung und Privilegien ungerecht verteilt werden. Ein Konflikt kann sich entwickeln, wenn die fleißige und zuverlässige Mitarbeiterin immer mehr Arbeit zugeteilt bekommt, weil die langsame und unzuverlässige Mitarbeiterin zu wenig arbeitet.

Wertekonflikte infolge unterschiedlicher Wertvorstellungen können die Harmonie in Arbeitsgruppen stören. Beispiel: Die Forschung mit embryonalen Stammzellen wird einerseits als Chance betrachtet chronische Krankheiten besser zu behandeln, andererseits steht der Schutz des Ungeborenen dagegen.

Konflikt von confligere (lat.) = aneinander geraten, kämpfen
Konfliktmanagement: Konflikthandhabung

4.2.2 Konfliktentwicklung

Ein Konflikt kann sich kurzfristig zuspitzen oder sich innerhalb von Monaten entwickeln. Es gibt unterschiedliche Eskalationsstufen.

- Ein latenter Konflikt wird durch bestimmte Signale sichtbar, wie Unzufriedenheit, fehlende Harmonie oder Veränderungen im Verhalten eines Mitarbeiters (z. B. die Begrüßung fällt knapp aus oder der freundliche Umgangston wird kühl). Oft bilden sich Cliquen, die untereinander kaum noch Kontakt haben. Weitere Zeichen für einen latenten Konflikt können Feindseligkeit, hohe Fehlzeiten, Personalwechsel, Orientierungslosigkeit und innere Kündigung sein.
- Ein offener Konflikt zeigt sich, wenn der Auslöser klar erkennbar wird und der Konflikt ausbricht. Verschiedene Meinungen oder Standpunkte stehen sich unverträglich gegenüber. Die Gesprächsbereitschaft ist noch vorhanden, aber es wird verallgemeinert. Die Betroffenen debattieren sehr erregt und fallen sich gegenseitig ins Wort.

Eskalation von escalation (engl.) = Steigerung

latent (lat.) = verborgen

Bild 24 Konflikt wird sichtbar.

- Die Situation ist gefühlsmäßig aufgeladen. Es findet keine sachliche Diskussion mehr statt, sondern Unterstellungen und Anfeindungen herrschen im Streit vor.
- Drohungen und Gegendrohungen beherrschen das Bild. „Reden hilft nichts mehr" lautet das Motto dieser Phase. Die Beteiligten haben das Gefühl, dass die Krise nicht mehr vernünftig und einvernehmlich geregelt werden kann. Typisch sind persönliche Beleidigungen und unfaire Schuldzuweisungen, die meist aber nicht von Angesicht zu Angesicht, sondern in Abwesenheit des Kontrahenten geäußert werden. Es kommen Drohungen und Gegendrohungen ins Spiel und die Konfliktpartner suchen Verbündete. Es bilden sich Koalitionen.

Koalition (lat.) = Zusammenschluss, Bündnis

Bild 25 Konflikt spitzt sich zu.

Strategie: planvolles Anstreben eines Zieles

- Die Fronten verhärten sich und lassen keine Lösungen mehr zu. Die zerstrittenen Parteien stehen Lösungsmöglichkeiten ablehnend gegenüber. Es geht nur noch darum, sein Recht mit allen Mitteln zu erstreiten. Drohungen werden in die Tat umgesetzt.
- Vernichtung um jeden Preis ist angesagt. Das „Zugrunderichten" des Gegners wird zum alleinigen Ziel, wobei in Kauf genommen wird, dass man sich dadurch auch selbst schädigt.

Bild 26 Höhepunkt eines Konfliktes.

4.2.3 Umgang mit Konflikten

Will man Konflikte bewältigen, so ist es hilfreich sich zu überlegen, in welcher Phase der Konflikt sich gerade befindet. Dazu eignen sich folgende Fragestellungen:

- Wie ist die Vorgeschichte?
- Wird Kritik sachlich vorgebracht oder als persönlicher Angriff formuliert?
- Engagieren sich Außenstehende im Konfliktgeschehen?
- Werden Vorschläge und Anregungen von außen angenommen?
- Sind die zerstrittenen Parteien noch in der Lage eigene Anteile an der Situation zu sehen oder schieben sie die Schuld komplett auf den anderen?

Konfliktstrategien. In welcher Form ein Konflikt gelöst wird, hängt wesentlich von den Beteiligten ab. Es lassen sich verschiedene Vorgehensweisen unterscheiden:

- Man stellt den Konflikt fest, akzeptiert ihn und geht auseinander. Dabei besteht das Risiko, dass der Konflikt erneut aufflammen kann.
- Bei der Verlust-Verlust-Strategie gibt es keinen Gewinner. Keiner interessiert sich für die Argumente oder Belange des anderen. Meist endet es damit, dass ein Projekt gestoppt wird, Mitarbeiter entlassen werden, „Schlammschlachten" oder gewalttätige Auseinandersetzungen stattfinden.

- Die Gewinn-Verlust-Strategie macht eine der Konfliktparteien zum Verlierer und wird meistens von Menschen verfolgt, die eine Machtposition innehaben. Nach dem Motto: „Ich will es aber so" wird der andere übergangen ohne dessen Meinung oder Bedürfnisse zu berücksichtigen.
- Die Gewinn-Gewinn-Strategie hat zum Ziel, eine schnelle und friedliche Lösung zu finden, die allen Seiten gerecht wird. Dies wird erreicht durch einen Konsens (Übereinstimmung) oder Kompromiss oder durch Delegation (Weitergabe). Beide Parteien sind sich der eigenen Ziele bewusst, aber auch an den Bedürfnissen des anderen interessiert. Die Gespräche verlaufen sachlich und in positiver Atmosphäre. Es werden auch Lösungsmöglichkeiten der Gegenseite akzeptiert. Die Beteiligten können zukünftig gut und kollegial miteinander umgehen. Beispielsweise könnte der Praxisinhaber das Anleiten einer Auszubildenden an eine medizinische Fachkraft delegieren. Damit wäre der bestehende Konflikt auf der einen Seite (Zeitmangel des Arbeitgebers) und auf der anderen Seite das Anrecht der Auszubildenden auf Unterweisung für beide Seiten gut gelöst.

Zeichen von Erfolg versprechender Konfliktfähigkeit. Eine aussichtsreiche Möglichkeit, harmonisch und langfristig einen Konflikt zu lösen ist die Kompromissbereitschaft. Das bedeutet, dass im Sinne einer Einigung geprüft wird, was wirklich von Belang ist. Der Konflikt wird ohne Verallgemeinerungen und Übertreibungen beschrieben und nicht abgewertet.

Ein konfliktfähiger Verhandlungspartner
- wird aktiv zuhören,
- wird klar zwischen Sach- und Beziehungsebene eines Konfliktes unterscheiden können,
- wird Ich-Botschaften senden,
- wird die Gefühle bei sich und den anderen respektieren (das Gesicht wahren),
- wird eigene Schwächen oder Fehler zugeben,
- wird Interessen der anderen berücksichtigen,
- wird Bereitschaft zeigen, aufeinander zuzugehen.

Nicht jeder Konflikt durchläuft alle Konfliktstufen. Oft versuchen die Beteiligten, den Konflikt durch Gesprächs- und Verhaltensmaßnahmen abzukürzen und zu klären. Dies geschieht dadurch, dass das Problem erkannt und benannt, das eigene Anliegen konkret geäußert und der andere gehört wird. Beispiel: Das Konfliktfeld „Pünktlichkeit" könnte bearbeitet werden
- durch Benennen des Problems: „Mir ist aufgefallen, dass wir nicht pünktlich mit der Arbeit beginnen können."
- durch Äußern des Anliegens: „Ich möchte darum bitten, dass du pünktlich zur Arbeit erscheinst."
- durch Eingehen auf die Interessen und Bedürfnissen des anderen: „Bist du mit dem vereinbarten Arbeitsbeginn einverstanden?"

Ablauf eines optimalen Konfliktgesprächs. Besonders in emotional aufgeladenen Situationen kann ein Konfliktgespräch von einem Mediator oder Schlichter geleitet werden.

Das Gespräch wird in einer positiven und sachlichen Atmosphäre eröffnet, z. B. indem Gemeinsamkeiten (z. B. bisherige gute Zusammenarbeit) betont werden.

Jede Konfliktpartei legt den Konflikt aus ihrem Blickwinkel dar, wobei auf Schuldzuweisungen und Vorwürfe verzichtet wird.

Unklarheiten, Missverständnisse und Wissenslücken werden besprochen. Dabei wird darauf geachtet, dass jeder zu Wort kommt.

Jede der Konfliktparteien beschreibt bzw. benennt ihre Vorstellungen und Bedürfnisse, wobei auch die Interessen der anderen berücksichtigt werden.

Gemeinsam werden verschiedene Lösungsmöglichkeiten erarbeitet und die Angebote verhandelt. Die gemeinsam gefundene Entscheidung soll für alle die meisten Vorteile bieten. Es gibt keinen Sieger, nur Gewinner.

Positive Funktionen des Konflikts. Auseinandersetzungen haben auch positive Seiten:
- Konflikte weisen auf Probleme hin,
- Konflikte fordern Entscheidungen heraus,
- Konflikte lösen Veränderungen aus und erweitern Handlungsspielräume,
- Konflikte setzen Energien frei, regen Neugierde und Interessen an,
- Konflikte verhindern Stagnation (Stillstand).

delegieren: weitergeben einer Teilaufgabe, um sich selbst zu entlasten

Mediator: (ausgebildeter) Mittler

5 Patientenbetreuung

5.1 Persönlichkeitsmodelle

Die Menschen unterscheiden sich in ihrem Erleben und Verhalten. Die meisten empfinden sich selbst als einzigartige und unverwechselbare Person, obgleich sie sich in der einen oder anderen Weise ähneln (Bild 27). Für die Beschreibung und Erklärung der Persönlichkeit werden unterschiedliche Wege eingeschlagen. Je nach dem Menschenbild, das hinter einem Forschungsansatz steht, wird mal mehr auf die individuellen Unterschiede, mal auf die Anpassung, mal auf das messbare Verhalten Wert gelegt. Jede Theorie leistet so ihren besonderen Beitrag zum Verständnis der Persönlichkeit.

Psychodynamik: die in seelischen Vorgängen und Abläufen hervortretende „Kraft" (im übertragenen Sinn)

Gemeinsam ist allen Definitionen, dass die Einzigartigkeit und das immer wieder gleiche oder ähnliche Verhalten eines Menschen betont werden.

Persönlichkeitstypologien liefern das Werkzeug zur Beschreibung von Persönlichkeitsstrukturen, d. h. von Verhalten und Eigenschaften. Psychodynamische Konzepte ergänzen die Beschreibung, indem sie erklären, wie Persönlichkeitsstrukturen entstehen und sich entwickeln. Ergänzt werden können sie durch die Sichtweise, dass der Mensch selbst befähigt ist, Veränderungen durch Erkennen und Verstehen herbeizuführen.

Persönlichkeit

- Prägende Faktoren
  - Anlage
  - Umwelt
  - Entwicklung
- Geäußerte Erscheinungsformen
  - Verhalten, Gewohnheit
  - emotionaler Ausdruck, Eigenschaften
  - Fähigkeit, bestimmte Handlungen auszuführen

Bild 27 Einzigartigkeit und Ähnlichkeit.

5.1.1 Persönlichkeitstypologien

Die klassische Temperamentenlehre unterscheidet vier Temperamente (individuelle Ausprägung und Stärke von Gefühlen und Antriebskräften), die aus dem Mischungsverhältnis verschiedener Körpersäfte abgeleitet werden (Tabelle 14).

Temperament	Beschreibung
Choleriker Chole (gr.) = Galle	aufbrausend, heftig, jähzornig
Melancholiker melas (gr.) = schwarz ▸ schwarze Galle	grüblerisch, schwermütig, gehemmt
Sanguiniker Sanguis (lat.) = Blut	heiter, reaktionsschnell, leichtlebig
Phlegmatiker Phlegma (gr.) = Schleim	langsam, bedächtig, nachdenklich

Tabelle 14 Klassische Temperamente.

Konstitutionstypen. Ernst Kretschmer (1888–1964) beschreibt in seinem Werk „Charakter und Körperbau“ (1921) drei Konstitutionstypen, die mit Vorbehalten heute noch zur Klassifizierung oder Einordnung eines Menschen verwendet werden (Tabelle 15). Unter Konstitution versteht man die Gesamtheit körperlicher und seelischer Anlagen.

Moderne Typologien. Persönlichkeit wird heute als ein Bündel von Eigenschaften beschrieben. Diese Eigenschaften werden aus den Ergebnissen von Persönlichkeitstests hergeleitet und ergeben ein bestimmtes Persönlichkeitsprofil (Bild 28).

Typus	Beschreibung	Krankheitsneigung
Leptosom 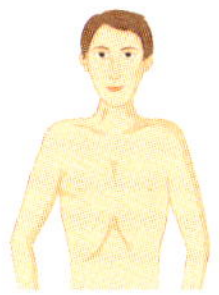	feinknochiges Skelett, schlaffe, wenig entwickelte Muskulatur, geringe Leistungsfähigkeit	Lungentuberkulose, Schizophrenie, Magengeschwür, Eingeweidebrüche, Krampfadern, Hämorrhoiden 
Pykniker 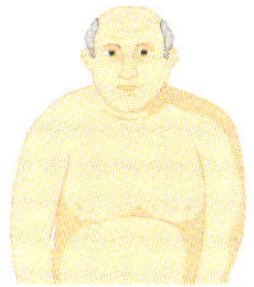	runder Kopf, bekommt leicht eine Glatze, kurzer dicker Hals, vorspringender Bauch, neigt zum Fettansatz	rheumatische Beschwerden, manisch-depressives Syndrom, Gallensteine, Arteriosklerose, Hypertonie, hormonelle Störungen 
Athlet 	ausgeglichene Körperproportionen, kräftige Knochen, gut entwickelte Muskeln	Epilepsie, Schizophrenie, Migräne 

Tabelle 15 Konstitutionstypen nach Kretschmer.

5.1.2 Psychodynamische Konzepte

Tiefenpsychologisches Modell. Sigmund Freud (1886–1939, Begründer der Psychoanalyse) und seine Nachfolger gehen von der Annahme aus, dass mächtige Triebkräfte, die in der inneren Natur des Menschen liegen, die Persönlichkeit formen und das Verhalten bestimmen. Freud sagt, dass die psychosexuelle Entwicklung altersspezifisch verschiedene Phasen durchläuft. Sie werden nach den körperlichen Zonen benannt, die in typischer Weise zur Quelle von Lust werden (Tabelle 16, S. 44). So wird beim Säugling die „Lust“ sichtbar, wenn die Mundregion, z. B. beim Saugen, gereizt wird.

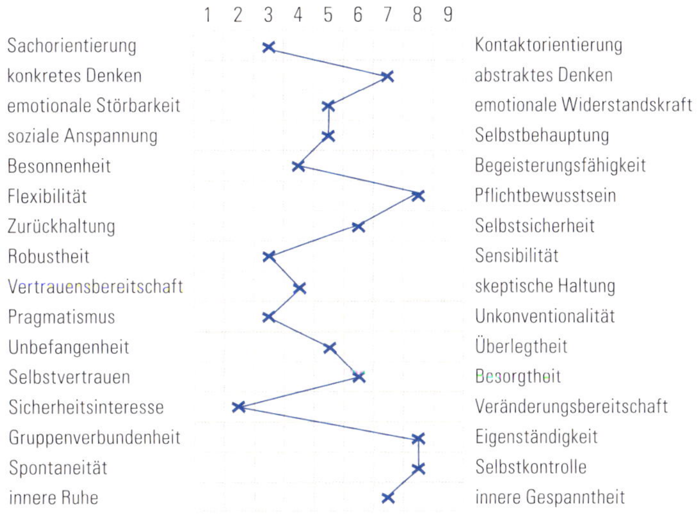

Bild 28 Beispiel eines Persönlichkeitsprofils.

Alter	Phase	Beschreibung	Erfolgreiche Bewältigung	Zeichen der Fixierung[1] im Erwachsenenalter
0–1,5 Jahre	Oral-sensorische Phase	Empfangen von Nahrung, versorgt werden, Hautkontakt	Das Kind entwickelt Urvertrauen.	übermäßiges Essen, Rauchen, Passivität, Leichtgläubigkeit
1,5–3 Jahre	Anal-Phase	Durch die Reinlichkeitserziehung wird es dem Kind möglich, selbst zu bestimmen, ob es etwas hergeben möchte (Stuhl, Urin) oder nicht.	Erste Umrisse der Selbstkontrolle; Autonomie entwickelt sich.	Ordentlichkeit, Geiz oder das Gegenteil, z. B. Verschwendungssucht
3–6 Jahre	Phallisch[2]-ödipale[3] Phase	Das Kind entwickelt starke Zuneigung zum gegengeschlechtlichen Elternteil.	In dieser Phase entwickeln sich Entschlussfähigkeit und Tatkraft.	Eitelkeit, Leichtsinn

[1] **Fixierung** = die psychische Entwicklung ist auf einer früheren Entwicklungsstufe stehen geblieben.
[2] **Phallus** (gr.) = steifes männliches Glied
[3] **Ödipus** = griechischer Königssohn, der unwissentlich seinen Vater erschlug und seine Mutter heiratete.

Tabelle 16 Psychosexuelle Entwicklung.

Humanismus (lat.) = Menschlichkeit, d. h. eine Haltung, die die Würde und den Wert des Individuums betont.

Abwehrmechanismen ▶ S. 52

Den Aufbau des seelischen „Apparates" beschreibt das psychische Instanzenmodell:

- Das Es wird als primitiver Teil der Persönlichkeit, als Sitz der niedrigen Triebe beschrieben. Es arbeitet gefühlsbetont, vernunftwidrig, ist impulsgetrieben und drängt unmittelbar zur Befriedigung.
- Das Über-Ich ist der Sitz der Werte, der Moral, sozialer Normen und entspricht dem Gewissen. Es entwickelt sich im Laufe des Sozialisationsprozesses, d. h. Verbote und Gebote, Wünsche von Eltern und Gesellschaft werden verinnerlicht. Im Über-Ich ist auch das Ich-Ideal angelegt. Es stellt das Bild des jeweiligen Menschen dar, dem er in idealer Weise eigentlich entsprechen will.
- Das Ich vermittelt realitätsangemessen zwischen den Es-Impulsen und den Über-Ich-Forderungen. Das Ich wählt aus, trifft vernünftige Entscheidungen und vermittelt bei Konflikten durch Abwehrmechanismen.

All diese Vorgänge laufen unbewusst ab. Dies bedeutet, wir handeln oft, ohne dass wir die Gründe im Einzelnen dafür erkennen.

Nach diesem Konzept sind die ersten Lebensjahre für die seelische Entwicklung prägend. Unter ungünstigen Bedingungen können Hemmungen und Schwierigkeiten entstehen, die das Leben beeinträchtigen, z. B. in Form einer Angststörung. Dabei spielen Abwehrmechanismen eine Rolle, die dem eigenen Bewusstsein nicht mehr zugänglich sind. Diese unbewussten Anteile können z. B. durch Traumdeutung und Analyse von Kindheitserinnerungen bewusst gemacht werden.

Die humanistische Theorie zum Verständnis der Persönlichkeit geht davon aus, dass sich der Mensch von Natur aus selbst verwirklichen will. Bekannte Vertreter sind Abraham Maslow und Carl Rogers.
Maslow sagt, dass sich die grundlegenden Motive menschlichen Handelns in Stufen anordnen lassen (Bild 29). Bevor die Bedürfnisse der nächsthöheren Stufe angestrebt werden können, müssen die darunter liegenden Bedürfnisse befriedigt sein.

Bild 29 Bedürfnishierarchie nach Maslow.

Rogers gilt als der Begründer der Gesprächstherapie, bei der durch das Gespräch die Selbsterfahrung gefördert wird. Die Grundlagen dafür sind Echtheit, positive Wertschätzung und einfühlendes Verstehen (Empathie) auf Seiten des Therapeuten.

Die kognitivistische Persönlichkeitstheorie rückt die kognitiven Prozesse, also Wahrnehmung und Denken, ins Zentrum der Betrachtung. Danach handelt der Mensch vorwiegend als vernunftorientiertes und denkendes Wesen aus bewusster Erkenntnis und Einsicht.

5.2 Entwicklung

Entwicklung. Der Begriff wird zur Beschreibung einzelner Funktionsbereiche, z. B. sprechen lernen, benutzt. In weiterer Bedeutung wird der Begriff auch verwendet, wenn man sagen will, dass sich ein bestimmter Persönlichkeitszug altersunabhängig verändert hat, im Sinne, dass eine Erfahrung jemanden weitergebracht hat.

In engerer Bedeutung wird Entwicklung als Veränderung der Person mit dem Lebensalter verstanden (Tabelle 17). Die altersabhängige Entwicklung ist ein lebenslanger Prozess, der alle körperlichen und geistig-seelischen Veränderungen im Leben eines Menschen von der Zeugung bis zum Tod einschließt. Die Kräfte, die die Entwicklung vorantreiben, sind Reifen und Lernen, die mit den genetischen Anlagen zusammenwirken.

Reifen wird meist im biologischen Sinn gebraucht und meint die genetisch gesteuerten Organveränderungen. Beispiel: Das Nervensystem muss erst heranreifen, bevor ein Kind eigenständig auf die Toilette gehen kann.

Lernen wird als relativ andauernde Veränderung von Verhalten und Erleben durch Erfahrung verstanden. Gelernt wird durch Verknüpfung von Signalen (klassische Konditionierung): Ein Kind, das mit dem Arzt im weißen Kittel einmal eine schlechte Erfahrung gemacht hat, wird später beim Anblick des weißen Kittels Angstgefühle haben. Gelernt wird auch an Erfolg und Misserfolg (Fahrrad fahren lernen) oder durch Beobachtung (Sozialverhalten).

5.2.1 Entwicklungsphasen

Pränatale Entwicklung. Die Entwicklung des Kindes im Mutterleib ist vorwiegend von der körperlichen Ausformung geprägt, die genetisch festgelegt ist. Umwelteinflüsse können sich auf das heranwachsende Kind auswirken. Die Folgen von Infektionen (Röteln), energiereichen Strahlen (Röntgenstrahlung), Medikamenten, Alkohol, Drogen und Nikotin verhindern, dass sich Organe und Körperteile normal ausbilden können. Verhalten und Einstellung der Eltern oder belastende Lebensereignisse beeinflussen Schwangerschaftsverlauf und Geburtsgeschehen und können bis in die weitere Kindheit hineinwirken.

pränatal (lat.) = vorgeburtlich

Röteln ▸ S. 92

Röntgenstrahlung ▸ S. 175 ff.

kognitiv (lat.) = die Erkenntnis betreffend; erkenntnismäßig

Das ungeborene Kind kann bereits hören, riechen, schmecken und auf die Gefühle der Mutter reagieren.

Säuglingsphase. Das Neugeborene wird als aktives, kompetentes und soziales Wesen angesehen, das zur Wahrnehmung, zu einfachen Denkprozessen und zu erstem absichtsvollen Handeln befähigt ist (Tabelle 18 und Bild 30, S. 46). Es vermag schnell die Mutter oder Bezugsperson an der Stimme und am Geruch zu erkennen, was sich an Mimik, Lauten und Gesamtverhalten ablesen lässt. Normalerweise entsteht so zwischen Kind und Eltern recht schnell eine genau abgestimmte Eltern-Kind-Wechselbeziehung. Kindliche Äußerungen spiegeln die Eltern in Gesicht und Stimme, was sich wiederum dem kindlichen Erleben mitteilt.

Bezeichnung	Zeitabschnitt
vorgeburtliche Entwicklung	von der Zeugung bis zur Geburt
Säuglingsphase	das erste Lebensjahr
frühe Kindheit	bis zum 6. Jahr
Schulalter	6–12 Jahre
Geschlechtsreife und Jugendalter	12–20 Jahre
Erwachsenenalter	ab 20 Jahre
Alter	über 60 Jahre

Tabelle 17 Menschliche Entwicklungsphasen.

1. Monat	Das Kind reagiert auf Geräusche und beruhigt sich, wenn es hochgenommen wird.	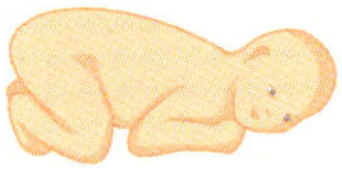
2.–3. Monat	Soziales Lächeln, eine angeborene Verhaltensweise, die auch durch Attrappe (Kreis mit dunklem Punkt) ausgelöst werden kann (angeborener Schlüsselreiz).	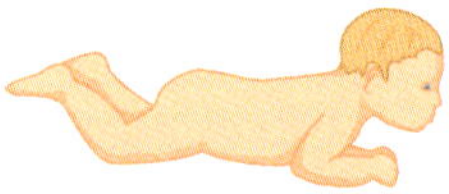
4.–6. Monat	Das Kind dreht sich, bemüht sich zu sitzen. Es bildet unterschiedliche Laute, um eigene Befindlichkeit, Freude, Ungeduld auszudrücken. Es hantiert gerne ausdauernd mit Gegenständen.	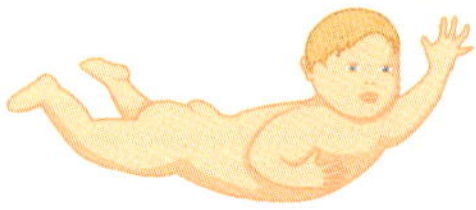
7.–9. Monat	Das Kind kann nun sitzen. Es unterscheidet bekannte und fremde Gesichter und reagiert mit Angst. Es fremdelt. Es bringt unterschiedliche Silben hervor: „ma-ma", „da-da". Es greift gezielt nach Gegenständen.	
9.–12. Monat	Das Kind beginnt Eltern und Umgebung sprachlich zu verstehen (Sprachverständnis), zeigt starkes Nachahmungsverhalten („winke-winke"), Bewegungsabläufe werden besser koordiniert. Individuell unterschiedlich bewegt sich das Kind im Vier-Füßler-Stand auf Knien und Händen, mit Krabbeln, durch Hochziehen, im Stehen und beim Laufen an Gegenständen entlang.	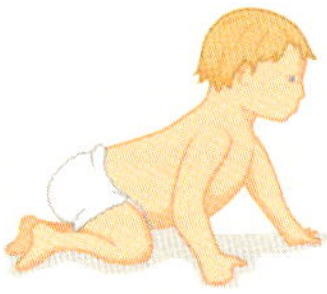
12.–15. Monat	Freies Gehen, was vom Kind lustbetont erlebt wird.	

Tabelle 18 Entwicklungsschritte im ersten Lebensjahr.

Bild 30 Säugling, drei Monate alt.

Die Grundbedürfnisse des Säuglings sind Nahrung, Wärme, Pflege und Schlaf. Werden diese erfüllt und bekommt das Kind ausreichend emotionale Sicherheit, Körperkontakt und Anregung, entwickeln sich das so genannte Urvertrauen und eine zuverlässige Bindungsfähigkeit. Das Urvertrauen bildet die Basis, auf der ein Mensch Selbstvertrauen und Selbstachtung aufbauen kann. Sicher an die Eltern gebundene Kinder entwickeln gesunde soziale Verhaltensweisen, z. B. Intimität in persönlichen Beziehungen.

Spracherwerb. Der kleine Mensch lernt bald, dass er mit seinem Schreien etwas bewirken kann, z. B. dass die Mutter kommt. Es folgt etwa ab dem 6. bis 7. Monat das Lallen, aus dem sich Lautverbindungen entwickeln, die eine Bedeutung für das Kind enthalten. Mit etwa einem Jahr werden die Laute zum Symbol für einen bestimmten Sachverhalt. Zunehmend werden Dingen Worte bzw. Namen zugeordnet, die „Einwortsätze". Das erste Fragealter beginnt, da das Kind erkannt hat, dass jeder Gegenstand einen Namen hat. Etwa um das zweite Lebensjahr herum wird das Stadium der Zweiwortsätze beobachtet: „Mama kommen". Ab dem 3. Lebensjahr werden Zusammenhänge sprachlich dargestellt und der Wortschatz erweitert. Bis zum 5. Lebensjahr sollte das Kind korrekte Sprachlaute bilden.

Die Fähigkeit, eine Sprache zu erlernen, ist genetisch vorgegeben. Der Spracherwerb selbst ist aber auf ein soziales Umfeld angewiesen und muss in einer bestimmten sensiblen Phase erfolgen. So wird ein Mensch, der bis zum 4. Lebensjahr keine Möglichkeit zum Sprechen lernen hatte, später die Sprache niemals in all ihren Bedeutungen und Feinheiten beherrschen.

Frühe Kindheit. Die Reifung der Muskulatur erlaubt das Laufen, eine „selbstbestimmte" Fortbewegung. Stabilität und Balance werden entwickelt, z. B. die Fähigkeit zum Turnen oder Dreiradfahren. Ab dem 3. Lebensjahr werden Tätigkeiten wie selbstständiges Essen oder Anziehen sowie die Feinmotorik und bewusste Kontrolle der Ausscheidungsfunktionen möglich. Dies gestattet dem Kind, sich elterlichen Wünschen zu widersetzen, nein zu sagen, zu trotzen. Es versucht seinen eigenen Willen zu erfahren und durchzusetzen, auch wenn der „Trotz" der Situation nicht angemessen ist.

Das Kind entwickelt zunehmend das Bewusstsein und die Kenntnis von Zeit, Raum und Situation sowohl bezüglich der Umwelt als auch bezüglich seiner eigenen Person. Man spricht von dem erwachenden Ich-Bewusstsein. Statt in der dritten Person („Anna will ...") spricht das Kind nun: „Ich will...". Die Umwelt wird erobert durch Nachahmung sowie Versuch und Irrtum. Zunächst erlebt das Kind die Umwelt ganzheitlich, die Gegenstände sind fröhlich, freundlich oder feindlich gesinnt, z. B. das „böse Tischbein" hat dem Kind wehgetan. Alles, was für das Kind so verständlich und anschaulich ist, trägt zur Förderung der Lernvorgänge bei. Es versteht zunehmend die Zusammenhänge zwischen Wahrnehmung und Realität.

Kleinkinder in der Praxis:
- Das fremdelnde Kind wird immer mit den Eltern zusammen gelassen.
- Um die Trennungsangst des Kindes zu verhindern, wird z. B. im Krankenhaus „Rooming-in" durchgeführt.
- Der fehlende Zeitbegriff des Kindes wird durch geringe Wartezeit und Konkretisierung der Zeit, wie „noch eine Nacht schlafen", ausgeglichen.
- Die fehlende Krankheitseinsicht des Kindes muss beachtet werden.
- Frühere Erfahrungen des Kindes in der Arztpraxis werden berücksichtigt.
- Die Eltern sind Mittler zwischen Außen- und Innenwelt des Kindes. Ängstliche überbesorgte Eltern teilen ihre entsprechenden Gefühle dem Kind mit. Das Kind bekommt Angst. Daher ist es wichtig, Vertrauen gegenüber den Eltern aufzubauen, um Angst und Sorge erträglicher werden zu lassen.

Schulalter. Der äußere Gestaltwechsel von Gesicht, Rumpf und Gliedmaßen, die sich strecken, und der Zahnwechsel lassen den Übergang vom Vorschulkind zum Schulkind schon äußerlich erkennen (Bild 31). Bei der Schulfähigkeit werden der körperliche Reifezustand, das Sehen und Hören sowie die Feinmotorik (Bild malen) erfasst. Außerdem muss das Kind kontaktbereit sein und selbstständig in der Gruppe zurechtkommen; es muss aufmerksam einer Aufgabenstellung folgen.

Bild 31 Schulkind, Zahnwechsel.

Das Kind muss bestimmte Leistungen in Sprache, Denken, Erkenntnis und Wahrnehmung aufweisen.

In der Schulzeit entwickelt der junge Mensch eine für ihn – oft lebenslang – typische Leistungsmotivation. Er setzt sich das Ziel, eine Aufgabe zu erfüllen oder eine Fertigkeit zu erwerben. Je nachdem, ob er dieses Ziel erreicht oder nicht erreicht, entwickelt sich ein Leistungsverhalten, das auf eigene Anstrengungen und Fähigkeiten setzt oder eine nachlässige oder sich überfordernde Haltung.

Pubertät = Geschlechtsreife

Pubertät und Jugendzeit. Hervorstechende Kennzeichen sind zunächst die körperlichen Veränderungen, die das bisherige Kind zum Erwachsenen wandeln. Der Hauptwachstumsschub erfasst die Gliedmaßen im Vergleich zum Rumpf stärker. Typisch sind dann die schlaksigen, ungelenken Bewegungen. Die körperliche Reife betrifft auch die Ausbildung der sekundären Geschlechtsmerkmale (Brüste und Beckenform bei der Frau; Körperbehaarung, Bart, tiefe Stimme, Adamsapfel beim Mann).

Diese Übergangszeit ist geprägt von psychischen Anpassungsleistungen an die biosexuelle Reifung. Der junge Mensch beginnt, sich von seinem Elternhaus zu lösen. Die Gleichaltrigengruppe (Peer-Group) hilft dabei und bekommt eine Vorzugsstellung (Bild 32). Die Zugehörigkeit zur Gruppe wird durch gemeinsame Vorstellungen, Sprache, Kleidung oder Aussehen ausgedrückt. Willen und Kritik nehmen immer stärker individuelle Ausprägungen an. Die Auseinandersetzung mit der Umwelt wird aktiv und auch heftig und trotzig betrieben. Konflikte bleiben da nicht aus.

Anorexia (Magersucht), Bulimie ▸ S. 55 f.

Bild 32 Jugendliche.

Der spätere Abschnitt der Jugendzeit (Adoleszenz, etwa 16 – 20 Jahre) ist durch den Abschluss des körperlichen Wachstums gekennzeichnet. Eigene Fähigkeiten und Interessen werden immer besser eingeschätzt und realistische Alternativen werden erkannt. Getroffene Entscheidungen können selbstbewusster in die Tat umgesetzt werden. Ablösung und Verselbständigung sind wichtige Voraussetzungen, um die eigene Identität zu finden. Identität heißt, dass der eigene Standpunkt bezüglich Geschlechter- und anderer sozialer Rollen erkannt und eingenommen wird. Dies zeigt sich in Berufswahl, Ausbildung, in der Suche nach Freundschaften und fester Partnerschaft (Bild 33).

Bild 33 Partnerschaft.

Jugendliche in der Praxis:

- Allgemeine Labilität und Stimmungsschwankungen können sich in körperlichen Symptomen oder in Anfälligkeit gegenüber Verführungen ausdrücken.
- Die Suchtgefährdung durch Nikotin, Drogen und Alkohol ist groß.
- Entwicklungsprobleme können sich z. B. durch Minder- oder Hochwuchs oder durch eine nicht eindeutige Geschlechtsidentität ergeben.
- Ess-Störungen sind erkennbar durch Anorexia (Magersucht), Bulimie (Ess-Brech-Attacken) oder Übergewicht (Adipositas).
- Unfälle häufen sich, insbesondere Auto- und Motorradunfälle bei jungen Männern.
- Das Suizidrisiko ist erhöht.

Erwachsenenalter. Im Erwachsenenalter sind Intimität in Partnerschaft und Ehe, Zeugungsfähigkeit und evtl. der Übergang in die Elternschaft wichtige Entwicklungsaufgaben. Intimität beschreibt die feste Bindung an einen anderen Menschen in sexueller, emotionaler und moralischer Hinsicht. Dafür sind Offenheit, Mut und Kompromissfähigkeit gefragt.

Weitere Kennzeichen dieser Phase sind Streben nach Erfolg, Wertschätzung und Kompetenz in allen Lebensbereichen. Körperliche und geistige Leistungsfähigkeit sind auf dem Höhepunkt angelangt. Das Erwachsenenalter wird geprägt von Verantwortung für andere in Familie, Beruf und Gesellschaft (Bild 34).

Bild 34 Familie.

Eine Heirat und die Geburt eines Kindes sind zum einen freudige Ereignisse, jedoch durch die Veränderung der Lebensgewohnheiten zum anderen auch kritische Lebensereignisse, die neue Herausforderungen mit sich bringen. Schwangerschaft, Geburt und Elternschaft können die Partnerbeziehung verunsichern und belasten – bis hin zur Trennung. Eine Scheidung wird oft als Selbstwertminderung erfahren und kann mit Angst und Depression verbunden sein. Sie kann aber auch als Befreiung und Chance zur Weiterentwicklung und Selbstverwirklichung erlebt werden.

Die Midlife-Crisis ist durch folgende Vorgänge gekennzeichnet:

- Die Ablösung der Kinder aus dem Elternhaus kann als „Empty-Nest-Syndrom" mit depressiver Verstimmung erlebt werden.
- Klimakterische Beschwerden der Frau sind mit unregelmäßigen Blutungen, Hitzewallungen, vielfältigen körperlichen Beschwerden und Stimmungsschwankungen verbunden. Es besteht ein erhöhtes Risiko, dass sich psychosomatische Erkrankungen, z. B. Herz-Kreislaufbeschwerden oder Depression, Tabletten- und Alkoholmissbrauch entwickeln.
- Beim Mann kommt es ebenfalls zum langsamen Absinken der Hormonproduktion, was unter Umständen im Zusammenhang mit Beziehungs- und Berufsproblemen zu einer Abnahme der sexuellen Potenz führen kann.
- Körperliche Befindlichkeitsstörungen nehmen zu, die gegenseitige Attraktivität nimmt ab, Enttäuschung und Eintönigkeit in der Beziehung wirken zusammen, wodurch Partnerprobleme entstehen können.
- Leistungsdruck im Beruf, fehlende Aufstiegsmöglichkeiten oder die berufliche Ausgliederung können zu belastenden Erfahrungen werden, die Krankheiten verursachen.

Alter. Körperliche Funktionen wie Hören, Sehen und Beweglichkeit nehmen ab. Hinzu kommen Veränderungen im Persönlichkeitsbereich, z. B. Abnahme der geistigen Flexibilität. Das Älterwerden wird von den Betroffenen unterschiedlich erlebt. Es wird schicksalsergeben hingenommen, es wird zum Anstoß einer krisenhaften Entwicklung oder das Altern wird als neuer Lebensabschnitt mit entsprechenden Entwicklungsmöglichkeiten verstanden. Bei guter körperlicher Verfassung und einigermaßen zufriedenstellenden familiären und wirtschaftlichen Verhältnissen bietet sich dem älteren Menschen eine breite Palette von Möglichkeiten. Diese werden abhängig von bisherigen Lebensstrategien unterschiedlich genutzt (Bild 35).

Bild 35 Begegnung der Generationen.

Midlife-Crisis (engl.) = Krise des mittleren Lebensalters

Empty nest (engl.) = leeres Nest

Klimakterium: Allmähliches Nachlassen der Bildung von Geschlechtshormonen, Wechseljahre

Es gibt aktive Senioren, die einzeln oder gemeinsam ihr Leben gestalten, reisen oder eine Altersakademie besuchen. Andere ältere Menschen engagieren sich sozial, z. B. als „Leihoma". Leider gibt es auch allein gebliebene oder vereinsamte Menschen.

5.2.2 Sozialisation und Rollenverständnis

Sozialisation. Darunter versteht man das Hineinwachsen eines Menschen in die Gesellschaft.

Bereits mit der Geburt beginnt die primäre Sozialisation. Die Familie vermittelt die Grundelemente des Denkens, Sprechens und die Grundmuster und Abläufe des sozialen Verhaltens. Die sekundäre Sozialisation durch Kindergarten, Schule und Beruf schließt sich an. Das in der primären Sozialisation erworbene Wissen wird erweitert und ausgeformt. So erlernt der Mensch die sozialen Einstellungen, Verhaltensweisen und Normen.

Intrarollenkonflikt: Widerstreit durch gegensätzliche Erwartungen an eine bestimmte Rolle

Interrollenkonflikt: Widerstreit durch gegensätzliche Erwartungen an eine Person mit unterschiedlichen Rollen

Soziale Normen sind Verhaltenserwartungen. Sie ermöglichen dem Einzelnen, die Reaktion und das Verhalten von anderen Menschen auf sein eigenes Verhalten einzuschätzen. Er kann sich so auf ein Mindestmaß an verlässlichem Verhalten der anderen einstellen.

Die Rolle ist definiert als die Erwartungen, die an den Inhaber einer bestimmten sozialen Position gerichtet sind. Jedes Individuum hat viele Rollen inne, z. B. als Tochter, Freundin, Medizinische Fachangestellte, Ehefrau und Mutter.

Die Rolle bildet einerseits einen Teil der Persönlichkeit ab, andererseits spielt jemand auch eine bestimmte Rolle, d. h. hinter der Rolle steckt ein „Selbst", das darüber nachdenkt, welche Rollenerwartung es erfüllen kann, will und soll.

Jeder Mensch sollte ein Gleichgewicht finden zwischen der eigenen Identität und der Erfüllung der Rollenverpflichtung. So entsteht ein Spielraum für Spontaneität, die dazu beiträgt, ein Rollenmuster abzuwandeln.

Die Rollenerwartungen an die MFA werden vom Chef, von Patienten und von den Kolleginnen bestimmt.

Der Arzt erwartet, dass „seine" MFA zuverlässig und fähig arbeitet, belastbar ist und in der Lage ist, Stress gut zu bewältigen. Sie muss praxisrelevante Bestimmungen und Gesetze kennen und anwenden. Praxis- und Zeitorganisation sollen wirkungsvoll funktionieren, damit alle sich in der Praxis wohlfühlen.

Der Patient erwartet neben fachlichem Können freundliche Zuwendung, Einfühlsamkeit, taktvolle Rücksichtnahme, Diskretion, Gesprächsbereitschaft und das Eingehen auf seine besonderen Bedürfnisse.

Die Kollegin erwartet sachkundige Arbeit und Teamfähigkeit. Dazu gehören Anpassungsfähigkeit, Konfliktbereitschaft, Fingerspitzen- und Verantwortungsgefühl, Selbstbewusstsein und gegenseitige Anerkennung.

An einen Rolleninhaber werden oft widersprüchliche Erwartungen gestellt.

- Ein möglicher Intrarollenkonflikt könnte sein: Der Arzt erwartet von der MFA, dass sie die Termine knapp aufeinander abstimmt. Der Patient erwartet, dass die MFA den Termin so plant, dass der Arzt viel Zeit für ihn hat.
- Ein möglicher Interrollenkonflikt (Bild 36) könnte sein: Von der MFA-Rolle wird verlangt, dass sie sich für die Belange der Praxis voll einsetzt und auch mal länger bleibt. Ihre Mutter-Rolle verlangt, dass sie ihr Kind rechtzeitig vom Kindergarten abholt

Bild 36 Interrollenkonflikt.

5.3 Krankheitserleben und Verhalten des kranken Menschen

Gesundheitsbegriff. Die Weltgesundheitsorganisation WHO (World Health Organization), eine Organisation der Vereinten Nationen in Genf, definiert den Gesundheitsbegriff idealerweise wie folgt:

> Gesundheit ist der Zustand des vollkommenen körperlichen, seelischen und sozialen Wohlbefindens und nicht nur die Abwesenheit von Krankheit.

5.3.1 Krankheitserleben

Für jeden Menschen ist Krankheit ein Erleben, mit dem er sich auseinandersetzen muss. Krankheit wird als eine „regelwidrige" nachweisbare Veränderung des bio-psycho-sozialen Organismus verstanden.

Das Erleben der Krankheit bedeutet, dass ein Mensch Krankheitszeichen an sich selbst wahrnimmt und bestrebt ist, diese wieder los zu werden. Um dies zu erreichen, kann er sich entweder selbst behandeln oder die Hilfe des Gesundheitssystems in Anspruch nehmen. Im professionellen Gesundheitssystem werden diagnostische und therapeutische Maßnahmen eingeleitet und durchgeführt. Mit der Krankschreibung ist die Krankenrolle festgelegt. Diese beinhaltet, dass der Kranke von Alltagsverpflichtungen, z.B. Berufstätigkeit, befreit ist, gleichzeitig aber Anweisungen befolgen muss, um den Heilungsprozess zu fördern und zu unterstützen.

Unter Krankheitsgewinn versteht man die „Vorteile", die sich aus der Krankheit ergeben: vermehrte Zuwendung, nicht arbeiten zu müssen, im Bett liegen bleiben zu dürfen.

Das Kranksein bringt Sorgen, Ängste und Befürchtungen mit sich. Es können sich aber auch neue Erfahrungen und Empfindungen entwickeln, die z.B. zu einer bewussteren Lebensgestaltung hinführen.

Allgemeine Einflussfaktoren, die das Erleben und Verhalten bei der Erkrankung mitbestimmen, sind Lebensalter, Familienstand, berufliche und wirtschaftliche Verhältnisse. Wichtig sind auch Beschaffenheit und Stärke der Familienbindungen und des sozialen Geflechtes. Weitere Einflussfaktoren sind Art und Schwere der Krankheit, Vorkenntnisse und Vorerfahrungen, die mit dem Kranksein erworben wurden.

5.3.2 Krankheitsverarbeitung

Coping. Je nach Persönlichkeit und individueller Lebenssituation fällt die Auseinandersetzung mit der Krankheit unterschiedlich aus (Tabelle 19). Die Verhaltensmuster, d.h. die psychischen Mechanismen der Krankheitsverarbeitung, fasst man heute mit dem Begriff Coping zusammen, der aus der Stressforschung stammt.

Coping (engl.) = Bewältigung, Auseinandersetzung

Die Erkrankung, die als Stress-Reiz erlebt wird, kann als Belastung oder als neutraler Reiz oder als positiv herausfordernder Reiz wahrgenommen werden. Je nach persönlicher Einschätzung kann der Mensch nun auf den Stress-Reiz reagieren:

- Er kann ihn außer Acht lassen, beispielsweise geht er trotz Erkältungskrankheit zur Arbeit.

Verarbeitungsebene	Mögliche Reaktionsmuster
kognitive Ebene	Die Krankheit nicht annehmen, verleugnen; Haltung bewahren; sich gedanklich ständig mit der Krankheit befassen; der Krankheit einen Sinn geben; ...
emotionale Ebene	Weinen, Wut, Angst ausdrücken; Erleben von Schuldgefühlen; Mutlosigkeit, Bedrücktheit, Optimismus
handlungsbezogene Ebene	Arztbesuch; Nichteinhalten von Behandlungsvorschriften; sozialer Rückzug; Informationsbeschaffung über Krankheit und Hilfe; Kompensation durch andere Tätigkeiten, ...

Tabelle 19 Prozesse der Krankheitsverarbeitung.

- Er kann sich seelisch und körperlich überwältigen lassen, z. B. Selbsttötung nach Feststellen einer Krebserkrankung.
- Er kann ihn als Herausforderung annehmen. In diesem Fall kann der Mensch sich auf seine eigenen Möglichkeiten und Fähigkeiten besinnen, um mit der Stresssituation fertig zu werden.

Abwehrmechanismen werden aus dem psychodynamischen Persönlichkeitsmodell hergeleitet. Darunter versteht man verschiedene unbewusste Prozesse, die dazu dienen, Angst und andere unerträgliche Empfindungen (Schuld, Scham, Kränkung) auszublenden (Tabelle 20). Der Abwehrvorgang trägt auch zur Erhaltung der psychischen Gesundheit und der Gesundung bei. Einseitig und übermäßig angewandt können Abwehrvorgänge aber zu psychischen (neurotischen) Störungen führen.

Bild 37 Kylie Minogue kämpfte erfolgreich gegen den Krebs und engagiert sich in der Krebsaufklärung.

Bezeichnung	Beschreibung	Beispiele
Verdrängung	Schmerzhafte und angstbesetzte „Erkenntnisse" werden aus dem bewussten Erleben ausgeschaltet.	Eine schlimme Krankheit wird „nicht zur Kenntnis genommen", Patient vermeidet Arztbesuch oder Tabletteneinnahme.
Verleugnen	Eine belastende Wahrnehmung wird als unwahr dargestellt.	Die Nachricht einer Krebsdiagnose wird „vergessen".
Projektion	Eigene Wünsche und Schwächen werden nicht eingestanden, sondern auf andere übertragen.	Arzt, Partner oder MFA werden zum „Sündenbock" gestempelt, an dem man seine Wut, Aggression usw. auslässt.
Rationalisierung	Ein beunruhigender Sachverhalt wird umgedeutet.	Wenn ein Herzinfarktpatient andere Gründe für seine Schmerzen verantwortlich macht, z. B. Verdauungsstörungen.
Regression	Der Mensch greift auf frühere Entwicklungsstufen zurück.	Ein Kranker zeigt nörglerisches, kindliches Verhalten, verlangt besondere Zuwendung, lässt sich gehen und bemuttern und übergibt die Verantwortung an andere (Partner, Arzt).
Identifikation	Unbewusst werden Einstellungen, Werte oder das Verhalten von einer anderen Person bzw. Gruppe übernommen.	Der Kranke orientiert sich an einem Idol / Vorbild. Selbstbewusst und mit Kampfgeist versucht er mit seiner Krankheit umzugehen, wie z. B. die Sängerin Kylie Minogue (Bild 37).
Sublimierung	Die Triebenergie wird auf kulturelle oder soziale „Ziele" gelenkt.	Künstlerische Tätigkeit wird oft als Sublimation beschrieben; z. B. Krebspatient malt Bilder.

Tabelle 20 Abwehrmechanismen.

Am Beispiel einer plötzlich auftretenden Belastungs- oder Bedrohungssituation lässt sich das Wechselspiel von Abwehr und Coping zeigen. In einer solchen Situation ist das Ich überfordert, realitätsangemessen zu reagieren. Abwehrmechanismen schützen das Ich vor überwältigender Wahrnehmung und Angstgefühlen.

Der Betroffene gewinnt Zeit, bleibt handlungsfähig und kann sich kognitiv und emotional auf die Situation einstellen.

Beispiel: Ein Krebskranker „macht sich nicht mehr so viele Gedanken". Das bedeutet: Angst und Depression stehen ihm bei der Krankheitsbewältigung nicht ständig im Weg.

5.4 Psychisch gestörte Patienten

Personen mit einer psychischen Störung sind besonders in einer akuten Phase oft nicht mehr in der Lage, ihr Leben/ihren Alltag ohne fremde Hilfe zu bewältigen. Psychisch gestörte Menschen sind oft misstrauisch.

5.4.1 Psychopathologie

Als Psyche werden in der Psychiatrie die höheren geistigen Funktionen des Menschen verstanden. Krankhafte Veränderungen des Seelenlebens äußern sich als einzelne Symptome oder Veränderungen im Erleben und Verhalten. Diese psychopathologischen Symptome betreffen Bewusstsein, Denken, Fühlen, Antrieb und Wahrnehmung (Tabelle 22, S. 54).

Der Arzt erkennt diese Symptome durch Befragen des Patienten und durch Beobachtung seines Verhaltens. Die Symptome können vorübergehend oder schubweise auftreten oder für lange Zeit bestehen bleiben.

Diagnostische Klassifikationen. In verschiedenen Ländern strebte man ein einheitliches Diagnoseschema an. Deshalb wurde der ICD-10-Diagnoseschlüssel entwickelt, der heute international anerkannt ist. Er orientiert sich weniger an den Ursachen, sondern mehr an den Symptomen (Tabelle 21). Nach diesem Schlüssel werden die Krankheiten über die Krankenkassen abgerechnet.

Am 1.1.2022 trat die ICD-11 in Kraft; die Einführung in den klinischen Alltag wird wohl noch mindestens fünf Jahre dauern.

Psychiatrie: Gebiet der Medizin, das sich mit psychischen Störungen und Krankheiten beschäftigt

ICD-10 (engl.) = International Classification of diseases = Internationale Klassifikation der Krankheiten, 10. Revision: Diese Klassifikation hat 22 Kapitel – das Kapitel V (F00 bis F99) erfasst psychische Störungen und Verhaltensstörungen.

ICD-10-Schlüssel	Psychische und Verhaltensstörungen
F00–F09	organische, einschließlich symptomatischer psychischer Störungen
F10–F19	psychische und Verhaltensstörungen durch psychotrope Substanzen
F20–F29	Schizophrenie, schizotype und wahnhafte Störungen
F30–F39	affektive Störungen
F40–F49	neurotische-, Belastungs- und somatoforme Störungen
F50–F59	Verhaltensauffälligkeiten mit körperlichen Störungen und Faktoren
F60–F69	Persönlichkeits- und Verhaltensstörungen
F70–F79	Intelligenzminderung
F80–F89	Entwicklungsstörungen
F90–F98	Verhaltens- und emotionale Störungen; Beginn in der Kindheit/Jugend
F99	nicht näher bezeichnete psychische Störungen

Tabelle 21 Klassifikation psychischer Störungen nach ICD-10.

Bereich	Beschreibung	Beispiel
Störung des Bewusstseins	• veränderte Bewusstseinshelligkeit • veränderte Bewusstseinsqualität: stille Verwirrtheit oder Verwirrtheit mit starker Erregung (Delir)	• Teilnahmslosigkeit, Koma • hilfloser, altersverwirrter Mensch; Alkoholiker im Entzugsdelir
Störung des Denkens	• Orientierungsstörung zu Zeit, Ort und Person • Gedächtnisstörung • gestörter Denkablauf • Befürchtungen, Zwänge, Grübeln, Misstrauen • Wahn (Der Mensch ist von der Wirklichkeit seiner Gedanken, Ideen und Vorstellungen überzeugt, keiner kann ihn davon abbringen.)	• Patient weiß nicht, welches Datum heute ist, wo er ist, wie er heißt. • Patient kann sich Dinge nicht merken, an Ereignisse nicht erinnern. • denkt langsamer bzw. schneller, unzusammenhängend • seine Gedanken kreisen immer um den gleichen Punkt • Patient ist fest davon überzeugt, dass er verfolgt wird (Beeinträchtigungswahn), dass er der Präsident ist (Größenwahn), dass er eine riesige Schuld auf sich geladen hat (Versündigungswahn).
Störung des Gefühls (Affekt) und des Antriebs	• Depression (Niedergeschlagenheit) • gehobene Stimmung (Selbstüberschätzung) • Gefühl der Gefühllosigkeit • fehlerhafte Steuerung der Gefühle • Antriebs- und Entschlussunfähigkeit • motorische Unruhe	• Patient ist tief traurig, trauert lange Zeit • Patient ist besonders lustig, ausgelassen, tatkräftig • kann keine Gefühle für sich oder andere empfinden • weint unkontrolliert, lacht ohne erkennbaren Grund • fühlt sich in seiner Tatkraft gehemmt, braucht lange für eine Entscheidung • kann nicht ruhig auf dem Stuhl sitzen, redet ununterbrochen
Störung der Wahrnehmung	• illusionäre Verkennung (Eine wirkliche wahrgenommene Gegebenheit wird fehlgedeutet.) • Halluzination (Wahrnehmung ohne ein wirkliches Objekt oder Sinnesreiz)	• Patient glaubt, dass seine Frau jedes Mal beim Telefonieren mit ihrem Liebhaber spricht. • Patient hört fremde Stimmen, die über ihn oder zu ihm reden. Patient fühlt, wie kleine Tiere unter seiner Haut krabbeln.

Tabelle 22 Psychopathologische Symptome.

5.4.2 Organische, einschließlich symptomatischer psychischer Störungen (F00–F09)

Diese Störungen werden durch krankhafte Prozesse verursacht, die das Gehirn befallen. Dazu zählen

- Hirnatrophie (Morbus Alzheimer),
- Arteriosklerose der Hirngefäße,
- Hirntumoren,
- Schädel-Hirn-Traumen,
- Hirnentzündungen,
- Vergiftungen (z. B. durch Stoffwechselprodukte).

Vergiftungen durch Alkohol, Drogen oder Medikamente werden nicht zu dieser Gruppe gezählt. Sämtliche psychopathologischen Symptome können auftreten.

Das demenzielle Syndrom tritt als Folge einer Krankheit des Gehirns auf und verläuft für gewöhnlich chronisch und fortschreitend. Die höheren geistigen Funktionen einschließlich Gedächtnis, Denken, Orientierung, Auffassen, Sprache und Urteilsvermögen gehen verloren. Neben den kognitiven Beeinträchtigungen verschlechtern sich auch die emotionale Kontrolle und das Sozialverhalten.

Erkrankungen, die zu einer Demenz (Hirnleistungsschwäche) führen können sind:

- Alzheimer-Erkrankung (DAT = Demenz vom Alzheimertyp); eine degenerative Erkrankung unbekannter Ursache, die eine Hirnatrophie nach sich zieht.
- Vaskuläre Demenz (VD), durch arteriosklerotische Gefäßveränderungen mit kleinen und vielen Hirninfarkten hervorgerufen.
- Stirnlappendemenz (Frontotemporale Demenz) durch das Absterben von Nervenzellen im vorderen Hirnbereich.
- Chorea Huntington (Großer Veitstanz); ein dominant vererbtes Leiden, das mit fortschreitender Hirndegeneration und Bewegungsstörungen einhergeht.
- Creutzfeld-Jakob-Krankheit; eine rasch fortschreitende Demenz, die wahrscheinlich durch Prionen bedingt ist.
- Parkinsonsyndrom; eine neurologische Erkrankung mit Bewegungsarmut, Zittern und Muskelsteifigkeit, die ebenfalls zu einer Demenz führen kann.

Die Alzheimer-Erkrankung ist die häufigste zur Demenz führende Krankheit (Bild 38). Es gibt bisher keine sicheren klinischen Tests oder Laborwerte, um sie zu diagnostizieren. Die Erkrankung verläuft meist schleichend, wobei der Beginn oft kaum bemerkt wird. Anfangs werden Kleinigkeiten wie Termine oder Namen vergessen. Nach und nach verliert der Betroffene seine Orientierung, er verläuft sich, er verändert sich, wird z. B. aggressiv und unruhig. Im Endstadium ist er verwirrt, erkennt seine Verwandten nicht mehr, schluckt das Essen nicht mehr und kann Stuhl und Harn nicht halten. Bei manchen Patienten kann gleichzeitig ein Wahn oder eine Depression auftreten.

Die medikamentöse Therapie kann mit Substanzen erfolgen, die den Hirnstoffwechsel von z. B. Azetylcholin beeinflussen.

Weitere Therapieansätze sind kognitive Aktivierung und Milieutherapie. Psychische Krankheitssymptome wie Depression werden mit entsprechenden Medikamenten behandelt.

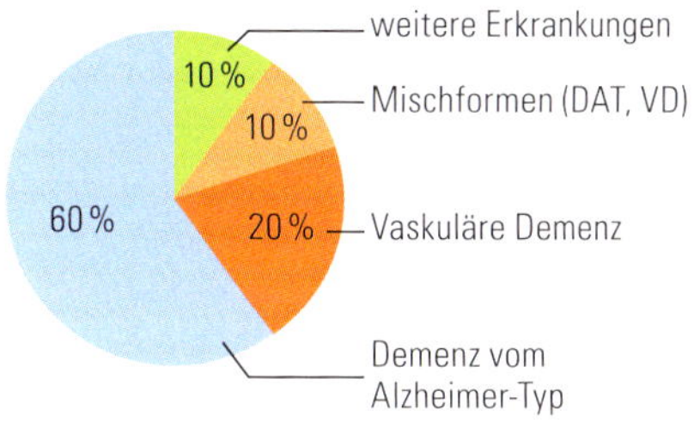

Bild 38 Häufigkeit der Demenzformen.

Demenz: organisch bedingte Beeinträchtigung der Hirnleistungsfähigkeit

5.4.3 Psychische und Verhaltensstörungen durch psychotrope Substanzen (F10 – F19)

Diese Störungen werden z. B. durch Alkohol, Drogen oder Medikamente verursacht. Alle Auswirkungen dieser Substanzen, vom akuten Rausch über die Abhängigkeit bis zum Entzugssyndrom, werden in dieser Gruppe zusammengefasst.

Alkoholabhängigkeit ▶ S. 471

5.4.4 Schizophrenie (F20 – F29)

Schizophrenie („gespaltenes Irresein“) wird auch als schizophrene Psychose bezeichnet. Sie kann bereits bei Jugendlichen auftreten mit ganz unterschiedlichen psychischen Symptomen. Die Kranken müssen längere Zeit beobachtet werden, denn die Diagnose kann nur aus dem Krankheitsverlauf heraus gestellt werden.

Es können Wahrnehmungs- und Denkstörungen (Halluzination, Wahn) oder Störungen des Gefühls (Traurigkeit, Hochstimmung, Gefühlsabstumpfung) auftreten. Der Kranke kann an Antriebsstörungen (Erstarrung, Erregung) leiden, sich in seine eigene Welt zurückziehen. Während der eine Patient starke Angstgefühle mit Halluzinationen (z. B. Stimmen hören) zeigt, lassen sich bei einem anderen Patienten die Symptome erst bei genauem Befragen und Beobachten erkennen, er wirkt auf den ersten Blick nur etwas sonderbar. Ein schubweiser Verlauf kann zu dauernden Persönlichkeitsveränderungen führen. 15 % der Erkrankten begehen Suizid.

Prionen (engl.) = infektiöse, übertragbare Eiweißpartikel

schizo- (gr.) = gespalten
phren (gr.) = Verstand

Psychose: oftmals vorübergehende Störungen des Denkens und der Wahrnehmung

Suizid ▶ S. 62 f.

Im akuten Stadium der Psychose sind die seelischen Funktionen so stark beeinträchtigt, dass der Patient den üblichen Lebensanforderungen nicht nachkommen kann. In diesem Zustand ist der Patient geschäftsunfähig. Oft sind eine stationäre Einweisung und die Behandlung mit Neuroleptika (Medikamente zur Behandlung von Psychosen) angezeigt. Sinnvoll ist auch die stützende Psychotherapie für den Umgang mit der Krankheit. Der Betroffene und seine Familie sollen geschult werden, Anzeichen eines neuen Schubes zu erkennen und entsprechend zu reagieren (Medikamente, Klinik). Wichtig ist die schnelle soziale Rehabilitation in Beruf und Familie.

affektiv: die Gefühle betreffend

endogen: im Körper selbst entstanden, nicht durch äußere Einflüsse

Neurotransmitter: biochemische Stoffe, die Informationen zwischen Nervenzellen weitergeben

Soma (gr.) = Körper

Trauma: (körperliche oder seelische) Verletzung

flash (engl.) = Blitz, **Flashback:** blitzartig auftretende Wiedererinnerung an Erlebtes

5.4.5 Affektive Störungen (F30–F39)

Ist eine affektive Störung endogen bedingt, spricht man von affektiver Psychose. Bei endogenen Psychosen sind die Ursachen unbekannt. Stoffwechselstörungen der Neurotransmitter, genetische Faktoren oder Umwelteinflüsse spielen eine Rolle.

Depression äußert sich in den Grundsymptomen Niedergeschlagenheit, Antriebslosigkeit, Verlust von Freude und Interesse, ziellose Angstgefühle und Denkhemmung. Begleitet werden diese von körperlichen Beschwerden wie Schlafstörung, Herz- und Atembeschwerden, Verstopfung oder Menstruationsstörungen. Charakteristisch ist das Morgentief, d.h. morgens sind die Symptome stärker ausgeprägt. Es besteht Suizidgefahr. Die Therapie stützt sich auf Antidepressiva, die mit einer Psychotherapie kombiniert werden. In den meisten Fällen gewinnen die Patienten dadurch wieder ein selbstbestimmtes Leben.

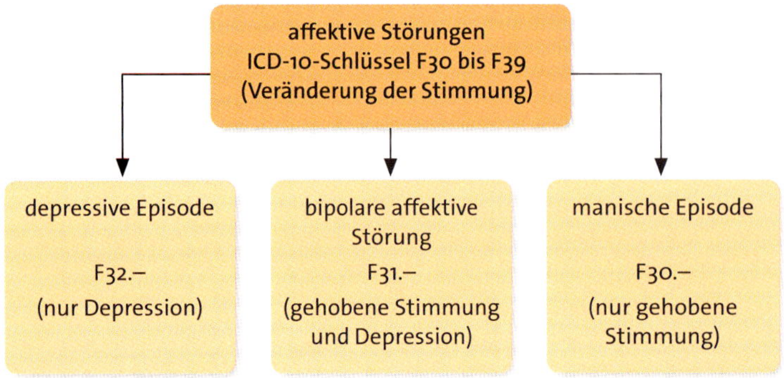

Manie als Gegenstück der Depression äußert sich in gehobener Stimmung, Antriebssteigerung, Redefluss oder Selbstüberschätzung bis zum Größenwahn. Das körperliche Wohlempfinden ist gesteigert und das Schlafbedürfnis vermindert. Ein Mensch mit einer Manie gefährdet sich und andere, weil er Gefahren und Risiken nicht mehr einschätzen kann. Er verursacht z.B. einen Autounfall oder gibt im manischen Zustand unsinnig viel Geld aus.

Frauen sind häufiger betroffen als Männer (70:30). Zwei Drittel der Patienten haben nur eine depressive Episode, bei einem Drittel folgt auf eine monatelange depressive Episode eine kürzere manische Episode (bipolar). Bei 5% der affektiven Störungen tritt nur die Manie auf.

5.4.6 Neurotische, Belastungs- und somatoforme Störungen (F40–F49)

Neurosen sind fehlgeleitete Erlebnis- und Verhaltensweisen, die beim Betroffenen einen starken Leidensdruck hervorrufen (Tabelle 23).

Posttraumatische Belastungsstörung (PTBS). Eine posttraumatische Belastungsstörung entsteht als verzögerte Reaktion auf ein belastendes Ereignis oder eine Situation außergewöhnlicher Bedrohung. PTBS wird deswegen auch als posttraumatisches Stresssyndrom bezeichnet. Sie äußert sich in wiederholtem Erleben des Traumas und in sich aufdrängenden Erinnerungen (Flashbacks). Der Betroffene hat ein andauerndes Gefühl von Betäubtsein, emotionaler Stumpfheit, Gleichgültigkeit anderen Menschen gegenüber und dem Gefühl der Entfremdung und Isolierung. Gleichzeitig kann ein erhöhtes Erregungsniveau mit übermäßiger Schreckhaftigkeit, Schlaflosigkeit, Herzklopfen, Schwitzen und Zittern bestehen. Häufig entwickeln sich depressive Syndrome oder Missbrauch von Alkohol oder Medikamenten. Hinzu kommt ein erhöhtes Suizidrisiko.

Bezeichnung / ICD-10-Schlüssel	Beschreibung	Beispiele
phobische Störungen / F40.–		Furcht vor Objekten oder Situationen, z. B. Spinnenphobie, Platz- oder Höhenangst
generalisierte Angststörung / F41.1	Alle Angststörungen sind mit Vermeidungsverhalten verbunden.	ungewöhnlich starke und der Situation unangemessene Angst
Panikstörung / F41.0		schwere, plötzliche, unvorhersehbar auftretende Angstattacken (Panik)
Zwangsstörung / F42.–	Gefühle, Vorstellungen und Handlungen drängen sich dem Betroffenen auf. Obwohl er sie als quälend empfindet und als unsinnig erkennt, kann er sie nicht unterbinden.	Patientin befürchtet ihre Wohnung mit Bakterien zu infizieren. Nach jedem Gang in die Stadt desinfiziert sie die ganze Wohnung.
akute Belastungsreaktion / F43.0	Abnorme seelische Erlebnisreaktion mit eingeengtem Bewusstsein, depressiver Verstimmung, Gereiztheit, Rückzugstendenz	Nervenzusammenbruch
posttraumatische Belastungsstörungen / F43.1	Tritt Tage / Wochen nach dem Ereignis auf: Rückkehr traumatischer Erinnerungsbilder, Schlafstörungen, Abstumpfung der Gefühle. Gefahren: Suizid, Alkoholmissbrauch	nach einer Vergewaltigung, nach einem Terroranschlag, nach einem schweren Verkehrsunfall, nach einer Katastrophe
dissoziative Störungen (Konversionsstörungen) / F44.–	Wunsch- und zweckorientierte Verhaltensweisen, die zu körperlichen und psychischen Symptomen führen können.	Patient, dem seine Sonderrolle genommen wurde, entwickelt epilepsieähnliche Anfälle und erreicht so wieder Aufmerksamkeit.
somatoforme Störungen F45.–	Seelische Probleme werden unbewusst in körperlichen Beschwerden ausgedrückt.	Reizdarm oder Herzbeschwerden, die einer Angina pectoris ähneln; die Beschwerden lassen sich auf keine körperliche Erkrankung zurückführen (psychosomatische Erkrankung).

Tabelle 23 Neurotische, Belastungs- und somatoforme Störungen (Auswahl).

5.4.7 Verhaltensauffälligkeiten mit körperlichen Störungen und Faktoren (F50 – F59)

Anorexia nervosa (Magersucht). Der absichtlich herbeigeführte Gewichtsverlust durch extreme Nahrungseinschränkung oder hohen Kalorienverbrauch durch Bewegung kommt am häufigsten bei jungen, oft sehr ehrgeizigen Mädchen und Frauen vor. Als eine wichtige psychische Ursache geben sie den Wunsch nach Kontrolle über den eigenen Körper an. Eine bedeutende soziologische Ursache ist unser Schönheitsideal, das die unnatürlich schlanken Körper von Models als Vorbild anpreist. Die Körperwahrnehmung der Patienten ist gestört; sie fühlen sich zu dick oder haben Angst zu dick zu werden, auch wenn sie schon stark abgemagert sind (Bild 39). Die Unterernährung führt zum Zusammenbruch vieler körperlicher Funktionen, z. B. Ausbleiben der Periode.

Die Therapie der Magersucht ist schwierig, da den Patienten die Krankheitseinsicht fehlt. Bei schwerer Unterernährung werden sie über eine Magensonde ernährt. Gleichzeitig erfolgt eine Psychotherapie.

Die Sterblichkeit liegt über 10 %. Viele Patienten haben noch lange Essstörungen (z. B. Bulimie) oder werden süchtig (Alkohol, Medikamente).

Bulimie ist eine Essstörung, bei der heimliche Essattacken (Essmengen bis zu 5000 kcal) mit Erbrechen, Fasten oder mit der Einnahme von Abführmitteln abwechseln. Im Gegensatz zur Anorexie leiden die meist jungen Frauen bewusst unter ihrer Erkrankung und streben eine ideale weibliche Figur an.

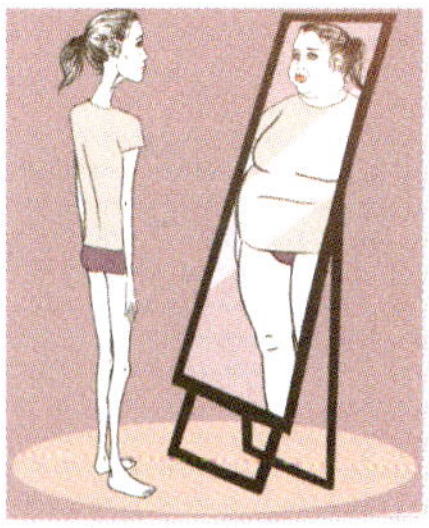

Bild 39 Körperwahrnehmung bei Magersucht.

5.4.8 Persönlichkeits- und Verhaltensstörungen (F60–F69)

Die **Persönlichkeit** eines Menschen ist die Summe seiner psychischen Eigenschaften und Verhaltensmuster. Sie bestimmen sein individuelles Denken, Verhalten und Erleben – sie verleihen ihm seine eigene und unverwechselbare Identität.

Persönlichkeitsstile beschreiben das typische Muster, in dem ein Mensch denkt, fühlt und handelt. Der Persönlichkeitsstil prägt unser Selbstbild, die Beziehung zum Partner, zu den Kindern, zu Freunden sowie zu Arbeitskollegen und Vorgesetzten. Er trägt dazu bei, wie wir Beziehungen gestalten, welche Arbeit uns liegt und wie wir mit Konflikten umgehen.

Eine **Persönlichkeitsstörung** liegt vor, wenn ein Mensch bestimmte Denk-, Gefühls- und Verhaltensmuster in extremer Form aufweist, die deutlich von den eigenen sowie von den Erwartungen des sozialen Umfelds abweichen. Typisch ist, dass sie in der Kindheit oder Jugend beginnt. Das Verhalten ist in vielen persönlichen und sozialen Situationen unflexibel und wenig angepasst.

Persönlichkeitsstörungen können zu erheblichem psychischen, physischen und sozialen Leiden oder Beeinträchtigungen führen und sollten deshalb behandelt werden.

Persönlichkeitsstil	Persönlichkeitsstörung
gewissenhaft	zwanghaft
selbstbewusst	narzisstisch
abenteuerlich	dissozial
sprunghaft	Borderline

Tabelle 24 Persönlichkeitsstil und Persönlichkeitsstörung

Die bisherigen Kategorien der Persönlichkeitsstörungen in der ICD-10 sollen aufgehoben werden, da die Übergänge normal-gesund und krankhaft nicht eindeutig festlegbar sind. In der ICD-11 tritt anstelle der Einteilung nach Kategorien eine Diagnostik der Persönlichkeitsstörungen, die auf Schweregraden von Funktionsbeeinträchtigungen (leicht, mittel, schwer) sowie der Beschreibung von übergeordneten prominenten Persönlichkeitsmerkmalen (negative Affektivität, Distanziertheit, Dissozialität, Enthemmung und Anankasmus) beruht.

Im Folgenden wird eine Auswahl von vier Persönlichkeitsstörungen vorgestellt.

Narzisstische Persönlichkeitsstörung
Narziss ist nach der griechischen Mythologie ein schöner junger Mann. Er war so stolz auf seine eigene Schönheit, dass er die Liebe der anderen herzlos zurückwies. Er verliebte sich in sein eigenes Spiegelbild im Wasser – dabei stürzte er in den See und ertrank. Deshalb nennt man selbstbezogene Menschen, die um sich selbst kreisen und geltungsbedürftig sind, Narzissten (Bild 40). Ein narzisstischer Persönlichkeitsstil ist jedoch nicht krankhaft, wenn er Teil einer ausgewogenen und gesunden Persönlichkeit ist.

Bild 40 Narzissten sind krankhaft selbstbezogene Menschen.

Die narzisstische Persönlichkeitsstörung ist jedoch eine tiefgreifende Störung, die geprägt ist von

- mangelndem Selbstwertgefühl,
- ausgeprägter Empfindlichkeit gegenüber Kritik und
- geringem Einfühlungsvermögen in andere Menschen.

Die Betroffenen versuchen ihr brüchiges Selbstwertgefühl durch ein Selbstbild von der eigenen Großartigkeit und Überlegenheit zu kompensieren – sie sind auf die Bestätigung von außen angewiesen, um das eigene Selbst zu stabilisieren. Nach außen präsentieren sie sich als großartig, überschätzen aber oft ihre eigenen Fähigkeiten. Die Menschen im Umfeld des Narzissten fordern daher früher oder später eine realistische Sicht der Wirklichkeit ein – dies wiederum bringt den Narzissten in Erklärungsnot, er gerät in einen Teufelskreis aus Rechtfertigungen und Lügen. Durch sein geringes Einfühlungsvermögen erleben ihn die anderen als rücksichtslos und verletzend.

Früher oder später fühlen sich Menschen mit einer narzisstischen Persönlichkeitsstörung sehr alleine und leiden sehr darunter. Die Kritik an ihren Leistungen und die Zurückweisung erleben sie als überaus schmerzlich und bedrohlich, zum Teil erleben Sie schwere depressive Krisen und entwickeln Suizidgedanken, die mit einer sehr hohen Suizidrate einhergehen.

Häufig kommen Patienten erst in einer existenziellen Krise oder nach einem Suizidversuch in die Therapie. Ziele der Therapie sind ein realistischeres Selbstbild, Kritikfähigkeit und ein besseres Einfühlungsvermögen zu entwickeln.

Dissoziale Persönlichkeitsstörung

Der Duden beschreibt die Bedeutung des Wortes dissozial mit „aufgrund bestimmten Fehlverhaltens nicht oder nur bedingt in der Lage, sich in die Gesellschaft einzuordnen".

Eine dissoziale Persönlichkeitsstörung betrifft 3–7 % der Männer und 1–2 % der Frauen. Diese Menschen fallen auf durch

- herzloses Unbeteiligtsein gegenüber den Gefühlen anderer,
- Missachtung sozialer Normen,
- geringe Frustrationstoleranz sowie
- eine niedrige Schwelle für impulsiv-aggressives Verhalten.

Schon als Jugendliche fallen diese Menschen auf, weil sie sich nicht an soziale Normen halten und strafbare Handlungen (Schule schwänzen, Stehlen, Vandalismus, Drogenkonsum) begehen. Ihre niedrige Schwelle für Aggressionen und körperliche Gewalt leben sie später oft am Partner und an ihren eigenen Kindern aus.

Diese Menschen kommen häufig mit dem Gesetz in Konflikt. Ein Lerneffekt durch Strafen tritt kaum auf, sie handeln weiter strafbar und sind sich ihrer Schuld nicht einmal bewusst.

Die Gefühle, Wünsche oder Rechte anderer Menschen werden missachtet. Sie sind unzuverlässig, täuschen und manipulieren andere Menschen, um selbst einen Vorteil oder ein Vergnügen (z. B. Sex, Geld, Macht) zu erlangen.

Es kommt zu Konflikten mit der Umwelt, weil sie anderen Menschen die Schuld geben oder vordergründig vernünftige Erklärungen für ihr Verhalten anbieten (z. B. wenn sie Schulden nicht bezahlen können). Die andauernde Reizbarkeit macht den Umgang mit ihnen sehr schwer.

Dissoziale Persönlichkeiten gehen nicht von selbst zum Therapeuten – oft sind es Auflagen des Gerichts, der Druck durch die Familie oder die drohende Trennung des Partners, die sie dorthin führen. In einer Psychotherapie können sie lernen, angemessen mit Ärger, Wut, Misserfolg und Kritik umzugehen und so ihre soziale Kompetenz zu verbessern. Viele brechen die Therapie ab, deshalb ist es wichtig, dass die Patienten selbst eine Behandlung aktiv anstreben.

Emotional instabile Persönlichkeitsstörung vom Borderline-Typ

borderline (engl.) = Grenzlinie

Die Bezeichnung Borderline-Persönlichkeitsstörung leitet sich ab aus der Psychoanalyse, die diese Störung in einem Übergangsbereich von Neurose und Psychose ansiedelte – eine Charakterisierung, die heute nicht mehr gilt.

Ungefähr 3 % der Bevölkerung, Frauen wie Männer, sind betroffen. Die ersten Anzeichen treten meist schon im Jugendalter auf. Für die Störung wird ein Zusammenspiel von Vererbung und traumatischen Erfahrungen in der Kindheit (schwerer Missbrauch, emotionale Vernachlässigung) verantwortlich gemacht.

Die Störung ist charakterisiert durch:

- Impulsivität und Instabilität von Emotionen und Stimmung,
- Störung des Selbstbildes,
- unbeständige zwischenmenschliche Beziehungen sowie
- selbstschädigendes Verhalten.

Es handelt sich um ein schwerwiegendes Krankheitsbild.

Die Betroffenen erleben sich als Opfer ihrer eigenen heftigen Emotions- und Stimmungsschwankungen, was zu extremer innerlicher Anspannung führen kann. Diese Anspannung wird als unerträglich und peinigend erlebt. Viele setzen selbstschädigende Verhaltensweisen ein, um diese Anspannung zu vermindern. Sie schneiden sich z. B. mit Rasierklingen in die Haut (Bild 41), fügen sich Verbrennungen zu, konsumieren Drogen, balancieren auf Brückengeländern, rasen auf der Autobahn usw. Dieses Verhalten verringert zwar die Anspannung sofort, wird dadurch jedoch suchtartig.

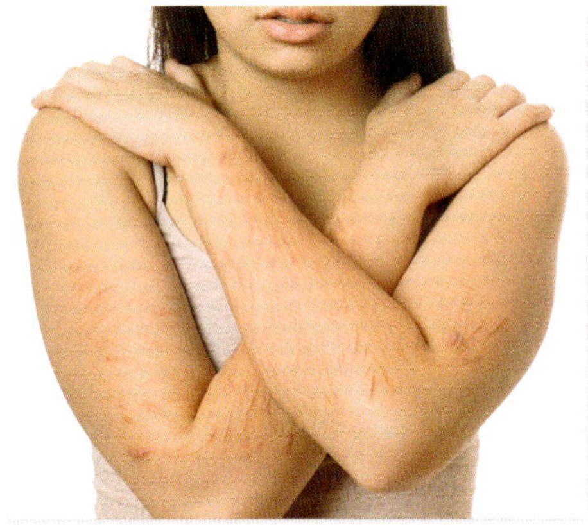

Bild 41 Selbstschädigendes Verhalten bei der Borderline-Störung.

Diese Menschen fühlen sich innerlich zerrissen, ihr Selbstbild (Schuldgefühle, Selbstverachtung) und ihre Körperwahrnehmung (z. B. fühlen sie keine Schmerzen) sind gestört. Sie leiden unter massiven Ängsten vor dem Alleinsein und instabilen Beziehungen.

Mehr als 60 % der Betroffenen haben schon mindestens einen Suizidversuch hinter sich, was zeigt, wie wichtig eine Therapie ist. Die Prognose der Erkrankung ist gut bei einer langfristigen (5–10 Jahre) Therapie durch einen Spezialisten, der Psychotherapie und Medikamente individuell anpasst.

Anankastische (zwanghafte) Persönlichkeitsstörung

Diese Persönlichkeitsstörung ist gekennzeichnet durch Gefühle von Zweifel, Perfektionismus, übertriebende Gewissenhaftigkeit, ständige Kontrollen, Vorsicht und Starrheit. Es können beharrliche und unerwünschte Gedanken oder Impulse auftreten – dennoch wird diese Störung nicht der Zwangsstörung (Tabelle 23, S. 55) zugeordnet.

Menschen mit dieser Persönlichkeitsstörung
- wirken nach außen hin ordentlich und korrekt,
- erwarten von sich, keine Fehler zu machen und
- stellen ihre eigenen hohen Erwartungen auch an andere.

Sie kommen im Alltag lange gut zurecht, ihre Genauigkeit und Zuverlässigkeit wird besonders im Beruf sehr geschätzt. Sie haben eine genaue Vorstellung davon, was richtig und falsch ist. Entsprechend verhalten sie sich und erwarten von anderen Menschen dasselbe Verhalten. Bei eigenen Fehlern sind sie erbarmungslos selbstkritisch.

Schwierig wird es für diese Menschen erst, wenn sie durch Veränderungen im Umfeld nicht mehr zur Ruhe kommen. Denn eine Anpassung an diese Veränderungen gelingt ihnen wegen ihrer mangelnden Flexibilität nicht. Indem sie sich bemühen, eine Aufgabe völlig perfekt zu erledigen, vertiefen sie sich derart in Details (Bild 42), dass die eigentliche Arbeit nie fertig wird. Für Freizeit und Freunde bleibt keine Zeit mehr. Die Arbeit hat absoluten Vorrang. Das führt zu zwischenmenschlichen Konflikten.

Weil sie überkorrekt sind und unfähig, ihre Arbeit einzuteilen oder an andere abzugeben, sind diese Menschen anfällig für Erschöpfungszustände. Als Folge können Angststörungen oder Depressionen auftreten.

Das Ziel der Psychotherapie ist, dass diese Patienten sich ihre extreme Gewissenhaftigkeit bewusst machen und neue Perspektiven im Verhältnis zu ihren Mitmenschen mit mehr Gefühlsorientierung und Spontanität entwickeln.

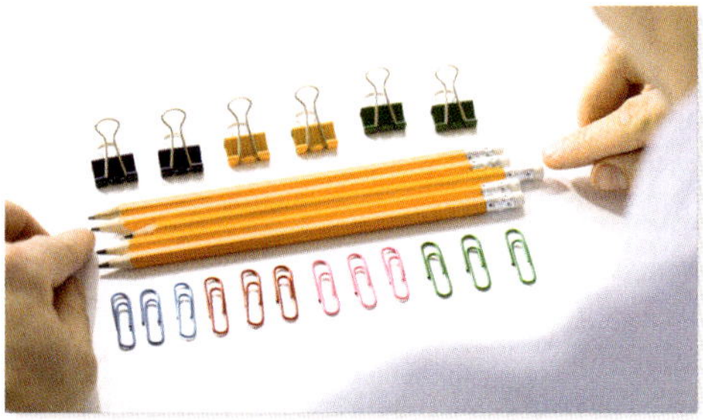

Bild 42 Zwanghafte Persönlichkeitsstörung.

5.4.9 Psychotherapie

Psychotherapie ist die Behandlung von Krankheiten mit psychologischen Mitteln, meistens durch das wechselseitige Sprechen von Therapeut und Patient. Es gibt aber auch andere Verfahren, bei denen körpersprachliche Elemente im Vordergrund stehen, wie Maltherapie, Musiktherapie, Atemtherapie oder Tanztherapie.

Die Psychoanalyse wurde von Sigmund Freud begründet. Sie nimmt an, dass ein unbewusster Konflikt die Krankheitssymptome bewirkt. Ziel der Behandlung ist die bewusste Aufarbeitung des Konflikts, sodass die Grundlage für die Symptome entfällt.

Beispiel: Bei einem Patienten besteht der Wunsch nach sexuellem Kontakt, doch wegen seiner strengen Erziehung unterdrückt er diesen Wunsch. Kommt es doch zu einem engeren Kontakt, bekommt dieser Patient jedes Mal Kopfschmerzen, eine weitere Annäherung wird unmöglich. Bei der Behandlung soll der Konflikt aufgedeckt und überwunden werden, sodass der Grund für die Kopfschmerzen entfällt.

Die klassische Psychoanalyse benötigt mehrere hundert Stunden und kann über Jahre dauern. Eine tiefenpsychologisch orientierte Therapie benötigt 25 bis 100 Stunden und dauert ca. ein halbes Jahr. Hauptanwendungsgebiete der tiefenpsychologisch orientierten Therapie sind Neurosen und psychosomatische Störungen.

Die Verhaltenstherapie beruht auf dem Konzept der Lerntheorie. Sie nimmt an, dass Krankheit durch fehlgeleitetes Lernen entsteht und dass Strategien zur Krankheitsbewältigung erlernt werden können.

Beispiel: Ein Patient hat unangemessene Angst vor Spinnen (Phobie). Er lernt zuerst sich zu entspannen. Im Entspannungszustand soll er sich dann eine Spinne vorstellen. Dann werden die Angstreize langsam gesteigert, indem man ihm ein Foto und dann eine Gummispinne zeigt. Schließlich wird er auch in Gegenwart einer lebenden Spinne entspannt bleiben.

Meistens genügen 25 bis 50 verhaltenstherapeutische Sitzungen im Abstand von einer Woche. Hauptanwendungsgebiete sind Ess- und Angststörungen.

Die Gesprächspsychotherapie beruht auf der Annahme, dass zwischen dem Anspruch des Menschen an sich selbst und seiner Leistungsfähigkeit eine große Lücke besteht. Der Therapeut wiederholt und verdeutlicht die Erlebnisse des Klienten, der dadurch seine Gefühle besser wahrnehmen und mit ihnen umgehen kann.

Die systemische Therapie geht davon aus, dass die Ursache einer Störung nicht im einzelnen Menschen, sondern im sozialen Verband (Familie, Ehepaar) liegt. Der Therapeut versucht, die Ursache herauszufinden und die Kommunikation zu verbessern, damit der Erkrankte seine Symptome nicht mehr produzieren muss.
Ärzte und speziell weitergebildete Psychologen können im ambulanten Bereich nur zwei Therapieverfahren mit der KV abrechnen: die Psychoanalyse bzw. tiefenpsychologisch orientierte Therapie und die Verhaltenstherapie.

5.5 Umgang mit Patienten

5.5.1 Allgemeine Verhaltensregeln

Jeder Patient wünscht sich, dass man individuell auf seine Beschwerden und Bedürfnisse eingeht (Bild 43).

Checkliste: Signale beim Umgang mit Patienten

Du bist die Hauptperson.
: Nehmen Sie den Menschen ernst. Sprechen Sie verständlich und deutlich. Sehen Sie ihn an. Gehen Sie auf Einwendungen ein.

Du sollst dich wohl fühlen.
: Vermitteln Sie Kompetenz und Ruhe. Gehen Sie sachlich und einfühlsam mit dem Patienten um. Nehmen Sie sich im Gespräch mit dem Patienten zurück, konzentrieren Sie sich im Gespräch auf ihn. Verhalten Sie sich aufmerksam und konzentriert, weder zu forsch, zu lustig oder zu niedergeschlagen.

Du brauchst keine Angst zu haben.
: Erklären Sie dem Patienten die Maßnahmen vorher, z. B. beim EKG. Nehmen Sie Schmerzen und alle Äußerungen ernst, auch unbegründete Ängste. Reagieren Sie freundlich und geduldig. Sprechen Sie mit dem Patienten über seine Angst.

Alle Patienten sind gleich wichtig.
: Bevorzugen oder benachteiligen Sie keinen Patienten. Seien Sie zugewendet, doch halten Sie respektvolle Distanz.

Wir nehmen dich mit deinem Leiden wahr.
: Betrachten Sie den Patienten genau, achten Sie dabei auf Zeichen von Schmerz, Fieber, Unwohlsein. Helfen Sie älteren oder behinderten Patienten, auch wenn es Ihre Zeit kostet. Hören Sie dem Patienten zu, wenn er erzählen will. Relativieren Sie nicht mit dem Hinweis auf „schlimmere Fälle". Achten Sie auf Stresssituationen von Eltern mit kleinen Kindern.

Bild 43 Checkliste Umgang mit Patienten.

5.5.2 Bestimmte Patientengruppen

Kinder können körperliche Beschwerden, Angst und das unbekannte Neue einer Praxis nicht sachlich einschätzen und verarbeiten. Sie schreien, toben oder weinen.

Um die Eltern zu entlasten, bemüht sich die MFA, das Kind abzulenken. Altersgemäß fragt sie z. B. nach Freunden, Kindergarten oder dem Namen des mitgebrachten Kuscheltiers. Durch Spielzeug oder andere attraktive Dinge aus der Praxis, wie dem Stethoskop, kann sie das Interesse des Kindes auf etwas anderes lenken. Kindgerechte Beschriftung, lustige Namensschilder, z. B. mit Tiermotiven, farbenfrohe Praxisräume und das Outfit der Praxismitarbeiter erleichtern dem Kind, seine Scheu zu verlieren.

Sinn und Durchführung einer Maßnahme können spielerisch an dem vom Kind mitgebrachten Kuscheltier gezeigt werden. Es wird abgetastet, abgehört, bekommt ein Pflaster mit tollem Motiv usw. Die MFA spricht ruhig und gelassen, sie bewegt sich überlegt und ohne Hektik. Sie spricht mit dem Kind altersgerecht. Bei einer Babysprache fühlt sich das Kind nicht ernst genommen. Möglichst nur positive Worte verwenden, denn bei „das ist nicht schlimm" hören die Kinder nur „schlimm" heraus. Besser ist: „Gleich sind wir fertig."

Das Vertrauen des kleinen Patienten wird verspielt, wenn Versprechen gegeben werden, die nicht zu halten sind. Es wird darauf aufmerksam gemacht, dass es pieksen kann. Anschließend wird seine Tapferkeit mit Worten, einem besonderen Pflaster oder dergleichen belohnt. Keiner, auch nicht die Eltern, dürfen das Kind beschimpfen oder bestrafen, wenn eine Maßnahme nicht durchgeführt wurde, weil sich das Kind verweigerte. Wichtig für den kleinen Patienten ist die Erfahrung, dass er bei einem Arztbesuch zu nichts gezwungen wurde. Nach jeder etwas größeren Maßnahme spricht man mit dem Kind darüber, ob ihm alles klar geworden sei, ob es Fragen habe, ob es schlimm war.

Das Kind sollte sein Lieblingstier, Puppe oder Teddybär mitbringen, damit dieser zuschauen kann, wie toll es sich verhält (Bild 44).

Bild 44 Das Kind als Patient.

Das körperlich misshandelte Kind. Eine mögliche Misshandlung des Kindes muss in Betracht gezogen werden, wenn bei einem verletzten Kind die Verletzung nicht zu den Erklärungen der Eltern / Begleitperson passt oder an ungewöhnlicher Stelle ist, z. B. oberhalb der Hutkrempenlinie oder an der Beugeseite der Arme (Bild 45). Auch Verletzungen in unterschiedlichen Heilungsstadien deuten auf Misshandlungen hin. Über einen solchen Verdacht muss mit dem Arzt gesprochen werden.

Der ängstliche Patient. Angst kann sich äußern durch Schüchternheit, aufgeregtes Sprechtempo, längere Sprechpausen, gleichmäßigen Tonfall und verhaltene Körpersprache.

Gründe für Angst gibt es viele: Eine unpersönliche Praxisatmosphäre, „gestresste" Mitarbeiter, ein ungenügender Kenntnisstand des Patienten, mangelhafte Aufklärung bei notwendigen Maßnahmen, negative Vorerfahrung und natürlich Schmerzen.

Werden Anzeichen von Angst erkennbar, z. B. Schwitzen oder ein unsicherer Blick, geht die MFA einfühlsam darauf ein: „Ich kann verstehen, dass Sie Angst verspüren."

Bild 45 Typische Verletzungsstellen bei misshandelten Kindern.

Der gereizte, aggressive Patient. Aggressives Verhalten kann sich in Schreien, verbalen und sogar tätlichen Angriffen äußern.

- Lange Wartezeiten und schlechte Praxisorganisation geben Anlass zu Verärgerung und Spannung.
- Private Probleme können sich bei allen Beteiligten in ablehnender und aggressiver Stimmung äußern.
- Manche Menschen reagieren bei gefühlsmäßiger Unsicherheit und Anspannung aggressiv.
- Ein besonders empfindlicher Mensch fühlt sich schnell vernachlässigt und reagiert sofort gereizt.
- Angst, Gefühle des Ausgeliefertseins und Schuldgefühle werden unbewusst auf andere übertragen, gegen die der Betroffene dann aggressiv reagiert (Projektion).
- Aggressives Verhalten tritt auch als Symptom bei einem Krankheitsgeschehen auf, z. B. nach Hirnverletzung, bei Erregungszuständen im Rahmen psychischer Erkrankungen und Süchte (Bild 46).

Bild 46 Ursachen aggressiven Verhaltens.

Bei gereizten und aggressiven Patienten lässt die MFA keinen Ärger in sich hochkommen. Ist die Aufregung sachlich begründet, erklärt sie die Situation und bittet um Verständnis und Entschuldigung. Auf jeden Fall bewahrt sie Ruhe, atmet durch oder führt eine andere vorher gelernte Übung zur Stressminderung aus, z. B. in Gedanken den Patienten kräftig schütteln. Ohne Gegenangriffe zu starten, fragt sie lieber: „Können wir sachlich über diese Angelegenheit sprechen?“ oder: „Ich verstehe Ihre Verärgerung, darf ich die Situation aus meiner Sicht erklären?“

Die MFA kann Zeit zum Nachdenken gewinnen, indem sie fragt: „Habe ich Sie richtig verstanden, dass …“. Mit solchen Fragen kann die Situation oft entschärft werden. Ist der Redefluss des gereizten Patienten nicht zu bremsen, soll er Dampf ablassen. Bei allen persönlichen Angriffen des Patienten wird Blickkontakt zu ihm gehalten. Wegschauen kann reizen und nach unten blicken signalisiert Unterlegenheit. Abschließend ist vielleicht eine Frage in dem Sinne angebracht „Es ist passiert, was können wir tun, damit so etwas nicht noch mal vorkommt?“. Dies könnte der erste Schritt sein auf dem Weg zu einer Lösung, die alle zufrieden stellt. Auch Humor ist ein wirkungsvolles Mittel gegen „Nervensägen“ in der Praxis (Bild 47).

Checkliste: Der gereizte, verärgerte Patient im Wartezimmer

- ✔ Nehmen Sie es als gegeben hin, dass ein kranker Mensch empfindlicher und gereizter reagiert als ein gesunder.
- ✔ Denken Sie daran, dass schlechte Raumluft, Enge, wenig Lesestoff und längere Wartezeiten zu einer negativen Aufladung des Klimas beitragen.
- ✔ Bleiben Sie ruhig und gelassen, wenn der verärgerte Patient unfaire und beleidigende Äußerungen macht.
- ✔ Vermeiden Sie Rechtfertigungsversuche, denn der verärgerte Patient ist Argumenten nicht zugänglich.
- ✔ Lassen Sie nicht zu, dass die gereizte Stimmung auf andere Patienten überspringt.
- ✔ Nicht diskutieren, handeln … Bitten Sie den verärgerten Patienten in ein anderes Zimmer und verständigen Sie Ihren Chef.

Bild 47 Checkliste Umgang mit gereizten Patienten.

Der chronisch kranke Patient. Für ihn ist Gesundheit ein Wunschtraum, der nicht in Erfüllung geht. Erstrebenswert ist es, dass er lernt mit seiner Krankheit zu leben und neue Lebensinhalte findet, um einen gewissen Grad an seelischem und sozialem Wohlbefinden zu erreichen.

Eine chronische Erkrankung kann zu Gefühlen der Unzulänglichkeit und zu Einschränkungen der Lebensgestaltung führen. Dies schwächt das Selbstwertgefühl und Selbstvertrauen des Patienten. Das macht sich negativ bemerkbar durch psychische Labilität, schwankendes Gesundheitsbefinden, Störungen in den sozialen Beziehungen, in der Sexualität und in schlechter Compliance.

Suizid = Freitod, Selbsttötung

Chronische Krankheitsverläufe zeigen oft ein wechselndes Bild, ein Auf und Ab im Befinden und im Ausmaß der Hilflosigkeit. Damit sind entsprechende Gefühle und Launen verbunden. Auswirkungen auf das soziale Umfeld bleiben nicht aus. Der Kranke und seine Familienangehörigen können mit unterschiedlichen Verhaltensmustern reagieren. Auch Persönlichkeitsveränderungen, der Griff zur Flasche und übermäßiger Medikamentenkonsum sind möglich.

Die MFA nimmt den chronisch Kranken in seiner Andersartigkeit an und lässt seine Launen zu, ohne sie als persönliche Angriffe zu werten. Der Kranke fühlt sich oft minderwertig: „Ich schaffe es doch nicht." oder: „Es hat doch alles keinen Sinn." Mit guten Ratschlägen in dem Sinne „Nehmen Sie sich doch zusammen" setzt man ihn noch stärker unter Druck. Besser ist es herauszufinden, was der Auslöser für solche niederdrückenden Aussagen ist. Unter Umständen hat er etwas nicht richtig verstanden, ein Fremdwort hat ihn verunsichert, eine andere Vorschrift macht ihm Angst oder eine körperliche Veränderung wird überbewertet.

Der Verlauf einer chronischen Krankheit hängt auch von der Mitarbeit des Patienten ab. Er muss Sinn und Richtigkeit der Maßnahmen anerkennen. Die MFA hilft ihm dabei, indem sie ihn ermutigt und Schritt für Schritt anleitet. Damit der Patient aktiv mitarbeitet, muss er das Ziel klar vor sich sehen. Er wird sich leichter „in Bewegung setzen", also motiviert sein, wenn er konkrete Leistungsziele ansteuern kann. Dies kann geschehen, wenn die MFA bestimmte Motive anspricht, wie Streben nach Wohlbefinden durch Diät oder das Bedürfnis nach Kontakt und persönlicher Betreuung, z. B. durch regelmäßige Blutdruckkontrolle. Motive wie Neugier, Interesse und Eigenverantwortung können geweckt werden, wenn die MFA den Patienten veranlasst, durch Patientenschulung mehr von seiner Krankheit und deren Bewältigung zu erfahren und Selbsthilfegruppen aufzusuchen. Dort kann er mit anderen Betroffenen seine Erfahrungen austauschen.

Halten Sie für chronisch kranke Patienten eine Liste mit (Internet-)Adressen von Selbsthilfegruppen bereit.

Der suizidal gefährdete Mensch. In Deutschland sterben jährlich mehr Menschen durch Suizid als im Straßenverkehr (Bild 48, S. 63). Die Anzahl der Suizidversuche kann nur geschätzt werden, bis zu 100 000 Menschen werden pro Jahr in Krankenhäusern betreut.

Eine einheitliche Erklärung für die Selbsttötungen und Selbsttötungsversuche gibt es nicht. Nach Freud richtet sich die Aggression gegen die eigene Person. Ein selbstunsicherer Mensch, der sich schwer gekränkt fühlt, erhofft sich durch die Suizidhandlung Ruhe und Frieden. Andere Erklärungen – genetische Faktoren, soziale Orientierungslosigkeit, Nachahmungseffekte – kommen ebenfalls in Betracht.

Bestimmte Personengruppen neigen vermehrt zu Suizidhandlungen, und zwar Menschen, die
- psychisch krank und / oder süchtig sind,
- bereits einen Selbstmordversuch hinter sich haben oder einen ankündigen,
- einsam, alt oder entwurzelt sind,
- körperlich krank sind,
- Familienangehörige durch Suizid verloren haben.

Kommen mehrere Faktoren zusammen, erhöht sich das Risiko. Umgekehrt kann man aber aus dem Vorhandensein mehrerer Risikofaktoren nicht auf eine individuelle Gefährdung schließen.

Jeder Suizidhandlung liegt eine krisenhafte Zuspitzung in der Lebensgeschichte des Betroffenen mit Einengung des Denkens und Fühlens zugrunde. Bis kurz vor der Handlung fühlt sich der Mensch meist hin und her gerissen, was er z. B. durch Aussprechen seiner Absicht erkennen lässt. Deshalb muss jede Suizidankündigung ernst genommen werden. Wird der Gefährdete in einer solchen Situation auf suizidale Gedanken und Pläne angesprochen, kann es für ihn hilfreich sein, darüber zu sprechen. Fragen wie „Haben Sie schon daran gedacht, Ihrem Leben ein Ende zu bereiten?", sind durchaus passend. Ein nicht suizidgefährdeter Mensch wird mit dieser Fragestellung nicht zu Selbsttötungsideen verleitet. Spricht ein Patient von seiner Notlage, können ihm Adressen und Telefonnummern zur Krisenintervention, z. B. der Telefonseelsorge, angeboten werden.

Der Arzt muss über die mögliche Absicht des Patienten informiert werden.

Bewegungseingeschränkte Patienten
Patienten, die in ihrer Bewegungsfähigkeit eingeschränkt sind, müssen in Arztpraxen auf verschiedene Weisen unterstützt werden. MFA müssen über die nötigen Fähigkeiten und Kenntnisse verfügen, um bewegungseingeschränkten Patienten fachgerecht sowie zeit- und kraftsparend zu helfen.

Transfer vom Rollstuhl auf die Untersuchungsliege. Wenn z. B. ein Patient mit Halbseitenlähmung für die Durchführung eines EKG auf einer Untersuchungsliege vorbereitet werden muss, bedeutet dies für die MFA einen erheblichen zeitlichen und körperlichen Einsatz. Um die Belastungen gering zu halten, sollte die folgende Vorgehensweise befolgt werden. Mit der gleichen Technik kann der Patient von der Liege zurück in den Rollstuhl gesetzt werden.

- Stellen Sie sich vor den im Rollstuhl sitzenden Patienten. Ihre Füße stehen leicht nach außen gedreht, sodass sie die Füße des Patienten sichern.
- Beugen Sie Ihre Knie so weit, dass diese einen sicheren Kontakt mit den Knien des Patienten haben.
- Fordern Sie den Patienten auf, seine Arme um Ihre Schultern zu legen. Umfassen Sie mit Ihren Händen den Rücken des Patienten (Bild 51a).
- Auf Kommando richten Sie sich beide auf, indem Sie Ihr Gewicht auf die Knie des Patienten verlagern und mit Ihren Händen den Oberkörper des Patienten nach oben ziehen (Bild 51b).
- Jetzt drehen Sie den Patienten mit kleinen gemeinsamen Schritten so, dass er sich auf die Kante der Untersuchungsliege setzen kann (Bilder 51c und d).

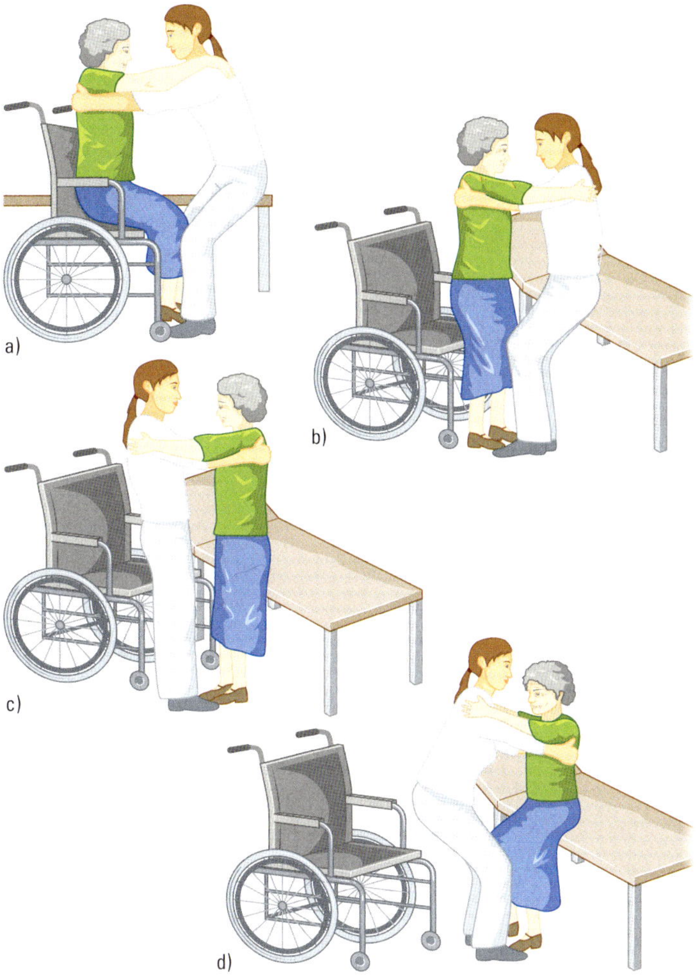

Bild 51 Der Transfer vom Rollstuhl auf die Untersuchungsliege.

EKG ▸ S. 280 ff.

Falls nötig, unterstützen Sie den Patienten beim Hinlegen:

- Stellen Sie sich neben den Patienten ans Kopfteil der Untersuchungsliege. Legen Sie eine Hand hinter die Schultern des Patienten. Mit der anderen Hand umfassen Sie seine Kniekehlen (Bild 52a).
- Mit einer Drehbewegung Richtung Kopfende (Bild 52b) unterstützen Sie den Patienten beim Hinlegen (Bild 52c).

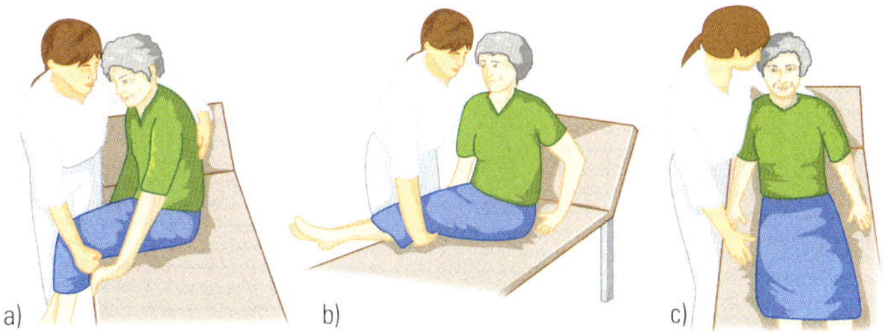

Bild 52 Unterstützung beim Hinlegen.

Lagerung / Positionierung des Patienten auf der Untersuchungsliege. Durch ein zu steil gestelltes Kopfteil oder durch Bewegungen rutscht der Patient oft in Richtung Fußende der Liege. Er muss dann höher gelagert werden (Bild 53).

- Stellen Sie sich in Kopfhöhe des Patienten neben die Liege, sodass Sie einen stabilen Stand haben.
- Greifen Sie mit einer Hand über die körpernahe Schulter des Patienten unter dessen Achselhöhle (Bild 53 a).
- Mit der anderen Hand fassen Sie unter die körperferne Achselhöhle. Ihr Daumen liegt dabei in Ihrer Handfläche (Bild 53 b).
- Fordern Sie den Patienten nun auf, sich mit den Füßen abzustemmen (Bild 53 c) und heben Sie ihn in Richtung Kopfteil (Bild 53 d).

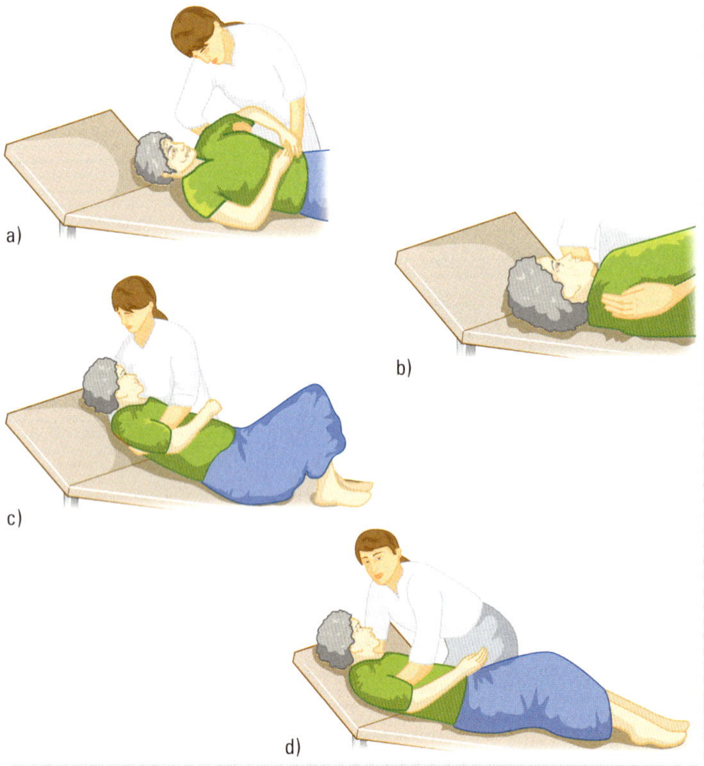

Bild 53 Hilfe bei der Lagerung / Positionierung auf der Untersuchungsliege.

Hilfe beim Aus- und Ankleiden. Vor und nach Untersuchungen benötigen manche Patienten Hilfe beim Aus- und Ankleiden. Grundsätzlich ist dabei zu beachten:

- Fragen Sie den Patienten, ob er beim Aus- und Ankleiden Ihre Hilfe benötigt.
- Wahren Sie die Intimsphäre und schützen Sie den Patienten vor den Blicken anderer.
- Bei Patienten mit Halbseitenlähmung, Gipsverbänden oder Infusionen beachten Sie bitte, stets die betroffene Extremität zuerst aus- oder anzukleiden (laufende Infusionen mit der Rollenklemme kurz abstellen).

Oberbekleidung. Vor allem Patienten mit Halbseitenlähmung oder Gelenkerkrankungen benötigen Hilfe beim An- und Ausziehen ihrer Oberbekleidung.

- Bringen Sie den Patienten in Oberkörperhochlage. Ziehen Sie die Oberbekleidung so weit wie möglich kopfwärts hoch (Bild 54 a).
- Bitten Sie den Patienten die Arme nach vorn zu strecken und den Kopf zu beugen. Fassen Sie am Rücken unter die Kleidung bis zum Halsausschnitt (Bild 54 b).
- Anschließend ziehen Sie die Bekleidung über Kopf und Arme (Bild 54 c).

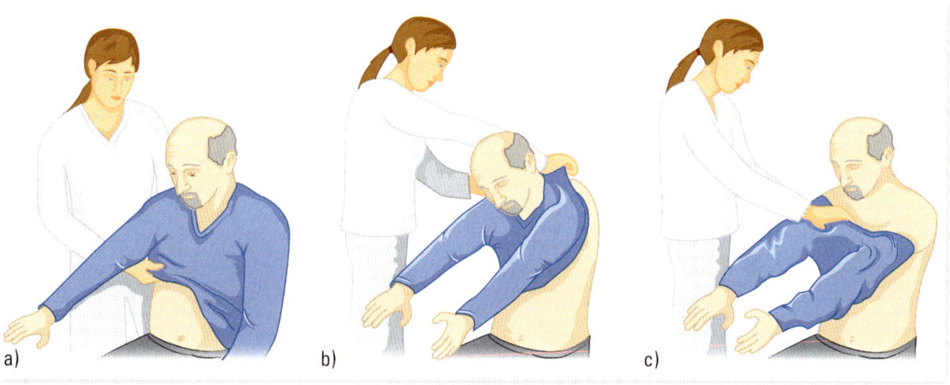

Bild 54 Hilfe beim Auskleiden.

Der sterbenskranke Patient. Auf die Nachricht einer schweren und unheilbaren Erkrankung reagiert der Mensch mit einer Art „Betäubung". Es kommt zu einer Einengung des Bewusstseins und der Unfähigkeit, Reize zu verarbeiten. Diese Reaktion wird umgangssprachlich auch mit (Nerven-)Schock beschrieben. Sie kann übergehen in Wut, Verzweiflung, Angst, Depression und Schuldgefühle.

Diese Gefühle klingen nach und nach in ihrer Stärke (Intensität) ab und Anpassungsmechanismen helfen dem Kranken, sich auf die neue Situation einzustellen. Er kann sie als Realität annehmen oder aber diese Wirklichkeit verleugnen. Das Erleben und Verhalten eines todkranken Menschen hängt davon ab, inwieweit der Kranke die Information über sein Leiden tatsächlich aufgenommen hat, wie alt er ist und wie seine biografische Situation ist. Auch Einstellungen zu Sterben und Tod, die er im Laufe des Lebens entwickelt hat, spielen eine Rolle. Der Tod kann als Erlebnis der Einsamkeit gesehen werden, als Strafe und Schuld, als Erlösung, als Sinn gebendes Element, oder aber das Sterben wird abgewehrt und verdrängt.

Nach Elisabeth Kübler-Ross können beim Sterben verschiedene Phasen beobachtet werden, die aber nicht immer so erreicht und durchlebt werden:

- Phase der Ungewissheit und Unsicherheit, in der Symptome wahrgenommen werden.
- Phase der Verleugnung, des Nicht-wahrhaben-Wollens; sie tritt besonders dann auf, wenn ein Mensch unvermittelt in Kenntnis der unheilbaren Erkrankung gesetzt wird.
- Phase, die das Umdenken einleitet; sie ist mit Gefühlen verbunden wie Wut und Neid: „Warum gerade ich?".
- Phase des Verhandelns; sie ist meist nur flüchtig: „Wenn … , dann verspreche ich …".
- Phase der Depression; sie wird erreicht, wenn der Kranke sich seiner Situation bewusst wird, aber noch nicht damit umgehen kann.
- Phase der Zustimmung; sie tritt ein, wenn der Kranke die Chance hatte, sich mit seiner Krankheit bewusst auseinanderzusetzen. Er hat den Wunsch, nicht allein, aber in Ruhe gelassen zu werden, meist stirbt er dann ohne Angst und Verzweiflung.

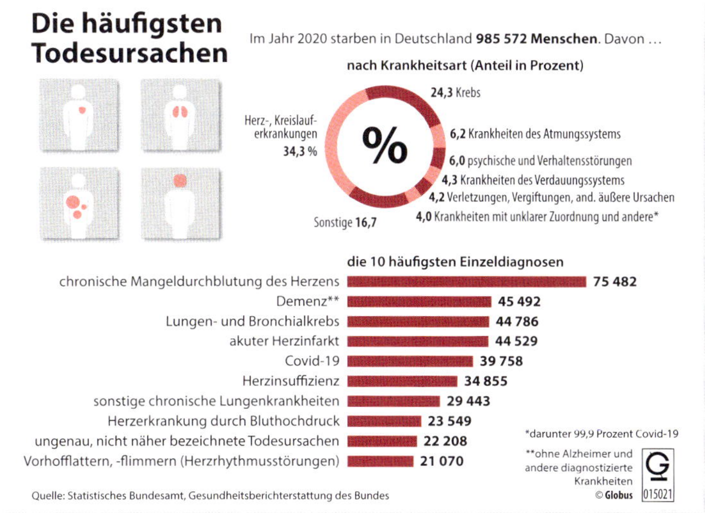

Bild 48 Todesursachen in Deutschland.

Um mit einem schwerkranken Menschen umgehen zu können, muss sich die MFA mit Sterben und Tod auseinandersetzen. In der Begegnung mit einem todkranken Menschen muss sie eigene Ängste und Unsicherheiten zulassen können (Bild 49). Durch aktives Zuhören kann sie erkennen, wann und wie viel der Kranke sprechen will. Es ist oft schwierig zu ergründen, inwieweit man offen sprechen kann, ohne dabei den Rest Hoffnung zu nehmen. Hoffnung ist das stärkste Gegengewicht zur Angst. Mögliche Reaktionsmuster eines Kranken wie Leugnung, Flucht vor der Realität, Aggression und Depression sollten der MFA bekannt sein.

E. Kübler-Ross (1926–2004), legte den Grundstein der heutigen Erkenntnisse über die Situation Sterbender

Erhält die MFA die Todesnachricht am Telefon, ist es angebracht, einige Worte des Mitgefühls auszusprechen. Kommt ein Angehöriger eines kurz zuvor verstorbenen Patienten in die Praxis, erspart man ihm die Peinlichkeit neugieriger Augen und Ohren. Er wird in ein separates Zimmer geführt und der Arzt wird verständigt. Eventuell bietet man ihm Unterstützung an, wenn weitere Schritte oder Benachrichtigungen notwendig sind.

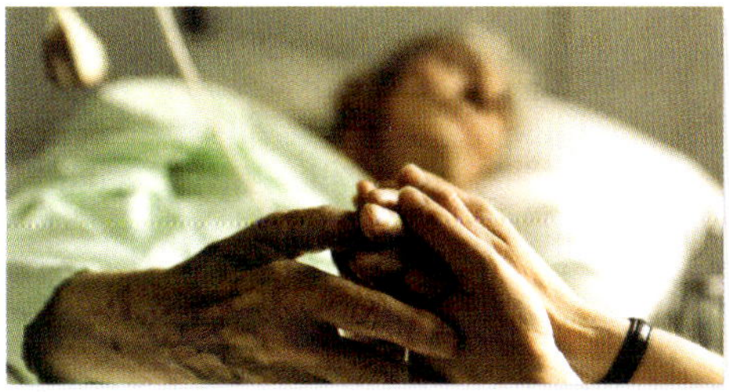

Bild 49 Der sterbenskranke Patient.

5.5.3 Patienten mit Einschränkungen

Demenz ▸ S. 53

Demente Patienten

Das Verhalten dementer Patienten (Bild 50) führt im Alltag bei Menschen, die sie umgeben, oft zu Unverständnis, Angst oder Wut. Der demente Mensch muss so angenommen werden, wie er ist, denn er kann sich und sein Verhalten nicht ändern. Das Wohlergehen eines dementen Patienten hängt in der für ihn ungewohnten Umgebung einer Praxis davon ab, wie sich die Praxismitarbeiter auf seine demenzbedingten Verhaltensweisen einstellen.

Bild 50 Der demente Patient.

Praxisgestaltung. Durch eine gezielte Gestaltung der Praxisräume kann dementen Menschen der Arztbesuch erleichtert werden.

- Bieten Sie Dementen im Wartezimmer einen Platz mit Fensterblick an. Dies lenkt sie ab und vermindert ihren Bewegungsdrang.
- Erleichtern Sie die Orientierung durch eine eindeutige Kennzeichnung der Praxisräume mit großer Schrift oder Symbolen an den Türen (mind. 10 cm).
  Beispiele: Das Bild einer Toilettenschüssel an der WC-Tür oder das Bild eines Stuhls an der Wartezimmertür.
- Sorgen Sie für eine helle Beleuchtung. Dies hilft dem Dementen, sich zurechtzufinden, und vermindert seine Ängste.
- Sie erleichtern die zeitliche Orientierung, wenn in der Praxis eine große Uhr mit gut lesbaren Ziffern hängt.
- Entfernen Sie nach Möglichkeit scharfe oder gefährliche Gegenstände und Materialien wie Kanülen oder Medikamente aus dem Aktionsradius dementer Patienten.

Kommunikation. Der bewusste Einsatz von Körpersprache und Stimme kann die Kommunikation verbessern.

- Nehmen Sie Blickkontakt auf und sprechen Sie ihn stets von vorne mit seinem Namen an.
- Bleiben Sie während des Gesprächs im Blickfeld des Kranken.
- Verstärken Sie Ihre Worte mit ruhiger Mimik und Gestik. Vormachen und Zeigen erleichtern das Verstehen.
- Vermeiden Sie lange Sätze mit mehreren Informationen.
  Falsch: „Legen Sie sich bitte auf die Liege wenn Sie den Oberkörper frei gemacht haben, Herr Binswanger!"
- Sprechen Sie stattdessen in kurzen Sätzen mit nur einer Mitteilung. Die Hauptinformation soll am Satzende liegen. Demente Menschen reagieren vor allem auf die zuletzt gehörten Worte.
  Richtig: „Herr Binswanger, ziehen Sie bitte Ihr Hemd aus." Später: „So, Herr Binswanger, jetzt müssen Sie sich auf die Liege legen."
- Stellen Sie einem Dementen keine Warum-Fragen. Er kann sie nicht sinnvoll beantworten und fühlt sich überfordert.
- Wenn dem Patienten ein bestimmtes Wort nicht einfällt, sagen Sie es ihm, um Frustration zu verhindern.
- Vermeiden Sie Fragen mit mehr als zwei Wahlmöglichkeiten als Antwort.
- Führen Sie mit einem dementen Patienten keine Diskussion. Dies ist für ihn ein Machtkampf, den er immer verliert.
- Sprechen Sie langsam und deutlich.
- Reden Sie nicht lauter als gewöhnlich. Lautstärke wird von Dementen als Gereiztheit interpretiert und macht sie aggressiv.

Aggressionen. Wenn ein Dementer Aggressionen zeigt, müssen zunächst die Ursachen erkannt werden. Dann kann sein Verhalten durch angemessene Reaktionen beeinflusst werden.

- Vermeiden Sie Vorwürfe.
- Nehmen Sie das Tempo aus der Situation und verzögern Sie das Gespräch.
  Beispiel: „Augenblick mal, Herr Binswanger, ich kann Ihnen nicht folgen. Was ist passiert?"
- Wenn der Demente Spannungen abreagieren will, hindern Sie ihn keinesfalls daran, zu laufen oder sich zu bewegen. Das würde seine Erregung nur steigern.
- Wenn sich die Lage beruhigt hat, können Sie die Situation durch einen Themen- oder Raumwechsel weiter entspannen.

Zum Anziehen werden die Ärmel der Oberbekleidung gerafft und nacheinander über beide Arme geschoben. Dann beugt der Patient seinen Kopf, sodass ihm die Kleidung über Kopf und Oberkörper gezogen werden kann.

Hose. Patienten mit Hüft-, Knie- oder Wirbelsäulenerkrankungen sind oftmals nicht in der Lage, ihre Hose selbstständig an- oder auszuziehen.

Zum Ausziehen wird die geöffnete Hose möglichst weit unter das Gesäß des liegenden Patienten gezogen. Danach kann sie von den Oberschenkeln aus über die Fußgelenke geschoben werden.

Das Anziehen der Hose geschieht am Besten mit gerafften Hosenbeinen, die nacheinander über beide Füße gezogen werden. Der Patient stemmt sich nun mit den Füßen ab, um sein Gesäß anzuheben. Währenddessen kann seine Hose über die Beine und weiter unter das Gesäß gezogen werden.

> Egal unter welcher Einschränkung ein Patient leidet – nehmen Sie ihn als Menschen ernst. Sprechen Sie immer zuerst den Patienten an, erst danach seine Begleitperson.

Schwerhörige Patienten

Gespräche mit Schwerhörigen (Bild 55) sind manchmal für beide Seiten eine Geduldsprobe. Viele Menschen meinen, Schwerhörige hörten einfach nur leiser. In Wirklichkeit hören Schwerhörige vor allem hohe Töne schlecht. Oftmals wird mit ihnen aber so laut und damit in höherer Tonlage gesprochen, dass das Verstehen für sie eher schwerer als leichter wird. Die Kommunikation misslingt, der Schwerhörige wird für „begriffstutzig" gehalten und fühlt sich deprimiert. Die Verständigung in der Praxis wird einfacher, wenn folgende Tipps beachtet werden:

Bild 55 Der schwerhörige Patient.

- Suchen Sie für ein Gespräch mit Schwerhörigen einen ruhigen Ort in der Praxis. Der Anmeldebereich mit seinen vielen Nebengeräuschen ist meist ungeeignet.
- Informieren Sie den schwerhörigen Patienten zunächst darüber, um welches Thema es im folgenden Gespräch geht.
- Wenden Sie dem Schwerhörigen beim Sprechen Ihr Gesicht zu, denn es hilft ihm, wenn er von Ihren Lippen lesen kann. Kaugummi kauen, ein Mundschutz oder eine Hand vor dem Mund erschweren dies.
- Sprechen Sie mit normaler Lautstärke, jedoch langsamer, tiefer und deutlicher als gewohnt.
- Bringen Sie Schwerhörige persönlich ins Behandlungszimmer, da Lautsprecherdurchsagen von ihnen oft schlecht verstanden werden.
- Sprechen Sie einen schwerhörigen Patienten nicht von hinten an, sondern nur von Angesicht zu Angesicht, damit er nicht erschrickt.
- Wiederholen Sie bei Nichtverstehen immer den ganzen Satz, nicht nur das letzte Wort.
- Verständigen Sie sich nur wenn nötig mit Papier und Stift.

> Sorgen Sie bei allen Patienten mit Einschränkungen für einen auffälligen Vermerk in der Patientenakte/-datei über die Art der Behinderung, auch wenn diese nicht Behandlungsgrund ist, damit andere Kolleginnen in jedem Fall informiert sind.

Sehbehinderte Patienten

Sehbehinderungen führen im Leben alter Menschen zu besonders starken Beeinträchtigungen. Zum einen können sie Geh- und Gleichgewichtsstörungen, die bei alten Menschen häufig vorkommen, nicht durch den Sehsinn ausgleichen. Die eingeschränkte Sehfunktion wiederum kann kaum noch durch Hör- oder Tastsinn ausgeglichen werden, da auch diese Funktionen im Alter nachlassen. Eine MFA kann in der Praxis stellvertretend für den Sehbehinderten den Überblick behalten, und ihm das Gefühl von Sicherheit während des Praxisaufenthaltes vermitteln (Bild 56).

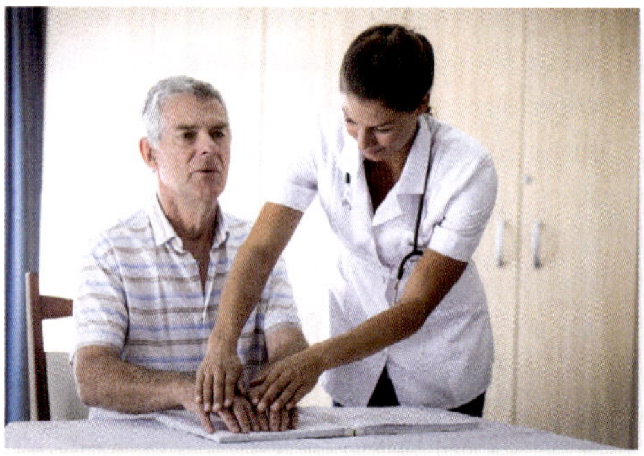

Bild 56 Der sehbehinderte Patient.

- Sprechen Sie den Sehbehinderten immer mit seinem Namen an, damit er sich angesprochen fühlt.
- Wenn ein Sehbehinderter als neuer Patient in Ihre Praxis kommt, stellen Sie sich ihm mit Ihrem Namen vor, damit er Sie später an Ihrer Stimme erkennen kann.
- Sprechen Sie den Patienten stets an, bevor Sie ihn anfassen.
- Falls der sehbehinderte Patient die Praxis noch nicht kennt, hilft es ihm, wenn Sie ihn einmal durch die Praxis führen und die wichtigsten Gegenstände und ihre Anordnung im Raum beschreiben.
  Beispiel: „So, Herr Horner, wir stehen jetzt vor der Anmeldung. Drei Schritte nach rechts ist die Tür zur Toilette ... das Waschbecken ist hier hinter der Tür ...“
- Entfernen Sie Stolperquellen (lose Teppiche, Fußmatten etc.) und lassen Sie vor allem in Durchgängen keine Gegenstände auf dem Boden liegen.
- Führen Sie an Treppen die Hand des Patienten zum Handlauf und gehen Sie die Stufen gemeinsam im Gleichschritt.
- Wenn Sie den Kranken zu einem Sitzplatz führen, legen Sie seine Hand auf die jeweilige Arm- oder Rückenlehne. Dies erleichtert ihm die Orientierung.
- Wenn der sehbehinderte Patient in der Praxis begleitet werden muss, signalisieren Sie ihm Ihre Hilfsbereitschaft.
  Beispiel: „Herr Horner, kann ich Ihnen auf dem Weg in den Behandlungsraum behilflich sein?“
- Wenn er unterstützt werden möchte, können Sie ihn unterhaken lassen. Gehen Sie als Führende einen Schritt voraus und kündigen Sie Stufen oder Hindernisse an.
- Wenn Sie einen sehbehinderten Patienten allein in einem Raum zurücklassen, sagen Sie ihm, wo er sich gerade befindet und wer sich in seiner Nähe aufhält, an den er sich bei Bedarf wenden kann.
  Beispiel: „Ich lasse Sie jetzt für einige Minuten im Behandlungsraum allein, Herr Horner. Wenn etwas ist, rufen Sie bitte nach Frau Schirmer, sie ist im Labor direkt nebenan. Die Tür zum Flur lasse ich offen.“
- Kündigen Sie das Betreten des Raumes immer an, damit der Sehbehinderte weiß, was um ihn herum geschieht.
  Beispiel: „So, ich bin wieder bei Ihnen, Herr Horner, und bereite jetzt Ihre Blutentnahme vor.“
- Informieren Sie den Sehbehinderten über Tätigkeiten, die Sie in seiner Anwesenheit durchführen und erklären Sie diese.
  Beispiel: „Ich desinfiziere jetzt Ihre Haut in der Ellenbeuge mit einem Spray, Herr Horner. Das fühlt sich kalt an. An der Stelle werde ich Ihnen gleich das Blut abnehmen.“
- Halten Sie Lupen für sehbehinderte Patienten an der Anmeldung bereit.
- Wenn Ihre Praxis häufig von Blinden aufgesucht wird, ist es sinnvoll, wenn Sie diesen Patienten die wichtigsten Informationen zu Ihrer Praxis in Blindenschrift aushändigen können.

Zur Wiederholung

1. Ordnen Sie bitte zu:
   - Approbation = ( )
   - Ärztekammer = ( )
   - Physiologie = ( )
   - Promotion = ( )
   - KV = ( )
   - Pathologie = ( )

   a) Zuständigkeit für Wirtschaftlichkeitsprüfungen der Praxen
   b) Körperschaft des öffentlichen Rechts, u.a. zuständig für die Sicherung der Weiterbildung
   c) Staatliche Genehmigung zur Ausübung des ärztlichen Berufes
   d) Krankheitslehre
   e) Lehre von den normalen Körperabläufen
   f) Erlaubnis, einen Doktortitel zu führen

2. „Die Kosten im Gesundheitswesen steigen weiter", hört man sehr oft. Erläutern Sie, was mit Gesundheitswesen gemeint ist.

3. Ihre Freundin steht vor der Berufswahl. Beschreiben Sie ihr den Beruf der Medizinischen Fachangestellten.

4. Unterscheiden Sie die Berufsbezeichnungen Psychiater und Psychologe.

5. Erläutern Sie folgende Praxisformen:
   - Partnerschaft
   - Praxisgemeinschaft
   - Gemeinschaftspraxis
   - Apparategemeinschaft
   - Medizinische Versorgungszentren

6. Sie lesen folgende Beschreibungen in den Unterlagen:
   - Die 3 cm lange Wunde liegt 1 cm proximal der Fingergrundgelenke auf der rechten dorsalen Handfläche. Wo befindet sich die Wunde?
   - Die daumengroße Verhärtung tastet man 2 cm lateral und 3 cm kaudal des Bauchnabels auf der linken Seite. Wo befindet sich die Verhärtung?
   - Der Patient hatte Schmerzen dorsal, 2 cm links lateral der Wirbelsäule und kranial des Beckenkammes. Wo hatte er Schmerzen?

7. „Die Beziehungsebene trägt die Sachebene. Deshalb lohnt es sich immer, die Beziehungsebene zu pflegen." Erläutern Sie, was mit dieser Aussage gemeint ist.

8. Ein Patient kommt in die Praxis, um die Untersuchungsergebnisse zu erfahren. Sorgenvoll sagt er zu Ihnen: „Ich habe Angst." Untersuchen Sie die verschiedenen Inhalte der Botschaft. Wodurch kann es zu Missverständnissen kommen?

9. Welche Konflikttypen unterscheidet man und in welchen Zusammenhängen können sie auftreten? – Nennen Sie jeweils ein Beispiel.

10. Unterscheiden Sie akuten und chronischen Stress und deren Verlauf.

11. Listen Sie stichwortartig die wichtigsten Entwicklungsschritte eines Menschen auf. Welche Probleme können damit jeweils verbunden sein?

12. Stellen Sie verschiedene Copingstrategien zusammen, die für Sie persönlich bedeutsam sein könnten, um gesund und belastbar zu sein (Psychohygiene).

13. Welche Personengruppen sind besonders suizidgefährdet?

14. Erläutern Sie, warum von Menschen mit einer dissozialen Persönlichkeitsstörung häufiger in den Medien berichtet wird.

15. Wie lassen sich Psychosen und Neurosen unterscheiden?

16. Erklären Sie die verschiedenen Fachbegriffe: Morbus, Syndrom, ICD 10, DD, WHO, ambulant, Melancholiker, Peer-Group, Interaktion, Psychopathologie, pränatal.

17. Begründen Sie, warum bei Patienten mit Halbseitenlähmung, Gipsverbänden oder Infusionen die betroffene Extremität zuerst aus- und anzukleiden ist.

18. Auf welche (konkreten) Punkte achten Sie, wenn Sie die nächste Teamsitzung vorbereiten?

Zur Vertiefung

1. Zeigen Sie im Rollenspiel, wie Sie mit folgenden Situationen umgehen:
   - Mutter mit unruhigem und zunehmend lauter schreiendem Kind in der Praxis.
   - Ärgerlich und wütend werdender Patient im Wartezimmer.
   - Ein bisher freundlicher älterer Patient klagt immer häufiger bei seinen Praxisbesuchen, dass nur er immer so lange warten müsse.
2. Stellen Sie szenisch eine Teambesprechung dar. Das Thema ist der Umgang mit Konflikten im Team. Der Konflikt ist entstanden durch unterschiedliche Vorstellungen bei der Urlaubsplanung. Dabei sollen auch die Rollenerwartungen an die verschiedenen Mitarbeiter und Mitarbeiterinnen der Praxis zur Sprache kommen. Teilnehmer: eine Ärztin, eine leitende MFA, eine weitere MFA, eine Auszubildende.
3. Stellen Sie im Rollenspiel ein Telefongespräch dar. Ein Patient möchte über die Werte seiner Blutuntersuchung informiert werden.
4. Erarbeiten Sie mithilfe des Schemas (Bild 57) das Thema Krankheitsbewältigung.
5. Führen Sie die Hilfsmaßnahmen „Hilfe beim Transfer vom Rollstuhl auf die Untersuchungsliege“ und „Lagern des Patienten auf der Untersuchungsliege“ in Vierergruppen durch. Zwei Personen beobachten dabei die durchgeführten Maßnahmen mithilfe der Anleitungen im Buch. Die Beobachter geben den Akteuren anschließend ein Feedback.
6. Erstellen Sie für den Aufenthaltsraum Ihrer Praxis ein Poster, auf dem Sie mit Texten und Bildern einige wichtige Tipps für den Umgang mit alten Menschen darstellen.
7. Informieren Sie sich im Internet über die internationale Blindenschrift. Finden Sie heraus, wie Zahlen und spezielle Computerzeichen in der Blindenschrift dargestellt werden und suchen Sie Informationen über den Erfinder der Blindenschrift.

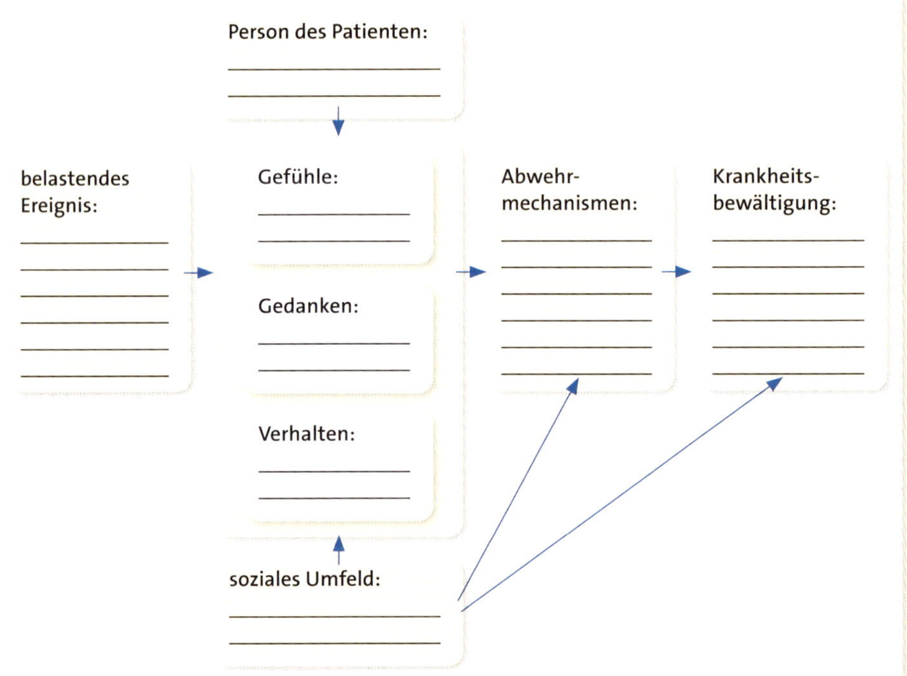

Bild 57 Krankheitsbewältigung (Schema).

Lernsituationen

1. Lernsituation

Das Ehepaar Binswanger hat eine schwierige Zeit hinter sich. In den letzten Monaten kam es häufig zu Streit. Zunächst dachte Frau Binswanger, ihr Mann sei mit den Gedanken manchmal woanders, seit er im Ruhestand ist. Aber seine „Schusseligkeit“, wie sie es anfangs nannte, nahm immer auffälligere Formen an. Häufig vergaß er, sie abends wie vereinbart von der Arbeit abzuholen. Manchmal parkte er sein Auto ohne Grund in der Einfahrt des Nachbarn statt in der eigenen Garage. Doch nachdem er neulich bei Schneefall mit Sandalen das Haus verließ, war für Frau Binswanger das Maß voll. Gegen seinen Willen vereinbarte sie für ihn einen Termin beim Hausarzt, der das Ehepaar seit Jahrzehnten kennt. Er soll die Ursachen für das Verhalten ihres Mannes klären.

Nach einer allgemeinen körperlichen Untersuchung ohne auffällige Befunde lässt der Arzt Herrn Binswanger den „Uhrentest“ durchführen (Bild 58). Dieser Test stellt ein grobes diagnostisches Verfahren dar, um das Vorliegen oder die Ausprägung einer Demenz zu erkennen. Er wird sowohl von Neurologen als auch von Hausärzten angewendet. Herr Binswanger soll in einen vorgegebenen Kreis Zahlen und Zeiger einzeichnen, anschließend die Uhrzeit ablesen und notieren.

Der Test aktiviert verschiedene Bereiche des Gehirns. Untersucht werden die Aspekte Gedächtnis, Planen, Handeln und Erkennen. Herr Binswanger erreicht statt möglicher 7 nur 3 Punkte (Bild 59). Somit besteht ein Anfangsverdacht auf das Vorliegen einer Demenz. Zur genaueren Abklärung mit differenzierteren Tests und Untersuchungen überweist ihn sein Hausarzt an einen Neurologen.

Der Verdacht auf eine Demenz bei Herrn Binswanger wird durch eingehende neurologische Untersuchungen bestätigt. Nach Einstellung der medikamentösen Therapie durch den Neurologen findet die weitere medizinische Betreuung durch seinen Hausarzt statt. Für die MFA ist der Umgang mit Herrn Binswanger, dessen geistigen Fähigkeiten immer mehr nachlassen, eine schwierige Aufgabe ...

Datum:

Name des Patienten:

1. Bitte zeichnen Sie eine Uhr:

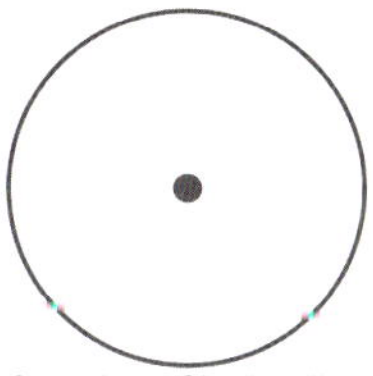

2. Schreiben Sie die Uhrzeit so, wie sie z. B. auf einem Fahrplan steht:

____

Bild 58 Uhrentest.

Datum: 14.01.20..

Name des Patienten: Klaus Binswanger

1. Bitte zeichnen Sie eine Uhr:

2. Schreiben Sie die Uhrzeit so, wie sie z. B. auf einem Fahrplan steht:

12.05

Auswertung:	Punkte:	
Genau 12 Zahlen?	1	1
„12“ oben?	2	
Zwei Zeiger?	2	2
Abgelesene Zeit?	2	
Erreichte Punkte:	max. 7 Punkte	3

Bild 59 Uhrentest mit pathologischem Befund.

- Versetzen Sie sich in die Situation von Frau Binswanger, nachdem sie von der Diagnose ihres Mannes erfahren hat. Notieren Sie die Fragen und Probleme, die sie beschäftigen werden.
- Frau Binswanger schildert einer MFA in der Praxis ihre Probleme. Sie ist verzweifelt. Wie kann die MFA in dieser Situation reagieren? Spielen Sie die Szene als Rollenspiel in Ihrer Klasse.

2. Lernsituation

Ein 72-jähriger Mann italienischer Herkunft kommt in Begleitung seines Sohnes und seiner Schwiegertochter in die Praxis. Während seines Besuches in Deutschland ist er schwer erkrankt und möchte, da die meisten Verwandten in Deutschland leben, seine Krankheit hier auskurieren. Er spricht ein bisschen Deutsch.

Sie übernehmen die Aufgabe, auf seine Fragen und die seiner Angehörigen einzugehen und ihn zu betreuen.

- Die Kinder erkundigen sich, welche diagnostischen Maßnahmen möglich sind, wie sie ablaufen, wer jeweils zuständig ist und wie die Kostenfrage geregelt wird.
- Worauf achten Sie während des Gesprächs (in der Kommunikation mit Patient und Angehörigen)?
- Welche Punkte (Aspekte) berücksichtigen Sie beim Umgang mit einem schwer erkrankten Menschen?
- Wie können Sie reagieren, als Sie bemerken, dass zwischen den Kindern und dem Patienten unterschiedliche Vorstellungen über das Vorgehen bestehen?
- Am nächsten Tag bittet Sie Ihr Chef, bestimmte Angaben von dem italienischen Patienten einzuholen. Wie führen Sie das Telefongespräch?
- Während des Telefonats betont der Patient, wie wohl er sich in der Praxis fühlt. Dies nehmen Sie zum Anlass, eine Checkliste zum Thema Praxisklima („Der zufriedene Patient") zu entwerfen und zu erstellen.

3. Lernsituation

Eine 39-jähre Frau (Kauffrau, verheiratet, 1 Kind) wird nach einem Suizidversuch in die Klinik eingeliefert. Ihr Mann berichtet, dass sie in den letzten Wochen nicht mehr gekocht habe und dass sie sich kaum um ihr Kind gekümmert habe, die letzte Woche sei sie nicht zur Arbeit gegangen. Sie habe sich mit Unterleibsschmerzen aufs Bett gelegt und geweint, weil sie glaubte, sie habe Krebs. Dabei war sie schon bei ihrem Gynäkologen, der nichts gefunden hätte. Die Familienanamnese ergibt, dass die Mutter an Depressionen gelitten hat, die Sozialanamnese zeigt geordnete, stabile Verhältnisse.

Die Diagnose lautet „Depressive Phase mit psychotischer Symptomatik". Sie werden von ihrem Chef gebeten, ihrer Auszubildenden anhand des Fallbeispiels die Diagnose fachgerecht zu erklären. Dabei beachten Sie folgende Punkte:

- Erläutern Sie die Symptome, die auf eine depressive Phase hinweisen.
- Erläutern Sie die Symptome, die die psychotische Symptomatik begründen könnten.
- Erläutern Sie, worauf Sie bei einem suizidal gefährdeten Menschen achten.
- Erläutern Sie, welche Therapiemaßnahmen möglich sind.

Lernfeld 3
Praxishygiene und Schutz vor Infektionskrankheiten organisieren

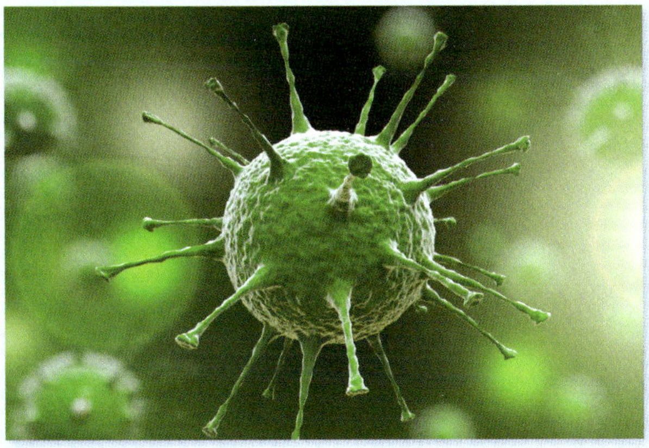

1 Krankheitserreger 74

- Pilze
- Bakterien
- Viren
- Prionen
- Parasiten

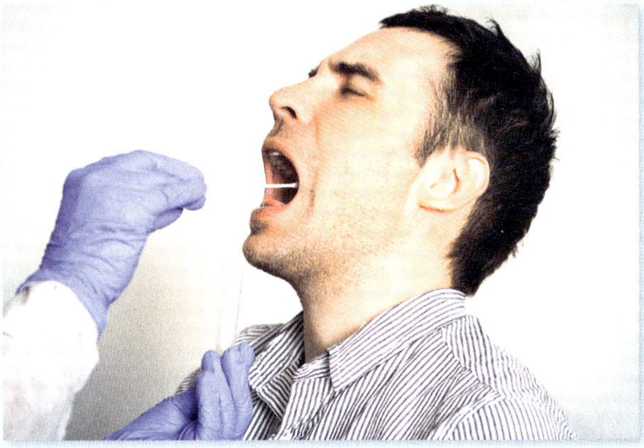

2 Infektionskrankheiten 82

- Übertragungswege und Verlauf
- Meldepflichtige Erkrankungen
- Häufige Infektionskrankheiten
- Berufsbedingte Infektionskrankheiten
- Kinderkrankheiten

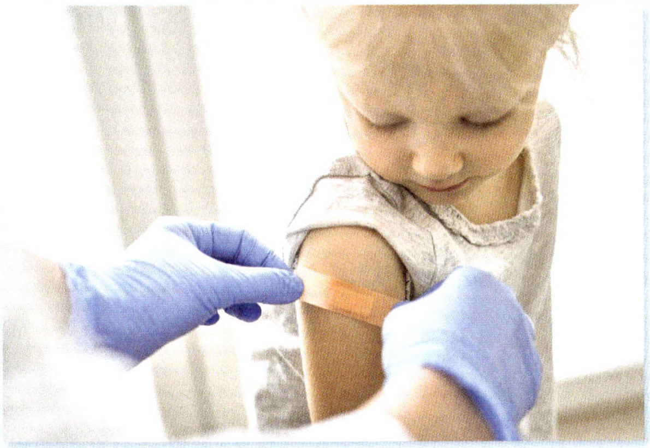

3 Impfungen 95

- Aktive Immunisierung
- Passive Immunisierung
- Impfkalender
- Impfungen in der Diskussion

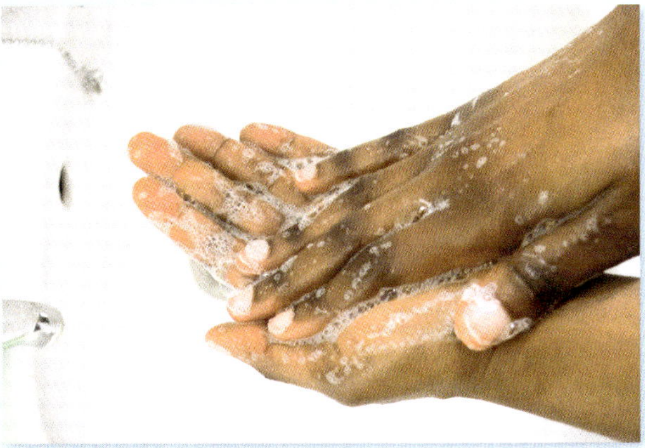

4 Gesetzliche Grundlagen in der Praxishygiene 100

- Gesetzliche Grundlagen
- Reinigung
- Desinfektion
- Sterilisation
- Abfallbeseitigung

Ignaz Semmelweis (1818–1865), österr. Arzt; »Retter der Mütter«

Joseph Lister (1827–1912), englischer Arzt; »Theorie der Erkrankungen durch verschmutzte Instrumente und Geräte«

Immunsystem ▸ S. 268 ff.

Bis vor ungefähr 150 Jahren kannte man in den Arztpraxen und Krankenhäusern dieser Welt das Wort Hygiene überhaupt nicht. Die Ärzte meinten bis dahin, der Eiter in den Wunden gehöre zum Heilungsprozess. Viele Chirurgen nahmen keine Amputationen vor, weil die Erfahrung sie gelehrt hatte, dass diese Patienten nach der Operation ohnehin nicht mehr lange lebten. Bei Hausgeburten verstarben ca. 10 % der Mütter am Kindbettfieber, in Krankenhäusern dagegen ca. 50 %. Mutige und weitsichtige Ärzte entwickelten aufgrund von Beobachtungen und häufig gegen den heftigen Widerstand ihrer Kollegen Mittel und Verfahren, um die durch Mikroorganismen verursachten Infektionen zu bekämpfen.

Ignaz Semmelweis führte um 1850 die Händedesinfektion ein: Alle Schwestern und Ärzte mussten vor der Untersuchung und Behandlung eines Patienten die Hände desinfizieren. Das Ergebnis war ein Rückgang der Müttersterblichkeit auf die Größenordnung wie bei Hausgeburten. Joseph Lister erkannte als Chirurg, dass eine Desinfektion der Wundverbände und des Operationsbestecks den tödlichen Ausgang von Operationen verhindern konnte. Diese und viele andere – für uns selbstverständliche – Hygienemaßnahmen wurden entwickelt, obwohl die Bakterien, Pilze und Viren als Verursacher noch nicht entdeckt waren. Das Immunsystem des Körpers verhindert, dass sich schädliche Mikroorganismen dort vermehren.

1 Krankheitserreger

Zu den Erregern von Infektionskrankheiten zählt man

- Mikroorganismen (Pilze, Bakterien, Viren, Protozoen),
- Prionen (infektiöse Eiweiße) sowie
- Parasiten (z. B. Würmer, Läuse, Zecken).

Einen Größenvergleich von Mikroorganismen zeigt Bild 1.

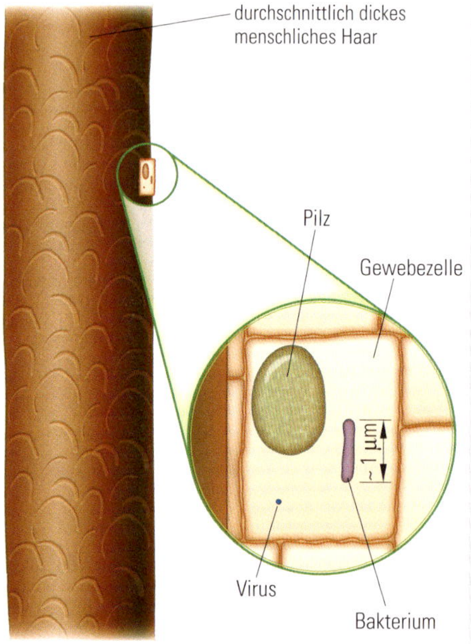

Bild 1 Größenvergleich zwischen einer menschlichen Gewebezelle, einer Sprosspilzzelle, einem Bakterium, einem Virus und einem menschlichen Haar.

1.1 Pilze

1.1.1 Pilzzellen und Pilzvermehrung

Pilze gehören zu den höheren Organismen mit einem Zellkern. Sie kommen überall auf der Welt vor, sodass man sich von Mensch zu Mensch, vom Tier zum Menschen oder aus der Umwelt (Erde, Fußboden, Textilien) infizieren kann.

Pilze vermehren sich auf organischen Materialien (abgestorbene, geschwächte oder verletzte Haut- und Schleimhautzellen), wenn Feuchtigkeit vorhanden ist.

Mitose ▸ S. 122

Sprosspilze / Hefepilze erkennt man im Mikroskop als ovale Zellen. Sie vermehren sich ungeschlechtlich (mitotisch) durch Sprossung (Bild 2, S. 75).

Fadenpilze verbreiten sich über Sporen. Diese keimen aus, wachsen zu langen, verzweigten Fäden (Hyphen) aus und bilden dabei ein Geflecht (Myzel). An den Fäden entstehen Sporenträger mit Sporen, die mit jedem Luftzug verbreitet werden (Bild 3, S. 75). Pilzsporen werden durch Desinfektionsmittel abgetötet.

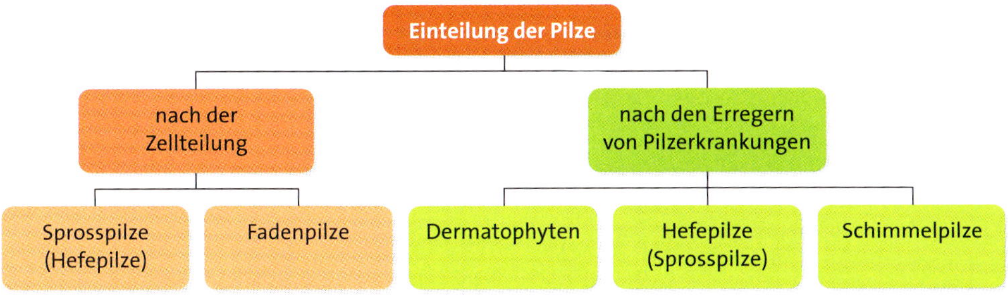

DHS-System. Die in der Medizin übliche Einteilung der Pilze erfolgt nach dem DHS-System:

- **D** = Dermatophyten,
- **H** = Hefepilze / Sprosspilze,
- **S** = Schimmelpilze.

Dermatophyten befallen Haut, Nägel und Haare.

Hefepilze gehören zu den häufigsten Mykoseerregern auf der Haut und den Schleimhäuten des Menschen.

Schimmelpilze infizieren bei immunologisch stark geschwächten Patienten großflächige Wunden und Organe. Schimmelpilzsporen können Haut- und Atemwegsallergien verursachen.

Auf Lebensmitteln produzieren Schimmelpilze häufig lebertoxische und krebserregende Pilzgifte (Mykotoxine).

Pilze können aber auch in der Natur oder auf Lebensmitteln Giftstoffe produzieren, mit deren Hilfe sie Bakterien in ihrer Umgebung abtöten. Solche chemischen Verbindungen (z. B. Penicilline) nutzt der Mensch als Antibiotika.

1.1.2 Pilzerkrankungen

Mykosen können in zwei Formen auftreten, als

- Ektomykosen (Haut-, Nagel- und Haarmykosen) und als
- Endomykosen (Schleimhaut- und Organmykosen).

Mykosen sind nicht Ausdruck mangelnder Hygiene, sondern ein Zeichen für Abwehrschwäche oder übertriebene Hygiene. Die intakte Haut und die Schleimhaut können einen Pilzbefall abwehren. Erst wenn sie geschädigt sind oder das Immunsystem geschwächt ist, entwickeln sich Mykosen:

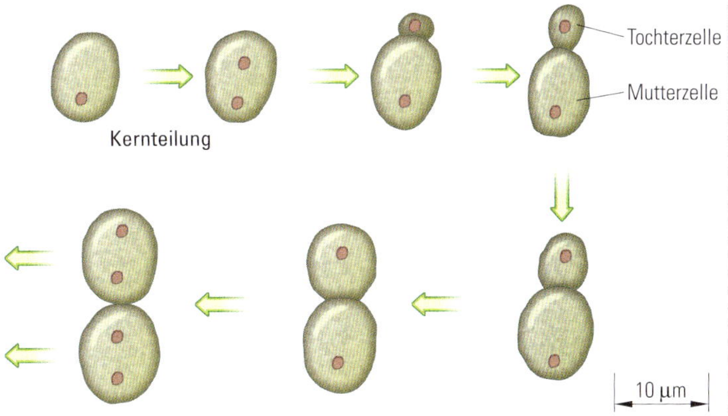

Bild 2 Vermehrungsstadien eines Sprosspilzes / Hefepilzes.

Bild 3 Fadenpilz (Schimmelpilz).

- durch gequollene Haut und Nägel bei berufsbedingten Arbeiten im Wasser, in Gummistiefeln, bei häufigem Duschen, in den Analfalten, den Arm- und Beinfalten bei Säuglingen und bei Bettlägrigen,

µm = Mikrometer = 1/1000 mm

Hautpilzerkrankungen ▸ S. 436 ff.

Mykosen: alle durch Pilze hervorgerufene Krankheiten

Diabetes ▸ S. 420 ff.

Arteriosklerose ▸ S. 286 f.

Dekubitus: Geschwür durch Wundliegen

Vulvitis, Vaginitis, Vulvovaginitis ▸ S. 368

AIDS ▸ S. 93, 272

- bei Minderdurchblutung an Zehen und Beinen (Diabetes, Arteriosklerose, Raucherbein) oder bei Drucknekrosen (Dekubitus, schlecht angepassten Prothesen),
- bei Dauerkontakt mit Erde bei Landwirten und Gärtnern,
- durch Chemikalien (waschaktive Substanzen, Säuren, Laugen, Zement),
- bei großflächigen Verletzungen wie Verbrennungen oder Schürfwunden,
- bei Immunschwäche durch Zytostatika oder bei AIDS,
- bei einer Chemotherapie oder Langzeitbehandlung mit Antibiotika und
- im Alter.

Haarmykosen, also der Pilzbefall der Kopf- und Barthaare (Tinea capitis), sind bei uns selten geworden. Meist wird Tierkontakt nach Fernreisen als Infektionsursache ermittelt. In erster Linie sind Dermatophyten nachweisbar.

Nagelmykosen (Onychomykosen) entstehen an den Füßen ca. viermal häufiger als an den Händen. Alte Menschen leiden häufig unter Nagelpilz.

Die Pilze (Hefepilze und Dermatophyten) gelangen aus der unmittelbaren Umgebung (Fußboden, Socken, Schuhe) auf die Nägel. Sie wachsen unter den vorderen Nagelteilen ein und breiten sich über Monate entlang der Nagelränder zur Nagelwurzel hin aus (Bild 4). Häufig kommt es zu Nageldeformationen (Bild 5).

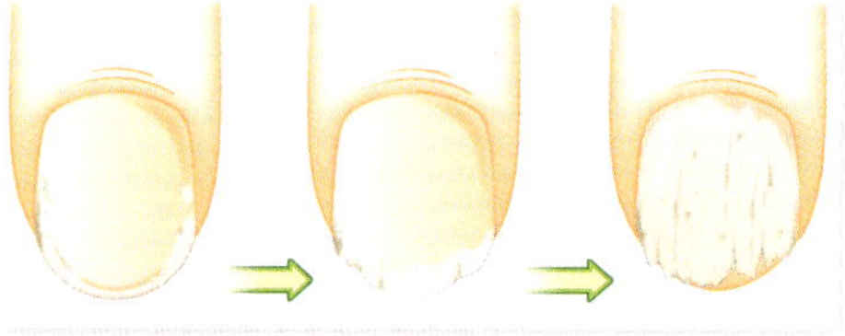

Bild 4 Fortschreitender Nagelpilzbefall.

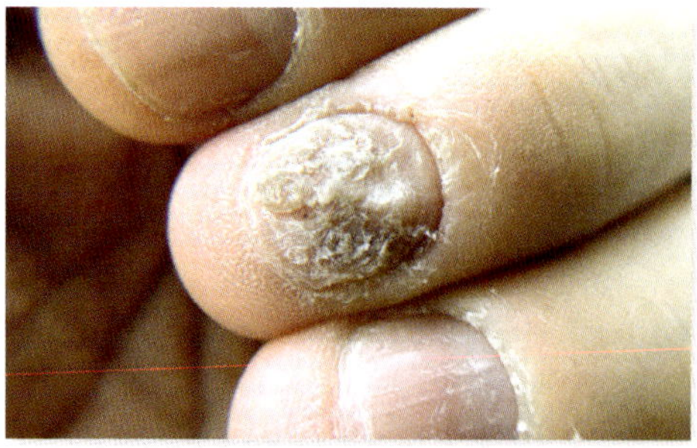

Bild 5 Durch Pilzbefall veränderte Fingernägel.

Sonstige Mykosen. Großflächige Verbrennungen oder Abschürfungen verpilzen nach dem Anflug von Schimmelpilzsporen sehr schnell. Dadurch wird die Wundheilung verhindert. Eine spezielle Abdeckung verhindert die Pilzbesiedelung.

Übertriebene Intimhygiene kann den Schutz der Schleimhäute an der Scheide zerstören und so die Besiedelung mit Pilzen begünstigen. Folgen können eine Vulvitis, Vaginitis und Vulvovaginitis sein.

Immungeschwächte Patienten (AIDS, Chemotherapie, Langzeitpflegepatienten) sind besonders anfällig für Organmykosen in der Blase oder der Lunge (z. B. Aspergillosen).

1.1.3 Therapie und Prophylaxe

Bei juckenden, schuppenden Hautveränderungen, Belägen auf Schleimhäuten oder Verformungen / Verfärbungen der Nägel sollte der Arzt aufgesucht werden. Bei Pilznachweis werden abtötende Mittel (Antimykotika) als Creme oder Lösung verordnet. Die Therapie von Nagelmykosen ist sehr langwierig – ca. 6 Monate – und muss bei Befall mehrerer Zehen mit einer oralen Therapie ergänzt werden.

Die oralen Antimykotika (z. B. Itraconazol, Voriconazol) sind leberschädlich, sodass eine Kontrolle der Leberwerte notwendig ist bzw. diese Therapieform bei entsprechenden Vorerkrankungen ausscheidet.

Pilzprophylaxe
- Nägel kurz halten, sodass bei Stauchungen das Nagelbett nicht verletzt wird,
- ausreichend große Schuhe und Stiefel schon im Kindes- und Jugendalter tragen,
- in Feuchträumen immer eigene Badeschuhe benutzen,
- nasse oder feuchte Füße – auch zwischen den Zehen – gründlich trocknen,
- in Gummistiefeln Socken tragen,
- Socken / Strümpfe täglich wechseln,
- bei Erdarbeiten Handschuhe anziehen.

1.2 Bakterien

1.2.1 Bakterienzellen und Bakterienvermehrung

Die Bakterienzelle hat keinen Zellkern. Das Erbgut (die Chromosomen / DNS-Ring) liegt frei in der Zellflüssigkeit (Zytoplasma, Bild 6). Außerdem besitzen Bakterien häufig einen zusätzlichen, kleinen DNS-Ring (Plasmid) als Informationsspeicher für Resistenzen gegen Antibiotika oder für die Toxinbildung. Plasmide werden wie das Chromosom verdoppelt und können zwischen einzelnen Bakterienzellen ausgetauscht werden. Auf diese Weise entstehen aus harmlosen Bakterien virulente Formen.

Bakterienzellen sind zusätzlich zur Zellmembran von einer Zellwand umgeben, die dick oder dünn sein kann. Dies hat Auswirkungen auf das Krankheitsbild und die Antibiotikabehandlung. Beim Zerfall der Bakterien im Körper erzeugen Zellwandbruchstücke (Pyrogene) Fieber und Schüttelfrost. Aus der Zellwand ragen die Oberflächenantigene (OAg) wie ein dichter Wald als lange, verzweigte Moleküle heraus. Unser Körper erkennt anhand dieser OAg, ob sein Immunsystem mit diesen Bakterien schon einmal Kontakt hatte oder ob es eine Immunität neu aufbauen muss.

Nach der Zellform unterscheidet man zwischen Kokken, Stäbchen und Schraubenbakterien (Bild 7). Manche Bakterien sind beweglich (z. B. durch eine Geißel).

Damit Bakterien im Mikroskop sichtbar sind, müssen sie angefärbt werden. Das Diagnostikverfahren wird als Gramfärbung bezeichnet (Tabelle 1). Man erkennt dann die Form der Bakterien und die Reaktion der Zellwand auf bestimmte Färbemittel. Daraus schließt man auf die Dicke und Struktur der Zellwand.

Einige Bakterienarten, z. B. der Tetanuserreger, können innerhalb ihrer Zelle jeweils eine Spore als Überlebensform bilden. Bakteriensporen sind nur mit Sterilisationsmaßnahmen abzutöten.

Bakterien vermehren sich ungeschlechtlich (mitotisch): aus einer Mutterzelle werden 2, dann 4, dann 8 Tochterzellen usw., bis Millionen identischer Zellen entstanden sind (Bild 8, S. 78). Die Zeit zwischen den einzelnen Vermehrungsschritten ist die Generationszeit; diese ist für jede Bakterienart typisch. Sie liegt zwischen ca. 15 Minuten (Staphylokokken) und mehr als einer Stunde (Tuberkuloseerreger).

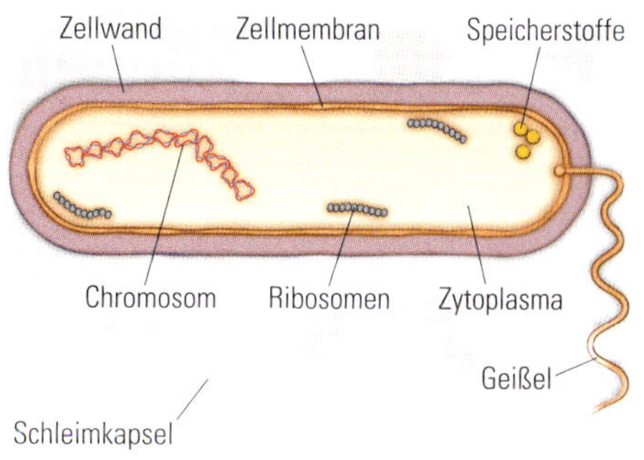

Bild 6 Aufbau einer Bakterienzelle.

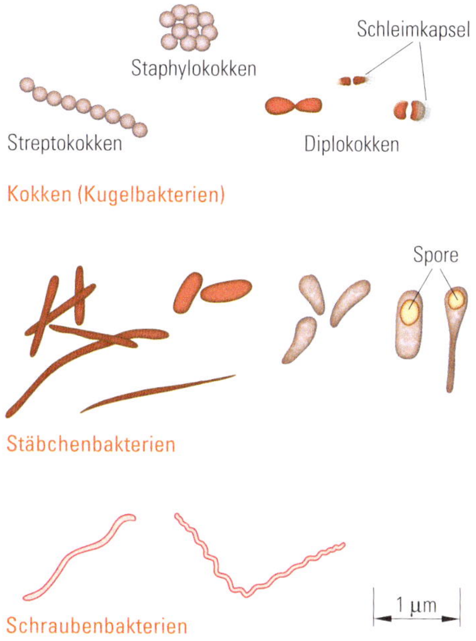

Bild 7 Bakterienformen.

Gramfärbung	Bakterienfarbe	Zellwand
grampositiv	violett	dick
gramnegativ	rot	dünn

Tabelle 1 Gramfärbung.

DNS ▸ S. 121

virulent (lat.) = giftig, ansteckend

pyrogen (gr.) = fiebererzeugend

Immunsystem ▸ S. 268 ff.

Hans-Christian Gram (1853–1938), dänischer Bakteriologe

Bakteriensporen: Dauerformen der Bakterien. Sie überleben auch unter ungünstigen Bedingungen.

Sterilisation ▸ S. 109 ff.

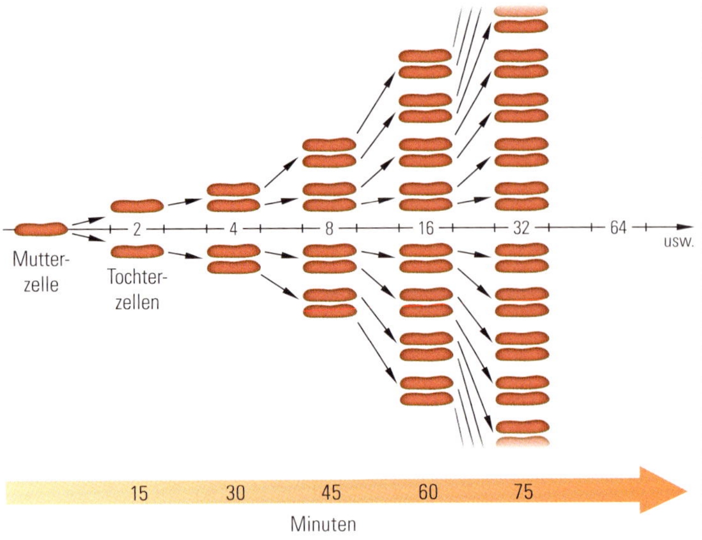

Bild 8 Vermehrung einer Bakterienmutterzelle.

Toxine: von Lebewesen ausgeschiedener oder beim Zerfall organischen Materials entstehender Giftstoff

Antibiotika: gegen Bakterien wirksame Medikamente

resistent: widerstandsfähig gegen äußere Einwirkungen

MRSA = **m**ulti**r**esistente **S**taphylococcus **a**ureus-Stämme

MRGN = **m**ulti**r**esistenter **g**ram **n**egativer Keim als 3-MRGN oder 4-MRGN gegen 3 oder 4 gängige Antibiotika resistent

Daher kann bei einer Verunreinigung von Lebensmitteln, z.B. bei Hähnchen mit einzelnen Salmonellen, innerhalb eines Tages ein Bakterienrasen von Millionen Bakterien entstehen. Nach dem Verzehr dieses Fleisches kommt es dann zu Durchfall.

Bakterien, die zur Vermehrung Sauerstoff benötigen, werden als **aerobe Bakterien** bezeichnet. Bakterien, die keinen Sauerstoff zur Vermehrung brauchen, sind **anaerobe Bakterien**. Einige Bakterien können je nach vorhandenen Umweltbedingungen zwischen beiden Zuständen wechseln (fakultativ aerob / fakultativ anaerob).

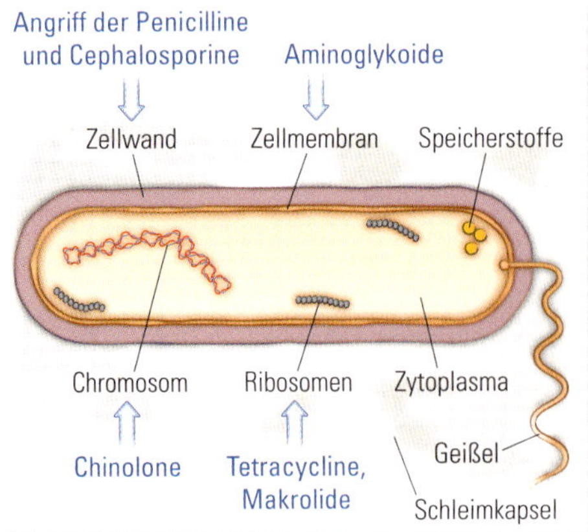

Bild 9 Angriffsstellen unterschiedlicher Antibiotika im Bakterium.

1.2.2 Verläufe bakterieller Erkrankungen

Die Zellwandoberflächenantigene (OAg) sind Rezeptoren, mit denen sich die Bakterien wie mit einem Klettverschluss an ihre Wirtszelle anheften. Erst jetzt können sie mit dieser Zelle Verbindung aufnehmen:

- Mithilfe von Toxinen zerstören sie die Wirtszelle (Zellnekrose), um an die Inhaltsstoffe als Nahrung zu kommen. So löst z.B. Staphylococcus aureus eitrige Entzündungen aus.
- Sie reizen die Zelle zur Wasser- und Stoffabgabe, ohne sie zu zerstören, z.B. Enteritissalmonellen als Durchfallerreger. Dadurch erhalten sie Nährstoffe und werden wieder aus dem Körper ausgeschwemmt, um sich weiter zu verbreiten.
- Sie benutzen die Zelloberfläche nur als Anker, um die Nahrungsmoleküle aus der Umgebung herauszufischen, z.B. auf den Schleimhäuten im Mund oder im Darm.

1.2.3 Therapie bakterieller Erkrankungen

Da Bakterien lebende Zellen sind, können sie mit Medikamenten behandelt werden, die in ihren Stoffwechsel eingreifen, z.B. beim Aufbau der Zellmembran oder in die Herstellung von Eiweißen an den Ribosomen. Penicilline beeinflussen nur den Aufbau der Bakterienzellwand (Bild 9). Da andere Zellen keine Zellwand haben, werden sie geschont.

Zunehmend gibt es jedoch Bakterien, die gegen (fast) alle gängigen Antibiotika resistent sind. Beispiele sind MRSA (multiresistente Staphylococcus aureus-Stämme), die häufig Wunden besiedeln, und VRE (Vancomycin resistente Enterokokken), die als Krankenhauskeime für immungeschwächte Patienten gefährlich sind. Hinzu kommen in letzter Zeit gramnegative multiresistente Bakterien (MRGN) wie der Acinetobacter baumannii, der auf Intensivstationen gefährliche Infektionen wie Lungenentzündungen, Wundinfektionen und Blutvergiftungen verursachen kann.

Bei der Bekämpfung der zunehmenden Resistenz helfen konsequente Hygiene und der überlegte Einsatz von Antibiotika. Antibiotika bei Erkältungskrankheiten sind kritisch zu sehen, da sie meist von Viren verursacht werden.

1.3 Viren

1.3.1 Virusaufbau und Virusvermehrung

Viren sind keine Zellen. Viren bestehen nur aus Nukleinsäure (DNS oder RNS). Der umgebende Eiweißmantel (Kapsid) ist aus identischen Eiweißmolekülen zusammengesetzt (Bild 10). Manche haben zusätzlich um dieses Kapsid eine Hülle. Sie sind kleiner als 1/10 000 mm = 0,1 µm und im Lichtmikroskop nicht erkennbar.

Viren können sich nur in lebenden Zellen vermehren. Sie erkennen mithilfe der Hülle oder mit dem Kapsid die Oberfläche ihrer Wirtszellen, dringen in sie ein und programmieren deren Stoffwechsel so um, dass die Zellen nur noch Viren in großer Zahl synthetisieren müssen (Bild 11). Jedes Virus hat eine eigene Wirtszelle: Hepatitisviren können sich nur von Leberzellen, Polioviren von Nervenzellen oder Warzenviren von Hautzellen vermehren lassen.

1.3.2 Verläufe von Viruserkrankungen

Viren haben unterschiedliche Strategien:

- Sie schädigen ihre Wirtszelle durch Umprogrammieren des Stoffwechsels zugunsten der Virusvermehrung. Wenn die Zelle mit Viren gefüllt ist, platzt sie. Der Organismus kann die toten Zellen nicht immer durch gleiche ersetzen, sondern füllt die Lücken mit Bindegewebszellen aus. Deshalb wird z. B. die Leber bei manchen Hepatitisformen durch narbiges Bindegewebe zirrhotisch.
- Es gibt Virusarten, die in der Wirtszelle über eine lange Zeit vermehrt werden und die Zelle kontinuierlich verlassen. Die Zelle verhungert schließlich.
- „Schlüpft" die Virusnukleinsäure in ein Chromosom der Wirtszelle, wird sie bei jeder Zellteilung (Mitose) mit vermehrt (latente Infektion). Später kann – meist von außen durch Strahlen oder chemische Substanzen ausgelöst – diese Virusnukleinsäure aus den Zellchromosomen frei werden. Die Folge ist eine Veränderung des Stoffwechsels, was z. B. zu unkontrolliertem Wachstumsverhalten führt. Einige Tumore werden auf solche latent virusbefallenen Zellen zurückgeführt.

Spontan oder durch Umwelteinflüsse verändern Viren ihre Kapsidproteine sehr schnell. Sie erkennen dann ihre Wirtszelle, sind aber für das Immunsystem wieder „fremd", was dem Virus einen Vermehrungsvorsprung verschafft.

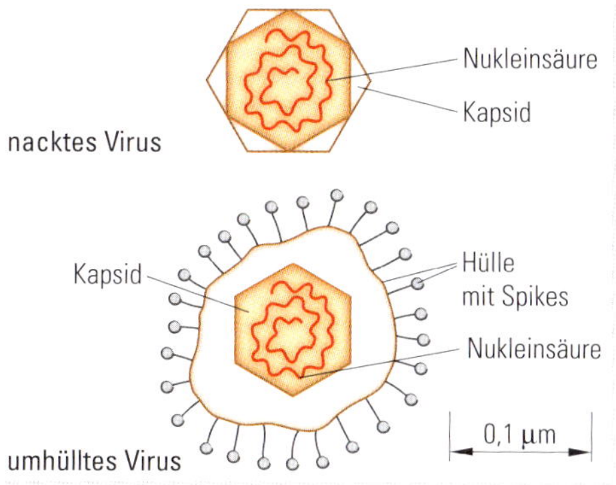

Bild 10 Aufbau eines Virus.

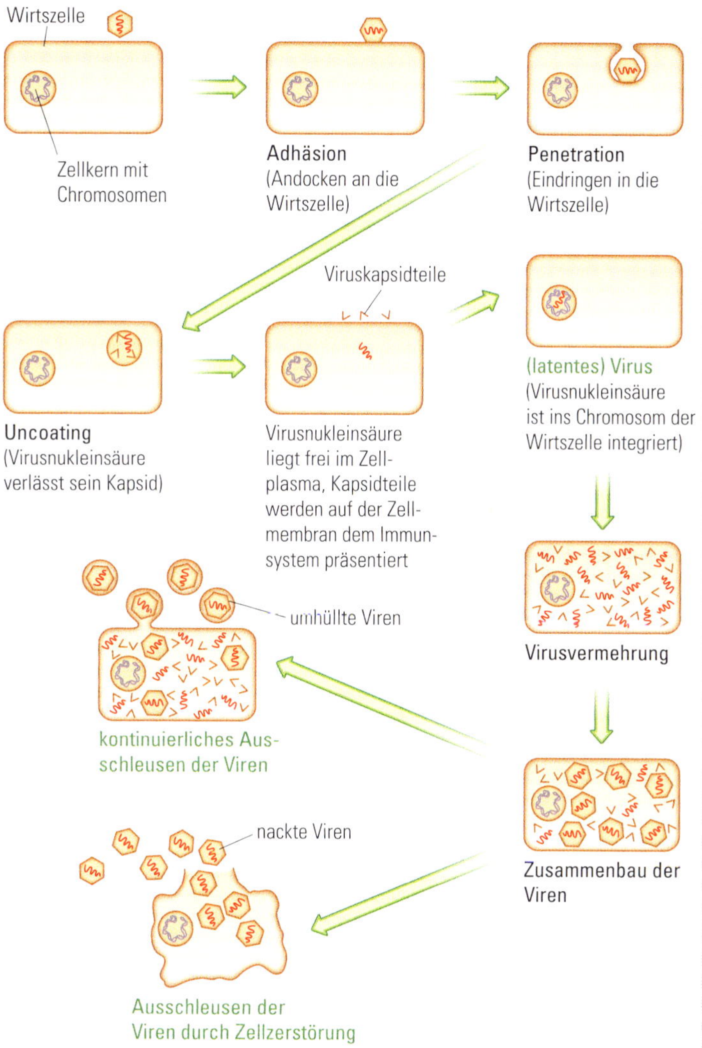

Bild 11 Virusvermehrung.

Virus (gr.) = Gift

RNS = **R**ibo**n**uklein**s**äure

Virustatika: gegen Viren wirksame Medikamente

1.3.3 Virustherapie und Prophylaxe

Antibiotika sind gegen Viren wirkungslos. Wegen der Virusvermehrung in der menschlichen Zelle ist es schwierig, die Viren zu treffen, ohne der Wirtszelle zu schaden.

Antivirale Medikamente. Die zur Zeit verwendeten Virustatika greifen jeweils in einer bestimmten Phase der Virusvermehrung ein. Daher müssen beispielsweise AIDS-Patienten immer mehrere dieser Medikamente kombinieren, um das HI-Virus in Schach zu halten.

Da immer wieder mit einer Grippeepidemie gerechnet werden muss, ist eine Therapie mit Virustatika ins Blickfeld der Öffentlichkeit geraten. So bremst z. B. der Neuraminidasehemmer Tamiflu® die Vermehrung des Grippevirus; die Therapie muss jedoch frühzeitig, am besten noch in der Inkubationszeit, beginnen, damit sie erfolgreich ist. Außerdem ist das Medikament teuer und schlecht verträglich. Eine vorsorgliche Impfung ist daher der bessere Schutz gegen Viruserkrankungen.

Impfung ▸ S. 95 ff.

Parasit: tierischer Schmarotzer

1.4 Protozoen

Protozoen sind einzellige Mikroorganismen, die oft als Parasit leben. Da sie häufig über Schmierinfektionen (verunreinigte Lebensmittel, Wasser) übertragen werden, spielen sie vor allem als Erreger von Tropenkrankheiten eine Rolle, wie z. B. die Amöbenruhr.

In Deutschland sind hauptsächlich die Toxoplasmose, Trichomoniasis und die Malaria als unfreiwilliges „Reisemitbringsel" bekannt.

1.4.1 Toxoplasmose

Der einzellige Parasit Toxoplasma gondii ist ca. 5–6 µm groß und kann sich deshalb innerhalb von Zellen vermehren. Die Infektion beim Menschen erfolgt durch Verzehr von rohem oder ungenügend erhitztem infiziertem Rind- oder Schweinefleisch oder über den Kontakt mit Katzen. Nach der oralen Aufnahme gelangen die Parasiten über den Darm ins Blut und weiter in die Zellen der Muskulatur und des Gehirns. Dort vermehren sie sich. In den meisten Fällen verläuft diese Vermehrungsphase ohne Symptome.

Unser Immunsystem beherrscht die Infektion, sodass wir häufig lebenslang unbemerkt vermehrungsfähige, abgekapselte Parasiten (Zysten) tragen (Bild 12). Ca. 70 % aller Menschen über 60 Jahre sind Träger von Toxoplasmen.

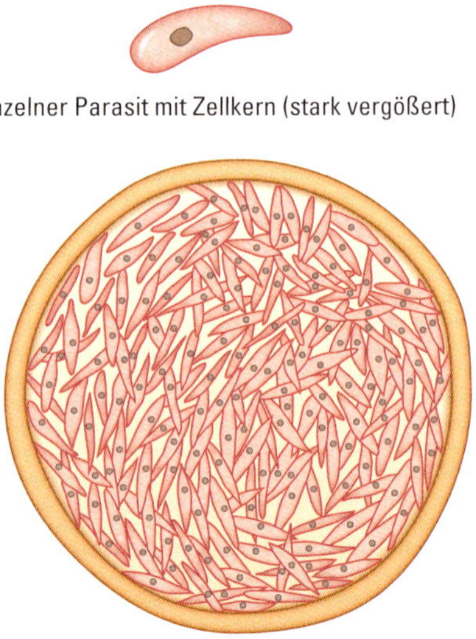

a) einzelner Parasit mit Zellkern (stark vergößert)

b) Zyste im Gehirn, gefüllt mit Toxoplasma gondii

Bild 12 Toxoplasma gondii als Einzeller und in einer Zyste im Gehirn eingekapselt.

Eine Behandlung ist nicht notwendig. Erst bei einer Immunschwäche, z. B. AIDS, verlassen die Toxoplasmen die Zysten und vermehren sich explosionsartig, sodass der Patient ohne medikamentöse Behandlung daran stirbt.

Gefährlich ist auch eine erstmalige Infektion während der Schwangerschaft. Die Parasiten können die Plazenta überwinden (pränatale Infektion). Folgen können ein Abort oder schwere Schäden beim Neugeborenen sein, z. B. Augenveränderungen bis zur Blindheit, Verkalkungen im Gehirn, geistige Behinderung. Während der Schwangerschaft müssen deshalb der Kontakt mit Tieren, insbesondere mit Katzen, und der Verzehr von rohem Fleisch unterbleiben.

Schwangere sollen keinen Kontakt mit Katzen haben; bei der Speisenzubereitung mit Hackfleisch oder Geflügel Handschuhe tragen; alle benutzten Geräte in der Spülmaschine heiß reinigen.

Mit dem Nachweis von Antikörpern kann im Labor serologisch eine Infektion mit Toxoplasma gondii festgestellt werden.

1.4.2 Trichomoniasis

Der einzellige Parasit Trichomonas vaginalis kommt nur beim Menschen vor. Die Infektion erfolgt über den Geschlechtsverkehr. T. vaginalis lebt und vermehrt sich auf den Schleimhäuten der Harnwege und der Vagina. Häufig verläuft die Entzündung symptomlos. Erst bei gestörtem Scheidenmilieu oder bei Antibiotikabehandlung kommt es zur Entzündung der Harnröhre bei Frau und Mann, der Scheide oder der Prostata. Rötungen, Juckreiz und evtl. Ausfluss (Fluor) sind die Folgen. Unbehandelt geht diese Erkrankung in ein chronisches Stadium über. Vereinzelt kann die Infektion bis zum Nierenbecken aufsteigen.

Der Nachweis einer Infektion erfolgt meist direkt mikroskopisch aus dem Fluor oder Harnröhrensekret. Man erkennt dann die Trichomonaden an ihrer schnellen Drehbewegung. T. vaginalis lässt sich medikamentös behandeln. Dabei muss der Partner in die Behandlung mit einbezogen werden.

1.4.3 Malaria (Wechselfieber, Sumpffieber)

Die Malaria wird als Erkrankung aus feuchtwarmen Gebieten mitgebracht, z.B. Afrika – südlich der Sahara – Süd- und Mittelamerika sowie Südostasien.

Die Erreger sind Plasmodien, die durch den Stich der Anopheles-Mücke auf den Menschen übertragen werden. Das typische Symptom einer Malariainfektion sind Fieberschübe, die im Abstand von drei bzw. vier Tagen (daher: Wechselfieber) auftreten.

Wichtig ist, dass Malaria rechtzeitig erkannt wird, weil sie dann erfolgreich behandelt werden kann. Kompetente Auskunft können die Tropeninstitute geben.

> Kommt ein Patient mit „unklarem Fieber" in die Praxis, so muss auch an Malaria gedacht werden. Fragen Sie nach seinem Reise- bzw. Herkunftsland (bei ausländischen Patienten).

1.5 Prionen

Prionen sind „ infektiöse Eiweiße", die als Krankheitserreger bei der BSE („Rinderwahn") bekannt wurden. Sie enthalten im Gegensatz zu Viren keine DNA oder RNA und wurden als Krankheitserreger erst 1982 bekannt. Da sie gegenüber Sterilisationsverfahren sehr widerstandsfähig sind, kann eine Übertragung nach Kontamination mit erkranktem Gewebe erfolgen.

Eine beim Menschen auftretende Prionen-Erkrankung ist die Creutzfeldt-Jakob-Krankheit (CJK). Hierbei wird das Hirngewebe durch Prionen zerstört, sodass es zum geistigen und körperlichen Verfall und nachfolgendem Tod des Patienten kommt. In Deutschland ist bisher jedoch kein Patient an der übertragbaren Form der CJK erkrankt bzw. gestorben.

1.6 Parasiten

Als Parasiten werden im Allgemeinen tierische mehrzellige Schmarotzer, wie Würmer und Gliederfüßler bezeichnet. Wurminfektionen spielen in Deutschland aufgrund der Fleischbeschau nach dem Schlachten keine große Rolle.

Manchmal werden Infektionen bei kleinen Kindern durch Spielen in mit Madenwürmern verunreinigtem Sand verursacht. Hauptsymptom ist starker Juckreiz in der Analgegend. Der Nachweis erfolgt über eine Stuhlprobe oder den Abstrich am After. Die Behandlung erfolgt mit wurmabtötenden Mitteln, sogenannten Anthelmintika.

Selten, jedoch nicht ungefährlich, ist eine Infektion mit dem Fuchsbandwurm (Echinokokkus), der sich in der Leber einkapseln kann und dann durch abtötende Mittel nicht mehr erreicht wird. Landwirte und Forstarbeiter sind besonders gefährdet.

Infektionen durch Gliederfüßler sind in Deutschland auf dem Vormarsch. Besonders häufig kommt es zu Infektionen durch die Krätzmilbe. Sie verursacht die Skabies (Krätze).

Skabies (Krätze) ▸ S. 439

Zecken spielen als Überträger der Borreliose und der FSME eine Rolle, Wanzen und Flöhe sind keine seltenen Urlaubsmitbringsel. Insbesondere nach den Sommerferien herrscht in Kindergärten und Schulen oft „Kopflausalarm".

Zecken ▸ S. 329 f.

Läuse ▸ S. 383, 439

2 Infektionskrankheiten

2.1 Übertragungswege und typischer Verlauf

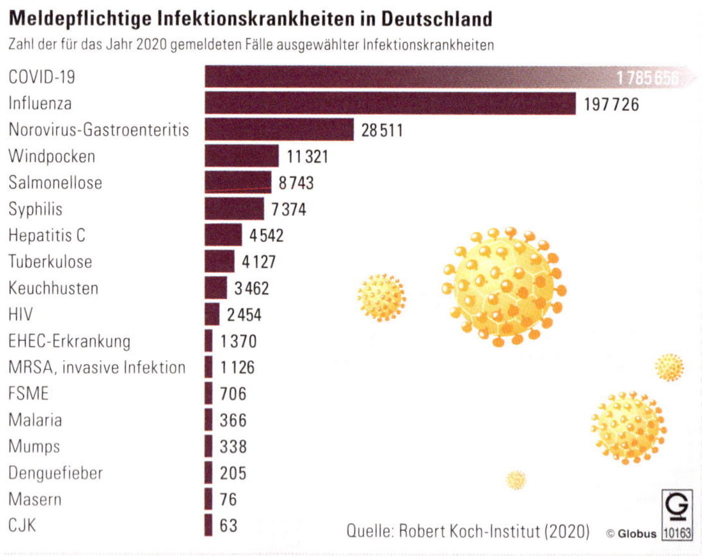

Bild 13 Neuinfektionen ausgewählter Krankheiten.

Meldepflicht ▸ S. 86

Geschlechtskrankheiten ▸ S. 382 f.

mikrobiozide Stoffe: Substanzen, die Mikroorganismen abtöten

kontaminiert (lat.) = verunreinigt

Flimmerhärchen ▸ S. 125 f. und S. 296 ff.

Durchfallerkrankungen ▸ S. 87

Hepatitis A ▸ S. 93 f.

Poliomyelitis ▸ S. 91

FSME ▸ S. 97

Infektion heißt, dass Krankheitserreger in den Körper eingedrungen sind und sich anschließend vermehren. Meist findet diese Vermehrung an den Eintrittspforten der Erreger oder benachbarten Lymphknoten statt.

Infektionskrankheiten (Bild 13) sind weitverbreitet. Einige von ihnen sind meldepflichtig.

Inkubationszeit bezeichnet den Zeitraum zwischen dem Eindringen der Erreger und dem Auftreten der ersten Krankheitszeichen. Für manche Infektionskrankheiten gibt es typische Inkubationszeiten, z. B. Windpocken 2–3 Wochen oder Virusgrippe 2–4 Tage.

Übertragungswege. Krankheitserreger können auf unterschiedlichem Wege übertragen werden. Manchmal benutzen Krankheitserreger mehrere Übertragungswege gleichzeitig.

- **Tröpfcheninfektion:** Hierbei werden die Erreger durch Husten oder Niesen übertragen. Die meisten Erkrankungen der Atemwege und viele Kinderkrankheiten entstehen auf diese Weise. Zwar versucht sich der Körper durch den Schlag der Flimmerhärchen des Atemwegsepithels und mikrobiozide Stoffe im Sekret der Schleimhäute zu wehren, aber das gelingt nicht immer; vor allem dann, wenn Rauchen oder trockene Heizungsluft die Schleimhäute belasten.
- **Nahrungsmittelinfektionen:** mit Erregern verunreinigtes Wasser oder verunreinigte Nahrungsmittel werden geschluckt und können so – vor allem bei Aufnahme großer Mengen, die im Magen nicht durch die Salzsäure zerstört werden können – Magen-Darm-Infektionen hervorrufen (Durchfallerkrankungen). Auch Hepatitis A und Poliomyelitis werden so übertragen. Diesen Übertragungsweg bezeichnet man auch als fäkal-oral.
- **Kontakt von Mensch zu Mensch:** hierunter versteht man sexuelle Kontakte, d. h. eine Infektion durch Speichel, Vaginalsekret oder Sperma und auch die Infektion durch Blut, z. B. beim gemeinsamen Benutzen von Fixerbesteck oder durch verunreinigte Bluttransfusionen. Trichomonaden und andere Geschlechtskrankheiten wie Lues oder Gonorrhoe, sowie Hepatitis B und C und AIDS werden so übertragen.
- **Infektion von der Mutter auf das ungeborene Kind (transplazentar):** Mikroorganismen können teilweise die Plazentaschranke überwinden und das Kind infizieren, was zu Fehlbildungen oder zum Tod des Ungeborenen führen kann. Die bekannteste Erkrankung ist die Rötelnembryopathie, aber auch Syphilis und eine Infektion mit dem HI-Virus können das Kind schädigen.
- **Schmierinfektionen durch kontaminierte Gegenstände:** Nicht nur Nahrungsmittel können mit Krankheitserregern belastet sein, auch Gegenstände wie Handtücher oder Trinkgläser. Hautinfektionen (z. B. durch Hautpilze) oder Harnwegsinfekte durch Darmkeime können so entstehen.
- **Infektionen durch Übermittler (Vektoren):** Zecken, Fliegen oder Flöhe können Erreger auf den Menschen übertragen; bekannteste Beispiele in Mitteleuropa sind die FSME und die Borreliose, als Reiseinfektion spielt auch Malaria eine zunehmende Rolle.

Typischer Verlauf einer Infektionskrankheit. Nach der Infektion vermehrt sich der Erreger an der Stelle des Eintritts. Während dieser Inkubationszeit merkt der Patient im allgemeinen nichts von seiner Infektion. Nach Ablauf der Inkubationszeit kommt es oft zum Temperaturanstieg und einem allgemeinen Krankheitsgefühl. Virusinfektionen zeigen häufig eine geringere Erhöhung der Körpertemperatur als bakterielle Infektionen.

Die Leukozyten steigen bei bakteriellen Infektionen meist an, bei Virusinfektionen vermehren sich meist nur die Lymphozyten. Nach einigen Tagen oder Wochen – je nach Alter des Patienten und Art der Infektion – kommt es zur Ausheilung. Die Symptome bilden sich zurück. Der Patient ist häufig noch schlapp und müde und einige Zeit anfälliger für weitere Erkrankungen (Rekonvaleszenz) (Bild 14).

Leukozyten ▸ S. 252

Lymphozyten ▸ S. 253

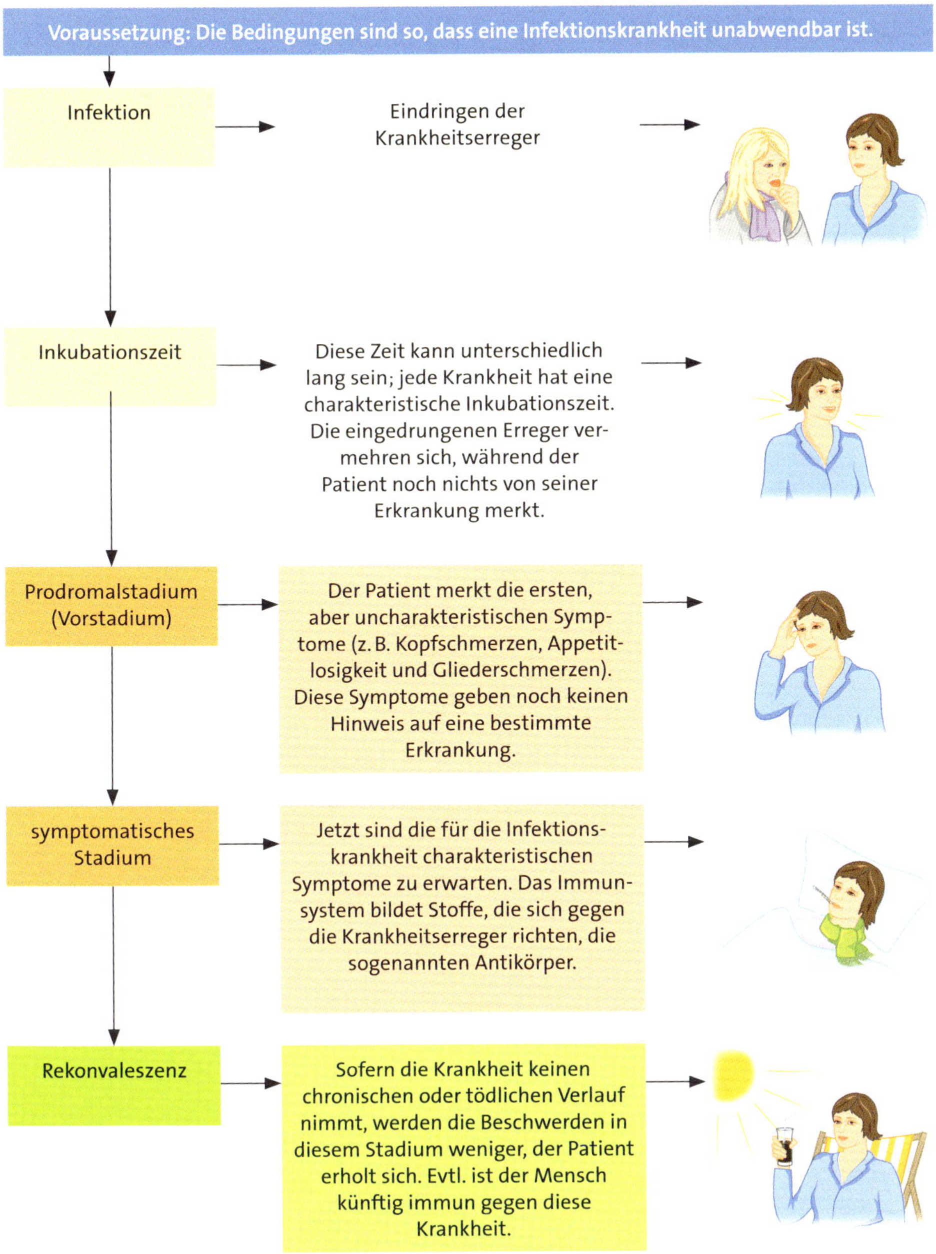

Bild 14 Allgemeiner Verlauf einer Infektionskrankheit.

Inkubation (lat.) = „Ausbrützeit“

Symptom (gr.) = Anzeichen

prodromal von prodromos (gr.-lat.) = Vorläufer

Antikörper: Eiweiße, die der Abwehr krankmachender Stoffe dienen

Rekonvaleszenz (lat.) = Genesungszeit

Beachten Sie die Krankheitszeichen einer Infektion:
- gestörtes Allgemeinbefinden (Kopf- und Gliederschmerzen, Abgeschlagenheit),
- Kreislaufstörungen (erhöhter oder unregelmäßiger Puls, blasse, kalte Glieder),
- evtl. Fieber oder erhöhte Temperatur,
- Veränderungen des Blutbildes,
- evtl. Atmungsstörungen, Halsschmerzen,
- evtl. Hautausschläge,
- Lymphknotenschwellungen.

2.2. Diagnostik von Infektionskrankheiten

2.2.1 Nachweis des Erregers

Bei Infektionen mit Pilzen, Bakterien oder Protozoen kann man den Erreger häufig über den Nachweis von infektiösem Material, z. B. in einem Abstrich unter dem Mikroskop, nachweisen (Tabelle 2, S. 85).

2.2.2 Indirekte Nachweismethoden

Infektionen führen im Körper zu einer Abwehrreaktion, die man im Blut nachweisen kann: Der Entzündungswert CRP steigt vor allem nach bakteriellen Infektionen an und wird daher auch als Schnelltest für Praxen angeboten, um eine rasche Entscheidung zu ermöglichen.

BSG ▸ S. 260

CRP = C-reaktives Protein

Eine ältere Methode, um Entzündungen jeder Art nachzuweisen, ist die Blutsenkungsgeschwindigkeit (BSG). Jedoch ist diese Methode nicht spezifisch für Infektionen und tritt daher zugunsten des CRP in den Hintergrund.

Außerdem führen Infektionen häufig zu Blutbildveränderungen: Bei bakteriellen Infektionen kommt es zur Leukozytose und einem Anstieg der Granulozyten, bei Viren häufig zu einer Lymphozytose.

Spezifische Nachweise gelingen durch die Suche nach den entsprechenden Antikörpern gegen den Erreger, z. B. bei Röteln (Virus) oder Toxoplasmose (Einzeller). Hierbei kann zwischen Infektionen in der Vergangenheit und neuen Infektionen unterschieden werden. „Neue“ Infektionen führen zu einer Antikörperbildung der Klasse IgM, „alte“ Infektionen zu einer Antikörperbildung der Klasse IgG im Sinne einer „Narbe“ (lebenslanges Merkmal im Blut).

IgM = Immunglobulin M
IgG = Immunglobulin G

Da Viren nicht in Kulturmedien angezüchtet werden können, muss zur Diagnostik das Erbgut analysiert werden. Dazu dient die PCR (Polymerasekettenreaktion). Hierbei wird durch ein aufwendiges Verfahren virushaltiges Material aus einem Abstrich oder aus dem Blut des Patienten in einem Thermocylcer (Bild 15) vervielfältigt und dadurch kleinste Mengen des gesuchten Virus aufgespürt. Dies ist z. B. wichtig, um bei Blutspenden zu verhindern, dass mit HIV oder Hepatitis C verunreinigtes Blut an Patienten weitergegeben wird. Der PCR-Test dient außerdem zum frühzeitigen Nachweis von HIV und COVID-19. Das Verfahren ist teurer und aufwendig, aber kann eine Infektion oft schon vor dem Auftreten von Symptomen nachweisen.

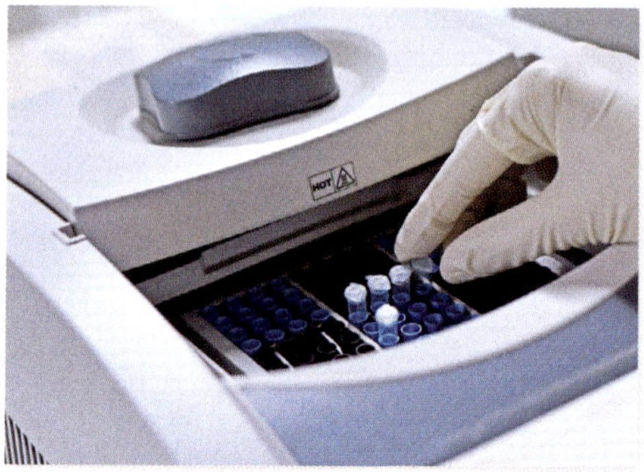

Bild 15 Thermocycler für die Analyse des Erbguts.

Material	Entnahmetechnik	Aufarbeitung	Transport/Lagerung	Bemerkung
Urin	Mittelstrahlurin, vorherige Reinigung der Genitalien	Teststreifenmethode: möglichst sofort durchführen	bei Einsendung in das Labor: Uricult oder steriles Röhrchen; bis zum Transport in den Kühlschrank	am besten Morgenurin verwenden
Stuhl	Stuhl ohne Urin in ein steriles Gefäß absetzen, Probe in ein Stuhlröhrchen übertragen	–	bei Verdacht auf Clostridien: Schnelltest auf Toxin (Laborinfo!)	Rektalabstrich, z. B. bei Screening auf MRGN
Abstriche (Wunden, Rachen, sonstige Schleimhäute)	mit einem sterilen Tupfer (u. U. lang und flexibel)	evtl. Schnelltest, z. B. Strep A in der Praxis, Durchführung nach Vorgaben des Herstellers	Bei Verdacht auf Trichomonaden: Mikroskopie vor Ort, ansonsten in ein Transportmedium wie vorgeschrieben	bei Verdacht auf Meningokokken: warm halten; sofort ins Labor
Haare und Hautpartikel	Nagelspäne werden abgeschabt, Haare epiliert	direkter Nachweis unter dem Mikroskop z. T. möglich	steriler Versand	mykologische Untersuchung
Punktate* (Pleura, Peritoneum, Gelenke)	nach Hautdesinfektion und steriler Abdeckung	–	Material in der Spritze belassen oder in einem Anaerobengefäß bei Zimmertemperatur lagern	Schutzkleidung tragen
Sputum, Auswurf (Bronchialsekret)	Mund mehrfach spülen (nicht mit Desinfektionsmitteln), in ein steriles Gefäß räuspern oder husten (expektorieren)	–	sofort ins Labor, sonst im Kühlschrank lagern	anschließend Zimmer gut lüften
Blut (für Blutkultur)	Blut muss direkt in vorgewärmte, spezielle Blutkulturflaschen injiziert werden	–	schnell ins Labor, sonst kurzfristig Lagerung bei 25 °C	Entnahme möglichst vor 1. Antibiotikagabe

*Punktat = bei einer Punktion entnommene Flüssigkeit oder Gewebeprobe

Tabelle 2 Untersuchungsmaterialien.

2.3 Meldepflichtige Erkrankungen

IfSG ▸ S. 100

Das Infektionsschutzgesetz (IfSG) regelt, welche Krankheit wann gemeldet werden muss (Tabelle 3). Es hat die Aufgabe eine Verbreitung von Seuchen zu verhindern.

Die Meldung erfolgt durch den Arzt an das zuständige Gesundheitsamt. Einen Arztmeldebogen stellt u. a. das RKI zum Downloaden zur Verfügung.

Arzt meldet (§ 6) bei Verdacht oder Diagnose

namentlich

bei Krankheitsverdacht, Erkrankung, Tod:
- Botulismus
- Cholera
- Diphtherie
- humane spongiforme Enzephalopathie
- akute Virushepatitis
- enteropathisches hämolytisch-urämisches Syndrom (HUS)
- virusbedingtes hämorrhagisches Fieber
- Keuchhusten
- Masern
- Meningokokken-Meningitis oder -Sepsis
- Milzbrand
- Mumps
- Pest
- Poliomyelitis
- Röteln einschließlich Rötelnembryopathie
- Tollwut
- Typhus abdominalis / Paratyphus
- Windpocken
- zoonotische Influenza
- Coronavirus-Krankheit-2019 (COVID-19)

bei Erkrankung und Tod:
- Tuberkulose

bei Verdacht und Erkrankung:
- mikrobiell bedingte Lebensmittelvergiftung oder akute infektiöse Gastroenteritis (wenn ein Beschäftigter im Lebensmittelgewerbe betroffen ist oder im Zusammenhang mit einer Epidemie)

Labor meldet (§ 7) bei Erregernachweis

namentlich

bei 62 Erregern, z. B.:
- Borrelia recurrentis
- Clostridium botulinum
- Corynebacterium diphtheriae
- E. coli, enterohämorrhagische Stämme (EHEC)
- FSME-Virus
- Gelbfiebervirus
- Haemophilus influenzae
- Hepatitis-A-Virus
- Hepatitis-B-Virus
- Hepatitis-C-Virus
- Hepatitis-D-Virus
- Hepatitis-E-Virus
- Masernvirus
- Mycobakterium leprae
- Mycobakterium tuberculosis
- Neisseria meningitidis
- Poliovirus
- Rabiesvirus
- Rubellavirus
- Salmonella (para)typhi
- SARS-Coronavirus und SARS-Coronavirus-2
- Vibrio cholerae
- Yersinia pestis

nicht namentlich

bei:
- Treponema pallidum (Erreger der Lues)
- HIV (Erreger von AIDS)
- Echinococcus sp. (Finne des Hundebandwurms)
- Plasmodium sp. (Erreger der Malaria)

nur bei angeborenen Infektionen:
- Toxoplasma gondii (Erreger der Toxoplasmose)

Die zuständige Behörde und das Gesundheitsamt dürfen bei Infektionskrankheiten Maßnahmen ergreifen, um drohende Gefahren von einzelnen oder von der Bevölkerung abzuwenden. Bei ihren Ermittlungen haben sie überall Zutritt, dürfen Bücher und sonstige Unterlagen einsehen und Proben zur Untersuchung entnehmen.

Kranke, Krankheitsverdächtige, Ansteckungsverdächtige und Ausscheider sind verpflichtet, alle nötigen Untersuchungen, z. B. Röntgenuntersuchungen, Blutentnahmen und Abstriche durch das Gesundheitsamt zu dulden. Eine Desinfektion der Wohnung und des persönlichen Besitzes ist ebenfalls zu dulden. Die Behörde darf auch Tätigkeitsverbote aussprechen, z. B. gegenüber Bäckern, Metzgern oder Köchen. Sie kann betroffene Einrichtungen, z. B. Schulen oder Kindergärten, schließen.

Wichtige Punkte des Gesetzes:
- Die Leiter von Einrichtungen für das ambulante Operieren müssen **nosokomiale Infektionen** aufzeichnen und bewerten. Darunter versteht man Infektionen, die mit der ambulanten Behandlung zeitlich zusammenhängen.
- Das Gesetz schreibt vor, dass bei jeder Schutzimpfung der Arzt im Impfausweis Datum, Krankheit, Name des Arztes und seine Anschrift sowie seine Unterschrift einzutragen hat – neu hinzugekommen sind **Bezeichnung und Chargenbezeichnung** des Impfstoffs (§ 22 IfSG).

Tabelle 3 Beispiele aus dem IfSG. (Stand: Juli 2022)

2.4 Häufige Infektionskrankheiten in der Bevölkerung

2.4.1 Durchfallerkrankungen

Diese Infektionskrankheiten nehmen zu, dieses vor allem durch Tröpfcheninfektion, meist mit Noroviren. Üblicherweise werden die Durchfallerreger durch Nahrungsmittel- oder Schmierinfektionen übertragen. Nach einer oft kurzen Inkubationszeit kommt es zu Durchfällen, meist verbunden mit Übelkeit und Erbrechen. Die Erkrankung ist nach wenigen Tagen überstanden, jedoch kann sie durch Austrocknung für alte Menschen und Säuglinge gefährlich werden. Deshalb ist unbedingt auf ausreichende Flüssigkeitszufuhr zu achten.

2.4.2 Virusgrippe und grippeähnliche Erkrankungen

Alle Jahre wieder insbesondere in den Wintermonaten das gleiche Bild: es wird geniest und gehustet und die Ausfälle am Arbeitsplatz nehmen zu. Ursache dafür sind virale Erkrankungen, die meist durch Tröpfcheninfektion übertragen werden. Die Schleimhaut der Atemwege ist in dieser Jahreszeit durch trockene Heizungsluft besonders empfindlich und so können Infektionen leichter zu Erkrankungen führen.

Eine Übersicht gibt Tabelle 4.

Erreger	Übertragungsweg	Inkubationszeit	Symptome	Besonderheiten
Salmonellen	verunreinigte Lebensmittel	12–36 Stunden	Durchfall und Bauchschmerzen	Antibiotika nur bei schweren Verläufen
Typhus (Salmonella typhi)	fäkal-oral, durch verunreinigtes Wasser und Lebensmittel	8–14 Tage	Beginn mit Kopf- und Gliederschmerzen, dann hohes Fieber und Bauchschmerzen; zunächst Verstopfung, dann Durchfall; Gefahr der Darmperforation	in Deutschland selten; Impfung vor Reisen in trop. Gebiete (Hygieneproblem) Therapie mit Antibiotika
Campylobacter	durch verunreinigte Lebensmittel (meist Geflügel)	2–5 Tage	Beginn mit Kopfschmerzen und Fieber, dann Bauchschmerzen und Durchfälle	selten Antibiotikatherapie nötig; manchmal Folgeerkrankungen wie Arthritis
EHEC (enterohämorrhag. E. coli.)	kontaminierte Lebensmittel, direkter Kontakt zu Tieren (Rinder, Schafe, Ziegen)	2–10 Tage	wässrig-blutige Durchfälle, v. a. bei Kindern Gefahr des HUS (hämolytisch-urämisches Syndrom)	Antibiotika, Behandlung gegen Nierenversagen
Yersinia	kontaminierte Lebensmittel	2–7 Tage	Durchfälle, Schmerzen	sehr ansteckend, Viren werden bis 2 Wochen nach Genesung ausgeschieden; symptomatische Behandlung
Noroviren	fäkal-oral oder Tröpfchen	wenige Stunden	verläuft kurz und heftig: schwallartiges Erbrechen, Durchfall	symptomatische Behandlung; Infektiosität bleibt noch einige Tage nach der Behandlung bestehen
Rotaviren	fäkal-oral oder Schmierinfektion	1–3 Tage	Durchfall, Fieber, Bauchschmerzen	gefährlich für Säuglinge; Impfung empfohlen

Tabelle 4 Häufige Durchfallerkrankungen.

Grippale Infekte umfassen Infektionen der Atemwege meist durch Rhinoviren oder Parainfluenza-Viren. Nach kurzer Inkubationszeit beginnt die Erkrankung mit einem wässrigen Schnupfen, der nach einigen Tagen gelb-grünlich wird. Hustenreiz durch eine Pharyngitis oder trockener Husten durch eine Bronchitis kommen hinzu. Die Erkrankung heilt unter symptomatischer Therapie mit Inhalationen in wenigen Tagen aus.

Pharyngitis, Bronchitis ▶ S. 300 ff.

symptomatische Therapie: (ärztliche) Maßnahmen zur Bekämpfung bestehender Symptome

Virusgrippe. Sie wird durch Influenzaviren (meist Gruppe A) übertragen. Nach einer Inkubationszeit von zwei bis vier Tagen kommt es zu einem plötzlichen Fieberanstieg, verbunden mit schwerem Krankheitsgefühl. Starke Kopf- und Gliederschmerzen zwingen den Patienten ins Bett. Ein Schnupfen gehört hingegen nicht zu den typischen Symptomen. Bei der Virusgrippe handelt es sich um eine vor allem für Ältere und chronisch Kranke ernste Erkrankung durch die möglichen Komplikationen wie Myokarditis und Pneumonie. Unter symptomatischer Therapie und Bettruhe dauert es mindestens ein bis zwei Wochen, bis der Patient wieder gesund ist. Körperliche Schonung ist wichtig, um Spätfolgen zu vermindern. Der beste Schutz für gefährdete Personengruppen ist eine prophylaktische Impfung, die jährlich im Herbst aufgefrischt werden muss.

Myokarditis ▶ S. 279

Pneumonie ▶ S. 304

ARDS = Acute Respiratory Distress Syndrome; akut einsetzende, schwere Luftnot und Sauerstoffmangel

PCR = Polymerase Chain Reaction, Vervielfältigung von Erbsubstanz

2.4.3 Coronavirus Disease (COVID-19)

COVID-19 ist ein schweres-akutes-Atemwegssyndrom, das Ende 2019 zuerst auftrat. Die Erkrankung breitete sich schnell weltweit aus und wurde daher im März 2020 von der Weltgesundheitsorganisation (WHO) als Pandemie eingestuft.

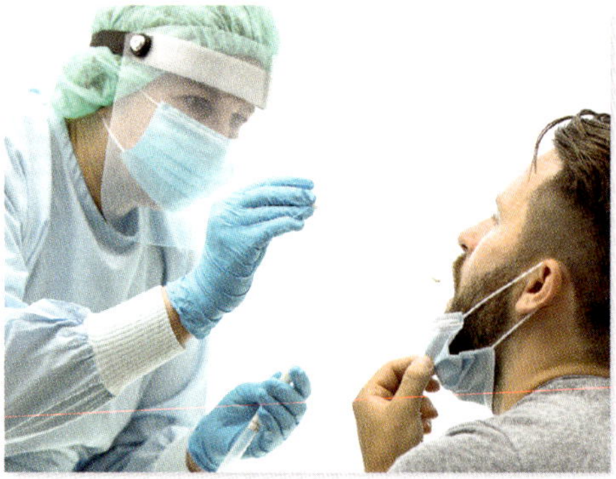

Bild 16 Rachenabstrich

Erreger: **S**evere **A**cute **R**espiratory **S**yndrome **C**oronavirus Type 2 (SARS-CoV-2) in unterschiedlichen Varianten

Übertragungswege: Tröpfcheninfektion, selten über Gegenstände, über die Plazenta
Inkubationszeit: je nach Variante zwischen 2 und 10 Tagen, meist um 5 Tage

Symptome: Die ersten Erkrankungen verliefen meist mit Geruchs- und Geschmacksverlust sowie grippalen Symptomen wie Husten, Fieber, allgemeinem Krankheitsgefühl, Kopf- und Gliederschmerzen. Häufig kam es zu schweren Pneumonien mit Lungenversagen (ARDS) mit einer hohen Sterblichkeit bei chronisch kranken und alten Menschen. Allgemein beträgt die Mortalität etwa 2 %.
Die seit November 2021 bekannte Omikron-Variante führt – zumindest bei geimpften Menschen – zu einem eher milden Verlauf mit wenig grippalen Symptomen, aber teilweise mit gastrointestinalen Symptomen wie Übelkeit, Durchfall und Erbrechen.

Diagnose: Rachen-/Nasenabstrich (Bild 16) als Antigen-Schnelltest (Bild 17), der auch zu Hause durchführbar ist. Rachen-/Nasenabstrich als PCR-Test, der im Labor (Bild 18) analysiert wird. Mit dem PCR-Verfahren wird Erbmaterial des Virus vervielfältigt, sodass es nachweisbar wird. Der PCR-Test ist zuverlässiger, aber deutlich teurer.

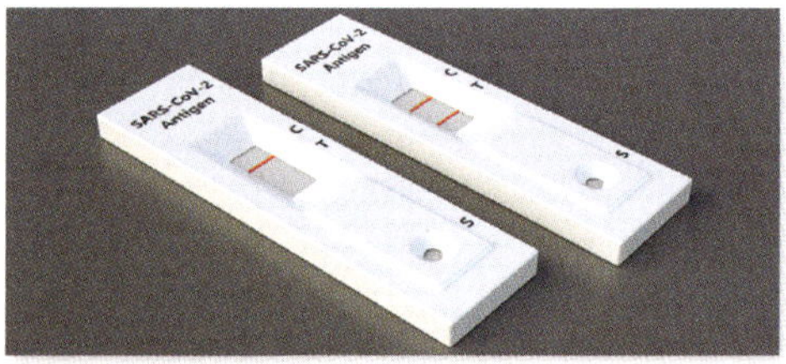

Bild 17 SARS-CoV-2-Schnelltest

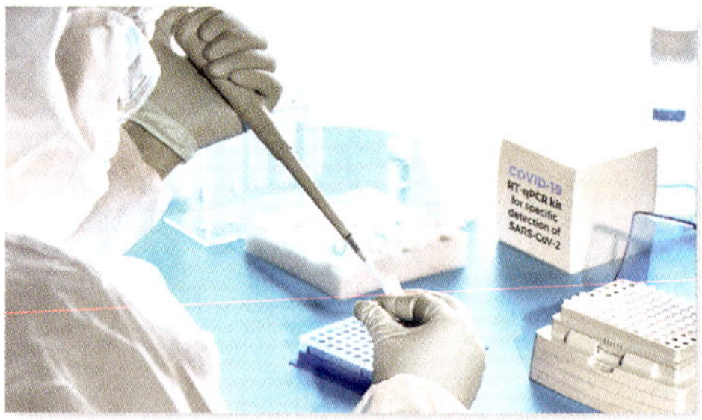

Bild 18 PCR-Test

Therapie: Es gibt keine spezifische antivirale Therapie, jedoch können monoklonale Antikörper in den ersten Krankheitstagen bei gefährdeten Patienten verabreicht werden. Diese senken das Risiko für einen schweren Verlauf.

Spätfolgen: Post-COVID oder Long-COVID. Bei einigen Patienten bleiben die Beschwerden wie Müdigkeit, Husten und verminderte Leistungsfähigkeit länger als drei Monate bestehen und können, wenn andere Ursachen ausgeschlossen sind, als Long-COVID oder Post-COVID diagnostiziert werden. Es wird eine ganzheitliche Rehabilitation empfohlen.

Vorbeugung: Strikte Beachtung der AHA-L Regeln (Bild 19) sowie Impfungen mit einem der zugelassenen Impfstoffe.

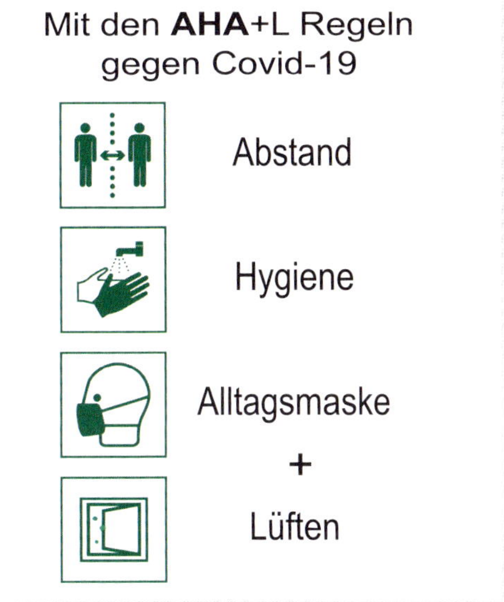

Bild 19 AHA-L Regeln

monoklonal (engl.) = identische molekulare Struktur

Impfungen gegen COVID-19

Ein neues Prinzip der aktiven Immunisierung, das durch die Impfung gegen das Coronavirus bekannt geworden ist, ist die Impfung mit mRNA (messengerRNA). Dabei wird nur die Information für das Antigen (Virusprotein) in den Körper gespritzt. Die menschliche Zelle produziert nun selbst die Virusproteine, woraufhin die Immunantwort erfolgt (Bild 20 oben).

Ein bisher selten verwendetes Impfverfahren ist die Vektor-Impfung mit einem harmlosen Virus als Vektor (sogenannte Genfähre), in das der Bauplan für das Virus eingebaut wurde. Auch bei diesem Verfahren produziert die menschliche Zelle selbst die Virusproteine, woraufhin die Immunantwort erfolgt (Bild 20 unten).

Dieses Verfahren wurde bisher bei der Impfung gegen Ebola und Dengue-Fieber verwendet und jetzt bei Impfstoffen gegen COVID-19.

messenger (engl.) = Bote

Ein bekanntes Verfahren ist der Proteinimpfstoff. Er enthält bereits winzige Partikel des Erregers. Der Körper bildet nach der Impfung Antikörper gegen das Protein, aber nicht die Virusproteine. Impfstoffe gegen Grippe, Hepatitis B und Keuchhusten sind beispielsweise Proteinimpfstoffe.

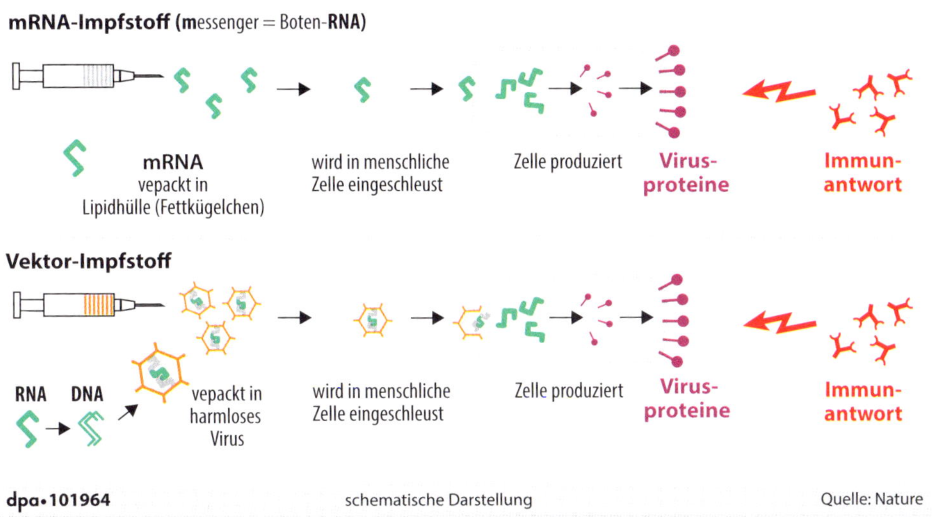

Bild 20 Funktionsprinzipien des mRNA- und Vektor-Impfstoffes.

Derzeit (Juli 2022) werden folgende Impfstoffe gegen das Coronavirus verwendet:

- mRNA-Impfstoff: Comirnaty von Biontech/Pfizer, COVID-19-Impfstoff Comirnaty für 5- bis 11-Jährige, Spikevax von Moderna
- Vektorimpfstoffe: COVID-19 Vaccine Janssen von Johnson & Johnson (neuer Name: Jcovden)
- Proteinimpfstoffe: Nuvaxovid von Novavax

Der Vektorimpfstoff Vaxzevria von Astrazeneca steht seit Dezember 2021 nicht mehr zur Verfügung.

Informationen zum empfohlenen Impfschema und einer möglichen Kontrolle des Impferfolgs veröffentlicht das RKI regelmäßig auf seiner Homepage (www. rki.de).

Weitere Informationen über COVID-19 befinden sich auf der Internetseite „Zusammen gegen Corona" vom Bundesministerium für Gesundheit (www.zusammengegencorona.de/).

2.5 Kinderkrankheiten

aktive Immunisierung ▸ S. 95

Hierbei handelt es sich nicht um Krankheiten, die nur Kinder bekommen können; im Gegenteil, eine Infektion im Erwachsenenalter verläuft oft schwerer. Diese Infektionskrankheiten sind so ansteckend, dass man sie meist im Kindesalter durchmacht. Für medizinisches Personal ist es daher wichtig zu wissen, ob und welche dieser Erkrankungen man bereits hatte, da sie (außer Scharlach) eine Immunität hinterlassen. Falls keine Immunität vorhanden ist, sollte eine aktive Immunisierung stattfinden.

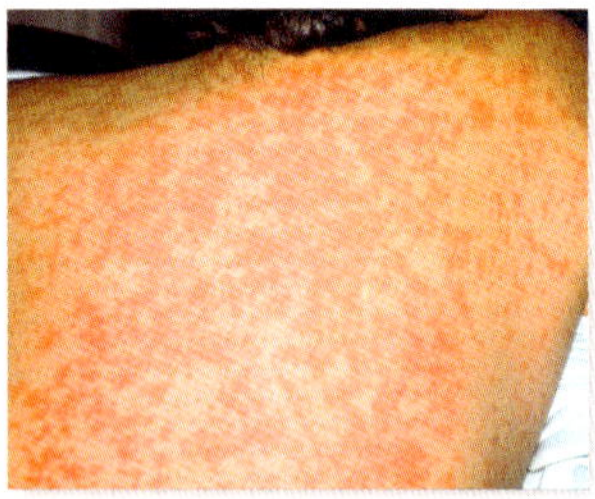

Bild 21 Masernexanthem.

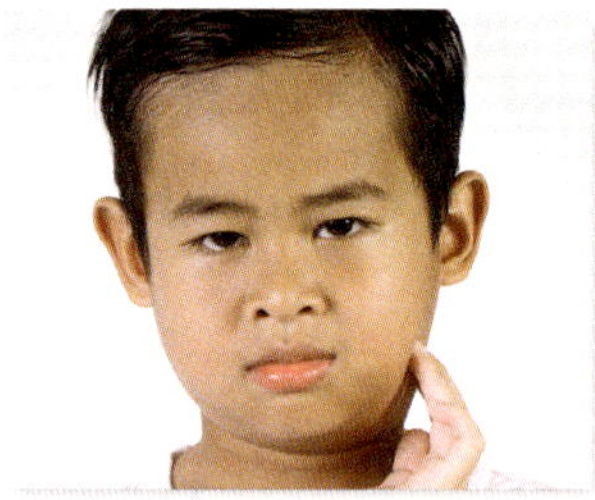

Bild 22 Mumps.

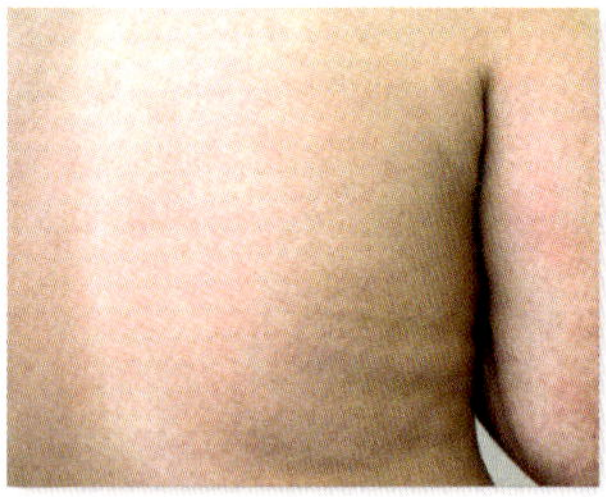

Bild 23 Rötelnexanthem.

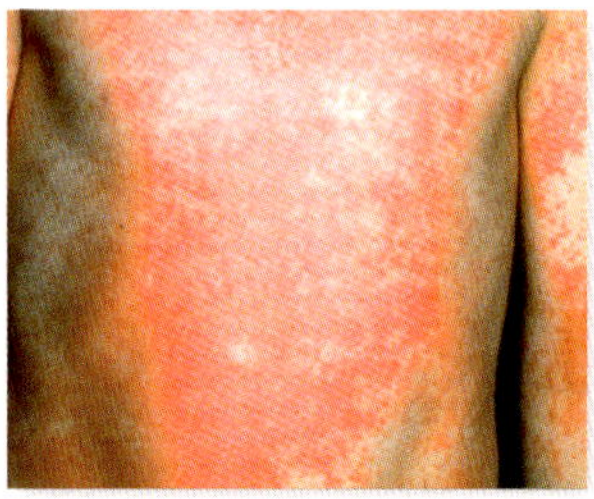

Bild 24 Scharlachexanthem.

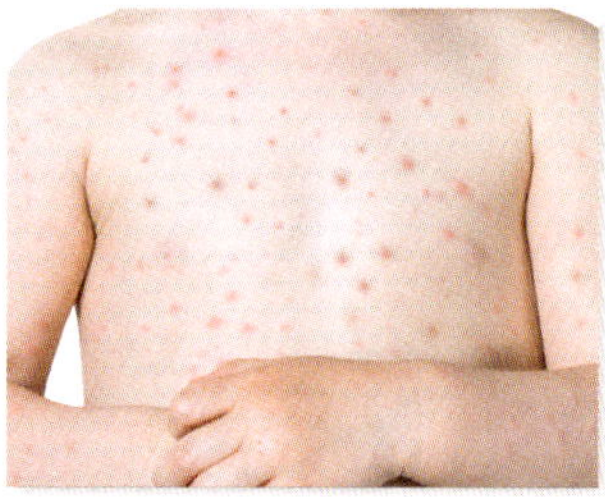

Bild 25 Windpocken.

Krankheit / Erreger	Infektion	Inkubationszeit	Krankheitsbild	Komplikation	Impfung
Diphtherie Corynebacterium diphtheriae	Tröpfchen	ca. 1 Woche	(zunehmend erkranken Erwachsene); Halsschmerzen, Fieber; weißliche Beläge der Mandeln, süßlicher Atem	Diphtherietoxin verursacht Herzmuskelentzündung (Myokarditis); Lebensgefahr	aktiv mit Toxoid; kombiniert als Diphtherie-Tetanus-Pertussis-HiB-Kinderlähmung-Hepatitis B-Impfstoff (DTP)
Dreitagefieber (Roseola infantum) Humanes Herpes-Virus 6	Tröpfchen	1–2 Wochen	Nur in den ersten drei Lebensjahren auftretend; während 3 Tagen plötzlich hohes Fieber, häufig mit Fieberkrämpfen bis 41 °C, häufig ein bis zwei Tage rote Hautflecken (Exanthem)	selten	keine
HiB Haemophilus influenzae Typ B	normale Rachenbakterien des Patienten werden virulent; Tröpfchen	—	HiB-Bakterien gelangen aus dem Rachen ins Blut (Sepsis); Herzklappenentzündung, Arthritis, Knochenmarkentzündung	Bei Kindern im Vorschulalter häufig Hirnhautentzündung mit hoher Todesrate.	aktiv; schon ab dem 3. Lebensmonat
Keuchhusten (Pertussis) Bordetella pertussis	Tröpfchen	1–2 Wochen	Husten, Schnupfen, leichtes Fieber; hoch infektiös; danach typische Hustenanfälle (Schleimerbrechen) bis zu 6 Wochen	Lungenentzündung; Säuglinge sind sehr stark gefährdet, Todesfälle; Enzephalitis	aktiv; kombiniert als Diphtherie-Tetanus-Pertussis-HiB-Kinderlähmung-Hepatitis B-Impfstoff
Kinderlähmung (Poliomyelitis) Poliovirus	fäkal-oral; Tröpfchen	5–10 Tage	ca. 99 % ohne Symptome; grippeähnliche Symptome	Befall der Nerven der Extremitätenmuskulatur, schlaffe Lähmung, selten der Atemmuskulatur	aktiv
Masern (Morbilli) Masernvirus (Bild 21, S. 90) (Impfpflicht für Kinder und bestimmte Personengruppen seit März 2020)	Tröpfchen	10–12 Tage	anfangs Erkältungssymptome; dann hohes Fieber; große, rote, zusammenfließende Hautflecken am Körper (Masernexanthem); schweres Krankheitsgefühl	Lungenentzündung zusammen mit Bakterien; Mittelohrentzündung; Gehirnentzündung (Enzephalitis)	aktiv, kombiniert als Masern-Mumps-Röteln-Impfstoff (MMR)

Tabelle 5 Häufige Kinderkrankheiten. ▸

Krankheit / Erreger	Infektion	Inkubationszeit	Krankheitsbild	Komplikation	Impfung
Mumps (Ziegenpeter) Mumpsvirus (Bild 22, S. 90)	Tröpfchen	2–3 Wochen	Fieber, Husten, Schnupfen; Schwellung der Ohrspeicheldrüsen; 1/3 ohne Symptome	Hodenentzündung mit möglicher Sterilität; Gehirnhautentzündung (Meningitis), Gehirnentzündung; Mittelohrentzündung; Lungenentzündung; Pankreatitis	aktiv, kombiniert als MMR
Pfeiffer'sches Drüsenfieber (infektiöse Mononucleose) Epstein-Barr-Virus	Tröpfchen; Küsse	1–7 Wochen	in den ersten Lebensjahren: meist symptomlos; je älter die Kinder und Jugendlichen werden, desto ausgeprägter sind die Symptome: Mattigkeit, schweres Krankheitsgefühl, Tage bis Wochen Fieberschübe bis 40 °C, geschwollene Tonsillen und Nasenschleimhaut, Lymphknoten- und Milzschwellung, Hepatitis; bei Ampicillinbehandlung treten rote Flecken auf der Haut auf.	selten: Milzruptur; zusätzliche bakterielle Infektion der Atemwege	keine
Röteln (Rubeolae) Rötelnvirus (Bild 23, S. 90)	Tröpfchen	2–3 Wochen	Schnupfen, Kopfschmerzen; meist blassrosa Flecken am Körper (Exanthem); geschwollene Nackenlymphknoten	Rötelnembryopathien	aktiv, kombiniert als MMR
Scharlach A-Streptokokken (Bild 24, S. 90)	Tröpfchen	bis 1 Woche	Halsschmerzen, Schluckbeschwerden, Kopfschmerzen, Fieber; rote Zunge, häufig kleine blassrosa Flecken (Exanthem) am Hals und Körper	rheumatisches Fieber (Herzklappen- und Gelenkentzündung); Nierenentzündung	keine; hinterlässt keine Immunität
Windpocken / Gürtelrose (Varizella-Zoster-Virus) (Bild 25, S. 90)	Tröpfchen / Rezidiv nach stattgefundener Windpockeninfektion	2–3 Wochen / Jahre oder Jahrzehnte	am ganzen Körper Papeln und Bläschen, die stark jucken und anschließend verschorfen und abheilen / Hautbläschen im Verlauf eines Nerven mit starken Schmerzen, streng einseitig, vorzugsweise im Gesicht oder am Stamm (Gürtelrose)	Gehirnentzündung oder Narben durch Kratzen / fortbestehende Nervenschmerzen (Post-Zoster-Neuralgie)	aktiv

Tabelle 5 Wichtige Kinderkrankheiten.

Einen Überblick über die häufigsten Kinderkrankheiten gibt Tabelle 5 auf Seite 91–92.

2.6 Häufige berufsbedingte Infektionskrankheiten

Medizinisches Personal ist besonders durch Infektionskrankheiten gefährdet, die durch Blut übertragen werden, dazu gehören die Virushepatitiden B und C sowie AIDS. Ein Risiko besteht auch bei der Tuberkulose, die durch Tröpfcheninfektion übertragen wird.

2.6.1 Virushepatitiden

Eine Entzündung der Leber wird meist durch Infektion mit Hepatitisviren verursacht. Die Übertragung erfolgt bei den Gruppen B und C durch Blut und Blutprodukte, d.h. durch kontaminierte Spritzen und durch Sexualkontakte. Die Hepatitis A spielt in den Praxen als mitgebrachte Reiseinfektion ein Rolle. Hier erfolgt die Ansteckung über Stuhl, d.h. über Schmier- und Nahrungsmittelinfektionen.

Die Symptome einer Virushepatitis sind:

- Übelkeit, Appetitlosigkeit,
- Unwohlsein ähnlich einer Grippe,
- später kommen meist die spezifischen Symptome hinzu: Gelbfärbung von Haut und Skleren (Ikterus), der Stuhl entfärbt sich, der Urin wird dunkler.
- Oberbauchschmerzen und ein Anstieg der Leberenzyme im Blut weisen auf das betroffene Organ hin.

Da die Hepatitis B in 10% und die Hepatitis C in 40% der Fälle einen chronischen Verlauf nimmt, wird antiviral behandelt. Gegen die Hepatitis B gibt es eine aktive Impfung, die bei medizinischem Personal unbedingt durchgeführt werden sollte, bei der Hepatitis C beschränkt sich die Prophylaxe auf die Einhaltung der Hygieneregeln.

Eine Übersicht über Virushepatitiden gibt Tabelle 6, S. 94.

2.6.2 AIDS

AIDS ist eine weltweit verbreitete Immunmangelkrankheit (Bild 26). Verursacht wird es durch das HI-Virus (HIV), das die T-Helferzellen vernichtet.

3 bis 12 Wochen nach Eindringen des Virus ist der Mensch HIV-positiv, das heißt Antikörper gegen das Virus sind nachweisbar. Nach einer symptomfreien Zeit von Monaten bis Jahren kommt es zu Infektionen mit sonst ungefährlichen Krankheitserregern, z.B. mit Pilzen. Die meisten Patienten sterben schließlich an Infektionen z.B. des Gehirns oder der Lunge oder an Tumoren (z.B. dem Kaposi-Sarkom).

Das empfindliche Virus wird nur durch Körperflüssigkeiten (Blut, Sperma, Scheidensekret) übertragen. Als Übertragungswege kennt man

- ungeschützten Geschlechtsverkehr,
- gemeinsame Benutzung von infizierten Spritzen bei Drogenabhängigen,
- die transplazentare Übertragung und die Übertragung auf das Neugeborene durch HIV-positive Mütter beim Stillen.

Es gibt bis heute keine Heilung. Man kann das Fortschreiten der Erkrankung aufhalten durch

- gesunde Lebensweise, Vermeiden von Stress,
- kombinierte Gabe von virushemmenden Medikamenten, z.B. Azidothymidin AZT (Retrovir®),
- Behandlung der begleitenden Infektionen, z.B. Pilzinfektionen mit Antimykotika.

In den wohlhabenden Industrieländern sterben die Patienten heute häufig an Komplikationen, die sich durch die medikamentöse Therapie ergeben und seltener an der Erkrankung selbst.

Leber ▸ S. 402 f.

Hepatitis ▸ S. 410

Prophylaxe = Vorbeugung

Ikterus ▸ S. 410

AIDS = **a**cquired **i**mmune **d**eficiency **s**yndrome = erworbenes Immunschwäche-Syndrom

T-Helferzellen ▸ S. 270

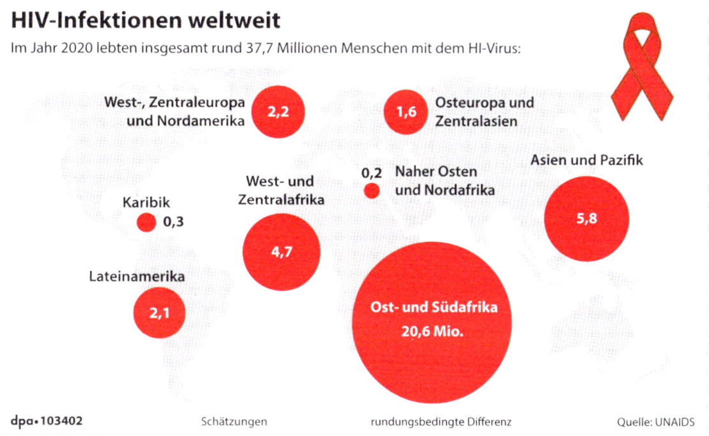

Bild 26 AIDS-Bilanz.

Virus	Übertragung	Krankheitsverlauf	Symptome	Prophylaxe /Therapie
Hepatitis A (HAV)	fäkal-oral; rohe fäkal verunreinigte Lebensmittel; fäkal verunreinigtes Wasser	Reiseerkrankung; selten schwerer Verlauf; nach Krankheitsende keine Virusausscheidung; lebenslange Immunität	Inkubationszeit: 2–6 Wochen; Fieber; Ikterus bei Erwachsenen; aber auch häufig ohne Symptome verlaufend; Sterberate < 0,2 %	gute Allgemeinhygiene; aktive Impfung; keine spezifische Therapie
Hepatitis B (HBV)	virushaltiges Blut und Blutprodukte (parenteral); unsterile ärztliche Geräte (Spritzen, Kanülen); sexuell; Speichel; perinatal ohne Embryopathie; i. v.-Drogenkonsum	krankheitsauslösend durch Immunreaktion des Körpers; ca.10 % der akuten HBV werden chronisch; Spätfolge: 10–20 Jahre nach Infektion Leberzirrhose und primäres Leberzellkarzinom	Inkubationszeit: 2–6 Monate, abhängig von Infektionsdosis; bei 60–80 % unauffälliger Verlauf; gegen Ende der Inkubationszeit: Abneigung gegen Speisen, Schwindel, Erbrechen, Bauchschmerzen; bei 10–20 % der Patienten: bis 14 Tage Fieber, später Ikterus; Leber fest und vergößert	alle Blutspenden überprüfen; nur sterile Geräte und Instrumente verwenden; passive Impfung im Akutfall: HB-Immunglobulinpräparate (HBIG); aktive Impfung
Hepatitis C (HCV)	wie HBV; oft ist der Übertragungsweg unbekannt	Schädigung des Knochenmarks; vermutlich immunologische Leberzellschädigung; ca.1/3 heilen aus; ca. 2/3 werden chronisch, davon entwickelt jeder 5. eine Leberzirrhose mit Risiko eines primären Leberzellkarzinoms	Inkubationszeit: 2–20 Wochen; 95 % der Fälle verlaufen unauffällig, Symptome leichter als bei HBV; schleichend chronischer Verlauf	Kontrolle aller Blutproben; antivirale Medikamente und Interferon; keine Impfung
Hepatitis D (HDV)	ähnlich HBV: i.v.-Drogenkonsum	meist Superinfektion bei HBV, dann besonders schwerer Krankheitsverlauf; 60–80 % werden chronisch und zirrhotisch	akuter Beginn mit Krankheitsgefühl; Appetitlosigkeit; Druck im Oberbauch; Ikterus	Kontrolle aller Blutproben auf HBV; Impfung gegen HBV hilft auch gegen HDV; passiv wie bei HBV
Hepatitis E (HEV)	fäkal-oral; Trinkwasser; über Familienangehörige (Indien, Mexiko, Afrika, in Europa selten)	wird nicht chronisch	Inkubationszeit: 2–9 Tage; leichter Verlauf; bei Schwangeren im letzten Schwangerschaftsdrittel sehr schwerer Verlauf, 20 % der Frauen versterben; hohe Kindersterblichkeit	keine
Hepatitis G (HGV)	Blutprodukte; i. v.- Drogenkonsum; sexuell	leichter Verlauf; wird nicht chronisch	bisher keine Symptome bekannt	keine

Tabelle 6 Virale Erkrankungen der Leber.

2.6.3 Tuberkulose

Diese Erkrankung schien in Mitteleuropa fast ausgerottet und wurde erst durch das Auftreten von AIDS wieder zu einer tödlichen Gefahr. Die Erreger – Stäbchenbakterien – sind gegen viele Medikamente resistent (multiresistent), sodass zur Therapie mehrere Medikamente kombiniert werden müssen. Die Behandlung dauert mehrere Monate.

Die Übertragung erfolgt durch Tröpfchen; meist bemerkt der Betroffene nichts von seiner Infektion. Die Inkubationszeit beträgt 6–8 Wochen. Ein Kontakt mit dem Erreger kann durch den Tuberkulintest (Hauttest, bei dem sich bei positiver Reaktion nach 72 Std. eine Verhärtung an der betroffenen Stelle zeigt) nachgewiesen werden. Bei 5–10 % der nicht immungeschwächten Infizierten kommt es nach der Infektion zur Erkrankung: die Patienten haben leicht erhöhte Temperatur, Husten, Nachtschweiß und fühlen sich schlapp. Wenn die Erkrankung andere Organe befällt, z. B. Knochen oder Nieren, kommen die entsprechenden Krankheitszeichen hinzu.

Ansteckend sind Patienten mit einer offenen Lungentuberkulose, d. h. aus einem Infektionsherd in der Lunge husten die Patienten die Bakterien über das Bronchialsystem ab. Die Diagnose erfolgt mittels Röntgenbild und Nachweis der Bakterien im Sputum. Sie ist schwierig zu stellen und gehört bei Verdacht in die Hände eines Facharztes, der auch die langwierige Therapie und den Verlauf überwacht. Eine prophylaktische Impfung wird nicht mehr allgemein durchgeführt, da der Schutz zu gering ist und der Hauttest dann nicht mehr als Screeningmethode funktioniert.

Sputum (lat.) = Auswurf; Sekrete der Luftwege

Screening (engl.) = Verfahren zur Reihenuntersuchung

3 Impfungen

3.1 Aktive Immunisierung

Antigene, d. h. abgetötete oder abgeschwächte Erreger oder Teile des Erregers bzw. Toxoide werden dem Patienten gespritzt. Der Patient beantwortet diese „Infektion“ mit der Bildung von Antikörpern und Gedächtniszellen, die ihm im Fall einer späteren Ansteckung mit diesem Erreger einen Schutz vor Erkrankung liefern (Bild 27). Der Schutz kann lebenslang anhalten, meist jedoch muss er nach einigen Jahren durch eine erneute Impfung wieder aufgefrischt werden („boostern“).
Seit der COVID-19 Pandemie sind zwei neue Verfahren der aktiven Immunisierung in den Fokus gerückt: Die Impfung mit einem mRNA-Impfstoff und Vektorimpfstoff.
Voraussetzung für den Impferfolg ist, dass der Patient über ein funktionierendes Immunsystem verfügt, das diesen Schutz aufbauen kann. Daher gilt, dass bereits erkrankte Personen nicht aktiv immunisiert werden können.
Nicht geimpft werden sollte:

- bei akuten Erkrankungen,
- vor und nach einer geplanten Operation,
- bei einer bekannten Allergie,
- bei der Einnahme von Medikamenten, die das Immunsystem unterdrücken.

Bild 27 Aktive Immunisierung.

Toxoide: abgeschwächte Bakteriengifte, z. B. von Diphtherie- oder Tetanuserregern

to boost (engl.) = verstärken

mRNA-Impfstoff ▶ S. 89 f.

Vektorimpfstoff ▶ S. 89 f.

Immunsystem ▶ S. 268 ff.

3.2 Passive Immunisierung

Antikörper aus Spenderblut oder von Spendertieren werden einem (vermutlich) infizierten Patienten gespritzt. Der Patient erhält dadurch einen sofortigen Schutz vor einer Erkrankung. Die Antikörper binden bereits eingedrungene Antigene und machen sie unschädlich (Bild 28). Spätestens nach einigen Wochen sind die Antikörper jedoch abgebaut und der Schutz ist nicht mehr vorhanden, da keine Gedächtniszellen gebildet wurden. Daraus ergeben sich die Nachteile dieser Methode. Die Schutzwirkung besteht nur kurzfristig und ist auch nicht immer absolut. Vieles hängt vom Zeitpunkt der Impfung ab: Haben sich die Erreger bereits vermehrt, kommt die passive Immunisierung eventuell zu spät. Die Gewinnung von Antikörpern aus Spenderblut birgt ein – wenn auch geringes – Risiko der Übertragung unerwünschter Infektionserreger. Bei der Gewinnung aus Tierblut besteht ein hohes Risiko für allergische Reaktionen. Die passive Immunisierung ist folglich nur in Ausnahmefällen sinnvoll.

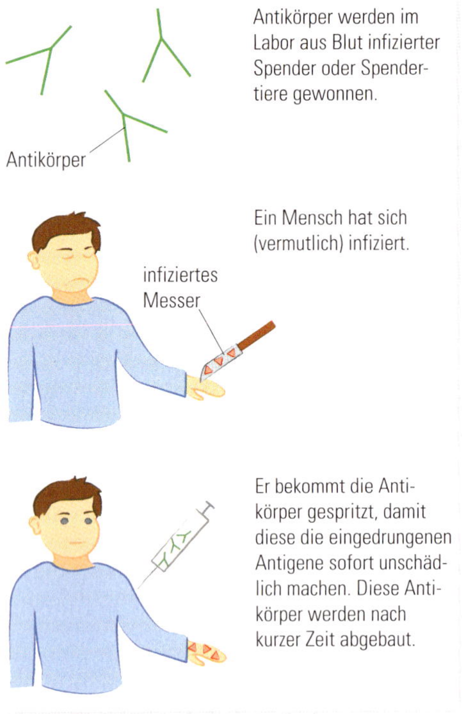

Bild 28 Passive Immunisierung.

	Aktive Immunisierung	Passive Immunisierung
Inhalt der Spritze	Antigene	Antikörper
Beginn des Schutzes	nach einiger Zeit (meist Wochen)	sofort
Dauer des Schutzes	eventuell lebenslang durch Bildung von Gedächtniszellen	kurz, da Antikörper abgebaut werden
funktionierendes Immunsystem erforderlich?	ja, daher meist nur bei Gesunden möglich	nein, daher auch bei immunsupprimierten Patienten möglich

Tabelle 7 Vergleich aktive und passive Immunisierung.

immunsupprimiert: eine immunologische Reaktion unterdrückend

3.3 Besondere Impfverfahren

Mehrfachimpfung. Vor allem bei Säuglingen versucht man, die Zahl der Injektionen möglichst gering zu halten, daher werden die meisten Impfstoffe kombiniert verabreicht. Beispiel: MMR (Masern, Mumps, Röteln) oder Tetanus, Diphtherie, Keuchhusten, Hepatitis B, Kinderlähmung und HiB als Sechsfachkombination in einer Spritze.

HiB = Hämophilus influenzae Typ B: Erreger von Hirnhautentzündungen und Atemwegserkrankungen

Simultanimpfung. Wenn der Patient einen Sofortschutz braucht und gleichzeitig einen Eigenschutz aufbauen soll, so wird gleichzeitig (simultan) aktiv und passiv geimpft. Dies ist vor allem bei Tetanus der Fall, wenn nach Verletzungen nicht bekannt ist, ob der Patient über einen ausreichenden Schutz verfügt. Dann wird Tetanusimmunglobulin (Tetagam®) zur passiven Immunisierung gleichzeitig mit der aktiven Impfung mit Tetanustoxoid (Tetanol®) verabreicht, aber an verschiedenen Körperstellen, z. B. in den rechten und linken Gesäßmuskel.

Lagerung. Alle Impfstoffe müssen im Kühlschrank gelagert werden (Verfalldatum beachten!). Ist nichts anderes vorgeschrieben, dürfen Sie diese auch kurz bei Zimmertemperatur aufbewahren. Lebendimpfstoffe (Masern, Mumps, Röteln, Windpocken) sind jedoch so empfindlich, dass eine lückenlose Kühlung garantiert sein muss. Diese Impfstoffe müssen beim Transport in Kühlboxen und im Kühlschrank bei 2 bis 8 °C bis kurz vor der Injektion gelagert werden. Die Verpackung dieser Impfstoffe trägt den Vermerk „Kühlkette“.

3.4 Impfkalender

Es gibt in Deutschland seit Abschaffung der Pockenschutzimpfung im Jahr 1975 keinerlei Pflichtimpfungen mehr. Bei den durchgeführten Impfungen handelt es sich um empfohlene Schutzimpfungen, die die STIKO (ständige Impfkommission am Robert-Koch-Institut) festlegt (Bild 31, S. 99).

Einige Bundesländer verlangen bei der Anmeldung in die Kindertagesstätte die Vorlage des Impfbuches, sodass Kinder, die nicht geimpft sind, abgelehnt werden können.

Indikationsimpfungen. Diese werden nur für bestimmte Personengruppen empfohlen. Dazu gehören die Reiseimpfungen bei Auslandsreisen, z. B. gegen Cholera, Typhus, Hepatitis A und Gelbfieber. Die Kosten für Reiseimpfungen muss der Patient selbst tragen. Die Impfung gegen die FSME wird für Bewohner von Regionen empfohlen, in denen der Erreger in den Zecken häufig vorkommt (Bild 29). Impfempfehlungen für eine Grippeimpfung gibt es für alle Menschen über 60 Jahre und solche mit Vorerkrankungen des Herz-Kreislaufsystems oder der Atmungsorgane. Das gleiche gilt für die Pneumokokkenimpfung. Bei der Impfung gegen COVID-19 handelt es sich ebenfalls um eine Indikationsimpfung.

Regelimpfungen. Derzeit werden die in Tabelle 8 auf S. 98 aufgeführten Impfungen für alle Personen empfohlen.

Impfungen für medizinisches Personal. Die Grundimmunisierung gegen die in Tabelle 8 aufgelisteten Infektionskrankheiten sollte auch bei Medizinischen Fachangestellten sichergestellt sein (insbesondere in pädiatrischen Praxen gegen Mumps, Keuchhusten und Röteln). Das RKI empfiehlt die Impfung gegen Keuchhusten bei Personen, die viel mit Neugeborenen zu tun haben. Ebenso wird für nicht immune Personen ein Impfschutz gegen Windpocken empfohlen, da diese Erkrankung im Erwachsenenalter oft kompliziert verläuft und eine Ansteckung von Neugeborenen vermieden werden soll.

Gefahr durch Zecken

Mögliche Erkrankungen nach einem Zeckenbiss

	Frühsommer-Meningoenzephalitis (FSME)	Lyme-Borreliose (LB)
Wo	vor allem in Bayern und Baden-Württemberg	deutschlandweit
Erreger	Viren	Bakterien
Impfung	möglich	nicht möglich
mögliche Folgen	grippeähnliche Symptome, Hirnhautentzündung	grippeähnliche Symptome, dauerhafte Schäden wie Arthritis
mögliche Therapie	nicht möglich, nur Behandlung einzelner Beschwerden	Antibiotika
*mögl. Vorbeugung**	lange Kleidung tragen, gegebenenfalls Hose in die Socken stecken, hohes Gras meiden und anschließend Körper absuchen	

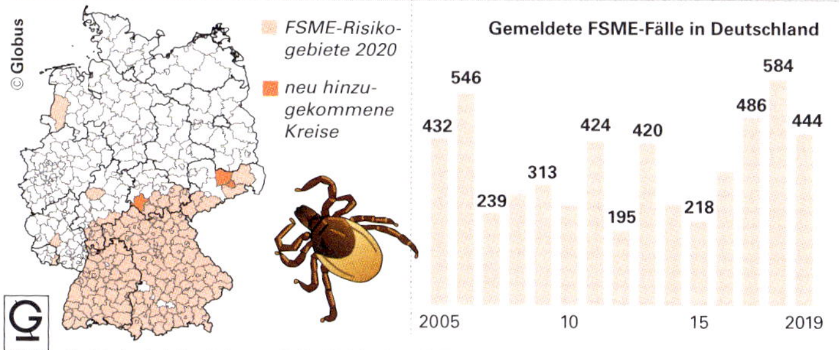

*bei Aufenthalt im Grünen, z. B. im Wald oder auf Wiesen Stand Feb. 2020 Quelle: Robert Koch-Institut

Bild 29 FSME und Borreliose in Fakten und Zahlen.

Impfpflicht für medizinisches Personal. Es gibt außer den allgemein empfohlenen Impfungen eine Impfpflicht gegen Masern, die auch andere Gruppen mit Umgang mit Kindern betrifft, z. B. Erzieherinnen.

Bei der Impfung gegen COVID-19 besteht seit 16. März 2022 ebenfalls eine Impfpflicht für alle Personen, die mit gefährdeten Menschen zu tun haben, z. B. im Krankenhaus und Pflegeheim. Die konkrete Umsetzung ist jedoch im Moment (Juli 2022) schwierig.

Hepatitis B nimmt eine besondere Stellung ein. Bis zum Beginn der 80er Jahre des 20. Jahrhunderts war sie eine häufige Berufskrankheit medizinischen Personals wegen der Übertragung durch Blut und Körpersekrete (Bild 30). Daher wurde von der Berufsgenossenschaft die Empfehlung herausgegeben, dass alle Beschäftigten einen sicheren Impfschutz gegen die Hepatitis B haben sollten.

Infiziert sich ein Ungeimpfter, z. B. durch einen Stich mit einer kontaminierten Nadel, so ist unverzüglich die passive Immunisierung durchzuführen. Für Personal, das mit Kindern oder auf Infektionsstationen beschäftigt ist, wird auch eine Impfung gegen die Hepatitis A empfohlen (sonst nur Reiseimpfung). Beide Impfungen können kombiniert verabreicht werden.

FSME: Frühsommer-Meningoenzephalitis (Hirnhautentzündung)

Impfung gegen COVID-19 ▸ S. 88 ff.

Hepatitis B bei Beschäftigten im Gesundheitswesen

Bei der BGW anerkannte Berufskrankheiten

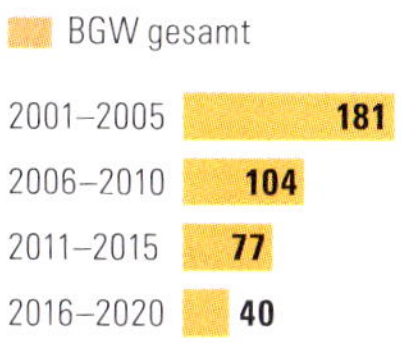

Bild 30 Hepatitis-Statistik der Berufsgenossenschaft.

Krankheit	Erreger	Art des Impfstoffs	Wie oft?	Besonderheit
Tetanus (T) (Wundstarrkrampf)	Bakterium	Toxoid	4 x nach Schema, dann alle 10 Jahre	besondere Regeln im Verletzungsfall
Diphtherie (D)	Bakterium	Toxoid	4 x nach Schema, dann alle 10 Jahre	Beim Säugling ist die Dosis höher („D“) als beim älteren Kind bzw. Erwachsenen („d“).
Pertussis (aP) (Keuchhusten)	Bakterium	Teile des abgetöteten Erregers (azellulärer Impfstoff)	wie Diphtherie und Tetanus, einmalige Auffrischimpfung im Jugendalter	neuer, gut verträglicher Impfstoff
Poliomyelitis (IPV) (Kinderlähmung)	Virus	abgetötete Viren	Impfschema wie Diphtherie / Tetanus; keine Regelimpfungen im Erwachsenenalter	Die Lebendimpfung mit vermehrungsfähigen Viren (Schluckimpfung) wird in D nicht mehr durchgeführt.
Hepatitis B (HB) (infektiöse Gelbsucht)	Virus	HBs-Antigen	3 Impfungen nach Schema, dann alle 10 Jahre	Jugendliche sollten nachträglich geimpft werden; empfohlen für medizinisches Personal
HiB-Hirnhautentzündung und -Kehldeckelentzündung	HiB-Bakterium	Kapselantigen	3 Impfungen im Säuglingsalter	keine Auffrischung
Pneumokokken	Bakterium	Kapselantigen	3 x bei Säuglingen; im Alter von > 60 Jahren 1 Impfung, ggf. Wiederauffrischung nach 6 Jahren	Auffrischung ggf. nach 6 Jahren
Rotaviren	Virus	Lebendimpfung	2 – 3 x je nach Impfstoff	Schutz vor häufigen Durchfallerkrankungen
Meningokokken	Bakterium		einmalig ab 1. Geburtstag, 2 Impfungen nach Schema	
Masern (M)	Virus	Lebendimpfung	2 Impfungen nach dem 1. Geburtstag	
Mumps (M)	Virus	Lebendimpfung	wie Masern	
Röteln (R)	Virus	Lebendimpfung	wie Masern	wichtig für alle Frauen im gebärfähigen Alter zum Schutz vor einer Rötelnembryopathie
Windpocken (Varizellen)	Virus	Lebendimpfung	einmalig, wie Masern	wichtige Impfung für nicht immune Frauen im gebärfähigen Alter
Gürtelrose	Virus	abgetötete Viren	zweimal im Abstand von 2 – 6 Monaten	ab 60 Jahren
Influenza	Virus	abgetötete Viren	einmal jährlich	ab 60 Jahren
HPV (humanes Papilloma-Virus)	Virus	abgetötete Viren	alle Mädchen und Jungen im Alter von 9 bis 14 Jahren	Schutz vor Gebärmutterhals- und Peniskrebs

Tabelle 8 Standardimpfungen.

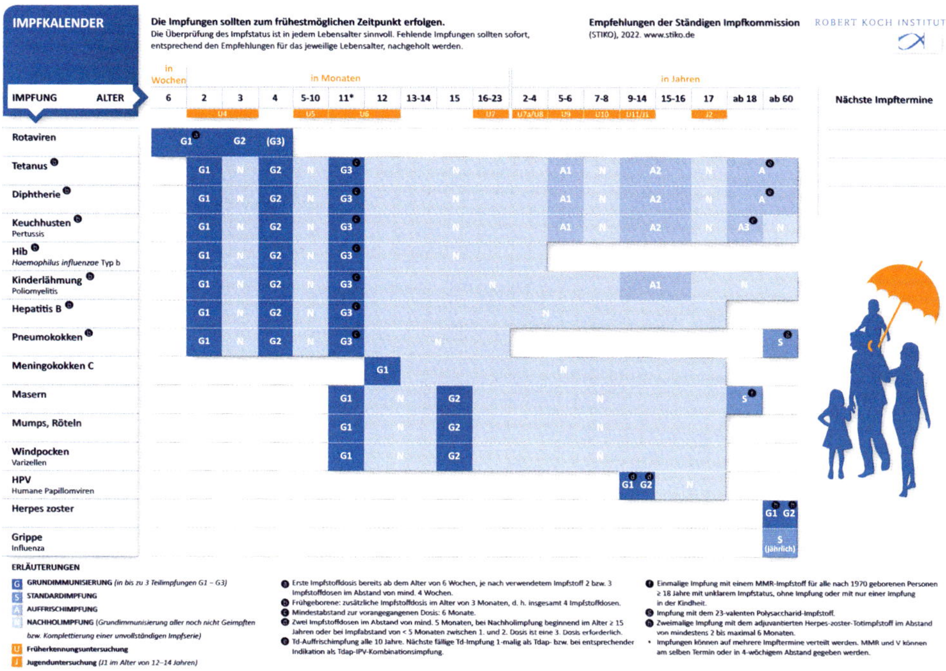

Bild 31 Impfkalender für Säuglinge, Kinder, Jugendliche und Erwachsene (Stand Juli 2022).

Mithilfe des QR-Codes lässt sich der aktuelle Impfkalender beim RKI herunterladen.

Die Empfehlungen der Ständigen Impfkommission (STIKO) gibt es auch in Form einer kostenlosen App.

3.5 Impfungen in der Diskussion

In Deutschland herrscht eine gewisse Impfmüdigkeit. Argumente gegen Impfungen sind z. B., dass man gegen „harmlose" Kinderkrankheiten impfe. Andere meinen, dass ein gesundes Immunsystem ausreichend vor Infektionen schützt, oder – das schwerwiegendste Argument – dass Impfschäden durch den Impfstoff selbst zu befürchten seien. Dagegen lässt sich Folgendes anmerken:

Die Kinderkrankheiten und Krankheiten, gegen die geimpft wird, sind keineswegs harmlos. Bei Ungeimpften besteht ein hohes Risiko an Folgeschäden (z. B. Enzephalitis durch Masern) und Todesfällen (z. B. bei der Hämophilus influenzae B-Meningitis).

Antibiotische Therapie ist bei Virusinfekten wirkungslos und kommt bei bakteriellen Infekten, bei denen die Erreger Gifte bilden, meist zu spät (z. B. bei Diphtherie und Tetanus).

Mit einer hohen Durchimpfung schützt man auch die Personen, die nicht geimpft werden können (Herdenimmunität / Herdenschutz).

Die meisten Impfungen werden gut vertragen, da nur gesunde Personen geimpft werden sollen. Etwas erhöhte Temperatur und Schmerzen an der Einstichstelle sind möglich. Schwerwiegende Impfschäden gibt es nur selten. Der Arzt, der die Impfung durchführt, ist zur Aufklärung verpflichtet.

Die COVID-19-Impfstoffe, insbesondere die mRNA-Impfstoffe, haben für einen neuen Schub in der Diskussion über den Sinn und die Gefahr einer Schutzimpfung gesorgt. Ein oft genanntes Argument ist die unterschiedliche Gefährlichkeit der Erkrankung für junge und gesunde Menschen im Vergleich zu alten oder chronisch kranken Menschen. Neu hinzugekommen ist die Angst vor einer „Genmanipulation" durch die COVID-Impfung. Die mRNA dient jedoch nur als Bote für die Information zur Bildung des Virusproteins. Sie wandert nicht in den Zellkern und kann daher das Erbgut nicht verändern.

Informationen zu Impfungen: www.impfen-info.de

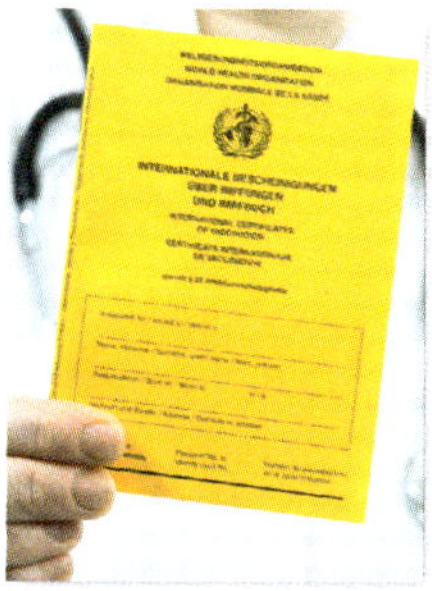

Bild 32 Impfausweis.

4 Praxishygiene

4.1 Rechtliche Grundlagen

Hygiene ist Voraussetzung für sicheres und sachgerechtes Arbeiten, von dem keine Infektionsgefährdung für Patienten und Personal ausgeht.

Die rechtlichen Grundlagen für die Arztpraxis bilden folgende Bereiche:

Infektionsschutz
- Infektionsschutzgesetz (IfSG)
- Hygieneverordnungen der Bundesländer
- Robert Koch-Institut (RKI)
- Kommission für Krankenhaushygiene und Infektionsprävention (KRINKO)

Umgang mit Medizinprodukten
- Medizinprodukterecht-Durchführungsgesetz (MPDG)
- Medizinprodukte-Betreiberverordnung (MPBetreibV)
- Eichgesetz (EichG)
- Eichordnung (EO)
- Normen

Arbeitsschutz (▸ Kapitel 2, Seite 25)
- Biostoffverordnung (BioStoffV)
- Gefahrstoffverordnung (GefStoffV)
- Technische Regeln für Gefahrstoffe (TRGS)
- Technische Regeln für biologische Arbeitsstoffe (TRBA)
- Berufsgenossenschaftliche Vorschriften und Regeln

Die Richtlinien des RKI und der Berufsgenossenschaft sind keine Gesetze, haben aber rechtsverbindlichen Charakter.

Infektionsschutzgesetz (IfSG). In Deutschland leiten sich alle Hygienemaßnahmen für die Bevölkerung im Allgemeinen, für die Arztpraxen (Praxishygiene) und die Klinik (Hospitalhygiene) vom Gesetz zur Verhütung und Bekämpfung von Infektionskrankheiten beim Menschen ab. Die **Kommission für Krankenhaushygiene und Infektionsprävention (KRINKO)** erstellt gemäß des IfSG Empfehlungen zur Prävention nosokomialer Infektionen sowie zu betrieblich-organisatorischen und baulich-funktionellen Maßnahmen der Hygiene in Krankenhäusern und anderen medizinischen Einrichtungen. Sie werden stetig weiterentwickelt und vom Robert Koch-Institut veröffentlicht. Außerdem erscheinen im „Bundesgesundheitsblatt" regelmäßig Empfehlungen zu einzelnen Themen der Praxishygiene.

Medizinprodukterecht-Durchführungsgesetz (MPDG). Das **MPDG** regelt die Anwendung von Medizinprodukten am Menschen. Beispiele dafür sind:
- Produkte zur Injektion und Infusion
- Verbandsstoffe
- medizinische Instrumente wie Nadelhalter, Skalpell und Scheren zur Wundversorgung
- Katheter
- medizinische Geräte wie EKG, Ultraschall und Röntgen
- Software zur Diagnostik und Therapie
- Labordiagnostika
- Implantate wie z. B. Herzschrittmacher und Endoprothese

Das Gesetz schreibt z. B. vor, dass Medizinprodukte nur in Betrieb genommen werden dürfen, wenn sie mit einer CE-Kennzeichnung versehen sind. Außerdem ist es verboten, Medizinprodukte in Betrieb zu nehmen, zu betreiben oder anzuwenden, wenn das Datum abgelaufen ist, bis zu dem eine gefahrlose Anwendung nachweislich möglich ist.

In der **Medizinprodukte-Betreiberverordnung (MPBetreibV)** ist u. a. festgelegt, in welchen Zeitabständen Sicherheitskontrollen von Medizinprodukten durchgeführt werden müssen. Bei Geräten zur Elektrotherapie und bei Defibrillatoren ist eine Kontrolle beispielsweise alle 2 Jahre erforderlich. Andere Medizinprodukte wie Blutdruckmessgeräte oder Fahrradergometer für die Durchführung des Belastungs-EKGs unterliegen regelmäßigen messtechnischen Kontrollen.

Bei medizinischen Einrichtungen über 20 Mitarbeitern muss ein Beauftragter für Medizinproduktesicherheit benannt werden, der sich um die Einhaltung der Vorschriften kümmert. Er oder sie kontrolliert auch das Medizingerätebuch, in dem alle Daten von durchgeführten Kontrollen und die Namen der an diesem Gerät eingewiesenen Personen vermerkt sind.

Arbeitsschutz. Der Hauptverband der gewerblichen Berufsgenossenschaften (VBG) ist der Träger der gesetzlichen Unfallversicherung und erlässt Unfallverhütungsvorschriften (UVV). Für medizinische Einrichtungen gelten außerdem die TRBA250 (Biologische Arbeitsstoffe im Gesundheitswesen und in der Wohlfahrtspflege), TRGS (Technischen Regeln für Gefahrstoffe), die Biostoff- und Gefahrstoffverordnung.

Das Kompetenzzentrum Hygiene und Medizinprodukte der KV'en und der KBV haben einen **Leitfaden „Hygiene in der Arztpraxis"** erarbeitet. Dieser enthält zusammengefasste Informationen zur Umsetzung der verschiedenen Vorschriften in der Arztpraxis.

Arbeitsschutz ▸ S. 25 f.

Leitfaden zur Hygiene in der Arztpraxis: www.kvno.de/downloads/hygiene/hygieneleitfaden_arzt.pdf

4.2 Reinigungs- und Desinfektionsplan (Hygieneplan)

Ein Unternehmer hat für die einzelnen Arbeitsbereiche entsprechend der Infektionsgefährdung Maßnahmen zur Reinigung, Desinfektion und Sterilisation sowie zur Ver- und Entsorgung schriftlich festzulegen und ihre Durchführung zu überwachen. Dazu gehört auch der Reinigungs- und Desinfektionsplan (Beispiel in Tabelle 9), in dem festgelegt ist, was wann wie und womit gereinigt bzw. desinfiziert werden muss. Es muss u.a. genau angeben werden, wie die Tätigkeiten auszuführen sind, welche Reinigungs- und Desinfektionsmittel zu verwenden und bei welcher Tätigkeit Handschuhe zu tragen sind. Auch die Beseitigung der Praxisabfälle ist im Plan geregelt. Verantwortlich ist immer der ärztliche Leiter der Praxis. Ein Hygieneplan muss immer die 5 W enthalten:

- Was?
- Wann?
- Wie?
- Womit?
- Wer?

Er kann um die Fragen „Warum?" und „Wo?" ergänzt werden.

Musterpläne, die entsprechend anzupassen sind, gibt es als Download, z.B. bei den Kassenärztlichen Vereinigungen (KV).

Mustervorlage für einen Hygieneplan für die Arztpraxis: https://www.kbv.de/html/hygiene.php

Umgebungshygiene: Medizinische Geräte / Materialien			
Was?	**Wann?**	**Wie?**	**Womit?**
• mit direktem Hand-/Patientenkontakt • Elektroden von EKG, TENS • Stethoskop, Blutdruckmanschette • Tastatur, Bedienelemente	• nach Benutzung	Wischdesinfektion	Produkt X Konzentration: EWZ:
• gesamte Geräteoberfläche • EKG, Lungenfunktionsgerät	• täglich • bei Bedarf	Wischdesinfektion	Produkt X Konzentration: EWZ:
• Ultraschallköpfe, Ultraschallsonden	• nach Benutzung	Entfernung der Verschmutzung; Wischdesinfektion mit einem oberflächenverträglichen Produkt	Produkt X Konzentration: EWZ: (Schleimhautkontakt: Wirkbereich „viruzid")
• alle medizinischen Geräte und Materialien	• bei Verschmutzung	Wisch-Reinigung, je nach Verschmutzung, ggf. anschließend Wischdesinfektion	Produkt X Konzentration: EWZ:
Reinigungs- und Desinfektionsplan – Version 1.0			
erstellt von:	freigegeben von:		Stand:

Tabelle 9 Auszug aus einem Reinigungs- und Desinfektionsplan für die Arztpraxis (Quelle: Kompetenzzentrum (CoC) Hygiene und Medizinprodukte der KV'en und der KBV). Anmerkung: EWZ = Einwirkzeit.

semi (lat.) = halb

Bezüglich hygienischer Maßnahmen, die bei der Aufbereitung von Medizinprodukten und damit im Reinigungs- und Desinfektionsplan zu beachten sind, unterscheidet das Robert Koch-Institut verschiedene Anforderungen (Tabelle 10) und Produktgruppen (Tabelle 11)

- unkritische Medizinprodukte,
- semikritische Medizinprodukte A/B,
- kritische Medizinprodukte A/B/C.

A	keine besonderen Anforderungen, z. B. glatte, massive Instrumente
B	mit erhöhten Anforderungen, z. B. Instrumente mit Hohlräumen oder rauen, schwer zu reinigenden Oberflächen
C	mit besonders hohen Anforderungen, da keine Dampfsterilisation möglich ist, z. B. aufgrund fehlender Hitzebeständigkeit (kommt in der Arztpraxis nicht vor)

Tabelle 11 Produktgruppen

	unkritisch	semikritisch A/B	kritisch A/B/C
Definition	Medizinprodukte, die nur mit intakter Haut in Berührung kommen	Medizinprodukte, die mit krankhaft veränderter Haut oder Schleimhaut in Berührung kommen	Medizinprodukte, die die Haut oder Schleimhaut durchdringen und dabei mit Blut in Berührung kommen bzw. Medizinprodukte, die an inneren Geweben und Organen angewendet werden, einschließlich Wunden.
Beispiele	Blutdruckmanschette, Stethoskop	Scheren und Pinzetten (Gruppe A), Endoskope (Gruppe B)	Skalpelle und Haken (Gruppe A), Nadeln (Gruppe B)
Besondere Erfordernis		Bei Medizinprodukten der Gruppe B bestehen erhöhte Anforderungen an die Aufbereitung.	Bei Medizinprodukten der Gruppe B und C (kritische Medizinprodukte, die nicht dampfsterilisiert werden können) bestehen erhöhte bzw. sehr hohe Anforderungen an die Aufbereitung.

Tabelle 10 Unterscheidung von unkritischen, semikritischen und kritischen Medizinprodukten.

4.3 Persönliche Hygiene

4.3.1 Allgemeine Anforderungen

In einer Arztpraxis ist in Bezug auf die Hygiene und die Außenwirkung besonders wichtig, auf das äußere Erscheinungsbild zu achten. Dabei gelten folgende Grundsätze:

- saubere Arbeitskleidung mit kurzen Ärmeln,
- geeignete Schuhe (geschlossen, glattes und abwaschbares Material),
- regelmäßige Körperhygiene,
- kein Schmuck (Ohrringe, Fingerringe, Armbanduhren),
- kurz geschnittene Fingernägel,
- keine künstlichen Fingernägel,
- lange Haare zusammenbinden.

4.3.2 Arbeitskleidung, Schutzkleidung

Arbeitskleidung reduziert das Kontaminationsrisiko der privaten Kleidung. Außerdem dient sie der Corporate Identitiy, dem gemeinsamen Erscheinungsbild des Praxisteams. Sie unterstreicht damit die professionelle Abgrenzung gegenüber den Patienten. Sie ist getrennt von der Privatkleidung aufzubewahren und darf nur in der Praxis getragen werden. Sie kann zuhause gewaschen werden, allerdings nur, wenn sie nicht auch als Schutzkleidung verwendet wird. Bei einer Kontamination (z. B. Blutflecke) wird die Arbeitskleidung zur Schutzkleidung.

Spezielle Schutzkleidung, z. B. OP-Kleidung, ist oft farblich festgelegt und wird vom Arbeitgeber gestellt und auch von ihm gereinigt. Die Kleidung muss beim Verlassen des entsprechenden Bereichs abgelegt werden. Häufig wird Schutzkleidung als Einmalartikel verwendet. Darüber hinaus gehören zur Schutzausrüstung für infektionsgefährdete Tätigkeiten Handschuhe sowie ein Mund-Nasen-Schutz und eventuell eine Schutzbrille.

Bei der Verwendung von Handschuhen muss darauf geachtet werden, dass es für die verschiedenen Anwendungsbereiche Handschuhe aus unterschiedlichen Materialien gibt (Tabelle 12). Handschuhe müssen gemäß RKI-Richtlinie zwischen der Behandlung verschiedener Patienten gewechselt werden.

Handschuhe		
Handschuhart	**Anwendungsbereich**	**Anforderungen**
Medizinische Einmalhandschuhe unsteril	Schutz vor Kontamination mit Blut, Sekreten und Exkreten einschließlich Krankheitserregern, z. B. • bei vorhersehbarem oder wahrscheinlichem Erregerkontakt	• CE-Kennzeichnung • geprüft nach EN 374, 420, 455 • AQL (Acceptable Quality Level) < 1,5 • flüssigkeitsdicht, • latexallergenarm, möglichst ungepudert • z. B. aus Latex (Naturlatex oder synthetischer Kautschuklatex), Nitrilkautschuk, Vinyl (PVC), Polyethylen (PE)
Medizinische Einmalhandschuhe steril (z. B. OP-Handschuhe)	Schutz vor Übertragung von Krankheitserregern auf sterile Bereiche, z. B. • bei Operationen und anderen invasiven Eingriffen	
Chemikalienbeständige Schutzhandschuhe	Schutz vor Chemikalien, z. B. • Desinfektionstätigkeiten an Flächen, Instrumenten, Geräten	• CE-Kennzeichnung • geprüft nach EN 374, 420 • flüssigkeitsdicht, latexallergenarm, möglichst ungepudert • mechanische Festigkeit • beständig gegenüber den eingesetzten Chemikalien • ggf. verlängerter Schaft zum Stulpen, um Zurücklaufen von Flüssigkeit zu verhindern • die vorgegebene maximale Expositionsdauer darf nicht überschritten werden (Angaben der Hersteller von Schutzhandschuhen und Chemikalien beachten)
Handschuhe mit Schutzfunktion gegen Chemikalien und Mikroorganismen	Schutz vor Kontamination und Chemikalien, z. B. • bei vorhersehbarem oder wahrscheinlichem Erregerkontakt • Desinfektionstätigkeiten an Flächen, Instrumenten, Geräten	• Anforderungen an Medizinische Einmalhandschuhe und chemikalienbeständige Schutzhandschuhe werden erfüllt
Haushaltshandschuhe	Schutz vor Nässe und Reinigungsmittel, z. B. • Unterhaltsreinigung	• Gummi-Haushaltshandschuhe • beständig gegenüber den eingesetzten Mitteln • verlängerter Schaft zum Stulpen, um Zurücklaufen von Flüssigkeit zu verhindern
Baumwoll-Unterziehhandschuhe	Schutz bei längerem Tragen von flüssigkeitsdichten Handschuhen, z. B. • bei ausgedehnten Reinigungs- und Desinfektionsarbeiten	• textile (luftdurchlässige) Handschuhe z. B. aus Baumwolle

Tabelle 12 Auswahl von Handschuhen und deren Anwendungsbereiche (Quelle: Hygiene in der Arztpraxis – Ein Leitfaden (2019); Kompetenzzentrum (CoC) Hygiene und Medizinprodukte der KV'en und der KBV).

4.4 Reinigung

4.4.1 Hände waschen

Der Hauptkeimverbreiter in der Arztpraxis und im Krankenhaus ist der Mensch. An erster Stelle steht das Personal und dessen Hände: wenn Patienten mit Händedruck begrüßt werden, wenn Türklinken, Arbeitsflächen oder Apparate angefasst werden. Diese durch Berührung aufgenommenen Anflugkeime können mit gründlichem Händewaschen beseitigt werden. Nach dem Waschen müssen die Hände mit einem Einmalhandtuch abgetrocknet werden, Mehrfachhandtücher sind nicht zugelassen.

transiente Flora = Anflugkeime

Sanitation: von sanitizing (engl.) = keimfrei machend

Händewaschen ist erforderlich
- vor Arbeitsbeginn
- bei sichtbaren Verschmutzungen der Hände,
- nach dem Toilettenbesuch,
- nach dem Naseputzen.

In allen anderen Situationen, vor allem nach jedem direkten Patientenkontakt, erfolgt eine Händedesinfektion.

Händedesinfektion ▸ S. 106 f.

Häufiges Händewaschen ist ungünstig, da die Haut aufquillt und schnell Risse entstehen können. Nur intakte Haut bietet einen Schutz, damit keine Keime eindringen können.

Seifen sind Kosmetika und keine Desinfektionsmittel. Bakterien und Hefepilze sind in der Lage, die Seife abzubauen und sich dabei heftig zu vermehren. Stückseife bleibt nach dem Waschen auf der Unterseite feucht, sodass sich in diesem „Sumpf" Hautbakterien vermehren und bei der folgenden Handwäsche auf den Benutzer übertragen werden. Das Robert Koch-Institut schreibt deshalb für die ärztliche Praxis Flüssigseifen aus **Direktseifenspendern** vor, die berührungslos bedienbar sein sollten.

Die Seife darf nicht nachgefüllt werden, sondern muss komplett ersetzt werden. Bei Einsatz eines neuen Behälters, muss das Anbruchsdatum vermerkt werden.

4.4.2 Flächen reinigen

In der Praxis haften auf jeder Oberfläche Mikroorganismen. Es muss aber nicht jede Fläche desinfiziert werden oder gar steril sein. Häufig genügt es, die Anflugkeime (transiente Flora) weitestgehend zu entfernen. Diese laufende Keimverminderung durch handelsübliche Reinigungsmittel nennt man **Sanitation**.

Fußböden sind zwar stark mit Mikroorganismen belastet, haben aber mit dem Patienten keinen unmittelbaren Kontakt. Deshalb genügt regelmäßiges feuchtes Wischen mit einem zugelassenen Reinigungsmittel.

Alle verwendeten feuchten Mehrwegtücher, die bei der Sanitation eingesetzt wurden, müssen nach dem Gebrauch in der Praxiswaschmaschine desinfiziert werden.

Staubsaugen mit Mikropartikelfilter, auch auf glatten Böden, eignet sich gut, um Staub und Partikel mit daran haftenden Mikroorganismen zu sammeln und zu beseitigen. Die Staubbeutel werden mit dem Hausmüll entsorgt.

> Oberflächen mehrmals täglich feucht abreiben. Bei Fußböden genügen Staubsaugen und feuchtes Wischen. Arbeitsflächen sowie Wasch- und Spülbecken müssen desinfiziert werden.

4.5 Desinfektion

4.5.1 Grundlagen der Desinfektion

> Desinfektion ist die irreversible Inaktivierung aller Erreger (pathogenen Keime) übertragbarer Krankheiten.

irreversibel = nicht umkehrbar

Man will damit erreichen, dass von einer Fläche keine Infizierung ausgehen kann. Bei diesem Verfahren werden die Bakteriensporen nicht abgetötet. Es gibt folgende Verfahren:
- chemische Desinfektion mit Desinfektionsmitteln,
- physikalische Desinfektion mit Wärme (Thermodesinfektion),
- chemo-thermische Desinfektion im Reinigungs- und Desinfektionsgerät (RDG).

Desinfektionsmittel. Für eine chemische Desinfektion dürfen nur Produkte eingesetzt werden, deren Wirksamkeit belegt ist. Diese Anforderung ist erfüllt, wenn die Desinfektionsmittel in der Desinfektionsmittel-Liste des VAH (Verbund für angewandte Hygiene e.V.) gelistet werden (früher DGHM-Liste). Die Liste ist online unter www.vah-online.de einsehbar. Bei behördlich angeordneten Desinfektionsmaßnahmen müssen generell Mittel und Verfahren aus der Liste der vom Robert Koch-Institut geprüften und anerkannten Desinfektionsmittel und -verfahren verwendet werden.

Es gibt keine Universaldesinfektionsmittel. Alle gebräuchlichen Mittel sind Gemische mehrerer chemischer Verbindungen. Ihre Zusammensetzung ist abgestimmt auf den jeweiligen Anwendungsbereich:

- Haut und Händedesinfektion,
- Flächendesinfektion,
- Instrumentendesinfektion,
- Wäschedesinfektion.

Desinfektionsmittel dürfen nicht nachgefüllt werden. Bei Einsatz einer neuen Flasche muss das Datum notiert werden.

Handelsübliche Flächenreiniger für Fußböden und Arbeitsflächen sowie handelsübliche Sanitärreiniger sind keine Desinfektionsmittel, auch wenn sie mit „bakterizid" oder „beseitigt sicher Bakterien" beschriftet sind.

Alle **Arbeitsflächen**, z.B. Schreibunterlagen, Ablagen, Patientenliegen, sind mit Mikroorganismen behaftet. Deshalb müssen sie laufend (mehrmals täglich) und vor allem nach Kontamination mit Desinfektionsmittel gewischt werden. Dies gilt ebenfalls für **Wasch- und Spülbecken**, da sich Mikroorganismen in feuchten Bereichen sehr schnell vermehren.

Konzentration. Stellt man aus einem Konzentrat eine Gebrauchslösung her, so ist genau darauf zu achten, dass man die von der Herstellerfirma angegebene Konzentration einhält. Nur dann ist die Wirksamkeit garantiert. Folgen einer unkorrekt eingestellten Desinfektionsmittellösung sind in Tabelle 13 aufgelistet.

Die **Einwirkungszeit** der Desinfektionsmittel muss trotz der praxisüblichen Hektik eingehalten werden. Mikroorganismen sind praktisch immer in winzig kleine Partikel aus Schleim, Speichel, Blut, Serum, Wundschorf, Fett, Talg oder Hautschuppen eingepackt. Die Desinfektionsmittel müssen zuerst in diese Partikel und anschließend in die Zellen der Mikroorganismen eindringen können. Das braucht Zeit.

> Faustregel: Warten Sie so lange, bis das reichlich aufgebrachte Desinfektionsmittel eingetrocknet ist.

Der **Ablauf** der Desinfektion erfolgt wie im Reinigungs- und Desinfektionsplan (Tabelle 9, Seite 101) festgelegt. Er enthält folgende Informationen:

- Welche Flächen bzw. Gegenstände müssen desinfiziert werden?
- Wie oft müssen sie desinfiziert werden?
- Welche Verfahren sind notwendig?
- Welche Desinfektionsmittel müssen verwendet werden für Hände, Haut, Flächen, Instrumente, Praxiswäsche?

Im Reinigungs- und Desinfektionsplan werden die verwendeten Desinfektionsmittel namentlich aufgeführt und die Einwirkungszeit und das Verfahren angegeben.

Ist die Lösung zu konzentriert ...	Ist die Lösung zu stark verdünnt ...
• können die Mikroorganismen z.B. in 96 %igem Alkohol überleben, weil ihre dicke Schleimschicht zu einem Schutzpanzer gerinnt, • wird zu viel Desinfektionsmittel verbraucht (teuer), • wird die Umwelt (Augen, Nase, Luft, Abwasser) belastet, • wird das zu desinfizierende Material (Haut, Flächen, Instrumente) übermäßig geschädigt, • erhöht sich die Gefahr einer Allergisierung.	• können die Mikroorganismen überleben, • können die Mikroorganismen Resistenzen gegen das Desinfektionsmittel entwickeln.

Tabelle 13 Folgen von nicht korrekt eingestellten Desinfektionsmittel-Lösungen.

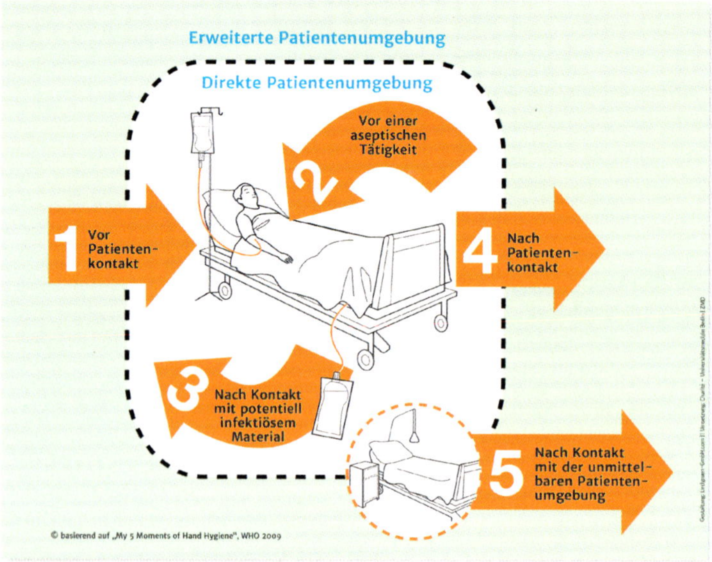

Bild 33 Die 5 Indikationen der Händedesinfektion (www.aktion-sauberehaende.de).

4.5.2 Hygienische Händedesinfektion

Während der Behandlung und Pflege von Patienten werden mit den Händen leicht und häufig Krankheitserreger aufgenommen. Zum Schutz des Personals und der anderen Patienten ist die hygienische Händedesinfektion deshalb tägliche Praxishygiene. Eine hygienische Händedesinfektion sollte vor und nach jedem Patientenkontakt und nach Kontakt mit infektiösem Material stattfinden. Die 5 Indikationen zeigt Bild 33. Den Beschäftigten in der Praxis sind leicht erreichbare Händewaschplätze mit fließendem, warmem und kaltem Wasser, Direktspender mit hautschonender Flüssigseife, Händedesinfektionsmittel (aus der VAH-Liste) und geeignete Hautpflegemittel sowie Handtücher zum einmaligen Gebrauch zur Verfügung zu stellen. Laut RKI ist die Händedesinfektion dem Händewaschen vorzuziehen, da sie die Haut weniger belastet.

Als hygienische Händedesinfektion wird die eigenverantwortliche Einreibemethode (Bild 34) empfohlen, u. a. auch von der „Aktion Saubere Hände". Laut einer Studie erzielt das eigenverantwortliche Einreiben des Händedesinfektionsmittels weit bessere Benetzungsergebnisse als das bisher empfohlene Verfahren in sechs Schritten.

Wichtig ist eine regelmäßige Schulung des Teams in Bezug auf eine standardisierte Bewegungsabfolge.

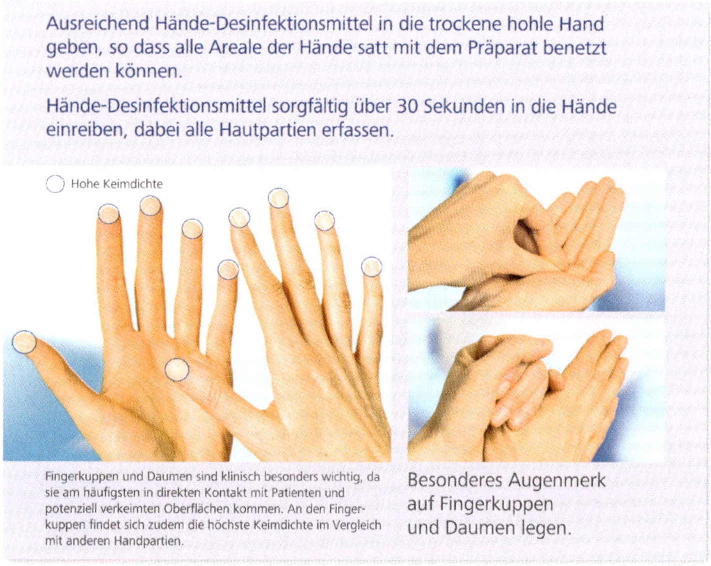

Bild 34 Eigenverantwortliche Einreibemethode für die Händedesinfektion (www.bode-science-center.de).

Vorgehensweise:
Die Reihenfolge der Schritte der hygienischen Händedesinfektion ist nicht zwingend vorgeschrieben. Wichtig ist, dass sich keine Benetzungslücken ergeben. Deswegen sind bei der Durchführung insbesondere die folgenden drei Punkte zu beachten:
- genügend Desinfektionsmittel aus einem Spender in die hohle Hand geben,
- das Mittel 30 Sekunden lang auf den Händen verreiben,
- Fingerkuppen, Daumenbereiche und Fingerzwischenräume nicht vergessen.

Hautpflege. Zur Hautpflege sollen die Hände mehrmals täglich eingecremt werden, vor allem, wenn sie trocken, spröde und rissig sind.

4.5.3 Chirurgische Händedesinfektion

Die chirurgische Händedesinfektion wird vor chirurgischen Eingriffen vorgenommen. Es wird zuerst gründlich gewaschen und dann bis zum Ellenbogen desinfiziert. Der Chirurg kommt mit bereits desinfizierten Händen in den OP-Bereich.

Die Waschung und die Desinfektion werden dabei so vorgenommen, dass die Fingerspitzen während der gesamten Wasch- und Desinfektionsprozedur immer nach oben und die Ellbogen nach unten zeigen. Dadurch laufen Waschflüssigkeit und Desinfektionsmittel samt den Mikroorganismen immer von den Fingern weg. Bei optisch sauberen Händen kann laut Robert Koch-Institut auf das Händewaschen verzichtet werden außer vor der erstmaligen Händedesinfektion.

Vorgehensweise:

1. **waschen (entfällt bei optisch sauberen Händen).**
   - Die Hände (Nagelbett, Fingerkuppen, zwischen den Fingern) und Unterarme mit Seife ca. 1 Minute gründlich waschen,
   - mit einer sterilen Bürste die Nägel bürsten,
   - unter fließendem warmem Wasser waschen, dabei sind die Fingerspitzen nach oben gerichtet, die Ellenbogen liegen tief,
   - mit einem Einmalhandtuch Finger, Hände und Unterarme abtrocknen,
   - bis zur Händedesinfektion ca. 10 Minuten warten.
2. **desinfizieren.**
   - Reichlich und mehrmals Desinfektionsmittel auf Unterarme und Hände, Nagelbett, Fingerkuppen und zwischen den Fingern geben und einreiben,
   - nachdem das Desinfektionsmittel eingetrocknet ist, wird erneut reichlich Desinfektionsmittel aufgenommen und auf Hände und Unterarme kräftig verrieben bis es wieder eingetrocknet ist,
   - jetzt nicht mehr waschen, sondern die sterilen Handschuhe überstreifen. Das auf der Haut verbliebene Desinfektionsmittel verhindert in den OP-Handschuhen über Stunden hinweg die Vermehrung der residenten Hautflora.

Nach der Operation oder jeder anderen Tätigkeit, bei der die Handschuhe mit Blut oder anderem infektiösem Material kontaminiert sind, werden sie fachgerecht so abgestreift, dass nichts damit in Berührung kommt (Bild 35, S. 108).

4.5.4 Hautdesinfektion vor einer Punktion

Dazu schreibt das RKI in seinen Richtlinien: Bei Punktionen peripherer Gefäße (Blutentnahme) sowie bei intrakutanen, subkutanen und intramuskulären Injektionen ist die Haut im Bereich der Einstichstelle sorgfältig mit reichlich Desinfektionsmittel abzureiben. Die vorgeschriebene Einwirkungszeit (eine Minute) ist zu beachten. Es sind sterile Tupfer zu verwenden.

Ein kurzes Ansprühen der Punktionsstelle ist unwirksam, weil der trockene Tupfer sofort das Desinfektionsmittel aufsaugt. Wenn gesprüht wird, dann direkt auf den Tupfer, bis er durchnässt ist.

> Das Gefäß darf nach dem Desinfizieren nicht mit dem Finger ertastet werden, sonst muss die Hautdesinfektion wiederholt werden.

> Verwenden Sie unbedingt zum Eigenschutz bei der Blutentnahme oder bei Injektionen nur verletzungssichere Kanülen.

intrakutan = i. c. = in die Haut
subkutan = s. c. = unter die Haut
intramuskulär = i. m. = in die Muskeln

Anlegen steriler Handschuhe ▸ S. 462

residente Flora: körpereigene Mikroorganismenflora

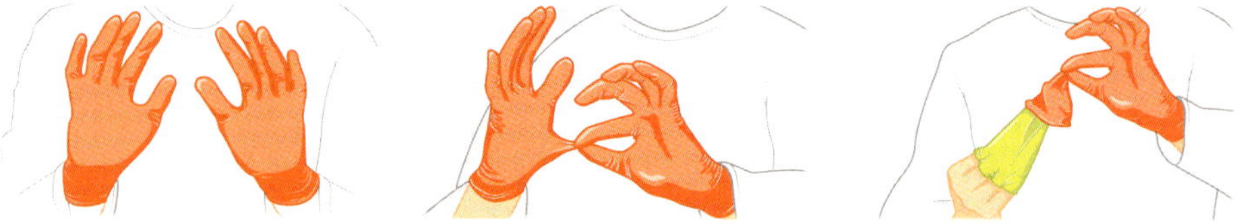

(a) Die Außenseiten beider Handschuhe sind kontaminiert. Deshalb werden sie so abgestreift, dass die Innenseiten nach außen gelangen.

(b) und (c) Zeigefinger und Daumen der linken Hand fassen den rechten Handschuh unterhalb des Handgelenks und ziehen ihn in Richtung auf die Finger, bis er abgezogen und auf die linke Seite gewendet ist.

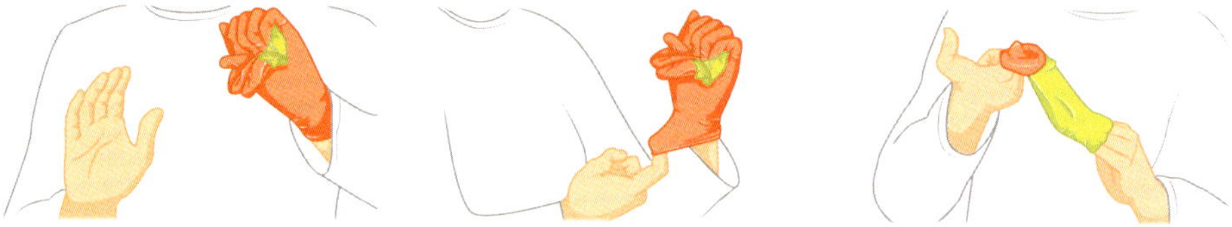

(d) Die linke Hand schließt sich um den rechten Handschuh.

(e) Der Zeigefinger der rechten Hand fasst unter den Stulpen des linken Handschuhs und

(f) zieht ihn in Richtung auf die Finger. Dabei wendet sich der Handschuh auf die Innenseite und umschließt gleichzeitig den ersten Handschuh.

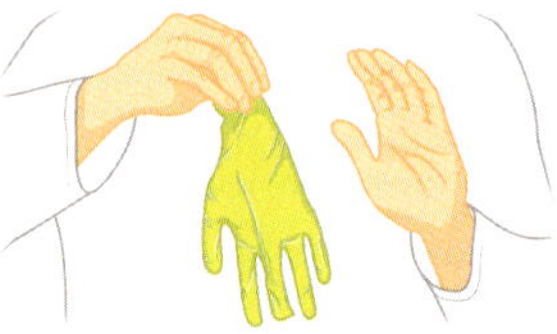

(g) Der rechte Handschuh ist im Inneren des linken Handschuhs verborgen. Sie werden jetzt zu den medizinischen Abfällen gegeben.

Medizinische Abfälle ▸ S. 113 f.

Bild 35 Fachgerechtes Ausziehen kontaminierter Handschuhe.

4.5.5 Flächendesinfektion

Jede Flächendesinfektion ist mit Arbeit, Zeit und mit der Belastung des Personals durch das verdunstende Desinfektionsmittel verbunden. Im Desinfektionsplan wird deshalb für jede einzelne Fläche festgelegt, ob eine Sanitation genügt oder eine Desinfektion notwendig ist.

Der Unternehmer hat den Beschäftigten feste, flüssigkeitsdichte Handschuhe zum Desinfizieren und Reinigen benutzter Instrumente, Geräte und Flächen zur Verfügung zu stellen sowie flüssigkeitsdichte Schürzen, wenn zu erwarten ist, dass die Schutzkleidung durchnässt wird.

Die Desinfektion ist immer als **Wischdesinfektion** durchzuführen. Die zu desinfizierende Flächen werden mäanderförmig (Bild 36) gewischt. Für eine häufige Desinfektion sind Vliestuchspender praktisch, die mit flüssigen Flächendesinfektionsmitteln befüllt werden (Bild 37). Die Spender schützen wirksam vor Kontamination und Austrocknung der Tücher.

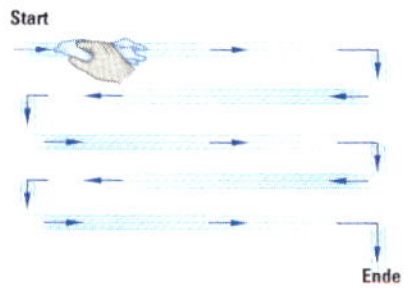

Bild 36 Mäanderförmige Reinigung.

Eine alleinige **Sprühdesinfektion** ist **nicht zulässig**, da das Erreichen aller Flächen nicht gewährleistet ist. Außerdem können die Mittel beim Einatmen gesundheitsschädlich wirken. Eine Sprühdesinfektion muss immer in Verbindung mit einer Wischdesinfektion durchgeführt werden. Sie darf nur in kleinflächigen Bereichen erfolgen, die mit einer Wischdesinfektion nicht erreichbar sind.

Bild 37 Vliestuchspender für Flächendesinfektionsmittel.

4.5.6 Instrumentendesinfektion

Grundsätzlich gilt für die Instrumentenaufbereitung, dass zuerst manuell gereinigt wird (grobe Verschmutzungen mit Zellstoff entfernen).

Dann werden die benutzten Instrumente in einer verschlossenen Box zur Desinfektionseinheit gebracht, damit nichts und niemand auf dem Weg kontaminiert wird.

Anschließend werden die benutzten Instrumente in einer Reinigungslösung unter der Wasseroberfläche vollständig mit Bürstchen gereinigt, bis keine Verschmutzungen mehr sichtbar sind. Dann werden sie mit Wasser abgespült und getrocknet.

Jetzt erst werden die Instrumente desinfiziert.

Beim Arbeiten mit und im Instrumentendesinfektionsmittel (**manuelle chemische Desinfektion**) ist auf folgende Punkte zu achten:

- Desinfektionsmittellösung aus einem Konzentrat genau nach Vorschrift verdünnen,
- nur mit Handschuhen arbeiten,
- die Instrumente müssen vom Desinfektionsmittel blasenfrei und vollständig bedeckt sein, Scheren und Klemmen geöffnet,
- die Einwirkungszeit einhalten, damit die pathogenen Keime sicher abgetötet werden. (Anweisungen der Hersteller beachten),
- die Instrumente nach der Desinfektion mit Wasser spülen,
- Instrumente, die anschließend sterilisiert werden, müssen trocken eingepackt werden.

Die **chemo-thermische Desinfektion** erfolgt in **Reinigungs- und Desinfektionsgeräten (RDG) bzw. Thermodesinfektoren**, die ähnlich wie Geschirrspülmaschinen funktionieren (Bild 38). Bei Temperaturen von etwa 93 °C wird das Material in ca. 20 Minuten gereinigt, desinfiziert, gespült und getrocknet. Zur Validierung des Verfahrens gibt es Reinigungskontrollsysteme mit Testanschmutzungen auf einem Trägermaterial, die im Gerät befestigt werden.

Semikritische Instrumente dürfen nicht mit Wischtüchern desinfiziert werden.

Bei der Aufbereitung von Medizinprodukten sind maschinelle Verfahren vorzuziehen, da sie einfacher zu validieren sind (s. Seite 110). Mithilfe der „Leitlinie zur Validierung der manuellen Reinigung und manuellen chemischen Desinfektion von Medizinprodukten" lässt sich auch die manuelle Aufbereitung validieren, der Aufwand im Qualitätsmanagement ist hierfür jedoch sehr hoch.

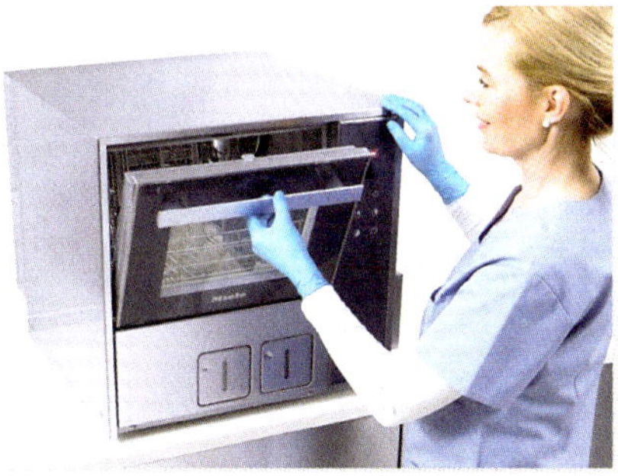

Bild 38 Reingungs- und Desinfektionsgerät (RDG) / Thermodesinfektor.

4.6 Sterilisation

4.6.1 Grundlagen der Sterilisation

Unter Sterilisation versteht man die Zerstörung aller vermehrungsfähigen Keime (Bakterien, Pilze, Viren, Protozoen) einschließlich der Bakteriensporen und Prionen. Prionen sind „infektiöse Eiweiße".

Bakteriensporen sind die Überlebensformen einiger Bakterienarten (z. B. Tetanuserreger). Auch hier will man – wie bei der Desinfektion – erreichen, dass von einer Fläche keine Infizierung mehr ausgehen kann.

Die Sterilisation erfordert einen großen personellen und apparativen Aufwand. Deshalb ist im Reinigungs- und Desinfektionsplan genau festzulegen, was sterilisiert werden muss. Steril sein muss alles, was die inneren und äußeren Integumente (Haut, Schleimhäute) durchbricht und was mit Wunden in Berührung kommt.

Prionen ▸ S. 81

Bakteriensporen: Überlebensformen einiger Bakterienarten (z. B. Tetanuserreger)

Integumente (lat.) = Bedeckung, Hülle; Gesamtheit aller Hautschichten

Validierung: wiederholbarer Beweis dafür, dass ein Verfahren funktioniert

Im Aufbereitungsraum muss eine klare Trennung in eine unreine Seite und eine reine Seite erfolgen.

Unreine Seite ▸ Spülbecken, Ultraschallreinigung, Thermodesinfektion
Reine Seite ▸ Kontrolle, Siegelgerät, Sterilisator, Endkontrolle

Es werden folgende Verfahren unterschieden:
- Dampfsterilisation,
- Kaltsterilisation (Gas, Bestrahlung).

Eine Heißluftsterilisation ist nicht mehr zulässig.

Einen beispielhaften Ablauf der Aufbereitung einer Pinzette, die zum Fädenziehen benutzt wurde, zeigt Bild 39.

Eine MFA darf nur dann medizinische Instrumente, Materialien und Geräte wieder aufbereiten, wenn sie einen entsprechenden **Sachkundelehrgang** von 40 Stunden Dauer absolviert hat. Die genaue Bezeichnung des Lehrgangs lautet „Lehrgang zur Erlangung der Sachkenntnis gemäß § 4 (3) MPBBetreibV für die Instandhaltung von Medizinprodukten in der ärztlichen Praxis".
Die Aufbereitung von Medizinprodukten erfordert den Einsatz validierter Verfahren. Die Durchführung der **Validierung** erfolgt durch einen externen, qualifizierten Validierer. Die Validation besteht aus einer Installationsqualifikation (Abnahmebeurteilung), Betriebsqualifikation (Funktionsbeurteilung) und Leistungsqualifikation (Leistungsbeurteilung). Die Leistungsqualifikation hat üblicherweise einmal bzw. zweimal jährlich zu erfolgen. Die beiden anderen Qualifikationen sind nur bei Inbetriebnahme oder z. B. nach einer Reparatur erforderlich. Unterlagen zur Validierung sind 5 Jahre aufzuheben.

Moderne Thermodesinfektoren (RDG) und Autoklaven (Sterilisatoren) bieten die Möglichkeit, folgende Prozessparameter des RDG- bzw. Autoklaven-Durchlaufs auszudrucken und zu speichern:
- Arbeitsschritte,
- Temperatur,
- Wassermenge,
- Druck,
- Zeit.

Einige Geräte werden vollautomatisch überwacht. Tritt ein Fehler auf, wird der laufende Vorgang abgebrochen.

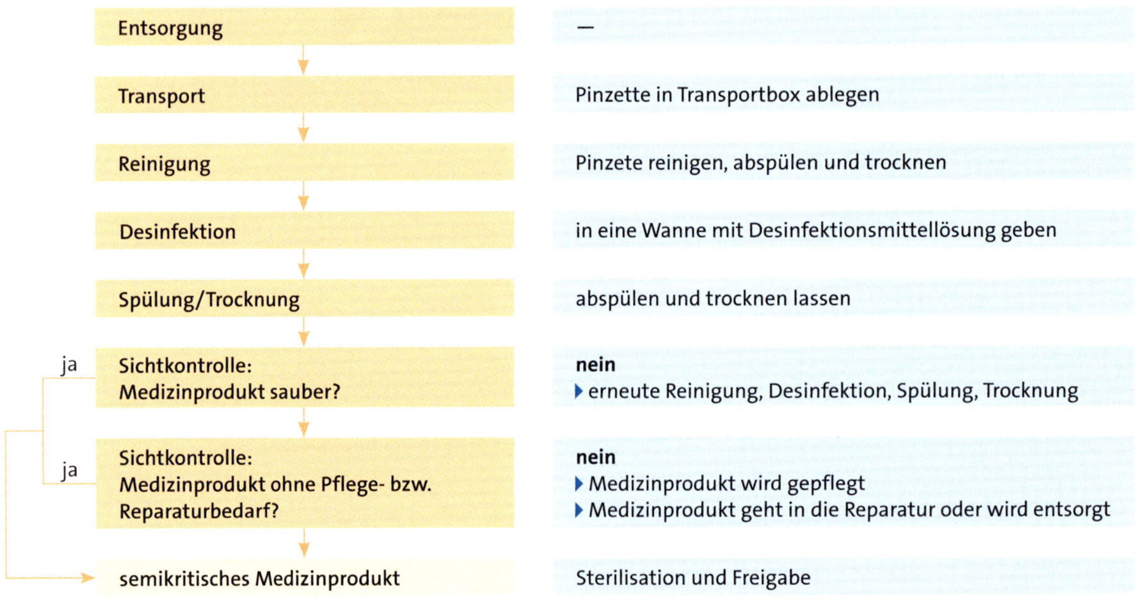

Bild 39 Ablauf der Aufbereitung von Medizinprodukten am Beispiel einer Pinzette, mit der Fäden gezogen wurden.

4.6.2 Dampfsterilisator (Autoklav)

Der Autoklav oder Dampfsterilisator funktioniert wie ein Dampfdrucktopf im Haushalt. Beim Erhitzen erreicht der eingeschlossene Dampf 134 °C und einen Druck von 3 bar. Dadurch werden alle Mikroorganismen, auch die Bakteriensporen, abgetötet (Bild 40).

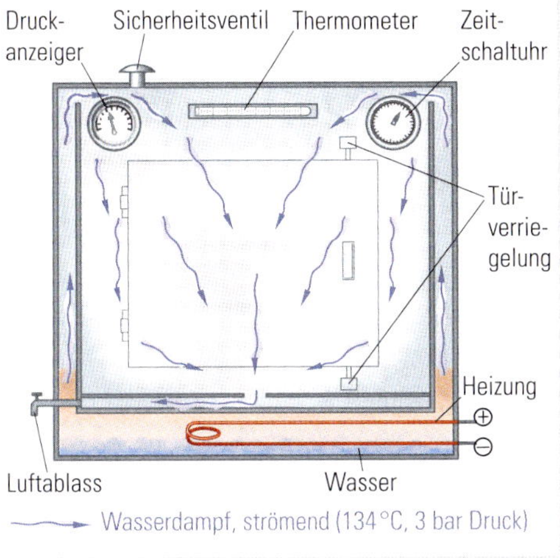

Bild 40 Aufbau eines Autoklaven.

Autoklaven werden in folgende Klassen eingeteilt:

- Klasse B,
- Klasse S und
- Klasse N

Autoklaven der Klasse B erfüllen die höchsten Anforderungen und sind deshalb in der Praxis für alle Beladungen und Verpackungen uneingeschränkt einsetzbar. Sterilgut der Gruppe kritisch A/B muss verpackt sterilisiert werden. Dafür werden hauptsächlich dampfdurchlässige heißsiegelfähige oder selbstsiegelfähige Klarsichtbeutel und Klarsichtschläuche aus Papier und Kunststofffolie sowie wiederverwendbare Sterilisierbehälter verwendet. Die Verpackungen vermeiden eine erneute Kontamination nach der Sterilisation. Beim Einschieben des Sterilguts muss auf die Peelrichtung (Öffnungsrichtung) und eine ausreichende Größe der Verpackung geachtet werden. Folienverpackungen müssen flach, mit dem Papier nach unten, auf ein perforiertes Tablett gelegt werden. Sie dürfen nicht übereinander gestapelt werden.

Sterilisierverpackungen müssen folgende Angaben enthalten:

- Name/Kürzel der packenden Person,
- Chargenkennzeichnung/Chargennummer,
- Sterilisationsdatum/Verfallsdatum,
- Kennzeichnung „STERIL" (über die Verfärbung des Prozessindikators),
- ggf. Inhalt (da er bei Containern nicht offensichtlich erkennbar ist).

Für eine sichere Dampfsterilisation gilt:

- 134 °C und 3 bar Druck, 5 Minuten (Standardverfahren nach KRINKO) oder
- 121 °C und 2 bar Druck, 20 Minuten.

Der Autoklav darf erst geöffnet werden, wenn der Druck auf 1 bar (Umgebungsdruck) abgesunken ist und die Temperatur 60 °C unterschritten hat.

Für die Sterilisation gilt, dass die Sterilisationszeit erst mit dem Erreichen der vorgeschriebenen Temperatur beginnt (Bild 41).

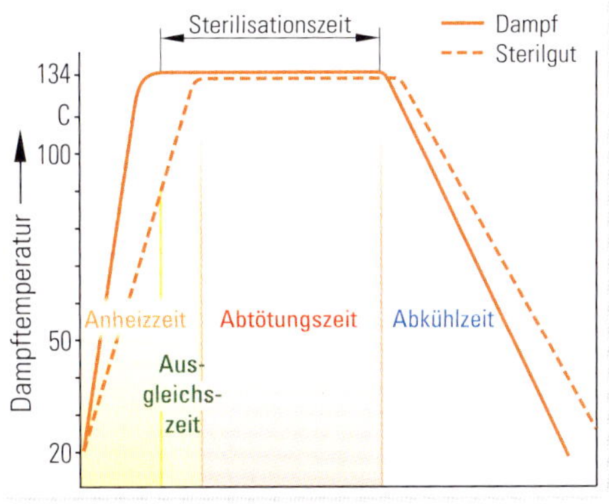

Bild 41 Temperaturverlauf bei der Dampfsterilisation.

4.6.3 Kaltsterilisation (Gassterilisation, Bestrahlung)

Ethylenoxid (EO). Einige Kunststoffe (medizinische Einwegartikel) lassen sich nicht durch Hitze sterilisieren. Mit Ethylenoxidgas können Katheter, Spritzen und Schläuche ungefähr bei Zimmertemperatur sterilisiert werden. Wegen seiner Giftigkeit wird EO nur in Großanlagen oder in den Herstellerfirmen eingesetzt.

Gamma-Strahlen sind ionisierende Strahlen, die von den Herstellern medizinischer Einwegartikel zur Kaltsterilisation eingesetzt werden: Infusionsbestecke, Injektionsspritzen, Gummihandschuhe, Nahtmaterial oder Petrischalen.

Ionen ▸ S. 189 ff.

4.6.4 Sterilisationskontrollen

Es müssen regelmäßig Sterilisationskontrollen durchgeführt werden. Prüfkriterien vor der Freigabe sind:
- Hat das Gerät Fehlermeldungen angezeigt?
- Sind die Prozessparameter dokumentiert bzw. gespeichert?
- Sind die Medizinprodukte unversehrt?
- Sind die Verpackungen unversehrt?
- Sind die Medizinprodukte trocken?
- Sind die Medizinprodukte frei von Rückständen von Pflege- und Ölprodukten?
- Zeigen die Indikatoren einen ordnungsgemäßen Farbumschlag?

Indikator: von indicare (lat.) = anzeigen

Wird einer dieser Punkte beanstandet, muss die Sterilität des verpackten Gegenstandes angezweifelt werden und der Gegenstand ist nicht mehr verwendbar.

Sterilisationsverfahren haben eine Reihe von Fehlerquellen: z. B. Undichtigkeit und dadurch Druckabfall, ungenaue Thermometer und Zeitschaltuhren, unterschiedliche Beladungen. Deshalb sind zur Validierung Kontrollen mit Indikatoren erforderlich.

Prozessindikator Typ 1 ist ein Indikator, der z. B. in Etikettenform außen auf das Paket oder den Container geklebt wird, um auf einen Blick zu erkennen, ob die Instrumente bereits sterilisiert wurden oder nicht. Er dient ausschließlich dazu zu unterscheiden, ob das Sterilisationsgut dem Prozess ausgesetzt war oder nicht.

Prozessindikator Typ 5. Typ 5 sind sogenannte integrierende Indikatoren: Sie überwachen alle kritischen Parameter eines Sterilisationsprozesses (Zeit, Temperatur und Dampfbedingungen). Erst wenn alle Parameter erfüllt sind, erfolgt ein kompletter Farbumschlag (Bild 42).

Bioindikatoren. Biologische Indikatoren (Sporenpäckchen) können als Ergänzung zu chemischen Indikatoren verwendet werden. Sie haben jedoch eine deutlich geringere Aussagekraft als chemische Indikatoren und stellen keinen Ersatz für eine Validierung dar.

Prüfkörper. Wenn Medizinprodukte der Gruppe kritisch B aufbereitet werden, verlangt das RKI für die tägliche Routinekontrolle mit Beladung ein sogenanntes PCD (Process Challenge Device). Damit wird die Sterilisation eines hohlen Medizinproduktes simuliert. Hierfür eignet sich z. B. der Helix-Test. Mit dem Helix-Prüfkörper (Bild 43) lässt sich überprüfen, ob keine Restluft verblieben ist und der Dampf überall in einen Hohlkörper eingedrungen ist (Dampfdurchdringungstest). Der Helix-Test besteht aus einem ca. 1,5 m langen und 2 mm dünnen, aufgewickelten Schlauch. Ein Ende des Schlauches ist auf das Gehäuse aufgesteckt, das andere Ende ist offen. In das Gehäuse wird ein Prozessindikatorstreifen des Typs 2 gesteckt, der nur als System gemeinsam mit dem PCD funktioniert. Durch die Einwirkung des Sattdampfs erfolgt ein Farbumschlag. Damit sich der Prozessindikator im Gehäuse verfärben kann, muss der Dampf vom einen Ende des Schlauches bis in das Gehäuse eingedrungen sein. Dies ist der Beleg dafür, dass auch in Hohlräumen eine ausreichende Sterilisation stattgefunden hat.

Bowie-Dick-Test. Dieser Test eignet sich zur täglichen Routineüberprüfung des Vorvakuums im Dampfsterilisator, wenn diese herstellerseitig vorgeschrieben ist. Der Bowie-Dick-Test ist ein reiner Maschinentest und dient als Nachweis der ordnungsgemäßen Funktion des Sterilisators. Er wird ohne Beladung durchgeführt.

Bild 42 Chemoindikator Typ 5 für die Dampfsterilisation. Fehlerhafter Sterilisationszyklus: kein Farbumschlag des Indikators (links). Korrekter Sterilisationszyklus: Farbumschlag des Indikators nach violett bzw. pink (rechts).

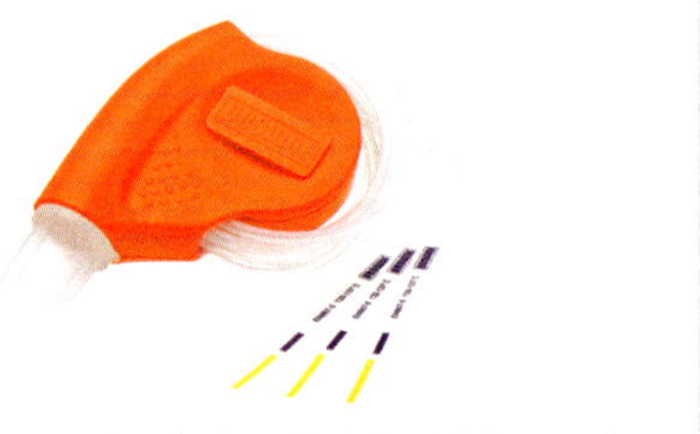

Bild 43 Helix-Test bestehend aus der Helix (= „Schnecke“) und den Prozessindikatorstreifen.

4.6.5 Freigabe nach der Sterilisation

Nach dem Sterilisationsvorgang muss jede Sterilisiercharge durch eine schriftlich beauftragte Person, die die entsprechende Fachkunde besitzt (keine Auszubildende), freigegeben werden.

Der Vorgang der „Freigabe“ nach der Sterilisation erstreckt sich auf drei Bereiche:
- Freigabe des Verfahrens (Überprüfung des Gerätes),
- Chargen-Freigabe (Überprüfung des Prozesses und der Indikatoren),
- Freigabe des Sterilgutes (Überprüfung der einzelnen Verpackungen auf Beschädigung und auf Restfeuchtigkeit).

Prüfergebnis, Chargennummer sowie Freigabe sind zu dokumentieren und mit dem Namenskürzel der verantwortlichen Person zu versehen. Die abschließende Sterilgutfreigabe ist in einem Kontrollbuch oder digital durch die fachkundige Person zu dokumentieren. Auf der Verpackung kann die Freigabeentscheidung mittels Etikettendrucker oder handschriftlich außerhalb der Siegelnaht durchgeführt werden.

4.7 Abfallbeseitigung in der ärztlichen Praxis

4.7.1 Grundsätze

Gesetze und Verordnungen, die die Abfallbeseitigung in ärztlichen Praxen regeln (Beispiele):
- Verordnung über das Europäische Abfallverzeichnis (AVV),
- Kreislaufwirtschaftsgesetz (KrWG),
- Richtlinie des Robert Koch-Instituts über die Entsorgung von Abfällen aus Einrichtungen des Gesundheitsdienstes,
- Infektionsschutzgesetz (IfSG),
- Technische Regel für biologische Arbeitsstoffe (TRBA 250),
- VDI-Richtlinien (Verbrennen von Abfällen aus Krankenhäusern, ...).

Arbeitsschutz (auch des Reinigungspersonals) ist das wichtigste Ziel beim Umgang mit Abfällen in der Arztpraxis. Aber auch der Umweltschutz ist wichtig. Deshalb
- müssen immer Handschuhe getragen werden,
- sind die Abfälle am Ort ihrer Entstehung zu trennen,
- erleichtern verschieden gefärbte Behälter das Sortieren der einzelnen Abfallarten,
- dürfen teilweise gefüllte Müllbeutel niemals umgefüllt (zusammengeschüttet) oder zusammengepresst werden, da die Luft aus den Beuteln entweicht und die Mikroorganismen in die Umgebung geblasen werden,
- müssen die Müllbehälter so verschlossen werden, dass beim weiteren Umgang der Inhalt nicht austreten kann,
- müssen spitze oder scharfe Gegenstände so verpackt werden, dass sich in keiner Phase der Entsorgung jemand verletzt.

Das Europäische Abfallverzeichnis unterteilt Abfälle in über 800 Abfallarten mit einer sechsstelligen Abfallschlüsselnummer (AS). Trägt die Nummer ein Sternchen, bedeutet dies „gefährlich“. Jede Einrichtung des Gesundheitsdienstes ist selbst für die ordnungsgemäße Entsorgung der Abfälle verantwortlich. In Krankenhäusern und Kliniken muss ein Abfallbeauftragter bestellt werden, in der Arztpraxis trägt der Inhaber die rechtliche Verantwortung.

Achten Sie darauf, dass Sie beim Umgang mit Müll und Abfällen
- immer Handschuhe tragen,
- Beutel niemals umfüllen,
- spitze und scharfe Abfälle sicher entsorgen,
- Beutel vor dem Entsorgen verschließen.

AS = Abfallschlüsselnummer

* = gefährlicher Abfall

4.7.2 Unproblematische Abfälle

Unproblematische Abfälle sind alle Praxisabfälle, wie sie auch im Haushalt vorkommen: Papier und Pappe (AS 15 01 01), Kunststoffverpackungen (AS 15 01 02), Glasverpackungen (AS 15 01 07) sowie Küchenabfälle (AS 20 01 08). Sie werden recycelt oder als Hausmüll entsorgt. Dabei sind die Regeln der örtlichen Abfallentsorgung zu beachten.

4.7.3 Typische medizinische Abfälle

IfSG § 7 ▸ S. 86

Hierzu zählen die Abfallarten

- AS 18 01 01: spitze oder scharfe Gegenstände (z. B. Kanülen, Skalpelle, Ampullen und Gegenstände mit ähnlichem Risiko),
- AS 18 01 04: Abfälle, an deren Sammlung und Entsorgung aus infektionspräventiver Sicht keine besonderen Anforderungen gestellt werden (z.B. Wund- und Gipsverbände).

Recapping: Zurückstecken in die Schutzhülle

sharp (engl.) = scharf, spitz

Kanülen dürfen wegen der Infektionsgefahr (Hepatitis B und C, AIDS) nicht in ihre Schutzhülle zurückgesteckt werden (kein Recapping). Kanülen, Skalpelle und Ampullen (Sharps) sind in einem stich- und bruchfesten Einmalbehälter zu sammeln und dann verschlossen zum normalen Hausmüll zu geben (Bild 45).

Sharps müssen Sie in einem stich- und bruchfesten Behälter sammeln.

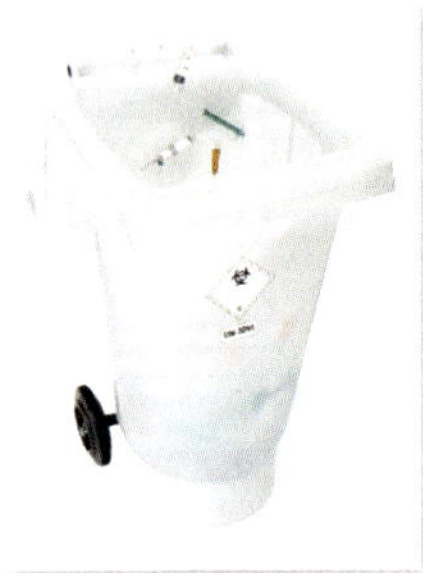

Bild 44 Kunststoffbehälter für infektiösen Abfall.

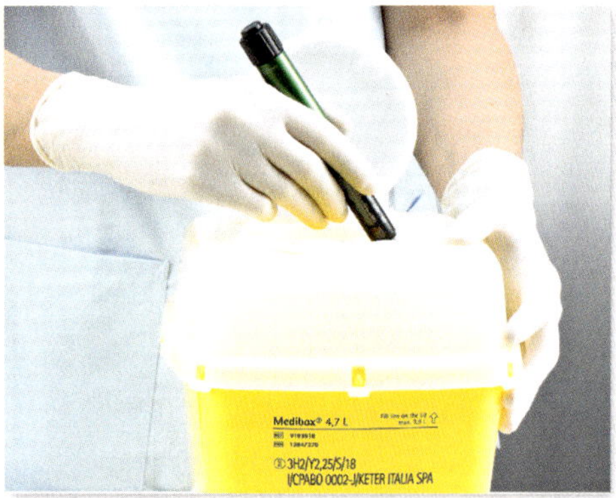

Bild 45 Entsorgung von spitzen und scharfen Praxisabfällen (AS 18 01 01).

Nichtinfektiöse Flüssigkeiten (Blut, Urin) können ins Abwasser gegeben werden. Dabei sind unbedingt Handschuhe, evtl. Gesichtsschutzmaske und flüssigkeitsdichte Kleidung zu tragen.

4.7.4 Infektiöse Abfälle

Infektiöser Abfall (AS 18 01 03*) muss in Schwerpunktpraxen dort, wo er regelmäßig anfällt, in speziellen Behältnissen getrennt gesammelt und dann entsorgt werden (Bild 44).

Das IfSG fordert besondere Maßnahmen zur Infektionsverhütung beim Sammeln, Transportieren und Lagern innerhalb und außerhalb der Praxis. Dazu rechnet man alle Materialien, die mit meldepflichtigen, übertragbaren Krankheitserregern behaftet sind, z. B. mit Tuberkulose-, Typhus- oder Hepatitis-B-Erregern. Die einzelnen Erreger sind in § 7 des IfSG aufgelistet. Auch Abfälle aus medizinischen Laboratorien sowie mikrobiologische Kulturen gehören dazu.

Abfälle, die mit vom RKI anerkannten Verfahren desinfiziert wurden, können zusammen mit Abfall gemäß AS 18 01 04 entsorgt werden. Beachten muss man trotzdem ein evtl. bestehendes Verletzungsrisiko durch Sharps.

4.7.5 Sondermüllabfälle

Dies sind Sondermüllabfälle, z. B. gefährliche Chemikalien (AS 18 01 06*), Arzneimittel in größerer Menge (AS 18 01 09), Zytostatika (AS 18 01 08*), Röntgenentwickler (AS 09 01 01*) und -fixierbäder (AS 09 01 04*). Sie sind nach der Abfallschlüsselnummer extra zu sammeln und als Sondermüll entsprechend zu entsorgen.

4.7.6 Körperteile, Organe, Blutbeutel und Blutkonserven

Unter der AS 18 01 02 werden Körperteile und Organe, einschließlich Blutbeutel und -konserven zusammengefasst. So können z. B. in einer Praxis für ambulante Operationen Knochen und Organteile anfallen. Diese werden unter ihrer AS in eigenen Kunststoffbehältern gesammelt und sollten aus ethischen Gründen verbrannt werden. Die genauen Bestimmungen müssen bei den Behörden vor Ort erfragt werden.

Im Reinigungs- und Desinfektionsplan der Praxis muss aufgelistet sein, welche Abfälle zu welcher Abfallgruppe gestellt werden, wo die entsprechenden Behälter zu finden und wie sie zu entsorgen sind.

Zur Wiederholung

1. Beschreiben Sie den Ablauf einer aktiven und passiven Immunisierung.
2. Welche Fragen müssen geklärt werden, bevor ein Patient geimpft wird?
3. Als Azubi sollten Sie über einen ausreichenden Impfschutz verfügen. Welche Impfungen brauchen Sie unbedingt?
4. Eine im fünften Monat schwangere Frau kommt in die Praxis. Ihr vierjähriger Sohn hat sich im Kindergarten mit dem Rötelnvirus angesteckt. Sie befürchtet nun, ihr ungeborenes Kind könnte behindert zur Welt kommen. Geben Sie dieser Patientin eine kompetente Auskunft und erklären Sie ihr dabei die Zusammenhänge.
5. Die Hepatitis B gehört zu den häufigsten berufsbedingten Infektionen beim medizinischen Personal. Erläutern Sie bitte, wie Sie selbst und Ihre Kolleginnen sich in der Praxis vor einer Infektion schützen können.

Zur Vertiefung

1. In der Arztpraxis begegnen Ihnen Infektionskrankheiten, die hier nicht erwähnt wurden. Wie und wo können Sie sich zusätzlich informieren?
2. Überzeugen Sie in einem Rollenspiel die Mutter eines Kleinkindes von der Notwendigkeit der von der STIKO empfohlenen Impfungen für ihr Kind.
3. Informieren Sie sich über die Organisation der Praxishygiene in Ihrer Ausbildungspraxis:
   - Wo befinden sich in Ihrer Praxis die Regelwerke zur Praxishygiene?
   - Listen Sie bitte alle Flächen Ihrer Praxis auf, bei denen eine Sanitation genügt.
   - Welche chemischen Bestandteile enthält das Händedesinfektionsmittel?
   - Welche chemischen Bestandteile enthält Flächendesinfektionsmittel?
   - Welche Geräte haben Sie in Ihrer Praxis für die Desinfektion und Sterilisation?
   - Wie verpacken Sie Instrumente, die sterilisiert werden müssen?
   - In welchen Zeitabständen muss ein Autoklav validiert werden?
   - Welche Gegenstände werden in Ihrer Praxis sterilisiert und wie?
4. Ihre Kollegin im 1. Ausbildungsjahr empfindet das Tragen eines Kittels als lästig und sie ist stolz auf Ihre perfekt manikürten Fingernägel. Klären Sie Ihre Kollegin auf und erläutern Sie ihr, weshalb die persönliche Hygiene so wichtig ist.
5. Die verwendeten Instrumente (Skalpell mit auswechselbarer Klinge, Pinzette, Klemme, Präparierschere, Nadelhalter) sollen im Autoklaven sterilisiert werden. Wie bereiten Sie diese vor? Worauf muss man bei der Benutzung des Autoklavs achten?
6. Erstellen Sie für Ihre Praxis einen Reinigungs- und Desinfektionsplan bezüglich der Abfallentsorgung.

Lernsituation

Die 35-jährige Frau Denker kommt in Ihre Praxis zur Gesundheitsuntersuchung. Sie überprüfen mithilfe ihres Impfpasses den Impfstatus. Dabei stellen Sie fest, dass Frau Denker noch keine Impfung gegen COVID-19 erhalten hat. Frau Denker begründet dies damit, dass sie bereits eine SARS-CoV-2-Infektion vor 10 Monaten hatte.

- Erläutern Sie Frau Denker, warum sie sich trotzdem impfen lassen sollte.
- Informieren Sie Frau Denker über die Wirkweise der aktuell zur Verfügung stehenden Impfstoffe und in welchen Abständen die Immunisierung aktuell von der STIKO empfohlen wird.

Lernfeld 4
Bei Diagnostik und Therapie von Erkrankungen des Bewegungsapparates assistieren

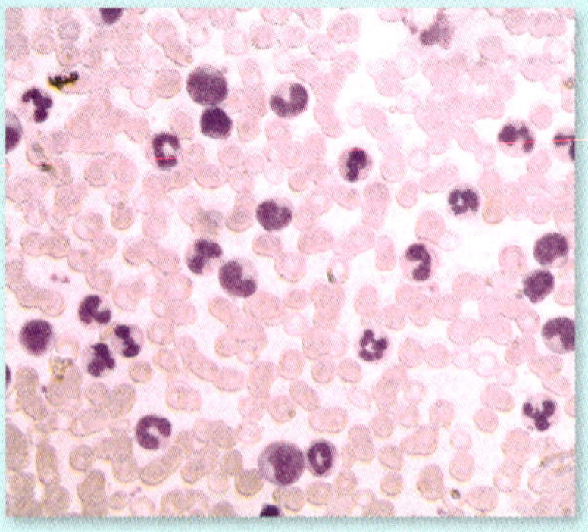

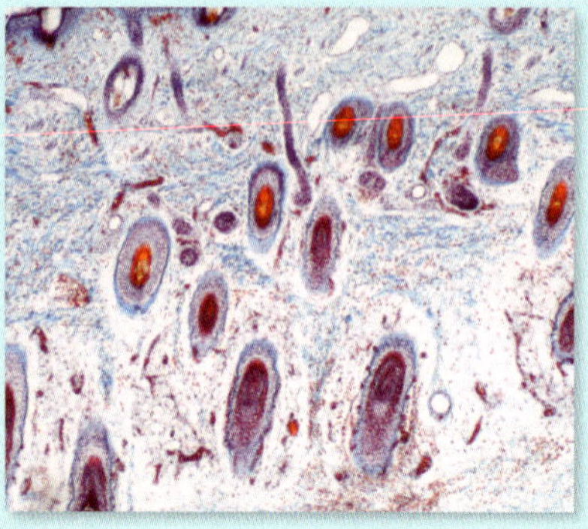

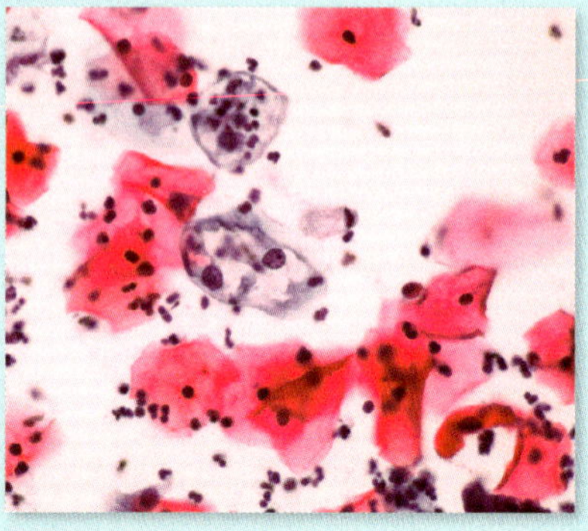

1 Zellen 118

- Zellmerkmale
- Zellaufbau
- Zellteilung
- Stoffaustausch und Stofftransport

2 Gewebe 124

- Epithelgewebe
- Bindegewebe und Stützgewebe
- Muskelgewebe
- Nervengewebe

3 Störungen und Veränderungen von Zellen und Geweben 131

- Krankheitsursachen
- Krankheitsverlauf

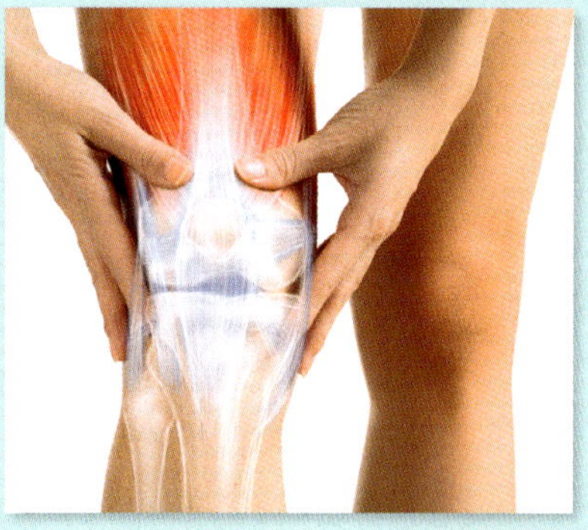

4 Halte- und Bewegungsapparat 143

- Körperebenen und Körperachsen
- Richtungsbezeichnungen
- Skelett
- Gelenke
- Muskulatur

5 Erkrankungen des Halte- und Bewegungsapparates und ihre Behandlung 157

- Gelenk- und Knochenverletzungen
- Erkrankungen der Wirbelsäule
- Knochenerkrankungen
- Rheumatische Erkrankungen
- Gelenkentzündungen
- Fußfehlbildungen
- Eingeweidebrüche

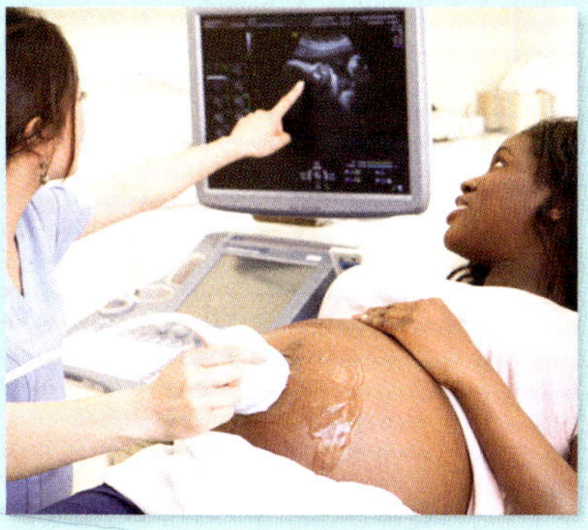

6 Apparative diagnostische Verfahren 171

- Ultraschalldiagnostik
- Endoskopische Diagnostik
- Röntgendiagnostik
- Nuklearmedizinische Diagnostik
- Kernspintomographie
- Strahlenbelastung und Strahlenschutz

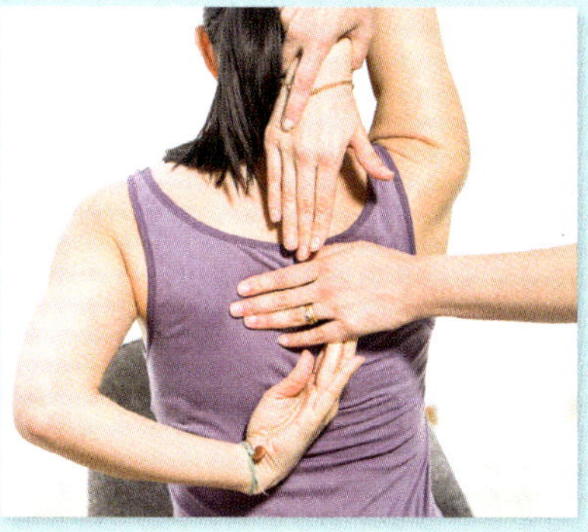

7 Physikalische therapeutische Verfahren . 186

- Wärmetherapie
- Kältetherapie
- Elektrotherapie
- Hochfrequenz-Wärmetherapie
- Lichttherapie
- Manuelle Therapie
- Krankengymnastik
- Strahlentherapie

8 Injektionen und Infusionen 201

- Injektionen
- Infusionen
- Spritzen

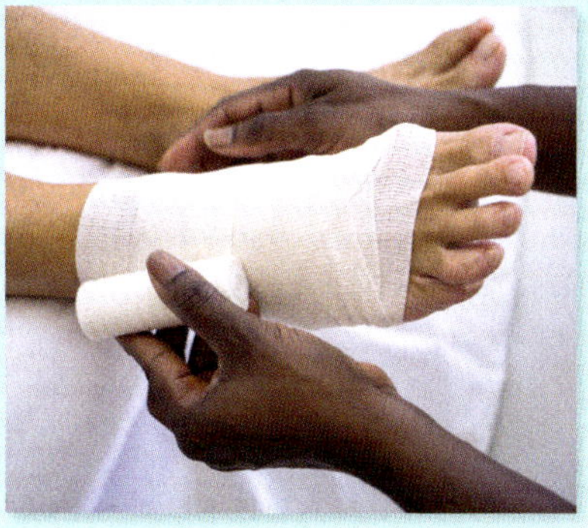

9 Verbände 207

- Verbandsmaterialien
- Anlegen von Verbänden
- Verbandsarten

10 Arzneimittellehre 212

- Arzneimittelwirkung
- Arzneimittelaufbewahrung
- Arzneimittelformen
- Applikationsarten
- Dosierung
- Alternative Arzneimittel
- Heil- und Hilfsmittel

1 Zellen

1.1 Charakteristische Merkmale der Zelle

1 Billion = 1.000 Milliarden = 10^{12}
1 Milliarde = 1.000 Millionen = 10^{9}
1 Million = 1.000 Tausende = 10^{6}

Der Mensch besteht aus einer unvorstellbar großen Anzahl von Zellen (10^{14} = 100 Billionen).

Die Zelle ist die kleinste selbstständig lebensfähige Baueinheit des Körpers. Zellen sind Lebewesen. Sie zeigen die fünf typischen Eigenschaften eines Lebewesens:
- sie haben einen Stoffwechsel,
- viele Zellen können sich bewegen,
- sie können Reize aufnehmen und verarbeiten,
- sie können wachsen,
- die meisten Zellen können sich fortpflanzen (teilen).

Apoptose (gr.) von apo-ptosis = wegfallen ▸ programmierter Zelltod

1 µm = 1/1000 mm

Im Organismus findet man zwischen den Zellen unterschiedlich viel Zwischenzellsubstanzen, die größtenteils von den Zellen produziert und geformt wurden. Diese Zwischenzellsubstanzen können flüssig, gallertig oder fest sein, sie können Fasern enthalten sowie Nährstoffe, Vitamine, Hormone und Salze aus dem Blut.

Unter optimalen Bedingungen können manche Zellen auch außerhalb des menschlichen Organismus gezüchtet werden.

Die Lebenserwartung bzw. Teilungsaktivität der Zelle ist genetisch festgelegt. Der Zelltod im Rahmen normaler Lebensvorgänge wird als programmierter Zelltod (Apoptose) bezeichnet. Ein solcher „Selbstmord" der Zelle wird von der Zelle selbst oder ihrer Umgebung ausgelöst.

1.2 Unterschiede zwischen den Zellen

Obwohl alle Zellen die gleiche Erbsubstanz haben, können sie völlig unterschiedlich aussehen, je nachdem
- wie sie sich spezialisiert haben,
- wo sie sich im Körper befinden und
- welche Aufgabe sie haben.

Eine menschliche Eizelle ist mit bis zu 200 µm die größte Zellart, rote Blutzellen (Erythrozyten) gehören mit 7 µm oder Spermien mit 4 µm zu den kleinsten Zellen.

Nervenzellen besitzen manchmal hauchdünne Nervenfasern von über 1 Meter Länge, manche Muskelzellen fließen zusammen und bilden lange, dünne Zellen mit vielen Zellkernen (Bild 1).

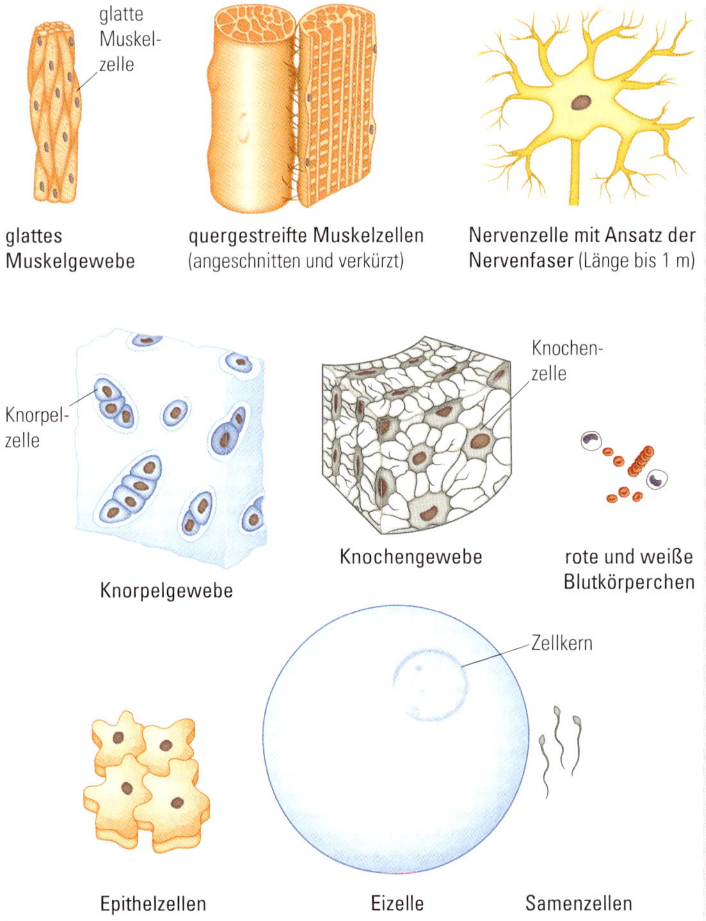

Bild 1 Unterschiedlich spezialisierte Zellen im menschlichen Organismus.

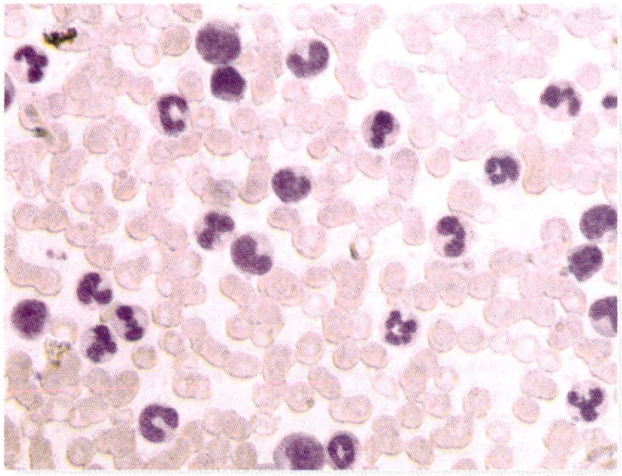

Bild 2 Blutzellen unter dem Mikroskop.

Die ausgereiften roten Blutzellen (Erythrozyten) sind die einzigen Zellen, die nach einer langen Entwicklungsreihe keinen Zellkern mehr besitzen (Bild 2, S. 118).

Erythrozyten ▶ S. 252

1.3 Grundaufbau einer Zelle

Obwohl es unterschiedlich große und völlig unterschiedlich geformte Zellen gibt, sind vier grundlegende Zellbestandteile bei fast allen Zellen vorhanden (Tabelle 1 und Bild 3).

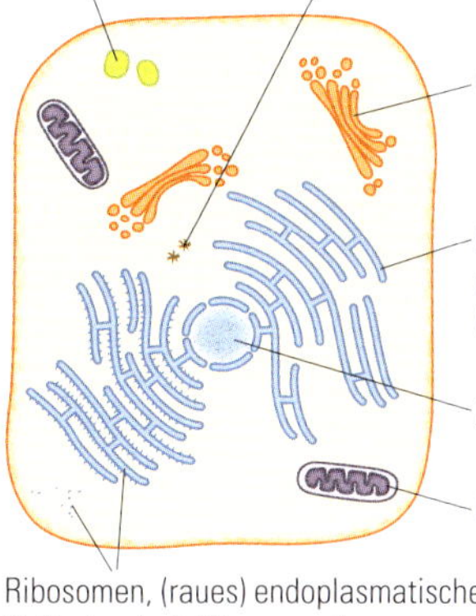

Bild 3 Darstellung einer Zelle bei ca. 100 000-facher Vergrößerung.

Zellbestandteile	Aufgaben
Zellmembran	schützt die Zelle, regelt Aufnahme und Abgabe von Stoffen. Die Zellmembran dient auch zur Erkennung der Zugehörigkeit zu einem Organismus. Sie trägt sozusagen das Merkmal „fremd" oder „nicht fremd" außen auf ihrer Oberfläche.
Zellorganellen	sind die winzigen Organe des Lebewesens Zelle.
Nukleus	ist der Zellkern. Er ist das Steuerzentrum und enthält das Erbgut. Er ist dafür zuständig, dass die Zelle all ihre Funktionen wahrnehmen kann.
Zellplasma	ist die Zellflüssigkeit, in der die Zellorganellen schwimmen.

Tabelle 1 Vier Bestandteile einer Zelle.

1.3.1 Zellmembran

Die Zellmembran besteht aus drei Schichten. Außen und innen befinden sich eine Eiweißschicht und dazwischen eine Doppellipidschicht. Die äußere Eiweißschicht wird oft von Zuckermolekülen überzogen, die spezifisch für die Zelle sind (Bild 4). Über die Zuckermoleküle können sich die Zellen untereinander erkennen (HLA-System).

An einigen Stellen sind besonders große Eiweißmoleküle (Proteinmoleküle) in die Zellmembran eingelagert, die unterschiedliche Funktionen erfüllen:

- Sie wirken als Ionenkanäle, die den Durchtritt von Wasser und Salzen auch gegen das Konzentrationsgefälle ermöglichen.
- Sie spielen als Rezeptorproteine eine Rolle. An Rezeptorproteine binden sich z. B. Hormone nach dem Schlüssel-Schloss-Prinzip und bewirken Steuerungsvorgänge.

Ganz ähnlich gebaute Membranen kommen auch im Zellinneren, z. B. um Zellorganellen, vor. Deshalb wird die Membran auch als Einheitsmembran bezeichnet.

Lipid (gr.) = Fett

HLA-System ▶ S. 256

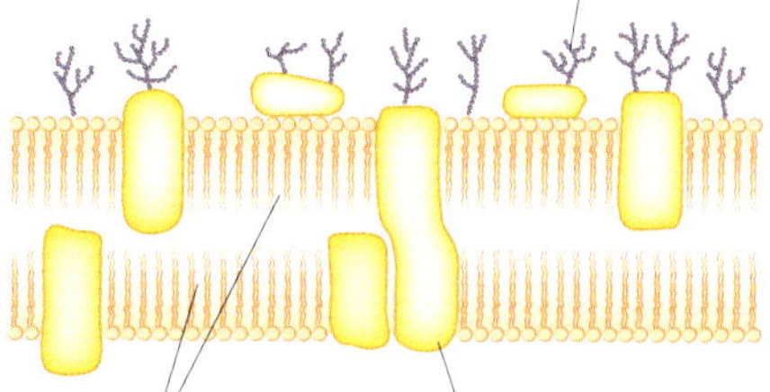

Bild 4 Zellmembran.

Hormone ▶ S. 355 ff.

Schlüssel-Schloss-Prinzip ▶ S. 269, 420

1.3.2 Zellorganellen

Zellorganellen sind winzige Organe, die der Zelle beim Leben helfen.

Zellorganellen	Beschreibung	Aufgabe
Mitochondrien 	gurkenförmige Gebilde, etwa so groß wie Bakterien	Kraftwerke der Zelle. Nur hier werden die Nährstoffe mit Sauerstoff verbrannt (innere Atmung). Es entstehen Wasser und Kohlendioxid als Abfallstoffe, dabei wird sehr viel Energie frei. Wird die Energie nicht sofort benötigt, wird sie in chemischer Form (als Adenosintriphosphat, ATP) gespeichert (s. 1.4.2 Stoffwechsel).
endoplasmatisches Retikulum (ER) 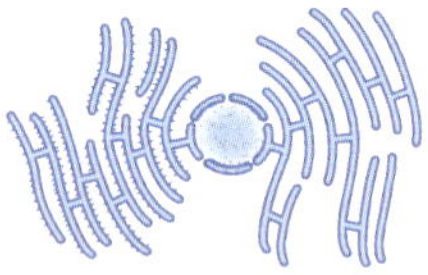	labyrinthartiges Röhren- bzw. Kanalsystem, welches die gesamte Zelle durchzieht	Transport von Stoffen in der Zelle. Im Zellplasma (endo = innen) befindet sich ein „Wegenetz“ (Retikulum = Netz). Sind Ribosomen an der Außenseite des ER angelagert, spricht man vom rauen ER, ohne Ribosomen vom glatten ER.
Ribosomen	Körnchen an der Außenseite des ER oder frei im Zellplasma	bauen aus Aminosäuren neue Eiweiße auf (Eiweißsynthese)
Golgi-Apparat 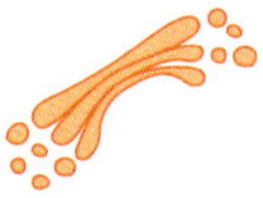	Lamellensystem (blattförmig geschichtete Membranstapel)	speichert Stoffe, die die Zelle hergestellt hat. Verpackt diese Zellprodukte in eine Membranhülle und kann sie aus der Zelle ausschleusen.
Lysosomen 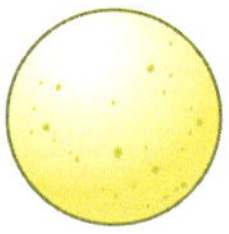	kleine Bläschen, die Verdauungsenzyme enthalten	spalten aufgenommene Nährstoffe und lösen sie auf, sie werden deshalb auch Verdauungskörperchen genannt. Aus kleinsten Bruchstücken können später wieder neue zelleigene Stoffe aufgebaut werden (z. B. an den Ribosomen).
Zentrosomen (Polkörperchen, Zentralkörperchen, Zentriolen) 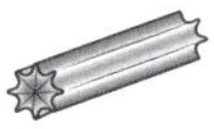	Zentrum, von dem aus während der Zellteilung winzige, strahlenförmige Faserbündel ausgehen	sorgen dafür, dass bei der Zellteilung die Chromosomen zu gleichen Teilen auf die Tochterzellen verteilt werden (s. 1.4.1 Zellteilung).

Tabelle 2 Zellorganellen.

1.3.3 Zellkern

Chromosom von chrom (gr.) = Farbe und soma (gr.) = Körper

Der Zellkern als Steuerzentrale enthält die Chromosomen.

Chromosomen enthalten unterschiedliche Anteile des menschlichen Erbgutes. Vor dem Mikroskopieren werden die Zellen in speziellen Farbbädern angefärbt. In einer ruhenden Zelle stellt sich das Erbgut im Zellkern als einheitliche und gleichmäßig gefärbte Masse dar. Nur während der Zellteilung werden aus der gleichmäßigen Kernfärbung plötzlich 46 abgrenzbare Bestandteile, die Chromosomen, sichtbar.

Diese 46 Chromosomen können in jeder menschlichen Zelle während einer Zellteilung beobachtet werden. Das in der Zelle verteilte Erbgut wird also vor der Zellteilung sozusagen aus Transportgründen in 46 anfärbbare Bündel zusammengerafft.

Jedes Chromosom enthält viele einzelne Erbinformationen, sogenannte Gene. Die Gene sind in einer festen Reihenfolge auf den Chromosomen angeordnet, es sind nur jeweils kleine Abschnitte auf einem Chromosom. Die Gene bestehen aus **D**esoxyribo**n**ukleinsäure (DNS). Diese DNS ist eine doppelsträngige, spiralige chemische Verbindung (Bild 5).

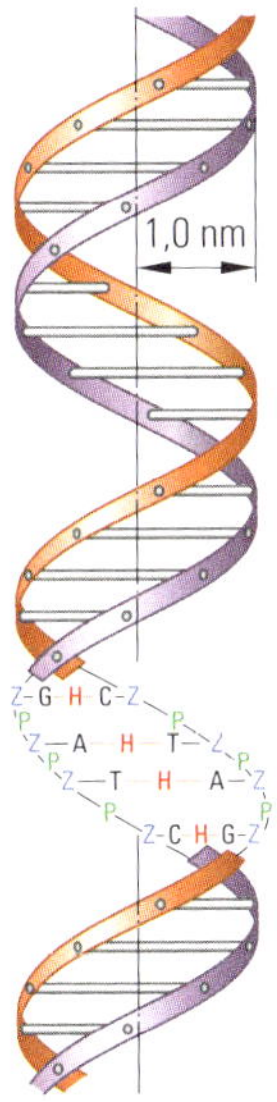

Bild 5 DNS-Molekül.

In jedem Zellkern findet man 23 Chromosomenpaare. 23 Chromosomen (1 bis 23) stammen von der Mutter und 23 Chromosomen (1 bis 23) vom Vater. Chromosomen mit der gleichen Nummer haben die gleiche Größe sowie Anfärbung und sind nicht voneinander zu unterscheiden. Man findet also zwei völlig gleich anfärbbare Chromosomen, die man beide mit der Nummer 1 benennen kann, eines vom Vater und eines von der Mutter. So wurden 23 verschiedene Chromosomen durchnummeriert (Bild 6).

Die beiden Chromosomen mit der Nummer 23 sind beim männlichen Geschlecht unterschiedlich aufgebaut: X-Chromosom und Y-Chromosom.

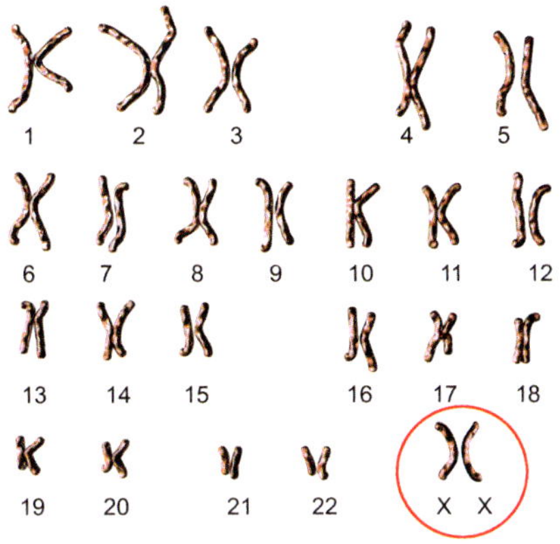

Bild 6 Vollständiger Chromosomensatz einer weiblichen (XX) menschlichen Zelle.

Beim weiblichen Geschlecht sind die beiden Geschlechtschromosomen gleich aufgebaut: X und X. Nur die beiden Chromosomen mit der Nummer 23 sind an der Geschlechtsbestimmung beteiligt. In jedem Zellkern stammt immer das eine Geschlechtschromosom von der Mutter und das andere vom Vater. Wenn eine Zelle ein X- und ein Y-Chromosom enthält, bedeutet dies männliches Geschlecht (44, X, Y), wenn eine Zelle zwei X-Chromosomen enthält, bedeutet dies weibliches Geschlecht (44, X, X).

Hat ein Paar ein erhöhtes Risiko (Familiengeschichte, Alter des Paares, bereits eine Totgeburt in der Vorgeschichte), ein Kind mit einer Chromosomen- oder Genanomalie zu bekommen, kann es vor der Geburt spezielle Untersuchungen durchführen lassen (pränatale Diagnostik).

Gen: Erbmolekül, Abschnitt auf dem Chromosom

DNS = DNA von A ▸ acid (engl.) = Säure

pränatale Diagnostik ▸ S. 375 ff.

1.4 Leistungen der Zelle

1.4.1 Zellteilung

Die Meiose oder Reifeteilung ist eine Reduktionsteilung, die der Produktion von Fortpflanzungszellen dient. Gesunde Menschen besitzen im Zellkern jeder Körperzelle 46 Chromosomen (44 Autosomen + 2 Geschlechtschromosomen). Die Meiose ist eine spezielle Art der Zellteilung, die mit der Pubertät in den Hoden bzw. den Eierstöcken einsetzt. Es werden dabei Fortpflanzungszellen (Keimzellen) mit nur 23 Chromosomen (22 Autosomen + 1 Geschlechtschromosom) hergestellt (Bild 7, S. 122).

Meiosis (gr.) = Verringerung

Autosom: Chromosom, das nicht an der Geschlechtsbestimmung beteiligt ist

Notwendig ist dies, weil bei der Verschmelzung von Samen- und Eizelle die neue Zelle, aus der sich schließlich ein Kind entwickelt, wieder 46 Chromosomen enthalten muss. Beim Mann werden in den Hoden aus (44, X, Y)-Zellen zwei Samenzellen (22, X) und (22, Y) hergestellt. Bei der Frau entstehen in den Eierstöcken aus (44, X, X)-Zellen die Eizellen (22, X) und (22, X).

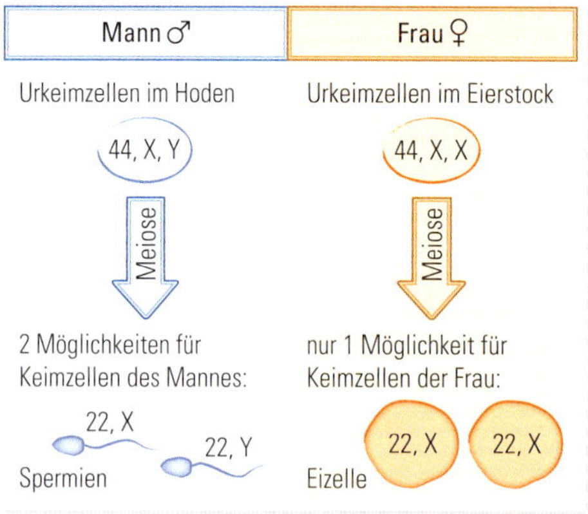

Bild 7 Herstellung von Fortpflanzungszellen durch Meiose.

ATP = **A**denosin**tri**-**p**hosphat

Mitose. Die Zygote (befruchtete Eizelle) ist die erste Zelle des neuen Menschen, sie enthält 46 Chromosomen. Sofort nach der Befruchtung findet eine schnelle Zellvermehrung statt, dies geschieht durch Zellteilungen (Mitosen). Die Mitose dient also der Vermehrung von Körperzellen.

Metaphase (gr.) = Absiedelung

Die Zygote und alle weiteren Tochterzellen teilen sich immer auf die gleiche Art und Weise, nämlich so, dass aus einer Mutterzelle mit 46 Chromosomen zwei Tochterzellen mit genau den gleichen 46 Chromosomen entstehen. So bildet sich ein Organismus, bei dem alle Zellen das komplette Erbgut von 46 Chromosomen in ihren Kernen besitzen. Der Ablauf der Mitose kann unter dem Mikroskop in vier Stadien beobachtet werden (Bild 8).

1.4.2 Stoffwechsel

Stoffwechselvorgänge umfassen alle biochemischen Reaktionen der Zelle. Dabei werden die aufgenommenen Stoffe umgewandelt, verwertet oder als Stoffwechselendprodukte ausgeschieden.

Der Zellstoffwechsel erfüllt folgende Aufgaben:
- Erhaltung der Lebensvorgänge,
- Energiegewinnung durch ATP,
- Aufbau körpereigener Strukturen und Stoffe, z. B. Enzyme, Hormone.

1.4.3 Reizaufnahme

Fast alle Zellen nehmen Eindrücke aus der Umwelt und ihrer Umgebung mittels spezifischer Zelloberflächenstrukturen (Rezeptoren) auf. Sie können sie bewerten und zum Teil auch „beantworten".

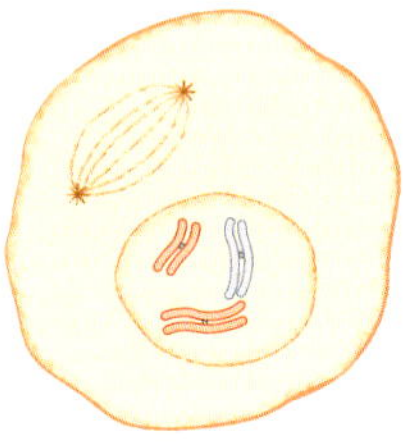

1. Prophase (pro, gr. = vor)

Die Mutterzelle bereitet sich auf ihre Teilung vor: Die Chromosomen werden erst jetzt gut im Mikroskop sichtbar. Die 46 Chromosomen im Zellkern haben sich der Länge nach gespalten. Das Erbgut liegt in verdoppelter Form vor. Die Umhüllung des Kernes (Kernmembran) löst sich auf. Die Zentriolen trennen sich und wandern an entgegengesetzte Zellpole. (Die Abbildung zeigt nur 3 Chromosomen.)

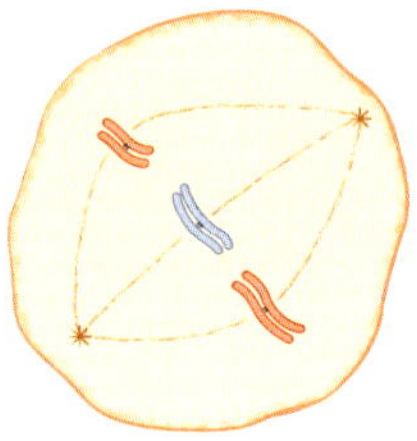

2. Metaphase (meta, gr. = in der Mitte)

Die Chromosomen ordnen sich in der Mitte der Zelle an. Sie wurden von hauchdünnen Fasern der Zentriolen zur Mitte bewegt.

3. Anaphase (ana, gr. = auseinander)

Die Chromosomen werden jetzt auseinander gezogen. Sie werden durch die Fasern der Zentriolen zu den entgegengesetzten Zellpolen gezogen. Die zwei entstehenden Tochterzellen erhalten somit exakt das gleiche Erbgut der Mutterzelle.

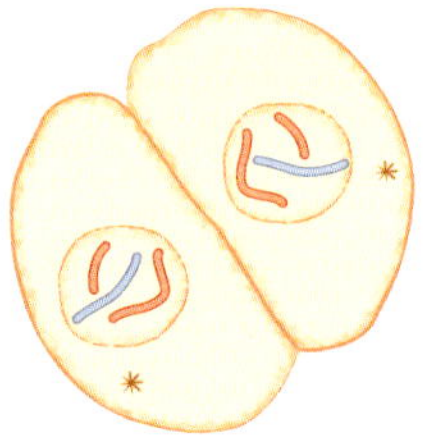

4. Telophase (telo, gr. = Ende)

Die ursprüngliche Mutterzelle schnürt sich in der Mitte ein, sodass daraus zwei Tochterzellen entstehen. In den Tochterzellen werden die Chromosomen wieder von einer Kernmembran umhüllt. Die Chromosomen sind wenig später im Zellkern nicht mehr erkennbar, allerdings lassen sich die Zellkerne jetzt wieder gleichmäßig anfärben.

Bild 8 Die vier Stadien einer Mitose.

1.5 Stoffaustausch und Stofftransport

Stoffaustausch. Zwischen den Zellen findet ständig ein Stoffaustausch statt. Die Gesamtheit des von allen Zellen umschlossenen Volumens wird Intrazellulärraum (IZR) genannt. Der IZR enthält bei einem 70 kg schweren Erwachsenen etwa 30 l Wasser. Das Volumen, das die Zellen umgibt, wird Extrazellulärraum (EZR) genannt und beträgt ca. 14 l Wasser. Dieses extrazelluläre Volumen befindet sich in den feinen Spalträumen zwischen den Zellen (Interstitium) und im Gefäßsystem.

Der Wassergehalt wird sehr genau konstant gehalten, um die im Wasser gelösten Stoffe nicht zu gefährden, da dies eine notwendige Voraussetzung für das optimale Funktionieren jeder Körperzelle ist. Die Konstanthaltung eines inneren Milieus, hier des Wasserhaushaltes, wird Homöostase (Fließgleichgewicht) genannt.

Stofftransport. Bei den Transportvorgängen werden aktiver Transport unter Energieverbrauch und passive Transportvorgänge unterschieden.

Zu den passiven Transportvorgängen zählen Diffusion und Osmose (Bild 9).

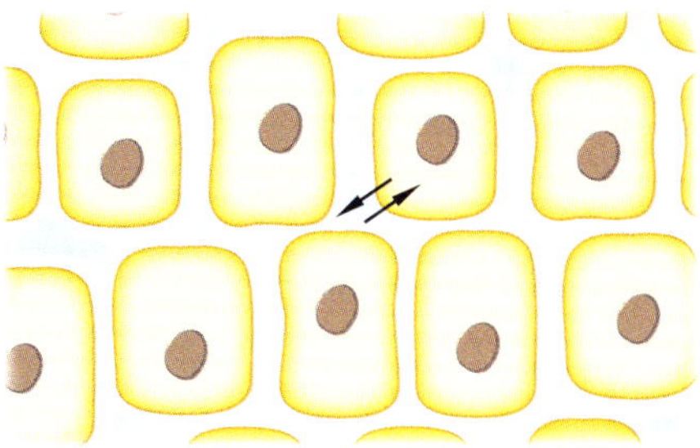

Bild 9 Stofftransport zwischen EZR und IZR (gelb).

- Diffusion findet statt, wenn gelöste Stoffteilchen vom Ort der höheren Konzentration zum Ort der niederen Konzentration wandern. Beispiel: Gasaustausch in den Alveolen.
- Bei osmotischen Prozessen wandert das Lösungsmittel vom Ort der niedrigen Konzentration zum Ort der höheren Konzentration, weil eine halbdurchlässige Membran zwischen den unterschiedlich konzentrierten Lösungen das Lösungsmittel, nicht aber die gelösten Stoffe durchlässt.
  Beispiel: Wasserfluss zwischen Erythrozyten und Plasma (Blutflüssigkeit), wenn keine Kochsalzlösung von 0,9 % (isoton) als Infusion verabreicht wird.

IZR = Intrazellulärraum
EZR = Extrazellulärraum

Interstitium von engl. interstice = Zwischenraum

Alveolen ▸ S. 298

isotonisch: gleicher osmotischer Druck (bei Lösungen)

1.6 Stammzellen

Als Stammzellen werden Körperzellen bezeichnet, die sich unbegrenzt teilen und sich zu jeder Art Körperzelle entwickeln können.

Man unterscheidet zwischen embryonalen und adulten Stammzellen.

Embryonale Stammzellen werden aus den Zellen des Blasenkeimstadiums gewonnen, die im weiteren Verlauf zum Embryo heranwachsen (Embryoblast).

Aus ihnen kann jedes Körpergewebe entstehen.

Die Entnahme von Embryonalzellen ist in Deutschland durch das Embryonenschutzgesetz geregelt und nur in engen Grenzen erlaubt.

Adulte Stammzellen sind Zellen, aus denen während des gesamten Lebens eines Organismus neue spezifische Zellen wachsen können, z. B. Blutstammzellen im Knochenmark, aus denen neue Blutzellen entstehen.

adult = erwachsen

Blasenkeim ▸ S. 373

2 Gewebe

2.1 Grundgewebearten

Differenzierung: Veränderung

Embryo ▸ S. 373

Parenchym (gr.) = Organgewebe (im Gegensatz zum Binde- und Stützgewebe)

resorbieren: aufnehmen von Stoffen über Haut oder Schleimhaut

Sekretion: Abgabe eines Stoffes

Wenige Stunden nach der Befruchtung ist durch viele Mitosen ein Zellhaufen mit völlig gleichartigen Zellen entstanden. Ab einer gewissen Größe des anwachsenden Zellhaufens beginnen sich einzelne Zellen zu differenzieren.

Im Mutterleib differenzieren sich fast alle Zellen des heranwachsenden Embryos. Es bilden sich z. B. Muskelzellen, Nervenzellen, Fettzellen, Knorpelzellen, Bindegewebszellen usw. Die Tochterzellen dieser differenzierten Zellen behalten die speziellen Eigenschaften, sie bleiben in größerer Anzahl zusammen und bilden einen Gewebeverband. So entsteht Muskelgewebe, Nervengewebe, Fettgewebe, Knorpelgewebe, Bindegewebe usw.

Gewebe ist ein Verband gleichartig differenzierter Zellen, d. h., die Zellen sehen gleich aus und erfüllen gleiche Aufgaben.

Im menschlichen Organismus findet man viele verschiedene Gewebearten, die sich alle den vier Grundgewebearten zuordnen lassen (Tabelle 3):
- Epithelgewebe,
- Binde- und Stützgewebe,
- Muskelgewebe und
- Nervengewebe.

Verschiedene Gewebe bilden ein Organ. Die organspezifischen Zellen des Organs werden als Parenchym bezeichnet. Das Bindegewebe eines Organes bildet das Gerüstgewebe (Stroma), in dem sich auch Gefäße und Nerven befinden.

Diese Einteilung existiert seit etwa 100 Jahren und entspricht wissenschaftlich nicht mehr dem Stand der Forschung. Sie wird aus praktischen Gründen in der Histologie aber beibehalten.

Grundgewebeart	Zugehöriges Gewebe	Charakteristik	Aufgaben
Epithelgewebe (Deckgewebe)	Oberflächenepithel, Drüsenepithel, Sinnesepithel	Die Zellen liegen dicht aneinander.	Bedecken und schützen innere und äußere Oberflächen oder kleiden Hohlräume aus. Alle Nahrungsstoffe, die in den Organismus gelangen, müssen über diese Oberflächen resorbiert werden. Manche Epithelgewebe können zusätzlich Sekrete (Drüsensäfte) absondern oder (Sinnes-)Reize aufnehmen.
Binde- und Stützgewebe	Bindegewebe, Fettgewebe (Stützgewebe), Knorpelgewebe (Stützgewebe), Knochengewebe (Stützgewebe) Blut	Die Zellen liegen weit voneinander entfernt. Bindegewebe bestehen aus mehr oder weniger sternförmigen Zellen, die sehr viele Fasern herstellen und netzartig locker in eine Grundsubstanz eingebettet sind.	Bindegewebe füllen Organzwischenräume aus und dienen als Haltegerüst für Blutgefäße und Nerven. Sie enthalten Abwehrzellen. Stützgewebezellen haben ähnliche Eigenschaften wie Bindegewebezellen.
Muskelgewebe	Skelett-, Eingeweide-, Herzmuskelgewebe	Bestehen aus Zellen, die sich auf einen elektrischen Reiz hin kontrahieren (zusammenziehen) können.	
Nervengewebe	Nervenzellen und bindegewebsartige Zellen, die Gliazellen	Nervengewebe enthält Nervenzellen, die Informationen aufnehmen, verarbeiten, speichern und weiterleiten können. Die Gliazellen haben Ernährungs- und Stützfunktion.	

Tabelle 3 Die vier Grundgewebearten.

2.2 Epithelgewebe (Epithelien)

Epithelgewebe (Deckgewebe) ist eine Grundgewebeart (Tabelle 3, S. 124)

Epithelgewebe unterscheiden sich von den anderen Gewebearten im Wesentlichen dadurch, dass sie extrem wenig Interzellularsubstanz (Zwischenzellsubstanz) besitzen. Die Zellen liegen dadurch dicht aneinander und schützen so das darunter liegende Gewebe. Die Interzellularsubstanz besteht bei den Epithelgeweben nur aus flüssiger Grundsubstanz.

Basalmembran. Dieses hauchdünne Häutchen befindet sich immer an der Grenze des Epithelgewebes zum darunterliegenden Bindegewebe. Die Basalmembran kann man sich wie eine Klebeschicht zwischen Epithel- und Bindegewebe vorstellen.

2.2.1 Oberflächenepithel

Je nach Aufgabe und Lokalisation sind die Zellen des Epithelgewebes unterschiedlich geformt und angeordnet (Tabelle 4).

Mikrovilli: fingerförmige Ausstülpungen der Zellmembran zur Resorption

kubisch = würfelförmig

Alveolen ▸ S. 298

Epithelgewebeart	Aufbau, Eigenschaften	Vorkommen	Aussehen
einschichtiges Plattenepithel	dünnste, empfindlichste und durchlässigste Schutzschicht, dient zum Auskleiden von sehr empfindlichen und engen Hohlräumen	Blutgefäße, Herzinnenschicht, Alveolen	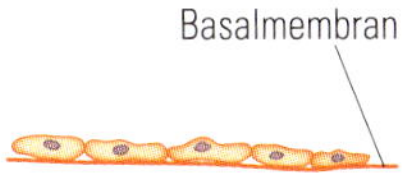
einschichtiges kubisches Epithel	ebenfalls sehr dünne und durchlässige Schutzschicht	Nierenkanälchen	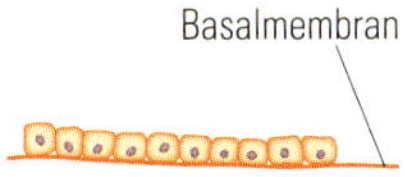
einschichtiges Zylinderepithel	ebenfalls sehr durchlässige Schutzschicht. An der Zelloberfläche findet man häufig Mikrovilli.	Magen, Darm	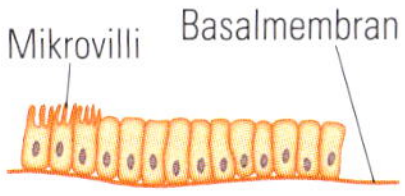
mehrreihiges Epithel	An der Oberfläche befinden sich elektronenmikroskopisch erkennbar kleinste Flimmerhärchen, die den Schleim mit schnellen peitschenartigen Bewegungen wegtransportieren („Flimmerepithel").	Atemwege, z. B. Luftröhre und Bronchien	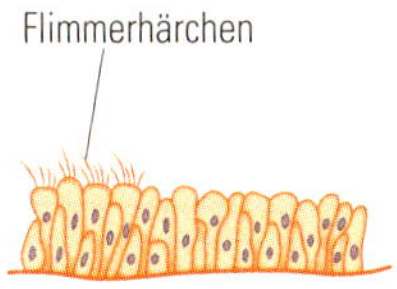
mehrschichtiges Plattenepithel, verhornt	strapazierfähigste Schutzschicht. Die äußersten Plattenepithelschichten sind abgestorben (verhornt). Diese Hornschicht kann an besonders beanspruchten Stellen mehrere Millimeter dick werden.	Schutzschicht der Haut	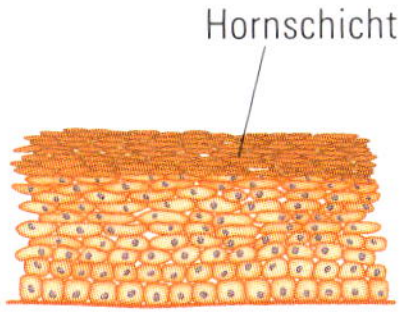
mehrschichtiges Plattenepithel, unverhornt	auch sehr strapazierfähig, kommt besonders an den von außen relativ gut zugänglichen Schleimhäuten vor	Schleimhäute von Augen, Nase, Mund, Speiseröhre, Scheide, Penis und After	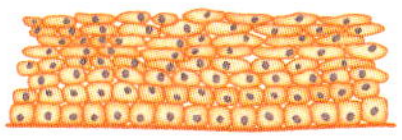
Übergangsepithel	sehr dehnbar, kann sich verschiedenen Füllungszuständen anpassen	ableitende Harnwege, Blase	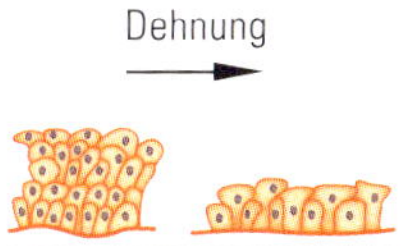

Tabelle 4 Arten von Oberflächenepithelgeweben.

exokrin (gr.) von exo = außen und krinein = trennen; **endokrin** von endo = innen

Kollagen (gr.) = Leim erzeugend: Strukturprotein mit Faserbündeln

Blut ▸ S. 251 ff.

Fibrozyt = Bindegewebszelle

Fibr- = Faser-

-zyt, zyto-: Wortteil mit der Bedeutung Zelle

2.2.2 Drüsenepithel

Drüsen sind Verbände von besonders spezialisierten Epithelzellen. Sie besitzen die Fähigkeit, bestimmte Sekrete zu bilden und abzusondern. Innerhalb der verschiedenen Deckepithelien können mehr oder weniger Drüsenzellen enthalten sein. Kleinste Drüsen bestehen aus nur einer Drüsenzelle (Becherzelle), größere Drüsen bestehen aus sehr vielen Zellen, z. B. große Mundspeicheldrüsen. Im Epithel aller Schleimhäute sind viele Drüsen vorhanden, deshalb sind Schleimhäute immer feucht.

Exokrine Drüsen geben ihr Sekret entweder direkt oder über einen Ausführungsgang nach außen ab (Bild 10 a). Die Abgabe erfolgt an die äußere Körperoberfläche (Haut) oder an eine innere Oberfläche (Hohlräume, z. B. Mund, Magen, Darm oder Gallenblase).

Endokrine Drüsen geben ihr Sekret in das Blut ab (Bild 10 b). Die Sekrete der endokrinen Drüsen werden Hormone genannt (z. B. Schilddrüsenhormon, Sexualhormone aus Hoden oder Eierstöcken). Das Blut verteilt die Hormone an die Zielorgane.

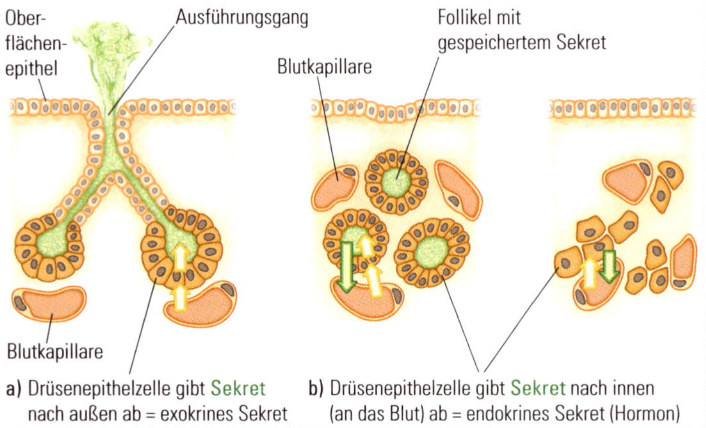

Bild 10 Exokrine (a) und endokrine (b) Drüsen.

2.2.3 Sinnesepithel

Auch hier haben sich Epithelzellen spezialisiert, indem sie sich zu Sinneszellen differenziert haben.

Sinnesepithelien sind Zellen, die bestimmte Reize aufnehmen und in elektrische Signale umwandeln können. Beispielsweise werden bestimmte Stoffe in der Luft von den Riechsinneszellen aufgenommen und umgewandelt, von wo sie dann über den Riechnerv ins Gehirn gelangen und zur Geruchswahrnehmung verarbeitet werden.

2.3 Bindegewebe und Stützgewebe

Alle hierzu gehörenden Gewebearten haben ein gemeinsames Merkmal: extrem viel Zwischenzellsubstanz. In diese Zwischenzellsubstanz sind verschiedene Faserarten, elastische und kollagene (feste) Fasern, eingelagert. Dadurch ergeben sich die charakteristischen Merkmale des Binde- und Stützgewebes:

- Bindegewebe: halbflüssige Zwischenzellsubstanz
- Knorpelgewebe: eingedickt-gallertartige Substanz
- Knochengewebe: fest, die Zwischenzellsubstanz ist mit zusätzlichen anorganischen Salzen angereichert

Das Blut wird häufig auch als ein eigenes, flüssiges Bindegewebe angesehen, das aus roten Blutzellen, weißen Blutzellen, Blutplättchen sowie Blutflüssigkeit als Zwischenzellsubstanz besteht. Bei der Blutgerinnung entwickeln sich Fibrinfasern aus der Blutflüssigkeit (Blutplasma), die die Blutzellen fixieren.

2.3.1 Bindegewebe

Das Bindegewebe verbindet und umhüllt Gewebe und Organe im Körper. Es besteht aus Fibrozyten, die im Mikroskop häufig als sternförmige Zellen zu erkennen sind (Bild 11).

Bild 11 Bindegewebe.

Zwischen den Fibrozyten befinden sich sehr viel Zwischenzellsubstanz und unterschiedliche Faserarten, die von den Fibrozyten hergestellt werden.

Einige der Fibrozyten können sich aus dem Gewebeverband lösen, als freie Abwehrzellen auf Wanderschaft gehen und als Phagozyten (Fresszellen) tätig werden. Es gibt verschiedene Bindegewebsarten (Tabelle 5).

Phagozyten ▸ S. 252

Bindegewebeart	Zwischenzellsubstanz	Vorkommen
• **lockeres**	• verschiedene Faserarten und halbflüssige Zwischenzellsubstanz	• in allen Organen, ermöglicht deren Verschiebbarkeit
• **elastisches**	• besonders viele elastische Fasern	• elastische Bänder in der Wirbelsäule
• **straffes**	• extrem viele und dicht gelagerte Fasern	• Sehnen, Bänder, Organkapseln, Muskelscheiden (Muskelfaszien)
• **retikuläres**	• hauchdünne, stark vernetzte Fasern	• als Grundgerüst in lymphatischen Organen und im Knochenmark (Spongiosa)

Tabelle 5 Bindegewebsarten.

2.3.2 Fettgewebe

Fettgewebe (Bild 12) dient als Speicherfett (Brennstoffreserve), Baufett (Auspolsterung), und als Isolationsfett (Wärmeschutz).

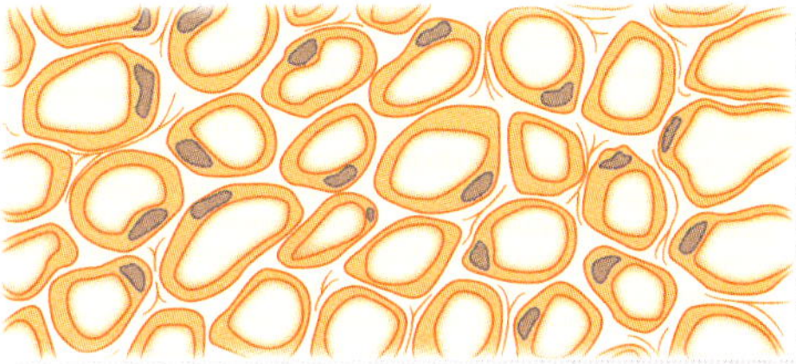

Bild 12 Fettgewebe (Stützgewebe).

Aus allen Bindegewebearten kann sich Fettgewebe entwickeln: Die ursprünglich schlanken, sternförmigen Bindegewebszellen sind jetzt rund und prall mit Fett gefüllt. Zellkern und Zellplasma sind an den Rand gedrückt (Siegelringzellen). Es gibt nur wenig Zwischenzellsubstanz.

Fettzellen werden auch als Lipozyten oder Adipozyten bezeichnet.

2.3.3 Knorpelgewebe

Chondr-: Wortteil mit der Bedeutung Knorpel

Knorpelgewebe werden von den Chondrozyten gebildet. Knorpelgewebe befindet sich an Körperstellen, wo besondere Elastizität erforderlich ist oder wo hohe Druckbelastung aufgefangen werden muss.

Knorpelgewebe enthält keine Blutgefäße und ist deshalb auf die Versorgung durch Diffusion aus den umgebenden Geweben angewiesen. Man unterscheidet drei verschiedene Knorpelarten (Bild 13).

Knorpelart (Stützgewebe)	Zwischenzellsubstanz	Vorkommen
Glasknorpel (= hyaliner Knorpel) Chondrozyt = Knorpelzelle Zellen in Gruppen zusammengelagert, Fasern in gallertiger Zwischenzellsubstanz unsichtbar 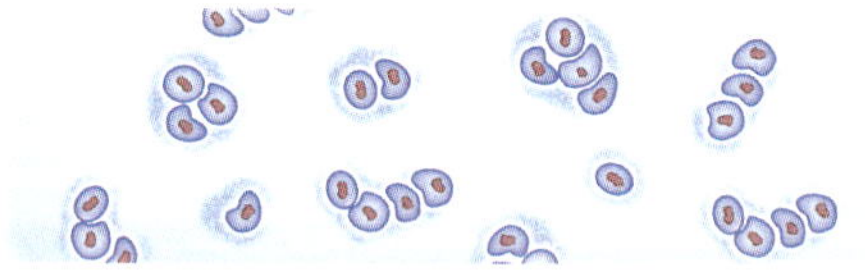	Zwischenzellsubstanz (mit Fasern) ist fest, aber biegsam, gallertartig.	Gelenkflächen, Kehlkopfknorpel, Nasenknorpel, Rippenknorpel, Wachstumsfugen
Faserknorpel Chondrozyt (a) Faserbündel (b) sehr dicht gelagert in der Zwischenzellsubstanz, druckbeständig 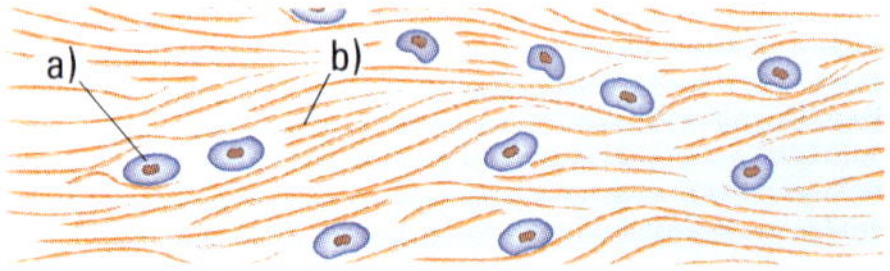	Zwischenzellsubstanz (mit Fasern) ist fest, aber biegsam, gallertartig.	Zwischenwirbelscheiben (Bandscheiben), Menisken (halbmondförmige Knorpelscheiben im Kniegelenk)
Elastischer Knorpel Chondrozyt (a) elastische Fasern (b) 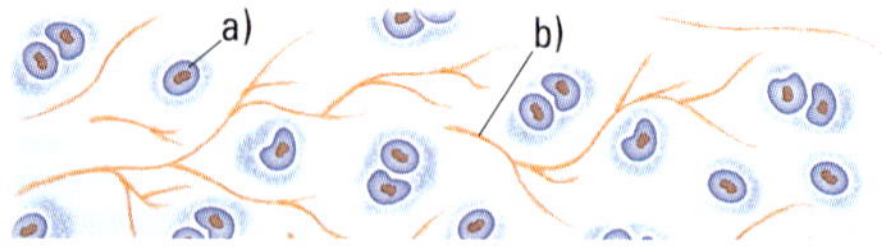	Zwischenzellsubstanz (mit Fasern) ist fest, aber biegsam, gallertartig.	Schambeinfuge, Ohrmuschel, Kehldeckel

Bild 13 Knorpelarten.

2.3.4 Knochengewebe

Diffusion: allmähliche Vermischung von Stoffen

Im Gegensatz zu den rundlichen Knorpelzellen sind die Osteozyten sternförmig, ähnlich den Bindegewebszellen (Bild 14). Die Zwischenzellsubstanz zwischen den Osteozyten besteht aus festen Calcium- und Phosphorverbindungen. Dadurch ergibt sich die Festigkeit des Knochens. Zusätzlich befinden sich noch schichtweise eingelagerte Fasern in der Zwischenzellsubstanz. So kann der Knochen auch Biegungen und Drehungen aushalten, ohne sofort zu brechen.

Knochengewebe	Zwischenzellsubstanz
Osteozyt = Knochenzelle konzentrische, kreisförmige Schichten (Lamellen) aus Osteozyten (a), dazwischen Fasern (b). In jedem Zentrum ist ein Blutgefäß (Havers'sches Gefäß (c)).	Zwischenzellsubstanz (mit Fasern) ist hart und nicht biegsam.

Bild 14 Knochengewebe.

Die Knochensubstanz besteht zu etwa einem Drittel aus organischem Material (eiweißhaltiges Fasermaterial und Knochenzellen) und zu zwei Drittel aus anorganischem Material (im Wesentlichen aus Calciumphosphat).

Die stabile Knochenwand besteht aus einer sehr großen Anzahl von Havers'schen Systemen. Diese Systeme mit dem zentralen Blutgefäß und den dazugehörigen kreisförmigen Zellschichten werden als die kleinsten Baueinheiten des Knochens bezeichnet.

Besonders während der Wachstumsphase und bei Verletzungen wird das Knochengewebe durch sehr aktive, teilungsfähige Knochenzellen, den Osteoblasten, aufgebaut. Im Alter und bei Bewegungsmangel überwiegt die Tätigkeit der knochenabbauenden Zellen, der Osteoklasten, und das Knochengewebe wird abgebaut. Beim gesunden Erwachsenen halten sich ständige Auf- und Abbauprozesse das Gleichgewicht.

2.4 Muskelgewebe

Muskeln sind große Ansammlungen von Muskelzellen (Myozyten), also Muskelgewebe. Myozyten können sich kontrahieren. Je nach Aufgabe unterscheidet man drei unterschiedliche Arten von Muskelzellen, die mikroskopisch deutlich unterschieden werden können (Tabelle 6):
- Skelettmuskeln,
- Herzmuskel,
- Eingeweidemuskeln.

Die **Skelettmuskulatur** ist das, was man allgemein „Muskulatur" nennt. Dazu gehören auch Zunge, mimische Muskulatur und Zwerchfell. Sie wird willkürlich gesteuert und ist in der Lage, schnell für kurze Zeit große Kraft zu entwickeln. Das Zwerchfell kann willkürlich und unwillkürlich gesteuert werden.

Aufbau. Eine einzige Skelettmuskelzelle kann bis zu 15 cm lang werden, ist jedoch nur etwa 0,01 mm (10 µm) breit, also mit dem bloßen Auge nicht erkennbar. Diese langen Zellen werden auch als Muskelfasern bezeichnet. Eine einzige Skelettmuskelzelle besitzt Hunderte von Zellkernen, die sich im Randbereich der Zelle befinden. Weiter innen befinden sich viele lange fadenförmige Strukturen, die sogenannten Myofibrillen.

Osteo-: Wortteil mit der Bedeutung Knochen
-blasten = bilden
-klasten = abbauen

Myo-: Wortteil mit der Bedeutung Muskel

Herzmuskel ▸ S. 275 f.

Muskelgewebeart	Einteilung nach mikroskopischen Gesichtspunkten	Aufgaben und Eigenschaften	Steuerung
Skelettmuskulatur	quergestreift	bewegt die Knochen; arbeitet sehr kräftig und schnell; ist schnell ermüdbar und benötigt lange Pausen	willkürliches Nervensystem (bewusst)
Herzmuskulatur	quergestreift, verzweigt	bewegt das Herz und damit das Blut; kräftig; arbeitet schnell und pausenlos Tag und Nacht	unwillkürlich (unbewusst) autonomes Reizbildungssystem, z. B. Sinnesknoten
Eingeweidemuskulatur	glatt	bewegt (verengt) die inneren Hohlorgane; arbeitet schwach und langsam, Tag und Nacht mit häufigen Pausen; befindet sich in Speiseröhre, Magen, Darm, Gallenblase, Harnsystem, Gebärmutter, Blutgefäßen, Bronchiensystem, großen Drüsen	unwillkürlich (unbewusst) VNS = vegetatives Nervensystem

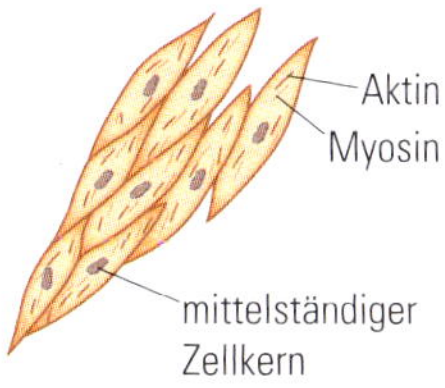

Tabelle 6 Muskelgewebearten.

Skelettmuskulatur
▸ S. 147 f.

Glia (gr.) = Leim

Dendrit: baumartiger Zellausläufer

Muskelfaszie: Schicht aus Bindegewebe, die den Muskel wie ein enges Geflecht umhüllt und u. a. für Formstabilität sorgt

Diese Myofibrillen (Bild 15) setzen sich aus den regelmäßig angeordneten Eiweißmolekülen Aktin und Myosin zusammen. Es sind diese beiden Eiweißmolekülarten, die sich schon bei geringstem elektrischem Reiz ineinander verschieben und somit die Myofibrillen zur Verkürzung (Kontraktion) bringen. Damit verkürzt sich die gesamte Muskelzelle, sie zieht sich zusammen. Schließlich kontrahiert der gesamte Muskel.

Ein Muskel kann sich selbstständig nur kontrahieren, eine Dehnung ist bei Skelettmuskeln nur durch einen Gegenmuskel möglich. Beim Herzmuskel und den Eingeweidemuskeln verursacht der Füllungszustand der Hohlorgane die erneute Dehnung der Muskulatur.

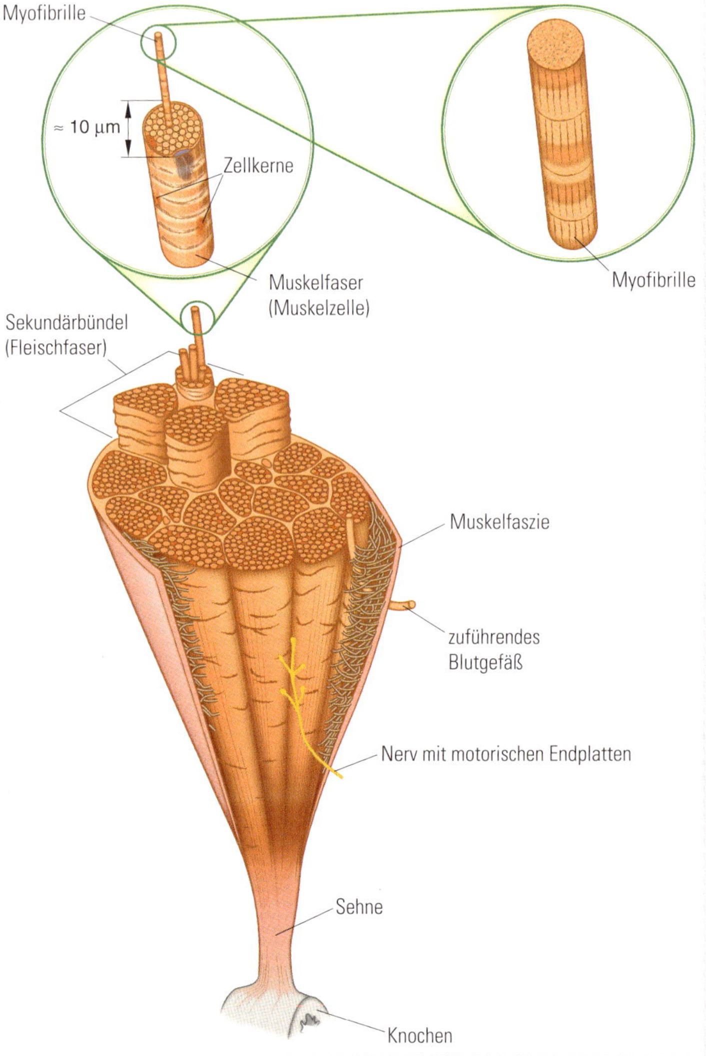

Bild 15 Aufbau eines Skelettmuskels.

2.5 Nervengewebe

Das Nervengewebe besteht im Wesentlichen aus zwei Zellarten:

- Neurozyten / Neuronen, die die eigentliche Funktion ausmachen und
- Gliazellen als Nervenbindegewebe.

Die Neuronen, etwa 100 Milliarden, sind so hochspezialisiert, dass sie die besonderen bindegewebsartigen Gliazellen benötigen, die direkt neben den Nervenzellen liegen. Gliazellen stützen, schützen, isolieren und ernähren die Neurozyten. Bestimmte Gliazellen bilden besondere Hüllen, die Mark- oder Myelinscheiden, die unterschiedlich dick sein können. Die Dicke der Markscheiden spielt für die Nervenleitgeschwindigkeit eine entscheidende Rolle: Je dicker die Markscheide, desto schneller werden die elektrischen Signale geleitet.

Funktion und Eigenschaften. Nervenzellen dienen der Nachrichtenübermittlung im Körper. Eine Nervenzelle nimmt Reize auf, verarbeitet diese und leitet sie weiter. Die Informationsaufnahme einer Nervenzelle erfolgt über Dendriten. Das eigentliche Arbeitszentrum liegt im Zellkörper (Bild 16, S. 131).

Das Axon, umhüllt von Myelin (markhaltiges Axon) oder ohne Myelin (markloses Axon) leitet als Nervenfaser oder Neurit die Informationen zu anderen Zellen weiter. Manche Nervenzellen haben ein über ein Meter langes Axon. Diese lange Nervenfaser muss von besonderen Gliazellen betreut werden, den Schwann'schen Zellen.

Die Informationsweiterleitung erfolgt immer von den Dendriten zum Zellkörper hin und nach Verarbeitung im Zellkörper über die Nervenfaser von der Zelle fort. Die Berührungspunkte von Nervenzellen bzw. ihren verschiedenen Ausläufern mit anderen Zellen heißen Synapsen.

Eine Synapse besteht aus einem winzigen Spalt, an dessen einem Ende Transmitter (chemische Überträgerstoffe) gebildet werden, die bei elektrischer Erregung über diesen synaptischen Spalt hinweg wandern und dadurch die Erregung weiterleiten.

Synapsen können Impulse nur in einer Richtung weiterleiten. Synapsen haben aber auch eine Lern- und Gedächtnisfunktion: sie funktionieren bei häufiger Benutzung besser. Sehr viele Medikamente wirken im Gehirn an diesen Stellen und beeinflussen die Funktion der Synapsen, z. B. Psychopharmaka.

Die Zusammenfassung bzw. Bündelung von Axonen wird als Nerv bezeichnet. Große Nerven, wie z. B. der etwa daumendicke Ischiasnerv, bestehen aus einer ungeheuren Anzahl von Axonen, die durch Gliazellen voneinander isoliert sind.

Nervenzellen können sich nach der Geburt nicht mehr teilen (bis auf sehr wenige Ausnahmen), Gliazellen dagegen können sich bei Bedarf (z. B. Verletzung) vermehren und zu einer Reparatur (Vernarbung) führen. Die Gliazellen können allerdings nach einer Verletzung die ursprüngliche Funktion der Nervenzellen nicht mehr wiederherstellen. Durch Verletzungen im zentralen Nervensystem (ZNS) entstandene Narben werden manchmal mit epileptischen Anfällen in Verbindung gebracht.

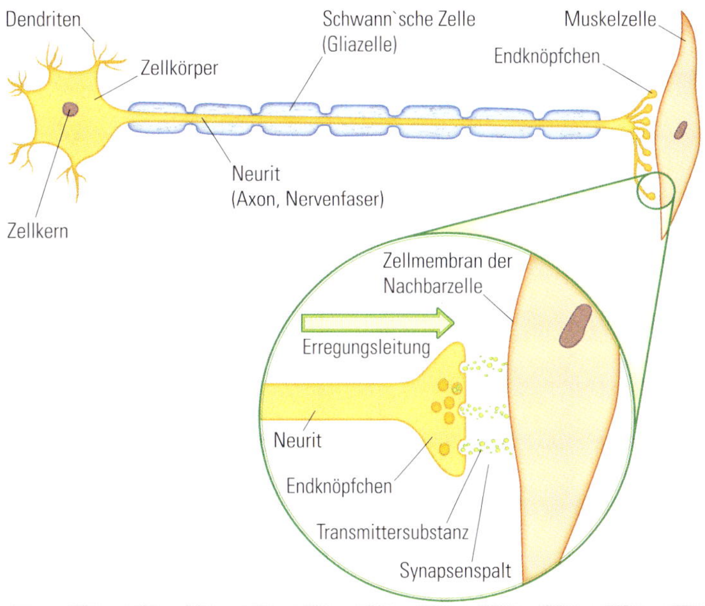

Bild 16 Nervenzelle mit Gliazellen; Ausschnittsvergrößerung einer Synapse.

Die häufigsten Tumoren des ZNS gehen von Gliazellen aus und werden Gliome genannt. Dies hängt wahrscheinlich damit zusammen, dass die Gliazellen ihre Teilungsfähigkeit behalten.

ZNS ▸ S. 324 ff.

Transmittersubstanzen sind z. B.: Adrenalin, Noradrenalin, Dopamin, Acetylcholin, Serotonin, Histamin, Endorphine

transmittere (lat.) = hinüberschicken

3 Störungen und Veränderungen von Zellen und Geweben

3.1 Allgemeine Krankheitslehre

Es ist jederzeit möglich, dass eine Zelle nicht mehr richtig funktioniert, nicht mehr sinnvoll mit ihren Nachbarzellen zusammenarbeitet und sich mit allen ihren Fehlern ungezügelt vermehrt. Mithilfe des Mikroskops und verschiedener Färbemethoden kann ein Pathologe den Gesundheitszustand der Zellen und ihr Verhalten gegenüber den Nachbarzellen abschätzen. Er kann feststellen, ob Zellveränderungen gutartig oder bösartig sind, kann Hinweise geben wie man sie behandeln muss und welche Prognose (Vorhersage) sie haben (Tabelle 7, S. 132).

Vom Pathologen muss immer eine mikroskopische Untersuchung durchgeführt werden (Bild 17, S. 132), wenn

- ein Chirurg ein Organ herausoperiert,
- ein Arzt an irgendeiner Stelle ein auffälliges Gewebestück herausschneidet,
- ein Zellabstrich von einer Schleimhaut entnommen wird,
- einzelne Zellen in krankhaften Körperflüssigkeiten untersucht werden sollen.

Pathologie von gr. Pathos = Leid, Leiden und -logie = Lehre

Bezeichnung	Zugrunde liegende Störung	Zellbefund (sehr vereinfacht)	Beispiel
Entzündung	(übermäßige) Abwehrreaktion von Gefäß- und Bindegewebszellen	Auftreten typischer Entzündungszellen	rheumatische Gelenkentzündung
Degeneration	unzureichende Gewebeneubildung	minderwertige Zellen	Bandscheibenverschleiß
Tumor (Geschwulst)	unkontrolliertes Zellwachstum	ungewöhnliche (atypische) Zellen	Krebs
Erbkrankheit / Behinderung (Fehlbildung)	gestörte Erbanlage / fehlerhafte Entwicklung von Organen	Chromosomenveränderungen (Zellkern), fehlende Zellen	Lippen-, Gaumenspalte
Zirkulationsstörung	mangelhafte Versorgung von Zellen und Geweben durch stockende Blutzufuhr	wenige und abgestorbene Zellen	Herzinfarkt
Trauma (Verletzung)	gewaltsame Schädigung der Zellen durch äußere Einwirkungen	zerstörte Zellen	Wunde
Stoffwechselstörung	ungenügende Zellleistung bei der chemischen Verarbeitung von Nahrungsstoffen	typisch veränderte Zellstrukturen	Gicht
Hormonstörung	nicht angepasste Sekretbildung der Zellen	zu viele, zu große oder zu kleine Zellen	Regelblutungsstörungen
funktionelle Störung	Organstörung ohne nachweisbare Zellveränderung	normale Zellen	psychogene (seelisch bedingte) Magenschmerzen

Tabelle 7 Krankmachende Störungen und Veränderungen.

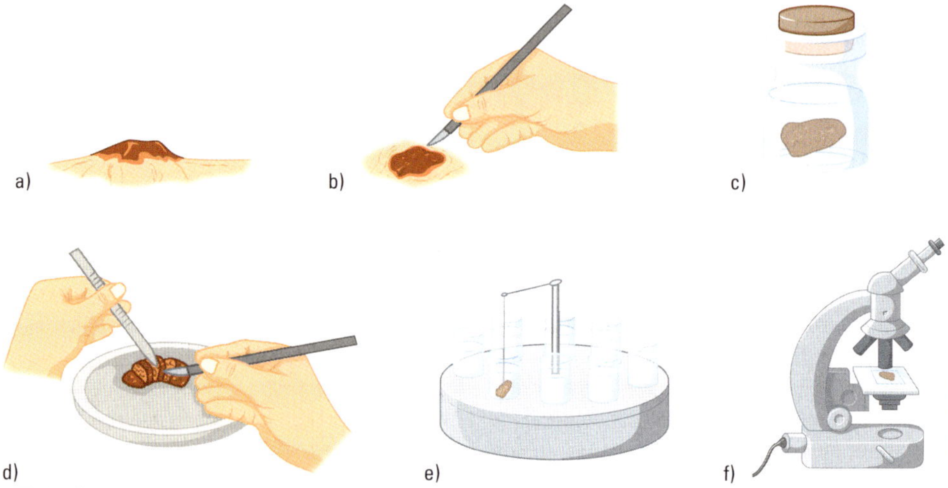

Bild 17 a) Klinischer Befund, z. B. verdächtiges Hautareal, b) Entnahme kranken oder veränderten Gewebes, c) Fixierung, d) Zuschneiden, e) Einbetten und Färben, f) Mikroskopische Begutachtung.

Zytologische Untersuchungen. Hierbei werden nur einzelne Zellen unter dem Mikroskop untersucht, z.B. Zellen aus dem Urin oder aus dem Sputum (Auswurf). Ebenso untersucht man Zellen aus Flüssigkeiten, die man durch Punktion gewonnen hat, z.B. Liquor (Gehirn- und Rückenmarksflüssigkeit) oder Gelenkerguss.

Meistens werden diese Flüssigkeiten zur weiteren Untersuchung an ein Institut für Pathologie geschickt.

Abstrich nach PAP. Am bekanntesten ist die zytologische Untersuchung von Abstrichen des Gebärmuttermundes (Portio) und -halses (Zervix uteri) (Bild 18 a). Mithilfe eines Watteträgers oder ähnlicher Instrumente werden während der gynäkologischen Vorsorgeuntersuchung Zellen vom Scheidenteil der Gebärmutter sowie aus dem Gebärmutterhals abgestrichen und auf einen Objektträger aufgetragen. Unmittelbar danach werden die Zellen auf dem Objektträger mit einer alkoholischen Lösung fixiert, d.h. vor der Zersetzung geschützt. Der Abstrich wird auch mit einer Abstrichbürste oder einem Spatel durchgeführt; der Abstrich wird dann in eine Transportflüssigkeit ausgewaschen. Danach erfolgt die Färbung der Zellen nach Papanicolaou und deren mikroskopische Beurteilung. Diese Untersuchung hat sich sehr bewährt, da mit minimalem Aufwand besonders häufige maligne (bösartige) Tumoren frühzeitig entdeckt werden können. Noch vor Ausbruch eines Portio- oder Zervixkarzinoms können verdächtige Veränderungen nachgewiesen werden.

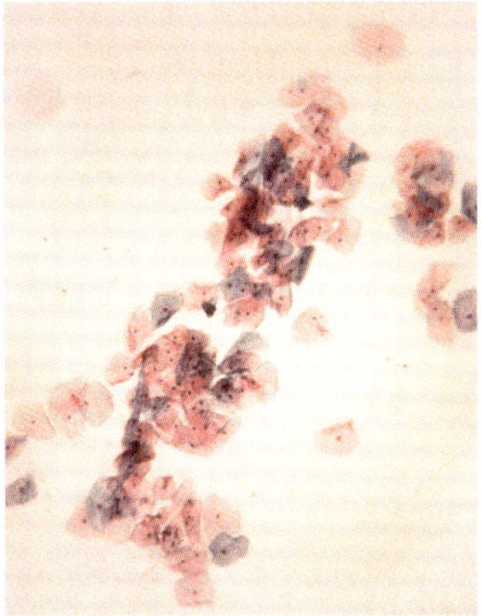
a)

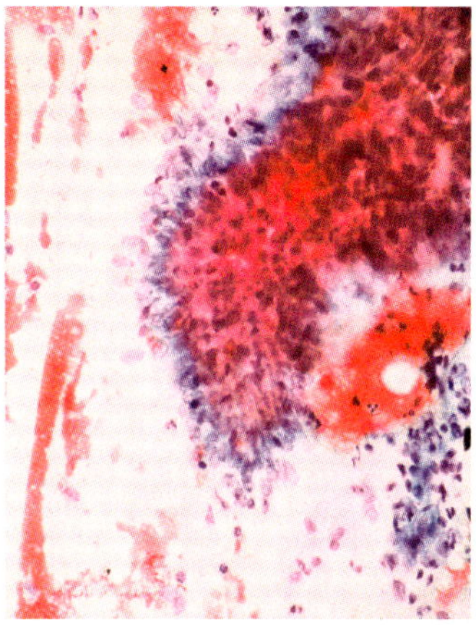
b)

Bild 18 Zytologische und histologische Präparate.
a) Normale Zellen, Abstrich vom Gebärmuttermund (Portio),
b) Gewebe des Gebärmuttermundes mit Krebszellen (s. Bild 28, S. 141).

Histologische Untersuchungen. Hier werden ganze Gruppen von Zellen in ihrem ursprünglichen Zusammenhang unter dem Mikroskop untersucht (Bild 18 b). Das Untersuchungsmaterial erhält man durch Ausschneidung, Ausstanzen oder Abzwicken. Man nennt die Entnahme eines Zellblockes aus dem lebenden Organismus Biopsie. Die Entnahme einer Gewebeprobe wird häufig auch als Probeexzision, kurz PE, bezeichnet. Die Zellblöcke werden im Institut für Pathologie tiefgefroren, in hauchdünne Scheiben geschnitten, angefärbt und dann zur Beurteilung mikroskopiert.

Punktion ▸ S. 333

Zytologie = Zelllehre

Histologie = Gewebelehre

George N. Papanicolaou (1883–1962), amerikanischer Pathologe

3.2 Ursachen und Verlauf von Krankheiten

Äußere Ursachen sind die Einwirkungen von außen, die unter bestimmten Bedingungen Krankheiten auslösen können. Dazu zählen Mikroorganismen und Parasiten. Andere äußere Ursachen können Gifte, Ernährungsschäden, physikalische Einwirkungen und chemische Stoffe sein.

Innere Ursachen sind im Organismus selbst angelegt, z.B. Vererbung, Geschlecht, Alter und seelische Veranlagung. Dementsprechend ist ein Mensch mal mehr, mal weniger resistent und immun gegenüber krankmachenden Einflüssen. Die Krankheitsanfälligkeit – beispielsweise die Neigung, an Diabetes mellitus zu erkranken – wird mit dem Begriff Disposition umschrieben.

Konstitution ist die Gesamtheit aller körperlichen und seelischen Anlagen. Darin eingeschlossen sind Disposition sowie Anpassungs- und Leistungsfähigkeit eines Menschen (Bild 19, S. 134).

immun = unempfindlich

Diabetes ▸ S. 420 ff.

resistent = widerstandsfähig

Krankheitsentstehung. Bei den meisten Erkrankungen spielen Anlage und Umwelt eine Rolle. Bei vielen Krankheiten sind die Ursachen nicht oder nicht sicher bekannt. Häufig liegt nicht nur eine Ursache vor, sondern verschiedene Ursachen und Faktoren wirken zusammen. Das wird dann als multifaktorielles Krankheitsgeschehen beschrieben.

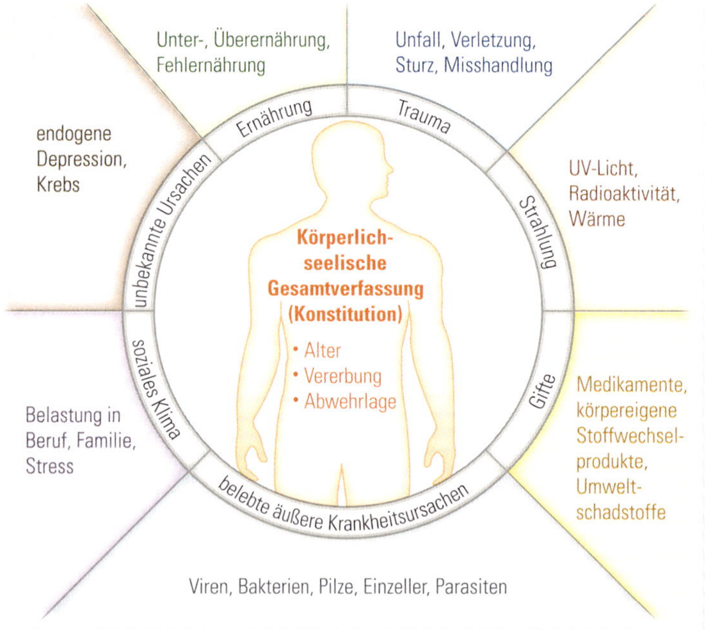

Bild 19 Äußere und innere Ursachen bei der Krankheitsentstehung.

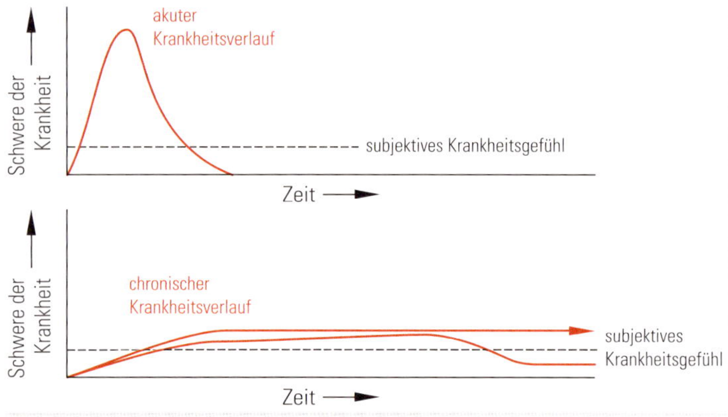

Bild 20 Krankheitsverläufe.

Beispiel: Bei der Krebsentstehung nimmt man ein Zusammenspiel von genetischen Faktoren, von familiärer Häufigkeit und äußeren Einwirkungen (Krebs erregende Stoffe) an. Auch psychische Umstände, z.B. Trennungsschmerz nach Partnerverlust, können die Abwehr schwächen und die Krebsentwicklung fördern.

Ursachenforschung. Eine wichtige Methode die Krankheitsentstehung zu erforschen ist die Zwillingsforschung. Eineiige Zwillinge besitzen die gleiche genetische Ausstattung. Leiden nun beide Zwillinge an der gleichen Erkrankung, obwohl sie getrennt aufgewachsen sind, kann man von einer genetischen Veranlagung ausgehen.

Krankheitsverlauf. Krankheiten können bezüglich des zeitlichen Verlaufs in akute und chronische eingeteilt werden (Bild 20 und Tabelle 8). Sie können unterschiedlich verlaufen und enden (Bild 21, S. 135).

Heilung bedeutet, dass nach einer Krankheit der ursprüngliche Zustand wieder erlangt wird. Bei einer Defektheilung bleibt ein mehr oder minder großer Schaden zurück, z.B. eine Narbe.

Eine Folge- oder Zweitkrankheit entwickelt sich aus einer Erkrankung heraus. Diese wird zur Ursache einer neuen und andersartigen Krankheit. So kann es beispielsweise nach einer Scharlacherkrankung zu einer immunologisch bedingten Entzündung von Herz, Gelenken und Nieren kommen.

Rezidiv bedeutet, dass die ursprüngliche Krankheit wieder auftritt, z.B. es bildet sich erneut ein bösartiger Tumor.

Leiden. Eine Krankheit kann sich zu einem Leiden entwickeln, welches das Gesamtbefinden schwerwiegend beeinträchtigt. Eine schwere Nierenentzündung kann abklingen, aber zu einer dauerhaften Nierenschwäche führen.

	Beginn	Verlauf	Dauer	Heilungstendenz	Beispiel
akute Erkrankung	plötzlich	heftig	bis zu drei Wochen	gut	Erkältungskrankheit
chronische Erkrankung	schleichend	schleppend, schubförmig	unbefristet, evtl. Erholungsphasen	ungünstig	Zuckerkrankheit

Tabelle 8 Unterscheidungsmerkmale zwischen akuter und chronischer Erkrankung.

Tod. Eine Erkrankung kann mit dem Tod enden, der durch Todeszeichen erfasst wird. Es gibt unsichere und sichere Todeszeichen (Tabellen 9 und 10).

Hirntod. Der Hirntod ist der Zustand des endgültigen Erlöschens der Gesamtfunktionen von Groß- und Kleinhirn und Hirnstamm. Er wird wie folgt nachgewiesen:

- Nulllinie im EEG bleibt bei einer über 30 Minuten langen ununterbrochenen Registrierung bestehen.
- Das Gehirn reagiert auf keinen Reiz mehr.
- Durch Angiographie und Dopplersonographie kann der zerebrale Zirkulationsstillstand festgestellt werden.

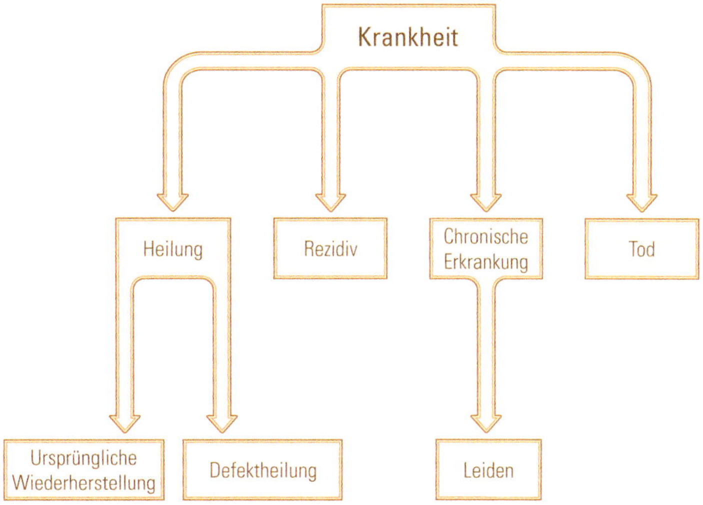

Bild 21 Möglicher Ausgang einer Krankheit.

EEG ▸ S. 333

Angiographie ▸ S. 179

Sonographie ▸ S. 172

Reanimation: Wiederbelebung

	Kennzeichen	Bezeichnung	Besonderheit
unsichere Todeszeichen	Atem- und Herzstillstand	klinischer Tod	Reanimation ist innerhalb weniger Minuten nach dem Auftreten dieser Zeichen möglich
sichere Todeszeichen (s. Tabelle 10)	Totenflecken, Totenstarre, Fäulnis	biologischer Tod	irreversibles Versagen des Zentralen Nervensystems (Hirntod)

Tabelle 9 Todeszeichen.

Zeichen	Beschreibung	Zeit
Totenflecken	Blut sackt in tiefer gelegene Körperpartien	sichtbar 30 bis 60 min nach dem Tod, nicht mehr wegzudrücken nach 12 Std.
Totenstarre	muskuläre Verkrampfung	Kiefergelenkstarre nach 2 bis 3 Std., am ganzen Körper nach 8 bis 10 Std.
Fäulnis	biologischer Abbau, von Organeiweiß durch frei werdende Enzyme	bewirkt nach ca. 3 bis 4 Tagen die vollständige Lösung der Totenstarre

Tabelle 10 Sichere Todeszeichen (unter normalen klimatischen Bedingungen).

Einzelne Gewebe und Organe können nach dem Tod des Menschen noch längere Zeit ihre Lebensfähigkeit behalten. So ist es möglich, Organe für Transplantationen zu verwenden (Bild 22). Dafür muss der Hirntod von zwei Ärzten dokumentiert werden, die nicht dem Transplantationsteam angehören. Die Organisation der Organspenden übernimmt in Deutschland die DSO (deutsche Stiftung Organtransplantation, www.dso.de).

Bild 22 Organspendeausweis.

Transplantation = Organverpflanzung

3.3 Spezifische Krankheitsursachen

Röteln ▸ S. 92

Alkohol ▸ S. 378

Zellen und Gewebe reagieren auf krankmachende Reize mit bestimmten Grundreaktionen und Strukturveränderungen, die jedes Organ betreffen können.

3.3.1 Angeborene Störungen

Anomalie = Unregelmäßigkeit, Regelwidrigkeit

Feten: Plural von Fetus (Fötus)

Aplasie: fehlende Organentwicklung

Genetische Abweichungen sind Chromosomen- oder Genveränderungen in Zahl und/oder Struktur. Die meisten Anomalien entstehen zwar zufällig, aber einige sind erblich. Die meisten Feten mit Chromosomenanomalien sterben bereits vor der Geburt.

Die häufigste und bekannteste Erbkrankheit bei Lebendgeborenen, die auf einer Chromosomenanomalie beruht, ist das Down-Syndrom (Trisomie 21). Dabei ist das Chromosom mit der Nummer 21 in der befruchteten Eizelle dreimal statt paarweise enthalten.

Diese Chromosomenabweichung geht mit einer verzögerten geistigen Entwicklung und körperlichen Fehlbildungen einher. Typisches Merkmal von Kindern mit Down-Syndrom ist die charakteristische Augenstellung (Lidfalte).

Blutzellen ▸ S. 252 f.

Viele Erbkrankheiten werden jedoch nicht durch Chromosomenanomalien hervorgerufen, sondern durch Genanomalien. Dabei ist ein Gen auf einem Chromosom verändert. Solche Veränderungen (Mutationen) können durchaus positiv sein, wenn sich dadurch ein Organismus besser an seine Umwelt anpassen kann. Viele Genmutationen führen bei Menschen jedoch zu Krankheiten, weil ein bestimmtes Protein nicht mehr hergestellt werden kann, z. B. bei der Mukoviszidose. Bei dieser Krankheit bilden die Körperdrüsen einen zähflüssigen Schleim, der die Drüsenausgänge verstopft (z. B. der Bauchspeicheldrüse). Auch in den Bronchien bildet sich zähflüssiger Schleim, der zu schweren Atemproblemen führt.

Ein weiteres Beispiel einer genetischen Störung ist der Muskelschwund (Duchenne-Muskeldystrophie), bei dem die Skelettmuskulatur nach und nach abgebaut wird. Die Folge ist, dass der Erkrankte sich immer weniger bewegen kann und im frühen Erwachsenenalter (wegen ungenügender Atembewegungen) stirbt.

Infektionen (z. B. Rötelninfektion) und Erkrankungen durch schädigende Umwelteinflüsse wie Strahlen, Arzneimittel, Alkohol oder Drogen haben schwerwiegende Auswirkungen auf die Entwicklung des ungeborenen Kindes.

Bei Fehl-/Missbildungen lassen sich Einzel- und Doppelmissbildungen unterscheiden. Eine Einzelfehlbildung ist z. B. der sogenannte offene Rücken (Spina bifida), bei dem der Wirbelkanal nicht geschlossen ist. Dadurch wird das Rückenmark geschädigt und Lähmungen treten auf. Zu den Doppelmissbildungen zählt man siamesische Zwillinge, die teilweise zusammengewachsen sind und oft auch gemeinsame innere Organe besitzen. Manchmal werden Organe nicht ausgebildet, z. B. Schilddrüsenaplasie.

3.3.2 Entzündungen

Eine Entzündung ist eine Abwehrreaktion des Gewebes auf schädigende Reize. Dabei sind verschiedene Stoffe (Mediatoren) beteiligt, die die Entzündungsabläufe vermitteln, z. B. Botenstoffe für die weißen Blutzellen.

Eine Entzündung hervorrufende Reize (Noxen):
- Mikroorganismen (Bakterien, Viren, Pilze, Einzeller),
- Parasiten (Würmer, Flöhe, Zecken, Milben),
- physikalische Einwirkungen (Druck / Stoß, Hitze / Kälte, Strahlen, elektrische Einflüsse),
- chemische Stoffe (Gifte, Laugen, Säuren, Gase),
- zerfallende, absterbende Zellen, z. B. bei Krebs,
- Stoffwechselprodukte (z. B. Harnsäure),
- immunologische Faktoren (Autoantikörper, Allergene, Immunkomplexe).

Die lokalen Entzündungszeichen:
- Rötung (Rubor) entsteht durch vermehrte Durchblutung.
- Überwärmung (Calor) ist Folge der gesteigerten Durchblutung und des erhöhten Stoffwechsels.

- Schwellung (Tumor) wird durch den Austritt von Blutflüssigkeit und Entzündungszellen in das Gewebe hervorgerufen. Blutflüssigkeit und Entzündungszellen bilden das entzündete Exsudat.
- Schmerz (Dolor) kommt dadurch zustande, dass schmerzleitende Nervenfasern durch entzündungsbedingte Stoffe gereizt werden.
- Störung / Ausfall der Organfunktion (Functio laesa) tritt ein, weil Zellen und Gewebe geschädigt sind und es zu einer schmerzbedingten Schonhaltung kommt (Bild 23).

Die lokalen Symptome der Entzündung lassen sich besonders gut an oberflächennahen Organen und Strukturen wahrnehmen (Bild 24).

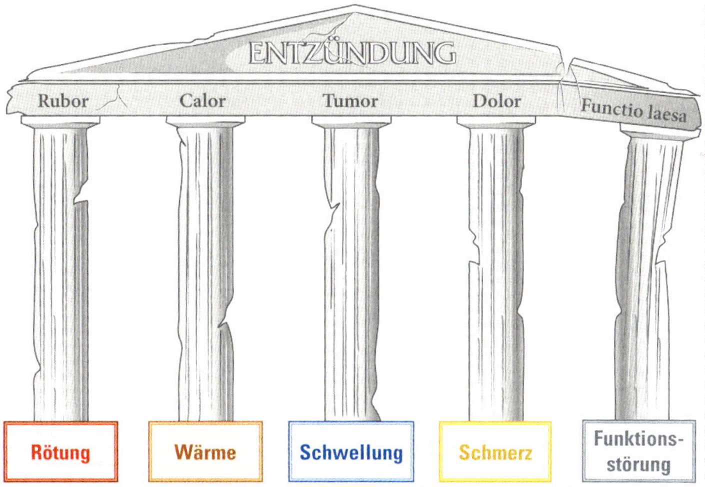

Bild 23 Entzündungszeichen.

Entzündungsarten. Entzündungen lassen sich nach dem hauptsächlich vorkommenden Infiltrat und nach den Folgen der Entzündungsprozesse einteilen (Tabelle 11).

Eitrige Entzündungen. Eiter besteht aus Leukozyten, Zelltrümmern und Bakterien. Die Bezeichnung einer eitrigen Entzündung richtet sich danach, wo sich der Eiter angesammelt hat (Tabelle 12).

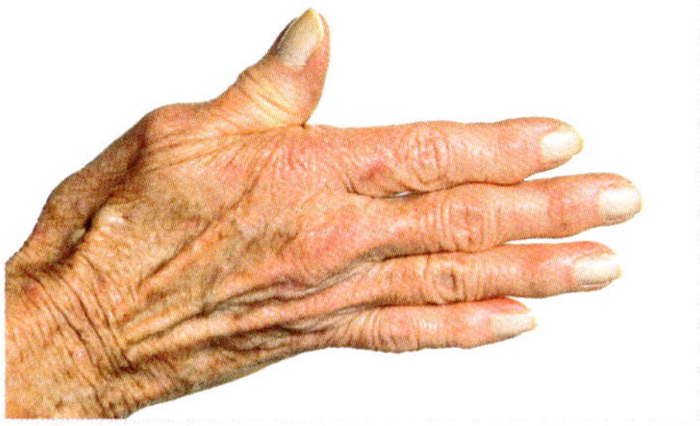
Bild 24 Entzündung von Fingergelenken.

Exsudat von lat. exsudatus = ausgeschwitzt

Leukozyten ▶ S. 252 f.

Infiltrat: örtliche Gewebeeinlagerung von Entzündungszellen und Flüssigkeiten

Entzündungsart	Infiltrat / Kennzeichen	Beispiel
serös	Blutflüssigkeit (Serum)	Brandblase
fibrinös	Blutflüssigkeit mit Fibrin	trockene Rippenfellentzündung
eitrig	Blutflüssigkeit (Plasma) mit Eiter	eitrige Entzündung (Tabelle 12)
geschwürig	Entzündungsprozesse zerstören Haut / Schleimhaut	„offenes Bein“
granulomatös (knotig)	Entzündungsprozesse veranlassen ausgeprägte Bindegewebsvermehrung	Rheumaknoten

Tabelle 11 Entzündungsarten.

Bezeichnung	Vorkommen	Beispiel
Abszess	im Gewebe	Hautabszess
Empyem	in natürlicher Körperhöhle	Gelenkempyem
Phlegmone	flächenhaft ausgebreitet	Unterschenkelphlegmone

Tabelle 12 Eitrige Entzündungen.

Temperaturmessung ▸ S. 24

Eine Entzündung verläuft oft ohne Beeinträchtigung des Allgemeinbefindens. Sie kann aber auch ein größeres Ausmaß annehmen, sodass der Betroffene sich krank fühlt.

Allgemeinsymptome sind Abgeschlagenheit, Fieber und Krankheitsgefühl. Man kann dann von einer entzündlichen Erkrankung sprechen. Typische, im Labor nachweisbare Entzündungsmerkmale sind Leukozytose, der Anstieg der Blutsenkungsgeschwindigkeit (BSG) und das Auftreten von C-reaktivem Protein.

Leukozytose ▸ S. 258

BSG ▸ S. 260

C-reaktives Protein: Entzündungsmarker

Sepsis, umgangssprachlich Blutvergiftung genannt, ist eine lebensbedrohende Allgemeininfektion mit hohem Fieber und schwerem Krankheitsgefühl. Bei einer Sepsis enthält das Blut viele Krankheitserreger (Bakteriämie), die den Organismus überschwemmen. Die Bakterien können sich in vielen Organen ansiedeln (septische Metastasen). Dies führt dann oft zum Multiorganversagen.

Sepsis (gr.) = Fäulnis; bezeichnet keimbesiedeltes Gewebe

Metastase (gr.) = Absiedelung

Fieber ist die erhöhte Körpertemperatur über 38 Grad Celsius. Es stellt eine Reaktion des Gesamtorganismus auf krankmachende Einflüsse dar und bedeutet oft eine Belastung, z. B. für das Herz-Kreislaufsystem. Eine um 1 Grad erhöhte Körpertemperatur lässt das Herz bis zu 10-mal schneller schlagen. Fieber wird durch innere (körpereigene) Stoffe und äußere Ursachen hervorgerufen. Je nach Ursache kann das Fieber einen typischen Verlauf aufweisen (Tabelle 13).

3.3.3 Reaktionen der Zelle auf verschiedene Einflüsse

Die Zelle hat die Fähigkeit, auf verschiedene Umweltbedingungen zu reagieren. Abhängig von den Anforderungen an die Zelle treten verschiedene Anpassungsreaktionen auf (Bild 25, S. 139).

Bezeichnung	Beschreibung	Fieberkurve	Beispiel
Kontinua = kontinuierliches Fieber	Körpertemperatur bleibt fast gleichmäßig hoch	a) Kontinua (kontinuierliches Fieber) 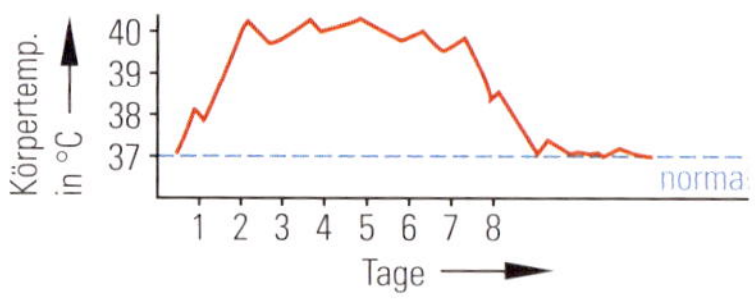	Scharlach
intermittierendes Fieber (septisches Fieber)	Körpertemperatur wechselt stark im Tagesverlauf	b) intermittierendes Fieber 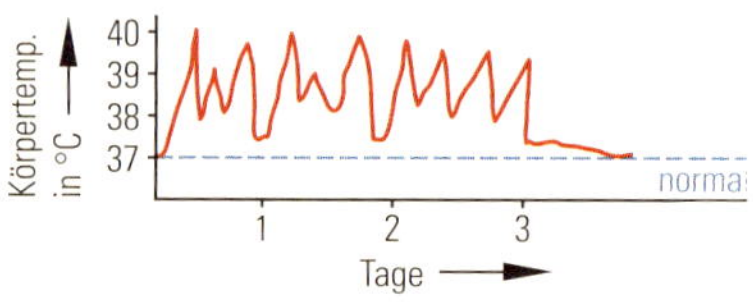	Sepsis (schwere Allgemeininfektion)
rhythmisches Fieber (Wechselfieber)	Fieberschübe wechseln über mehrere Tage	c) rhythmisches Fieber 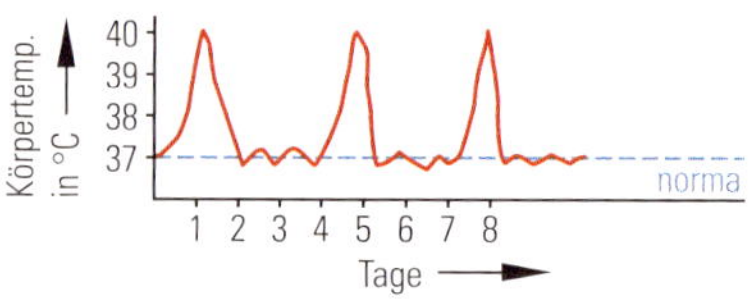	Malaria
zweigipfelige Fieberkurve (Dromedarkurve)	Dem ersten Fieberschub folgt nach 1 bis 2 Tagen Normaltemperatur ein zweiter Fieberschub	d) zweizipfeliges Fieber (Dromedar-Kurve) 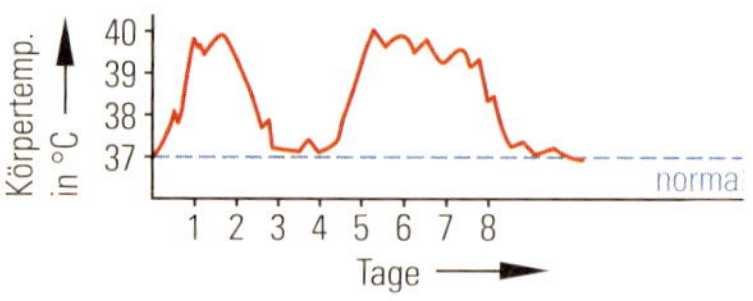	Masern

Tabelle 13 Fieberverlauf.

Die Grenze zwischen heilbarer (reversibler) Zellschädigung und unheilbarer Schädigung lässt sich nicht eindeutig angeben. Anders ausgedrückt heißt dies, dass die Grenze zwischen Leben und Tod der Zelle verschwommen ist.

Atrophie (Schwund) bedeutet, dass sich Anzahl und Größe der Zellen verringert haben. Der Druck durch ein Ödem oder einen Tumor kann zu Mangeldurchblutung und Druckatrophie führen. Bei Nahrungsmangel schwinden zunächst Fett- und Muskelgewebe, später Drüsen- und Knochengewebe. Auch Bewegungsmangel, Lähmung und altersbedingte Faktoren lassen Organe schrumpfen. Beispiele: Muskelschwund bei Ruhigstellung des Beines durch Gips oder Verkleinerung der Gebärmutter in den Wechseljahren.

Hyperplasie (Zunahme der Zellzahl) tritt bei vermehrter Beanspruchung besonders bei noch gut teilungsfähigen Zellen auf. Beispiele: Blutstammzellen bilden bei Sauerstoffmangel vermehrt rote Blutzellen oder Schilddrüsenvergrößerung (Struma) bei Jodmangel.

Dysplasie (Fehlbildung) ist die noch rückbildungsfähige Zellveränderung. Beispiel: verdächtiges Hautmal mit erhöhtem Risiko zur Entartung (Krebs).

Hypertrophie (Vergrößerung der Zellen) ist die Folge von Mehrbelastung bei Zellen, deren Teilungsfähigkeit eingeschränkt ist. Bekanntes Beispiel einer physiologischen Hypertrophie ist das sogenannte Sportlerherz (Bild 26). Eine krankhafte Herzvergrößerung tritt durch eine Mehrbeanspruchung infolge von Herzfehlern auf und kann in eine Herzschwäche übergehen.

Degeneration (Entartung) wird im Zusammenhang von Alterungs- und Abnutzungsprozessen beobachtet. Es handelt sich um Zell- und Gewebeschäden, die letztlich durch eine gestörte Energiebildung in der Zelle entstehen. Die Zellen verlieren ihre Fähigkeit zur Anpassung und Heilung. Es entwickelt sich minderwertiges Gewebe. Die Zellen zeigen Veränderungen in Größe, Form und Aussehen. Beispiel einer degenerativen Erkrankung ist der Gelenkverschleiß (Arthrose), bei dem Gelenkknorpel verkümmert, oder Alzheimer-Demenz.

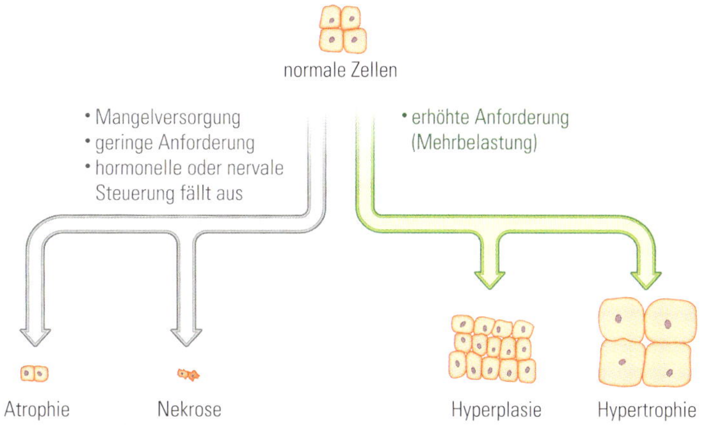

Bild 25 Anpassungsreaktionen der Zelle.

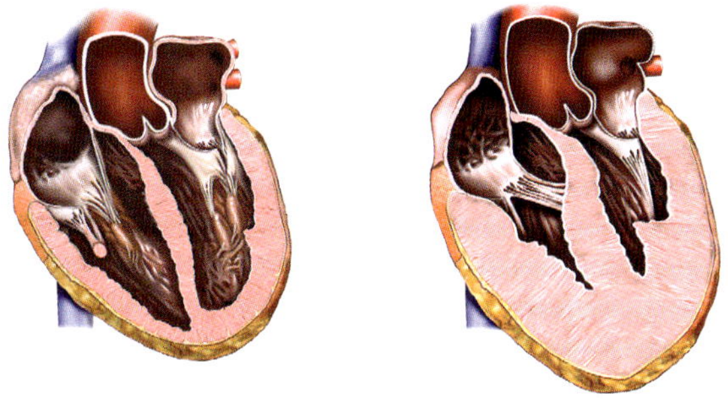

Bild 26 Schnitt durch ein erheblich vergrößertes hypertrophiertes Herz (normal großes Herz links daneben).

Nekrose (Zelltod). Erleidet die Zelle einen nicht mehr rückbildungsfähigen Schaden, hören die Zellfunktionen auf. Abgestorbene Zellen können wie „verbrannt" aussehen. Das nennt man eine trockene Gangrän (Bild 27). Werden nekrotische Zellen infiziert, kommt es zum fauligen Zerfall (feuchte Gangrän).

Gangrän (gr.) = Brand (von Gewebe)

Ist der Zelltod eingetreten, strömt die Zellflüssigkeit ins Blut. Die darin enthaltenen Enzyme lassen sich im Serum nachweisen. Dies nutzt man bei der Enzymdiagnostik, um Organschäden wie Herzinfarkt oder Leberentzündung festzustellen.

Serumdiagnostik ▸ S. 412

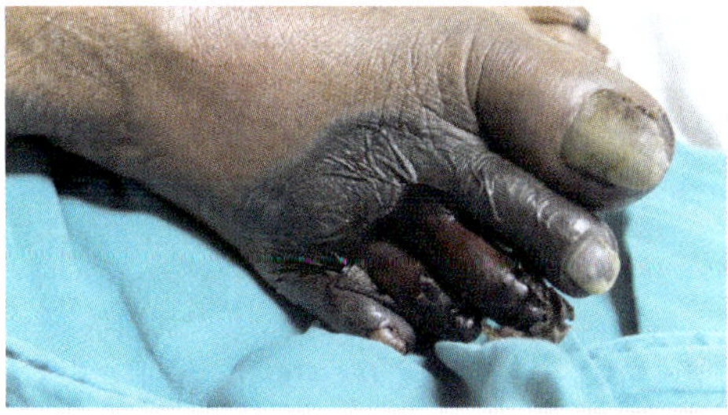

Bild 27 Trockene Gangrän.

Arthrose ▸ S. 163

Ulkus oder ulcus (lat.) = Geschwür

DNS ▸ S. 121

Kanzerogene: Krebs erzeugende Stoffe

Zellklon: Haufen genetisch identischer Zellen

Onkos (gr.) = Geschwulst, Tumor

Basaliom ▸ S. 441

Anämie ▸ S. 257

Mitose ▸ S. 122

Rezidiv = Rückfall

Zytostatika: Medikamente, die die Zellteilung hemmen

Ulkus (Geschwür) ist ein tiefgreifender Gewebe-(Substanz-)Verlust infolge einer Entzündung oder Mangelversorgung. Beispiel dafür ist ein Magenschleimhautgeschwür.

Regeneration bedeutet, dass verloren gegangenes Gewebe durch neu gebildetes Gewebe ersetzt wird. Regenerative Vorgänge treten physiologisch bedingt auf, z. B. bei Menstruation, Zellerneuerung der Haut und Neubildung des Blutes. Eine Gewebeneubildung aufgrund krankhafter Ereignisse wird pathologische Regeneration genannt. Meist führt sie dazu, dass beschädigtes oder zerstörtes Gewebe durch gleichwertige Zellen ersetzt wird. Ist dies nicht der Fall, spricht man auch von Reparation. Beispiel: Nach einer Hautverletzung bildet sich anstelle der dehnbaren Oberhaut ein hartes, unelastisches Narbengewebe.

3.3.4 Tumoren

Onkologie ist die Lehre von den (bösartigen) Tumorerkrankungen und deren Auswirkungen.

Tumor ist eine unkontrollierte, überschießende Wucherung körpereigener Zellen. Man unterscheidet gutartige (benigne) und bösartige (maligne) Tumoren (Tabelle 14). Es gibt aber auch Übergangsformen z. B. das Basaliom. Die Vorstufe eines bösartigen Tumors wird als Präkanzerose bezeichnet, z. B. ein auffälliges, sich schnell veränderndes Muttermal.

Tumorentstehung (Karzinogenese). In der Anfangsphase der Tumorbildung kommt es zur Veränderung der chromosomalen DNS im Zellkern. Für diese Veränderung kommen infrage:

- chemische Kanzerogene (Teerprodukte, Zigaretten, Schimmelpilzgift, Asbest usw.),
- physikalische Kanzerogene (energiereiche Strahlen, z. B. Röntgenstrahlen),
- Viren,
- genetische Faktoren (z. B. bei bestimmten Formen des Brustkrebses).

Ob aus einer entarteten Zelle ein Zellklon entsteht, der sich zu einem Tumor auswächst (Bild 28, S. 141), hängt von vielen, zum Teil noch unbekannten Faktoren ab. Bekannt sind hormonelle, immunologische und psychische Einflüsse. Zwischen der Anfangsphase und dem Auftreten können Jahre bis Jahrzehnte vergehen.

Metastasen verbreiten sich

- hämatogen, d. h. auf dem Blutweg,
- lymphogen. d. h. über die Lymphe oder
- entlang natürlicher Gegebenheiten, z. B. Ausbreitung über das Bauchfell.

Auswirkungen des Tumorgeschehens. Lokal können Tumoren zu Blutungen, Durchbruch, Einriss oder Einengung von Hohlorganen führen. Allgemeine Beeinträchtigungen bei bösartigen Tumoren sind Abgeschlagenheit, Leistungsminderung, Appetitstörung, ungewollter Gewichtsverlust, Infektanfälligkeit, Anämie und evtl. Fieber (sog. B-Symptomatik).

Merkmal	gutartig (benigne)	bösartig (maligne)
Wachstum	langsam	schnell
Wachstumstyp	verdrängend	infiltrierend (zerstörend)
Begrenzung	scharf, abgekapselt	unscharf
Metastasen	nein	ja
Histologie	Unterschied zum Muttergewebe gering	unterschiedlich große und vielgestaltige Kerne, viele Mitosen
Rezidiv	nein	ja
Therapie	Operation	Operation, Bestrahlung, Chemotherapie / Zytostatika, Hormone, Antikörper, alternative Verfahren
Heilung	meistens	nicht sicher

Tabelle 14 Unterscheidungsmerkmale zwischen gut- und bösartigen Tumoren.

Im Endstadium vieler Tumorerkrankungen wird eine allgemeine Auszehrung (Kachexie) als Ausdruck der veränderten Stoffwechselaktivität beobachtet.

Systematik. Bösartige Tumoren, die vom Epithelgewebe und Parenchym (Organzellen) ausgehen, werden als Karzinom (Ca) bezeichnet, z.B. Leberkarzinom. Bösartige Tumoren, die vom Binde-, Stütz- und Muskelgewebe ausgehen, werden als Sarkom bezeichnet, beispielsweise das Osteosarkom (Knochenkrebs). Bei den neurogenen (die Nerven betreffenden) Tumoren wird diese Unterscheidung nicht getroffen. Ein Tumor wird je nach Ausgangsgewebe und Zellbefund bezeichnet (Tabelle 15).

Zur Klassifizierung von Tumoren (TNM) werden nach internationaler Übereinkunft folgende Kennzeichen verwendet (Tumorstaging):

- T = Primärtumor: T_1 bedeutet kleiner Tumor, ...T_4 sehr großer Tumor , Angaben erfolgen in cm des Durchmessers in Abhängigkeit der Tumorart
- N = Lymphknotenbefall (Nodus lymphaticus): N_1 bedeutet, dass benachbarte Lymphknoten befallen sind („Wächterlympknoten"), ... N_4 betrifft weiter entfernt liegende Lymphknoten
- M = Fernmetastasen (Metastasen): M_0 bedeutet keine Fernmetastasen, M_1 steht für vorhandene Fernmetastasen

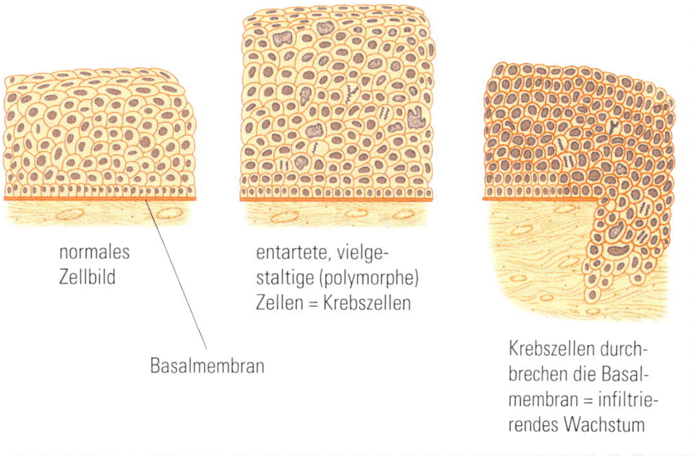

Bild 28 Stadien der Krebsentstehung.

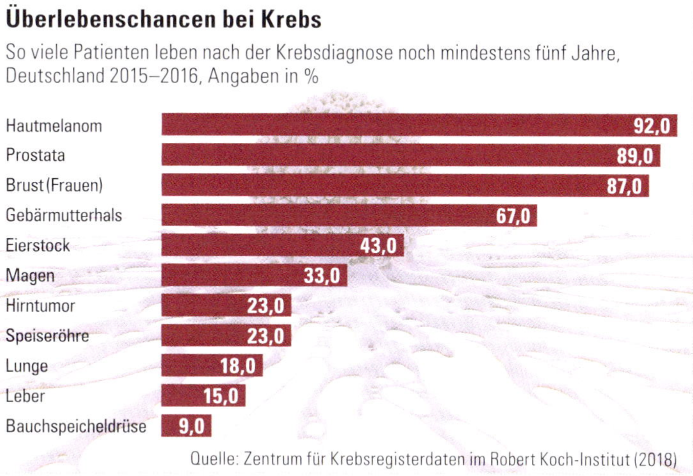

Bild 29 5-Jahre-Überlebenswahrscheinlichkeit.

Gutartiger Tumor	Ausgangsgewebe	Bösartiger Tumor
Papillom	Oberhaut	Plattenepithelkarzinom, malignes Melanom
Polyp (mit unveränderten Zellen)	Schleimhaut	Polyp mit atypischen Zellen
Adenom	Drüsengewebe	Adenokarzinom
Lipom	Fettgewebe	Liposarkom
Fibrom	Bindegewebe	Fibrosarkom
Myom	Muskelgewebe	Myosarkom
Meningiom (Hirnhaut), Neurinom	Nervengewebe	Glioblastom

Tabelle 15 Systematik der Tumoren (Auswahl) – Gegenüberstellung von gutartigen und bösartigen Tumoren.

Karzinom = Carcinom (CA) = **Cancer** (engl.): Krebs

Tumormarker (TM) sind Substanzen, die in Körperflüssigkeiten oder Zellen nachgewiesen werden können. Ihr Auftreten bzw. ihre erhöhte Konzentration ermöglichen Rückschlüsse auf das Vorliegen, den Verlauf oder die Prognose einer bestehenden Tumorerkrankung, z.B. das prostataspezifische Antigen (PSA).

PSA ▸ S. 363

Die 5-Jahre-Überlebenswahrscheinlichkeit wird als statistisches Maß für einen Therapieerfolg benutzt. Die jeweilige Prozentzahl gibt an, wie viele Menschen nach der Krebsbehandlung fünf Jahre überlebt haben (Bild 29, S. 141).

Hämorrhagie = Blutung

Thrombus = Blutgerinnsel

3.3.5 Zirkulationsstörungen

Thrombose ist eine krankhafte Blutgerinnselbildung in Arterie oder Vene. Die Folgen einer arteriellen Thrombose sind eine Gefäßverengung mit Schmerzen und die Mangeldurchblutung des abhängigen Versorgungsgebietes bzw. Organs. Eine venöse Thrombose macht sich durch Schwellung und Schmerz bemerkbar. Ein Thrombus kann sich von der Gefäßwand lösen und eine Embolie verursachen.

Schock ▸ S. 238 f.

Ischämie = lokale Blutleere

Lungenembolie ▸ S. 250

Schlaganfall ▸ S. 329

Embolie heißt, dass ein Embolus (Pfropf) mit dem Blutstrom verschleppt wird und in einem Gefäßabschnitt stecken bleibt. Dies löst je nach dem Ort des Geschehens und der Größe des Embolus unterschiedliche Krankheitsbilder aus. Beispiele: Lungenembolie, Schlaganfall oder akuter peripherer Gefäßverschluss.

Bei den Embolien lassen sich verschiedene Arten unterscheiden. Ein abgerissener Thrombus wird zur Thrombembolie, Luft wird zur Luftembolie, Fetttröpfchen aus zertrümmerten Knochen werden zur Fettembolie.

Infarkt ist der Untergang von Organteilen. Arteriosklerose, eine Embolie oder Thrombose können zu Mangeldurchblutung und zum Absterben von Zellen führen. Dies ist ein ischämischer Infarkt. Der Gewebeuntergang kann auch durch eine Blutung verursacht werden; dann spricht man vom hämorrhagischen Infarkt.

Hämorrhagie. Blut tritt aus dem Gefäßsystem ins Gewebe, in eine Körperhöhle oder auf die Körperoberfläche aus. Die Folgen der Blutung sind abhängig vom Ausmaß des Blutverlustes. Schwerer akuter Blutverlust führt zum Kreislaufversagen (Schock). Chronischer Blutverlust kann eine Anämie hervorrufen, eine massive Blutung ins Gehirn einen Schlaganfall.

Ödeme sind Flüssigkeitsansammlungen im Gewebe (Bild 30) oder in Körperhöhlen. Je nach Ursache unterscheidet man verschiedene Ödemarten (Tabelle 16).

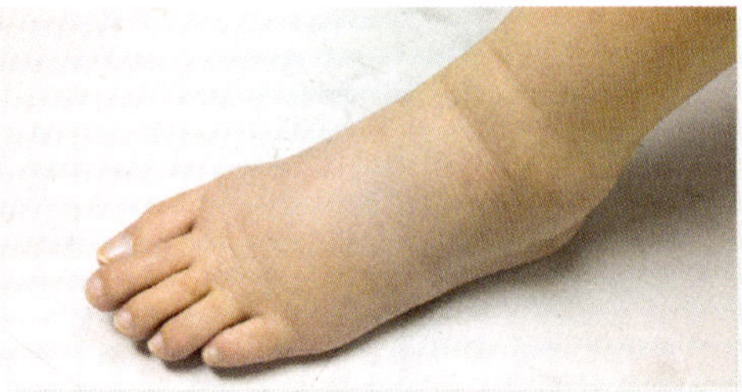

Bild 30 Stauungsödem.

Ödemart	Ursache	Entstehung (hauptsächlich) durch	Symptom (Beispiel)
entzündliches Ödem	Bakteriengift, Immunreaktionen, Histaminausschüttung	gesteigerte Gefäßdurchlässigkeit	Schwellung nach Insektenstich
Stauungsödem	Herzschwäche, Venenklappenschwäche	veränderte Druckverhältnisse	geschwollene Knöchel
renales Ödem	Nierenerkrankung	Elektrolytstörungen, Blutdrucksteigerung	geschwollene Lider
Hungerödem	Bluteiweißmangel	ungenügende Wasserbindung	Ansammlung von Flüssigkeit im Bauch (Aszites)
Lymphödem	Verödung, Entfernung von Lymphknoten	Behinderung des Lymphabflusses	geschwollener Arm nach Brustkrebs-OP

Tabelle 16 Ödemarten.

4 Halte- und Bewegungsapparat

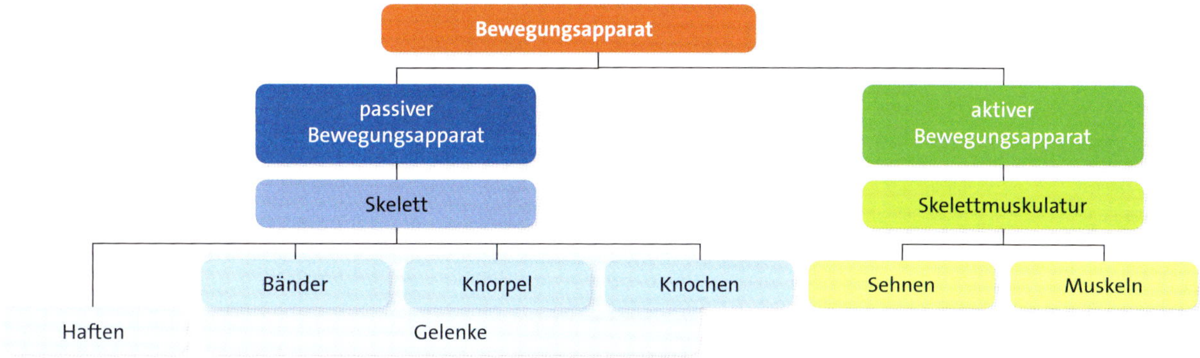

4.1 Orientierung am Körper

Zur eindeutigen Orientierung am menschlichen Körper und zur Verständigung unter medizinischen Fachleuten sind einheitliche Bezeichnungen notwendig.

> Beachten Sie: alle Orientierungsbezeichnungen beziehen sich immer auf den stehenden Menschen; Richtungsbezeichnungen wie rechts und links beziehen sich auf den zu Untersuchenden.

Der menschliche Körper gliedert sich in Rumpf oder Körperstamm mit Kopf und Extremitäten (Gliedmaßen = Arme und Beine).

Ebenen und Achsen. Zur Beschreibung anatomischer Gegebenheiten bezieht man sich auf Ebenen (Bild 31):

- Transversalebene,
- Frontalebene,
- Sagittalebene, die den Körper in zwei Hälften teilt.

Den drei Hauptebenen entsprechen am Körper drei Achsen:

- die Vertikal- oder Longitudinalachse verläuft vom Scheitel bis zur Sohle,
- die Sagittalachse zieht von vorn nach hinten durch den Körper,
- die Transversalachse verläuft von rechts nach links.

An jeder Körperachse lassen sich zwei entgegengesetzte Richtungen unterscheiden (Bild 32, S. 144).

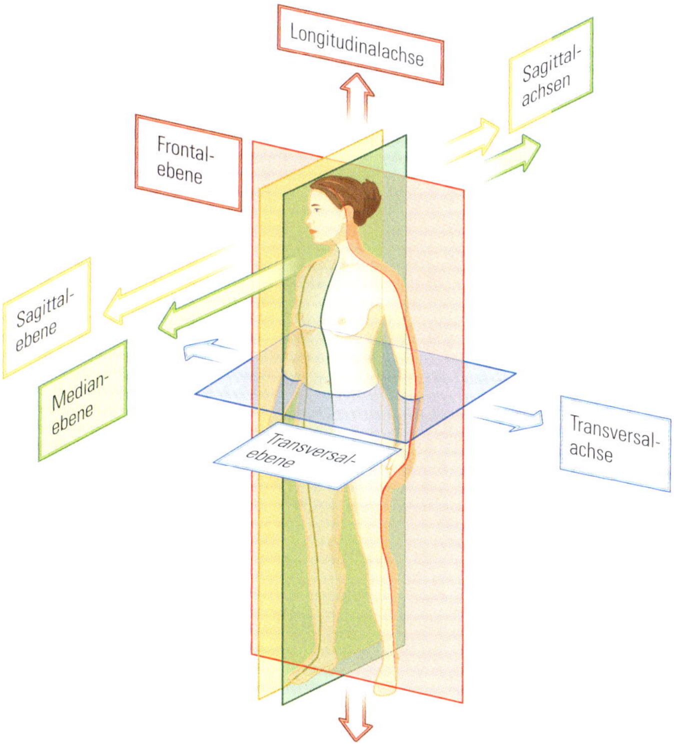

Bild 31 Körperebenen und -achsen.

Entsprechend den drei Körperachsen lassen sich bei den Bewegungen drei Richtungen unterscheiden (Bild 33, S. 144).

transversal = quer liegend
frontal = parallel zum Stirnbein
sagitta (lat.) = Pfeil

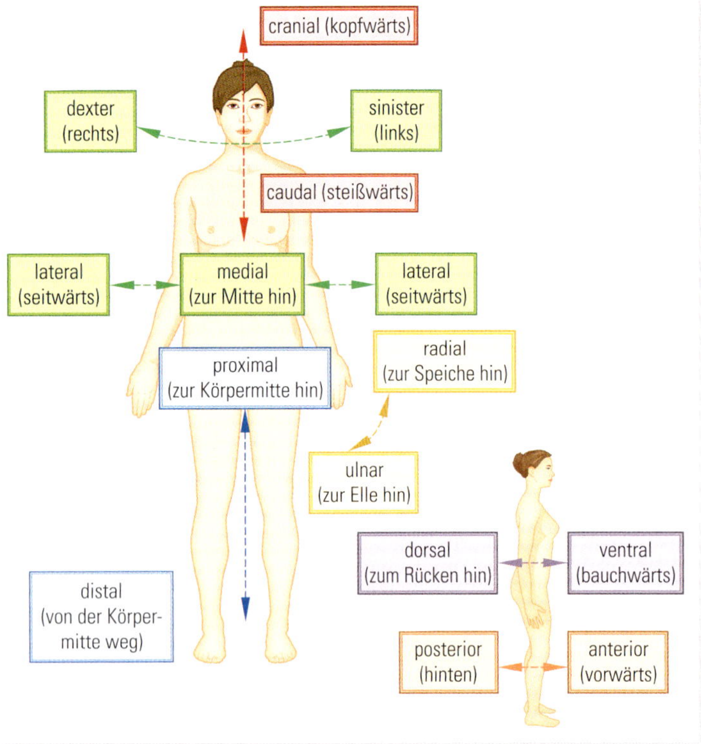

Bild 32 Richtungsbezeichnungen.

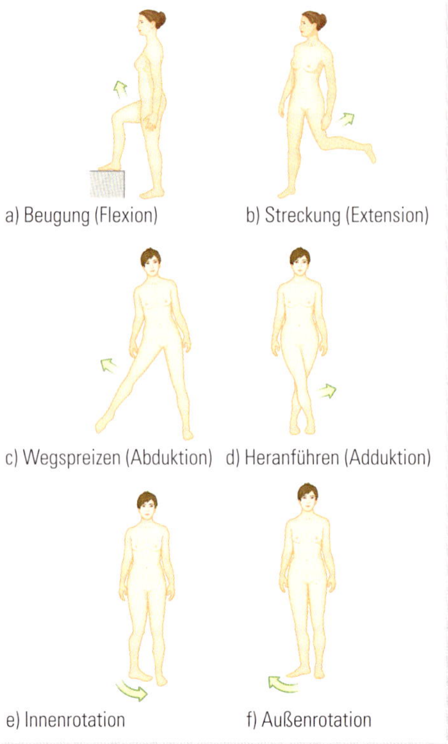

Bild 33 Bewegungsrichtungen im Hüftgelenk.

4.2 Aufbau und Aufgaben von Knochen, Gelenken und Muskeln

4.2.1 Skelett

Das menschliche Skelett besteht vor allem aus Knochen. Knochenverbindungen stabilisieren die Anordnung der Knochen zueinander, sie bestimmen die Beweglichkeit und die Bewegungsrichtung.

Aufgaben des Skeletts:
- Stabilisierung der Körperform und des aufrechten Ganges,
- Beweglichkeit von Körperteilen gegeneinander,
- Schutz des Zentralnervensystems, von Sinnesorganen und inneren Organen sowie der großen Gefäßstämme,
- Blutbildung im Knochenmark,
- Speicherung von Calcium in den Knochen.

Knochenzusammensetzung. Knochen bestehen aus der nach dem Zahnschmelz härtesten Substanz unseres Körpers. Die anorganischen (mineralischen) Bestandteile sind hart, aber spröde. Sie ermöglichen die hohe Belastbarkeit durch Druck.

Die organischen Bestandteile sind vor allem Eiweißsubstanzen. Sie machen den Knochen widerstandsfähig gegen Zug- und Biegebeanspruchung.

Bei Kindern und jungen Menschen ist der Anteil der organischen Bestandteile verhältnismäßig hoch; die Bruchgefahr ist gering. Mit zunehmendem Alter sinkt der organische Anteil und die Gefährdung durch Knochenbrüche nimmt zu.

Knochenaufbau. Die Oberfläche der Knochen ist mit Knochenhaut überzogen, die an den Knochenenden in die Gelenkkapsel übergeht (Bild 34, S. 145); sie fehlt nur im Bereich der Gelenkknorpel. Die Knochenhaut ist reich an Blutgefäßen und Nerven. Sie dient der Versorgung des Knochengewebes, das entsprechend den wechselnden Belastungsverhältnissen dauernd auf-, ab- und umgebaut wird. Während des Knochenwachstums geht das Dickenwachstum von der Knochenhaut aus.

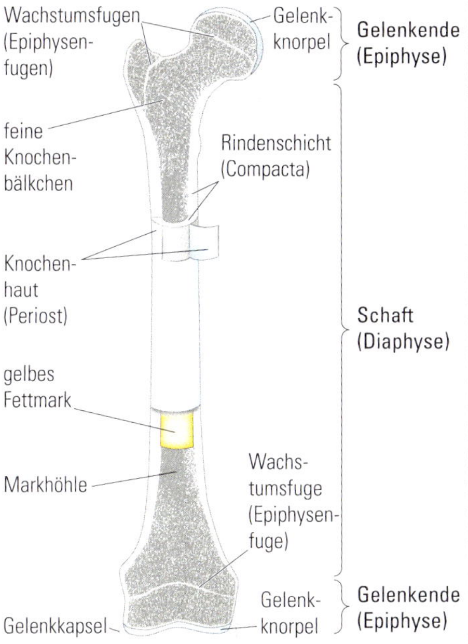

Bild 34 Schnitt durch einen Röhrenknochen.

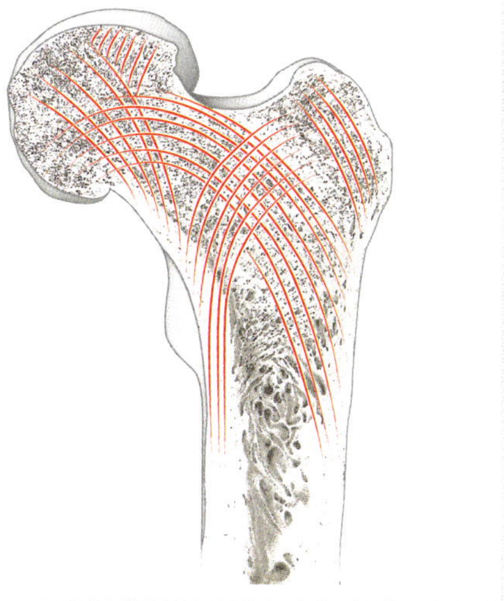

Bild 35 Zug- und Drucklinien im Knochen.

Solange ein Knochen wächst, sind die Knochenenden vom Knochenschaft durch Wachstumsfugen getrennt, die Knorpel enthalten. Hier findet das Längenwachstum des Knochens statt.

Die sehr dichte und feste Rindenschicht (Compacta) bildet den äußeren Teil des Knochens. Darunter findet man meist ein zartes, schwammähnliches System aus feinen Balkenstrukturen (Spongiosa). Diese Knochenbälkchen entsprechen den Zug- und Drucklinien, die durch äußere Belastungen auf den Knochen wirken (Bild 35). Die Hohlräume der Spongiosa enthalten rotes Knochenmark, das für die Bildung der Blutkörperchen verantwortlich ist.

Nach ihrer Gestalt unterscheidet man vier Arten von Knochen (Bild 36):

- Röhrenknochen (z. B. Arm- und Beinknochen, Mittelhand- und Mittelfußknochen), die eine Markhöhle mit Fettmark im Knochenschaft haben (Bild 34),
- kurze Knochen (z. B. Hand- und Fußwurzelknochen),
- flache (platte) Knochen (z. B. Schulterblatt, Hüftbein, Brustbein, Rippen und die Knochen des Schädeldaches),
- unregelmäßig geformte Knochen (z. B. Wirbel und Knochen der Schädelbasis).

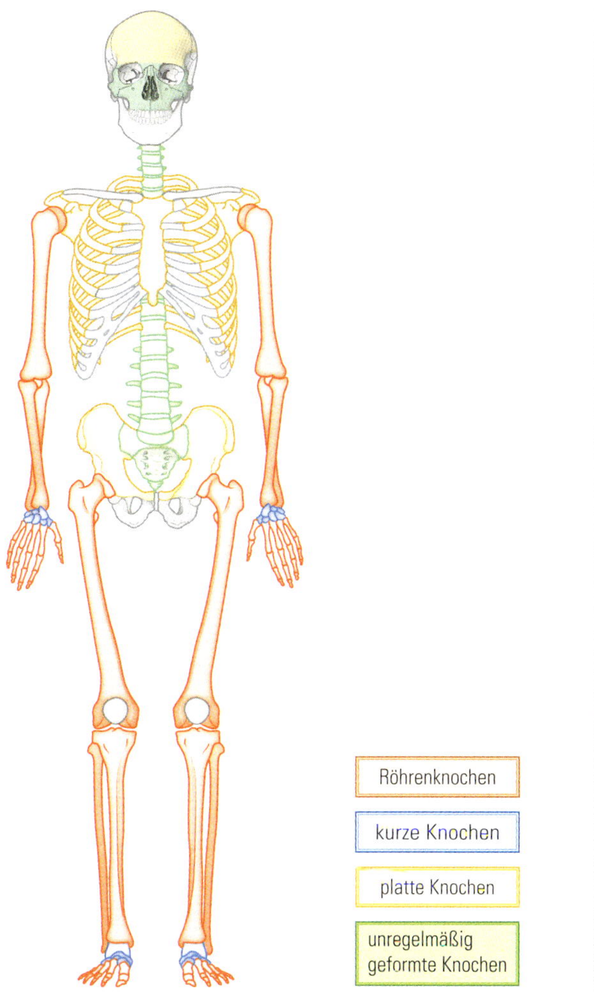

Bild 36 Menschliches Skelett mit Knochenarten.

Knorpelgewebe
▸ S. 128

Knorpel besteht aus einem erheblich elastischeren Gewebe als Knochen. Knorpel

- bildet den größten Teil des embryonalen Skeletts,
- verbindet knöcherne Skelettelemente (Wachstumsfugen, Schambeinfuge, Bandscheiben),
- überzieht die Gelenkflächen (Gelenkknorpel),
- stützt Nase und Ohr (Nasenknorpel).

Knorpel enthalten keine Blutgefäße. Sie müssen deshalb durch das umgebende Gewebe versorgt werden. Alles, was die Blutversorgung der Umgebung von Knorpeln negativ beeinflusst, z. B. Rauchen, gefährdet deshalb die Ernährung des Knorpelgewebes. Beschädigter oder alter Knorpel kann nur extrem langsam von den Randbereichen aus erneuert werden.

Sehnen und Bänder bestehen aus straffem Bindegewebe. Da sie nicht dehnbar sind, sind sie ideale Verbindungen zwischen Knochen und Muskeln. Bänder sind breiter als Sehnen und verbinden vor allem benachbarte Knochen.

Knochenverbindungen. Die Verbindungen zwischen den Knochen erhöhen die Stabilität bzw. Beweglichkeit unseres Skelettsystems. Man unterscheidet zwei Arten von Knochenverbindungen:

- Haften und
- Gelenke.

Haften sind Verbindungen mit einem engen Kontakt der benachbarten Knochen. Die Beweglichkeit ist sehr gering oder fehlt ganz. Haften füllen den Zwischenraum benachbarter Knochen vollständig mit Gewebe aus. Nach dem verbindenden Gewebe unterscheidet man drei Typen von Haften (Tabelle 17).

4.2.2 Gelenke

Gelenke ermöglichen Bewegungen von Knochen gegeneinander. Drei Bestandteile sind typisch für Gelenke (Bild 37):

- das distale Ende eines Knochens und das proximale Ende eines zweiten Knochens (Epiphysen). Diese sind mit Gelenkknorpel überzogen;
- die Gelenkhöhle, die zwischen den Gelenkknorpeln einen schmalen Gelenkspalt frei lässt, der mit Gelenkschmiere (Synovia) ausgefüllt ist;
- die Gelenkkapsel, die die am Gelenk beteiligten Knochen verbindet und die Gelenkhöhle nach außen abschließt.

Die äußere Kapselschicht besteht aus straffem Bindegewebe und sorgt für den nötigen Zusammenhalt. Die innere gefäßreiche Kapselschicht (Synovialmembran) wird von lockerem Bindegewebe gebildet. Sie liefert die zähflüssige Gelenkschmiere.

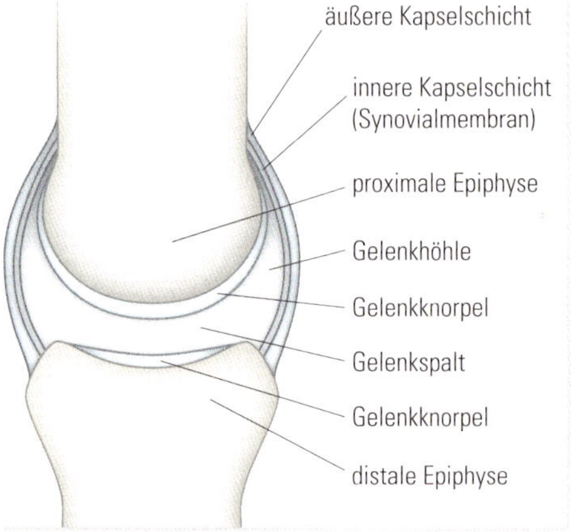

Bild 37 Schema eines Gelenkes.

Haftenart	Aufbau	Beispiele
Bandhaften	Knochen-Bindegewebe-Knochen	Fontanellen am Schädel von Neugeborenen oder die Schädelnähte von Erwachsenen
Knorpelhaften	Knochen-Knorpel-Knochen	Bandscheiben, Wachstumsfugen bei Kindern und Jugendlichen
Knochenhaften	Knochen-Knochen-Knochen	Verwachsungen der Kreuzbeinwirbel

Tabelle 17 Haften.

4.3 Einzelne Körperabschnitte

4.3.1 Schädel

Am Schädel unterscheidet man Gesichtsschädel und Gehirnschädel mit Schädeldach und Schädelbasis (Bild 41).

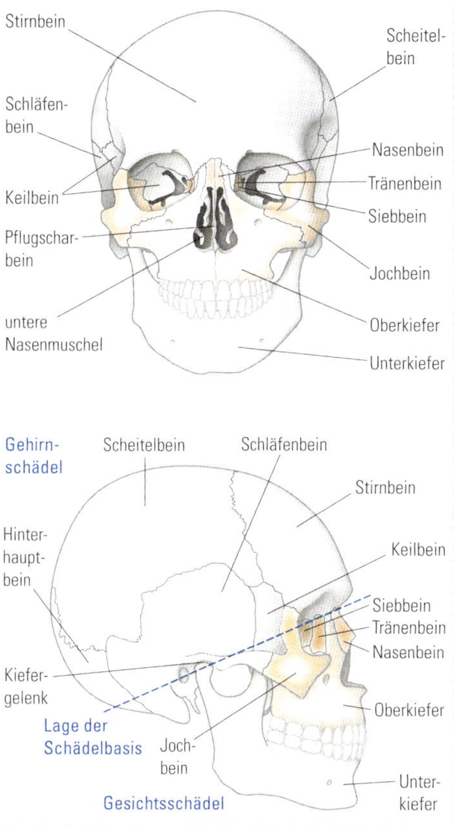

Bild 41 Schädel.

Die Schädelknochen sind durch die Schädelnähte bindegewebig miteinander verbunden. Bei Neugeborenen lassen sich noch breite Bindegewebsbrücken tasten, die Fontanellen (Bild 42). Sie ermöglichen während der Geburt ein Verschieben der Schädelknochen gegeneinander. Die Fontanellen schließen sich erst allmählich, sodass der Schädel in den ersten 1½ bis 2 Jahren noch wachsen kann. Durch das Hinterhauptsloch in der Schädelbasis werden Gehirn und Rückenmark verbunden.

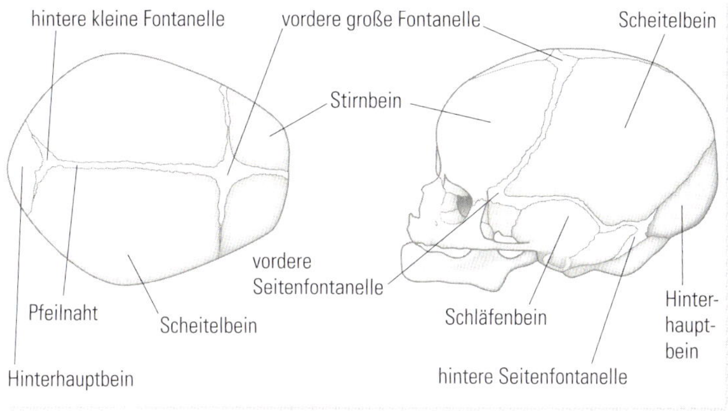

Bild 42 Kindlicher Schädel mit Fontanellen.

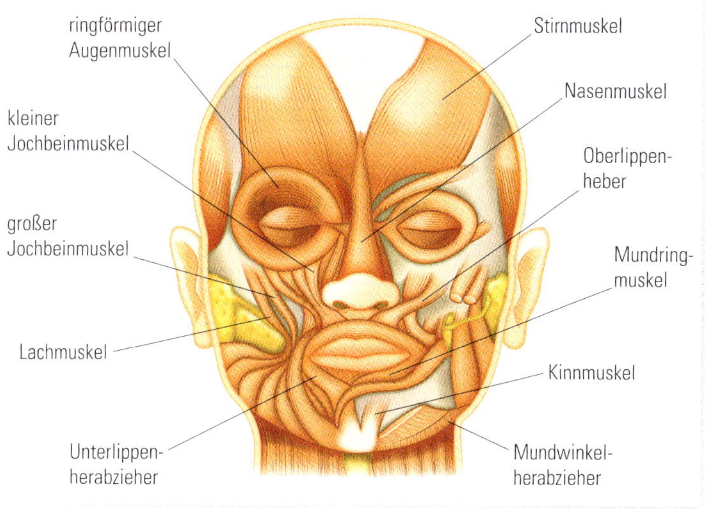

Bild 43 Mimische Muskulatur.

Nasennebenhöhlen. Einige Schädelknochen enthalten mit Luft gefüllte Hohlräume, die mit den Nasenhöhlen in Verbindung stehen. Sie sind wie diese mit Schleimhaut ausgekleidet und werden als Nasennebenhöhlen bezeichnet.

Das Kiefergelenk setzt sich aus der Gelenkgrube des Schläfenbeins und dem Gelenkfortsatz des Unterkiefers zusammen.

Schädelmuskulatur. Die Muskulatur des Schädels wird unterteilt in die

- mimische Muskulatur. Sie liegt vor allem um Augen und Mund und verleiht dem Gesicht seine vielfältigen Ausdrucksmöglichkeiten (Bild 43).

- Kaumuskulatur. Sie ermöglicht das Öffnen und Schließen des Mundes. Besonders kräftig sind die Mundschließer, die seitlich am Unterkiefer (großer Kaumuskel) und in der Schläfenregion (Schläfenmuskel) zu tasten sind (Bild 44). Die Mundöffner sind deutlich schwächer ausgebildet. Sie liegen innerhalb des Unterkieferbogens und bilden einen Teil des Mundbodens.

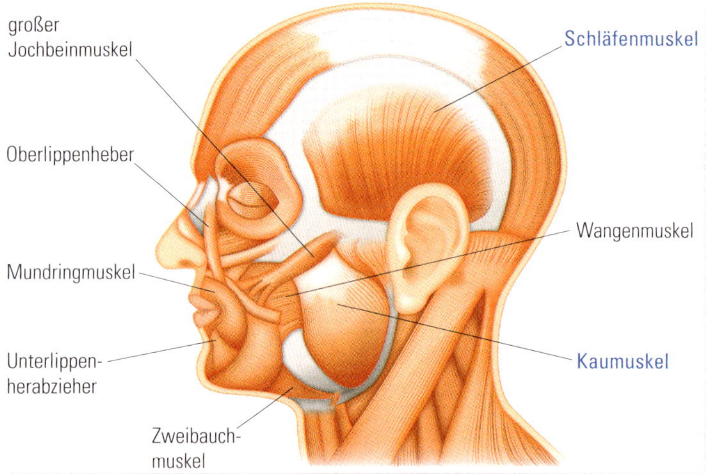

Bild 44 Kaumuskulatur.

Nucleus pulposus
▸ S. 160

C = cervikal (zum Hals gehörend)
Th = thorakal (zur Brust gehörend)
L = lumbal (zur Lende gehörend)
S = sakral (zum Kreuzbein gehörend)

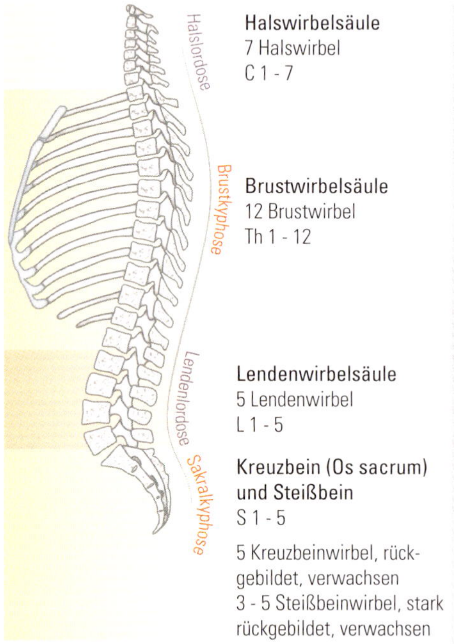

Bild 45 Gliederung der Wirbelsäule.

4.3.2 Rumpfskelett

Das Rumpfskelett besteht aus der Wirbelsäule und dem Brustkorb (Thorax), der in Rippen und Brustbein (Sternum) untergliedert wird.

Die Wirbelsäule ist das bewegliche Stütz- und Trägersystem des Körpers. Die doppelt S-förmige Gestalt lässt sie in ihrer Längsrichtung federn und dadurch Stöße dämpfen, die z.B. beim Laufen oder Springen auftreten. Die Wirbelsäule setzt sich aus 32 bis 34 Wirbeln zusammen und wird in fünf Abschnitte gegliedert (Bild 45). Die Wölbungen der Hals- und Lendenregion, die zur Bauchseite hin gerichtet sind, heißen Lordose. Die Brust- und Kreuzbeinregion wölbt sich zum Rücken hin. Diese Krümmungen nennt man Kyphosen.

Die Wirbelsäule eines Erwachsenen ist etwa 60 cm lang. Der recht einheitliche Grundbauplan eines Wirbels ist den unterschiedlichen Aufgaben und Belastungen in den Abschnitten der Wirbelsäule entsprechend abgewandelt (Bild 46). Die Wirbel der Hals-, Brust- und Lendenregion sind durch Bandscheiben (Zwischenwirbelscheiben) verbunden. Sie bestehen aus zähem Faserknorpel mit einem weichen, gallertigen Kern, der als Nucleus pulposus bezeichnet wird. Die Bandscheiben wirken als Stoßdämpfer und erlauben trotz der festen Verbindung der Wirbel die Beweglichkeit gegeneinander. Diese ist in der Hals- und Lendenregion sehr gut, in der Brustregion durch den Brustkorb eingeschränkt. Die Wirbel des Kreuzbeins und besonders des Steißbeins sind stark rückgebildet und miteinander verwachsen.

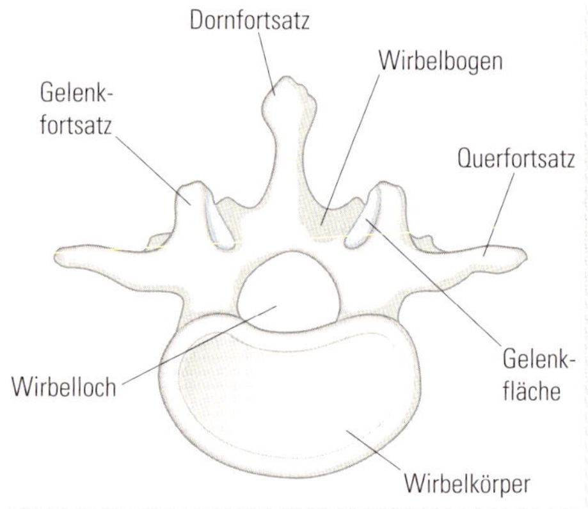

Bild 46 Grundbauplan eines Wirbels.

Häufig sind den Gelenken Bänder aufgelagert. Sie schränken bestimmte Bewegungsmöglichkeiten ein. So lassen sich z. B. die Finger zur Faust schließen; die Krümmung der Finger in der entgegengesetzten Richtung wird jedoch durch Bänder verhindert.

Nach der Anordnung der Knochen zueinander unterscheidet man verschiedene Gelenkformen (Tabelle 18).

4.2.3 Skelettmuskulatur

Die quergestreifte Skelettmuskulatur bildet den aktiven Bewegungsapparat. Sie erfüllt mehrere Aufgaben:

- Bewegung von Knochen gegeneinander,
- Stabilisierung der aufrechten Körperhaltung,
- Verschluss von Körperöffnungen durch Ringmuskeln,
- Produktion von Wärme. Die Muskulatur trägt damit wesentlich zur gleichbleibenden Körpertemperatur bei. Dies wird beim „Kältezittern" sehr deutlich.

Die Skelettmuskulatur ist durch Sehnen mit den Knochen verbunden. Die folgenden Strukturen unterstützen die Muskeltätigkeit.

Muskelfaszien sind dünne, straffe Bindegewebsschichten, die die Oberfläche eines Muskels überziehen. Sie geben dem Muskel äußeren Halt und vermindern die Reibung zwischen benachbarten Muskeln.

quergestreifte Muskulatur ▸ S. 129

Bezeichnung	Beweglichkeit	Schema	Beispiele
Kugelgelenk	größter Bewegungsspielraum um drei Achsen	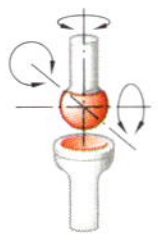	Schultergelenk, Hüftgelenk, Fingergrundgelenke
Eigelenk	ähnlich dem Kugelgelenk, aber ohne Drehbewegung	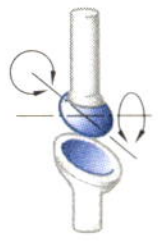	Handgelenk
Sattelgelenk	ähnlich dem Eigelenk, zweiachsig	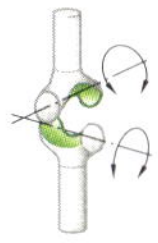	Gelenk zwischen Handwurzelknochen und Mittelhandknochen des Daumens
Scharniergelenk	nur um eine Achse	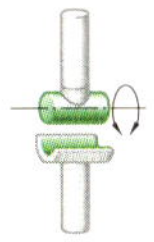	Ellbogengelenk, Fingergelenke
straffes Gelenk	sehr gering wegen der unregelmäßigen Gelenkflächen und der straffen Bänder		Gelenke zwischen Kreuzbein und Darmbein im Becken, zwischen den Hand- und Fußwurzelknochen
Zapfen- oder Radgelenk	nur um eine Achse	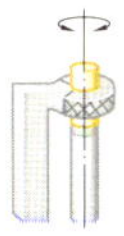	Gelenk von Elle und Speiche im Bereich des Ellbogengelenks
flaches Gelenk	Verschiebungen		Gelenke zwischen benachbarten Wirbeln

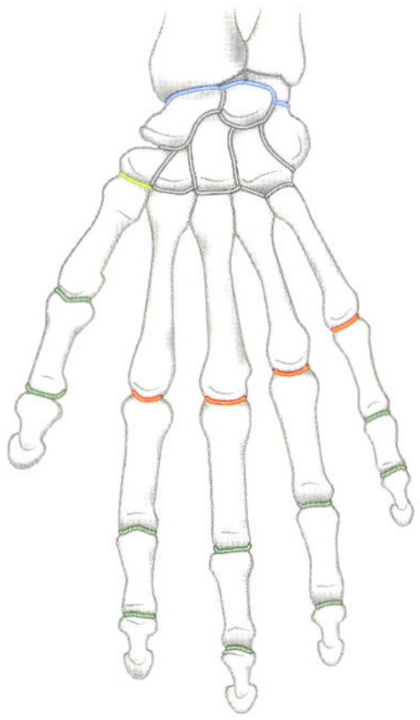

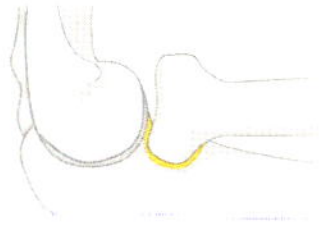

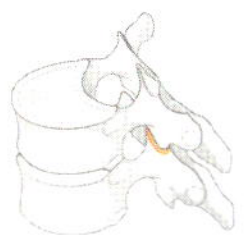

Tabelle 18 Gelenkformen.

Agonist von gr. agonistes = Kämpfer;
Antagonist (gr.) = Gegenspieler; Widersacher

Synergist von gr. syn = zusammen und ergon = Werk

Sehnenscheiden bilden Führungskanäle für Sehnen an Stellen, wo diese auf Knochen oder über Knochenvorsprünge verlaufen (Bild 38). Sehnenscheiden enthalten eine Flüssigkeit, die der Gelenkschmiere sehr ähnlich ist.

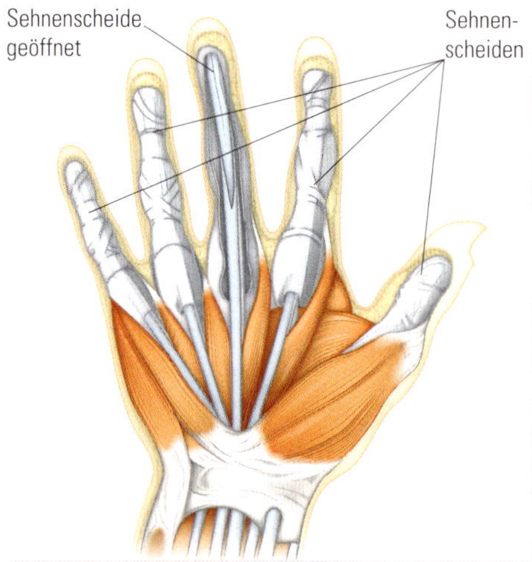

Bild 38 Sehnenscheiden der rechten Hand.

Schleimbeutel wirken dort als Polster und Druckminderer, wo Sehnen kräftiger Muskeln über Knochenenden hinwegziehen, z. B. am Ellbogen- und Kniegelenk (Bild 56, S. 155).

Sesambeine sind Verknöcherungen im Bereich von Sehnen. Sie verlagern die Sehnen weiter vom Drehpunkt des Gelenkes weg, verlängern den wirksamen Hebelarm des Muskels und machen dadurch seine Kraftwirkung günstiger (Bild 39). Das größte Sesambein ist die Kniescheibe (Patella; Bild 56, S. 155).

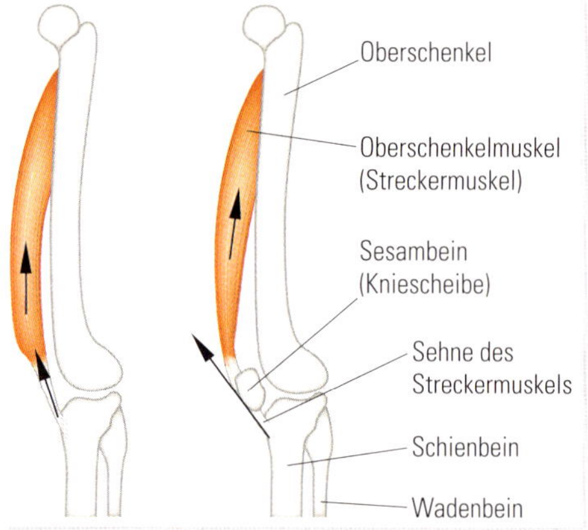

Bild 39 Wirkungsweise von Sesambeinen.

Muskeltätigkeit. Ein Muskel, der Arbeit verrichten soll, ist auf Energiezufuhr angewiesen. Diese erhält er über die Umsetzung von Traubenzucker mit Sauerstoff in den Muskelzellen. Für die Muskeltätigkeit sind vor allem Ca^{2+}- und Mg^{2+}-Ionen von großer Bedeutung. Bei einem Mangel dieser Ionen treten Muskelkrämpfe (Tetanie) auf.

Da Muskeln sich nur zusammenziehen (kontrahieren) können, ist immer mindestens ein Gegenmuskel nötig, um ihn wieder zu strecken. Ein Muskel, der eine bestimmte Bewegung bewirkt, wird als Agonist bezeichnet; sein Gegenspieler heißt Antagonist. Miteinander, also gleichsinnig, wirkende Muskeln heißen Synergisten (Bild 40).

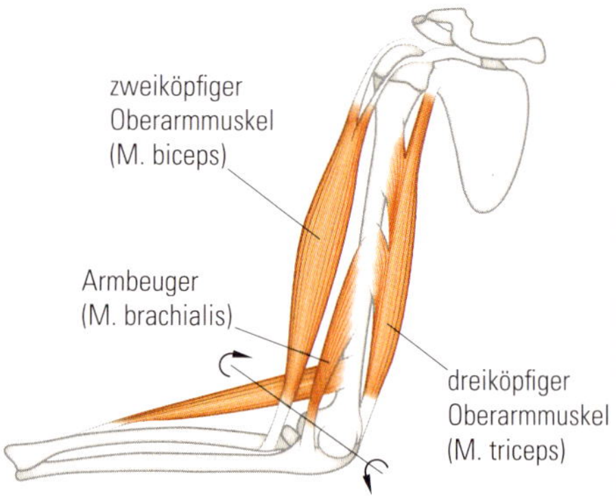

	Beugung	Streckung
zweiköpfiger Armmuskel	Agonist	Antagonist
Armbeuger	Agonist	Antagonist
dreiköpfiger Armmuskel	Antagonist	Agonist

Bild 40 Beuger und Strecker des Armes.

Halswirbel haben kleine Wirbelkörper und meist gespaltene Dornfortsätze. Besonders auffällig ist das Loch für die Wirbelarterien in den Querfortsätzen (Bild 47a). Der 1. Halswirbel (Atlas) hat statt des Wirbelkörpers einen vorderen Atlasbogen. Auf seiner Oberseite liegen zwei große Gelenkflächen für den Schädel. Dieses Gelenk macht das Nicken möglich. Der 2. Halswirbel (Axis) trägt auf der Oberseite seines Wirbelkörpers einen Fortsatz, der als Zahn bezeichnet wird. Er ragt in den vorderen Atlasbogen hinein und bildet mit ihm ein Zapfengelenk. In diesem Gelenk findet die Hauptdrehbewegung statt. Bei Genickbruch dringt der Zahn des Axis in das Rückenmark ein.

Brustwirbel haben auffällig lange, schräg nach unten ragende Dornfortsätze (Bild 47b). Am Wirbelkörper und Querfortsatz tragen sie Gelenkflächen für die Rippen. Diese Gelenke sind für die Atembewegungen von großer Bedeutung.

Lendenwirbel sind durch massige Wirbelkörper und kurze, stumpfe Dornfortsätze gekennzeichnet (Bild 47c). Da die Abstände zwischen den Dornfortsätzen verhältnismäßig groß sind, ist es gut möglich, den Rückenmarkskanal zu erreichen. Hier kann Liquor (Rückenmarksflüssigkeit) zur Untersuchung entnommen werden oder Narkosemittel eingespritzt werden (rückenmarksnahe Narkose).

Bänder und Muskulatur der Wirbelsäule. Zwischen den Dornfortsätzen verlaufen – ebenso wie zwischen den Querfortsätzen – kurze Bänder. Andere Bänder ziehen die ganze Wirbelsäule entlang und stabilisieren sie in ihrer Längsrichtung.

Große und kleine Muskeln verbinden benachbarte Wirbel oder ziehen von der Wirbelsäule zum Kopf, zu den Rippen oder zum Becken. Sie stützen und stabilisieren die Wirbelsäule und ermöglichen gleichzeitig ihre Beweglichkeit.

Der Brustkorb (Thorax) besteht aus zwölf Brustwirbeln, zwölf Rippenpaaren und dem Brustbein (Bild 48). Die oberen sieben Rippenpaare sind durch eigene Knorpel mit dem Brustbein (Sternum) verbunden, während die folgenden drei Paare nur indirekt über den Knorpel der 7. Rippe Verbindung zum Brustbein haben.

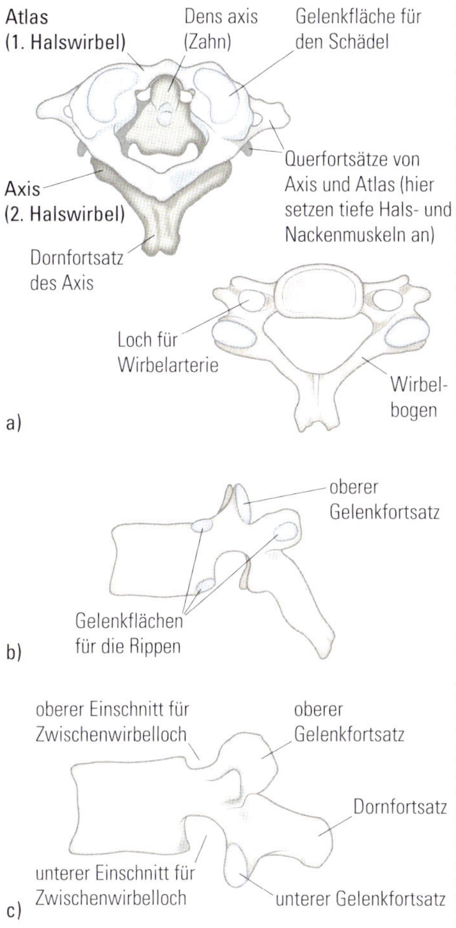

Bild 47 Unterschiedliche Wirbelformen.
a) Halswirbel, b) Brustwirbel, c) Lendenwirbel.

rückenmarksnahe Narkose ▸ S. 455

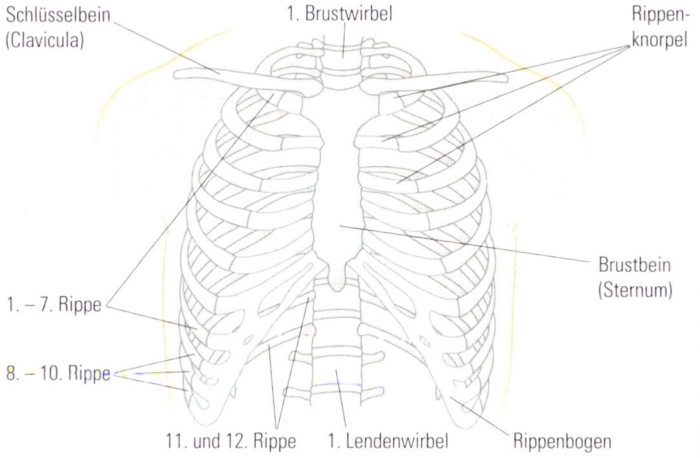

Bild 48 Brustkorb von vorne.

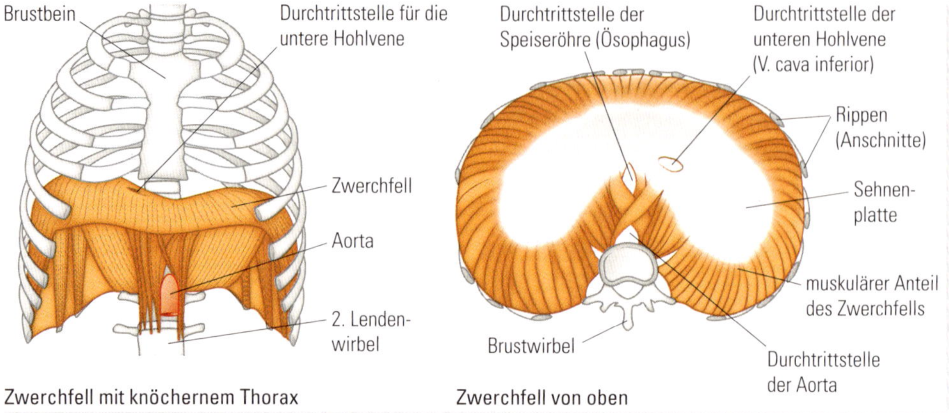

Bild 49 Zwerchfell.

Aus dem mittelhochdeutschen Wort twerch (= quer) entstand das Wort **zwerch**.

Schließmuskeln (Darm) ▸ S. 401

Damm ▸ S. 364

Die Rippenknorpel der 7. bis 10. Rippe bilden den Rippenbogen. Die 11. und 12. Rippen sind sehr kurz. Sie haben keinen Kontakt zum Brustbein, sondern enden frei in der Brustwand. Am Brustbein unterscheidet man einen oberen, breiten Handgriff, den langen Brustbeinkörper und den kurzen Schwertfortsatz, der etwas zwischen die Rippenbögen hineinragt.

4.3.3 Rumpfmuskulatur

Die Brustmuskulatur der tieferen Schichten besteht vor allem aus Zwischenrippenmuskulatur. Dies sind Muskeln, die von der Wirbelsäule zu den Rippen ziehen und solche, die benachbarte Rippen verbinden. Die äußeren Schichten der Brustmuskulatur dienen den Bewegungen der oberen Extremität.

Atemmuskulatur besteht einerseits aus der Zwischenrippenmuskulatur, andererseits aus der Zwerchfellmuskulatur. Das Zwerchfell wölbt sich von unten her in den Brustkorb und trennt den Brustraum vom Bauchraum (Bild 49). Von der zentralen Sehnenplatte des Zwerchfells ziehen Muskeln zu den Rändern der unteren Thoraxöffnung.

Bauchmuskulatur. Die Bauchwand besteht zum größten Teil aus Muskulatur. Sie hat wichtige Stütz- und Schutzfunktion, da hier entsprechende knöcherne Strukturen fehlen. Sie spannt sich zwischen dem unteren Rippenbogen und dem Becken (Bild 50). Vorn wird die Bauchwand durch die beiden geraden Bauchmuskeln gebildet, die durch Zwischensehnen unterteilt sind. Bei kräftig entwickelter Bauchmuskulatur sind diese Zwischensehnen äußerlich erkennbar („Waschbrettbauch" oder „six pack"). Seitlich liegen die ebenfalls paarigen queren und schrägen Bauchmuskeln in mehreren Schichten übereinander.

Bindegewebsplatten und Muskulatur verschließen den Bereich des Beckenausgangs teilweise. Diese Beckenbodenmuskulatur hält die Beckenorgane in ihrer Lage, bildet die Schließmuskeln für Harnröhre und Darm und einen Teil des Dammes.

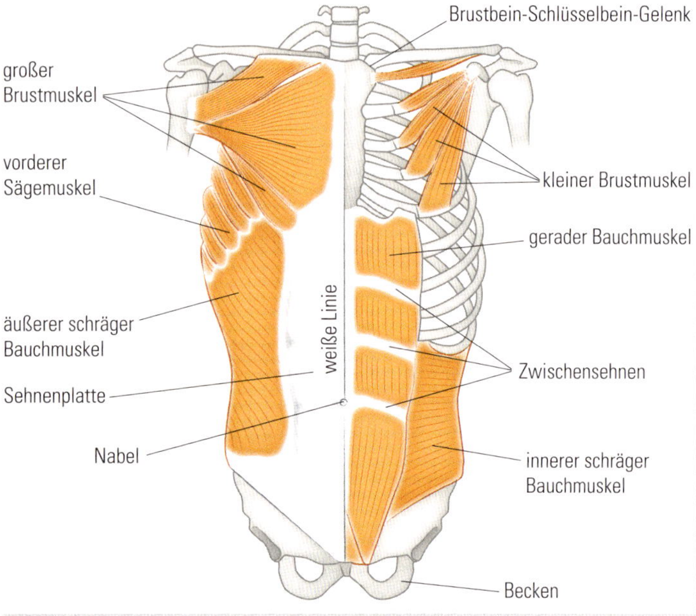

Bild 50 Bauchmuskulatur.

Rückenmuskulatur. Die Muskulatur, die die Wirbelsäule streckt und um ihre eigene Achse dreht, bildet die eigentliche Rückenmuskulatur. Sie hat in erster Linie Halte- und Stützfunktion. Ihr ist im Bereich des Beckens und des Oberkörpers die Muskulatur der Extremitäten aufgelagert (Bild 50, S. 152 und Bild 52, S. 154).

4.3.4 Skelett der oberen Extremität

Das Skelett der oberen Extremität besteht aus dem Schultergürtel mit Schlüsselbein (Clavicula) und Schulterblatt und der freien oberen Extremität. Diese gliedert sich in den Oberarm (Humerus), den Unterarm mit Elle (Ulna) und Speiche (Radius) sowie die Hand mit Fingern (Bild 51).

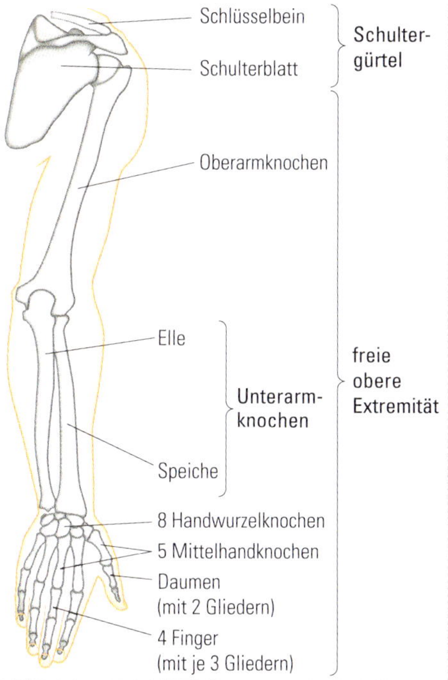

Bild 51 Obere Extremität.

Gelenke des Schultergürtels. Die Schlüsselbein-Brustbein-Gelenke stellen die einzigen Skelettverbindungen zwischen dem Rumpfskelett und der oberen Extremität her. Die hohe Beweglichkeit ist nur durch eine weite Gelenkkapsel und wenige Bänder möglich. Die Stabilisierung erfolgt fast ausschließlich durch zahlreiche große und kleine Muskeln, die in mehreren Schichten angeordnet sind.

Zwischen Schlüsselbeinen und Schulterblättern liegen dagegen Gelenke mit geringer Beweglichkeit. Sie werden durch eine enge Kapsel und straffe Bänder stabilisiert. Die Schulterblätter sind mit dem Rumpf nur durch Bänder und Muskeln verbunden.

Das Schultergelenk wird von Schulterblatt und Oberarmknochen gebildet. Es ist ein Kugelgelenk mit sehr großer Beweglichkeit. Diese wird bestimmt durch Muskeln zwischen Brustkorb und Schlüsselbein, Brustkorb und Schulterblatt, Brustkorb und Oberarm sowie zwischen Schultergürtel und Oberarm.

Ellbogengelenk. Hier wirken die drei Armknochen zusammen. Die Elle liegt auf der Kleinfingerseite des Unterarmes, die Speiche auf der Daumenseite. Oberarm und Elle bilden ein stabiles Scharniergelenk zum Beugen und Strecken des Armes. Die Speiche lässt sich in einem Kugelgelenk mit dem Oberarm und einem Radgelenk mit der Elle im Ellbogengelenk drehen. Durch ein weiteres Radgelenk im handgelenknahen Bereich kann die Speiche über die Elle hinweggedreht werden:

- Pronation: Handflächen unten, Daumen innen, Unterarmknochen gekreuzt.
- Supination: Handflächen oben, Daumen außen, Unterarmknochen parallel.

Das Handgelenk, ein typisches Eigelenk, wird durch das breite Ende der Speiche und die erste Reihe der Handwurzelknochen gebildet.

Gelenke der Hand. Die Handwurzelknochen sind untereinander und mit den Mittelhandknochen durch straffe Gelenke verbunden. Die Beweglichkeit ist sehr gering. Nur der Mittelhandknochen des Daumens und der zugehörige Handwurzelknochen bilden ein gut bewegliches Sattelgelenk. Dadurch kann der Daumen den übrigen Fingern gegenüberstehen, sodass ein festes Greifen möglich wird.

Durch die Kugelgelenke zwischen Mittelhand und Fingern lassen sich die Finger spreizen und wieder zusammenführen und außerdem zur Faust schließen und wieder strecken.
Die Gelenke zwischen den Fingergliedern sind typische Scharniergelenke.

Muskel		Funktion
vorderer Sägemuskel	M. serratus anterior	Drehen des Schulterblattes aufwärts und zur Seite
Trapezmuskel (Kapuzenmuskel)	M. trapecius	Heben des Schlüsselbeines, Heben und Drehen des Schulterblattes
Deltamuskel	M. deltoideus	Abspreizen, Vor- und Zurückbewegen, Drehen des Oberarmes
zweiköpfiger Oberarmmuskel	M. biceps	Beugen des Unterarmes
Armbeuger	M. brachialis	Beugen des Unterarmes
dreiköpfiger Oberarmmuskel	M. triceps humeri	Strecken des Unterarmes
großer Brustmuskel	M. pectoralis major	Vorziehen, Heranziehen, Nach-Innen-Drehen des Oberarmes
breiter Rückenmuskel	M. latissimus dorsi	Zurückziehen, Heranziehen, Nach-Innen-Drehen des Oberarmes

Tabelle 19 Wichtige Muskeln der oberen Extremität.

4.3.5 Muskeln der oberen Extremität

Tabelle 19 und Bild 52 beschreiben die wichtigsten Muskeln der oberen Extremität.

Die zahlreichen Unterarmmuskeln können nach ihrer Funktion in vier Gruppen unterteilt werden:

- Pronatoren drehen den Unterarm um seine Längsachse nach innen,
- Supinatoren drehen den Unterarm um seine Längsachse nach außen,
- Hand- und Fingerbeuger sind über lange Sehnen mit den Knochen der Hand verbunden,
- Hand- und Fingerstrecker, deren Sehnen über den Handrücken verlaufen.

4.3.6 Skelett der unteren Extremität

Das Skelett der unteren Extremität besteht aus dem Beckengürtel (Bild 53) und der freien unteren Extremität. Diese gliedert sich in Oberschenkelknochen (Femur) und Unterschenkelknochen mit Schienbein (Tibia) und Wadenbein (Fibula) sowie den Fuß mit den Zehen (Bild 54, S. 155). Die freie untere Extremität entspricht damit in ihrem Grundbauplan der freien oberen Extremität.

Im Gegensatz zum Schultergürtel bildet der untere Extremitätengürtel einen stabilen geschlossenen Ring. Er wird hinten durch das Kreuzbein und vorne durch die Symphyse geschlossen.

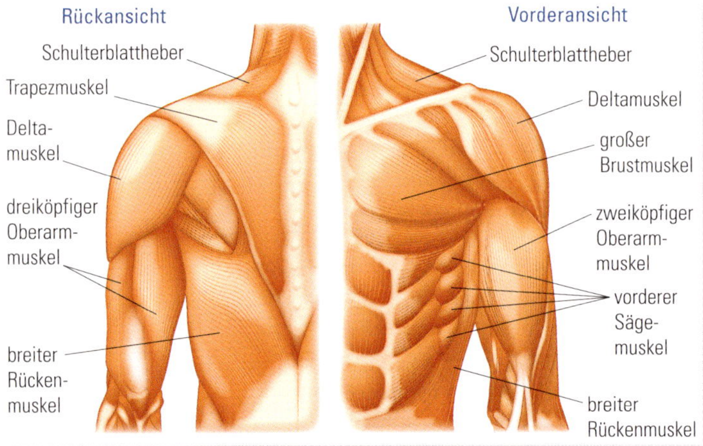

Bild 52 Wichtige Muskeln der oberen Extremität.

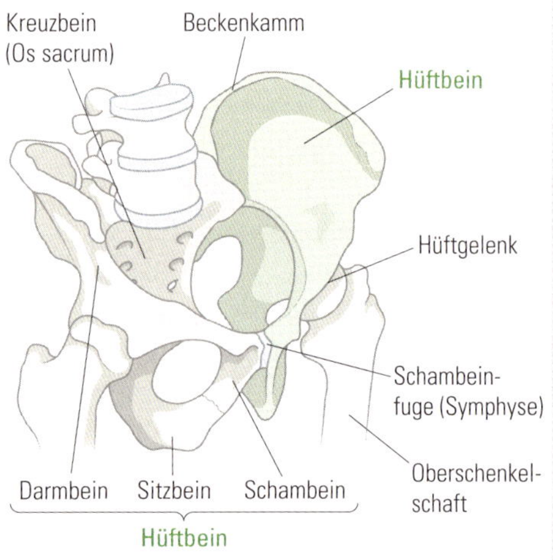

Bild 53 Beckengürtel.

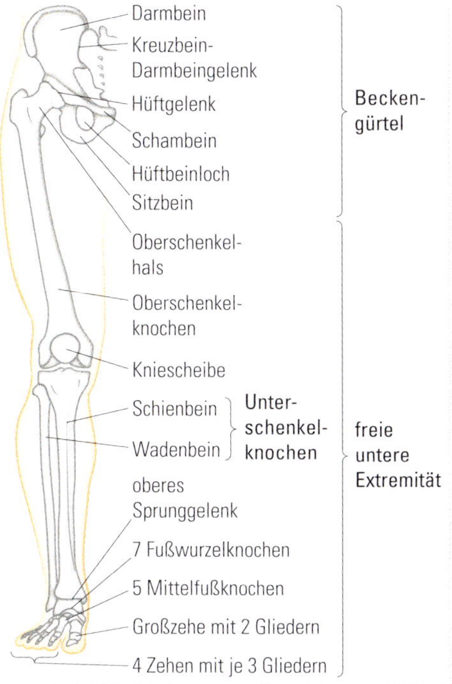

Bild 54 Untere Extremität.

Die Hüftbeine entstehen im Kindesalter durch Verwachsen aus drei Knochen (Bild 53, S. 154): Darmbein (Os ilium), Sitzbein (Os ischii) und Schambein (Os pubis).

Der Teil des Beckens oberhalb der Schambeine, der vor allem durch die Darmbeine bestimmt wird, heißt großes Becken. Das kleine Becken wird durch die unteren Äste der Schambeine, Sitzbeine und Kreuzbein begrenzt. Das Becken zeigt einige typische Unterschiede zwischen den Geschlechtern (Bild 55).

Kreuzbein-Darmbein-Gelenke stellen die Verbindung zwischen den Beckenknochen und der Wirbelsäule her. Wegen der großen, unregelmäßigen Gelenkflächen und der sehr straffen Bänder ist ihre Beweglichkeit nur sehr gering. Ihre federnde Wirkung jedoch fängt Stöße von der Wirbelsäule ab.

Hüftgelenke sind sehr stabile Kugelgelenke mit tiefer Gelenkpfanne. Eine kräftige Kapsel und starke Bänder stabilisieren sie zusätzlich, schränken aber gleichzeitig ihre Bewegungsmöglichkeiten ein.

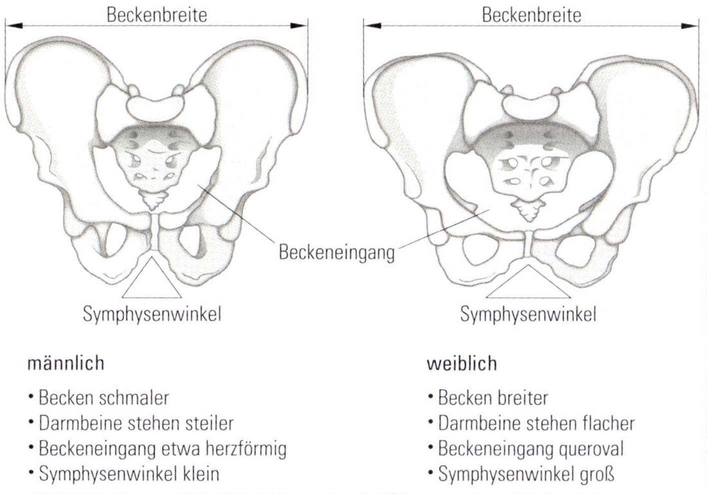

Bild 55 Vergleich von männlichem und weiblichem Becken.

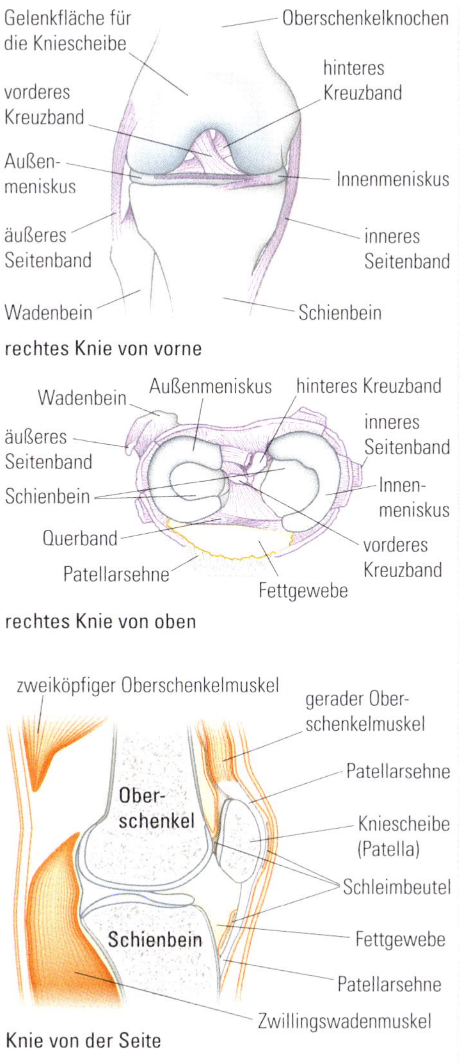

Bild 56 Kniegelenk.

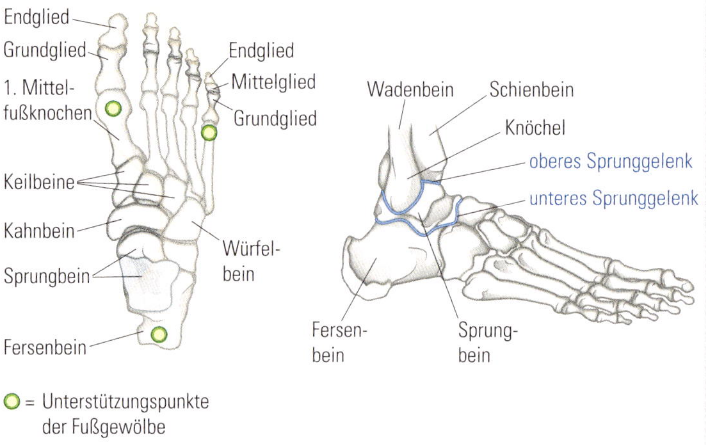

Bild 57 Der Fuß mit Sprunggelenken.

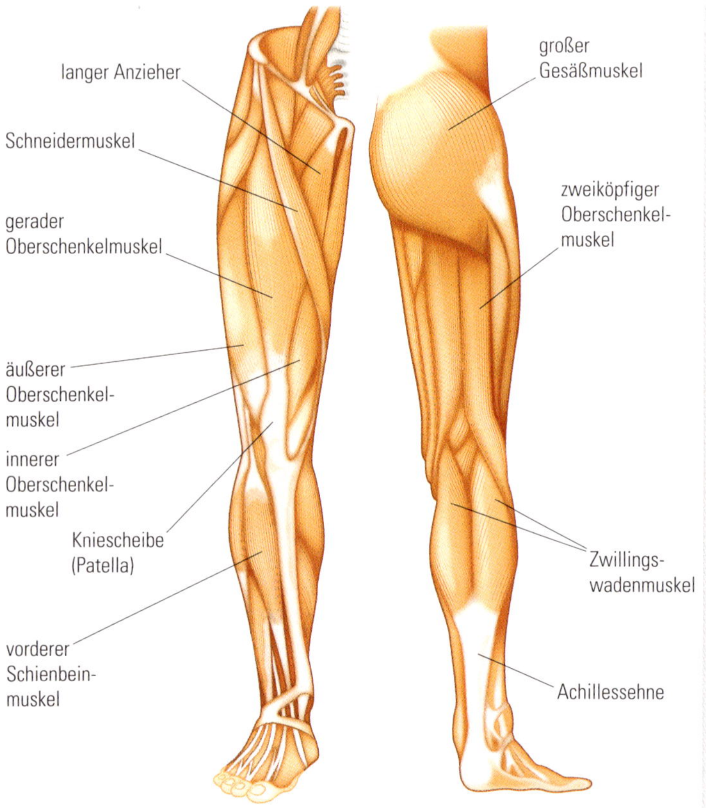

Bild 58 Wichtige Muskeln der unteren Extremität.

Das Kniegelenk ist ein Scharniergelenk, das nur bei angewinkeltem Knie eine leichte Drehung erlaubt (Bild 56, S. 155). Das Wadenbein ist daran nicht beteiligt. Durch den aufrechten Gang entsteht eine physiologische X-Beinigkeit. Hufeisenförmige Faserknorpel, die Menisken, gleichen die unterschiedlichen Gelenkflächen von Oberschenkel und Schienbein einander an.

Die innerhalb des Gelenkes verlaufenden Kreuzbänder und die außen liegenden Seitenbänder sichern das Gelenk. Vorne verläuft die breite Sehne des geraden Oberschenkelmuskels zum Schienbein (Patellarsehne). Die Kniescheibe (Patella) ist ein verknöcherter Teil dieser Sehne (Sesambein, Bild 39, S. 148).

Das obere Sprunggelenk entsteht durch das Zusammenwirken dreier Knochen: Die Enden von Schien- und Wadenbein bilden die beiden Knöchel; zwischen ihnen ist das Sprungbein eingespannt. Das obere Sprunggelenk ermöglicht Heben und Senken des Fußes (Bild 57).

Das untere Sprunggelenk zwischen Sprungbein, Kahnbein und Fersenbein lässt uns die äußere Fußkante heben (Pronation) und senken (Supination).

Gelenke des Fußes. Die Gelenke zwischen den übrigen Fußwurzelknochen und den Mittelfußknochen lassen wegen der straffen Bänder praktisch keine Bewegung zu. Dank der Kugelgelenke zwischen den Mittelfußknochen und den Zehen können wir die Zehen spreizen. Die Zehengelenke sind Scharniergelenke.

Straffe Bänder formen die Fußsohle zum Fußgewölbe. Es hat drei Unterstützungspunkte: die Zehenballen der großen und kleinen Zehe und das Fersenbein.

4.3.7 Muskulatur der unteren Extremität

Bild 58 auf Seite 156 und Tabelle 20 beschreiben die wichtigsten Muskeln der unteren Extremität.

Muskel		Funktion
großer Gesäßmuskel	M. gluteus maximus	Strecken des Oberschenkels
gerader Oberschenkelmuskel	M. rectus femoris	Beugen im Hüftgelenk, Strecken im Kniegelenk
äußerer Oberschenkelmuskel	M. vastus lateralis	Strecken im Kniegelenk
innerer Oberschenkelmuskel	M. vastus medialis	Strecken im Kniegelenk
Schneidermuskel	M. sartorius	Beugen im Hüftgelenk, Anziehen des Oberschenkels
zweiköpfiger Oberschenkelmuskel	M. biceps femoris	Beugen im Kniegelenk
Zwillingswadenmuskel (ist durch die Achillessehne mit dem Fersenbein verbunden)	M. gastrocnemius	Beugen im Knie- und Fußgelenk
vorderer Schienbeinmuskel	M. tibialis anterior	Heben der Fußspitze
Anziehermuskeln	Mm. adductores	Heranziehen des Oberschenkels

Tabelle 20 Wichtige Muskeln der unteren Extremität.

5 Erkrankungen des Halte- und Bewegungsapparates und ihre Behandlung

Die Erkrankungen des Halte- und Bewegungsapparates werden von Ärzten aus verschiedenen medizinischen Fachgebieten behandelt.

Orthopädie befasst sich mit der Entstehung, Verhütung, Erkennung und Behandlung angeborener oder erworbener Form- und Funktionsstörungen des Halte- und Bewegungsapparates und der Rehabilitation der Erkrankten.

Rheumatologie, oft ein Teilgebiet der inneren Medizin, befasst sich mit nicht verletzungsbedingten Erkrankungen des Bewegungsapparates. Dabei können Gelenke, Sehnen, Bänder und Muskeln einzeln oder kombiniert betroffen sein.

Zur Rheumatologie gehören auch immunologisch bedingte Entzündungen des Bindegewebes und der inneren Organe und Gefäße.

Traumatologie befasst sich mit unfallbedingten Störungen des Halte- und Bewegungsapparates. Die Behandlung wird von einem Chirurgen durchgeführt, der die entsprechende Zusatzbezeichnung führt.

Traumatologie wird auch als Zweig der Orthopädie betrachtet. Die heute geltende ärztliche Weiterbildungsordnung sieht dafür den orthopädischen Unfallchirurgen vor.

orthos: gerade, richtig und **paidea:** Erziehung

5.1 Gelenk- und Knochenverletzungen

Gemeinsame Symptome von Gelenk- und Knochenverletzungen sind

- Schmerzen,
- Schwellung,
- Blutergüsse (Hämatome).

Prellungen oder Quetschungen (Kontusionen) führen zu Blutergüssen, Schwellungen und Bewegungseinschränkungen.
Behandlung: Kühlen.

Verstauchungen (Distorsionen) sind Überdehnungen und Zerrungen der Bänder, häufig verbunden mit Blutungen in die Gelenkhöhle, Schwellung und schmerzhafter Bewegungseinschränkung. Behandlung: Ruhigstellen und bei Bedarf schienen.

Verrenkungen (Luxationen). Dabei tritt ein Gelenkende aus seiner physiologischen Stellung; häufig verbunden mit einem Riss der Kapsel.

Verrenkungen und Verstauchungen sind oft schwer zu unterscheiden. Eine eindeutige Diagnose ist mit einer MRT möglich.

MRT ▸ S. 181

Bei starken Schmerzen wird ein lokales Betäubungsmittel erforderlich. Behandlung: häufig konservativ durch Ruhigstellen, Kühlen und Bandagieren, in schweren Fällen durch Operation.

Gipsverbände ▸ S. 210

Muskelverletzungen werden durch Unfälle, Sport und Überlastungen hervorgerufen. Die Ursachen sind ähnlich, nur das Ausmaß der Verletzung unterscheidet sich. Eine übermäßige Dehnung des Muskels führt zu einer Muskelzerrung. Stärkere Beanspruchung oder Gewalt lässt einzelne Muskelfasern (Muskelfaserriss) oder Muskelfaserbündel (Muskelriss) reißen. Neben Schmerzen werden beim Muskelriss am Muskel eventuell eine Lücke tastbar und eine Beule sichtbar. Die Diagnose erfolgt durch Ultraschall und MRT. Die Behandlung umfasst die gleichen Maßnahmen wie bei anderen Gelenk- und Knochenverletzungen.

Reposition (lat.) = wieder in die ursprüngliche Stellung bringen

PECH gehabt bei Verrenkungen und Zerrungen – aber dies hilft:
P = Pause
E = Eis
C = Compressionsbinde
H = Hochlagern

Knochenbrüche (Frakturen) können durch äußere Einwirkungen, z. B. Fehlbelastungen oder Unfälle, oder infolge einer Erkrankung entstehen, z. B. durch Knochentumore oder hormonelle Störungen. Eine Fraktur ohne entsprechende äußere Einwirkung wird als Spontanfraktur oder pathologische Fraktur bezeichnet. Bei einem geschlossenen Bruch bleibt das umgebende Gewebe unverletzt. Ein offener Bruch verursacht durch die Knochenbruchstücke (Fragmente) Verletzungen des umgebenden Gewebes. An Knochen von Kindern können Frakturen auftreten, bei denen die Knochenhaut nicht zerstört wird. Man bezeichnet dies als Grünholzfraktur.

Kompartment (engl.) = Abteilung, abgeschlossener Raum

pain (engl.) = Schmerz

Paul Sudeck (1896–1938), deutscher Chirurg

Eine Fraktur liegt vor bei:

- Fehlstellung,
- abnormer Beweglichkeit,
- Knochenreiben (Krepitation),
- sichtbaren Knochenteilen bei offener Fraktur.

Vorliegen und Art eines Bruches können nur durch eine Röntgenaufnahme sicher geklärt werden. Nach der Lage, der Art und der Schwere eines Bruches richtet sich seine Behandlung. Konservativ wird die Fraktur nach dem Zusammenfügen mit Gips- oder Kunststoffverbänden ruhiggestellt. Bei operativen Verfahren (Osteosynthesen) erfolgt die Fixierung durch Schrauben, Nägel, Drähte oder Metallplatten. Vorteil der Osteosynthese ist die schnelle Mobilisation des Patienten.

Der erste Schritt bei einer Frakturbehandlung ist die Reposition, d. h. das Einrichten der Fraktur, evtl. wird anschließend eine Streckbehandlung (Extension) notwendig.

Meist kommt es in der ersten Phase der Frakturheilung zur Kallusbildung. Dabei handelt es sich um Bindegewebe, das von der Knochenhaut ausgeht und die Frakturteile überbrückt. Sekundär wird es zu Knochen umgewandelt. Die Heilungsdauer einer Fraktur ist abhängig vom Alter des Erkrankten, von der Lokalisation des Bruches, der Durchblutungssituation und den Begleitverletzungen. Störungen und Komplikationen der Fraktur können sein

- Wachstumsstörungen (bei Kindern und Jugendlichen),
- Infektion,
- verzögerte Bruchheilung,
- Bildung von Falsch- oder Scheingelenken (Pseudoarthrosen),
- Muskelschädigung infolge von Durchblutungsstörungen (Kompartment-Syndrom),
- Complex regional pain syndrom CRPS, früher als Sudeck-Syndrom bzeichnet, eine seltene Komplikation vor allem nach Unterarmfraktur bei älteren Frauen, die mit Schmerzen, Hautatrophie und Knochenveränderungen einhergeht.

Bänderriss (Ruptur). Durch extreme, vor allem plötzliche Belastung reißt ein Gelenkband, z. B. im Fuß- oder Kniegelenk. Behandlung: Ruhigstellen, in schweren Fällen operieren.

Bewegungseinschränkungen der Gelenke: Je nach Ursache, Umfang und Dauer unterscheidet man verschiedene Bewegungseinschränkungen von Gelenken: Die Gelenksteife (Ankylose) kann angeboren oder erworben sein. Die Ursache liegt entweder im Gelenk selbst, z. B. bei Arthrose, oder außerhalb, z. B. durch Sehnenverkürzung, narbige Schrumpfungen, falsche Lagerung wie bei einer Spitzfußkontraktur.

Die Gelenkspiegelung (Arthroskopie) ist ein endoskopisches Untersuchungsverfahren mit einem höheren Aufwand als bei Röntgenverfahren, es liefert aber im Einzelfall viel genauere Ergebnisse. Eine Gelenkspiegelung kann zur Abklärung anhaltender, ungeklärter Beschwerden in großen Gelenken, vor allem im Kniegelenk, vorgenommen werden.

Ankylose: Gelenkversteifung durch Verknöcherung der Gelenkflächen

Endoskopie ▸ S. 173 ff.

Kontraktur: Gelenkzwangsstellung mit verminderter oder aufgehobener Bewegungsfähigkeit. Aktive und passive Bewegungsübungen sollen Kontrakturen vermeiden oder lindern.

Arthrose ▸ S. 163

5.2 Erkrankungen der Wirbelsäule und ihre Behandlung

5.2.1 Skoliose

Skoliose ist eine seitliche Verkrümmung der Wirbelsäule. Ihre Entstehung ist vielfach ungeklärt. Ausgeprägte einseitige Belastungen können Skoliosen verursachen (Bild 59).

Leichtere Skoliosen sind nur in der Röntgenaufnahme zu erkennen. Schwere Skoliosen zeigen sich schon äußerlich in Haltungsauffälligkeiten.

Leichtere Skoliosen werden mit Korsett oder Krankengymnastik behandelt. Schwere Fälle müssen operiert werden, um Spätfolgen, z. B. Gelenkschäden, zu verhindern.

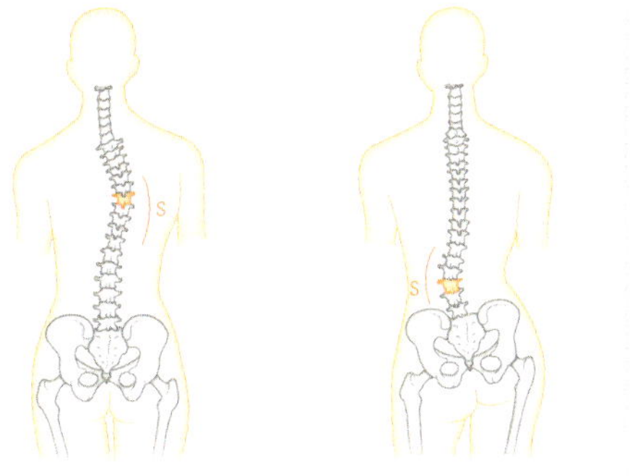

Bild 59 Skoliose.

5.2.2 Degenerative Wirbelsäulenerkrankungen (Spondylosis deformans)

Knochen, Knorpel, Bänder und Muskeln der Wirbelsäule bilden eine funktionelle Einheit (Bewegungssegment). Muskelverspannungen, Muskelverhärtungen (Myoglosen) führen zur Beeinträchtigung an Knorpeln und Bändern. Diese Muskelveränderungen entstehen beispielsweise durch einseitige beruflich oder sportlich bedingte Fehlhaltung oder Fehlbelastung oder infolge von Stress, führen zur Beeinträchtigung von Knorpel und Bändern.

Je nach Lokalisation wird dann von einem HWS-, BWS- oder LWS-Syndrom gesprochen, die mit Schmerzen, Bewegungseinschränkung und Fehlbelastungen verbunden sind.

Lumbago. Unter akuter Lumbago (Hexenschuss) werden plötzlich auftretende heftigste Lendenschmerzen verstanden, die sich bei Anstrengung, z. B. Heben oder Bücken, einstellen und bis zur Bewegungslosigkeit führen können. Strahlen die Schmerzen entlang des Ischiasnervs über die Außen- und Beugeseite des Oberschenkels bis in die Zehen aus, wird dies als Lumboischalgie oder Ischiassyndrom bezeichnet. Chronische Lumbago macht sich immer wieder bei falschen Bewegungen, Infekten oder bei Müdigkeit und Abgeschlagenheit bemerkbar. Die Ursachen dieser Schmerzsyndrome sind meist Bandscheibendegenerationen zwischen L4/L5 oder L5/S1 mit eingeengtem Rückenmarksnerv in verspannter Muskulatur.
Oft ist das Röntgenbild unauffällig, da die klinischen Beschwerden nicht unbedingt mit im Röntgenbild sichtbaren Veränderungen einhergehen. Röntgenologische Zeichen können sein:

- Höhenminderung des Zwischenwirbelraumes,
- reaktive Knochenneubildung als Randzacken durch veränderte Bewegungsreize.

Da die Ursache bei Lumbago fast immer eine Bandscheibenproblematik ist, gilt das Behandlungskonzept für eine Bandscheibenvorwölbung und einen Bandscheibenvorfall.

Myogelose: tastbare Muskelverhärtung

HWS = Halswirbelsäule, **BWS** = Brustwirbelsäule, **LWS** = Lendenwirbelsäule

Lumbago von lumbus (lat.) = Lende oder Lumbalgie = Lendenschmerzen

Spondylosis deformans: Arthrose der Wirbelkörper

Behandlungskonzept für eine Bandscheibenvorwölbung ▸ S. 160

Spinalkanalstenose. Dies ist eine Verengung des Wirbelkanals, besonders im LWS-Bereich. Schmerzen treten besonders beim Stehen und Laufen auf. Vorwärtsbeugen kann die Schmerzen manchmal lindern.

5.2.3 Bandscheibenvorwölbung und Bandscheibenvorfall

Die Bandscheibe besteht aus einem in Schichten fest miteinander verwobenen Faserring und einem druckelastischen Gallertkern (Nucleus pulposus). Der Wassergehalt des Gallertkernes nimmt im Laufe des Alterungsprozesses oder durch einseitige Fehlbelastung ab, wodurch die gleichmäßige Druckverteilung verloren geht. Der Faserring wird rissig und bekommt Lücken, durch welche der Gallerkern herausquellen kann. Es kommt zur Vorwölbung (Protrusio) oder Austritt (Prolaps) von Bandscheibengewebe in die Zwischenwirbellöcher oder in den Wirbelkanal (NPP) (Bild 60). Dadurch werden Rückenmarksnerven gequetscht oder eingeklemmt. Folgen sind Sensibilitätsstörungen, Schmerzen oder Lähmungen.

NPP: Nucleus Pulposus Prolaps

Nachdem der Patient die Symptome und den schmerzenden Bereich beschrieben hat, folgt eine Untersuchung von Reflexen, Störungen der Sensibilität oder Feststellung von Lähmungen. Da eine normale Röntgenaufnahme meist nur eine geringe Verschmälerung des Raumes zwischen den Wirbeln zeigt, schließt sich zur Absicherung eine Computer- oder Kernspintomografie an. Üblicherweise wird konservativ behandelt. Dazu gehören physikalische und medikamentöse Behandlungen. Schmerztherapie und vorsichtige Krankengymnastik erweisen sich oft als wirksam, da eine kräftige Rückenmuskulatur die Wirbelsäule entlastet. Bei Lähmungserscheinungen sind operative Maßnahmen nötig.

CT ▸ S. 179 f.
Kernspintomografie ▸ S. 181

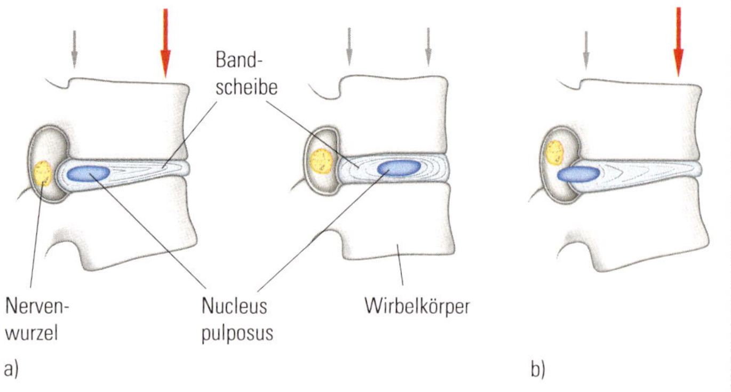

Bild 60 a) Bandscheibenvorwölbung (Protrusion) und b) Bandscheibenvorfall (Prolaps).

5.2.4 HWS-Schleudertrauma

Durch plötzliche Beugung und Überstreckung der Halswirbelsäule z. B. bei einem stärkeren Auffahrunfall kommt es zu Schäden im Hals-Nackenbereich, die als HWS-Schleudertrauma bezeichnet werden (Peitschenhiebverletzung). Meist etwas verzögert treten Beschwerden wie Kopf- und Nackenschmerzen auf, evtl. begleitet von Schwindel und Übelkeit. Die Behandlung erfolgt krankengymnastisch oder eventuell mit einer Halskrawatte.

5.2.5 Morbus Scheuermann

Es handelt sich um eine jugendliche Verknöcherungsstörung der Wirbelsäule meist im Bereich der Brustwirbelsäule („jugendlicher Rundrücken"). Die Wirbel wachsen in ihren vorderen Anteilen langsamer als hinten und dadurch entstehen die typisch geformten Keilwirbel. Dies führt zur Ausbildung einer übermäßigen Kyphose. Mit Abschluss des Wachstums hört die Erkrankung auf. Therapeutisch sinnvoll ist es daher, während des Fehlwachstums durch krankengymnastische Übungen oder (selten) durch operative Verfahren das Fortschreiten der Deformierung zu verhindern.

5.2.6 Wirbelfraktur

Tritt eine knöcherne Verletzung der Wirbelsäule z. B. durch Unfall oder pathologische Fraktur (Osteoporose, Knochenmetastasen) auf, kann dies oberhalb von L1 zu einer Rückenmarkschädigung mit einem Querschnittssyndrom führen. Die neurologischen Funktionsausfälle betreffen Lähmungen, Störungen der Wärme- und Gefäßregulation und der Blasen-Darmfunktionen. Je nach Art und Ausmaß der Verletzung ist die Rückbildung verzögert oder unvollständig.

5.3 Knochenerkrankungen und ihre Behandlung

5.3.1 Osteoporose

Osteoporose (Knochenschwund) führt dazu, dass mehr Knochengewebe abgebaut als aufgebaut wird. Die Markräume des Knochens vergrößern sich (Bild 61). Infolge der geringer werdenden Knochenmasse besteht eine erhöhte Frakturgefahr. Schmerzen und Bewegungseinschränkung sind ebenfalls charakteristisch.

Die Ursachen sind alters- oder/und hormonell bedingt. Frauen in der Menopause leiden besonders häufig an dieser Erkrankung. Weitere bekannte Ursachen sind eine langfristig hoch dosierte Kortisontherapie, Schilddrüsenüberfunktion, längere Bettlägerigkeit, langjährige Nieren-, Bauchspeicheldrüsen- und Darmerkrankungen wie z.B. Morbus Crohn und Kolitis ulzerosa. Dies alles sind Krankheiten, die die Calciumaufnahme aus dem Darm verhindern.

Als Risikofaktoren für die Osteoporose gelten:

- das Geschlecht (Frauen sind häufiger betroffen),
- Vererbung,
- Körperbau (schlanke und zierliche Menschen),
- calciumarme Ernährung,
- Bewegungsmangel,
- Genussmittel wie Cola, Alkohol, Zigaretten, Kaffee.

Osteoporose ist eine schleichend verlaufende Erkrankung, die lange Zeit keine Beschwerden macht. Erst nach Jahren können chronische Rückenschmerzen auftreten, wenn die Wirbelsäule betroffen ist. Durch den Knochenschwund wird der Knochen instabil und kann leicht in sich zusammenbrechen. Folgen sind Frakturen, besonders Spontanfrakturen, Verformungen und eine Fehlhaltung, die zu Muskelverspannungen und Rückenschmerzen führen. Sie treten zunächst eher bei Belastung, später aber auch als Dauerschmerzen auf. Die Veränderungen an der Wirbelsäule ziehen auch Änderungen der Körperstatur nach sich. Es entsteht zunehmend ein Buckel, besonders im Brustbereich, die Rippen können am Beckenkamm scheuern und die Körpergröße nimmt kontinuierlich ab. Die Haut bildet Falten, die an einen Tannenbaum erinnern (Bild 62).

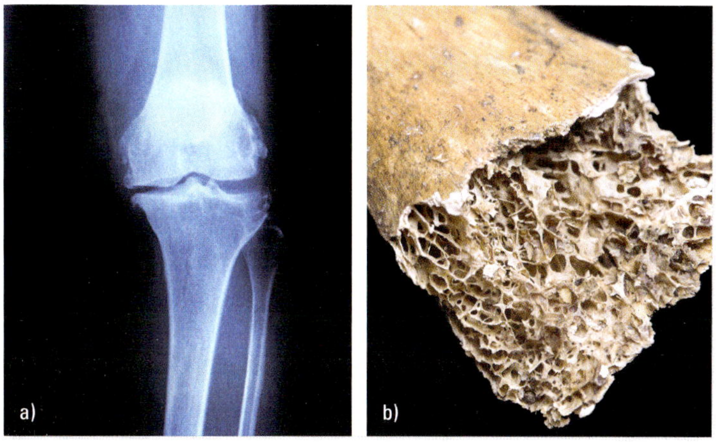

Bild 61 Knochen mit Osteoporose
a) Kniegelenk (Röntgenbild), b) poröser Knochen.

Vorbeugen kann man durch viel Bewegung von den ersten Lebenstagen an und durch eine lebenslange ausreichende Versorgung mit calciumreichen Nahrungsmitteln, wie Milch und Milchprodukten sowie Verzicht auf phosphatreiche Nahrungsmittel, wie z.B. Cola.

Osteoporose wird durch eine Knochendichtemessung (Osteodensitometrie) festgestellt. Wenn sich dabei herausstellt, dass der Knochenabbau im Vergleich zur Altersgruppe zu stark und damit pathologisch ist, ist die Diagnose Osteoporose gesichert. Der altersphysiologische (normale) Knochenabbau wird als Osteopenie bezeichnet.

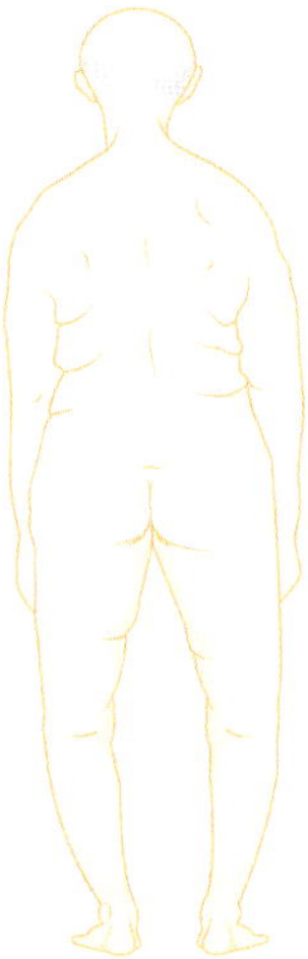

Bild 62 Tannenbaumphänomen.

Menopause: Ende der Regelblutungen in den Wechseljahren

Morbus Crohn ▸ S. 407

Osteodensitometrie ▸ S. 180

Akupunktur ▸ S. 224

Homöopathie ▸ S. 221 f.

Stanger-Bad ▸ S. 192

Die Behandlung der Osteoporose kann medikamentös durch Bisphosphonate, Vitamin D und eventuell Kalzitonin erfolgen. Möglich ist auch die Gabe von Antikörpern (AK), die Osteoklasten hemmen. Linderung schaffen Krankengymnastik, Bewegungstherapie (Rückenschule) oder Massagen zur Kräftigung der Muskulatur. Weitere therapeutische Möglichkeiten sind Akupunktur zur Schmerzlinderung, Homöopathie, Elektrotherapie (z. B. Stanger-Bad), Maßnahmen zur Sturzprophylaxe wie Stolperfallen beseitigen, Hüftprotketoren.

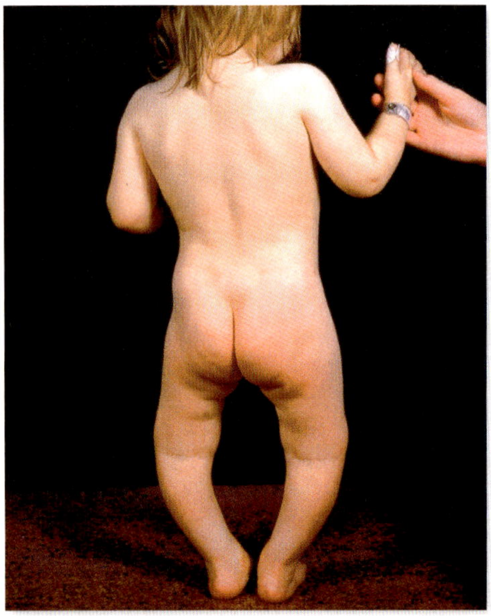

Bild 63 Rachitisches Kind.

Szintigrafie ▸ S. 180

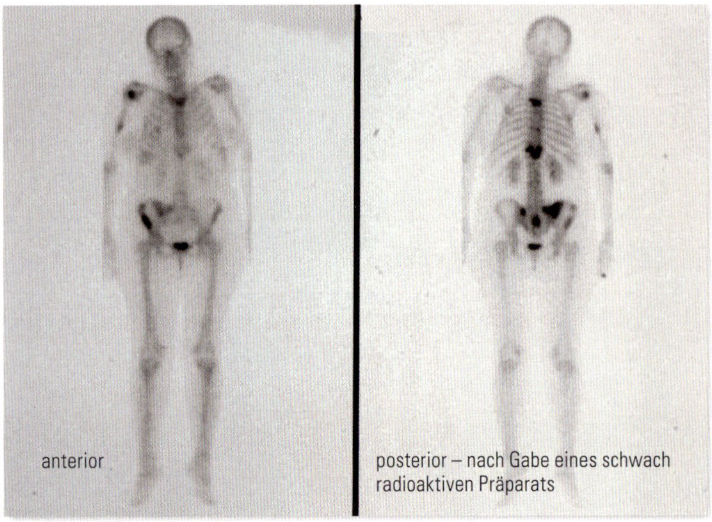

Bild 64 Knochenszintigramm (Befund: metastasiertes Prostata-Ca).

5.3.2 Osteomalazie

Bei Osteomalazie (Knochenerweichung) kann der anorganische Anteil des Knochens bis auf etwa ein Drittel absinken. Ursachen können Vitamin-D-Mangel oder ein nicht ausreichendes Angebot an Calcium oder Phosphat in der Nahrung sein. Bei Kindern wird diese Krankheit Rachitis genannt. Sie führt zu schweren Knochenverbiegungen (Bild 63).

5.3.3 Glasknochenkrankheit

Bei der Glasknochenkrankheit (Osteogenesis imperfecta) handelt es sich um eine erbliche Erkrankung, bei der die Fasern in der Zwischenzellsubstanz der Knochen nicht ausreichend ausgebildet sind. Dadurch sind die Knochen hochgradig bruchgefährdet.

5.3.4 Knochentumor

Ein Osteom ist ein gutartiger Knochentumor, ein Osteosarkom ist bösartig.

Das Ewing-Sarkom ist ein hochmaligner Knochentumor im Kindes- und Jugendalter. Häufig sind die Röhrenknochen betroffen. Es treten lokale Schwellung, Schmerzen und Funktionseinschränkungen auf. Bei einem Viertel der Fälle liegt bei der Diagnosestellung bereits eine Metastasierung in Lunge und Skelett vor.

Knochenmetastasen treten je nach Krebserkrankung mehr oder weniger häufig auf. Prostata- und Brustkrebs gehören zu den Krebsarten, deren Metastasen sich besonders häufig in den Knochen ansiedeln (Bild 64). Weitere Tumorarten, die im fortgeschrittenen Stadium mit Knochenmetastasen einhergehen, sind Lungen-, Nieren- und Schilddrüsenkrebs.

5.3.5 Morbus Perthes

Der M. Perthes ist eine aseptische Knochennekrose des Hüftkopfes im Alter von 3 bis 10 Jahren. Die Ursache ist unbekannt. Vermutet wird eine Durchblutungsstörung.

5.4 Arthrose (Rheumatisch degenerative Erkrankung)

Definition. Bei der Arthrose oder degenerativ rheumatischen Gelenkerkrankung handelt es sich um eine Degeneration des Knorpelgewebes mit nachfolgender Knochenschädigung und entzündlich bedingter Schrumpfung der Gelenkkapsel.

Vorkommen. Ab dem 40. Lebensjahr sind bei der Hälfte der Bevölkerung auf Röntgenbildern degenerative Gelenkveränderungen erkennbar, wobei jedoch nur etwa ein Viertel der Betroffenen subjektive Beschwerden angibt. In Deutschland sind etwa 5 Millionen Menschen betroffen. Es handelt sich volkswirtschaftlich um die bedeutendste chronische Erkrankung des Bewegungsapparates.

Ursachen. Die Arthrose entwickelt sich aus einem Missverhältnis zwischen Belastung und der Belastungsfähigkeit des Gelenkes. Bei der primären Arthrose liegt eine Minderwertigkeit des Knorpelgewebes vor, deren Ursache unbekannt ist. Sekundäre Arthosen können infolge von Stoffwechselstörungen, Fehlbelastungen, Übergewicht, Traumen, Entzündungen oder auch altersbedingt entstehen.

Verlauf. Die Arthrosen verlaufen langsam fortschreitend (progredient). Am Anfang steht der Elastizitätsverlust des Gelenkknorpels mit Spaltbildungen im Knorpel. Der darunter liegende Knochen verdichtet sich und es bilden sich Knochenausläufer und wulstartige Knochenvorsprünge, die die Gelenkfunktion beeinträchtigen und Schmerzen in den umgebenden Weichteilen hervorrufen. Durch die vom Knorpel abgeriebenen Teilchen entwickelt sich eine reaktive (sekundäre) Entzündung der Gelenkinnenhaut mit Ergussbildung (Bild 65) oder eine Gelenkversteifung (Ankylose).

Symptomatik. Zu Beginn der Erkrankung wird über belastungsabhängige Schmerzen geklagt, die vom Gelenkraum selbst oder von den umliegenden Weichteilen ausgehen. Typisch ist der sogenannte Anlaufschmerz, der sich nach einer kurzen Wegstrecke wieder zurückbildet. Im weiteren Verlauf der Erkrankung treten Ruheschmerzen auf. Am Gelenk entwickelt sich eine Achsenfehlstellung, die die Gebrauchsfähigkeit der Extremität vermindert, zu Gelenkszwangsstellung (Kontraktur) und zu einer Rückbildung der Muskulatur führt. Dies schränkt wiederum die Belastungsfähigkeit des betroffenen Gelenks weiter ein. Eventuell entstehen erheblich instabile Gelenke (Schlottergelenke, Bild 66).

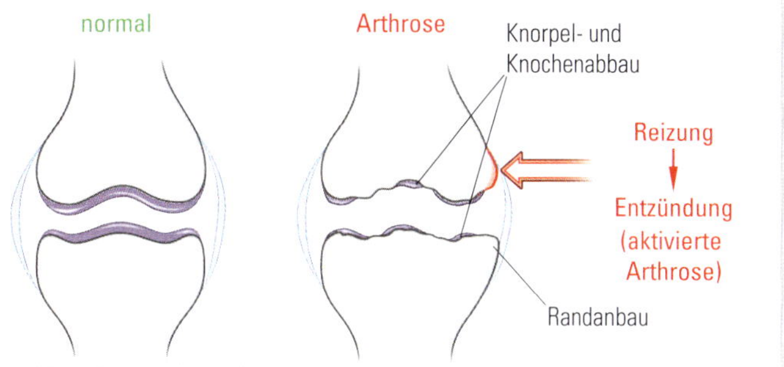

Bild 65 Vergleich normales und arthrotisches Gelenk.

Am häufigsten betroffen sind Knie (Gonarthrose), Hüfte (Coxarthrose), Wirbelsäule (Spondylarthrose) und Finger (Polyarthrose).

Therapie. Da Bewegungsarmut und Übergewicht wesentliche Förderer degenerativer Gelenkerkrankungen sind, spielt die Prävention eine wichtige Rolle. Glucosamin wird eine gewisse Wirksamkeit zugeschrieben. Somit ist die Behandlung symptomatisch und umfasst physikalische und krankengymnastische Behandlung, Schmerzlinderung und operative Verfahren wie gelenkerhaltende Eingriffe oder Endoprothesen.

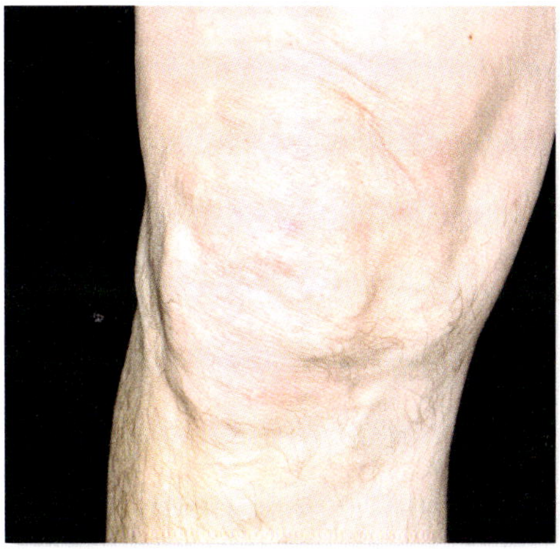

Bild 66 Instabiles Kniegelenk.

Kontraktur: Fehlstellung eines Gelenks mit Bewegungseinschränkung

progredient = fortschreitend

Endoprothese: Ersatzstück aus Fremdmaterial im Körperinnern, z. B. künstliches Kniegelenk

TEP = **T**otal**endo**prothese

5.5 Rheumatisch entzündliche Erkrankungen und ihre Behandlung

5.5.1 Allgemeines

Rheumatismus ist ein Sammelbegriff für ziehende, reißende Schmerzen im Halte- und Bewegungsapparat, die oft begleitet werden von Bewegungsbehinderung und Beeinträchtigung des Allgemeinbefindens. Bei der Mehrzahl der Erkrankungen liegt eine genetische Disposition vor. Als Starter der rheumatischen Erkrankungen kommen offenbar mikrobielle Erreger oder Erregersubstanzen infrage, die zu einer immunologischen Antwort des Körpers führen, was sich dann bevorzugt an der Synovialmembran der Gelenke niederschlägt.

Rheumatisch entzündliche Veränderungen können sich auch an anderen Geweben – z. B. Bindegewebe (Kollagenosen) oder Organen (Nieren oder Haut) – äußern, denn diese Erkrankungen sind infolge der ablaufenden immunologischen Prozesse stets Allgemeinerkrankungen.

Kollagenosen ▸ S. 166

Autoantikörper von autos (gr.) = eigen: Antikörper, die gegen das eigene Gewebe gerichtet sind

Der Gelenkbefall bei entzündlich rheumatischen Erkrankungen unterscheidet sich von dem degenerativer Erkrankungen durch die ausgeprägte entzündliche Veränderung der inneren Gelenkkapselschicht (Synovialmembran).

Verlauf. Im Frühstadium führen die entzündlichen Veränderungen am Gelenk zu wiederkehrenden schmerzhaften Ergussbildungen. Im weiteren Verlauf greift die Entzündung auf das Knorpelgewebe über, es bildet sich eine aufliegende Gewebeschicht (Pannus), die den Knorpel infiltrativ durchwächst. Die aggressiven Wucherungen überdehnen die Kapsel, das Gelenk wird instabil und es entsteht ein sogenanntes Schlottergelenk. Im fortgeschrittenen Verlauf wird der Knochen durch die entzündlichen Vorgänge angegriffen und damit die Zerstörung des gesamten Gelenkes eingeleitet. Nach und nach verschwinden die Entzündungen. Das Gelenk ist hochgradig deformiert, evtl. verrenkt (subluxiert) und bindegewebig und knöchern eingesteift.

Ulnardeviation: Abweichung der Finger zur Ellenseite

5.5.2 Rheumatoide Arthritis (R.A.)

Rheumatoide Arthritis oder chronische Polyarthritis (c.P.) ist eine Erkrankung, die bevorzugt die kleineren Gelenke wie Hand-, Fußgrund-, und Mittelgelenke der Finger befällt. Charakteristisch sind der symmetrische Befall und der meist chronische Verlauf. Etwa 3 % der Bevölkerung leiden an dieser Erkrankung, Frauen sind viermal häufiger betroffen als Männer. Der Erkrankungsgipfel liegt zwischen dem 30. und 50. Lebensjahr. Bei Kindern und Jugendlichen beginnt die Erkrankung öfters akut und manifestiert sich an den großen Gelenken, z. B. am Kniegelenk. Häufig lässt sich im Blut von betroffenen Patienten der sogenannte Rheumafaktor, ein Autoantikörper, nachweisen.

Bei der R.A. des Erwachsenen treten zunächst Schwellungen an den zumeist kleineren Gelenken auf, die für den Erkrankten noch unbemerkt bleiben können. Sie rufen eine typische Morgensteifigkeit z. B. der Hände hervor, die sich nach deren Bewegung / Benutzung wieder zurückbildet. Im Weiteren können sich Sehnenscheiden und Schleimbeutel entzünden oder Rheumaknoten sind als derbe subkutane Knoten an den Streckseiten der Arme oder am Hinterkopf tastbar. Typisch für die R.A. sind Spindelfinger durch die Schwellung der Mittelhand- und Fingergrundgelenke. Später kommt es durch Kapsellockerung in den Mittelhandgelenken zur Ulnardeviation der Langfinger. Durch fortschreitende Zerstörung an den Fingergelenken und Sehnen entstehen typische Deformitäten wie zum Beispiel die Schwanenhalsdeformität (Bild 67, S. 165).

Neben den Gelenken können auch innere Organe befallen sein, z. B. können eine Herzentzündung oder eine Entzündung der Speichel- und Tränendrüsen entstehen, die zu Trockenheit in Mund und Augen führen.

Diagnostische Kriterien (American Rheumatism Association). Die Diagnose einer R.A. kann gestellt werden, wenn mindestens vier der folgenden Kriterien vorliegen:

- Morgensteifigkeit der Gelenke von mindestens einer Stunde vor maximaler Besserung,
- Arthritis in mindestens drei Gelenkregionen,
- Arthritis der Fingergrund-, Mittel- oder Handgelenke,
- symmetrischer Befall,
- Rheumaknoten,
- Rheumafaktor positiv,
- typische röntgenologische Veränderungen wie gelenknahe Osteoporose oder Knochendefekte unter dem Gelenkknorpel.

Die ersten vier Symptomgruppen müssen mindestens sechs Wochen bestehen, ehe man von einer R.A. spricht.

Um die Entzündung einzudämmen, werden Medikamente eingesetzt, vor allem nicht-steroidale Antirheumatika (NSAR), Kortison, sogenannte Basistherapeutika, u.a. Goldpräparate, Immunsuppressiva und Biologica. Biologica sind biotechnologisch hergestellte Medikamente, die das Immunsystem beeinflussen. Daneben wendet man physikalische Therapien und Bewegungstherapien an. Im akuten Schub wird eher eine Kältetherapie bevorzugt, im chronischen Verlauf lokale Wärmeanwendung und Bädertherapie. Bei Therapieresistenz und ausgeprägten Gelenkfehlstellungen werden operative Eingriffe notwendig oder eine radiologische Verödung der Synovialmembran und GK-Injektionen (Glukortikoide) ins Gelenk.

Da für Rheumapatienten viele Handgriffe und Bewegungsabläufe sehr schmerzhaft geworden sind, gibt es eine Reihe von Alltagshilfen, die es dem Betroffenen ermöglichen, sich selbstständig zu versorgen (Bild 68).

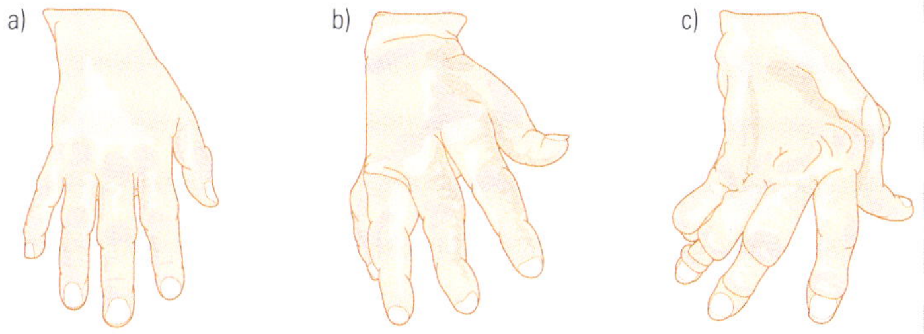

Bild 67 Rheumatoide Arthritis im Frühstadium (a), mittlerem Stadium (b) und Spätstadium (c).

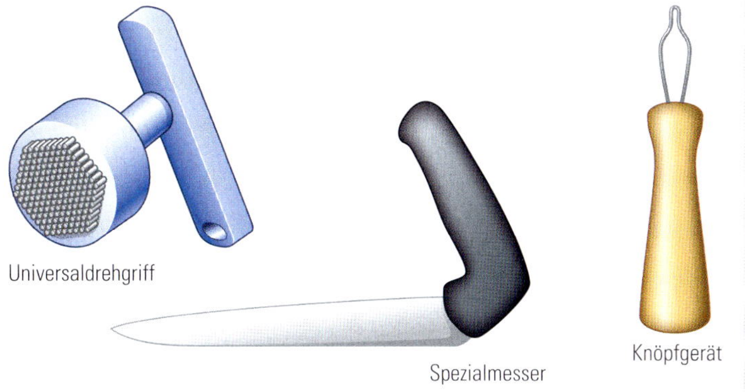

Bild 68 Alltagshilfen für Rheumapatienten.

5.5.3 Akutes rheumatisches Fieber

Etwa zwei Wochen nach einem Streptokokkeninfekt des Rachens (Scharlach oder Angina) kann es – in seltenen Fällen und meist bei Jugendlichen – zu einer Entzündung der Gelenke, des Herzens und der Haut kommen. Es handelt sich dabei nicht mehr um eine Infektion, sondern um eine immunologisch bedingte entzündliche Reaktion des Körpers auf diese Infektion. Weil die Oberfläche der Streptokokken mit körpereigenen Zellmembranen Ähnlichkeit hat, greifen die produzierten Antikörper Gelenke, Herz, Haut und Gehirn an. Gelenkschmerzen (Arthritis), Herzjagen, zuckende unkontrollierte Bewegungen (Chorea minor) oder Hautausschlag können die Folge sein. Eine gefürchtete Komplikation ist die zunächst nicht erkannte Zerstörung der Herzklappen.

immunsuppressiv: Reaktionen des Immunsystems werden unterdrückt

Chorea minor (gr.-lat) = „kleiner Tanz“; ausgelöst durch Beeinträchtigung des ZNS ▸ S. 324 f.

Herzklappen ▸ S. 276

Spondylitis ankylans, spondyl: Wirbelgelenke
ankyl-: verknöchern

HLA-System ▸ S. 256

SLE = **S**ystemischer **L**upus **E**rythematodes

5.5.4 Morbus Bechterew

Es handelt sich bei M. Bechterew um eine chronisch entzündliche Erkrankung vor allem der Wirbelgelenke. Die Krankheit verläuft in Schüben und betrifft Männer wie Frauen gleichermaßen. Sie beginnt meist zwischen dem 15. und dem 30. Lebensjahr. Man vermutet genetische Faktoren (HLA-B-27) für die Entstehung. Typisch sind anfangs die nächtlichen Rückenschmerzen im Lenden-Kreuzbeinbereich.

Die Beweglichkeit der Wirbelsäule wird mit der Zeit immer eingeschränkter und es kann sich eine ausgeprägte Kyphose (Rundrücken) entwickeln, die bei dem Erkrankten zu einer charakteristischen „Begrüßungshaltung" führt (Bild 69). Die Thoraxbeweglichkeit und Atembreite nehmen ab. Die Erkrankung kann auf andere Gelenke und Organe übergreifen.

Um einer Versteifung der Wirbelsäule vorzubeugen, sind tägliche krankengymnastische Übungen notwendig. Unterstützend wirken entzündungshemmende Schmerzmittel und Biologica.

Bild 69 Patienten mit Morbus Bechterew.

5.5.5 Kollagenosen

Kollagenosen sind chronisch entzündliche Bindegewebserkrankungen, die durch immunpathologische Prozesse hervorgerufen werden und jedes Organ betreffen können. Es lassen sich oft Autoantikörper oder Immunkomplexe nachweisen. Beispiele sind:

- Bei der Sklerodermie, die häufig Frauen ab 40 Jahren betrifft, kommt es zu einer massiven Verhärtung der Haut und der Lungen, was mit entsprechenden Funktionseinschränkungen einhergeht.
- Für den systemischen Lupus erythematodes (SLE) sind eine schmetterlingsförmige Gesichtsröte und Gelenkbefall wie bei einer rheumatoiden Arthritis charakteristisch. Lebensbedrohlich wird die Erkrankung vor allem dann, wenn die Nieren betroffen sind. Die Krankheit beginnt oft schon in jungen Jahren besonders bei Frauen.
- Bei der knotigen Gefässwandentzündung der Schläfenarterie (Arteriitis temporalis) kommt es zu Kopfschmerzen und es droht Erblindung, weil ein Arterienast der Schläfenarterie die Netzhaut ungenügend versorgt.

Die Behandlung erfolgt immunsuppressiv.

5.6 Weichteilrheumatismus und seine Behandlung

5.6.1 Allgemeines

Der Weichteilrheumatismus kann durch degenerative oder entzündliche Prozesse hervorgerufen werden. Er geht mit schmerzhaften Zuständen von Sehnen, Bändern, Schleimbeutel, Unterhautfettgewebe, Nerven und Muskeln einher (Tabelle 21, S. 167). Psychische Faktoren und vegetative Fehlsteuerung spielen ebenfalls eine Rolle. Ausgelöst wird er durch vielerlei Reize, beispielsweise eine örtlich begrenzte Überbeanspruchung, Klimaeinflüsse, Infektionen und Nervenreizungen. Hervorstechendes Merkmal ist der bewegungs- und belastungsabhängige Schmerz, der wechselnd oder andauernd besteht oder nach längeren Ruhepausen besonders intensiv verspürt wird. In den meisten Fällen lassen sich umschriebene Schmerzpunkte und Gewebeverdichtungen tasten. Die benachbarten Gelenke können infolge schmerzhafter Schonhaltung sowie Funktionsausfall der dazugehörigen Sehnen und Muskelgruppen und durch Schrumpfung des gelenknahen Gewebes versteifen (Bild 70, S. 167).

Therapiert wird mit entspannenden und durchblutungsfördernden Maßnahmen.

Betroffenes Organ	Auswirkungen
Muskulatur	Muskelentzündung (Myositis)
Schleimbeutel	Schleimbeutelentzündung (Bursitis)
Sehnen	Sehnenentzündung (Tendinitis)
Sehnenscheiden	Sehnenscheidenentzündung (Tendovaginitis)
Ansätze der Sehnen	schmerzhafte Veränderungen an den Übergängen zwischen Sehnen und Knochen (Insertionstendopathie, z. B. Tennisellenbogen)
Gelenkinnenhaut	Gelenkinnenhautentzündung (Synoviitis)
Gelenk	degenerative und deformierende Gelenkveränderung (Arthrose)

Tabelle 21 Rheumatische Erkrankungen des Bewegungsapparates.

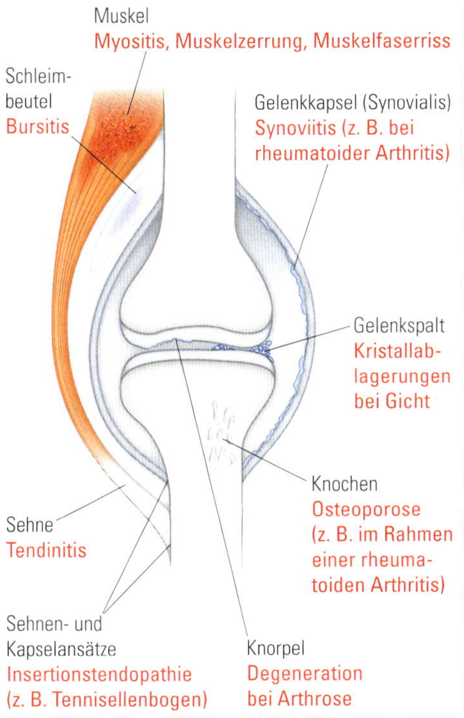

Bild 70 Krankheitsprozesse am Bewegungsapparat.

5.6.2 Tennisellenbogen

Beim Tennisellenbogen (Epicondylitis humeri lateralis) sind Sehnen geschädigt, die das Handgelenk von der Handfläche weg bewegen. Durch die Überbeanspruchung entstehen Abnutzungserscheinungen und entzündliche Reaktionen an den Sehnen (Tendopathie), an den Ansatzstellen (Insertionstendopathie) oder an deren Sehnenscheiden (Tendovaginitis). Typisch ist ein Druck- und Belastungsschmerz im betroffenen Sehnengebiet.

5.6.3 Fibromyalgie

Fibromyalgie ist eine Erkrankung unbekannter Ursache. Sie geht mit ständigen Schmerzen – oft besonders stark am Morgen –am ganzen Körper einher, wobei besonders Muskeln, Bänder und Sehnenansatzpunkte (Tenderpoints) symmetrisch betroffen sind (Bild 71). Dieses Schmerzsyndrom ist meist von vegetativen Symptomen und funktionellen Beschwerden wie diffusen Bauchschmerzen, Müdigkeit und Schlafstörungen begleitet. Die Laborparameter sind meistens unauffällig.

Fibro = Faser,
my- = Muskel,
algie = Schmerz

Tenderpoints: Sehnenansatzpunkte, von **tendo** (lat.) = Sehne, **point** (engl.) = Punkt

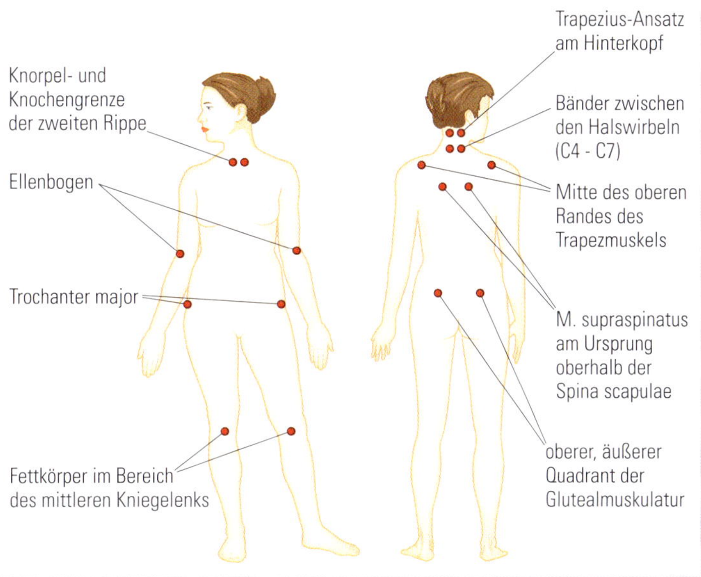

Bild 71 Tenderpoints.

Die Diagnose Fibromyalgie wird gestellt, wenn sich von den 18 möglichen Sehnenansatzpunkten 11 länger als 3 Monate schmerzhaft erweisen. Zusätzlich bestehen vegetative Beschwerden.

Fibromyalgie verläuft meistens chronisch. Die Betroffenen leiden über Jahre hinweg unter Schmerzen wechselnder Stärke und Dauer.

Therapeutisch sind Physiotherapie und Entspannungstechniken angezeigt.

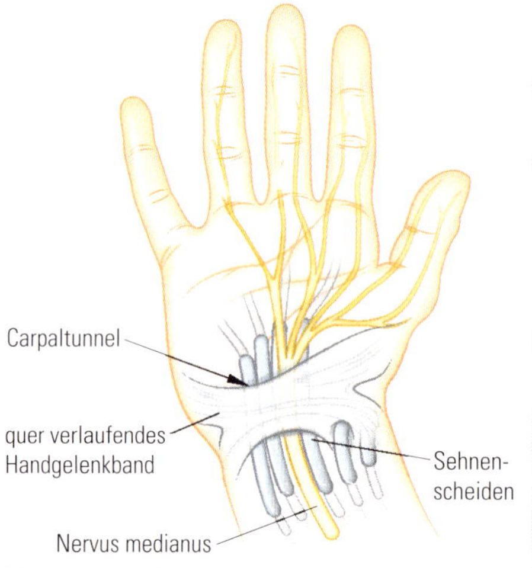

Bild 72 Carpaltunnelsyndrom (CTS).

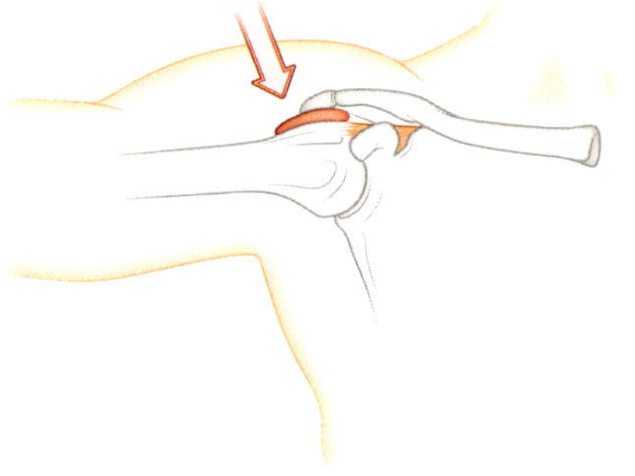

Bild 73 Impingementsyndrom.

5.7 Infektiöse Gelenkentzündung

Gelenke können mit Bakterien oder Viren infiziert werden und sich entzünden. Beispielsweise kann es im Rahmen einer Lyme-Borreliose oder Tuberkulose zu Gelenkentzündungen kommen, die zu Schmerzen und Bewegungseinschränkung führen. Gelenkentzündungen treten aber auch bei Gicht, Psoriasis oder bei reaktiver Arthrose auf.

Lyme-Borreliose ▸ S. 438 f.
Psoriasis ▸ S. 440
reaktive Arthrose ▸ S. 163

5.8 Carpaltunnelsyndrom

Der Carpaltunnel ist eine von den Handwurzelknochen gebildete knöcherne Vertiefung, durch die der Nervus medianus und die Sehnenscheiden für die Fingerbeuger ziehen. Darüber gespannt liegt das quer verlaufende Handgelenkband (Bild 72). Das Carpaltunnelsyndrom (CTS) ist eine druckbedingte Schädigung des Nervus medianus im Carpaltunnel.

Es tritt bevorzugt bei Menschen mit Diabetes mellitus, Rheuma, Schilddrüsenunterfunktion, Gicht oder in der Schwangerschaft auf bzw. bei Fehlbelastung des Handwurzelknochens. Charakteristisch sind zunächst nächtliche Schmerzen, meist in Form von Missempfindungen (Parästhesien) in der Handinnenfläche und in den Fingern 1 bis 3, die sich durch Schütteln der Hand bessern. Im weiteren Verlauf kommt es zur Verminderung der Sensibilität der Finger und einer Atrophie der Daumenmuskulatur.

Diabetes ▸ S. 420 ff.
Gicht ▸ S. 419

Die Behandlung erfolgt meist operativ.

5.9 Impingementsyndrom

to impinge (engl.) = zusammenprallen, anstoßen

Beim Impingementsyndrom der Schulter oder Schulterengpasssyndrom werden Anteile vom Schleimbeutel bzw. der Sehnen der Rotatorenmanschette (Schultermuskeln) zwischen Oberarmkopf und Schulterdach eingeklemmt. Das führt zu schmerzhaften Bewegungseinschränkungen, besonders beim Heben des Armes zwischen 60 und 180 Grad („schmerzhafter Bogen").

Mögliche Ursache sind die verkalkende Tendopathie (schmerzhafte Sehnen) oder andere degenerative Sehnenveränderungen (Bild 73).

5.10 Fußfehlbildungen und Fußfehlstellungen

Fußfehlbildungen und -fehlstellungen sind Abweichungen von der physiologischen Fußform. Sie können Beschwerden verursachen und sich auf die Statik des Skelettssystems auswirken.

Fußveränderung	Beschreibung	Abbildung
Spitzfuß	Mensch steht nur auf dem Vorfuß	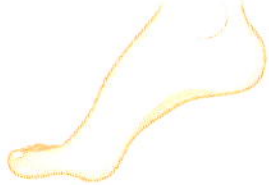
Hohlfuß	es besteht ein ausgeprägtes Quergewölbe des Fußes	
Klumpfuß	Kombination von Spitz-, Hohlfuß, Vorfußadduktion und Supination	
Plattfuß	abgeflachtes Längsgewölbe	
Spreizfuß	Einsinken des Vorfußgewölbes	
Knickfuß	vorderer medialer Tragstrahl sinkt ein und führt zur X-Stellung des Fußes	
Hallux valgus	Abwinkelung der Großzehe im Grundgelenk zur Seite hin	
Hammerzehe	Beugekontraktur im Endgelenk	
Krallenzehe	Beugekontraktur im Mittelgelenk	
Hühnerauge	Verhärtung an einer druckbelasteten Stelle des Fußes	

Supination: Hebung des inneren Fußrandes von **supinare** (lat.) = nach oben kehren

Hallux (lat.) = Großzehe
valgus (lat.) = krumm, nach innen gewölbt

Tabelle 22 Fußfehlbildungen und Fußfehlstellungen.

Andererseits können Wirbelsäulen- oder Beinveränderungen auch den Aufbau und die Funktion des Fußes beeinflussen. Fußfehlbildungen sind anatomisch bedingte Veränderungen des Fußaufbaues, die angeboren oder erworben sein können. Fußfehlstellungen sind falsche Haltungen des Fußes, die sich zu Fehlbildungen entwickeln können.

Fußfehlstellungen und -fehlbildungen werden in den meisten Fällen durch Verordnung von Einlagen, Schienen sowie Übungen zur Stärkung der Unterschenkel- und Fußmuskulatur behandelt.

Redressement: mechanische Korrektur, von **redresser** (frz.) = berichtigen

Angeborene Deformitäten, wie z. B. ein Klumpfuß, werden durch schonendes Redressement behandelt. Dabei wird durch bestimmte Handgriffe eine Korrektur des Fußes erzeugt. Die erreichte Korrekturstellung wird im Gipsverband festgehalten. Ergänzt wird das Redressement durch krankengymnastische Übungen.

5.11 Fersensporn

Der Fersensporn ist ein dornartiger Knochenauswuchs des Fersenbeines und eine Weichteilschwellung mit Belastungsschmerz. Ursächlich kommt eine Überbeanspruchung des Fußgewölbes, z. B. bei Übergewicht, infrage. Behandelt wird er mit maßgefertigten Einlagen und lokalen Infiltrationen.

Fersenschmerz kommt außer beim Fersensporn auch bei anderen Erkrankungen vor, z. B. bei M. Bechterew, oder bei Belastungen, z. B. Extremjogging.

5.12 Eingeweidebrüche (Hernien)

Die bindegewebige oder muskulöse Umhüllung der Bauchhöhle hat eine Reihe von Schwachstellen. Das sind Bereiche, in denen Blutgefäße oder andere Strukturen in den Bauchraum hinein- oder herausführen oder Muskeln aneinander grenzen. Werden die Baucheingeweide durch extreme Belastungen unter Druck gesetzt, so können Teile von Baucheingeweiden durch die Schwachstellen der Bauchwand (Bruchpforten) heraustreten. Der Bruchinhalt, vor allem Teile des Dünndarms, ist von einem Teil des Bauchfells umgeben, dem Bruchsack (Bild 74).

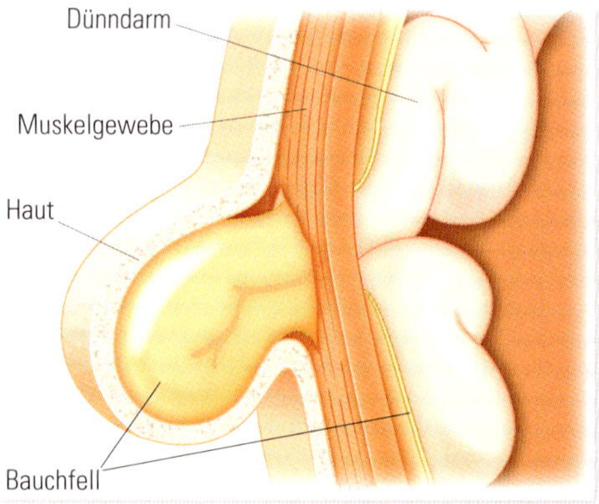

Bild 74 Hernie.

Leistenbrüche treten vor allem bei Männern auf. Ein Teil des Dünndarms wird in den Leistenkanal oder weiter in den Hodensack (Hodenbruch) gepresst.

Schenkelbrüche kommen besonders bei Frauen vor. Hier bildet die Übergangsstelle Bauchhöhle-Oberschenkel die Bruchpforte.

Nabelbrüche sind vor allem bei Neugeborenen häufig, treten aber auch bei Übergewichtigen auf, bei denen die Bauchmuskulatur besonderen Belastungen ausgesetzt ist.

Wenn sich Eingeweidebrüche wieder zurückschieben lassen, so sind sie zwar schmerzhaft, aber unproblematisch. Ein Bruch, der sich nicht mehr zurückschieben lässt, wird als eingeklemmter Bruch bezeichnet. Er muss operativ zurückverlegt werden, weil mangelnde Durchblutung zu lebensbedrohender Schädigung des Gewebes führen kann. Meistens wird die Bruchpforte operativ verengt.

6 Apparative diagnostische Verfahren

6.1 Ultraschalldiagnostik

6.1.1 Schallentstehung

Schallwellen benötigen – im Gegensatz zu elektromagnetischen Wellen – ein Medium zur Übertragung, also Luft, Wasser oder feste Körper. Das menschliche Ohr kann Schwingungen in einem Frequenzbereich von 16 Hz (tiefer Ton) bis 20 000 Hz (hoher Ton) registrieren. Alle höheren Töne, die vom Menschen nicht mehr gehört werden können, werden als Ultraschall bezeichnet (Bild 75). In der medizinischen Diagnostik wird mit sehr hohen Schallfrequenzen zwischen 2 MHz und 10 MHz gearbeitet.

Schallwellen mit Frequenzen unterhalb 16 Hz, die z. B. bei Erdbeben auftreten, sind zwar für unser Ohr nicht mehr wahrnehmbar, wohl aber für unseren Gesamtorganismus als Vibration oder Zittern (Infraschall).

6.1.2 Verhalten des Ultraschalls im Körper

In der medizinischen Diagnostik werden die Ultraschallwellen von einem Schallkopf ausgesendet, der auf die Haut der zu untersuchenden Körperregion aufgesetzt wird. Zur besseren Schallübertragung benutzt man ein Kontaktgel. Die von verschiedenen Schichten und Gewebearten reflektierten (zurückgeworfenen) Schallwellen nennt man Echo. Der Ultraschallkopf arbeitet gleichzeitig als Empfänger und wandelt diese Echos in elektrische Impulse um, die von einem Computer als Bild dargestellt werden. Dies ermöglicht ein Abgrenzen und Erkennen von Organen. Der Ultraschall wird von weichen, stoffgefüllten Organen und Geweben sowie Flüssigkeiten weitergeleitet. Beim Übergang von Geweben auf Luft, also beispielsweise beim Auftreffen auf gasgefüllte Darmschlingen, wird der Schall fast total reflektiert, sodass darunter befindliche Gewebe nicht mehr ausreichend erkennbar sind.

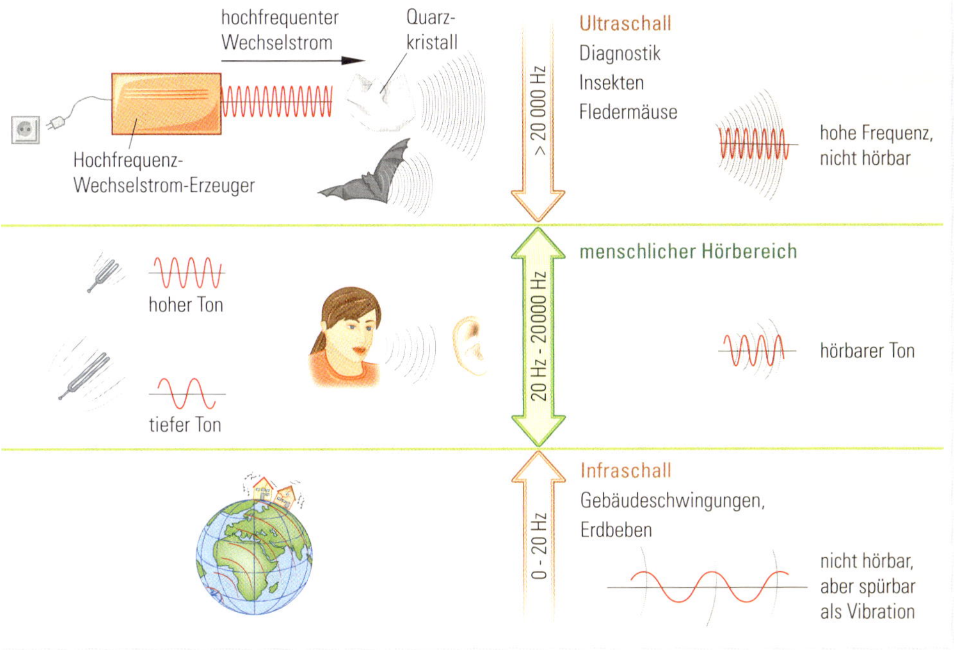

Bild 75 Spektrum der Schallwellen.

6.1.3 Ultraschall-Verfahren

Die Ultraschallwellen werden entweder als Impulse oder als Dauerschall ausgesendet.

Die Sonographie arbeitet mit Schallimpulsen. Dabei kommen hauptsächlich zwei Verfahren zum Einsatz:

- **Beim B-Bild-Verfahren** (B-Mode, B-Scan, Brightness-Scan) wird ein Schwarz-Weiß-Schnittbild erzeugt. Hier wird die Intensität der Signale durch unterschiedliche Helligkeit dargestellt.
- **Das Dopplerverfahren** ist eine abgewandelte Nutzung des Ultraschalls; es beruht auf dem Dopplereffekt (Bild 77), der z. B. auch bei Geschwindigkeitskontrollen im Straßenverkehr genutzt wird. Mit dem Dopplerverfahren kann man Geschwindigkeiten bewegter Teile messen. Ultraschall wird auf Blutkörperchen in einem Blutgefäß gerichtet und je nach Richtung und Geschwindigkeit des Blutstromes mit veränderter Frequenz reflektiert (Bild 76).

to scan (engl.) = abtasten

Brightness (engl.) = Helligkeit

Christian Doppler (1803–1853), österreichischer Physiker

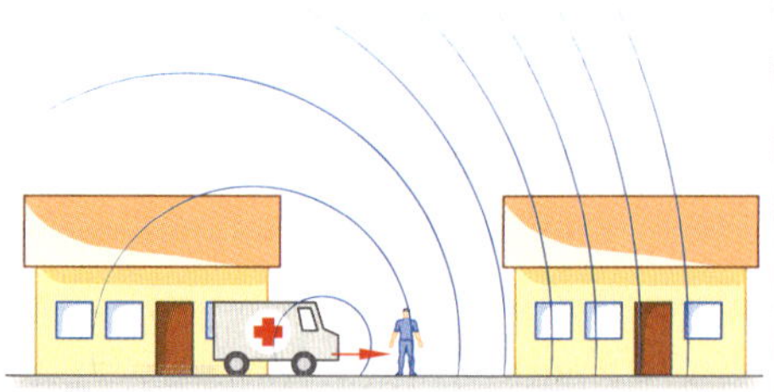

Der Notarztwagen nähert sich der Person; die Wellenfronten kommen in kürzeren Zeitabständen an (Ton wird höher).

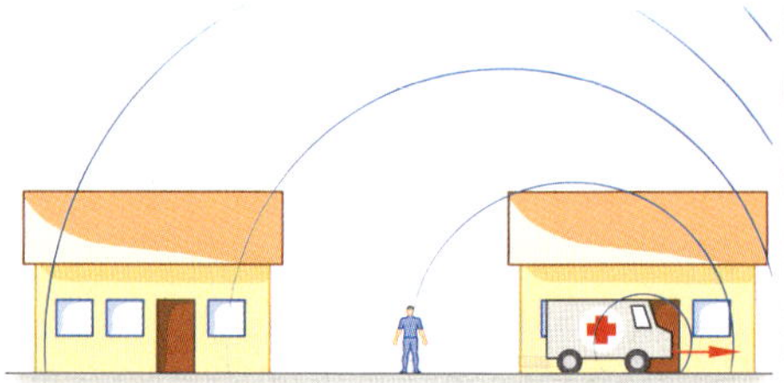

Der Notarztwagen entfernt sich von der Person; die zeitlichen Abstände zwischen den Wellenfronten werden größer (Ton wird tiefer).

Bild 77 Der Dopplereffekt.

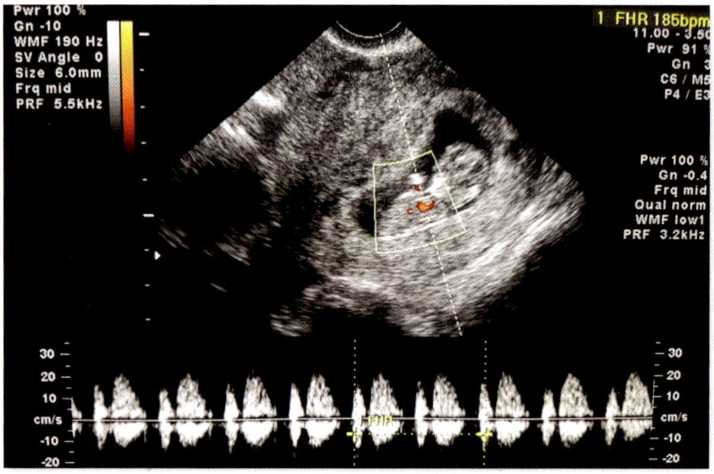

Bild 76 Dopplerultraschall mit Messung der Herzfrequenz.

Bei den einfachsten Dopplergeräten wird die Frequenzänderung in einen hörbaren Ton umgewandelt. Je schneller das Blut fließt, desto höher wird der abgestrahlte Ton. Auf diese Weise erhält der Arzt Informationen über Richtung und Geschwindigkeit des Blutflusses.

Diese Dopplergeräte arbeiten im Dauerschallverfahren. Die bewegten Teilchen werden mit einem Dauerton beschallt und der reflektierte Schall misst alle Geschwindigkeiten im gesamten erfassten Bereich. Diese Methode besitzt deshalb keine große Trennschärfe.

Weiterentwickelte Dopplergeräte arbeiten wie bei der Sonographie mit Impulsen und können Blutgefäße in unterschiedlichen Tiefen getrennt untersuchen.

Dopplersonographie ▶ S. 295

Dopplersonographie (Duplex-Sonographie) ist eine Kombination aus Ultraschallbild und Dopplermessung. Bei modernen Geräten werden Dopplersignale farbig und positionsgerecht in das Ultraschallbild eingeblendet.

Dopplerechokardiographie ist eine Anwendung der Dopplersonographie zur Untersuchung des Herzens.

6.1.4 Vorteile einer Ultraschall-untersuchung

Ultraschalldiagnostik ist
- eine nichtinvasive, schmerzlose und aussagekräftige diagnostische Maßnahme,
- besonders gut als Übersichtsuntersuchung für viele Organe geeignet,
- jederzeit wiederholbar,
- eine schnelle und kostengünstige Untersuchung,
- ein nach bisherigen Erkenntnissen unschädliches Verfahren für Patient und Untersuchenden,
- während der Schwangerschaft anwendbar,
- direkt am Krankenbett einsetzbar,
- geeignet für schnelle und sichere ultraschallgeleitete Gewebeentnahmen mit feiner Nadel.

6.1.5 Anwendungen

Einen Überblick über die Organe, die zur schnellen Beurteilung von Form, Größe und Struktur in der Praxis mit Ultraschall untersucht werden, gibt Tabelle 23 auf S. 174. Magen und Darm können nicht beurteilt werden, da die enthaltene Luft zu Totalreflexionen führt.

> Halten Sie bei allen Ultraschalluntersuchungen Kontaktgel und Zellstoff zum Abwischen bereit.

6.1.6 Endosonographie

Die Endosonographie ist eine Kombination aus Endoskopie und Sonographie. Durch das Einführen einer Ultraschallsonde in Körperhöhlen gewinnt man wesentlich genauere Bilder als bei der Untersuchung durch die Bauchwand oder die Brustwand.
- Bei der transösophagealen Echokardiographie (TEE) wird die Ultraschallsonde an der Spitze eines Endoskopes in die Speiseröhre bis auf Herzhöhe geschoben.
- Die transrektale Sonographie wird von Urologen durchgeführt und dient zur besseren Beurteilung der Prostata.
- Bei der transvaginalen Sonographie wird eine Ultraschallsonde mit einer Gummihülle überzogen und in die Scheide der Patientin eingeführt. Diese Untersuchung ist schmerzlos. Durch die Nähe der Ultraschallsonde zu den Organen (Gebärmutter und Eierstöcke) kann man die Eireifung verfolgen, den Zeitpunkt des Eisprungs feststellen oder den Aufbau der Gebärmutterschleimhaut sehr genau beurteilen. Ovarialtumore, Endometriumtumore sowie selbst kleine Mengen von Aszites (Bauchwassersucht; freie Flüssigkeit im Bauchraum) können nachgewiesen werden.

endo- (gr.) = innen
-skopie (gr.) = anschauen, betrachten

TEE = **t**rans**e**sophageal **e**chocardiography (engl.)

6.2 Endoskopische Diagnostik

Unter Endoskopie oder Spiegelung versteht man die Ausleuchtung und Inspektion von Körperhohlräumen. Die erste erfolgreiche Magenspiegelung wurde im Jahre 1868 von Adolf Kußmaul bei einem Schwertschlucker durchgeführt. Er versuchte mithilfe eines Eisenrohres und einer Kerze den Magen auszuleuchten.

In der modernen Medizin können spezialisierte Ärzte mit unterschiedlichsten Instrumenten den Organismus bis fast in seine letzten Winkel ausleuchten.

Adolf Kußmaul (1822–1902), prakt. Arzt und Professor

6.2.1 Endoskope

Je nach optischem System unterscheidet man unterschiedliche Endoskope (Bild 78).

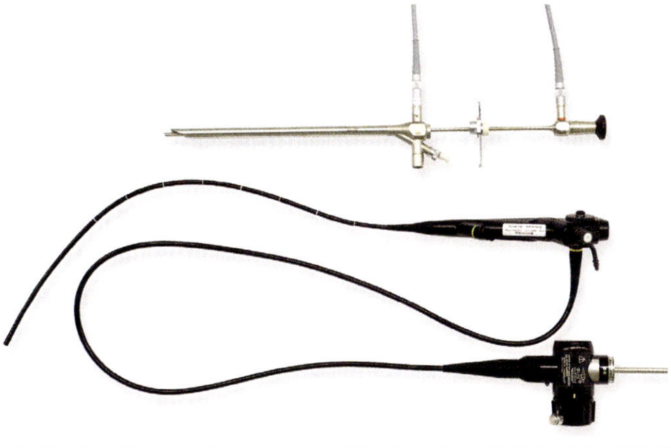

Bild 78 Starres und flexibles Endoskop für die Anwendung in der Zystoskopie.

Untersuchtes Organ	Befunde, mögliche Abklärungen	Bemerkungen
Leber	Lebergröße, Verdichtung des Lebergewebes (Hinweise auf Fettleber, Leberzirrhose), ultraschallgezielte Punktionen zur histologischen Untersuchung von Lebergewebe, Aszitesnachweis	Termin: morgens, nüchtern. Am Vortag keine blähenden Speisen essen, evtl. Gabe von entblähenden Medikamenten
Gallenblase	Hinweis auf Konkremente (Steine)	
Gallengänge	Abflussstau der Gallenflüssigkeit; Hinweis auf Steine	
Pankreas	Hinweis auf einen Tumor; Hinweis auf Abflussstau	
Milz	Beurteilung der Größe	
Bauch-Aorta	Kalkablagerungen, Hinweis auf Aneurysma (krankhafte Gefäßausbuchtung; platzt das Gefäß, drohen lebensgefährliche innere Blutungen)	
Nieren, Nierenbecken	Suche nach Tumor, Zyste; Doppelniere, Wanderniere, Ausschluss eines Abflussstaus im Nierenbecken; Steine im Nierenbecken	Harnblase soll vor der Untersuchung gefüllt sein
Harnleiter	gestauter Harnleiter; Hinweis auf Harnleiterstein	
Harnblase	Blasenfüllung; Ausschluss von Restharn nach Entleerung; Hinweis auf Tumor.	
Prostata	Größe; Hinweis auf Tumor, ultraschallgezielte Punktionen	
Hoden	Nachweis von Zysten oder Tumoren	
Uterus	Nachweis einer Schwangerschaft; regelrechte Entwicklung des Embryos bzw. Fetus; Amniozentese = ultraschallgezielte Fruchtwasserpunktion; Überwachung der Geburtsphase durch Cardiotokographie =CTG, dabei wird die Herztätigkeit des Kindes durch die Bauchwand der Mutter mit dem Dopplerverfahren überwacht, gleichzeitig wird auch die Wehentätigkeit registriert.	
Eierstöcke	Hinweis auf Zyste oder Tumor	
weibliche Brust	Abklärung eines getasteten Knotens; Hinweis auf Zyste oder festen Tumor	
Schilddrüse	Größe, Hinweis auf Tumor oder Zyste	Nackenrolle
Halsschlagader	Nachweis von Carotis-Stenosen; Gefahr eines Schlaganfalles	
Gelenke	Nachweis von Ergüssen, Untersuchung der Hüftgelenke bei Säuglingen zur Früherkennung der Hüftluxation	
Herz	Sonographie des Herzens ohne Doppler = Echokardiographie: Beurteilung der Herzwanddicke, Größe der vier Herzhöhlen, Nachweis eines Perikardergusses. Dopplerechokardiographie: ermöglicht zusätzliche Beurteilung der Strömungsverhältnisse im Herzen, Nachweis eines Klappenfehlers oder Septumdefektes.	Schallzugang zwischen den Rippen und unter dem Rippenbogen
Blutgefäße	Verkalkungen und Einengungen, Nachweis eines Aneurysmas, Untersuchung des Strömungsverhaltens mit dem Dopplerverfahren, Hinweise auf arterielle Verschlusskrankheit oder Thrombose	

Tabelle 23 Anwendungen der Ultraschalldiagnostik.

Starre Endoskope bestehen häufig aus einem Metallhohlzylinder; sie ermöglichen einen direkten Blickkontakt zum untersuchten Objekt.

Flexible Endoskope (Fibroskope) enthalten zur Bildübertragung ein flexibles geordnetes Bündel von Glasfasern.

Flexible elektronische Endoskope sind eine Weiterentwicklung des Fiberendoskops. Sie besitzen an der Spitze einen CCD-Bildwandlerchip als miniaturisierte Fernsehkamera, der die Bildwiedergabe auf einen Bildschirm ermöglicht (Bild 79).

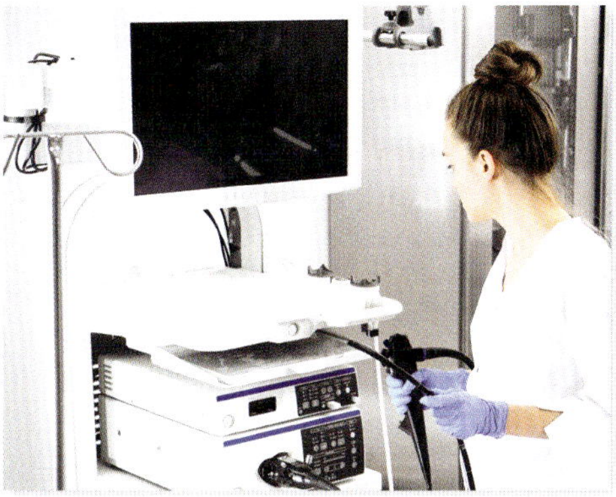

Bild 79 Elektronisches Video-Endoskop.

Videokapsel-Endoskopie. Eine 26 x 11 mm große und etwa 4 g schwere Videokapsel wird vom Patienten geschluckt, der Weitertransport durch den Magen-Darm-Trakt erfolgt durch peristaltische Bewegungen. Die etwa 500 € teure Kapsel wird auf natürlichem Wege ausgeschieden und kann nicht mehr wiederverwendet werden. Die Videokapsel ermöglicht eine nichtinvasive Abklärung unklarer Blutungen oder chronischer Darmentzündungen des sonst endoskopisch nicht zugänglichen Hauptanteils des Dünndarmes. Innerhalb weniger Stunden werden bis zu 50 000 Funkbilder aus dem Körperinneren gesendet. Die Kapsel kann nicht verwendet werden bei großen Darmdivertikeln, Darmverschluss, Herzschrittmacherträgern oder während der Schwangerschaft. Die endoskopischen Standardverfahren Gastroskopie und Koloskopie sind nach jetzigem Kenntnisstand der Kapsel in der Genauigkeit deutlich überlegen.

6.2.2 Anwendungen

Die Endoskopie wird in den unterschiedlichsten medizinischen Fachgebieten angewendet (Tabelle 24, S. 176).

6.2.3 Vorteile einer endoskopischen Untersuchung

Die Endoskopie kann diagnostische Eingriffe mit therapeutischen Anwendungen kombinieren. Folgende therapeutische Eingriffe werden mit Endoskopen durchgeführt:

- Abtragung von Polypen des Dickdarms oder an den Stimmbändern,
- Bougierung (Aufdehnen und Weiten von Verengungen, z. B. der Speiseröhre bei der Ösophagoskopie),
- Stenteinlage (Stents sind Röhrchen aus Kunststoff oder Metall zur Aufweitung von Engstellen oder Abflusshindernissen),
- Entfernung von Steinen aus der Harnblase bei der Zystoskopie oder aus dem Gallengang bei der ERCP,
- Verödung oder Lasern von Ösophagusvarizen bzw. blutenden Magengeschwüren während der Gastroskopie,
- kleinere Operationen wie z. B. eine Gallenblasenentfernung (Schlüssellochchirurgie bzw. minimal-invasive Chirurgie).

CCD (engl., charge coupled device) = lichtempfindliches elektronisches Bauteil

Stents ▸ S. 283

ERCP ▸ Tabelle 24, S. 176

6.3 Röntgendiagnostik

6.3.1 Grundlagen

Im Jahre 1895 entdeckte der Würzburger Physiker Wilhelm Conrad Röntgen eine unsichtbare Strahlung, mit der das bisher verborgene Innere eines Organismus betrachtet werden konnte. Er nannte die neu entdeckten Strahlen X-Strahlen. In einer der ersten Aufnahmen stellte Conrad Röntgen das Handskelett seiner Frau mit über 20-minütiger Durchleuchtungszeit dar. Von Strahlenschutz war damals keine Rede. Die Gefährlichkeit der Röntgenstrahlen blieb lange Zeit unbekannt, sodass viele Forscher an den Folgen der unkontrollierten Röntgenbestrahlung schwer erkrankten oder verstarben.

W.C. Röntgen (1845–1923), deutscher Physiker und Nobelpreisträger

Fachbegriffe	Anwendung am Patienten
Ösophagoskopie	Speiseröhrenspiegelung
Gastroskopie	Magenspiegelung
Duodenoskopie	Zwölffingerdarmspiegelung
ERCP	**e**ndoskopische **r**etrograde **C**holangio-**P**ankreatographie: Bei einer Duodenoskopie wird über das Endoskop Kontrastmittel in die Einmündung von Gallenwegen und Pankreas gespritzt und anschließend geröntgt.
Proktoskopie	Inspektion des Analkanals und des unteren Abschnitts des Rektums
Rektoskopie	Mastdarmspiegelung (Enddarmspiegelung)
Sigmoidoskopie	Spiegelung bis zum Colon sigmoideum
Koloskopie	Dickdarmspiegelung
Laryngoskopie	Inspektion des Kehlkopfes mit starren Endoskopen, entweder mit einfachem Spiegel oder mit aufklappbarem Instrument im Rahmen einer Intubation. Eine Inspektion mit flexiblem Endoskop ist ebenfalls möglich.
Tracheoskopie	Luftröhrenspiegelung
Bronchoskopie	Spiegelung des Bronchialsystems
Urethroskopie	Harnröhrenspiegelung
Zystoskopie	Blasenspiegelung
Kolposkopie	Scheidenspiegelung, Inspektion der Portiooberfläche und Scheidenschleimhaut
Arthroskopie	Gelenkspiegelung
Rhinoskopie	Nasenspiegelung, instrumentelle Untersuchung der Nasenhöhle mit Nasenspekulum und Lichtquelle oder flexiblem Endoskop
Otoskopie	Ohrenspiegelung, Untersuchung des Gehörganges und des Trommelfells
Ophthalmoskopie	Augenspiegelung, Betrachtung des Augenhintergrundes
Laparoskopie	Bauchhöhlenspiegelung mit einem starren Endoskop, Beurteilung der Bauchorgane nach Stichinzision durch die Bauchdecke und Aufblasen des Bauches mit Kohlendioxid wegen des besseren Überblicks

Tabelle 24 Anwendungen der Endoskopie.

Prokt-: Wortteil mit der Bedeutung After

Intubation: Einführen eines Rohres oder Schlauches durch den Mund in den Kehlkopf; bei drohender Erstickung oder zu Narkosezwecken

Röntgenstrahlen. Dieser Name hat sich in Deutschland eingebürgert, während in anderen Sprachräumen der alte Name X-Strahlen geblieben ist (engl.: x-rays).

elektromagnetische Wellen ▸ S. 189 ff.

Röntgenstrahlen
- sind nicht sichtbar
- sind elektromagnetische Wellen,
- sind energiereicher als Licht,
- werden wie Licht reflektiert und gestreut,
- belichten Filme und Fotoplatten,
- lassen fluoreszierende Substanzen aufleuchten,
- können im Gegensatz zum Licht feste, undurchsichtige Substanzen durchdringen,

- durchdringen Fett besser als Muskeln und Muskeln besser als Knochen,
- werden im menschlichen Organismus am stärksten von Knochen und Zähnen absorbiert (verschluckt),
- werden sehr gut von Metallen insbesondere von Blei absorbiert,
- können durch Erzeugung von aggressiven Ionen in menschlichem Gewebe großen Schaden anrichten,
- können auch in niedriger Dosierung das Erbgut schädigen,
- führen ab einer bestimmten Strahlendosis zu Verbrennungen, Strahlenkrankheit (Übelkeit, Erbrechen, Durchfälle, innere Blutungen, Abwehrschwäche) und zum Tod.

Röntgenröhre. Röntgenstrahlen werden in einer luftleeren Röntgenröhre erzeugt (Bild 80). An der glühenden Kathode werden Elektronen freigesetzt. Wegen des sehr hohen Spannungsunterschiedes von mehreren hunderttausend Volt werden die Elektronen zwischen der negativ geladenen Kathode und der positiv geladenen Anode stark beschleunigt. An der Anode prallen die Elektronen hart auf. Beim Aufprall geht ihre Bewegungsenergie zu 99 % in Wärme über, der Rest regt die Atome des Anodenmaterials zur Röntgenstrahlung an. Die Anode muss ständig gekühlt werden. Sie besteht aus einem drehbar gelagerten Wolframteller, denn der genau auf eine Stelle auftreffende Elektronenansturm würde selbst Wolfram, das Metall mit der höchsten Schmelztemperatur (3380 °C) zum Schmelzen bringen.

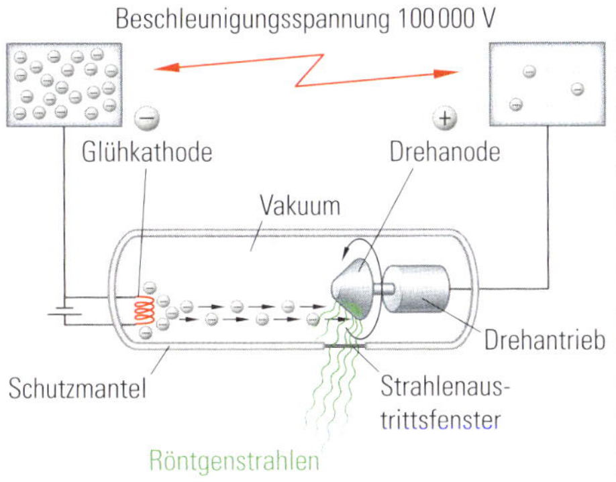

Bild 80 Röntgenröhre.

Röntgenfilm. Beim herkömmlichen Röntgen wird eine Filmfolie durch Röntgenstrahlen belichtet und dadurch geschwärzt. Die Bereiche des Filmes, auf die weniger Strahlen auftreffen, weil der durchleuchtete Körperteil die Strahlen absorbiert hat, werden weniger geschwärzt. Sie erscheinen deshalb hell. Einige Organe wie die Lunge lassen die Strahlen fast ohne Absorption passieren, während andere Strukturen wie Knochen und Zähne die Strahlen stark absorbieren. Deshalb erscheinen Knochen und Zähne auf dem Film als helle Strukturen.

absorbieren = aufsaugen, aufnehmen

Ionen ▸ S. 189

Elektronische Chips. Beim modernen digitalen Röntgen werden zur Erzeugung von Röntgenbildern an Stelle der sonst üblichen Röntgenfilme viel empfindlichere CCD-Chips eingesetzt. Deshalb kann die für eine Aufnahme erforderliche Strahlendosis verringert werden. Die Bildinformation wird elektronisch gespeichert. Helligkeit und Kontraste können nachträglich bearbeitet sowie Vergrößerungen hergestellt werden.

CCD = **C**harge-**C**oupled-**D**evice

6.3.2 Röntgenuntersuchungen ohne Kontrastmittel

Röntgen-Thorax. Eine Röntgenuntersuchung des Brustraumes wird vor allem in der Tuberkulosediagnostik oder bei unklaren internistischen Krankheitsbildern als orientierende Untersuchung durchgeführt. Die Untersuchung sollte möglichst im Stehen und mit eingeatmeter Luft stattfinden, damit sich die Lungen maximal entfalten und eine einwandfreie Beurteilung ermöglicht wird (Bild 81).

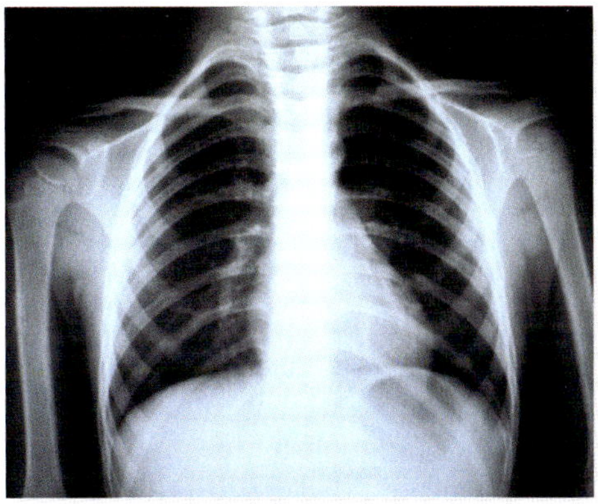

Bild 81 Röntgenaufnahme des Thorax.

Richtungsbezeichnungen ▸ S. 143 f.

Routinemäßig werden die Strahlen von hinten auf den Brustkorb abgegeben und treffen vor dem Brustkorb auf den Röntgenfilm (Rö-Thorax p.a. bedeutet Strahlengang von posterior nach anterior, Rö-Thorax ⊥ bedeutet Röntgenuntersuchung in zwei Ebenen, Strahlengang p. a. und seitlich).

Röntgen-Abdomen wird routinemäßig zusammen mit der Sonographie zur Abdomendiagnostik eingesetzt. Beurteilt werden können die Darmgasverteilung, Luft-Flüssigkeitsspiegel bei Verdacht auf Darmverschluss, Nachweis von freier Luft bei Perforation des Darmes, kalkhaltige Steine der Gallenblase und Nieren, Weichteilkonturen und Knochen (Bild 82: keine freie Luft unter dem Zwerchfell, kein Flüssigkeitsspiegel im Darm).

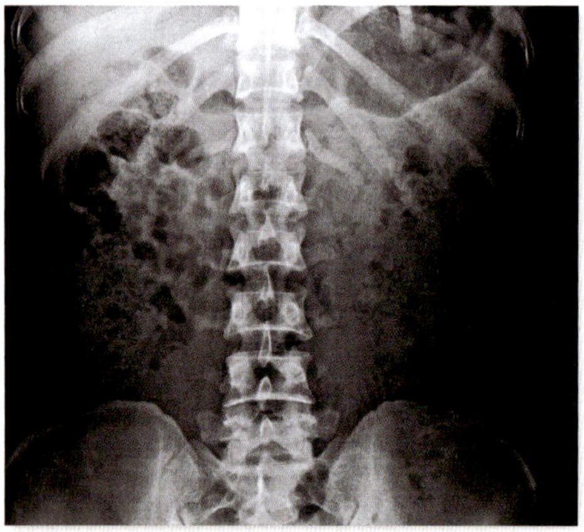

Bild 82 Röntgenaufnahme des Abdomens.

Die Röntgen-Beckenübersicht wird beispielsweise bei Hüftgelenkerkrankungen oder Unfallverletzungen im Beckenbereich angefertigt.

Mammographie ist die Röntgenuntersuchung der weiblichen Brust zur Früherkennung von Brustkrebs bei der Frau.

Koloskopie ▸ S. 415

Röntgenuntersuchungen von Knochen und Gelenken. Bei jedem Verdacht auf eine Fraktur oder Luxation müssen zwei Röntgenaufnahmen aus verschiedenen Richtungen angefertigt werden (Röntgen in zwei Ebenen), um die räumliche Situation möglichst genau zu erfassen.

Röntgendurchleuchtung. Zur Darstellung von Bewegungsvorgängen (Herz, Magen-Darm-Trakt) stellt ein Röntgenapparat das Bild des untersuchten Körperteils auf einem Bildschirm dar. Da die Abbildungsqualität nicht so gut ist wie auf einem Röntgenbild, müssen zusätzlich noch einzelne Röntgenbilder angefertigt werden. Die Strahlenbelastung ist sehr hoch.

Nativaufnahmen, auch Leeraufnahmen genannt, sind alle Röntgenbilder, die noch ohne Kontrastmittel vor der eigentlichen Kontrastmittelaufnahme angefertigt werden.

6.3.3 Röntgenuntersuchungen mit Kontrastmittel

Kontrastmittel sind Substanzen, die Röntgenstrahlen stärker oder geringer (z. B. Luft) schwächen als ein Gewebe des menschlichen Organismus. Auf diese Weise wird es möglich, den Verdauungstrakt, Blut- und Lymphgefäße, die Gallenblase oder das harnableitende System röntgenologisch sichtbar zu machen. Bei einem Doppelkontrastverfahren werden Kontrastmittel und Luft zusammen angewandt, beispielsweise zur Darstellung des Verdauungstraktes. Die Luft entfaltet die Hohlorgane und sorgt gleichzeitig für einen gleichmäßig dünnen Wandbeschlag mit Kontrastmittel.

Magen-Darm-Passage. Der Patient muss unmittelbar vor der Untersuchung einen weißen dünnflüssigen Kontrastmittelbrei trinken. Anschließend wird beim Doppelkontrastverfahren zur Gasentwicklung Brausepulver verabreicht. Diese Untersuchung wird heute nur noch bei wenigen Fragestellungen durchgeführt, z. B. bei unklaren Transportstörungen des Speisebreies. Sie wurde weitgehend von der Endoskopie verdrängt.

Kolon-Kontrasteinlauf. Diese Untersuchung wird nur in besonderen Fällen durchgeführt, wenn z. B. eine Koloskopie nicht möglich ist (Bild 83, S. 179). Unmittelbar vor der Röntgenuntersuchung wird ein dünnflüssiger Kontrastmittelbrei über einen Schlauch in den After eingebracht. Anschließend wird zusätzlich etwas Luft eingepumpt (Doppelkontrastverfahren).

Strahlensensibilität	Gewebe	Strahlenwirkung
	Embryo	Missbildung
	Fetus	Missbildung
	Lymphgewebe	Leukämie, Abwehrschwäche
	Knochenmark	gestörte Blutbildung, Anämie, Leukämie
	Gonaden (Hoden und Eierstöcke)	Erbgutschäden (genetischer Schaden, der erst in der nächsten Generation wirksam wird)
	Dünndarm	Diarrhoe
	Haut	Erythem (Rötung)
	Augenlinse	Katarakt (Linsentrübung)
	wachsender Knochen	Wachstumsschäden
	Niere, Leber, Lunge	Funktionsstörungen
	Muskeln	Funktionsstörungen
	Bindegewebe	Funktionsstörungen

Tabelle 25 Abnehmende Strahlensensibilität von Gewebe.

Energiedosis in Gray (Gy). Die Energiedosis charakterisiert die in der Materie absorbierte Strahlenmenge.

Äquivalentdosis in Sievert (Sv), früher: rem. Die Äquivalentdosis entspricht einer Abschätzung der Strahlenmenge unter Berücksichtigung ihrer biologischen Wirkung.

a = lat. annum = Jahr

Strahlenbelastung. Jeder Mensch ist ständig natürlichen und künstlich erzeugten Strahlen ausgesetzt (Strahlenexposition). Die Strahlung kommt aus dem Weltraum sowie von natürlichen radioaktiven Stoffen in Luft, Wasser und Boden (Bild 86, S. 183). Künstliche Strahlenbelastungen erfolgen durch die Technik sowie durch medizinische Diagnostik und Therapie. Die Strahlenbelastung durch moderne Röntgengeräte ist deutlich niedriger als die natürliche Strahlenbelastung.

Dosimeter sind Strahlendosismessgeräte. Das Filmdosimeter (Strahlenschutzplakette) enthält einen lichtdicht verpackten Film in einem mit Blei- und Kupferfiltern versetzten Kunststoffgehäuse. Dieser wird alle 4 Wochen von Überwachungsstellen ausgewertet. Daneben gibt es Stabdosimeter (Füllhalterdosimeter), die jederzeit abgelesen werden können (Bild 87, S. 183).

6.7 Strahlenschutz

Der Strahlenschutz wird durch das Strahlenschutzgesetz (StrSchG) und die dazugehörende Strahlenschutzverordnung (StrSchV) geregelt (Tabelle 26, S. 183–185). Die aktuelle Strahlenschutzverordnung ist seit Januar 2019 gültig und löst die alte Strahlenschutzverordnung und die Röntgenverordnung ab.

Die drei großen **A** des Strahlenschutzes:

Abschirmung verwenden: alle Personen müssen im Röntgenraum Schutzkleidung tragen, soweit nicht Schutzwände vorhanden sind.

Abstand halten: Die Intensität der Strahlen nimmt mit dem Quadrat der Entfernung ab. Doppelter Abstand bedeutet nur noch ein Viertel der Strahlenbelastung, dreifacher Abstand nur noch ein Neuntel der Strahlenbelastung (Bild 88, S. 183).

Aufenthaltszeit verkürzen: je kürzer der Aufenthalt, desto geringer die Strahlenbelastung.

6.4.2 Positronen-Emissions-Tomographie (PET) und Single-Photon-Emissions-Computertomographie (SPECT)

Wie beim Röntgen gibt es auch in der Nuklearmedizin tomographische Verfahren, bei denen die Gewebe im Querschnitt aufgenommen und als dreidimensionales Bild dargestellt werden. Dem Patienten werden radioaktiv markierte Aminosäuren, Fette oder Zucker intravenös verabreicht, die besonders von stoffwechselaktiven Zellen aufgenommen werden. Die radioaktiven Stoffe geben eine schwache Strahlung ab, die von mehreren um den Patienten kreisenden Detektoren aufgefangen wird. Durchblutung und Stoffwechselaktivität in einem Gewebe lassen sich so darstellen.

6.5 Kernspintomographie (MRT)

Die Kernspintomographie (auch Magnetresonanz-Tomographie, MRT, oder Nuclear Magnetic Resonance, NMR, genannt) ist ein bildgebendes Verfahren, das die elektromagnetischen Impulse aufzeichnet, die die Wasserstoffatomkerne des Gewebes unter Einwirkung eines starken Magnetfeldes aussenden. Aus diesen Informationen werden vom Computer Bilder mit kleinsten Details zusammengesetzt. Die MRT hat ihre Schwerpunkte in der Darstellung des Gehirns, des Rückenmarks in seiner ganzen Länge, der Weichteile und des Knorpels. Dieses Verfahren arbeitet ohne Röntgenstrahlung.

Die MRT-Untersuchungstechnik ist wegen der starken Magnetfelder nicht für Patienten mit Herzschrittmacher oder Patienten mit magnetisierbaren Implantaten geeignet. Allerdings ist metallisches OP-Material nach einiger Zeit soweit durch Narbengewebe fixiert, dass es keine Kontraindikation mehr darstellt.

Die MRT-Untersuchung (Bild 85) wird von vielen Patienten als unangenehm empfunden, da man einige Zeit bewegungslos in einer engen Röhre verbringen muss. Zusätzlich belastend wirkt die Lautstärke des Gerätes trotz aufgesetztem Kopfhörer. Die Patienten sollten einfühlsam darauf vorbereitet werden. Sie stehen per Sprechfunk mit dem Personal in Kontakt und werden ständig überwacht.

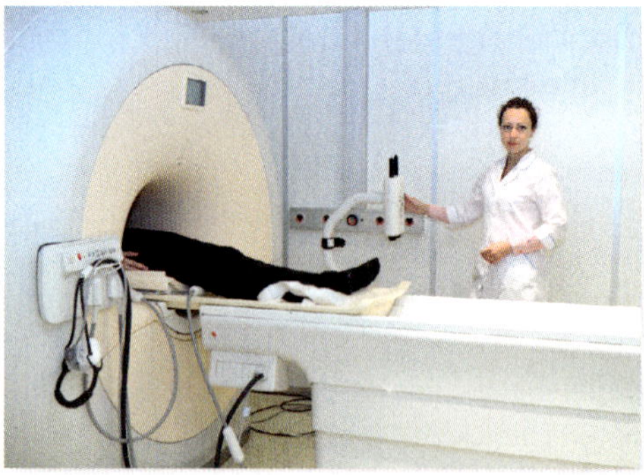

Bild 85 MRT-Untersuchung.

6.6 Strahlenwirkung und Strahlenbelastung

Jeder vom Körper absorbierte Röntgenstrahl gibt zerstörerische Energie ab. Strahlen, die ungehindert durch den Körper dringen und das Bild erzeugen, haben nichts zerstört. Zellkerne sind besonders während ihrer Teilungsphase sehr sensibel für schädigende Einflüsse. Dies bedeutet, dass besonders an schnell wachsenden (Embryo, Fetus) und zellerneuernden Geweben (Lymphgewebe, Knochenmark, Gonaden) die größten Strahlenschäden verursacht werden.

Tabelle 25 auf S. 182 zeigt die unterschiedliche Strahlensensibilität der Gewebe.

Strahlenschäden sind schon bei kleinsten Strahlendosen möglich. Der Beginn von Leukämie, Karzinomen und genetischen Strahlenschäden kann durch einen einzigen Röntgenstrahltreffer ausgelöst werden.

Um die Dosis einer Röntgenstrahlung zu beurteilen, misst man in verschiedenen physikalischen Einheiten.

MRT ▶ S. 181

Osteodensitometrie (Knochendichtemessung) ist eine Untersuchung des Mineralgehaltes der Knochen zur Bestimmung der Knochenmasse und zur Abschätzung eines Frakturrisikos, z.B. bei Osteoporose. Es gibt sowohl MRT-Verfahren als auch sonographische und röntgenologische Verfahren.

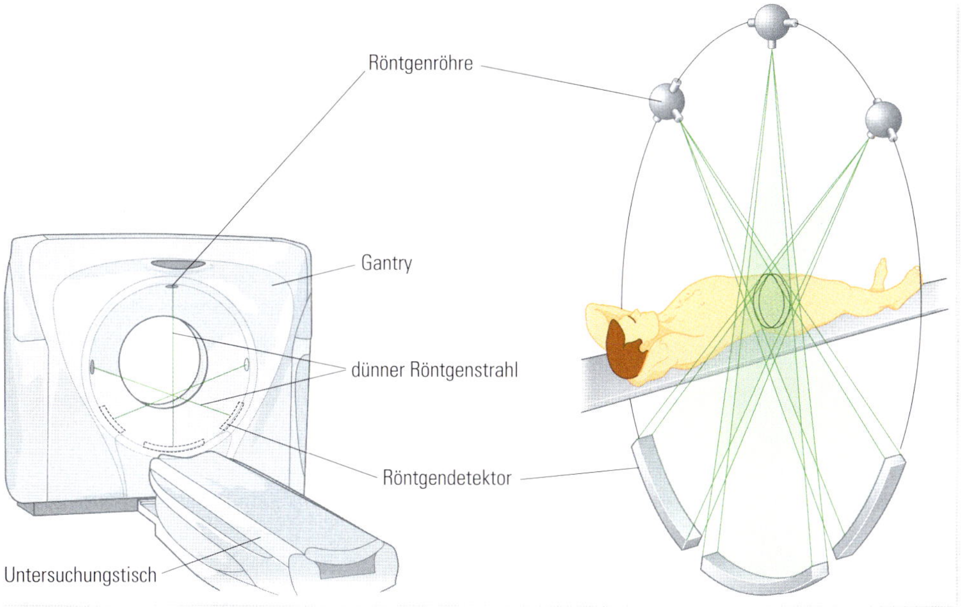

Bild 84 Schematische Darstellung einer CT.

6.4 Nuklearmedizinische Diagnostik

Schilddrüsenszintigramm ▶ S. 180, 357

Die Nuklearmedizin beschäftigt sich mit der Anwendung von radioaktiven Substanzen in der Medizin.

6.4.1 Szintigraphie

szinti-: Wortteil mit der Bedeutung funkeln, glimmen

Bei der Szintigraphie werden radioaktive Stoffe intravenös verabreicht. Diese Stoffe reichern sich in bestimmten Geweben an, wo sie ihre radioaktive Strahlung abgeben. Mithilfe einer sogenannten Gammakamera werden die radioaktiven Signale aufgefangen und mit einem Computer in ein Bild, das Szintigramm, umgesetzt. Die geringen Mengen radioaktiver Stoffe werden schnell vom Körper ausgeschieden, die Strahlenbelastung ist somit meist geringer als beim Röntgen.

Schilddrüsenszintigraphie. Im Gegensatz zu den anderen bildgebenden Verfahren werden weniger die Struktur und Form der Schilddrüse beurteilt, sondern vielmehr der Funktionszustand, die Aktivität der Schilddrüse. Eine Schilddrüse, die an einer bestimmten Stelle übermäßig viele Hormone produziert, nimmt dort wesentlich mehr der verabreichten radioaktiven Substanz auf (Heißer Knoten).

Skelettszintigrapie (Knochenszintigraphie). Eine radioaktive Verbindung wird dem Patienten intravenös verabreicht und gelangt über das Blut zu den Knochen. Der radioaktive Stoff lagert sich vermehrt in den Knochenbereichen an, die besonders stark durchblutet sind. Mit diesem Verfahren ist es möglich, Knochen- und Gelenkentzündungen, Knochentumoren, Knochenmetastasen, aber auch kleinere Knochenbrüche darzustellen.

Weitere wichtige Untersuchungen in der Nuklearmedizin sind die Herzszintigraphie und die Nierenszintigraphie.

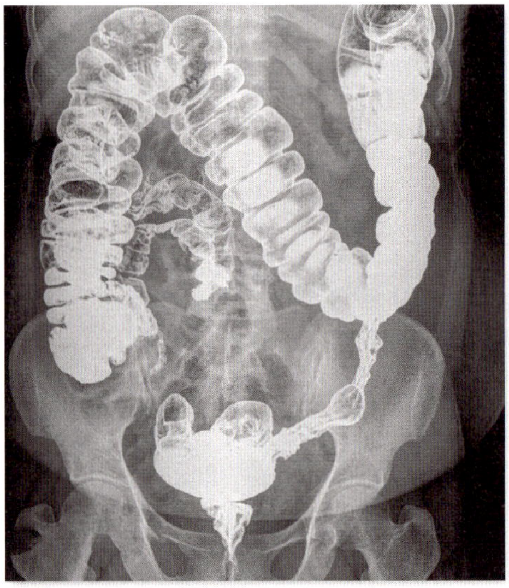

Bild 83 Kolon-Kontrasteinlauf.

Arthrographie. Ein Kontrastmittel wird zusammen mit Luft in ein Gelenk gespritzt. Dadurch wird der Gelenkinnenraum beurteilbar. Meist wird jedoch stattdessen eine Kernspintomographie durchgeführt.

Urographie. Die Nieren sind in einer Abdomenübersichtsaufnahme (Nativaufnahme) nur schwach gegen das umgebende Gewebe abgrenzbar, die ableitenden Harnwege wie das Nierenbecken oder die Harnleiter sind nicht erkennbar. Letztere können wenige Minuten nach der Kurzinfusion eines nierengängigen Kontrastmittels röntgenologisch deutlich dargestellt werden.

Angiographie ist ganz allgemein eine Kontrastmitteluntersuchung von Gefäßen (Lymphgefäße, Venen oder Arterien):

- Lymphographie ist die Bezeichnung für eine röntgenologische Darstellung von Lymphgefäßen mithilfe von Kontrastmittel,
- Phlebographie ist eine Kontrastmitteldarstellung von Venen,
- Arteriographie ist eine Kontrastmitteldarstellung von Arterien.

Digitale Subtraktionsangiographie (DSA) ist ebenfalls eine Röntgenkontrastdarstellung von Gefäßen. Bei diesem Verfahren werden eine Nativaufnahme und eine Kontrastmittelaufnahme digital gespeichert und die Bildinformationen durch einen Rechner so voneinander abgezogen, dass nur das kontrastmittelgefüllte Blutgefäß deutlich beurteilbar übrigbleibt. Andere störende Gewebe werden herausgerechnet.

Koronararteriographie. Bei diesem auch als Herzkatheteruntersuchung bezeichneten Verfahren wird bei örtlicher Betäubung über eine große Arm- oder Leistenarterie ein Katheter gegen den Blutstrom bis zur Mündungsstelle der Herzkranzgefäße in die Aorta geschoben. Dort wird Kontrastmittel in die Koronargefäße gespritzt und gleichzeitig werden die nur wenige Sekunden sichtbaren Gefäße gefilmt. Engstellen die zu einem Herzinfarkt führen können, werden eindeutig erkannt. Bereits während einer Herzkatheteruntersuchung kann mit einem weiteren Katheter bei kurzstreckigen Stenosen eine Ballonaufdehnung (PTCA) durchgeführt werden.

Koronarangiographie ▸ S. 283

Stenosen ▸ S. 283

PTCA = **p**erkutane **t**ransluminale **c**oronare **A**ngioplastie

> Bei allen Kontrastmittelanwendungen kann es sehr schnell zu allergischen Reaktionen kommen, die die Anwesenheit eines Arztes erfordern und bei denen sofort Notfallmaßnahmen eingeleitet werden müssen.

Notfallmaßnahmen ▸ S. 230 ff.

6.3.4 Spezielle Anwendungen der Röntgenstrahlen

Computertomographie (CT). Eine Tomographie ist ein sogenanntes Schichtaufnahmeverfahren, bei dem Röntgenstrahlen fächerartig durch einen Körperquerschnitt geschickt werden. Auf der anderen Seite des Körpers werden die unterschiedlich abgeschwächten Strahlen von Sensoren aufgenommen und an einen Computer weitergeleitet (Bild 84, S. 180). Da sich die Röntgenstrahlenquelle und die Detektoren während der Untersuchung um die jeweilige Körperregion drehen, findet die Untersuchung in einer Röhre statt. Wie beim konventionellen Röntgen wird häufig mit Kontrastmitteln gearbeitet. Im Gegensatz zum konventionellen Röntgen können manche Organe und Weichteilgewebe wie Leber, Muskeln oder Gehirn gut beurteilt werden. Da die Strahlenbelastung bei der Computertomographie deutlich höher ist, sollte sie nur dann durchgeführt werden, wenn alle anderen Untersuchungsmöglichkeiten ausgeschöpft sind.

Tomo-: Wortteil mit der Bedeutung Schnitt

Wichtige Fachbegriffe und Themenbereiche aus der StrSchV und dem StrSchG	Erläuterungen zu den ausgewählten Themenbereichen aus der StrSchV und dem StrSchG
Schutzvorkehrungen (§ 70 StrSchV)	Bei Personen, die sich im Kontrollbereich aufhalten, ist sicherzustellen, dass sie die erforderliche Schutzkleidung tragen.
Dosisgrenzwerte bei beruflicher Strahlenexposition (§ 78 StrSchG)	Für beruflich strahlenexponierte Personen darf die effektive Dosis den Grenzwert von 20 mSv im Kalenderjahr nicht überschreiten. Die zuständige Behörde kann im Einzelfall für ein einzelnes Jahr eine effektive Dosis von 50 mSv zulassen, wobei in fünf aufeinanderfolgenden Jahren 100 mSv nicht überschritten werden dürfen. Für Personen unter 18 Jahren darf die Körperdosis den Grenzwert von 1 mSv im Kalenderjahr nicht überschreiten. Die zuständige Behörde kann aber für Auszubildende zwischen 16 und 18 Jahren festlegen, dass der Grenzwert für die Körperdosis auf 6 mSv erhöht wird, wenn dies zur Erreichung des Ausbildungszieles notwendig ist. Ab Bekanntwerden einer Schwangerschaft gilt der Grenzwert 1 mSv bis zum Ende der Schwangerschaft. Dies bedeutet, dass eine schwangere Frau ab sofort nicht mehr im Kontrollbereich arbeiten darf.
Aufzeichnungspflichten, Aufbewahrungsfristen (§ 85 StrSchG) Röntgenpass	Über jede Anwendung von Röntgenstrahlung am Menschen sind Aufzeichnungen zu führen. Aufzeichnungen über Röntgendiagnostik sind 10 Jahre aufzubewahren, über Röntgentherapie 30 Jahre. Aufzeichnungen von Röntgenuntersuchungen einer Person, die das 18. Lebensjahr noch nicht vollendet hat, sind bis zur Vollendung des 28. Lebensjahres aufzubewahren. Der Röntgenpass ist ein von der untersuchten Person **freiwillig** geführtes Dokument. Bei Röntgenuntersuchungen sind Röntgenpässe bereitzuhalten und der untersuchten Person anzubieten. Es sind die rechtfertigende Indikation, der Zeitpunkt, die Art der Anwendung, Angaben zur Exposition des Patienten und dessen Begleitperson, der erhobene Befund sowie Angaben zum untersuchenden Arzt einzutragen. Anderen Ärzten ist Auskunft über die Aufzeichnungen zu erteilen und die Bilder sind ihnen vorübergehend zu überlassen. Dem Patienten ist auf Wunsch eine Abschrift zu überlassen.
Messung der Personendosis (§ 66 StrSchV)	Das medizinische Personal muss im Kontrollbereich ein Dosimeter tragen. Das Dosimeter ist in der Regel an der Vorderseite des Rumpfes (unter der Schutzkleidung) zu tragen. Das Dosimeter ist der Messstelle jeweils nach Ablauf eines Monats einzureichen. Die zuständige Messstelle kann gestatten, dass Dosimeter in Zeitabständen bis zu 3 Monaten einzureichen sind. Es können auch kürzere Abstände angeordnet werden.
Unterweisung (§ 63 StrSchV)	Die beim Betrieb einer Röntgeneinrichtung beschäftigten Personen sind vor dem erstmaligen Zutritt über die Arbeitsmethoden, die möglichen Gefahren, die Sicherheits- und Schutzmaßnahmen und die wesentlichen Inhalte des Strahlenrechts zu unterweisen. Sie muss mündlich in verständlicher Form und Sprache durch eine entsprechend qualifizierte Person erfolgen. Die Unterweisung ist mindestens einmal im Jahr zu wiederholen. Über den Inhalt und den Zeitpunkt der Unterweisung sind Aufzeichnungen zu führen, die von der unterwiesenen Person zu unterzeichnen sind. Die Aufzeichnungen sind fünf Jahre aufzubewahren und der zuständigen Behörde auf Verlangen vorzulegen.
Maßnahmen bei der Anwendung (§ 121 StrSchV)	Der Strahlenschutzverantwortliche muss schriftliche Arbeitsanweisungen erstellen.

Tabelle 26 Ausgewählte Themenbereiche (gekürzt) aus der Strahlenschutzverordnung (StrSchV) und dem Strahlenschutzgesetz (StrSchG).

7 Physikalische therapeutische Verfahren

Physikalische Anwendungen werden eingesetzt um

- Krankheiten vorzubeugen,
- Heilung zu unterstützen,
- Beschwerden zu lindern und
- um Patienten nach überstandener Krankheit wieder in die Gesellschaft einzugliedern.

Am häufigsten werden physikalische Verfahren bei Erkrankungen des Bewegungsapparates eingesetzt. Die physikalische Therapie ist ein Arbeitsbereich, in dem Medizinische Fachangestellte selbstständig die vom Arzt angeordneten Anwendungen durchführen müssen, insbesondere in den Bereichen Elektrotherapie, Wärmetherapie und Lichttherapie.

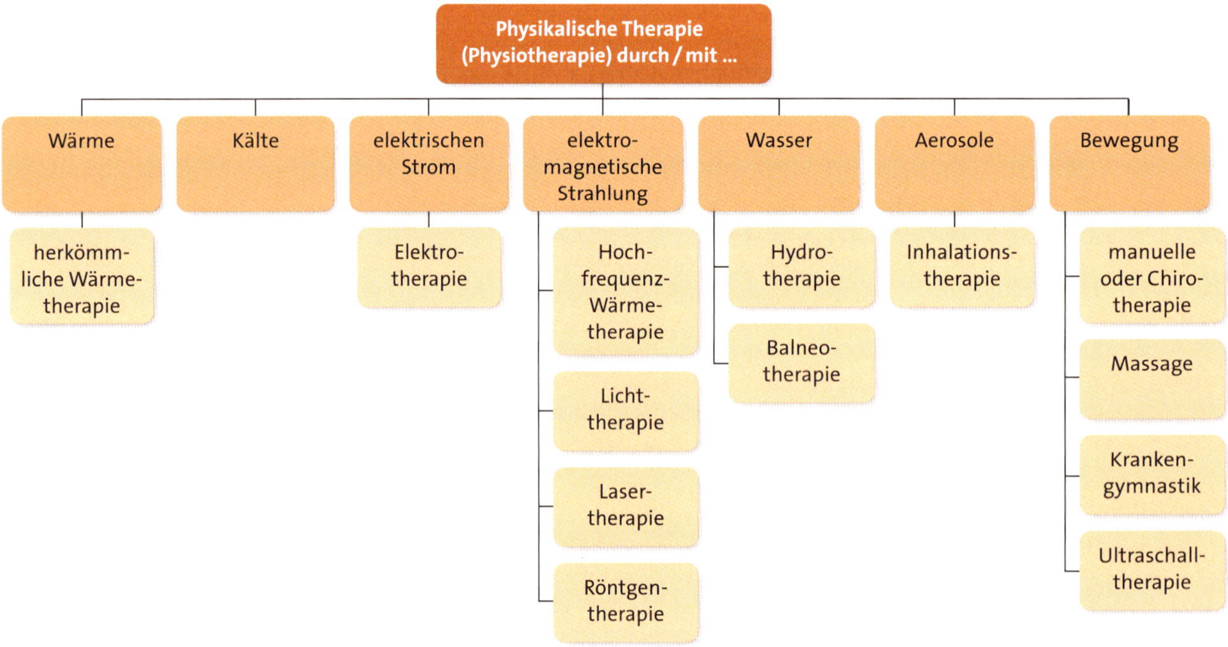

7.1 Herkömmliche Wärmetherapie

Schon immer wurde Wärme in der medizinischen Praxis eingesetzt, um Heilungsprozesse im Körpergewebe günstig zu beeinflussen. Der Dichter Wilhelm Busch beschrieb, wie mit Wärmetherapie das Magendrücken des Schneiders Böck zu behandeln war: „Denn ein heißes Bügeleisen, auf den kalten Leib gebracht, hat es wieder gut gemacht" (Bild 89). Heutzutage gibt es viel elegantere Methoden. Direkt auf die Haut aufgebrachte Wärme dringt nur sehr langsam und nicht sehr tief ein. Eine 20-minütige Anwendung kann die Temperatur in drei Zentimeter Tiefe nur um ein Grad erhöhen.

Bild 89 Wärmetherapie nach Wilhelm Busch.

7.1.1 Wärmewirkung

Je nach Körperregion und Organsystem zeigt der Einfluss von Wärme unterschiedliche Wirkungen.

Haut. Wärmeeinwirkung auf die Haut bewirkt eine Erweiterung der oberflächlich verlaufenden Blutgefäße (Vasodilatation). Daraus ergibt sich eine bessere Durchblutung (Hyperämie). Bei stärkerem Einwirken tritt ein Erythem auf. Über komplizierte Verschaltungen von Nervenbahnen (kutiviszeraler Reflexbogen) geschieht im Körperinneren das Gleiche wie in der Haut. So können auch innere Organe durch äußerliche Wärmeanwendung beeinflusst werden.

Herz-Kreislauf. Wärme verursacht eine Erweiterung der Blutgefäße und somit eine Steigerung der Durchblutung; der Blutdruck wird eher sinken. Eine Erhöhung der Körpertemperatur um 1 °C führt zu einer Pulserhöhung von 15 bis 20 Schläge pro Minute.

Stoffwechsel. Wärme fördert die Versorgung des Gewebes mit Sauerstoff und Nährstoffen und beschleunigt die Entsorgung von schädigenden Stoffwechselendprodukten. Wärme steigert die Geschwindigkeit der biochemischen Reaktionen in den Zellen.

Muskulatur. Wärme entspannt die Muskulatur (Relaxation), löst Spasmen und wirkt dadurch schmerzlindernd.

Nervensystem. Durch die Muskelentspannung wird der Druck auf beengte Nerven vermindert. Wärme fördert somit die psychische Entspannung.

Immunsystem. Wärme beschleunigt die Abwehrreaktionen des Körpers, sie führt zu einer vermehrten „Fresstätigkeit" der Abwehrzellen (Phagozytosesteigerung).

Die Stimulation des Immunsystems wird auch bei der Hyperthermie als entscheidender Effekt vermutet. Durch künstliche Überwärmung über die Normaltemperatur kann in manchen Fällen in Verbindung mit Chemotherapie oder Strahlentherapie Krebs bekämpft werden.

Temperaturempfindung. Die Haut besitzt sowohl Wärme- als auch Kälterezeptoren. Im Körperinneren kann keine Wärme empfunden werden. Die Bluttemperatur wird unbewusst im Hypothalamus (Zwischenhirn) registriert.

7.1.2 Indikationen zur Wärmetherapie

Wärmetherapie wird empfohlen

- bei Erkrankungen des Stütz- und Bewegungsapparates im chronischen Stadium (Arthrosen, Wirbelsäulensyndrome, Morbus Bechterew, muskuläre Verspannungen, chronische Gelenkentzündungen),
- als Begleittherapie zur Massage,
- bei psychosomatischen Erkrankungen, Nervosität und Erregungszuständen,
- bei beginnenden viralen Infekten; hier kann ein Überwärmungsbad die Abwehrkraft des Körpers steigern.

Erythem ▶ S. 435

Kontraindikationen. Wärmetherapie ist kontraindiziert bei

- Menschen mit Sensibilitätsstörungen, weil sie nicht kontrollieren können, ob die Wärme zu intensiv ist,
- Herz-Kreislauf-Erkrankungen,
- Blutungen, Blutungsneigung, Bluterguss,
- Verschluss einer tiefen Vene durch Blutgerinnsel (Phlebothrombose),
- oberflächlicher Venenentzündung (Thrombophlebitis),
- hochfieberhaften Infekten,
- akut entzündlichen Vorgängen, denn die von der Wärme hervorgerufene gesteigerte Durchblutung kann zu einer verstärkten Schwellung und Schmerzzunahme führen.

Spasmen: Muskelkrämpfe

Entzündungen der Nasennebenhöhlen sind davon ausgenommen, denn nach Gabe von abschwellenden Nasentropfen verbessert trockene Wärme die Durchblutung und führt so zu einer schnelleren Abheilung. Ebenso kann eine beginnende Mittelohrentzündung ohne Komplikationen wie Schwindel, Gesichtsnervenschwäche und Nackensteife mit trockener Wärme behandelt werden.

Immunsystem ▶ S. 268 ff.

7.1.3 Methoden der herkömmlichen Wärmetherapie

Trockene Wärme	Bemerkungen
Wärmflasche	Temperatur beachten, Stoffauflage zwischen Haut und Wärmflasche, um Verbrennungen zu vermeiden.
Heizkissen	Isolation überprüfen, nicht knicken, Temperatur beachten, nicht unbeaufsichtigt lassen.
Heißluftkästen, Lichtkästen	Sie nutzen die Wirkung von Infrarotstrahlen der Glühlampen bzw. Heizwiderständen.
Infrarotstrahler (IR-Strahler)	Jeder heiße Körper gibt nicht sichtbare, aber spürbare Wärmestrahlung ab.
Rotlicht	Jede Glühbirne enthält Anteile von Rotlicht und Infrarotstrahlung. Rotlichtlampen filtern das normale Glühlampenlicht so, dass nur längerwelliges rotes Licht und IR-Strahlen austreten können.

Tabelle 27 Trockene Wärme.

Hochfrequenzwärmetherapie ▸ S. 194 f.

Ultraschalltherapie ▸ S. 199 f.

Weitere, moderne Methoden zur trockenen Wärme werden in den Abschnitten Hochfrequenzwärmetherapie und Ultraschalltherapie beschrieben.

Feuchte Wärme	Bemerkungen
heiße Wickel (Umschläge) von 45 °C mit unterschiedlichen Kräuterzusätzen oder 1 Teil Obstessig + 2 Teile Wasser	Körperteile werden in ihrem ganzen Umfang mit drei Wickeltüchern (1 feuchtes Innentuch aus Leinen, 1 Zwischentuch aus Baumwolle, 1 Außentuch aus Wolle oder Flanell) umwickelt, Liegedauer: solange der Wickel als warm empfunden wird, ca. ½ Stunde.
heiße Packungen	Mehr als die Hälfte des Körpers wird eingepackt bzw. eingewickelt, z. B. ¾ Packung, Ganzpackung.
Fangopackung	Fango (ital.: Schlamm) besteht aus vulkanischem Mineralschlamm, der die Wärme gut halten und abstrahlen kann.
Heublumensack	Ein mit getrockneten blühenden Gräsern und Wiesenblumen gefülltes Kissen wird unter fließendem Wasser angefeuchtet, 15 Minuten über Wasserdampf erhitzt und vorsichtig auf die Haut gelegt. Einwirkzeit bei 40–42 °C etwa 30 Minuten. Liegezeit bis zu 1 Stunde, danach ½ Stunde Bettruhe.
Überwärmungsbäder	Bei beginnenden grippalen Infekten oder bei chronischen Infektionen zur Abwehrsteigerung. Die Wassertemperatur wird langsam bis auf 41 °C gesteigert. Dauer bis 45 Minuten. Danach längere Ruhepause.
Sauna, Dampfbad	Kombination von starken Heiß- und Kaltreizen. Die Körpertemperatur wird erhöht. Stoffwechselvorgänge werden beschleunigt. Über den Schweiß werden Stoffwechselschlacken ausgeschieden.

Tabelle 28 Feuchte Wärme.

7.2 Kältetherapie

Kälte wurde schon von den griechischen Ärzten der Antike zu Heilzwecken angewandt. Der Fachausdruck heißt Kryotherapie. In der modernen Medizin arbeitet man mit niedrigen und extrem tiefen Temperaturen unter −20 °C.

7.2.1 Kältewirkung

Kälte dämpft Entzündungen aller Art. Kälte verengt Blut- und Lymphgefäße, der Flüssigkeitsaustritt wird verringert, die Haut wird spärlicher durchblutet, Schwellungen gehen zurück. Durch Kältebehandlung wird die Schmerzleitung der Nervenbahnen reduziert, was zusätzlich zur Schmerzminderung beiträgt. Durch die verringerte Körpertemperatur wird die Aktivität der körpereigenen Entzündungsstoffe gehemmt. Bei Verletzungen führen Kälteanwendungen zur Verringerung von Blutungen und Blutergüsse werden abgemildert.

Damit die Kälteanwendung von Nutzen ist, muss die Kälte tief genug in das Körpergewebe eindringen und deshalb über einen Zeitraum von 20 bis 30 Minuten durchgeführt werden. Nach einer Pause kann der verletzte Bereich erneut gekühlt werden. Direkt auf der Haut darf nur eine sehr kurzfristige Kühlung stattfinden.

Kältepackungen dürfen wegen der Gefahr von Erfrierungen nie direkt auf die Haut einwirken, die Haut sollte mit einem Handtuch oder einer elastischen Binde abgedeckt sein. Eine zu kurze Kälteanwendung führt zu einem Rebound-Effekt mit überschießender Erweiterung der Blutgefäße und Zunahme der Schwellung.

kryos (gr.) = Frost, Kälte

Rebound-Effekt = Zurückpralleffekt

Bei frischen Verletzungen wird die Kältetherapie durch Kompression und Hochlagerung unterstützt. Kurzzeitig regen Kältereize die Muskelaktivität an, die Muskelspannung steigt. Lang andauernde Kältereize vermindern die Muskelaktivität, die Muskelspannung wird gesenkt und Muskelverkrampfungen lockern sich.

7.2.2 Indikationen und Anwendungsmethoden

In der modernen Medizin gibt es sehr unterschiedliche Anwendungen von Kälte (Tabelle 29, S. 190).

Kontraindikationen. Kälte darf nicht bei Menschen angewendet werden, die besonders kälteempfindlich sind, z. B. bei
- Untergewicht,
- Schilddrüsenunterfunktion,
- Krebserkrankungen,
- Erkrankungen der Herzkranzgefäße oder
- Durchblutungsstörungen, bei denen das Gewebe unterernährt wird.

7.3 Elektrotherapie

Bei der Elektrotherapie fließt elektrischer Strom durch den menschlichen Körper. Der Strom wird mithilfe von Elektroden in direkten Kontakt mit der Haut gebracht. Auch mit Voll- und Teilbädern kann der Strom über das Wasser an die Haut geleitet werden.

Elektrode: elektrisch leitende metallische Kontaktplatte

7.3.1 Grundlagen der Elektrizitätslehre

Ionen sind elektrisch geladene Teilchen. In Flüssigkeiten können sie wandern und Ladungen transportieren. Sie bewegen sich aufgrund elektrischer Anziehungs- und Abstoßungskräfte.

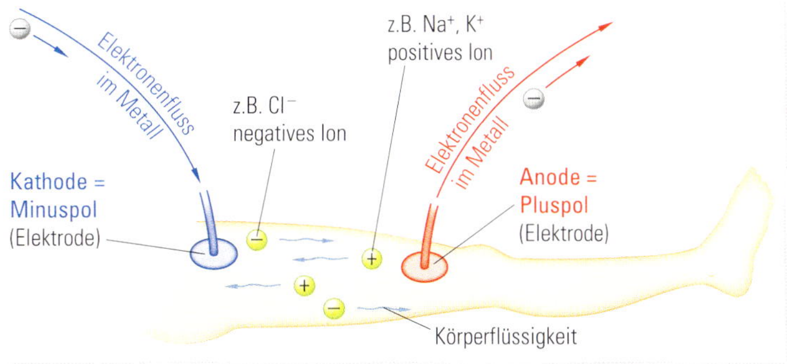

Bild 90 Stromfluss in Körperflüssigkeiten.

Physiotherapie	Lokale Anwendung	Bemerkungen
• Sportverletzungen • Entzündungen • Schwellungen • Schmerzen • akuter Gichtanfall • Arthrose • schmerzfreie Mobilisierung von Arthrosen bei der krankengymnastischen Bewegungstherapie	Kältesprays	besitzen eine sehr starke Kältewirkung, der Kühleffekt ist jedoch nur solange vorhanden, wie das Spray angewendet wird. Es besteht die große Gefahr von Hauterfrierungen.
	Eisbeutel, Kältepackungen	Stoffauflage nötig
• Befindlichkeitsstörungen • zur Stärkung des Immunsystems • chronische Krankheiten	kalte Wickel (Brust-/Leib-/Arm-/Beinwickel)	In den ersten 5 Minuten Steigerung der Sympathikusaktivität, Gefäßverengung, danach bei abklingendem Wärmeentzug zunehmende Gegenreaktion des Körpers, erhöhte Parasympathikusaktivität, Entspannung im Bereich der Muskulatur und inneren Organe.
	Kneipp-Therapie wie kalte Güsse, Wassertreten	Wirkung ähnlich wie bei kalten Wickeln: Anregung der Selbstregulation bzw. Selbstheilung
• Fieber • Einschlafstörungen	kalte Wadenwickel	Leinentuch in Leitungswasser tauchen; Wickeln wie heiße Wickel (Tabelle 28, S. 188). Bei Fieber den Wickel erneuern, wenn er nicht mehr als kalt empfunden wird.
Physiotherapie	**Ganzkörperanwendung**	
• chronische Polyarthritis • Psoriasis • Neurodermitis	Kältekammer, Lufttemperatur bis −110 °C	Aufenthalt in der Kammer maximal 1–3 Minuten. Der Patient ist bekleidet mit Badeanzug, Hand- Mund- und Nasenschutz.
Dermatologie	**Lokale Anwendung**	
• (Dell-) Warzen • Altersflecken • Narbenerhöhungen	flüssiger Stickstoff (−196 °C)	Das Gewebe wird schockgefroren. Nach einigen Tagen stößt der Körper das abgestorbene Gewebe ab, in der Regel völlig narbenfrei. Die Behandlung ist unblutig und schmerzfrei.
Chirurgie	**Lokale Anwendung**	
• Tumoren	Kryochirurgie −75 °C bis −180 °C	transurethrale Prostataresektion, chirurgisch nicht zu entfernende Lebermetastasen

Tabelle 29 Überblick über die Kältetherapie.

Es gibt
- positiv geladene Ionen (z. B. Na^+, K^+), sie wandern zum negativen Pol (Kathode) und
- negativ geladene Ionen (z. B. Cl^-, F^-), sie wandern zum positiven Pol (Anode).

Galvanisation: stetig fließender Gleichstrom

In Körperflüssigkeiten kann sich ein von außen angelegter Stromfluss fortsetzen (Bild 90, S. 189).

Stromstärke kann verstanden werden als die Anzahl der wandernden Ladungsträger pro Zeiteinheit. Das Ampere (A) ist die physikalische Messeinheit der Stromstärke.

Gleichstrom. Beim Gleichstrom (Galvanisation, Stangerbäder, Iontophorese, niederfrequenter Reizstrom) fließt der Strom der Ladungsträger immer in einer Richtung.

Wechselstrom. Beim Wechselstrom fließen die Ladungsträger abwechselnd in beide Richtungen hin und her. Die Ladungsträger können nicht weit wandern, sie „zappeln auf der Stelle“.

Reizstrom. Bei der Reizstromtherapie fließt ein Gleichstrom zerhackt durch Unterbrechungen (winzige Pausen) immer in eine Richtung. Es fließen also Gleichstromimpulse.

Die Frequenz mit der Messeinheit Hertz (Hz) gibt die Wellenzahl pro Sekunde an.

Allgemein gilt: Je niedriger die Frequenz ist, umso größer ist die Wellenlänge und umgekehrt. Eine hochfrequente Welle hat also eine sehr kurze Wellenlänge, eine hohe Energie und dadurch auch eine starke Wirkung (Bild 91).

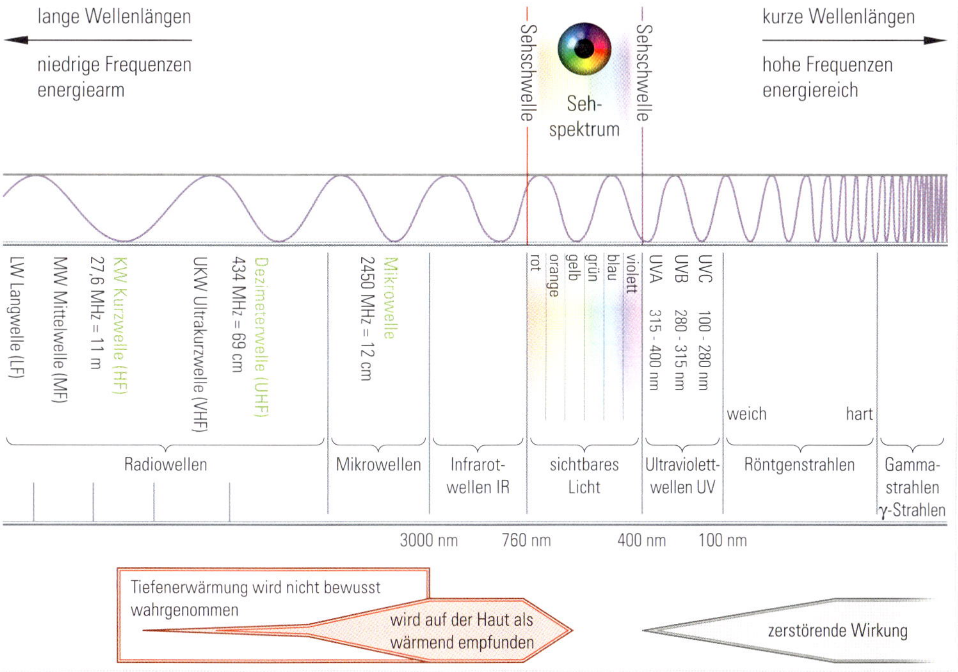

Bild 91 Wirkung der elektromagnetischen Wellen auf den menschlichen Organismus.

7.3.2 Wirkungen des elektrischen Stromes

Beim Menschen lassen sich beobachten:

- leichtes Kribbeln (therapeutischer Bereich),
- Wärmegefühl,
- Schmerz,
- Muskelverkrampfungen, Verbrennungen,
- Krampfanfälle, Kammerflimmern.

Im therapeutischen Bereich sind folgende Auswirkungen in der behandelten Körperregion erkennbar:

- durchblutungsfördernde (hyperämisierende) Wirkung,
- schmerzlindernde (analgesierende) Wirkung,
- Wanderung elektrisch geladener Teilchen (Ionen) im Körper. Bei der Gleichstromtherapie können chemische Hautveränderungen, z. B. Verätzungen im Bereich der Elektroden, auftreten. Bei Wechselstrombehandlungen kommt es an den Elektroden nicht zu hautreizenden Stoffentladungen, da die Stromrichtung ständig wechselt.

7.3.3 Galvanisation

Hydrogalvanische Bäder sind Anwendungen der Galvanisation im Wasserbad. Hierbei stellt das Wasser die Elektrode dar und sorgt für einen optimalen Stromübergang. Beim hydrogalvanischen Vollbad, dem sogenannten Stangerbad, liegt der Patient in einer Kunststoffbadewanne, am Kopf- und Fußende sind Metallelektroden eingelassen für eine elektrische Längsdurchflutung (Bild 92, S. 192).

hydro (gr.) = Wasser

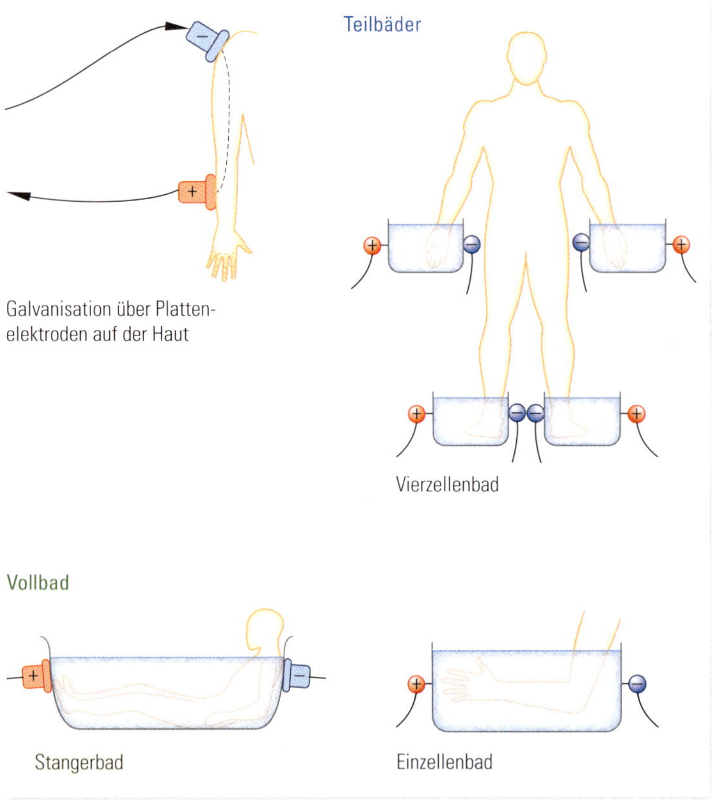

Bild 92 Anwendungen der Galvanisation.

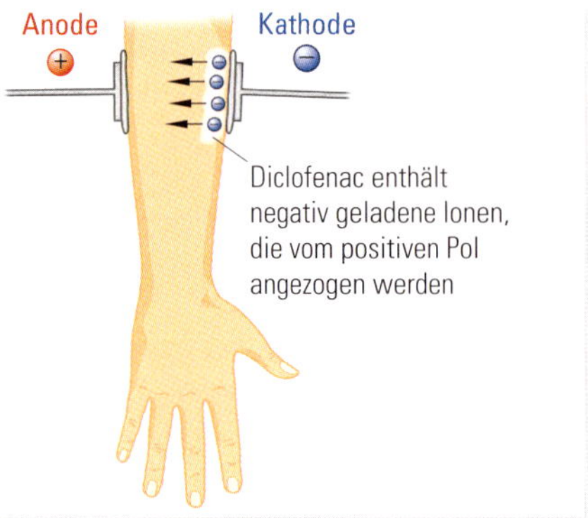

Bild 93 Das Prinzip der Iontophorese.

Für eine Querdurchflutung befinden sich an den Seitenwänden ebenfalls Elektroden. Sogenannte ansteigende Bäder mit der Anode am Fußende und Kathode am Kopfende haben anregende Wirkung. Absteigende Bäder mit der Anode am Kopfende und der Kathode am Fußende haben beruhigende Wirkung. Für Patienten, die den Wasserdruck nicht vertragen, werden hydroelektrische Teilbäder zur Behandlung einzelner Extremitäten angewendet.

Iontophorese heißt wörtlich übersetzt „geladene Teilchen transportieren". Hier werden mithilfe von Gleichstrom Medikamente durch die intakte Haut hindurch etwas tiefer in den Körper eingebracht als beim normalen Eincremen (Bild 93). Da das Prinzip auf der Wanderung von Ionen beruht, sind nur Medikamentenwirkstoffe geeignet, die in ionisierter Form vorliegen (Tabelle 30).

Folgende Punkte sollten bei der Durchführung einer Iontophorese beachtet werden:
- Haut mit Alkohol reinigen,
- Salbe auf die Haut aufbringen und Gaze darüber legen,
- feuchten Stoff oder Schwämmchen auflegen,
- Elektroden befestigen,
- konstante Durchflutung mit Gleichstrom.

Patienten, die unter Schweißhänden leiden, können mit der Leitungswasseriontophorese behandelt werden. Die Therapie dauert über mehrere Wochen, täglich jeweils 10 Minuten. Zur Wirkungsverstärkung kann dem Wasser etwas Haushaltsessig oder Salbeiextrakt hinzugefügt werden.

Wirkstoffe, die unter dem Pluspol (Anode) eingebracht werden	Wirkstoffe, die unter dem Minuspol (Kathode) eingebracht werden
• Lokalanästhetika wie Lidocain, Novocain • gefäßerweiternde Mittel wie 10 %ige Histamin-Lösung, Bienengift • Hydrocortison	• Antirheumatika, Antiphlogistika wie Diclofenac, Salicylate, Indometacin, Ammoniumbituminosulfat (Ichthyol®) • gerinnungshemmende Mittel wie Heparin, Hirudin

Tabelle 30 Für die Iontophorese geeignete Wirkstoffe.

7.3.4 Reizstromtherapie

Die elektrotherapeutische Anwendung erfolgt mit Geräten unterschiedlicher Frequenzbereiche bis zu 100 000 Hz. Wichtigster Anwendungsbereich ist die Schmerzbehandlung.

TENS ist die Abkürzung für **t**ranskutane **e**lektrische **N**erven**s**timulation. Sie eignet sich nach ärztlicher Anleitung auch zur Selbstbehandlung, vor allem in der Schmerztherapie. Bei der TENS werden über Elektroden auf der Haut die dort verlaufenden Nerven gereizt. Dieser Reiz ist nicht schmerzhaft, der Patient spürt nur ein leichtes Kribbeln. Möglicherweise wird die Übertragung von Schmerzreizen an das Gehirn blockiert, weil das Rückenmark nicht unendlich viele Impulse an das Gehirn weiterleiten kann. Wahrscheinlich kommt es durch die Nervenstimulation zu einer Ausschüttung körpereigener Stoffe, die Schmerzen hemmen (Endorphine). Zur konventionellen Reizstrombehandlung bestehen folgende Unterschiede:

- Die Impulse sind wesentlich kürzer als bei konventionellen Reizströmen,
- der Patient benutzt die Geräte zur Eigenbehandlung,
- die batteriebetriebenen TENS-Geräte sind nicht größer als eine Zigarettenschachtel und die verwendeten Klebeelektroden sind nur wenige Quadratzentimeter groß.

Elektrotherapeutische Anwendungen in einem Frequenzbereich von 1000 Hz bis 100 000 Hz werden als Mittelfrequenztherapie bezeichnet.

7.3.5 Kontraindikationen der Elektrotherapie

Elektrotherapie darf nicht angewendet werden bei

- fieberhaften Erkrankungen,
- akuten Entzündungen, Verletzungen oder Hautkrankheiten an der zu behandelnden Stelle,
- metallischen Fremdkörpern im Therapiebereich (werden sehr heiß und erzeugen Verbrennungen),
- Schwangerschaft (relative Kontraindikation),
- sehr starker Blutungsneigung (Hämophilie).

7.3.6 Allgemeine Vorsichtsmaßnahmen bei der Therapie mit elektrischen Geräten

- Das Therapiegerät muss regelmäßig nach dem Medizinproduktgesetz (MPG) von Fachleuten gewartet werden.
- Die MFA muss von erfahrenen Kräften am Gerät eingewiesen werden.
- Die Bedienungsanweisung muss an jedem Gerät zur Einsicht bereit liegen.
- Vorsicht bei Allergien auf das Elektrodengel.
- Eine längere Behandlung von Knochenwachstumszonen bei Jugendlichen sollte vermieden werden.
- Die MFA sollte sich während einer physikalisch-medizinischen Maßnahme nicht vom Patienten entfernen (Rufnähe).
- Patienten entspannt lagern.
- Ein feuchtes Schwämmchen zwischen Elektrode und Haut verbessert die Leitfähigkeit und vermindert Verätzungen der Haut.
- Vor dem Einschalten des Gerätes überprüfen, ob der Intensitätsregler auf Null steht.
- Gerät einschalten und die Intensität auf die gewünschte Stärke langsam hochregeln.
- Der Patient darf niemals unangenehme Hitze oder Schmerzen verspüren.
- Bei Missempfindungen ist die Stromstärke zu drosseln oder sofort zu unterbrechen.
- Der Patient sollte im Notfall den Strom selbst ausschalten können.
- Apparateeinstellung zwischendurch kontrollieren.
- Der Patient sollte nicht selbst an den Schaltern drehen.
- Patienten häufiger nach dem Befinden fragen.
- Bei Allgemeinreaktionen (Zwischenfälle wie Übelkeit oder Ohnmacht) muss der Arzt benachrichtigt werden.
- Am Ende der Behandlung den Strom langsam zurückdrehen (ausschleichen).
- Geräteteile, die mit dem Patienten in Berührung kommen, müssen nach der Anwendung gereinigt und desinfiziert werden.

Grundsätzlich gilt immer und bei allen Therapien mithilfe von Geräten, dass Sie die vom Hersteller vorgeschriebenen Hinweise und Richtlinien beachten und einhalten müssen.

7.4 Hochfrequenz-Wärmetherapie (HF-Therapie)

Elektrotherapeutische Anwendungen mit Frequenzen über 100 000 Hz werden als Hochfrequenztherapie bezeichnet. Obwohl auch hier elektrische Geräte verwendet werden, zählt diese Therapieart nicht zur Elektrotherapie, denn es fließen keine Ströme über Hautelektroden in den Körper. Es besteht kein direkter Hautkontakt. Durch die HF-Therapiegeräte entstehen elektromagnetische Wellen, die tief im Körperinneren Wärme erzeugen. Die Wärme entsteht dadurch, dass die Wellen, wenn sie in die Zelle eindringen, ihre Energie abgeben. Da der Mensch nur in der Haut Wärmefühler hat, merkt er nicht, wenn die Bestrahlung im Inneren Hitzeschäden anrichtet. Umgangssprachlich wird diese Art der Therapie auch „Bestrahlung" genannt.

7.4.1 Kurzwellentherapie

In der Praxis werden die Kondensatorfeldmethode und die Spulenfeldmethode angewendet.

Kondensatorfeldmethode. Die Elektroden werden mit zwei Haltearmen ohne Körperkontakt über der Hautoberfläche platziert. Zwischen den Elektroden entsteht ein elektrisches Feld. Die korrekte Positionierung der beiden auch als Kondensatorplatten bezeichneten Elektroden muss genauestens beachtet werden (Bild 94). Je größer der Abstand (3 bis 5 cm) zwischen Kondensatorplatte und Haut ist, desto mehr kommt es zu einer Tiefenerwärmung. Ein kleiner Abstand (1 bis 2 cm) bewirkt lediglich eine Oberflächenerwärmung. Die Elektroden müssen immer parallel zur Hautoberfläche liegen, da es sonst aufgrund der erhöhten elektrischen Feldliniendichte zu Überhitzungen kommen kann.

In der Fettschicht unter der Haut entsteht der größte Wärmeeffekt, tiefere Regionen werden schlecht erreicht.

Spulenfeldmethode. Im Spulenfeldstrahler befindet sich ein spulenförmiger Stromleiter, der ein magnetisches Feld erzeugt. Je nach der zu bestrahlenden Körperregion werden unterschiedliche Strahlerformen verwendet. Muskeln und tiefere Körpergewebe werden besser erreicht als Haut- und Unterhautfettgewebe.

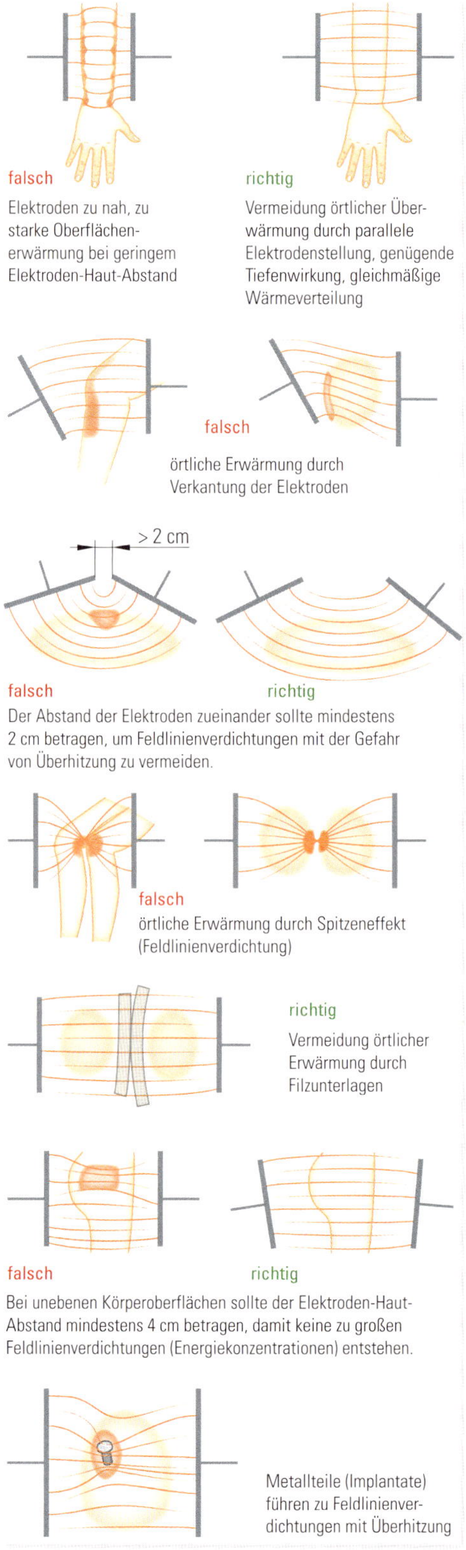

Bild 94 Elektrodenlage bei der Kondensatorfeldmethode.

7.4.2 Mikrowellentherapie

Elektromagnetische Felder werden mit sehr hoher Frequenz abgestrahlt. Der Patient kann sich bei der Mikrowellentherapie an der Miterwärmung des Hautgewebes orientieren und die Dosis abschätzen. Es können Strahler fast jeder Größe verwendet werden. Wegen ihrer Vielseitigkeit werden Mikrowellengeräte am häufigsten in den Praxen eingesetzt.

7.4.3 Indikationen der HF-Therapie

HF-Therapie ist dort angebracht, wo Wärme Linderung und Heilung verspricht.

Bei akuten Entzündungen kann mit entsprechend schwacher Dosierung eine HF-Therapie sinnvoll sein, da der Abbau von Entzündungserregern beschleunigt wird. Je akuter das Stadium der Krankheit, desto niedriger die Dosis, desto kürzer die Behandlungszeit und desto kleiner die Behandlungsintervalle. Umgekehrtes Vorgehen erfolgt bei chronischen Krankheitsverläufen.

Kontraindikationen. Es gelten alle Kontraindikationen der Elektrotherapie sowie:

- elektronische Implantate, z. B. Herzschrittmacher oder Hörgeräte, können durch die Nähe eines HF-Gerätes gestört werden,
- es dürfen sich keinerlei Metallteile im Strahlungsfeld befinden, da sie sehr heiß werden (Hüftgelenksendoprothesen, Knochennägel, Spirale, Piercings, Schmuck usw.).

7.4.4 Vorsichtsmaßnahmen und Besonderheiten bei der HF-Therapie

- Feuchte Verbände im Behandlungsgebiet sind zu entfernen, da sie sehr heiß werden;
- auf trockene Haut achten, verschwitzte Bereiche gut abtrocknen, wegen Schweißbildung sollten prinzipiell alle Kleidungsstücke vom Behandlungsgebiet entfernt werden;
- die Augen dürfen von Mikrowellen und Dezimeterwellen nicht getroffen werden (Gefahr der Starbildung, bei Kontaktlinsenträgern Schädigung der Hornhaut), daher müssen bei Kopfbestrahlungen die Augen mit einer Schutzbrille aus Metallgeflecht (Teesiebgeflechtbrille) geschützt werden;
- die HF-Therapie darf nicht auf Liegen mit Metallrahmen angewendet werden.
- Im Prinzip sind HF-Therapiegeräte Radiosender, deshalb ist ihr Gebrauch nur für ganz bestimmte Frequenzen zugelassen, um den Funkverkehr nicht zu stören. Die Sendeenergie kann bei gleichzeitigen EKG-Aufzeichnungen im Nachbarzimmer Störungen hervorrufen.

Wärmetherapie ▸ S. 186 ff.

Kontraindikation ▸ S. 193

EKG ▸ S. 280 ff.

7.5 Lichttherapie

Unter Lichttherapie (Phototherapie) versteht man die Anwendung von

- sichtbarer Strahlung (Licht / Sonne)
- IR-Strahlung und
- UV-Strahlung

zu Heilzwecken.

7.5.1 Therapie mit sichtbarer Strahlung

Das Sonnenlicht wird in der Behandlung von Hautkrankheiten, Rachitis, Tuberkulose, Müdigkeit, Schlaflosigkeit, Abwehrschwäche, Leistungsschwäche und Depressionen eingesetzt. Da z. B. in den Wintermonaten die natürliche Sonnenstrahlung sehr gering ist, versucht man das Sonnenlicht mit besonderen Lichtquellen möglichst gut zu imitieren.

7.5.2 Infrarottherapie (IR-Therapie)

Infrarotstrahlen sind nicht sichtbare Strahlen, die auf der Haut als wärmend empfunden werden. Die Strahlen haben eine nur geringe Eindringtiefe. Wenige Minuten nach Beginn der Bestrahlung kommt es bei ausreichender Strahlenstärke zu einer Hyperämie, d. h. einer gesteigerten Durchblutung und damit zu einem Erythem.

Wirkungen, Indikationen und Kontraindikationen der IR-Wärmetherapie entsprechen denen der herkömmlichen Wärmetherapie.

IR: Infrarot
UV: Ultraviolett

herkömmliche Wärmetherapie ▸ S. 187 f.

7.5.3 Ultraviolettherapie (UV-Therapie)

Ultraviolettstrahlen sind wie IR-Strahlen nicht sichtbar, sie erzeugen aber keine Wärmeempfindung auf der Haut. Nach UV-Bestrahlung kommt es erst nach einigen Stunden zu einer Hautrötung (Erythem) als Folge einer Entzündung (Verbrennung ersten Grades).

Der zivilisatorisch bedingte Lichtentzug des modernen Menschen (Büroarbeit) schwächt das Immunsystem und den Biorhythmus und stört die Produktion von Hormonen. Eine vernünftige langsame Anpassung des Körpers an die natürliche UV-Strahlung ist gesund, vermeidet Vitamin-D-Mangel und Winterdepressionen. UV-Strahlen in Überdosis sind jedoch schädlich.

PUVA = Psoralen puls UV-A

Der UV-Bereich wird üblicherweise in drei Bereiche unterteilt (Tabelle 31).

Vorsichtsmaßnahmen:
- Man sollte eine dunkle Schutzbrille verwenden, um Schäden der Netzhaut vorzubeugen.
- Überdosierungen sind wegen der Gefahr eines Sonnenbrandes zu vermeiden.
- Der Bestrahlungsabstand in Abhängigkeit von Bestrahlungsart und -stärke muss eingehalten werden.
- Keine plötzlichen aggressiven Sonnenbäder auf untrainierter Haut! Eine Bestrahlungsserie beginnt mit kurzer Behandlungsdauer, die langsam erhöht wird.

UV-Strahlung Teilbereich	Eigenschaften, Wirkungen	Anwendungen
UV-A niedriger UV-Frequenzbereich	Gelangt nahezu ungefiltert durch die Atmosphäre auf die Erdoberfläche, durchdringt Fensterscheiben, produziert kaum Sonnenbrände; kann Lichtüberempfindlichkeitsreaktionen auslösen. Langfristig bewirkt UV-A-Strahlung die vorzeitige Alterung der Haut mit Schädigung der Bindegewebsfasern und Pigmentflecken.	Wird in Solarien angewendet. Behandlung mit speziellen Wellenlängen aus dem langwelligen UV-A-Bereich = UV A_1 zur Therapie von Hautkrankheiten, z. B. Neurodermitis PUVA-Therapie wird in Kombination mit dem Wirkstoff Psoralen zur verstärkten Behandlung der Psoriasis angewendet.
UV-B mittlerer UV-Frequenzbereich (FB)	Ist energiereicher als UV-A-Strahlung; wird etwa zu 90 % von der Atmosphäre (Ozonschicht) absorbiert; durchdringt Fensterscheiben nicht; ist für die Entstehung von Sonnenbrand und Krebsvorstufen der Haut verantwortlich. Im Gebirge ist der Anteil an UV-B-Strahlen höher als im Flachland, pro 1 000 Höhenmeter nimmt die UV-B-Intensität um bis zu 20 % zu. Die Hemmung des Immunsystems nach plötzlicher, starker UV-B-Bestrahlung schwächt den Körper bei Infektionskrankheiten, z. B. bei Herpes-simplex-Infektionen. UV-B fördert die Bildung von Vitamin D im Körper.	UV-B-Strahlen werden zur Therapie von manchen entzündlichen Hauterkrankungen verwendet, da sie wachstumshemmend auf Zellen der oberen Hautschichten wirken und das Immunsystem hemmen. Die UV-B-Schmalspektrumtherapie mit speziellen Wellenlängen aus dem UV-B-Bereich wird zur Therapie der Psoriasis eingesetzt.
UV-C hoher UV-FB	Ist energiereicher als UV-B, sehr aggressiv, wird fast vollständig von der Ozonschicht absorbiert.	medizinisch nicht nutzbar

Tabelle 31 UV-Strahlenbereiche.

7.5.4 Lasertherapie

Laserstrahlen unterscheiden sich in mehreren Eigenschaften vom gewöhnlichen Licht der Sonne oder Glühlampen:

- Sie bestehen nur aus einer einzigen Wellenlänge,
- alle Strahlen schwingen an einer Stelle im gleichen Takt, damit ergibt sich eine sehr hohe Energie, d. h.,
- sie können eine sehr hohe Lichtenergie punktgenau konzentrieren.

Der Einsatz von Laser in der Medizin ist äußerst vielfältig. Energiereiche Laser werden als „Lichtskalpell" in der Chirurgie angewendet; es kommt zu einer Gewebekoagulation, einer Verkochung von Gewebe auf engstem Raum. Laserstrahlen werden benutzt zum Abtragen von Gewebe, zur Stillung von Blutungen und zum notfallmäßigen Durchdringen von Tumorengstellen in Hohlorganen. Dies ist auch endoskopisch möglich. Sie werden verwendet in der Urologie, Dermatologie (Bild 95) oder in der Augenheilkunde, beispielsweise zum Anschweißen einer sich ablösenden Netzhaut.

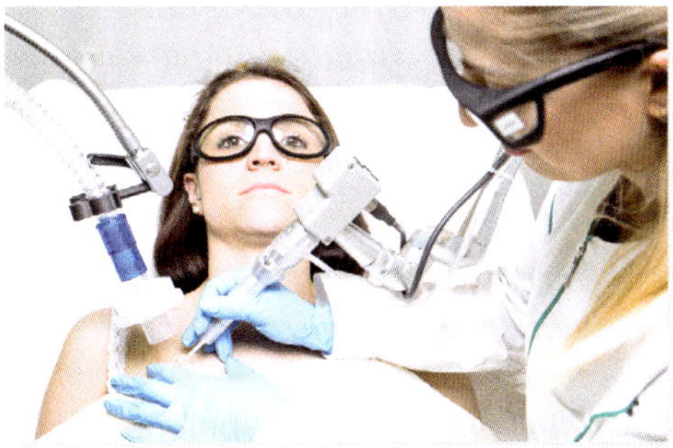

Bild 95 Entfernung eines Muttermals mit einem Lasergerät.

Laser = **l**ight **a**mplification by **s**timulated **e**mission of **r**adiation

Koagulation (lat.) = Ausflockung, Gerinnung eines Stoffes

7.6 Hydrotherapie und Balneotherapie

Die Balneotherapie beschäftigt sich mit Bädern aus natürlichen Heilquellen, Moorbädern oder Trinkkuren in einem Kurort oder Seebad.

Die Hydrotherapie umfasst die unterschiedlichsten Anwendungsformen von Wasser, also Waschungen, Güsse, Voll- und Teilbäder, Wickel, Packungen und Wassertreten. Ziel der Therapie ist es, mit Warm- und Kaltreizen das körperliche und geistige Gleichgewicht zu festigen und die Abwehrkräfte zu steigern.

Kneipptherapie. Ein bekannter Vertreter dieser Therapierichtung ist der Wörishofener Pfarrer Sebastian Kneipp (1821–1897), der seine Kneipptherapie auf fünf Behandlungsprinzipien aufbaute:

- Hydrotherapie,
- Bewegungstherapie,
- Ernährungstherapie,
- Pflanzentherapie sowie
- Ordnungstherapie.

balneum (lat.) = Bad

7.7 Inhalationstherapie

Unter Inhalation versteht man das Einatmen von feinst verteilten flüssigen oder festen Schwebstoffen. Inhalationen gehören zur Standardbehandlung von Atemwegserkrankungen.

Aerosole sind feste oder flüssige in der Luft schwebende Teilchen, die kleiner als 0,01 mm sind.

Man kann mit geeigneten Techniken so gut wie jede Substanz in den Aerosolzustand überführen (Aerosoltherapie). Manche Medikamente werden als Fest-Aerosol verabreicht, z. B. in der Asthmatherapie (Pulverinhalationen). Die meisten Aerosole sind allerdings Flüssig-Aerosole (Tabelle 32, S. 198).

Die größten Teilchen entsprechen den Wassertröpfchen des natürlichen Nebels, die kleinsten Teilchen haben die Größe von Eiweißmolekülen.

Anwendungsart	Tröpfchengröße	Indikation
Kopfdampfbad: der Kopf wird über eine Schüssel mit heißem Wasser gehalten und ein Badetuch darüber gedeckt	Erhitzen von Wasser erzeugt Wasserdampf, wobei relativ große Nebeltröpfchen entstehen	Nebeltröpfchen gelangen nicht in die tiefen Atemwege, sie eignen sich zur Therapie von Erkrankungen der oberen Atemwege, wie Schnupfen, Halsentzündung, Rachenentzündung, Nasennebenhöhlenentzündungen
Düsenvernebler (Druckluftkompressor oder Spraydose wie z. B. Dosieraerosol), Ultraschallvernebler	kleinere Partikel, die bis in die Bronchien oder sogar in die Lungenbläschen vordringen	eignen sich zur Therapie der unteren Atemwege; wirken unmittelbar auf die Schleimhäute der Bronchien ein, sinnvoll bei Bronchitis, Asthma bronchiale, Lungenemphysem, Mukoviszidose

Tabelle 32 Inhalationstherapie.

Wirkungen einer Inhalationstherapie (Bild 96):
- Befeuchtung der Atemwege bei Schleimhautaustrocknung,
- Verflüssigung von zähem Schleim,
- Erleichterung des Abhustens,
- Erweiterung der Atemwege auch durch medikamentösen Wirkstoff,
- Rückgang von Schwellungen und Entzündungen der Atemwege .

Bei der Inhalationsbehandlung benötigt man oft nur einen Bruchteil der Dosis, die bei der Einnahme des Medikamentes in Tablettenform nötig wäre.

Dosieraerosole
▸ S. 308

Dosieraerosole sind kleine handliche Spraydosen, die bei jedem Sprühstoß eine gleichgroße Dosis des jeweiligen Medikamentes abgeben.

Vorsichtsmaßnahmen:
- Der Patient sollte nach einem Kopfdampfbad eine Zeit lang im Warmen bleiben;
- nach der Inhalation müssen die Geräte gründlich gereinigt, bei Fremdgebrauch desinfiziert werden.

Bild 96 Inhalationstherapie.

7.8 Manuelle Therapie (Therapie mit den Händen)

chir- (gr.) = Wortteil mit der Bedeutung Hand
manus (lat.) = Hand

Zu den manuellen Therapien zählen Chirotherapie, Chiropraktik und als eine erweiterte Behandlungsmethode die Osteopathie. Bei der Osteopathie spielt der Begriff der osteopathischen Dysfunktion (Fehlfunktion) bzw. Läsion (Beschädigung) eine Rolle. Damit ist eine Einschränkung in der Bewegung der Gewebe gemeint, die nicht nur den Bereich der Wirbelsäule und Gelenke betrifft. Diese Läsion muss ertastet und mit speziellen Techniken gelöst werden.

Mithilfe unterschiedlicher Handgrifftechniken oder Massagebewegungen werden bei den verschiedenen Methoden Fehlfunktionen von Gelenken, Wirbelsäulenschmerzen, Bewegungsstörungen und damit auch Durchblutungsstörungen behandelt. So verkrampfen sich beispielsweise durch chronische Fehlhaltungen Muskeln, dadurch werden Nerven und Blutgefäße eingeengt, weiche Gewebe verhärten sich. Daraus können sich Schmerzen entwickeln, die ein Gelenk betreffen oder sich weiter ausbreiten. Mithilfe verschiedener Manipulationen sollen Blockierungen von Gelenken aufgehoben, die Durchblutung verbessert und die Selbstheilungskräfte mobilisiert werden.

7.9 Massage

Die Massage ist eine der ältesten physikalischen Therapiemethoden. Sie wird hauptsächlich bei Erkrankungen des Bewegungsapparates angewendet, z. B. bei rheumatischen Erkrankungen, Haltungsschäden, Muskelverspannungen, Rückenschmerzen sowie zur Durchblutungssteigerung von Haut und Gewebe oder zur Entstauung von Venen- und Lymphbereichen.

Für einen optimalen Behandlungserfolg sollte der Patient vor der Behandlung gut erwärmt sein. Dies kann durch Rotlicht-, Infrarot-, Fango- oder Lichtkastentherapie erreicht werden.

Vor der eigentlichen Behandlung muss der Therapeut durch Inspektion und Palpation eine Befunderhebung durchführen. Mit verschiedenen Verfahrenstechniken wie Streichen, Reiben, Kneten, Klopfen, Klatschen oder Erschüttern werden neben Haut, Unterhautgewebe und Muskulatur auch innere Organe über das Nervensystem beeinflusst.

Massageformen:

- Ganzkörpermassage, Teilkörpermassage.
- Bindegewebsmassage: Spannungsunterschiede im Bindegewebe werden auf Störungen innerer Organe zurückgeführt. Es wird versucht mit unterschiedlichen Massagetechniken die inneren Organe günstig zu beeinflussen und die Durchblutung zu verbessern.
- (Fuß-) Reflexzonenmassage: Innere Organe stehen über Nervenbahnen mit Hautzonen in Verbindung (Head'sche Zonen). Verspannungen, Schmerzen oder Überempfindlichkeit an Hautzonen können Hinweise auf eine Erkrankung des entsprechenden inneren Organes geben. Durch gezielte Massage versucht man reflektorisch auf das innere Organ positiven Einfluss zu nehmen.
- Bürstenmassage: verbessert Durchblutung von Haut und Bindegewebe, bringt den Kreislauf in Schwung und regt das Immunsystem an.
- Unterwasser-Druckstrahlmassage verbessert die Durchblutung, lockert verspannte Muskulatur und regt den Gewebestoffwechsel an.
- Lymphdrainage: Mithilfe kreisender Bewegungen in Richtung des Lymphabflusses versucht man bei bestimmten Schwellungszuständen, gestaute Gewebeflüssigkeit und Lymphflüssigkeit in den Blutkreislauf zurückzuführen. Anwendungsbeispiel: Armlymphödem nach einer Brustkrebsoperation

Kontraindikationen. Massagen dürfen nicht durchgeführt werden bei akuten Entzündungen, Fieber, offenen Wunden, Bandscheibenvorfall, inneren Blutungen, Thrombose.

7.10 Krankengymnastik

Krankengymnastik ist der Oberbegriff für viele Methoden: Bewegungstherapien, manuelle Therapien, Wärme- und Kältebehandlungen. Physiotherapeuten – so die moderne Berufsbezeichnung – versuchen gestörte Funktionen des Organismus, vor allem des Stütz- und Bewegungsapparates, mit aktiven und passiven Trainingsmaßnahmen zu verbessern. Weitere Betätigungsfelder sind Koordinations-, Gleichgewichts- und Bewegungsstörungen bei Kindern, Wiederherstellung der Bewegungsfähigkeit nach einem Schlaganfall, Behandlungen nach Sportverletzungen, Mobilisierung nach längerer Ruhigstellung, bei Muskelatrophien.

physio (gr.) = körperlich

Für den Praxisalltag ist der Heilmittelkatalog für krankengymnastische Therapie hilfreich, in dem aufgeschlüsselt wird, was und wie oft bei einem bestimmten Krankheitsbild verordnet werden darf und wie das Rezept dazu korrekt ausgefüllt werden muss.

7.11 Ultraschalltherapie

Für den therapeutischen Ultraschallbereich werden spezielle Geräte verwendet, die eine etwa 100-fach größere Schallintensität haben im Vergleich zu den diagnostischen Geräten.

Wirkung. Durch die Schallwellen werden tiefere Gewebsschichten zum Schwingen gebracht. Diese Mikrovibrationen erzeugen Reibung und dadurch Wärme im Gewebe. Ultraschall fördert die Durchblutung, löst Krampfzustände und Verklebungen, fördert die Dehnbarkeit von Fasern und entspannt die Muskulatur.

Indikationen. Anwendung bei chronisch entzündlichen und degenerativen Erkrankungen des Bewegungsapparates, also Erkrankungen des rheumatischen Formenkreises, Schulter-Arm-Syndrom, Tennisellenbogen, Sehnenscheidenentzündung oder Muskelschmerzen.

Gefahren. Für die Dosierung der Schallintensität gilt immer, dass der Patient während der Behandlung auf keinen Fall unangenehme Empfindungen verspüren darf. Der Schallkopf muss ständig in Bewegung sein, da sonst das Gewebe geschädigt werden kann. Ultraschall darf auch bei Metallimplantaten verwendet werden, die Dosis muss dann verringert werden.

Kontraindikationen. Einige Körperregionen sind von der Behandlung auszuschließen, z. B.

- große Gefäße in Kniekehle, Ellenbeuge und Leistenbeuge,
- Kopfbereich (Ausnahme Kiefergelenk),
- Herz-, Leber- und Milzbereich und
- Epiphysenfugen bei Kindern.

Weitere Kontraindikationen sind Blutgerinnungsstörungen, schwere Osteoporose, Thrombosen, fieberhafte Erkrankungen und maligne Tumoren.

7.12 Strahlentherapie

Internationales Warnzeichen für ionisierende Strahlung.

Die Strahlentherapie ist neben der Chirurgie (Operationen) und der Chemotherapie eine der wichtigsten Therapiemethoden bösartiger Erkrankungen. Im Gegensatz zur Chemotherapie, bei der ein Medikament in Tablettenform oder als Infusion im ganzen Körper verteilt wird, ist die Strahlentherapie meist örtlich begrenzt. So entsteht Haarausfall nur bei Bestrahlung des Kopfes.

Die Strahlentherapie beruht auf der Anwendung ionisierender Strahlen. Ionisierende Strahlen sind entweder sehr energiereiche elektromagnetische Wellen (Röntgenstrahlen) oder die sogenannte Teilchenstrahlung aus radioaktiven Stoffen.

Diese Strahlen sind in der Lage, Atome oder Moleküle zu ionisieren, das heißt Elektronen aus ihnen herauszuschlagen. Die dabei entstehenden Ionen sind meist sehr reaktiv, sodass sie, wenn sie in lebendem Gewebe entstehen, großen Schaden anrichten.

Strahlenwirkung. Ionisierende Strahlen sollen Tumorzellen zerstören. Hauptangriffsort ist die genetische Erbsubstanz DNS. Die Strahlung schädigt vor allem die Zellen, die sich gerade teilen, also Zellen, die sich schnell vermehren. Die Zellteilungen werden gestört und die Zellen sterben ab. Eine computerunterstützte Bestrahlungsplanung ist wichtig, um eine möglichst hohe Dosis am Tumor und eine möglichst niedrige Dosis im umgebenden gesunden Gewebe zu verabreichen.

Bestrahlungstechnik. Meist wird die Bestrahlung von außen (externe Strahlentherapie) durchgeführt (Bild 97), am häufigsten setzt man Linearbeschleuniger ein. Seltener wird eine innere Bestrahlung mit einer radioaktiven Strahlenquelle durchgeführt, die der Arzt in einer speziellen Kapsel in eine Körperhöhle (z. B. die Gebärmutter) einführt, wenn eine operative Therapie nicht möglich ist.

Röntgentherapie ist eine selten angewendete Form der externen Strahlentherapie mit Röntgenstrahlung. Die Strahlen dieser Energiestärke können den Körper zwar durchdringen, haben aber nur an der Körperoberfläche ausreichende Stärke um Tumorgewebe zu zerstören.

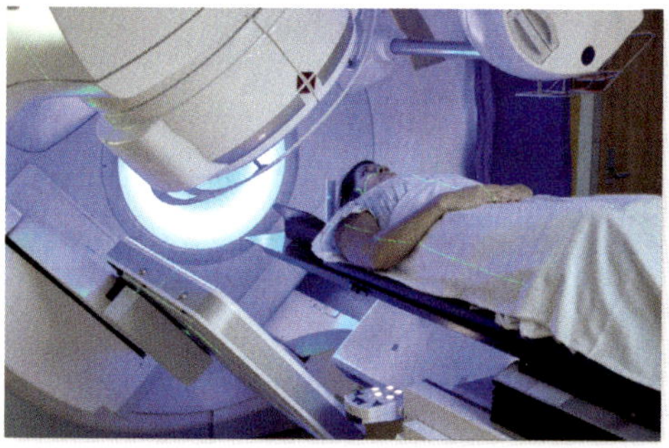

Bild 97 Strahlentherapie bei Brustkrebs.

8 Injektionen und Infusionen

8.1 Injektions- und Infusionsverfahren

Die Injektion (Einspritzung) und Infusion (Einleitung von mehr als 20 ml Flüssigkeit) sind Verfahren, bei denen das Arzneimittel unter Umgehung des Magen-Darm-Traktes (parenteral) in den Körper eingebracht wird.

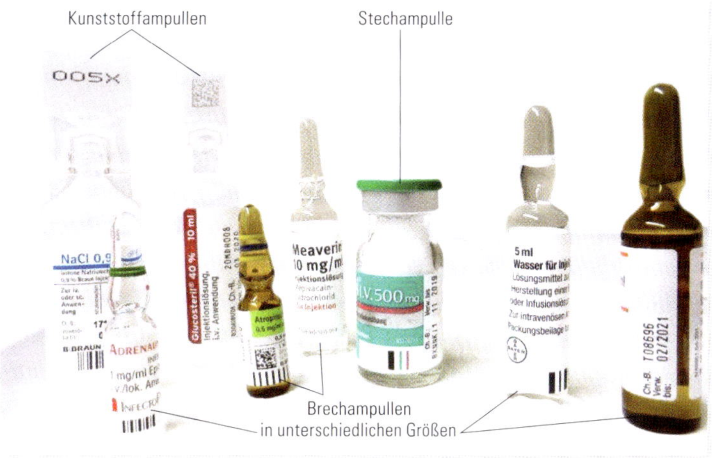

Bild 99 Unterschiedliche Ampullen mit Injektionslösung.

8.1.1 Vorteile der Injektion / Infusion

Vorteile der Injektion sind:

- schneller und sicherer Wirkungseintritt,
- genaue Dosierung des Arzneimittels,
- Verabreichung des Arzneimittels ist unabhängig vom Zustand des Patienten, z. B. bei Bewusstlosigkeit,
- Medikation erfordert keine Mitarbeit des Patienten (Compliance), z. B. Depotpräparat.

8.1.2 Durchführung der Injektion

Vorbereitung einer Injektion. Injektionslösungen sind sterile Arzneimittel, die in Ampullen (Bild 99) angeboten werden. Vor jeder Injektion muss der Inhalt des Beipackzettels bekannt sein. Das Arzneimittel muss auf Haltbarkeit, Trübung, Ausflockung, Verfärbung und die Sterilität wahrende Verpackung kontrolliert werden.

Zur Injektion werden benötigt (Bild 98):

- Stauschlauch (nur bei i.v.-Injektion)
- Desinfektionsmittel
- Tupfer
- Arzneimittel in der Ampulle
- Kanülen
- Pflaster
- Abwurfbehälter
- Handschuhe

Bild 98 Spritzentablett.

Beim Vorbereiten der Spritze für eine Injektion ist zu beachten:

- Das Arzneimittel muss kontrolliert werden.
- Im Ampullenkopf darf keine Injektionslösung mehr sein.
- Beim Öffnen einer Brechampulle legt man am besten einen Tupfer zwischen Ampullenhals und Zeigefinger, um sich vor einer Verletzung zu schützen.
- Zerbricht der Ampullenhals, dann muss die gesamte Ampulle weggeworfen werden.
- Spritze und passende Aufziehkanüle werden zusammengesteckt.
- Beim Aufziehen der Injektionslösung darf die Kanüle weder die Außenwand der Ampulle noch die Hand berühren.
- Eine Luftblase, die sich in der Spritze befindet, drückt man heraus, bis ein winziger Tropfen an der Kanülenspitze sichtbar wird. Dieser wird dann abgeschüttelt.
- Die Aufziehkanüle wird entsorgt und die Injektionskanüle auf die Spritze gesetzt.
- Falls nicht sofort injiziert wird, bleibt die Schutzkappe auf der Injektionskanüle. Die Originalampulle wird zu der aufgezogenen Spritze gelegt oder über die Kanülenkappe gestülpt. Vor der Injektion muss das Arzneimittel nochmals kontrolliert werden.

parenteral ▸ S. 216 f.

Vorsichtsmaßnahmen bei jeder Injektion:

- Richtlinien der Hygiene, Desinfektion und Sterilisation müssen beachtet werden.
- Das zu verabreichende Arzneimittel muss in seiner Wirkung und Nebenwirkung genau bekannt sein.
- Für einen eventuellen Notfall muss alles vorbereitet sein.
- Niemals in infiziertes oder ödematöses Gewebe spritzen.
- Möglichst Ampullen statt Durchstechflaschen verwenden.
- Die Punkte der „6-R-Regel" (Bild 100) noch einmal durchgehen.

Checkliste: Injektion

„6-R-Regel"
✔ Richtiger Patient?
✔ Richtiges Arzneimittel?
✔ Richtige Dosierung?
✔ Richtige Applikation (Verabreichungsart)?
✔ Richtiger Zeitpunkt?
✔ Richtige Dokumentation?
... nach der Injektion den Patienten nach seinem Befinden befragen.

Bild 100 Checkliste Injektion: 6-R-Regel.

8.1.3 Risiken der Injektion

Gefahren und mögliche Folgen einer Injektion müssen beachtet werden.

- Eine zu schnelle Injektion kann Übelkeit oder Schwindel verursachen, was meist schnell abklingt.
- Bei labilen, empfindlichen Personen oder bei Menschen mit Allergien können Ohnmacht oder Schock auftreten. Deshalb sollte der Patient vorher mit beruhigenden Worten aufgeklärt und nach einer Allergie befragt werden.
- Eine versehentliche i.v.-Injektion eines ölgelösten oder Kristalle enthaltenden Arzneimittels kann eine Lungenembolie auslösen.

Lokale Risiken sind in Tabelle 33 aufgeführt.

Katheter: Röhrchen / Schlauch unterschiedlicher Dicke durch das / durch den Hohlorgane, z. B. Blutgefäße, gefüllt werden.

8.1.4 Durchführung der Infusion

Für eine Infusion werden anstelle bzw. zusätzlich zu den Materialien für eine Injektion bereitgelegt (Bild 101, S. 203):

- statt der Kanülen Venenverweilkanüle oder -katheter mit Verschlusskappe (Bild 103)
- Infusionsflasche/-beutel mit passender Aufhängevorrichtung
- Infusionssystem/-besteck (Bild 102, S. 203)
- Pflasterrolle oder spezielles Fixierpflaster
- Falls nötig, entsprechende Arzneimittel in Ampulle
- wasserfester Filzstift zur Beschriftung der umgedrehten Infusionsflasche

Vorbereitung der Infusion (Bild 101, S. 203). Das Infusionssystem /-besteck (Bild 102, S. 203) wird benötigt, um die Verbindung zwischen Infusionsbehälter und Kanüle herzustellen. Um Infektionen zu vermeiden, wird die Infusion sofort nach der Vorbereitung begonnen.

Injektionsarten ▸ S. 204 ff.

Injektionsart	Verstoß / Fehler	Folgen
s. c.	s. c.-ungeeignetes Arzneimittel	Entzündung des Unterhautgewebes
i. m. / s. c.	Verletzung eines Gefäßes	Hämatom (kann aber auch Folge einer Gerinnungsstörung sein)
i. m.	ungenügende Asepsis	Spritzenabszess
i. m.	Injektion ins Fettgewebe	steriler Abszess durch Nekrose
i. m.	Verletzung von Nerven	Schmerzen, Bewegungseinschränkung
i. v.	paravenöse Injektion	Gewebeschädigung und Schmerzen
i. v.	venenreizendes Mittel	Rötung, Schwellung, Schmerzen

Tabelle 33 Lokale Risiken bei Injektionen.

paravenös = neben der Vene

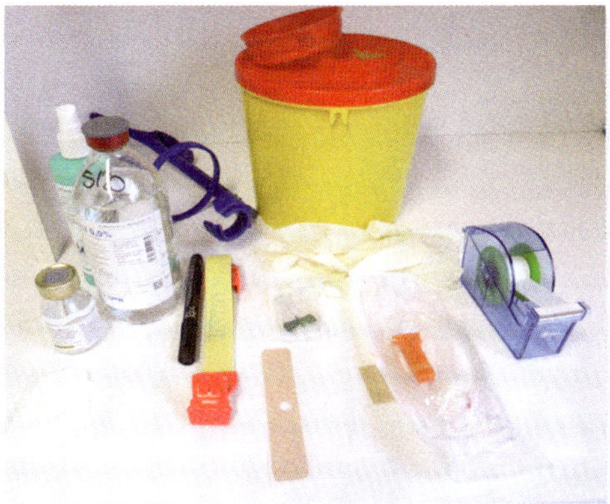

Bild 101 Benötigte Materialien zur Infusion.

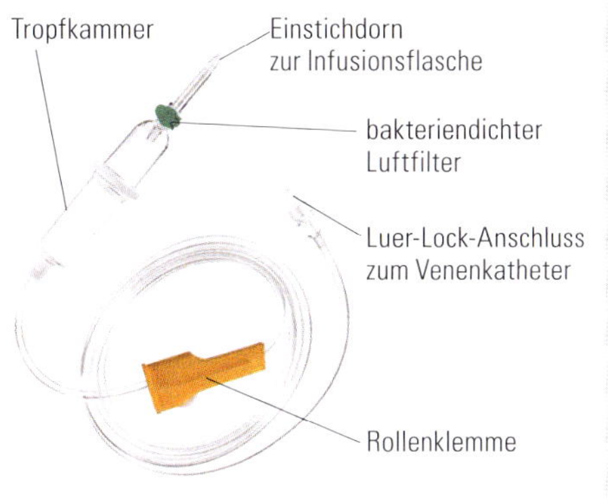

Bild 102 Infusionssystem / Infusionsbesteck.

Bild 103 Venenverweilkatheter / Venenverweilkanüle.

Die benötigte Tropfenzahl wird über die Rollenklemme am Infusionssystem eingestellt. Je schneller die Infusionslösung einlaufen soll, desto weiter wird die Rolle nach oben geschoben. Während der Infusion muss der ordnungsgemäße Ablauf überwacht und das Befinden des Patienten kontrolliert werden.

Indikationen: Infusionslösungen dienen zur

- Elektrolytzufuhr, z. B. bei Dehydratation („Austrocknung"), Schock,
- Regulierung des Wasser-Salzhaushaltes,
- Medikamentengabe, z. B. bei hoch dosierter Antibiotikagabe,
- Energie- und Nährstoffzufuhr, z. B. zur parenteralen Ernährung,
- Ausschwemmung von Ödemen (Osmotherapie), z. B. bei Lungenödem,
- Diagnostik, z. B. bei Kontrastmitteluntersuchungen.

8.1.5 Risiken der Infusion

- lokale Schäden wie Venenentzündung, Hämatom, Infektion und Nekrose des umliegenden Gewebes,
- allgemeine Komplikationen wie Sepsis, allergische Reaktionen und Embolie,
- erhöhtes Unfallrisiko durch unzureichende Schienung/Fixierung des Patientenarmes und mangelhafter Sicherung der Infusionsflasche und des Ständers,
- nicht vorschriftsmäßiges Einfließen der Infusionslösung, wenn der Schlauch verstopft oder abgeknickt ist, wenn die Tropfgeschwindigkeit nicht korrekt eingestellt ist, wenn die Infusionslösung paravenös fließt, wenn die Kanüle ungünstig an der Venenwand liegt,
- nicht angemessene Aufklärung und Betreuung des Patienten bezüglich des Ablaufs, notwendiger Einschränkung und Belastung durch die Infusion.

Checkliste: Vorbereitung der Infusion

- ✔ Infusionsflasche/-beutel auf Unversehrtheit überprüfen (Verfallsdatum, Ausflockung).
- ✔ Aufhängevorrichtung am Infusionsbeutel / an der Infusionsflasche vorbereiten.
- ✔ Hygienemaßnahmen an Arbeitsfläche und Händen durchführen
- ✔ Die Verschlussabdeckung an Infusionsflasche/-beutel entfernen und Einstichstelle desinfizieren.
- ✔ Infusionsbesteck auspacken.
- ✔ Rollenklemme und Belüftungsventil schließen.
- ✔ Einstichdorn der Infusionsleitung in die Flasche bzw. in den schräg gehaltenen Beutel einstechen.
- ✔ Infusionsflasche/-beutel aufhängen.
- ✔ Tropfkammer durch Drücken zu zwei Dritteln füllen.
- ✔ Belüftungsventil öffnen.
- ✔ Unmittelbar vor Anwendung die Rollklemme langsam öffnen.
- ✔ Infusionsleitung blasenfrei füllen und Rollenklemme schließen. Bei Plastikbeuteln bleibt das Belüftungsventil geschlossen.
- ✔ Bei einmaliger oder kurzfristiger Infusion verwendet man eine Venenverweilkanüle / Flügelkanüle (Butterfly). Bei mehrfachen oder längeren Infusionen wird ein Venenverweilkatheter benötigt.

Bild 104 Checkliste Vorbereitung der Infusion.

8.2 Spritzenaufbau

Konus (lat.) = kegelförmiger Körper

Abfallbox ▸ S. 113 f.

Spritzen besitzen ein Gehäuse, innen einen Spritzenkolben mit Stempel und vorne einen Konus (Bild 105). Sie haben unterschiedliche Fassungsvermögen von 1 ml bis üblicherweise 20 ml, eventuell bis 100 ml. Die Teilstriche liegen je nach Größe der Spritze zwischen 0,1 ml und 0,2 ml. Besondere Graduierung haben Insulinspritzen (1 ml ≙ 40 I.E.) und Tuberkulinspritzen (1 Teilstrich = 0,01 ml).

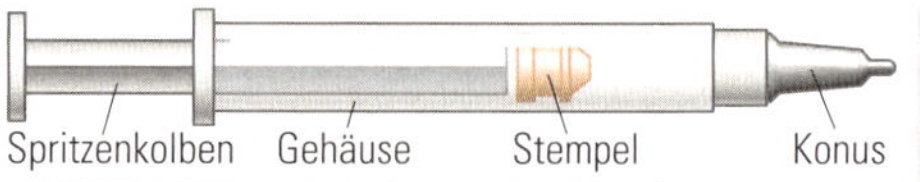

Bild 105 Aufbau einer Spritze.

Kleine Injektionsmengen in kleinen Spritzen aufziehen.

Farbe	Bezeichnung	Durchmesser (mm)	Länge (mm)
rosa	Blutentnahme Varizenverödung	1,20	38
ocker	intramuskulär	1,10	50
ocker	Blutentnahme	1,10	30
gelb	tief-intramuskulär	0,90	70
gelb	1	0,90	38
grün	intramuskulär	0,80	50
grün	2	0,80	38
schwarz	12	0,70	32
pink	14	0,65	32
blau	16	0,60	26
lila	17	0,55	25
braun	18	0,45	23
braun	Insulin	0,45	13
grau	20	0,42	22

Tabelle 34 Marktübliche Kanülen für die Praxis.

Die Kanüle (Hohlnadel) ist ein dünnes Rohr aus Metall. Auf der einen Seite hat sie einen Konusansatz und am anderen Ende ist sie schräg angeschliffen (Bild 106). Die Kanülen unterscheiden sich in Länge, Schliff und Durchmesser (Tabelle 34 f., S. 205).

Bild 106 Kanüle.

Entsorgung. Gebrauchte Einmalspritzen werden mit den aufgesteckten Kanülen in eine festwandige, verschließbare Abfallbox geworfen, damit sich niemand bei der Entsorgung verletzen oder infizieren kann.

Verboten: Recapping, d. h., das Wiederaufstecken der Schutzhülle

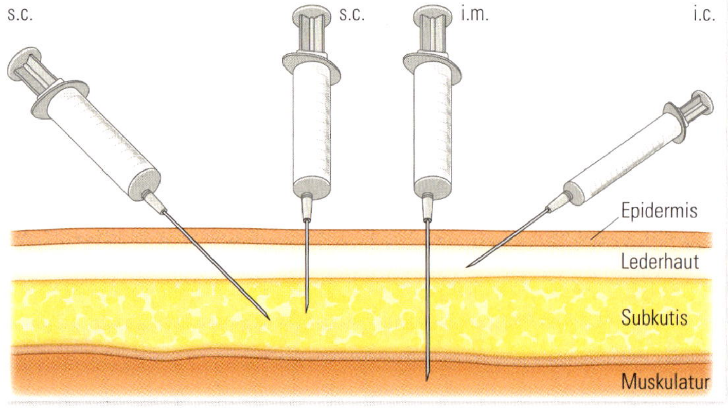

Bild 107 Injektion in verschiedene Hautschichten.

8.3 Injektionsarten

Je nachdem, wohin gespritzt wird, unterscheidet man verschiedene Injektionsarten (Bild 107 und Tabelle 35).

Intrakutane Injektion erfolgt mit einer Tuberkulinspritze oder einer kleinen Spritze mit dünner Kanüle (18/20). Nach der Hautdesinfektion wird die Kanüle annähernd parallel zur Oberfläche in die Haut eingestochen (Bild 109, S. 205). Das Arzneimittel wird langsam injiziert, dabei bildet sich bei richtiger Lage der Kanüle eine blasse, leicht erhabene Quaddel mit vergrößertem Hautrelief. Dieses Quaddeln wird z. B. in der Neuraltherapie zur Schmerzbehandlung durchgeführt.

Fachbegriff	Abkürzung	Beschreibung
intrakutan	i.c.	in die Haut
subkutan	s.c.	unter die Haut
intramuskulär	i.m.	in den Muskel
intravenös	i.v.	in die Vene
intraarteriell	i.a.	in die Arterie
intraartikulär	–	ins Gelenk

Tabelle 35 Injektionsarten.

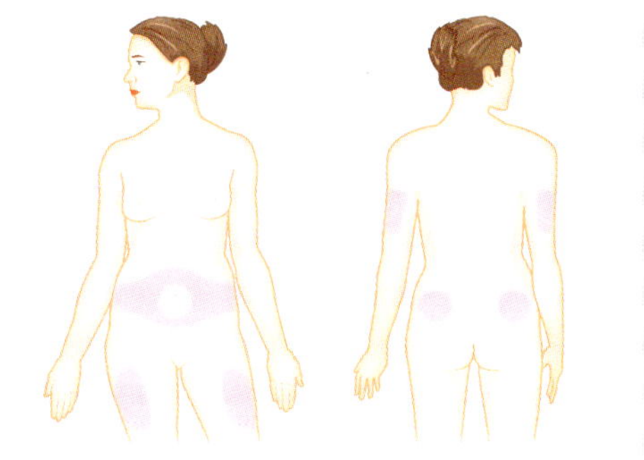

Bild 108 Körperregionen für eine subkutane Injektion.

Subkutane Injektion erfolgt mit kleinen Spritzen und verschiedenen Kanülen (14, 16, 12, 18). Bei der s.c.-Injektion wird die (nur wässrige) Arzneimittellösung in die Unterhaut gespritzt. Als Injektionsstellen kommen alle diejenigen Körperbereiche in Betracht, die ein nicht zu dünnes Unterhautgewebe aufweisen. Bevorzugt werden Vorder- und Außenseite von Oberschenkel, von Bauch- und eventuell Rückenhaut (Bild 108, S. 204).

Der Einstichwinkel von 90 Grad mit kurzer Kanüle, z.B. Heparin-Fertigspritze, ist heute gebräuchlicher als der Einstichwinkel von 45 Grad mit längerer Kanüle (Bild 107, S. 204).

Die Einstichstelle wird desinfiziert. Man bildet mit Daumen und Zeigefinger oder Ringfinger eine Hautfalte und behält sie bis zum Ende der Injektion bei. Die Kanüle muss eindeutig subkutan liegen. Man injiziert das Arzneimittel langsam, verbleibt danach noch 10 Sekunden in der Subkutis, um einen Rückfluss zu vermeiden, und zieht die Kanüle in derselben Längsrichtung heraus. Mit dem Tupfer wird die Einstichstelle nur leicht gedrückt, damit sich kein Hämatom bildet.

> Bei s.c.-Injektion keine Aspiration, da durch Unterdruck in den Kapillaren Hämatome hervorgerufen werden können.

Intramuskuläre Injektion erfolgt in die gut durchblutete Muskulatur (Bild 107, S. 204). Die Injektion in die Gesäßmuskulatur wird nach der Technik von v. Hochstetter (ventroglutäale Injektion) durchgeführt, um keine großen Nerven und Gefäße zu treffen.

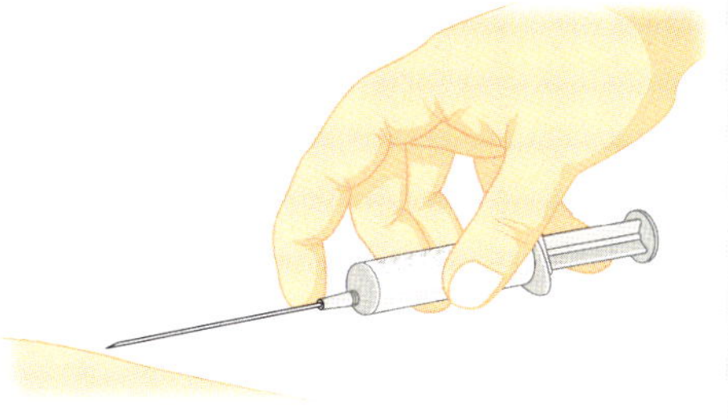

Bild 109 Halten der Spritze bei i.c.- und s.c.-Injektion.

Die ventroglutäale Injektion ist beim stehenden, auf dem Rücken oder seitlich liegenden Patienten möglich. Soll auf der rechten Seite injiziert werden, tastet man mit dem linken Zeigefinger nach dem oberen vorderen Darmbeinstachel und geht anschließend mit dem Mittelfinger am Beckenkamm entlang. Durch Zeige- und Mittelfinger wird nun ein Hautdreieck begrenzt, in dessen untere Spitze injiziert wird (Bild 110). Die Methode nach v. Hochstetter ist nicht geeignet, wenn die Hand des Behandelnden zu groß oder zu klein ist, bei Kindern oder bei übergewichtigen Personen.

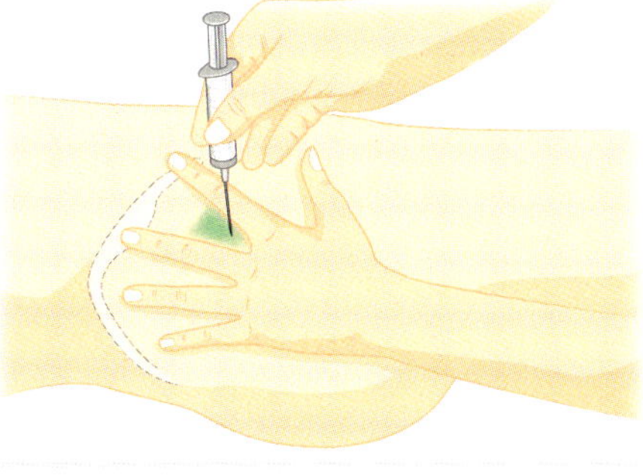

Bild 110 i.m.-Injektion nach v. Hochstetter.

Aspiration: Ansaugen von Flüssigkeit oder Luft

ventroglutäal: bauchwärts (ventral) gelegener Teil des Gesäßmuskels (Musculus glutaeus)

Nach der Hautdesinfektion wird die wie ein Stift gehaltene Spritze (Bild 112) fast senkrecht in den Oberschenkel oder Deltamuskel (Bild 111) eingestochen. Durch kurzes Zurückziehen des Kolbens überzeugt man sich, dass kein Gefäß getroffen wurde (Aspirationsprobe). Man injiziert langsam und zieht die Kanüle danach schnell heraus.

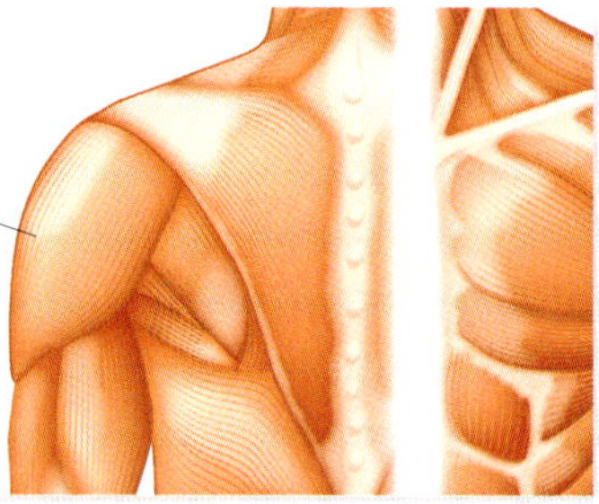

Bild 111 Injektion in den M. deltoideus (Deltamuskel).

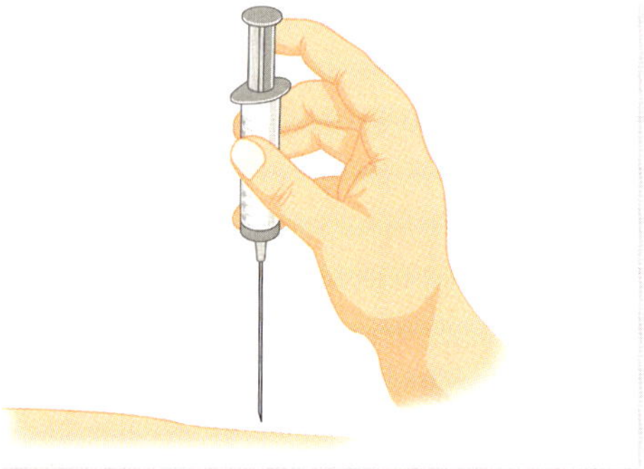

Bild 112 Halten der Spritze bei i. m.-Injektion in den Oberschenkel oder in den Deltamuskel (Oberarm).

Mit dem Tupfer werden kreisende Bewegungen ausgeführt, um den Stichkanal zu schließen und das Arzneimittel etwas im Gewebe zu verteilen.

> Bei Schockzuständen darf nicht s. c. oder i. m. injiziert werden.

Verweilkatheter
▸ S. 448

Punktion:
Entnahme von Körperflüssigkeit mithilfe einer Kanüle, z. B. Blutentnahme

Intravenöse Injektion. Jede einigermaßen gestreckt verlaufende Vene kann für eine Injektion, eine Punktion oder für einen peripher venösen Zugang genutzt werden. Ein peripher venöser Zugang ist eine Stelle an einer Extremitätenvene, die mit einem länger liegendem Katheter (Verweilkatheter) für mehrmalige Injektions- und Punktionszwecke genutzt werden kann. Im Allgemeinen werden die Venen im Bereich der Arme bevorzugt (Bild 113).

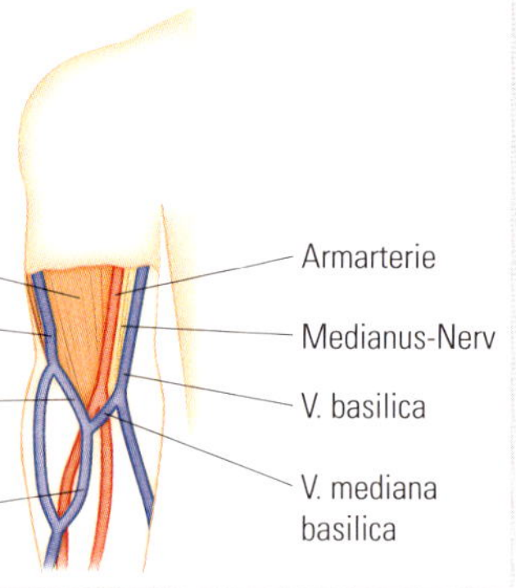

Bild 113 Möglicher Verlauf der oberflächlichen Venen in der Ellenbeuge.

Injiziert bzw. punktiert wird beim liegenden oder sitzenden Menschen. Die Staubinde wird ca. 5 cm oberhalb der Einstichstelle angelegt. Die vorgesehene Vene soll dann gut sichtbar und tastbar sein. Ist sie es nicht, soll der Patient den Arm hängen lassen oder die Faust schließen. Sonst hilft auch ein Beklopfen der Einstichregion oder lokale Wärmeanwendung. Der Arm wird auf einer stabilen Unterlage gelagert. Nach gründlicher Desinfektion fixiert man die Vene ca. 3 cm unterhalb der Einstichstelle mit dem Zeigefinger der linken Hand. Der Anschliff der Kanülenspitze zeigt nach oben. Die Kanüle weist bei mehr oder minder spitzem Winkel zur Hautoberfläche in die Richtung des Venenverlaufs. Die Haut wird unmittelbar über oder ca. 1 cm unterhalb der angestrebten Einstichstelle durchstochen. Man senkt die Kanüle weiter in die Haut und schiebt sie behutsam in das Gefäß vor. Sobald die Vene getroffen ist, wird die Staubinde nach Möglichkeit gelockert. Nach der Injektion oder Punktion zieht man die Nadel ruckartig heraus, drückt zur Blutstillung die Einstichstelle mit einem Tupfer und klebt anschließend ein Pflaster darauf.

Weitere Injektions- und Punktionsmöglichkeiten sind in der Notfall- und Intensivmedizin der zentralvenöse Zugang an der Vena jugularis (Halsvene) und Schlüsselbeinvene oder intraarterielle Zugangswege, z. B. an der Arteria femoralis (Schenkelarterie).

8.4 Rechtliche Grundlagen

Jede Injektion, Infusion oder Punktion stellt juristisch den Tatbestand der Körperverletzung bzw. der Verletzung der körperlichen Integrität (Art. 2 Abs. 2 Grundgesetz) dar. Der Eingriff wird erst durch die Einwilligung des Patienten gerechtfertigt. Bei Minderjährigen muss das Einverständnis des gesetzlichen Vertreters vorliegen. Die Einwilligung ist nur dann rechtswirksam, wenn der Patient vorher aufgeklärt wurde.

Die Injektion bzw. Punktion darf nur von jemand vorgenommen werden, der entsprechend angeleitet und ausgebildet wurde. Er muss die Technik dieser Maßnahmen sicher beherrschen.

Im Notfall gilt zur Gefahrenabwehr § 677 ff. BGB „Geschäftsführung ohne Auftrag".

9 Verbände

9.1 Aufgaben von Verbänden

Verbände erfüllen unterschiedliche Aufgaben:
- Schutz vor Infektionen,
- Halten von Wundauflagen bzw. Heilmittelauflagen,
- Druck auf Blutungen,
- Kompression und Entstauung bei Venenleiden,
- Stützung oder Ruhigstellung bei Gelenk- und Knochenverletzungen oder Entzündungen.

9.2 Verbandsmaterialien

Die Verbandsmaterialien (Bild 114) unterscheiden sich in ihren Bestandteilen und Eigenschaften (Tabelle 36).

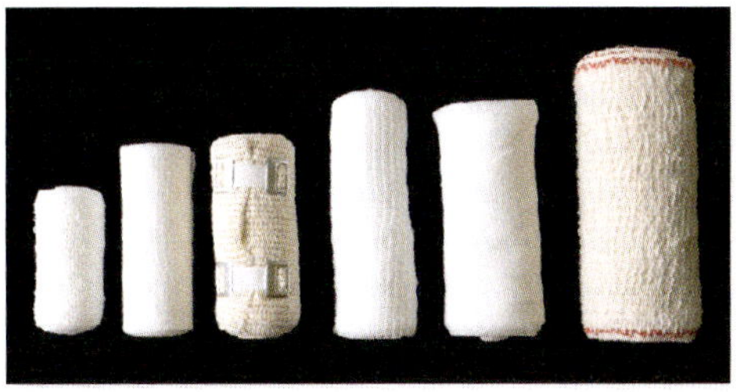

Bild 114 Verbandsmaterialien.

Art	Bestandteile	Eigenschaften	Verwendung
Verbandsmull	Baumwolle oder Zellstoff	saugfähig, schützend, luftdurchlässig	Binden, Kompressen, Tupfer, Tamponaden
Verbandswatte	Baumwolle, Zellstoff oder gemischt	druckausgleichend	Polsterwatte, Wattestäbchen
Zellstoff	Holzfasern	saugfähig, preiswert	Tupfer, Kompressen, Windeln, Vorlagen
Zellwolle / Viskose	wird durch chemische Bearbeitung aus Zellstoff hergestellt	weniger saugfähig, preiswert	Kompressen, Tupfer, Binden
synthetisches Verbandsmaterial	künstliche Fasern	zugfest, widerstandsfähig gegenüber Bakterien und Pilzen	elastische Binden, Wundauflagen, Polstermaterial
Vlies-Stoffe	nicht gewebte Textilien	vergleichbar mit Verbandsmull, preiswert	Wundauflagen, OP-Masken, Einmalhandtücher, ...
Gips- und Kunststoffverbände	aushärtendes Material auf Binden	stützend, ruhigstellend	

Tabelle 36 Verbandsmaterialien.

9.3 Anlegen von Verbänden

Bezeichnung	Beschreibung	Anwendungsbeispiel
Kreisgang 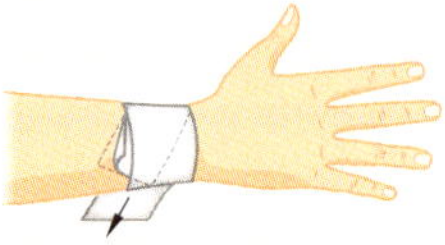	Jeder neue Bindengang wird auf den vorigen gelegt.	Fixieren eines Verbandes am Anfang und am Ende
Schraubengang 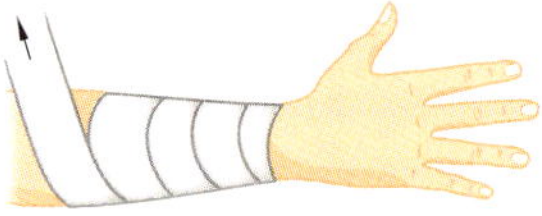	Einzelne Bindengänge liegen zur Hälfte oder zu 2/3 übereinander.	bei Körperstellen, die langsam ihre Dicke verändern: Unterschenkelverband
Achtergang, Kornährenverband, Schildkrötenverband 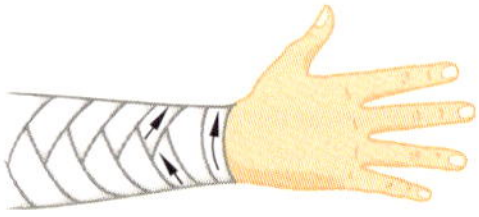	Wird bei Gelenkverbänden gewickelt. Mit der Führung der Binde wird eine 8 nachgeahmt.	Knieverband (Bild 116), Ellenbogenverband

Tabelle 37 Grundformen des Bindenverbandes.

Bild 115 Binde.

Bindenverband. Die Bindenbreite entspricht dem Durchmesser des zu verbindenden Körperteils. Der Rechtshänder nimmt den Bindenkopf in die rechte Hand, das Bindenende in die linke Hand (Bild 115). Er wickelt in der Regel von links nach rechts und herzwärts. Der Verband wird so fest gewickelt, dass er nicht verrutscht, aber so locker, dass er nicht abschnürt (Tabelle 37). Jede abgewickelte Binde gilt als infiziert.

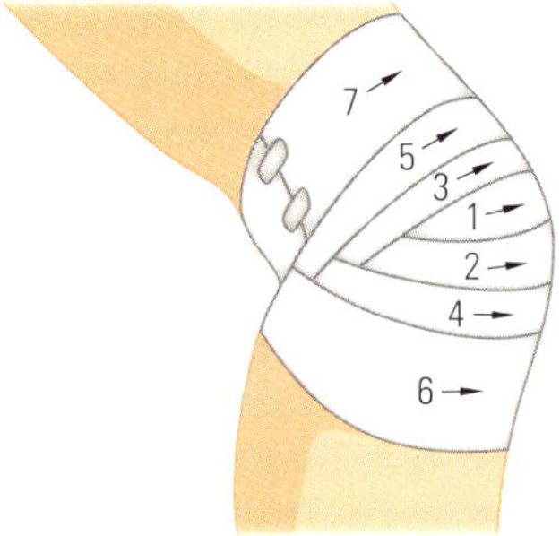

Bild 116 Knieverband (Schildkrötenverband).

9.4 Einzelne Verbände

Beispiel: Anlegen eines Unterschenkel-Kompressionsverbandes (Bild 117, S. 209). Er besteht aus Schraubengängen, die sich von unten nach oben langsam vorschieben. Man beginnt am Fuß mit einer 8 cm breiten Binde und wickelt ab dem Wadenansatz mit einer 10 cm breiten Binde. Die Kreuzungsstellen sollten in einer Linie über dem Schienbein verlaufen. Der Verband endet zwei Finger breit unterhalb der Kniekehle mit einem Kreisgang. Die Ferse muss mit gewickelt werden. Sonst besteht die Gefahr eines sogenannten Fensterödems, d. h. es kommt zu einer Flüssigkeitsansammlung und Stauung zwischen den Verbandslagen.

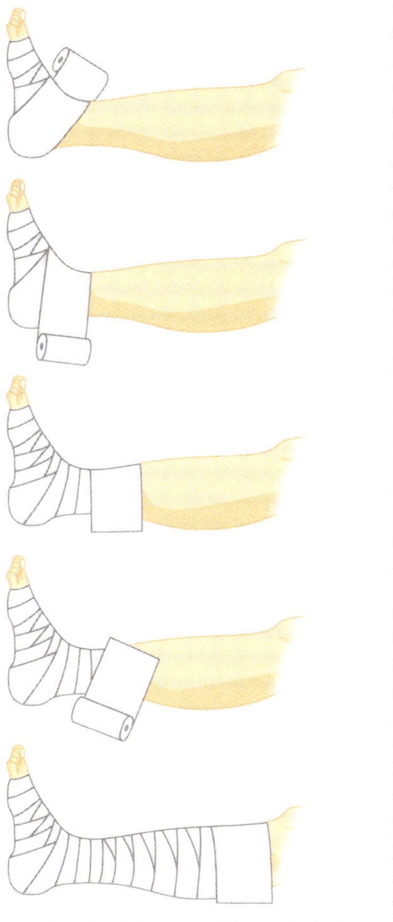

Bild 117 Unterschenkel-Kompressionsverband.

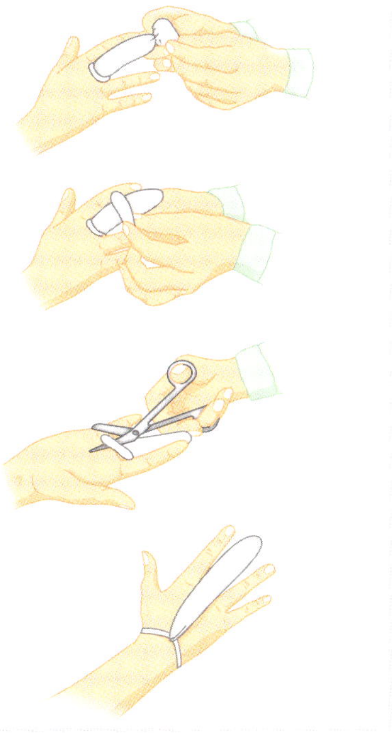

Bild 118 Fingerverband.

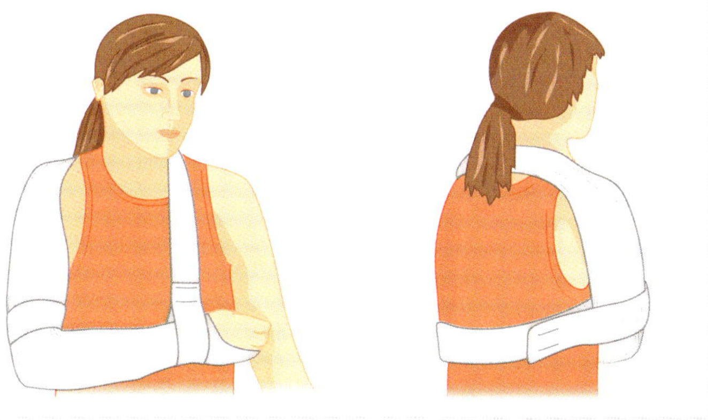

Bild 119 Gilchristverband.

Schlauchverband. Schlauchmaterial ist nahtlos rund gestrickt, es besteht überwiegend aus Baumwolle. Schlauchverbände lassen sich bis zur vierfachen Breite dehnen. Es gibt sie in verschieden Größen. Zu ihrer Fixierung genügt ein einfaches Spalten des Schlauches und das Verknoten der so entstandenen Bänder. Schlauchverbände sind als Vorratsrolle oder Fertigschlauchverbände lieferbar.

Der Fingerschlauchverband ist geeignet, um eine Wundauflage am Finger zu befestigen (Bild 118).

Der Gilchristverband dient zum Ruhigstellen von Oberarm und Schulter nach Verletzungen (Bild 119). Er besteht aus zwei Schlaufen, von denen die eine vom Oberarm über den Nacken zum Handgelenk des gleichen Armes geführt wird; die andere wird am Oberarm befestigt und hinter dem Rücken entlang geführt.

Tape (engl.) = Pflaster, Klebeband

Der Rucksackverband (Bild 120) wird bei Schlüsselbeinverletzungen angelegt. Dafür benötigt man einen Schlauchverband von vierfacher Schulterbreite, der gut mit Watte ausgefüllt werden muss. Der so gepolsterte Schlauch wird in den Nacken gelegt, straff durch die gepuderten Achselhöhlen gezogen und unter den Schulterblättern verknotet. Das Verbandsende wird mit der Nackentour verbunden und notfalls unterpolstert.

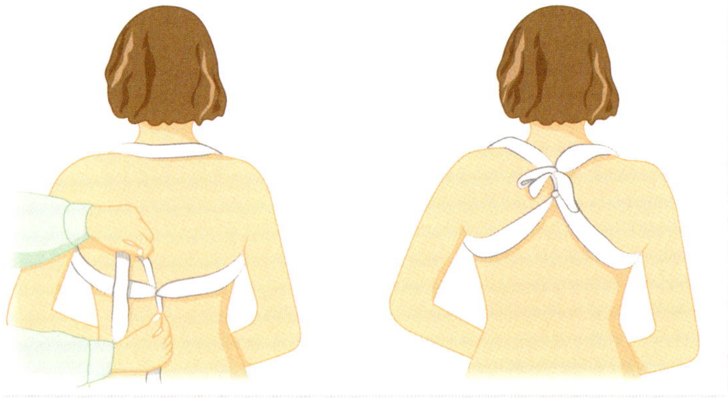

Bild 120 Rucksackverband.

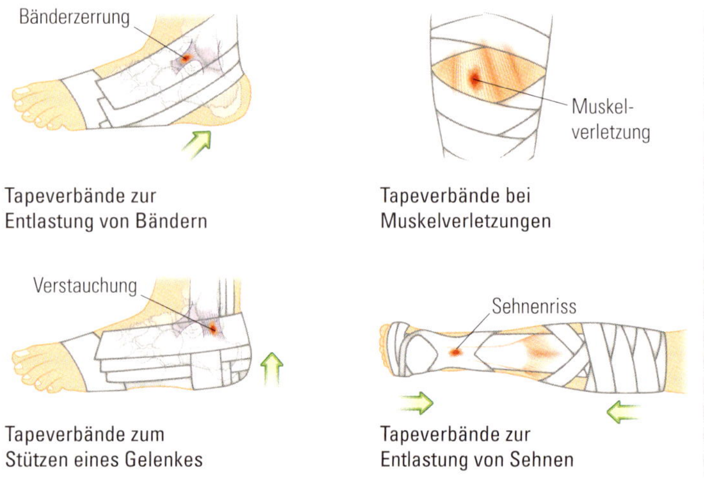

Bild 121 Aufbau und Aufgaben von Tapeverbänden.

Tapeverbände. Ein Tapeverband wird nach Überdehnung und Zerrung von Gelenken, Bändern und Muskeln angelegt. Er entlastet und schont gezielt die verletzten Strukturen, gleichzeitig aber bleibt die Beweglichkeit nicht geschädigter Anteile erhalten. Die Behandlung mit Tapeverband bietet sich dort an, wo Salben- oder leichte Stützverbände eine zu geringe Entlastung bieten würden, eine starke Ruhigstellung, z. B. durch Gipsverband aber unerwünscht ist. Geeignete Verbandsstoffe für das „Tapen" sind unelastisch klebendes Pflasterband und längselastische Pflasterbinden, die sich von Hand abreißen lassen und ein zügiges Arbeiten ermöglichen (Bild 121).

Tapeverbände können einschnüren und müssen deshalb kontrolliert werden. Der Patient muss über die Gefahren aufgeklärt werden. Kontraindikationen sind Entzündungen, offene Wunden, ein starkes Hämatom und Knochenbrüche.

Gipsverbände dienen der Ruhigstellung eines Körperteils bei Gelenk- und Knochenverletzung oder bei Entzündungen.

Üblicherweise werden bei einer Fraktur die beiden der Verletzung benachbarten Gelenke in Funktionsstellung mit eingegipst. Druckempfindliche Stellen und druckgefährdete Knochenvorsprünge werden ausgepolstert. Der Gipsverband wird immer mit der flachen Hand gehalten und anmodelliert, denn Fingerabdrücke verursachen Druckstellen. Bei frischen Verletzungen oder Entzündungen muss der Gipsverband immer bis auf den letzten Faden (vollständig) gespalten werden, um Durchblutungsstörungen zu verhindern. Anschließend werden die Gipshälften mit einen Bindenverband umwickelt. Beispiel: Unterarmgipsverband (Bild 122).

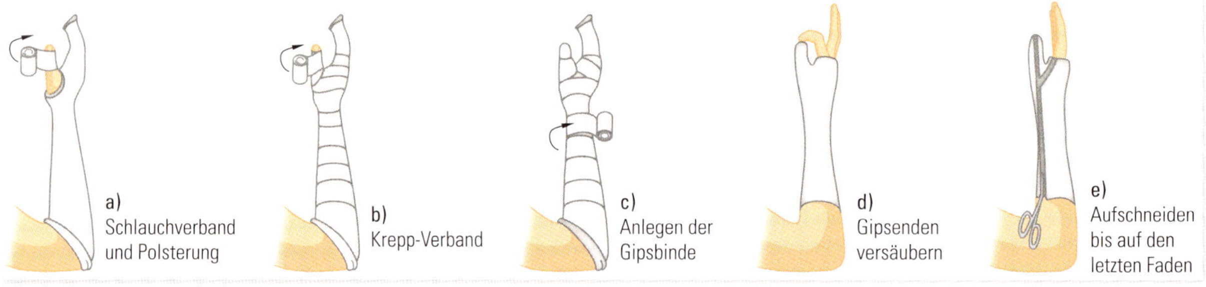

Bild 122 Anlegen eines Unterarmgipsverbandes.

Der Patient muss über mögliche Komplikationen aufgeklärt werden. Bei der ersten Gipskontrolle nach 24 Stunden wird sorgfältig geprüft, ob Motorik, Sensibilität und Durchblutung unauffällig sind (Bild 123).

Hat der Patient Beschwerden, wird der Gipsverband im Zweifelsfall abgenommen und neu angelegt.

Checkliste: Gipskontrolle

- ✔ Kann der Patient Finger oder Zehen im Gips noch bewegen?
- ✔ Hat der Patient Schmerzen, Taubheitsgefühl, Engegefühl oder verspürt ein Kribbeln im Bereich des Gipsverbandes?
- ✔ Sind Finger und Zehen geschwollen, bläulich verfärbt oder blass und kalt?
- ✔ Sind Pulse unterhalb des Gipsverbandes tastbar?

Bild 123 Checkliste Gipskontrolle.

9.5 Verbandsarten

Je nach Behandlungsziel sind unterschiedliche Verbände erforderlich (Tabelle 38).

Verbandsart	angestrebtes Behandlungsziel	Anwendung	Material	Vorgehensweise
Schutzverband	Wundabdeckung und Befestigung des Verbandes	als Wundverband	Schlauchverband, Verbandmull, Pflaster, Mullbinde, elastische Fixierbinde	gleichmäßigen Druck auf Wundauflage ausüben und fixieren
Kompressionsverband	Entstauung, Verbesserung des venösen Rückflusses durch Druck auf die Venenklappen	bei Venenleiden	elastische Binden	anfangs Kreisgang, dann Schraubengänge
Druckverband	Blutstillung	auf blutender Wunde	sterile Wundauflage, Druckpolster aus Mullmaterial, Binde	Kompressen auf Wunde legen, Druckpolster, Kreisgänge mit gleichmäßigem Druck wickeln
Stützverband	Verringerung eines Hämatoms, Entstauung und Stützung	bei Verstauchung, Bandschwäche	Pflaster zum Tapen oder elastische Binde	Tapestreifen dachziegelartig übereinander kleben
Gips- und Kunststoffverband	Ruhigstellung	bei Knochenbruch, Entzündung	Gips oder Kunststoff	auspolstern, anmodellieren, evtl. spalten
Heilmittelverband	Verabreichung von Heilmittel	als Alkoholverband zur Kühlung bei Entzündung, Salbenverband, Arzneimittelpflaster	alkoholgetränkte Mullplatten, Mullbinden oder Pflaster mit speziellen Arzneimitteln	auflegen und befestigen

Tabelle 38 Verbände in der Praxis.

10 Arzneimittellehre

10.1 Aufgaben und Wirkungen von Arzneimitteln

10.1.1 Aufgaben

Arzneimittel sind Produkte, die zum Heilen, Lindern, Verhüten oder Erkennen von Krankheiten dienen. Anders als noch vor einigen Jahrzehnten, als Apotheker die Arzneimittel meistens selbst herstellten, bietet heute die pharmazeutische Industrie eine Vielzahl von Fertigarzneimitteln an. Aufgabe des Arztes ist es, das für die jeweilige Erkrankung geeignete Arzneimittel zu finden und zu verordnen. Aufgaben der Apotheken sind die Herstellung, Prüfung und Abgabe der Arzneimittel sowie die Beratung der Kunden, da durch unangebrachte Eigenmedikation ernsthafte Erkrankungen übersehen oder verschleppt werden können. Darum dürfen die meisten Arzneimittel nur in Apotheken abgegeben werden.

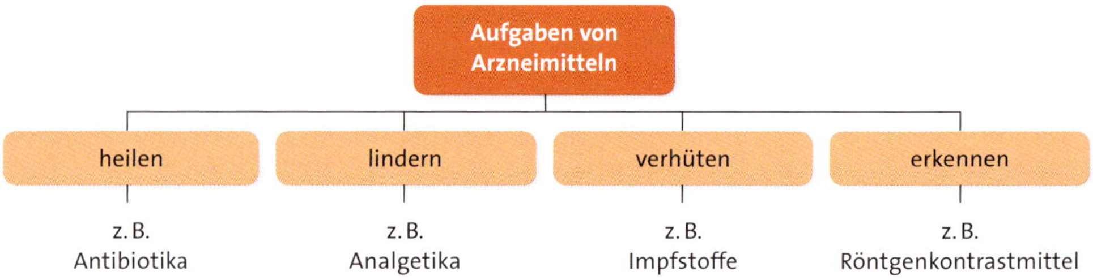

10.1.2 Wirkungen

Hauptwirkungen sind die Wirkungen, die das Arzneimittel bei sachgerechter Anwendung erzielen soll.

Nebenwirkungen. Neben den gewünschten Hauptwirkungen eines Medikaments muss auch mit unerwünschten Wirkungen gerechnet werden, den sogenannten Nebenwirkungen. Sie können dazu führen, dass eine Therapie geändert oder abgesetzt werden muss. Viele Gebrauchsinformationen von Fertigarzneimitteln enthalten Angaben zur Häufigkeit der Nebenwirkungen (Tabelle 39). Die meisten Nebenwirkungen sind abhängig von der Höhe der Dosierung. Lediglich allergische Reaktionen treten dosisunabhängig auf. Mögliche Nebenwirkungen sind:

- Magen-Darm-Störungen (z. B. Übelkeit, Erbrechen, Durchfall, Verstopfung),
- Blutbildungsstörungen und Störungen bei der Blutgerinnung,
- Herz-Kreislauf-Störungen (z. B. Herzrhythmusstörungen, Hyper- oder Hypotonie),
- Nieren- oder Leberfunktionsstörungen,
- neurologische Störungen (z. B. Konzentrationsstörungen, Schwindel, Müdigkeit),
- Schädigung des Kindes während der Schwangerschaft (z. B. Funktionsstörungen, Fehlbildungen),
- allergische Reaktionen (z. B. Hautausschlag, Atemnot),
- Abhängigkeit (Sucht).

Angaben in der Gebrauchsinformation	%-Bereich
häufig	> 10 %
gelegentlich	1–10 %
selten	< 1 %
sehr selten	< 0,1 %
(in Einzelfällen)	

Tabelle 39 Häufigkeit von Nebenwirkungen.

Wechselwirkungen oder **Arzneimittel-Interaktionen** sind körperliche Reaktionen, die auftreten, wenn mit einem Arzneimittel noch weitere Arzneimittel oder andere Substanzen zusammentreffen (Tabelle 40, S. 213).

Wirkungen des Arzneimittelwirkstoffs Paracetamol (Beispiele)	
Hauptwirkungen	schmerzstillend, fiebersenkend
Nebenwirkungen	Hautrötungen, allergische Reaktionen
Wechselwirkungen	Bei gleichzeitiger Einnahme von bestimmten Hypnotika oder Antiepileptika können Leberschäden hervorgerufen werden.

Tabelle 40 Arzneimittelwirkungen von Paracetamol.

Dies kann geschehen, wenn im Rahmen von Multimorbidität (viele Krankheiten) verschiedene Medikamente gleichzeitig eingenommen werden, oder bei Selbstmedikation (wenn sich die Person selbst Medikamente ohne Absprache mit dem Arzt besorgt).

Die Folgen solcher Wechselwirkung äußern sich in einer veränderten Wirksamkeit des Medikaments, d.h., die gewünschte Wirkung kann verstärkt oder abgeschwächt werden. Beispiele:

- Antibiotikum-Einnahme kann die Wirkung der „Antibabypille" vermindern, was zu einer nicht gewollten Schwangerschaft führen kann.
- Psychopharmakonwirkung wird durch Alkohol verstärkt, was die Fahrtüchtigkeit massiv beeinträchtigt.
- Cortison-Einnahme kann die Nebenwirkung von Schmerzmitteln um ein Vielfaches bis hin zur Magenblutung verstärken.

Auch Nahrungsbestandteile können die Wirksamkeit eines Arzneimittels ungünstig beeinflussen. So enthalten Milch und Mineralwasser u.a. Calcium und Magnesium. Diese können sich im Magen an bestimmte Arzneimittel wie Schilddrüsenpräparate oder bestimmte Antibiotika binden und so die Wirkung des Medikaments hemmen, indem der Wirkstoff nicht mehr aufgenommen wird. Deshalb sollte die Nahrungsaufnahme erst ein bis zwei Stunden nach der Arzneimitteleinnahme erfolgen.

Bestandteile von Obstsäften, z.B. Grapefruitsaft, verändern ebenfalls ungünstig die Aufnahme und den Abbau von Medikamenten, wie z.B. die Wirkung von Cholesterin senkenden Mitteln, Mittel gegen Viren oder Allergien. Koffeinhaltige Getränke, wie Kaffee, Schwarztee, Cola, verstärken die stimulierende Wirkung beispielsweise von Schmerzmitteln, was mit massivem Herzrasen und Schlafstörungen einhergehen kann.

Aus diesen Gründen ist es wichtig, die Angaben zur Medikamenteneinnahme zu beachten, um problematische Wechselwirkungen oder Arzneimittelinteraktionen zu vermeiden.

Indikation. Wenn eine bestimmte therapeutische Maßnahme (z.B. die Verordnung eines Medikaments) zur Behandlung oder Verhütung einer Erkrankung geeignet ist, so spricht man von einer Indikation für dieses Medikament. Zur Prophylaxe und Therapie des Asthma bronchiale sind beispielsweise Antiasthmatika indiziert.

Indikation (lat. indicatio) = Anzeige, Aussage

Kontraindikation. Manche Erkrankungen oder besondere Lebensumstände erhöhen das Risiko, dass starke Nebenwirkungen auftreten. Dies ist besonders der Fall bei Patienten mit Leberschäden, Allergikern, Schwangeren oder während einer bereits laufenden Therapie mit bestimmten Arzneimitteln. In solchen Situationen ist der Einsatz eines Medikaments unter Umständen kontraindiziert. Eine Behandlung mit ihm muss unterbleiben.

Kontra- = Gegen-

10.2 Vertrieb von Arzneimitteln

10.2.1 Arzneimittelabgabe

Der Zugang zu Arzneimitteln ist im Gesetz über den Verkehr mit Arzneimitteln (Arzneimittelgesetz, AMG), im Betäubungsmittelgesetz (BtMG) und in der Betäubungsmittelverschreibungsverordnung (BtMVV) geregelt.

Freiverkäufliche Arzneimittel können sowohl in Apotheken als auch in Drogerien oder Supermärkten verkauft werden. Sie dürfen nur bestimmte, unbedenkliche Stoffe enthalten (z.B. Vitaminpräparate, pflanzliche Tees).

OTC (engl.) = **o**ver **t**he **c**ounter = über die Ladentheke

Apothekenpflichtige Arzneimittel oder **OTC-Mittel** dürfen ausschließlich in Apotheken verkauft werden. Für ihren Kauf benötigt der Patient kein Rezept. Es handelt sich um Medikamente zur Selbstmedikation (scheinbar) leichter Erkrankungen. Zu den apothekenpflichtigen Arzneimitteln zählen beispielsweise viele Schmerzmittel und fiebersenkende Medikamente. Obwohl sie für jedermann käuflich sind, können sie bei längerer Anwendung ernsthafte Gesundheitsschäden hervorrufen.

Homöopathie ▸ S. 221 f.

Seren, Sera: Plural von Serum

Verschreibungspflichtige Arzneimittel dürfen nur gegen Vorlage einer ärztlichen Verordnung (Rezept) an den Patienten abgegeben werden. Zu den verschreibungspflichtigen Medikamenten zählen beispielsweise alle Antibiotika.

Betäubungsmittel. Auch diese Arzneimittel sind rezeptpflichtig. BtMG und BtMVV regeln mit strengen Vorschriften, welche Betäubungsmittel verschrieben werden dürfen sowie die Art und Weise ihrer Verschreibung.

Off-Label-Use beschreibt die Anwendung von Medikamenten, die in dieser Verabreichungsform oder Anwendungsformform nicht zugelassen ist. Beispiel: Ein für Erwachsene zugelassenes Arzneimittel wird einem Kind verabreicht.

10.2.2 Arzneimittelkennzeichnung

Charge: In einem Herstellungsgang produzierte Ware

Das AMG sowie das Sozialgesetzbuch (SGB) schreiben vor, welche Informationen die äußere Verpackung einer Fertigarznei enthalten muss:

- Name und Anschrift des pharmazeutischen Unternehmens,
- Bezeichnung des Arzneimittels,
- Zulassungsnummer mit der Abkürzung „Zul.-Nr.",
- Chargenbezeichnung,
- Darreichungsform,
- Inhalt nach Gewicht, Rauminhalt oder Stückzahl,
- Packungsgröße (N1, N2, N3),
- Anwendungsweise (z. B. intravenös, rektal),
- wirksame Bestandteile nach Art und Menge,
- Hinweis auf evtl. gentechnisch veränderte Zellen oder Mikroorganismen im Arzneimittel,
- Verfallsdatum mit dem Hinweis „verwendbar bis Monat / Jahr",
- Hinweis „Verschreibungspflichtig" oder „Apothekenpflichtig",
- bei Mustern der Hinweis: „Unverkäufliches Muster",
- Hinweis, dass Arzneimittel für Kinder unzugänglich aufbewahrt werden müssen,
- sonstige Warn- und Aufbewahrungshinweise.

Für homöopathische Arzneimittel, Seren und Tierarzneimittel gelten besondere Bestimmungen.

Auf den meisten Arzneimitteln oder deren Verpackung ist eine Pharmazentralnummer (PZN) aufgedruckt. Mit ihr oder dem entsprechenden Strichcode wird das jeweilige Arzneimittel nach Bezeichnung, Packungsgröße sowie eventuell der Darreichungsform des Arzneimittels codiert. Die PZN dient Apotheken zur Abrechnung mit den gesetzlichen Krankenkassen. Apotheken und Großhandel nutzen die PZN außerdem für Bestellung und Lagerwesen.

Gebrauchsinformation. Jeder Fertigarznei muss eine Gebrauchsinformation für den Patienten beiliegen, die festgelegte Angaben (u. a. zu Anwendungsgebieten, Gegenanzeigen und Nebenwirkungen) enthält.

Fachinformation. Sie gibt z. B. Ärzten und Apothekern bei Bedarf spezielle Informationen, die über die Gebrauchsinformation für Patienten hinausgehen. Die Fachinformation kann direkt beim Hersteller angefordert werden.

10.2.3 Generika

Generika sind weltweit gebräuchliche Namen für die Wirksubstanzen von Arzneimitteln, die nicht rechtlich geschützt sind. Neuentwicklungen unterliegen einem Patentschutz. Erst danach darf die Wirksubstanz unter einem anderen Namen als Generikum auf den Markt gebracht werden. Beispiel: Aspirin®; heute viele Generika z. B. unter dem Namen ASS (Acetylsalizylsäure).

10.3 Arzneimittelformen

Damit ein Wirkstoff überhaupt angewendet und vom Körper resorbiert werden kann, wird er meistens mit Hilfsstoffen gemischt oder in Flüssigkeiten gelöst. Für die verschiedenen Anwendungen stehen unterschiedliche Arzneimittelformen zur Verfügung (Tabelle 41).

resorbieren (lat.) = aufnehmen, aufsaugen; **Resorption** = Aufnahme gelöster Stoffe in die Blut- und Lymphbahnen

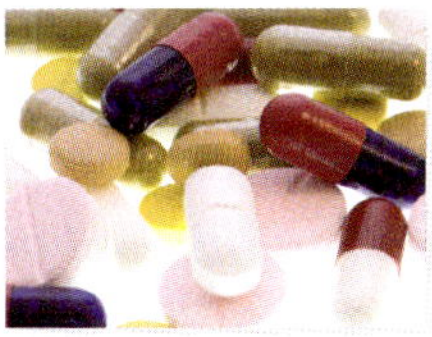

Arzneimittelform	Beschreibung
Tablette	Wirk- und Hilfsstoffe sind zusammengepresst.
Retardtablette	Gibt ihren Wirkstoff über einen längeren Zeitraum verteilt ab.
Manteltablette	Der äußere Mantel gibt seinen Wirkstoff früh ab, der innere Teil sorgt für eine Erhaltungsdosis.
Pulver	Feste Wirkstoffe werden fein zerkleinert.
Streukügelchen (Globulus, Globuli)	Wirkstoff wird mit dem Hilfsstoff Milchzucker vermischt und zu einer kleinen Kugel gepresst (Durchmesser 1–2 mm); wird in der Homöopathie eingesetzt.
Dragee	Die Tablette ist zur Verbesserung von Geschmack oder Gleitfähigkeit von einem Überzug umgeben.
Kapsel	Die Arznei befindet sich in einer löslichen Hülle, die sich erst in Magen oder Dünndarm zersetzt.
Zäpfchen (Suppositorium)	Die Arznei ist von einer Fettschicht überzogen, die im Enddarm bei Körpertemperatur schmilzt und dann den Wirkstoff freigibt.
Salbe	Der Wirkstoff ist in einer streichfähigen, meist fetthaltigen Masse verteilt.
Paste	Enthält einen hohen Pulveranteil (feste Salbe).
Creme	Enthält einen hohen Flüssigkeitsanteil (weiche Salbe).
Gel	Der Wirkstoff ist in einer Masse mit Geliermitteln und Quellstoffen verteilt.
Lösung	Der Wirkstoff ist in einem Lösungsmittel (z. B. Alkohol, Wasser) vollständig gelöst.
Suspension	Der Wirkstoff ist in einer Flüssigkeit aufgemischt.
Emulsion	Zwei nicht ineinander lösliche Flüssigkeiten sind so fein wie möglich gemischt (z. B. Öl-in-Wasser-Emulsion).
Sirup	Der Wirkstoff befindet sich in einer konzentrierten, wässrigen Zuckerlösung.
Tinktur	Pflanzliche oder tierische Wirkstoffe sind in Alkohol gelöst.
Gas	Verteilt sich gleichmäßig im Raum. Zu den medizinischen Gasen zählen u. a. Sauerstoff und Narkosegase.
Aerosol	Kleinste feste oder flüssige Wirkstoffteilchen schweben in der Luft.

Tabelle 41 Arzneimittelformen.

10.4 Aufbewahrung von Arzneimitteln

In der Arztpraxis müssen alle Arzneimittel in einem verschließbaren Arzneimittelschrank untergebracht werden, damit Unbefugte nicht an sie gelangen. Einige Arzneimittel (z. B. Impfstoffe, Seren oder Lösungen zur Hyposensibilisierung) werden in einem verschließbaren Arzneimittelkühlschrank gelagert. Damit man sie bei Bedarf schnell findet, sollten sie systematisch eingeordnet werden.

> Ordnen Sie neue Medikamente hinter den älteren ein. So werden die älteren Medikamente zuerst benutzt und verfallen nicht.

Betäubungsmittel müssen in einem besonders gesicherten und fest verankerten Schrank aufbewahrt werden. Den Schlüssel für diesen Schrank darf nur der Arzt mit sich führen. Er ist verpflichtet, ein Betäubungsmittelbuch zu führen. So lassen sich Einkauf, Entnahme und Verbleib der Betäubungsmittel lückenlos nachvollziehen.

Alle Arzneimittel sind regelmäßig auf ihr Verfallsdatum und eventuelle Veränderungen zu überprüfen.

Typische Veränderungen sind zum Beispiel:

- Geruchsveränderungen bei Salben,
- Trübungen oder Ausflockungen in sonst klaren Infusions- oder Injektionslösungen,
- geplatzte Oberflächen von Kapseln,
- verklebte Dragees,
- verformte Zäpfchen,
- Farbveränderungen, Flecken auf Tabletten.

Im Zweifelsfall sollte das Medikament nicht angewendet und zur Kontrolle in die beliefernde Apotheke gegeben werden.

> Füllen Sie Arzneimittel niemals in andere Gefäße um. Bewahren Sie das Medikament immer zusammen mit der Gebrauchsinformation in der Verpackung (mit Chargenbezeichnung und Verfallsdatum) auf.

Verfallene Arzneimittel müssen entsorgt werden. Man kann sie mit dem Hausmüll entsorgen, muss aber sicherstellen, dass Unbefugte keinen Zugang zu den Altarzneimitteln erlangen. Für Arztpraxen empfiehlt es sich, abgelaufene Arzneimittel zu sammeln und an die beliefernde Apotheke zurückzugeben, die dann die Entsorgung übernimmt.

10.5 Applikationsarten

Je nachdem, ob ein Arzneimittel örtlich begrenzt (lokal) oder im gesamten Körper (systemisch) wirken soll, werden unterschiedliche Arten der Verabreichung (Applikation) gewählt (Bild 124, S. 217).

Lokale Applikation. Diese liegt vor, wenn z. B. eine Wund- und Heilsalbe auf die Haut aufgetragen wird, um an dieser Stelle zu wirken.

Bei der **systemischen Applikation** unterscheidet man die enterale Gabe von der parenteralen Gabe.

enteral: über den Verdauungstrakt

parenteral: unter Umgehung des Verdauungstrakts

Enterale Gabe. Hierzu zählt beispielsweise die Einnahme einer Tablette. Deren Wirkstoff wird über die Dünndarmschleimhaut aufgenommen und gelangt auf dem Blutweg zur Leber, wo bereits ein großer Teil der Wirkstoffmenge abgebaut wird. Der übrige Wirkstoff verteilt sich danach im ganzen Körper. Der Vorteil der enteralen Arzneimittelgabe liegt meistens in der einfachen Anwendung durch die orale Einnahme. Jedoch wirken enteral verabreichte Arzneimittel nur dann wunschgemäß, wenn der Verdauungstrakt normal funktioniert. Bei Durchfall oder anderen Erkrankungen des Verdauungstraktes wird das Arzneimittel nur unzureichend resorbiert. Außerdem können einige Arzneimittel die Magenschleimhaut reizen.

Parenterale Gabe liegt beispielsweise bei der intravenösen Injektion vor. Die Umgehung des Verdauungstraktes ist wichtig, wenn die Wirkung besonders schnell eintreten soll oder der Wirkstoff von Verdauungssäften zerstört würde.

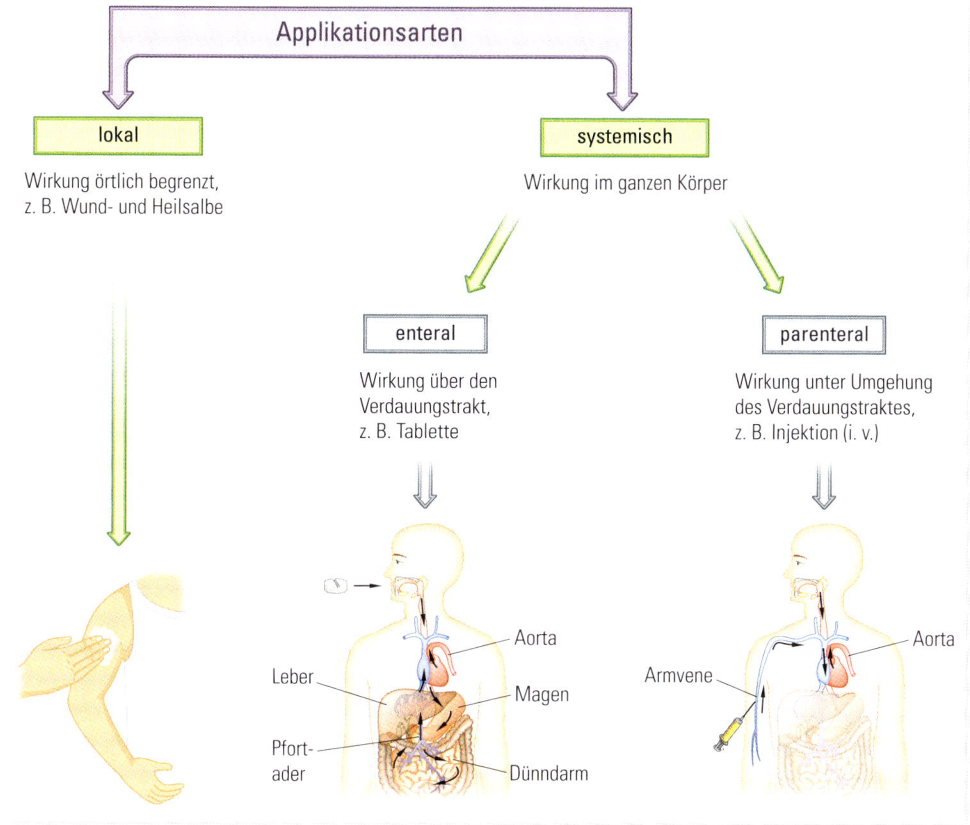

Bild 124 Applikationsarten.

Für die verschiedenen Applikationsarten stehen unterschiedliche Arzneimittel zur Verfügung (Tabelle 42).

Applikationsarten		
lokal	systemisch	
	enteral	parenteral
kutan = auf die Haut (Salbe, Creme, Gel, Paste, Lotion, Tinktur, Lösung, Spray, Pflaster)	oral = durch den Mund (Tablette, Kapsel, Dragee, Saft, Sirup, Tropfen u. a.)	intravenös (i. v.) = in die Vene (Injektions- und Infusionslösungen)
konjunktival = über die Augenbindehaut (Augentropfen, Augensalbe)	rektal = über die Schleimhaut des Enddarms (Zäpfchen, Rektalkapseln)	intraarteriell (i. a.) = in die Arterie
vaginal = über die Scheidenschleimhaut (Zäpfchen, Creme)		intramuskulär (i. m.) = in den Muskel
		intraglutäal = in den Gesäßmuskel (Injektionslösungen)
		subkutan (s. c.) = unter die Haut (Injektionslösungen)
		transdermal = durch die Haut in den Körper (transdermale Pflaster, TTS)

Tabelle 42 Applikationsarten und infrage kommende Arzneimittel (Beispiele).

TTS = **t**ransdermales **t**herapeutisches **S**ystem

10.6 Dosierung von Medikamenten

Damit Arzneimittel richtig wirken können, muss die in der Gebrauchsinformation empfohlene Dosierung eingehalten werden.

Um die gewünschte Wirkung eines Arzneimittels zu erzielen, kann das Arzneimittel in verschiedenen Dosisformen zugeführt werden.

- Die **Gesamtdosis** umfasst die Menge eines Arzneimittels, das für die Gesamtbehandlung als notwendig erachtet wird, z. B. eine genau festgelegte Menge eines bestimmten Antibiotikums zur Behandlung einer Entzündung.
- Die **Erhaltungsdosis** ist die Menge eines Arzneimittels, die eine gleichmäßige Plasmakonzentration eines Wirkstoffes gewährleistet, z. B. eine bestimmte Menge des Psychopharmakons ist notwendig, um möglichst Symptomfreiheit zu erreichen.
- Eine wirksame **Plasmakonzentration** kann erreicht werden durch die einmalige Gabe als Einmaldosis, z. B. 75 µg L-Thyroxin oder verteilt auf mehrmalige Einzeldosen, z. B. 3 x täglich eine bestimmte Penicillinmenge.
- Die **Tagesdosis** ergibt sich aus der an einem Tag einzunehmenden Arzneimittelmenge, die als Einmaldosis oder in mehreren Einzeldosen aufgenommen wird.
- Eine **toxische Dosis** führt zu starken Nebenwirkungen mit Vergiftungscharakter bis hin zum tödlichen Verlauf als letale Dosis. Überdosiert ist ein Arzneimittel, wenn es giftig oder tödlich wirkt.

Wechselwirkungen ▸ S. 212 f.

letal = tödlich

Depot-Präparate, die den Wirkstoff über einen längeren Zeitraum freigeben, verringern die täglichen Einnahmetermine und können gerade älteren Menschen mit Dauermedikation zur regelmäßigen Einnahme verhelfen.

Wenn ein Arzneimittel auf leeren Magen eingenommen wird, hat dies den Vorteil der schnelleren Resorption. Nachteilig ist jedoch die Gefahr von Magenbeschwerden bei empfindlichen Patienten. Für sie ist die Einnahme während der Mahlzeiten günstiger, jedoch kann es dann zu Wechselwirkungen mit anderen Nahrungsbestandteilen kommen.

Flüssige Arzneimittel. Ihre Einnahme erfolgt zum Teil mithilfe beiliegender Messlöffel. Andernfalls sind folgende Richtgrößen hilfreich:

- 1 Teelöffel ≈ 5 ml
- 1 Esslöffel ≈ 15 ml
- 1 Glas ≈ 200 ml

Feste Arzneimittel. Zu ihnen gehören beispielsweise Tabletten, Dragees oder Kapseln. Sie sollten mit ca. 100 ml Wasser eingenommen werden. Obstsäfte, Milch und alkoholische Getränke dürfen dabei aufgrund eventuell auftretender Wechselwirkungen nicht getrunken werden.

Geteilte Tabletten. Veränderungen der Dosis im Laufe der Therapie oder die Senkung von Therapiekosten (100 Tabletten mit 5 mg Wirkstoff sind eventuell preiswerter als 200 mit 2,5 mg) machen in manchen Fällen das Teilen von Tabletten erforderlich. Deshalb haben viele Tabletten eine Bruchkerbe. Trotzdem kommt es bei der Teilung oft zu Abweichungen in der Größe und somit der Wirkstoffmenge zweier Tablettenhälften. Man sollte darauf achten, dass die motorischen Fähigkeiten der Patienten das Teilen der Tabletten zuverlässig ermöglichen. Tablettenteiler bieten eine gewisse Hilfe, jedoch benötigen die Patienten auch zum Bedienen dieser Geräte feinmotorisches Geschick. Zerkleinerte Tabletten müssen vor Licht geschützt gelagert werden.

Um Fehl- oder Überdosierungen zu vermeiden, dürfen folgende Arzneimittelarten nicht geteilt werden:

- Dragees,
- Kapseln mit Granulat- oder Pulverfüllung,
- Depot-Präparate (z. B. Retard-Kapseln),
- Weichgelatinekapseln,
- magensaftresistente Kapseln,
- Manteltabletten.

Viele Patienten haben Schwierigkeiten, den Dosierungsanleitungen der Gebrauchsinformation zu folgen. In Einzelfällen kann darum eine Rücksprache mit der Apotheke erforderlich sein, um sicherzugehen, dass einem Patienten die Einnahme verständlich erklärt worden ist.

Diese Maßnahme kann vor allem bei älteren Patienten sinnvoll sein. Viele von ihnen sind aufgrund unterschiedlicher Ursachen in ihrer Selbstständigkeit eingeschränkt. Diese Tatsache gewinnt zunehmend an Bedeutung, da ältere Menschen mit großem Abstand die meisten Medikamente einnehmen (Bild 125).

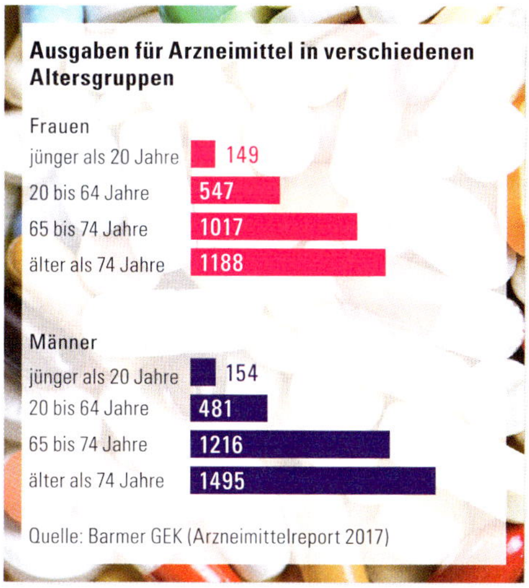

Bild 125 Arzneimittelausgaben nach Altersgruppen (Beispiel Barmer GEK).

Compliance bezeichnet die Bereitschaft von Patienten, sich bei diagnostischen und therapeutischen Verfahren kooperativ und korrekt zu verhalten. Es hat sich gezeigt, dass beispielsweise die Compliance bei der Einnahme von Medikamenten steigt, wenn die Patienten über die Art und Ursache ihrer Krankheit sowie die Regeln zur Einnahme ihrer Medikamente verständlich aufgeklärt wurden.

Der Begriff **Adhäsion** bzw. Adhärenz (Gegenteil: Non-Adhäsion, Non-Adhärenz) betont, dass Arzt und Patient gemeinsam die Vorgehensweise bei Diagnose und Therapie erarbeiten. Dadurch wird der Patient stärker motiviert, die notwendigen diagnostischen und therapeutischen Schritte zu befolgen. Häufig wird auch der Begriff Compliance hierfür verwendet.

> Nutzen Sie als Medizinische Fachangestellte Ihr Vertrauensverhältnis zu den Patienten und informieren Sie vor allem ältere Menschen über die wichtigsten Regeln zur Einnahme von Medikamenten.

10.7 Arzneimittelgruppen

Ein Arzneimittel eignet sich je nach Wirkstoff für bestimmte Indikationen. Darum unterscheidet man eine Vielzahl von Arzneimittelgruppen, von denen im Folgenden die Wichtigsten – nach Organsystemen geordnet – genannt werden (Tabelle 43, S. 220 f.).

Psychopharmaka lassen sich einteilen in:

- Antidepressiva sind Mittel gegen Niedergeschlagenheit (Depression) und Antriebsverminderung. Dazu gehören trizyklische Antidepressiva, z. B. Tofranil®, Serotoninwiederaufnahmehemmer wie Sertralin®, pflanzliche Stoffe wie Johanniskraut, Hopfen.
- Stimmungsstabilisierer sind Mittel gegen starke depressive und manische Stimmungsschwankungen, z. B. Lithium.
- Neuroleptika sind Mittel gegen psychotische Symptome wie Wahn, Halluzination. Sie sind aber auch wirksam bei akuten Erregungszuständen und Schlafstörungen. Beispiele: Haldol®, Truxal®, Mellaril®.
- Anxiolytika und Hypnotika sind Mittel, die Angst und innere Spannungen lösen. Frühere Begriffe: Sedativum oder Tranquilizer (Beruhigungsmittel). Beispiele: Benzodiazepine wie Valium®, Non-Benzodiazepine wie Zolpidem und pflanzliche Mittel wie Baldrian.
- Antidementiva sind Mittel zu Verbesserung von Gedächtnis, Aufmerksamkeit und Konzentrationsfähigkeit. Sie verzögern die Demenz-Symptomatik, vor allem der Alzheimer-Demenz. Beispiele: Azetylcholinesterasehemmer wie Aricept®, Glutamatmodulatoren wie Amantadin® oder pflanzliche Gingko-Präparate
- Psychostimulanzien sind Mittel, die den Antrieb steigern und zur Behandlung von ADHS verwendet werden. Beispiel Methylphenidat wie Ritalin®
- Psychopharmaka zur Behandlung der Alkoholkrankheit, zur Rückfallprophylaxe. Beispiel Acamprosat, Disulfiram wie Antabus®.

> **ADHS** = **A**ufmerksamkeits**d**efizit-**H**yperaktivitäts**s**törung

Organsystem	Arzneimittelgruppe	Wirkung	Beispiele
Herz-Kreislauf	Herzglykoside	Mittel zur Steigerung der Herzleistung	Digitalis (Wirkstoff der Fingerhutpflanze)
	Antihypertonika	Mittel gegen Bluthochdruck	β-Blocker, Calcium-Antagonisten, ACE-Hemmer
	Antihypotonika	Mittel gegen zu niedrigen Blutdruck	Ergotaminpräparate
	Antiarrhythmika	Mittel gegen Herzrhythmusstörungen	
	Koronartherapeutika	Mittel zur Verbesserung der Herzmuskeldurchblutung	Nitrate
Blut	Antikoagulanzien	gerinnungshemmende Mittel	Heparin, Cumarinabkömmlinge, Acetylsalicylsäure (ASS), Clopidogrel (Thrombozytenhemmer), Xarelto®
Immunsystem	Immunsuppressiva	Mittel zur Unterdrückung einer Immunreaktion	Kortison
	Antiallergika	Mittel zur Behandlung allergischer Reaktionen	Antihistaminika, Cromoglicinsäure
Atmung	Antitussiva	hustenstillende Mittel	Codein
	Expektoranzien	schleimlösende Mittel	Acetylcystein (ACC)
	Antiasthmatika	Mittel zur Prophylaxe und Therapie von Asthma bronchiale	Antiallergika, Broncholytika, Kortikoide
Verdauung	Antacida	Mittel zur Neutralisierung von Magensäure	Aluminium-Magnesiumsalze
	Laxanzien	Abführmittel	Milchzucker
	Antiemetika	Mittel gegen Übelkeit und Erbrechen	Metoclopramid (MCP), z. B. Paspertin®
	Spasmolytika	Mittel zur Lösung von Verkrampfungen an der glatten Muskulatur	Butylscopolamin, z. B. Buscopan®
Harnsystem	Diuretika	harntreibende Mittel	Furosemid, z. B. Lasix®
Hormonsystem	Antidiabetika	Mittel zur Behandlung des Diabetes mellitus	siehe Tabelle 21, S. 423
	Kortikoide	Mittel gegen chronische Entzündungen, rheumatische Erkrankungen und allergische Reaktionen	Kortison und seine Abkömmlinge
	Kontrazeptiva	Mittel zur Verhütung einer Schwangerschaft	

Tabelle 43 Wichtige Arzneimittelgruppen.

Organsystem	Arzneimittelgruppe	Wirkung	Beispiele
Schwangerschaft, Geburt		Arzneimittel zur Wehenförderung	Oxytocin, Prostaglandine
	Tokolytika	Arzneimittel zur Wehenhemmung	
Bewegungsapparat	Muskelrelaxanzien	Mittel zur Entspannung der Skelettmuskulatur	
	Antirheumatika	Mittel gegen rheumatische Erkrankungen	nichtsteroidale Antirheumatika (NSAR), z. B. Diclofenac
	Antiphlogistika	entzündungshemmende Mittel	NSAR, Kortikoide
Nervensystem	Lokalanästhetika	Mittel zur vorübergehenden örtlichen Ausschaltung von Schmerzleitung und -empfindung	Lidocain
	Analgetika	Mittel zur Schmerzausschaltung	Acetylsalicylsäure (ASS), Paracetamol
	Psychopharmaka	Mittel, die auf das zentrale Nervensystem einwirken und psychische Vorgänge beeinflussen	Antidepressiva, Neuroleptika (s. S. 219)
Sinnessystem	Otologika	Mittel zur Behandlung von Ohrenkrankheiten	
	Ophthalmika	Mittel zur Behandlung von Augenkrankheiten	
	Mydriatika	Mittel zur Pupillenerweiterung	Atropin und seine Abkömmlinge
Haut	Antimykotika	Mittel gegen Pilzerkrankungen	
Sonstige	Antibiotika	Mittel, die Bakterien abtöten	Penicillin, Cefalosporine, Gyrase-Hemmer
	Zytostatika	Mittel, die schnell wachsende (Tumor-)Zellen hemmen	Methotrexat (MTX)

Tabelle 43 Wichtige Arzneimittelgruppen.

10.8 Alternative Arzneimittel

10.8.1 Wirkungsweise alternativer Arzneimittel

Alternative Verfahren werden oft auch als Komplementärmedizin bezeichnet. Bei vielen naturheilkundlichen Verfahren kann kein wissenschaftlicher Beweis der Wirksamkeit erbracht werden. Die Schulmedizin erklärt die Heilerfolge durch Placebo-Effekte.

Die Wirkprinzipien dieser Verfahren bestehen vor allem darin, dass die Selbstheilungskräfte des Organismus angeregt werden.

10.8.2 Homöopathie

Die Homöopathie ist eine Therapiemethode, die nicht bei den Symptomen ansetzt, sondern den Menschen ganzheitlich erfasst. Sie wurde von Samuel Hahnemann (1755–1843) begründet und beruht auf drei Prinzipien:

- Ähnlichkeitsregel,
- Arzneimittelbild,
- Potenzierung von Substanzen.

Homöopathie von homöo: ähnlich, gleich und -pathie = Erkrankung

komplementär: ergänzend zu etwas, hier: zur Schulmedizin

Placebo = Scheinmedikament

Phyto (gr.) = Vorsilbe im Zusammenhang mit Pflanzen, Pflanzlichem

synthetisch: künstlich hergestellt; aus einfacheren Stoffen zusammengesetzt

Bild 126 Streukügelchen (Globuli).

Ähnlichkeitsregel. Hahnemann entdeckte in Selbstversuchen mit der Chinarinde, die damals als Wirkstoff gegen Malaria eingesetzt wurde, dass er bei deren Einnahme als Gesunder malariaähnliche Symptome entwickelte. Er stellte die Regel auf, dass Ähnliches mit Ähnlichem geheilt werden kann. Heute wird in der Homöopathie beispielsweise das Gift der Biene (Apisinum) eingesetzt, um Schwellungen und Rötungen zu behandeln.

Arzneimittelbild. Nach der homöopathischen Lehre sind Symptome nicht als Folge einer Erkrankung zu verstehen, sondern als Zeichen der Selbstheilungsversuche des Körpers. Das homöopathische Medikament soll diese nicht unterdrücken, sondern leicht verstärken, um das Abwehrsystem zu kräftigen. Darum kann es nach der Einnahme von homöopathischen Mitteln zu einer Erstverschlimmerung der Symptome kommen.

Potenzierung von Substanzen. Die Wirksubstanz des homöopathischen Arzneimittels wird in mehreren Schritten verdünnt (potenziert). Bei hohen Potenzen lassen sich keine Moleküle der ursprünglichen Wirksubstanz mehr nachweisen. Befürworter der Homöopathie gehen davon aus, dass der Organismus die „Information“ der Wirksubstanz auch unter diesen Umständen empfangen kann. Hahnemann stellte fest, dass mit steigender Potenzierung die Wirkung sogar erhöht werden kann.

Die häufigsten Darreichungsformen homöopathischer Arzneimittel sind Streukügelchen (Globuli) (Bild 126) und Tropfen.

Die passende homöopathische Wirksubstanz muss für jeden Patienten individuell gefunden werden. Im Rahmen einer ausführlichen Erstanamnese spielen nicht nur die Symptome, sondern auch Faktoren wie Stimmung, Lebensgewohnheiten und Konstitution des Patienten eine Rolle. Darum können in der Homöopathie für Menschen mit gleichem Krankheitsbild verschiedene Wirkstoffe zum Einsatz kommen.

Der Wirkmechanismus homöopathischer Arzneimittel konnte bisher naturwissenschaftlich nicht nachgewiesen werden.

10.8.3 Phytotherapie

In der Phytotherapie werden Krankheiten mithilfe von pflanzlichen Wirkstoffen behandelt. Diese werden z.B. in Tees, Kapseln, Tropfen, Tinkturen oder Salben (Bild 127) weiterverarbeitet. Die Phytotherapie zählt zu den ältesten Lehren der Medizin. Bereits vor über 3000 Jahren wurden in China und Indien Krankheiten mit Heilpflanzen behandelt. In den dreißiger Jahren des 20. Jahrhunderts begann die Arzneimittelindustrie, schnell wirksame und starke Medikamente synthetisch herzustellen. Die pflanzlichen Wirkstoffe wurden in den Hintergrund gedrängt. Heute stellen sie eine sinnvolle Ergänzung der „klassischen“ Arzneimittel dar.

Heilpflanzen können auch als Frischpflanzen angewendet werden. Meistens werden sie aber zu Drogen oder Extrakten weiterverarbeitet.

Anders als in der Homöopathie gilt in der Phytotherapie: Je höher die Dosis, desto stärker sind Wirkungen und Nebenwirkungen. Damit Phytotherapeutika genau dosiert werden können, muss ihr Wirkstoffgehalt genau angegeben sein. Bei ernsten Erkrankungen sollte unbedingt ärztlicher Rat eingeholt werden.

Frischpflanzen. Safthaltige Teile (z.B. Stängel) werden ausgepresst, das Sekret wird verarbeitet. Ölige Auszüge entstehen, indem z.B. Blüten in Öl eingelegt werden, um die darin enthaltenen Wirkstoffe in das Öl „herüberzuziehen“.

Bild 127 Phytotherapie.

Beispiel: Ätherische Öle, die in der **Aromatherapie** Verwendung finden. Die gewonnenen Substanzen werden oral oder mittels Massage und Bädern verabreicht. Gerüche beeinflussen das limbische System, das für Gefühle (Affekte) und Gedächtnisfunktionen zuständig ist. Es ist aber auch mit anderen vegetativen Zentren verbunden. So können mittels der verschiedenen Aromen psychosomatische Beschwerden und Stress positiv beeinflusst werden oder sie können als unterstützendes Heilmittel bei Erkältungskrankheiten wirken.

Drogen. Getrocknete Wurzeln, Blättern, Samen oder Blüten von Frischpflanzen werden in der Pflanzenheilkunde als Drogen bezeichnet. Sie werden vor allem als Tee im Rahmen der Selbstmedikation angewendet.

Extrakte. Zur Gewinnung wird den Drogen ein Extraktionsmittel (Wasser oder Alkohol) zugefügt. Die Inhaltsstoffe lösen sich darin. Durch spezielle Verfahren (z.B. Verdampfung) wird das Extraktionsmittel anschließend entfernt, das Extrakt bleibt übrig. Extrakte werden meist für die Weiterverarbeitung zu verschiedenen Darreichungsformen verwendet.

Extrakte: Auszüge, Hauptinhalte

Cannabis (Hanf) wird in Form von getrockneten Blättern und Blüten als Marihuana oder als Harz (Haschisch) als illegale psychotrope Droge konsumiert.

Medizinisches Cannabis wird aus Blüten und Extrakten des Hanfgewächs (Bild 128) als Fertigarzneimittel hergestellt und ist seit März 2017 zugelassen. Der Anbau zu diesem Zweck muss unter staatlicher Kontrolle bzw. durch streng geregelten Import erfolgen. Der Eigenanbau ist verboten.

Bild 128 Cannabispflanze.

Neben einer Vielzahl von Wirkstoffen ist das THC (TetraHydroCannabiol) besonders wirksam. Außer den oralen Fertigprodukten gibt es ölige Cannabislösungen, Cannabis zur Teebereitung und Cannabisblüten zur Inhalation nach Verdampfen (Vaporisation).

Angeboten werden außerdem synthetisch hergestellte Cannabispräparate. Die Krankenkassen übernehmen die Kosten bei schwerkranken („austherapierten") Patienten. Medizinisches Cannabis wirkt schmerzlindernd, krampf-, angstlösend, muskelrelaxierend, ist wirksam bei Erbrechen im Rahmen der Chemotherapie und appetitanregend bei Auszehrung (Kachexie), z.B. bei AIDS. Als Nebenwirkungen treten Schwindel, Müdigkeit, Herzrasen und Mundtrockenheit auf.

Auch pflanzliche Heilmittel können unerwartete Wirkungen entfalten. Dies soll am Beispiel **Johanniskraut** (Bild 129) aufgezeigt werden.

Johanniskraut wird als Mittel bei leichten depressiven Symptomen verwendet. Nebenwirkungen sind gesteigerte Lichtempfindlichkeit der Haut, Hautrötung und Exanthem, Verdauungsbeschwerden, verstärkte Müdigkeit. Wechselwirkungen treten bei gleichzeitiger Einnahme anderer Arzneimittel auf.

Beispiele: Lipidsenker, Kontrazeptiva, Herzmittel und Zytostatika werden in ihrer Wirksamkeit vermindert. Werden dagegen gleichzeitig bestimmte Antidepressiva eingenommen, dann kann die Serotoninkonzentration so erhöht werden, dass sich ein lebensbedrohliches Serotoninsyndrom entwickelt mit Übelkeit, Erbrechen, Krämpfen, Verwirrtheit, bis zum Koma.

Relative Kontraindikation besteht für Kinder unter 12 Jahren und für schwangere und stillende Frauen.

Bild 129 Johanniskraut.

Acus = Nadel
pungere = stechen

Wilhelm Heinrich Schüßler (1821–1898), deutscher Arzt

Neurotransmitter ▸ S. 54

Glukokortikoide ▸ S. 360

10.8.4 Akupunktur

Akupunktur ist eine alte Heilmethode, oft ein Bestandteil der „traditionellen chinesischen Medizin (TCM)“.

Durch das Einstechen der Nadeln an ganz bestimmten Körperstellen (Bild 130) werden Nervenzellen stimuliert, deren Impulse Stoffe wie Neurotransmitter (Endorphin, Serotonin) oder Glukokortikoide (GK) freisetzen. Die Folgen sind, dass die Schmerzübertragung gehemmt wird, die Durchblutung sich verbessert und die Muskeln entspannen.
Beispiel: Behandlung von degenerativen Rückenleiden.

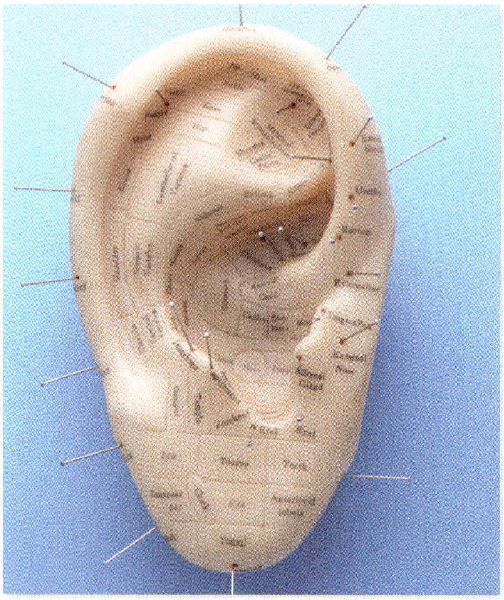

Bild 130 Akupunkturpunkte am Ohr.

Edward Bach (1886–1936), englischer Arzt

Inkontinenz ▸ S. 346

10.8.5 Bach-Blüten-Therapie

Diese Therapieform geht auf den englischen Arzt Edward Bach zurück. Er sammelte intuitiv 38 Pflanzenblüten, die aufbereitet und verdünnt werden.

Jeder Bach-Blüte werden bestimmte Eigenschaften zugeschrieben. Werden nun verschiedene Pflanzenblütentropfen eingenommen, lassen sich unerwünschte Persönlichkeitszüge positiv beeinflussen.

Die sogenannten Notfalltropfen (Rescue-Tropfen) und Notfallcreme enthalten fünf bestimmte Bachblüten und werden bei akuten psychischen Belastungen und Verletzungen oder Insektenstichen eingesetzt.

10.8.6 Schüssler-Salze

Schüssler-Salze werden aus anorganischen Substanzen hergestellt, die den körperlichen Mineralstoffen wie z. B. Kochsalz, Kieselsäure und Kalzium entsprechen.

Durch die Gabe dieser verdünnten biochemischen Arznei sollen krankhafte Verwertungsblockaden der Mineralien im Gewebe aufgehoben werden, um so den Stoffwechsel wieder zu normalisieren.
Beispiel: Calcium fluoratum bei Erkrankungen des Bewegungsapparates.

10.9 Heil- und Hilfsmittel

Neben Arzneimitteln werden auch Heil- und Hilfsmittel zur Behandlung von Krankheiten und zur Unterstützung bei Behinderungen eingesetzt.

Logopädie: Stimm- und Sprachheilkunde

Ergotherapie: Therapie zur Verbesserung der motorischen und sensorischen Fähigkeiten

Heilmittel. Hierunter versteht man medizinische Leistungen oder Behandlungsverfahren, die helfen Krankheiten zu heilen, zu verhüten oder deren Verschlimmerung zu vermeiden. Hierzu zählen beispielsweise:
- physikalische Therapien,
- Logopädie,
- Ergotherapie.

Hilfsmittel sollen den Behandlungserfolg sichern und Defizite durch Behinderungen ausgleichen. Hierzu zählen:
- Hörgeräte,
- Brillen (evtl. auch Kontaktlinsen),
- Gehhilfen (z. B. Unterarmgehstützen, Gehwagen, Rollstuhl),
- Prothesen und andere orthopädische Hilfsmittel,
- Pflegebetten, Antidekubitusmatratzen,
- Hilfsmittel zum einmaligen Gebrauch (z. B. Inkontinenzartikel),
- Hilfsmittel zur Medikamentenapplikation (z. B. Inhalationsgeräte, Spritzen),
- Desinfektionsmittel,
- Hausnotrufsysteme.

Zur Wiederholung

1. Was versteht man unter „Gewebe"?
2. Beschreiben Sie Form und Anordnungen von Epithelzellen und ihr Vorkommen.
3. Ordnen Sie die folgenden Aufgaben den vier Grundgewebearten zu:
   a) Bewegung, b) Schutz der Oberfläche, Resorption, Sekretion, Reizaufnahme,
   c) Reizverarbeitung, d) Haltefunktion.
4. Zu welcher Grundgewebeart gehören die Drüsengewebe?
5. a) Welche Drüsenarten besitzen einen Ausführungsgang?
   b) Welche Drüsenarten produzieren Hormone?
6. Nennen Sie die Fachausdrücke für: Deckzelle, Bindegewebszelle, Fettzelle, Knorpelzelle, Knochenzelle, Muskelzelle, Nervenzelle.
7. Aus welchen Gewebearten können sich Karzinome und aus welchen können sich Sarkome bilden?
8. Nennen Sie verschiedene Bindegewebsarten und ihr Vorkommen.
9. a) Was sind Osteoblasten und wann sind sie besonders aktiv?
   b) Was sind Osteoklasten und wann sind sie besonders aktiv?
10. Welche drei Muskelzelltypen kennen Sie und wo kommen sie vor?
11. a) Welche Aufgaben hat eine Nervenzelle?
    b) Welche Aufgaben haben Synapsen?
    c) Welche Aufgaben haben Gliazellen?
12. Durch welche Merkmale unterscheiden sich der klinische und biologische Tod?
13. Charakterisieren Sie die verschiedenen Arten von Krankheitsverläufen.
14. In welche Abschnitte wird das Skelett gegliedert?
15. Fertigen Sie eine Gegenüberstellung von Aufbau und Beweglichkeit der oberen und der unteren Extremität an.
16. Nennen Sie jeweils zwei Beispiele für platte Knochen, kurze Knochen und Röhrenknochen.
17. Wo verlaufen die Kreuzbänder?
18. Beschreiben Sie die Stellung der Hand und der Unterarmknochen bei der Pronation.
19. In welchen Bereichen der Wirbelsäule finden Sie eine Lordose?
20. Wo liegen an einem kindlichen Röhrenknochen die Bereiche für das Längenwachstum?
21. Welcher Muskel ist der Gegenspieler des zweiköpfigen Armmuskels und welche Aufgabe hat er?
22. Worauf müssen Sie beim Röntgen als Medizinische Fachangestellte achten? Wie heißen die drei großen „A" des Strahlenschutzes?
23. Nennen Sie Gemeinsamkeiten und Unterschiede zwischen Computertomographie und Kernspintomographie.
24. Wie entsteht ein Röntgenbild?
25. Womit beschäftigen sich ein Arzt für Radiologie und ein Arzt für Nuklearmedizin? Gibt es Gemeinsamkeiten?
26. Was versteht man unter Elektrotherapie?
27. Worin besteht der wesentliche Unterschied zwischen der HF-Wärmetherapie und der herkömmlichen Wärmetherapie?
28. Tragen Sie alle Kontraindikationen zur HF-Wärmetherapie zusammen.
29. Nennen Sie Indikationen und Kontraindikationen von Wärmetherapie und Kältetherapie.
30. Beschreiben Sie das Prinzip der Interferenzstromtherapie und nennen Sie deren Anwendungsgebiet und die Vorteile.
31. Warum darf eine Manteltablette nicht geteilt werden?

Zur Vertiefung

1. Ein Patient berichtet, dass er seit zwei Tagen klopfende und heftige Schmerzen vorne am rechten Zeigefinger habe. Außerdem fühle sich der Finger heiß an und sei rot. Welches ist die wahrscheinlichste Diagnose? Welche Verhaltensempfehlung geben Sie ihm? Begründen Sie Ihre Antwort.

2. Bei einer Frau wird ein gynäkologischer Abstrich (Zellen vom Gebärmutterhalsbereich) entnommen und in die Pathologie geschickt. Beschreiben Sie, wohin das Untersuchungsmaterial gelangt, wie dort mit den Zellen umgegangen wird und warum.

3. Führen Sie im Rollenspiel ein Beratungsgespräch zwischen Medizinischer Fachangestellten und Patientin vor einer Gewebeprobeentnahme durch.

4. Ein Patient klagt über starke, austrahlende Rückenschmerzen, verbunden mit Störungen der Sensibilität oder Lähmungserscheinungen. Welche Erkrankung ist nach diesen Symptomen zu erwarten?

5. Ein Patient klagt über Schmerzen im Knie und ein Gefühl der Instabilität. Das Knie ist angeschwollen. Worauf deuten diese Symptome hin?

6. Ein Patient wird zur Ultraschalluntersuchung des Abdomens bestellt. Erklären Sie ihm, wie er sich vorbereiten muss und wie die Untersuchung abläuft.

7. Worauf müssen Patient und Röntgenassistentin achten, wenn ein Röntgen-Thorax-Bild angefertigt werden soll?

8. Versuchen Sie zusammen mit Ihren Kolleginnen auf einer Röntgen-Thorax-Aufnahme oder auf einer Röntgen-Abdomen-Aufnahme möglichst viele Strukturen zu erkennen und zu benennen. Überlegen Sie, welche krankhaften Befunde man theoretisch finden könnte.

9. a) Welche Organe sind besonders strahlenempfindlich?
   b) Diskutieren Sie mit Ihren Kolleginnen, wie man ängstlichen Patienten die „Strahlenangst" nehmen kann.

10. Stellen Sie sich vor, Sie müssten selbst Ihr eigenes Kind röntgen. Worüber denken Sie nach? Diskutieren Sie mit Ihren Kolleginnen darüber.

11. Sammeln Sie Informationen zu den verschiedenen Untersuchungen in einer nuklearmedizinischen Praxis. Nutzen Sie die Kenntnisse von Mitschülerinnen, die dort arbeiten.

12. Legen Sie bei Ihrer Kollegin Verbände für die folgenden Indikationen an:
    - bei einem Venenleiden,
    - bei einer genähten Wunde im Bereich des Handgelenks,
    - bei einer stark blutenden Wunde am Unterarm,
    - bei einer Bänderzerrung im Knie.

13. a) Suchen Sie im alphabetischen Verzeichnis (rot) die fünfstellige Kennziffer des Medikaments mit dem Namen „Adalat® 5/10 Kapseln".
    b) Informieren Sie sich nun im Präparateteil (weiß) mit Hilfe der Kennziffer über den Namen des Wirkstoffs von „Adalat®" sowie die Nebenwirkungen dieses Medikaments. Handelt es sich bei „Adalat®" um ein freiverkäufliches, apothekenpflichtiges oder verschreibungspflichtiges Medikament?
    c) Finden Sie im Wirkstoffverzeichnis (blau) weitere Medikamente mit demselben Wirkstoff.
    d) Informieren Sie sich im Signaturverzeichnis (orange) darüber, zu welchen Wechselwirkungen es kommt, wenn der Wirkstoff aus „Adalat®" zusammen mit Nitraten eingenommen wird.
    e) Suchen Sie im Unternehmerverzeichnis (grün) die Anschrift des Herstellers von „Adalat®".

14. Erklären Sie die Begriffe „Indikation" und „Kontraindikation" anhand Ihnen bekannter Medikamente. Nutzen Sie dazu die Gebrauchs- oder Fachinformation.

Lernsituationen

1. **Lernituation**

Eine 50-jährige Bekannte erzählt Ihnen in einem vertraulichen Gespräch, dass bei ihr Brustkrebs diagnostiziert wurde. Sie hat nun viele Fragen. Formulieren Sie angemessene und fachlich korrekte Antworten.

- Erläutern Sie, wie oft Brustkrebs vorkommt und welche Heilungsmöglichkeiten bestehen.
- Beschreiben Sie, wie Krebs entstehen kann.
- Erklären Sie lokale und allgemeine Auswirkungen eines Krebsgeschehens.

2. **Lernituation**

Die 52-jährige Ruth Lermantok kommt wegen anhaltender Schmerzen im Arm- und Schulterbereich in die Praxis.

Sie hatte sich eine komplizierte Handgelenkfraktur rechts zugezogen, als sie beim Aussteigen aus ihrem Auto mit dem Fuß im Sicherheitsgurt hängen blieb und stürzte. Die Fraktur musste operativ versorgt werden und heilte schlecht. Bei den notwendig gewordenen Röntgenaufnahmen kam der Verdacht auf eine bestehende Osteoporose auf. Die Diagnose wurde durch entsprechende Untersuchungsverfahren gesichert. Um das Ausmaß der Osteoporose abzuschätzen, wurde auch die Wirbelsäule untersucht. Anamnestisch ist von Frau Lermantok bekannt, dass die sehr schlanke Frau seit vielen Jahren eine anstrengende Tätigkeit als Abteilungsleiterin einer großen Handelskette innehat. Sie leidet an einer chronischen Darmentzündung. Seit dem Tod ihrer Mutter, die mit 64 Jahren an den Folgen einer Oberschenkelhalsfraktur starb, lebt Frau Lermantok allein.

Sie übernehmen die Aufgabe, die Patientin über wichtige Grundkenntnisse und Zusammenhänge zu informieren, um Ihren Chef in seiner Beratungsfunktion zu unterstützen.

- Beschreiben Sie das Krankheitsbild Osteoporose.
- Erläutern Sie den Knochenaufbau und welche Knocheneigenschaften sich bei der Osteoporose verändern.
- Sie stellen Ursachen und Risiken der Osteoporose, auch im Bezug auf Frau L., zusammen.
- Beschreiben Sie, welche diagnostische Maßnahme zur Erkennung der Osteoporose von Bedeutung ist.
- Schildern Sie verschiedene Erkrankungen der Wirbelsäule.
- Unterscheiden Sie konservative und operative Frakturbehandlung (Indikation, Vorteile, Nachteile).
- Beschreiben Sie, welche schmerzlindernden Maßnahmen möglich sind (Arzneimittel und physikalisch therapeutische Verfahren).

3. **Lernsituation**

Drei noch jüngere Frauen kommen im Wartezimmer ins Gespräch. Im Laufe des Gespräches stellt sich heraus, dass sie alle drei an Rheuma leiden. Die eine Patientin erzählt, dass sie morgens sehr lange braucht, bis sie ihre Hände richtig bewegen kann. Die andere Patientin klagt über Schmerzen am ganzen Körper. Die dritte Patientin berichtet von einem roten Hautausschlag im Gesicht, der sich über Wangen und Nase hinzieht. Verwundert fragen die Patientinnen Sie, wie es sein kann, dass Rheuma so unterschiedliche Beschwerden verursacht.

- Erklären Sie patientengerecht die Zusammenhänge.

Lernfeld 5
Zwischenfällen vorbeugen und in Notfallsituationen Hilfe leisten

1 Notfälle 230

- Herz-Kreislaufstillstand
- Blutungen
- Schock
- Schmerzen
- Bewusstseinsstörungen
- Atemnot

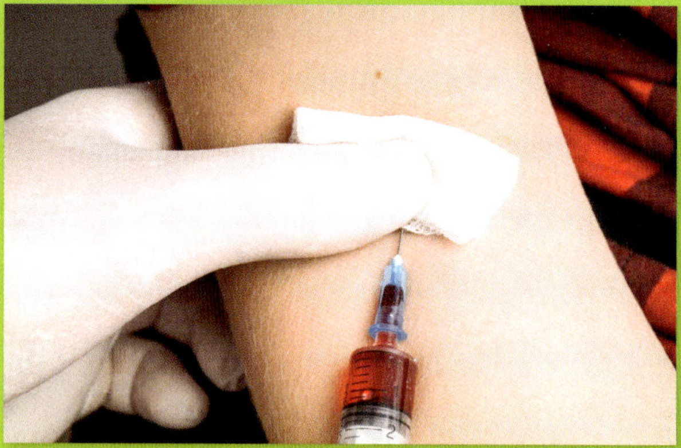

2 Blut 251

- Aufbau und Aufgaben des Blutes
- Erkrankungen des Blutes
- Untersuchungsverfahren
- Blutentnahme

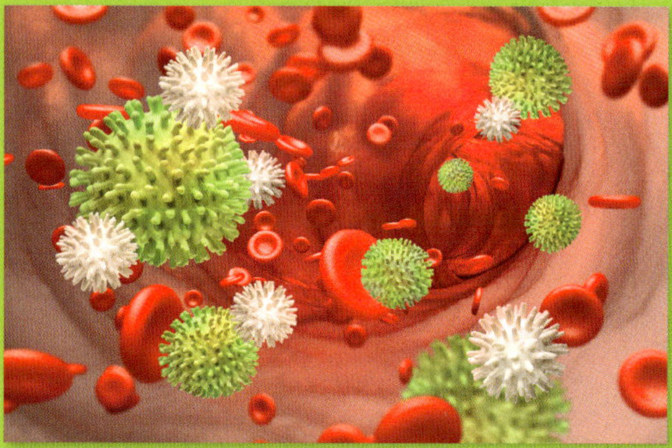

3 Immunsystem und lymphatisches System 268

- Immunsystem
- Lymphatisches System
- Erkrankungen des Immunsystems
- Allergiediagnostik

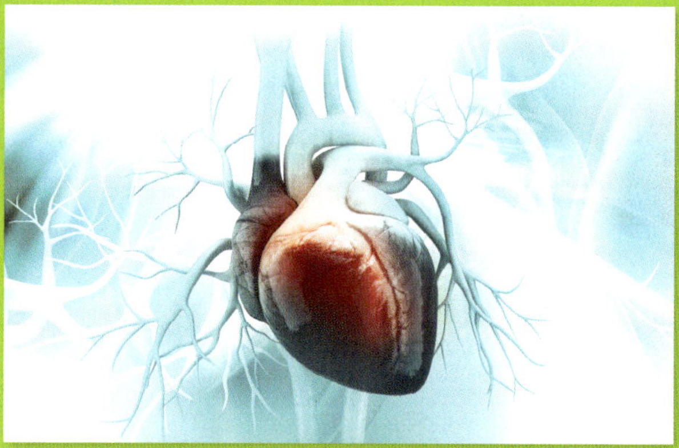

4 Herz 275

- Aufbau und Aufgaben des Herzens
- Erkrankungen des Herzens
- Behandlung von Herzerkrankungen
- Untersuchungsverfahren

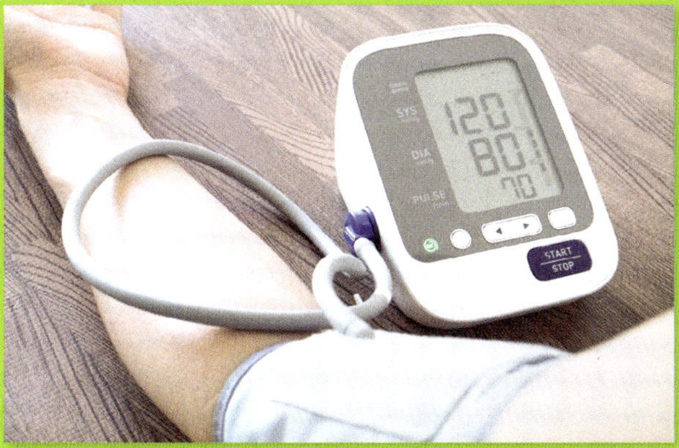

5 Kreislauf 284

- Aufbau und Aufgaben des Kreislaufes
- Erkrankungen des Kreislaufes
- Behandlung von Kreislauferkrankungen
- Untersuchungsverfahren

6 Atmungssystem 295

- Aufbau und Aufgaben des Atmungssystems
- Erkrankungen des Atmungssystems
- Behandlung von Erkrankungen des Atmungssystems
- Untersuchungsverfahren

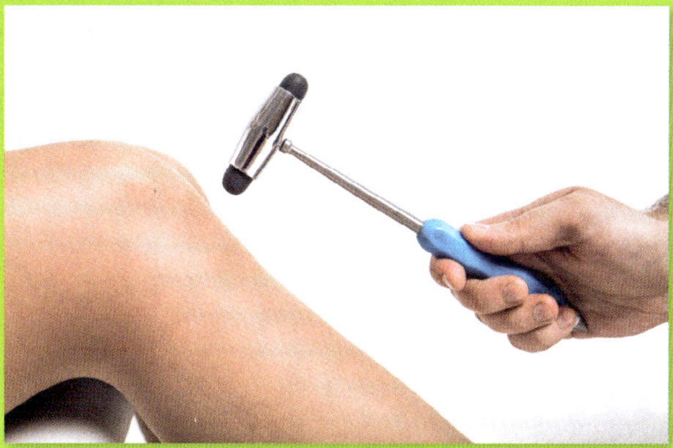

7 Sinnessystem 309

- Aufbau und Aufgaben des Auges
- Augenerkrankungen und deren Behandlung
- Untersuchungsverfahren am Auge
- Aufbau und Aufgaben des Ohres
- Ohrerkrankungen und deren Behandlung
- Untersuchungsverfahren am Ohr
- Geruchs- und Geschmackssinn

8 Nervensystem 324

- Aufbau und Aufgaben des Nervensystems
- Erkrankungen des Nervensystems
- Behandlung von Erkrankungen des Nervensystems
- Untersuchungsverfahren

1 Notfälle

1.1 Überprüfung von Notfallpatienten

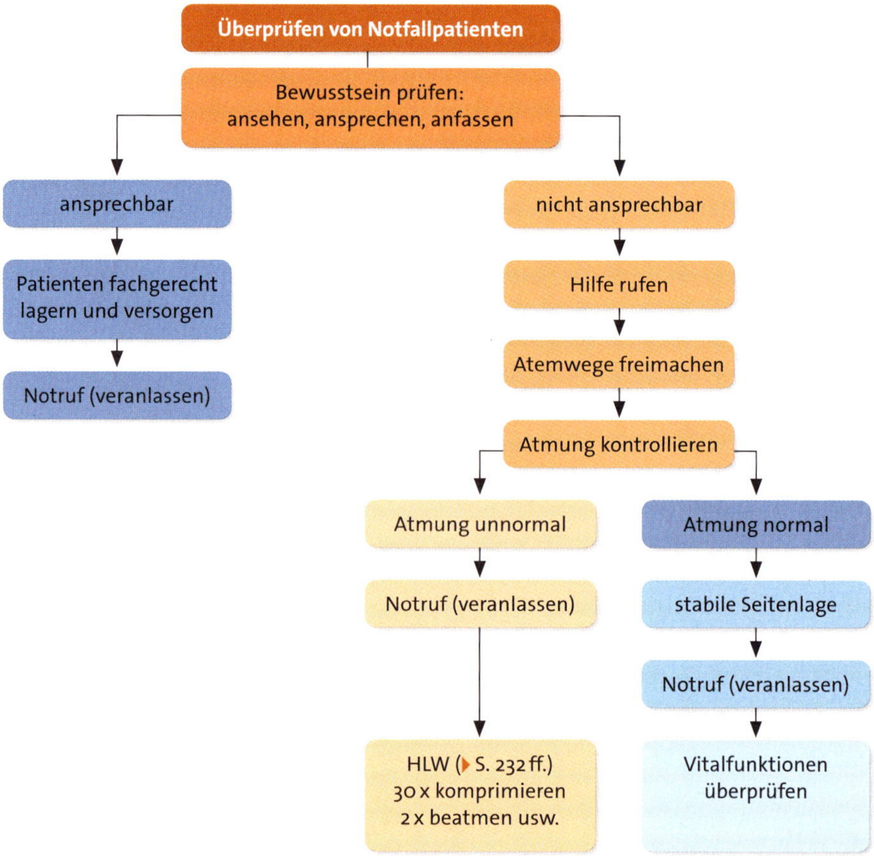

Um in Notfallsituationen angemessen und rasch reagieren zu können, sind Fachkenntnisse und eine schnelle Auffassungsgabe erforderlich.

Bewusstlosen Personen beispielsweise, deren Zunge in den Rachenraum zurückrutscht und so die Atemwege verschließt, kann das Leben nur durch schnelles Freimachen der Atemwege gerettet werden.

Auch wenn die Gesamtsituation bei jedem Notfall unterschiedlich ist, sollte stets das folgende Verfahren zur Überprüfung von Notfallpatienten durchgeführt werden. Bis zur Einleitung von Maßnahmen sollte möglichst wenig Zeit vergehen. Darum werden die ersten drei Schritte in der Realität gleichzeitig durchgeführt.

Patienten ansehen:
Wie sind Körperhaltung und Aussehen, bewegt sich der Patient spontan, krampft er, sind Verletzungen (Abschürfung, Quetschung, Fraktur usw.) oder Veränderungen der Haut (Blässe, Rötungen, Schweiß usw.) erkennbar?

Patienten ansprechen:
Reagiert der Patient? Kann er Personen und Umgebung wahrnehmen? Äußert sich der Patient zu Schmerzen, Beschwerden, Krankheitsgeschichte bzw. Unfallgeschehen?
(„Hallo, hören Sie mich? Wie heißen Sie? Wo haben Sie Schmerzen? Was ist passiert?“)

Patienten anfassen:
Reagiert der Patient auf Berührung oder Schmerzreize?
Hierzu kann der Patient an den Schultern gefasst und gerüttelt werden.

Atemwege freimachen:
Mund kontrollieren auf Erbrochenes, Kaugummi o.ä. Gegebenenfalls mit einer um den Zeigefinger gewickelten Kompresse sauber wischen.

Eine Hand auf der Stirn drückt den Kopf leicht nach hinten. Die andere Hand hebt das Kinn des Patienten an (Bild 1).

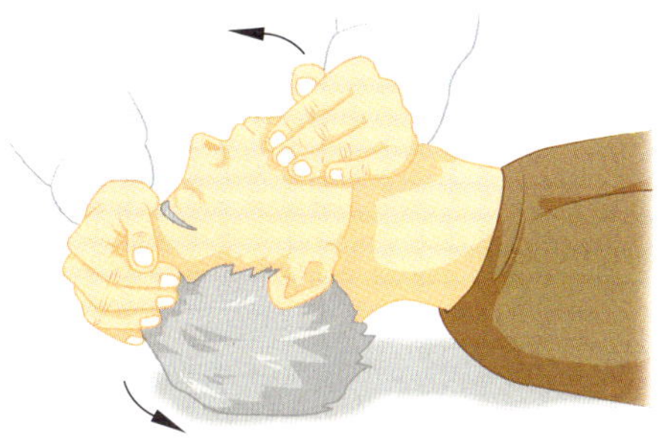

Bild 1 Freimachen der Atemwege.

Atmung kontrollieren:
- Hören – mit dem Ohr über Mund und Nase,
- Fühlen – des Luftstroms an der eigenen Wange,
- Sehen – ob sich der Brustkorb hebt und senkt (Bild 2).

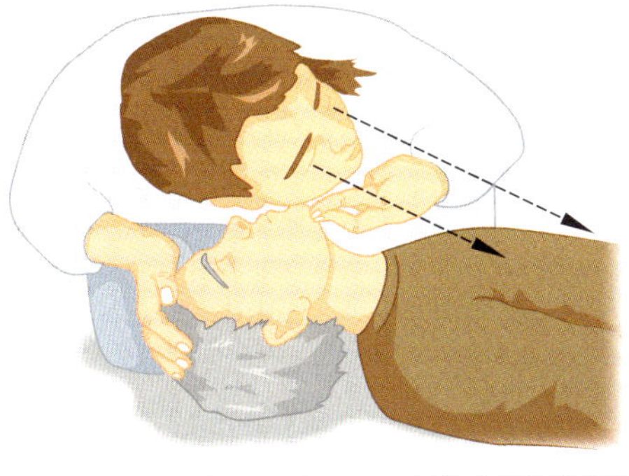

Bild 2 Kontrolle der Atmung.

Die Kontrolle der Atmung sollte nicht länger als 10 Sekunden dauern. Kurz nach einem Kreislaufstillstand setzt die Atmung aus. Es kann sein, dass der Patient kaum atmet oder nur wenige geräuschvolle oder schnappende Atemzüge macht. Solche Atemzüge sind nicht normal und ein Grund, mit der Herz-Lungen-Wiederbelebung zu beginnen.

Notruf:
Bei einem Notruf müssen immer die 5 W berücksichtigt werden:
- **W**as ist passiert?
- **W**o ist es passiert?
- **W**ie viele Personen sind verletzt / erkrankt?
- **W**elche Verletzung / Erkrankung liegt vor?
- **W**arten auf Rückfragen

In 38 Ländern Europas erreicht man unter der Notrufnummer 112 die Notrufzentralen der Rettungsdienste, Feuerwehr und Polizei über Festnetz und Mobilfunk.

Stabile Seitenlage:
Sie sorgt bei bewusstlosen, atmenden Patienten dafür, dass die Atemwege frei bleiben. Erbrochenes oder Blut werden nicht so leicht eingeatmet und die Zunge rutscht nicht in den Rachenraum zurück.

Es gibt mehrere Arten, bewusstlose Personen in die stabile Seitenlage zu bringen. Der ERC empfiehlt den folgenden Ablauf (Bild 3, S. 232):
- Seitlich neben dem Bewusstlosen knien, den nahen Arm rechtwinklig nach oben zum Körper legen („hallo Taxi"), die Handinnenfläche nach oben (Bild 3a)
- Den fernen Arm über den Brustkorb legen. Den Handrücken an die nahe Wange führen und festhalten. Das ferne Bein im Knie hochziehen, der Fuß bleibt dabei am Boden (Bild 3b).
- Bewusstlosen zu sich herüberrollen, das oben liegende Bein so ausrichten, dass Hüfte und Knie im rechten Winkel liegen (Bild 3c).
- Kopf überstrecken, um die Atemwege freizuhalten. Die Hand unter der Wange so ausrichten, dass der Kopf überstreckt bleibt (Bild 3d).

ERC = **E**uropean **R**esuscitation **C**ouncil = Europäischer Rat für Wiederbelebung

Weitere Lagerungsarten siehe Tabelle 1 auf Seite 235.

1.2 Herz-Kreislaufstillstand

Zirkulation = Kreislauf

irreversibel = nicht rückgängig zu machen

Von einem Kreislaufstillstand spricht man, wenn durch ungenügende oder fehlende Herzaktionen das Blut nicht mehr im Körper zirkuliert. Ursache hierfür können u.a. alle Notfallsituationen sein (Kapitel 1.3 bis 1.7). Etwa 10 bis 15 Sekunden nach Stillstand des Kreislaufs kommt es zur Bewusstlosigkeit, der Atemstillstand tritt nach etwa 30 Sekunden ein. Pupillenveränderungen können nach etwa einer Minute festgestellt werden. Schon wenige Minuten nach einem Atem- und Kreislaufstillstand treten irreversible Hirnschäden auf.

Die Prüfung des Pulses an der Halsschlagader (Arteria carotis) ist eine unsichere Methode, um festzustellen, ob ein Kreislauf vorhanden ist oder nicht. Wenn eine Person keine Lebenszeichen zeigt, also nicht ansprechbar ist, sich nicht bewegt, nicht hustet oder normal atmet, sollte sofort mit der Herz-Lungen-Wiederbelebung begonnen werden.

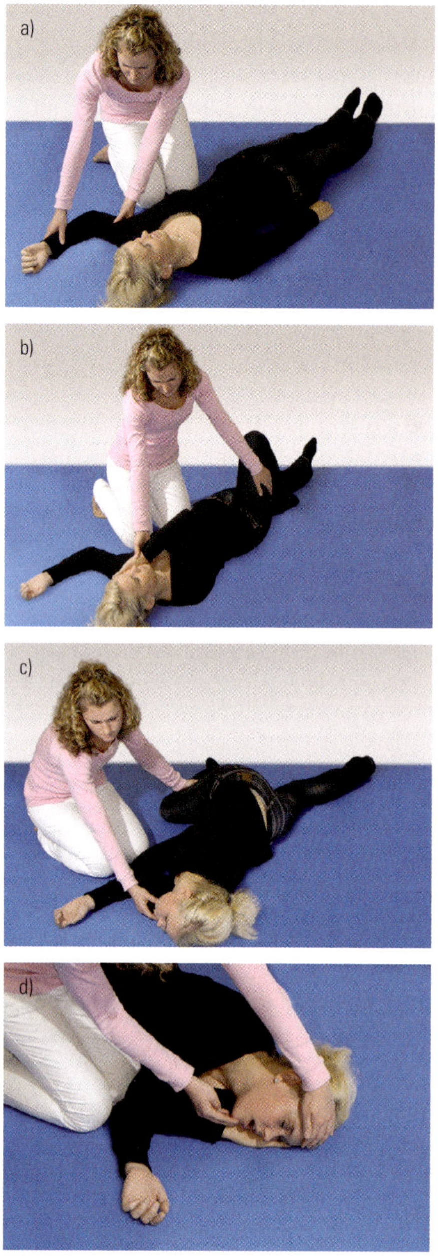

Bild 3 Stabile Seitenlage.

Herz-Lungen-Wiederbelebung = HLW = Cardiopulmonale Reanimation = CPR

1.2.1 Herz-Lungen-Wiederbelebung

Die **Basismaßnahmen** der Herz-Lungen-Wiederbelebung folgen dem Schema A-B-C:
Atemwege freimachen,
Beatmung (2-mal),
Circulation (d. h. Kompression des Thorax, 30-mal).
Erweiterte Maßnahmen sind die **D**efibrillation bzw. **D**rugs (Medikamente) und **E**xposure/**E**nvironment (Entkleidung und Wärmeerhalt).

Reanimation= Wiederbelebung

Defibrillator: Gerät zur Übertragung von Stromstößen über Elektroden auf den Herzmuskel

Ziel jeder HLW ist es, Schäden durch Sauerstoffmangel im Gehirn des Patienten weitestgehend zu vermeiden. Eine realistische Chance auf eine Wiederbelebung besteht nur in den ersten Minuten nach Eintritt des Herz-Kreislaufstillstandes. Bei guter Reanimationstechnik kann ein gerade noch ausreichender Blutfluss zum Herzen und zum Gehirn gesichert werden. Während ein Ersthelfer den Notruf sendet, soll ein anderer Ersthelfer sofort den AE-Defibrillator (Bild 7, S. 234) holen, der sich in vielen öffentlichen Gebäuden vor Ort befindet. Beim Einsatz des Defibrillators innerhalb der ersten drei Minuten besteht eine sehr hohe Überlebenschance.

1.2.2 Ablauf der Herz-Lungen-Wiederbelebung

Nach der Alarmierung des Rettungsdienstes durch den Notruf (s. S. 231) muss zunächst dafür gesorgt werden, dass der Patient auf einer harten Unterlage liegt (am besten auf dem Fußboden). Damit das venöse Blut der unteren Extremitäten besser zum Herzen fließen kann, werden die Beine leicht erhöht gelagert. Der Patient sollte möglichst von allen Seiten frei zugänglich sein. Nachdem der Oberkörper des Patienten entkleidet ist, beginnt der eigentliche Reanimationsvorgang (Bild 4):

- 30 mal komprimieren,
- 2 mal beatmen,
- 30 mal komprimieren,
- 2 mal beatmen usw.

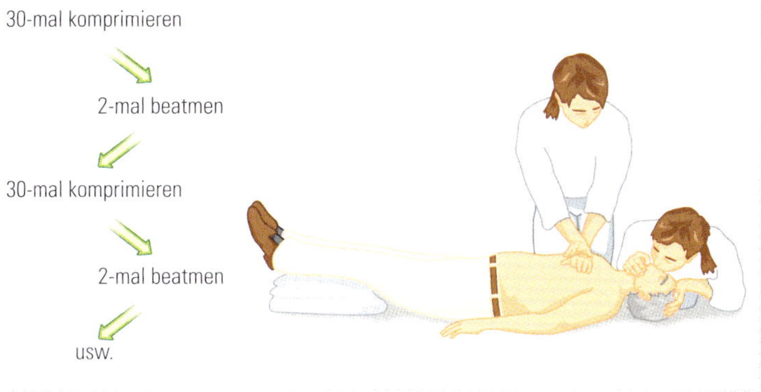

Bild 4 Arbeitsrhythmus bei der Reanimation von Erwachsenen.

komprimieren = zusammendrücken

Kompression. Der Rhythmus 30:2 gilt unabhängig davon, ob die Reanimation allein oder zu zweit durchgeführt wird. Der richtige Druckpunkt für die Thoraxkompression befindet sich in der Brustmitte. Während der 30 Kompressionen hält der Handballen ununterbrochen Kontakt zum Brustbein. Mit gestreckten Armen und übereinander gelegten Händen wird das Brustbein 5 bis 6 cm tief in Richtung Wirbelsäule gedrückt. Nach jeder Kompression wird der Brustkorb vollständig entlastet, aber der Handkontakt zum Druckpunkt bleibt bestehen. Druck- und Entlastungsphase sollen gleich lang sein. Die Kompressionen werden mit einer Frequenz von 100 pro Minute wiederholt, also etwas weniger als 2 Kompressionen pro Sekunde. Für die 2 Beatmungen wird die Kompression kurz unterbrochen.

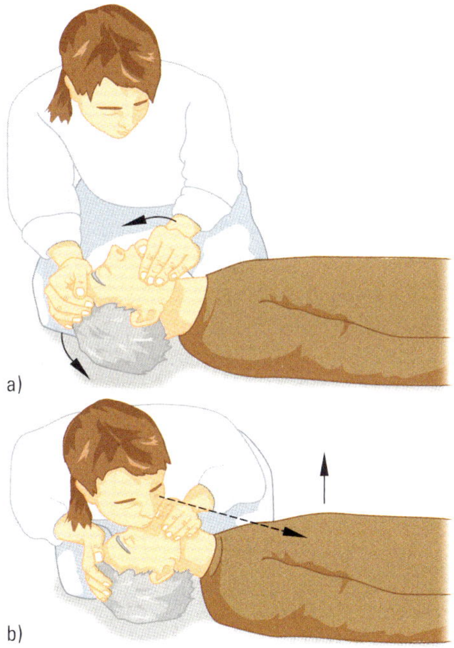

Bild 5 Mund-zu-Nase-Beatmung.

Mund-zu-Nase-Beatmung. Dabei verschließt der Daumen des Helfers den Mund des Patienten, indem er bei überstrecktem Kopf die Unterlippe gegen die Oberlippe drückt (Bild 5). Erst dann wird die Luft in die Nase des Patienten geblasen. Danach wird unter Beobachtung des Brustkorbs die Ausatmung abgewartet und erneut beatmet. Wenn sich bei der ersten Beatmung der Brustkorb nicht wie üblich hebt, müssen der Mund- und Rachenraum überprüft und mögliche Behinderungen mit den Fingern entfernt werden.

Mund-zu-Mund-Beatmung. Der Helfer überstreckt den Kopf wie beschrieben (Bild 1, S. 231). Daumen und Zeigefinger der an der Stirn liegenden Hand verschließen die Nase. Zur Beatmung umschließen die eigenen Lippen den Mund des Patienten.

Laien können auf die Beatmung verzichten. Dies gilt auch, wenn Vorbehalte bei der Beatmung unbekannter Personen bestehen, wenn z.B. keine Hilfsmittel zum Eigenschutz vorhanden sind. Die durchgängige Herzdruckmassage ist am wichtigsten.

Ein **automatisierter externer Defibrillator** (AED, Bild 7) wird zur Behandlung von Herzrhythmusstörungen wie Kammerflimmern eingesetzt.

Im Gegensatz zu den Defibrillatoren im Rettungsdienst oder Klinikum sind AEDs wegen ihrer selbst erklärenden Bau- und Funktionsweise für Laienhelfer geeignet:

- Abbildungen zeigen, wie die Pads (Elektroden) aufgeklebt werden.
- Der AED überprüft, ob ein Elektroschock angezeigt ist.
- Schritt für Schritt führen Sprach- und Textmeldungen den Ersthelfer durch die Reanimation bis zur Abgabe des Stromstoßes.

Notfallkoffer. Im Verlauf einer Wiederbelebung in der Arztpraxis sollten parallel zum beschriebenen Reanimationsablauf weitere Maßnahmen vorbereitet werden, die einer intensiveren Therapie dienen. Stellen Sie hierzu den Notfallkoffer (Bild 6) Ihrer Praxis bereit. Er sollte bestückt sein mit

- einem Beatmungsbeutel und Masken verschiedener Größen,
- Sauerstoff,
- Larynxtuben unterschiedlicher Größe mit Blockerspritze,
- Stethoskop und Blutdruckmanschette,
- Absauggerät,
- Materialien für venöse Zugänge,
- mehreren Infusionssystemen und Infusionslösungen,
- Blutzuckermessgerät mit Teststreifen,
- Notfallmedikamenten,
- Verbandsmaterialien und Handschuhen.

Intubation: Einführen eines Schlauches (Tubus) durch Mund oder Nase in Rachen und Luftröhre

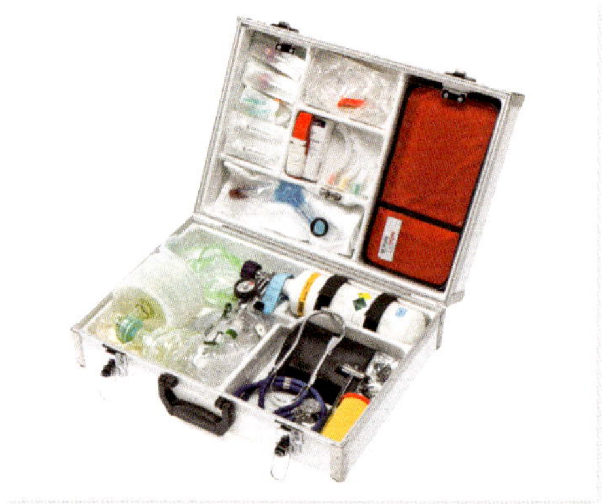

Bild 6 Notfallkoffer.

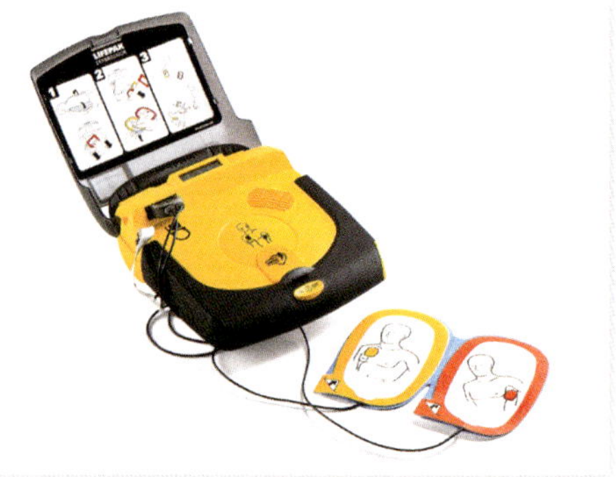

Bild 7 Automatisierter externer Defibrillator.

Überprüfen Sie alle zwei Monate den Inhalt des Notfallkoffers auf Vollständigkeit, Funktionsfähigkeit, Verfallsdaten und Sterilität.

Sobald wie möglich sollte die Beatmung auf Beutelbeatmung mit Sauerstoffzuleitung umgestellt werden. Mit dem Absauggerät kann Sekret aus dem Rachenraum abgesaugt werden. Von einer weiteren Person kann während der Reanimation ein EKG-Gerät angeschlossen werden. Defibrillationseinheit und Larynxtuben mit Blockerspritze sind bereitzuhalten. Um Adrenalin und weitere Medikamente geben zu können, sollte ein intravenöser Zugang gelegt werden.

Die Wiederbelebung eines Patienten stellt eine körperlich und seelisch belastende Maßnahme dar. Erfahrungsgemäß wachsen Helfer in dieser Situation jedoch über sich hinaus und sind imstande, den Reanimationsvorgang so lange wie nötig durchzuführen. Eine begonnene Reanimation sollte fortgeführt werden, bis

- Atmung bzw. Kreislauf wieder einsetzen und die Hautfarbe wieder rosig wird,
- die Helfer durch andere (z. B. Ersthelfer oder Rettungsdienstpersonal) abgelöst werden,
- ein Arzt den Abbruch der Reanimation anordnet.

Unabhängig vom Ausgang der Wiederbelebung ist es wichtig, über das Erlebte zu sprechen. Suchen Sie dazu das Gespräch mit guten Freunden, Eltern oder Mitarbeitern im Praxisteam, um das Geschehen zu verarbeiten.

Lagerungsart	Bild	Indikation
Schocklage	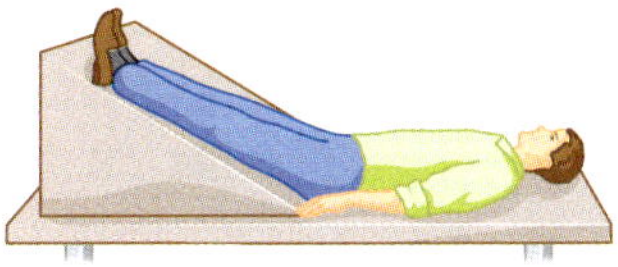 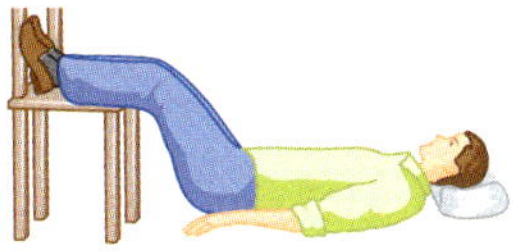	• alle Schockarten außer dem kardiogenen Schock • Synkope
Oberkörperhochlagerung	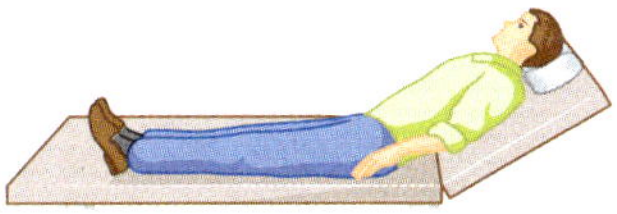	• kardiogener Schock • Angina pectoris • Herzinfarkt • Lungenembolie
Lagerung mit angewinkelten Beinen	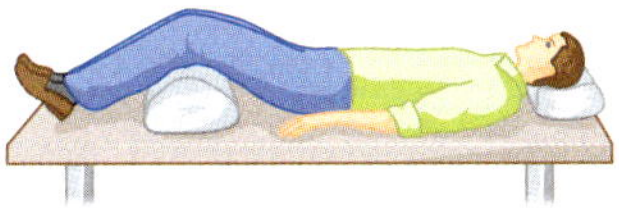	• akutes Abdomen
Oberkörperhochlagerung mit aufgestützten Armen	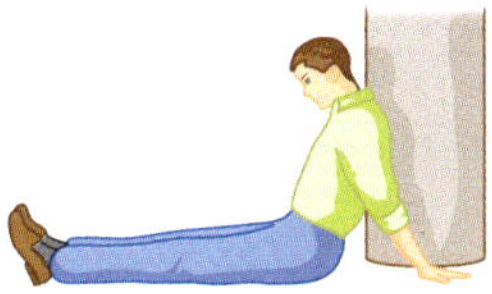	• Asthma bronchiale
kombinierte Oberkörperhoch- und Beintieflagerung		• Lungenödem
Beinhochlagerung	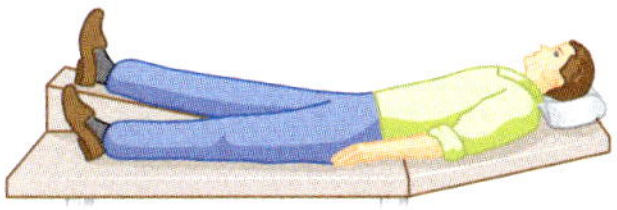	• venöser Gefäßverschluss
Beintieflagerung		• arterieller Gefäßverschluss
stabile Seitenlage	siehe Bild 3, S. 232	• Bewusstlosigkeit mit vorhandener Atmung und Puls

Tabelle 1 Wichtige Lagerungsarten.

1.3 Blutungen

Vitalfunktionen: Bewusstsein, Atmung, Kreislauf

Volumenmangelschock ▸ S. 238

Eine Blutung ist der Austritt von Blut aus einem Gefäß nach außen oder in Organe und Weichteile. Ab einem Blutverlust von ca. einem Liter besteht für Erwachsene Schockgefahr. Neben der Blutstillung stehen die Kontrolle und Sicherung der Vitalfunktionen im Vordergrund der Maßnahmen, um den drohenden Volumenmangelschock frühzeitig zu erkennen.

Bei jedem Kontakt mit blutenden Patienten sind Einmalhandschuhe zu tragen.

> Bei allen medizinischen Notfällen gilt: Handschuhe tragen, um Infektionen zu vermeiden.

1.3.1 Äußere Verletzungen

Infusion: Flüssigkeit (z. B. Kochsalzlösung) in den Blutkreislauf fließen lassen

Symptome	• blutende Wunde • Schmerzen
Ursachen	• Einwirkung äußerer Gewalt (Schnitt, Stoß usw.)
Gefahren	• zunächst: hoher Blutverlust mit Volumenmangelschock • später: Infektionen
Sofortmaßnahmen	• bei schwach blutenden Wunden an Arm oder Bein: Extremität hochlagern Wunde mit keimfreier Wundauflage abdecken und Verband anlegen • bei stark blutenden Wunden: Schocklage (Tabelle 1, S. 235) Arterie abdrücken und Druckverband anlegen
assistierende Maßnahmen	vorbereiten: • Infusion
Hinweise	• Wenn nur ein Helfer anwesend ist: bis zum Anlegen eines Druckverbandes an Hand oder Unterarm eine Blutdruckmanschette am Oberarm aufpumpen, bis die Blutung steht. Danach Druckverband anlegen und Manschette wieder entfernen. • Junge Patienten ertragen Blutverluste von über einem Liter zunächst fast symptomfrei. Ihr Zustand verschlechtert sich danach aber umso schneller.

1.3.2 Nasenbluten

Symptome	• plötzlich beginnende Blutung aus der Nase
Ursachen	• Blutung aus den Gefäßen der Nasenscheidewand, häufig bei Menschen mit hohem Blutdruck
Gefahren	• hoher Blutverlust mit Volumenmangelschock • Erbrechen durch verschlucktes Blut
Sofort-maßnahmen	• Oberkörper hochlagern • Kopf nach vorne beugen • kalte Umschläge oder Eisbeutel an Nacken und Stirn legen
assistierende Maßnahmen	• Wenn die Blutung nach 15 Min. nicht aufhört: Watte und abschwellende Nasentropfen zur Herstellung einer Nasentamponade bereitlegen. • evtl. Bereitlegen eines Nasenspekulums
Hinweise	• Blutbefleckte Papiertücher und Kleidungsstücke lassen das Nasenbluten oft dramatisch erscheinen. Bewahren Sie Ruhe. Meistens wird das Ausmaß des Blutverlustes überschätzt.

Spekulum ▸ S. 452

1.3.3 Ösophagusvarizenblutung

Ösophagus = Speiseröhre

Varizen = Krampfadern

Anämie ▸ S. 257

Symptome	• schwallartiges, kaffeesatzartiges Bluterbrechen mit plötzlichem Beginn • meist Anzeichen eines Volumenmangelschocks • Anzeichen einer Anämie: Schwindel, Schwäche, Luftnot, Blässe • schwarz glänzender, klebriger Stuhl (Teerstuhl) ab 5 Std. nach Beginn der Blutung
Ursachen	• Geplatzte Krampfadern im Bereich von Speiseröhre und Magen, die meist aufgrund einer Leberzirrhose durch den Blutrückstau aus dem Pfortaderkreislauf entstanden sind.
Gefahren	• Schock, Kreislaufstillstand
Sofort-maßnahmen	• Oberkörper hochlagern • Hilfe beim Erbrechen
assistierende Maßnahmen	vorbereiten: • Infusion • Sauerstoffgabe • Absauggerät • Intubation und Beatmung
Hinweise	• Befindet sich Blut im Magen, so wird es durch die Magensäure in Aussehen und Beschaffenheit so verändert, dass es „Kaffeesatz“ ähnelt.

1.4 Schock

Jeder Schock stellt eine Störung der Regulation von Herz und Kreislauf dar. Dabei ist die Menge des zur Verfügung stehenden Blutes geringer als die benötigte Blutmenge.

Die Symptome des Schocks sollten unbedingt ernst genommen werden. Je stärker sich die Symptome ausprägen, umso schwieriger wird deren Behandlung im Rahmen der Ersten Hilfe.

1.4.1 Volumenmangelschock

Tachykardie ▸ S. 279

Hypotonie ▸ S. 288 f.

Zyanose: bläuliche Verfärbung der Haut/der Lippen durch Sauerstoffmangel

Symptome	• Tachykardie • Hypotonie • Blässe • Zyanose • kaltschweißige Haut • Unruhe • Kältezittern • Durst
Ursachen	hoher Flüssigkeitsverlust durch: • innere oder äußere Blutung • Durchfall oder Erbrechen • Verlust von Blutplasma bei großflächigen Verbrennungen • starkes Schwitzen (Hitzeerschöpfung)
Gefahren	• Kreislaufstillstand
Sofortmaßnahmen	• Schocklagerung • evtl. Blutung stillen • bei Verbrennungen: kühlen mit Wasser, mindestens 15 Minuten • bei Hitzeerschöpfung: Patienten in kühle Umgebung bringen
assistierende Maßnahmen	vorbereiten: • Infusion • Sauerstoffgabe
Hinweise	• Auch bei Gewalteinwirkung auf den Bauch und bei Frakturen muss wegen der Gefahr der Verletzung von inneren Organen oder Blutgefäßen mit der Entwicklung eines Volumenmangelschocks gerechnet werden.

Schockindex = $\frac{\text{Pulsfrequenz}}{\text{systolischer Blutdruck}}$

systolischer Blutdruck ▸ S. 293 f.

% Blutvolumen	Blutverlust ml	Symptome	Schweregrad
0–10	0–500	keine	kein Schock
10–20	500–1000	• Tachykardie • Zyanose	leichter Schock
20–35	1000–1800	• s.o. • Schockindex > 1,0 • Hypotonie • Angst • Schwitzen • Unruhe	Schock
35–50	1800–2500	• s.o. • Schockindex > 1,5	schwerer Schock mit Lebensgefahr

Tabelle 2 Die Schweregrade eines Volumenmangelschocks durch Blutverlust.

1.4.2 Kardiogener Schock

kardiogen = durch das Herz verursacht

Symptome	• Arrhythmie • Hypotonie • gestaute Halsvenen • Schmerzen, Atemnot (oft als Anzeichen einer Herzerkrankung) • Zyanose
Ursachen	akut verminderte Pumpleistung des Herzens durch: • Herzinfarkt • Herzinsuffizienz • Herzrhythmusstörungen • Lungenembolie
Gefahren	• Kreislaufstillstand
Sofortmaßnahmen	• Lagerung mit erhöhtem Oberkörper
assistierende Maßnahmen	vorbereiten: • Infusion • Sauerstoffgabe
Hinweise	• Patienten mit kardiogenem Schock werden meistens sitzend und unter Einsatz ihrer Atemhilfsmuskulatur vorgefunden. Sie können darum zunächst in dieser Position belassen werden.

Arrhythmie ▸ S. 279
Herzinfarkt ▸ S. 241
Herzinsuffizienz ▸ S. 277 f.
Lungenembolie ▸ S. 250
Atemhilfsmuskulatur ▸ S. 300

1.4.3 Anaphylaktischer Schock

anaphylaktisch = allergisch

Symptome	mit zunehmendem Schweregrad: • warme, rote Haut, evtl. mit Quaddeln, Juckreiz, Niesen • Schwindel, Erbrechen, Schüttelfrost, Tachykardie, Blutdruckabfall • Bronchospasmus, Atemnot
Ursachen	allergische Reaktion auf : • Medikamente (z. B. Antibiotika, Röntgenkontrastmittel, Lokalanästhetika) • Fremdeiweiße (z. B. Insektengifte, Lösungen zur Hyposensibilisierung) • andere Fremdstoffe (z. B. in Nahrungsmitteln)
Gefahren	• Atem- und Kreislaufstillstand
Sofortmaßnahmen	• Zufuhr des allergieauslösenden Stoffes beenden • Schocklagerung • evtl. Hilfe beim Erbrechen
assistierende Maßnahmen	vorbereiten: • Infusion • Sauerstoffgabe • Intubation und Beatmung
Hinweise	• Wegen der Gefahr eines anaphylaktischen Schocks muss jeder Patient in den ersten Minuten nach der Gabe von Medikamenten oder Infusionen sorgfältig beobachtet werden. • Trotz nachlassender Symptome ist in den ersten 24 Stunden jederzeit ein spontanes Wiederauftreten der Schocksymptomatik möglich.

Hyposensibilisierung ▸ S. 273

1.5 Schmerzen

Schmerz ist eine sinnvolle, lebenserhaltende Empfindung und somit eine Schutzeinrichtung. Mit wenigen gezielten Fragen an den Patienten lassen sich Rückschlüsse über die Schmerzursache und Konsequenzen für die Notfallbehandlung ziehen:

- „Wo spüren Sie den Schmerz?"
- „Wie empfinden Sie den Schmerz (dumpf, hell, brennend, stechend, krampfartig, ausstrahlend ...)?"
- „Wie lange haben Sie schon Schmerzen"?

Angina pectoris ▸ s. auch S. 278

1.5.1 Angina pectoris

Herzkranzgefäße ▸ S. 275

EKG ▸ S. 280 ff.

Herzinfarkt ▸ S. 241 und S. 278

Symptome	• anfallsartiger Brustschmerz, Gefühl der „Brustenge" • evtl. Schmerzausstrahlung in Hals, Schulter, linken Arm oder Bauch • Schmerzdauer weniger als ca. 15 Minuten • Dyspnoe (Atemnot) • Zyanose • Unruhe • Angst • evtl. Hypotonie
Ursachen	• Durch verengte Herzkranzgefäße kommt es unter Belastung zu einer vorübergehenden Sauerstoffunterversorgung des Herzmuskels. Die Mangeldurchblutung verursacht Schmerzen der Herzmuskelzellen.
Sofortmaßnahmen	• Lagerung mit leicht erhöhtem Oberkörper • enge Kleidungsstücke öffnen • Beruhigung
assistierende Maßnahmen	Falls der Patient ein Nitratpräparat (Dosieraerosol oder Kapseln) zur Linderung der Beschwerden besitzt: • Hilfe bei der Medikamenteneinnahme vorbereiten: • EKG • Infusion • Sauerstoffgabe
Hinweise	• Außerhalb der Klinik können Angina-pectoris-Beschwerden nicht sicher von Infarkt-Symptomen unterschieden werden. Darum ist jeder Angina-pectoris-Patient wie ein Infarktpatient zu behandeln. • Bessert sich die Symptomatik nach der Gabe von Nitraten nicht, liegt wahrscheinlich ein Infarkt vor.

1.5.2 Herzinfarkt

Herzinfarkt
s. auch S. 278

Symptome	• schwerste Schmerzen im Brustkorb, Gefühl der Brustenge • evtl. Schmerzausstrahlung in Hals, Schulter, linken Arm oder Bauch • flache Atmung • Zyanose • kaltschweißige Haut • Unruhe • Todesangst • evtl. Hypotonie • evtl. Bewusstlosigkeit • bei Frauen: oft Übelkeit und Erbrechen, Rückenschmerzen
Ursachen	• Der Verschluss von einem oder mehreren Herzkranzgefäßen führt zum äußerst schmerzhaften Absterben von Herzmuskelgewebe.
Gefahren	• Kreislaufstillstand
Sofort-maßnahmen	• Lagerung mit leicht erhöhtem Oberkörper • enge Kleidungsstücke öffnen • Beruhigung • Patienten nicht bewegen oder gehen lassen
assistierende Maßnahmen	vorbereiten: • Infusion • eventuell Sauerstoffgabe • EKG • Absauggerät • Intubation und Beatmung • Defibrillator
Hinweise	• Beim Vorliegen von Brustschmerz-Symptomen sollte schnellstmöglich eine Klärung durch Arzt oder Klinik erfolgen. Je früher ein Infarkt erkannt und behandelt wird, umso eher kann das weitere Absterben von Herzmuskelgewebe verhindert werden. • 10 % aller Infarkte verlaufen ohne die infarkttypischen Symptome, vor allem bei älteren Patienten sowie Diabetikern.

akutes Abdomen: plötzliche einsetzende Symptomatik bei Erkrankungen im Bereich von Bauchhöhle und Unterleib

1.5.3 Akutes Abdomen

Symptome	• akuter, evtl. krampfartiger Schmerz im Bauch- oder Beckenbereich, evtl. in Rücken oder Schulter ausstrahlend • Abwehrspannung der Bauchdecke • schlechter Allgemeinzustand bis hin zum Schock • evtl. oberflächliche, schmerzhafte Atembewegungen mit Zyanose • evtl. Übelkeit mit Erbrechen
Ursachen	• durchgebrochenes Magen- oder Zwölffingerdarmgeschwür • Ileus (Darmverschluss) • akute Appendizitis • Gallen- oder Nierenkolik • Nieren-, Leber- oder Milzriss • gynäkologische Erkrankungen, z. B. innere Blutungen bei Eileiterschwangerschaft
Gefahren	je nach Ursache verschieden, z. B.: • Blutverlust • Schock
Sofortmaßnahmen	• Flach- oder Seitenlagerung mit angewinkelten Beinen • evtl. Schockbekämpfung • Erbrochenes oder Stuhl für weitere Untersuchungen aufbewahren
assistierende Maßnahmen	vorbereiten: • Infusion
Hinweise	• Der Patient darf weder Getränke noch Nahrung zu sich nehmen. Dies kann zu Spasmen der Gallen- und Bauchspeicheldrüsengänge führen. • Patienten mit akutem Abdomen sollten keine Schmerzmittel einnehmen, damit die Symptomatik nicht „verschleiert“ wird. • Auch undramatisch erscheinende Bauchschmerzen können lebensbedrohlich sein.

Appendizitis ▸ S. 407

Spasmen = Krämpfe

1.6 Bewusstseinsstörungen

Im Verlauf einer Bewusstseinsstörung ist es möglich, dass sich Phasen der Bewusstseinstrübung mit Phasen der Bewusstlosigkeit abwechseln. Häufig jedoch nimmt die Tiefe der Bewusstlosigkeit mit der Dauer des Notfallgeschehens zu. Eine grobe Orientierung über die Tiefe der Bewusstlosigkeit erhält man mit folgendem „Bewusstseins-Check“:

Sehen:
- Sind die Augen des Patienten geöffnet?
- Reagiert der Patient auf Berührung und Schmerz?
- Reagieren die Pupillen auf einen Lichtreiz (Augenlampe)?
- Krampft der Patient?
- Sind Schädel- oder Hirnverletzungen zu erkennen?

Hören:
- Spricht der Patient klar und verständlich?

Fragen:
- „Hallo! Hören Sie mich?
  Wie heißen Sie? Wo haben Sie Schmerzen?
  Was ist passiert?“

1.6.1 Vagovasale Synkope (Ohnmacht)

Synkope = kurzzeitige Bewusstlosigkeit

Symptome	vor der Synkope: • Schwindel, Übelkeit • Schwarzwerden vor Augen • Gähnen • Blässe • Schwitzen
Ursachen	• langes Stehen und Sauerstoffmangel, z. B. in warmen oder überfüllten Räumen • plötzlicher Lagewechsel (z. B. vom Liegen zum Stehen) • Schmerzen, Angst und Schreck • Herzrhythmusstörungen
Gefahren	• Folgeverletzungen durch den Sturz (Kopfplatzwunde, Gehirnerschütterung)
Sofortmaßnahmen	• Schocklagerung
assistierende Maßnahmen	vorbereiten: • Infusion • Sauerstoffgabe

Epilepsie ▸ s. auch S. 331

1.6.2 Großer epileptischer Anfall

Symptome	**während des Krampfanfalls:** • plötzliche Bewusstlosigkeit mit anschließendem Sturz • für wenige Sekunden Anspannung aller Muskeln, insbesondere der Rückenmuskulatur, dadurch Überstreckung des Körpers. Durch Kontraktion des Zwerchfells kurzzeitiger Atemstillstand mit Zyanose • minutenlange Muskelzuckungen am ganzen Körper • Speichelfluss • evtl. Abgang von Urin oder Stuhl • evtl. Zungenbiss **nach dem Krampfanfall:** • Desorientierung, Bewusstseinsstörung • Müdigkeit, evtl. mit Nachschlafphase • fehlende Erinnerung an den Anfall (Amnesie)
Ursachen	• plötzliche Aktivitätssteigerung des ZNS
Gefahren	• Entwicklung eines Status epilepticus • Verletzungen durch den Krampfanfall an Kopf und Extremitäten • Zungenbiss
Sofort-maßnahmen	**während des Krampfanfalls:** • Umgebende Gegenstände und Möbel entfernen oder abpolstern, um den Patienten vor Verletzungen zu schützen. **nach dem Krampfanfall:** • nach Möglichkeit stabile Seitenlage und Kontrolle der Vitalfunktionen • Freimachen und Freihalten der Atemwege • Erstversorgung von evtl. aufgetretenen Verletzungen
assistierende Maßnahmen	vorbereiten: • Infusion • Sauerstoffgabe • während des Krampfanfalls auf die Uhr schauen, da jeder Krampfanfall über 10 Minuten als lebensbedrohlicher Status epilepticus angesehen wird.
Hinweise	• Das Einführen eines Zungenkeils zur Prophylaxe des Zungenbisses sollte unterbleiben, da hierbei die Verletzungsgefahr für den Helfer groß ist.

ZNS ▸ S. 324 ff.

Status epilepticus: Serie von epileptische Anfällen ohne Erholungsphase für den Patienten

1.6.3 Fieberkrampf bei Säuglingen und Kleinkindern

Symptome	• Krämpfe am ganzen Körper, Dauer meist 1–2 min, selten länger als 15 min • Fieber > 39 °C (Fieberbeginn meist wenige Stunden vor Krampfbeginn) • Bewusstseinsstörung, evtl. Bewusstlosigkeit oder Nachschlaf • Tachykardie • evtl. flache Atmung mit Zyanose • evtl. starrer Blick
Ursachen	• Infekt mit Fieber • oft genetische Veranlagung zu Fieberkrämpfen (ca. 50 % der Fälle)
Gefahren	Entwicklung eines Krampfanfalls nach mehr als 15 min mit: • verringertem Atemantrieb • vorübergehender Lähmung einer Extremität • Folgekrämpfe • Hirnschädigung
Sofort-maßnahmen	• Decken und warme Kleidung entfernen • kalte Umschläge auf die Stirn, lauwarme auf den Rumpf • bei Bewusstsein: Flüssigkeitsgabe • bei Bewusstlosigkeit: stabile Seitenlage
assistierende Maßnahmen	vorbereiten: • Infusion • Sauerstoffgabe • Beatmung (mit Kindermaske)
Hinweise	• Fieberkrämpfe treten bei 3 bis 5 % aller Kinder auf, meistens im 2. Lebensjahr. • Mehr als die Hälfte der Eltern hatte Angst, dass ihr Kind während des Krampfanfalls sterben würde. Helfen Sie den Eltern, das Geschehen zu verarbeiten, indem Sie nach der Behandlung in Ruhe mit ihnen reden.

1.6.4 Hypoglykämie

Hypoglykämie ▸ s. auch Diabetes mellitus S. 420 ff.

Hypertonie ▸ S. 288

Aspiration: Eindringen flüssiger oder fester Stoffe in die Atemwege

Symptome	• Blutzucker < 50 mg/dl • kaltschweißige Haut • auffälliges Verhalten wie Zittern, Unruhe, Verwirrtheit oder Aggressivität • Bewusstseinsstörungen, evtl. Bewusstlosigkeit • erhöhte Krampfneigung • Hunger • Kopfschmerzen • Tachykardie • evtl. Tachypnoe (beschleunigte Atmungsfrequenz) • evtl. Hypertonie
Ursachen	Abnahme der Blutzuckerkonzentration bei Diabetikern durch: • körperliche Anstrengung • ausgelassene Mahlzeit trotz Insulingabe • Überdosierung von Insulin • Alkoholkonsum
Gefahren	• Bewusstlosigkeit • Hirnschäden durch längerdauernde Hypoglykämie • Herzrhythmusstörungen
Sofortmaßnahmen	bei Bewusstsein: • Flachlagerung • Gabe von 4 Plättchen Traubenzucker oder 1 Glas Apfelsaft bei Bewusstlosigkeit: • stabile Seitenlage • Glucose i. v. oder Glukagon i. m. spritzen. • wegen Aspirationsgefahr wird Glucose nur i.v. gespritzt
assistierende Maßnahmen	• Blutzuckerkontrolle vorbereiten: • Infusion • Sauerstoffgabe • Injektion von Glucose oder Glukagon
Hinweise	• Bei Diabetikern gilt: Ist man unsicher, ob eine Hyper- oder Hypoglykämie vorliegt, gibt man Traubenzucker. Das rettet den Patienten im Unterzucker und führt beim überzuckerten Patienten nur zu einer unwesentlichen Steigerung des ohnehin erhöhten Blutzuckers.

1.7 Atemnot

Eine Atemnot kann unterschiedliche Ursachen haben. Häufig sind es Herz-Kreislauf-Störungen, manchmal aber werden diese erst durch eine schwere Atemnot ausgelöst. Einen Überblick über Ursache und Schwere der Atemnot verschafft man sich mit dem folgenden „Atmungs-Check“:

Sehen:
- Ist die Hautfarbe rosig?
- Sind Atembewegungen sichtbar?
- Ist der Atemrhythmus gleichmäßig?
- Hustet der Patient Sputum ab?

Fühlen:
- Ist der Luftstrom an der eigenen Wange spürbar?

Hören:
- Sind pfeifende Atemgeräusche hörbar?

Sonstige Erkenntnisse:
- Sind Gehirn und Thorax unverletzt?

Sputum = Auswurf, Sekrete der Luftwege

1.7.1 Fremdkörper in den Atemwegen

Symptome	• akut einsetzende Atemnot, Sprechen unmöglich • evtl. pfeifende Atemgeräusche • Zyanose • starker Hustenreiz • Angst • Bewusstseinsstörung bis hin zur Bewusstlosigkeit • Tachykardie
Ursachen	• Kleinteile wie Knöpfe, Erdnüsse, Bonbons, rohe Möhren- oder Apfelstücke u.s.w. gelangen in die Luftröhre, evtl. bis in die Bronchien und verschließen so die Atemwege.
Gefahren	• Atemstillstand
Sofortmaßnahmen	**bei Kindern:** • Kind mit dem Kopf nach unten halten und mit flacher Hand zwischen die Schulterblätter schlagen. **bei Erwachsenen:** • Patienten mit gesenktem Kopf hinknien lassen und mit flacher Hand zwischen die Schulterblätter schlagen. • Wenn diese Maßnahme erfolglos ist: versuchen, den Fremdkörper aus dem Rachenraum zu entfernen.
assistierende Maßnahmen	vorbereiten: • Infusion • Injektion • Sauerstoffgabe • Absaugung • Intubation
Hinweise	• Die Fremdkörperaspiration bei Kindern geschieht meist, wenn das Kind mit Nahrung im Mund erschrickt oder läuft und dabei fällt. Darum Kindern während des Spielens nichts zu essen geben und bis zum 3. Lebensjahr keine Erdnüsse anbieten.

Asthma bronchiale ▸ s. auch S. 302

1.7.2 Asthma bronchiale

Symptome	• plötzliche Atemnot (oft früh morgens) mit verlängerter Ausatemphase und pfeifenden Ausatemgeräuschen • Zyanose • Einsatz der Atemhilfsmuskulatur • evtl. zäher Auswurf • Tachykardie • evtl. Hypertonie • Angst
Ursachen	• Meist bedingt durch Allergie, Infekte, körperliche Anstrengung, Stress oder kalte Luft, kommt es zu einer Verengung der Atemwege.
Gefahren	• Entwicklung eines Status asthmatikus • Atemstillstand
Sofortmaßnahmen	• Beruhigung • Lagerung mit erhöhtem Oberkörper • Aufstützen der Arme ermöglichen • Anleitung zur dosierten Lippenbremse
assistierende Maßnahmen	Falls der Patient ein Bronchospasmolytikum als Dosieraerosol zur Linderung der Beschwerden besitzt: • Hilfe bei der Dosierung des Aerosols vorbereiten: • Sauerstoffgabe • Infusion • Injektion
Hinweise	• Bei der dosierten Lippenbremse soll der Patient durch die Nase einatmen und zum Ausatmen die Luft langsam zwischen den aufeinander liegenden Lippen ausströmen lassen. Durch das langsame und bewusste Ausatmen wird ein Kollabieren (Zusammenfallen) von Bronchiolen und Alveolen verhindert.

Status asthmatikus: lang anhaltender Asthma bronchiale Anfall

Bronchospasmolytika: Medikamente, die die Verkrampfung der Bronchialmuskulatur vermindern

dosierte Lippenbremse ▸ S. 303

Bronchiolen, Alveolen ▸ S. 298

1.7.3 Akutes Lungenödem

Symptome	• zunehmende Atemnot • evtl. Reizhusten • rasselndes oder brodelndes Atemgeräusch • Tachypnoe • Zyanose • Tachykardie • gestaute Halsvenen • Unruhe, Angst
Ursachen	• Beim kardialen Lungenödem staut sich das Blut aufgrund einer akuten Linksherzinsuffizienz bis in die Lungenkapillaren zurück. Dadurch tritt Blutplasma aus den Kapillaren in die Alveolen über und behindert den Gasaustausch in der Lunge. • Beim toxischen Lungenödem wird die Durchlässigkeit der Lungenkapillaren durch das Einatmen giftiger Dämpfe erhöht (z. B. bei Rauchvergiftung), sodass Blutplasma in das Lungengewebe übertritt. Dadurch wird der Gasaustausch in der Lunge behindert.
Gefahren	• Atemstillstand
Sofortmaßnahmen	• Oberkörper hochlagern, Beine tief lagern • enge Kleidungsstücke öffnen • Beruhigung
assistierende Maßnahmen	vorbereiten: • Sauerstoffgabe • Absaugung • Infusion • Injektion • EKG • Intubation und Beatmung beim toxischen Lungenödem: • Hilfe bei der Gabe eines Dosieraerosols mit dem kortisonähnlichen Wirkstoff Beclometason

Lungenembolie
▸ S. 290

Thorax = Brustkorb

kardiogener Schock
▸ S. 239

1.7.4 Lungenembolie

Symptome	• plötzliche, starke Atemnot • Tachypnoe (beschleunigte Atmungsfrequenz) • Thoraxschmerz • Symptome des kardiogenen Schocks
Ursachen	• Eine Lungenembolie entsteht, wenn sich ein Thrombus aus einer großen Bein- oder Beckenvene löst, dann als Embolus die rechte Herzhälfte passiert und danach einen Ast der Lungenarterie verschließt. Dies führt zur Minderversorgung des betroffenen Lungengewebes und zu einer Druckerhöhung im Lungenkreislauf mit nachfolgendem Rechtsherzversagen.
Gefahren	• Bewusstlosigkeit • Atem- und Kreislaufstillstand
Sofortmaßnahmen	• Oberkörper hochlagern • Öffnen beengender Kleidung • Beruhigung
assistierende Maßnahmen	vorbereiten: • Sauerstoffgabe • Infusion • Injektion
Hinweise	• Die Symptome der Lungenembolie sind umso stärker ausgeprägt, je größer die vom Embolus verschlossene Arterie ist.

2 Blut

2.1 Aufbau und Aufgaben des Blutes

- **Blut**
  - Blutzellen 44 %
    - Erythrozyten (rote Blutzellen)
    - Leukozyten (weiße Blutzellen)
      - Granulozyten 50–70 %
        - neutrophile 55–70 %
        - eosinophile 2–4 %
        - basophile 0–1 %
      - Monozyten 2–6 %
      - Lymphozyten 25–40 %
        - B-Lymphozyten
        - T-Lymphozyten
        - natürliche Killerzellen
    - Thrombozyten (Blutplättchen)
  - Blutplasma 56 %
    - Wasser 90 %
    - gelöste Stoffe 10 %
      - Elektrolyte (Salze)
      - Proteine (Eiweiße)
      - Gerinnungsfaktoren
      - Nährstoffe (Glucose, Fette)
      - Abbauprodukte (Harnstoff, Harnsäure, Kreatinin)

Die gesamte Blutmenge eines Menschen beträgt etwa 8 % des Körpergewichts, d. h. eine 62 kg schwere Frau hat ca. 5 l Blut.

Das Blut besteht aus einem flüssigen und einem zellulären Anteil (Bild 9, S. 252):

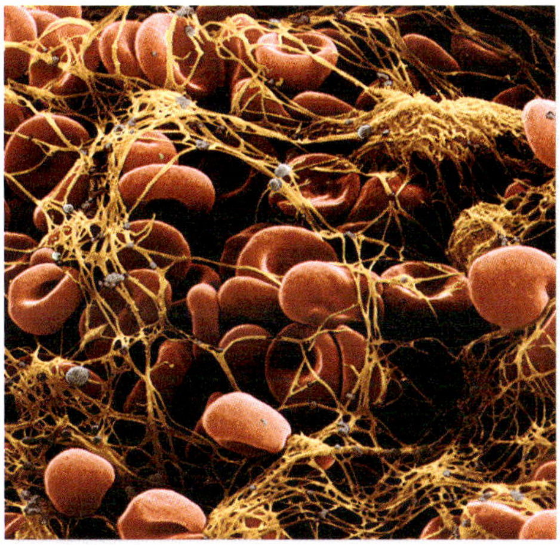

Bild 8 Blut unter dem Elektronenmikroskop: Erythrozyten und Fibrin auf einer frischen Wunde.

Blutplasma ist der flüssige Anteil. Es setzt sich überwiegend aus Wasser und aus den darin gelösten Stoffen (z. B. Salze und Eiweiße) zusammen.

Blutzellen stellen den festen Anteil des Blutes dar; es gibt sehr unterschiedliche Blutzellen.
Das Blut hat vielfältige Aufgaben:

- Es transportiert die Atemgase Sauerstoff und Kohlendioxid.
- Es wehrt Mikroorganismen und Fremdstoffe ab; dient der Unterscheidung von „körpereigen“ und „körperfremd“.
- Es verhindert durch seine Gerinnungsfähigkeit Blutverluste, die bei Verletzungen drohen.
- Es transportiert Nährstoffe zu den Körperzellen und Abbauprodukte zu den Nieren.
- Es dient als Lösungsmittel für die Blutsalze, die wichtig für den Wasserhaushalt und die Herzfunktion sind.
- Es ist beteiligt an der Regulierung der Körpertemperatur.

Gasaustausch
▸ S. 298 f.

Blutgruppen
▸ S. 255 f.

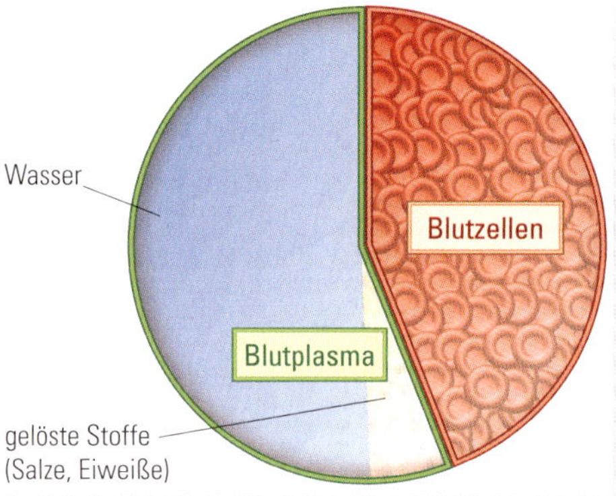

Bild 9 Blutplasma und Blutzellen.

2.1.1 Blutzellen

Erythrozyten (rote Blutzellen) sind scheibenförmige Zellen ohne Zellkern mit einem Durchmesser von etwa 7 µm (Bild 10). Sie entstehen wie alle anderen Blutzellen aus den Stammzellen („Mutterzellen", aus denen sich alle Blutzellen entwickeln) im Knochenmark.

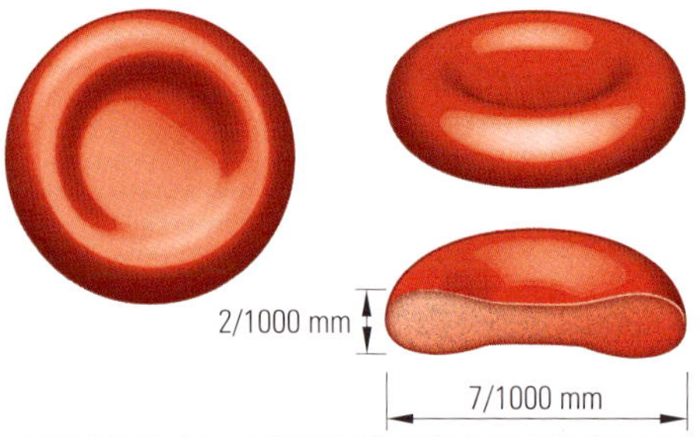

Bild 10 Erythrozyt in Aufsicht und Schnitt.

Wichtigster Bestandteil der Erythrozyten ist der rote Blutfarbstoff, das eisenhaltige Protein Hämoglobin (Hb). Es ist in der Lage, Sauerstoff zu binden, sodass die Erythrozyten Sauerstoff von der Lunge zu den Körperzellen transportieren können. Dieses sauerstoffreiche Blut ist hellrot.

Phagozyten (gr.) = Fresszellen

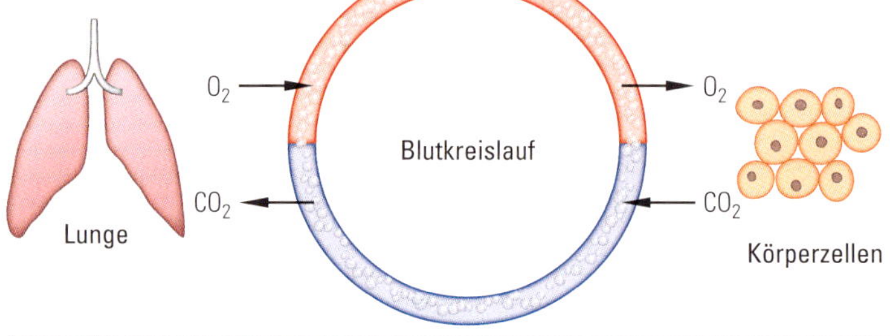

Bild 11 Transport von Sauerstoff und Kohlendioxid.

In den Kapillaren geben die Erythrozyten den Sauerstoff an die Zellen ab und das Plasma nimmt dafür Kohlendioxid auf. Das Kohlendioxid wird zurück zur Lunge transportiert. Dieses kohlendioxidreiche Blut ist dunkelrot. In der Lunge findet der Gasaustausch statt: Kohlendioxid wird abgegeben und neuer Sauerstoff aufgenommen (Bild 11).

Die Erythrozyten tragen die Blutgruppenmerkmale auf ihrer Zellmembran. Nach einer Lebensdauer von ca. 120 Tagen werden die gealterten Erythrozyten hauptsächlich in Milz und Leber abgebaut.

Leukozyten (weiße Blutzellen). Die drei Arten von Leukozyten (Bild 12, S. 253) dienen alle der körpereigenen Abwehr.

Granulozyten erkennt man an den typischen Körnchen (lat. Granula) im Zellleib. Granulozyten werden in den Stammzellen im Knochenmark gebildet. Sie sind farblos; mit Farbstoffen kann man sie anfärben und dann drei Formen unterscheiden:

- neutrophile (sowohl mit sauren als auch basischen Farbstoffen anfärbbar),
- eosinophile (mit dem sauren Farbstoff Eosin anfärbbar) und
- basophile (mit dem basischen Farbstoff Methylenblau anfärbbar) Granulozyten.

Die Form des Zellkerns dieser Blutzellen ist von ihrem Alter abhängig:

- stabkernige sind junge,
- segmentkernige sind ältere Granulozyten.

Neutrophile Granulozyten sind die häufigste Form der Leukozyten. Sie können die verschiedensten Krankheitserreger in sich aufnehmen und dadurch unschädlich machen. Diese Fähigkeit wird als Phagozytose bezeichnet und die Granulozyten nennt man deswegen Mikrophagen (kleine Fresszellen). Nach der Phagozytose sterben die Granulozyten und werden über die Lymphkapillaren abtransportiert.

Bei einer massiven Infektion mit Bakterien sammelt sich Eiter an. Eiter besteht aus abgestorbenen und lebenden Granulozyten, Bakterien, Zelltrümmern und Gewebsflüssigkeit.

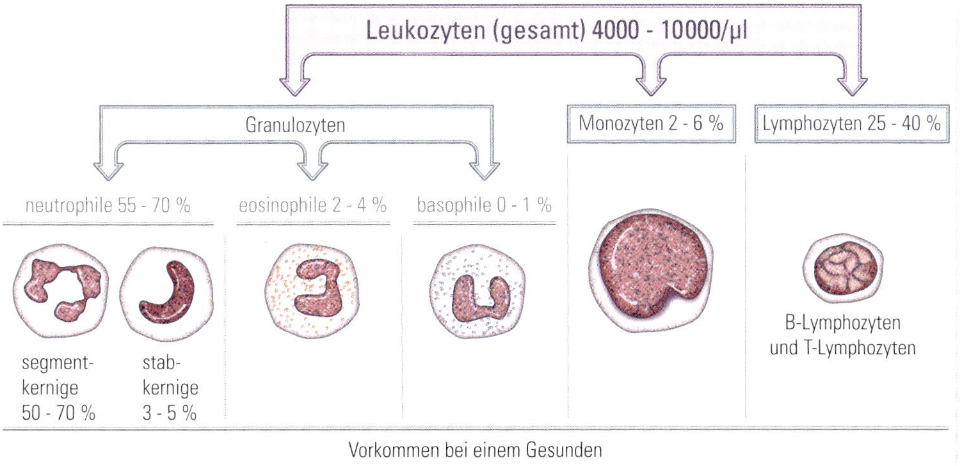

Bild 12 Arten der Leukozyten und ihr prozentualer Anteil.

Die selteneren Formen der eosinophilen und basophilen Granulozyten spielen eine Rolle bei allergischen Reaktionen.

Monozyten sind seltener und sehr viel größer als die Granulozyten. Sie haben eine ähnliche Aufgabe, deshalb nennt man sie Makrophagen (große Fresszellen).

Da Granulozyten und Monozyten die verschiedensten Erreger bekämpfen, dienen sie zusammen der unspezifischen zellulären Abwehr.

Lymphozyten. Nach ihren Reifungsorten werden zwei Arten unterschieden:
- B-Lymphozyten und
- T-Lymphozyten.

B-Lymphozyten reifen im Knochenmark (engl. **b**one marrow) heran. Sie entwickeln sich nach Kontakt mit einem körperfremden Stoff (Antigen) zu Plasmazellen oder Gedächtniszellen. Die Plasmazellen produzieren Antikörper, die im Blut zirkulieren. Diese Antikörper können sich nur an ganz bestimmte Antigene (z. B. nur an Röteln-Viren oder nur an Tetanus-Toxin) binden und sie so unschädlich machen. Man spricht deshalb von der spezifischen humoralen Abwehr.

T-Lymphozyten wandern aus dem Knochenmark in den **T**hymus ein und reifen dort heran. Dabei differenzieren sie sich in zahlreiche Untergruppen aus.

Die T-Lymphozyten werden bei Kontakt mit Antigenen selbst als Abwehrzellen aktiv. Sie benötigen mit 48 Stunden mehr Zeit als die sofort reagierenden Antikörper. Zytotoxische T-Zellen (T-Killer-Zellen) können virusinfizierte Zellen und Krebszellen abtöten oder transplantierte Organe abstoßen. Man nennt sie die spezifische zelluläre Abwehr.

Natürliche Killerzellen nehmen eine Sonderstellung unter den Lymphozyten ein: sie machen keine Reifung wie die B- und T-Lymphozyten durch, haben aber „Killer"-Eigenschaften.

Thrombozyten (Blutplättchen) sind kernlos, flach und unregelmäßig geformt. Sie werden von ihren Stammzellen im Knochenmark als kleine Zellbruchstücke von 1 bis 4 µm Größe abgeschnürt. Nach ca. 10 Tagen werden sie vor allem in Leber und Milz abgebaut. Sie spielen eine wichtige Rolle bei der Blutstillung.

Tabelle 3, S. 254 zeigt die Zusammenstellung aller Blutzellen.

2.1.2 Blutplasma

Das Blutplasma besteht zu 90 % aus Wasser, den übrigen Anteil bilden die darin gelösten Stoffe:
- Elektrolyte (Salze),
- Proteine (Eiweiße),
- Gerinnungsfaktoren,
- Nährstoffe,
- Abbauprodukte.

allergische Reaktionen ▸ S. 272 f.

Abwehr ▸ S. 270

Blutstillung ▸ S. 255

Plasma:
Blutflüssigkeit mit Fibrinogen

humoral:
Körperflüssigkeit betreffend

Thymus ▸ S. 271

Blutzellen	Aussehen / Besonderheit / Ort der Bildung	Anzahl (altersabhängig) / Lebensdauer	Funktion
Erythrozyten	rund, eingedellt, kernlos aus Stammzellen im Knochenmark	4,5 bis 5,9 Millionen / µl beim Mann 4,1 bis 5,1 Millionen / µl bei der Frau ca. 120 Tage, dann Abbau in Leber und Milz	Transport von O_2, Träger der Blutgruppen (AB0, Rhesus)
Leukozyten	alle mit Zellkern aus Stammzellen im Knochenmark	4000 bis 10 000 / µl	Abwehr
• Granulozyten	segmentierte Zellkerne, Körnchen im Zellleib (neutrophile, eosinophile, basophile)	50 bis 70 % 10 Stunden	unspezifische Abwehr, kleine Fresszellen
• Monozyten	große, nierenförmige Zellkerne	2 bis 6 % 7 bis 10 Tage	unspezifische Abwehr, große Fresszellen
• Lymphozyten	große, runde Zellkerne, schmaler Zytoplasmasaum	25 bis 40 % 10 Tage bis zu mehreren Jahren	spezifische Abwehr: B-Lymphozyten (humoral) T-Lymphozyten (zellulär)
Thrombozyten	kernlose, kleine, flache, unregelmäßige Zellbruchstücke aus Stammzellen im Knochenmark	150 000 bis 400 000 / µl ca. 10 Tage, dann Abbau in Leber und Milz	Blutstillung

Tabelle 3 Übersicht über die Blutzellen.

Ionen: elektrisch geladene Teilchen

Herz-Reizleitungssystem ▶ S. 276 f.

Elektrolyte (Salze) liegen als positive und negative Ionen vor (z. B. Natrium, Kalium, Chlorid, Calcium). Diese Elektrolyte haben Einfluss auf den Wasserhaushalt des Körpers. Wichtige Vorgänge sind von einer ganz bestimmten Ionenkonzentration abhängig, z. B. das Herz-Reizleitungssystem von der Kaliumkonzentration.

Serum: Blutflüssigkeit ohne Fibrinogen

Elektrophorese: Auftrennung mithilfe von elektrischem Strom

spezifische Abwehr ▶ S. 270

Proteine (Eiweiße). In 100 ml Blutplasma sind ca. 6 bis 8 g Proteine enthalten, deren Aufgaben die Wasserbindung und der Transport von Stoffen sind. Bluteiweiße (Albumin und Globuline) können mithilfe der Serum-Elektrophorese gemessen werden (Bild 13).

Albumine halten das Flüssigkeitsvolumen im Blut und in den Zellen konstant. Im Bereich der Kapillaren presst der Blutdruck Wasser durch die durchlässige Kapillarwand in den Zwischenzellraum. Durch das Wasserbindungsvermögen der Albumine wird das Wasser wieder in die Kapillaren zurückgesaugt. Enthält das Blut zu wenig Albumin (z. B. bei Leberzirrhose), kommt es zu Ödemen (Wasseransammlungen im Gewebe).

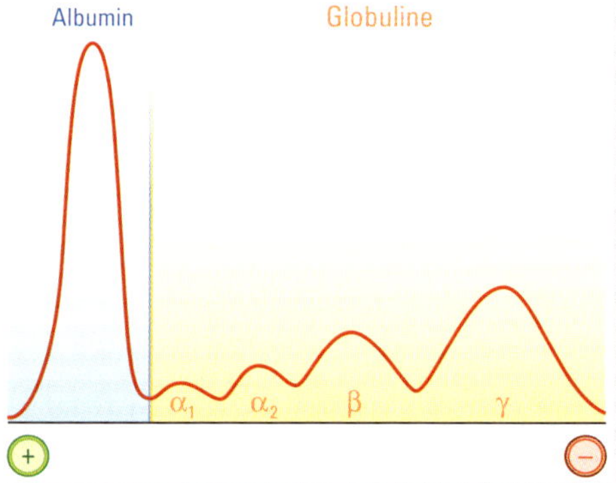

Bild 13 Serum-Elektrophorese.

Alpha- und Beta-Globuline haben eine wichtige Funktion beim Transport von Stoffen (z. B. von Hormonen oder Cholesterin). Gamma-Globuline werden auch als Immunglobuline bezeichnet. Dies sind die Antikörper, die im Immunsystem eine wichtige Funktion bei der spezifischen Abwehr spielen.

Gerinnungsfaktoren sorgen zusammen mit den Thrombozyten für den Verschluss von verletzten Gefäßen. Es gibt 13 unterschiedliche Gerinnungsfaktoren.

Nährstoffe. In 100 ml Blutplasma sind ca. 80 mg Glucose (Traubenzucker) gelöst. Außerdem finden sich Fette für den Stoffwechsel der Zellen.

Abbauprodukte. Das Blut transportiert eine Reihe von Stoffen nach ihrer Entgiftung in der Leber zu den Nieren (z. B. Harnstoff, Harnsäure, Kreatinin), wo sie dann ausgeschieden werden.

2.1.3 Gerinnungssystem

Verletzte Gefäße werden in drei Phasen wieder abgedichtet (Bild 14):

- Gefäßreaktion,
- Blutstillung,
- Blutgerinnung.

Gefäßreaktion. Die Muskelzellen der Gefäßwand ziehen sich blitzschnell zusammen; im verengten Gefäß strömt das Blut langsamer.

Blutstillung. Thrombozyten haften an der verletzten Gefäßwand nach wenigen Sekunden fest. Der gebildete Thrombus (Blutpfropf) verschließt die verletzte Gefäßwand in wenigen Minuten.

Blutgerinnung. Es gibt 13 Gerinnungsfaktoren, die innerhalb von Minuten aktiviert werden. Das Thrombin (Faktor II) wandelt unter Zusammenwirkung mit Calciumionen (Faktor IV) das gelöste Fibrinogen (Faktor I) des Blutplasmas in feste Fibrinfasern um. Ein Netz aus Fibrin legt sich über den gebildeten Thrombus, in den neben Thrombozyten auch Erythrozyten eingelagert werden (Bild 8, S. 251). Die Fibrinfasern ziehen sich zusammen und der Thrombus wird schließlich fest.

Man spricht von der „Gerinnungskaskade“: Wie fallende Dominosteine aktivieren sich die Gerinnungsfaktoren einer nach dem anderen – fehlt ein einziger Faktor, kann das ganze Gerinnungssystem nicht optimal funktionieren.

> EDTA und Citrat binden Calciumionen – so gerinnt Blut nicht und gelangt flüssig ins Labor.

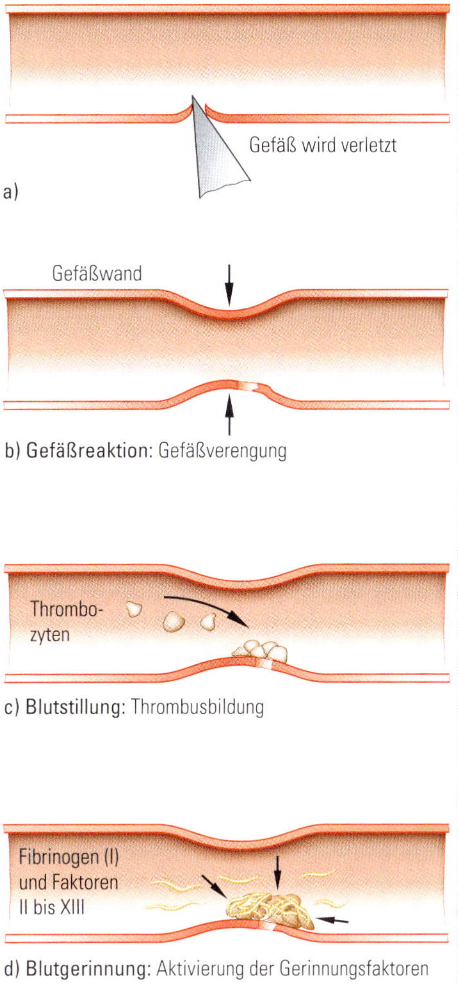

Bild 14 Vorgänge beim Verschluss eines verletzten Gefäßes.

2.1.4 Blutgruppen und das HLA-System

Auf der Oberfläche fast aller Zellen befinden sich charakteristische Proteine, die der Unterscheidung von „körpereigen“ und „körperfremd“ durch das Immunsystem dienen. Auf der Oberfläche von Erythrozyten sitzen die Proteine des AB0- und des Rhesussystems, auf der Oberfläche von Leukozyten und anderen Zellen findet man die Proteine des HLA-Systems.

> **HLA** (engl.) = **H**uman **L**eukocyte **A**ntigen oder deutsch: **h**umanes **L**eukozyten-**A**ntigen

AB0-System. Zwei verschiedene Proteine auf der Erythrozytenmembran (Oberflächenantigene) wurden willkürlich mit den Buchstaben A und B bezeichnet. Fehlen diese Oberflächenantigene, so spricht man von der Blutgruppe 0 (Null).

Im Blutserum der Blutgruppenträger findet man Antikörper, die der Abwehr einer fremden Blutgruppe dienen (Tabelle 4). Beispielsweise findet man bei Blutgruppe A nur Antikörper gegen Gruppe B. Antikörper gegen Gruppe A würden mit den eigenen Blutzellen reagieren und zur Verklumpung (Agglutination) führen.

Rhesusfaktor: wurde zuerst beim Rhesusäffchen entdeckt (als Labortier); gegen seine Erythrozyten bilden Kaninchen Antikörper.

Rhesusfaktor. Rhesus-positiv bedeutet, dass die Erythrozyten das Rhesusantigen auf ihrer Oberfläche tragen; rhesus-negativ heißt, dass sie dieses Oberflächenantigen nicht besitzen. 85 % aller Europäer sind rhesus-positiv.

Rhesusunverträglichkeit. Bei Schwangerschaften kann eine Rh(esus)unverträglichkeit auftreten. Beispiel: Ein Rh-positiver Vater zeugt mit einer Rh-negativen Mutter ein Rh-positives Kind. Während der Schwangerschaft treten Rh-positive Erythrozyten des Kindes in den Kreislauf der Mutter über. Die Mutter bildet dann Antikörper gegen Rh-positive Erythrozyten. Daher werden in der 28. SSW Rhesus-Antikörper (Anti-D-Prophylaxe, z.B. mit Rhophylac®) gegeben. Wenn dies nicht erfolgt, würden mütterliche Rhesus-Antikörper bei einer zweiten Schwangerschaft mit einem Rh-positiven Kind durch die Plazenta (Mutterkuchen) treten und das ungeborene Rh-positive Kind schwer schädigen (Bild 15).

Durch die Anti-D-Prophylaxe bei jeder Schwangerschaft kann diese Schädigung verhindert werden. Wenn sich nach der Geburt bestätigt, dass das Neugeborene Rh-positiv ist, erfolgt eine weitere Anti-D-Prophylaxe.

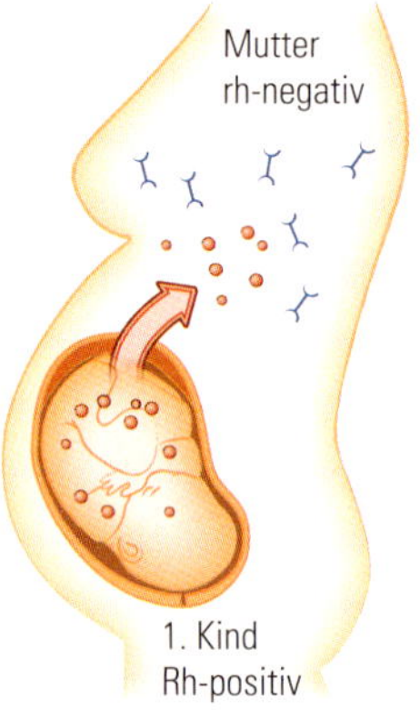

1. Schwangerschaft:
Die Mutter bildet gegen die übergetretenen Rh-positiven Erythrozyten des Kindes Antikörper.

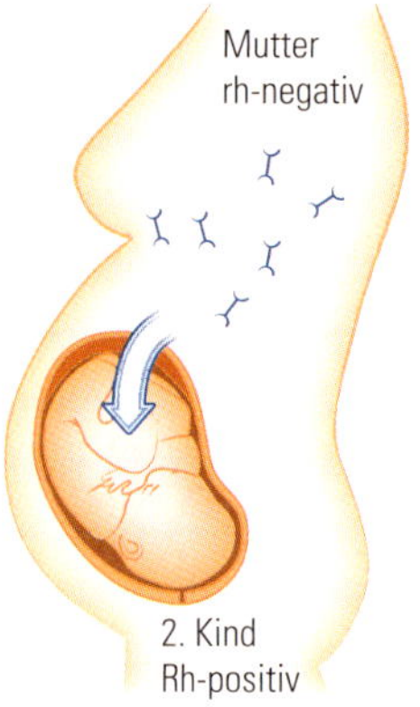

2. Schwangerschaft:
Antikörper gegen Rh-positive Erythrozyten treten durch die Plazenta; die Erythrozyten des Ungeborenen werden zerstört.

Bild 15 Rhesusunverträglichkeit in der Schwangerschaft.

Bluttransfusion. Vor der Übertragung von Blut von einem Blutspender auf einen Empfänger müssen die Blutgruppen bestimmt werden. Würde man Erythrozyten der Gruppe B auf einen Empfänger der Gruppe A übertragen, käme es zur lebensgefährlichen Verklumpung (Agglutination): Die Spender-Erythrozyten der Gruppe B würden sich mit den B-Antikörpern des Empfängers verbinden.

Deshalb überträgt man bei einer Bluttransfusion prinzipiell nur gruppengleiches Blut. Um eine bestmögliche Verträglichkeit zu garantieren, wird vorher die Kreuzprobe durchgeführt. Dabei werden Proben von Erythrozyten und Blutseren sowohl vom Empfänger als auch vom Spender vermischt und es darf nicht zur Agglutination kommen.

Das HLA-System (Gewebeverträglichkeitsantigen) ermöglicht, dass das Immunsystem die körpereigenen Zellen erkennt. Dazu befinden sich auf der Oberfläche der Leukozyten und auf allen anderen Zellen des Körpers entsprechende Proteine. Vor jeder Organtransplantation wird die Gewebeverträglichkeit durch eine HLA-Typisierung bestimmt. Je ähnlicher die Proteine des HLA-Systems bei Spenderorganen sind, desto geringer ist das Risiko einer Abstoßung durch das Immunsystem des Empfängers.

Blutgruppe des Patienten	Oberflächenantigen der Erythrozyten	Antikörper im Blut des Patienten	Häufigkeit in Deutschland
A	A	Anti-B	ca. 46 %
B	B	Anti-A	ca. 7 %
AB	A und B	keine Antikörper	ca. 4 %
0	keine	Anti-A und Anti-B	ca. 43 %

Tabelle 4 Blutgruppen.

2.2 Erkrankungen des Blutes und ihre Behandlung

2.2.1 Erkrankungen der Erythrozyten

Man unterscheidet zwischen der Verminderung der Erythrozyten (Anämie) und deren Vermehrung (Polyglobulie).

Anämie. Bei dieser Erkrankung sind die Zahl der Erythrozyten (rote Blutkörperchen) und das Hämoglobin (Blutfarbstoff) vermindert. Typische Symptome einer Anämie sind

- blasse Haut und Schleimhäute,
- Schwindel, Schwäche und Müdigkeit,
- Atemnot bei Belastung.

Für eine Anämie gibt es verschiedene Ursachen.

Eisenmangel. Eisen ist einer der wichtigsten Bestandteil des Hämoglobins (Hb, Blutfarbstoff).

Eine hypochrome Anämie kann auftreten z. B. bei Eisenverlust durch chronische Blutungen (Regelblutung), bei einseitiger, eisenarmer Ernährung (Vegetarier) oder bei erhöhtem Eisenbedarf (Schwangerschaft).

Hämoglobin von haima (gr.) = Blut und globus (lat.) = Kugel

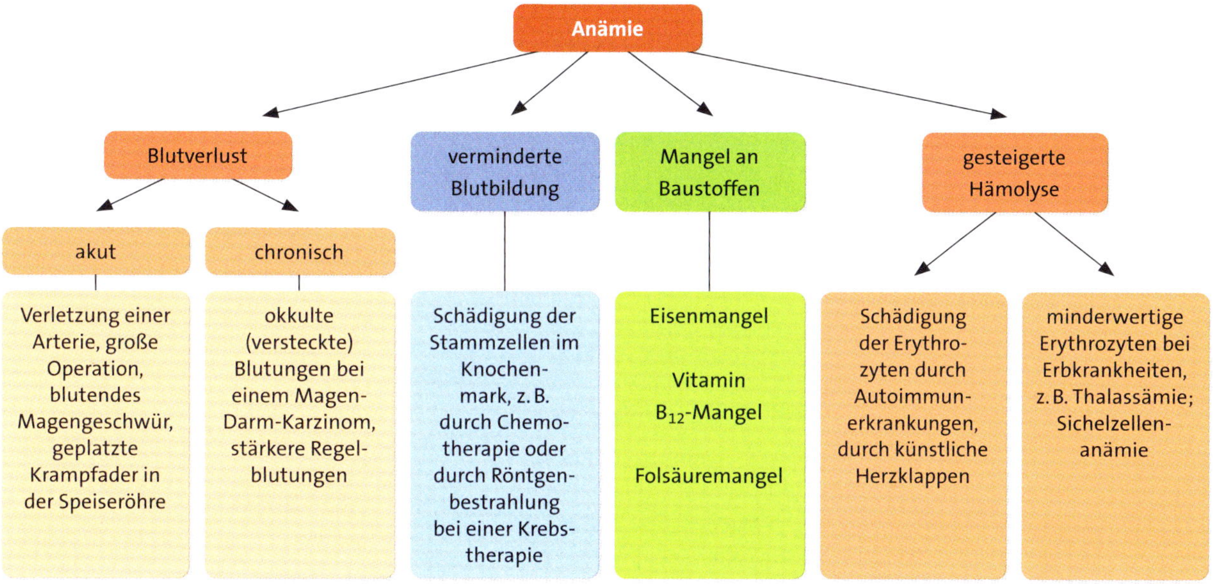

Die orale Gabe von Eisen ist eine häufige und wirksame Therapie. Da Eisen die Magenschleimhaut reizen kann, sollten die Tabletten nach dem Essen genommen werden. Der Stuhl kann sich durch das Eisen schwarz verfärben, was harmlos ist (Tabelle 5, S. 258).

Vitamin-B_{12}-Mangel. Vitamin B_{12} ist wichtig für die Reifung der Erythrozyten. Eine hyperchrome Anämie kann z. B. bei gestörter Vitamin-B_{12}-Aufnahme im Darm infolge einer Magenentfernung auftreten oder bei veganer Ernährung, da Vitamin B_{12} nur in tierischen Produkten vorkommt.

Bei einem Mangel wird das Vitamin i.m. gespritzt. Dies macht man, weil Vitamin B_{12} vom Dünndarm nur aufgenommen wird, wenn es sich vorher mit dem von der Magenschleimhaut gebildeten „intrinsic factor" verbindet. Bei Patienten mit Magenschleimhautentzündung ist die Vitamin-B_{12}-Aufnahme unsicher, deshalb ist die i.m.-Injektion wirksamer.

intrinsic factor ▸ S. 398

Thalassämie ist eine vererbte Störung der Hämoglobinbildung. Sie kommt in Europa gehäuft in Mittelmeerländern vor. Die mischerbige Form zeigt meist keine klinischen Symptome. Bei der reinerbigen Form haben die Patienten bereits nach der Geburt eine vergrößerte Leber und Milz, später sind das Wachstum, der Knochenbau und andere Organe gestört. Wegen der schweren Anämie sind die Patienten auf Bluttransfusionen angewiesen.

Thalassa (gr.) = Meer

i.m. = intramuskulär (in den Muskel)

Eisenmangel	Erythrozyten-Zahl leicht vermindert, Hb stark vermindert	Hb-Gehalt pro Erythrozyt ist erniedrigt	Erythrozyten sind klein, blass (hypochrom)	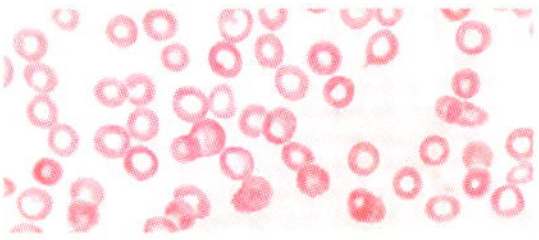
Vitamin-B_{12}-Mangel	Erythrozyten-Zahl stark vermindert, Hb leicht vermindert	Hb-Gehalt pro Erythrozyt ist erhöht	Erythrozyten sind groß, dunkelrot (hyperchrom)	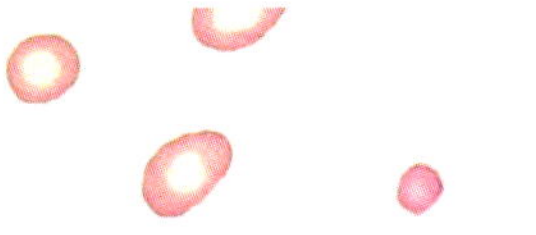
Thalassämie	Erythrozyten-Zahl normal, Hb stark vermindert	Hb-Gehalt pro Erythrozyt ist erniedrigt	Erythrozyten sind klein, blass mit dunkelroter Mitte: sog. „Target-Zellen“	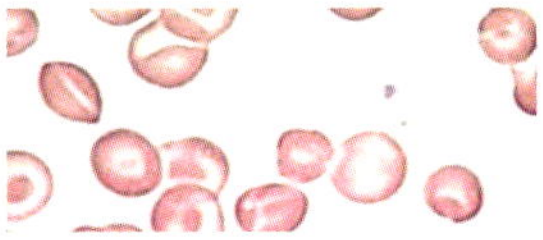

Tabelle 5 Vergleich von Anämien.

Target (engl.) = Zielscheibe

Polyglobulie. Hierbei sind die Erythrozyten vermehrt. Ursachen können eine Anpassung an Sauerstoffmangel sein (z. B. bei Herz-Lungen-Erkrankungen oder beim Höhentraining von Sportlern) oder eine ungehemmte Neubildung im Knochenmark. Da eine Vermehrung der Erythrozyten die Fließeigenschaften des Blutes verschlechtert, kann dies einen Schlaganfall auslösen. Zur Vorbeugung kann man das Blut durch einen Aderlass verdünnen.

2.2.2 Erkrankungen der Leukozyten

Leukämie. Bei dieser Erkrankung handelt es sich um eine bösartige Wucherung der Leukozyten (weiße Blutkörperchen) und ihrer Vorstufen im Knochenmark („Blutkrebs“, Tabelle 6).

Als Symptome treten auf:
- Abgeschlagenheit, Fieber, Infektanfälligkeit,
- erhöhte Blutungsneigung,
- Lymphknotenschwellungen,
- Blässe, Atemnot, Müdigkeit (als Folgen einer Anämie).

Die schnelle Vermehrung der unreifen Vorstufen der Leukozyten im Knochenmark kann durch Zytostatika unterdrückt werden. Zytostatika sind Zellgifte, die die Zellteilung hemmen – sie sind besonders wirksam bei Zellen, die sich häufig teilen. Daher kommt es zu Nebenwirkungen wie Schädigung der Darmschleimhaut mit Durchfall, Haarausfall oder Hautausschlägen.

Leukopenie ist die Verminderung der Leukozyten unter 4000/µl, z. B. durch verminderte Bildung im Knochenmark im Rahmen eine Zytostatikatherapie.

Leukozytose bezeichnet die Vermehrung der Leukozyten über 10000/µl. Die Leukozytose selbst ist keine Erkrankung, sie ist die Antwort des Körpers z. B. bei einer Entzündung und dient der Abwehr.

	Erkrankung	betroffene Zellart	Lebensalter	Verlauf
akute Verlaufsformen	akute myeloische Leukämie (AML)	Vorstufen der Granulozyten	v. a. bei Erwachsenen	verläuft oft tödlich
	akute lymphatische Leukämie (ALL)	Vorstufen der Lymphozyten	v. a. bei Kindern	mit Zytostatikatherapie gute Heilungschancen
chronische Verlaufsformen	chronische myeloische Leukämie (CML)	Vorstufen der Granulozyten	v. a. bei Erwachsenen	trotz Knochenmarkstransplantation nur Heilung in einem Teil der Fälle
	chronische lymphatische Leukämie (CLL)	Vorstufen der Lymphozyten	v. a. alte Menschen	schreitet nur sehr langsam voran

Tabelle 6 Formen der Leukämie.

Agranulozytose ist die massive, schnell einsetzende Verminderung der Granulozyten, z. B. durch eine allergische Reaktion auf bestimmte Medikamente oder durch Virusinfektionen.

Lymphom ist ein Sammelbegriff für Lymphknotenvergrößerungen. Jeder schmerzlos vergrößerte Lymphknoten muss abgeklärt werden. Bei den bösartigen Lymphomen unterscheidet man den Morbus Hodgkin (Bild 16) mit recht guten Heilungschancen von den Non-Hodgkin-Lymphomen.

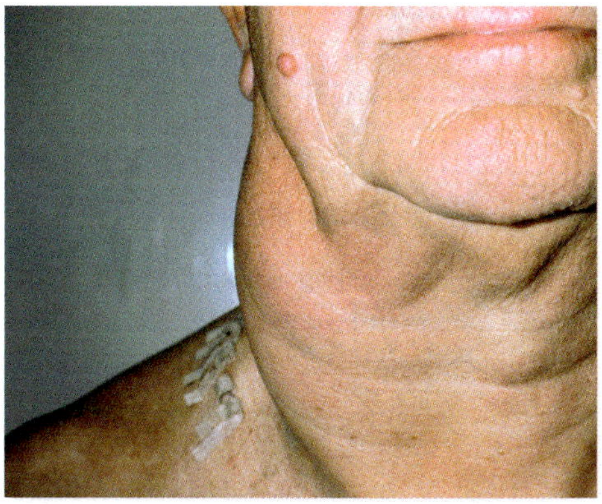

Bild 16 Massive Lymphknoten-Schwellung bei Morbus Hodgkin.

2.2.3 Störungen des Gerinnungssystems

Die Blutgerinnung kann vermindert oder gesteigert sein.
Bei Patienten mit verminderter Blutgerinnung kommt es häufig zu Blutungen in die Weichteilgewebe mit Hämatomen (Blutergüssen). Demnach kann man unterscheiden:

- Thrombozytopenie liegt vor bei einer Verminderung der Thrombozyten unter 150 000 / µl, z. B. durch vermehrten Thrombozytenabbau bei einer allergischen Reaktion auf Medikamente.
- Hämophilie (Bluterkrankheit) ist ein vererbter Mangel der Gerinnungsfaktoren VIII oder IX, der fast nur bei Männern auftritt.

Bei erhöhter Gerinnungsneigung kommen Thrombosen viel häufiger vor:

- Die Faktor-V-Leiden-Mutation ist der am weitesten verbreitete erbliche Thrombose-Risikofaktor. Fünf Prozent der Europäer sind mischerbige Träger dieser Mutation.
- Thrombozytose liegt vor bei einer Vermehrung der Thrombozyten über 1 000 000 / µl, z. B. verursacht durch ein bösartige Wucherung von Vorstufen im Knochenmark.

Morbus: Krankheit

Hodgkin, Thomas (1798–1866), Pathologe in London

Leiden: niederländische Stadt

2.3 Untersuchungsverfahren

2.3.1 Blutbild

Die laborchemische Untersuchung des Blutes spielt im Praxisalltag eine große Rolle. In der Tabelle 7 und den Tabellen 8 und 9, S. 260, sind die wichtigsten Untersuchungen zusammengefasst. Dabei ist zu beachten, dass sich die angegebenen Werte auf Erwachsene beziehen.

Hämoglobinkonzentration (Hb)	Normalwert 14–18 g / dl beim Mann, 12–16 g / dl bei der Frau; eine erniedrigte Konzentration des Blutfarbstoffes findet man bei fast allen Anämieformen.
Erythrozytenzahl	Normalwert 4,5 bis 5,9 Millionen / µl beim Mann, 4,1 bis 5,1 Millionen / µl bei der Frau; die Erythrozytenzahl verändert sich meist entsprechend dem Hb-Wert.
Hämatokrit (Hk)	Durch Zentrifugieren werden die Blutzellen von der Blutflüssigkeit getrennt; der Volumenanteil der roten Blutzellen am gesamten Blutvolumen wird Hk-Wert genannt. Normalwert 40–53 % beim Mann, 36–48 % bei der Frau. Bei Anämien ist der Hk-Wert erniedrigt, bei Polyglobulie erhöht.
mittleres korpuskuläres Volumen (MCV)	mittleres Volumen eines einzelnen Erythrozyten; Normalwert 80–96 fl (Femtoliter = 10^{-15} l)
mittleres korpuskuläres Hämoglobin (MCH und MCHC)	mittlerer Hämoglobingehalt eines einzelnen Erythrozyten bzw. in allen Erythrozyten; Normalwert MCH 27–34 pg (Pikogramm = 10^{-12} g), Normalwert MCHC 32–36 pg

Tabelle 7 Das rote Blutbild.

Leukozytenzahl	gibt die Gesamtzahl der weißen Blutkörperchen an; Normalwert 4000 bis 10 000 / µl. Ist diese Zahl zu niedrig oder zu hoch, sollte ein Differenzialblutbild angefertigt werden.
Differenzialblutbild	das zahlenmäßige Verhältnis der einzelnen weißen Blutkörperchen wird bestimmt: • neutrophile Granulozyten (50–70 %) • eosinophile Granulozyten (3–5 %) • basophile Granulozyten (0–1 %) • Monozyten (3–8 %) • Lymphozyten (20–40 %) Man gewinnt damit Hinweise auf bakterielle (Vermehrung der neutrophilen Granulozyten) bzw. virale (Vermehrung der Lymphozyten) Infektionen, Tumorerkrankungen und Allergien.

Tabelle 8 Das weiße Blutbild.

Blutkörperchen-senkungs-geschwindigkeit (BSG oder BKS)	0,4 ml Natriumcitratlösung und 1,6 ml Blut werden in einer Spritze aufgezogen, damit wird ein senkrechtes Glasröhrchen befüllt. Nach 1 Stunde wird abgelesen, um wie viele mm sich die Blutzellen abgesetzt haben. Normalwert unter 8 mm / 1 Std. beim Mann, unter 10 mm / 1 Std. bei der Frau. Bei Entzündungen, Anämien, Schwangerschaft oder Tumoren ist die BSG beschleunigt.
C-reaktives Protein (CRP)	ist ein universeller Marker besonders bei entzündlichen Prozessen und besser geeignet als die BSG, weil er eine differenziertere Aussage zulässt, z. B. die Unterscheidung zwischen viraler und bakterieller Infektion; Normalwert unter 5 mg / l.

Tabelle 9 Feststellung von Entzündungsprozessen.

Citratblut: Blutprobe für Untersuchungen mit Zugabe von Natriumcitrat

2.3.2 Gerinnungsdiagnostik

Für die wichtigsten Gerinnungstests wird oft Citratblut genommen. Citrat verhindert die Gerinnung des Blutes auf dem Weg ins Labor (Tabelle 10).

Quick-Test (Thromboplastinzeit)	Man benötigt 1:10 verdünntes Citratblut. Der Quick-Wert wird bezogen auf eine Standardzeit in Prozent angegeben. Normalwert 70–130 %. Ursachen für einen erniedrigten Wert sind: Marcumartherapie, Leberentzündung und -zirrhose, Vitamin K-Mangel, Mangel an Gerinnungsfaktoren.
INR	international vergleichbarer und methodenunabhängiger Wert, der aus den Werten des Quick-Tests und der Reinheit des verwendeten Reagenz errechnet wird; wichtig bei der Überwachung einer Marcumartherapie. Therapeutischer Bereich: 2,0–3,0 bei Vorhofflimmern; 2,5–3,5 bei Klappenersatz
Partielle Thromboplastinzeit (PTT)	An 1:10 verdünntes Citratblut wird nach Zugabe von Gerinnungsstoffen die Zeitdauer bis zur Gerinnung ermittelt. Normalwert unter 40 Sekunden. Die PTT ist wichtig vor Operationen und zur Abklärung einer Blutungsneigung.
Thrombozytenzahl	Normalwert 140 000–360 000 / µl

Tabelle 10 Gerinnungsdiagnostik.

2.4 Blutentnahme

2.4.1 Blutentnahmesysteme

Für die Blutentnahme gibt es in der Arztpraxis zwei verschiedene Systeme:

- S-Monovetten® (Bild 17) und
- Vacutainer® (Bild 18).

Beide Systeme bestehen aus Blutentnahmeröhrchen mit verschiedenen Kappenfarben und verschiedenen Zusätzen für die unterschiedlichen Untersuchungen (Tabelle 11, S. 262). Dazu gibt es die passenden starren Sicherheitskanülen, Butterflykanülen und Adapter. Ein Adapter ist ein Verbindungsstück, das man benötigt, damit z.B. eine Butterflykanüle mit Luer-Ansatz am Schlauchende auf die Kappe eines S-Monovetten®-Röhrchens passt (Bild 19, S. 262).

Beide Blutentnahmesysteme halten die Infektionsgefahr durch Blutkontakt gering, vermeiden die Hämolyse nach der Blutentnahme, sorgen für sicheren Transport und sind für die maschinelle Analyse im Labor geeignet.

2.4.2 Venöse Blutentnahme

Venen führen das Blut zum Herz zurück und haben keinen Blutdruck, bei ihnen kann also kein Puls getastet werden. Um Venen vor der Blutentnahme tasten zu können, muss man den Blutrückfluss mit einer Staubinde verhindern. Die Venen füllen sich dann mit Blut.

Oberflächliche Venen. Neben den tiefen Venen gibt es die oberflächlichen Venen, die unter der Haut eingebettet im subkutanen Fettgewebe liegen. Aus diesen oberflächlichen Venen erfolgt die Blutabnahme. Bevorzugte Entnahmestellen sind die Armbeuge oder der Handrücken. Bei manchen Menschen ist das subkutane Fettgewebe sehr ausgeprägt, sodass man die Venen trotz Staubinde nur sehr schwer tasten kann.

Durchführung mit dem S-Monovetten®-System. Vor dem Einstich die S-Monovette® durch eine leichte Drehbewegung mit der Kanüle verbinden. Das Blut fließt durch das Zurückziehen des Kolbens automatisch in die S-Monovette® (Aspirationssystem).

Die Kolbenstange bis zum Ende ziehen und die S-Monovette® von der Kanüle lösen. Anschließend den Kolben in die Endposition ziehen (Knack) und die Kolbenstange abbrechen (Knick). Das Blut wird langsam in den Spritzenkolben gesaugt, der vollständig gefüllt sein muss. Der Kolben muss einrasten. Danach drehen Sie eine neue S-Monovette® auf. Bevor Sie die Kanüle herausziehen, drehen Sie die letzte gefüllte S-Monovette® ab, da sonst das Blut aus der Kanüle fließen kann. Vor dem Versand ins Labor werden die Kolben der S-Monovetten® abgebrochen.

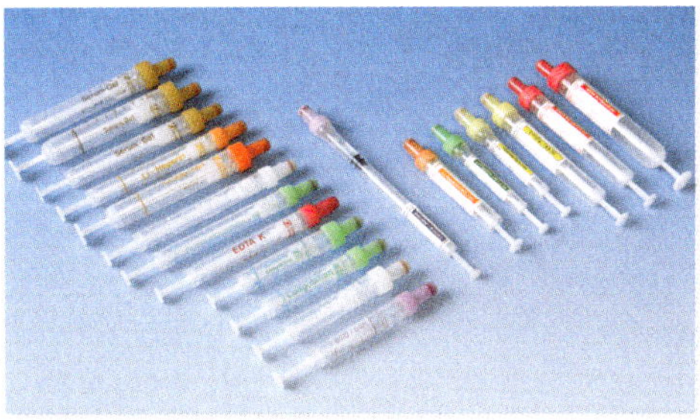

Bild 17 S-Monovetten®.

Hämolyse:
Platzen der roten Blutkörperchen

Durchführung mit dem Vacutainer®-System. Drehen Sie das graue Sicherheitsventil in den Halter und legen Sie den Schutzschild nach hinten. Punktieren Sie die Vene. Fixieren Sie den Halter mit der einen Hand und führen Sie das Röhrchen in den Halter ein. Das Vakuum wird durch vollständiges Eindrücken des Röhrchens in den Halter freigegeben. Wurde die Vene getroffen, fließt sofort Blut in das Röhrchen. Bevor Sie die Kanüle herausziehen, nehmen Sie das letzte gefüllte Vacutainer®-Röhrchen ab, da sonst das Blut aus der Kanüle fließen kann.

oberflächliche Venen ▶ S. 206

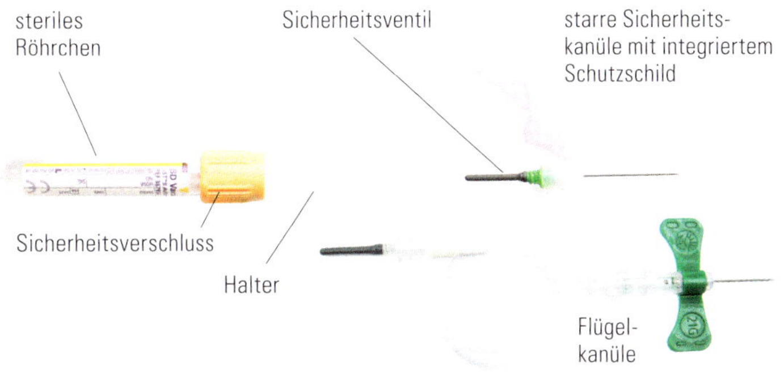

Bild 18 Vacutainer® mit starrer Kanüle und Flügelkanüle verwendbar.

S-Monovetten®	Inhaltsstoffe	Vacutainer®	Untersuchungen
Kappe braun	mit Trenngel	Verschluss goldgelb	Enzyme, Elektrolyte, Serologie, Hormone
Kappe weiß	ohne Trenngel	Verschluss rot	Blutgruppen, Kreuzprobe, Antikörper
Kappe violett (S-Sedivette)	Citrat 1:5	Verschluss schwarz	Blutsenkung
Kappe rot	EDTA	Verschluss violett	Blutbild
Kappe grün	Citrat 1:10	Verschluss hellblau	Gerinnung: Quick / INR, PTT
Kappe gelb	Fluorid-EDTA, Na-Fluorid	Verschluss grau	Glucose, Homocystein
Kappe orange	Heparin	Verschluss grün	Mineralstoffe, HLA-Typisierung
Kappe grau	Citrat-Fluorid, Natrium-Fluorid	Verschluss grau durchsichtig	Gestationsdiabetes (oGTT)

Tabelle 11 Vergleich S-Monovetten® und Vacutainer®.

„SCHEF-Regel“
Reihenfolge der Probenentnahme:
S: Serum
C: (Na-)Citrat
H: Heparin
E: EDTA
F: (Na-)Flourid

TRBA: Technische Regeln für biologische Arbeitsstoffe. Sie dienen dem Arbeitsschutz. Sie werden von den Berufsgenossenschaften erarbeitet.

Butterflykanülen. Eine Butterflykanüle (Flügelkanüle) kann man nach der Punktion mit einem Pflaster fixieren und in der Vene stecken lassen (Bild 19,). So ist ein Verrutschen der Kanülenspitze beim Umstecken der Röhrchen ausgeschlossen, was bei starren Einmalkanülen durchaus vorkommen kann. Butterflykanülen sind sehr bequem in der Anwendung und erleichtern die Blutentnahme.

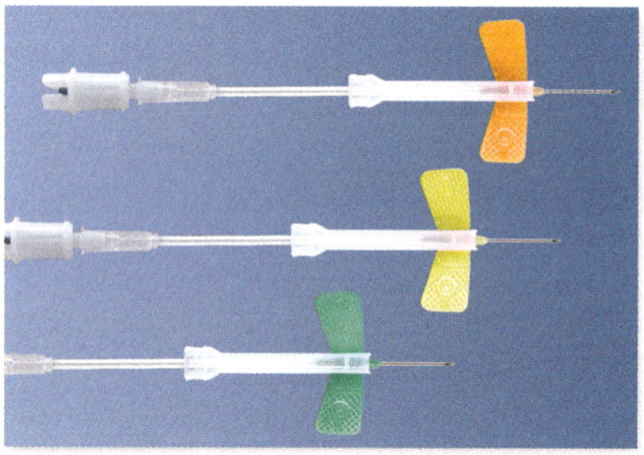

Bild 19 Safety-Multifly®-Kanüle mit integriertem Adapter.

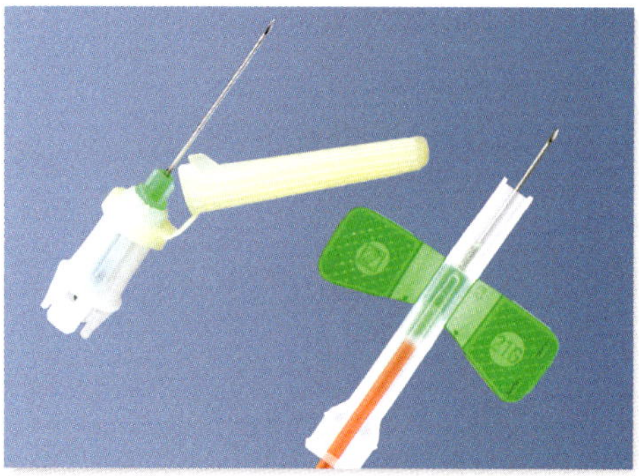

Bild 20 Sichere Kanülensysteme.

Materialien, die man für die venöse Blutentnahme benötigt:

- Mehrere Sicherheitskanülen (Größe 1 = gelb oder Größe 2 = grün) oder Butterflykanülen, falls man mehrmals stechen muss,
- beschriftete Röhrchen (Name, Vorname, Geburtsdatum oder mit Barcode – bei Blutgruppenbestimmungen ausnahmslos mit Namen und Geburtsdatum); auch hier ein Ersatzröhrchen in jeder Farbe bereithalten,
- ein Unterarmkissen zur besseren Lagerung,
- keimarme Tupfer,
- Venenstaubinde,
- ein Spray mit Hautdesinfektionsmittel, z. B. Ethanol 70 %,
- ein Pflaster (am besten hypoallergen)
- ein Abwurfbehälter, z. B. eine Entsorgungsbox.

Schutzhandschuhe in passender Größe zum Einmalgebrauch sind vorgeschrieben.

Nur sichere Kanülensysteme schützen verlässlich vor Nadelstichverletzungen (Bild 20). Deshalb fordert die TRBA 250, dass grundsätzlich sichere Arbeitsgeräte bei Tätigkeiten einzusetzen sind, bei denen Körperflüssigkeiten in infektionsrelevanter Menge übertragen werden können. Die Blutentnahme gehört dazu.

Das gilt insbesondere für Infektionen mit Hepatitis B-, Hepatitis C- oder HI-Viren. Lediglich Patienten mit bekannt negativem Infektionsstatus dürfen weiterhin mit konventionellen Instrumenten behandelt werden.

Durchführung. Liegt das Material bereit (Bild 21), holt man den Patienten und vergewissert sich, dass die Röhrchen passend zum Patienten beschriftet sind. Man nimmt sich Zeit und gestattet sich einen Fehlversuch – so setzt man sich nicht selbst unter Erfolgsdruck. Man braucht den Mut zum Stechen und soll nicht versuchen, dem Patienten nicht wehzutun. Der Patient sitzt in einem sicheren Stuhl mit Lehne, sodass er im Falle eines Kollapses nicht auf den Boden stürzt. Der Arm oder die Hand des Patienten (Bilder 24 und 25, S. 264) wird so gelagert (evtl. mit einem Polsterkeil), dass man selbst optimale Arbeitsbedingungen hat. Noch besser ist die Blutentnahme im Liegen.

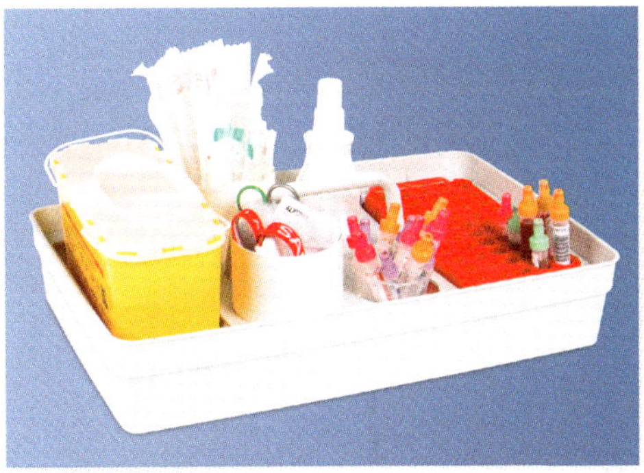

Bild 21 Blutentnahmetablett (Safety-Tray).

Checkliste: Venöse Blutentnahme

- ✔ Die Hände desinfizieren und Handschuhe anziehen.
- ✔ Die Staubinde am Oberarm anlegen und eine geeignete Vene suchen.
- ✔ Dann die Staubinde lockern.
- ✔ Hautdesinfektionsmittel aufsprühen und mit Tupfer einreiben. Ca. 30–60 Sekunden, abhängig vom Desinfektionsmittel, einwirken lassen bis das Mittel eingetrocknet ist.
- ✔ Das Entnahmeröhrchen und die Sicherheitskanüle miteinander verbinden.
- ✔ Staubinde wieder zuziehen. Dabei den eigenen Finger unter die Staubinde legen, damit man nicht zu fest zuzieht.
- ✔ Die Kanülenspitze (Schliff nach oben) durch die Haut nach schräg unten in die Vene einstechen. Das Nachtasten der Vene ist zu vermeiden.
- ✔ Sobald Blut fließt, die Staubinde lockern.
- ✔ Die Entnahmeröhrchen langsam füllen. Das Blut darf nicht hineinschießen, sonst platzen die Erythrozyten (Hämolyse).
- ✔ Die Röhrchen vollständig füllen, dann behutsam aufrecht stehend ablegen. Röhrchen mit Inhaltsstoffen (Citrat, EDTA, Heparin und Na-Fluorid) vorher leicht hin- und herschwenken, aber nicht schütteln.
- ✔ Die Kanüle herausziehen und dann erst den Druck mit dem Tupfer auf die Punktionsstelle erhöhen. Sicherheitsschutz der Kanüle aktivieren und die Kanüle entsorgen.
- ✔ Der Patient soll fünf Minuten lang drücken, sonst kann es Blutergüsse geben. Zum Schluss ein Pflaster aufkleben.

Bild 22 Checkliste venöse Blutentnahme.

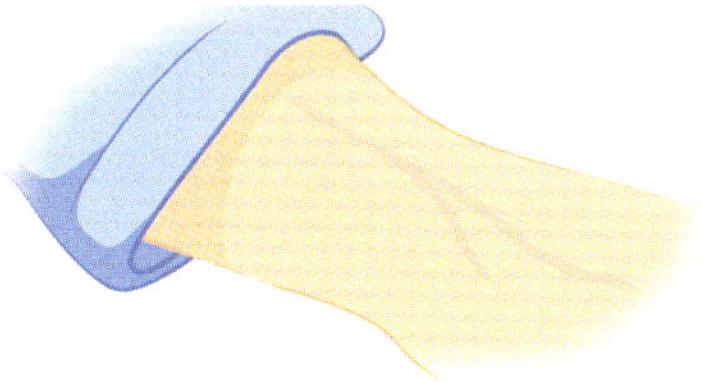

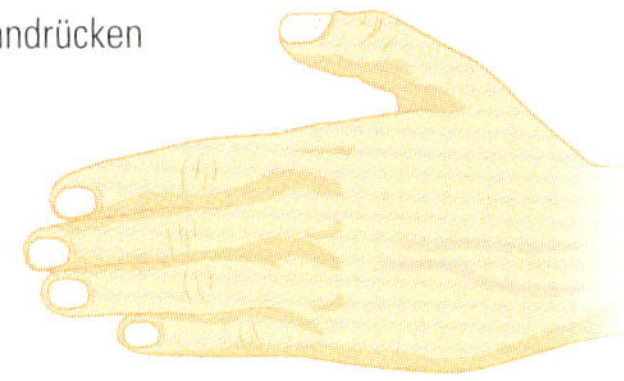

Bild 23 Ausgewählte Punktionsstellen für die venöse Blutentnahme.

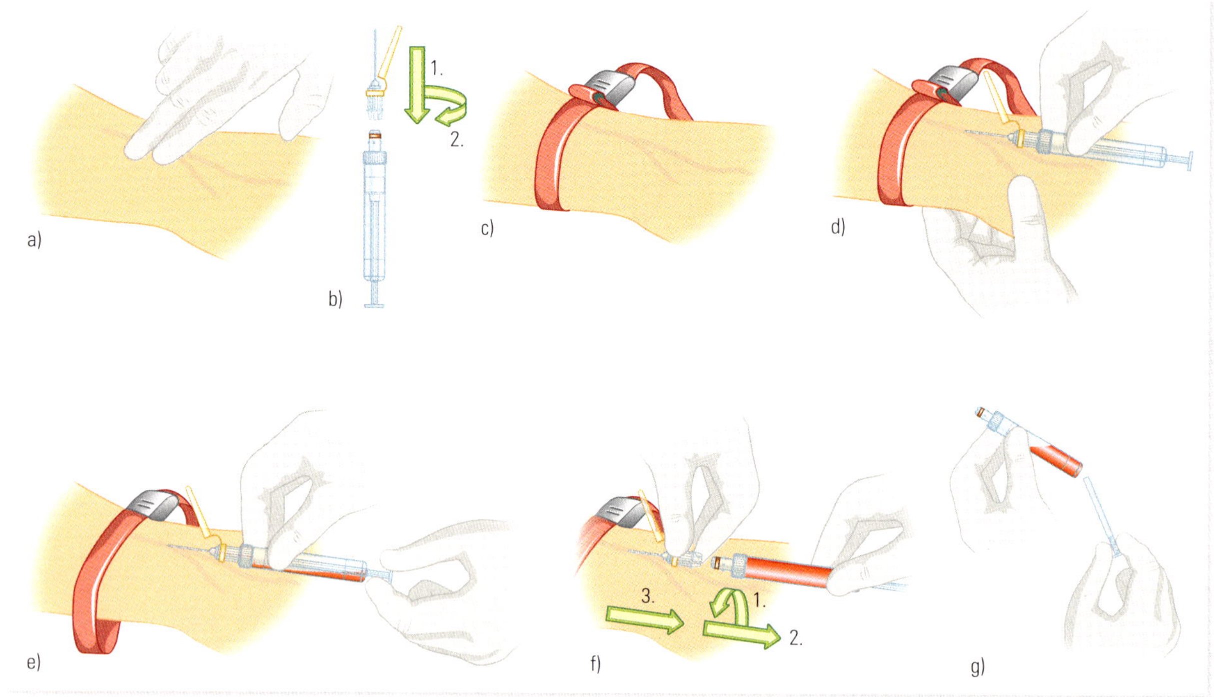

Bild 24 Venenpunktion mit dem S-Monovetten®-System.

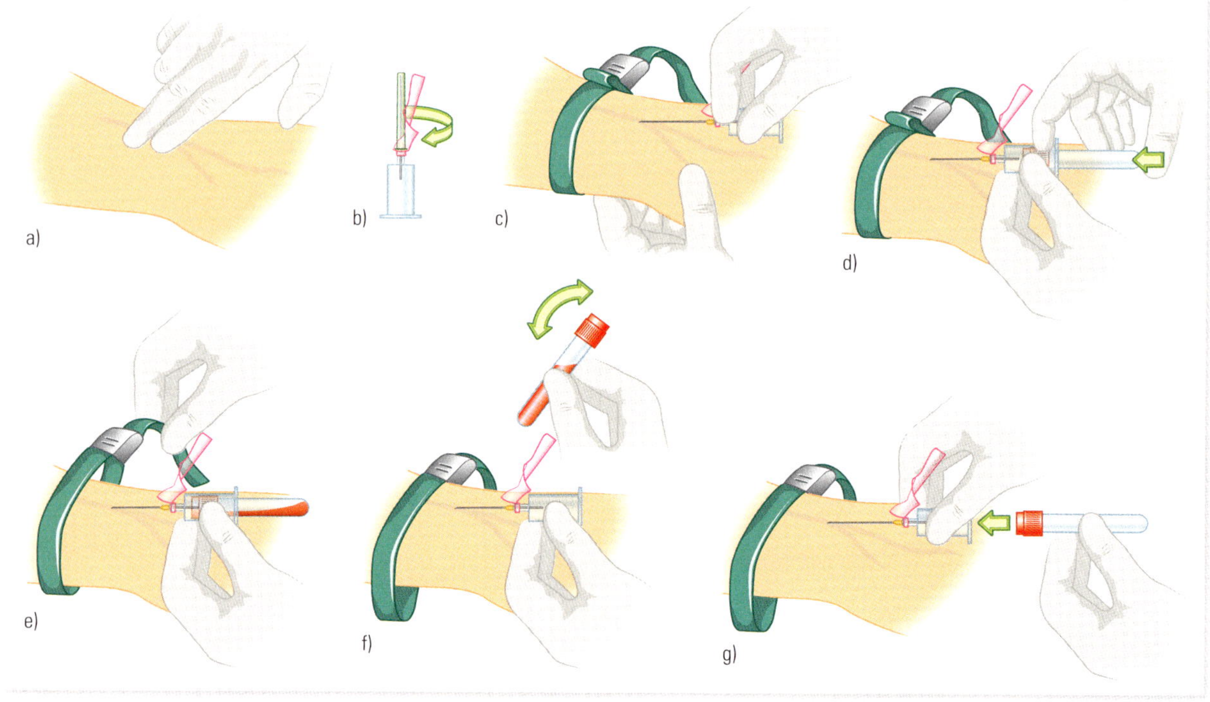

Bild 25 Venenpunktion mit dem Vacutainer®-System.

2.4.3 Durchführungshinweise für die venöse Blutentnahme

Blut muss unter vergleichbaren Bedingungen gewonnen, gelagert und transportiert werden. Deshalb müssen Blutentnahme und Lagerung in der Praxis immer gleich erfolgen. Andernfalls könnten sich einige Laborwerte vom Normbereich in den pathologischen Bereich verändern, ohne dass eine Erkrankung vorliegt (Tabelle 12).

Rollvenen kommen oft bei älteren Patienten vor, weil die Venen nicht mehr so fest im subkutanen Bindegewebe verankert sind. Mit der freien Hand zieht man die Haut unter dem Arm des Patienten straff und erreicht so eine Fixierung der Vene.

Verwirrte Patienten, Kinder. Eine zweite Person sollte den Arm festhalten, weil dieser vom Patienten oft unbeabsichtigt weggezogen wird.

Gelähmter Arm. Nach einem Schlaganfall sollte man am gelähmten Arm kein Blut abnehmen. In diesem Arm ist der Stoffwechsel des Gewebes gestört, sodass die Wundheilung verzögert ist. Außerdem ist durch mangelnde Beweglichkeit das Thromboserisiko erhöht.

Shunt eines Dialyse-Patienten. Der Shunt ist eine operativ gelegte Verbindung zwischen Arterie und Vene, durch die der Patient an das Dialysegerät angeschlossen wird. Hier sollte ebenfalls kein Blut abgenommen werden. Dieses Gefäß muss unbeschädigt der Dialyse vorbehalten bleiben.

Dialyse ▸ S. 347

Brustamputation. Wenn die Brust wegen Krebs mit den Achsellymphknoten entfernt wurde, ist der Abfluss der Gewebeflüssigkeit (Lymphe) häufig gestört. Durch die Staubinde kann dies noch schlimmer werden.

Antikoagulierte Patienten nehmen ein gerinnungshemmendes Medikament ein. Deshalb sollte man vor der Blutentnahme beim Arzt rückfragen. Diese Patienten sollten mindestens fünf Minuten auf die Punktionsstelle drücken. Die Blutung muss gestillt sein, wenn nötig mit Druckverband. Vorher darf der Patient die Praxis nicht verlassen.

Antikoagulation: Gabe von Medikamenten zur Hemmung der Gerinnung

Fehler	Veränderung der Laborwerte
Patient ist nicht nüchtern gewesen (12 Stunden vorher nichts essen)	Glucose ↑ Cholesterin ↑ Triglyceride ↑
größere Menge Alkohol an den vorausgegangen Tagen	Gamma-GT ↑
schwere körperliche Arbeit am Vortag	Muskelenzym CK ↑ Kreatinin ↑ Leukozyten ↑
Hämolyse durch starkes Ziehen oder langes Stehen des Röhrchens	Kalium ↑ LDH, GOT, saure Phosphatase ↑
Blut wurde nicht innerhalb von 30 min. zentrifugiert und vom Serum getrennt	Glucose (Erythrozyten verbrauchen Glucose) ↓ Kalium (weil Erythrozyten Kalium abgeben) ↑
außerhalb der optimalen Abnahmezeit 7 bis 8 Uhr abgenommen	Cortisol hat höchsten Wert am Morgen; Eisen hat höchsten Wert am Nachmittag
starke Angst des Patienten	Hormonwerte (Adrenalin, Cortisol, TSH) ↑
Nikotin oder Koffein	Thrombosemarker Homocystein ↑
Medikamente, z. B. L-Thyroxin, vor Blutentnahme eingenommen und nicht danach	freies Thyroxin FT4 ↑

Tabelle 12 Fehler bei der Blutentnahme (↑ = erhöht; ↓ = erniedrigt).

2.4.4 Kapilläre Blutentnahme

Kapillaren ▸ S. 284

Die Kapillaren (Haargefäße) sind so dünne Blutgefäße, dass ein Erythrozyt gerade eben durchpasst. In den Kapillaren werden Sauerstoff und Nährstoffe an die Körperzellen abgegeben, im Austausch dafür geben die Zellen Kohlendioxid und Abbauprodukte ans Blut ab.

Die kapilläre Blutentnahme ist beliebt, weil man Messungen vor Ort durchführen kann, z. B. bei einem Hausbesuch.

Die Technik ist leicht, ist an mehreren Stellen möglich (Tabelle 13), benötigt nur wenig Blut und liefert schnelle Ergebnisse. Die Selbstkontrolle der Diabetiker mit hunderten Glucosewerten wurde so erst möglich.

Mit dieser Methode kann man bei weitem nicht so viele Messwerte bestimmen wie beim venösen Blut, aber Glucose, Hämoglobin, Leukozyten, Blutgase, Bilirubin, Cholesterin und Leberenzyme sind möglich.

Checkliste: Kapilläre Blutentnahme

- ✔ Punktionsstelle desinfizieren und so lange (ca. eine Minute) warten, bis sie trocken ist.
- ✔ Mit der Stechhilfe entsprechend Gebrauchsanweisung einstechen.
- ✔ Den ersten Blutstropfen mit einem trockenen Tupfer abwischen, denn er enthält noch viel Gewebeflüssigkeit. Außerdem könnten Reste des alkoholischen Desinfektionsmittels die Messergebnisse verfälschen.
- ✔ Folgendes Blut mit einer Kapillare aufsaugen
- ✔ und sofort weiterverarbeiten bzw. auf Teststreifen auftragen und ins Messgerät einführen.
- ✔ Der Patient kann währenddessen einen Tupfer auf die Einstichstelle drücken.
- ✔ Bei Bedarf mit Pflaster versorgen.

Bild 26 Checkliste kapilläre Blutentnahme.

Der Blutfluss ist ungenügend, wenn Sie nicht tief genug eingestochen haben oder die Durchblutung der Finger wegen Kälte oder Angst zu gering war. Mit einem 40 °C warmen, feuchten Handtuch als Umschlag können Sie für eine bessere Durchblutung sorgen.

Finalgon®-Salbe sollte nur mit Einmalhandschuhen eingerieben werden. Warnen Sie den Patienten und hüten Sie sich selbst davor, diese Salbe ins Auge zu bringen, denn es ist sehr schmerzhaft.

Wenn Sie zu stark gedrückt haben, enthält das Blut viel Gewebewasser; ebenso, wenn Sie den ersten Blutstropfen nicht abgewischt haben – in beiden Fällen kann man falsche Messwerte erhalten.

Am Fingerendglied	Am Ohrläppchen	An der Ferse
Seitlich an der Fingerbeere einzustechen ist weniger schmerzhaft; bei Rechtshändern die linke Hand bevorzugen.	Man sticht in die Unterkante des Ohrläppchens (evtl. 5 min vorher mit durchblutungsfördernder Salbe, z. B. Finalgon®, einreiben).	Nur bei Neugeborenen und Säuglingen: am inneren oder äußeren Fersenrand einstechen.
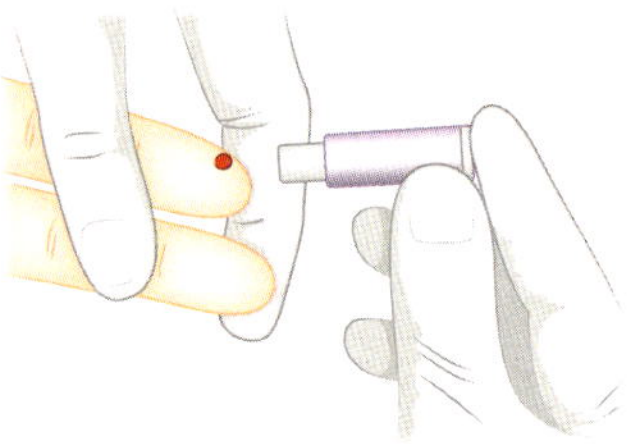	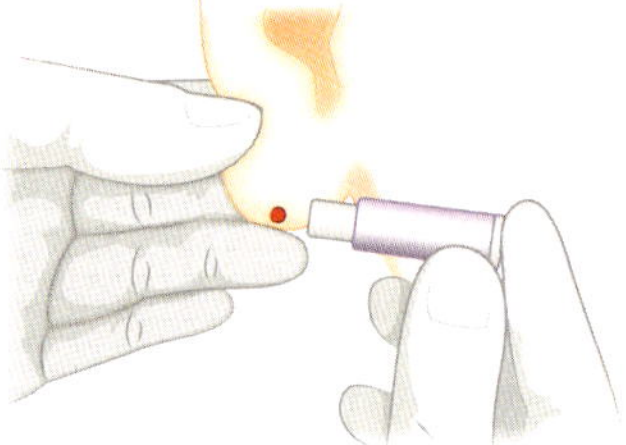	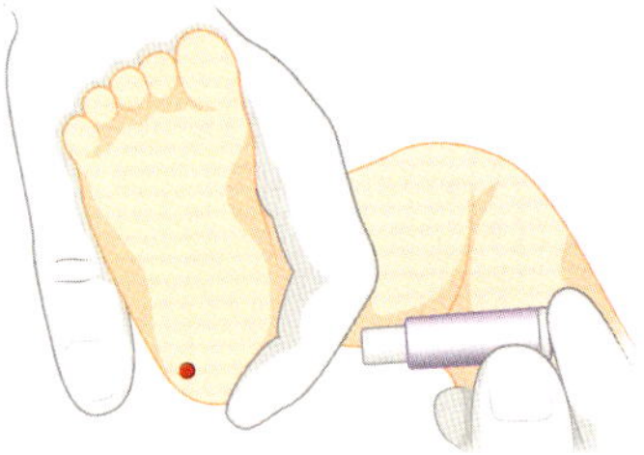

Tabelle 13 Entnahmestellen bei der kapillären Blutentnahme.

Materialien, die man für die kapilläre Blutentnahme (Bild 27) benötigt:

- sichere Stechhilfe,
- Spray mit Hautdesinfektionsmittel,
- mehrere Tupfer,
- Pflaster,
- Schutzhandschuhe.

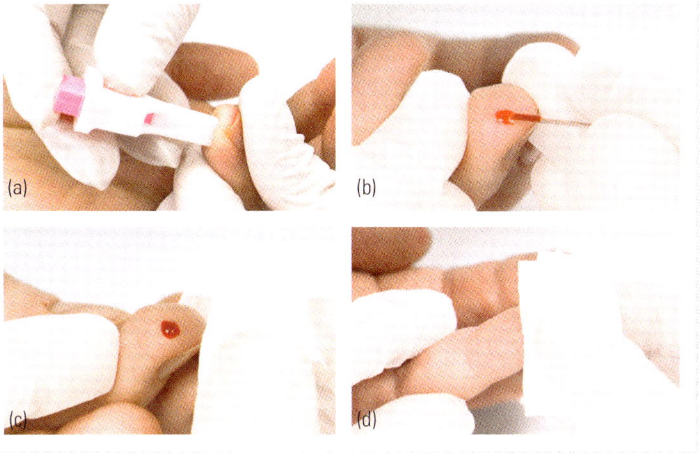

Bild 27 Durchführung der kapillären Blutentnahme.

2.4.5 Arterielle Blutentnahme

Arterien führen im Körperkreislauf sauerstoffreiches Blut vom Herzen weg und stehen unter hohem Druck.

Um echtes arterielles Blut zu entnehmen, punktiert man die Arteria radialis am Handgelenk. Man tastet dazu den Puls der Arterie und sticht dann senkrecht ca. 1 cm tief ins Gewebe. Die Spritzen für diese Blutentnahme füllen sich durch den hohen Druck in der Arterie von selbst. Diese Entnahmetechnik ist sehr schmerzhaft, liefert aber exakte Werte über den Gasgehalt (O_2 und CO_2). So kann man Rückschlüsse auf die Herz- und Lungenfunktion ziehen.

Im Rahmen einer Herzkatheteruntersuchung kann man ebenfalls die Blutgase bestimmen, da man hier die Arteria radiales oder Arteria femoralis punktiert hat, um den Katheter bis zu den Koronargefäßen vorschieben zu können.

Beide Methoden sind schmerzhaft und das Risiko einer Nachblutung ist hoch. Deshalb wird in der Praxis üblicherweise eine kapilläre Blutentnahme aus dem Ohrläppchen mit einer durchblutungsfördernden Salbe vorgenommen.

2.4.6 Nadelstichverletzung

Besonders oft werden Infektionen (Hepatitis B, Hepatitis C und HIV) durch Nadelstichverletzungen übertragen. Fast 50 Prozent aller gemeldeten Versicherungsfälle im Gesundheitsdienst sind darauf zurückzuführen. Bei der Berufsgenossenschaft BGW wurden im Jahr 2016 über 50.000 Stichverletzungen gemeldet.

Präventionsmaßnahmen (z. B. sichere Kanülensysteme und Abwurfbehälter, ruhiges und geplantes Arbeiten) stehen natürlich an erster Stelle. Aber was tun, wenn trotzdem eine Stichverletzung mit Infektionsgefahr passiert ist?

- Blutfluss fördern, aber nicht drücken.
- Dann gut ausspülen mit fließendem Wasser, steriler Kochsalzlösung und/oder desinfizieren oder Wundspülung benutzen.
- Sobald möglich: Eintrag ins **Verbandbuch** (Bild 28).
- Umgehend eine **D-Arztpraxis** aufsuchen (in einem Klinikum kann man zum Betriebsarzt oder in die Notfallambulanz gehen). Dort werden weitere Maßnahmen (Blutentnahme, Postexpositionsprophylaxe) besprochen und durchgeführt.

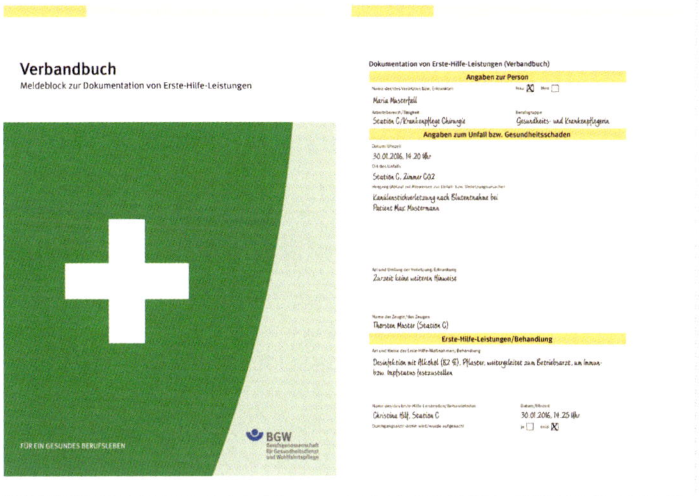

Bild 28 Verbandbuch: Eintrag einer Nadelstichverletzung.

3 Immunsystem und lymphatisches System

3.1 Teilsysteme der Abwehr

spezifisch = gezielt

unspezifisch= ungezielt

zytotoxisch: fähig, lebende Zellen zu zerstören

Teilsysteme der Abwehr s. auch Tabelle 15 ▸ S. 270

Täglich versuchen Millionen von Mikroorganismen über die Atemwege, den Verdauungstrakt oder durch Verletzungen von Haut und Schleimhäuten in unseren Körper einzudringen und sich dort zu vermehren (Tabelle 14).

Um dies zu verhindern, besitzt der Mensch ein Immunsystem (Abwehrsystem).

Man unterscheidet beim Immunsystem eine unspezifische und eine spezifische Abwehr. Die Abwehrstoffe können sich in Körperflüssigkeiten befinden (humorale Abwehr) oder die Abwehr wird von Zellen wahrgenommen (zelluläre Abwehr).

Danach werden vier Teilsysteme der Abwehr unterschieden:

Humorale unspezifische Abwehr. Manche Körperflüssigkeiten, z. B. Tränenflüssigkeit oder Magensaft, können die verschiedensten Erreger zerstören.

Zelluläre unspezifische Abwehr. Körpereigene Fresszellen, die Granulozyten und Monozyten, können die verschiedensten Erreger in sich aufnehmen und unschädlich machen.

Humorale spezifische Abwehr. Verschiedene Antikörper in Blut- und Lymphflüssigkeit können jeweils nur eine ganz bestimmte Erregerart binden und ihre Vermehrung verhindern.

Zelluläre spezifische Abwehr. Zytotoxische T-Zellen können als Killerzellen nur gegen ganz bestimmte körperfremde Gewebe vorgehen.

	Bakterien	Viren	Pilze	Protozoen (Einzeller)
Beispiele für Krankheiten	Tetanus Tuberkulose Salmonellose Scharlach Keuchhusten Diphtherie	Grippe Masern Mumps Röteln Kinderlähmung Hepatitis A, B, C AIDS	Befall der Haut (z. B. Füße), Nägel, Befall der Mundschleimhaut (Soor)	Malaria Amöbenruhr Scheidenentzündung durch Trichomonaden

Tabelle 14 Mikroorganismen und Krankheiten.

3.2 Ablauf des Abwehrvorganges

pathogen = Erkrankungen hervorrufend

Äußere Schutzbarriere. Bereits beim Versuch, in den Körper einzudringen, stoßen die Mikroorganismen auf Hindernisse. So tötet das Enzym Lysozym in der Tränenflüssigkeit und im Speichel Bakterien ab (daher das Lecken von Wunden), das Flimmerepithel und der Schleim der Atemwege filtern eingeatmete Erreger, die Magensäure vernichtet Keime in der Nahrung. Auch nützliche Bakterien (z. B. Dickdarm- und Scheidenflora) verhindern, dass sich schädliche Bakterien einnisten (Bild 29, S. 269).

Gelingt es Keimen, diese Barriere zu durchbrechen, werden sie von Antikörpern und Fresszellen angegriffen (Bild 31, S. 270).

Antikörper. In einem Milliliter Blut schwimmen bis zu einer Billion Proteinmoleküle, die beim Erkennen von Fremdkörpern eine wichtige Rolle spielen. Diese Antikörper haben eine charakteristische Y-förmige Gestalt. Sie werden von Plasmazellen gebildet, die sich aus B-Lymphozyten entwickelt haben.

Antigene sind die Gegenstücke zu den Antikörpern. Man zählt dazu alle Oberflächenstrukturen, z. B. auf der Zellwand einer Bakterie, an die sich die Antikörper binden können. Ein Erreger kann nur dann von Antikörpern vernichtet werden, wenn die Antikörper genau zu den Antigenen auf der Oberfläche des Erregers passen (Antigen-Antikörper-Komplex). Die Immunologen nennen dies „Schlüssel-Schloss-Prinzip" (Bild 30). So erkennen Antikörper gegen das Masernvirus nur dieses Virus, ein Grippevirus oder ein Rötelnvirus entkommt ihnen.

Komplementsystem. Um ein eingedrungenes Bakterium zu zerstören und um die Bekämpfung der zahlreichen anderen miteingedrungenen Bakterien einzuleiten, wird von diesen Antigen-Antikörper-Komplexen das Komplementsystem aktiviert. Es besteht aus vielen Eiweißmolekülen, die sich z. B. an Bakterien anlagern und deren Zellwände durchlöchern können. Gleichzeitig werden Fresszellen und Lymphozyten angelockt.

Fresszellen (Granulozyten und Monozyten) können Bakterien oder Viren umschließen und verdauen. Sie haben die Funktion der „Müllabfuhr" im Immunsystem. Ein neutrophiler Granulozyt kann bis zu 100 Mikroorganismen verschlingen, bis er selbst zugrunde geht und von den Monozyten weggeräumt wird.
Die wenigen hundert passenden Antikörper würden es kaum schaffen, Hunderttausende von Bakterien zu vernichten, die bei einer Infektion in den Körper eindringen. Woher kommt so schnell die große Menge der passenden Antikörper?

B-Lymphozyten besitzen auf ihrer Zelloberfläche Antikörper. Wird von solch einem Antikörper ein Antigen (z. B. auf einer Bakterienzellwand) gefangen, ist dies ein starker Reiz für den B-Lymphozyten. Innerhalb von 5 Tagen entwickelt er sich zur Plasmazelle.

Plasmazellen können in einer Sekunde 2000 Antikörper freisetzen. Um die Abwehrreaktion noch wirksamer zu machen, produziert das Immunsystem mithilfe der T-Helferzellen Millionen von Plasmazellen gegen das gleiche Antigen. Jetzt haben die Antikörper leichtes Spiel mit den eingedrungen Erregern.

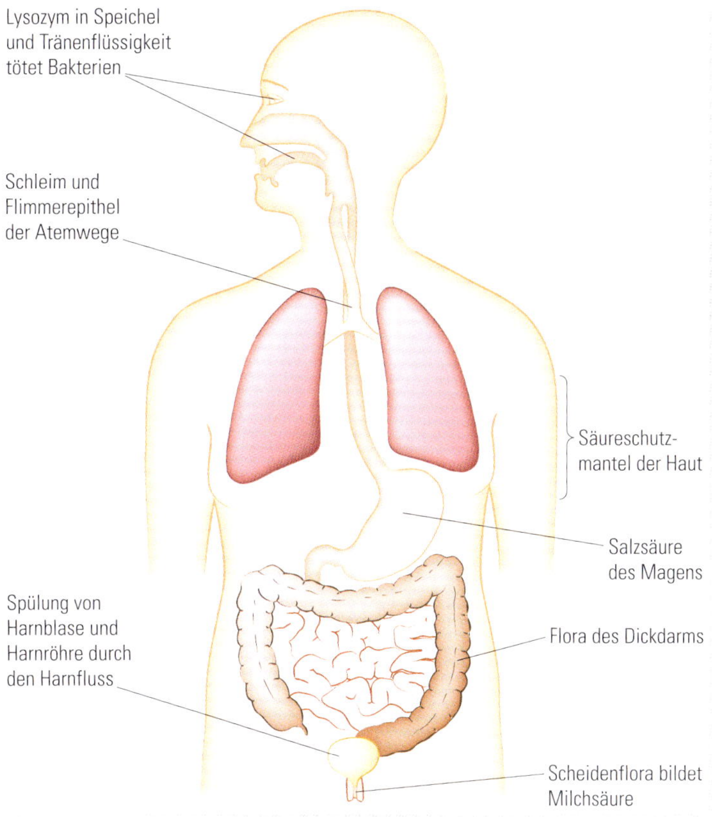

Bild 29 Äußere Schutzbarrieren.

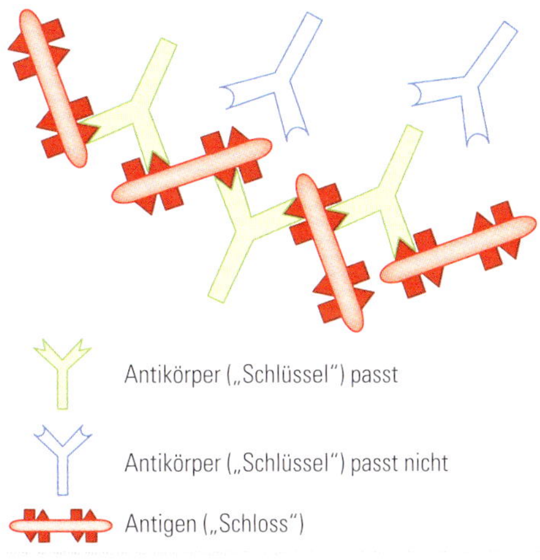

Bild 30 Das Schlüssel-Schloss-Prinzip bei Antigenen und Antikörpern.

Komplement = Ergänzung

B-Gedächtniszellen bleiben nach dem Abklingen der Infektion zurück. Aus ihnen können sich beim nächsten Angriff schnell Plasmazellen und damit Antikörper bilden. Die B-Lymphozyten bilden die spezifische humorale Abwehr.

HIV ▸ S. 93, 272

T-Lymphozyten gehören zur spezifischen zellulären Abwehr des Immunsystems. Auch die T-Lymphozyten reagieren nur auf ein ganz bestimmtes Antigen. Dabei sind sie im Vergleich zu den B-Lymphozyten etwas „kurzsichtig“.

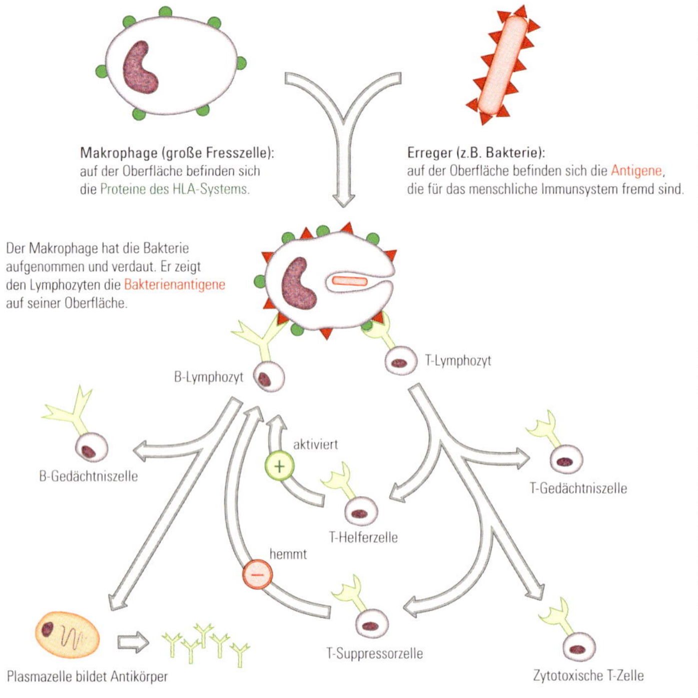

Bild 31 Das Zusammenspiel der Abwehrzellen.

Sie erkennen ein Antigen nur, wenn es ihnen von einem Makrophagen (große Fresszelle) präsentiert wird. Dazu muss ein Makrophage einen Erreger aufnehmen und verdauen. Bruchstücke dieses verdauten Erregers zeigt er dann auf seiner Oberfläche.

T-Helferzellen stimulieren die B-Lymphozyten, damit sie zu Plasmazellen reifen. Wenn HI-Viren (HIV) die T-Helferzellen vernichten, dann bricht das gesamte Immunsystem zusammen.

Zytotoxische T-Zellen (T-Killerzellen) können fremde Zellen ohne Beteiligung von Antikörpern vernichten. Sie haben eine wichtige Funktion bei der Bekämpfung von virusinfizierten Zellen und Tumorzellen. Die zytotoxischen T-Zellen sind auch für die Abstoßungsreaktion nach Organtransplantationen verantwortlich.

T-Suppressorzellen hemmen die Abwehrreaktion. Nach Beseitigung der eingedrungenen Erreger sorgen sie dafür, dass sich das Immunsystem wieder beruhigt.

T-Gedächtniszellen sind langlebige Zellen, die aus den T-Helferzellen hervorgehen. Bei erneutem Kontakt mit dem gleichen Antigen sorgen sie für eine schnelle Abwehrreaktion.

	humorale Abwehr	zelluläre Abwehr
unspezifische Abwehr	**Lysozym** in der Tränenflüssigkeit und im Speichel tötet verschiedene Arten von Bakterien ab. **Das Komplementsystem** löst die Zellwände von unterschiedlichen Bakterien auf und lockt Fresszellen an.	**Fresszellen** (Granulozyten und Monozyten) können verschiedenste Krankheitserreger in sich aufnehmen und unschädlich machen. **Natürliche Killerzellen** vernichten virusinfizierte Zellen und Tumorzellen.
spezifische Abwehr	**Antikörper:** **Plasmazellen** sind umgewandelte B-Lymphozyten, die gegen ganz bestimmte Erreger Antikörper bilden. **B-Gedächtniszellen** überdauern die Infektion.	**T-Lymphozyten:** **T-Helferzellen** aktivieren die Plasmazellen. **Zytotoxische T-Zellen** vernichten selektiv virusinfizierte Zellen, Tumorzellen oder Organtransplantate. **T-Suppressorzellen** dämpfen das Immunsystem. **T-Gedächtniszellen** speichern den Antigenkontakt.

Tabelle 15 Die vier Teilsysteme der Abwehr.

3.3 Lymphatisches System

Das lymphatische System (Bild 32) setzt sich zusammen aus

- Lymphgefäßen,
- lymphatischen Organen (Bild 34, S. 272) und
- lymphatischem Gewebe der Organe.

Das lymphatische System hat drei Aufgaben:

- Es sammelt und filtert die Lymphe (Zwischenzellflüssigkeit) und führt sie in den venösen Blutkreislauf zurück.
- Es arbeitet bei den Abwehrvorgängen des Immunsystems mit. Dies erklärt seinen hohen Gehalt an Lymphozyten.
- Es transportiert die Nahrungsfette, nachdem diese vom Darm aufgenommen wurden.

Im Bereich der Kapillaren presst der Blutdruck ständig Flüssigkeit durch die durchlässigen Kapillarwände. Durch das Bluteiweiß Albumin werden 90 % wieder in den venösen Blutkreislauf zurückgesaugt (Bild 33). Jedoch verbleiben 10 % dieser Flüssigkeit zwischen den Zellen; pro Tag entstehen so etwa 2 Liter Lymphe. Die Lymphe ist ähnlich zusammengesetzt wie das Blutplasma, nur enthält sie deutlich weniger Eiweiß.

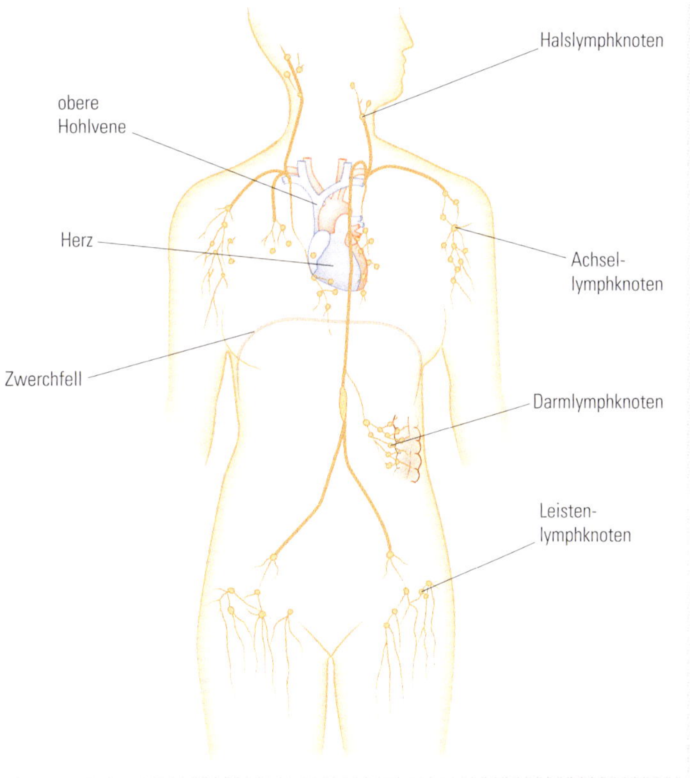

Bild 32 Lymphatisches System.

Lymphgefäße. Hier sammelt sich die Lymphflüssigkeit, die dann durch die Lymphknoten fließt. Die einzelnen kleinen Lymphgefäße vereinigen sich zu größeren, die schließlich im venösen Körperkreislauf münden.

Lymphknoten bestehen aus netzartigem Bindegewebe. Sie enthalten viele Lymphozyten und arbeiten als Filterstationen. Hier wird die Lymphe von Erregern und anderen Fremdstoffen befreit. Deshalb schwellen bei einer Rachenentzündung die Halslymphknoten schmerzhaft an. Die Lymphknoten können auch die Zellen eines bösartigen Tumors aufhalten, der in die Lymphgefäße eingebrochen ist. Deshalb werden z. B. bei einem Mammakarzinom (Brustkrebs) auch die benachbarten Achsellymphknoten mit entfernt.

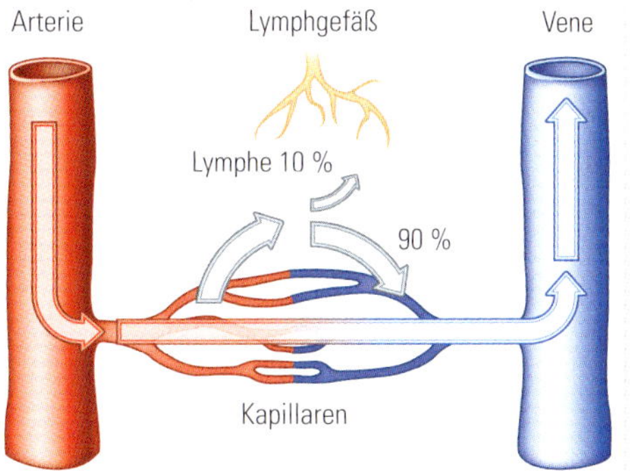

Bild 33 Entstehung der Lymphe.

Lymphe (lat.) = Wasser

Die Milz besteht aus lymphatischem Gewebe, sie erfüllt die gleichen Aufgaben wie die Lymphknoten. Außerdem erkennt sie alte Erythrozyten und baut diese ab. Die Milz wiegt ca. 150 g und liegt im linken Oberbauch. Sie kann ohne große Nachteile für den Organismus nach dem 4. Lebensjahr entfernt werden. Ihre Aufgaben werden dann von der Leber und den anderen lymphatischen Organen übernommen.

Thymus. In den Thymus wandern Lymphozyten aus dem Knochenmark ein, reifen dort zu T-Lymphozyten heran und differenzieren sich in Untergruppen aus. Der Thymus liegt hinter dem Brustbein. Bei Jugendlichen ist der Thymus wegen der Differenzierungsvorgänge voll ausgebildet und wiegt ca. 40 g, beim Erwachsenen bildet er sich zu einem Fettkörper zurück.

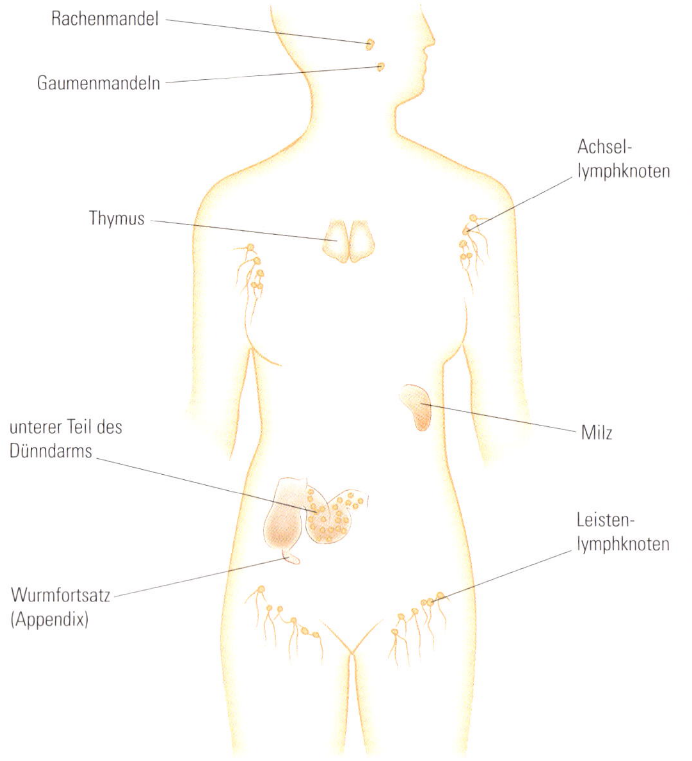

Bild 34 Die lymphatischen Organe.

Tonsillen ▶ S. 297

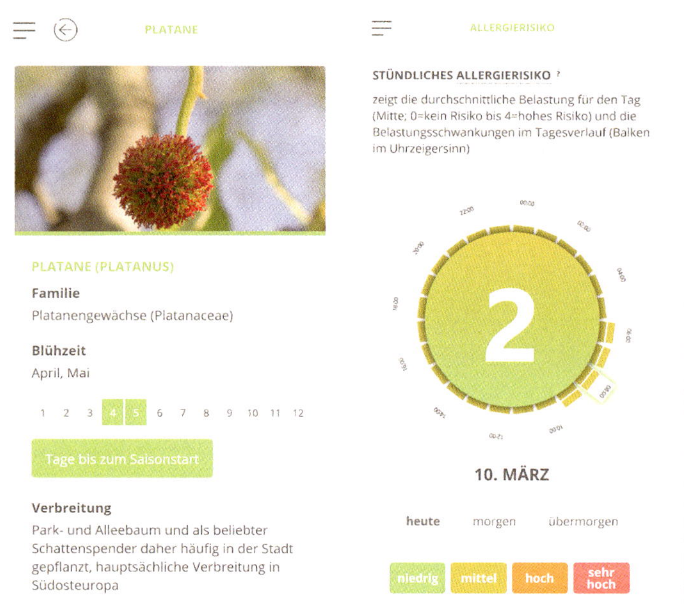

Bild 35 Pollen-App der Stiftung Deutscher Polleninformationsdienst www.pollenstiftung.de.

Rachen- und Gaumenmandeln (Tonsillen) wehren Erreger ab, die über Mund oder Nase in die Atemwege eindringen wollen.

Lymphatisches Gewebe des Darms befindet sich im Bereich des unteren Dünndarms und im Wurmfortsatz (Appendix), da aus dem Dickdarm Bakterien einwandern können. Der obere Dünndarm ist durch die Magensäure fast bakterienfrei und braucht diesen Schutz nicht.

3.4 Erkrankungen des Immunsystems und ihre Behandlung

Beim Immunsystem, das unseren Körper vor Erregern und körperfremden Substanzen schützen soll, unterscheidet man verschiedene Störungen:

- Immunmangelkrankheiten,
- allergische Reaktionen,
- Autoimmunkrankheiten.

3.4.1 Immunmangelkrankheiten

Bei Immunmangelkrankheiten kann das Immunsystem die Erreger nur noch schwach abwehren.

AIDS ist hierfür das bekannteste Beispiel. Verursacht wird es durch das HI-Virus (HIV), das die T-Helferzellen vernichtet. Ausführlich vorgestellt wird AIDS in Lernfeld 3 auf den Seiten 83 ff.

3.4.2 Allergische Reaktionen

Das Immunsystem kann auch überempfindlich reagieren. Dann spricht man von einer Allergie, die sich z. B. gegen Pollen, den Blütenstaub von Pflanzen, richten kann (Bild 35).

Allergische Rhinitis (Allergischer Schnupfen). Diese Allergie wird ebenso wie die Immunität durch einen früheren Kontakt mit dem Antigen (Allergen) erworben. Man nennt dies Sensibilisierung. Nach einiger Zeit kommt es zur Bildung von Antikörpern und dadurch zur Allergie.

Beispiel: Nach dem ersten Kontakt mit Birkenpollen bildet das Immunsystem zu viele IgE-Antikörper, die sich auf die Mastzellen setzen. Gefüllt sind die Mastzellen mit dem Botenstoff Histamin, der Gefäße erweitert und deren Durchlässigkeit erhöht.

Kommt es im folgenden Jahr wieder zum Kontakt mit Birkenpollen, binden sich diese an die IgE-Antikörper auf den Mastzellen. Die Mastzellen platzen und Histamin wird frei (Bild 36).

Typische Symptome sind die Schwellung der Nasenschleimhaut, wässriger Schleim und Konjunktivitis (Bindehautentzündung). Ca. 10 bis 20 % der Bevölkerung haben einen allergischen Schnupfen, der verschiedene Auslöser haben kann (Bild 37).

Der allergische Schnupfen kann wie folgt behandelt werden:

- Vermeiden des Allergens; z. B. bei Hausstaubmilbenallergie waschbare Synthetikbettwäsche, feucht zu wischende Böden statt Teppichboden.
- Hyposensibilisierung bedeutet die subkutane Injektion des Allergens in starker Verdünnung. Dadurch bilden sich IgG-Antikörper, die IgE-Antikörper verdrängen.
- Medikamente; Cromoglicinsäure stabilisiert die Mastzellen, sodass sie kein Histamin mehr freisetzen können. Antihistaminika verhindern, dass sich das Histamin aus den Mastzellen an die Rezeptoren von anderen Zellen bindet und dort Entzündungsreaktionen auslöst.

> Ein seltenes, gefährliches Risiko bei der Hyposensibilisierung ist der anaphylaktische Schock. Deshalb muss ein Notfallset bereitstehen und der Patient muss nach der Injektion des Allergens eine halbe Stunde in der Praxis bleiben.

Allergisches Asthma bronchiale ist eine anfallsweise Atemnot der tiefen Luftwege, die durch ein Allergen (z. B. Pollen) ausgelöst wird. Asthma kann auch durch eine Infektion oder durch psychische Belastungen entstehen. Typische Symptome sind Atemnot durch eine Verengung der Bronchiolen und zäher, weißer Schleim.

Das allergische Kontaktekzem ist eine juckende flächige Entzündung der Oberhaut, die durch den Kontakt des Allergens mit der Haut entsteht (Bild 38). Ursachen können sein: Kosmetika, Schmuck aus Nickel oder Chrom, Latex (Pflaster und Schutzhandschuhe).

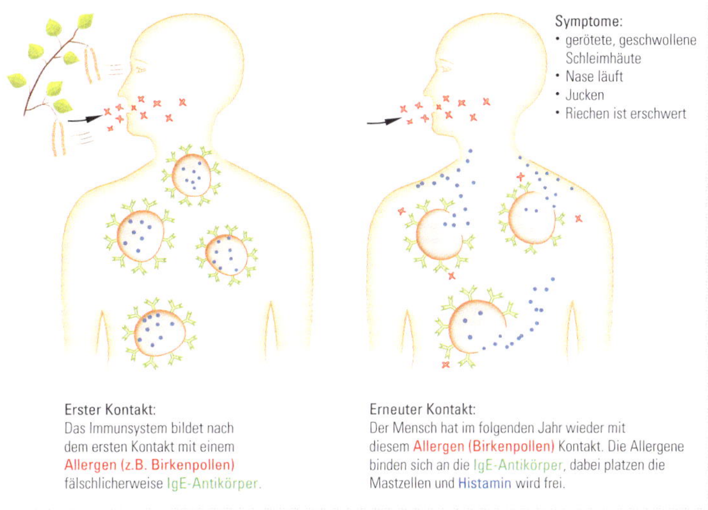

Bild 36 Ablauf einer allergischen Rhinitis.

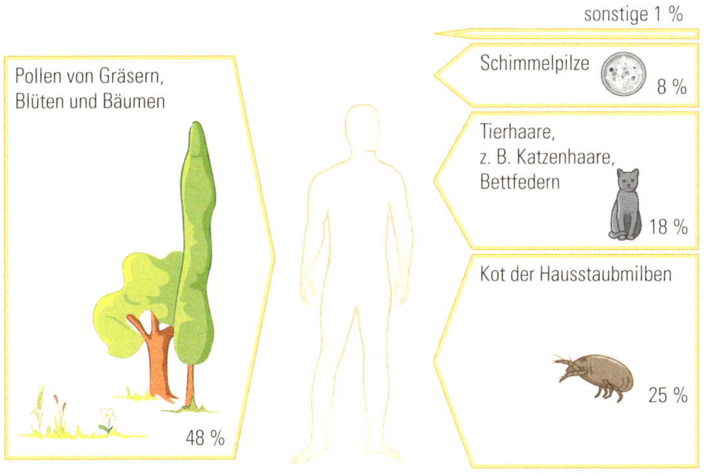

Bild 37 Ursachen einer allergischen Rhinitis.

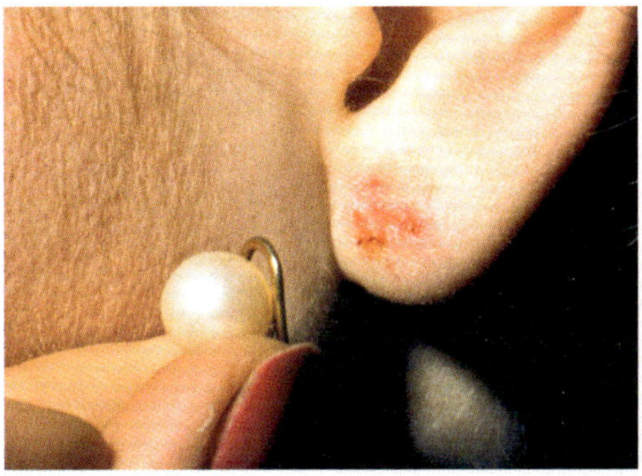

Bild 38 Allergisches Kontaktekzem.

IgE = Immunglobulin (best. Antikörper) der Klasse E; es gibt auch IgA, IgD, IgG, IgM

Histamin: Botenstoff bei allergischen Reaktionen

Mastzellen (Mastozyten): Zellen der körpereigenen Abwehr, die Botenstoffe enthalten, z. B. Histamin

Anaphylaktischer Schock ▸ S. 239

Anaphylaktischer Schock. Dieser Schock ist die stärkste allergische Reaktion. Er geht mit einem lebensgefährlichen Blutdruckabfall einher. Verursacht wird der Schock durch die Ausschüttung von Entzündungsstoffen wie Histamin und anderen gefäßerweiternden Stoffen. Bereits ein Bienenstich kann bei einem Menschen mit Bienengiftallergie der Auslöser sein. In der Praxis muss man bei der Injektion von jodhaltigen Kontrastmitteln oder bei der Hyposensibilisierung mit diesem Schock rechnen. Die lebensrettende Therapie besteht in der Injektion von verdünntem Adrenalin.

Jeder Patient mit einer Allergie erhält einen Allergiepass, den er immer bei sich tragen sollte.

auto (gr.) = selbst

3.4.3 Autoimmunerkrankungen

Antikörper können prinzipiell jeden Eiweißstoff vernichten. Bei Autoimmunkrankheiten greifen die Antikörper körpereigenes Gewebe an.

Man vermutet als Ursache hierfür eine Reihe von Erkrankungen, wie Diabetes Typ 1, chronischer Polyarthritis oder bei den seltenen Kollagenosen (Bindegewebserkrankungen, z. B. Lupus erythematodes, Sklerodermie).

Kortikoide. Bei schweren Allergien der Haut, beim allergischen Asthma oder bei Autoimmunerkrankungen werden unter anderem Kortikoide eingesetzt. Diese Substanzen haben eine ähnliche Struktur wie das körpereigene Hormon Kortisol und können die Reaktionen des Immunsystems unterdrücken. Sie haben eine gute und schnelle Wirkung, jedoch bei systemischer Gabe, hoher Dosierung und längerer Anwendung ernste Nebenwirkungen, unter anderem:

- erhöhtes Infektrisiko,
- Hautausschläge,
- Knochenschwund,
- Diabetes,
- Bluthochdruck.

Werden die Kortikoide abgesetzt, können die allergischen Reaktionen wieder aufflammen, denn Kortikoide unterdrücken nur die Symptome.

3.5 Diagnostik bei Allergien

Zum Nachweis von allergieauslösenden Stoffen gibt es verschiedene Allergietests (Tabelle 16).

Beim Prick-Test darf es nicht bluten! Wenn es blutet, hat man die Haut zu tief eingeritzt. Wechseln Sie zu einem neuen Hautfeld.

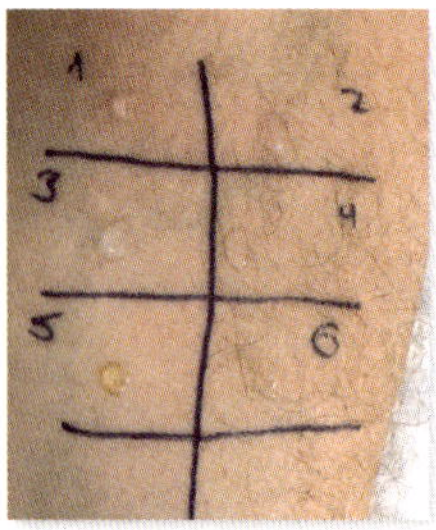

Bild 39 Prick-Test.

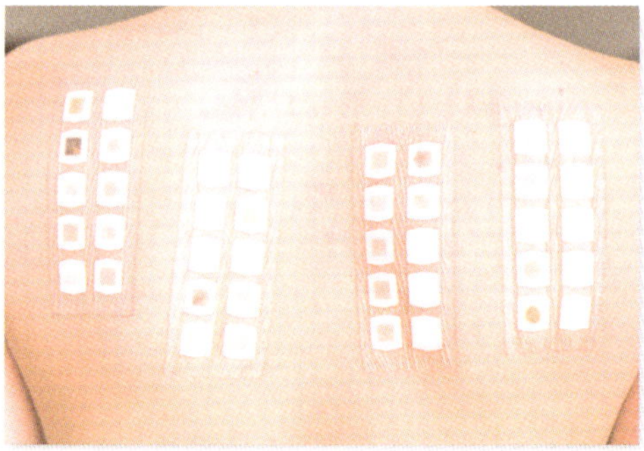

Bild 40 Epikutantest.

Gesamt-Immun-globulin E	In 1 ml Serum wird die Menge an IgE-Antikörpern gemessen. Normalwert (bei Erwachsenen) unter 150 kU / L
Prick-Test (engl. Stichtest, Bild 39)	Verschiedene Allergenlösungen werden am Unterarm aufgebracht und die Haut wird etwas eingeritzt. Das Auftreten einer Rötung und Quaddel (Schwellung) nach 15 Minuten gibt Hinweise auf eine allergische Reaktion.
Epikutantest (Pflastertest, Bild 40)	Das vermutliche Allergen wird mit einem Pflaster auf die Haut am Rücken aufgebracht. Nach 48 und 72 Stunden wird die Haut auf entzündliche Rötungen untersucht.

Tabelle 16 Allergiediagnostik.

4 Herz

4.1 Aufbau und Aufgaben des Herzens

4.1.1 Aufgabe und Lage des Herzens

Das Herz ist der Motor des Blutkreislaufs: Es pumpt ca. 5 l Blut in der Minute. Hört es auf zu pumpen, verliert der Mensch innerhalb von Sekunden sein Bewusstsein. Gelingt es nicht, den Kreislauf innerhalb von wenigen Minuten wieder in Gang zu bringen, erleidet das Gehirn bleibende Schäden, weil der Blutkreislauf keinen Sauerstoff mehr herantransportiert – nach ungefähr 10 Minuten tritt der Hirntod ein.

Das Herz ist ein faustgroßer Hohlmuskel, der hinter dem Brustbein liegt und ca. 300 g wiegt. Es liegt zwischen den beiden Lungenflügeln im Brustkorb und ist dabei leicht nach links verlagert (Bild 41). Deshalb hat der linke Lungenflügel nur zwei Lappen statt drei wie der rechte Lungenflügel. Darunter befindet sich das Zwerchfell.

Das Herz hat nur eine einzige Aufgabe:

- Es pumpt das Blut durch das Gefäßsystem.

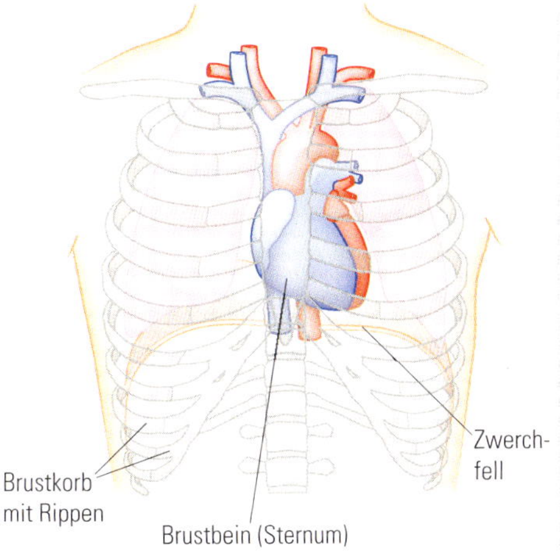

Bild 41 Die Lage des Herzens.

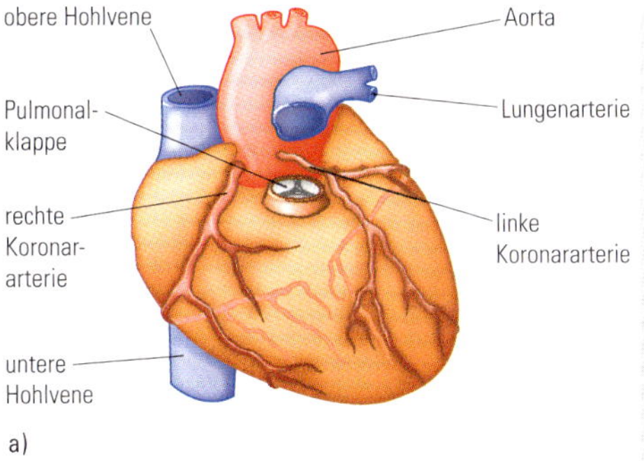

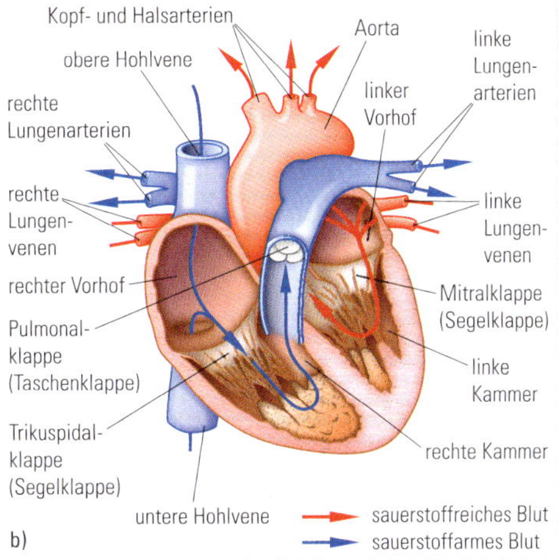

Bild 42 a) Herz mit Koronararterien,
b) Herz im Längsschnitt.

4.1.2 Aufbau des Herzens

Koronararterien (Herzkranzgefäße). Das Herz hat seine eigene Blutversorgung. Diese Herzkranzgefäße versorgen den Herzmuskel mit sauerstoffreichem Blut. Sie entspringen aus der Aorta (Körperschlagader), legen sich kranzförmig oberflächlich um das Herz und treten dann in den Herzmuskel ein (Bild 42a).

Am besten erkennt man den Herzaufbau, wenn man es längs aufschneidet (Bild 42b).

Die Herzscheidewand (Septum) trennt das Herz in eine linke und rechte Hälfte.

Rechte Herzhälfte. Sie besteht aus rechtem Vorhof und rechter Herzkammer. Diese ist weniger muskulös als die linke Herzhälfte, da sie das Blut nur in den Lungenkreislauf pumpen muss, in dem mit 10 bis 20 mmHg ein geringerer Druck herrscht.

Linke Herzhälfte. Sie besteht aus linkem Vorhof und linker Herzkammer. Diese besitzt eine dicke Muskelwand, da sie das Blut mit 120 bis 140 mmHg in den Körperkreislauf (Kopf, Arme, Beine, Rumpf mit Organen) drücken muss.

mmHg sprich: „Millimeter Quecksilbersäule"

corona (lat.) = Kranz, Krone

Herzklappen. Die vier Herzklappen wirken wie Ventile, die einen Rückstrom des Blutes verhindern. Man unterscheidet je zwei

- Segelklappen und
- Taschenklappen.

Zwischen den Vorhöfen und den Herzkammern befinden sich die Segelklappen. In der rechten Herzhälfte ist dies die Trikuspidalklappe (Dreizipfelklappe), in der linken Herzhälfte die Bikuspidalklappe (Zweizipfelklappe oder Mitralklappe). Die Taschenklappen trennen die Kammern von den Gefäßen. Die Pulmonalklappe trennt die rechte Kammer von der Lungenarterie, die Aortenklappe die linke Kammer von der Aorta.

Die Herzwand ist aus drei Schichten aufgebaut (Bild 43):

Stethoskop ▸ S. 23

- Endokard. Diese glatte Epithelschicht kleidet alle Vorhöfe und Kammern des Herzens innen aus. Auch die Herzklappen sind vom Endokard überzogen.
- Myokard. Die mittlere Schicht besteht aus spezialisiertem Muskelgewebe, welches sich unwillkürlich und schnell zusammenziehen kann. Es kommt nur im Herzen vor.
- Epikard. Die äußere Schicht ist mit der Muskelschicht fest verwachsen.

Das Herz liegt im Perikard (Herzbeutel), der die Schutz- und Gleithülle des Herzens darstellt. Zwischen Epikard und Perikard befindet sich ein Flüssigkeitsfilm, der die reibungslosen Herzbewegungen ermöglicht.

autonom = unabhängig, selbstständig

4.1.3 Funktion des Herzens

Das Herz zieht sich rhythmisch zusammen und erschlafft anschließend wieder (Tabelle 17, S. 277).

AV-Knoten = **A**trio**v**entrikularknoten

Diastole (Erschlaffen der Herzkammer). In der Diastole fließt das Blut aus den Venen (obere und untere Hohlvene / Lungenvene) in die Vorhöfe und durch die geöffneten Segelklappen in die Herzkammern. Die Taschenklappen sind geschlossen.

Systole (Zusammenziehen der Herzkammer). In der Systole wird das Blut durch die geöffneten Taschenklappen in die Arterien (Lungenarterie / Aorta) gepresst. Die Segelklappen sind nun geschlossen.

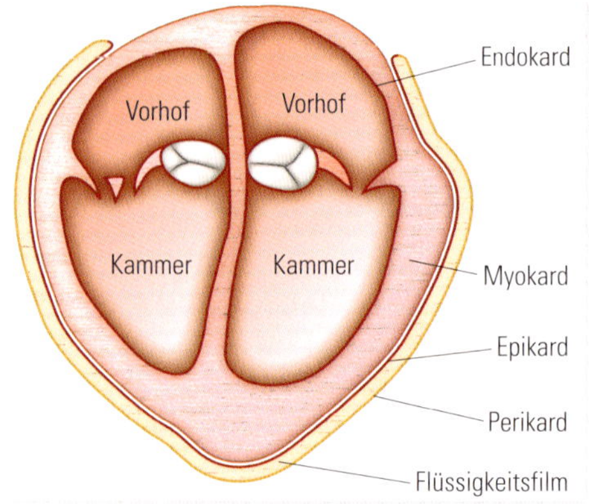

Bild 43 Herzwand und Herzbeutel.

Die Herzklappen haben dabei die Aufgabe von Ventilen, die sich passiv entsprechend dem Druckanstieg und Druckabfall öffnen und schließen. So ist der Blutstrom nur in eine einzige Richtung möglich (Tabelle 17, S. 277).

Herztöne. Bei jeder Herzaktion kann man mit einem Stethoskop auf dem Brustkorb zwei Herztöne hören. Der erste, dumpfe Ton entsteht durch die Anspannung der Kammermuskulatur und das Zuschlagen der Segelklappen zu Beginn der Systole. Der zweite, hellere Ton entspricht dem Schließen der Taschenklappen.

Reizleitungssystem. Ein transplantiertes Herz schlägt nach der Einpflanzung im Brustkorb des Empfängers, obwohl es nicht mit dessen Nervensystem verbunden wird. Dies beweist, dass die elektrischen Nervenimpulse, die jeder Muskel zur Kontraktion benötigt, im Herzen selbst entstehen müssen. Deshalb spricht man vom autonomen Reizleitungssystem des Herzens. Es steuert Systole und Diastole ohne Verbindung zum Nervensystem.

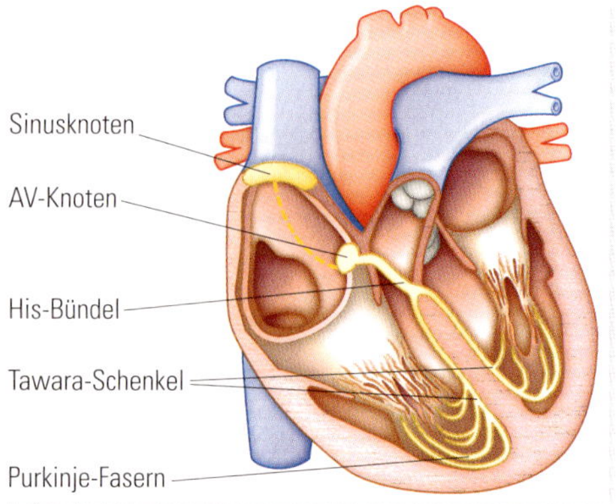

Bild 44 Autonomes Reizleitungssystem des Herzens.

Das Reizleitungssystem besteht aus Zellen, die sich auf diese Aufgabe spezialisiert haben. Im rechten Vorhof liegt als Schrittmacher der Sinusknoten. Dessen Erregungen werden zum AV-Knoten weitergeleitet, der zwischen den Vorhöfen (Vorhof = **A**trium) und den Kammern (Kammer = **V**entrikel) liegt. Von dort laufen die Erregungen über das His-Bündel und die zwei Tawara-Schenkel bis in die feinen Purkinje-Fasern, die die Erregungen zu den Herzmuskelzellen der Herzkammern bringen. Durch diesen Verlauf des Reizleitungssystems kontrahieren zuerst die Vorhöfe und dann die Kammern (Bild 44, S. 276).

Das Elektrokardiogramm (EKG) zeichnet diese elektrischen Erregungen am Herzen auf.

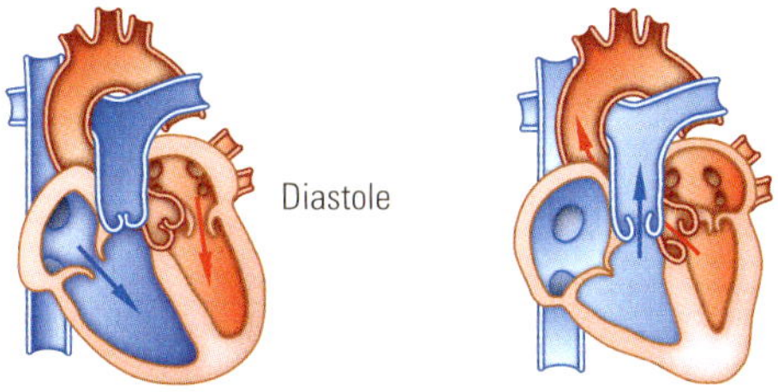

Kammern	erschlaffen und füllen sich mit Blut	ziehen sich zusammen und pressen Blut in die Arterien
Vorhöfe	ziehen sich zusammen und pressen Blut in die Kammern	erschlaffen und füllen sich mit Blut
Klappen	Segelklappen geöffnet, Taschenklappen geschlossen	Segelklappen geschlossen, Taschenklappen geöffnet

Tabelle 17 Diastole und Systole.

EKG ▸ S. 280 ff.

4.2 Erkrankungen des Herzens und ihre Behandlung

4.2.1 Herzinsuffizienz

Bei der Herzinsuffizienz (Herzleistungsschwäche) kann der Herzmuskel bei Belastung oder sogar in Ruhe die notwendige Blutmenge nicht mehr in den Kreislauf pumpen. Dadurch kommt es zum Rückstau von Blut in den Gefäßen vor dem Herzen.

Je nach betroffener Herzhälfte kennt man eine Rechtsherzinsuffizienz, eine Linksherzinsuffizienz oder eine Globalinsuffizienz (rechts und links; Bild 45).

Rechtsherzinsuffizienz. Hier staut sich das Blut in die obere und untere Hohlvene zurück. Dadurch kommt es zu den Symptomen:

- gestaute Halsvenen,
- Aszites (Ansammlung von Flüssigkeit im Bauch),
- Beinödeme (Ansammlung von Flüssigkeit in den Beinen).

Linksherzinsuffizienz. Hier staut sich das Blut in den Lungenvenen. Durch die gestörte Sauerstoffaufnahme in der Lunge treten als Symptome auf:

- Zyanose (blaue Lippen),
- Dyspnoe (Atemnot),
- Lungenödem (Ansammlung von Flüssigkeit in der Lunge),
- Leistungsminderung.

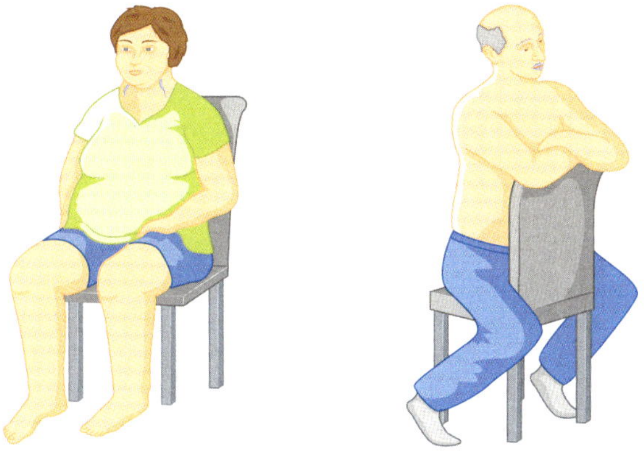

a)
- gestaute Halsvenen
- Aszites
- Beinödeme

b)
- Lippenzyanose
- Atemnot, deshalb stützt sich der Patient auf, um Atemhilfsmuskulatur zu benutzen

Bild 45 Patientin mit Rechtsherzinsuffizienz (a); Patient mit Linksherzinsuffizienz (b).

Bei beiden Formen der Herzinsuffizienz muss der Patient durch die tagsüber ins Gewebe eingelagerte Flüssigkeit bei Nacht häufig Wasser lassen und es kommt zur Herzvergrößerung.

Ursachen für eine Herzinsuffizienz können sein:
- jahrelange Hypertonie (Bluthochdruck),
- koronare Herzkrankheit (Herzinfarkt, Angina pectoris),
- Myokarditis (Entzündung des Herzmuskels) z. B. bei einer Grippe,
- Kardiomyopathie (Herzmuskelschwäche) z. B. durch jahrelangen Alkoholmissbrauch.

Therapie der Herzinsuffizienz. Die Europäische Gesellschaft für Kardiologie (ESC) hat 2021 eine neue Herzinsuffizienz-Leitlinie verabschiedet. Jetzt werden vier Medikamente für alle Patienten als Schlüsseltherapie empfohlen. Dazu gehören SGLT2-Inhibitoren (Dapagliflozin, Empagliflozin), die bisher bei der Therapie des Diabetes mellitus Typ 2 eingesetzt wurden (siehe Seite 423, Tabelle 21). Schon seit längerer Zeit bewährt und bekannt sind die ACE-Hemmer und die Betablocker.

4.2.2 Koronare Herzkrankheit

Arteriosklerose ▸ S. 286 f.

Im Lauf der Zeit kann eine Arteriosklerose die Herzkranzgefäße (Koronararterien) verengen. In diesen Fällen spricht man von der koronaren Herzkrankheit (KHK). Die Schwere der Verengungen lässt sich mit einer Koronarangiographie feststellen. Gesetzlich versicherte Patienten können an einem Disease-Management-Programm teilnehmen.

Koronarangiographie ▸ S. 283

Angina (gr.) = Enge

Angina pectoris („Brustenge"). Bei teilweiser Verengung der Herzkranzgefäße kommt es bei Belastung des Patienten zu einer Minderdurchblutung und damit zu einem Sauerstoffmangel des Herzmuskels. Die Symptome sind:
- Schmerz oder Engegefühl in der Brust (typischerweise strahlt der Schmerz in den linken Arm aus) und
- Atemnot.

Der akute Brustschmerz kann bei Diabetikern, Frauen und Patienten über 75 Jahren fehlen. Sie klagen eventuell nur über Schwindel, Übelkeit und Atemnot. Die Brustschmerzen bessern sich durch Ruhe (nach 15 Minuten) oder durch Gabe eines Nitropräparats (nach 1–2 Minuten). Als Spray oder Zerbeißkapseln verbessert es die Sauerstoffversorgung des Herzmuskels. Zur Abklärung wird ein Belastungs-EKG durchgeführt, in dem sich ST-Senkungen zeigen (Bild 52, S. 282).

Herzinfarkt. Sind die Koronararterien sehr stark verengt, können sie durch ein Blutgerinnsel völlig verschlossen werden. Es findet keine Durchblutung und damit auch keine Versorgung des Herzmuskels mit Sauerstoff statt. Die betroffenen Herzmuskelzellen sterben ab. Der Patient klagt über folgende Symptome:
- heftige Schmerzen oder Engegefühl hinter dem Brustbein, diese Schmerzen können ausstrahlen in den linken (rechten) Arm, Hals, Unterkiefer, Oberbauch oder Schulter; keine Besserung bei Gabe von Nitroglyzerin,
- Atemnot,
- kalter Schweiß,
- starke Angst (Todesangst).

Aber bei ca. 20 % der Herzinfarkte treten kaum Beschwerden auf („stumme" Infarkte), insbesondere bei Diabetikern und älteren Patienten.

Der Patient wird halbsitzend gelagert, ein venöser Zugang wird gelegt, er bekommt Sauerstoff und wird beruhigend betreut. Der Arzt verabreicht starke Schmerzmittel, Herzmedikamente und Nitroglyzerin (zur Abgrenzung gegenüber Angina pectoris). Für eine sichere Diagnose wird ein Ruhe-EKG abgeleitet, in dem sich hohe T-Wellen und Hebungen der ST-Strecke zeigen können (Bild 52, S. 282). Im Blutserum steigt das Herzmuskelenzym Creatinkinase CK-MB an. Der Anstieg des herzmuskelspezifischen Proteins Troponin T nach 3 bis 8 Stunden sichert die Diagnose Herzinfarkt.

Der Patient muss sofort mit dem Notarzt in eine Klinik gebracht werden. Auf der Intensivstation wird man versuchen, den Verschluss der Herzkranzarterie zu beseitigen. Dort kann man auch lebensbedrohliche Komplikationen, z. B. Kammerflimmern, durch ständige Beobachtung erkennen und behandeln (Defibrillation).

Nach 1 bis 2 Wochen Klinikaufenthalt beginnt die Rehabilitation mit der Anschlussheilbehandlung (AHB). Der Patient wird medizinisch, beruflich und sozial wiedereingegliedert. Zur Prävention weiterer Infarkte erhält er Medikamente, z. B. ASS. Die Lebensweise sollte positiv verändert werden, z. B. durch gesunde Ernährung, angepassten Sport und das Vermeiden jeglicher Risikofaktoren (z. B. Rauchen).

4.2.3 Entzündungen

Eine Entzündung kann alle Schichten des Herzens treffen: Endokard, Myokard und Perikard.

Endokarditis. Nach Streptokokken-Infekten oder z. B. nach einem Eingriff an einem vereiterten Zahn kann es zur Entzündung der Herzinnenhaut kommen. Sie ist sehr gefürchtet, weil die Entzündung auf die Herzklappen übergreifen und diese schädigen kann.

Myokarditis. Im Rahmen einer Virusinfektion (z. B. Grippe) kann eine Entzündung des Herzmuskelgewebes auftreten. Dadurch kann es zu lebensgefährlichen Herzrhythmusstörungen kommen, die auch bei jungen Menschen zum Sekundenherztod führen können.

Perikarditis. Bei der Herzbeutelentzündung kommt es am Anfang zu schmerzhaften Reibungen bei jeder Herzaktion. Später kann sich ein Erguss bilden, der die Herzleistung einschränken kann.

4.2.4 Herzfehler

Beim Herzklappenfehler können die Herzklappen ihre Ventilfunktion nicht mehr erfüllen.

Herzklappeninsuffizienz. Die Klappen schließen nicht mehr richtig, dadurch kommt es zum Rückfluss des Blutes.

Herzklappenstenose. Die Klappen öffnen sich nicht mehr weit genug und der Herzmuskel muss einen höheren Druck aufbringen.

Bei allen Klappenfehlern muss das Herz mehr arbeiten. Herzklappen können operativ ersetzt werden durch künstliche Klappen (aus Kunststoff und Edelstahl oder vom Schwein). Patienten mit vorgeschädigten Herzklappen gibt man bei kleinen Operationen (z. B. beim Zahnarzt) prophylaktisch Antibiotika. Dadurch werden eine Entzündung der Herzklappen und Folgeschäden vermieden.

Septumdefekte (Löcher in der Herzscheidewand) können als Folge einer Entwicklungsstörung des ungeborenen Kindes auftreten. Je nach Größe des Defektes kann der Blutfluss massiv gestört sein. Dann ist eine Operation notwendig.

4.2.5 Herzrhythmusstörungen

Störungen des Herzrhythmus sind sehr häufig. Bei jungen Menschen sind sie meistens harmlos, bei älteren Menschen können sie das Symptom einer schwerwiegenden Herzerkrankung sein.

Arrhythmie (unregelmäßige Schlagfolge). Der Patient spürt ein Herzstolpern. Entweder liegen Extrasystolen (Extraschläge; Bild 52, S. 282) vor oder das Herz setzte für einen Schlag aus.

Tachykardie (schnelle Schlagfolge). Der Ruhepuls liegt bei über 100/min, was der Patient als Herzrasen wahrnimmt.

Bradykardie (langsame Schlagfolge). Der Ruhepuls liegt unter 60/min, was zu Ohnmachtsanfällen führen kann. Bei Hochleistungssportlern ist ein niedriger Ruhepuls völlig normal.

Ohnmacht ▸ S. 243

> Zählen Sie bei der Pulsmessung im Fall von Herzrhythmusstörungen eine ganze Minute lang.

Herzschrittmacher. Manchmal funktionieren die natürlichen Schrittmacher (Sinusknoten, AV-Knoten) nicht mehr, dann erhält der Patient einen Herzschrittmacher. Ein Aggregat mit Batterie und Steuerelektronik wird unter der Haut des Brustkorbs eingepflanzt (Bild 46). Von dort wird eine Elektrode (Kabel) über eine Vene in den Herzvorhof oder in die Herzkammer verlegt. Der Schrittmacher zeichnet seinen Stromverbrauch auf und die aufgetretenen Rhythmusstörungen.

Stenose von gr. stenos = eng, schmal

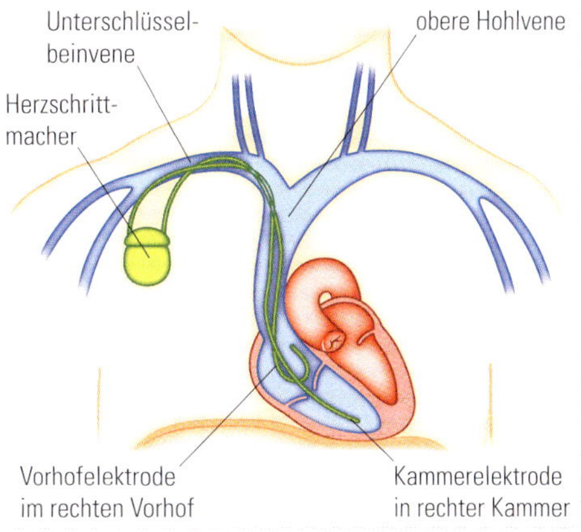

Bild 46 Herzschrittmacher.

Elektrode: Kontaktfläche zur Leitung von elektrischen Strömen

Die Funktion des Schrittmachers wird regelmäßig telemetrisch (d. h. von außen) durch den Arzt kontrolliert. Zur Kontrolle muss der Patient seinen Schrittmacher-Ausweis mitbringen, in dem wichtige Daten vermerkt werden. Ungefähr alle zehn Jahre ist ein Batteriewechsel nötig.

4.3 Untersuchungsverfahren

4.3.1 Elektrokardiogramm (EKG)

Durch die elektrischen Erregungen bei jeder Herzaktion kommt es zu minimalen Spannungsschwankungen, die sich im ganzen Körper ausbreiten.

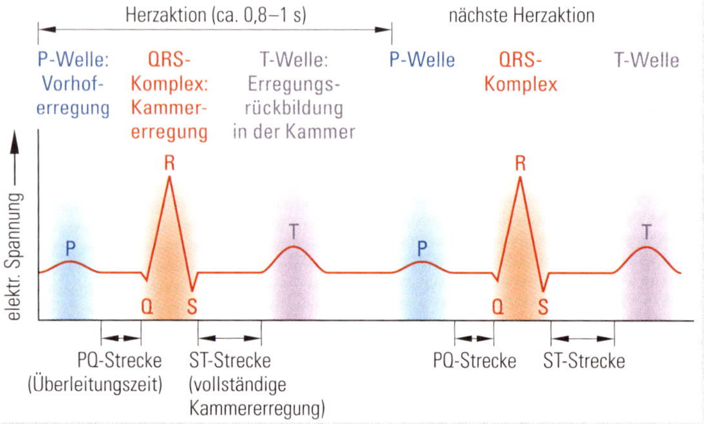

Bild 47 Wellen, Komplexe und Strecken im EKG (Ableitung II).

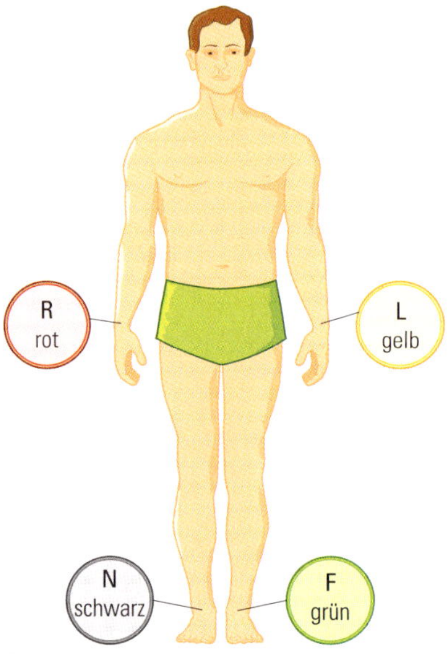

Bild 48 Lage der Elektroden für die Extremitätenableitungen.

Diese Spannungsschwankungen kann man mit Elektroden ableiten, die auf der Haut des Brustkorbs und an Armen und Beinen angebracht werden. Bei der Auswertung des Elektrokardiogramms (EKG) überprüft man, ob alle Zacken, Wellen, Komplexe und Strecken im Normbereich liegen (Bild 47). Aus Störungen kann man Rückschlüsse auf Erkrankungen des Herzen ziehen.

Ruhe-EKG. Für ein Ruhe-EKG werden die Elektroden an den Extremitäten (Arme und Beine) und an der Brustwand angebracht.

So wird ein Ruhe-EKG durchgeführt:
- Der Patient liegt ruhig und entspannt auf dem Rücken. Er darf nicht sprechen.
- Vor Beginn wird eine Eichzacke (1 mV = 10 mm) geschrieben. Bei modernen Geräten geschieht das automatisch.
- Die Elektroden benötigen gute elektrische Leitfähigkeit. Sie müssen mit Elektrodenspray oder -gel befestigt werden.
- Das Papier läuft üblicherweise mit 50 mm/s (für längere Aufzeichnungen des Herzrhythmus wählt man 25 mm/s).
- Das geschriebene EKG ist beschriftet (Name, Datum, Ableitungen) und wird mit früheren EKGs dem Arzt vorgelegt.

Extremitätenableitungen. Die Elektroden werden im Uhrzeigersinn an der Innenseite der Handgelenke und oberhalb der Fußknöchel angebracht (Bild 48):
- Rechter Arm ▸ Rot
- Linker Arm ▸ Gelb
- Linker Fuß ▸ Grün
- Rechter Fuß ▸ Schwarz

Denken Sie bei den Farben der Extremitätenableitungen an eine Ampel (rot – gelb – grün).

Die Elektroden an den Extremitäten sind für die Ableitungen I, II, III und aVR, aVL, aVF. Es bedeuten:
- a = augmented (engl.) = verstärkt,
- V = Voltage (engl.) = Spannung,
- R = rechter Arm,
- L = linker Arm,
- F = Fuß.

Brustwandableitungen. Sechs Elektroden werden auf der Brustwand angebracht für die Ableitungen V_1 bis V_6 (Bild 49):

- V_1 im 4. Zwischenrippenraum rechts neben dem Brustbein,
- V_2 im 4. Zwischenrippenraum links neben dem Brustbein,
- V_3 auf der 5. Rippe zwischen V_2 und V_4,
- V_4 im 5. Zwischenrippenraum in der Verlängerung der Mitte des linken Schlüsselbeins,
- V_5 auf gleicher Höhe wie V_4 am Vorderrand der Achselhöhle,
- V_6 auf gleicher Höhe wie V_4 in der Mitte der Achselhöhle.

Beim Abzählen der Zwischenrippenräume ist wichtig: Der 1. Zwischenrippenraum ist gleich unterhalb des Schlüsselbeins tastbar, da die 1. Rippe normalerweise nicht ertastet werden kann.

Mit den zwölf verschiedenen Ableitungen wird das Herz von verschiedenen Seiten betrachtet. Deshalb sehen die Ableitungen je nach Lage der Elektroden unterschiedlich aus (Bild 50).

Bei der Aufzeichnung eines EKGs können Fehler auftreten (Tabelle 18, S. 282).

Belastungs-EKG. Viele Herzbeschwerden treten nur bei Anstrengungen auf, z. B. Angina pectoris beim Treppensteigen. Um diese belastungsabhängigen Beschwerden besser festzustellen, wird ein Belastungs-EKG geschrieben. Dazu sitzt der Patient auf einem Fahrradergometer (Bild 51). Begonnen wird mit einer Belastung von 25 bis 50 Watt, die dann schrittweise bis zu einem bestimmten Puls (Faustregel: 220 minus Alter) erhöht wird. Ständig werden Puls, Blutdruck und EKG aufgezeichnet.

Bei einem Belastungs-EKG können manchmal lebensgefährliche Situationen, z. B. Kammerflattern oder -flimmern (Bild 52, S. 282) auftreten. Deshalb müssen Notfallkoffer, Defibrillator und Sauerstoff bereitstehen. Ein Belastungs-EKG muss stets in Anwesenheit des Arztes durchgeführt werden.

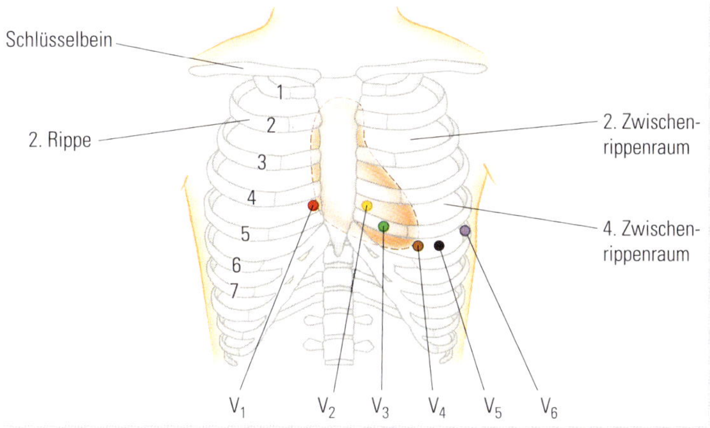

Bild 49 Lage der Elektroden für die Brustwandableitungen.

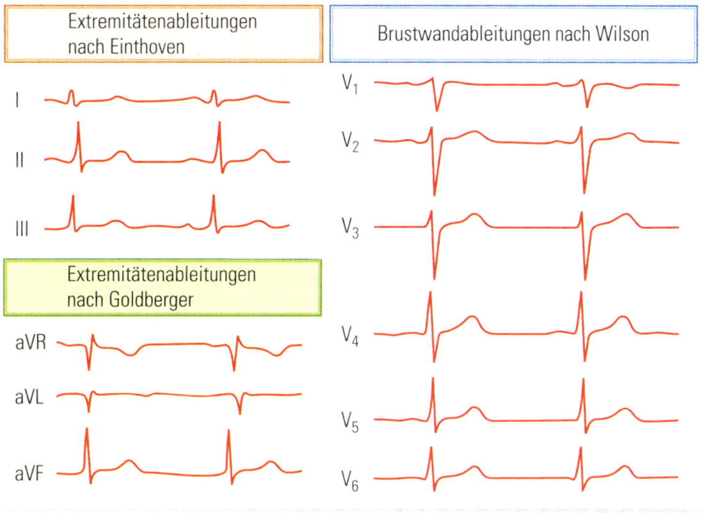

Bild 50 Normales Ruhe-EKG mit den 12 Standard-Ableitungen.

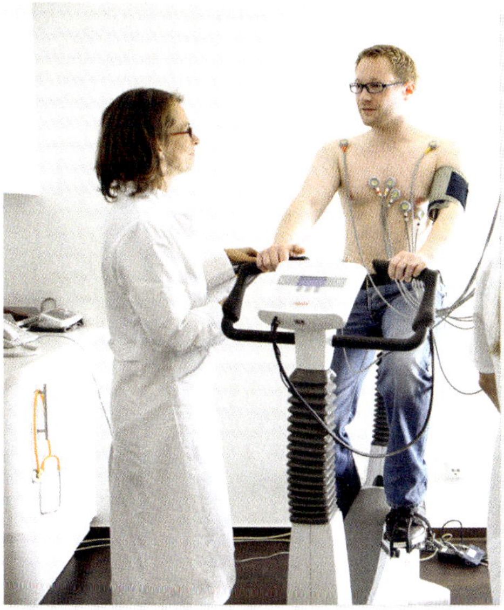

Bild 51 Belastungs-EKG.

Watt: Einheit der physikalischen Leistung

ergo (gr.) = Arbeit, Werk

Fehler	Ursachen	Veränderungen im EKG	EKG-Streifen
Muskelzittern	Der Patient liegt nicht entspannt, ist aufgeregt. Der Patient friert. Der Patient hat Tremor (Muskelzittern).	Die elektrischen Erregungen der Skelettmuskulatur überlagern die des Herzmuskels. Im EKG zeigen sich unregelmäßige kleine Zacken.	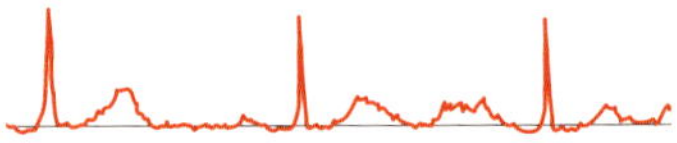
Wechselstrom	Das Wechselstromfilter des EKG-Geräts ist defekt. Ein Elektrogerät in der Nähe, z. B. eine Mikrowelle, ist eingeschaltet. Ein Stromkabel liegt in der Nähe.	Die Spannungsschwankungen des Wechselstroms (Frequenz: 50 Hz) überlagern das EKG. Im EKG sieht man regelmäßige (50 Hz) kleine Zacken.	
wandernde Grundlinie	Der Patient hat sich bewegt. Elektroden haben sich gelockert, weil sie nicht fest genug angelegt wurden.	Die Grundlinie verläuft normalerweise gerade; in diesen Fällen wandert sie auf und ab.	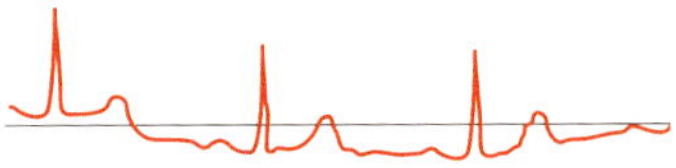

Tabelle 18 Fehler bei der EKG-Aufzeichnung.

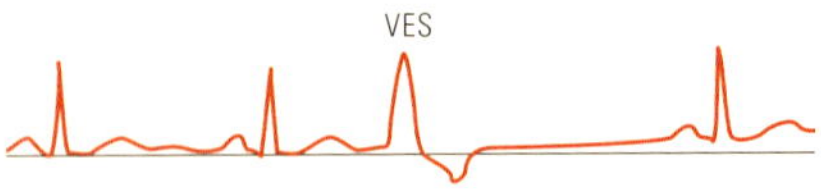

Ventrikuläre Extrasystole (VES)

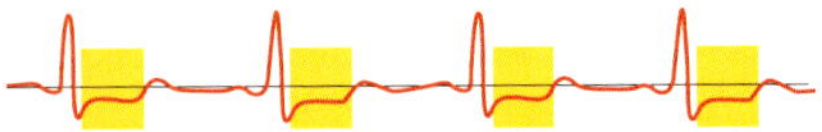

ST-Senkung bei Angina pectoris

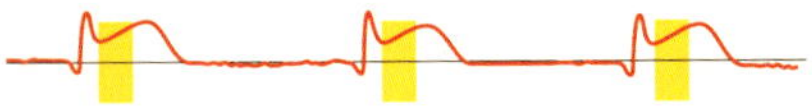

ST-Hebung bei einem frischen Herzinfarkt

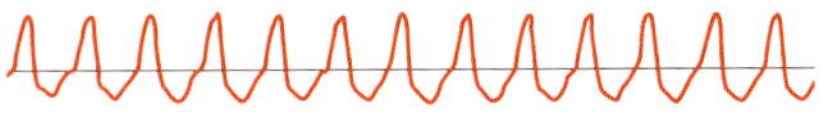

Kammerflattern (200 bis 300 Aktionen / min)

Kammerflimmern (250 bis 400 Aktionen / min); Gegenmaßnahme: Defibrillation

Kammerflimmern, das in eine Null-Linie (Herzstillstand) übergeht.

Bild 52 Pathologische EKGs.

Langzeit-EKG. Manche Störungen, z. B. Extrasystolen (Bild 52), treten nur wenige Male am Tag oder nur in der Nacht auf. Bei einem Praxisbesuch sind diese Störungen eventuell nicht feststellbar. Mit einem Langzeit-EKG ist dies möglich. Die Elektroden werden festgeklebt und über 24 Stunden wird von einem kleinen, tragbaren Gerät das EKG aufgezeichnet (Bild 53). Dabei geht der Patient ungestört seinem normalen Tagesablauf nach. In einem Tagesprotokoll notiert er wichtige Ereignisse, die dem Arzt bei der Auswertung des Langzeit-EKGs helfen können.

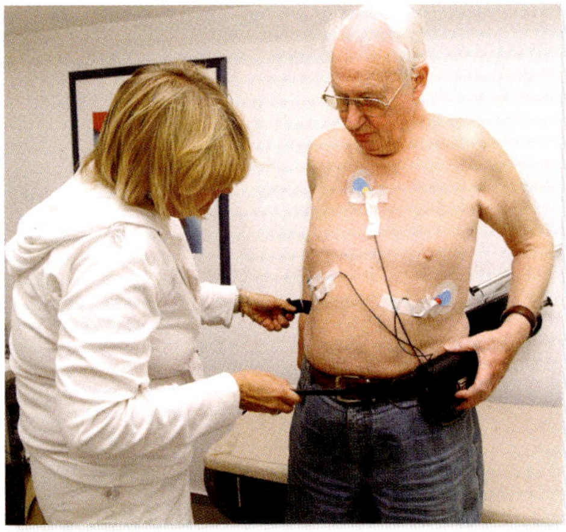

Bild 53 Langzeit-EKG.

4.3.2 Koronarangiographie

Bei dieser Röntgenuntersuchung werden die Koronararterien sichtbar gemacht (Bild 54). Dazu spritzt man mittels eines langen Katheters, der in die Leistenarterie oder Armarterie eingeführt wird, ein jodhaltiges Kontrastmittel. So lassen sich gut Engstellen (Stenosen) oder Gefäßverschlüsse der Koronararterien erkennen. Im Anschluss an die Untersuchung ist evtl. eine Behandlung der Engstelle möglich, indem z. B. eine Aufdehnung mit einem Ballonkatheter und das Einsetzen eines Stents vorgenommen werden (Bilder 55 bis 57). In seltenen Fällen kann der Patient dabei einen Herzinfarkt erleiden.

4.3.3 Echokardiographie

Mit dieser risikoarmen Ultraschalluntersuchung kann der Arzt die Herzkammern und die Herzklappen untersuchen. Mit der Dopplerechokardiographie kann zudem die Strömungsrichtung des Blutes dargestellt werden. Der Schallkopf wird – wie bei anderen Ultraschalluntersuchungen auch – von außen auf den Brustkorb gesetzt. Für besondere Diagnosezwecke (z. B. eine Herzklappenentzündung) kann ein sehr kleiner Ultraschallkopf über die Speiseröhre eingeführt werden. Dies nennt man transösophageale Echokardiographie (TEE).

Dopplerverfahren ▸ S. 172

Stent: Gitterröhrchen aus Metall zum Offenhalten verengter Gefäße (Bild 55 und 56)

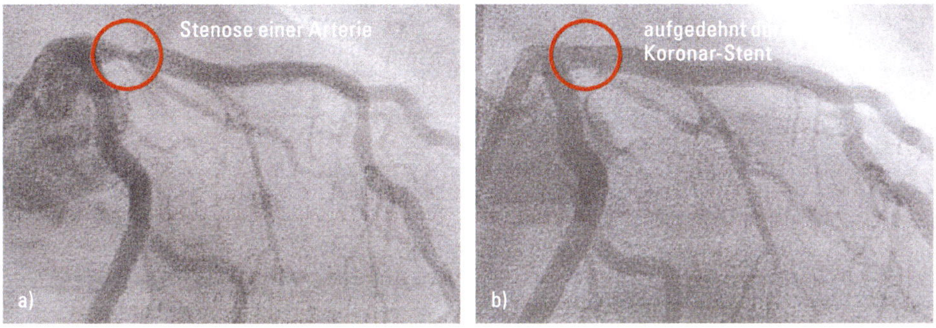

Bild 54 Koronarangiographie bei schwerer KHK.

Bild 55 Koronar-Stent (noch nicht aufgedehnt).

Bild 56 Koronar-Stent (aufgedehnt).

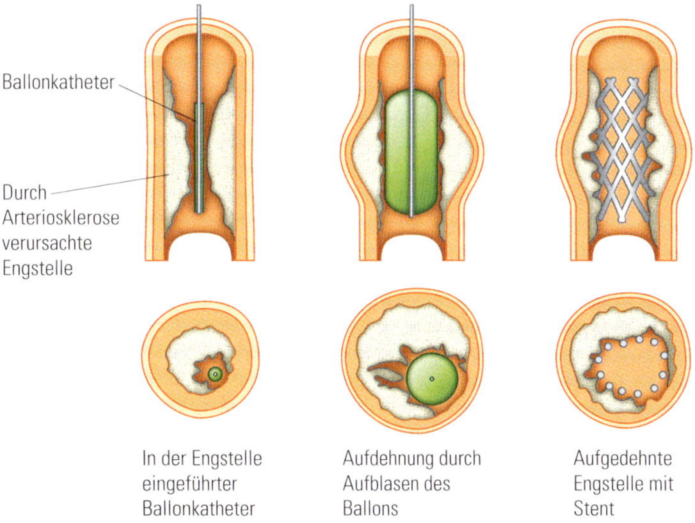

Bild 57 Aufweitung von verengten Koronararterien.

5 Kreislauf

5.1 Aufbau und Aufgaben des Kreislaufs

Der Kreislauf ist ein System von Blutgefäßen (Arterien, Kapillaren, Venen). In diesen Gefäßen fließt das Blut wie in Röhren zu den Zellen der Organe. Dort findet zwischen Zellen und Kapillaren ein Austausch von Atemgasen (Sauerstoff und Kohlendioxid) sowie von Nährstoffen und Abfallstoffen statt. Nach diesen Austauschvorgängen fließt das Blut wieder zum Herzen zurück – der Kreislauf schließt sich.

5.1.1 Gefäße

Alle Gefäße, die das Blut vom Herzen wegführen, nennt man Arterien (Schlagadern). Alle Gefäße, die das Blut zum Herzen zurückführen, nennt man Venen (Blutadern). Während Arterien und Venen das Blut durch den Körper leiten, dienen die feinen Kapillaren (Haargefäße) dem Austausch von Atemgasen sowie von Nähr- und Abfallstoffen mit den Zellen.

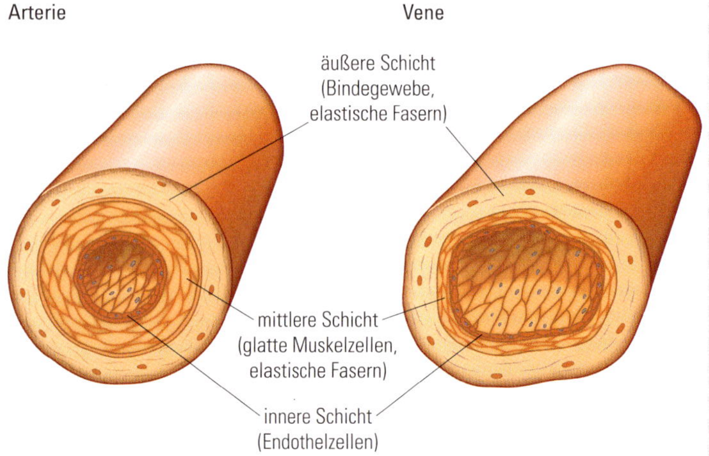

Bild 58 Blutgefäße im Querschnitt.

	Arterien	Venen
Fließrichtung	führen vom Herzen weg	führen zum Herzen hin
Wandaufbau	dicke Wand	dünne Wand
Druckverhältnisse	Hochdruckgefäße	Niederdruckgefäße
Verhalten bei Verletzungen	Blut „spritzt“ (Schlagader)	Blut „fließt“ (Blutader)

Tabelle 19 Vergleich Arterien – Venen.

Die unterschiedlichen Aufgaben der Gefäße lassen sich bereits an ihrem Wandaufbau erkennen (Bild 58 und Tabelle 19).

Herznahe Arterien dämpfen die Druckwellen, die bei jeder Systole (hier herrscht ein hoher Druck) und Diastole (hier herrscht ein niedriger Druck) des Herzen entstehen. Die dicke Wand der Arterien mit vielen elastischen Fasern dehnt sich bei der Systole etwas aus, um sich in der Diastole wieder zusammenzuziehen (Bild 59). So werden die großen Druckunterschiede zwischen Systole und Diastole geringer.

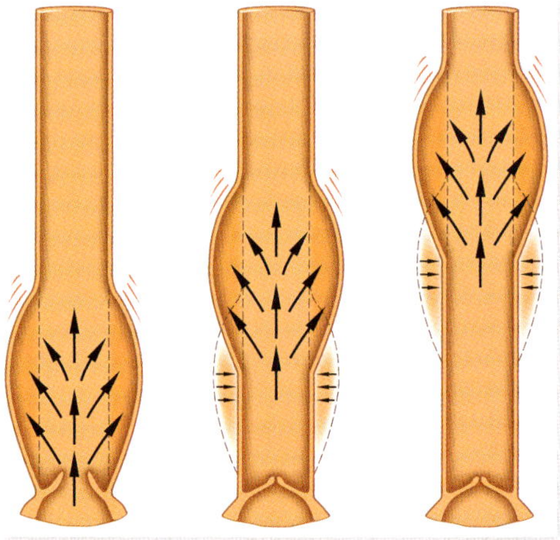

Bild 59 Elastische Arterien dämpfen Druckwellen.

Herzferne Arterien und Arteriolen (kleine Arterien) können den Blutfluss regulieren, indem sie sich weiter und enger stellen. Diese Eigenschaft verdanken sie dem hohen Anteil an glatten Muskelzellen in ihrer Wand. Läuft ein Mensch die Treppe hoch, dann werden die Arterien und Arteriolen der Beinmuskeln weiter gestellt und so werden die Beinmuskeln mit mehr Sauerstoff und Nährstoffen versorgt.

Kapillaren. Durch die Kapillarwand treten Sauerstoff und Nährstoffe in den Zwischenzellraum und von dort in die Zellen der Organe; aus den Zellen der Organe gelangen dafür Kohlendioxid und Abfallstoffe in das Blut.

Diese Austauschvorgänge sind möglich, weil die Wände der Kapillaren sehr dünn sind und weil das Blut in den Kapillaren langsam und mit geringstem Druck fließt.

Venolen (kleine Venen) sammeln das Blut aus dem Kapillarnetz und führen es über die Venen zum Herzen zurück.

Venen sind dünnwandig, denn in ihnen herrscht nur ein geringer Druck. Die Venen tragen selbst nichts für den Rückstrom des Blutes zum Herzen bei. Der nötige Druck entsteht hauptsächlich durch das Zusammenspiel von drei Mechanismen:

- Muskelpumpe,
- Venenklappen,
- Arterienpumpe.

Muskelpumpe. Bei jeder Kontraktion eines Skelettmuskels werden die benachbarten Venen zusammengedrückt und das Blut in den Venen strömt eine kurze Strecke in Richtung Herz. Beim Erschlaffen des Skelettmuskels würde das Blut aber wieder nach unten, also vom Herz weg, strömen.

Venenklappen im Innern der Venen verhindern diesen Rückfluss, weil sie sich nun schließen (Bild 60). Bewegung (Laufen) fördert durch die Muskelbewegung im Zusammenspiel mit den Venenklappen den Rückstrom von Blut aus den Beinvenen.

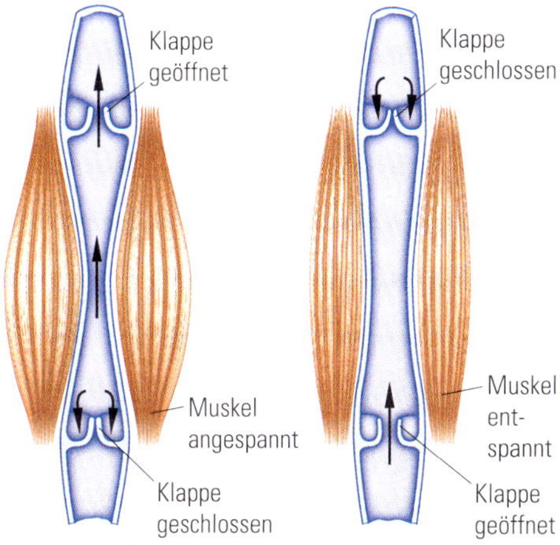

Bild 60 Zusammenwirken von Muskelpumpe und Venenklappen.

Die Arterienpumpe sorgt dafür, dass auch im Sitzen oder Liegen das Blut in den Venen zum Herzen transportiert wird. Bei jeder Systole des Herzens dehnen sich durch die Pulswelle die elastischen Wände der Arterien ein wenig. Da Arterien und Venen oft nebeneinander liegen, drückt die Pulswelle auf die benachbarte Vene (Bild 61). Auch hier sorgen die Venenklappen für einen Blutstrom in Richtung Herz.

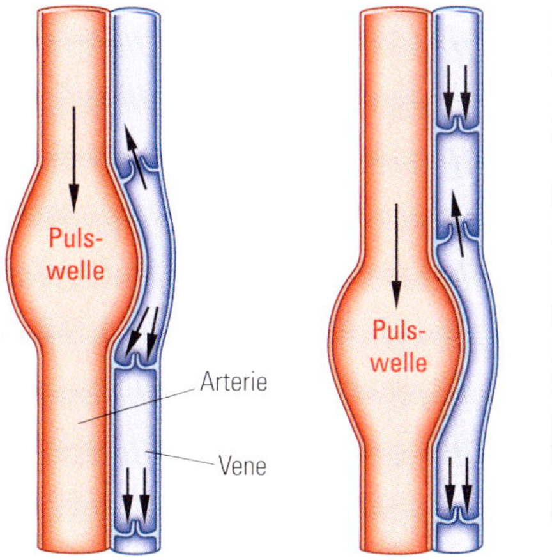

Bild 61 Zusammenwirken von Arterienpumpe und Venenklappen.

5.1.2 Aufbau des Blutkreislaufs

Die beiden Herzhälften pumpen das Blut durch zwei Kreisläufe (Bild 62, S. 286):

- Die rechte Herzhälfte pumpt das Blut mit 10 bis 20 mmHg durch den kleinen Lungenkreislauf; die Kammermuskulatur ist deshalb weniger dick.
- Die linke Herzhälfte pumpt das Blut mit 120 bis 140 mmHg durch den großen Körperkreislauf; die linke Herzkammer ist deshalb besonders muskulös.

Lungenkreislauf. Er hat folgenden Verlauf:
Rechte Herzkammer ▸ Lungenarterien ▸ Lungenkapillaren ▸ Lungenvenen ▸ linker Herzvorhof

Die Lungenarterien führen sauerstoffarmes, kohlendioxidreiches Blut von der rechten Herzkammer zum Gasaustausch in die Lunge. Die Lungenkapillaren geben Kohlendioxid an die Lungenbläschen (Alveolen) ab, im Austausch dafür wird Sauerstoff aufgenommen. Die Lungenvenen bringen dann sauerstoffreiches, kohlendioxidarmes Blut zum linken Herzvorhof.

Alveolen ▸ S. 298

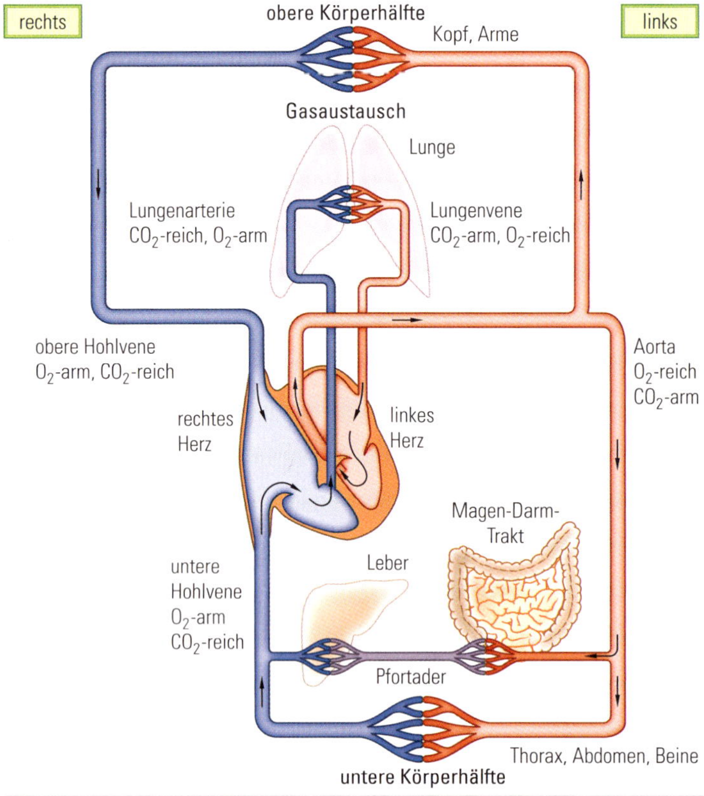

Bild 62 Schema des Kreislaufs.

> Lungenarterie ▸ sauerstoffarmes, kohlendioxidreiches Blut
> Lungenvene ▸ sauerstoffreiches, kohlendioxidarmes Blut

Körperkreislauf. Er hat folgenden Verlauf: Linke Herzkammer ▸ Aorta (Körperschlagader) ▸ Arterien der Organe ▸ Kapillarnetze der Organe ▸ Venen der Organe ▸ obere / untere Hohlvene ▸ rechter Herzvorhof

Die Arterien des Körperkreislaufs bringen sauerstoffreiches, kohlendioxidarmes Blut zu den Kapillarnetzen der Organe der oberen und unteren Körperhälfte. Die Zellen der Organe nehmen Sauerstoff auf und geben dafür Kohlendioxid ab. Die Venen sammeln das sauerstoffarme, kohlendioxidreiche Blut und bringen es zum Herzen. Im Lungenkreislauf wird das Blut wieder mit Sauerstoff angereichert.

Die Pfortader ist eine besondere Vene. Sie sammelt das Blut der Kapillarnetze der unpaarigen Bauchorgane (Magen, Darm, Milz), in dem sich die aufgenommenen Nahrungsbausteine (z. B. Glucose oder Aminosäuren), aber auch körpereigene Stoffe wie z. B. Bilirubin und Fremdstoffe wie Alkohol oder Arzneiwirkstoffe befinden. Diese werden zu den Kapillarnetzen der Leber gebracht. Von den Leberzellen werden die Nahrungsbausteine zu körpereigenen Stoffen (z. B. Glycogen, Eiweiße) aufgebaut, das Bilirubin und die Fremdstoffe werden entgiftet und abgebaut. Die Leber als „Chemiefabrik des Körpers" kontrolliert sämtliche Stoffe im Blut, die aus dem Magen-Darm-Trakt stammen.

> Pfortader ▸ sauerstoffarmes, nährstoffreiches Blut

5.2 Kreislauferkrankungen und ihre Behandlung

5.2.1 Arteriosklerose

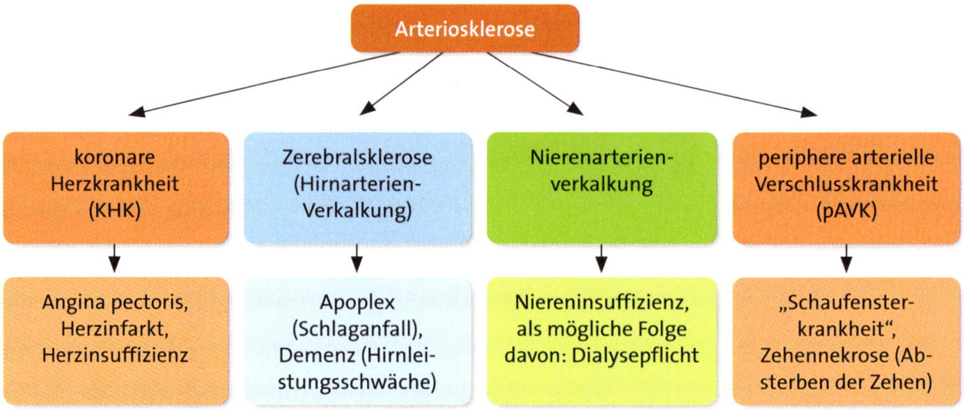

An der Arteriosklerose und ihren Folgeerkrankungen sterben über 50 % aller Menschen in den Industriestaaten.

Eine ganze Reihe von Faktoren begünstigen die Entstehung von Arteriosklerose:
- Diabetes mellitus,
- Rauchen,
- Hypertonie,
- erhöhte Blutfette (besonders Cholesterin),
- Übergewicht und Bewegungsmangel,
- Alter,
- genetische Veranlagung.

Metabolisches Syndrom. So bezeichnet die WHO einen Komplex aus vier Risikofaktoren (deshalb auch „tödliches Quartett"), die das Risiko der Arteriosklerose besonders fördern:
- bauchbetonte Fettleibigkeit,
- veränderte Blutfette (Triglyceride ↑ HDL ↓
- erhöhter Blutdruck,
- erhöhter Blutzucker (nüchtern).

Liegen drei dieser vier Faktoren vor, spricht man vom metabolischen Syndrom. Schätzungsweise ein Viertel aller Menschen der westlichen Industriestaaten weist dieses Syndrom auf.

Eine zentrale Rolle bei der Therapie spielen diese Maßnahmen:
- Diabetes gut einstellen,
- Blutdruck normalisieren,
- das Rauchen aufgeben,
- Blutfette durch Ernährung oder Medikamente senken,
- Gewicht normalisieren und mehr Bewegung.

Die Arteriosklerose beginnt mit einer Schädigung des Endothels (Innenschicht) der Arterien. Cholesterin aus dem Blut wird an den geschädigten Stellen in der Gefäßwand eingelagert.

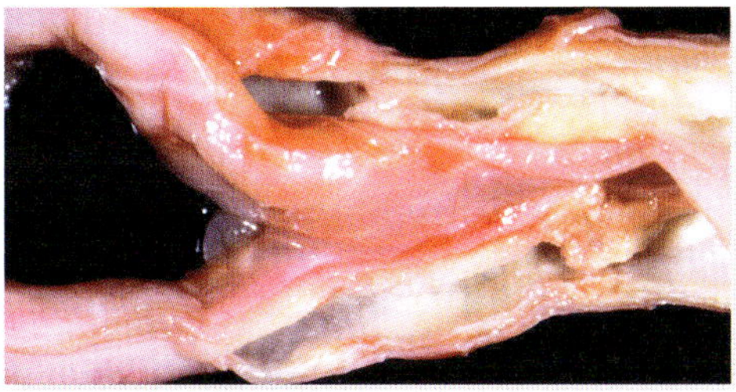

Bild 63 Schwere Arteriosklerose der Herzarterie (Längsschnitt).

Abwehrzellen versuchen, den Fremdstoff Cholesterin aufzunehmen, es kommt zu Entzündungsreaktionen. Als Folge davon vermehrt sich das Bindegewebe in der Gefäßwand, in die sich zusätzlich noch Kalksalze einlagern können (Bild 63). Die Arterienwand wird härter und der Gefäßdurchmesser enger. Dieser Prozess läuft lange Zeit unbemerkt ab. Erst wenn eine Arterie durch die Plaques (Ablagerungen) zu 90 % verschlossen ist, treten Beschwerden auf. Man unterscheidet dabei die Verengung einer Arterie (Stenose) von einem kompletten Verschluss (Infarkt).

Aneurysma. Die Arteriosklerose bedingt eine Wandschwäche, als deren Folge sich in der Aorta ein Aneurysma bilden kann. Reißt die erweiterte Aorta ein, kommt es zu plötzlichen, massiven Schmerzen und Blutdruckabfall. Diese innere Blutung endet meistens tödlich. Seit 2018 haben Männer ab 65 Jahren Anspruch auf ein Ultraschall-Screening zur Früherkennung des Bauchaortenaneurysmas.

5.2.2 Arterielle Verschlüsse

Periphere arterielle Verschlusskrankheit (pAVK). Bei starker Arteriosklerose kommt es nicht nur zu einer Verengung, sondern sogar zum Verschluss von Arterien, vor allem der Beine. Durch die geringere Durchblutung kommt es beim Gehen zu Sauerstoffmangel, was starke Schmerzen im Bein verursacht. Nach einer Ruhepause verschwinden die Schmerzen wieder, der Patient kann weitergehen (wie beim Einkaufsbummel, daher der Name „Schaufensterkrankheit").

Wenn die Krankheit fortschreitet, tritt der Schmerz auch ohne Belastung auf. Schließlich sterben die Zehen ab und müssen amputiert werden („Raucherbein").

Das kann verhindert werden durch Verzicht aufs Rauchen, durch Gehtraining, mit durchblutungsfördernden Medikamenten oder durch einen Eingriff (Ballondilatation, Bypass).

Arterielle Embolie. Manchmal entwickeln sich im linken Herzen, z. B. bei Vorhofflimmern oder Herzinfarkt, Thromben (Blutgerinnsel). Wird so ein Thrombus mit dem Blutstrom fortgerissen, kann er z. B. eine Beinarterie verschließen.

Diabetes ▶ S. 420 ff.

Hypertonie ▶ S. 288

Cholesterin ▶ S. 390

Metabolismus = Stoffwechsel

Aneurysma: Aussackung eines Blutgefäßes infolge einer Wandschwäche

Blutzucker ▶ S. 421 f.

Ballondilatation: Aufdehnen des Gefäßes durch einen Ballonkatheter ▶ Bild 57, S. 283

Bypass: Umgehen der Verengung durch Einsetzen eines neuen Gefäßes

Die Symptome der arteriellen Embolie sind:
- plötzlich einsetzender, „peitschenartiger" Schmerz,
- Blässe des Beins,
- taubes, pelziges Gefühl im Bein,
- kein Puls tastbar,
- Bewegung eingeschränkt, Lähmung.

Innerhalb der ersten sechs Stunden kann das verschließende Blutgerinnsel mit einem Ballonkatheter entfernt werden. Gelingt das nicht, muss das Bein entfernt werden, sonst kann der Patient im Schock sterben.

5.2.3 Hypertonie

Bei der Hypertonie (Bluthochdruck) liegen nach Definition der WHO mehrere Werte, die in Ruhe gemessen wurden, über 140/90 mmHg. Dabei genügt es, wenn schon einer der beiden Werte erhöht ist.
Als normal wird ein Blutdruck bis 139/89 mmHg eingestuft. Werden höhere Werte gemessen, ist der Blutdruck des Patienten behandlungsbedürftig (Tabelle 20).

Die Hypertonie ist eine sehr häufige Erkrankung. Die Deutsche Hochdruckliga schätzt, dass in Deutschland 16 bis 20 Millionen Menschen daran leiden. Die meisten dieser Patienten haben keinerlei Beschwerden, nur ein kleiner Teil spürt Kopfschmerzen, Sehstörungen, Nasenbluten oder Schwindel. Zugleich kann eine jahrelang bestehende Hypertonie gefährliche Folgeerkrankungen nach sich ziehen. Deshalb spricht man von der Hypertonie als dem „lautlosen Killer".

Man unterscheidet zwei Formen:
- die primäre und die
- sekundäre Hypertonie.

Kategorie	systolisch		diastolisch
optimal	< 120	und	< 80
normal	120–129	und/oder	80–84
hochnormal	130–139	und/oder	85–89
Hypertonie Grad 1	140–159	und/oder	90–99
Hypertonie Grad 2	160–179	und/oder	100–109
Hypertonie Grad 3	> 180	und/oder	> 110

Tabelle 20 Definition und Klassifikation von Praxisblutdruck gemäß der Leitlinien für das Management der arteriellen Hypertonie der Hochdruckliga (Werte in mmHg).

Primäre (essentielle) Hypertonie ist die häufigste Form (über 90 %), ihre direkte Ursache ist unbekannt. Begünstigt wird sie durch Erbfaktoren, Stress und falsche Ernährung. Die Basis der Therapie ist bei allen Patienten eine Veränderung der Lebensweise (Gewicht reduzieren, Stress vermeiden, salzarm essen). Die medikamentöse Behandlung richtet sich nach den Begleiterkrankungen und dem Schweregrad der Hypertonie. Meist werden ACE-Hemmer oder AT1-Blocker (Sartane) allein oder in Kombination mit Diuretika, Beta-Blockern oder Calciumantagonisten eingesetzt.Besonders wichtig ist, dass der Patient seine Medikamente regelmäßig einnimmt und dass er seinen Blutdruck selbst misst. Durch ein Blutdrucktagebuch bekommt der Arzt einen Überblick.

Sekundäre Hypertonie. Sie ist selten (unter 10 % der Fälle) und wird durch eine Grunderkrankung ausgelöst, z. B. durch die Verengung einer Nierenarterie oder durch eine Hormonstörung (Schilddrüsenüberfunktion, Nebennierenmarktumor). Bei Behandlung der Grunderkrankung normalisiert sich der Blutdruck.

5.2.4 Hypotonie

Bei einer Hypotonie (zu niedriger Blutdruck) liegen die gemessenen Werte unter 100/60 mmHg. Ein niedriger Blutdruck ohne Beschwerden ist keine Krankheit. Er kann behandelt werden durch vermehrte Kochsalzzufuhr („Salzbutterbrot"), Kreislauftraining (Sport), mit Wassergüssen (Kneipp) oder Medikamenten.

Vasovagale Synkope. Darunter versteht man ein plötzliches Zusammensinken (Kollaps) mit kurzzeitigem Bewusstseinsverlust infolge von Angst, Schmerz oder Stress (z. B. bei der Blutentnahme). Der Vagusnerv des vegetativen Nervensystems löst durch eine Entspannung der Venen ein Absacken des Blutes und damit einen Blutdruckabfall aus.
Dies ist die häufigste Synkope bei ansonsten gesunden Personen. Der Synkope können folgende Symptome vorausgehen:
- Schwindel,
- Schwarzwerden vor den Augen,
- Herzklopfen,
- Schwitzen,
- Blässe,
- Übelkeit.

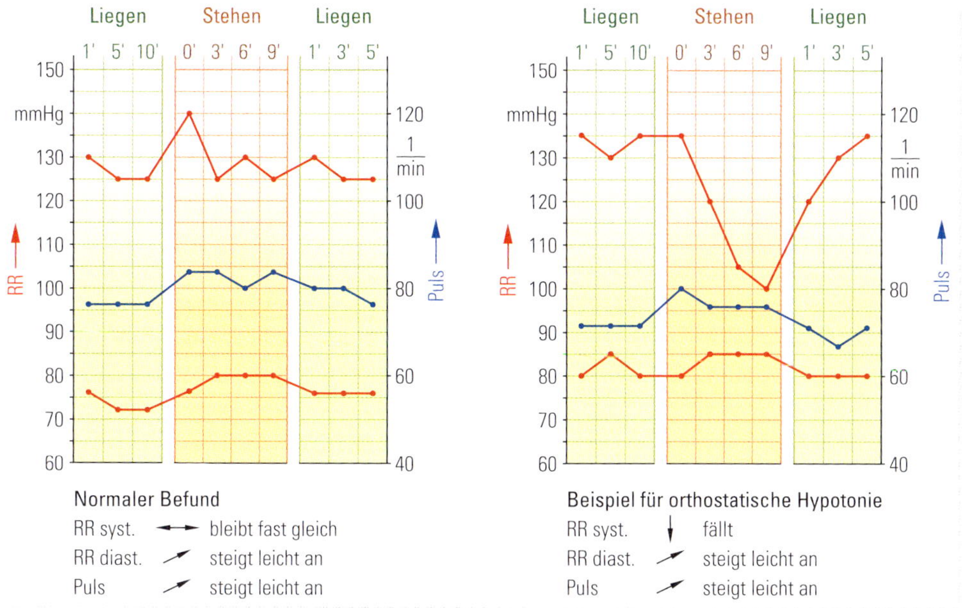

Bild 64 Schellong-Test: Normaler Befund und Befund bei orthostatischer Hypotonie.

ortho (gr.) = gerade, aufrecht

Orthostatische Synkope. Hierbei fällt der Blutdruck beim plötzlichen Aufstehen (Orthostase) aus liegender Position. Dies kann mit dem Schellong-Test diagnostiziert werden (Bild 64). Hypotonie an sich ist ungefährlich, aber die Patienten können sich bei Stürzen schwer verletzen. Auch die anderen Beschwerden können sie sehr belasten.

5.2.5 Venenerkrankungen

Varizen sind geschlängelte und erweiterte oberflächliche Venen, die am häufigsten an den Beinen auftreten. Sie entstehen durch eine Schwäche der Venenwand (Bild 65). Dadurch liegen die Venenklappen so weit auseinander, dass sie nicht mehr schließen. Es kommt zum Rückfluss von Blut, was die Vene noch weiter dehnt. Schließlich entstehen Varizen (Krampfadern).

Varizen sind nicht nur ein kosmetisches Problem, denn es können Komplikationen auftreten:

- Thrombophlebitis,
- Ödemneigung,
- Hautschäden bis zum Ulkus (Geschwür).

Durch kalte Wassergüsse kann die Spannung in der Venenwand erhöht werden. Ein Kompressionsverband oder Kompressionsstrümpfe drücken die Venenwand zusammen, sodass die Venenklappen wieder funktionieren. Dadurch

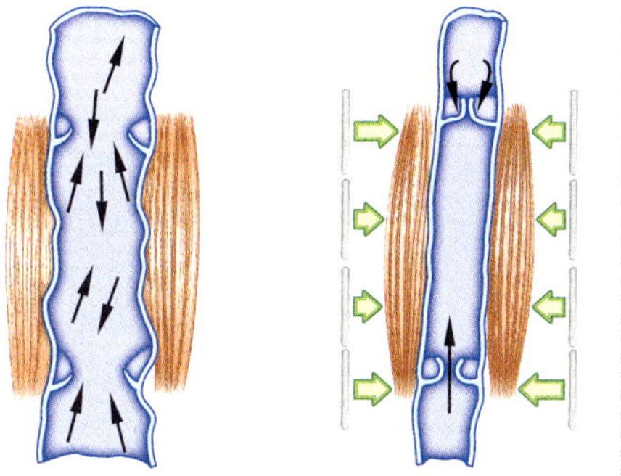

Die Vene ist erweitert; dadurch können sich die Venenklappen nicht mehr schließen.

Der Kompressionsverband drückt die Venenwand zusammen; dadurch können sich die Venenklappen wieder schließen.

Bild 65 Varize (Krampfader) ohne und mit Kompressionsverband.

verbessert sich der venöse Rückstrom (Bild 65). Varizen können auch verödet oder operativ entfernt werden.

Thrombophlebitis. Die Entzündung der oberflächlichen Venen ist im Gegensatz zu der Venenthrombose eine harmlose Erkrankung. Die Symptome der Thrombophlebitis sind:

- geröteter, geschwollener Venenstrang,
- Druckschmerz.

Mit kühlenden Verbänden verschwinden die Beschwerden nach wenigen Tagen.

Kompressionsverband ▸ S. 209 ff.

Lungenembolie
▸ S. 250

Phlebothrombosen sind Venenthrombosen, die häufig die tiefen Bein- und Beckenvenen betreffen. Dabei gerinnt das Blut in den Gefäßen. Es entsteht ein Gerinnsel (Thrombus), das das Gefäß verschließt.

Drei Risikofaktoren begünstigen die Entstehung einer Thrombose:

- raue Gefäßwände (durch Venenentzündung, Nikotin),
- langsamer Blutstrom (durch Bettlägerigkeit, Ruhigstellung durch Gips, Krampfadern, Schwangerschaft),
- zu „dickes“ Blut (durch wenig Trinken, Einnahme der „Pille“, Gerinnungsstörungen).

Die Symptome sind:

- Schweregefühl oder muskelkaterartige Schmerzen im Bein,
- das betroffene Bein ist dicker (Beinödem),
- bläuliche Verfärbung durch den Blutstau.

Die Diagnose der körperlichen Untersuchung kann durch eine Dopplersonographie der Beinvenen gesichert werden (Bild 66).

Ulcus cruris
▸ Bild 39, S. 458

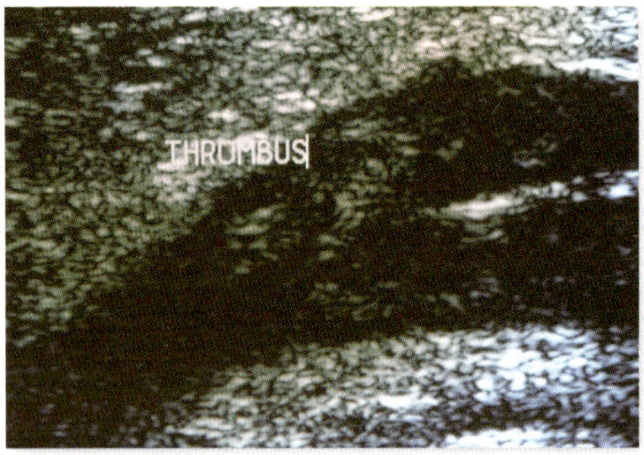

Bild 66 Sonographie einer Beinvenenthrombose.

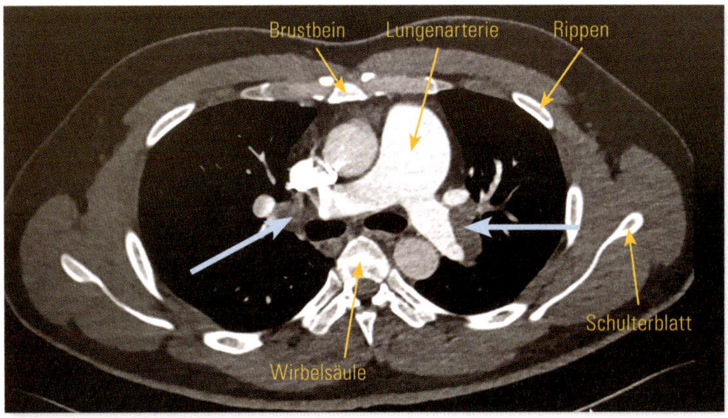

Bild 67 Kontrastmittel-CT einer akuten, beidseitigen Lungenembolie (blaue Pfeile).

Lungenembolie. Eine gefährliche Komplikation droht, wenn sich der Thrombus löst. Dann wandert er mit dem Blutstrom zum rechten Herzvorhof, dann in die rechte Herzkammer und schließlich bleibt er in der Lungenarterie stecken (Lungenembolie). Der betroffene Teil der Lunge wird nicht mehr durchblutet (Bild 67). Der erhöhte Widerstand in der Lungenarterie bewirkt dort eine Druckerhöhung, was zu einem Rechtsherzversagen führen kann. So kommt es zu Atemnot, Herzrasen und Kreislaufversagen. Bei einer Blutuntersuchung erkennt man, dass das D-Dimer, ein Fibrinspaltprodukt, erhöht ist.

Wegen der lebensbedrohlichen Gefahr einer Lungenembolie muss jede Venenthrombose sofort behandelt werden:

- Gerinnungshemmer (z. B. Heparin),
- Kompressionsstrümpfe, um den venösen Rückstrom zu verbessern.

Postthrombotisches Syndrom. Durch die venöse Abflussbehinderung treten später Komplikationen am betroffenen Bein auf. Zuerst neigt das Bein zu Ödemen, dann sieht man eine Verhärtung, bräunliche Verfärbung und Entzündung der Haut, schließlich kommt es meist im Bereich des Innenknöchels zum Geschwür (Ulcus cruris venosum).

5.3 Untersuchungsverfahren

Die wichtigsten Verfahren zur Untersuchung des Kreislaufs sind die Messung des Pulses und die Blutdruckmessung. Beides sind tägliche Aufgaben in der Arztpraxis

5.3.1 Messung des Pulses

Der Puls. Das Herz pumpt das Blut rhythmisch in die Aorta. Dabei wird eine Druckschwankung erzeugt, die sich als Druckpulswelle über das arterielle Gefäßsystem fortpflanzt. An oberflächlich gelegenen Arterien ist sie als Puls fühlbar (Bild 68, S. 291, und Tabelle 21).

Alter	Schläge / min
Säugling	120–140
Schulkinder (10 Jahre)	~ 90
Erwachsene	60–90

Tabelle 21 Pulsnormalwerte (in Ruhe).

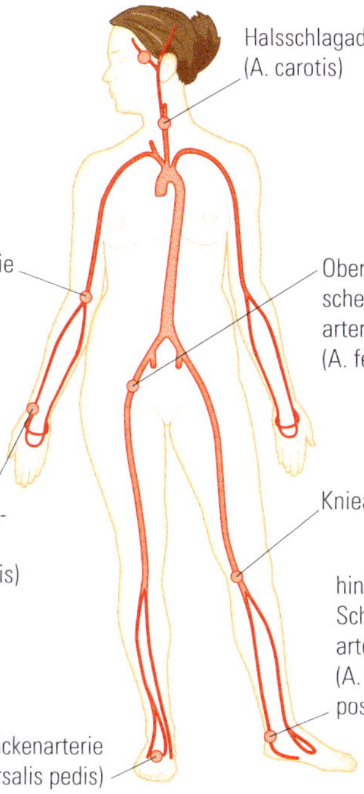

Bild 68 Messpunkte für den Puls.

Da der Puls durch die Systole des Herzens erzeugt wird, erhält man durch das Zählen des Pulses die Herzfrequenz. Gleichzeitig stellt man fest, ob das Herz regelmäßig schlägt (Tabelle 22).

Die Pulsmessung. Der Puls wird normalerweise am Handgelenk an der Arteria radialis (Speichenarterie) gemessen. Der Radialispuls ist am Handgelenk in der Verlängerung des Daumens zu finden. Dafür legt der Untersuchende Zeige- und Mittelfinger auf die Stelle, an der der Puls spürbar ist (Bild 69). Hat man den Puls sicher getastet, werden 15 Sekunden lang die Pulsschläge gezählt. Das Ergebnis wird mit 4 multipliziert, was die Pulsschläge pro Minute ergibt.

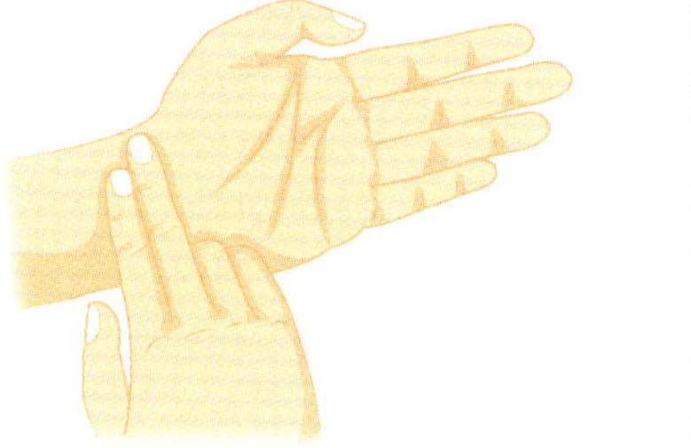

Bild 69 Pulsmessung an der Arteria radialis.

Ist der Puls unregelmäßig, langsam oder schlecht tastbar, muss eine Minute lang gemessen werden.

Bei Kreislaufversagen ist der Radialispuls häufig nicht mehr fühlbar und man muss den Puls an der Arteria carotis (Halsschlagader) messen.

5.3.2 Messung des Blutdrucks

Der Blutdruck ist der Druck, den das strömende Blut auf die Gefäßwände ausübt. Die Höhe des Blutdrucks verändert sich ständig und ist von vielen Faktoren abhängig (Bild 70, S. 292). Im medizinischen Sprachgebrauch ist mit dem Begriff Blutdruck der Druck in den größeren Arterien gemeint. Er wird üblicherweise indirekt am Oberarm gemessen und in Millimeter Quecksilbersäule (mmHg) angegeben. Die Druckeinheit Kilopascal (kPa) hat sich bisher nicht durchgesetzt.

1 mmHg = 0,133 kPa

Beim Blutdruck werden zwei Werte unterschieden (Tabelle 23, S. 292). Der obere (systolische) Wert entsteht in dem Augenblick, wenn das Herz das Blut in die Arterien pumpt. Er stellt den höchsten Wert der Druckkurve dar. Der untere (diastolische) Wert entsteht, wenn sich das Herz entspannt. Er entspricht dem Druck im arteriellen Gefäßsystem.

Bezeichnung	Beschreibung	Bewertung / abweichende Befunde
Frequenz	Häufigkeit der Herzschläge	Tachykardie: > 100 / min Bradykardie: < 60 / min
Rhythmus	Gleichmäßigkeit der Herzschlagfolge	rhythmisch arrhythmisch, z. B. Extrasystole
Stärke	Pumpleistung des Herzens	gut fühlbarer Puls fadenförmiger, „dünner“ Puls, z. B. beim Schock

Tabelle 22 Pulsqualitäten.

Riva-Rocci
(1863–1937), ital. Arzt , entwickelte die moderne Blutdruckmessung

Korotkow
(1874–1920), russischer Arzt, der die RR-Methode verbesserte

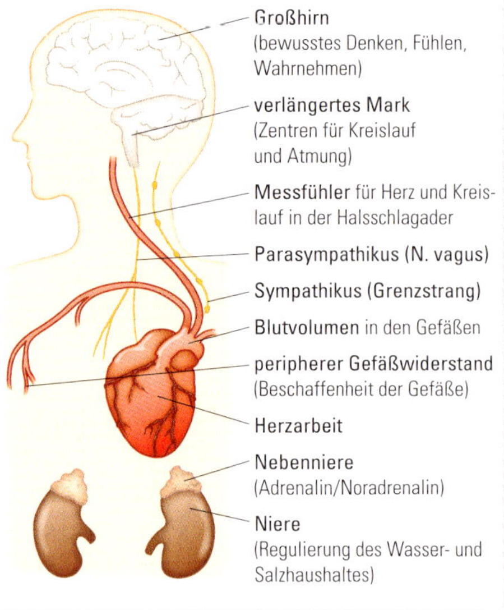

Bild 70 Faktoren, die den Blutdruck beeinflussen.

Alter	mmHg
Säugling	80–90 / 60
Kinder bis 10 Jahre	90 / 60
Erwachsener	120–140 / 80–90

Tabelle 23 Blutdrucknormwerte (in Ruhe).

Keine RR-Messung am Arm
- nach Brustamputation,
- bei Dialyse-Shunt,
- bei Halbseitenlähmung.

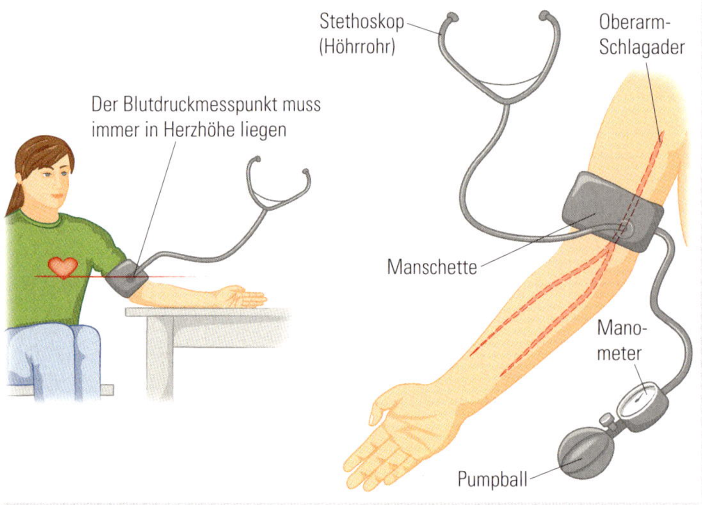

Bild 71 Messtechnik Blutdruck.

Gewöhnlich werden beide Werte angegeben, z. B. 120/80 mmHg (sprich: 120 zu 80). Die Blutdruckamplitude ist die Differenz zwischen systolischem und diastolischem Wert.

Die Blutdruckmessung kann mittels verschiedener Techniken erfolgen. Das in der Praxis zugelassene indirekte Messverfahren funktioniert nach dem Manschetten- oder Riva-Rocci-Prinzip. Üblicherweise wird es mit „RR" abgekürzt.

In einer aufblasbaren Manschette, die eine Extremität umschließt, wird ein Druck erzeugt. Dieser unterbricht den Blutstrom in der Arterie ganz oder teilweise. Dadurch entstehen Strömungsgeräusche, die Korotkow-Geräusche genannt werden. Sie werden durch ein Stethoskop oder Mikrofon hörbar.

Der Druck in der Manschette kann an einem angeschlossenen Druckmessgerät (Manometer) abgelesen werden. Der Untersuchende pumpt die Manschette mit dem Pumpball auf, bis kein Strömungsgeräusch mehr zu vernehmen ist. Der Spitzendruck, auf den maximal aufgepumpt wird, sollte etwa 30 mmHg höher sein, als der zu erwartende systolische Wert. Anschließend wird das Druckventil geöffnet und die Luft langsam aus der Manschette abgelassen. Wenn die Korotkow-Geräusche mit dem Stethoskop erstmalig wieder zu hören sind, entspricht der angezeigte Manschettendruck dem systolischen Blutdruckwert. Der diastolische Wert ist der Druck, bei dem die Korotkow-Geräusche verschwinden bzw. deutlich leiser werden, da das Blut nun in der Arterie ungehindert fließen kann (Bild 71 und Bild 72, S. 293).

Je dicker der Oberarm, desto breiter wird die Manschette ausgewählt (Tabelle 24, S. 293).

Bei der Blutdruckmessung an der Hand oder am Finger wird überwiegend die oszillometrische Methode angewendet. Dabei nutzt man die Druckschwankungen, die durch den pulsierenden Blutstrom in der Manschette messbar sind. In Arztpraxen werden häufig vollautomatische Blutdruckmessgeräte eingesetzt, die oszillometrisch und/oder auskultatorisch messen können. Sie zeigen die Systole, Diastole und den Puls digital an und können über weitere Auffälligkeiten informieren, z. B. über Arrhythmien .

Seitendifferenzen des Blutdrucks. Bei jeder Erstuntersuchung eines Patienten sollte der Blutdruck an beiden Armen nacheinander ermittelt werden. Werden an den beiden Seiten unterschiedliche Werte gemessen (Differenzen systolisch > 20 mmHg, diastolisch > 15 mmHg), dann werden gleichzeitige Messungen an beiden Armen durch zwei Personen notwendig. Ursachen für Seitendifferenzen können Gefäßverengungen (Stenosen) sein, die den Blutdruck auf der einen Seite herabsetzen.

Blutdruckselbstmessung. Empfehlenswert ist ein Gerät, das die Manschette automatisch aufpumpt. Damit wird vermieden, dass die Aufpumparbeit den Blutdruck steigert. Eine korrekt vorgenommene Selbstmessung bietet eine ausgezeichnete Möglichkeit zur Therapiekontrolle. Vollautomatische Messgeräte können neben Blutdruckwerten auch die Herzfrequenz anzeigen und speichern.

Langzeit-RR-Messung. Der in der Praxis gemessene Blutdruck entspricht sehr oft nicht dem Blutdruck unter Alltagsbedingungen. In über 20 % wird eine Praxishypertonie („Weißkittel-Hochdruck") festgestellt.

Außerdem erfolgt die Messung in der Praxis in Ruhe. Diese Messung zeigt nicht, wie der Körper sich den ständig wechselnden Erfordernissen eines Tages anpasst. Beim Sport beispielsweise brauchen die Muskeln mehr Blut als in Ruhe; deshalb ist es völlig normal, wenn Blutdruck und Puls ansteigen. So kann auch ein Gesunder auf systolische RR-Werte von 200 mmHg kommen.

Der Blutdruck weist normalerweise auch eine tageszeitabhängige Rhythmik auf. Ein fehlender Blutdruckabfall während des Nachtschlafes oder sogar ein Blutdruckanstieg werden besonders bei Patienten mit sekundärer Hypertonie beobachtet.

Ein Arzt möchte weder von einer Praxishypertonie getäuscht werden, noch will er eine fehlende RR-Nachtabsenkung übersehen. Deshalb gibt es die Langzeit-RR-Messung: an einem normalen Arbeitstag wird dem Patienten die RR-Manschette angelegt. Dann werden über 24 Stunden von einem kleinen tragbaren Gerät in regelmäßigen Zeitabständen der Blutdruck und der Puls aufgezeichnet.

Checkliste: Blutdruckmessung

- ✔ 3 bis 4 Minuten Ruhe im Sitzen, Arm in Herzhöhe lagern, Beine nebeneinander.
- ✔ Immer am gleichen Arm messen (bei der Erstuntersuchung an beiden Armen)
- ✔ Blutdruckmanschette anlegen, Unterrand 2,5 cm über der Ellenbeuge, Rechtshänder in der Regel am linken Arm.
- ✔ Mikrofon an der Innenseite des Oberarms über der Schlagader platzieren.
- ✔ Manschette bis 30 mmHg über den systolischen Druck aufpumpen (beim systolischen Druck verschwindet der Puls am Handgelenk).
- ✔ Manschettendruck langsam um 2 bis 3 mmHg pro Sekunde ablassen.
- ✔ Beobachten, bei welchem Druck der erste Ton bzw. das erste Blinkzeichen erscheint (= systolischer Blutdruck) und bei welchem Druck der letzte Ton bzw. das letzte Blinkzeichen (= diastolischer Blutdruck) wahrzunehmen ist. Werte auf 2 mmHg genau ablesen. Bei automatischen Geräten werden die Blutdruck- und Pulswerte als Ziffern angezeigt.
- ✔ Werte im Blutdruckpass eintragen.
- ✔ Wiederholungsmessung frühestens nach einer halben Minute.

Bild 72 Checkliste Blutdruckmessung.

Patient	Oberarmumfang (cm)	Manschettenbreite (cm)
Kleinkind		ca. 5
Kind		ca. 8
Erwachsener	< 33	ca. 13
Erwachsener	> 33	ca. 16

Tabelle 24 Empfohlene Manschettenmaße.

	systolisch (mmHg)	diastolisch (mmHg)
Tagesmittelwert	135	85
Nachtmittelwert	120	75
24-Std.-Mittelwert	125	80

Tabelle 25 Blutdruck-Grenzwerte bei der Langzeit-RR-Messung.

Der Patient schreibt ein Tagesprotokoll, in dem er wichtige Ereignisse notiert, z. B. Kopfschmerz, Ärger während der Arbeitszeit oder sportliche Betätigung. Später vergleicht der Arzt die Messwerte mit dem Tagesprotokoll: so kann er Zusammenhänge besser erkennen und wenn nötig eine medikamentöse Therapie einstellen und kontrollieren (Bild 73, S. 294).

Profil

Patient männlich, 60 Jahre, Beruf Metzger

Statistik

	systolisch	diastolisch	Puls
Tagesmittelwert	161,8	94,2	80,3
Nachtmittelwert	144,3	85,8	72,7
24-Std.-Mittelwert	157,3	92,1	78,3

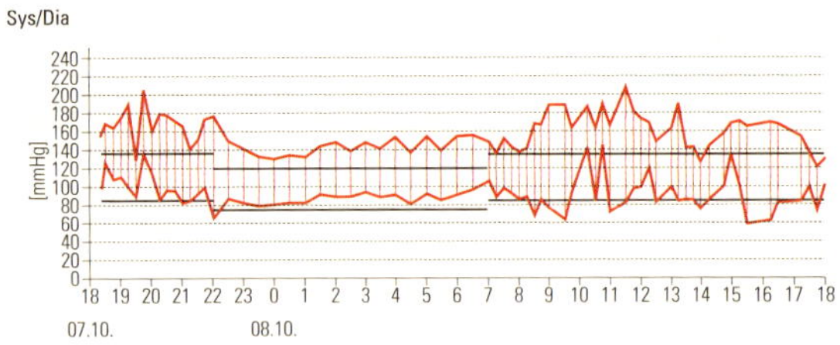

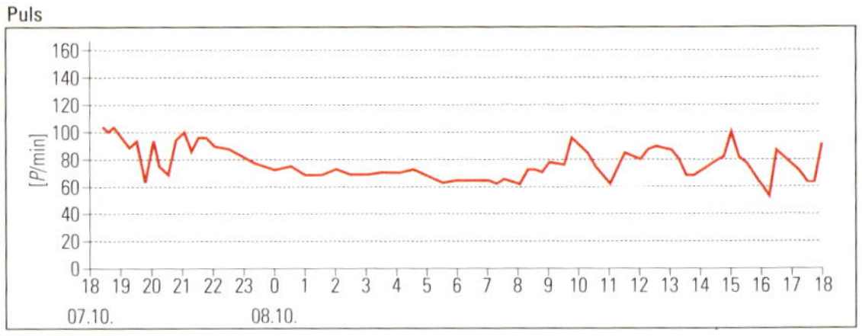

Medikation bisher keine

Beurteilung erhöhte systolische und diastolische RR-Werte während des Tages und in der Nacht, Nachtabsenkung vorhanden; Puls im Normbereich

Therapie (medikamentös)

Bild 73 Langzeit-RR-Messung (vereinfacht) bei einem Patienten mit Hypertonie.

Messung unter körperlicher Belastung. Mit der Blutdruckmessung unter festgelegten Belastungsbedingungen erhält man gut vergleichbare Werte. Überhöhte systolische Blutdruckwerte können z.B. auf eine Hochdruckkrankheit hinweisen. Diese Art von Messung gibt auch für die Hochdruckbehandlung wertvolle Hinweise. Eine gleichzeitige EKG-Ableitung informiert über eventuelle koronare Mangeldurchblutung.

Zuverlässigkeit. Voraussetzungen für eine zuverlässige Blutdruckmessung sind:

- Die Manschettenbreite muss dem Oberarmumfang angepasst sein.
- Der aufblasbare Gummiteil der Manschette oder ein eventuell eingebautes Mikrofon müssen auf die Arterie an der Innenseite des Oberarmes zentriert sein.
- Unmittelbar vor der Messung sollte der zu Untersuchende nicht körperlich schwer belastet oder psychisch erregt sein.
- Er sollte keine größere Menge Flüssigkeit getrunken und seine Blase weitgehend entleert haben.
- Alkohol und Nikotin sollten ebenfalls innerhalb von 1 Stunde vor der Messung vermieden werden.
- Der Arm muss von einschnürender Kleidung frei sein.
- Unabhängig von der Körperlage sollen sich Ellenbeuge und der leicht im Ellbogengelenk gebeugte Oberarm in Herzhöhe befinden.
- Bei Seitendifferenzen immer am Arm mit dem höheren Blutdruckwert messen.

5.3.3 Dopplersonographie

Trifft Ultraschall, den ein Schallkopf aussendet, auf eine sich bewegende Grenzfläche (z.B. strömendes Blut) wird ein Teil des Schalls mit veränderter Frequenz reflektiert (Dopplereffekt). Das Ergebnis dieser Messung kann als hörbares Signal (fauchendes, peitschendes Geräusch), als Kurve oder als Farbe (auf einem Monitor) dargestellt werden (Bild 74).

Häufig werden mit dieser Methode in Kombination mit einer Blutdruckmanschette die Strömungsverhältnisse in den Beinarterien (A. tibialis posterior, A. dorsalis pedis) gemessen.

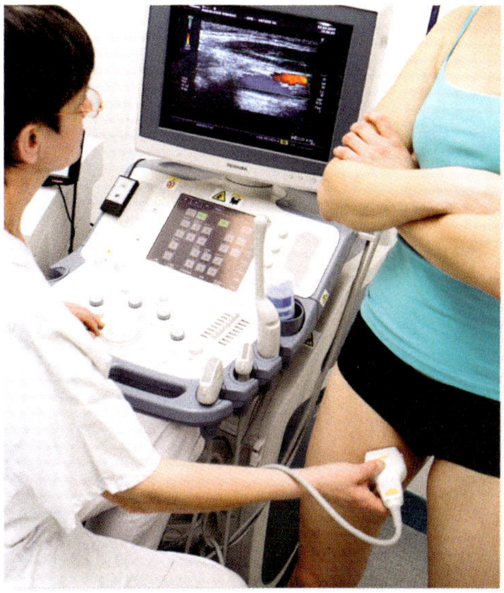

Bild 74 Doppleruntersuchung von Beinarterien.

Dopplereffekt
▸S. 172

6 Atmungssystem

6.1 Aufbau und Aufgaben des Atmungssystems

Die Bedeutung eines funktionierenden Atmungssystems wird jedem klar, der schon einmal versucht hat, den Atem anzuhalten. Nach wenigen Sekunden tritt ein starkes Gefühl der Atemnot ein, das einen zwingt, sofort wieder Luft zu holen. Durch Training kann dieser Zeitraum zwar verlängert werden, aber nach wenigen Minuten erleiden die Körperzellen einen so großen Sauerstoffmangel, dass sie Schaden nehmen. Das Atmungssystem bei Mensch und Tier hat die Aufgabe, Sauerstoff in den Körper zu bringen, der über das Blut zu allen Körperzellen transportiert wird. Daher besteht eine enge funktionelle Verbindung zwischen dem Atmungssystem und dem Herz-Kreislaufsystem. Bild 75 zeigt eine Übersicht über die Atemwegsorgane.

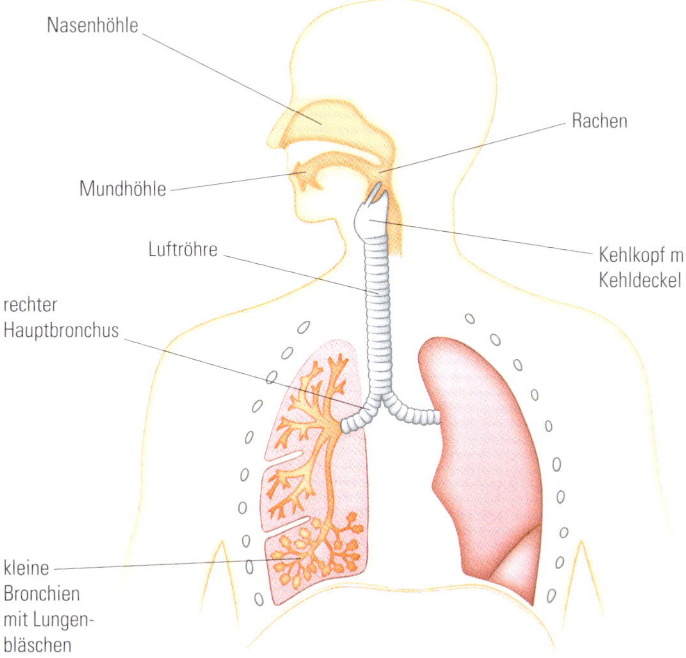

Bild 75 Übersicht über die Atemwegsorgane.

6.1.1 Äußere und innere Atmung

Äußere Atmung. Sie entspricht der Lungenatmung und umfasst die Belüftung der Lungen, den Austausch der Atemgase in den Lungenbläschen und den Gastransport im Blut. Bei Störungen der äußeren Atmung gelangt der Sauerstoff nicht zu den Zellen, ebenso ist der Abtransport des Kohlendioxids gestört (Tabelle 26, S. 296).

Mitochondrien
▸ S. 120

Innere Atmung geschieht in den Körperzellen: In den Mitochondrien wird Zucker mithilfe des Sauerstoffs verbrannt. Dabei entstehen Kohlendioxid und Wasser sowie Energie, die als chemische Energie gespeichert werden kann. Bei Störungen der Zellatmung kann ein Mensch ersticken, obwohl die Lungenatmung völlig intakt ist (Tabelle 26).

Betroffene Region	Ursache der Störung
Atemwege	• Blockade der Atemwege durch Fremdkörper • Verminderter Sauerstoffgehalt in der Atemluft, z. B. bei CO_2-Erstickung in Silos oder Gärkellern • Atemlähmung: zentral durch fehlenden Antrieb aus dem Gehirn, z. B. bei Opiatvergiftung, oder peripher durch Lähmung der Atemmuskulatur, z. B. bei Kinderlähmung (Poliomyelitis)
Sauerstofftransport im Blut	• Verstopfte Blutgefäße durch einen Thrombus, z. B. bei Lungenembolie • Verminderte Zahl der sauerstofftransportierenden Erythrozyten bei Anämie
Zelle	Sauerstoffverwertung in den Mitochondrien ist blockiert, z. B. durch eine Vergiftung mit Zyankali (Blausäure)

Tabelle 26 Ursachen von Sauerstoffmangel.

6.1.2 Obere Luftwege

Nase und Nasennebenhöhlen (Bild 76). Die Nase besteht aus einem knöchernen oberen Anteil, der durch das Nasenbein und die Fortsätze der Schädelknochen gebildet wird und einem knorpeligen Anteil, der aus den Nasenknorpeln und dem knorpeligen Anteil der Nasenscheidewand (Septum) gebildet wird. Ins Innere der Nasenhöhle wölben sich die drei Nasenmuscheln. Die gesamte Nasenhöhle sowie die mit ihr verbundenen Nasennebenhöhlen sind mit einer gut durchbluteten Schleimhaut ausgekleidet, die mit Flimmerhärchen besetzt ist. Die Aufgaben der Nase sind:

- anfeuchten und anwärmen der Atemluft,
- reinigen der Atemluft,
- Geruchsprüfung: Riechzellen auf der oberen Muschel und den oberen Anteilen des Septums werden durch Duftstoffe gereizt. Die Information wird über den Riechnerv zum Riechzentrum des Gehirns weitergeleitet.

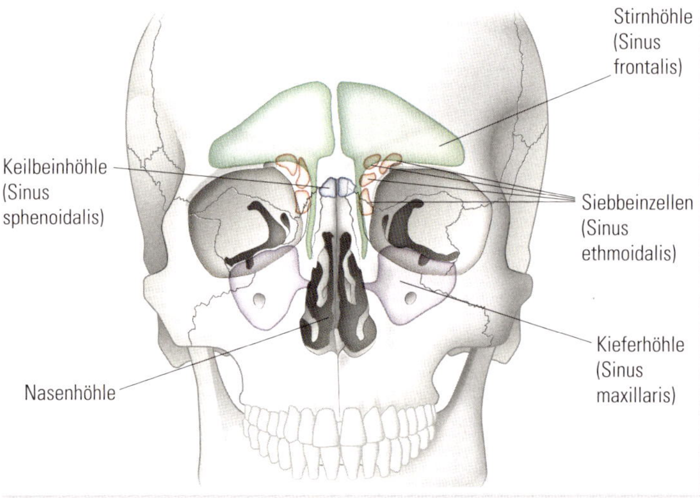

Bild 76 Nasenhöhle und Nasennebenhöhlen.

Die Nase hat Verbindung zu den Nasennebenhöhlen. Dies sind knöcherne Hohlräume, deren Ausführungsgänge in der Nasenhöhle enden und die – mit Ausnahme der Kieferhöhle – in enger Nachbarschaft zur Schädelhöhle liegen. Entzündungen der Nasenschleimhaut greifen oft auf die Nasennebenhöhlen über (Sinusitis). Der sich dabei in den Nebenhöhlen bildende Schleim kann aus der Kieferhöhle schlecht abfließen, weil der Ausgang oberhalb des Höhlenbodens liegt. Dies muss bei der Therapie beachtet werden.

Rachen. Nach der Passage durch die Nase gelangt die Luft durch die hinteren Nasenöffnungen (Choanen) in den Rachen und von dort zum Kehlkopf (Bild 77, S. 297). Im oberen Abschnitt der Rachenhinterwand befindet sich lymphatisches Gewebe.

Dies ist die Rachenmandel, die – wenn sie vergrößert ist – im Volksmund „Polypen" genannt wird. Dieses Gewebe kann während eines Infektes anschwellen und den Atemweg behindern. Hier liegt auch beidseitig die Öffnung der Ohrtrompete (Eustachische Röhre), sodass Schleimhautschwellungen im Nasenrachenraum zu einer Belüftungsstörung des Mittelohrs führen. Auch Mikroorganismen gelangen über diesen Weg ins Mittelohr.

Im mittleren Rachenabschnitt liegen zwischen den Gaumenbögen die beiden Gaumenmandeln (Tonsillen, Bild 78), die häufig von Infektionen betroffen sind (Tonsillitis, eitrige Tonsillitis: Angina lacunaris). Auch an der Rachenhinterwand befindet sich lymphatisches Gewebe. Diese Seitenstränge können sich nach Entfernung der Gaumenmandeln entzünden.

Kehlkopf. Er bildet den Eingang in die Luftröhre und wird beim Schluckakt durch den knorpeligen Kehldeckel (Epiglottis) verschlossen, damit Speisen nicht hineingelangen. Er besteht aus

- dem Schildknorpel, dessen vorderer Anteil als Adamsapfel beim Mann zu tasten ist,
- dem Ringknorpel, der die Form eines Siegelrings hat und
- den beiden Stellknorpel, an denen die Stimmbänder befestigt sind. Der Raum zwischen den Stimmbändern heißt Stimmritze (Bilder 79 und 80).

Der Kehlkopf hat die wichtige Aufgabe der Stimmbildung. Die beim Ausatmen vorbeistreichende Luft bringt die Stimmbänder zum Schwingen und erzeugt Töne, die im Mund zu Lauten geformt werden. Kehlkopfmuskeln verändern die Spannung der Stimmbänder.

Ohrtrompete: Verbindungsgang zum Mittelohr; dient dem Druckausgleich

Angina (gr.) = Enge (im Hals durch Entzündung der Gaumenmandel)

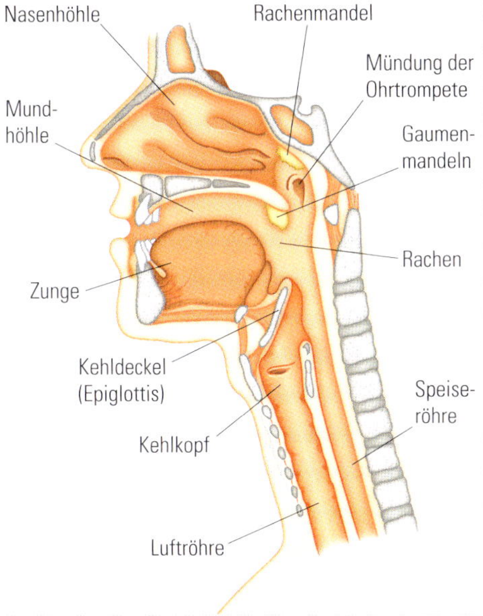

Bild 77 Obere Atemwege im Längsschnitt.

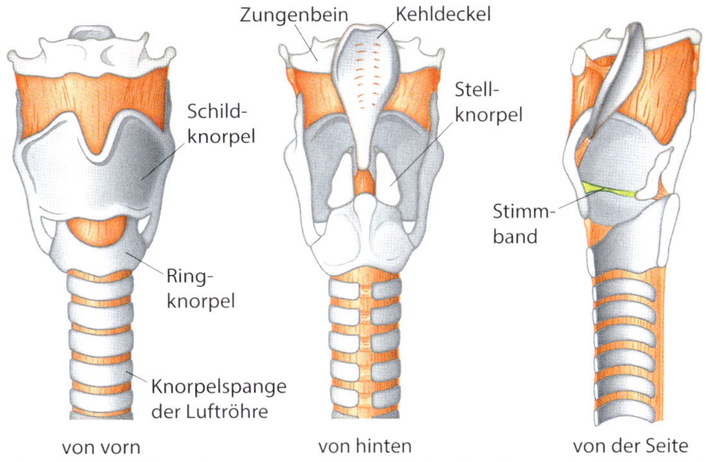

Bild 79 Kehlkopfskelett.

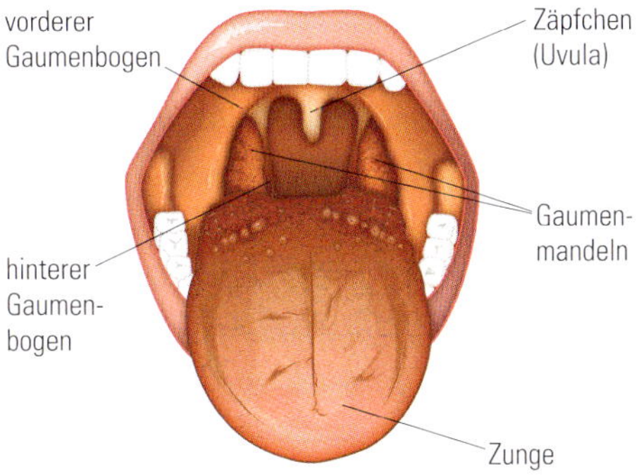

Bild 78 Blick auf die Gaumenmandeln.

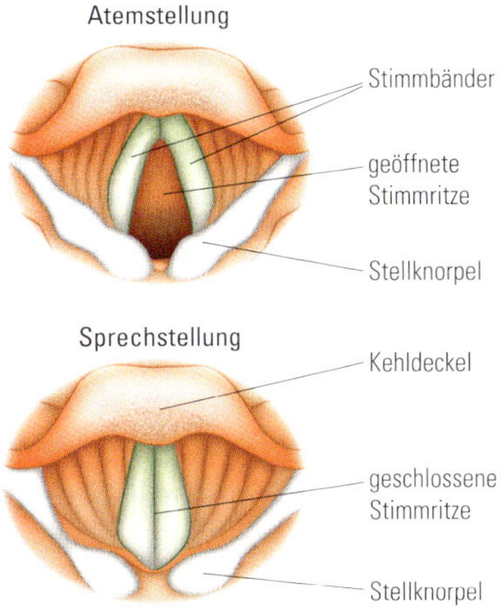

Bild 80 Kehlkopf innen, Aufsicht bei der indirekten Laryngoskopie.

Indirekte Laryngoskopie: Spiegelung des Kehlkopfes mittels Lichtquelle und eines kleinen Handspiegels bei herausgestreckter und fixierter Zunge

Ein Ast des Vagusnervs versorgt die meisten Kehlkopfmuskeln motorisch. Er ist bei Schilddrüsenoperationen gefährdet. Eine Verletzung führt zur Dauerheiserkeit.

Als Resonanzraum dienen dabei auch Nase und Nasennebenhöhlen, sodass es bei Schnupfen zu der typischen nasalen Sprache kommt. Besonders bei Jungen verändert sich in der Pubertät durch das Wachstum des Kehlkopfes die Stimmlage (Stimmbruch).

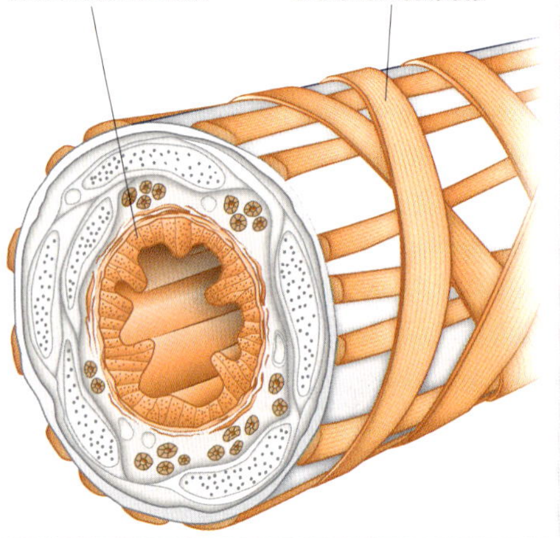

Bild 81 Schnitt durch einen Bronchus.

vegetatives Nervensysten ▶ S. 328

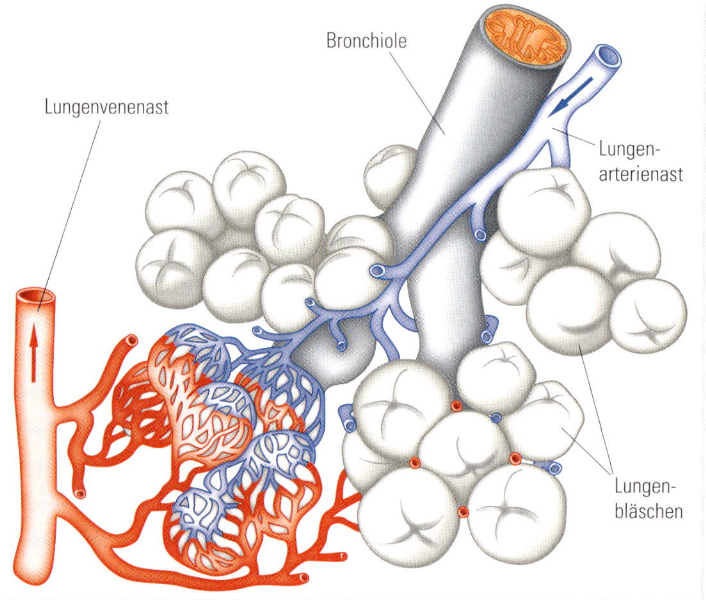

Bild 82 Alveolen mit Kapillarnetz.

6.1.3 Untere Luftwege

Luftröhre. Nach der Passage durch den Kehlkopf gelangt die Luft in die Luftröhre (Trachea). Sie besteht aus 14 mit Bindegewebe verbundenen halbmondförmigen Knorpelspangen, die in ihrem hinteren Teil durch Bindegewebe verschlossen sind. Die Luftröhre ist mit einer Schleimhaut ausgekleidet, die mit Flimmerhärchen besetzt ist. Der Schlag der Flimmerhärchen ist dabei nach oben (kranial) gerichtet. Die Luftröhre teilt sich in Höhe des 4. Brustwirbels in die beiden Hauptbronchien.

Bronchien. Die beiden Hauptbronchien verzweigen sich in immer kleinere Bronchien, sodass der fein verästelte Bronchialbaum entsteht. In ihrer Wand haben insbesondere die kleineren Bronchien (Bronchiolen) Muskelzellen, durch deren Kontraktion die Weite des Bronchus verändert werden kann (Bild 81). Diese Muskelzellen unterliegen der Steuerung durch das vegetative Nervensystem. Die kleinsten Bronchien haben keine knorpeligen Spangen mehr; dadurch können sie bei einer angestrengten Ausatmung, z.B. beim Asthmaanfall zusammenfallen (kollabieren).

Lungenbläschen (Alveolen). Jeder kleinste Bronchus endet in einem Lungenbläschen. Hier findet der Gasaustausch statt (Bild 82). Jedes Lungenbläschen besteht aus einem dünnen Häutchen aus einschichtigem Plattenepithel, das im Innern von einem dünnen Flüssigkeitsfilm überzogen ist. Bei zu früh geborenen Säuglingen fehlt dieser Flüssigkeitsfilm; es kommt zum Atemnotsyndrom.

Der eingeatmete Sauerstoff gelangt über die Bronchien in die Lungenbläschen und diffundiert dort durch die dünne Wand in die anliegende Kapillare. Kohlendioxid diffundiert gleichzeitig aus der Kapillare in das Lungenbläschen und wird beim Ausatmen aus dem Körper entfernt.

Es wird nicht der gesamte eingeatmete Sauerstoff vom Körper aufgenommen, das meiste wird wieder ausgeatmet (Tabelle 27, S. 299). Daher kann man einen Patienten durch Mund-zu-Mund-Beatmung ausreichend mit Sauerstoff versorgen.

Einatmung	Ausatmung
≈ 78 % Stickstoff	≈ 78 % Stickstoff
≈ 21 % Sauerstoff	≈ 17 % Sauerstoff
≈ 0,03 % Kohlendioxid	≈ 4 % Kohlendioxid
≈ Edelgase 1 %	

Tabelle 27 Zusammensetzung der Atemluft.

Lunge. Wegen der Lage des Herzens im Mittelfellraum (Mediastinum) besteht der rechte Lungenflügel aus drei Lungenlappen, der linke aus zwei Lappen (Bild 83). Die Lungenlappen bestehen aus mehreren Lungensegmenten. An der Lungenwurzel (Lungenhilus) treten Bronchien und Lungengefäße in die Lunge ein. Das Lungengewebe selbst besteht aus kollagenen und elastischen Bindegewebsfasern mit eingelagerten Immunzellen, die eingedrungene Fremdkörper „auffressen".

Das Lungengewebe ist fest verbunden mit dem inneren Blatt des Brustfells (Pleura), dem Lungenfell. Dieses schlägt an der Lungenwurzel in das äußere Blatt um, das als Rippenfell fest mit den Rippen und dem Zwerchfell verwachsen ist. Zwischen beiden Pleurateilen liegt der Pleuraspalt, in dem sich ein Flüssigkeitsfilm befindet, der ein reibungsfreies Gleiten der beiden Blätter gegeneinander ermöglicht.

6.1.4 Atemmechanik

Zentrale Steuerung der Atmung. Messfühler in der Aorta und der Halsschlagader messen ständig den Gehalt an Sauerstoff und Kohlendioxid im Blut und melden diesen an das Atemzentrum im verlängerten Mark. Einflüsse aus übergeordneten Hirnregionen (wie dem Zwischenhirn) spielen ebenfalls eine Rolle, z. B. bei Stresssituationen, Fieber und Schmerz.

Einatmung. Steigt der Kohlendioxidgehalt des Blutes über eine bestimmte Grenze oder sinkt der Sauerstoffgehalt zu weit ab, so kommt es reflektorisch zur Einatmung. Durch Kontraktion der Rippenheber (M. scaleni) und der äußeren Zwischenrippenmuskeln hebt sich der Brustkorb (Brustatmung). Das Zwerchfell kontrahiert ebenfalls und tritt dabei tiefer (Bauchatmung). Durch dieses Zusammenziehen vergrößert sich der Brustkorb und die Druckverhältnisse zwingen die Lunge, diesen Bewegungen passiv zu folgen. Die Luft strömt ein (Bild 84).

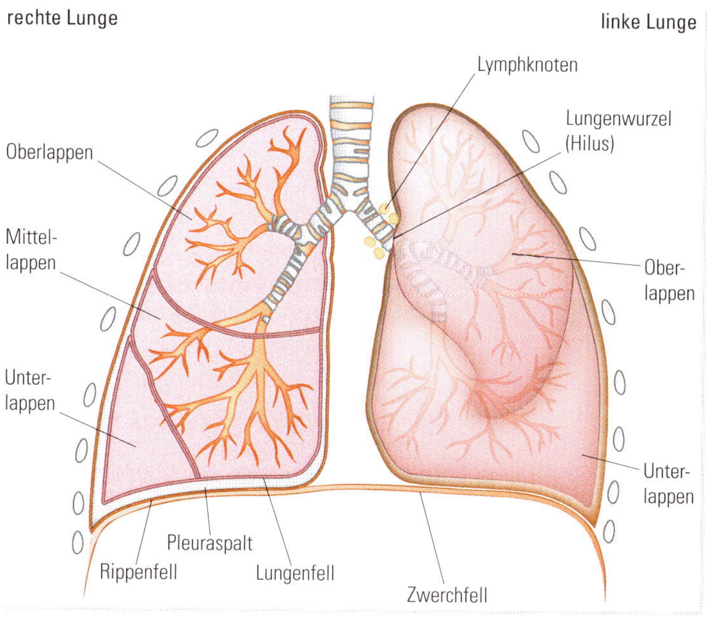

Bild 83 Lunge mit Hilus und Pleura.

O_2 = Sauerstoff
CO_2 = Kohlendioxid

Ausatmung erfolgt weitgehend passiv durch die elastischen Kräfte der Lunge und die Erschlaffung des Zwerchfells. Unterstützt wird die Ausatmung durch Kontraktion der inneren Zwischenrippenmuskeln. Der Brustkorb senkt sich wieder, das Zwerchfell tritt höher. Der Brustraum verkleinert sich. Die Luft strömt aus.

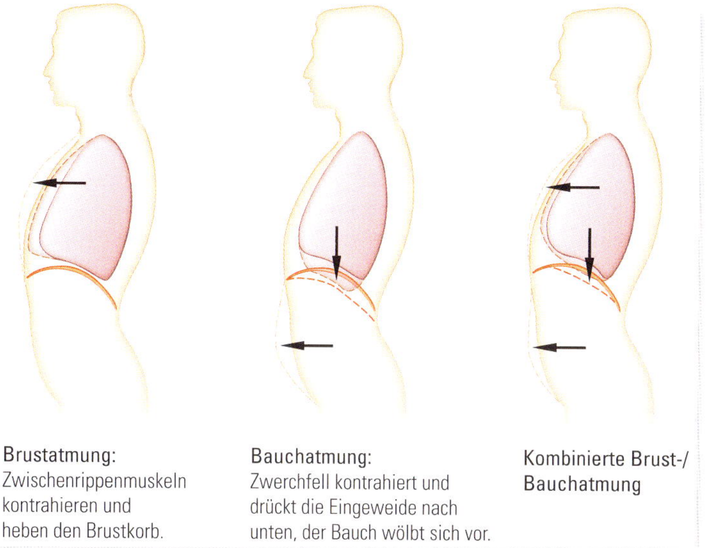

Bild 84 Stellung des Thorax bei Einatmung und Ausatmung.

Der wichtigste Therapiepfeiler ist die Vermeidung von Atemwegsgiften. Das Rauchen muss aufgegeben werden! Weiterhin müssen Infektionsherde (chronische Sinusitis) behandelt werden. Ansonsten wird therapiert wie bei einer akuten Bronchitis.

> Jeder Husten eines Erwachsenen, der länger als drei Wochen anhält, muss abgeklärt werden, um ein Bronchialkarzinom auszuschließen.

COPD = **c**hronic **o**bstructive **p**ulmonary **d**isease (engl.)

Emphysem ▸ S. 304

FEV_1 ▸ S. 307

COPD ist eine Abkürzung und steht für „chronic obstructive pulmonary disease“. Die Abkürzung COPD ist ein Sammelbegriff für die chronisch obstruktive Bronchitis und das obstruktive Lungenemphysem. „Obstruktiv“ bedeutet, dass die Atemwege verengt sind, sodass vor allem beim Ausatmen der Luftstrom behindert wird und der Gasaustausch eingeschränkt ist.

Man schätzt, dass in Deutschland bei den über 40-Jährigen etwa 10 bis 12 % betroffen sind. Es wird erwartet, dass die Zahl der Betroffenen noch weiter steigen wird

Rauchen ist die Hauptursache – bei Menschen, die ca. 20 Jahre lang rauchen, entwickelt sich bei fast 20 % diese Erkrankung. Aber auch andere Faktoren spielen eine Rolle wie z. B. das Geschlecht: Frauen reagieren empfindlicher auf das Rauchen und erkranken deshalb häufiger an einer COPD.

Asthma (gr.: Engbrüstigkeit) = anfallsweise auftretende Atemnot

Exposition: bestimmten Einwirkungen ausgesetzt sein

Auch die Gene beeinflussen die Krankheitsentstehung: bei Menschen mit dem seltenen angeborenen Alpha-1-Antitrypsin-Mangel kommt es fast immer zu einer schweren COPD mit Lungenemphysem, wenn sie zusätzlich rauchen.

Die COPD ist eine schwere, fortschreitende Lungenerkrankung. Die Lebenserwartung verringert sich um 5 bis 7 Jahre. Die Patienten leiden über Monate und Jahre unter chronischem Husten. Atemnot tritt zuerst nur bei körperlicher Belastung, im fortgeschrittenen Stadium aber auch in Ruhe auf.

Aber bei dieser systemischen Erkrankung sind nicht nur Lunge und Atemwege erkrankt – im fortgeschrittenen Stadium sind auch andere Organe betroffen: Die Muskelmasse und Knochendichte nehmen ab, es kommt zum Leistungsabfall mit schnellem Gewichtsverlust.

Der erhöhte Widerstand im Lungenkreislauf bewirkt eine Drucksteigerung, was zu einer Überlastung der Muskulatur der rechten Herzhälfte führt – eine Rechtsherzinsuffizienz mit Beinödemen ist die Folge.

Bestimmte Hormone (Testosteron, Wachstumshormon) werden weniger gebildet: Durch diesen Mangel vermindert sich die körperliche Leistungsfähigkeit. Depressive Verstimmungen können die Folge sein.

Eine geeignete Methode zur Überwachung des Verlaufs der COPD ist die Bestimmung der Einsekundenkapazität FEV_1.

Für gesetzlich versicherte Patienten gibt es das Disease-Management-Programm COPD (DMP COPD): ein strukturiertes Programm zur Überwachung, Behandlung und Schulung der Patienten. Jeder COPD-Patient wird regelmäßig untersucht, erhält einen Arzneimittelplan, kann an Lungensportgruppen teilnehmen und bekommt eine Ernährungsberatung. Dies soll die Lebensqualität der Teilnehmer steigern, den Krankheitsverlauf verlangsamen und Folgeerkrankungen vermeiden. Ganz wesentlich ist, dass der Patient das Rauchen aufgibt.

Asthma bronchiale ist die häufigste chronische Erkrankung im Kindesalter. Sie nimmt seit Jahren auch bei Erwachsenen zu. Es handelt sich um eine chronische Entzündung der tiefen Atemwege, die durch verschiedene Ursachen hervorgerufen wird:

- Allergien, z. B. auf Gräser oder Hausstaubmilben, aber auch auf Nahrungsmittel,
- Infekte, vor allem im Kindesalter, die auf ein überempfindliches Bronchialsystem treffen,
- Kälte-/Wärme-Exposition,
- Anstrengung.

Die chronische Entzündung führt zu einer Schwellung der Schleimhaut mit vermehrter Produktion eines zähen, glasigen Sekrets und im Asthmaanfall zum Bronchialkrampf. Dabei ziehen sich die glatten Muskelzellen der Bronchiolen zusammen und verengen den lichten Durchmesser weiter (Bild 86, S. 303).

Der Patient klagt über folgende Symptome:

- Atemnot; dabei ist vor allem die Ausatmung erschwert, pfeifende Atemgeräusche treten auf („Giemen und Brummen").
- Angst; der Patient setzt die Atemhilfsmuskulatur ein um auszuatmen.
- Zeichen eines bevorstehenden Kreislaufversagens, wenn der Anfall längere Zeit besteht; hervorgerufen durch Sauerstoffmangel und die Belastung des Herzens.

Viele Patienten haben als Zeichen der Entzündung einen dauernden Reizhusten abhängig von der Exposition: Der Hausstaubmilbenallergiker hustet vor allem nachts, der Patient mit Anstrengungsasthma bekommt seine Symptome beim Sport oder in Stresssituationen.

Zur Diagnostik des Asthmas bronchiale werden eine Lungenfunktionsprüfung und ein Allergietest durchgeführt.

Die Therapie beruht auf mehreren Säulen:

- Entzündungshemmung mit gleichzeitiger Bronchialerweiterung durch Inhalation eines Cortisonpräparates mit einem langwirksamen β-Mimetikum;
- Beseitigung der Allergieauslöser soweit möglich;
- während eines Anfalls muss ein bronchialerweiterndes Spray gegeben werden (β-Mimetikum, z. B. Sultanol®);
- falls das nicht ausreicht, werden weitere Medikamente gegeben (Cortikoide zur oralen Therapie und / oder Leukotrienantagonisten);
- Bewegung zur allgemeinen Verbesserung der Lungenfunktion,
- Aufklärung des Patienten zum Verhalten im Anfall, Atemschulung und Atemgymnastik (Bilder 87 und 88).

Bei gut eingestellten Asthmatikern, die über eine annähernd normale Lungenfunktion verfügen, ist die Lebensqualität gut und Langzeitfolgen sind weniger zu befürchten. Ungünstig für Asthmatiker sind zusätzliche Infektionen der Atemwege, daher sollte z. B. die jährliche Grippeimpfung unbedingt durchgeführt werden.

Raucht ein Asthmatiker und unterstützt er die Behandlungsvorschläge des Arztes nicht, so sind die Langzeitfolgen die gleichen wie bei der chronischen Bronchitis: Es kommt zum Lungenemphysem und Rechtsherzversagen.

Gesetzlich versicherte Patienten können am DMP-Asthma teilnehmen.

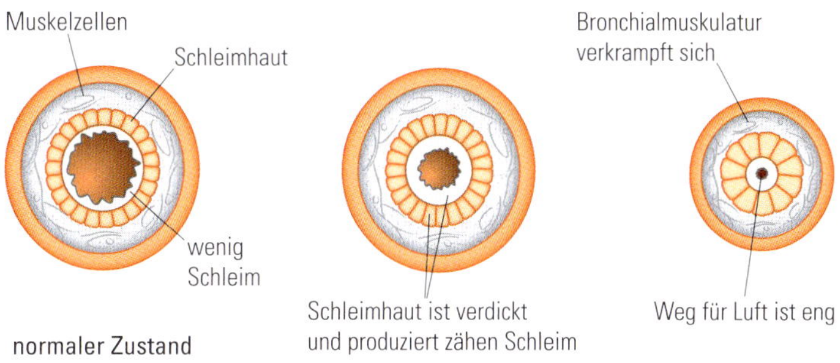

Bild 86 Bronchus im Asthmaanfall.

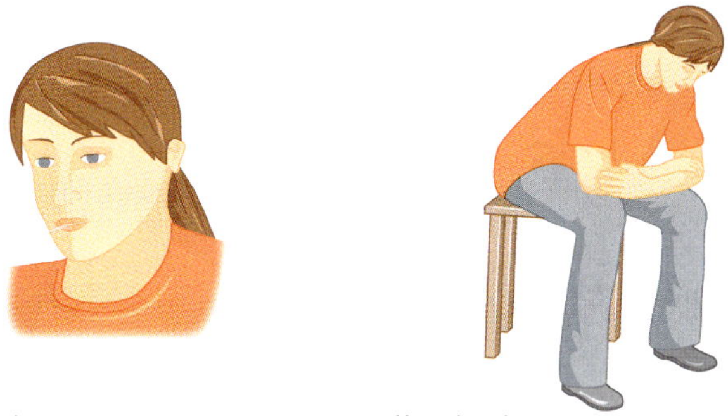

Bild 87 Atemerleichternde Verhaltensweisen.

- Rauchen in der Wohnung ist verboten.
- Allergieauslöser beseitigen: Bettensanierung bei Hausstaubmilbenallergikern (waschbare Bettwäsche und Überzüge für Matratzen); Pollenallergiker sollten abends Haare waschen und Kleidung nicht im Schlafzimmer ablegen.
- Regelmäßiges Lüften, um der Schimmelbildung entgegenzuwirken und die Staubbelastung zu vermindern.

Bild 88 Regeln für ein asthmafreundliches Zuhause.

Lungenfunktionsprüfung ▸ S. 306 f.

6.2.3 Erkrankungen von Lunge und Pleura

Emphysem (gr.) = Aufblähung

Emphysem. Hierbei kommt es zur Zerstörung der kleinen Bronchien, der Lungenbläschen (Alveolen) und ihrer anliegenden Kapillaren aufgrund einer bestehenden jahrelangen Verengung (chronische Bronchitis, Asthma bronchiale) oder als Folge des Altersprozesses (Altersemphysem). Die zur Verfügung stehende Fläche für den Gasaustausch ist dadurch erheblich vermindert (Bilder 89 und 90).

Pink puffer (engl.) = rosa Schnaufer

Blue bloater (engl.) = blauer, aufgedunsener Mensch

Es gibt zwei Haupttypen des Emphysematikers:

- den „pink puffer", d. h. einen hageren Menschen mit rosiger Hautfarbe, der über ausgeprägte Atemnot klagt und den
- „blue bloater" den übergewichtigen Menschen von gedrungenem Körperbau, der über Husten und Auswurf klagt und eine ausgeprägte Zyanose aufweist.

Nach Diagnose durch Inspektion, Auskultation und Röntgen erfolgt die Therapie durch Ausschaltung von Lungengiften (nicht rauchen!), die Behandlung von Infekten und die Behandlung der Obstruktion.

Bild 89 Entwicklung eines Lungenemphysems.

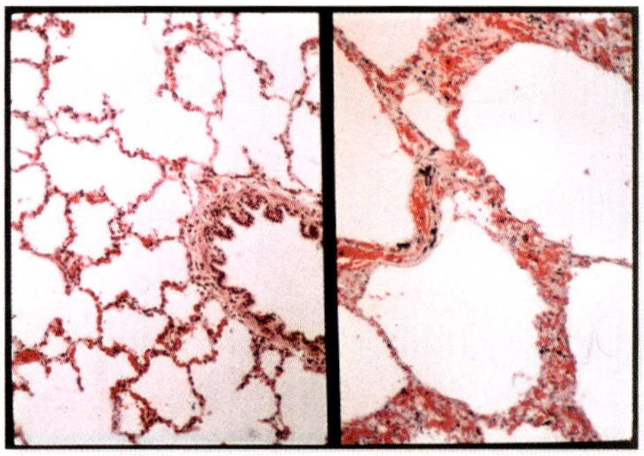

Bild 90 Normales Lungengewebe (links) und grobblasiges Lungengewebe (rechts).

Pneumonie. Die Lungenentzündung ist eine der häufigsten tödlich verlaufenden Infektionskrankheiten in den Industrieländern. Klinisch unterteilt man die Pneumonien in:

- primäre Pneumonien; sie entstehen meist nach einer Infektion mit Mikroorganismen, oft fortgeleitet als Bronchopneumonie;
- sekundäre Pneumonien; sie sind Folge einer anderen Grunderkrankung, z. B. bei bettlägerigen Patienten, nach Blockierung der Atemwege durch Fremdkörper oder als Aspirationspneumonie nach Aspiration von Magensaft bei Bewusstlosen.

Die Symptome hängen ab von den verursachenden Mikroorganismen:

- bakterielle Pneumonien, z. B. durch Pneumokokken, beginnen plötzlich mit hohem Fieber und Schüttelfrost, Husten mit Brustschmerzen durch eine begleitende Rippenfellentzündung kommt dazu. Es besteht Atemnot mit Nasenflügelatmung.
- sog. atypische Pneumonien werden meist durch Viren, Chlamydien oder Mykoplasmen hervorgerufen. Sie beginnen langsam mit Zeichen eines allgemeinen Infektes wie Kopf- und Muskelschmerzen und Fieber. Es besteht oft nur ein trockener Reizhusten mit geringem Auswurf, das Krankheitsgefühl ist wenig ausgeprägt.

Die Diagnose erfolgt durch die hinweisenden Symptome und Röntgen (Bild 91).

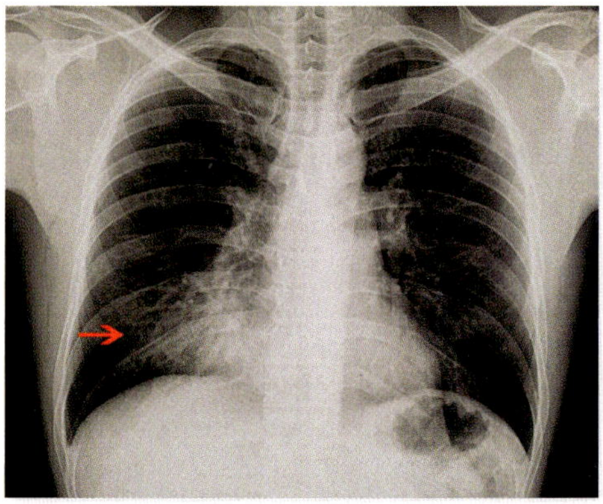

Bild 91 Röntgenbild einer Pneumonie (rechtes Lungenuntergeschoss).

Therapie: Allgemeinmaßnahmen wie Bettruhe und Inhalationsbehandlung und ausreichende Flüssigkeitszufuhr sowie Antibiotika für zwei bis drei Wochen.

Komplikationen: Bei älteren oder immungeschwächten Patienten kann es zum Lungenversagen oder durch bestehende Herz-Kreislauferkrankungen zum Herzversagen kommen. Bei bakterieller Pneumonie kann sich ein Abszess bilden.

Vorbeugung: Eine vorsorgliche jährliche Impfung gegen Grippe ist vor allem bei Älteren und Patienten mit vorgeschädigtem Bronchialsystem wichtig, ebenso die Impfung gegen Pneumokokken bei über 60-jährigen und Kleinkindern.

Bronchialkarzinom (Lungenkrebs) ist der zweithäufigste bösartige Tumor bei Männern nach dem Prostatakrebs. Der Hauptrisikofaktor ist das Rauchen, aber auch andere krebserzeugende Substanzen wie Asbest und ionisierende Strahlen spielen eine Rolle, ebenso eine mögliche genetische Belastung und Lungennarben. Häufige Symptome sind

- ein monatelang bestehender Husten mit
- eventueller Atemnot und Schmerzen beim Atmen;
- wiederholt auftretende Pneumonien;
- Spätsymptome sind zunehmende Atemnot durch einen Pleuraerguss sowie Heiserkeit, eventuell Bluthusten.

Die Diagnose erfolgt meist radiologisch und endoskopisch.

Die Therapie besteht in der Entfernung des befallenen Lungenbezirks, eines Lungensegmentes oder auch eines ganzen Lungenlappens. Wenn dies nicht (mehr) möglich ist, wird mit Chemotherapie und Strahlentherapie eine Eindämmung der Metastasierung versucht. Die Prognose ist insgesamt schlecht, da die meisten Karzinome bei ihrer Entdeckung bereits fortgeschritten sind.

Pneumothorax. Es handelt sich hierbei um eine Luftansammlung im Pleuralspalt. Diese kann entstehen durch Platzen einer Emphysemblase, die eine Verbindung zwischen den Atemwegen und dem Pleuraraum herstellt oder durch eine Verletzung des Brustkorbs – häufig nach Rippenfrakturen oder Messerstich (Bild 92).

Es kommt in beiden Fällen zum Kollabieren der betreffenden Lungenhälfte, da die Lunge nur durch den Unterdruck im Pleuralspalt in ihrer Lage gehalten wird. Symptome sind stechende Schmerzen auf der betroffenen Brustkorbseite, Atemnot, eventuell Knistern über den betroffenen Rippen durch Luftansammlung in der Unterhaut (Hautemphysem).

Therapeutisch wird die eingedrungene Luft durch Anlegen einer Drainage abgesaugt, die Lunge entfaltet sich dann wieder.

Eine Komplikation ist der Spannungspneumothorax. Hierbei dringt die Luft in den Pleuralspalt ein, kann aber durch einen Ventilmechanismus nicht mehr entweichen. Die zunehmende Luftansammlung in der betroffenen Brustkorbhälfte führt zur Verdrängung des Herzens auf die gegenüberliegende Seite. Die Herzfunktion wird eingeschränkt; es besteht Lebensgefahr.

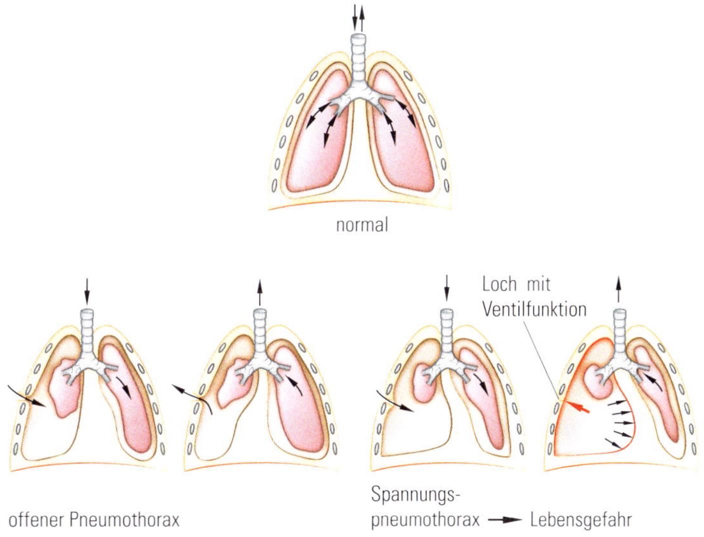

Bild 92 Pneumothorax und Spannungspneumothorax.

Ventilation = Belüftung, Atmung

Restriktion: Einschränkung der Lungenfunktion durch eine Erkrankung des Lungengewebes

Erkrankungen des Lungengewebes (Lungenfibrosen). Durch chronische Entzündungen des Lungengewebes kommt es zur Zunahme des Bindegewebes (Fibrose), das die Lungenfunktion einschränkt (restriktive Lungenerkrankung). Ursachen können jahrelange Staubbelastungen sein (Berufskrankheit der Bergarbeiter), aber auch Systemerkrankungen wie Kollagenosen. In der Hälfte der Fälle findet man keine Ursachen. Der Patient klagt über zunehmende Atemnot, zunächst nur bei Belastung, später auch in Ruhe, und über einen Reizhusten. Die Lungenfunktionsprüfung ergibt eine restriktive Ventilationsstörung, die Röntgenaufnahme der Lunge zeigt eine verminderte Strahlentransparenz (Verschattungen, Bild 93). Therapeutisch wird die Grundkrankheit behandelt und die Entzündung durch Kortikoide und Immunsuppressiva gebremst.

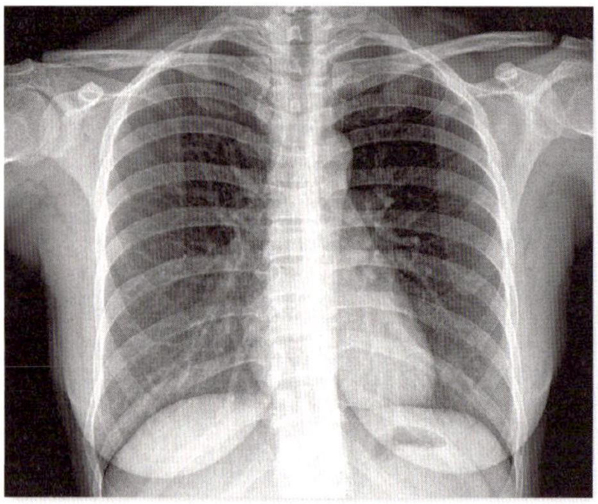

Bild 93 Röntgenbild einer Lungenfibrose.

Blut-Calcium-spiegel ▸ S. 359

Tetanie: Verkrampfung der (Extremitäten-)Muskulatur; aber Tetanus: Wundstarrkrampf (Infektion)

Hyperventilationssyndrom. Die Ursachen sind oft psychogen. Frauen sind häufiger betroffen als Männer. Die Patienten sind meist jung. Angst, Aufregung und Stress führen zu einer gesteigerten Atmung, wobei durch die erhöhte Atemfrequenz verstärkt CO_2 abgeatmet wird. Durch das Absinken des Kohlendioxidgehalts im Blut verändert sich der Blut-Calciumspiegel und es kommt zu den Zeichen der Tetanie: „Ameisenlaufen" und Kribbeln an Händen und Füßen, verbunden mit Taubheitsgefühlen.

Therapie: Der Patient sollte beruhigt werden, eventuell unterstützt man die Rückatmung des abgeatmeten CO_2 durch Vorhalten einer Tüte. Langfristig helfen Atemschulung und Entspannungstraining.

6.3 Untersuchungsverfahren

6.3.1 Allgemeine Untersuchungsmethoden der Atemwege

Obere Atemwege. Zur Inspektion des Nasenrachenraumes und zur Aufsicht auf den Kehlkopf benötigt der Arzt eine Lichtquelle, ein Nasenspekulum und zwei kleine Spiegel. Endoskopische Untersuchungen werden mit speziellen Instrumenten durchgeführt.

Tiefe Atemwege. Der Arzt hört die Lunge ab (Auskultation), um normale Atemgeräusche von krankhaften zu unterscheiden. Er klopft den Brustkorb ab (Perkussion), um Veränderungen des Klopfschalls zu erkennen. Weitere Untersuchungen sind die Röntgenaufnahme der Lunge und die Bronchoskopie. Hierbei können auch Gewebeproben entnommen oder Fremdkörper entfernt werden.

6.3.2 Funktionsprüfungen

Die Spirometrie ist die häufigste Funktionsprüfung zur Bestimmung der Lungenvolumina. Dabei ist die größte Fehlerquelle der Patient. Für einen fundierten Test muss eine gut ausgebildete MFA dem Patienten mit Geduld und in Ruhe den Test erklären, sodass der Patient motiviert wird und richtig mitarbeitet.

Der Test läuft wie folgt ab:

- Körpergröße und Gewicht werden gemessen, denn davon hängen die Normwerte ab.
- Der Patient sitzt aufrecht oder steht, damit er seine Lungen maximal füllen und entleeren kann.
- Eine Nasenklammer verhindert das Ausströmen von Luft durch die Nase.
- Das Mundstück wird vom Patienten in den Mund genommen und fest mit den Lippen umschlossen (Bild 94, S. 307).

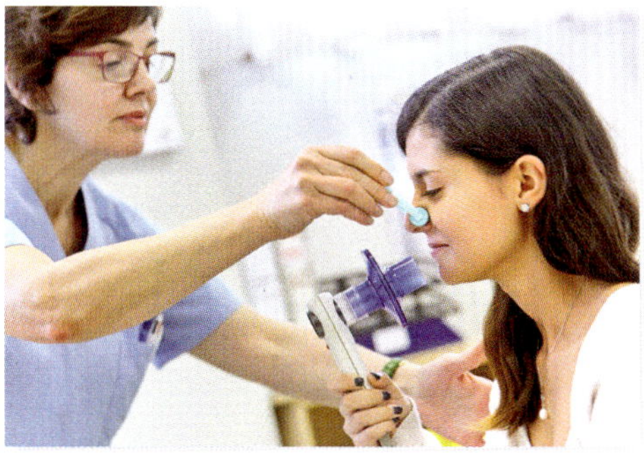

Bild 94 Spirometrie.

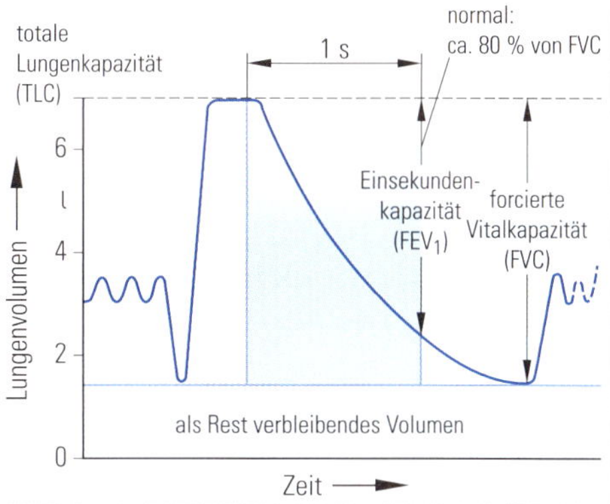

Bild 95 Tiffeneau-Test.

- Der Patient wird aufgefordert, einige Male ganz ruhig ein- und auszuatmen. Dann soll er die Lungen maximal mit Luft füllen und danach zügig ausatmen, bis die Lungen vollständig entleert sind (MFA: „Pressen Sie mit dem Bauch die Luft aus."). So wird die Vitalkapazität (VC) ermittelt.
- Nun wird der Patient aufgefordert, die Lungen maximal mit Luft zu füllen, dann mit aller Kraft so schnell wie möglich auszuatmen (die MFA unterstützt: „aus-, aus-, ausatmen") und zuletzt die Lungen wieder vollständig mit Luft zu füllen. So werden die Einsekundenkapazität (forciertes expiratorisches Volumen = FEV_1) und die forcierte Vitalkapazität (FVC) bestimmt.

> Jeden Untersuchungsgang können Sie nur dreimal durchführen – der Patient ist dann erschöpft.

Einschränkungen der Vitalkapazität weisen den Arzt auf eine Verminderung des funktionsfähigen Lungengewebes hin (restriktive Lungenerkrankungen). Die Diagnose einer obstruktiven Erkrankung wie Asthma bronchiale stellt der Arzt anhand erniedrigter Werte bei der Einsekundenkapazität oder dem Tiffeneau-Test (Bild 95).

Messung des Peak-Flow. Patienten mit obstruktiven Lungenerkrankungen können ihren Zustand selbstständig mit dem Peak-Flow-Meter überprüfen (Bild 96). In diese Taschengeräte bläst der Patient kräftig hinein, um seinen Spitzenfluss in Liter / Minute zu messen. Die Normalwerte sind abhängig von Größe, Alter und Geschlecht des Patienten. Peak-Flow-Meter eignen sich nach Aufklärung des Patienten gut zur Selbstkontrolle.

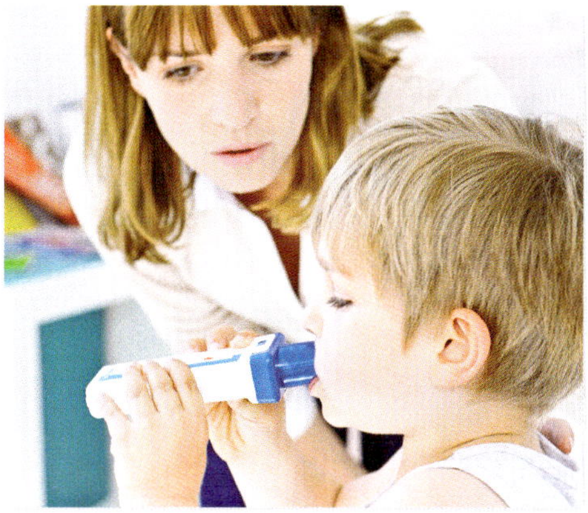

Bild 96 Peak-Flow-Meter.

forciert = verstärkt, erzwungen

Bodyplethysmografie. Mit diesem Verfahren, das hauptsächlich in Kliniken und von Lungenfachärzten durchgeführt wird, kann man zusätzlich den Atemwegswiderstand in den großen Atemwegen erfassen (sog. Resistance).

Blutgasanalyse (BGA). Zur Beurteilung der Sauerstoffversorgung eines Patienten kann eine Blutgasanalyse aus arteriellem oder kapillärem Blut vorgenommen werden. Dabei werden die Menge an Sauerstoff, Kohlendioxid und der Säuregehalt des Blutes bestimmt.

Tiffeneau-Test = $\frac{\text{Sekundenkapazität}}{\text{Vitalkapazität}}$

6.3.3 Inhalationstherapie

Viele Medikamente lassen sich im Notfall in großer Verdünnung über die Bronchialschleimhaut verabreichen. Dies wird bei der Reanimation ausgenutzt. Man spritzt dabei das verdünnte Medikament in den Tubus. In der täglichen Praxis wird bei Erkrankungen der oberen und tiefen Atemwege, vor allem der Bronchien, die Inhalationstherapie angewandt.

Dabei werden Medikamente zur Abschwellung der Schleimhaut, zur Entkrampfung der Bronchialmuskulatur und zur Schleimlösung am häufigsten eingesetzt. Man unterscheidet

- die Inhalation mittels eines Verneblers, die der Patient zu Hause oder in der Praxis durchführt und
- die Inhalation von Fertigaerosolen (Sprays, Pulverinhalation), die der Patient nach Aufklärung eigenständig und bei Bedarf einsetzt.

Bild 97 Dosieraerosol mit Spacer (Inhalierhilfe).

Inhalation mittels Vernebler. Das flüssige Medikament wird verdünnt oder unverdünnt in ein Behältnis eingefüllt und dann mithilfe von Druckluft in feinste Tröpfchen zerteilt. Diese sollen vom Patienten möglichst tief eingeatmet werden. Die Aufklärung des Patienten zur Atemtechnik ist genauso wichtig wie das Einhalten von Hygienemaßnahmen. Der Behälter muss immer entleert und gut getrocknet werden, da er sonst von Keimen besiedelt wird. Nach der Behandlung eines Infektes sind Mundstücke und Behälter zu desinfizieren.

Inhalation eines Dosieraerosols. Grundsätzlich kann nur bei Kindern über 6 Jahren direkt aus dem Mundstück des Dosieraerosols inhaliert werden, bei jüngeren Kindern oder älteren Personen mit Koordinationsschwierigkeiten muss eine Inhalationshilfe (Spacer, Bild 97) zwischengeschaltet werden. Bei der Inhalation geht man wie folgt vor (Bild 98):

- Der Patient sitzt oder steht, das Aerosol wird senkrecht gehalten, das Mundstück befindet sich unten;
- Verschlusskappe abziehen, Aerosol kräftig schütteln;
- ruhig und entspannt ausatmen;
- Mundstück in den Mund nehmen;
- Metallbehälter des Aerosols herunterdrücken und gleichzeitig tief und möglichst lange einatmen;
- Luft anhalten und nach wenigen Sekunden langsam durch die Nase ausatmen, bei Bedarf wiederholen.

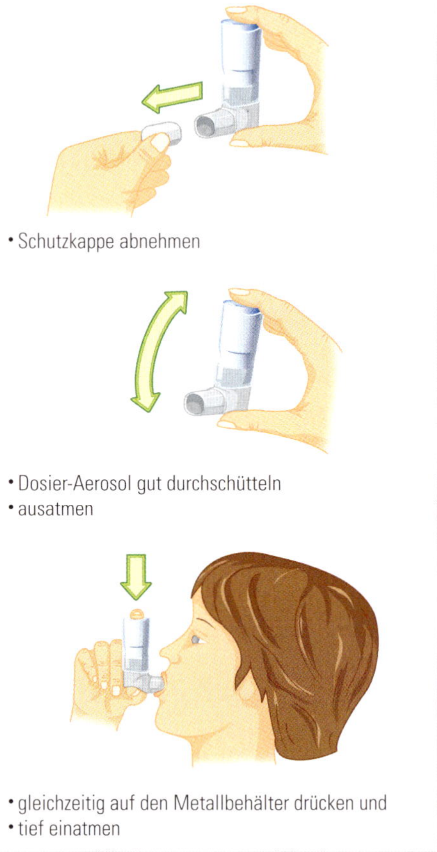

Bild 98 Inhalation eines Dosieraerosols.

Nach Inhalation eines Kortisonsprays sollte anschließend der Mund ausgespült werden oder der Patient etwas essen.

Das Vorgehen bei der Inhalation von Pulver mittels Turbohaler ist ähnlich, hier entfällt nur das Schütteln. Der Patient kann zu einem beliebigen Zeitpunkt einatmen, da das Pulver erst beim Einatmen freigesetzt wird.

7 Sinnessystem

7.1 Reiz und Wahrnehmung

Die Sinne liefern uns Informationen aus der äußeren und inneren Welt. Auge, Ohr, Haut, Geruchs- und Geschmacksorgan vermitteln die äußere Umwelt. Sinnesrezeptoren, Aufnahmezellen in Muskeln, Sehnen, Gelenken und Gefäßen liefern Informationen, die man sich meistens nicht bewusst macht. Dazu gehören Körperlage, körperliche Zustände und auch psychische Abläufe.

Die Sinnesphysiologie beschreibt den Vorgang der Aufnahme, Weiterleitung und Verarbeitung von Reizen, z. B. Licht-, Schallwellen oder (chemische) Geruchs- oder Geschmacksstoffe. Der Reiz, eine physikalisch oder chemisch messbare Größe, wird von dafür spezialisierten Sinneszellen aufgenommen. Er wird in elektrische Impulse umgewandelt. Diese Impulse werden über Nervenbahnen zu bestimmten Gehirnbereichen weitergeleitet, wo sie zu subjektiv erfahrbaren Empfindungen und Wahrnehmungen weiterverarbeitet werden.

Dadurch kann die „Sinnesbotschaft" mit früher erworbenem Wissen, mit Erfahrungen und Bedeutungen in Beziehung gesetzt und organisiert werden (Bild 99).

Die Wahrnehmung ist kein getreues Abbild der Realität. Die Sinneseindrücke werden nach bestimmten Gesetzmäßigkeiten verarbeitet. Ein Beispiel sind die optischen Täuschungen.

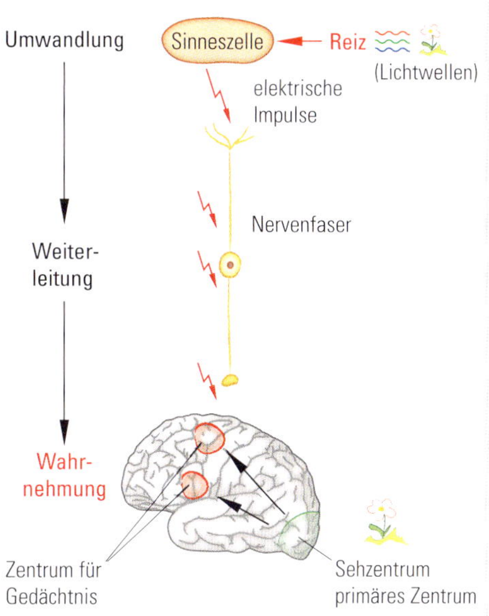

Bild 99 Vom Reiz zur Wahrnehmung.

7.2 Aufbau und Aufgaben des Gesichtssinns

7.2.1 Auge

Das Auge, das optische System, liegt geschützt und durch Fett gepolstert in der knöchernen Augenhöhle.

Der Augapfel besteht aus Glaskörper, Linse und drei Augenhüllen (Tabelle 29, S. 310 und Bild 100).

Der Glaskörper bildet den Inhalt des Augapfels. Er besteht aus durchsichtigem Gel. An der Vorderseite des Glaskörpers liegt hinter der Pupille auf einer tellerförmigen Grube die Linse.

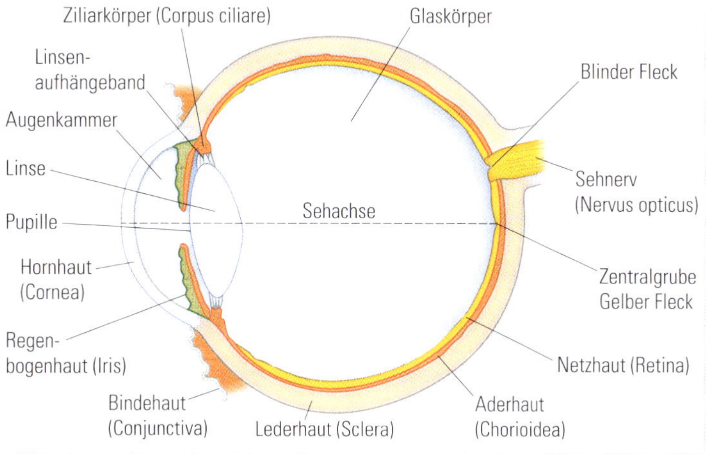

Bild 100 Aufbau des Augapfels.

Lage	Hülle	Aufbau	Aufgaben
außen	vorne: Hornhaut (Kornea)	durchsichtige uhrglasförmige Vorwölbung	Lichtbrechung
	hinten: Lederhaut (Sclera)	festes undurchsichtiges Bindegewebe	Form und Schutz, Festigkeit
Mitte	vorne: Regenbogenhaut (Iris) und Ziliarkörper mit Ziliarmuskel	pigmenthaltige Membran Drüsengewebe, Muskelgewebe	Begrenzung der Pupille Kammerwasserbildung, Spannung, bzw. Erschlaffung des Linsenbandes
	hinten: Aderhaut	Gefäßgewebe	Versorgung des umliegenden Gewebes
innen	Netzhaut (Retina)	Sinnes- und Nervenzellgewebe	Reizaufnahme und Weiterleitung
	Zentralgrube, gelber Fleck (Makula lutea)	besonders viele Sinneszellen (Zapfen)	Stelle des schärfsten Sehens
	Austrittsstelle des Sehnervs, Sehnervenknopf (Papille)	keine Sinneszellen	blinder Fleck
		Pigmentepithel (liegt glaskörperwärts)	Versorgung der Sinneszellen

Tabelle 29 Aufbau und Aufgaben der Augenhüllen.

Die Linse ist ein gewölbter kristallklarer Körper ohne Blutgefäße und Nerven. In der Linse werden immer neue Zellschichten gebildet, die sich um die inneren Fasern – den Kern – schalenförmig herumlegen. Die Linse wird während des Lebens zunehmend fester und unelastischer (vgl. Alterssichtigkeit). Zwischen Linse und Ziliarmuskel spannt sich das Linsenaufhängeband.

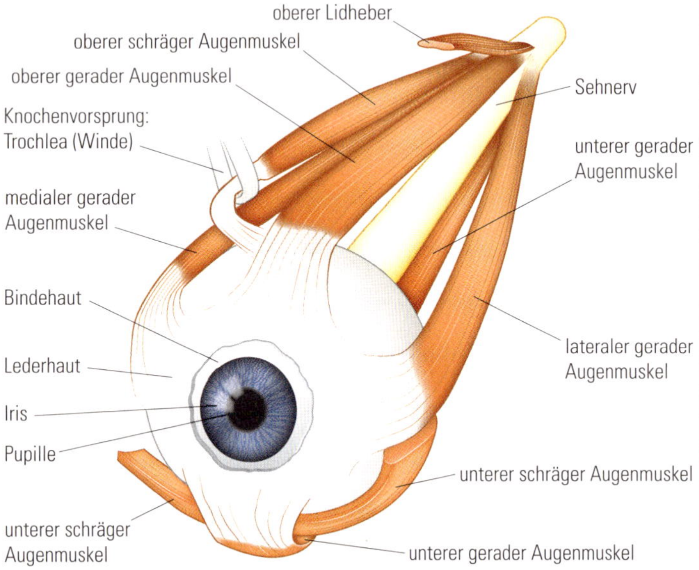

Bild 101 Augenmuskeln am linken Auge.

Das Kammerwasser wird im Ziliarkörper gebildet. Es fließt aus der hinteren Augenkammer durch die Pupille in die vordere Kammer, aus der es vor allem über den Schlemm'schen Kanal in das Venensystem abläuft.

7.2.2 Schutz- und Hilfseinrichtungen

Augenmuskeln. Jeder Augapfel wird von sechs Augenmuskeln bewegt (Bild 101), die jede Blickrichtung ermöglichen.

Tränenapparat. Unter dem äußeren Rand der Augenhöhle liegt die Tränendrüse. Die Tränenflüssigkeit befeuchtet und ernährt die Hornhaut, gleicht kleine Unebenheiten aus und desinfiziert durch eine körpereigene antibakterielle Substanz (Lysozym). Durch den Lidschlag wird die Tränenflüssigkeit verteilt. Im Tränenpünktchen im inneren Augenwinkel fließt sie über den Tränennasengang in die Nasenhöhle ab. Die Tränenproduktion wird reflektorisch gesteuert und kann bei psychischer Erregung gesteigert werden.

Schutzeinrichtungen. Bindehaut (Konjunktiva), Lider, Wimpern und Augenbrauen schützen den Augapfel vor Schweiß, Staub und Sonneneinwirkungen (Bild 102).

7.2.3 Der Sehvorgang

Die Lichtwellen des sichtbaren Bereichs (Wellenlängen von 760–400 mm) werden an den lichtbrechenden Medien Hornhaut, Kammerwasser und Linse gebrochen. Sie werden gebündelt und auf der Netzhaut als umgekehrtes Bild abgebildet.

Der Sehvorgang. Die eigentlichen Sinneszellen der Netzhaut sind die lichtaufnehmenden Zellen, die Zapfen und Stäbchen (Tabelle 30). Sie sind mit weiteren Nervenzellen verbunden, deren Fasern den Sehnerv bilden. Der Sehnerv leitet die Erregung weiter zur optischen Hirnrinde im Hinterhauptslappen. Hier findet die zentrale Verarbeitung zur Sehwahrnehmung (Farben und Bilder) statt. Wenn dieser Hirnbereich z.B. durch einen Tumor geschädigt ist, tritt Blindheit (Rindenblindheit) auf, obwohl das optische System einwandfrei funktioniert.

Akkomodation. Die Nah- bzw. Ferneinstellung der Linse durch Änderung der Brechkraft wird Akkomodation genannt. Bei Naheinstellung des Auges, z.B. beim Lesen eines Buches, kontrahiert sich der Ziliarmuskel. Dadurch nähert sich der Ziliarkörper der Linse und der Zug des Linsenbandes verringert sich. Die Linse wölbt sich infolge ihrer Eigenelastizität stärker und die Brechkraft nimmt zu.

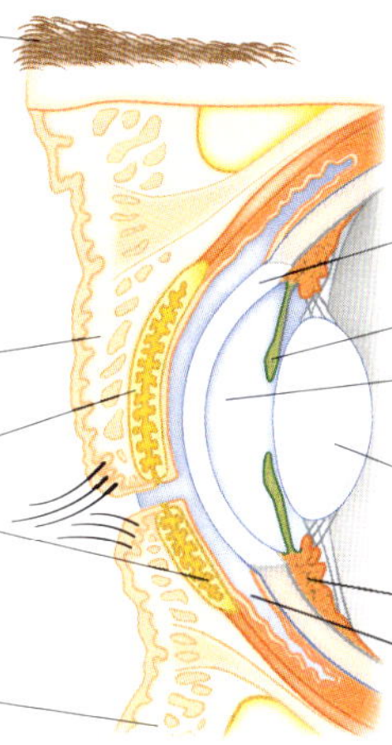

Bild 102 Schutzeinrichtungen des Auges.

Anpassung an die Helligkeit (Adaptation). Je nach Lichteinfall wird die Pupillenweite reflektorisch angepasst. Bei hellem Licht verengt sich die Pupille bis auf 1,5 mm, bei Dunkelheit öffnet sie sich bis auf 7 mm Durchmesser. Die Regenbogenhaut wirkt so wie die Blende bei einem Fotoapparat.

Lichtwellen ▸ S. 191

Bewegungssehen. Jeder Lichtreiz wirkt in der Netzhaut 1/10 Sekunde nach. Wenn mehr als 16 Bilder pro Sekunde auf die Netzhaut einwirken, verschmelzen die Einzeleindrücke und man sieht sie als Bewegung (Film).

Brechkraft ▸ S. 312

Entfernungssehen. Das Abschätzen von Entfernungen wird durch das beidäugige Sehen im Laufe der ersten Lebensjahre erlernt. Jedes Auge sieht ein Objekt unter einem bestimmten Winkel. So gelangen zwei unterschiedliche Informationen zum Gehirn, die vom Sehzentrum zu einem einzigen Bildeindruck verarbeitet werden. Beim Abschätzen von Entfernungen spielen auch Erfahrungen eine Rolle.

Sinneszellen	Anzahl	Vorkommen	Reizverarbeitung	Funktionsschwäche
drei Zapfenarten für rot, grün und blau	4 bis 6 Mio. pro Auge	vor allem im zentralen Netzhautbereich, gelber Fleck	Lichtenergie der Wellenlängen für rot, grün und blau wird zum Farbensehen umgewandelt.	Farbschwäche (ca. 4,2 % der Gesamtbevölkerung): Ausfall einer Zapfenart Farbenblindheit (selten): Ausfall aller Zapfen
Stäbchen	120 Mio.	vor allem in den seitlichen Netzhautbereichen	Zerfall des Sehpurpurs durch Lichtenergie führt zum Hell-Dunkel-Sehen	Nachtblindheit: ungenügender oder verlangsamter Aufbau des Sehpurpurs

Tabelle 30 Sinneszellen der Netzhaut.

7.3 Erkrankungen des Auges und ihre Behandlung

7.3.1 Bindehautentzündung

Eine Bindehautentzündung (Konjunktivitis, Bild 103) kann viele Ursachen haben:

- Staub, Rauch, Wind (Autofenster), ultraviolettes Licht (Höhensonne),
- Fremdkörper,
- Verätzung,
- Allergien z. B. Heuschnupfen,
- Infektionen durch Bakterien und Viren,
- ungenügende Tränenabsonderung (besonders im Alter).

Man erkennt eine Entzündung am geröteten Auge. Eine wässrige oder schleimige Sekretion tritt auf. Typisch sind Lichtscheu, Schmerzen, Fremdkörpergefühl und bei Entzündung der Hornhaut krampfhafter Lidschluss. Die Therapie richtet sich nach der Ursache.

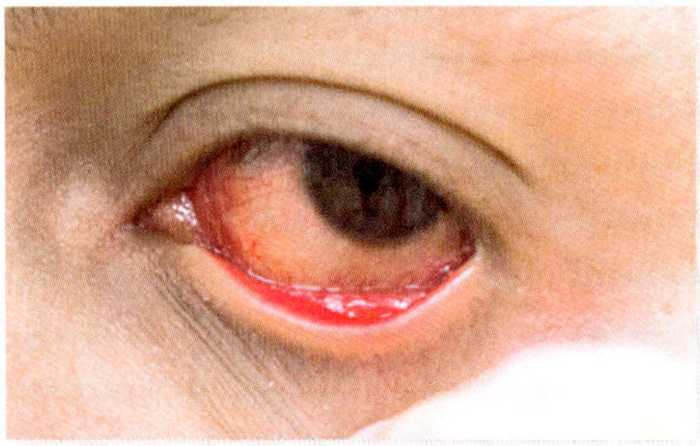

Bild 103 Konjunktivitis.

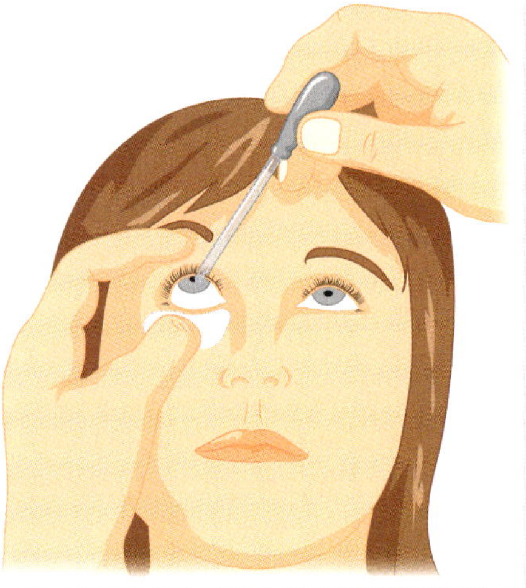

Bild 104 Einträufeln von Augentropfen.

Eintropfen von Medikamenten in den Bindehautsack: Der Patient wird gebeten, den Kopf in den Nacken zu legen und nach oben zu blicken. Mit der rechten Hand stützt man sich an der Stirn des Patienten ab, um das Abrutschen oder eine Verletzung des Patienten zu vermeiden. Mit der linken Hand wird der Bindehautsack geöffnet, wobei die Finger direkt an der Lidkante angesetzt werden. Dann tropft man das Medikament von oben ins Auge, wobei die Pipette Wimpern und Bindehaut nicht berühren darf (Bild 104).

7.3.2 Liderkrankung

Das Gerstenkorn (Hordeolum) ist eine akut eitrige Entzündung der Liddrüsen mit Lidrötung, Schwellung und Schmerzen (Bild 105).

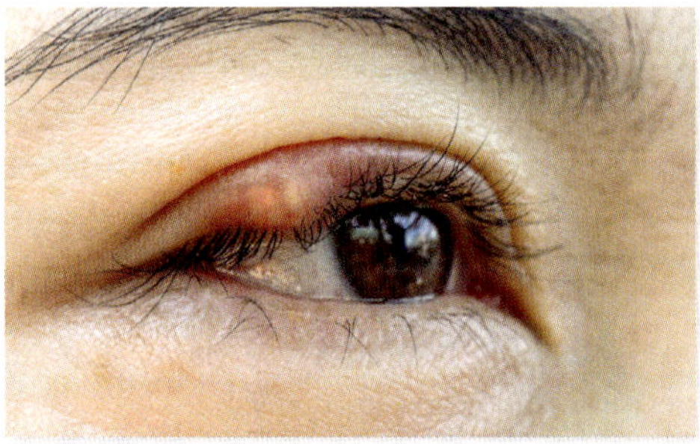

Bild 105 Gerstenkorn.

Das Hagelkorn (Chalazion) ist ein chronischer Sekretstau der Liddrüsen. Im Lid bilden sich Knötchen unterschiedlicher Größe, die nicht druckempfindlich sind.

7.3.3 Fehlsichtigkeiten

Die **Brechkraft** eines optischen Systems wird in Dioptrien gemessen. Eine Dioptrie (dpt) ist die Brechkraft einer Linse, die parallel einfallendes Licht in einem Abstand von 1 Meter vereinigt. Die Länge des Augapfels beträgt etwa 24 mm. Das ergibt mit der Brechkraft der Linse von 16 dpt eine Gesamtbrechkraft des Auges von 58 dpt.

Fehlsichtigkeiten sind Folgen anatomischer Abweichungen (Tabelle 31, S. 313). Sie werden meistens mit Brillen (Gläsern) behandelt.

Schielen ist das Abweichen der Augenachsen voneinander. Wenn die Augachsen infolge einer Lähmung nicht parallel stehen, spricht man von Augenmuskellähmung. Ursachen des Schielens können sein:

- Augenmuskelanomalien,
- extreme Weitsichtigkeit,
- Fusionsschwäche.

Wenn beim Erwachsenen die Augen nicht parallel stehen, sieht er Doppelbilder. Das Schielen des Kindes wirkt sich anders aus. Das Gehirn unterdrückt den Seheindruck des schielenden Auges. Die dauernde Unterdrückung des Seheindrucks führt zu einer Schielschwachsichtigkeit. Deshalb ist eine frühzeitige Schielbehandlung durch Abdecken des gesunden Auges notwendig.

Schielen ist auch ein kosmetisches Problem. Schielende Kinder werden oft verspottet.

Fusionsschwäche: ungenügende Verschmelzung der Seheindrücke beider Augen

7.3.4 Grauer Star

Die Trübung der Linse wird grauer Star oder Katarakt genannt (Bild 106). Ursachen sind

- Alterungsprozesse,
- Stoffwechselerkrankungen wie Diabetes mellitus,

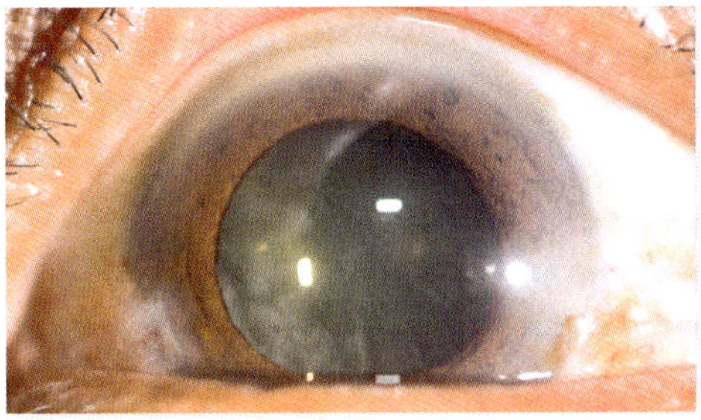

Bild 106 Grauer Star (Pupille wurde medikamentös erweitert).

- Prellung oder Augenverletzung oder
- angeborener Defekt.

Grauer Star ist – außer der angeborenen Starform – eine fortschreitende Erkrankung. Bei allen Formen des grauen Stars sieht der Betroffene im schwachen Licht besser als im Hellen. Die Pupille wird dann weit, und er kann an der Trübung vorbei sehen. Tags blendet das Licht durch diffuse Lichtbrechung, vergleichbar mit der nächtlichen Blendung durch entgegenkommenden Verkehr bei verschmutzter Windschutzscheibe. Wegen solcher Streustrahlung benutzt der Erkrankte gerne eine Sonnenbrille oder setzt einen Hut mit breiter Krempe auf. Die getrübte Linse wird operativ durch eine künstliche ersetzt.

Katarakt (gr.) = Wasserfall

Fehlsichtigkeit	Anatomischer Befund	Bildebene	Ausgleich durch
Kurzsichtigkeit (Myopie)	Augapfel zu lang	vor der Netzhaut 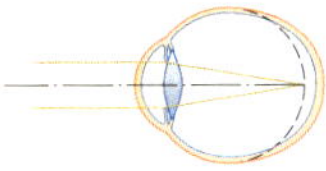	Zerstreuungslinse (Konkavgläser) 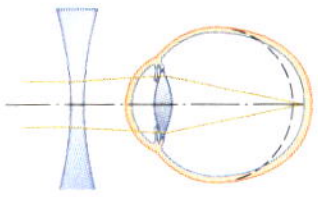
Weitsichtigkeit (Hyperopie)	Augapfel zu kurz	hinter der Netzhaut 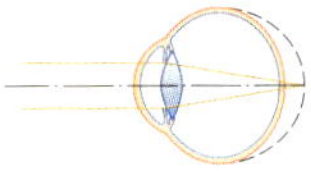	Sammellinse (Konvexgläser) 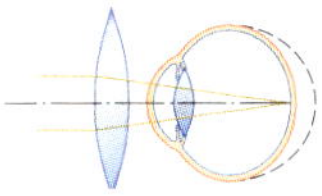
Stabsichtigkeit (Astigmatismus)	Hornhautverkrümmung	verzerrtes Sehen	Zylindergläser
Hornhautkegel (Keratokonus)	kegelförmige Vorwölbung der Hornhaut	vermindertes und verzerrtes Sehen	Haftschalen oder Hornhauttransplantation
Altersweitsichtigkeit (Presbyopie)	Linse verliert Elastizität	hinter der Netzhaut 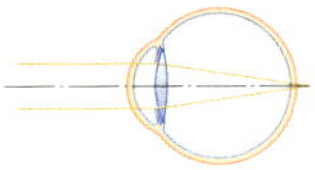	Sammellinse 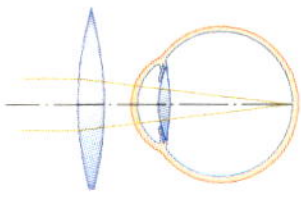

Tabelle 31 Fehlsichtigkeiten.

7.3.5 Grüner Star (Glaukom)

Ein Glaukom entsteht durch einen Anstieg des Augeninnendruckes. Ursachen sind:

- Der Kammerwinkel ist zu eng, verklebt oder vernarbt, beispielsweise infolge von Entzündungen der Iris oder Aderhaut.
- Der Abfluss ist erschwert durch bindegewebigen Umbau des Ziliarkörpers.

Der erhöhte Augeninnendruck schädigt Netzhaut und Sehnerv, wobei der Betroffene oft subjektiv beschwerdefrei ist. Bei der Gesichtsfelduntersuchung können die Ausfälle festgestellt werden (Bild 107). 15 bis 20 % aller Blinden haben ihr Augenlicht durch Glaukom verloren. Deshalb gilt: „Vorbeugen ist besser als heilen!“

Bild 107 Eingeschränktes Sehen bei grünem Star („Tunnelblick“).

> Ab dem 40. Lebensjahr sollte der Augendruck regelmäßig kontrolliert werden.

Da das Glaukom auf einem Missverhältnis zwischen Kammerwasserbildung und Kammerwasserabfluss beruht, gibt es prinzipiell zwei Therapieansätze:

- drucksenkende Mittel,
- operative Verbesserung des Kammerwasserabflusses.

> Der akute Glaukomanfall ist ein dramatisches Ereignis. Medikamentöse Pupillenerweiterung und / oder psychischer Stress mit Vergrößerung der Pupille können eine akute Drucksteigerung auf das 3- bis 5fache auslösen. In der Regel ist nur ein Auge betroffen. Heftige Schmerzen erfassen Auge, Gesicht, Kopf und sogar den Bauch. Sie werden oft begleitet von Übelkeit, Brechreiz, Schüttelfrost und Fieber. Lokale Augensymptome wie Lichtscheu, Tränenfluss und schwindendes Sehvermögen treten dagegen oft in den Hintergrund. Objektiv erkennbar sind die starke Rötung des Auges, eine matte Hornhaut und eine erweiterte, oft unrunde lichtstarre Pupille. Der Augapfel fühlt sich beim Abtasten oft steinhart an. Der akute Glaukomanfall ist ein dringender Notfall. Es besteht Erblindungsgefahr.

7.3.6 Erkrankungen der Netzhaut

Netzhautablösung. Es entsteht ein Ödem, das die Netzhaut vom Pigmentepithel und Glaskörper abhebt. Die Ursachen sind oft nicht feststellbar. Begünstigende Faktoren sind

- eine starke Kurzsichtigkeit,
- eine altersbedingte Makuladegeneration (AMD),
- ein Tumor, eine Verletzung oder eine Entzündung, die die Netzhaut einreißen lassen.

Anfangs bemerkt der Betroffene oft nur Lichtblitze und punktförmige Trübungen, die beim Einriss der Netzhaut entstehen. Im weiteren Verlauf erlebt er eine Verdunklung, die als von unten aufsteigende Mauer oder als sich von oben senkender Vorhang beschrieben wird. Verzerrtes Sehen und rascher Sehverlust treten hinzu, Schmerzen fehlen. Die Diagnose wird durch die Betrachtung des Augenhintergrundes gestellt. Die Netzhaut muss wieder an ihrer Unterlage (Pigmentepithel) befestigt werden, da sonst die empfindlichen Sinneszellen infolge der Minderversorgung irreversibel Schaden erleiden. Üblicherweise wird die Netzhaut mit Laserstrahlen wieder festgeschweißt.

Altersbedingte Makuladegeneration (AMD). Die zentrale Sehschärfe eines oder beider Augen geht ganz oder teilweise verloren. Dies führt aber nicht zur vollständigen Erblindung, da die seitlichen Netzhautbereiche verschont bleiben (Bild 108). Man kennt zwei Formen:

- Bei der trockenen Makuladegeneration führen zunehmende Ablagerungen von Abbauprodukten im Bereich des gelben Flecks zum Zelluntergang.
- Bei der seltenen feuchten Makuladegeneration schädigen einwachsende Blutgefäße und Ödeme die Netzhaut.

Für die trockene Makuladegeneration steht bisher keine wirksame Behandlung zur Verfügung. Eventuell können bestimmte Substanzen die Schädigung des Pigmentepithels vermindern, z. B. Vitamin C und B_6 sowie Folsäure. Bei der feuchten AMD kann in frühen Stadien eine Lasertherapie sinnvoll sein und die Gabe von Antikörpern, die die Gefäßneubildung verhindern sollen. Das Präparat wird vom Arzt direkt in den Glaskörper gespritzt.

Bild 108 Seheindruck bei Makuladegeneration.

Eine weitere Augenerkrankung ist die diabetische Retinopathie. Sie betrifft die Blutgefäße am Augenhintergrund.

diabetische Retinopathie ▶ S. 426

Makula = gelber Fleck = Stelle des schärfsten Sehens

7.3.7 Augenverätzung

Putzmittel, Laugen oder andere Chemikalien können zu schweren Schäden am Auge führen. Für das Schicksal des Auges ist entscheidend, dass möglichst schnell und wirksam geholfen wird. Sofort muss lang anhaltend mit Wasser gespült werden und zwar von innen nach außen, damit die Spülflüssigkeit nicht weitere Gesichtspartien verätzt (Bild 109). Anschließend werden beide Augen abgedeckt und der Patient in fachärztliche Behandlung geschickt.

Bild 109 Augenspülung mit Wasser.

7.4 Untersuchungsverfahren am Auge

Inspektion. Zunächst wird das Äußere des Auges betrachtet, um z. B. Entzündungszeichen, veränderte Lidschlaghäufigkeit und die Größe und Form der Pupille (Tabelle 32) festzustellen.

Die Spaltlampe dient zur Untersuchung der vorderen Augenabschnitte wie Kammerwinkel, Hornhaut und Iris.

Der Augenspiegel ermöglicht die Betrachtung der Netzhautgefäße, des gelben Flecks und der Papille am Augenhintergrund (Fundus; Bild 110, S. 316).

Deutsche Bezeichnung	Fachbegriff	Beispiele
Pupillenverengung	Miosis	Morphineinfluss, „Fixer“
Pupillenerweiterung	Mydriasis	Atropineinfluss: Augentropfen, Tollkirschenvergiftung
herabhängendes Augenlid durch Lidheberschwäche	Ptosis	bei Schlaganfall
hervortretender Augapfel	Exophthalmus	bei M. Basedow
gelb verfärbtes Auge	Sklerenikterus	bei Lebererkrankungen

Tabelle 32 Sichtbare Veränderungen am Auge.

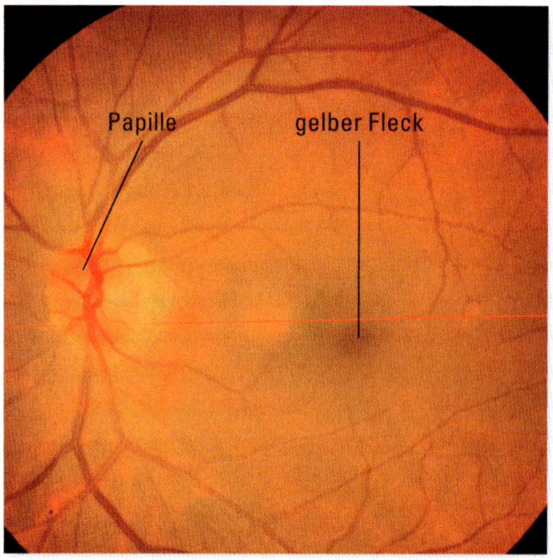

Bild 110 Augenhintergrund beim gesunden Auge.

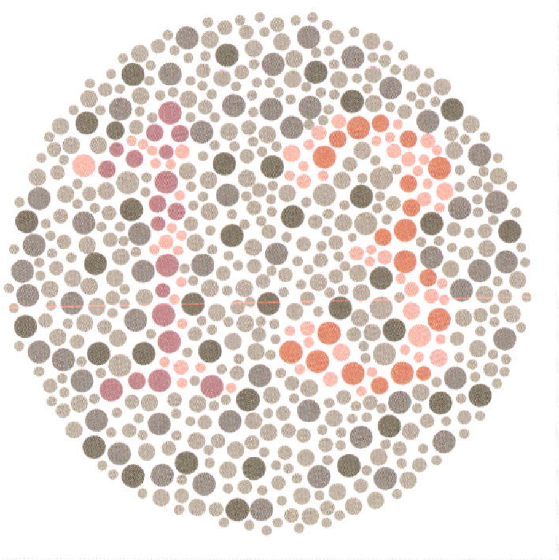

Bild 111 Farbtafel zur Erfassung des Farbensehens.

Beobachtbare krankhafte Veränderungen sind

- Stauungspapille, bei der es durch gesteigerten Hirndruck z. B. bei Hirntumor, zur Veränderung an der Papille gekommen ist,
- Gefäßveränderungen bei Hypertonie und Diabetes mellitus,
- Zelluntergang im Bereich des gelben Flecks, z. B. bei Makuladegeneration.

Die Tonometrie ist die Messung des Augeninnendrucks, der bis zu 20 mm Wassersäule betragen darf.

Lese- und Farbtafeln dienen der Erfassung der Sehschärfe und des Farbensehens. Im gezeigten Beispiel liest der farbtüchtige Mensch die Zahl 13, der Rot-Blinde liest 1, der Grün-Blinde liest 3 (Bild 111).

Gesichtsfelduntersuchung. Dabei wird der Bezirk der Außenwelt bestimmt, den man bei ruhig gehaltenem Auge wahrnimmt. Ausfälle im Gesichtsfeld nennt man Skotome (Bild 107, S. 314 und Bild 108, S. 315).

7.5 Aufbau und Aufgaben des Hör- und Gleichgewichtssystems

7.5.1 Aufbau des Ohres

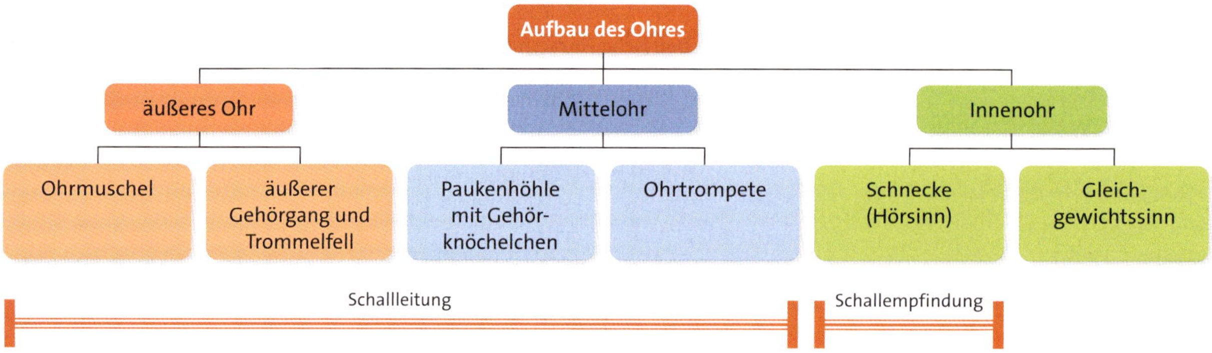

Das äußere Ohr wird aus der Ohrmuschel, einem elastischen Knorpel und dem etwa 3 cm langen äußeren Gehörgang (Bild 112, S. 317) gebildet. Dieser verläuft S-förmig nach innen. Er besitzt Drüsen, die Ohrschmalz absondern.

Das Trommelfell bildet die Grenze zum Mittelohr. Es ist eine gespannte, trichterförmig nach innen gezogene Membran mit bindegewebigem Ring. Das Trommelfell dient der Schallverstärkung.

Das Mittelohr besteht aus der von Schleimhaut ausgekleideten Paukenhöhle mit den drei Gehörknöchelchen Hammer, Amboss, Steigbügel. Der Hammer ist am Trommelfell angekoppelt und über den Amboss mit dem Steigbügel verbunden. Die Fußplatte des Steigbügels ist beweglich im Ringband des ovalen Fensters aufgehängt. Unter dem ovalen Fenster befindet sich das runde Fenster. Die beiden Fenster bilden die Grenze des Mittelohrs zum Innenohr.

Die Paukenhöhle ist über die Ohrtrompete (Eustachische Röhre) mit dem Nasenrachenraum verbunden. Dies ermöglicht den Druckausgleich zwischen Mittelohr und Nasenrachenraum. Das Mittelohr hat auch Verbindung zu den luftgefüllten Räumen des Warzenfortsatzes (pneumatisierte Zellen). Der Warzenfortsatz (Mastoid) ist der Knochenhöcker hinter der Ohrmuschel.

Das Innenohr in der Felsenbeinpyramide liegt geschützt in einer knöchernen Kapsel, dem knöchernen Labyrinth. Darin eingelagert liegt das häutige Labyrinth mit Hör- und Gleichgewichtssinn, das von Lymphe umspült wird.

Die Schnecke, das Hörorgan, besteht aus 2½ Windungen eines Ganges, der sich um die Schneckenspindel windet. Dieser Gang ist mit Lymphflüssigkeit gefüllt.

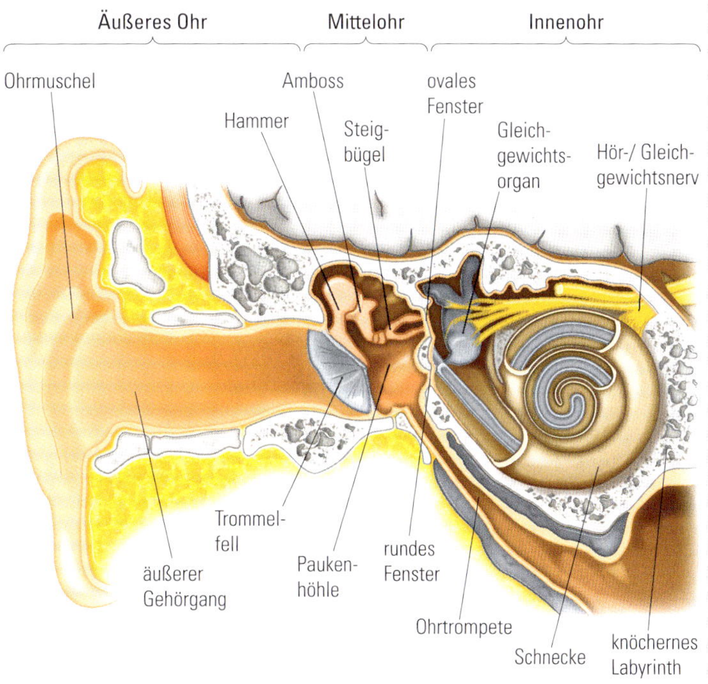

Bild 112 Aufbau des Ohres.

7.5.2 Hörvorgang

Der Mensch kann Schallfrequenzen von 16 Hz bis 20 000 Hz hören. Das Trommelfell und die drei gelenkig miteinander verbundenen Gehörknöchelchen leiten die durch den Schall erzeugten Schwingungen weiter. Diese werden über den Steigbügelfuß, der in das ovale Fenster eingelassen ist, auf die Lymphflüssigkeit des Innenohres übertragen. Durch die Bewegung in der Lymphflüssigkeit werden frequenzabhängig die Hörsinneszellen (Corti-Organ) gereizt.

Die Schallwellen hoher Töne werden von den Sinneszellen nahe der Schneckenbasis, die der tiefen Töne nahe der Schneckenspitze aufgenommen. Mit zunehmendem Alter tritt ein Hörverlust bevorzugt im Hochtonbereich auf.

Der Hörnerv leitet die Erregung zur akustischen Hirnrinde im Schläfenlappen weiter. Hier findet die zentrale Verarbeitung zur Hörwahrnehmung statt. Die Sprachverarbeitung erfolgt in spezifischen Großhirnzentren.

Bei der Luftleitung gelangen die Schallwellen über das Außen- und Mittelohr zum Innenohr. Bei der Knochenleitung erreichen die Schallwellen das Innenohr über den Schädelknochen.

Üblicherweise werden die beim Sprechen im Kehlkopf erzeugten Schwingungen über die Schädelknochen ins Innenohr geleitet. Deshalb klingt die eigene Stimme fremd, wenn man sie von einem Tonträger hört.

Richtungs- und Entfernungshören wird durch das beidseitige Hören ermöglicht. Es beruht auf Erfahrungswissen und wird in den ersten Lebensjahren erlernt.

7.5.3 Gleichgewichtssinn

Der Gleichgewichtsinn (peripherer Vestibularapparat) besteht aus den Bogengängen und den Vorhofsäckchen des Innenohres (Bild 113). Er trägt wesentlich dazu bei, dass der Mensch aufrecht gehen kann.

Die Sinneszellen der Vorhofsäckchen werden durch die Einwirkung linearer Bewegung, z. B. Fahrstuhlfahrt und Schwerkraft, gereizt.

Die Bogengänge sind in den drei Dimensionen des Raumes angeordnet und dienen im Wesentlichen den reflektorischen Blickbewegungen des Auges. Durch Drehbewegungen werden die Sinneszellen der Bogengänge gereizt.

Hirnnerven ▸ S. 327

Hör-Gleichgewichtsnerv. Die Nervenfasern des Gleichgewichtorgans bilden mit denen der Schnecke den achten Hirnnerv. Sie ziehen zum Gleichgewichtszentrum im Kleinhirn und haben Verbindungen zu den motorischen Kernen der Augenmuskeln und zum Rückenmark. Damit werden Kopf- und Körperstellung geregelt und koordiniert.

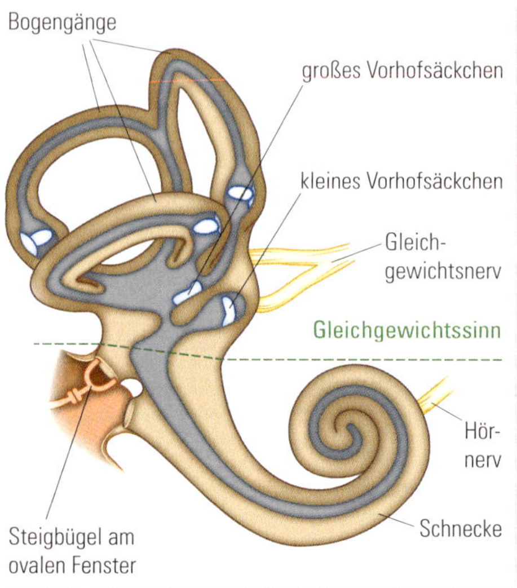

Bild 113 Gleichgewichtssinn mit Sinneszellen.

7.6 Erkrankungen des Hör- und Gleichgewichtssinns und ihre Behandlung

Schallleitungs-/ Schallempfindungsschwerhörigkeit ▸ S. 322

Schwerhörigkeit. Schallleitungsschwerhörigkeit tritt auf, wenn eine Erkrankung am äußeren oder mittleren Ohr verhindert, dass die Schallwellen das Innenohr erreichen. Betrifft eine Erkrankung das Innenohr und verursacht Hörminderung, spricht man von Schallempfindungsschwerhörigkeit.

7.6.1 Krankheiten des äußeren Ohres

Ohrschmalzpfropf (Cerumen obturans). Ohrschmalz wird normalerweise durch einen Selbstreinigungsprozess nach außen gebracht. Gelangt Ohrschmalz tiefer in den äußeren Gehörgang, anlagebedingt oder bei Manipulation mit Wattestäbchen, kann er quellen. Es entsteht ein Ohrschmalzpfropf, der zur Schwerhörigkeit führen kann. Er muss abgesaugt oder ausgespült werden. Verhärtete Pfropfen werden vorher durch Öl aufgeweicht oder aufgelöst.

Entzündung des äußeren Ohres (Otitis externa). Im äußeren Gehörgang können virale und bakterielle Infektionen auftreten. Die Beschwerden sind Juckreiz, Schwerhörigkeit und Schmerzen im Bereich des Ohres, z. B. Ohrmuschelzugschmerz. Bei schwergradigem Erkrankungsbild und immer wiederauftretenden eitrigen Entzündungen, z. B. Furunkeln, kann eine Abwehrschwäche im Rahmen eines Diabetes mellitus vorliegen. Die Behandlung richtet sich nach dem Beschwerdebild. Bei unkompliziertem Verlauf steht die desinfizierende Lokaltherapie im Vordergrund. Bei abwehrgeschwächten Patienten muss intensiv lokal und systemisch antibiotisch behandelt werden.

7.6.2 Krankheiten des Mittelohres

Einen Überblick über die Krankheitsbilder des Mittelohrs gibt Tabelle 33 auf Seite 319.

Krankheitsbild	Ursachen	Symptome	Komplikationen	Behandlung
Tubenfunktionsstörungen	vergrößerte Rachenmandel, Nebenhöhlenentzündung, Fehlbildung	Druck- und Wattegefühl im Ohr	aufsteigende Infektion aus dem Nasenrachenraum, Schwerhörigkeit	Adenotomie = operative Entfernung der vergrößerten Rachenmandel (Polypen)
akute Mittelohrentzündung (Otitis media acuta) betrifft vor allem Kleinkinder	Infektionen oft durch Pneumokokken oder Haemophilus influenzae	pulsierender Ohrschmerz, Fieber, Schwerhörigkeit, Kinder greifen sich ans Ohr („Ohrzwang")	Innenohrentzündung, Ertaubung, Entzündung des Warzenfortsatzes (Mastoiditis)	abschwellende Nasentropfen, Antibiotika, Trommelfellschnitt (Parazentese)
chronische Mittelohrentzündung (Otitis media chronica)	Tubenfunktionsstörung, oft unbekannte Ursachen	wiederkehrende Ohrenschmerzen, eitriges Ohrenlaufen, Trommelfellperforation, Schwerhörigkeit	chronische Knocheneiterung	Antibiotika, ohrchirurgische Maßnahmen zur Verbesserung der Mittelohrbelüftung oder Ersatz der Gehörknöchelchen
Otosklerose = Umbau des Labyrinthknochens und Fixierung des Steigbügelfusses	unbekannt, betrifft vor allem Frauen zwischen 15 und 40 Jahren	schubweise verlaufender Hörverlust, Schwindel, Ohrgeräusche	Ertaubung	Operation

Tabelle 33 Erkrankungen des Mittelohres.

7.6.3 Krankheiten des Innenohres

Die Leitsymptome der Innenohrerkrankungen sind Schwindel, Ohrgeräusche (Tinnitus) und Schwerhörigkeit.

Schwindel ist das Zeichen einer gestörten Raumorientierung. Man unterscheidet:

- Systematischer richtungsbetonter Schwindel tritt bei Erkrankung des Gleichgewichtssystems auf. Er wird als Dreh- und Schwankschwindel mit Fallneigung erlebt.
- Unsystematischer Schwindel wird als „Schwarz vor Augen werden " beschrieben. Er tritt bei Kreislauf- und ZNS-Erkrankungen auf.
- Lage- und Lagerungsschwindel kann auf Probleme der Halswirbelsäule und auf eine verminderte Halswirbelarteriendurchblutung hinweisen.
- Psychogener Schwindel kann Ausdruck von Angst oder einer Konfliktsituation sein, ein „nicht mehr im Gleichgewicht sein".
- Bei unphysiologischen Bewegungen, z. B. bei Seegang, ist Schwindel normal.

Tinnitus. Dabei handelt es sich um Ohrgeräusche verschiedenster Lautstärke und Beschaffenheit (Brummen, Pfeif-, Klopfgeräusche). Die Ursachen können sein:

- Ohrerkrankungen,
- Probleme der Halswirbelsäule,
- neurologische Erkrankungen,
- altersbedingte Veränderungen.

Die Betroffenen gehen mit Tinnitus ganz unterschiedlich um, die einen nehmen ihn nicht zur Kenntnis, die anderen werden fast „verrückt". Vieles spricht dafür, dass es sich beim chronischen Tinnitus um eine Art Wahrnehmungsstörung handelt. Normalerweise werden ständige oder unwichtige Eindrücke, z. B. das Ticken einer Uhr, vom Gehirn ausgeblendet. Nun ist es aber typisch, dass der Tinnitus dann in Erscheinung tritt, wenn der Mensch besonders belastet ist („besonders viel um die Ohren hat"). Er wird dann oft als Ankündigung für eine bedrohliche Erkrankung, z. B. für einen Schlaganfall, gedeutet. Angst und Anspannung verstärken das Wahrnehmen und das Erleben der Ohrgeräusche.

Tinnitus von tinnire (lat.) = klingen, klingeln

ZNS ▸ S. 324 ff.

Diskrimination: Unterscheidungsfähigkeit

Cochlea (lat.) = Schnecke des Innenohres

Treten weitere Beschwerden wie Stress, Schlafstörung und Depression auf, ist eine Behandlung angezeigt. Psychotherapeuten und spezialisierte Zentren bieten Hilfe an. Sie informieren über medizinische und psychologische Zusammenhänge des Ohrensausens und den Umgang mit Stress. Dazu werden verschiedene Verfahren zur Entspannung wie körperorientierte Bewegungstherapie, Hypnose oder autogenes Training angeboten. Dies eröffnet dem Betroffenen die Möglichkeit zu lernen, wie er mit dem Tinnitus ohne allzu großen Leidensdruck leben kann.

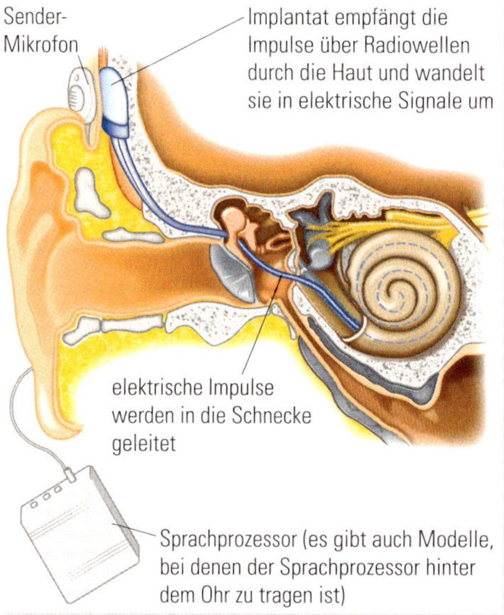

Bild 114 Cochlea-Implantat.

Innenohrerkrankungen werden in Tabelle 34 vorgestellt.

Altersschwerhörigkeit. Als Altersschwerhörigkeit wird eine Hörminderung bezeichnet, die über den altersphysiologischen Hörverlust hinausgeht. Typisch ist die Unfähigkeit, verschiedene Geräusche, z. B. auf einer Party, voneinander zu unterscheiden (Diskriminationsverlust). Genetische endogene (z. B. Herz-Kreislauferkrankungen) und exogene Faktoren (wie Lärm oder Schadstoffe) kommen als Ursachen infrage.

Behandlung der Schwerhörigkeit. Jede Schwerhörigkeit stellt eine Einschränkung der Kommunikationsfähigkeit dar. Sie kann bei Kindern zu Entwicklungsstörungen führen. Deshalb ist die Anpassung eines Hörgerätes insbesondere zur Spracherkennung von besonderer Bedeutung. Es gibt unterschiedliche Hörgerätetypen, z. B. Hinter-dem-Ohr-Geräte oder Im-Ohr-Geräte. Seit einigen Jahren kann auch ein Cochlea-Implantat (CI) ins Ohr eingepflanzt werden, wenn der Hörnerv intakt ist (Bild 114). Es ermöglicht das Hören durch elektrische Reizung des Hörnervs. Anschließend ist eine lange Rehabilitationsphase erforderlich, um die „neuen Höreindrücke“ verarbeiten zu lernen.

Krankheitsbild	Ursachen	Symptome	Behandlung
akuter oder chronischer Lärmschaden	Knall- oder Explosionstrauma, länger andauernder Lärm	vorübergehende bis bleibende Schwerhörigkeit bei erhaltenem Sprachverstehen	Prophylaxe: Vermeiden von Lärmbelastung, z. B. durch Benutzung von Gehörschutz
infektiöse Innenohrentzündung	Bakterien, Viren, z. B. Masern- oder Mumpsvirus	Hörminderung, Ertaubung	Antibiotika bei bakterieller Erkrankung
toxische Innenohrschädigung	Medikamente, Gifte, z. B. Blei, Quecksilber	Hörminderung, Ertaubung	
Morbus Menière	Störung bei der Bildung der Innenohrlymphflüssigkeit	anfallsweise auftretende Hörminderung, Drehschwindel, Ohrgeräusche, Taubheit	Arzneimittel, um den Schwindel zu lindern und die Durchblutung zu fördern
Hörsturz	Durchblutungsstörung im Innenohr („Infarkt“ des Innenohres)	einseitige Schwerhörigkeit, Ohrgeräusche, Gefahr der Ertaubung	Cortisonstoß und evtl. Infusion von gefäßaktiven Medikamenten

Tabelle 34 Erkrankungen des Innenohres.

7.6.4 Akustikusneurinom

Dabei handelt es sich um einen gutartigen Tumor der Schwann'schen Zellen des Gleichgewichtsnervs. Der Tumor liegt meist hinter dem peripheren Gleichgewichtsorgan im inneren Gehörgang oder im Kleinhirnbrückenwinkel. Schwerhörigkeit und Schwindel treten auf, eventuell auch Ohrgeräusche, die langsam zunehmen. Die Beschwerden können aber auch plötzlich vorhanden sein. Lage und Größe des Tumors bestimmen das operative Vorgehen.

Schwann'schen Zellen ▸ S. 131

7.6.5 Erkrankungen des Gleichgewichtssinns

Entzündungen, Tumoren oder Durchblutungsstörungen im Bereich des Kopfes können den peripheren Gleichgewichtssinn im Innenohr und/oder den zentralen Verarbeitungsbereich im Kleinhirn schädigen. Oft aber lassen sich für eine Erkrankung des Gleichgewichtssystems keine Ursachen herausfinden. Typisch ist das Augenzittern (Nystagmus), das durch eine Schädigung des peripheren und/oder zentralen Gleichgewichtsorgans oder der Blickmotorikzentren im Mittelhirn hervorgerufen wird. Nystagmus ist oft von starkem subjektivem Krankheitsgefühl mit richtungsbetontem Schwindel, Übelkeit und Erbrechen begleitet.

Die Behandlung richtet sich nach der Grundkrankheit. Oft klingen die Beschwerden auch wieder spontan ab. Oder der Patient muss lernen, mit der Beeinträchtigung des Gleichgewichts klar zu kommen, z.B., dass er den Kopf nur langsam dreht.

7.7 Untersuchungsverfahren des Hör- und Gleichgewichtssystems

Inspektion und Palpation der Ohrmuschel. Rötung, Druck- oder Zugschmerz am knorpeligen Vorsprung vor der Ohröffnung (Tragus) und/oder am Warzenfortsatz können auf eine Entzündung hinweisen.

Otoskopie (Ohrspiegelung). Mit dem Ohrspiegel (Otoskop, Bild 115) untersucht man den äußeren Gehörgang und das Trommelfell. So werden Fremdkörper oder Entzündungen im Gehörgang, ein Trommelfelldefekt oder eine Mittelohrentzündung festgestellt.

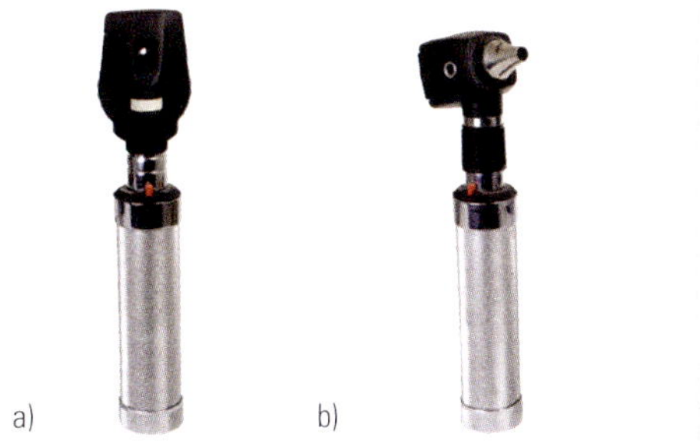

Bild 115 a) Augen- und b) Ohrenspiegel.

Klassische Hörprüfungen wie die Stimmgabelprüfung und die Hörweitenbestimmung aus 6 m Entfernung haben heute nur orientierende Funktion.

- Beim Weber-Versuch wird die Stimmgabel auf die Schädelmitte des Patienten gesetzt. Der Patient gibt an, ob er mit einem Ohr den Ton lauter hört, d.h. lateralisiert. Beim Normalhörenden oder beidseits gleich Schwerhörigen wird der Ton auf beiden Ohren gleich laut gehört.
- Beim Rinne-Versuch wird die angeschlagene Stimmgabel erst auf den Warzenfortsatz aufgesetzt (Knochenleitung), anschließend vor das Ohr gehalten (Luftleitung). Bei normaler Schallleitung ist die Luftleitung lauter als die Knochenleitung: „Rinne-positiv".

Elektroakustische Hörprüfungen sind die audiometrischen Untersuchungsverfahren.

- Bei der Tonschwellenaudiometrie werden die Hörschwellen reiner Töne seitengetrennt untersucht. Die Luftleitung wird mittels Kopfhörer und die Knochenleitung mittels Vibrator auf dem Warzenfortsatz geprüft. Bei Normalhörigkeit verlaufen beide Kurven deckungsgleich um die Null-Linie. Hörstörungen lassen sich durch charakteristisch verlaufende Kurven unterscheiden (Bilder 116 und 117, S. 322).
- Die Sprachaudiometrie dient zur Beurteilung des Sprachverstehens.

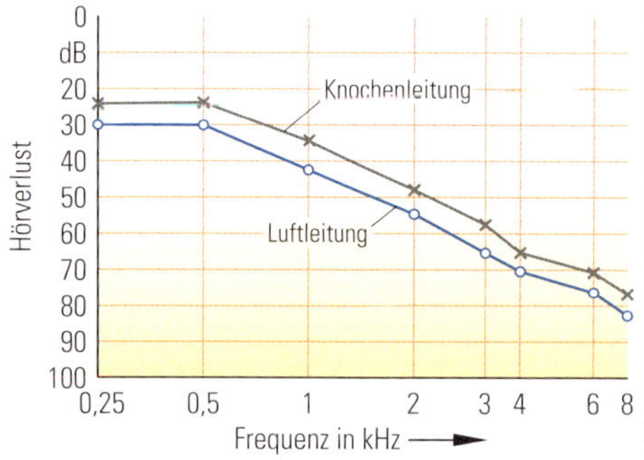

Bild 116 Audiogramm bei Schallempfindungs-schwerhörigkeit, z. B. bei Hörsturz.

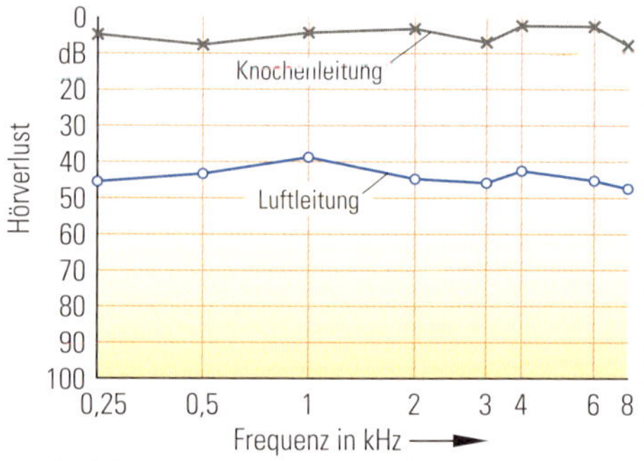

Bild 117 Audiogramm bei Schallleitungsschwer-hörigkeit, z. B. Mittelohrentzündung.

Schallempfindungsschwerhörigkeit	Schallleitungsschwerhörigkeit
Hörminderung oder oft vollständige Ertaubung	Hörminderung
Weber-Versuch: es wird in das normal hörende Ohr lateralisiert.	Weber-Versuch: es wird in das schwerhörige Ohr lateralisiert.
Rinne-Versuch ist positiv.	Rinne-Versuch ist negativ (pathologisch).

Tabelle 35 Merkmale der beiden Formen von Schwerhörigkeit.

Bild 118 Unterberger Tretversuch.

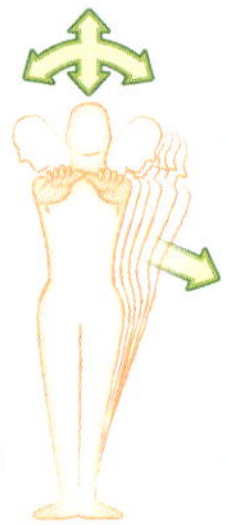

Bild 119 Romberg-Stehversuch.

Bild 120 Blindgangversuch.

Untersuchung des Gleichgewichtssinns. Wenn ein Patient unter Schwindel, Gangunsicherheit oder Fallneigung leidet, werden der Unterberger-, Romberg- und der Blindgangversuch (Bilder 118 bis 120) durchgeführt.

7.8 Geruchs- und Geschmackssinn

Geruchssinn. Gasmoleküle in der Atemluft reizen die Sinneszellen des 5 cm2 großen Riechfeldes. Dieses Riechfeld liegt im Bereich der oberen Nasenmuschel (Bild 121).

Der Riechnerv leitet die elektrischen Impulse der Riechsinneszellen zum Geruchszentrum des Gehirns. Das Riechen ist oft mit emotionalen Erinnerungen verknüpft.

Geruchsstörung kann verursacht werden durch:

- eine Entzündung, z. B. eine chronische Nebenhöhlenentzündung;
- eine Schädelbasisfraktur im Stirnbereich, die die Nervenfasern zerstört und so zum Verlust des Riechvermögens führen kann;
- psychiatrische und neurologische Erkrankungen, die oft von Geruchshalluzinationen begleitet sind. Dabei werden Gerüche wahrgenommen, ohne dass tatsächlich geruchserzeugende Substanzen vorhanden sind.

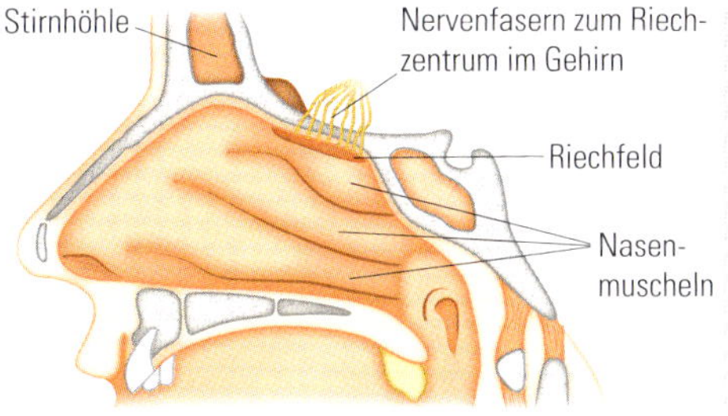

Bild 121 Riechfeld in der oberen Nasenmuschel.

Geschmackssinn. Chemische Substanzen, z. B. Zucker, Salz oder Säure in der Nahrung, reizen die Sinneszellen des Geschmackssinnes. Die Sinneszellen (Geschmacksknospen) liegen im Bereich der Zunge, im Gaumen- und Rachenraum (Bild 122). Im hinteren Teil der Zunge, dem Zungengrund, befinden sich die umwallten Papillen. Es handelt sich dabei um eine Ansammlung mehrerer Geschmacksknospen. Die Geschmacksinformationen werden über die Fasern des siebten (N. facialis) und des neunten Hirnnervs in das Gehirn geleitet.

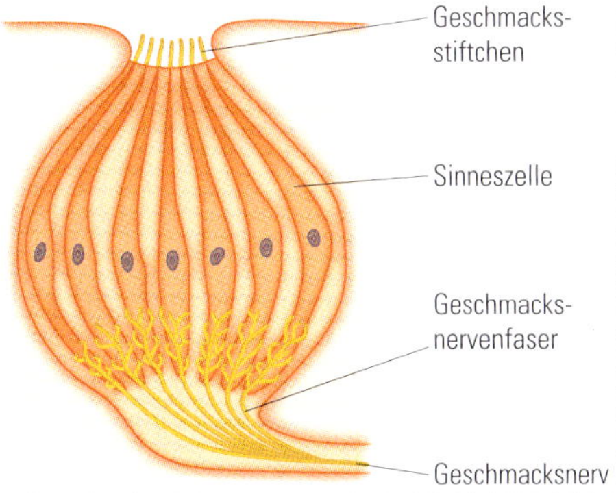

Bild 122 Geschmacksknospe.

Auf der Zunge lassen sich verschiedene Geschmacksfelder abgrenzen (Bild 123). Die Empfindung „scharf" ist keine Geschmacks-, sondern eine Schmerzempfindung, die über den sensiblen fünften Hirnnerv (N. trigeminus) vermittelt wird.

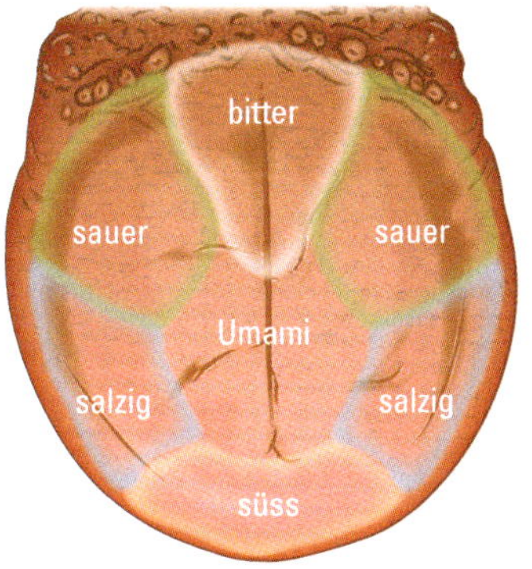

Bild 123 Geschmacksfelder der Zunge.

umami: Geschmacksqualität für würzig-fleischig

Hirnnerven ▸ S. 327

Ganzheitlich betrachtet versteht man unter Geschmack eines Stoffes alle Empfindungen, die über orale (mundbezogene) Reize während der Nahrungsaufnahme entstehen.

Geschmacksstörungen können unterschiedliche Ursachen haben:

- angeborene Fehlfunktionen,
- Folge von Entzündungen,
- Folge von Vergiftungen, z. B. mit Alkohol, Blei,
- bedingt durch Medikamenteneinnahme, z. B. Zytostatika,
- Hirnerkrankungen.

Geschmacksstörungen können unterschiedlich ausgeprägt sein. Der Geschmackseindruck kann vermindert oder gesteigert sein oder ganz ausfallen. Er kann als unangenehme oder auch unangemessene Geschmacksempfindung in Erscheinung treten.

8 Nervensystem

8.1 Aufbau und Aufgaben des Nervensystems

Hormonsystem ▸ S. 355 ff.

Hypophyse ▸ S. 356

Der menschliche Körper wird von zwei Systemen gesteuert: Hormonsystem und Nervensystem. Während die Hormone im Blut des Körpers zirkulieren und dabei auf die Organe wirken, arbeitet das Nervensystem mit elektrischen Impulsen, die von den Nervenfasern gezielt zu bestimmten Organen geleitet werden.

Das Nervensystem hat folgende Aufgaben:

- Es leitet die Reize, die von Sinnesorganen (z. B. Sehen, Hören, Fühlen) aufgenommen wurden, zu ihren entsprechenden Zentren im Rückenmark und im Gehirn (Bild 124).
- Im Gehirn und Rückenmark werden die aufgenommenen Reize verarbeitet und Antworten auf diese Reize vorbereitet.
- Es leitet Impulse an die entsprechenden ausführenden Organe, die unserem Willen unterworfen sind (z. B. Beinmuskeln beim Laufen).
- Es steuert viele Organe (z. B. Verdauung, Atmung, Kreislauf), ohne dass uns dies bewusst wird.
- Über Verbindungen zur Hypophyse steuert es auch unser Hormonsystem.

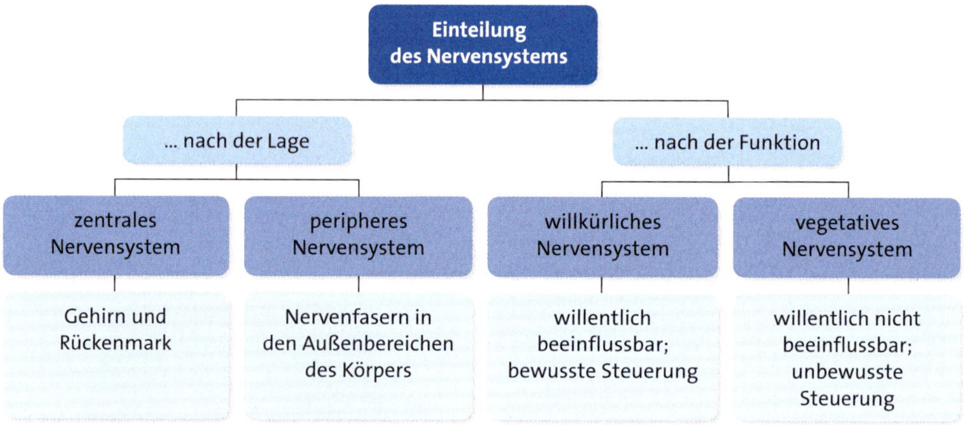

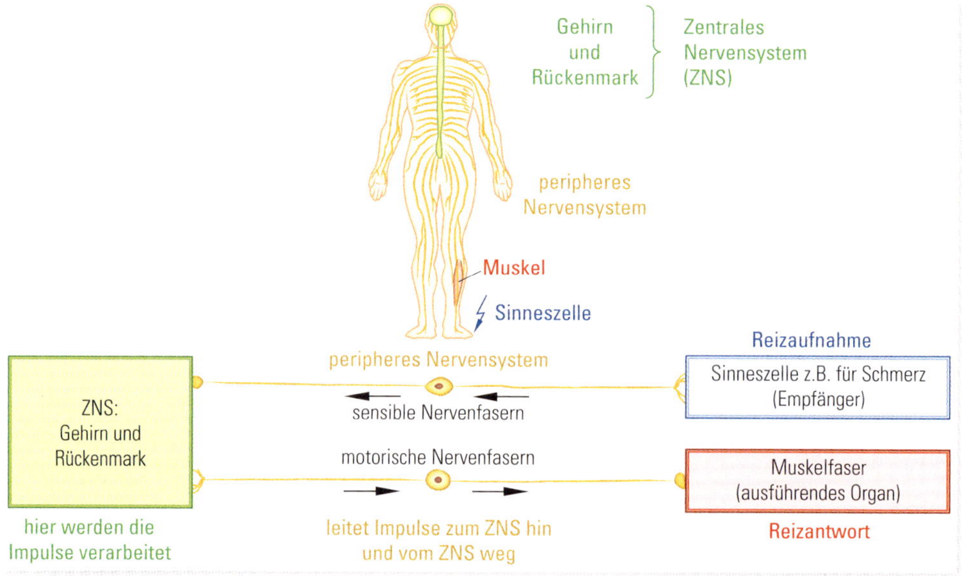

Bild 124 Zentrales und peripheres Nervensystem.

8.1.1 Zentrales Nervensystem

Zum zentralen Nervensystem (ZNS) gehören Gehirn und Rückenmark, die gewissermaßen im „Zentrum" unseres Körpers liegen. Das ZNS dient hauptsächlich der Erregungsverarbeitung.

Aufbau und Funktionen des Gehirns. Das ca. 1300 g schwere Gehirn wird von den Schädelknochen und den darunter liegenden Hirnhäuten als mechanischem Schutz umgeben (Bild 125). Die äußere Hirnhaut ist derb und fest und wird als harte Hirnhaut (Dura mater) bezeichnet. An ihr liegt die zarte, dünne Spinnwebenhaut (Arachnoidea) und unter ihr die weiche Hirnhaut (Pia mater), die allen Hirnwindungen folgt. Zwischen der Spinnwebenhaut und der weichen Hirnhaut befindet sich der mit Nervenwasser (Liquor) gefüllte Subarachnoidalraum. Der Liquor polstert das Gehirn wie ein Wasserkissen z. B. vor Stößen ab.

Das Gehirn wird in fünf Abschnitte unterteilt, die sich sowohl in der Form als auch in der Aufgabe unterscheiden (Bild 126).

Das Großhirn ist der größte Gehirnabschnitt. Es besteht aus den zwei Großhirnhälften und dem Balken, der die beiden Hälften verbindet.

Die äußere Schicht wird durch die Hirnrinde (graue Substanz) gebildet, in der sich vor allem Nervenzellkörper finden. Innen liegt das Hirnmark (weiße Substanz), das hauptsächlich aus Nervenfasern besteht. Diese verbinden das Großhirn mit den anderen Hirnabschnitten und mit dem Rückenmark.

Zur Oberflächenvergrößerung weist das Großhirn zahlreiche Furchen und Windungen auf. Die tiefe Zentralfurche teilt jede Großhirnhälfte in einen vorderen und einen hinteren Bereich (Bild 127). Vereinfacht gesagt, liegen vor der Zentralfurche verschiedene motorische Zentren (z. B. Bewegungsfelder für Gesicht, Arme, Rumpf, Beine), hinter der Zentralfurche findet man sensible und sensorische Zentren (z. B. Körperfühlfelder, Seh- und Hörzentrum). Bewusstsein, Willen und Gedächtnis sind ebenfalls an das Großhirn gebunden.

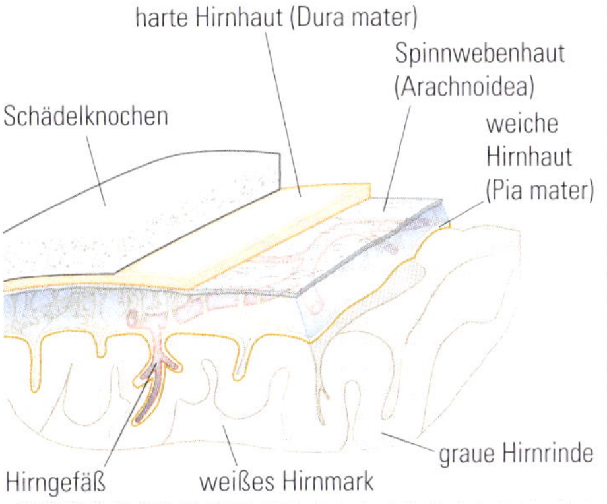

Bild 125 Die Hirnhäute.

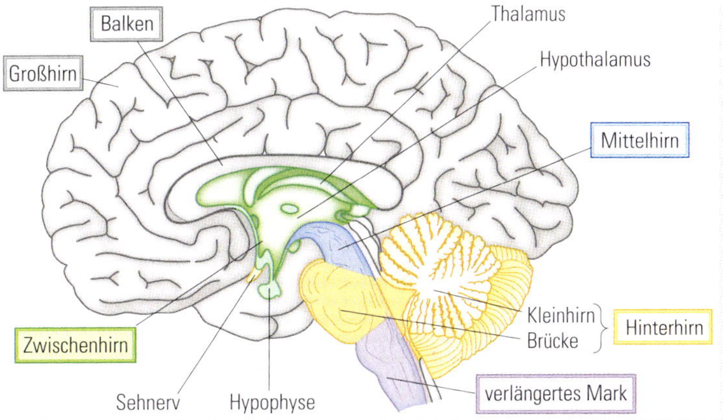

Bild 126 Die fünf Gehirnabschnitte.

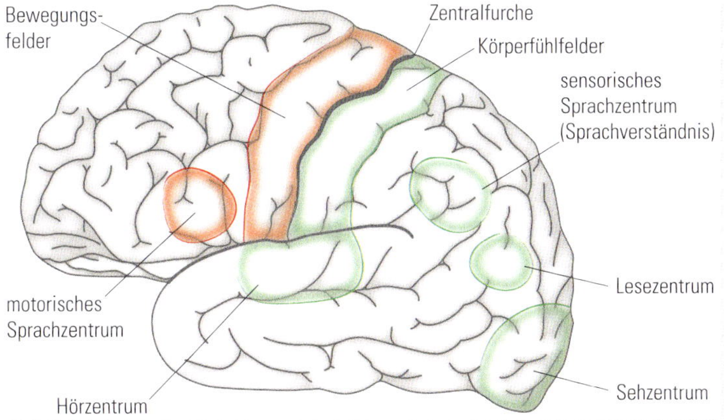

Bild 127 Einige Felder und Zentren des Großhirns.

Das Zwischenhirn umfasst Thalamus und Hypothalamus; es arbeitet – wie die folgenden Gehirnabschnitte – ohne unsere willentliche Beeinflussung.

Alle Erregungen, die vom peripheren Nervensystem und von den Sinnesorganen zum Großhirn geleitet werden, werden im Thalamus umgeschaltet und bewertet. Das Zwischenhirn sitzt „wie eine Sekretärin vor dem Chefzimmer" und sortiert Wichtiges von Unwichtigem.

vegetatives Nervensystem ▸ S. 328

Der Hypothalamus steuert das vegetative Nervensystem. Bei jeder Stressreaktion spielt der Hypothalamus eine entscheidende Rolle. Wasserhaushalt, Wärmeregulation, Wach- und Schlafrhythmus werden von hier aus gesteuert. Nervensystem und Hormonsystem werden durch Steuerhormone (sog. Releasing-Hormone) verbunden und es besteht eine direkte Verbindung zur Hypophyse.

Releasing-Hormone ▸ S. 356

Das Mittelhirn ist der kleinste Hirnabschnitt. Wichtige Bahnen für Sehen, Hören und Bewegung sind reflektorisch zusammengeschaltet. Beispiel: Hören wir plötzlich hinter uns das Geräusch eines Automotors, drehen wir reflexartig unseren Kopf zum Auto hin.

Das Hinterhirn setzt sich aus Kleinhirn und Brücke zusammen. Die Brücke verbindet das Kleinhirn mit dem Großhirn.

Spinalganglien: Verdickungen der Rückenmarksnerven durch die Ansammlung von Nervenzellen

Im Kleinhirn sitzt das Zentrum zur Erhaltung des Gleichgewichts, es fasst Einzelbewegungen zu schnellen, geordneten und koordinierten Bewegungsabläufen zusammen. Außerdem wirkt es bei der Erhaltung des Tonus (der Spannung) der Skelettmuskulatur mit.

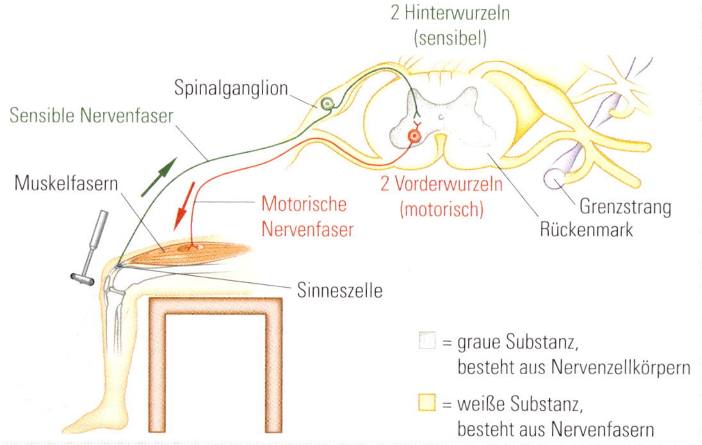

Bild 128 Rückenmark und Spinalnerven beim Patellarsehnenreflex.

Das verlängerte Mark stellt die Verbindung zum Rückenmark dar. Hier kreuzen die willkürlich motorischen Fasern und wechseln auf die andere Seite (deshalb ist z. B. bei einem Schlaganfall der rechten Hirnhälfte immer die linke Körperseite betroffen). Im verlängerten Mark befinden sich lebenserhaltende Zentren für Atmung und Kreislauf.

Das Rückenmark ist die Fortsetzung des verlängerten Marks. Es reicht mit ca. 45 cm Länge im Wirbelkanal bis etwa zum 2. Lendenwirbel. Ebenso wie das Gehirn ist es von drei Häuten und von Liquor umgeben.

Im Rückenmark liegt schmetterlingsförmig die graue Substanz (besteht hauptsächlich aus Nervenzellkörpern); um sie herum die weiße Substanz (besteht vor allem aus Nervenfasern; Bild 128). Rechts und links treten die motorischen Nervenfasern als die zwei Vorderwurzeln aus, die sensiblen Nervenfasern treten als die zwei Hinterwurzeln in das Rückenmark ein. Je eine Vorder- und Hinterwurzel vereinigen sich zu einem Rückenmarksnerv (Spinalnerv). Es gibt 31 bis 32 Paare von Spinalnerven. Die Zellkörper der motorischen Nervenfasern liegen in der grauen Substanz, die Zellkörper der sensiblen Nervenfasern in den Spinalganglien.

Das Rückenmark erfüllt zwei Aufgaben:

- Durch lange Leitungsbahnen verbindet es das periphere Nervensystem mit dem Gehirn.
- Als direkte Schaltstation zwischen sensiblen und motorischen Nervenfasern ermöglicht es die Reflexe.

Reflexe. Ein Reflex ist eine motorische Reaktion (z. B. Muskelkontraktion) auf einen sensiblen Reiz (z. B. Dehnung der Kniescheibensehne; Bild 128). Auch ohne die Kontrolle durch das Großhirn sind solch schnelle Schutzreaktionen des Körpers möglich (Tabelle 36).

Beispiel	Reiz	Reaktion
Patellarsehnenreflex (PSR)	starke Dehnung der Kniescheibensehne	Kontraktion des Oberschenkelmuskels
Kornealreflex	Fremdkörper auf der Hornhaut des Auges	Augenlid schließt sich
Pupillenreflex	vermehrter Lichteinfall in das Auge	Pupillendurchmesser verengt sich
Husten-/Niesreflex	Fremdkörper auf Rachen-/Nasenschleimhaut	Fremdkörper wird durch Luftstrom ausgestoßen

Tabelle 36 Beispiele für Reflexe.

8.1.2 Peripheres Nervensystem

Die sensiblen und motorischen Nervenfasern des peripheren Nervensystems liegen in den Außenbereichen des Körpers – sozusagen in der „Peripherie". Seine Nervenfasern leiten Erregungen von und zu den Organsystemen (Bild 124, S. 324).

Durch einen Reiz (z. B. Schmerz oder Wärme) werden von der Sinneszelle elektrische Impulse gebildet. Eine sensible Nervenfaser leitet diese Impulse zum zentralen Nervensystem, wo sie im entsprechenden Zentrum wahrgenommen werden. Soll eine Reaktion erfolgen, werden von den Nervenzellen im zentralen Nervensystem wieder Impulse gebildet, die von einer motorischen Nervenfaser zu einem ausführenden Organ (z. B. Muskelfaser) geleitet werden.

Das periphere Nervensystem besteht aus Hirnnerven und Rückenmarksnerven. In den peripheren Nerven finden sich motorische, sensible und vegetative Nervenfasern, die zwischen Zentralnervensystem und Peripherie Nervenimpulse leiten.

Hirnnerven (I bis XII) treten immer paarweise aus dem Gehirn aus. Sie werden mit den römischen Ziffern von I bis XII bezeichnet (Bild 129) und versorgen den Kopf- und Halsbereich
- sensorisch: Riechen, Sehen, Hören, Gleichgewicht;
- sensibel: Gefühl im Gesichtsbereich (N. trigeminus);
- motorisch: Augenbewegung, Mimik, Schlucken, Kopf-und Schulterbewegung, Zungenbewegung.

Nur der X. Hirnnerv (N. vagus) versorgt Brust- und Bauchorgane vegetativ.

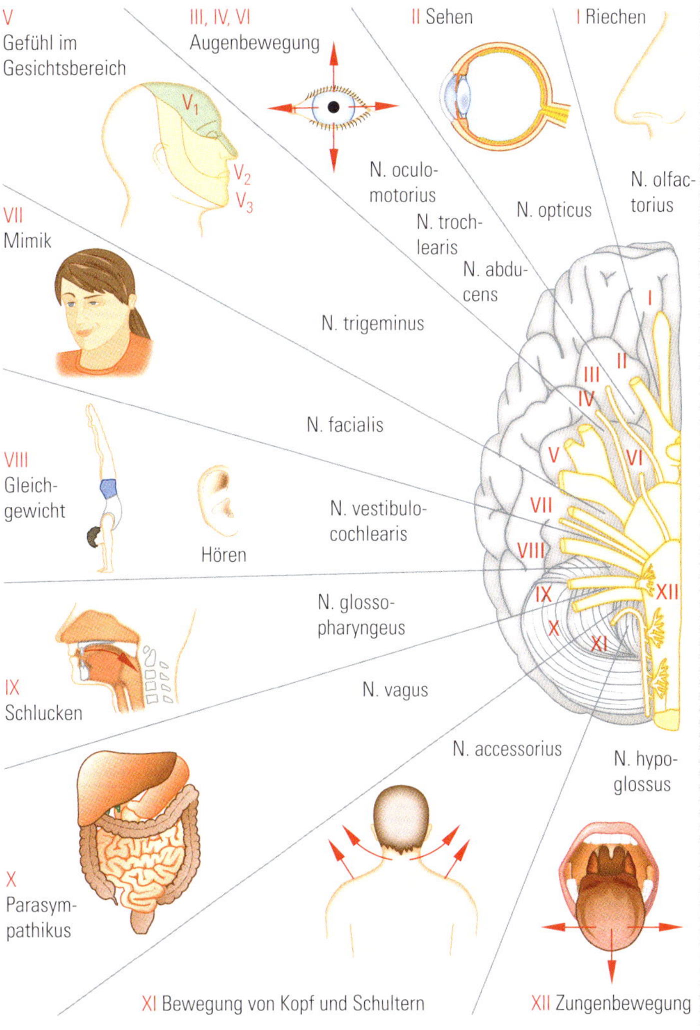

Bild 129 Die Hirnnerven (Ansicht des Gehirns von unten).

N = Nervus, Nerv

C = cervikal
Th = thorakal
L = lumbal
S = sakral

Rückenmarksnerven (Spinalnerven) treten immer paarweise aus dem Rückenmark aus (Bild 130). Im Halsbereich sind es 8 ($C_1 - C_8$), im Brustbereich 12 ($Th_1 - Th_{12}$), im Lendenbereich 5 ($L_1 - L_5$) und im Kreuzbeinbereich sind es 5 ($S_1 - S_5$) Rückenmarksnervenpaare.

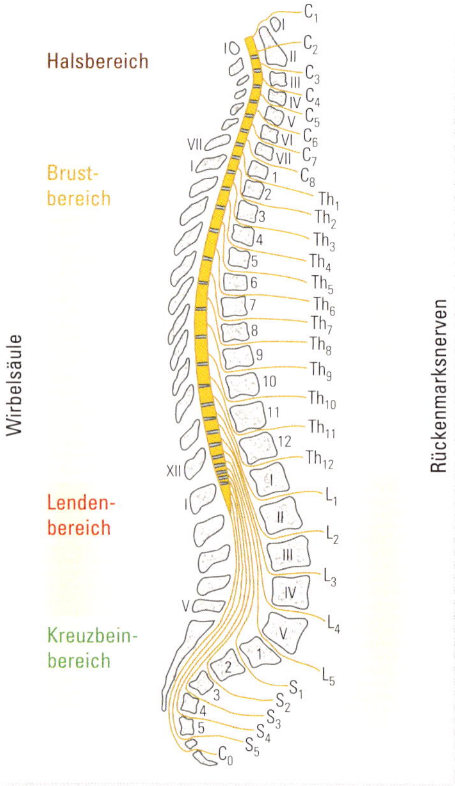

Bild 130 Die Rückenmarksnerven in Beziehung zur Wirbelsäule.

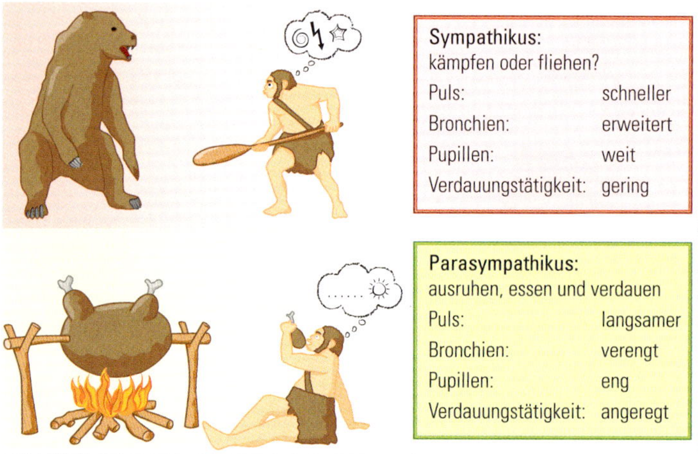

Bild 131 Die Funktionen von Sympathikus und Parasympathikus.

Nach dem Austritt aus dem Wirbelkanal der knöchernen Wirbelsäule bilden die Rückenmarksnerven sogenannte Geflechte (Plexus). Von diesen Geflechten gehen einzelne große Körpernerven aus:

- Halsgeflecht ($C_1 - C_4$); wichtigster peripherer Nerv ist der Zwerchfellnerv.
- Armgeflecht ($C_5 - Th_1$); daraus gehen die Armnerven ab (N. radialis, N. ulnaris, N. medianus).
- Lendengeflecht ($L_1 - L_4$); daraus entspringt der Schenkelnerv (N. femoralis).
- Kreuzbeingeflecht ($L_4 - S_5$); daraus entsteht der Ischiasnerv (N. ischiadicus).

8.1.3 Vegetatives Nervensystem

Das vegetative oder autonome Nervensystem regelt Körperfunktionen wie Atmung, Verdauung, Kreislauf, Stoffwechsel und Wasserhaushalt und stimmt die Funktionen der einzelnen Organe aufeinander ab. Diese Steuerung erfolgt selbstständig (autonom) und ist somit unserem Willen nicht unterworfen.

Das vegetative Nervensystem wird zentral im Hypothalamus des Zwischenhirns gesteuert. Man unterscheidet zwei Anteile mit gegensätzlicher Wirkung (Bild 131):

- den Sympathikus und
- den Parasympathikus.

Sympathikus. Dazu zählen die beiderseits der Wirbelsäule gelegenen Grenzstränge (Bild 128, S. 326) und die davon ausgehenden Nervenfasern zu den Brust- und Bauchorganen. Der Sympathikus fördert die Leistungsbereitschaft, indem er Reserven aktiviert („Kämpfen oder Fliehen"). Unter seinem Einfluss steigen Puls und Blutdruck, erweitern sich die Bronchien und die Pupillen, während die Verdauungstätigkeit zurücktritt.

Parasympathikus. Dazu zählt wesentlich der X. Hirnnerv (N. vagus), der sich mit seinen Fasern zu den Organen in Brust und Bauch hinzieht. Er bewirkt, dass sich der Körper in der Erholungsphase Reserven anlegt („Ausruhen"). Unter seinem Einfluss sinken Puls und Blutdruck, verengen sich Bronchien und Pupillen. Dagegen regt er die Tätigkeit der Verdauungsorgane an.

8.2 Erkrankungen des Nervensystems und ihre Behandlung

8.2.1 Schlaganfall (Apoplexie)

Charakteristisch fallen „schlagartig“ Hirnfunktionen aus:

- Bei einer Halbseitenlähmung ist eine Körperhälfte gelähmt (Bild 132).
- Sensibilitätsstörungen bewirken Taubheitsgefühl oder Kribbeln auf der betroffenen Körperhälfte.
- Bei Sprachstörungen (Aphasie) spricht der Patient undeutlich oder kann sich nicht mit den richtigen Begriffen verständlich machen.
- Bei einer Bewusstseinsstörung kann der Patient eingetrübt bis bewusstlos (komatös) sein.

Hirndurchblutungsstörungen oder Hirnblutungen führen zum Schlaganfall.

Hirndurchblutungsstörung (Ischämie). In 80 % der Fälle liegt ein Verschluss z. B. einer Hirnarterie vor. Der betroffene Hirnbereich erhält keinen Sauerstoff und stirbt ab.

Bild 132 Halbseitenlähmung nach Schlaganfall.

Bestimmte Vorbotensymptome können dieses Ereignis ankündigen:

- Kopfschmerzen,
- Sehstörungen,
- Schwindel,
- Ungeschicklichkeit einer Hand.

Die Vorbotensymptome bilden sich nach spätestens 24 Stunden zurück (TIA). Der Patient sollte sie ernst nehmen und sofort zum Arzt gehen.

TIA: transitorische ischämische Attacke

Hirnblutung. In 20 % der Fälle ist eine Hirnarterie geplatzt, z. B. bei einer Hypertonie oder infolge einer angeborenen Schwäche der Hirnarterie.

Jeder Patient mit Schlaganfallsymptomatik ist ein Notfall.

Bei der Behandlung gilt: Je früher die Therapie beginnt, desto größer sind die Überlebenschancen und die Rückbildung der Ausfälle. Die besten Chancen hat ein Patient, bei dem innerhalb der ersten 60 Minuten der Gefäßverschluss behandelt wird („goldene Stunde“). Deshalb muss der Patient schnellstens auf eine spezielle Schlaganfallstation (Stroke Unit) gebracht werden. Dort wird die Ursache mit Schnittbildern (CT, MRT) festgestellt. Nach Ausschluss einer Hirnblutung wird die Durchblutung mit Infusionen gefördert und die Blutgerinnung mit Heparin gehemmt.

stroke (engl.) = Schlaganfall
unit (engl.) = Krankenhausstation

8.2.2 Entzündungen

Durch Bakterien (Staphylokokken, Meningokokken, Haemophilus influenzae B) oder Viren (Herpes, Masern, FSME) kommt es zur Entzündung der Hirnhäute (Meningitis) und / oder des Gehirns (Enzephalitis).

Eine Meningitis kann z. B. durch Fortleitung einer eitrigen Entzündung im Kopfbereich (Sinusitis, Mittelohrentzündung) entstehen, durch eine Virusinfektion oder durch den Biss einer infizierten Zecke (FSME). Dadurch kann auch die noch häufigere Borreliose übertragen werden (Tabelle 37, S. 330). Entscheidend für die Diagnose sind eine Lumbalpunktion und immunologische Abklärung. Die Symptome sind:

- hohes Fieber und starke Kopfschmerzen,
- Übelkeit und Erbrechen,
- Nackensteife (der Kopf lässt sich nicht nach vorne beugen).

Die Folgen einer solchen Entzündung können bleibende Hirnleistungsstörungen sein.

Impfung und Verbreitung FSME ▸ S. 97

Lumbalpunktion ▸ S. 333

	Frühjahr-Sommer-Meningoenzephalitis (FSME)	Borreliose
Erreger	FSME-Viren	Bakterien (Borrelia burgdorferi)
Übertragungsweg	durch den Stich einer blutsaugenden Zecke	
Krankheitsverlauf	• Nach einer Woche grippeähnliche Symptome, • dann Hirnhautentzündung, • in der Folge in seltenen Fällen bleibende Lähmungen.	• Nach Tagen bis Wochen ringförmige Hautrötung an der Bissstelle (Wanderröte), • nach Wochen bis Monaten Sensibilitätsstörungen, brennende Schmerzen, Lähmungen (z. B. einseitige Gesichtslähmung), • nach Monaten bis Jahren Gelenkentzündungen.
Therapie	symptomatisch (Fieber senken, Flüssigkeit zuführen)	Antibiotika (2 bis 4 Wochen)
Impfung	aktive Immunisierung für Personen in Risikogebieten	keine
Prophylaxe	• Schutz vor Zeckenbiss: schützende Kleidung, Gebüsch und hohes Gras meiden, Inspektion des Körpers nach Spaziergang. • Schutz nach Zeckenbiss: Zecke am Kopf mit Pinzette packen (ohne den Körper zu quetschen), langsam und gerade herausziehen, Bissstelle desinfizieren.	

Tabelle 37 Vergleich von FSME und Borreliose.

8.2.3 ZNS-Verletzungen

Schädel-Hirn-Traumen (SHT) sind Gewalteinwirkungen von außen auf den Kopf mit Beteiligung des Gehirns. Als Folge von Verkehrsunfällen gehören sie zu den häufigsten Todesursachen bei jungen Menschen. Man unterscheidet drei Schweregrade (Tabelle 38).

> Jeder Patient mit SHT sollte 12 Stunden beobachtet werden. Ein Hirngefäß kann geplatzt sein – das führt erst nach Stunden zur Bewusstlosigkeit.

Bei offenen Schädel-Hirn-Traumen liegt das Gehirn frei. Es kann zusätzlich zu Infektionen des Gehirns (Enzephalitis) kommen.

Schädel-Basis-Frakturen gehen häufig mit Blutungen und Liquorfluss aus Nase und Gehörgang einher. Auch Blutergüsse in den Augenhöhlen (Brillenhämatom) können auftreten.

Querschnittssyndrom. Durch einen Verkehrsunfall, einen Sturz oder auch durch Osteoporose kann es zu einem völligen Ausfall des Rückenmarks ab einer bestimmten Höhe kommen.

Schweregrad	Bezeichnung	Auswirkung	Symptome
SHT 1. Grades	Commotio cerebri (Gehirnerschütterung)	Gehirnschwellung, die vollständig ausheilt	• Kopfschmerz, Schwindel • Übelkeit, Erbrechen • Erinnerungslücke (Amnesie) • Bewusstlosigkeit, Sekunden bis Minuten
SHT 2. Grades	Contusio cerebri (Gehirnprellung)	Quetschung von Hirngewebe, die mit Defekten ausheilt	• siehe oben • Bewusstlosigkeit, länger als 15 Minuten
SHT 3. Grades	Compressio cerebri (Gehirnquetschung)	Hirngewebe ist geschädigt und Hirngefäße sind zerstört; bleibende Defekte	• siehe oben • tiefe Bewusstlosigkeit, Tage oder Wochen

Tabelle 38 Einteilung der Schädel-Hirn-Traumen.

Die Symptome sind:
- Lähmung unterhalb der Rückenmarksverletzung,
- Ausfall der Sensibilität unterhalb der Verletzung,
- Lähmung von Harnblase und Mastdarm.

Bei besonders hohen Querschnittssyndromen (ab C_4) fällt die Atmung durch Lähmung des Zwerchfells aus.

Jeder Patient mit Querschnittsyndrom ist ein Notfall.

8.2.4 Epilepsie

Epilepsie ist sozusagen ein „elektrisches Gewitter des Gehirns", bei dem zerebrale Krämpfe auftreten. Verschiedene Ursachen können dazu führen:
- Vererbung,
- Hirntumor,
- Giftstoffe (Alkohol, Drogen),
- Hirninfarkt oder Hirnblutung,
- schwere Schädel-Hirn-Traumen,
- bei Kleinkindern auch Fieberkrämpfe.

Man unterscheidet fokale Anfälle (z. B. Zuckungen einer Hand) und generalisierte Anfälle (Grand mal).

Im EEG (Bild 133) zeigen sich typische Veränderungen, die durch Flackerlicht oder Schlafentzug provoziert werden können. Da durch diese Untersuchung ein Anfall ausgelöst werden kann, muss ein Arzt anwesend sein.

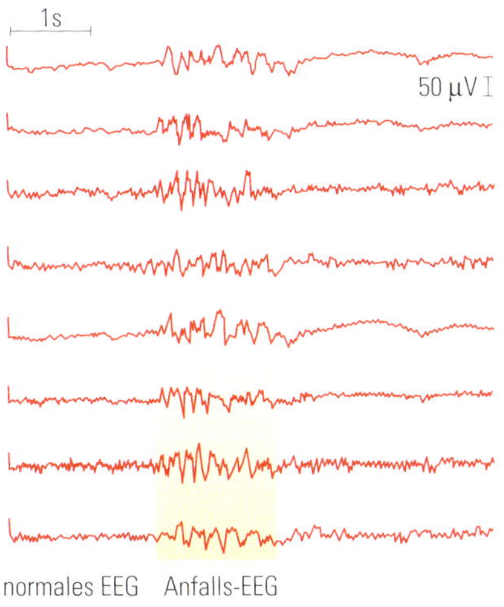

Bild 133 EEG bei Patient mit Grand-mal-Anfall.

Hinter einem erstmaligen Krampfanfall kann eine gefährliche Ursache, z. B. ein Hirntumor, stecken. Deshalb müssen Untersuchungen durchgeführt werden. Durch Schichtbilder wie CT oder besser MRT wird nach Tumoren oder Veränderungen der Hirngefäße gesucht (Bild 134).

Steht die Ursache fest, wird der Auslöser der Epilepsie möglichst ausgeschaltet, z. B. durch eine Operation. Ist dies nicht möglich, wird der Patient oft ein Leben lang medikamentös mit Antiepileptika behandelt.

fokal: einen Krankheitsherd betreffend

generalisiert: auf den ganzen Körper ausgebreitet

Grand mal (franz.) = großes Übel

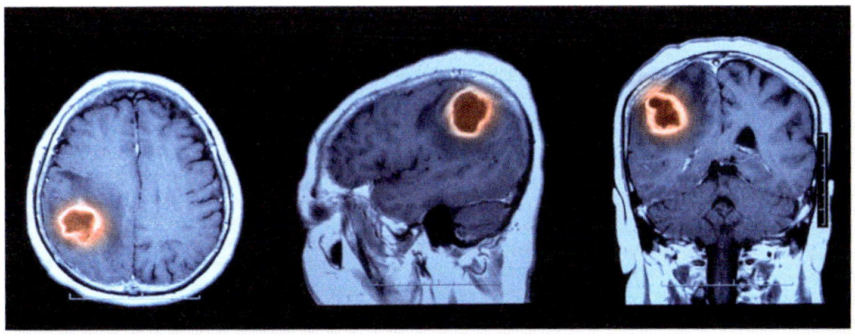

Bild 134 MRT eines Patienten mit Hirntumor (Glioblastom).
a) Transversalebene; b) Sagittalebene; c) Frontalebene.

8.2.5 Morbus Parkinson

Von der „Schüttellähmung" ist einer von hundert der über 60-jähren betroffen. Dabei tritt ein Komplex von drei Symptomen auf, die sich zunehmend verschlimmern (Bild 135):
- Bewegungsarmut (starre Mimik, kleine Schritte, leise Sprache, kleiner werdende Schrift),
- Tremor (Zittern) in Ruhe, der bei Bewegungen verschwindet,
- Rigor (erhöhte Muskelspannung).

Grand-mal-Anfall ▸ S. 244

EEG ▸ S. 333

James P. Parkinson (1755–1824), englischer Arzt

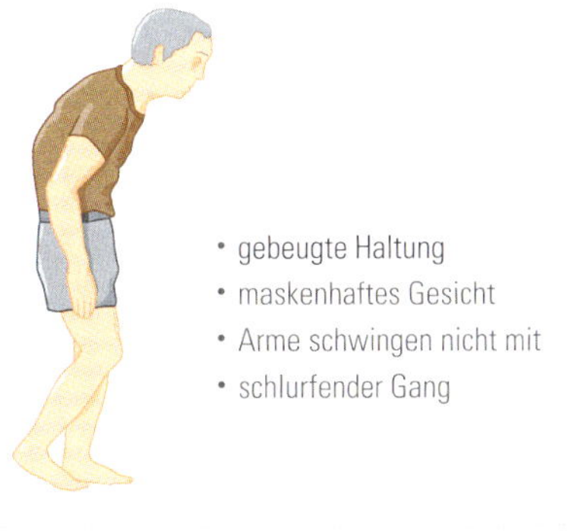

Bild 135 Typischer Parkinson-Patient.

multipel = vielfach
Sklerose = krankhafte Verhärtung eines Organs

Beim Morbus Parkinson liegt ein Mangel des Botenstoffes Dopamin im Mittelhirn vor. Verschiedene Ursachen (Arteriosklerose, frühkindliche Hirnhautentzündung, Hirntraumen, Neuroleptika) können dazu führen. Mit Medikamenten (z. B. L-Dopa) kann man den Mangel an Botenstoffen ausgleichen. Ebenso wichtig ist die ständige Physiotherapie. Die Therapie kann die Pflegebedürftigkeit aber nur aufhalten.

8.2.6 Symptom „Kopfschmerz"

Kopfschmerz ist sowohl eine Erkrankung (z. B. bei der Migräne) als auch Symptom bei anderen Erkrankungen. Zur genauen Untersuchung befragt der Arzt den Patienten unter verschiedenen Gesichtspunkten (Tabelle 39).

8.2.7 Multiple Sklerose (MS)

Bei dieser chronisch-entzündlichen Erkrankung werden die bindegewebigen Hüllen der Nervenfasern zerstört. Man nennt die MS auch Enzephalomyelitis disseminata (ED). Bei uns ist dies die häufigste neurologische Erkrankung. Man vermutet, dass mehrere Faktoren (Vererbung, Autoimmunkrankheit) die Krankheit auslösen.

Die MS tritt meist zwischen dem 20. und 30. Lebensjahr auf und verläuft in Schüben mit zwischenzeitlichen Besserungen. Sie endet aber oft mit der völligen Hilflosigkeit der Patienten (Rollstuhl, Atemprobleme). Die Symptome sind wechselnd und vielseitig:

- Oft beginnt es mit einer Sehnervenentzündung, der Patient sieht verschwommen;
- Sensibilitätsstörungen (Kribbeln, pelziges oder taubes Gefühl);
- spastische Lähmung der Beine;
- Kleinhirnstörungen (breitbeiniger steifer Gang, Zittern, undeutliche Aussprache von Wörtern);
- Blasen-Darm-Störungen.

Ort der Schmerzen	Schmerzverlauf	Dauer	Auslöser	Begleiterscheinungen	Diagnose
ganzer Kopf	chronisch	Stunden bis Tage	seelische und körperliche Anspannung	–	Spannungskopfschmerz (am häufigsten)
oft halbseitig: Kopf-Schläfe	wiederholt anfallsartig	Stunden bis Tage	Wetter, Spannung, Monatsregel	Erbrechen, flimmernde Gesichtsfeldausfälle	Migräne
immer gleiche Seite: Ober- oder Unterkiefer	wiederholt anfallsartig, intensiv	Sekunden	Berühren, Kauen, Sprechen	Verziehen des Gesichts	Trigeminusneuralgie (Schmerzen des Gesichtsnerves)
ganzer Kopf	schlagartig auftretend	tagelang	beim Pressen: Husten, Stuhlgang	Erbrechen, Bewusstsein gestört, Nackensteife	Subarachnoidalblutung (geplatzte Hirnarterie)
ganzer Kopf	langdauernd, mäßig akut	dauernd		Nackensteife	Meningitis, Enzephalitis
ganzer Kopf	langdauernd, zunehmend	dauernd	morgens am schlimmsten	schwallartiges Erbrechen	Hirntumor
Hinterhauptsbereich, evtl. halbseitig, nach vorne ausstrahlend	chronisch, lokalisiert	Stunden bis Tage	langandauernde gleiche Kopfhaltung: Lesen, Schlafen	Nackenschmerzen, evtl. in den Arm ausstrahlend	HWS-Syndrom (HWS = Halswirbelsäule)

Tabelle 39 Differenzialdiagnose des Kopfschmerzes.

Als Therapie bei Multiple Sklerose werden im akuten Schub Kortikoide gegeben. In der Langzeitbehandlung werden Interferon, Immunsuppressiva und Zytostatika eingesetzt.

8.3 Untersuchungsverfahren

8.3.1 Elektroenzephalogramm (EEG)

Die Funktion der Nervenzellen der Hirnrinde bedingt Spannungsschwankungen im Mikrovoltbereich. Mit Elektroden, die auf der Kopfhaut angebracht werden, lassen sich diese geringen Spannungsschwankungen aufzeichnen und auswerten (Bild 136).

Während der Untersuchung muss der Patient völlig ruhig und entspannt liegen. Manche Patienten halten das EEG für eine Art elektrischen Stuhl oder glauben, dass ihre Gedanken gelesen werden; diese Ängste müssen vorher durch eine genaue Erklärung beseitigt werden.

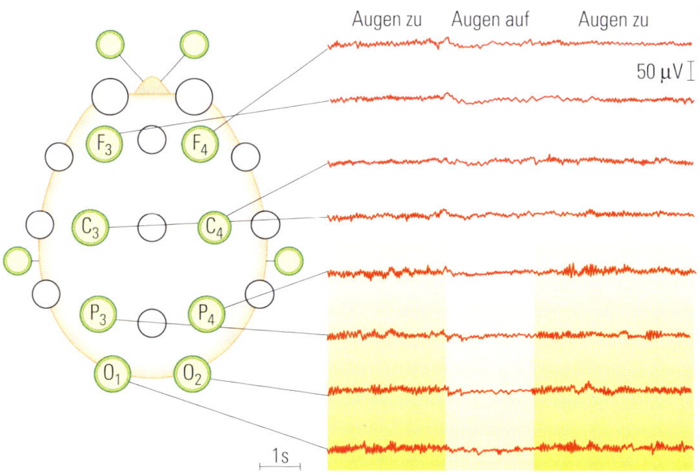

Bild 136 Normales Elektroenzephalogramm (EEG) und Lage der Elektroden.

1 Mikrovolt = 1/1000000 Volt

8.3.2 Lumbalpunktion

Mit einer langen Kanüle wird Liquor (Nervenwasser) im Lendenwirbelsäulenbereich (zwischen dem 3. und 4. Lendenwirbel) gewonnen (Bild 137). Der häufigste Grund dafür ist der Verdacht auf eine entzündliche Erkrankung des ZNS. Es muss steril gearbeitet werden, damit keine Infektion durch die Punktion verursacht wird.

Ein Drittel der Patienten klagt nach der Punktion über Kopfschmerzen, deshalb empfehlen manche Ärzte anschließend Bettruhe und reichliches Trinken.

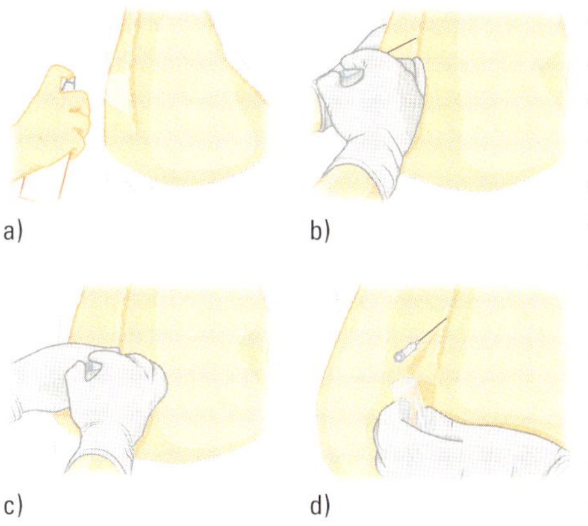

Bild 137 Durchführung einer Lumbalpunktion.
a) Die Punktionsstelle wird desinfiziert;
b) die Punktionsnadel wird eingestochen und
c) in den Spinalraum vorgeschoben;
d) der Liquor tropft in ein Laborröhrchen.

Zur Wiederholung

1. Im Rettungsdienst arbeiten Rettungshelfer, Rettungssanitäter, Notfallsanitäter und Notärzte. Informieren Sie sich über die Unterschiede dieser Berufe besonders im Hinblick auf deren fachlichen Befugnisse und Tätigkeitsfelder.

2. Im Rahmen der Versorgung von Kranken und Verletzten werden verschiedene Fahrzeuge eingesetzt. Man unterscheidet:
   - Krankentransportwagen (KTW),
   - Rettungswagen (RTW),
   - Notarzt-Einsatz-Fahrzeuge (NEF),
   - Intensivtransportwagen (ITW).

   Stellen Sie in einer tabellarischen Übersicht deren Ausstattung, Einsatzgebiete und Besatzungen gegenüber.

3. a) In welchen Situationen kann in der Arztpraxis ein anaphylaktischer Schock auftreten?
   b) Welche Gegenmaßnahmen werden ergriffen?

4. Stellen Sie eine Tabelle zusammen, aus der der deutsche Begriff, der Ort der Bildung und die Funktion der folgenden Blutzellen hervorgehen:
   - Erythrozyten,
   - Granuloyzyten und Monozyten,
   - Lymphozyten,
   - Thrombozyten.

5. Welche zwei Blutbestandteile sind unter anderem an der Gerinnung beteiligt?

6. Welcher gemeinsamen Aufgabe dienen die Blutgruppensysteme (AB0, Rhesus) sowie das HLA-System?

7. a) Um welche Erkrankung handelt es sich bei einer Anämie?
   b) Welche Ursachen führen zu einer Anämie?

8. Ein Patient bekommt bereits bei kleinsten Stößen einen Bluterguss. Welche Ursachen können zugrunde liegen?

9. a) Wie wird eine „Blutsenkung" durchgeführt?
   b) Bei welchen Erkrankungen kann sie erhöht sein?

10. Einige Wochen vor wichtigen Wettkämpfen trainieren Leistungssportler im Gebirge, wo die Luft weniger Sauerstoff enthält.
    - Wie wirkt sich das Training auf das Blut der Leistungssportler aus?
    - Wie lange bleibt diese Wirkung erhalten?

11. a) Welche Materialien müssen Sie für eine venöse Blutabnahme bereitstellen?
    b) Wie bereiten Sie den Patienten darauf vor?

12. Patienten mit einer Leukämie werden zum Teil mit einer Knochenmarkstransplantation behandelt. Dabei kommt es zeitweise zu einer Schwächung des Immunsystems. Informieren Sie sich über praktische Maßnahmen bei der „Schutzisolierung" des Patienten.

13. Begründen Sie die kombinierte Oberkörperhoch- Beintieflagerung beim kardialen Lungenödem.

14. Im EKG-Raum ist das Fenster geöffnet, die Luft im Raum ist frisch und kalt. Das Nitro-Spray fehlt und das Elektroden-Gel ist wieder einmal leer. Nebenan wird gerade ein anderer Patient mit Mikrowelle bestrahlt.
    Welche Veränderungen können unter diesen Bedingungen bei der EKG-Ableitung auftreten? Ordnen Sie Veränderung und Ursache einander genau zu.

15. Langzeitmessung des Blutdrucks (Bild 138, S. 335): Welchen Einfluss haben die einzelnen Tätigkeiten im Tagesablauf auf den Blutdruck des Patienten?

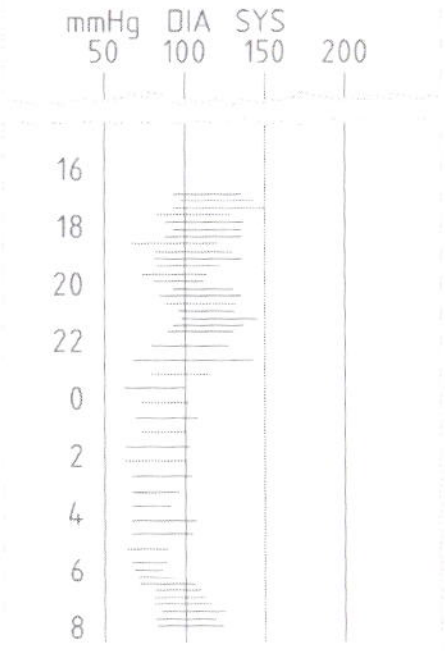

Auflistung der Tätigkeiten

17:45	Arztpraxis: Gespräch mit dem Arzt
19:00 - 20:15	Zuhause: Abendessen, Telefongespräch
20:30 - 23:00	Gaststätte: Vereinssitzung
23:50 - 06:45	Zuhause: Schlafen
07:00 - 07:30	Aufstehen, Waschen, Frühstück
08:15	Arztpraxis: Abnahme des Messgeräts

Bild 138 Langzeitmessung des Blutdrucks.

16. Bild 139 zeigt einen Herzfehler. Diskutieren Sie:
- Welcher Teil des Herzens ist betroffen? Beschreiben Sie die Erkrankung.
- Wie wirkt sich die Erkrankung auf den Kreislauf des Patienten aus?
- Wie wirkt sich die Erkrankung auf das Herz des Patienten aus?
- Welche Symptome könnten auftreten?

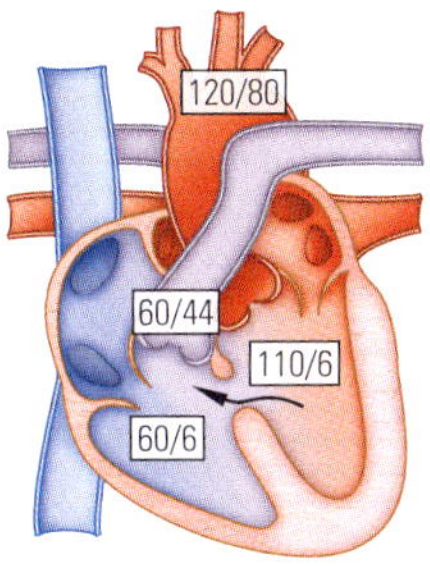

Bild 139 Herzfehler.

17. Ein 45-jähriger Patient, der täglich für den Marathonlauf trainiert, hat einen Ruhepuls von 36 / min.
- Beurteilen Sie den Pulswert des Patienten. Welche Pulswerte erwarten Sie in dieser Altersgruppe?
- Beschreiben Sie das Vorgehen bei der Pulsmessung bei diesem Patienten.

18. Bei Patienten, die z. B. wegen einer Operation längere Zeit im Bett liegen müssen, wird eine Thromboseprophylaxe durchgeführt.
- Informieren Sie sich über Maßnahmen, die im Rahmen der Thromboseprophylaxe durchgeführt werden.
- Welche Gefahr ergibt sich bei nicht konsequent durchgeführter Thromboseprophylaxe?

19. Beschreiben Sie den Weg des Sauerstoffs von der Einatmung bis zur Zelle. Wo können dabei jeweils Störungen auftreten?

20. Erklären Sie, wodurch es beim Asthma bronchiale zu pfeifenden Ausatemgeräuschen kommt.

21. Erklären Sie einem älteren Patienten mit Lungenemphysem, wie er sein bronchialerweiterndes Spray inhalieren soll und weshalb er mit dem Rauchen aufhören muss.

22. Welche unterschiedlichen Arten eines Lungenemphysems gibt es und wie ist das typische Aussehen der Patienten?

23. Zur Messung der Funktion des Atmungssystems gibt es zwei Geräte: das Peak-Flow-Meter und das Spirometer. Vergleichen Sie die beiden Geräte:
a) Welche Messwerte werden erhoben?
b) Worauf muss die MFA bei der Messung achten?
c) Nennen Sie Anwendungsbeispiele.

24. Zur Diagnostik bei Allergien gibt es den Prick-Test und den Epikutantest. Vergleichen Sie die beiden Tests:
a) Übersetzen Sie die Fachbegriffe „prick“ und „epikutan“.
b) Welche Allergene (3 Beispiele) werden jeweils untersucht?
c) An welcher Körperstelle findet der Test statt?
d) Wie lange dauert der Test?
e) Wann spricht man von einer positiven Reaktion?

25. Beim Prick-Test darf es nicht bluten! Welche Hautschicht hat die MFA verletzt, wenn es dennoch blutet?

26. Entwerfen Sie zusammen mit Mitschülern ein Plakat zum Thema Rauchen. (Warum rauchen Menschen? Wie wirkt die Werbung? Kosten des Rauchens, auch Krankheitskosten. Wege des Entwöhnens ...)

27. Der Computer erleichtert zahlreiche Arbeitsabläufe bei Ihrer täglichen Arbeit. Ein Bildschirmarbeitsplatz kann sich allerdings negativ auf Ihre Augen auswirken.

Sammeln Sie Informationen über Anforderungen an einen augenfreundlichen Bildschirmarbeitplatz (Bildschirm, Beleuchtung, Sehdistanz, Pausen, Augenentspannungsübungen, Arbeitsorganisation sind wichtige Stichworte). Ansprechpartner können z. B. Krankenkassen oder Augenarztpraxen sein. Geben Sie die wichtigsten Informationen in Form eines kurzen Referates mit konkreten Tipps für Ihren Arbeitsplatz in der Arztpraxis an die Klasse weiter.

28. Am Auge lässt sich gut zeigen, wie das Gehirn Informationen verarbeitet. Machen Sie folgenden Test:

Schauen Sie intensiv auf das grüne Herz mit dem gelben Rand. Nach etwa 30 Sekunden schauen Sie dann in den leeren Rahmen links davon. Welche Farben hat das Herz nun? Beschreiben Sie Ihre Beobachtungen und suchen Sie eine Erklärung.

29. Testen Sie, wie genau Sie den Ort einer Schallquelle angeben können. Führen Sie dazu den folgenden Versuch durch: Erzeugen Sie etwa 50 cm mittig hinter dem Kopf der Versuchsperson (die die Augen schließt) ein Geräusch, indem Sie, z. B. mit einem Stift an das Tafellineal klopfen. Ändern Sie den Abstand der Schallquelle zum Ohr, indem Sie mit dem Stift in Schritten von etwa 1 cm, nach links oder rechts abweichen.

Ab welchem Abstand von der Mitte erkennt die Versuchsperson die Richtung der Schallquelle (links oder rechts)? Erklären Sie die Fähigkeit des Ohres, den Ort einer Schallquelle wahrzunehmen.

30. Sicherlich haben Sie das auch schon erlebt: Sie sind stark erkältet und ihre Nasenschleimhäute sind angeschwollen. Das Essen schmeckt Ihnen nicht, Sie haben den Eindruck, als sei es nicht gewürzt. Wie kommt es zu dieser „irrsinnigen" Geschmacksempfindung?

31. Ordnen Sie die Symptome den Erkrankungen zu:
- abweichende Augachsen = ( )
- verzerrtes Sehen, Stabsichtigkeit = ( )
- Blendung durch Streustrahlung am Tag = ( )
- Lichtblitze und schwarze Punkte = ( )
- Lichtscheu, vermehrter Tränenfluss = ( )
- Rötung, Schwellung, Schmerz am Lid = ( )

a) Netzhautablösung
b) Schielen (Strabismus)
c) Linsentrübung (Katarakt)
d) Bindehautentzündung (Konjunktivitis)
e) Gerstenkorn
f) Verkrümmung der Hornhaut

32. Ein Anrufer schildert Ihnen seine Beschwerden: „Ich habe ganz schlimme Kopfschmerzen, Übelkeit und Erbrechen, kann fast nichts mehr auf dem rechten Auge sehen. Es ist knallrot und fühlt sich steinhart an."
Wie reagieren Sie? Welche Maßnahmen sollten Sie veranlassen? Begründen Sie Ihre Aussagen.

33. Sie nehmen folgenden Anruf entgegen: „Ich höre seit ungefähr einer Stunde auf dem rechten Ohr fast nichts mehr. Außerdem pfeift es im Ohr".
Wie reagieren Sie? Welche Maßnahmen sollten sie veranlassen? Begründen Sie Ihre Aussagen.

34. Informieren Sie einen betroffenen Patienten über die möglichen Ursachen und Therapiemöglichkeiten der Tinnituserkrankung.

35. Untersuchen Sie im Rollenspiel den Gleichgewichtssinn einer Kollegin. Nutzen Sie dazu die Anleitungen aus den Bildern 118 bis 120, S. 322.

36. Viele Patienten kommen mit dem Wunsch zum Arzt: „Geben Sie mir etwas gegen meine Schmerzen."
Vergleichen Sie folgenden Wirkstoffe bzw. Wirkstoffgruppen hinsichtlich Abgaberegelung, Wirkung und Nebenwirkungen:
a) Acetylsalicylsäure ASS
b) Paracetamol
c) NSAR (Ibuprofen, Diclofenac)
d) Opiate

37. Ein Patient mit Morbus Parkinson holt am Empfang seine Versichertenkarte aus dem Geldbeutel. Die MFA lächelt ihm zu, während sie ihn begrüßt.
Beschreiben Sie mögliche Wahrnehmungen
a) während der Patient auf die MFA zugeht,
b) wenn die MFA auf die Mimik des Patienten achtet,
c) während der Patient die Karte in der Hand hält.

38. Bei einem Patienten ist zum ersten Mal ein generalisierter epileptischer Anfall aufgetreten.
a) Nennen Sie 5 verschiedene Ursachen.
b) Warum muss das Symptom „Epilepsie" sofort abgeklärt werden?

39. Bei der Apfelernte stürzt ein Rentner von der Leiter. Er liegt auf dem Boden und hat starke Rückenschmerzen.

a) Welche Schritte müssen Sie als Ersthelfer unternehmen?

b) Mit welchen Symptomen ist bei einer Rückenmarksdurchtrennung in Höhe Th12/L1 zu rechnen?

40. Der Anrufer schildert den Schlaganfall seiner Mutter (76 Jahre): „Sie saß beim Essen. Plötzlich musste sie husten, der Löffel fiel ihr aus der Hand und der rechte Mundwinkel hing herunter. Sie kann nur noch undeutlich reden."
Wie reagieren Sie? Welche Maßnahmen sollten Sie veranlassen? Begründen Sie Ihre Aussagen.

41. Üben Sie in einem Rollenspiel das Helfen beim Anziehen einer Jacke:
Mit welchem Arm – dem gesunden oder dem gelähmten – sollten Sie beim Anziehen beginnen?

42. Frank sitzt mit seiner Familie beim Mittagessen. Er hat viele Hausaufgaben aufbekommen. Seine Mutter rät: „Dann mach die doch jetzt gleich!" Frank ist nicht sehr begeistert. „Voller Bauch studiert nicht gern!" entgegnet er seiner Mutter.
Diskutieren Sie Franks Aussage auf der Grundlage Ihrer Kenntnisse über das vegetative Nervensystem.

43. Nach einer Lumbalpunktion wird von einigen Ärzten Bettruhe und reichliches Trinken empfohlen.
Begründen Sie diese Empfehlung.

Lernsituationen

1. Lernsituation

Freitagabend. Die MFA Anna ist allein in der Praxis. Sie erledigt letzte Verwaltungsarbeiten und erwartet ihren Chef Dr. Fechner, der gleich vom letzten Hausbesuch zurückkehren wird. Plötzlich wird sie durch hektisches Klingeln und Klopfen an der Praxistür unterbrochen. Sie öffnet.

Frau Hüls hat ihren 67-jährigen Mann untergehakt, der mit blassem und schmerzverzerrtem Gesicht über starke Schmerzen im Brustbereich klagt, die in den Hals und linken Arm ausstrahlen. Als Anna ihn am Arm fasst um ihn in das Behandlungszimmer zu begleiten, spürt sie auf seiner Haut kalten Schweiß. Frau Hüls berichtet, ihr Mann habe wieder starke Schmerzen gehabt. Die Nitro-Kapseln, die Dr. Fechner ihm für solche Fälle verschrieben habe, seien heute aber wirkungslos, die Schmerzen unerträglich.

Die MFA handelt schnell: Sie legt Herrn Hüls mit erhöhtem Oberkörper auf die Untersuchungsliege und bittet seine Frau, den Oberkörper ihres Mannes zu entkleiden. Unterdessen fordert sie über die Notrufnummer einen Notarztwagen (NAW) für einen Patienten mit „Verdacht auf Herzinfarkt" an. Dr. Fechner erreicht sie am Handy und bittet ihn, so schnell wie möglich in die Praxis zu kommen. Anschließend kehrt sie zum Ehepaar zurück.

Sie misst Blutdruck und Puls und legt danach die Elektroden für das Ruhe-EKG an. Dabei behält sie Herrn Hüls stets im Blick und erkundigt sich nach seinen Beschwerden. Während das EKG geschrieben wird, bereitet Anna die Materialien für die Gabe von Sauerstoff, einen venösen Zugang und eine Infusion vor.

Sie ist froh, als die Besatzung des Notarztwagens in die Praxis tritt. Sie übergibt den Patienten an das Rettungsteam, das die weitere Notfallversorgung übernimmt. Der Notarzt sieht sich das Ruhe-EKG an, das Anna abgeleitet hat, und bestätigt vorläufig die Verdachtsdiagnose der MFA.

Die Rettungsassistenten rollen Herrn Hüls auf einer Trage in ihr Fahrzeug. In diesem Moment kehrt auch Dr. Fechner zurück …

- Unter welcher Vorerkrankung litt Herr Hüls vermutlich?
- Formulieren Sie in freier Rede den telefonischen Notruf für die Situation, in der Anna sich befand. Ergänzen Sie fehlende Informationen.
- Informieren Sie sich über Einzelheiten der medikamentösen Therapie und Notfallversorgung von Infarktpatienten.
- Welche Informationen über den Patienten müssen im dargestellten Fall bei der vollständigen Übergabe an das Rettungsteam gegeben werden?
- Entwerfen Sie eine Checkliste „Übergabe an den Rettungsdienst", in die alle nötigen Informationen eingetragen werden können.
- Wie beurteilen Sie die Entscheidung von Frau Hüls, ihren Mann mit dem Pkw in die Praxis zu bringen?

2. Lernsituation

Eine 70-jährige Patientin stellt sich in der Praxis vor. Sie wird von ihrer Tochter gebracht. Die Tochter berichtet, ihrer Mutter gehe es gar nicht gut. Ihre Beine würden immer dicker werden, auch ihr Bauch. Sie habe ungefähr 10 kg zugenommen. Dabei habe sie wenig Appetit und esse kaum etwas. Sie würde auch nicht viel trinken, müsse aber bei Nacht fünfmal Wasser lassen.

- Benennen Sie die Symptome der Patientin, auch mit dem jeweiligen Fachausdruck.
- Welche Erkrankung könnte die Ursache sein?
- Erklären Sie der Tochter die Gewichtszunahme.
- Warum muss die Patientin in der Nacht so viel Wasser lassen?

3. Lernsituation

Herr K. besucht seinen Hausarzt Dr. Weiß. Er hat eine auffallend blasse Gesichtsfarbe und klagt: „Seit ein paar Wochen fühle ich mich abgeschlagen und müde. Alles strengt mich an und ich bin schnell erschöpft. Ich muss ein leichtes Fieber haben, weil ich nachts immer schwitze. In letzter Zeit bekomme ich bei den kleinsten Stößen blaue Flecken. Vorgestern ist jetzt noch eine Rachenentzündung dazu gekommen, sodass ich kaum essen kann." Nachdem Herr K. seine Beschwerden geschildert hat, veranlasst Dr. Weiß eine Blutabnahme. Auf dem Laborschein kreuzt er ein kleines Blutbild (Hb, Hk, Erythrozyten, Leukozyten, Thrombozyten) und ein Differenzialblutbild an. Außerdem nimmt er einen Abstrich von der Rachenschleimhaut für die Bakteriologie.

Am nächsten Tag liegen die Laborwerte vor. Die Rachenschleimhautentzündung wurde durch einen Hefepilz verursacht; sämtliche Werte bis auf die Leukozyten-Zahl des kleinen Blutbildes liegen unter dem Normalwert, im Differenzialblutbild fanden sich viele unreife Vorstufen von Leukozyten (Bild 140). Daraufhin veranlasst Dr. Weiß sofort die Einweisung von Herrn K. in die Klinik.

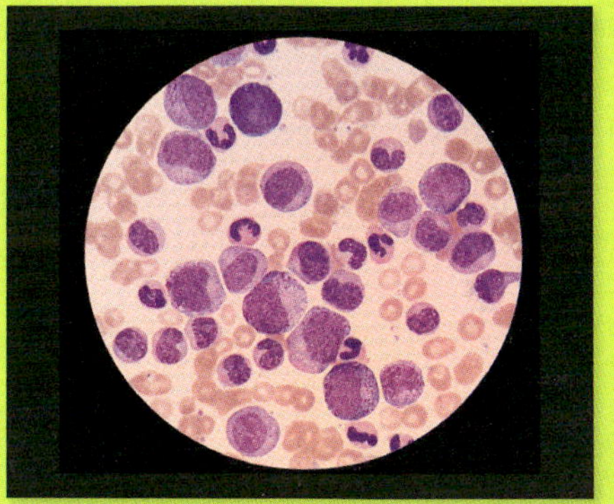

Bild 140 Blutausstrich mit unreifen Vorstufen von Leukozyten.

- Welche Verdachtsdiagnose veranlasste Dr. Weiß zu der schnellen Einweisung?
- Welche weiteren Untersuchungen und Behandlungen werden bei Herrn K. vorgenommen?

4. Lernsituation

Ein 25-jähriger Patient stellt sich in der Praxis vor. Sie kennen ihn als sportlichen jungen Mann. Er berichtet, dass er seit einer Woche völlig schlapp sei, er könne sich den Leistungsknick nicht erklären. Vor drei Wochen habe er eine Grippe gehabt. Seit zwei Tagen könne er kaum mehr Treppen steigen, bekomme sofort Atemnot. In der letzten Nacht habe er kaum geschlafen, weil er im Liegen keine Luft mehr bekomme. Seine Lippen sind blau. Nach der körperlichen Untersuchung müssen Sie den Thorax röntgen. Ihrem Chef fällt auf, dass das Herz vergrößert ist.

- Welche Symptome hat der Patient?
- Welche Erkrankung könnte die Ursache sein?
- Warum ist die Behandlung dringend?

5. Lernsituation

Ein 41-jähriger Patient stellt sich in der Praxis vor. Gestern habe er nach dem Aufstehen ein Ziehen im Hals und Unterkiefer bemerkt. Im Lauf des Morgens kam es dann bei körperlicher Belastung erneut zum Auftreten der Beschwerden, wobei ein Schnürgefühl im linken Oberarm auftrat. Heute morgen fühlte er sich nicht wohl, ging aber zur Arbeit. Hier kam es beim schnellen Gehen wieder zu den Beschwerden, verbunden mit einem Engegefühl im Brustkorb, starkem Schwitzen und Angstgefühl.

- Welche Symptome hat der Patient?
- Welche Erkrankung könnte die Ursache sein?
- Wie dringend ist der Fall des Patienten?
- Welche Schritte wird ihr Chef veranlassen?

6. Lernsituation

Ein kleiner Junge hat ständig Infekte der oberen Atemwege, dabei wurde schon oft eine Atemwegsobstruktion festgestellt. Er spielt selten draußen, sondern bevorzugt „ruhige" Spiele. Die Mutter hatte eine Neurodermitis, der Vater Heuschnupfen.

- Welche Erkrankung kann vorliegen?
- Durch welche Verfahren kann man dies feststellen?

Bild 141 Herr K.

7. Lernsituation

Der 64-jährige Herr K. raucht seit seiner Jugend, seit einigen Jahren leidet er an hohem Blutdruck. Er arbeitete bis zu seiner Erkrankung als Lastwagenfahrer. Gestern wurde er aus der Reha-Klinik entlassen. Sein linker Mundwinkel hängt herab, er hat im linken Arm und im linken Bein eine Schwäche. Er braucht beim Gehen einen Stock (Bild 141). Seit seiner Erkrankung spricht er undeutlich. Allerdings sind seine Beschwerden seit seinem Klinikaufenthalt deutlich besser geworden; anfangs konnte er weder gehen noch seinen Arm bewegen.
Er kommt in die Praxis, um Rezepte abzuholen. Der Arzt verordnet ihm Krankengymnastik, täglich 100 mg ASS und blutdrucksenkende Medikamente.

- Welche Diagnose vermuten Sie?
- Sehen Sie Zusammenhänge zwischen Anamnese und Erkrankung?
- Warum erhält er die genannten Medikamente?

8. Test: Kennen Sie Ihr Herzinfarkt-Risiko?

Treffen folgende Aussagen auf Sie zu?	Ja	Nein
Sie rauchen Zigaretten (mehr als eine Zigarette / Tag).		
Es besteht ein deutliches Übergewicht (mehr als 10 kg).		
Ihre Cholesterinwerte sind erhöht (höher als 200 mg / dl).		
Ihr Blutdruck ist häufiger erhöht (höher als 140 / 85 mmHg).		
Sie haben wenig Gelegenheit zu körperlicher Aktivität (weniger als eine halbe Stunde intensive körperliche Aktivität pro Woche).		
Ihre Blutzuckerwerte sind erhöht (nüchtern höher als 100 mg / dl).		
Sie haben Verwandte ersten Grades (Eltern, Geschwister) mit Herzinfarkt oder Schlaganfall.		
Sie haben belastungsabhängige Beschwerden im Brustbereich, evtl. in den Hals oder die Arme ausstrahlend.		
Sie haben beim Laufen ziehende Beschwerden in den Unterschenkeln, die Sie zum Stehenbleiben zwingen (Schaufensterkrankheit).		
Wurden Sie bereits einmal wegen eines Herzinfarktes oder Verdacht auf Herzinfarkt behandelt?		

Auswertung

Nur Nein: Sie liegen mit Ihrem Risiko unter dem der Bevölkerung. Das ist ein gutes Ergebnis.
1 x Ja: Sie liegen mit Ihrem Risiko im Durchschnitt der Bevölkerung.
2 x Ja: Ihr Risiko liegt über dem Durchschnitt der Bevölkerung. Sprechen Sie mit Ihrem Hausarzt, um Ihr Risiko zu vermindern.
3 x Ja oder mehr: Suchen Sie sehr bald Ihren Hausarzt auf. Sie müssen Ihr stark überdurchschnittliches Risiko vermindern.

(Quelle: Deutsche Herzstiftung e. V., Frankfurt)

- Welche Risikofaktoren des Herzinfarkts haben Sie bei sich entdeckt?
- Welche können Sie ändern? Welche wollen Sie ändern?

Lernfeld 8
Patienten bei diagnostischen und therapeutischen Maßnahmen der Erkrankungen des Urogenitalsystems begleiten

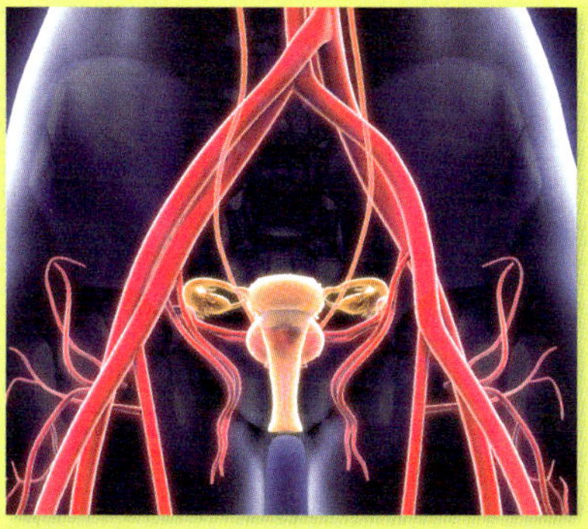

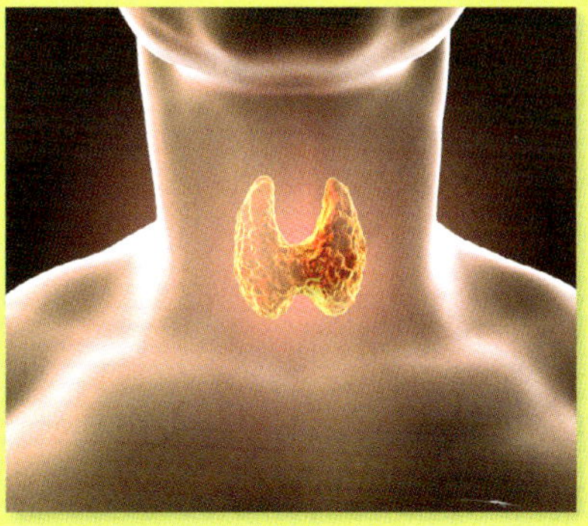

1 Harnsystem 342

- Aufbau und Aufgaben
- Erkrankungen und ihre Behandlung
- Untersuchungsverfahren

2 Hormonsystem (Endokrinologie) 355

- Hormone
- Epiphyse und Hypophyse
- Schilddrüse
- Nebenschilddrüsen
- Nebennieren

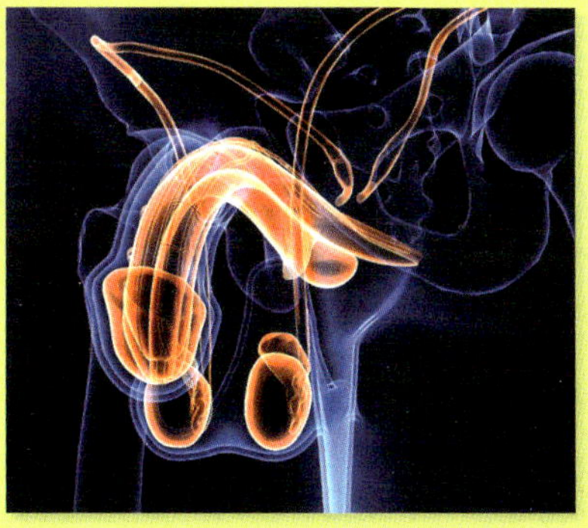

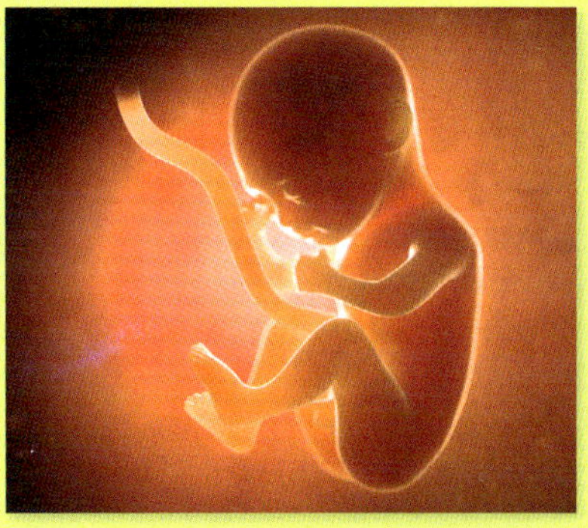

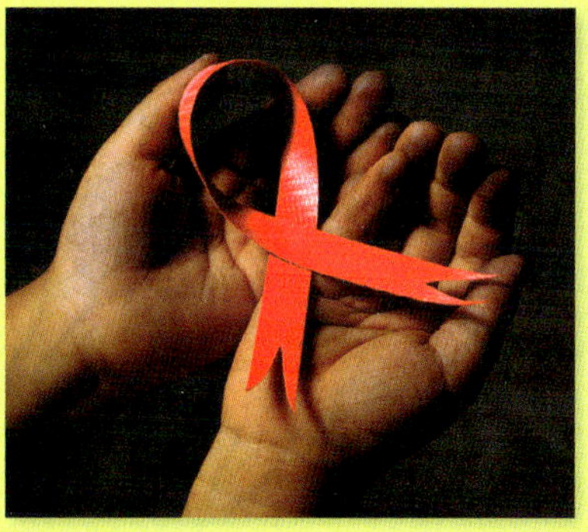

3 Geschlechtsorgane............. 361

- Männliche Geschlechtsorgane
- Weibliche Geschlechtsorgane
- Empfängnisregelung

4 Schwangerschaft, Geburt und Wochenbett 373

- Schwangerschaft
- Geburt
- Neugeborene
- Wochenbett

5 Sexuell übertragbare Krankheiten........................ 382

- Klassische Geschlechtskrankheiten
- Hepatitis, HIV, Infektionen

1 Harnsystem

1.1 Aufbau und Aufgaben des Harnsystems

1.1.1 Lage und Aufgaben der Nieren

Eine menschliche Niere ist ungefähr faustgroß und wiegt durchschnittlich 150 g. Die Nieren liegen im Lendenbereich links und rechts neben der Wirbelsäule; sie sind zur Hälfte von Rippen bedeckt. Als zusätzlicher Schutz vor Stößen umgibt sie eine Fettkapsel (Bild 1).

Wenn die Nieren aufhören zu arbeiten, überlebt ein Mensch ohne medizinische Behandlung nur noch wenige Tage.

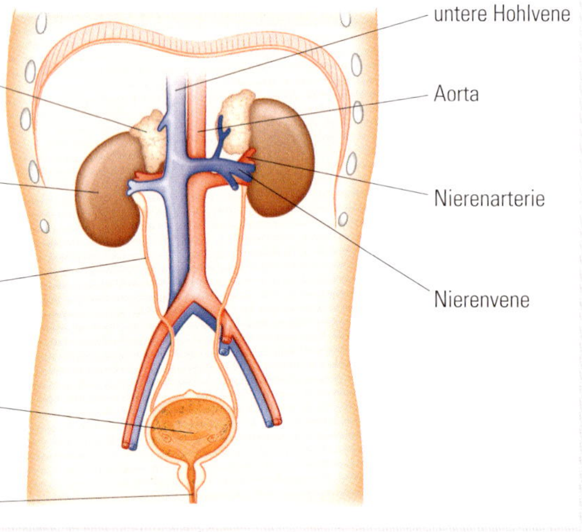

Bild 1 Die Lage der Harnorgane.

harnpflichtige Substanzen: Stoffe, die nur über die Nieren ausgeschieden werden können

Die Nieren haben folgende Aufgaben:
- Sie scheiden körpereigene Abbauprodukte aus. Dies sind die harnpflichtigen Substanzen Harnstoff vom Eiweißstoffwechsel, Harnsäure vom Nukleinsäurestoffwechsel und Kreatinin vom Muskelstoffwechsel.
- Sie scheiden auch körperfremde Abbauprodukte aus, z. B. Arzneimittel und Drogen.
- Sie halten die Menge des Wassers im Körper konstant, indem sie die auszuscheidende Harnmenge regeln: wenn wir viel schwitzen, scheiden wir weniger Harn aus.
- Sie kontrollieren die Konzentration der Blutsalze, indem sie den Salzgehalt des Harns steuern: Wenn wir zu viel Salz essen, können das die Nieren ausscheiden.
- Sie produzieren die Hormone Erythropoetin, das bei Sauerstoffmangel die Bildung von Erythrozyten steigert, und Renin, das den Salzhaushalt und den Blutdruck beeinflusst.
- Sie aktivieren Vitamin D (Vorstufen des Vitamins werden von den Nieren in seine wirksame Form umgewandelt).

1.1.2 Aufbau der Nieren

Schneidet man eine Niere im Längsschnitt durch (Bild 2), erkennt man:
- die Nierenkapsel aus derbem Bindegewebe, die als Hülle dient,
- die Nierenrinde, die aus Nierenkörperchen besteht und ein feinkörniges Aussehen hat,
- das Nierenmark von gestreifter Struktur; hier verlaufen die Nierenkanälchen und Sammelrohre. Das Nierenmark besteht aus 10 bis 20 Nierenpyramiden, deren Spitzen (Nierenpapillen) in einem Nierenkelch münden,
- das Nierenbecken; 8 bis 10 Nierenkelche bilden die Ausstülpungen des Nierenbeckens. Der hier gesammelte Harn fließt über den Harnleiter ab. Deshalb zählt das Nierenbecken zu den ableitenden Harnwegen.

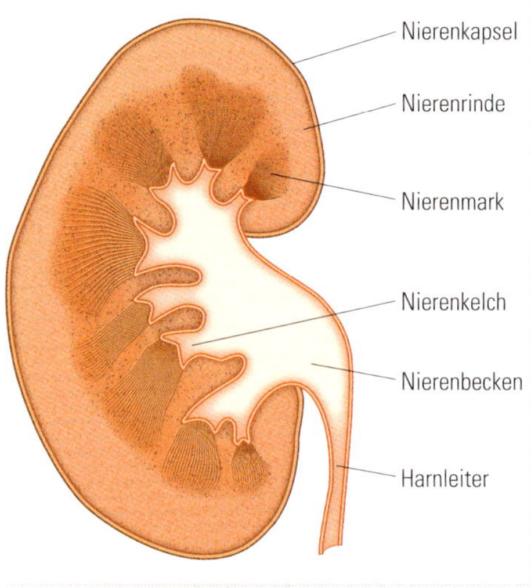

Bild 2 Längsschnitt durch eine Niere.

1.1.3 Feinbau und Funktion der Nieren

Die kleinste Arbeitseinheit der Niere ist das Nephron, das aus einem Nierenkörperchen und Nierenkanälchen besteht.

Filtration. Die Nierenrinde enthält pro Niere über eine Million Nierenkörperchen, die wie ein Filter arbeiten. In der sogenannten Bowman'schen Kapsel befindet sich ein Knäuel aus Kapillarschlingen (Glomerulus) mit feinen Poren, durch die mithilfe des Blutdrucks Wasser und die darin gelösten Stoffe abgepresst werden (Bild 3). Die so abgepresste und gefilterte Flüssigkeit wird als Vorharn (Primärharn) bezeichnet. Größere Bestandteile wie Blutzellen und Eiweiße passen nicht durch die Filterporen. Der Vorharn enthält neben körpereigenen Abbauprodukten auch Glucose, Aminosäuren und Salze aus dem Blutserum.

Jedes Kapillarknäuel besitzt eine zuführende und eine wegführende Arteriole. Insgesamt filtern die Nierenkörperchen der beiden Nieren täglich 1500 l Blut, dabei werden 150 l Vorharn abgepresst. Die Flüssigkeitsmenge, die pro Minute abgepresst wird, wird glomeruläre Filtrationsrate (GFR) bezeichnet und beträgt beim jungen Erwachsenen 120 ml / min. Sie wird wesentlich durch die Blutdruckhöhe bestimmt, die systolisch über 70 mmHg liegen muss. Würde dieser Vorharn ausgeschieden, dann würde unser Körper neben der enormen Wassermenge auch noch andere wichtige Stoffe, wie Glucose, Salze und Aminosäuren in großen Mengen verlieren. Deshalb muss ein weiterer Schritt folgen:

Die Rückgewinnung (Rückresorption) dieser für den Körper wichtigen Stoffe aus dem Vorharn. Diese Rückresorption findet in den Nierenkanälchen (Tubuli) und Sammelrohren des Nierenmarks statt (Bild 4). Die Wände der Nierenkanälchen und Sammelrohre bestehen aus Epithelzellen, die Glucose und Aminosäuren zu 100 % und Salze zu 99 % aufnehmen und an die Blutkapillaren des Nierenmarks abgeben; 99 % des Wassers folgt den aufgenommenen Stoffen. So entstehen ca. 1,5 l Endharn (Sekundärharn) pro Tag. Dieser enthält neben einer geringen Menge Salz nur noch die Abbauprodukte Harnstoff, Harnsäure und Kreatinin.

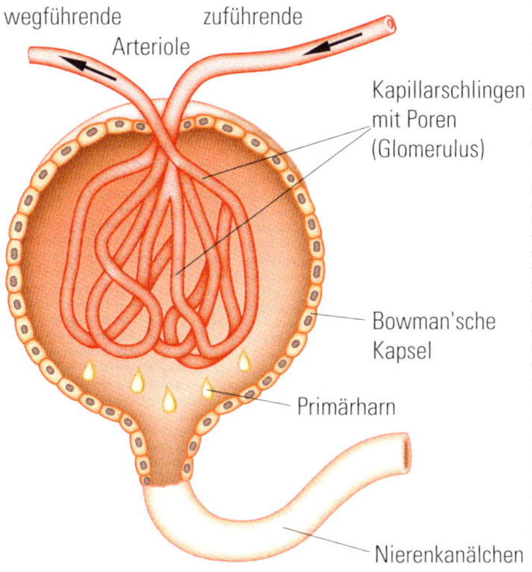

Bild 3 Aufbau eines Nierenkörperchens.

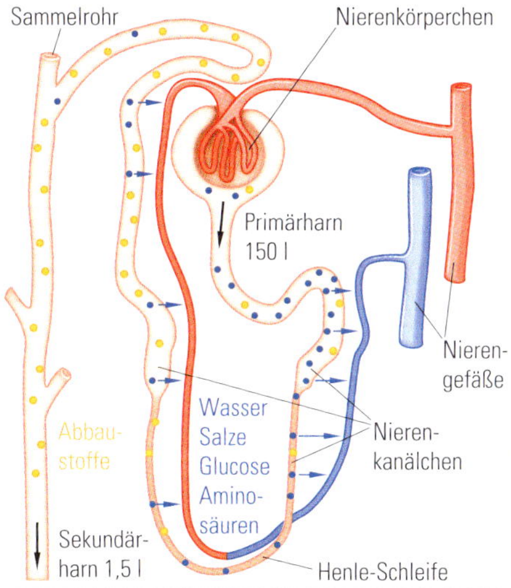

Bild 4 Nierenkörperchen und -kanälchen mit Sammelrohr.

Das bedeutet: von 1,3 kg Kochsalz im Primärharn werden 8–15 g ausgeschieden, das entspricht in etwa der täglichen Kochsalzaufnahme durch die Nahrung.

Sekretion. Zusätzlich können die Epithelzellen der Nierenkanälchen Abbauprodukte direkt aus dem Blut in den Harn absondern (Sekretion), z. B. überschüssiges Kalium.

Rückresorption und Sekretion sind energieverbrauchende Transportvorgänge, sie werden zum Teil hormonell durch ADH (antidiuretisches Hormon) aus der Hypophyse und Aldosteron aus der Nebennierenrinde gesteuert.

Glomerulus = (Gefäß-)Knäuel

Hormone,
ADH ▸ S. 356
Aldosteron ▸ S. 360

Vorgang	Ort	Mengen pro Tag	Zusammensetzung
Filtration	in den Nierenkörperchen, die in der Nierenrinde liegen	Aus 1500 l gefiltertem Blut entstehen 150 l Primärharn (Vorharn).	Primärharn enthält neben körpereigenen Abbauprodukten (Harnstoff, Harnsäure, Kreatinin) auch viel Glucose, Salze und Aminosäuren.
Rückresorption Sekretion	in den Nierenkanälchen und Sammelrohren, die im Nierenmark liegen	Aus 150 l Primärharn entstehen 1,5 l Sekundärharn (Endharn).	Sekundärharn enthält in hoher Konzentration Harnstoff, Harnsäure, Kreatinin und überschüssiges Salz.

Tabelle 1 Zusammenfassung der Nierenfunktion im Nephron.

Die Niere selbst bildet in Zellen, die am oberen Gefäßpol des Nierenkörperchens liegen, das Hormon Renin. Dieses beeinflusst über Zwischenstufen die Höhe des Blutdrucks und die Natriumausscheidung (Renin-Angiotensin-Aldosteron-System).

1.1.4 Ableitende Harnwege

Der Harnleiter (Ureter) ist ein 20 bis 30 cm langer dünner Schlauch aus glatter Muskulatur, der innen mit Übergangsepithel ausgekleidet ist. Der Harn wird durch peristaltische Kontraktionen vom Nierenbecken zur Harnblase befördert.

Übergangsepithel
▸ S. 125

Peristaltik: wellenförmig fortschreitende Kontraktionen der glatten Muskulatur

Die Harnblase sammelt den sich ständig bildenden Harn. Sie liegt im kleinen Becken und ist ein mit Schleimhaut ausgekleideter Hohlmuskel. Dehnungsrezeptoren in der Blasenwand messen ständig den Füllungsgrad der Harnblase. Bei gefüllter Blase zieht sich die glatte Muskulatur der Blasenwand unwillkürlich zusammen und wir verspüren Harndrang. Bei einer Füllung von 150 ml tritt ein erster Harndrang auf, bei 250 bis 500 ml ist er stark. Am Blasenausgang befindet sich ein quergestreifter Ringmuskel. Lassen wir diesen willkürlich erschlaffen, wird die Harnentleerung (Miktion) möglich.

Die Harnblase des Erwachsenen hat ein maximales Fassungsvermögen von 400 bis 1000 ml, abhängig von Körpergröße und Geschlecht.

Die Harnröhre (Urethra) leitet den Harn nach außen. Beim Mann tritt sie mitten durch die Vorsteherdrüse (Prostata) und verläuft dann im Penis. Neben dem Harn befördert die 15 bis 20 cm lange Harnröhre nach Einmündung des Samenleiters auch das Sperma (Harn-Samenröhre).

Die Harnröhre der Frau ist nur 3 bis 5 cm lang und mündet zwischen Kitzler und Scheide. Wegen der kurzen Harnröhre können Bakterien viel leichter in die Harnblase gelangen und dort eine Entzündung verursachen.

1.2 Erkrankungen des Harnsystems und ihre Behandlung

1.2.1 Entzündungen

Zystitis. Bei der Blasenentzündung treten diese Symptome auf:
- Brennen bei der Harnentleerung,
- häufiges Wasserlassen in kleinen Mengen,
- Urinbefund: Leukozyten, meistens Bakterien, eventuell Erythrozyten.

Harnzylinder
▸ S. 352

Pyelonephritis. Bei der Nierenbeckenentzündung sind die Bakterien bis zum Nierenbecken aufgestiegen und führen zu den Symptomen:
- Lendenschmerzen,
- hohes Fieber,
- allgemeines schweres Krankheitsgefühl,
- Urinbefund: Leukozyten, Bakterien, oft Zylinder.

Man spricht bei einer Zystitis und Urethritis von einem unteren Harnwegsinfekt (HWI), wenn eine Pyelonephritis vorliegt, von einem oberen HWI. Begünstigende Faktoren sind Schwangerschaft, Gebärmuttersenkung bei Beckenbodenschwäche, Prostataadenom, angeborene Fehlbildungen und Hygienefehler bei Blasenkathetern.

Die Therapie ist bei beiden Erkrankungen ähnlich. Der Patient sollte viel trinken (z. B. 2 bis 3 l Tee und Wasser am Tag), um die Bakterien herauszuspülen. Der Beckenbereich wird durch entsprechende Kleidung warmgehalten, eventuell ist Bettruhe sinnvoll. Zusätzlich werden Antibiotika gegeben.

Chronische Pyelonephritis. Heilt eine Nierenbeckenentzündung nicht ab oder sie tritt häufig hintereinander auf, kann das Nierengewebe zerstört werden. Wegen des schleichenden Verlaufes wird die chronische Nierenbeckenentzündung oft zu spät erkannt; die Symptome werden nicht mit einer Nierenerkrankung in Verbindung gebracht:

- kaum Beschwerden (nur Müdigkeit, Kopfschmerzen, Rückenschmerzen, kein Appetit),
- Urinbefund: Leukozyten, Bakterien, Leukozytenzylinder.

Die Niere schrumpft, eine Einschränkung der Nierenfunktion ist möglich. Das kann bis zur Urämie (Vergiftung mit harnpflichtigen Stoffen) gehen, sodass eine Dialysebehandlung nötig wird.

Glomerulonephritis ist die Entzündung der Nierenkörperchen, für die es verschiedene Ursachen gibt. So kann zwei Wochen nach einer Infektion mit Streptokokken (Scharlach oder Angina) eine krankhafte Immunreaktion diese Entzündung bewirken. Die feinen Poren der Kapillarschlingen in den Nierenkörperchen werden zerstört, sodass mit dem Urin viel Eiweiß (Proteinurie) und Blutzellen (Hämaturie) verloren gehen. Die Symptome sind

- Ödeme (Wasseransammlungen), vor allem Lid- oder Gesichtsödeme,
- Bluthochdruck,
- Urinbefund: Eiweiß, Erythrozyten, Erythrozytenzylinder.

1.2.2 Harnsteinerkrankungen (Urolithiasis)

Durch Störungen der im Harn gelösten Stoffe kann es in der Niere oder den Harnwegen zur Bildung von Kristallen kommen. Wird so ein kleiner Stein im Harnleiter langsam in Richtung Blase geschoben, kann er heftige Beschwerden verursachen:

- Nierenkoliken, d. h. krampfartige Schmerzen im Lendenbereich, die bis in die Leiste ausstrahlen können,
- vegetative Begleitsymptome (Übelkeit, Brechreiz, Schweißausbruch),
- Urinbefund: Erythrozyten, Kristalle.

Die Therapie besteht aus krampflösenden Medikamenten (Spasmolytika), der Patient muss außerdem viel trinken und soll viel laufen.

Geht der Stein nicht von selbst ab, kann man ihn entweder endoskopisch mit einer Schlinge herausziehen oder mit der extrakorporalen Stoßwellenlithotripsie (ESWL) zertrümmern. Einige Harnsteine lassen sich auch mit Medikamenten auflösen.

1.2.3 Tumorerkrankungen

Im Bereich der Niere und ableitenden Harnwege können gut- und bösartige Tumoren auftreten. Ein Risikofaktor für Nieren- und Blasenkarzinome ist das Zigarettenrauchen. Diese Karzinome verursachen keine Schmerzen; sie können nur durch den Urinbefund „Blut im Urin" frühzeitig erkannt werden (Bild 5).

> Fragen Sie Frauen bei Hämaturie immer nach der Regelblutung.

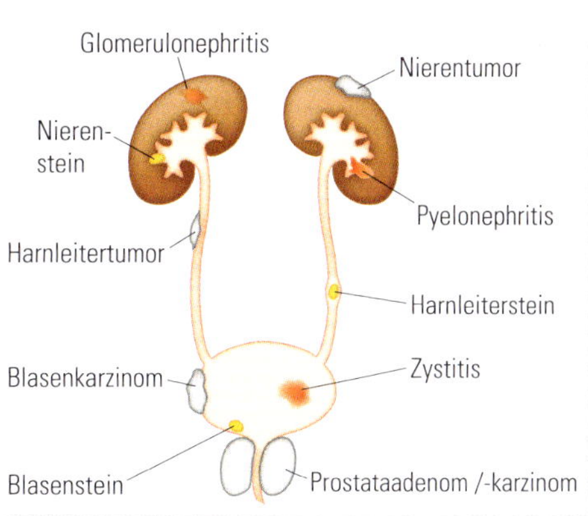

Bild 5 Ursachen der Hämaturie.

Urethritis: Harnröhrenentzündung

Prostataadenom ▸ S. 363

Blasenkatheter ▸ S. 348 f.

Urämie: Vergiftung durch Ansammlung körpereigener Abbauprodukte (Harnstoff, Harnsäure, Kreatinin im Blut)
Proteinurie: Eiweiß im Urin
Hämaturie: Blut im Urin

1.2.4 Harninkontinenz

Patienten mit Harninkontinenz können ihre Harnblase nicht mehr kontrollieren, es kommt zu ungewolltem Urinabgang. Bei älteren Patienten ist dies besonders häufig und belastend. Man unterscheidet drei Formen (Tabelle 2).

Belastungsinkontinenz	Dranginkontinenz	Überlaufinkontinenz
Beim Husten, Lachen oder Treppensteigen erhöht sich der Druck („Stress") im Bauch, wodurch Harn abgeht. Diese Form der Inkontinenz ist häufig bei Gebärmuttersenkung oder nach einer Prostataoperation. **Behandlung:** Beckenbodentraining, Operation	Der Patient wird plötzlich vom Harndrang überfallen. Er nässt ein, bevor er die nächste Toilette erreicht. **Behandlung:** Medikamente, die die Blasenaktivität regulieren	Bei gutartiger Vergrößerung der Prostata kann die Harnröhre so stark verengt sein, dass die Blase nicht mehr entleert werden kann. Sie wird immer voller, bis sie überläuft. Deshalb geht ständig etwas Urin ab. **Behandlung:** Abflusshindernis beseitigen

Tabelle 2 Formen der Inkontinenz.

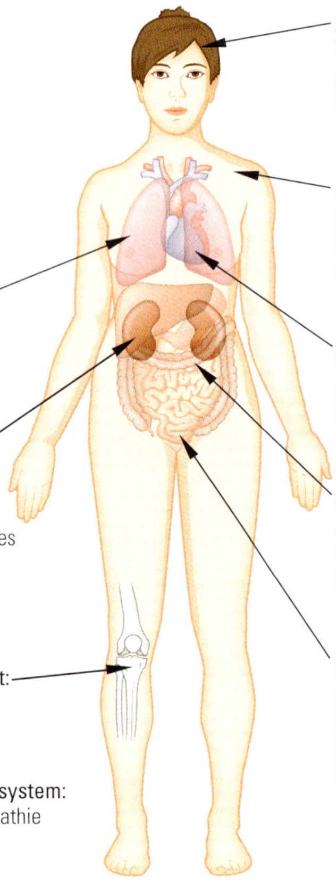

Bild 6 Patientin mit Urämie (Harnvergiftung).

1.2.5 Niereninsuffizienz

Akutes Nierenversagen (ANV). Fällt der systolische Blutdruck unter 80 mmHg z.B. bei Schock (Kreislaufversagen), kommt es zum akuten Nierenversagen. Diese sogenannte Schockniere macht 80 % der Fälle aus. Andere Ursachen sind Nierenerkrankungen, Harnleiterverengungen oder Prostataleiden.

Die Folge des ANV ist ein Versiegen der Harnproduktion (Oligu- oder Anurie). Dies führt zu einer Überwässerung des Organismus mit Lungenödem, Hirnschwellung (Unruhe, Bewusstseinsstörung, Krämpfe) und Herz-Rhythmusstörungen.

Die Nieren können sich innerhalb von Monaten erholen. Der Patient ist aber in dieser Zeit auf eine Dialysetherapie angewiesen.

Chronische Niereninsuffizienz. Häufig kommt es als Spätfolge eines Diabetes mellitus oder Bluthochdrucks oder nach chronischer Nierenerkrankung zu einer eingeschränkten Nierenleistung. Durch die eingeschränkte Funktion werden bestimmte Stoffe, wie Erythropoetin und Vitamin D, nicht mehr ausreichend gebildet. Andere Stoffe, z.B. harnpflichtige Stoffe, werden ungenügend ausgeschieden. Sie beeinflussen den Hormon-, Elektrolyt- und Säure-Basen-Haushalt. Die Patienten leiden dann unter vielerlei Beschwerden (Bild 6).

Die Laborwerte zeigen erhöhte harnpflichtige Stoffe (Kreatinin, Harnstoff) im Blutserum, ebenso erhöhte Blutsalze (Kalium, Phosphat).

Behandelt wird die Niereninsuffizienz mit Diuretika (harntreibenden Medikamenten) und einer Diät. Wenig, aber hochwertiges Eiweiß senkt den Harnstoffspiegel, reichlich Flüssigkeit (2,5 l) steigert die Harnbildung.

Kommt es zum völligen Nierenversagen, bleiben nur noch die Dialyse oder die Nierentransplantation.

1.2.6 Therapie der Nierenerkrankungen

Dialyse („Blutwäsche"). Ein Patient mit völligem Nierenversagen muss 2- bis 3-mal pro Woche für mehrere Stunden zur Dialyse. Zusätzlich muss er eine Diät halten. Im Vergleich zu Gesunden muss die Aufnahme von Flüssigkeit, Natrium, Kalium und Phosphat eingeschränkt werden, zum anderen ist der Bedarf an Eiweiß, Calcium und bestimmten Vitaminen erhöht. Der Patient darf aber nicht zuviel Eiweiß essen, denn dann steigt der Harnstoff im Serum. Obst enthält zwar viele Vitamine, zugleich aber auch viel Kalium.

Man kennt zwei technische Verfahren der Dialyse:
- die Hämodialyse und
- die Peritonealdialyse.

Hämodialyse. Das Blut des Patienten wird aus einem Gefäßkurzschluss (Shunt) am Unterarm entnommen und in das Dialysegerät geleitet. Dort finden in einem System mit semipermeablen (halbdurchlässigen) Kunststoffmembranen Diffusionsvorgänge statt. Dabei werden aus dem Patientenblut die harnpflichtigen Stoffe entfernt, die Konzentration der Blutsalze wird normalisiert. Das gereinigte Blut wird über den Shunt in den Blutkreislauf des Patienten zurückgeführt (Bild 7).

Der Shunt ist die „Lebensader" des Dialysepatienten.
Deshalb dürfen Sie keine Blutabnahme, Injektion oder Infusion am Shunt vornehmen und keinen Blutdruck an diesem Arm messen.

Peritonealdialyse. Das Bauchfell (Peritoneum) des Patienten wird für die Austauschvorgänge genutzt. Die Dialyselösung wird in den Bauchraum geleitet, wo sie harnpflichtige Stoffe aufnimmt, und dann nach außen geführt. Bei entsprechender Schulung können die Patienten dieses Verfahren auch zu Hause durchführen. Deshalb wird es auch „Heimdialyse" genannt.

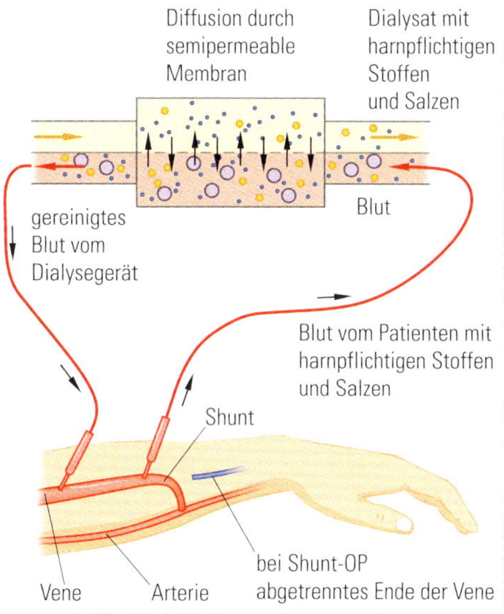

Bild 7 Das Prinzip der Hämodialyse.

Shunt (engl., sprich „schant") = operativ angelegte Überbrückung einer Arterie und Vene

Nierentransplantation. Die Dialyse ist eine lebenslange Behandlung. Einzige Hoffnung für diese Patienten ist die Nierentransplantation (Bild 8). Nach einer erfolgreichen Transplantation muss der Patient zwar Medikamente nehmen, die eine Abstoßung der fremden Niere verhindern, ansonsten kann er ein freies und unbeschwertes Leben führen. Er muss nicht mehr zur Dialyse und kann essen und trinken, worauf er Lust hat.

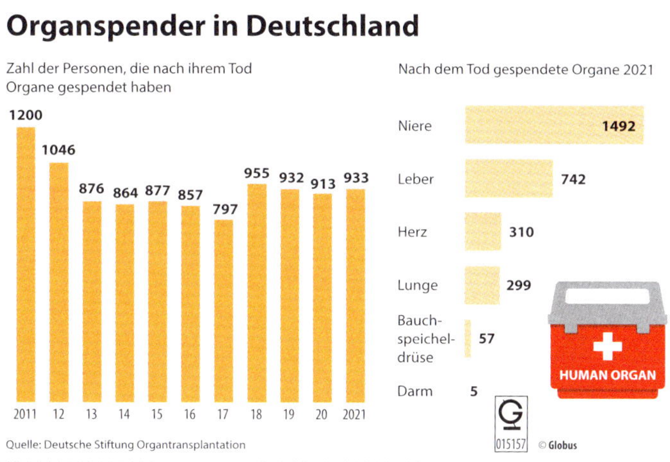

Bild 8 Organspenden in Deutschland.

1.3 Spezifische apparative Untersuchungsverfahren

Joseph Charrière (1803–1876), franz. Instrumentenmacher

Charrière (Ch): 1 Charriere entspricht einem äußeren Durchmesser von ⅓ mm

1.3.1 Zystoskopie

Mit einer starren oder flexiblen Optik (lichtleitendes Rohr) wird die Blase gespiegelt. Gründe für diese Untersuchung sind:

- gestörter Harnabfluss,
- wiederkehrende Harnwegsinfekte,
- Hämaturie (Blut im Urin).

Die Ursachen für diese Beschwerden können harmlos sein (z. B. Steine, Prostataadenom), aber auch ernst (z. B. Blasenkarzinom). Bei der Zystoskopie muss steril gearbeitet werden. Folgende Dinge sind bereitzulegen (Bild 9):

- sterile Abdecktücher,
- sterile Tupfer,
- Gleitmittel mit Lokalanästhetikum,
- Zystoskop,
- Hautdesinfektionsmittel,
- 1 Liter körperwarme sterile Kochsalzlösung 0,9 % zum Spülen.

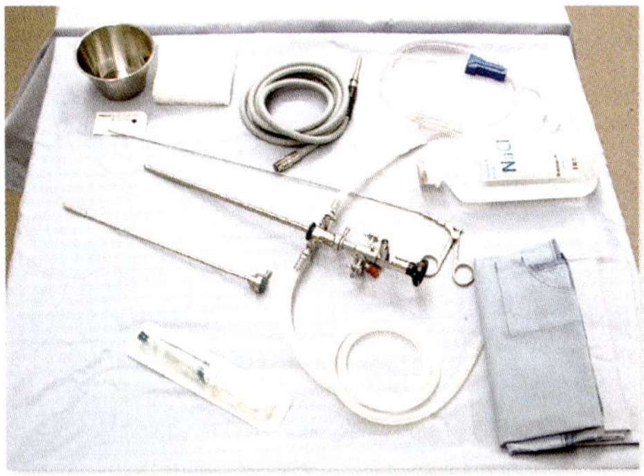

Bild 9 Für Zystoskopie vorbereiteter Tisch.

transurethal: durch die Harnröhre

suprapubisch: oberhalb des Schambeins

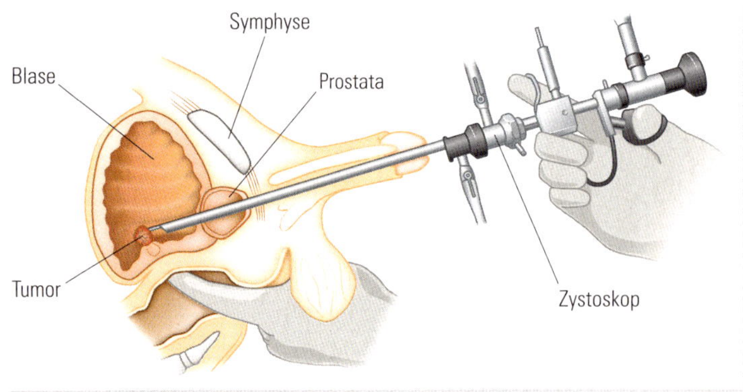

Bild 10 Ein Blasentumor wird zystoskopisch entfernt.

Der Durchmesser des Zystoskopschaftes wird in Charrière gemessen. Wird die Blase nur gespiegelt, reichen 16 bis 18 Ch, was kaum schmerzhaft ist. Wird jedoch ein Eingriff nötig, z. B. eine Gewebeprobe genommen oder ein Tumor abgetragen (Bild 10), muss für die Zange oder Elektroschlinge ein breiterer Schaft gewählt werden.

Neben dem sterilen Vorgehen ist es wichtig, dass dem Arzt während der Untersuchung immer genügend Spülflüssigkeit zur Verfügung steht. Die MFA sollte dem Patienten beruhigend beistehen, damit er sich entspannt.

1.3.2 Legen eines Blasenkatheters

Über einen dünnen Schlauch wird der Urin abgeleitet. Dafür gibt es verschiedene Gründe:

- behinderte Blasenentleerung,
- wenn ein inkontinenter Patient dauernd einnässt,
- zur Bestimmung der Restharnmenge,
- zur Gewinnung von keimfreiem Urin.

Es gibt verschiedene transurethale Kathetersysteme (Bild 11):

- Einmalkatheter zur einmaligen Verwendung,
- Dauerkatheter liegen 2 bis 3 Wochen; ein Gummiballon an der Spitze verhindert das Herausrutschen,
- 3-Wege-Katheter sind Dauerkatheter zum Spülen (z. B. bei Hämaturie).

Die übliche Dicke von Kathetern beträgt 16 bis 18 Ch.

Ein suprapubischer Blasenkatheter (SBK) wird durch die Bauchwand in die Harnblase eingeführt. Er wird gelegt, wenn eine langfristige Urinableitung erforderlich ist. Vorteile sind einfachere Hygiene und höherer Tragekomfort.

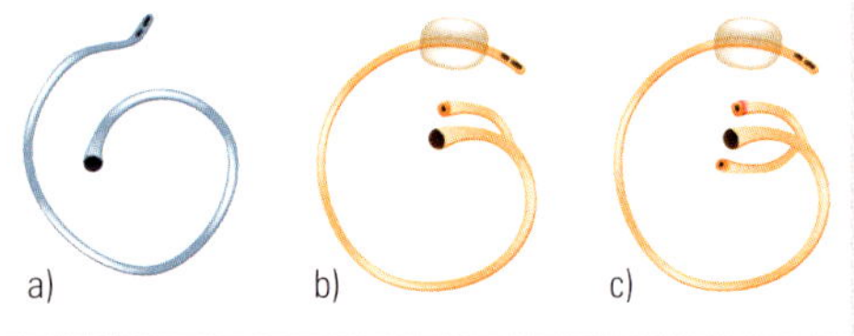

Bild 11 Kathetersysteme. a) Einmalkatheter, b) Ballonkatheter, c) 3-Wege-Katheter.

Ein Katheter muss unter sterilen Bedingungen gelegt werden (Bilder 12 und 13). Dazu benötigt man:

- steriles Katheterset (2 Nierenschalen, Tupfer, Pinzette, Abdecktuch, Handschuhe, Gleitmittel),
- Hautdesinfektionsmittel,
- beim Dauerkatheter: Spritze mit sterilem aqua dest., Urinbeutel.

aqua dest = destilliertes (durch Verdampfen gereinigtes) Wasser

(1) Mit 2 Tupfern werden die großen Schamlippen zum Damm hin desinfiziert.

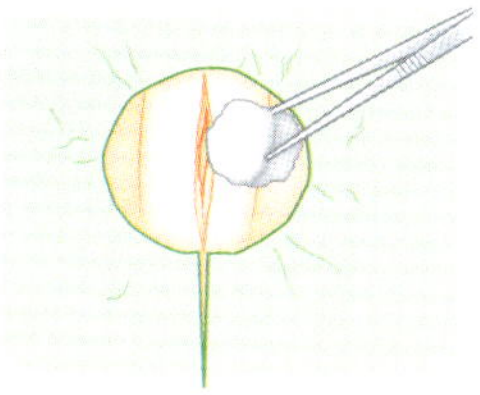

(2) Eine Hand spreizt die großen Schamlippen, dann werden mit 2 Tupfern die kleinen Schamlippen …

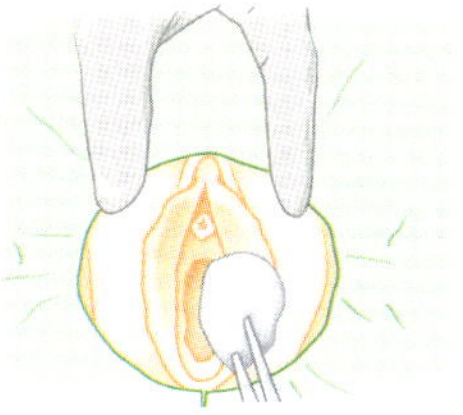

(3) und mit 1 Tupfer die Harnröhrenmündung desinfiziert.

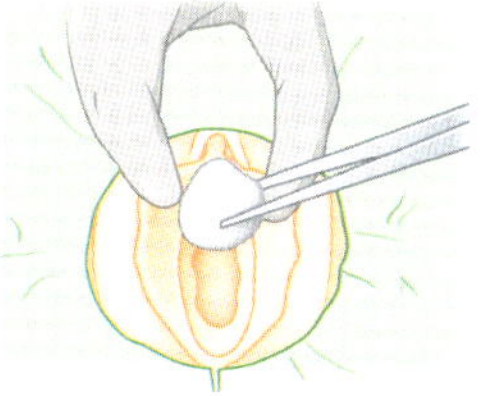

(4) Der letzte Tupfer wird in den Eingang der Vagina gelegt.

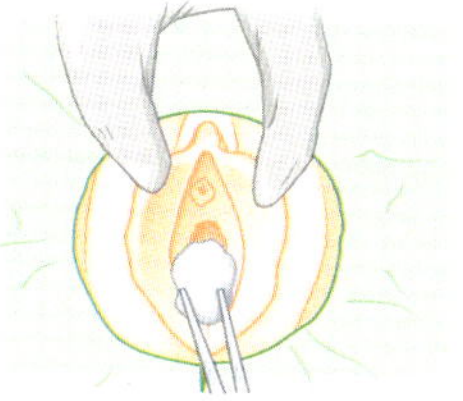

(5) Die spreizende Hand wird belassen, die andere Hand fasst den Katheter und schiebt ihn ca. 5 cm in die Harnröhre.

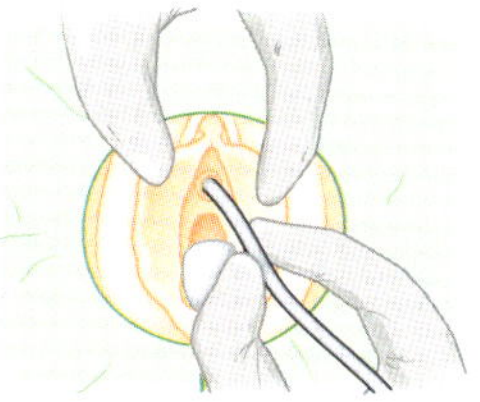

Bild 12 Legen eines Blasenkatheters bei der Frau.

(1) Vorhaut ganz zurückschieben. Eine Hand fasst den Penis, die andere desinfiziert die Eichel.

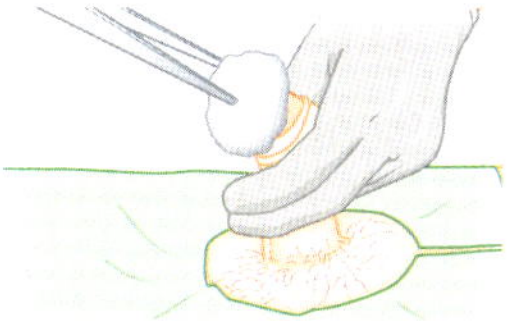

(2) Gleitgel mit Lokalanästhetikum auf die Harnröhrenmündung geben.

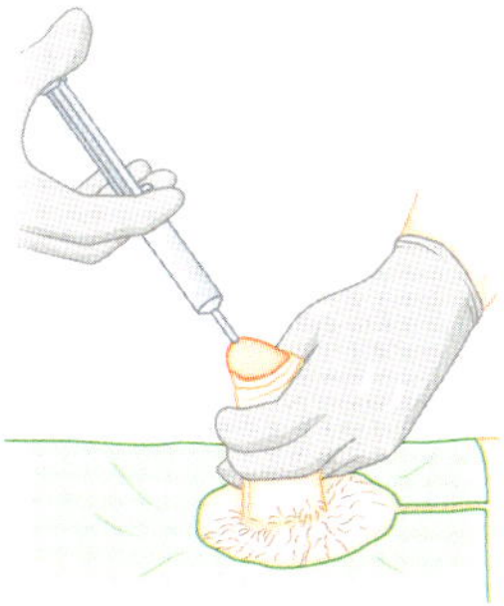

(3) Gleitgel vorsichtig in die Harnröhre spritzen.

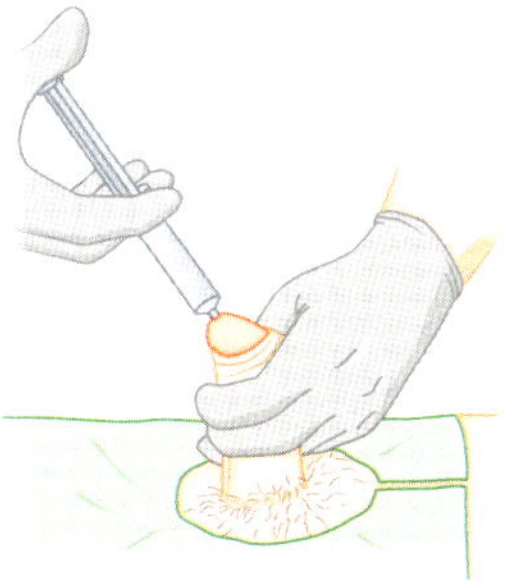

(4) Katheter in den nach oben gestreckten Penis ca. 10 cm einführen. Dann Penis senken und weiterschieben, bis Urin abfließt.

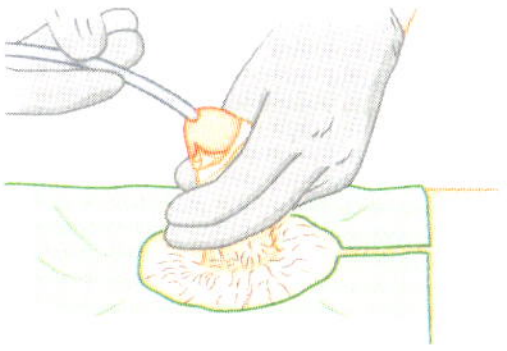

(5) Beim Dauerkatheter den Urinbeutel anschließen. Den Ballon mit 5 bis 15 ml aqua dest. blocken, dann Katheter vorsichtig zurückziehen, bis man einen Widerstand spürt.

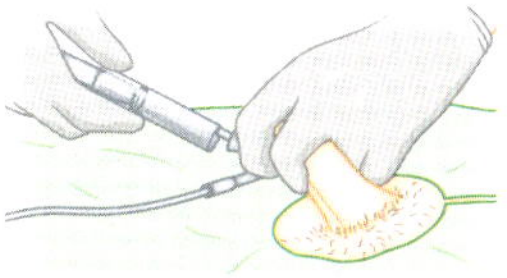

Bild 13 Legen eines Blasenkatheters beim Mann.

1.3.3 Urodynamik

Die Uroflowmetrie misst die abfließende Harnmenge pro Zeiteinheit (ml / sec). Der Messplatz ist wie eine Toilette mit Durchflussmesser, bei der der Patient den Urin durch einen Trichter lässt (Bild 14). Für diese Untersuchung muss die Harnblase maximal gefüllt sein. Während der Untersuchung muss sich der Patient ungestört fühlen, sonst kann sein Harnfluss gehemmt sein. Aus dem Messergebnis lässt sich auf Verengungen der Harnröhre schließen.

Die Uroflowmetrie kann durch zusätzliche Druckmessungen mit Sonden in Harnblase und Darm ergänzt werden. Ursachen von Inkontinenz lassen sich so feststellen.

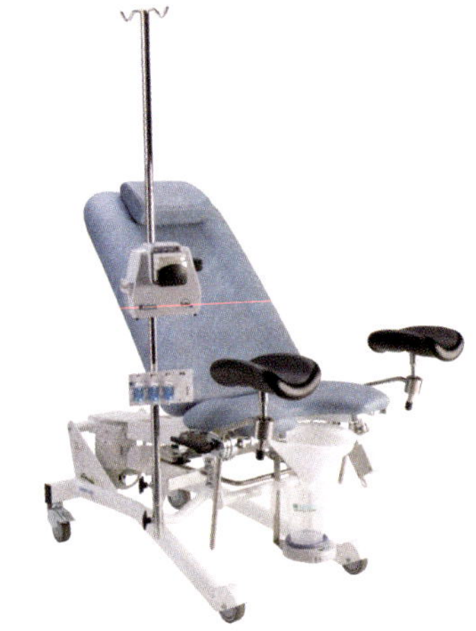

Bild 14 Uroflow-Messplatz.

1.4 Harnuntersuchungen

1.4.1 Uringewinnung

Normalerweise enthält Harn keine Krankheitserreger; der Harn eines gesunden Menschen ist steril.

Morgenurin ist der erste Urin am Tag. Dieser ist wegen der Verweildauer in der Blase über Nacht besonders konzentriert. Daher ist dieser Urin für alle Untersuchungen geeignet (Herstellung eines Sedimentes und Keimzahlbestimmung).

Mittelstrahlurin. Der Patient sollte sich vorher die Hände waschen und den Intimbereich mit Wasser reinigen. Der erste Strahl wird in die Toilette entleert. Dann wird das saubere und sterile Probengefäß mit Harn halb gefüllt, ohne die Harnentleerung zu unterbrechen. Der restliche Harn kommt wieder in die Toilette (Bild 15).

Clearance (engl.) = Reinigung, Klärung

Bild 15 Gewinnung von Mittelstrahlurin.

Spontanurin nennt man den Urin, der ohne jegliche Vorbereitung gewonnen wird. Er ist nur für wenige Untersuchungen geeignet (z. B. Glucosenachweis, Schwangerschaftstest).

Katheterurin nimmt man, wenn man keimfreien Urin benötigt, aber der Patient z. B. bei der Gewinnung nicht mitarbeiten kann.

Blasenpunktionsurin ist besonders keimfrei. Dafür wird eine Kanüle oberhalb der Symphyse in die Harnblase gestochen.

Den Urin sollte man innerhalb von 2 bis max. 4 Stunden nach Gewinnung untersuchen. Bei längerer Lagerung werden vorhandene Zellen und Kristalle sowie die Zylinder aufgelöst und Bakterien vermehren sich.

24-Stunden-Sammelurin. Die Patienten müssen über einen Zeitraum von 24 Stunden jeden Urin in einem großen Sammelbehälter auffangen. Zu beachten ist, dass man den ersten Urin zu Beginn des Sammeltages nicht auffängt (dieser ist noch vom Vortag). Erst ab dem zweiten Urin wird gesammelt. Der erste Urin am Folgetag muss in den Sammelbehälter gegeben werden, da er noch zum Sammeltag gehört. Benötigt wird Sammelurin z. B. für die Kreatininclearance oder die Katecholaminbestimmung.

Die Kreatininclearance wird mit einer Formel aus Körpergröße, Gewicht, Urinmenge in 24 Stunden sowie aus der Kreatininkonzentration im Urin und im Serum bestimmt. Aus dem errechneten „Klärwert" kann man auf die Nierenleistung schließen.

Katecholamine sind eine Sammelbezeichnung für die kreislaufwirksamen Hormone Adrenalin und Noradrenalin sowie deren Abbauprodukte, welche mit dem Urin ausgeschieden werden. Sie werden bestimmt, wenn man eine Hypertonie abklären will. Dem Sammelurin muss der Patient 10 ml Eisessig mit der ersten Urinportion zusetzen.

1.4.2 Labordiagnostik

Makroskopische Urinuntersuchung. Bevor man Urin mit Teststreifen und/oder das Sediment untersucht, bekommt man erste Informationen allein durch die Betrachtung des Urins. Frischer Urin hat eine gelbe Farbe, ist fast geruchlos und klar. Die in Tabelle 3 dargestellten Veränderungen sind zu erkennen.

Nierenwerte. Diese Labormesswerte beschreiben die Funktion der Niere:

- **Kreatinin** ist ein körpereigenes Abbauprodukt im Blut, das die Nierenkörperchen filtrieren (Normwert unter 1,2 mg/dl). Der Kreatininwert im Blutserum steigt aber erst bei einer Einschränkung von über 50 % der Filtrationsrate an. Deshalb schließt ein normaler Wert eine beginnende Niereninsuffizienz nicht aus.
- **Die glomeruläre Filtrationsrate (GFR)** ist das von den Nierenkörperchen pro Zeiteinheit filtrierte Volumen: Die GFR wird aus dem Serumkreatinin sowie aus Alter, Geschlecht und Hautfarbe des Patienten geschätzt. Dabei setzt man als Körpergewicht 75 kg und als Körperoberfläche 1,73 m² voraus. Die GFR ist der wichtigste Wert zur Beurteilung der Nierenfunktion.

Ausscheidungsmenge. Sammelt man über einen Tag den Urin (24-Stunden-Sammelurin), lassen sich anhand der Ausscheidungsmenge einige Aussagen über die Funktion der Nieren treffen. Normalerweise scheidet man 1500 bis 2000 ml/Tag aus, je nach Flüssigkeitsaufnahme und Funktion der Nieren.

	Merkmale	Ursachen
Farbe	rot	Erythrozyten
	intensiv gelb	Leberschaden
	farblos	Diabetes mellitus bzw. Diabetes insipidus
	milchig	Leukozyten, Bakterien, Epithelien
Geruch	stechend	Bakterien
	süßlich	Diabetes mellitus
	nach Aceton	Ketonkörper
	Trübung	feste Bestandteile im Urin (Sediment herstellen!)

Tabelle 3 Veränderungen des Urins.

Eisessig: konzentrierte, wasserfreie Essigsäure

- Anurie bezeichnet eine Tagesmenge von weniger als 100 ml. Ursachen hierfür sind Vergiftungen, Nierenversagen oder ein Tumor.
- Bei Oligurie scheidet man weniger als 400 ml/Tag aus. Ursachen sind Flüssigkeitsverlust (Erbrechen, Fieber, Durchfall) oder zu wenig Flüssigkeitszufuhr.
- Bei Polyurie scheidet man mehr als 2500 ml/Tag aus. Ursachen können sein: Diabetes mellitus, Diabetes insipidus (Mangel an dem Hormon ADH; selten) oder eine hohe Flüssigkeitsaufnahme.

Diabetes mellitus ▸ S. 420 ff.

Urinteststreifen. Da die heute verwendeten Teststreifen sehr zuverlässig sind, wird in den meisten Praxen nach dem Prinzip des Teststreifensiebs gearbeitet. Dies bedeutet, dass der Urin nur bei positiven Testfeldern mikroskopisch untersucht wird (z. B. Leukozyten/Erythrozyten). Manche Bakterien, Kristalle und hyaline Zylinder sowie Trichomonaden kann man mit dem Teststreifen jedoch nicht erfassen.

Die verschiedenen Testfelder sind mit Enzymen und farbigen Indikatoren beschichtet, die bei bestimmten chemischen Substanzen im Urin ihre Farbe ändern (Bild 16, S. 352). Dadurch kann man diese Substanzen qualitativ und semiquantitativ nachweisen (Tabelle 4, S. 352). Das ist eine schnelle, einfache und billige Untersuchung aller wichtigen chemischen und zellulären Bestandteile, die im Urin vorkommen.

qualitativ	semiquantitativ	quantitativ
bedeutet, dass die Substanz nachweisbar ist oder nicht, z. B. beim Schwangerschaftstest (ja = positiv, nein = negativ).	ist die Angabe einer ungefähren Menge, z. B.: wenig = +, viel = ++ und sehr viel = +++ oder ca. 10–25, ca. 75, ca. 500	wird die Menge sehr genau angegeben, z. B. Blutglucose 97 mg / dl
am Urinteststreifen: Nitrit neg. / pos.	am Urinteststreifen: Leukozyten, Eiweiß, Erythrozyten	

Tabelle 4 Genauigkeit von Testmethoden.

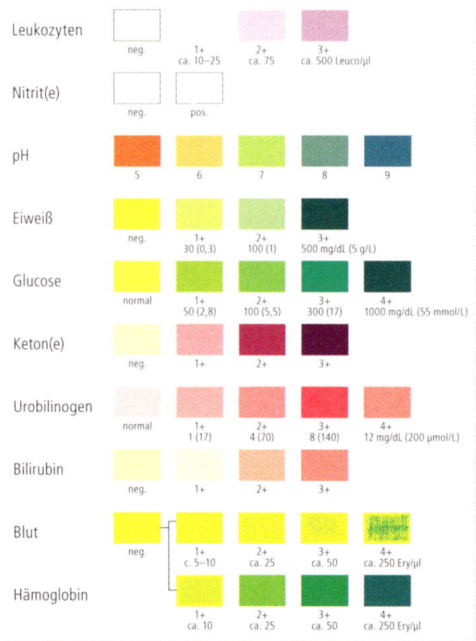

Bild 16 Teststreifen mit 10 Testfeldern.

Die Dichte sagt aus, wie konzentriert der Urin ist. Sie ist abhängig von der Flüssigkeitsaufnahme. Tabelle 5 auf S. 353 zeigt die überprüfbaren Organe bzw. Stoffwechselstörungen.

Handhabung des Teststreifens. Man entnimmt einen Teststreifen aus der Teststreifenröhre. Die Röhre muss gleich wieder verschlossen werden, da die Teststreifen licht- und feuchtigkeitsempfindlich sind. Der Teststreifen wird für 1 Sekunde in den frischen Urin getaucht. Man muss darauf achten, dass alle Testfelder bedeckt sind und der Teststreifen nicht geknickt wird. Beim Herausnehmen streift man den Teststreifen am Becherrand seitlich ab. Dann legt man den Streifen auf den Becherrand bzw. auf ein Einmalhandtuch. Nach der Einwirkzeit von 60 Sekunden, für die Leukozyten von 120 Sekunden, wird jede Farbveränderung an der Röhre abgelesen und das Ergebnis dokumentiert. Die Ergebnisse werden semiquantitativ und/oder qualitativ angegeben (Tabelle 6, S. 353). Hat man zu wenig Urin, z. B. bei Kleinkindern, sollte man den Urin mithilfe einer Pipette auf die Testfelder bringen.

Urinsediment. Frischer Urin wird in einem Spitzröhrchen 3 bis 5 Minuten lang bei 500 g zentrifugiert. Dadurch setzen sich die festen Bestandteile ab. Der Überstand wird abgegossen (dekantiert), dann wird der Bodensatz (Sediment) aufgemischt und unter dem Mikroskop mit dem 10er und 40er Objektiv betrachtet (Bild 17, S. 354).

Diese festen Bestandteile des Urins werden untersucht auf

- Zellen: Leukozyten, Erythrozyten, Epithelien (Platten-, Übergangs-, Nierenepithel), Tumorzellen (liegen meist in Zellverbänden);
- Harnzylinder: hyaline Zylinder, granulierte Zylinder, Leukozyten- oder Erythrozytenzylinder und Wachszylinder;
- Harnkristalle: Harnsäure-, Oxalat-, Phosphatkristalle oder Zystin-, Leucin- und Tyrosinkristalle;
- Mikroorganismen: Bakterien, Hefepilze, Trichomonaden.

Zylinder entstehen durch Eindickung von normalerweise gelöstem Eiweiß in den Nierenkanälchen. Daher sollte bei einer Proteinurie ein Sediment hergestellt und nach Zylindern gesucht werden. In der Regel sind Zylinder pathologisch, außer hyaline Zylinder: diese können auch bei Gesunden z. B. nach körperlicher Anstrengung auftreten.

Bei Männern erkennt man manchmal Samenzellen im Urin, z. B. wenn vorher ein Samenerguss stattgefunden hat.

Organ-/ Stoffwechselstörung	Testfelder	Beurteilung
Niere und / oder ableitende Harnwege	Eiweiß	Wird ausgeschieden bei Glomerulonephritis. Nicht jede Proteinurie weist auf eine Nierenschädigung hin. Eiweiß kann man auch nach körperlicher Belastung und während der Schwangerschaft finden.
	Leukozyten	immer ein Hinweis auf eine Entzündung der Niere und ableitenden Harnwege.
	Nitrit	immer ein Hinweis auf eine bakterielle Infektion durch nitritbildende Bakterien (z. B. E. coli). Ein negatives Ergebnis schließt aber eine Infektion nicht aus, da die Verweildauer des Urins in der Blase, die Art des Bakteriums, die Ernährung und die Uringewinnung eine Rolle spielen.
	pH-Wert	ist nahrungsabhängig. Normwert bei Mischkost: pH 5–6. Vegetarier haben meist einen alkalischen pH-Wert, aber pH-Werte von > 8 zeigen auch eine bakterielle Infektion an.
	Erythrozyten / Hämoglobin	kann viele Ursachen haben, z. B. Steine, Menstruation, Glomerulonephritis, aber auch Tumore. Deshalb ist eine Hämaturie sorgfältig abzuklären.
Leber- und Gallenwegserkrankungen	Bilirubin	ist nachweisbar bei Leberparenchymschäden und einer Störung des Gallenabflusses.
	Urobilinogen	findet man bei gestörter Leberfunktion und erhöhtem Hämoglobinabbau (z. B. hämolytische Erkrankungen).
Kohlenhydratstoffwechsel	Glucose	findet man, wenn die Nierenschwelle (Blutzucker > 160 bis 180 mg / dl) überschritten wird; meist das erste Anzeichen eines Diabetes mellitus. Aber es gibt auch renale Glucosurien. Hier findet man Glucose im Urin, obwohl kein Diabetes mellitus vorliegt, z. B. bei Schwangerschaften oder eingeschränkter Nierenfunktion.
	Keton	wird nachgewiesen, wenn ein verstärkter Abbau von Fett erfolgt. Dies ist bei entgleistem Diabetes mellitus der Fall. Aber auch bei kohlenhydratarmer Kost und / oder Hungerzuständen findet man Keton im Urin.

Tabelle 5 Testfelder und ihre Beurteilung bei Störungen.

	bakterielle Nierenbeckenentzündung	Entzündung der Nierenkörperchen	Nierensteine	Diabetes mellitus	entgleister Diabetes mellitus	Leber- und Gallenwegserkrankungen
Dichte				1,000 g/ml	1,000 g/ml	
Leukozyten	ca. 500/µl					
Nitrit	pos.					
pH-Wert	8 bis 9					
Eiweiß	50 mg/dl	500 mg/dl				
Glucose				300 mg/dl	300 mg/dl	
Keton					++ / +++	
Urobilinogen						++ / +++
Bilirubin						++ / +++
Blut		ca. 50 Ery/µl	ca. 25 Ery/µl			

Tabelle 6 Typische Testergebnisse bei verschiedenen Erkrankungen.

Urinkultur. Bei Verdacht auf eine bakterielle Infektion wird eine Urinkultur angelegt. Von verschiedenen Firmen gibt es Eintauchnährböden, die einfach in der Handhabung sind. Man benötigt frischen Mittelstrahlurin, am besten vom Morgenurin. Steriles Arbeiten ist notwendig. Es ist darauf zu achten, dass zwar der ganze Nährboden mit Urin bedeckt wird, aber kein Urin im Behälter stehen bleibt. Danach wird der Eintauchnährboden in seine Hülle zurückgesteckt und für 24 Stunden bei 37 °C bebrütet. Dann liest man mithilfe von Musterbildern die Keimzahl ab. Bei einer Keimzahl von 10^4 (entspricht 10 000 Keimen / ml) und mehr spricht man von einer Infektion und sollte im Fachlabor eine Differenzierung des Keimes mit einem Antibiogramm durchführen lassen. Der bebrütete Eintauchnährboden gehört zur Abfallklasse C.

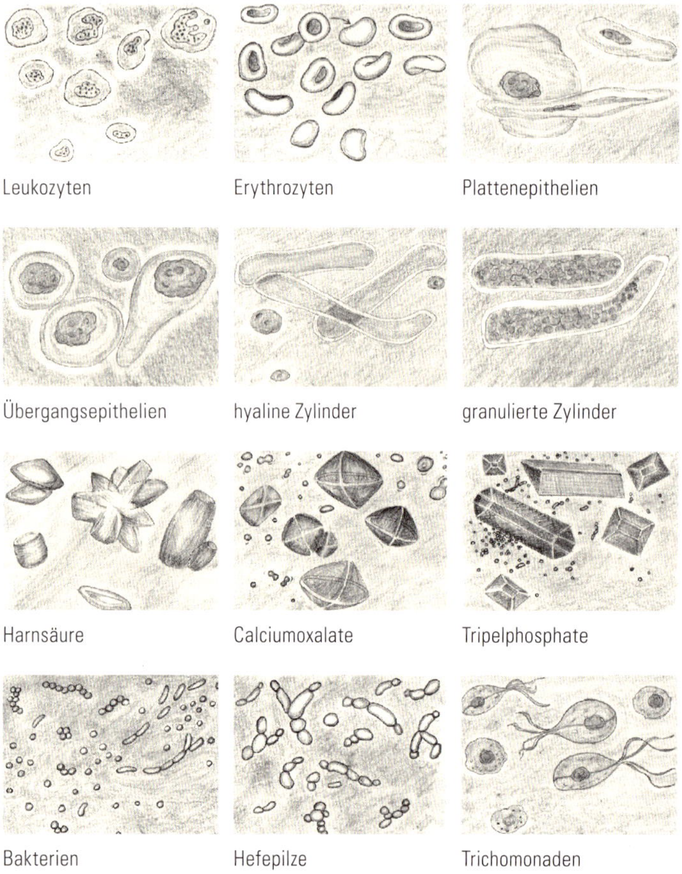

Bild 17 Mögliche feste Bestandteile des Urins.

Antibiogramm. Mit einem Antibiogramm testet man, ob Bakterien empfindlich (sensibel) oder unempfindlich (resistent) gegen Antibiotika sind (Bild 18). Dazu lässt man Bakterien z. B. aus dem Urin eines Patienten auf einem Nährboden wachsen, auf den man Plättchen mit verschiedenen Antibiotika gelegt hat. Die Wirkung der Antibiotika lässt sich am Durchmesser des bakterienfreien Hemmhofs um die Antibiotika-Plättchen herum ablesen.

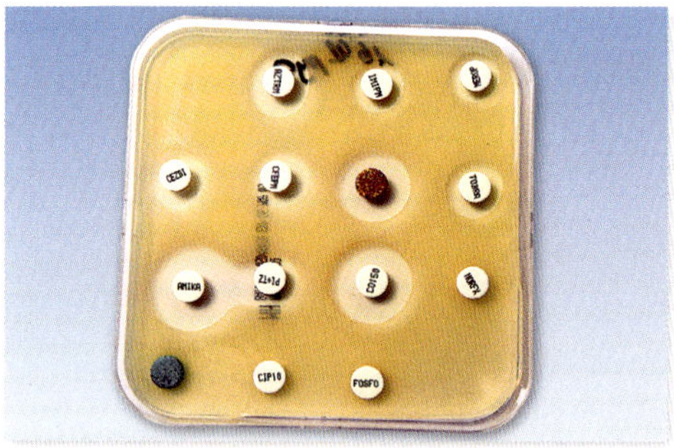

Bild 18 Antibiogramm.

Mikroalbuminnachweis. Bei Patienten mit Diabetes mellitus oder bei Hypertonikern bestimmt man einmal im Jahr die Albuminausscheidung im Urin, da bei diesen Krankheiten als Spätfolgen Gefäßveränderungen entstehen. Albumin ist ein Eiweiß mittlerer Größe, das normalerweise nicht filtriert wird. Findet man dieses im Urin, sind schon geringe Gefäßschäden vorhanden. Diesen Test sollte man nur mit Morgenurin durchführen. Einschränkungen sind Schwangerschaften, akute Infekte der Harnwege und Blase sowie körperliche Anstrengung. Wurde Eiweiß mit Urinstreifen nachgewiesen, fällt dieser Test immer positiv aus.

Der Nachweis erfolgt, indem das Mikroalbumin durch eine Antigen-Antikörperreaktion farblich sichtbar gemacht wird (Bild 19). Die Handhabung dieses Teststreifens (z. B. Micral-Test®) unterscheidet sich von den herkömmlichen Urinteststreifen:

- Der Teststreifen wird 5 Sekunden in den Urin getaucht.
- Dabei muss sich der Urinspiegel zwischen den zwei schwarzen Linien befinden.
- Beim Herausziehen wird der Teststreifen nicht abgestreift.
- Nach 1 Minute wird die Farbe des Testfeldes mit der Farbskala auf der Teststreifenröhre verglichen.

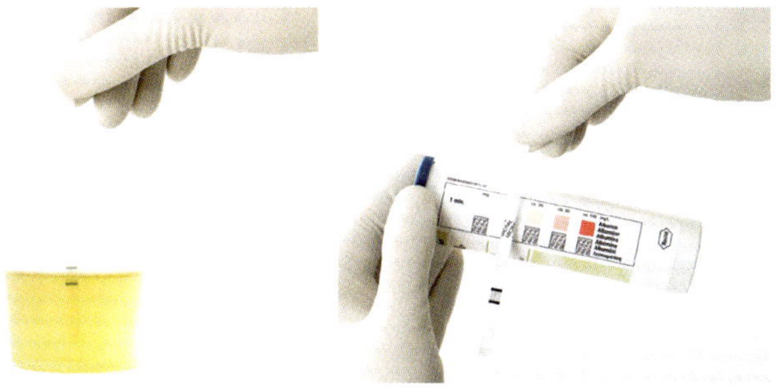

Bild 19 Teststreifenuntersuchung für den Nachweis von Mikroalbumin.

2 Hormonsystem

2.1 Kennzeichen von Hormonen

endokrine Drüsen ▸ S. 126

Schlüssel-Schloss-Prinzip ▸ S. 420

Das Fachgebiet, das sich mit den Hormondrüsen und deren Erkrankungen beschäftigt, heißt Endokrinologie. Hormone sind Stoffe, die im Körper gebildet werden, die meisten davon in endokrinen Hormondrüsen (Bild 20). Hormone binden sich über Rezeptoren nach dem Schlüssel-Schloss-Prinzip an ihr Zielorgan. Sie wirken in kleinsten Mengen (Mikrogramm = Millionstelgramm). Anschließend werden sie im Körper selbst wieder abgebaut.

Die meisten Hormone unterliegen einer Regulierung durch das Zwischenhirn und wirken eng zusammen mit dem vegetativen Nervensystem. Einige Hormone werden als Gewebshormone in einzelnen Zellen gebildet, die sich z. B. im Bronchialsystem oder in der Schleimhaut des Verdauungstraktes befinden. Ein Beispiel dafür ist das Histamin.

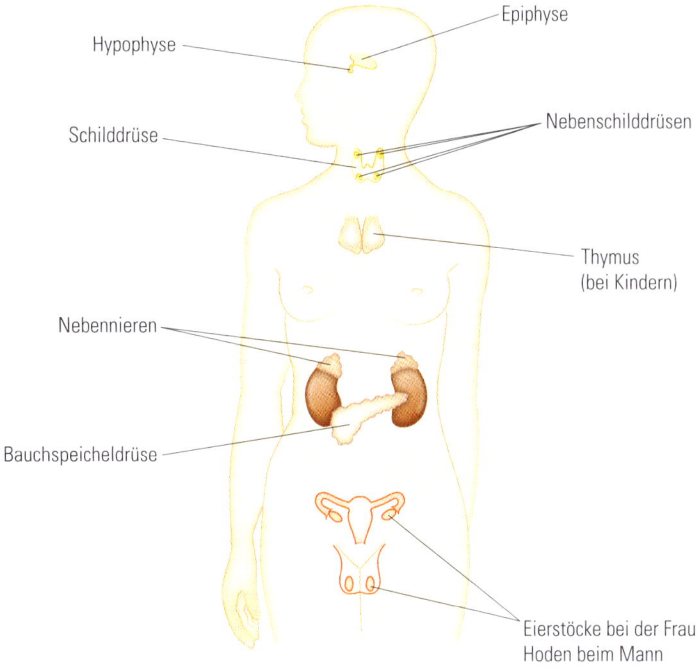

Bild 20 Übersicht über die Hormondrüsen.

2.2 Epiphyse und Hypophyse

Die Epiphyse (Zirbeldrüse) liegt auf dem Zwischenhirn. Ihr Hormon ist das Melatonin, das an der Steuerung des Schlaf-/Wach-Rhythmus beteiligt ist.

Hypothalamus ▸ S. 325 f.

Bauchspeicheldrüse ▸ S. 401 f.

Die Hypophyse (Hirnanhangdrüse) ist mit dem Hypophysenstiel am Boden des Zwischenhirns verankert. Sie besteht aus zwei Teilen:
- der Adenohypophyse (Hypophysenvorderlappen) und
- der Neurohypophyse (Hypophysenhinterlappen).

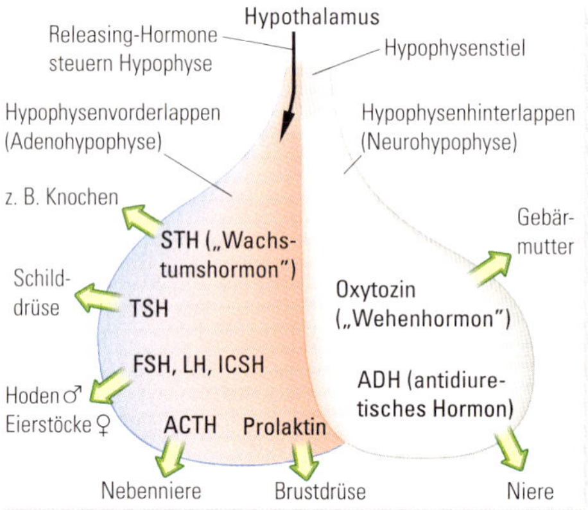

Bild 21 Die Hypophyse und ihre Hormone.

ADH = **anti**di**ure**tisches **H**ormon, auch Adiuretin oder Vasopressin

Follikel: Eibläschen, in dem die Eizelle heranwächst

Die Adenohypophyse steuert als übergeordnete Drüse andere endokrine Drüsen wie die Nebennieren, die Schilddrüse, die Eierstöcke und die Hoden. Sie unterliegt ihrerseits der Regulation durch Hormone aus dem Hypothalamus (Bild 21).

Weitere Hormone der Adenohypophyse sind Prolaktin und das somatotrope Hormon. Eine Übersicht über die Hormone und ihre Wirkungen gibt Tabelle 7.

Die Neurohypophyse (Hypophysenhinterlappen) ist funktionell ein Teil des Hypothalamus. Sogenannte Neurohormone, die dort gebildet werden, wandern in die Neurohypophyse ein und werden bei Bedarf an das Blut abgegeben. Das Oxytozin ist ein wehenauslösendes Hormon, das die Geburt einleitet. Beim Stillen regt es die Freisetzung der Milch aus den Milchdrüsen an. Das ADH (antidiuretisches Hormon) aus der Neurohypophyse ist an der Regulation des Wasserhaushaltes beteiligt. Es bewirkt die Rückresorption von Wasser in den Nierenkanälchen und ist damit auch an der Blutdruckregulation beteiligt.

Name des Hormons	Abkürzung	Aufgaben
Adrenocorticotropes Hormon	ACTH	Regt die Nebennierenrinde zur Freisetzung der Nebennierenrindenhormone an.
Thyreoidea stimulierendes Hormon	TSH	Regt die Schilddrüse zur Freisetzung von Thyroxin an.
Follikel stimulierendes Hormon	FSH	Regt die Follikelreifung (Eireifung) im Eierstock an.
Luteinisierendes Hormon	LH	Bewirkt nach dem Eisprung die Umwandlung des Follikelrestes in den Gelbkörper.
Beim Mann: interstitialzellen-stimulierendes Hormon	ICSH	Regt die Spermienbildung im Hoden an.
Prolaktin		Bewirkt die Produktion der Muttermilch in der stillenden Brust.
Somatotropes Hormon	STH	Wachstumshormon, regt in der Kindheit das Längenwachstum an.

Tabelle 7 Hormone der Adenohypophyse und ihre Wirkungen.

2.3 Schilddrüse (Glandula thyreoidea)

2.3.1 Aufbau und Aufgaben

Lage und Bau. Die Schilddrüse liegt vor dem Kehlkopf. Sie besteht aus zwei Lappen, die wiederum aus vielen Drüsenläppchen aufgebaut sind.

Aufgaben. Die Schilddrüse hat zwei wichtige Aufgaben:

- Sie bildet die Hormone Trijodthyronin oder T3 und Tetrajodthyronin oder T4 (Thyroxin). Zur Bildung dieser Hormone benötigt die Schilddrüse Jod. Thyroxin wird im Körper zur Aufrechterhaltung der Körpertemperatur und aller Stoffwechselprozesse benötigt. Es kommt unter Thyroxineinfluss zu einer Beschleunigung der Stoffwechselprozesse („Einpeitscher“ für den Energiehaushalt des Körpers). Beim Kind ist es notwendig für Wachstums- und Reifungsprozesse.
- Weiterhin ist die Schilddrüse über das Hormon Kalzitonin an der Regulation des Calciumspiegels im Körper beteiligt. Kalzitonin senkt den Blutcalciumspiegel (Bild 24, S. 359).

Regelkreis. Die Schilddrüsenhormone unterliegen einem Regelkreis (Bild 22). Messfühler im Körper messen ständig den Gehalt an Thyroxin und melden ihn der Hypophyse bzw. dem Hypothalamus. Bei Bedarf erfolgt die Freisetzung von Releasinghormonen (TRH) bzw. TSH aus der Hypophyse.

TSH bewirkt in der Schilddrüse eine Steigerung der Synthese von Thyroxin. Umgekehrt bewirken hohe Thyroxinspiegel eine verminderte Freigabe von TSH (negative Rückkopplung).

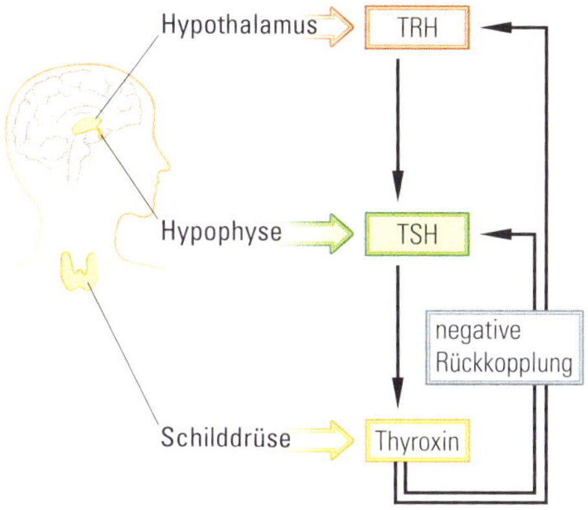

Bild 22 Schilddrüsenregelkreis.

2.3.2 Erkrankungen der Schilddrüse und ihre Behandlung

Schilddrüsenunterfunktion (Hypothyreose). Erblich bedingt oder nach Schilddrüseninfektionen, Autoimmunkrankheiten und Operationen kommt es zu einer zu geringen Freisetzung von Thyroxin, die TSH-Werte sind dabei hoch. Symptome (Tabelle 8, S. 358):

- Der Patient klagt über Gewichtszunahme,
- er friert leicht,
- er ermüdet rasch (Konzentrationsstörungen), bei alten Menschen auch Gedächtnisstörungen
- der Blutdruck ist eher niedrig und
- der Puls langsam,
- die Haut wirkt aufgedunsen (Myxödem),
- neigt zur Obstipation.

Fatal ist die Schilddrüsenunterfunktion, wenn sie bereits im Säuglingsalter auftritt und nicht erkannt wird. Die Kinder werden minderwüchsig, die Gehirnreifung bleibt aus, was zu erheblichen Intelligenzdefekten führt (Kretinismus). Die Diagnose erfolgt durch Kontrolle der Blutwerte T3 und T4 sowie des TSH. Mittels Szintigrafie kann man die Schilddrüsenaktivität sichtbar machen (Bild 23). Die Therapie besteht in der lebenslangen Gabe des fehlenden Thyroxins.

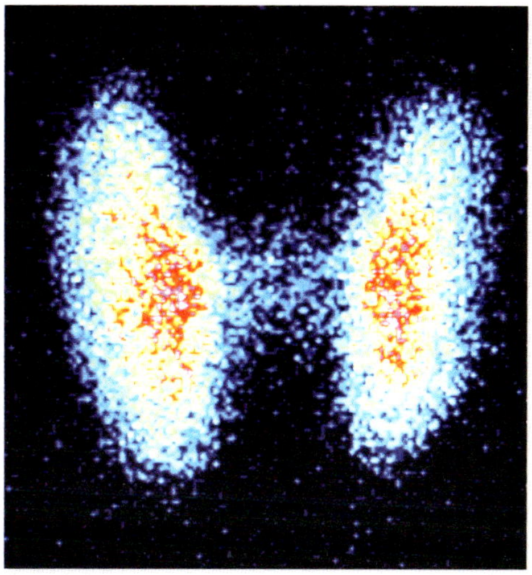

Bild 23 Szintigramm der Schilddrüse (nicht pathologisch).

to release (engl.) = freisetzen

TRH = **T**hyreotropin **r**eleasing (freisetzendes) **H**ormon

TSH = **T**hyreoidea **s**timulierendes (anregendes) **H**ormon

Der Kropf (Struma). Hierbei handelt es sich um eine Vergrößerung der Schilddrüse. Der Kropf entsteht meist aufgrund eines Jodmangels in der Nahrung. Seit der Verwendung von jodiertem Speisesalz in Privathaushalten und bei der Herstellung von Nahrungsmitteln wie Brot, Wurst und Käse tritt der Kropf seltener auf. Die Patienten sind meist euthyreot, d.h., sie zeigen keine Anzeichen für eine Stoffwechselveränderung, die TSH-Werte sind jedoch hoch. Die Therapie sollte durch die Gabe von Jodtabletten oder Thyroxin erfolgen, da ein nicht behandelter Kropf bei entsprechender Größe auf die darunter liegende Luftröhre drücken kann und dann operativ entfernt werden muss (Strumektomie).

Veränderung von	Hyperthyreose	Hypothyreose
Pulsfrequenz	schnell, meist über 100 / min	niedrig
Blutdruck	hoch, vor allem der systolische Wert	eher niedrig
Haut	feucht, warm	trocken und kühl, aufgedunsen
Körpergewicht	niedrig trotz guten Appetits	Übergewicht bei normaler Ernährung

Tabelle 8 Die wichtigsten Symptome der Hyper- und Hypothyreose.

Hakaru Hashimoto
(1881–1934),
japanischer Chirurg

Schilddrüsenüberfunktion (Hyperthyreose). Sie entsteht infolge von Tumoren, die nicht der hormonellen Steuerung unterliegen (sogenannte autonome Adenome), oder aufgrund immunologischer Prozesse. Symptome (Tabelle 8):

- Die Patienten klagen über Gewichtsabnahme trotz guten Appetits,
- Haarausfall,
- sie schwitzen leicht und
- der Blutdruck ist erhöht,
- die Pulsfrequenz liegt häufig über 100 / min,
- in manchen Fällen tritt durch Gewebeveränderungen der Augapfel hervor (Exophthalmus, „Glotzaugen"),
- Herzinsuffizienz bei alten Menschen.

Die Diagnostik besteht in einer Untersuchung der Hormonwerte, dabei fallen hohe T3- / T4-Werte gegenüber erniedrigten TSH-Werten auf. Im Szintigramm zeigen sich Adenome mit verstärkter Aktivität („heiße Knoten"). Die Therapie besteht in der Blockade der Schilddrüse durch Medikamente oder – falls das nicht möglich ist – durch radioaktiv markiertes Jod (Radiojodtherapie). Autonome Adenome werden meist operativ entfernt.

Hashimoto-Thyreoiditis ist eine der häufigsten Autoimmunerkrankungen, bei der die Zellen der Schilddrüse zerstört werden. Die Diagnostik besteht in der Sonographie der Schilddrüse und dem Nachweis von Antikörpern (Tg-AK und TPO-AK). In den meisten Fällen besteht eine Unterfunktion der Schilddrüse, die dann lebenslang mit der Gabe von Thyroxin behandelt wird.

2.4 Nebenschilddrüsen (Epithelkörperchen)

2.4.1 Aufbau und Aufgabe

Lage und Bau. Die paarigen Epithelkörperchen sind jeweils am oberen und unteren Rand in den Schilddrüsenlappen eingebettet (Bild 20, S. 355). Sie müssen bei einer Operation der Schilddrüse geschont werden.

Aufgabe. Die Nebenschilddrüsen produzieren das Parathormon, das als Gegenspieler des Schilddrüsenhormons Kalzitonin den Calciumspiegel im Blut erhöht, indem es

- Calcium aus dem Knochen mobilisiert,
- die Calciumresorption aus dem Darm erhöht und
- die Rückresorption von Calcium in der Niere steigert (Bild 24, S. 359).

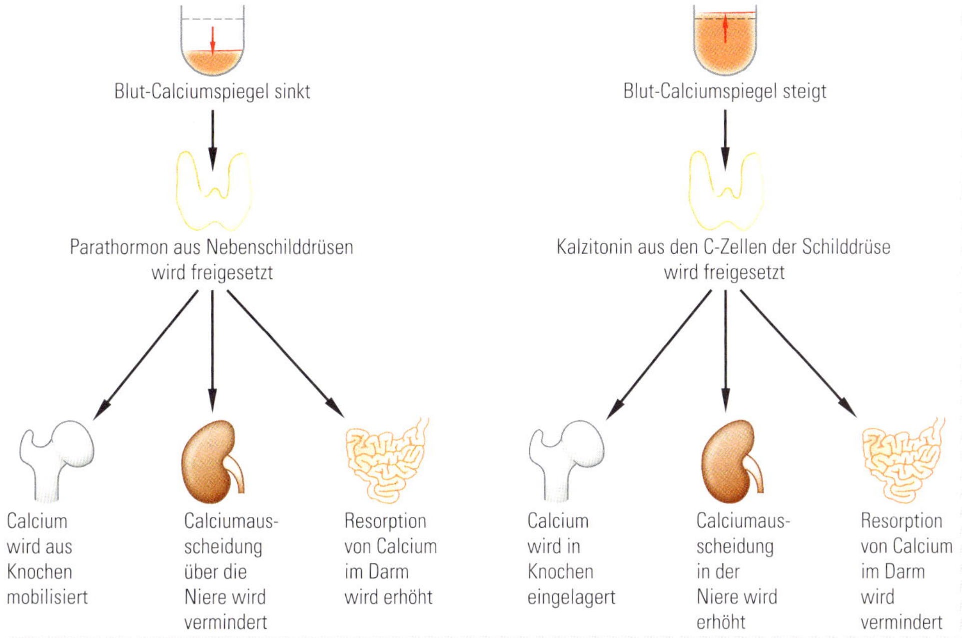

Bild 24 Calciumregulation im Körper.

2.4.2 Erkrankungen der Nebenschilddrüsen und ihre Behandlung

Unterfunktion (Hypoparathyreoidismus). Die Ursache ist häufig eine vorausgegangene Strumaoperation. Ein Ausfall des Parathormons führt zu einem Absinken des Blutcalciumspiegels und damit zu einer Übererregbarkeit des Nervensystems mit Muskelkrämpfen (Tetanie). Die Therapie besteht in einer lebenslangen Calcium- und Vitamin-D-Gabe.

Überfunktion (Hyperparathyreoidismus). Ursachen sind meist Tumore, die verstärkt Parathormon bilden. Durch Calciumverluste des Knochens kommt es zum Verlust an Knochenmasse, der erhöhte Blutcalciumspiegel führt zu Ablagerungen von Calcium in anderen Geweben, z. B. der Niere (Nierensteine). Magen-Darmbeschwerden, wie Übelkeit, Erbrechen und Obstipation, kommen dazu. Die Therapie besteht in der chirurgischen Entfernung der Tumore.

2.5 Nebennieren

2.5.1 Aufbau und Aufgaben

Lage und Bau. Die Nebennieren sitzen kappenförmig auf den beiden Nieren und gliedern sich in zwei Anteile, das Nebennierenmark und die Nebennierenrinde (Bild 25).

Aufgabe des Nebennierenmarks. In den Zellen des Nebennierenmarks werden Adrenalin und Noradrenalin produziert. Die Ausschüttung dieser Hormone erfolgt nach Stimulation des Sympathikus („Stresshormone"):

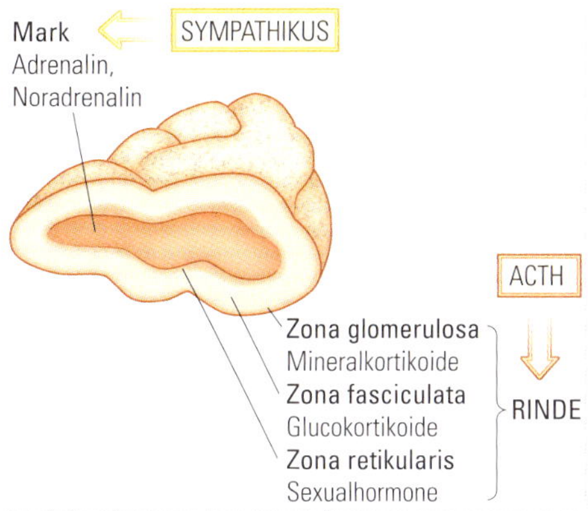

Bild 25 Aufbau der Nebenniere.

- Sie steigern den Blutdruck (v. a. Noradrenalin),
- erhöhen die Herzfrequenz,
- erhöhen den Grundumsatz sowie den Blutzucker und
- erweitern die Bronchien (Adrenalin).

Aufgaben der Nebennierenrinde. Es sind drei Schichten erkennbar, die verschiedene Hormone produzieren (Steroidhormone):

- Glukokortikoide; wichtigster Vertreter ist das Kortisol. Es fördert den Eiweiß- und Fettabbau, hebt den Blutzuckerspiegel und wird dadurch bei Stress unter dem Einfluss des ACTH aus der Hypophyse vermehrt freigesetzt. In höheren Dosen, z. B. auch als Medikament, wirkt es entzündungshemmend, antiallergisch und immunsuppressiv. Nebenwirkungen sind eine Atrophie der Haut und Osteoporose.
- Mineralokortikoide; wichtigster Vertreter ist das Aldosteron. Es ist an der Regulation des Wasserhaushaltes und damit auch der Blutdruckregulation beteiligt. Unter Aldosteron steigt die Wiederaufnahme von Wasser und Natrium in der Niere, die Kaliumausscheidung wird erhöht.
- Männliche Sexualhormone; Androgene werden von beiden Geschlechtern in geringen Mengen gebildet.

2.5.2 Erkrankungen der Nebennieren

Das Phäochromozytom ist eine Erkrankung des Nebennierenmarks. Kennzeichnend sind krisenhaft hohe Blutdruckanstiege, die z. B. zum Schlaganfall führen. Ursache ist meist ein Tumor in der Nebenniere, der – wenn möglich – operativ entfernt wird. Die Diagnose erfolgt mittels Hormonspiegelmessung in Blut und Urin sowie radiologischer Methoden.

Erkrankungen der Nebennierenrinde können die unterschiedlichen Hormongruppen betreffen (Tabelle 9).

Betroffenes Hormon	Erkrankung	Symptome	Besonderheiten
Überproduktion von Glukokortikoiden	Cushing-Syndrom	Bluthochdruck, erhöhter Blutzucker (Diabetes), Osteoporose, Stammfettsucht mit Dehnungsstreifen, Muskelschwund, gehäuft Infektionen	Symptome können auch als Nebenwirkung bei einer Behandlung mit Glukokortikoiden auftreten.
Überproduktion von Aldosteron	Conn-Syndrom	Bluthochdruck, vermehrter Durst und Polyurie, Muskelschwäche durch Kaliummangel	
verminderte Produktion von Glukokortikoiden	Morbus Addison	niedriger Blutdruck, Leistungsabfall, Übelkeit und Erbrechen, evtl. Delirien	Wird oft ausgelöst durch abruptes Absetzen einer Therapie mit Glukokortikoiden (Addison-Krise), da der körpereigene Regelkreis unterdrückt ist.

Tabelle 9 Erkrankungen der Nebennierenrinde.

3 Geschlechtsorgane

3.1 Bau und Funktion der männlichen Geschlechtsorgane

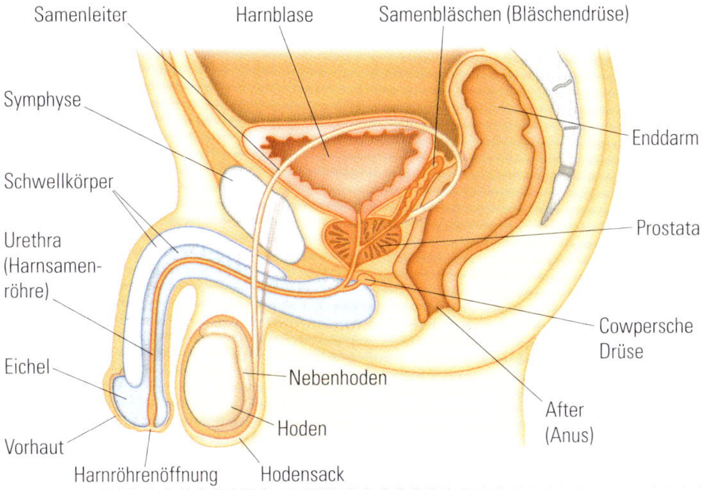

Bild 26 Längsschnitt durch das männliche Becken.

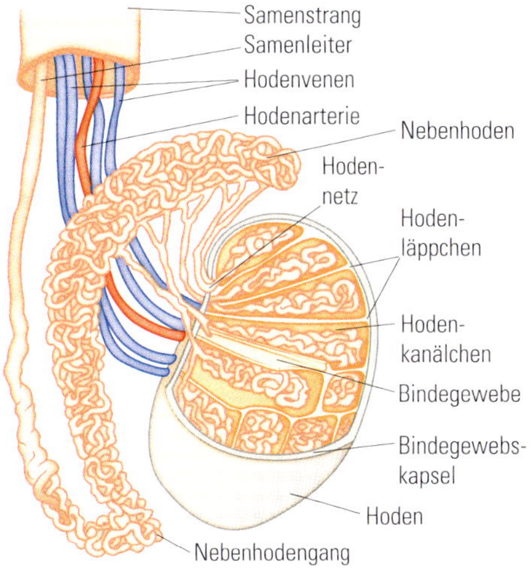

Bild 27 Aufbau von Hoden und Nebenhoden.

Hoden. Die männlichen Keimdrüsen oder Hoden (Orchis oder Testis, Mehrzahl Testes) liegen paarig im Hodensack (Skrotum; Bild 26). Sie benötigen eine niedrigere Temperatur als diejenige im Körperinnern, daher wandern sie am Ende der Fetalperiode aus dem Becken in den Hodensack und sind dort beim reifen männlichen Neugeborenen zu ertasten.

Die Hoden bestehen jeweils aus mehreren Hodenläppchen. Diese enthalten Hodenkanälchen (Bild 27). Hier werden die Samenzellen (Spermien) gebildet (Bild 28). Dieser Vorgang findet ab der Pubertät laufend statt und dauert jeweils – d.h. von der Urkeimzelle bis zur Reifung – etwa drei Monate. Im Bindegewebe zwischen den Hodenkanälchen befinden sich die Leydigschen Zwischenzellen. Hier werden die männlichen Sexualhormone gebildet, als wichtigstes das Testosteron.

Die Spermienbildung wird hormonell gesteuert. Unter dem Einfluss des Hypophysenhormons ICSH (entspricht dem LH bei der Frau) beginnen ab der Pubertät die Spermien zu reifen. Aus einer Urkeimzelle entwickeln sich durch Reifeteilungen (Meiose) unreife Spermien, die einen einfachen Chromosomensatz besitzen.

Der Nebenhoden (Epididymis) befindet sich an der Rückseite des Hodens. Hier werden die Spermien gespeichert und erlangen durch Reifungsvorgänge ihre volle Funktionsfähigkeit.

Samenleiter (Ductus deferens). Beim Sexualakt gelangen die Spermien in den Nebenhodengang und anschließend in den Samenleiter, der eine Länge von etwa 50 cm hat. Der Samenleiter zieht von Nerven und Gefäßen begleitet als Samenstrang durch den Leistenkanal in das Becken und verläuft anschließend an der unteren Wand der Harnblase (Bild 26). Beide Samenleiter durchlaufen dann die Prostata (Vorsteherdrüse) und münden in die Harnröhre. Diese wird nun als Harnsamenröhre bezeichnet und verläuft durch den Penis. Eine Durchtrennung des Samenleiters im Hodensack führt zur Unfruchtbarkeit (Sterilisation des Mannes).

Die Samenflüssigkeit (Sperma), die beim Samenerguss herausgeschleudert wird, ist leicht alkalisch. Sie besteht aus den Spermien und den Sekreten der Geschlechtsdrüsen:

- Die Prostata liegt als einzelne Drüse unterhalb der Blase und umschließt die Harnröhre.

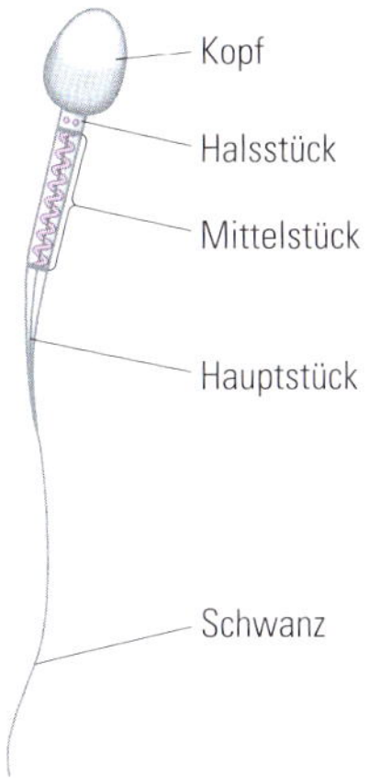

Bild 28 Bau eines Spermiums.

Fetalperiode ▸ S. 374

ICSH, LH ▸ S. 356

Meiose ▸ S. 121 f.

Phimose ▸ S. 363

- Die Cowperschen Drüsen bilden ein schleimiges Sekret, das die in der Harnröhre vorhandenen Urinreste neutralisiert.
- Die Samenbläschen (Bläschendrüse) liefern den Spermien Fructose als Energiequelle.

Impotenz: ugs. für Erektionsschwäche oder Impotentia coeundi; dagegen **Sterilität:** Zeugungsunfähigkeit, Impotentia generandi

Penis. Das männliche Glied (Penis, Phallus) gliedert sich in Schaft und Eichel (Glans penis). Es ist von einer Haut umgeben, die im Bereich der Eichel beweglich ist. Diese Vorhaut (Präputium) sollte bei der täglichen Reinigung zurückgestreift werden. Eine Vorhautverengung (Phimose) ist im ersten Lebensjahr physiologisch. Der Penisschaft umschließt die Harnsamenröhre. Er enthält Schwellkörper, in denen das Blut nach sexueller Stimulation angestaut werden kann (Drosselvenen). Es kommt dann zur Aufrichtung des Penis (Erektion). Diese Gefäßwirkung kann auch medikamentös hervorgerufen werden. Durch körperliche oder psychische Faktoren kann die Erektionsfähigkeit leiden (Impotenz).

3.2 Untersuchung der männlichen Geschlechtsorgane

PSA-Test ▸ S. 363

Hier steht die Inspektion und Palpation im Vordergrund: Der Arzt sieht sich Penis und Eichel z. B. im Hinblick auf genitale Infektionen an, ertastet die Hoden nach Form- und Größenveränderungen und tastet durch den Enddarm des Patienten die Prostata ab. Hierbei kann ein erfahrener Untersucher zwischen harten Knoten wie bei einem Karzinom und weichen Vergrößerungen wie bei einem gutartigen Adenom unterscheiden. Eine Sonographie der Prostata durch den Enddarm wird zur weiteren Diagnostik beim Urologen durchgeführt. Ebenso gehört der PSA-Test zumindest zur Verlaufskontrolle dazu.

Zur Beurteilung der Zeugungsfähigkeit wird ein Spermiogramm beurteilt. Dazu muss der Patient Ejakulat durch Masturbation gewinnen, welches dann untersucht wird. Andrologen, meist Dermatologen oder Urologen mit Zusatzausbildung, beurteilen dann die Menge, Größe und Beweglichkeit der Spermien.

3.3 Erkrankungen der männlichen Geschlechtsorgane und ihre Behandlung

3.3.1 Erkrankungen der Hoden

Entzündung der Hoden (Orchitis) und Nebenhoden (Epididymitis): Im Rahmen von Virusinfekten (z. B. Mumps) oder häufiger als aufsteigende Infektion über die Samenwege kann es zur Entzündung des Hodens und Nebenhodens kommen. Symptome sind einseitige Schwellung und Rötung sowie starke Schmerzen. Die Therapie besteht in einer Hochlagerung des Hodens (Hodenbänkchen), Antibiotika und abschwellenden Medikamenten (Antiphlogistika).

Kryptorchismus von kryptos (gr.) = verborgen und orchis = Hoden

Die Hodentorsion ist ein absoluter Notfall, bei dem sofort reagiert werden muss. Vor allem bei Kindern und Jugendlichen kann es bei ungeschickten Bewegungen im Spiel oder Sport zu einer Drehung des Hodens um seine eigene Achse kommen. Dabei werden die Blutgefäße, die im Samenstrang verlaufen, abgeschnürt. Symptome sind plötzlich auftretende starke Schmerzen vor allem im Leistenbereich, die sich nicht beim Anheben des Hodens bessern. Der Hoden muss sofort operativ wieder in die richtige Lage gebracht und dort fixiert werden, da sonst der betroffene Hoden abstirbt und entfernt werden muss.

Hodenhochstand (Kryptorchismus). Bei manchen Jungen wandern die Hoden nicht vollständig in den Hodensack, sondern bleiben in der Bauchhöhle oder im Leistenkanal liegen.

Falls es medikamentös nicht gelingt, die Hoden in den Hodensack zu bringen, werden sie operativ verlagert. Sie verlieren sonst ihre Leistungsfähigkeit und es besteht zudem ein erhöhtes Entartungsrisiko.

Hodenkrebs. Dieser Krebs ist nicht selten, er betrifft vor allem junge Männer. Die Erkrankung zeigt keine besonderen Symptome, daher gilt: jede schmerzlose Schwellung eines Hodens ist verdächtig und muss vom Arzt abgeklärt werden. Die Therapie besteht in der Entfernung des betroffenen Hodens und anschließender Chemotherapie.

3.3.2 Erkrankungen des Penis

Phimose (Vorhautverengung). Die Vorhaut kann nicht über die Eichel zurückgeschoben werden, z. B. als Folge von Entzündungen. Schmerzen beim Geschlechtsverkehr oder Probleme beim Wasserlassen können auftreten. Die Phimose stellt einen Risikofaktor für das Peniskarzinom dar, da sich das Smegma (abgeschilferte Epithelien und Drüsensekret) unter der Vorhaut nicht entfernen lässt. Die Therapie besteht in der operativen Entfernung der Vorhaut (Circumcision, Beschneidung).

Peniskarzinom. Es handelt sich um ein Karzinom, das bevorzugt im höheren Lebensalter auftritt. Die Therapie besteht in der Operation und Bestrahlung.

3.3.3 Erkrankungen der Prostata

Entzündung (Prostatitis). Durch eine Infektion der Harnwege kann sich auch die Prostata entzünden. Symptome sind zusätzlich zu denen des Harnwegsinfektes Rückenschmerzen oder ziehende Schmerzen im Unterbauch. Die Therapie besteht in abschwellenden Maßnahmen und bei Bedarf Antibiotika. Eine chronische Prostatitis hat oft psychosomatische Ursachen, sie wird dann entsprechend behandelt.

Prostatahyperplasie oder Prostataadenom. Mit zunehmendem Alter kommt es bei fast allen Männern zu einer Vermehrung des Prostatagewebes mit oder ohne Knotenbildung. Symptomatisch stehen dabei hauptsächlich Harnabflussstörungen im Vordergrund.

Die Patienten berichten über einen nachlassenden Harnstrahl und häufiges Wasserlassen geringer Harnmengen. Die Blase kann nicht vollständig entleert werden (Restharnbildung); dadurch kann es zum Rückstau des Harns und zur Nierenschädigung kommen.

Eine akute Komplikation ist der Harnverhalt. Nach Aufnahme großer Flüssigkeitsmengen können die Patienten trotz prall gefüllter Blase kein Wasser mehr lassen. Dies führt zu starken Schmerzen und wird durch Katheterisierung der Harnblase beseitigt.

Die Therapie bei einer Prostatavergrößerung besteht zunächst in der Gabe von Medikamenten. Im fortgeschrittenen Stadium wird die Prostata operativ entfernt, meist durch die Harnröhre.

Prostatakrebs. Hierbei handelt es sich um den häufigsten Krebs bei älteren Männern. Da er keine spezifischen Beschwerden verursacht und deshalb nicht einfach von der gutartigen Prostatavergrößerung unterschieden werden kann, ist die Vorsorgeuntersuchung ab dem 45. Lebensjahr wichtig. Dabei wird die Prostata durch den Enddarm abgetastet. Eine Konsistenzveränderung („harter" Knoten) kann ein Hinweis auf ein Karzinom sein. Ebenso gibt es Veränderungen einzelner Blutwerte, die auf ein Karzinom hinweisen können (PSA-Test). Die Therapie ist meist operativ, aber auch Bestrahlung und Hormontherapie werden durchgeführt.

PSA = **p**rostata**s**pezfisches **Anti**gen

3.3.4 Störungen der Potenz

Bei sexuellen Störungen mischen sich meist körperliche und psychische Aspekte. Etwa 10 % der Fälle sind hauptsächlich psychisch bedingt, beispielsweise durch Probleme in der Partnerschaft, Angst oder Leistungsdruck. Organische Erkrankungen, die mit Erektionsstörungen einhergehen, sind unter anderem Diabetes mellitus, chronischer Alkoholmissbrauch, Herz-Kreislauf-Erkrankungen oder chronische Störungen nach durchgemachter Geschlechtskrankheit.

Erektion: Aufrichten des Penis

Sexuelle Störungen treten auch auf als Begleitsymptome bei psychischen Störungen wie Depression, Schizophrenie, Drogenabhängigkeit oder Angstkrankheit.

3.4 Bau und Funktion der weiblichen Geschlechtsorgane

3.4.1 Äußeres Genitale (Vulva)

Schamlippen. Die großen und kleinen Schamlippen umschließen den Scheidenvorhof, in dessen oberen Teil die Harnröhre mündet (Bild 29). Im Bereich der Vulva münden viele Drüsen, die für ein feuchtes Milieu sorgen.

Der Kitzler (Klitoris) befindet sich am Verbindungspunkt der kleinen Schamlippen. Die Klitoris ist das empfindlichste Organ der Frau und stark sexuell erregbar.

Damm. Der Bereich zwischen Scheide und Mastdarmöffnung (After) wird als Damm bezeichnet. Durch die enge anatomische Beziehung von Darmausgang, Scheide und Harnröhrenöffnung können Darmbakterien leicht verschleppt werden und zu Infektionen führen (Harnröhrenentzündung, Scheidenentzündung). Unter der Geburt wird manchmal ein Dammschnitt durchgeführt, um den Durchtritt des kindlichen Kopfes zu erleichtern.

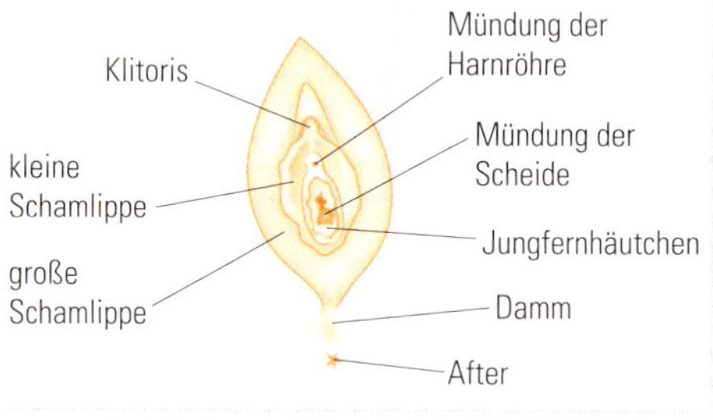

Bild 29 Aufsicht auf die Vulva.

3.4.2 Innere Geschlechtsorgane

Die Scheide (Vagina) ist ein Muskelschlauch, der die Verbindung zwischen Gebärmutter und Vulva herstellt (Bild 30). Sie dient der körperlichen Vereinigung und als Geburtskanal für das Kind. In der Scheide der geschlechtsreifen Frau herrscht durch Milchsäurebakterien ein saures Milieu (pH-Wert 3 bis 4), das eine Besiedlung mit Infektionserregern verhindert. Unter dem Einfluss von Medikamenten (z. B. der „Pille" oder Antibiotika) oder übertriebener Hygiene (Scheidenspülungen) kann es zu pH-Verschiebungen in den neutralen Bereich kommen und dadurch zum Auftreten von (Pilz-)Infektionen. Die Scheide ist bei jungen Mädchen bis auf eine kleine Öffnung durch das Jungfernhäutchen (Hymen) verschlossen.

Gebärmutter (Uterus). Sie ist ein birnenförmiges Hohlorgan, das eingeteilt wird in Körper (Korpus uteri), Hals (Zervix uteri) und Muttermund (Portio). Die Gebärmutter liegt im kleinen Becken meist nach vorne gekippt und dabei dicht an Harnblase und Darm (Bild 31, S. 365).

Das Organ weist einen dreischichtigen Wandaufbau auf:
- Die innere Schicht besteht aus Schleimhaut (Endometrium),
- die mittlere Schicht aus glatter Muskulatur (Myometrium),
- die äußere Schicht aus Bindegewebe und einem Bauchfellüberzug.

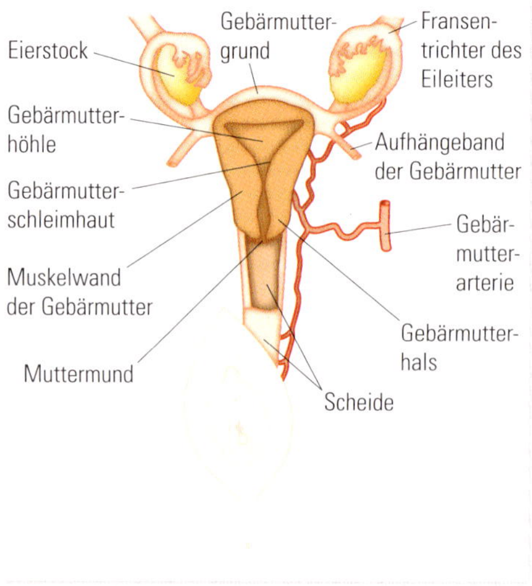

Bild 30 Eileiter, Gebärmutter und Scheide.

Das Endometrium (Schleimhaut) unterliegt während der geschlechtsreifen Phase zyklischen Auf- und Abbauprozessen, die hormonell gesteuert werden (Menstruationszyklus). Eine Untersuchung der Schleimhaut im Gebärmutterhals kann durch einen Abstrich mit anschließender zytologischer Untersuchung vorgenommen werden. Hierbei können bösartige Zellveränderungen frühzeitig entdeckt werden.

Die mittlere Schicht (Myometrium) kann stark anwachsen (hypertrophieren). Am Ende der Schwangerschaft ist der Uterus von ursprünglicher Birnengröße auf mehr als Basketballgröße angewachsen. Wuchern einzelne Muskelzellen in der Gebärmutterwand, so entstehen Myome.

Die äußere Schicht besteht aus Bindegewebe und einem Bauchfellüberzug. Bänder (sogenannte Mutterbänder) befestigen die Gebärmutter im Becken (Bild 30, S. 364).

Die Eileiter (Tuba, Pl. Tuben) münden rechts und links im oberen Teil der Gebärmutter (Bild 30, S. 364). Mit ihrem fransigen Trichter fangen sie die Eizelle nach dem Eisprung auf und transportieren sie aktiv durch Muskelkontraktionen und Flimmerschlag der Epithelzellen zur Gebärmutter. Im Anfangsteil des Eileiters findet die Befruchtung statt. Eine Durchtrennung der Eileiter führt zur Unfruchtbarkeit (Sterilisation).

Eierstöcke (Ovar, Pl. Ovarien). Hier werden die weiblichen Geschlechtszellen (Eizellen) gebildet. Jedes Mädchen hat schon bei der Geburt etwa 400 000 Eizellen („Urkeimzellen") als sog. Primärfollikel in jedem Eierstock. Diese Primärfollikel ruhen bis zur Pubertät. Am Beginn der Pubertät werden aus dem Hypothalamus des Zwischenhirns Releasinghormone freigesetzt, die stimulierend auf die Hypophyse wirken. Unter dem Einfluss der Hypophysenhormone beginnen dann die Eizellen zu reifen, d.h. die Reifeteilungen beginnen. Aus einem Primärfollikel entsteht dabei eine reife Eizelle, die nach dem Follikelsprung (Eisprung oder Ovulation) den Eierstock verlässt.

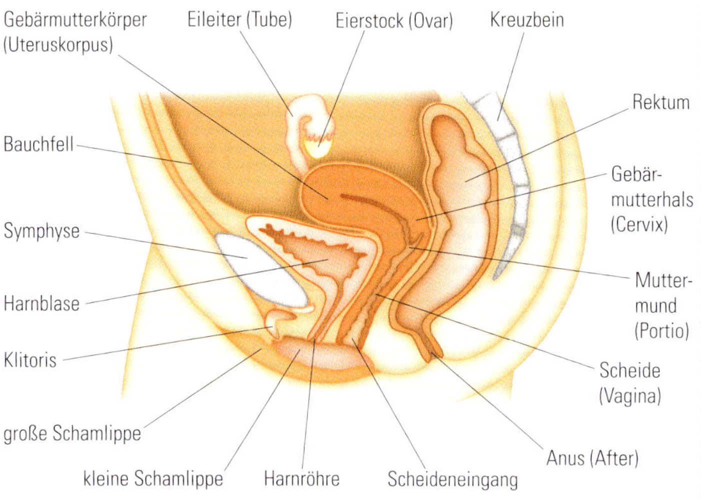

Bild 31 Längsschnitt durch das weibliche Becken.

In den Eierstöcken werden auch die weiblichen Geschlechtshormone gebildet: Östrogene und Progesteron. Unter dem Einfluss dieser Hormone kommt es in der Pubertät zur Ausbildung der sekundären weiblichen Geschlechtsmerkmale:

- der typisch weiblichen Körperform (Verteilung des Körperfetts v.a. an Hüften und Oberschenkel),
- der weiblichen Geschlechtsbehaarung und
- dem Wachstum der Brüste.

Beide Hormone bewirken die zyklischen Umbauvorgänge in der Gebärmutterschleimhaut (weiblicher Zyklus). Unter dem Einfluss des Progesterons steigt die Körpertemperatur nach dem Eisprung um etwa ein halbes Grad an und es kommt zur Erhöhung des Körpergewichts durch Wassereinlagerung im Gewebe.

Die Östrogene haben eine positive Wirkung auf den Knochenaufbau sowie auf die Durchblutung der Schleimhäute. Nach Beendigung der Eierstockstätigkeit im Klimakterium im Alter von etwa 45 bis 55 Jahren („Wechseljahre") kommt es daher zu typischen Ausfallserscheinungen dieser Hormone, z.B. trockenen Schleimhäuten und einem Verlust an Knochenmasse (Osteoporose).

Menstruationszyklus ▸ S. 366

Abstrich ▸ S. 133

Myom ▸ S. 141, 368

Osteoporose ▸ S. 161 f.

3.4.3 Weiblicher Zyklus

Die Eizellreifung und die Bildung der Geschlechtshormone unterliegen einem bestimmten zyklischen Rhythmus (Bild 32).

Der erste Zyklustag entspricht dem Beginn der Monatsblutung (Menstruation, Periode). Bis etwa zum 14. Zyklustag (variabel von ca. 7 bis 21 Tagen) reift unter dem Einfluss des Hypophysenhormons FSH eine neue Eizelle im Eierstock heran. In Zyklusmitte kommt es unter dem Einfluss von FSH und LH aus der Hypophyse zum Eisprung (Ovulation). Die Eizelle verlässt den Eierstock und wandert im Eileiter zur Gebärmutter. Sie ist dabei für etwa 24 Stunden befruchtungsfähig.

FSH, LH ▸ S. 356

Pille ▸ S. 370 f.

Unter dem Einfluss des FSH werden im reifenden Follikel des Eierstocks in der ersten Zyklushälfte Östrogene gebildet, die die Gebärmutterschleimhaut stark anwachsen lassen. Nach dem Eisprung wandelt sich der zurückbleibende Follikel unter dem Einfluss von LH zum Gelbkörper um, der das Hormon Progesteron produziert. Progesteron bewirkt, dass die Gebärmutterschleimhaut stark durchblutet und mit Nährstoffen angereichert wird. Erreicht das befruchtete Ei nach etwa 4 bis 5 Tagen die Gebärmutterhöhle, findet es optimale Bedingungen für die Einnistung.

Menarche: erste Monatsblutung, Beginn der Geschlechtsreife

Menopause: letzte Monatsblutung

Endometriose ▸ S. 369

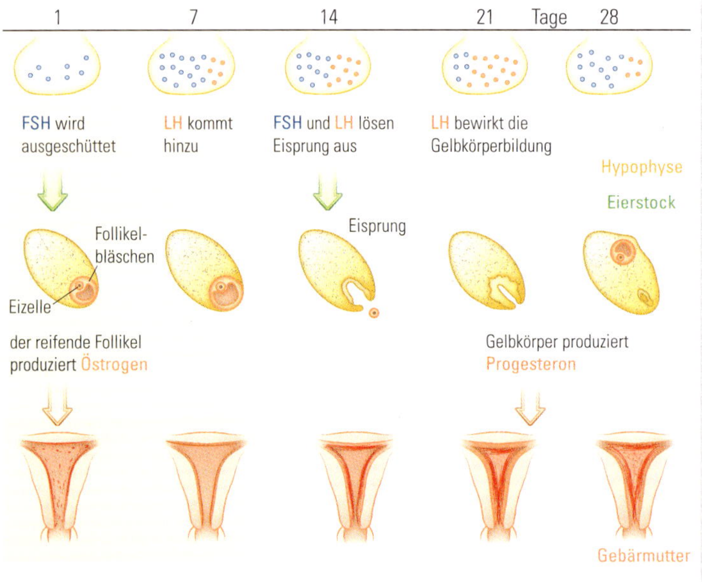

Bild 32 Schema des weiblichen Zyklus.

Wenn keine Befruchtung erfolgt ist, geht der Gelbkörper zugrunde, der Progesteronspiegel sinkt und die Gebärmutterschleimhaut wird mit der Periodenblutung abgestoßen. Durch ansteigende FSH-Werte im Blut beginnt der Zyklus von neuem.

Die Eierstockhormone wirken im Sinne einer negativen Rückkopplung auf die Hypophyse, d. h. sie bremsen die Ausschüttung der Hypophysenhormone FSH und LH. Da beide Hormone notwendig zur Auslösung des Eisprungs sind, kommt es bei hohen Östrogen-/Progesteronspiegeln nicht zum Eisprung. Dies geschieht in der Schwangerschaft, kann aber auch durch die Einnahme der „Pille" (Ovulationshemmer) künstlich nachgeahmt werden.

Zyklusstörungen. Nur wenige Frauen haben einen 28-tägigen Menstruationszyklus. Ist der Zyklus erheblich verkürzt auf unter 21 Tagen, bezeichnet man diese als Polymenorrhoe. Stark verlängerte Zyklen (über 6 Wochen) treten bei Hormonstörungen, z. B. zu Beginn der Wechseljahre (Klimakterium) auf. Da in diesem Alter (etwa zwischen 45 und 55 Jahren) die Hormonproduktion der Eierstöcke nachlässt, ist dies normal. Als Amenorrhoe bezeichnet man das Ausbleiben der Regelblutung. Die häufigste Ursache bei jungen Frauen ist eine Schwangerschaft, im Alter das Ende der Fruchtbarkeit.

Schmerzen während der Periodenblutung werden als Dysmenorrhoe bezeichnet. Die Ursachen sind vielfältig, z. B. bei Endometriose, auch spielt die Psyche eine erhebliche Rolle. Ähnlich verhält es sich beim PMS (prämenstruellen Syndrom), bei dem Betroffene über Wassereinlagerungen und Stimmungsschwankungen kurz vor Eintritt der Periode klagen. Ursächlich sind die hohen Progesteronspiegel zu diesem Zeitpunkt verantwortlich. Die Behandlung ist eine gemeinsame Aufgabe von Patientin und Arzt.

Im **Klimakterium** (Wechseljahre) wird die Bildung von Geschlechtshormonen langsam eingestellt.

3.4.4 Weibliche Brust

Die weibliche Brust (Mamma, Pl. Mammae) gehört zu den sekundären Geschlechtsmerkmalen der Frau. Sie beginnt sich etwa ab dem 10./11. Lebensjahr unter dem Einfluss der weiblichen Geschlechtshormone zu entwickeln. Die reife Brust der erwachsenen Frau besteht aus den Milchdrüsen, deren Ausführungsgänge auf der Brustwarze münden, und einer unterschiedlichen Menge an Fett- und Bindegewebe (Bilder 33 und 34). Unter dem Einfluss des Hypophysenhormons Prolactin wird in der Brust nach der Geburt die Muttermilch produziert und mithilfe eines zweiten Hormons, Oxytozin, abgegeben.

Da das Mammakarzinom eine häufige Erkrankung ist, wird empfohlen, dass sich jede Frau einmal im Monat, am besten in der ersten Zyklushälfte, wenn die Brust weicher ist, selbst abtastet, um Veränderungen frühzeitig zu erkennen und dann zum Arzt zu gehen. Diese Selbstuntersuchung kann man erlernen. Anleitungen gibt es in Broschüren und als Videos im Internet. Außerdem bieten z. B. Krankenhäuser Kurse an.

Selbstuntersuchung: Anleitung unter mammacare.de

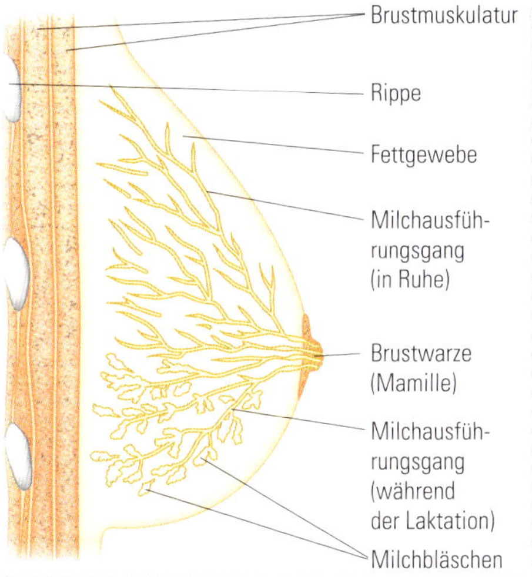

Bild 33 Weibliche Brust.

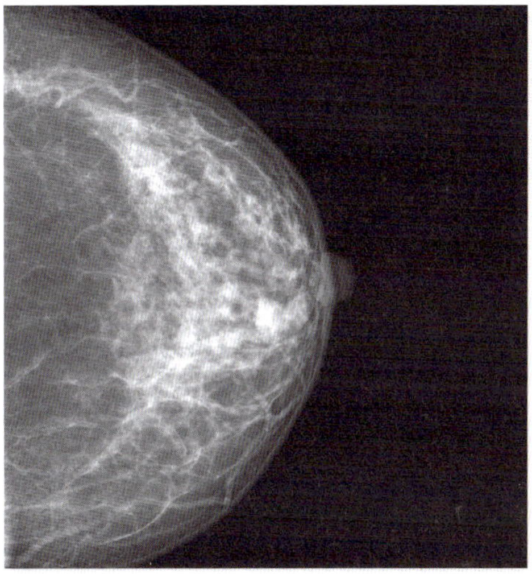

Bild 34 Röntgenbild einer gesunden Brust.

3.5 Untersuchung der weiblichen Geschlechtsorgane

Einmal im Jahr sollte eine Untersuchung beim Frauenarzt erfolgen, diese Krebsfrüherkennungsuntersuchung steht jeder gesetzlich versicherten Frau ab dem 20. Lebensjahr zu. Dabei wird das äußere Genitale inspiziert, die Scheide und der Muttermund werden mithilfe eines Spekulums eingesehen und ein Abstrich wird aus dem Gebärmutterhals (Cervix) mittels Wattetupfer und Bürste entnommen. Danach werden die Zellen angefärbt (Pap-Test) und beurteilt.

Neuerdings kann ein zusätzlicher Abstrich zum Nachweis einer HPV-Infektion entnommen werden. Anschließend erfolgt eine Tastuntersuchung der Gebärmutter und der Eierstöcke.

Ab dem 30. Lebensjahr tastet der Arzt auch die Brust ab, evtl. wird auch eine Sonographie oder bei familiärer Belastung für Brustkrebs ein Röntgenbild der Brust angefertigt.

Ab dem Alter von 50 Jahren erfolgt alle 2 Jahre eine Einladung zur Mammographie.

Krebsfrüherkennungsuntersuchung ▸ S. 470

Pap-Test: Färbung nach Papanicolao

3.6 Erkrankungen der weiblichen Geschlechtsorgane und ihre Behandlung

3.6.1 Erkrankungen des äußeren Genitale

Vulvovaginitis = Entzündung der Scheide

Warzenviren (HPV) ▸ S. 383

Vulvitis und Vaginitis. Eine Entzündung der Scheide und der Vulva (**Vulvovaginitis**) wird durch eine übertriebene Hygiene mit Scheidenspülungen begünstigt. Sie zerstört den Schutz der Schleimhäute und fördert eine Infektion mit verschiedenen Erregern, meist Pilzen. Dabei besteht starker Juckreiz, verbunden mit einem Ausfluss (Fluor vaginalis), der sich in Konsistenz und Geruch vom normalen Ausfluss unterscheidet. Die Therapie besteht in der Aufklärung zur Intimhygiene und bei Bedarf in antimykotischen Salben oder Zäpfchen.

Abszesse. Die Ausführungsgänge der Drüsen, die im Bereich des Scheidenvorhofs münden, können verlegt sein. Durch Sekretstau und Entzündung kann es zu einem schmerzhaften (Bartholinischen) Abszess kommen. Dieser muss chirurgisch behandelt werden

Adnexe: Anhangsgebilde; hier Eileiter und Eierstöcke

3.6.2 Erkrankungen von Gebärmutter und Adnexe

Uterusmyome sind gutartige Wucherungen der Gebärmuttermuskulatur, die sich während der geschlechtsreifen Phase bilden können. Sie kommen häufig vor und können starke Periodenblutungen und Unfruchtbarkeit verursachen. Die Therapie besteht in der Hormongabe oder chirurgischen Maßnahmen. Bei stärkeren Beschwerden und wenn kein Kinderwunsch mehr besteht, kann die Gebärmutter operativ entfernt werden.

Chlamydien ▸ S. 383

Appendizitis ▸ S. 407

Gebärmutterhalskrebs (Cervix-Ca) tritt besonders bei jungen Frauen zwischen dem 20. und 35. Lebensjahr auf. Da er keine Frühsymptome verursacht, ist die Vorsorgeuntersuchung einmal im Jahr notwendig, um den Krebs frühzeitig zu entdecken. Dann sind die Heilungschancen gut; eventuell kann durch eine Entfernung des veränderten Gewebes (Konisation) die Gebärmutter belassen werden. Im fortgeschrittenen Stadium muss sie jedoch entfernt und anschließend eine Strahlentherapie und Chemotherapie durchgeführt werden. Risikofaktoren sind frühzeitiger Geschlechtsverkehr mit häufig wechselnden Sexualpartnern, Infektion mit bestimmten Warzenviren und Rauchen.

Gebärmutterschleimhautkrebs (Endometrium-Ca) ist ein Krebs bei älteren Frauen nach den Wechseljahren. Ein Symptom können wiedereinsetzende Blutungen nach der Menopause sein. Die Diagnose erfolgt durch histologische Untersuchung des Schleimhautgewebes nach Ausschabung (Abrasio) der Gebärmutter. Therapeutisch werden Gebärmutter mit Adnexe und falls nötig Lymphknoten entfernt. Risikofaktoren sind Fettsucht und Diabetes mellitus.

Gebärmutter- und Scheidensenkung (Descensus uteri). Nach mehreren Geburten, durch starke körperliche Belastung und infolge einer Bindegewebsschwäche kann es zum Absenken der Gebärmutter und der Scheidenwand kommen. Die Gebärmutter kann dabei unter Umständen vollständig durch die Scheide vorfallen. Frühsymptom ist die sog. Stressinkontinenz, also der unwillkürliche Abgang von Harn beim Niesen, Husten oder Lachen; Probleme bei der Stuhlentleerung können ebenfalls auftreten. Die Therapie besteht in der Entfernung der Gebärmutter und plastischer Anhebung des Beckenbodens bzw. Blasenhalses. Prophylaktisch sollten Frauen vor allem nach der Geburt Beckenbodengymnastik machen.

Adnexitis (Entzündung von Eileiter und Eierstöcken) ist in der geschlechtsreifen Phase nicht selten. Der Infektionsweg erfolgt meist aufsteigend über eine Scheidenentzündung, es ist aber auch eine Infektion über das Blut möglich. Hauptverursacher sind Chlamydien. Eine unbehandelte Entzündung kann zu Eileiterverklebungen mit nachfolgender Sterilität führen. Symptome sind starke Unterbauchschmerzen und Fieber, ähnlich wie bei einer Appendizitis. Therapie: Verordnung von Antibiotika und entzündungshemmenden Medikamenten (Antiphlogistika).

Wichtigste Differenzialdiagnosen rechtsseitiger Unterbauchschmerzen bei jungen Frauen sind Appendizitis und Adnexitis.

Eierstockkrebs (Ovarial-Ca) tritt meist im mittleren und späteren Lebensalter auf. Er verursacht keine Frühsymptome und wird oft erst sehr spät mittels Ultraschall entdeckt oder durch bereits bestehenden Aszites. Er hat deshalb eine sehr schlechte Prognose. Einen gewissen Schutz vor dieser Krebserkrankung stellt die Einnahme von Ovulationshemmern dar, da diese die Eierstöcke „ruhigstellen". Therapeutisch versucht man, den Tumor und die Lymphknoten im Bauch zu entfernen, eine Chemotherapie schließt sich an.

Endometriose. Aus unbekannten Gründen treten Inseln von Gebärmutterschleimhaut im Becken oder – seltener – im gesamten Bauchraum auf. Symptome sind zyklusabhängige Schmerzen, weil sich auch diese Schleimhaut zyklisch auf- und abbaut, und die Bildung von Blutzysten an den Eierstöcken. Die Endometriose ist eine häufige Ursache für die Sterilität und zyklusabhängige Schmerzen. Die Diagnose erfolgt durch Bauchspiegelung (Laparoskopie), die Behandlung chirurgisch und hormonell.

Aszites: Bauchwassersucht, Ansammlung von Flüssigkeit in der Bauchhöhle

Laparoskopie ▶ S. 176

3.6.3 Erkrankungen der weiblichen Brust

Brustkrebs (Mamma-Ca) ist der häufigste Krebs der Frau überhaupt und er nimmt weiterhin zu. Die Ursachen sind vielfältig:

- familiäre Häufung („Brustkrebsgen"),
- fettreiche Ernährung,
- Alkoholkonsum,
- die Einnahme weiblicher Sexualhormone (evtl. auch die „Pille") sowie
- das Rauchen.

Frühsymptome gibt es nicht. Die meisten Frauen entdecken den einseitigen, meist derben Knoten in der Brust durch Abtasten selbst oder der Frauenarzt bei der Krebsfrüherkennungsuntersuchung (Bild 35).

Weitere verdächtige Symptome (bis zum Beweis des Gegenteils) sind

- Asymmetrie der Brüste,
- unterschiedliches Verhalten der Brüste beim Heben der Arme,
- Sekretaustritt aus der Brustwarze,
- Einziehung der Haut und / oder der Brustwarze,
- ekzemähnliche Hautveränderungen insbesondere um die Brustwarze herum.

Ist der Krebs noch klein, so kann oft brusterhaltend operiert werden, eine Nachbestrahlung der Brust ist in diesem Fall jedoch notwendig. Vor allem bei jüngeren Patientinnen wird in den meisten Fällen eine zusätzliche Chemotherapie durchgeführt. Bei manchen Patientinnen kann auch eine Hormontherapie angebracht sein. Die Prognose ist bei dieser Krebsart immer ungewiss, da auch nach Jahren noch Metastasen auftreten können.

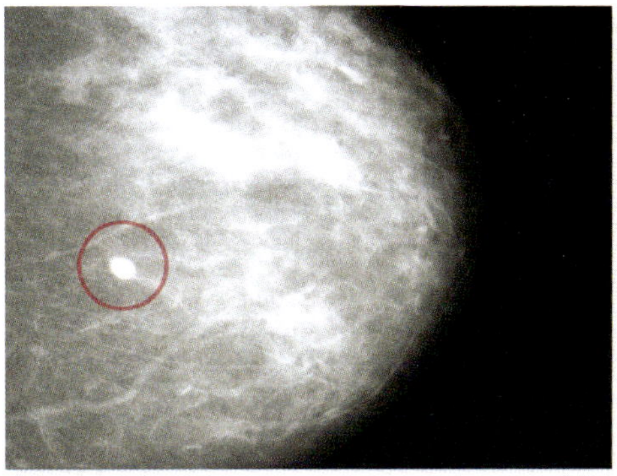

Bild 35 Mammographie der Brust mit bösartigem Herd.

Gesetzlich versicherte Frauen können sich bei beim Gynäkologen in ein DMP einschreiben.

Krebsfrüherkennungsuntersuchung ▶ S. 470

Mastopathie. Bei der Mastopathie treten meist in beiden Brüsten zyklusabhängige Veränderungen auf, z. B. Verhärtungen des Brustgewebes.

mastos (gr) = Brust, **pathie** (gr.) = Leiden

Die Brustdrüsenentzündung (Mastitis) ist meist eine Erkrankung bei stillenden Frauen. Durch kleinste „Risse" im Bereich der Brustwarze kommt es zur Infektion der Milchdrüsen, evtl. mit anschließender Abszessbildung. Außerhalb der Stillzeit ist die Mastitis selten; außer beim Piercing der Brustwarze. Symptome sind eine rote, schmerzende Brust und Fieber, bei stillenden Frauen häufig mit einem Milchstau verbunden. Die Therapie besteht in der Gabe von Antibiotika, Medikamenten zur Hemmung der Milchproduktion und äußerlichen kühlenden Umschlägen. Falls sich ein Abszess entwickelt, ist eine chirurgische Behandlung notwendig

3.7 Empfängnisregelung

3.7.1 Pearl-Index

Der Pearl-Index bezeichnet die Zahl der Schwangerschaften, die in einem Jahr auftreten, wenn 100 Frauen im gebärfähigen Alter die gleiche Empfängnisverhütungsmethode anwenden. Ohne Verhütungsmaßnahmen beträgt der Pearl-Index 85–90.

3.7.2 Empfängnisverhütung

„Natürliche" Methoden. Diese Methoden sind vor allem dann geeignet, wenn die Frau über die zyklischen Veränderungen durch Selbstbeobachtung ihres Körpers genau Bescheid weiß und bereit ist, an den fruchtbaren Tagen auf Geschlechtsverkehr zu verzichten. Da der Körper keine Maschine ist, sondern sich in einem sensiblen Gleichgewicht befindet, sind diese Methoden wenig zuverlässig und daher nicht geeignet, wenn ein absolut sicherer Schutz benötigt wird. Jedoch sind sie zur Planung von Abständen zwischen zwei Schwangerschaften gut einsetzbar.

umkehrbare (reversible) Verfahren im Gegensatz zu den irreversiblen (nicht umkehrbaren) Verfahren der Sterilisation

Zu diesen Methoden gehört das Messen der Basaltemperatur. Hierbei wird jeden Morgen vor dem Aufstehen die Körpertemperatur gemessen, um den Zeitpunkt der Ovulation zu erkennen. Wenn die Temperatur um etwa 0,5 °C ansteigt und erhöht bleibt, so kann man von einem stattgefundenen Eisprung ausgehen. Ab dem 3. Tag nach der Temperaturerhöhung ist die Frau nicht mehr empfängnisfähig.

Diese Methode kann mit der Schleimstrukturmethode kombiniert werden. Dabei muss die Frau den Schleim vom Gebärmutterhals entnehmen und selbst untersuchen.

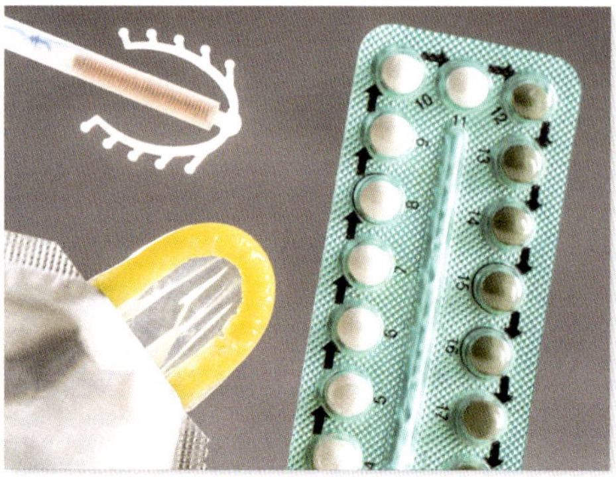

Bild 36 Verhütungsmittel (Übersicht).

Wenn der Schleim spinnbar wird, d.h. wenn er sich zwischen zwei Fingern zu einem Faden ausziehen lässt, ist dies die fruchtbare Zeit um den Eisprung; durch diesen Schleim können die Spermien gut passieren. Nach dem Eisprung wird der Schleim zähflüssig und ist nicht mehr spinnbar; damit stellt er ein Passagehindernis für die Spermien dar.

Die Rechenmethode nach Knaus-Ogino, bei der versucht wurde, durch Berechnung in etwa den Ovulationstermin abzuschätzen, ist wegen ihrer Unzuverlässigkeit nicht mehr gebräuchlich.

Die natürlichen Methoden können mit Hormonuntersuchungen im Urin, die die Frau mit Teststreifen selbst durchführt, sicherer gemacht werden. Diese Messungen sind jedoch recht teuer.

Barrieremethoden. Sie sollen das Zusammentreffen von Eizelle und Samenfaden verhindern. Am bekanntesten ist das Kondom für den Mann, das vor dem Geschlechtsakt über den Penis gestülpt wird und damit auch vor Infektionen (Hepatitis, AIDS) schützt (Bild 36). Beim Gebrauch von qualitativ hochwertigen und sachgemäß aufbewahrten Kondomen ist der Schutz relativ sicher. Reißt ein Kondom, kann als Notfallmaßnahme vor dem Eintreten einer Schwangerschaft auf die „Pille danach" zurückgegriffen werden. Als Schutz vor einer AIDS-Erkrankung muss sofort der Arzt aufgesucht werden, der über eine prophylaktische Therapie entscheidet. Weitere, weniger gebräuchliche Barrieremethoden für die Frau sind das Diaphragma und die Portiokappe sowie das Kondom für die Frau. Sie werden meist in Verbindung mit chemischen, spermienabtötenden Mitteln (Salben oder Zäpfchen) benutzt.

Häufig angewendet wird die sog. „Spirale", das Intrauterinpessar (IUP), das in der Gebärmutter Kupferionen freisetzt, die die Beweglichkeit der Spermien einschränken und verhindern, dass sich ein befruchtetes Ei einnisten kann (Bild 36). Es wird vom Gynäkologen während der Menstruation eingesetzt und bleibt dort für etwa drei Jahre liegen.

Da es häufiger zu Entzündungen der Eileiter und nachfolgenden Eileiterschwangerschaften kommen kann, ist dieses Pessar für junge Frauen, die noch Kinder bekommen wollen, eher ungeeignet.

Hormonelle Methoden. Am bekanntesten ist die „Pille", die aus einer Kombination eines Östrogens mit einem Gestagen besteht, und ein Ovulationshemmer ist, d.h. durch die negative Rückkopplung kommt es zur Unterdrückung der Hypophysenfunktion und ein Eisprung wird verhindert (Bild 36, S. 370). Die Pille ist das sicherste umkehrbare Verfahren der Empfängnisverhütung. Es gibt sie in verschiedenen Zusammensetzungen, die dem Arzt eine passende Auswahl für die jeweilige Patientin ermöglicht. Nebenwirkungen der Pille sind

- eine schwächere Periodenblutung,
- ein verbessertes Hautbild (wichtig bei Aknepatientinnen),
- ein erhöhtes Risiko für arterielle und venöse Thrombosen. Bei entsprechender Vorbelastung – familiär oder durch Vorerkrankungen – wird unter Umständen von einer Verordnung der Pille abgesehen. Auch Rauchen ist ungünstig, da es das Risiko für Thrombosen ebenfalls erhöht.

Eine geringere Zuverlässigkeit besteht, wenn die Patientin gleichzeitig Brechdurchfall hat (dann ist die sichere Resorption des Medikamentes nicht mehr gewährleistet) oder bei der Einnahme bestimmter anderer Medikamente (z.B. Antibiotika). In diesen Fällen müssen zusätzlich andere, nicht hormonelle Methoden der Empfängnisverhütung angewandt werden. Alternativ kann ein Hormonring in die Scheide eingelegt werden. Die Wirkungsweise entspricht die der „Pille".

Ein anderes Wirkprinzip hat die „Minipille". Ihr Wirkstoff ist ein Gestagen, das bewirkt, dass sich der Schleimpfropf im Gebärmutterhals verdickt und die Beweglichkeit der Eizelle und damit der Eitransport in den Eileitern vermindert wird. Sie ist nicht so sicher wie die Pille und muss sehr pünktlich eingenommen werden. Als Nebenwirkung treten häufig Zwischenblutungen auf.

Eine Kombination aus Minipille und Intrauterinpessar stellt die Hormonspirale dar, die seit einigen Jahren auf dem Markt ist. Sie hat nicht die üblichen Nebenwirkungen der Spirale, bietet einen sicheren Schutz für 3–5 Jahre und ist daher auch für jüngere Frauen geeignet. Die niedrigen Dosen an Gestagenen, die hier freigesetzt werden, führen bei einigen Frauen dazu, dass die Periodenblutung ausbleibt.

Die „Dreimonatsspritze" enthält ebenfalls Gestagene, aber in hoher Dosierung. Sie ist weniger gebräuchlich, da Nebenwirkungen wie Übelkeit verstärkt auftreten können. Neuere hormonelle Verhütungsmittel sind ein gestagenhaltiges Stäbchen, das unter die Haut des Oberarms platziert wird und dort regelmäßig geringe Mengen des Hormons freigibt, und ein Vaginalring, der vor den Muttermund platziert wird und ebenfalls Hormone freisetzt. Dieser muss allerdings nach jeder Periodenblutung neu eingesetzt werden. Eine weitere neuere Applikationsart für hormonelle Verhütungsmittel: man klebt ein Pflaster auf die Haut und bewirkt so eine sichere Aufnahme der Wirkstoffe.

Die Sterilisation ist eine Verhütungsmethode, die nur infrage kommt, wenn die Familienplanung abgeschlossen ist. Dabei werden beim Mann in örtlicher Betäubung die beiden Samenleiter im Hodensack freigelegt und durchtrennt (Vasektomie). Spermien können dann nicht mehr in das Ejakulat gelangen, die Sexualität bleibt jedoch unbeeinträchtigt, da die Spermien nur einen geringen Teil des Ejakulats ausmachen. Die Sterilisation ist keine Kassenleistung und muss daher selbst bezahlt werden (ca. 500,00 €).

Bei der Frau müssen in Vollnarkose mithilfe einer Bauchspiegelung (Laparoskopie) beide Eileiter durchtrennt werden (Tubenligatur), damit keine Eizelle mehr in die Gebärmutter gelangen kann. Auch dieser Eingriff ist nur in Ausnahmefällen eine Kassenleistung.

Eine umfangreiche Beratung zur Sexualität, Schwangerschaft und Partnerschaft bietet pro familia (www.profamilia.de) an.

pro familia:
www.profamilia.de

Vasektomie:
Sterilisation des Mannes durch die Durchtrennung der Samenleiter

Tubenligatur:
Sterilisation der Frau durch die Durchtrennung der Eileiter

Endometriose
▸ S. 369

IVF = **In-vitro-Fertilisation**; Befruchtung im Reagenzglas

Varikozele: Krampfader im Hoden

3.7.3 Schwangerschaftsabbruch

Bei ungewollten Schwangerschaften besteht die Möglichkeit, innerhalb der ersten 12 Wochen nach Beratung bei einer zugelassenen Einrichtung einen Schwangerschaftsabbruch durchführen zu lassen. Zu Beginn der Schwangerschaft (bis zur 8. SSW) kann ein vom Arzt verordnetes Medikament eingenommen werden. Es veranlasst die Gebärmutter dazu, den Embryo auszustoßen. Später ist der Abbruch nur durch einen Eingriff in Narkose mittels Kürettage (Ausschabung) möglich.

3.7.4 Ursachen, Diagnostik und Therapie weiblicher und männlicher Unfruchtbarkeit

Bei der Frau kann eine Störung im hormonellen Regelkreis dazu führen, dass entweder kein Eisprung stattfindet oder der Gelbkörper seine Funktion zu früh einstellt, sodass eine befruchtete Eizelle abgestoßen wird. Zur Diagnose werden Hormonwerte im Blut untersucht und die Frau aufgefordert die Basaltemperatur zu messen.

Es kommt auch häufig vor, dass die Eileiter nach Entzündungen oder einer Endometriose verklebt sind. Dies verhindert das Zusammentreffen von Eizelle und Samenzelle. Es kommt nicht zur Befruchtung oder falls doch, kann die Eizelle im Eileiter „hängen" bleiben und es folgt eine Eileiterschwangerschaft, die lebensbedrohlich ist. Die Diagnose erfolgt mittels Ultraschalluntersuchung und Bauchspiegelung.

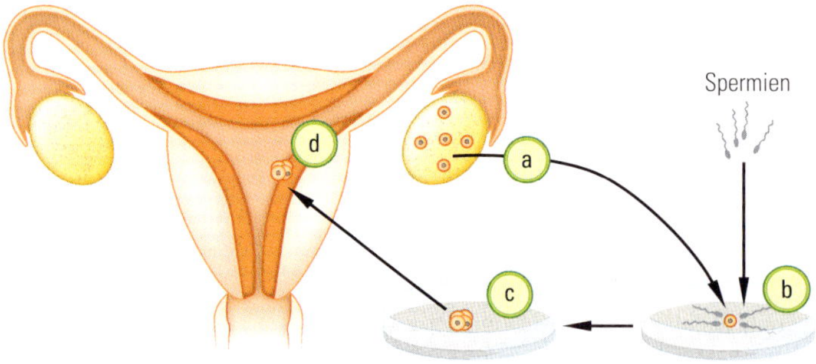

a) Eizellen werden entnommen,
b) im Reagenzglas werden Spermien dazugegeben,
c) die befruchtete Eizelle wird nach den ersten Teilungsstadien in die Gebärmutter gespült und
d) nistet sich in der Schleimhaut ein.

Bild 37 In-vitro-Fertilisation.

Weiterhin gibt es psychosomatische Ursachen, z. B. seelische Belastungen, oder auch Fehlbildungen des Genitales, die zur Unfruchtbarkeit führen können.

Folgende Begriffe werden bei der Unfruchtbarkeit der Frau unterschieden:
- Sterilität: Bei der Frau kommt es nicht zur Befruchtung und Einnistung eines Keimes.
- Infertilität: Bei der Frau kommt es nach der Einnistung nicht zum Austragen der Schwangerschaft, d. h., sie endet mit einer Fehlgeburt.

Beim Mann ist die Samenqualität vermindert. Umweltgifte (z. B. Rauchen) spielen dabei eine wichtige Rolle oder auch vorausgegangene Infektionen (z. B. Mumps). In einem Spermiogramm, das beim Urologen oder Dermatologen begutachtet wird, werden die Anzahl und die Funktionsfähigkeit der Spermien untersucht. Zeigt ein Befund eine verminderte Zeugungsfähigkeit an, kann versucht werden mithilfe von Medikamenten die Qualität der Spermien zu verbessern. Ist der Samentransport im Samenleiter behindert, hilft nur eine mikrochirurgische Therapie. Psychosomatische Ursachen spielen auch beim Mann eine wichtige Rolle. Außerdem kann eine Varikozele die Ursache sein.

Künstliche Befruchtung (IVF). Wenn bei der Frau die Eileiter verklebt sind, werden ihr nach hormoneller Stimulation Eizellen aus dem Eierstock entnommen und im Labor mit dem Samen ihres Mannes zusammengebracht, um so eine Befruchtung außerhalb des Körpers zu erreichen. Ist die Qualität der Spermien herabgesetzt, kann eine funktionsfähige Samenzelle direkt in die Eizelle gespritzt werden (intrazytoplasmatische Spermieninjektion = ICSI). Die sich entwickelnden Embryonen werden anschließend mittels Katheter in die Gebärmutter gespült und dann hofft man, dass sie sich dort weiter entwickeln (Bild 37).

4 Schwangerschaft, Geburt und Wochenbett

4.1 Schwangerschaft

4.1.1 Embryonal- und Fetalperiode

Befruchtung bis Einnistung. Nach der Befruchtung im Eileiter teilt sich die Eizelle auf ihrem Weg zur Gebärmutter fortlaufend (Bild 38). Wenn sich nach der ersten Teilung die beiden Hälften vollständig trennen, so entwickeln sich zwei unabhängige Individuen, die genetisch völlig gleich sind: eineiige Zwillinge. Kommt es zu mehreren gleichzeitigen Eisprüngen, so können mehrere Eizellen befruchtet werden: Es entstehen zweieiige Zwillinge bzw. Mehrlinge.

Mit weiteren Teilungen differenzieren sich die Zellen. Wenn die Eizelle die Gebärmutter erreicht, nennt man sie Maulbeerkeim (Morula), da sie aus vielen Zellen besteht, die dieser Frucht ähnlich sind. Anschließend entwickelt sich der Blasenkeim (Blastozyste), bei dem ein Teil der Zellen eine Außenhaut bildet und im Inneren ein Zellhaufen, die Keimscheibe, entsteht. Die äußeren Zellen beginnen etwa am 5.–6. Tag nach der Befruchtung wuchernd in die Gebärmutterschleimhaut einzuwachsen. Sie bilden dabei mit den mütterlichen Schleimhautzellen den Mutterkuchen (Plazenta), der den Embryo während der Schwangerschaft ernährt. Es ist die einzige Situation, bei der fremdes Gewebe (Embryo) von eigenem (mütterlichem) Gewebe toleriert und nicht sofort abgestoßen wird.

Die inneren Zellen bilden die Hüllschicht um die Keimscheibe, die Fruchtblase (das Amnion). Aus der Keimscheibe selbst entsteht der Embryo. Hier differenzieren sich zunächst die drei Keimblätter, Ektoderm, Mesoderm und Entoderm, aus denen sich anschließend die Organe bilden.

Von der Einnistung bis zur 12. Woche. Die Einnistung (Nidation) ist etwa eine Woche nach der Befruchtung abgeschlossen. In dieser Zeit gilt das „Alles-oder-Nichts-Gesetz“, d.h. beim Auftreten von Störungen stirbt der Keim entweder ab oder entwickelt sich völlig unbeschadet weiter.

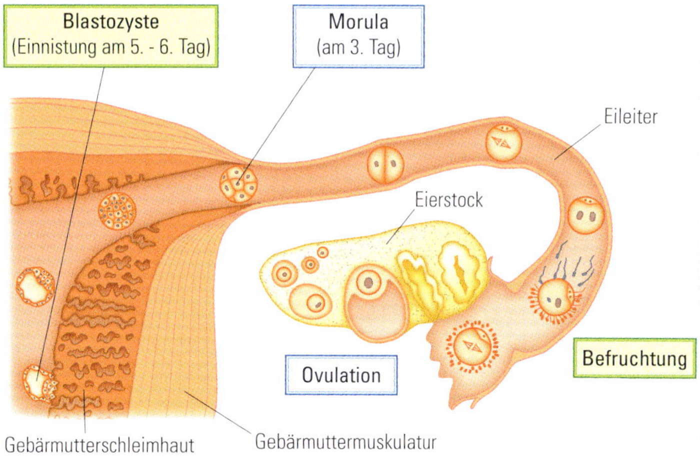

Bild 38 Die erste Entwicklungswoche.

Störungen, die nach der 3. Schwangerschaftswoche den Embryo über das mütterliche Blut erreichen, führen je nach Zeitpunkt zu unterschiedlichen Missbildungen. Die Embryonalzeit ist die Zeit der Bildung der Organe, wobei jedes Organ seine empfindliche Zeitspanne hat, in der seine Entwicklung nachhaltig gestört werden kann. Bekannt wurde dies durch das „Gregg-Syndrom“, bei dem die Neugeborenen blind, taub und mit Herzfehlern auf die Welt kommen, weil sich ihre Mütter in der Frühschwangerschaft (hier etwa 5.–7. Woche) mit dem Rötelnvirus infiziert haben.

Ebenso können Medikamente, die in dieser Phase der Schwangerschaft eingenommen werden, zu schwersten Missbildungen führen. Ein bekanntes Beispiel ist die Thalidomid-(„Contergan“-)Katastrophe: Anfang der 60er Jahre des 20. Jahrhunderts wurden Babys mit extrem verkürzten Armen und Beinen geboren, weil ihre Mütter ein frei verkäufliches Schlafmittel eingenommen hatten.

Embryo: Ungeborenes bis zum Abschluss des 3. Monats

Feststellung der Schwangerschaft. Die Frau merkt meist durch das Ausbleiben der Menstruationsblutung, dass eine Schwangerschaft eingetreten ist. Der Embryo ist zu diesem Zeitpunkt etwa 14 Tage alt (Bild 39). Hormone verhindern ein Absterben des Gelbkörpers und bewirken, dass der Progesteronspiegel hoch bleibt und die Regelblutung nicht eintritt. Der Nachweis eines bestimmten Hormons, des β-HCG (humanes Choriongonadotropin), im Blut und Urin der Mutter dient als Schwangerschaftstest. Diesen kann die Frau selbst machen oder in der Arztpraxis durchführen lassen. Bei diesem ersten Arztbesuch wird mittels Ultraschall auch der Sitz der Schwangerschaft überprüft. Eine regelwidrige Anlage der Schwangerschaft, z. B. im Eileiter, kann lebensbedrohliche Folgen haben und muss behandelt werden. Ebenso kann man bereits ab der 6. Schwangerschaftswoche das Herz des Embryos schlagen sehen zum Beweis der Vitalität des Ungeborenen.

Fetus: Ungeborenes vom 4. Monat bis zur Geburt

Toxoplasmose ▸ S. 80

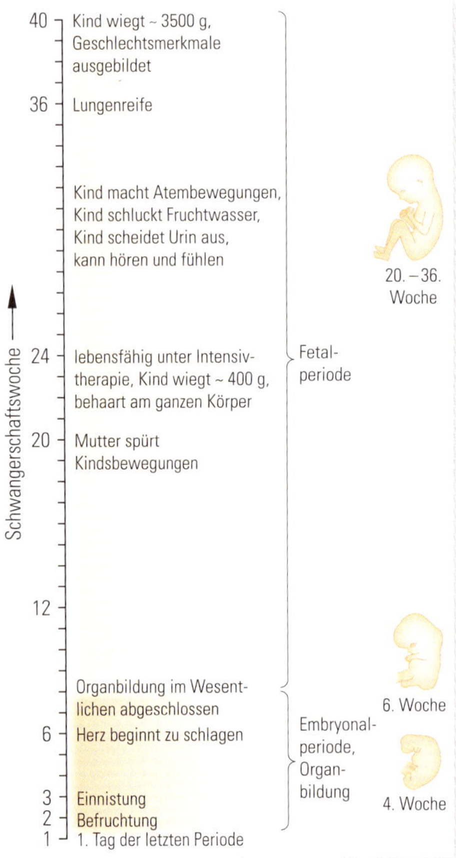

Bild 39 Entwicklung des ungeborenen Kindes.

Alle Befunde werden im Mutterpass eingetragen, den die Frau immer bei sich tragen sollte (Bild 41, S. 375). Nach der sog. Nägele-Regel kann der voraussichtliche Geburtstermin berechnet werden: 1. Tag der letzten Regelblutung minus 3 Monate plus 7 Tage plus 1 Jahr ergibt den Geburtstermin. Beispiel: letzte Regel am 21.07. ergibt den voraussichtlichen Geburtstermin 28.04. des folgenden Jahres.

Die Frau merkt im Allgemeinen in diesen ersten 12 Wochen, dass ihr Körper sich auf die Schwangerschaft umstellen muss. Anzeichen dafür können morgendliche Übelkeit bis zum Erbrechen sein oder Brustspannen und Stimmungsschwankungen.

Fetalperiode (9.–40. SSW). Die Zeit der Organbildung ist weitgehend abgeschlossen. Nun finden hauptsächlich Wachstums- und Reifungsprozesse statt. Vor allem das Gehirn entwickelt und differenziert sich. Schädigungen in dieser Zeit betreffen daher häufig die Gehirnentwicklung und führen zu geistigen Defekten. Ein Beispiel dafür ist die Toxoplasmose: Infizieren sich die Mutter zum jetzigen Zeitpunkt und nachfolgend der Fetus, so kann dies zur Früh- und Fehlgeburt, aber auch zu Sehschäden und geistiger Behinderung des Kindes führen. Ebenso ist mütterlicher Alkoholkonsum unter Umständen fatal für das Ungeborene. Auch hier kommt es zu Entwicklungsverzögerungen und zu einem nicht wiedergutzumachenden Verlust an Intelligenz.

Das Ungeborene nimmt an Größe und Gewicht zu, die Gebärmutter erreicht ca. in der 20. Woche die Höhe des Bauchnabels. Etwa ab diesem Zeitpunkt sind die Bewegungen des Kindes für die Mutter deutlich spürbar. Gegen Ende der Schwangerschaft übt das Kind das Atmen, indem es Atembewegungen ausführt, es scheidet Harn in das Fruchtwasser aus, der allerdings noch nicht konzentriert ist, und trinkt das Fruchtwasser. Es ist sehr bewegungsfreudig, hat aber auch Ruhephasen; es kann hören und fühlen.

Lebensfähig ist ein Kind außerhalb des Mutterleibes etwa ab der 23. Schwangerschaftswoche. Diese extrem Frühgeborenen haben jedoch erhebliche Anpassungsschwierigkeiten außerhalb des Mutterleibes; vor allem die Lunge ist noch nicht ausgereift (Atemnotsyndrom). Außerdem besteht ein erhöhtes Risiko für Hirnblutungen. Überleben diese Kinder, so sind oft Folgeschäden zu befürchten (körperliche und geistige Behinderungen).

Frühgeburt ▸ S. 379

Plazenta (Mutterkuchen). Mütterlicher und kindlicher Kreislauf sind zwar streng getrennt, treten aber im Mutterkuchen in so engen Kontakt, dass der Stoffaustausch durch Diffusion erfolgen kann (Bild 40). Es kommt dabei nicht zur Vermischung von mütterlichem und kindlichem Blut (Plazentaschranke). Jedoch können Viren, Medikamente, Alkohol oder Antikörper diese Barriere überwinden und das Ungeborene schädigen.

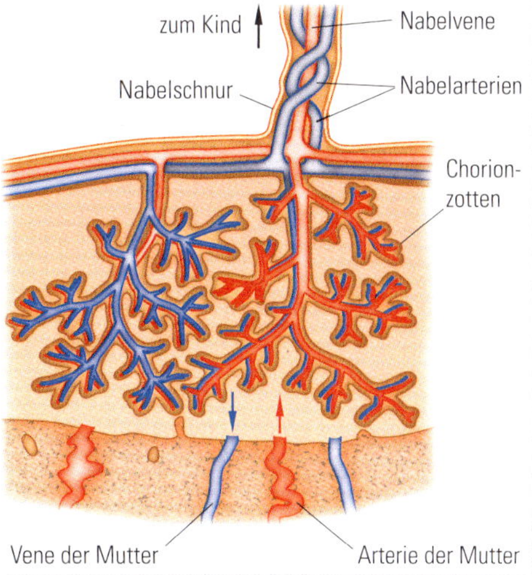

Bild 40 Bau der Plazenta.

Die Plazenta versorgt das Ungeborene mit Nährstoffen und Sauerstoff und nimmt aus dem kindlichen Blut Kohlendioxid und Abfallstoffe auf. Die Plazenta produziert Hormone (Östrogene und Gestagene) mit der Aufgabe die Schwangerschaft zu erhalten. Die enge Verbindung zwischen mütterlichem und kindlichem Kreislauf hat zur Folge, dass bei Blutungen aus der Plazenta beide gefährdet sind; Mutter und Kind können verbluten.

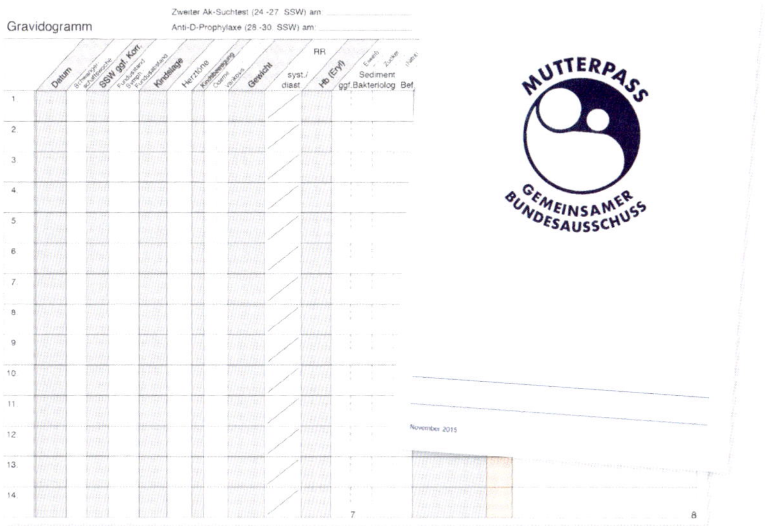

Bild 41 Auszug aus dem Mutterpass (Gravidogramm).

4.1.2 Mutterschaftsvorsorgeuntersuchungen

In Deutschland gibt es 10 Vorsorgetermine, die die Schwangere bei ihrem Frauenarzt wahrnehmen sollte, um die Chance auf einen problemlosen Verlauf der Schwangerschaft und ein gesundes Kind zu erhöhen. Die durchgeführten Untersuchungen werden im Mutterpass dokumentiert (Bild 41).

Untersuchungen auf Infektionserkrankungen. Beim ersten Termin wird außer der Feststellung der Schwangerschaft auch das Blut untersucht: auf Antikörper gegen Syphilis, Röteln und – mit Einverständnis der Schwangeren – auch auf HIV (Tabelle 10, S. 376).

Syphilis war früher eine häufige Geschlechtskrankheit, die wieder zunimmt. Sie führt zu typischen Missbildungen beim Kind und sollte daher, falls die Schwangere daran erkrankt ist, erkannt und behandelt werden. Röteln und Toxoplasmose können ebenfalls zu Missbildungen führen; bei einer Rötelninfektion kann man mit einer passiven Immunisierung eine Erkrankung meist verhindern. Eine Hepatitis B- oder HIV-Infektion der Schwangeren bedeuten eine Infektionsgefährdung unter der Geburt für das Kind. Im Falle der Hepatitis B wird man das Kind nach der Geburt simultan impfen, um es zu schützen; bei einer HIV-Infektion der Schwangeren wird man die Schnittentbindung erwägen, da hierbei das Infektionsrisiko für das Kind am geringsten ist (unter 10 %).

passive Immunisierung ▸ S. 96

SSW	Gesetzliche Mutterschaftsrichtlinien	Individuelle Gesundheitsleistung (IGel)	Benötigtes Material	Besonderes
4–8	1. Untersuchung Blutgruppe mit Rhesusfaktor Antikörpersuchtest LSR (Lues-Such-Reaktion) Röteln-HAH-Test Hämoglobin Chlamydien HIV (mit Einverständnis)	Toxoplasmose (Kassenleistung bei begründetem Verdacht) Cytomegalie	Vollblut Serum EDTA-Blut Urin	Röhrchen ohne Gel verwenden. Röhrchen muss mit Name, Vorname und Geburtsdatum beschriftet sein.
22–24	Antikörpersuchtest Hämoglobin		Vollblut EDTA-Blut	Ist der AKS positiv, wird in regelmäßigen Abständen der Titer überprüft. Kurz vor der Geburt wird engmaschiger geprüft.
24–28	Vortest auf Schwangerschaftsdiabetes (Gestationsdiabetes)		spezielles NaF-Citrat-Blut	Einnahme von 50 g Glucose, wenn 1-Stunden-Glucose > 134 mg/dl, dann den 75 g oGGT durchführen
32–36	HBs-Ag (Oberflächenantigen von Hepatitis B) Hämoglobin	Toxoplasmose (Kassenleistung bei begründetem Verdacht)	Serum EDTA-Blut	
34–36		β-hämolysierende Streptokokken	Vaginalabstrich	wird nur von einigen Krankenkassen bezahlt.
34–38	Hämoglobin		EDTA-Blut	

Tabelle 10 Laboruntersuchungen in der Schwangerschaft.

simultan: gemeinsam, gleichzeitig

Titer: Gehalt einer Lösung an gelöster Substanz

Rhesusfaktor ▸ S. 256

Gestose ▸ S. 378

Anamnese. Vorerkrankungen und andere Risikofaktoren werden in der Anamnese erhoben. Bestimmte Erkrankungen, z. B. der mütterliche Diabetes mellitus, sind mit einem erhöhten Missbildungsrisiko für das Kind verbunden. Auch Medikamenteneinnahme wird wegen des eventuellen Missbildungsrisikos erfasst.

Blutgruppenbestimmung und ein Antikörpersuchtest werden durchgeführt. Bei rhesusnegativen Schwangeren wird bei besonderem Risiko (z. B. Blutungen in der Schwangerschaft) sofort, sonst in der 26.–28. SSW eine „Anti-D-Prophylaxe" durchgeführt; nach der Geburt eines rhesuspositiven Kindes werden alle rhesusnegativen Mütter immunisiert.

Im Urin wird ein Test auf Chlamydien durchgeführt. Eine Infektion mit diesen intrazellulär lebenden Bakterien kann zur Früh- und Fehlgeburt führen bzw. unter der Geburt das Kind infizieren. Lebensbedrohliche Pneumonien können die Folge sein.

Mit Blutserum werden bakterielle (Lues) und virale (Röteln, Hepatitis B) Infektionen erkannt.

Weitere Untersuchungen. Bei jedem Untersuchungstermin wird außerdem die Menge des Blutfarbstoffs (Hämoglobin, Hb) festgestellt, um eine Anämie frühzeitig entdecken zu können (Tabelle 10). Ebenso wird der Urin mittels Teststreifen zum Ausschluss eines Harnwegsinfekts und einer Proteinurie kontrolliert. Die Schwangere wird gewogen und der Blutdruck gemessen. Nimmt sie sehr stark zu, steigt dabei der Blutdruck und tritt eine Proteinurie auf, kann dies ein Hinweis auf eine beginnende „Schwangerschaftsvergiftung" (Gestose) sein. Zur Vorsorge gehört auch die vaginale Untersuchung, um den Muttermund auf Geburtsanzeichen zu untersuchen.

Ultraschalluntersuchungen. Insgesamt werden im Laufe der Vorsorgetermine drei Ultraschalluntersuchungen des Kindes durchgeführt. Die erste in der Frühschwangerschaft dient der Terminbestimmung sowie der Vitalitäts- und Lagekontrolle des Embryos; hier können auch Mehrlinge festgestellt werden. Bei der zweiten Untersuchung etwa in der 20. SSW wird vor allem nachgesehen, ob sich der Fetus normal entwickelt, d.h. ob es irgendeinen Hinweis auf Missbildungen gibt. Ergäbe sich hier ein Verdacht, würde die Schwangere zu einer weiteren Ultraschalluntersuchung bei speziell dafür ausgebildeten Ärzten überwiesen. Die dritte Untersuchung gegen Ende der Schwangerschaft dient dazu, die Größe und Lage des Kindes und der Plazenta zu beurteilen und eine eventuelle Gefährdung zu entdecken (Bild 42). Bei einer fraglichen Minderversorgung des Fetus über die Plazenta kann eine Ultraschalldoppler-Sonographie der Gefäße veranlasst werden.

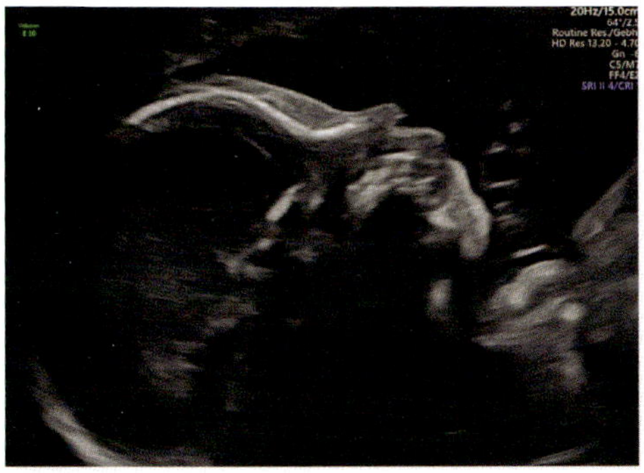

Bild 42 Ultraschallbild aus der 26. SSW.

Genetische Untersuchungen des Kindes in der Schwangerschaft. Wenn eine genetische Belastung für Erbkrankheiten vorliegt oder aufgrund des Alters der Schwangeren ein erhöhtes Risiko für Trisomien besteht, kann bereits in der Schwangerschaft ein Risikoscreening bzw. eine genetische Untersuchung des kindlichen Erbguts durchgeführt werden: In der 10. bis 13. SSW kann im Ultraschall nach einem Nackenhygrom (verdickte Nackenfalte) beim Embryo gesucht werden. Dieses korreliert im positiven Fall mit verschiedenen Fehlbildungen bzw. Gendefekten. Die Untersuchung ist eine individuelle Gesundheitsleistung (IGel) und muss daher von der Schwangeren selbst bezahlt werden.

Weiterhin kann ab der 10. SSW ein NIPT (nicht invasiver Pränataltest) aus mütterlichem Blut durchgeführt werden. Hier kann im Blut befindliches Erbgut des Embryos (DNA) auf Trisomien 13, 18 und 21 getestet werden. In begründeten Fällen ist diese Untersuchung eine Kassenleistung.

Folgende invasive Verfahren, die mit einem - wenn auch geringen Risiko - einer Fehlgeburt verbunden sind, werden von der gesetzlichen Krankenkasse bezahlt:

- Amniozentese,
- Chorionzottenbiopsie.

Amniozentese ist die Punktion der Fruchtblase durch die Bauchdecke der Mutter in der 15.–18. SSW. Die im Fruchtwasser (Bild 43) schwimmenden kindlichen Zellen können entnommen und im Labor untersucht werden. Ebenso können Stoffe, die auf bestimmte Missbildungen hinweisen, im Fruchtwasser festgestellt werden, z.B. das Alphafetoprotein, dessen Menge bei Missbildungen im Wirbelkanal (Spina bifida) erhöht ist. Dieses Verfahren wird heute routinemäßig Schwangeren angeboten, die aufgrund ihres Alters (über 35 Jahre) ein erhöhtes Risiko haben.

Amnion: innerste, gefäßlose embryonale Hülle

Chorion (Zottenhaut): darüberliegende embryonale Hülle

Spina bifida: „offener Rücken“

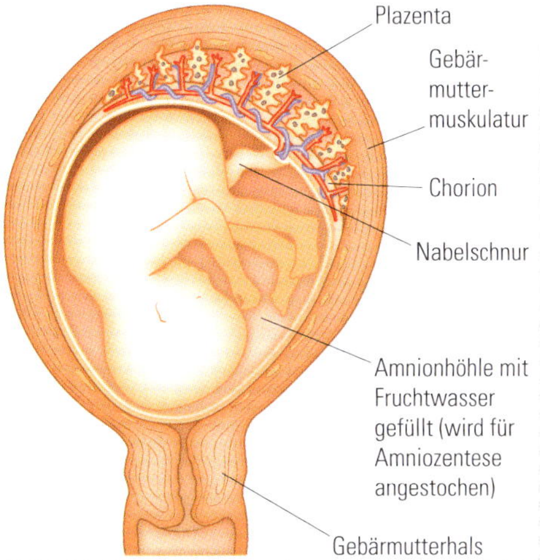

Bild 43 Fetus mit Chorion und Amnionhöhle.

Chorionzottenbiopsie ist die Punktion des Chorion durch die Bauchdecke oder die Scheide der Mutter. Das Chorion bildet die Innenseite der Keimhülle des Kindes und später zusammen mit der Gebärmutterschleimhaut die Plazenta (Bild 43, S. 377). Es ist embryonaler Herkunft; daher können Zellen, die hier entnommen werden, ebenfalls genetisch auf die Gesundheit des Kindes untersucht werden. Dieses Verfahren ist technisch schwieriger, da es bereits in der 11. SSW durchgeführt wird. Es hat jedoch den Vorteil, dass die Schwangere frühzeitig das Ergebnis erfährt und sich dann zu einem Abbruch entschließen kann.

FAS = **f**etales **A**lkohol**s**yndrom

4.1.3 Verhalten während der Schwangerschaft

Die Ernährung sollte fettarm, vitamin- und eiweißreich sein. Ab dem 4. Schwangerschaftsmonat kann die Kalorienmenge leicht erhöht werden. Insgesamt sollte die Schwangere nicht mehr als 10 bis 12 kg zunehmen. Wichtige Mineralstoffe, die während der Schwangerschaft eventuell medikamentös ergänzt werden sollten, sind:

- Calcium für den Knochenaufbau des Kindes,
- Eisen zur Bildung der Erythrozyten,
- Jod, denn bei Jodmangel der Mutter kann das Ungeborene einen kindlichen Kropf entwickeln und sich in seinem Wachstum verzögern,
- Folsäure für die Blutbildung und vor allem in der Frühschwangerschaft für die normale Entwicklung des Nervensystems. Folsäuremangel führt zu Fehlbildungen des Rückenmarks und der Wirbelsäule. Es sollte daher bei Kinderwunsch schon vor Eintritt der Schwangerschaft verordnet werden.

Phytotherapie ▸ S. 222 f.

Sport. Die Schwangere sollte keine Sportarten betreiben, bei denen Sprünge und Stöße auftreten und keine Sportarten mit hohem Verletzungsrisiko. Gymnastik und Schwimmen können im Allgemeinen problemlos bis zum Ende der Schwangerschaft ausgeübt werden.

Präeklampsie: umgangssprachlich „Schwangerschaftsvergiftung“

Schädliches Verhalten in der Schwangerschaft. Stress wirkt sich ungünstig auf die Versorgung des Kindes aus, daher sind im Mutterschutzgesetz Vorschriften erlassen worden, die den Stress am Arbeitsplatz, z. B. durch das Einhalten regelmäßiger Ruhepausen, reduzieren sollen.

Rauchen führt zur vorzeitigen Verkalkung der Plazentagefäße und damit zu einer mangelnden Versorgung des Ungeborenen mit Sauerstoff. Die Kinder werden zu klein und untergewichtig geboren. Es kann schlimmstenfalls zum Absterben des Kindes im Mutterleib kommen. Außerdem sind die Kinder nach der Geburt durch plötzlichen Kindstod oder Atemwegserkrankungen (Bronchitis, Asthma gefährdet.

Alkohol. Es gibt keine sicher unschädliche Menge. Auch das „Gläschen in Ehren“ kann schaden. Verschiedene Ausprägungen des fetalen Alkoholsyndroms, von motorischen und Sprachverzögerungen im frühen Kindesalter bis zu schweren Missbildungen des Säuglings, können Folge eines regelmäßigen Konsums sein.

Medikamente sollten nur nach Rücksprache mit dem Arzt eingenommen werden. Viele auch sonst eher harmlose Medikamente (z. B. Schmerzmittel) können das Ungeborene schädigen. Das gleiche gilt teilweise auch für pflanzliche Mittel (Phytotherapeutika).

4.1.4 Erkrankungen in der Schwangerschaft

Schwangerschaftserbrechen (Hyperemesis gravidarum). Aufgrund immunologischer Prozesse kann es bei einigen – vor allem psychisch belasteten – Frauen zu einem unstillbaren Erbrechen kommen, das weit über die normale morgendliche Übelkeit hinausgeht. Falls jegliche Nahrung und vor allem auch Flüssigkeit erbrochen wird, muss wegen der Gefahr des Salz- und Wasserverlustes die Schwangere stationär aufgenommen werden. Die Verluste werden durch Infusionen ausgeglichen.

Präeklampsie (umgangssprachlich „Schwangerschaftsvergiftung“). Durch immunologische Prozesse kommt es zu Gefäßspasmen und Verklumpungen der Thrombozyten. Dadurch steigt der Blutdruck an (Hypertonie) und eine Proteinurie als Zeichen einer Nierenbeteiligung tritt auf. Die Schwangere hat Kopfschmerzen, im schlimmsten Fall kann es zu zerebralen Krampfanfällen kommen. Es gibt die Möglichkeit, durch ein frühes Screening das Risiko für das Entstehen einer Präeklampsie abzuschätzen, sodass gegebenenfalls die Gabe von Acetylsalicylsäure empfohlen wird.

HELLP-Syndrom ist eine schwere Verlaufsform einer Präeklampsie. In der Leber kommt es zu Nekrosen mit erhöhten Transaminasen und Bilirubin. Die Mikroangiopathie führt zu Thrombopenie und Hämolyse. Typisches Symptom ist der Oberbauchschmerz. Die Schwangere muss sofort stationär versorgt und meist rasch entbunden werden.

4.1.5 Regelwidrige Schwangerschaftsdauer

Fehlgeburt. Wenn die Schwangerschaft endet, bevor das Kind lebensfähig ist, so bezeichnet man dies als Fehlgeburt (Abort). Die Ursachen sind vielfältig. In der Embryonalperiode sind es oft Missbildungen des Embryos, die zu einem Absterben der Frucht führen, in der Fetalzeit Erkrankungen der Mutter, z.B. ein Virusinfekt, der zur Fehlgeburt führen kann. Die Frau merkt die beginnende Fehlgeburt an Blutungen und evtl. ziehenden, wehenähnlichen Schmerzen. Therapeutisch versucht man in der Frühschwangerschaft den Prozess durch Bettruhe aufzuhalten, später durch die Gabe wehenhemmender Medikamente und die Behandlung von Scheideninfektionen.

Frühgeburt. Endet die Schwangerschaft zu früh, jedoch mit einem lebensfähigen Kind, so spricht man von einer Frühgeburt. Ursachen können Scheideninfektionen der Mutter sein, die wehenauslösend wirken. Man wird versuchen mit Antibiotika und Wehenhemmern die Geburt aufzuhalten, solange es dem Kind gut geht. Falls das nicht der Fall sein sollte und das Kind geboren wird, bedarf es besonderer Betreuung in der Kinderklinik (Intensivstation), da seine Körperfunktionen noch nicht ausgereift sind. Meist braucht es Atemunterstützung und es muss vor Wärmeverlust in einem Inkubator geschützt werden (Bild 44). Da der Saugreflex bei den „Frühchen" noch nicht gut ausgebildet ist, müssen sie oft mit einer Magensonde ernährt werden. Diese Kinder brauchen lange Zeit intensive Betreuung, um den Entwicklungsstand der Reifgeborenen zu erreichen.

4.2 Geburt

4.2.1 Geburtsphasen

Eröffnungsperiode. Nach etwa 40 Schwangerschaftswochen oder 9 Kalendermonaten gibt der Fetus das Signal zur Geburt. Das wehenauslösende Hormon Oxytozin wird daraufhin aus der mütterlichen Hypophyse freigesetzt und die Gebärmutter beginnt sich zu kontrahieren. Die Schwangere spürt diese Kontraktionen als Muskelkrämpfe im Bauch (Wehen). Ein Schleimpfropf, der den Gebärmutterhalskanal verschließt, löst sich und wird durch die Scheide ausgestoßen, evtl. mit etwas Blut vermischt („Zeichnen").

Die Kontraktionen der Gebärmutter dienen in dieser Anfangsphase dazu, dass sich der Muttermund auf etwa 10 cm öffnet, um das Kind hindurchzulassen (Bild 45, S. 380). Dies kann bei Erstgebärenden 12 Stunden dauern, bei Mehrgebärenden ist diese Periode meist kürzer. Am Ende der Eröffnungsperiode springt die Fruchtblase und Fruchtwasser fließt ab. Manchmal beginnt die Geburt mit dem Blasensprung und die Wehen setzen erst anschließend ein.

Mutter und Kind werden unter der Geburt mit dem sogenannten Herztonwehenschreiber (CTG) überwacht. Hier können die Häufigkeit und Stärke der Wehen abgelesen werden sowie die Reaktionen des Kindes auf die Wehen, indem man die Herzfrequenz des Kindes aufzeichnet.

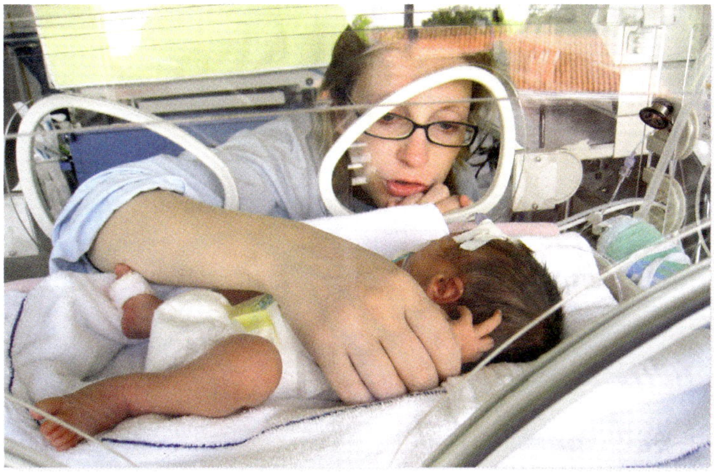

Bild 44 Inkubator.

HELLP: **H**ämolysis (engl. Hämolyse); **E**levated **L**iver Enzymes (engl. erhöhte Leberwerte); **l**ow **p**latelets (engl., erniedrigte Thrombozytenwerte)

Mikroangiopathie: Erkrankung der kleinsten Blutgefäße

CTG = **C**ardio**t**oko**g**ramm (Herztonwehenschreiber)

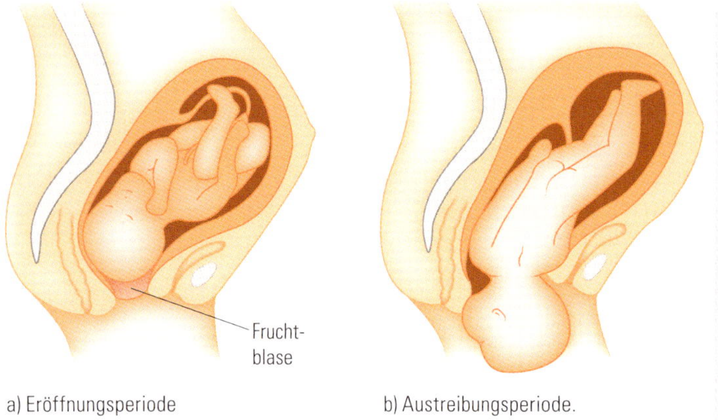

Bild 45 Phasen der Geburt.

Austreibungsperiode. Nach vollständiger Muttermundsöffnung beginnt die Austreibungsperiode, d. h., durch aktives Pressen der Schwangeren und mithilfe der Presswehen wird das Kind durch die Scheide nach außen geschoben (Bild 45). 90 % der Kinder werden mit dem Kopf voran geboren, wobei die Mehrzahl mit dem Gesicht nach unten, d. h. zum Damm der Mutter blickt. In der kritischen Phase des Durchtretens des kindlichen Köpfchens führt die Hebamme den sogenannten Dammschutz aus; sie hält mit der Hand gegen den Damm und versucht das Durchtreten des Kopfes so zu lenken, dass kein Dammriss entsteht. Wenn nötig, wird ein Dammschnitt durchgeführt, damit der Kopf mehr Platz zum Hindurchtreten hat und die Gefahr des unkontrollierten Reißens vermindert wird.

Nachgeburtsperiode. Nach der Geburt des Kindes löst sich der Mutterkuchen von der Gebärmutterwand und wird als Nachgeburt mit den Nachwehen ausgestoßen. Die Hebamme untersucht die Plazenta auf ihre Vollständigkeit. Es dürfen keine Plazentareste in der Gebärmutter zurückbleiben, da es sonst zu Blutungen oder Infektionen kommen kann.

Apgar-Test nach Virginia Apgar (1909–1974), amerikanische Ärztin

4.2.2 Operative Entbindung

Kaiserschnitt. Beim Kaiserschnitt wird das Kind durch operative Öffnung von Bauchdecke und Uterus geboren. Die Rate der Kaiserschnittentbindungen (Sectio caesarea) liegt bei über 20 %. Ein häufiger Grund ist das hohe Geburtsgewicht der Kinder.

Weitere Gründe für einen Kaiserschnitt sind alle Notfallsituationen, die das Leben von Mutter und Kind bedrohen, und geburtsunmögliche Kindslagen (Querlage). In Deutschland wird auch bei einer Steißlage (Beckenendlage), bei der das Gesäß des Kindes in Richtung des Geburtskanals liegt, meist ein Kaiserschnitt durchgeführt.

Geburtszange (Forzeps) oder Saugglocke (Vakuumextraktion). Bei einer Notfallsituation in der Austreibungsperiode werden Geburtszange oder Saugglocke eingesetzt. Dabei wird mithilfe eines der beiden Instrumente am kindlichen Köpfchen gezogen, um den Geburtsvorgang zu beschleunigen.

4.3 Neugeborene

Das gesunde Neugeborene hat ein Gewicht von etwa 3 500 Gramm, eine Körperlänge von über 50 cm und einen Kopfumfang von 35 cm. Mit dem Durchtrennen der Nabelschnur beginnt für das Kind das selbstständige Leben. Beim ersten Atemzug entfalten sich die Lungen und der kindliche Kreislauf stellt sich um. Die Kurzschlussverbindungen zwischen den beiden Herzvorhöfen sowie zwischen Aorta und Lungenarterie verschließen sich und das Blut nimmt nun den üblichen Weg.

Diese Umstellung ist eine empfindliche Phase für das Neugeborene. Es darf in dieser Zeit nicht auskühlen und sollte überwacht werden, um Gefahrensituationen rechtzeitig zu erkennen. Zu dieser Überwachung gehört auch die Bestimmung des Säuregehaltes im Blut in der kindlichen Nabelschnurarterie (normal: pH-Wert über 7,25). Ein pH unter 7,2 ist bedrohlich für das Kind (kindliche Azidose).

Der Apgar-Test ist der erste Test fürs Baby. Mit ihm werden nach 1, 5 und nach 10 Minuten die Vitalfunktionen des Kindes überprüft (Tabelle 11, S. 381). Ein gesundes Neugeborenes erreicht nach 5 Minuten Werte zwischen 8 und 10, bei Werten unter 6 wird das Kind auf eine Neugeborenenstation in einer Kinderklinik verlegt.

Reifezeichen dienen der Unterscheidung, ob es sich bei einem untergewichtigen Kind um ein zu früh geborenes Kind (Geburt vor der 37. Woche) oder ein mangelgeborenes Kind handelt, das zwar termingerecht, aber mit zu geringem Gewicht geboren wurde. Mangelgeborene gibt es oft bei Raucherinnen. Reifezeichen sind

- die fast verschwundene Lanugobehaarung,
- die geringe Käseschmiere am Körper sowie
- die rosige Haut und die Hautfalten an der Fußsohle.
- Die Fingernägel erreichen die Fingerkuppen, bei „überreifen" Kindern sind sie sogar länger. Diese weisen dann noch zusätzlich „Waschfrauenhände" auf, d. h. die Haut ist faltig.
- Bei Mädchen sollten die großen Schamlippen die kleinen bedecken; bei Buben sollten die Hoden im Hodensack liegen.
- Die physiologischen Neugeborenenreflexe wie der Saugreflex, der Schreitreflex, der Mororeflex sowie die Stellreflexe (Bild 46) werden im Rahmen der ersten Früherkennungsuntersuchung U1 geprüft.

4.4 Wochenbett

Für die Mutter beginnt nun die Zeit der Umstellung auf „nicht-schwanger", das sogenannte Wochenbett. Zunächst bildet sich die Gebärmutter auf ihre ursprüngliche Größe zurück. Dies wird durch das Stillen bzw. das Saugen des Kindes gefördert. Der Wochenfluss, das ist die Blutung aus der Gebärmutter, lässt allmählich nach, die Wundfläche in der Gebärmutter verheilt.

Die Brüste produzieren unter dem Einfluss des Hypophysenhormons Prolaktin zunächst die Vormilch, die besonders reich an schleimhautschützendem IgA ist. Nach einigen Tagen geht diese Milch in die reife Frauenmilch über, die den Bedürfnissen des Kindes optimal angepasst ist. Die Milchproduktion spielt sich nach einiger Zeit nach dem Prinzip von Angebot und Nachfrage ein; häufiges Anlegen erhöht die Milchleistung. Nur sehr wenige Frauen können nicht stillen. Bei stillenden Frauen dauert es oft länger, bis der normale Zyklus wieder in Gang kommt; einen sicheren Empfängnisschutz bietet dies jedoch nicht. Eine erneute Empfängnis ist nach ca. 6 bis 8 Wochen wieder möglich.

Punkte	0	1	2
Atmung	keine	Schnappatmung, unregelmäßige Atmung	regelmäßig, kräftig, schreiend
Puls (Herzfrequenz)	kein	< 100	> 100
Grundtonus (Muskeltonus)	schlaff	mittel, träge, Flexionsbewegung	gut, Spontanbewegungen
Aussehen (Hautfarbe)	blau oder weiß	Stamm rosig, Extremitäten blau	rosig
Reflexe	keine	„Grimasssen"	Husten oder Niesen

Beispiel: Kind schreit, Puls 120, bewegt sich heftig, Händchen blau, hustet ▸ 9 Punkte

Tabelle 11 Apgar-Test.

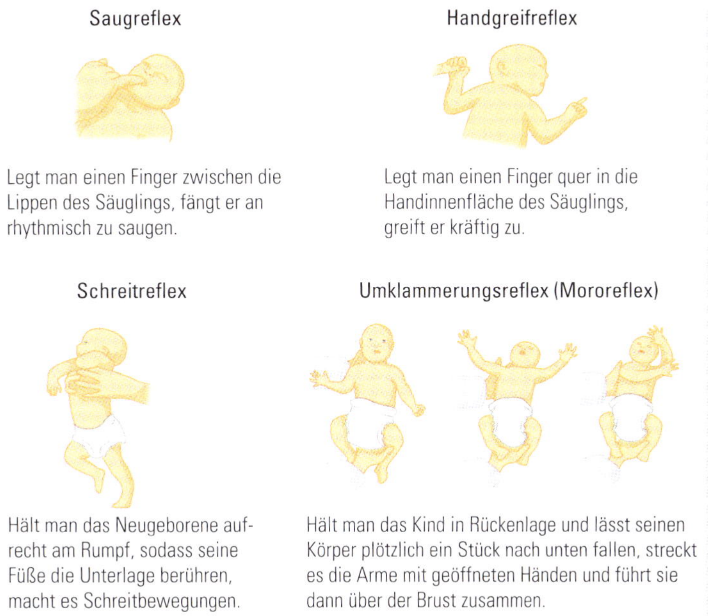

Bild 46 Reflexe bei Neugeborenen (Auswahl).

Lanugo von lana (lat.) = Wolle; Wollhaar, Flaum

U1 ▸ S. 468

IgA = **I**mmun**g**lobulin der Klasse **A**

5 Sexuell übertragbare Krankheiten (STD)

STD: Sexually **T**ransmitted **D**esease (engl.) oder **STI** (von „infections") = sexuell übertragbare Erkrankung

venerisch: nach der römischen Liebesgöttin Venus

HIV ▸ S. 93, 272

Schanker: altdeutsch für Geschwür

bonjour (frz.) = guten Tag

Die durch Geschlechtsverkehr übertragenen klassischen Geschlechtskrankheiten im engeren Sinn sind Lues (Syphilis), Gonorrhoe (Tripper) und die in Europa sehr selten vorkommenden Geschlechtskrankheiten weicher Schanker und venerische Lymphknotenentzündung.

Sexuell übertragen werden aber auch Erkrankungen wie Hepatitis (B, C, D), HIV und Infektionen durch:

- Bakterien (Chlamydien),
- Viren (Herpes, Warzen),
- Pilze (Soor),
- Einzeller (Trichomonaden),
- Parasiten (Krätze).

Lues (Syphilis, Harter Schanker) wird durch das Schraubenbakterium Treponema pallidum hervorgerufen. Die Bakterien bleiben untherapiert im Körper des Menschen und es entwickelt sich keine Immunität. Die Erreger können ein ungeborenes Kind schädigen. Lues verläuft in drei Stadien:

- Primärstadium: An der Eintrittspforte des Erregers entsteht nach 2 bis 4 Wochen ein derber Knoten, der sich in ein schmerzloses Geschwür mit hartem Rand umwandelt. Die regionären (nahegelegenen) Lymphknoten schwellen an. Die Symptome bilden sich auch ohne Therapie wieder zurück, aber der Erreger hat sich zwischenzeitlich im Körper ausgebreitet (Bild 47).
- Sekundärstadium: Ohne Behandlung beginnt 4 bis 6 Wochen später das Sekundärstadium mit oder ohne Symptome, das über Jahre andauern kann. Mögliche Symptome sind generalisierte Lymphknotenschwellungen, unterschiedlichste Hautveränderungen, Fieber, Gewichtsverlust, Leber- und Gehirnentzündungen.
- Tertiärstadium: Etwa ein Drittel der Patienten entwickelt nach Jahren die späte Syphilis, die mit Gefäßschäden, Untergang von sensiblen Rückenmarksbahnen und Demenz einhergeht.

Eine Therapie mit Penicillin ist im Primär- und Sekundärstadium möglich.

Gonorrhoe (Tripper) wird durch Bakterien (Gonokokken) verursacht. Die Erreger heften sich an die Schleimhäute und zerstören sie. Bei Frauen tritt die Entzündung im Bereich der Harnröhre und Genitalien auf. Sie kann sich über den ganzen Körper ausbreiten und zur Sterilität und Sepsis führen. Beim Mann kommt es zur Entzündung der Harn-Samenröhre und zu einem meist deutlich erkennbaren eitrigen Ausfluss („Bonjour-Tröpfchen") beim morgendlichen Wasserlassen (Bild 48).

Bei Neugeborenen kann eine Infektion der Augenbindehaut über den Geburtsweg erfolgen und eine Erblindung nach sich ziehen. Behandelt wird eine Gonorrhoe mit Antibiotika.

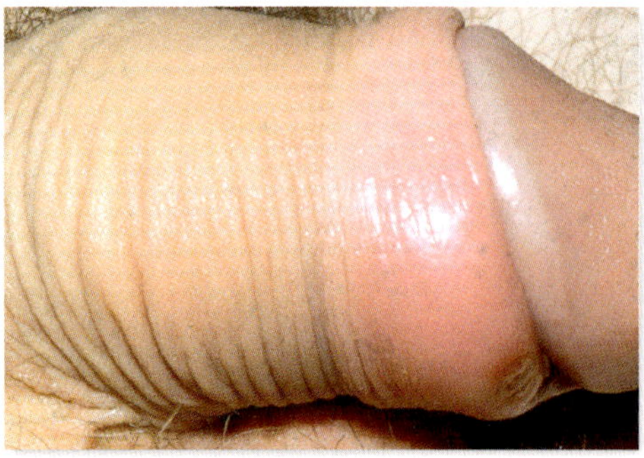

Bild 47 Geschwür am Penis.

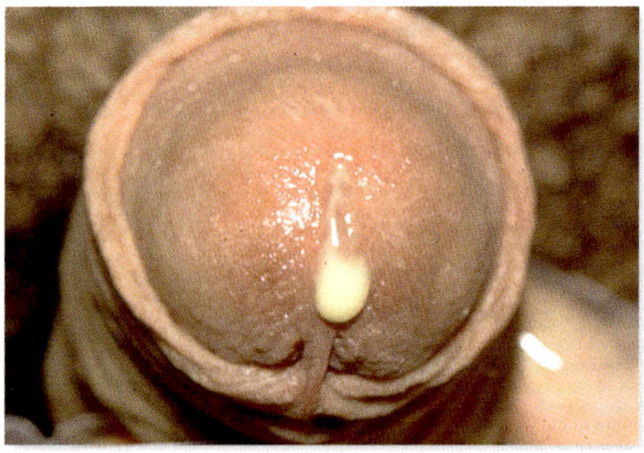

Bild 48 Gonorrhoe-Infektion. *©Diepgen TL, Yihune G et al. Dermatology Online Atlas (www.dermis.net)*

Chlamydieninfektion. Chlamydien sind Bakterien, die vor allem zu einer Entzündung des Gebärmutterhalses, zu Früh- und Fehlgeburten führen können. Die Infektion geht mit Juckreiz, Brennen im Genitalbereich und Ausfluss einher. Aufsteigende Infektionen verursachen Eileiterverschuss und sind die häufigste Ursache für Sterilität.Therapiert wird mit Antibiotika.

Herpes-simplex-Virus-Infektion (HSV). Personen mit Genitalherpes haben oft keine Beschwerden. Mögliche Symptome sind Jucken, Brennen und schmerzhafte Bläschenbildung im Genitalbereich. Das geburtshilfliche Problem der HSV-Infektion entsteht durch den perinatalen direkten Kontakt des Kindes mit dem Virus. Es wird durch auf eine Infektion des Geburtskanals zurückgeführt und kann beim vorzeitigen Blasensprung infolge der aufsteigenden Infektion das ungeborene Kind betreffen. Auch ohne äußerlich deutlich wahrnehmbare Symptome kann es beim Kind zu schweren Hirnschäden führen. Die Therapie wird mit antiviralen Medikamenten durchgeführt.

Humane Papilloma-Viren-Infektion (HPV). Bei den HPV (Warzenviren) lassen sich 60 verschiedene Typen unterscheiden, die unterschiedlich gefährlich sind.

Genitalwarzen (spitze Feigwarzen) werden vor allem durch die HPV-Typen 6, 11, 42 verursacht. Diese Warzen können sehr klein sein, aber auch monströse Formen annehmen (Bild 49). Gefährlich sind vor allem Infektionen mit HPV-Typen 16, 18, 45, die zu Gewebeveränderungen bis hin zum Gebärmutterhalskrebs führen können. Die meisten HPV-Infektionen verlaufen symptomlos. Daher wird die Diagnose meist im Zusammenhang mit auffälligen Vorsorgeabstrichen aus dem Gebärmutterhalsbereich gestellt.

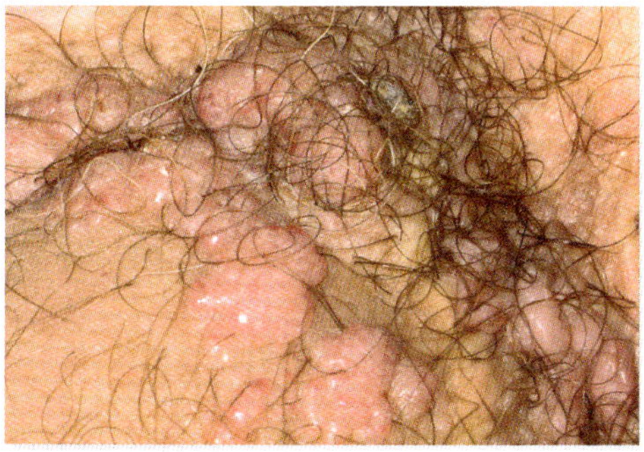

Bild 49 HPV-Infektion.

Es gibt Impfstoffe, die die Infektion und damit auch die Entstehung des Gebärmutterhalskrebses verhindern. Mädchen und Jungen sollten möglichst vor dem ersten Geschlechtsverkehr geimpft werden, damit sie bei einer möglichen Infektion Antikörper besitzen.

Trichomonadeninfektion. Eine Infektion mit Trichomonaden (Geisseltierchen) ruft wahrscheinlich erst in Verbindung mit einer anderen bakteriellen Infektion eine Entzündung von Scheide, Prostata und Eichel hervor. Es kommt zur Rötung des Genitalbereichs, weißlich grünlichem Ausfluss und starkem Juckreiz. Behandelt wird mit spezifischen antiparasitären Mitteln.

perinatal: die Zeit „um die Geburt"; von peri (gr.) = um, herum und natal (lat.) = Geburt

Candida-albicans-Infektion. Beim Scheidensoor leidet die Frau unter vaginalem Ausfluss und Juckreiz im Scheidenbereich. Eine Harnröhren- und Harnblasenentzündung durch Candida albicans verursacht die gleichen Beschwerden wie eine bakterielle Harnblasenentzündung mit Brennen beim Wasserlassen, Juckreiz und vermehrtem Harndrang. Die Behandlung wird mit Antimykotika durchgeführt.

Befall mit Filzläusen (Pediculosis pubis). Diese Parasiten siedeln sich meistens in der Schambehaarung an, aber auch in Augenbrauen, Bart- oder Achselhaaren – im Kopfhaar praktisch nie. Die Filzlaus ist kleiner (ca. 1,5 mm) als ihre Verwandten, die Kopf- und Kleiderlaus. Wie diese ernährt sich die Filzlaus vom Blut ihres Wirtes. Durch ihre Stiche verursacht sie eine Art Ausschlag mit heftigem Juckreiz. Die Diagnose erfolgt makroskopisch durch Nachweis der Läuse und der Nissen (= Läuseeier), die an den Haaren kleben. Therapiert wird lokal mit insektizidhaltigen Präparaten.

Krätze (Skabies-Infektion) ist eine weitere Erkrankung, die den Genitalbereich betreffen kann.

Krätze (Skabies-Infektion) ▸ S. 439

Zur Wiederholung

1. Erläutern Sie Aufbau und Funktion der Nieren.
2. Was versteht man unter
   - Primärharn,
   - Sekundärharn?
3. Eine Frau beobachtet Blut in ihrem Urin. Welche Ursachen können vorliegen?
4. Warum haben Frauen häufiger Harnwegsinfektionen als Männer?
5. Welches sind die typischen Symptome einer Zystitis?
6. Was versteht man unter Inkontinenz und welche Arten werden unterschieden?
7. Wie läuft eine Dialyse üblicherweise ab? – Skizzieren Sie den Ablauf und verfassen Sie Ihre Erklärung für einen Patienten, der Sie gefragt hat.
8. Welche Folgen sind möglich, wenn ein Patient mit Scharlach seine Antibiotika nicht nach Vorschrift des Arztes einnimmt?
9. Wie verhindern Sie die Kontamination von Urin für die Diagnostik
   - bei der Gewinnung,
   - beim Anlegen einer Urinkultur?
10. Erläutern Sie die Gewinnung von Mittelstrahlurin. Worauf ist dabei zu achten?
11. Wie entstehen Harnzylinder?
12. Zeichnen Sie in den Umriss eines Menschen die Hormondrüsen ein und nennen Sie die dort produzierten Hormone.
13. Warum sollte man mindestens einmal pro Woche Fisch essen?
14. Welche Drüsen sind für die Calciumregulierung im Körper zuständig? Was passiert, wenn diese Regulierung nicht mehr funktioniert?
15. Welche Funktion hat die Prostata?
16. Welche Auswirkungen hat eine Prostatavergrößerung?
17. Zeichnen Sie den Regelkreis des weiblichen Zyklus und verwenden Sie dabei folgende Begriffe: Hypophyse, Eierstöcke, Gebärmutter, Hormone (Namen einsetzen!), negative Rückkopplung.
18. Erläutern Sie die Vor- und Nachteile der einzelnen Verhütungsmethoden.
19. Beschreiben Sie den Ablauf der ersten Woche nach der Befruchtung.
20. Beschreiben Sie die wesentlichen Vorgänge in der Embryonal- und der Fetalperiode.
21. Warum sollte eine Frühgeburt möglichst vermieden werden?
22. Erstellen Sie eine Liste viraler Infektionen, die sexuell übertragen werden können und beschreiben Sie, wie sie sich auswirken können.
23. Beschreiben Sie die Stadien einer Lues-Infektion.
24. Erläutern Sie, warum eine Chlamydieninfektion bei einer schwangeren Frau rechtzeitig diagnostiziert werden sollte.

Zur Vertiefung

1. Ein Zeitungsbericht:

20 Rumänen verkaufen in der Türkei eine ihrer Nieren

20 Rumänen haben in einer türkischen Klinik je eine Niere an Organhändler verkauft. Die Männer wurden in der rumänischen Schwarzmeer-Hafenstadt Constanta verhaftet. Die Verhafteten haben ausgesagt, dass ihnen 3000 bis 4000 US-Dollar (bis zu 3500 Euro) für eine gespendete Niere versprochen worden seien. Ein Mittelsmann habe 1000 Dollar pro Niere bekommen.

- Warum sind einige Patienten mit Niereninsuffizienz bereit, viel Geld für eine Niere auf dem Schwarzmarkt zu bezahlen?
- Wodurch kann jeder dazu beitragen, den illegalen Organhandel zu unterbinden?

2. Diskutieren Sie Vor- und Nachteile des Organspendeausweises.

3. Stellen Sie – z. B. mithilfe des Internets – Empfehlungen zur Ernährung von Dialysepatienten für folgende Punkte zusammen:
   - Flüssigkeit,
   - Nährstoffe (Kohlenhydrate, Fett, Eiweiß),
   - Natrium (Kochsalz),
   - Kalium,
   - Calcium,
   - Phosphat,
   - Vitamine,
   - Ballaststoffe,
   - Alkohol,
   - Gewürze.

4. Ihre Freundin braucht eine sichere Verhütungsmethode, ist aber als Flugbegleiterin häufig in verschiedenen Zeitzonen und möchte daher keine „normale" Pille. Informieren Sie sich, welche Möglichkeiten der Hormonapplikation es außer der Hormonspirale noch gibt.

5. Erstellen Sie aufgrund Ihrer Kenntnisse zur Schwangerschaft , Geburt und frühkindlichen Entwicklung einen Kriterienkatalog einer Geburtsklinik, wie Sie ihn sich für eine Schwangere wünschen würden.

Lernsituationen

1. **Lernsituation**

Das Ehepaar K., er ist 38 Jahre, sie 35 Jahre alt, sucht den Arzt auf, weil es sich seit 2 Jahren Kinder wünscht, es bisher aber nicht geklappt hat.

a) Welche Untersuchung wird bei Herrn K. durchgeführt und weshalb?

b) Der Arzt rät Frau K. die Basaltemperatur zu messen. Erläutern Sie ihr, wozu das nötig ist und wie sie die Messung durchzuführen hat.

c) Beim nächsten Termin zeigt die Kurve, dass es nicht immer zu einem Eisprung bei Frau K. kommt. Bei der anschließenden Blutuntersuchung stellt man zu niedrige Werte der Hypophysenhormone fest. Erklären Sie Frau K., wie der Regelkreis der weiblichen Hormone funktioniert.

d) Frau K. wird mit Hormonen behandelt und kommt nach 3 Monaten in die Praxis, weil ihre Periode ausgeblieben ist. Sie vermutet, dass sie endlich schwanger ist. Welche Untersuchungen müssen Sie nun auf Veranlassung des Arztes durchführen?

e) Frau K. nimmt die Vorsorgetermine regelmäßig wahr. Sie möchte von Ihnen wissen, weshalb jedes Mal Blut und Urin untersucht werden.

f) Frau K. hat ein erhöhtes Risiko für eine genetische Erkrankung des Kindes und fragt, ob man nicht während der Schwangerschaft feststellen könnte, ob das Kind gesund ist. Klären Sie Frau K. über die Möglichkeiten auf.
g) Gegen Ende der Schwangerschaft fragt Frau K. woran sie merkt, dass die Geburt bevorsteht.
h) Das Kind wird in der 40. Woche geboren und weist einen Apgar-Wert von 8, 8, 10 auf. Der pH-Wert des Blutes beträgt 7,30. Erklären Sie der Mutter, was die Zahlen bedeuten.

2. Lernsituation

Sie begleiten Ihren Chef zu einem Hausbesuch bei Herrn Sommer, einem 74-jährigen etwas rundlichen Mann, der seit längerer Zeit nicht mehr in der Praxis war. Er hatte um einen Hausbesuch gebeten. Zunächst stehen Sie vor verschlossener Tür. Die herbeigerufene Tochter, die in der gleichen Straße wohnt, öffnet die Wohnung, weil Herr Sommer sich trotz lautem und mehrfachem Klingeln nicht regte.

Beim Betreten des Zimmers finden Sie Herrn Sommer zwischen Bett und Tisch am Boden liegend vor. Auf Ansprache reagiert er, jedoch verzögert, und bewegt auch erst nach intensiver Aufforderung mühsam Hände und Füße. Der Arzt stellt einen kräftigen Puls von 90 / min und einen Blutdruck von 200 / 110 mm Hg fest. Der Patient hat Mühe beim Atmen, sieht grau fahl aus und hat geschwollene Unterschenkel und Knöchel. Der Chef veranlasst eine Klinikeinweisung.

Anamnese

Später, als Sie etwas Zeit haben, informieren Sie sich über den Patienten.

Bei Herrn S. bestehen schon seit Jahren Bluthochdruck und Diabetes mellitus. Deshalb hat er auch eine Zeit lang Medikamente genommen, aber keine regelmäßigen Kontrollen durchführen lassen. Wegen depressiver Verstimmung hat er zeitweilig Tabletten eingenommen, die er vor längerer Zeit bekommen hat.

Vor vier Jahren war Herr S. in seiner Wohnung gestürzt und hatte sich eine linksseitige Oberschenkelfraktur zugezogen. Während des Krankenhausaufenthalts hatte er eine Thrombose im linken Bein entwickelt und war ein halbes Jahr marcumarisiert.

Bei seinem letzten Praxisbesuch hat er über Müdigkeit und Abgeschlagenheit geklagt und dass er auch ungeschickter geworden sei. So lasse er immer wieder Sachen aus der Hand fallen und stolpere häufiger.

Fragen

a) Wieso lautet die Verdachtsdiagnose, die zur Klinikeinweisung führte, „Chronisches Nierenversagen"? Welche Hinweise und Befunde stützen die Diagnose?
b) Wie lässt sich ein pathogenetischer Zusammenhang zwischen den Angaben von/über H. Sommer und der Diagnose herstellen?
c) Welche Ursachen und Gründe können bei Herrn Sommer zum Sturz (vor 4 Jahren) und zu dem jetzt wiederholten Stolpern beigetragen haben? Erläutern Sie mögliche Zusammenhänge.
d) Wie lässt sich der Therapieplan bezüglich der Ernährungsvorschläge begründen, den Herr Sommer bei seiner Entlassung aus der Klinik erhält?
   - Eiweißverminderung,
   - kochsalzarme und cholesterinarme Kost,
   - ausreichende Kalorienzufuhr,
   - viel Trinken.

Lernfeld 9
Patienten bei diagnostischen und therapeutischen Maßnahmen der Erkrankungen des Verdauungssystems begleiten

1 Grundlagen der Ernährung 388

- Nährstoffe
- Ballaststoffe
- Vitamine und sekundäre Pflanzenstoffe
- Mineralstoffe und Spurenelemente
- Wasser
- Ernährungsformen

2 Aufbau und Aufgaben des Verdauungssystems ... 396

- Mundhöhle, Rachen, Speiseröhre
- Magen
- Dünndarm
- Dickdarm
- Bauchspeicheldrüse
- Leber

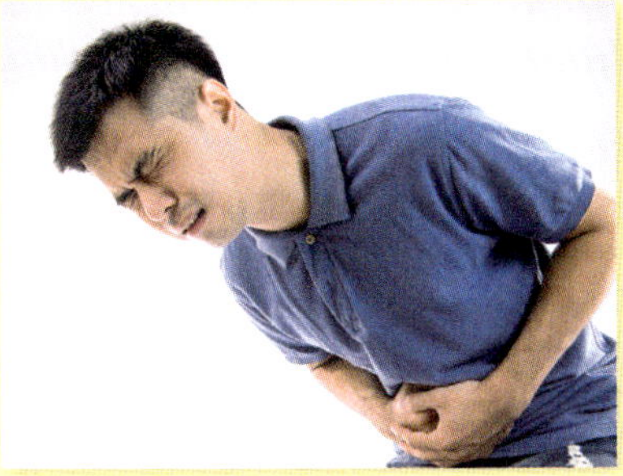

3 Erkrankungen des Verdauungssystems und ihre Behandlung 403

- Erkrankungen der Mundhöhle und Speiseröhre
- Erkrankungen des Magens und Darms
- Erkrankungen der Leber und Gallenblase
- Erkrankungen der Bauchspeicheldrüse

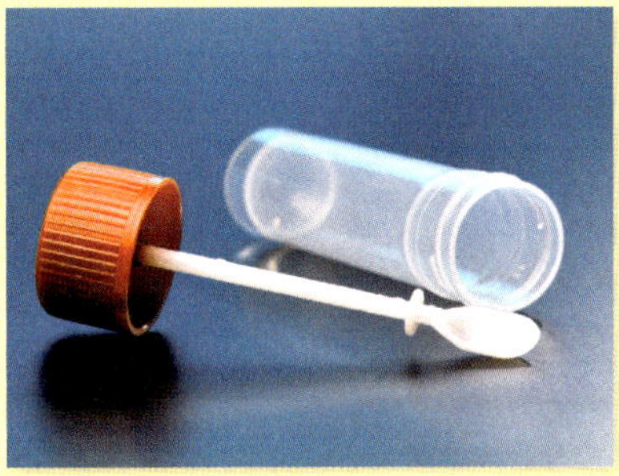

4 Untersuchungsverfahren ... 412

- Blutuntersuchungen
- Stuhluntersuchungen
- Sonographie
- Endoskopie

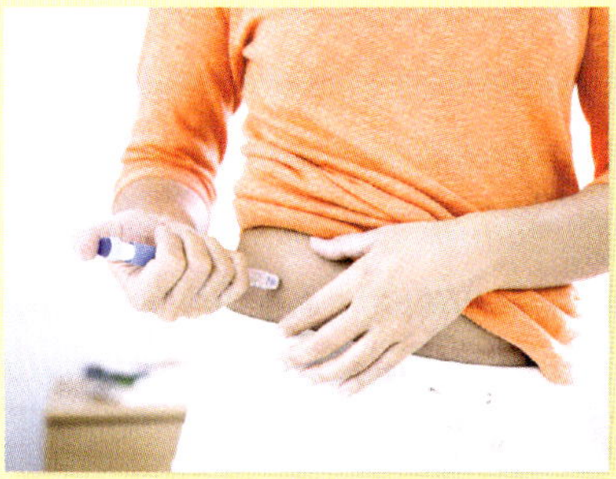

5 Stoffwechselerkrankungen und ihre Behandlung 416

- Adipositas
- Hyperlipoproteinämie
- Phenylketonurie
- Gicht und Hyperurikämie
- Diabetes mellitus

1 Grundlagen der Ernährung

„Essen hält Leib und Seele zusammen“. Dieses Sprichwort zeigt, dass die Ernährung die Grundlage unseres Lebens ist. Wir nehmen feste und flüssige Nahrung zu uns,

- um durch Verbrennung von Nährstoffen Energie zu gewinnen (Energiestoffwechsel),
- um mit den Stoffen in der Nahrung neue Zellen und Gewebe aufzubauen (Aufbaustoffwechsel).

Weiterhin hat Essen eine wichtige psychologische Bedeutung: Wir freuen uns über ein lecker zubereitetes Gericht. Das Essen hat auch soziale Bedeutung: Wir essen gerne in Gesellschaft von Freunden.

Zusammensetzung. Unsere Nahrung setzt sich aus verschiedenen Bestandteilen zusammen, und zwar aus

- Nährstoffen (Kohlenhydrate, Eiweiße, Fette),
- Ballaststoffen (z. B. Cellulose),
- Vitaminen (fettlösliche und wasserlösliche Vitamine),
- sekundären Pflanzenstoffen (z. B. Flavonoide),
- Mineralstoffen und Spurenelementen (z. B. Natrium, Kalium, Calcium, Magnesium, Eisen, Jod),
- Wasser und
- Würzstoffen.

1.1 Nährstoffe

Nährstoffe sind die Energielieferanten der Nahrung. Kohlenhydrate, Eiweiße und Fette werden im Stoffwechsel der Zellen mit Sauerstoff zu Kohlendioxid und Wasser verbrannt. Die pro Gramm freiwerdende Energie nennt man Brennwert (Tabelle 1). Der Energiegehalt der Nährstoffe wird mit der Einheit Kilojoule (kJ) angegeben. Die alte, immer noch verbreitete Einheit ist die Kilokalorie (kcal): 1 kcal entspricht 4,2 kJ.

Nährstoff	Brennwert pro Gramm
Kohlenhydrate	17 kJ (4 kcal)
Eiweiße	17 kJ (4 kcal)
Fette	37 kJ (9 kcal)

Tabelle 1 Brennwert der Nährstoffe.

Bei der Ernährung sollte ein Gleichgewicht zwischen Energiezufuhr und -verbrauch bestehen. Der Energiebedarf ist abhängig von der körperlichen Tätigkeit, aber auch vom Geschlecht, Lebensalter und von den Lebensumständen, z. B. Schwangerschaft oder Krankheit (Tabelle 2).

Auch das Verhältnis der Nährstoffe zueinander ist wichtig (Tabelle 3, S. 389):

- 50 bis 60 % des Energiebedarfs sollten durch Kohlenhydrate gedeckt werden,
- weniger als 30 % durch Fette und
- 10 bis 15 % durch Eiweiße.

Bei einem Mann (70 kg) bei leichter Tätigkeit wären das: 350 g Kohlenhydrate, 80 g Eiweiß und 80 g Fett. Tatsächlich nehmen wir aber durchschnittlich mit 130 g viel mehr Fett zu uns als empfohlen. Der Ernährungskreis zeigt anschaulich die optimalen Anteile der einzelnen Nahrungsmittelgruppen (Bild 6, S. 394).

Tätigkeit	Mann (70 kg)		Frau (60 kg)	
	kJ / Tag	[kcal / Tag]	kJ / Tag	[kcal / Tag]
leichte Tätigkeit (Büroangestellte)	10 400	[2 500]	8 800	[2 100]
mittelschwere Tätigkeit (MFA)	12 500	[3 000]	10 800	[2 600]
Schwerstarbeit (Leistungssportler)	über 17 000	[4 000]	über 17 000	[4 000]
Schwangerschaft, letztes Drittel			10 400	[2 500]

Tabelle 2 Energiebedarf unter verschiedenen Bedingungen.

Lebensmittel 100 g	Kohlenhydrate (g)	Eiweiß (g)	Fett (g)	Cholesterin (mg)	Brennwert (kJ / 100 g)
Rinderfilet	0	19	4	70	530
Eiernudeln	67	13	3	95	1470
Möhren	5	1	Spuren	0	110
Vollkornbrot	41	8	1	0	860
Äpfel	12	Spuren	Spuren	0	220
Schokolade	55	9	31	keine genauen Werte	2300
Trinkmilch	5	3	3,5	10	280
Cola	11	0	0		180

Tabelle 3 Nährstoffzusammensetzung einiger Nahrungsmittel.

Kohlenhydrate bestehen aus Zuckerverbindungen, den Einfachzuckern, Doppelzuckern und Vielfachzuckern (Bild 1).

Der wichtigste Einfachzucker ist die Glucose (Traubenzucker), da das Gehirn seinen Energiebedarf nur über Traubenzucker deckt. Ein anderer Einfachzucker ist die Fructose (Fruchtzucker).

Verbinden sich zwei Einfachzucker, entsteht ein Doppelzucker. Dies sind Saccharose (Rohr- oder Rübenzucker), Lactose (Milchzucker) und Maltose (Malzzucker).

Werden viele einzelne Zucker zu Molekülketten verknüpft, entstehen Vielfachzucker. Diese sind in Pflanzen, z. B. in Kartoffeln, Weizen, Mais und Reis als Stärke gespeichert. In den Muskeln und in der Leber wird der Vielfachzucker Glycogen gespeichert.

Unser Verdauungssystem ist auf die Vielfachzucker, wie sie in Kartoffeln und Getreide enthalten sind, gut eingestellt. Die langkettigen Zucker werden durch Enzyme langsam zu Glucose gespalten und vom Blut aufgenommen. Problematisch sind dagegen die Einfach- und Doppelzucker, die in vielen Fertiggerichten und zuckerhaltigen Getränken vorkommen. Sie führen zu einem raschen Anstieg der Glucose im Blut. Die Bauchspeicheldrüse schüttet dann vermehrt Insulin aus. Nach 30 Minuten sinkt der Glucosespiegel stark ab und das Hungergefühl ist wieder da. Zucker dient dem Körper nicht nur als Brennstoff, sondern auch als Baustoff z. B. für Bindegewebe.

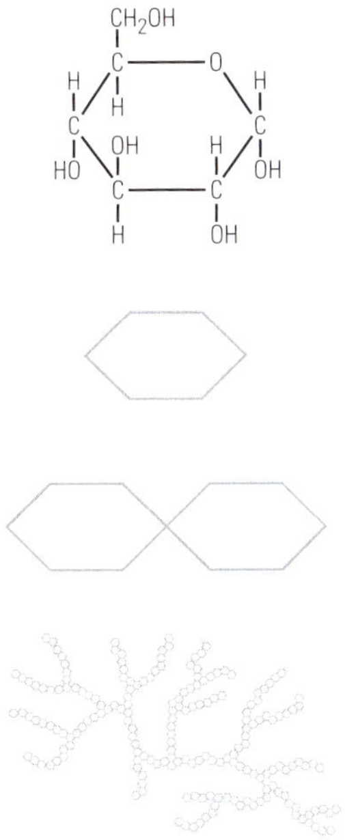

Bild 1 Aufbau der Kohlenhydrate.

Eiweiße (Proteine) bestehen aus Aminosäuren (Bild 2. S. 390), die der Körper zum Aufbau von Muskel- und Bindegewebe, von Enzymen und Antikörpern benötigt. Von den 20 verschiedenen Aminosäuren sind neun lebensnotwendig (essenziell). Sie müssen mit der Nahrung zugeführt werden, da sie unser Organismus nicht selbst herstellen kann. In tierischem Eiweiß (Fleisch, Fisch, Milchprodukte, Eier) findet man mehr essenzielle Aminosäuren als in pflanzlichem Eiweiß (Brot, Kartoffeln, Hülsenfrüchte, Soja). Isst man ein Drittel tierisches und zwei Drittel pflanzliches Eiweiß, erhält man genügend essenzielle Aminosäuren.

Bauchspeicheldrüse ▸ S. 399

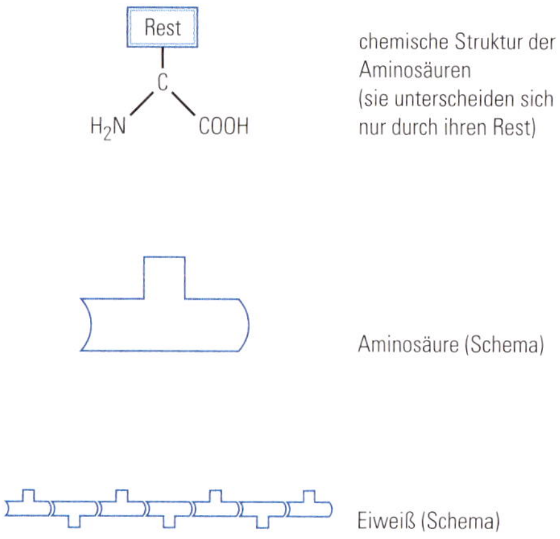

Bild 2 Aufbau der Eiweiße.

HDL = **h**igh **d**ensity **l**ipoproteins: Lipoproteine hoher Dichte (Schutzfaktor)

LDL = **l**ow **d**ensity **l**ipoproteins: Lipoproteine niedriger Dichte (Risikofaktor)

Fette (Lipide) haben einen doppelt so hohen Brennwert wie Kohlenhydrate und Eiweiße.

Triglyceride sind aus Fettsäuren und Glycerin aufgebaut (Bild 3). Im Fettgewebe dienen sie als Energiereserve und zur Wärmeisolation. Bestimmte ungesättigte Fettsäuren sind essenziell. Weil der Körper sie nicht selbst bilden kann, müssen sie über die Nahrung (z. B. Olivenöl) zugeführt werden.

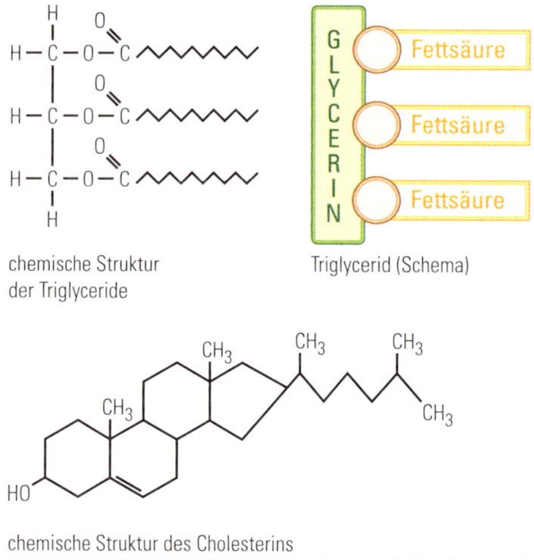

Bild 3 Aufbau der Fette.

Cholesterin wird in der Leber produziert und über tierische Nahrungsmittel aufgenommen. In Pflanzen kommt Cholesterin nicht vor. Cholesterin ist ein wichtiger Baustoff von Zellmembranen, aus ihm stellt der Körper z. B. die Hormone Östrogen und Testosteron sowie die Gallensäuren her.

Peristaltik: wellenförmig fortschreitende Kontraktion der glatten Muskulatur

Normalerweise besteht ein Gleichgewicht (Bild 4) zwischen dem aufgenommenen, selbst produzierten und dem als Baustoff benötigten Cholesterin. Ist dieses Gleichgewicht gestört, steigen die Gesamtcholesterinwerte im Blut. Damit steigt das Risiko für die Entstehung einer Arteriosklerose. Man muss aber unterscheiden zwischen dem HDL-Cholesterin (verringert das Risiko) und dem LDL-Cholesterin (erhöht das Risiko).

HDL = Hat dich lieb.
LDL = Lässt dich leiden.

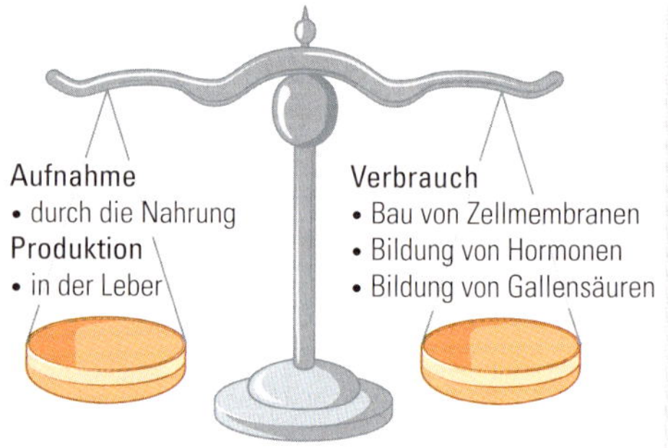

Bild 4 Das Gleichgewicht des Cholesterins.

Alkohol. Der Brennwert von Alkohol wird oft unterschätzt; 1 Gramm Alkohol entspricht 29 kJ (7 kcal). Man kann abnehmen, wenn man nur die alkoholischen Getränke weglässt: Wer sechs Wochen lang nur eine Flasche Bier am Tag weniger trinkt, nimmt 1 kg ab.

1.2 Ballaststoffe

Ballaststoffe (8 kJ/g bzw. 2 kcal/g) sind unverdauliche Bestandteile der Nahrung, so wie sie in den Zellwänden der Pflanzen (Vollkornprodukte, Kartoffeln, Gemüse, Obst) vorkommen. Meistens bestehen sie aus dem Vielfachzucker Cellulose.

Da Cellulose von den Verdauungsenzymen kaum gespalten und aufgenommen werden kann, hat sie fast keinen Brennwert. Dennoch sind Ballaststoffe wichtig für die Darmtätigkeit, denn sie binden Wasser und führen zu einer besseren Darmfüllung, was die Darmbewegung (Peristaltik) anregt. Ballaststoffe beugen dadurch einer Verstopfung (Obstipation) vor. Der tägliche Bedarf von Ballaststoffen liegt bei 30 g.

1.3 Vitamine

Vitamine sind lebensnotwendige (essenzielle) organische Verbindungen, die der Körper nicht herstellen kann. Vitamine sind keine Baustoffe und sie haben keinen Brennwert. Wir brauchen sie als Bestandteile von Enzymen, die viele Stoffwechselvorgänge unseres Körpers unterstützen. Man unterscheidet fettlösliche und wasserlösliche Vitamine (Tabelle 4).

Fettlösliche Vitamine können vom Körper in der Leber gespeichert werden, deshalb treten bei Überdosierung Vergiftungen (Hypervitaminosen) auf. Wasserlösliche Vitamine scheiden wir über den Urin aus. Da sie nicht gespeichert werden, tritt ein Mangel leichter auf.

Zum Merken: Die fettlöslichen Vitamine A, D, E und K gibt's bei EDEKA.

Die Nahrung in den Industriestaaten enthält ausreichend Vitamine. Zusätzliche Vitamine sind nur bei erhöhtem Bedarf, z. B. in der Schwangerschaft (Folsäure), bei Neugeborenen und Säuglingen (Vitamin K, Vitamin D) oder bei veganer Ernährung (Vitamin B_{12}) nötig.

Oxidationsschutz: schädliche Verbindungen wie z. B. freie Radikale werden abgefangen und so die Zellen und Moleküle im Körper vor Schäden geschützt

Vitamin	Funktion	Vorkommen	Tagesdosis*
Vitamin A	für Sehvorgang notwendig, wichtig für das Wachstum von Epithelien	Karotten, Spinat, Leber, Butter, Milch, Eier	700 – 850 µg RAE
Vitamin D	fördert die Calciumaufnahme im Darm, Knochenbildung	Fisch, Eier (kann durch UV-Licht in der Haut aus Vorstufen gebildet werden)	20 µg
Vitamin E	Oxidationsschutz für ungesättigte Fettsäuren	Getreidekeime, Pflanzenöle, Blattgemüse	12 – 14 mg
Vitamin K	fördert die Bildung von Gerinnungsfaktoren	grüne Pflanzen (wird von Darmbakterien gebildet)	60 – 70 µg
Vitamin B_1 Thiamin	Einfluss auf Kohlenhydratstoffwechsel und Nerventätigkeit	Vollkornprodukte, Hefe, Gemüse, Kartoffeln, Fleisch	1,0 – 1,2 mg
Vitamin B_2 Riboflavin	wichtige Rolle bei der Zellatmung	Vollkornprodukte, Hefe, Milch, Käse, Leber	1,1 – 1,4 mg
Niacin	zentrale Rolle bei der Zellatmung	Hefe, Nüsse, Innereien, Milchprodukte (wird von Darmbakterien gebildet)	12 – 15 mg
Vitamin B_6 Pyridoxin	wichtige Rolle beim Aminosäurestoffwechsel	Körnerfrüchte, Hefe, grünes Gemüse, Milchprodukte	1,4 – 1,6 mg
Vitamin B_{12} Cobalamin	wichtig für die Bildung von roten Blutkörperchen und für das Nervensystem	Leber, Fleisch	4 µg
Folsäure / Folat	wichtig für die Bildung von roten Blutkörperchen und für das Nervensystem	Gemüse, Obst (wird von Darmbakterien gebildet)	300 µg
Pantothensäure	wichtige Rolle im Stoffwechsel	tierische Lebensmittel, Hefe, grünes Gemüse, Getreide	5 mg
Biotin	wichtiger Bestandteil von Enzymen	Eier, Hefe, Innereien (wird von Darmbakterien gebildet)	40 µg
Vitamin C (Ascorbinsäure)	Oxidationsschutz, wichtige Rolle für Bindegewebe, Hormone, Wundheilung	frische Früchte, Kartoffeln, Gemüse	95 – 110 mg

* Empfohlene Zufuhr / Tag bzw. Schätzwert gem. DACH-Referenzwerten für die Nährstoffzufuhr (2020); Erwachsene 25 – 50 Jahre

Tabelle 4 Vitamine – ihre Funktion und ihr Vorkommen (gelb = fettlöslich, blau = wasserlöslich).

1.4 Sekundäre Pflanzenstoffe

Sekundäre Pflanzenstoffe sind in pflanzlichen Nahrungsmitteln enthalten. Sie geben ihnen die Farbe, dienen den Pflanzen als Abwehrstoffe gegen Fressfeinde sowie Mikroorganismen und regulieren das Wachstum der Pflanzen. Den sekundären Pflanzenstoffen werden gesundheitsfördernde Wirkungen zugeschrieben (Tabelle 5).

Für eine gute Versorgung empfiehlt die Deutsche Gesellschaft für Ernährung (DGE) einen hohen Verzehr von Gemüse, Obst, Hülsenfrüchten, Nüssen und Vollkornprodukten (Bild 5).

Bild 5 Lebensmittel mit einem hohen Gehalt an sekundären Pflanzenstoffen.

Sekundäre Pflanzenstoffe	Enthalten in (Beispiele)	Bedeutung für die Pflanze	Möglicher Gesundheitseffekt
Flavonoide	Äpfel, Kirschen, Zwiebeln, Rotwein, schwarzer und grüner Tee	Farbstoff	geringeres Risiko für bestimmte Krebsarten sowie Herz-Kreislauf-Krankheiten
Phenolsäuren	Kaffee, Tee, Vollkornprodukte, Weißwein, Nüsse	Abwehrstoff gegen Fressfeinde	geringeres Risiko für bestimmte Krebsarten
Phytoöstrogene	Getreide, Sojabohnen	Pflanzenhormon	positiver Einfluss auf die Blutgefäßfunktion und den Blutdruck

Tabelle 5 Sekundäre Pflanzenstoffe und ihre Bedeutung.

1.5 Mineralstoffe und Spurenelemente

Bei normaler und selbst bei vegetarischer Ernährung besteht in den Industriestaaten keine Gefahr eines Mineralstoffmangels (Tabelle 6).

Calcium. Nur bei Calcium kann eine Erhöhung der Zufuhr sinnvoll sein: bei erhöhtem Bedarf (z. B. in der Schwangerschaft), wenn man Milchprodukte meidet oder zur Vorbeugung von Knochenschwund (Osteoporose).

Mineralstoff (chemische Formel)	Funktion
Natrium (Na^+)	hohe Konzentration im Zwischenzellraum, hält das Wasser in den Blutgefäßen
Kalium (K^+)	hohe Konzentration in den Zellen, wichtig für Nervenfunktion und Muskelkontraktion
Calcium (Ca^{2+})	Bestandteil von Knochen und Zähnen, wichtig für Nervenfunktion, Muskelkontraktion und Blutgerinnung
Magnesium (Mg^{2+})	Bestandteil vieler Enzyme, wichtig für Muskelkontraktion
Phosphat (PO_4^{3-})	Bestandteil von Knochen und Zähnen, zentrale Rolle bei der Zellatmung
Chlorid (Cl^-)	wie Natrium: hohe Konzentration im Zwischenzellraum, hält das Wasser in den Gefäßen
Schwefel (S)	Bestandteil vieler Eiweiße, besonders im Muskel

Tabelle 6 Mineralstoffe und ihre Funktion.

Natrium. Mit Kochsalz (Natriumchlorid) sind die Menschen in den Industriestaaten mit 10 bis 15 g am Tag überversorgt, denn der Körper benötigt nur ca. 5 g am Tag. Zu viel Kochsalz führt bei einigen Menschen zu Bluthochdruck.

Spurenelemente. Darunter versteht man Elemente, die nur in äußerst geringen Mengen in der Nahrung vorkommen und im Organismus benötigt werden (Tabelle 7).

Medizinisch bedeutsam sind die Vergrößerung der Schilddrüse bei Jodmangel (Jodmangelstruma) und die Blutarmut durch Eisenmangel (Eisenmangelanämie). Diese kann bei Frauen durch den Eisenverlust während der Monatsregel und durch erhöhten Bedarf in der Schwangerschaft entstehen.

Spurenelement	Funktion
Eisen	Baustein des Blutfarbstoffes Hämoglobin
Jod	Baustein des Schilddrüsenhormons
Fluor	härtet den Zahnschmelz, im Knochen
Kobalt	Bestandteil des Vitamins B_{12}
Zink, Selen, Kupfer, Chrom, Mangan, Molybdän	wichtige Bestandteile von Enzymen in den Zellen

Tabelle 7 Spurenelemente und ihre Funktion.

1.6 Wasser

Der Mensch besteht zu ca. 60 % aus Wasser. Es dient als Lösungs- und Transportmittel. Lebenswichtige Stoffe (z. B. Salze) lösen sich gut in Wasser und werden so im Körper transportiert und verteilt.

Wasserzufuhr. Wasser ist in den meisten Lebensmitteln in unterschiedlicher Menge enthalten. Gemüse besteht ungefähr zu 90 % aus Wasser, Fleisch zu 70 % und Brot ungefähr zu 40 %. Wasser wird aber nicht nur über Lebensmittel (ca. 0,6 l) und Getränke (ca. 1,5 l) zugeführt, sondern es entsteht auch im Körper bei der Verbrennung von Kohlenhydraten und Fetten (ca. 0,4 l).

Wasserbedarf. Die Deutsche Gesellschaft für Ernährung (DGE) empfiehlt Erwachsenen täglich bis zu 1,5 l zu trinken. Dies gilt bei ausreichender Energiezufuhr und durchschnittlichen Lebensbedingungen.

Wasserabgabe. Ein gesunder Mensch scheidet täglich Wasser aus: über den Urin (ca. 1,5 l), über den Stuhl (ca. 0,2 l), durch Schweiß über die Haut (ca. 0,3 l) und über die feuchte Ausatmungsluft (ca. 0,5 l).

Wasserzufuhr und Wasserabgabe sollten ausgewogen sein. Durchfall, Fieber, Erbrechen oder starkes Schwitzen führen zu Wasserentzug. Die Folgen reichen von Leistungsabfall und Konzentrationsstörungen bis zu Kreislaufversagen, Bewusstlosigkeit und Tod.

1.7 Würzstoffe/Gewürze

Verschiedene Duft- und Aromastoffe bestimmen den Geruch und den Geschmack von Nahrungsmitteln. Sie sind nicht lebensnotwendig. Ihre Bedeutung liegt darin, dass sie das Wohlbefinden des Menschen und die Sekretion von Verdauungssäften fördern.

1.8 Arten der Ernährung

Der Menschen ist durch sein Gebiss und seinen Magen-Darm-Trakt in der Lage, sowohl Fleisch als auch pflanzliche Nahrung zu zerkleinern und zu verdauen. Aus religiösen, ethischen, kulturellen, gesundheitlichen und geschmacklichen Gründen entscheiden sich Menschen für oder gegen bestimmte Lebensmittel.

1.8.1 Vollwertige Ernährung

Die vollwertige Ernährung entspricht einer abwechslungsreichen Ernährung aus pflanzlichen und tierischen Nahrungsmitteln. Bei dieser Mischkost stehen die energieliefernden Nährstoffe (Kohlenhydrate, Eiweiße, Fette) in einem ausgewogenen Verhältnis. Vitamine, Ballaststoffe und sekundäre Pflanzenstoffe sind ausreichend enthalten. Die Deutsche Gesellschaft für Ernährung DGE vermittelt mit dem Ernährungskreis (Bild 6) und ihren 10 Regeln (Bild 7), wie sich vollwertiges Essen und Trinken praktisch umsetzen lässt.

Der Ernährungskreis der Deutschen Gesellschaft für Ernährung e. V. (DGE) ist ein Beispiel für eine vollwertige Ernährung. Er teilt das reichhaltige Lebensmittelangebot in sieben Gruppen ein und erleichtert so die tägliche Lebensmittelauswahl. Je größer ein Segment des Kreises ist, desto größere Mengen sollten aus der Gruppe verzehrt werden. Lebensmittel aus kleinen Segmenten sollten dagegen sparsam verwendet werden. Für eine abwechslungsreiche Ernährung sollte die Lebensmittelvielfalt der einzelnen Gruppen genutzt werden.

Bild 6 DGE-Ernährungskreis®, Copyright: Deutsche Gesellschaft für Ernährung e. V., Bonn.

10 Regeln der DGE

1. Lebensmittelvielfalt genießen
2. Gemüse und Obst – nimm „5 am Tag“
3. Vollkorn wählen
4. Mit tierischen Lebensmitteln die Auswahl ergänzen
5. Gesundheitsfördernde Fette nutzen
6. Zucker und Salz einsparen
7. Am besten Wasser trinken
8. Schonend zubereiten
9. Achtsam essen und genießen
10. Auf das Gewicht achten und in Bewegung bleiben

Bild 7 10 Regeln der DGE.

„5 am Tag“
Fünf Portionen Obst und Gemüse am Tag reduzieren nachweislich das Erkrankungsrisiko für koronare Herzkrankheit, Schlaganfall, Hypertonie und Krebs. Denn wer täglich drei Portionen Gemüse und 2 Portionen Obst zu sich nimmt, versorgt seinen Körper mit vielen wichtigen Inhaltsstoffen (Vitamine, Mineralstoffe, Spurenelemente, sekundäre Pflanzenstoffe und Ballaststoffe). Hinter der Ernährungskampagne steht der Verein „5 am Tag“ mit Mitgliedern aus den Bereichen Gesundheit, Wissenschaft und Wirtschaft.

5 am Tag
OBST & GEMÜSE

Bild 8 Aktion „5 am Tag“ zur Verbesserung der Gesundheit.

Die flexitarische Ernährung wurde als Begriff in den USA um das Jahr 2000 geprägt. Flexitarier essen Fleisch, aber nur wenig, von guter Qualität und aus artgerechter Haltung. Diese Art von Ernährung kommt den Empfehlung der DGE sehr nahe, nur 300 bis 600 Gramm Fleisch und Wurst pro Woche zu verzehren.

Fructosehaltige Lebensmittel. Die Aufnahme von zu viel Obst, fructosehaltigen Getränken und mit Fructose gesüßten Nahrungsmitteln kann zu Problemen führen. Aufgrund der langsamen Resorption kann der Dünndarm überfordert sein. Die Entstehung einer Fettleber, von Diabetes und Bluthochdruck kann dadurch begünstigt werden. Daher sollten bei „5 am Tag“ höchstens 2 Portionen Obst verzehrt werden.

1.8.2 Vegetarische und vegane Ernährung

Die vegetarische Ernährung besteht überwiegend aus pflanzlichen Lebensmitteln wie Getreide, Gemüse und Obst. Auch Milchprodukte, Eier und Honig werden verzehrt. Den verschiedenen Formen der vegetarischen Ernährung ist gemeinsam, dass sie auf Nahrungsmittel wie Fleisch, Geflügel und Fisch verzichten, da diese von getöteten Tieren stammen.

Grundsätzlich ist die ovo-lakto-vegetarische Ernährung gesundheitlich empfehlenswert. Bei richtiger Auswahl und Zusammenstellung der Lebensmittel sind keine Mangelerscheinungen zu befürchten. Einige Studien zeigen sogar, dass Vegetarier seltener an Übergewicht, Diabetes und Bluthochdruck leiden.

Die vegane Ernährung verzichtet generell auf alle Erzeugnisse lebender Tiere, also auch auf Milchprodukte, Eier und Honig. Nach Überzeugung der Veganer werden bei jeder Tierhaltung die Tiere missbraucht und ausgebeutet. Deshalb verzichten Veganer auch auf Kleidung aus Leder oder Wolle und vermeiden Produkte, die in Tierversuchen getestet wurden.

Damit eine vegane Ernährung nicht zu Mangelerscheinungen führt, ist ein umfangreiches Ernährungswissen erforderlich. Vitamin B_{12} kommt nur in tierischen Produkten vor. Diese Tatsache führt insbesondere bei Kindern, deren Mütter sich während der Schwangerschaft vegan ernähren, häufig zu einem Vitamin-B_{12}-Mangel. Dieser kann sich in bleibenden Schäden am Nervensystem äußern. Bei einer veganen Ernährung kann es außerdem zu Mangelerscheinungen bei Vitamin D, Eisen und Calcium kommen vor.

ovum (lat.) = Ei
lac (lat.) = Milch

Bild 9 Formen des Vegetarismus.

2 Aufbau und Aufgaben des Verdauungssystems

Die meisten Bestandteile der Nahrung können nicht direkt vom Organismus aufgenommen werden. Sie müssen verdaut werden. Darunter versteht man die

- mechanische Zerkleinerung und Vermischung des Speisebreis mit den Verdauungssekreten,
- Spaltung der Nährstoffe durch Enzyme in kleinste Nahrungsbausteine,
- Aufnahme (Resorption) der Nahrungsbausteine durch die Darmschleimhaut in Blut und Lymphe,
- Ausscheidung der unverdaulichen Nahrungsbestandteile.

Dies alles geschieht im 5 bis 7 Meter langen und schlauchartigen Verdauungssystem, dessen einzelne Abschnitte auf ihre jeweiligen Aufgaben spezialisiert sind.

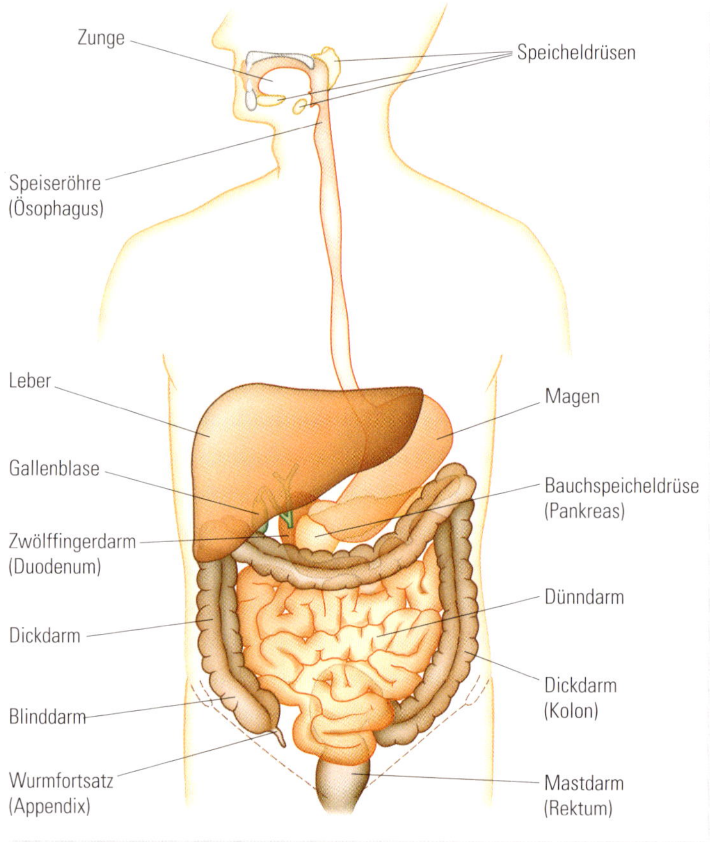

Bild 10 Verdauungsorgane.

Das Verdauungssystem gliedert sich in Mund, Speiseröhre, Magen, Dünndarm, Dickdarm und endet mit dem After (Bild 10).

2.1 Mundhöhle, Rachen, Speiseröhre

Die Verdauung beginnt bereits im Mund. Mundhöhle, Rachen und Speiseröhre bilden ein System mit folgenden Aufgaben:

- Zähne zerkleinern die Nahrung.
- Geschmacksknospen der Zunge empfinden den Geschmack (dadurch wird auch kontrolliert, was man isst).
- Speichel macht die Nahrung gleitfähig.
- Das Enzym Amylase im Mundspeichel sorgt für die Vorverdauung der Kohlenhydrate (Stärke).
- Schluckvorgang im Rachen.
- Die Speiseröhre transportiert den Nahrungsbrei aktiv (Peristaltik) zum Magen.

Die Zunge (Lingua) besteht aus quergestreifter Muskulatur und ist von einem mehrschichtigen Epithel überzogen. Sie dient zum Schlucken, Saugen, Sprechen und ist mit ihren Geschmacksknospen ein wichtiges Sinnesorgan.

Zähne. Ein Zahn besteht aus Zahnkrone, Zahnhals und Zahnwurzel (Bild 11, S. 397). Die Zahnwurzel hat eine Wurzelhöhle (Pulpa), die von Gefäßen versorgt wird. Hier verlaufen Nerven. Sind sie entzündet, verursachen sie Zahnschmerzen. Die Grundsubstanz des Zahnes ist Zahnbein (Dentin), die Zahnkrone ist vom harten glasartigen Zahnschmelz überzogen, die Zahnwurzel vom knochenähnlichen Zahnzement. Der Zahn ist im Zahnfach eingelassen, wo er mit den Fasern des Zahnhalteapparates federnd im Kieferknochen verankert ist. Am Zahnhals wird der Übergang von Zahnwurzel und Zahnkrone vom Zahnfleisch abgedichtet.

Die verschiedenen Zahnformen spiegeln ihre unterschiedliche Funktion wider. Mit den Schneide- und Eckzähnen beißen wir Nahrungsbrocken ab und mit den vorderen und hinteren Mahlzähnen zerkleinern wir die Nahrung.

Milchgebiss. Das Neugeborene hat noch keine Zähne. Erst mit ca. sechs Monaten erscheinen die ersten Zähne und nach ca. 2½ Jahren ist das Milchgebiss mit 20 Zähnen vollständig.

Dauergebiss. Der erste bleibende Zahn bricht mit dem 6. Lebensjahr durch. Das bleibende Gebiss besteht aus 32 Zähnen. In jeder Kieferhälfte finden wir oben und unten je zwei Schneidezähne, einen Eckzahn, zwei vordere und drei hintere Mahlzähne. Der dritte hintere Mahlzahn ist als Weisheitszahn bekannt.

Speicheldrüsen. Neben den vielen kleinen Drüsen der Mundschleimhaut münden drei paarige große Speicheldrüsen im Mundraum (Bild 12):

- Ohrspeicheldrüse (Glandula parotis); sie ist die größte, liegt vor dem Ohr und mündet mit ihrem Ausführungsgang oberhalb des 2. oberen Mahlzahnes in die Mundhöhle.
- Unterkieferspeicheldrüse (Glandula submandibularis); sie liegt am hinteren Rand des Mundbodens.
- Unterzungenspeicheldrüse (Glandula sublingualis); sie liegt im Mundboden.

Speicheldrüsen bilden täglich ca. 1,5 l Speichel. Speichel verflüssigt die Nahrung und macht sie gleitfähig. Das Mundspeichelenzym Amylase spaltet Stärke in Malzzucker; damit beginnt Verdauung schon im Mund. Mineralstoffe im Speichel remineralisieren den Zahnschmelz und das Zahnbein.

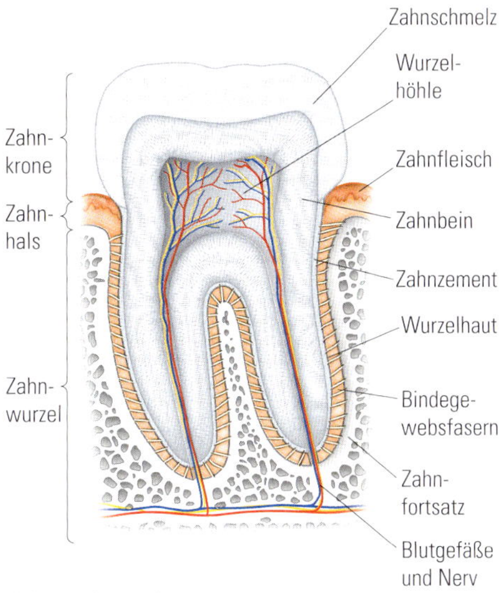

Bild 11 Längsschnitt durch einen Zahn.

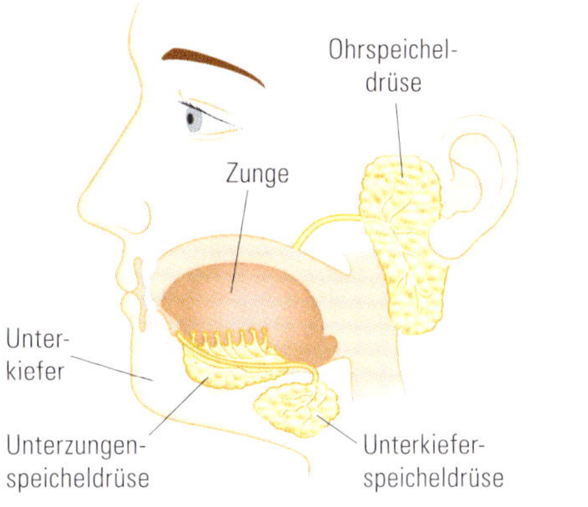

Bild 12 Die drei paarigen Speicheldrüsen.

Rachen (Pharynx). Durch den Schluckvorgang wird die Nahrung vom Mund in die Speiseröhre befördert. Die Zunge presst die Nahrung gegen den Gaumen und löst so den Schluckreflex aus: Der weiche Gaumen verschließt den Zugang zur Nase, gleichzeitig wird der Kehlkopf angehoben und der Kehldeckel verschließt den Zugang zu den Atemwegen. Die Nahrung wird in die Speiseröhre gedrückt (Bild 13). Da sich im Rachen Speise- und Atemwege kreuzen, können bei einer Störung des Zusammenspiels von Kehlkopf und Kehldeckel Nahrungsbestandteile in die Atemwege geraten (verschlucken). Schutzreflexe (Hustenreflex, Würgereflex) sorgen dann dafür, dass die Atemwege wieder frei werden.

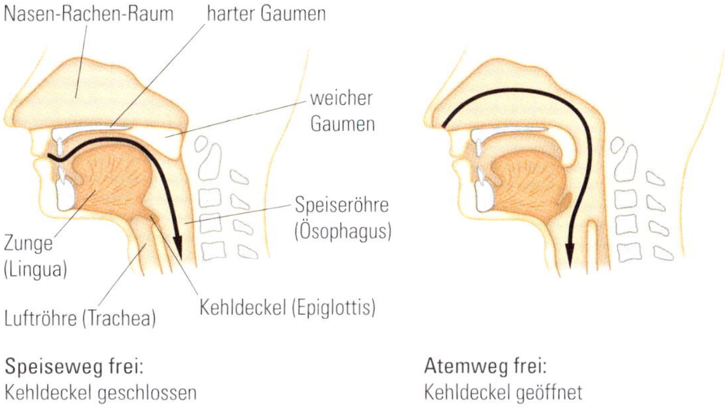

Bild 13 Vorgänge beim Schlucken.

Speiseröhre (Ösophagus). Die Nahrung wird durch wellenförmige Muskelbewegungen (Peristaltik) in der Speiseröhre weiterbefördert. Sie ist 25 bis 30 cm lang und liegt hinter Luftröhre und Herz. Durch einen Schlitz im Zwerchfell verläuft die Speiseröhre in die Bauchhöhle und mündet in den Magen.

2.2 Magen (Gaster)

Folgende Vorgänge laufen im Magen ab:
- Die meisten Mikroorganismen werden durch die Magensäure abgetötet.
- Eiweiße gerinnen durch die Magensäure und werden durch das Enzym Pepsin vorverdaut.
- Ein Eiweißkomplex („intrinsic factor“) bindet das Vitamin B_{12}; dadurch wird die Aufnahme dieses Vitamins erst möglich.
- Der Nahrungsbrei wird durchmischt und portionsweise weitergegeben.

Der Magen hat ein Fassungsvermögen von 1 bis 2 l und liegt im mittleren Oberbauch. Er besteht aus dem Mageneingang (Kardia), dem Magengewölbe (Fundus), dem Magenkörper (Korpus), dem Magenausgang (Antrum) und dem Magenpförtner (Pylorus). Die Magenwand ist innen mit Schleimhaut ausgekleidet, es folgt die Muskelschicht und außen wird der Magen vom Bauchfell überzogen (Bild 14).

Parasympathikus ▸ S. 328

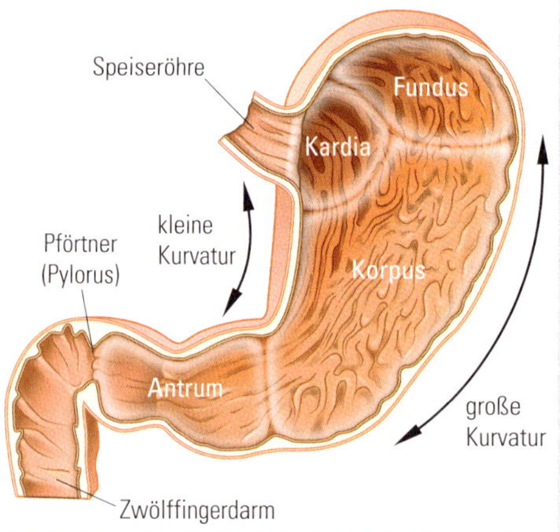

Bild 14 Der Magen im Längsschnitt.

Bauchspeicheldrüse ▸ S. 399

Gelangt Nahrungsbrei in den Magen, werden peristaltische Bewegungen ausgelöst. Diese durchmischen den Nahrungsbrei mit dem Magensaft und transportieren ihn Richtung Magenpförtner, einen Ringmuskel, der den Nahrungsbrei portionsweise in den Dünndarm abgibt. Durchschnittlich bleibt die Nahrung zwei bis vier Stunden im Magen. Fetthaltige Nahrung verzögert die Magenentleerung.

Drüsen der Magenschleimhaut bilden ca. 2 bis 3 l Magensaft am Tag. In der Schleimhaut lassen sich drei Magendrüsenzellen unterscheiden, die verschiedene Stoffe produzieren (Tabelle 8).

Steuerung des Magens. Mehrere Steuermechanismen beeinflussen die Magensäureproduktion sowie die Magenentleerung:
- Der Vagusnerv (Parasympathikus) fördert die Peristaltik und Entleerung des Magens sowie die Produktion von Magensaft.
- Das Hormon Gastrin fördert die Bildung von Magensäure. Es wird von den Schleimhautzellen des Magenausgangs gebildet.
- Das Hormon Sekretin aus der Darmschleimhaut hemmt die Magensäureproduktion.
- Geschmack und Geruch der Nahrung sowie die Magenfüllung beeinflussen die Magenentleerung.

Steigt der Säuregehalt im Zwölffingerdarm, schließt der Pförtner den Magenausgang so lange, bis die Bauchspeicheldrüse die Säure neutralisiert hat. Dann erst öffnet sich der Pförtner wieder.

Belegzellen	Hauptzellen	Nebenzellen
Salzsäure: Die Säure (pH 1) tötet eingedrungene Mikroorganismen ab; Nahrungseiweiße gerinnen, was sie leichter verdaulich macht. **„Intrinsic factor“:** Ein Eiweißkomplex, mit dessen Hilfe Vitamin B_{12} im Dünndarm aufgenommen wird.	**Pepsinogen:** Durch die Salzsäure wird es zu dem eiweißspaltenden Enzym Pepsin aktiviert.	**Schleim:** Er schützt die Zellen der Magenschleimhaut vor der Zerstörung durch die Magensäure.

Tabelle 8 Die Magendrüsenzellen und ihre Aufgaben.

2.3 Dünndarm (Intestinum tenue)

Diese Vorgänge laufen im Dünndarm ab:
- Bauchspeichel neutralisiert die Magensäure.
- Die Nährstoffe werden durch Enzyme in kleinste Nahrungsbausteine gespalten.
- Die Nahrungsbausteine werden von Blut und Lymphe aufgenommen (resorbiert).
- Der Nahrungsbrei wird durch die Peristaltik weitertransportiert.

Oberflächenvergrößerung. Die Schleimhaut des drei bis fünf Meter langen Dünndarms wäre für die Nahrungsaufnahme (Resorption) viel zu klein. Durch ringförmige Falten wird sie vergrößert (Bild 15). Diese Falten haben Zotten aus Darmepithelzellen und diese wiederum feine Ausstülpungen (Mikrovilli). Dadurch wird die Oberfläche des Dünndarms um den Faktor 600 vergrößert auf ca. 200 m^2.

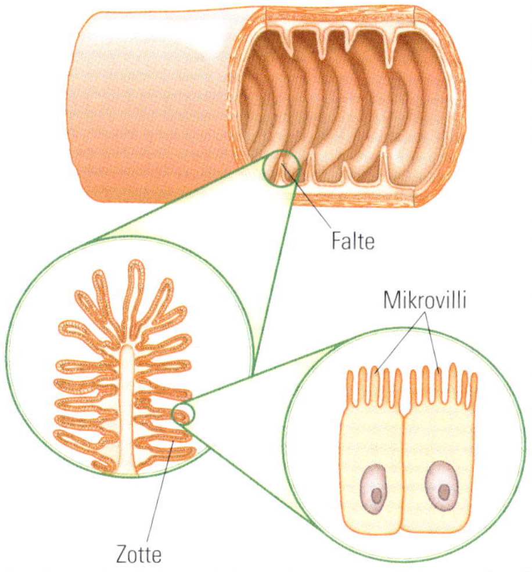

Bild 15 Der Bau des Dünndarms.

Außerdem befinden sich auf den Dünndarmzotten Enzyme, z. B. das Malzzucker spaltende Enzym Maltase.

Man unterscheidet drei Dünndarmabschnitte:
- Zwölffingerdarm (Duodenum),
- Leerdarm (Jejunum) und
- Krummdarm (Ileum).

Zwölffingerdarm (Duodenum) heißt das 25 bis 30 cm lange Dünndarmstück, weil seine Länge ungefähr 12 nebeneinander gelegten Fingern entspricht. In ihn münden die Ausführungsgänge der Bauchspeicheldrüse und der Gallengang (Bild 16).

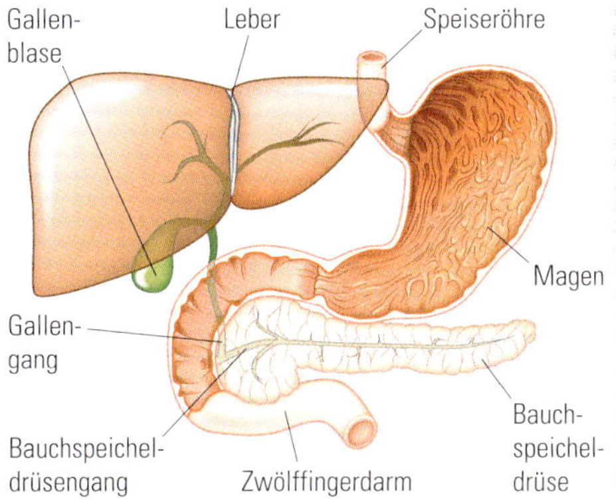

Bild 16 Die Lage des Zwölffingerdarms.

Bauchspeichel. Die Bauchspeicheldrüse bildet täglich ca. 1,5 l Sekret, das Hydrogencarbonat und Enzyme enthält. Hydrogencarbonat bildet eine schwache Lauge. Es neutralisiert die Magensäure, die durch den Magenpförtner in den Dünndarm gelangt.

Hydrogencarbonate: Salze der Kohlensäure

Enzyme aus der Bauchspeicheldrüse und auf den Dünndarmzotten spalten die Nährstoffe in kleinste Nahrungsbausteine, die dann von Blut und Lymphe aufgenommen werden:
- Kohlenhydrate ▸ Amylase ▸ Glucose
- Eiweiß ▸ Proteasen ▸ Aminosäuren
- Fett ▸ Lipasen ▸ Glycerin und Fettsäuren

Gallensaft. Die Leber bildet täglich ca. 0,5 l Gallensaft, die Gallenblase dient als Speicher. Die Säuren im Gallensaft zerteilen (emulgieren) die Nahrungsfette in kleinste Tröpfchen, die dann von Lipasen besser gespalten werden können.

emulgieren: einen (unlöslichen) Stoff in einer Flüssigkeit verteilen

Aufnahme (Resorption) der Nährstoffe. Als Nahrungsbausteine werden sie von den Zotten der Darmschleimhaut aufgenommen. Jede Darmzotte enthält Kapillargefäße und ein zentrales Lymphgefäß (Bild 17, S. 400). Eiweiße gelangen als Aminosäuren, Kohlenhydrate hauptsächlich als Glucose in die Kapillargefäße des Darmes. Von dort bringt sie die Pfortader zur Leber, wo sie weiterverarbeitet werden.

Fette werden vor allem auf dem Lymphweg transportiert. Fettsäuren und Glycerin werden gleich nach der Resorption in der Darmschleimhaut wieder zusammengesetzt und vom zentralen Lymphgefäß abtransportiert.

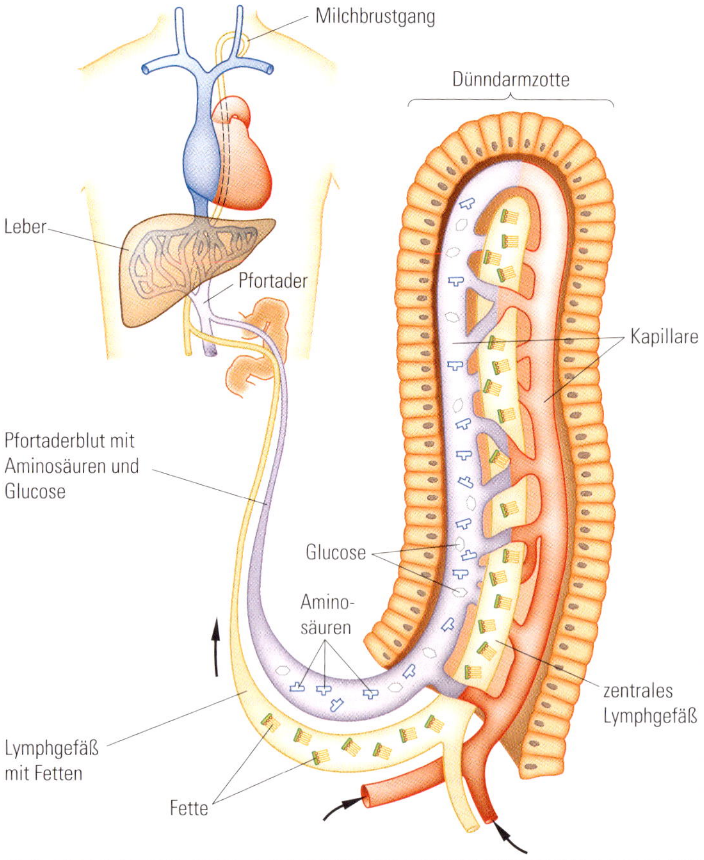

Bild 17 Die Resorption der Nährstoffe.

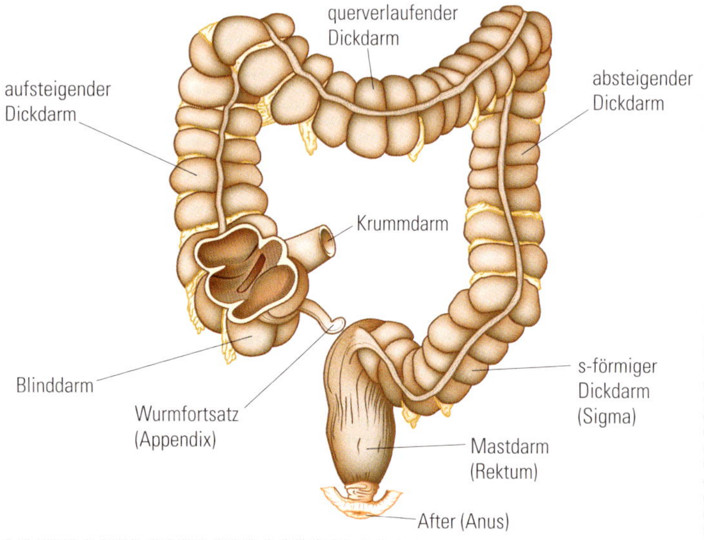

Bild 18 Die Abschnitte des Dickdarms.

Diese fettreiche Lymphe fließt weiter im sog. Milchbrustgang (Ductus thoracicus) und mündet dann in der Nähe der linken Halsvene in den Blutkreislauf.

Leerdarm (Jejunum) und Krummdarm (Ileum). Hier wird die Spaltung der Nährstoffe und ihre Resorption fortgesetzt. Der Leerdarm besitzt noch ringförmige Schleimhautfalten, der Krummdarm nicht mehr. Dafür liegen in seiner Wand immunologische Abwehrzentren (Peyer-Plaques). Am Übergang in den Dickdarm befindet sich eine Ventilklappe, die den Rückfluss von Dickdarminhalt verhindert.

2.4 Dickdarm (Kolon)

Folgende Vorgänge laufen im Dickdarm ab:
- Das Wasser im Nahrungsbrei wird resorbiert und dadurch der Darminhalt eingedickt.
- Nützliche Bakterien (z. B. Kolibakterien) bilden Vitamine.
- Stuhl wird ausgeschieden.

Typisch für den 1,5 m langen Dickdarm sind die äußeren Längsmuskelstreifen und Einschnürungen bzw. Aussackungen. Seine Schleimhaut besitzt keine Zotten. Der Dickdarm umgibt den Dünndarm wie ein Bilderrahmen (Bild 18).

Der Inhalt des Dickdarms besteht aus unverdaulichen Ballaststoffen, abgestorbenen Darmschleimhautzellen, Schleim und viel Wasser von den Verdauungsdrüsen. Täglich werden 6 bis 8 Liter Flüssigkeit als Sekrete in den Magen-Darm-Trakt abgegeben, um die Spaltung und Resorption der Nährstoffe zu ermöglichen. Diese Flüssigkeitsmenge muss auch wieder aufgenommen werden. Die Abgabe und Aufnahme dieser großen Flüssigkeitsmenge geschieht andauernd und gleichzeitig nebeneinander (Bild 19, S. 401).

Darmbakterien (z. B. Kolibakterien), welche natürlicherweise massenhaft im Dickdarm vorkommen, zerlegen einen Teil der unverdauten Nahrungsreste. Dabei bilden sie das für die Blutgerinnung wichtige Vitamin K. Die dichte Bakterienbesiedlung ist auch ein Schutz vor Krankheitserregern, die sich dadurch nicht auf der Darmschleimhaut festsetzen können.

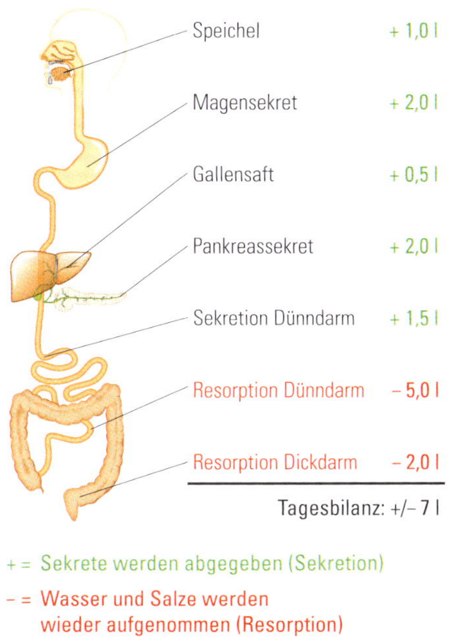

Bild 19 Flüssigkeitsbilanz im Magen-Darm-Trakt.

Der Mastdarm sammelt den Kot. Bei einer bestimmten Füllung führt der Dehnungsreiz zum Stuhldrang. Der Darmausgang besitzt zwei Schließmuskeln (Bild 20): der innere wird reflektorisch ohne unseren Willen gesteuert, den

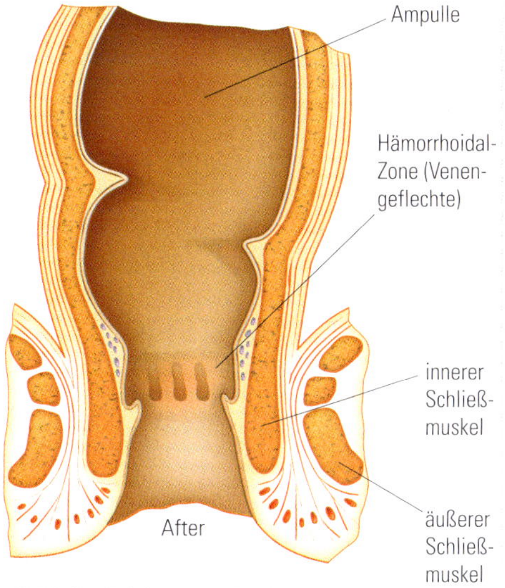

Bild 20 Das Rektum im Längsschnitt.

äußeren können wir bewusst kontrollieren. Deshalb können wir bei Stuhldrang den Stuhlgang nur für eine gewisse Zeit unterdrücken. Die normale Stuhlfrequenz reicht von dreimal täglich bis einmal in drei Tagen.

Einen zusätzlichen Verschluss bildet das Venengeflecht im Darmausgangsbereich. Als Krampfadern (Hämorrhoiden) können sie Beschwerden bereiten.

Hämorrhoiden ▸ S. 409

2.5 Bauchspeicheldrüse (das Pankreas)

Bauchspeicheldrüse

- exokriner Teil (Verdauungsdrüse)
  - **Bauchspeichel enthält Hydrogencarbonat und Enzyme**
    - Hydrogencarbonat neutralisiert Magensäure
    - Amylase spaltet Kohlenhydrate
    - Proteasen spalten Eiweiße
    - Lipase spaltet Fette
- endokriner Teil (Langerhans'sche Inselzellen)
  - **Hormone Insulin und Glukagon**
    - Insulin senkt den Blutzucker
    - Glukagon hebt den Blutzucker

exokrine und endokrine Drüsen ▸ S. 126

Blutzuckerspiegel ▸ S. 420

Die Bauchspeicheldrüse liegt hinter dem Magen in einer Schleife des Zwölffingerdarmes (Bild 16, S. 399, und Bild 21); sie wiegt 70 bis 80 Gramm. Der exokrine Teil der Drüse bildet 1,5 bis 2,0 l Bauchspeichel. Der Bauchspeicheldrüsengang führt das Sekret in den Zwölffingerdarm. Der endokrine Teil der Drüse besteht aus inselartig eingestreuten Zellgruppen, den Langerhans'schen Inselzellen. Sie bilden die Hormone, die den Blutzuckerspiegel regulieren: Die B-Zellen produzieren das Hormon Insulin, die A-Zellen das Glukagon. Die Hormone werden ohne einen Drüsengang direkt in das Blut abgegeben.

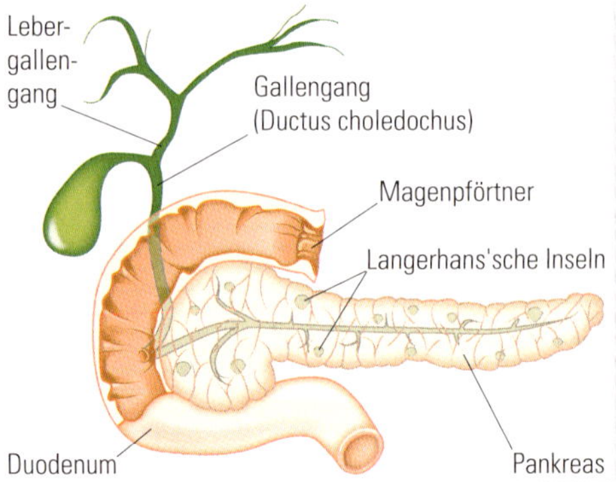

Bild 21 Lage und Bau des Pankreas.

2.6 Leber (Hepar)

Leber

Verdauungsdrüse	Umbau von Nährstoffen	Bildung von körpereigenen Eiweißen	Entgiftung von körpereigenen und -fremden Stoffen	Speicher
Sie bildet 700 bis 1200 ml Gallensaft. Die Gallensäuren emulgieren die Nahrungsfette.	Glucose ◂▸ Glycogen Kohlenhydrate ▸ Fettsäuren Bildung von Cholesterin	Eiweiße des Blutplasmas, z. B. Albumin Gerinnungsfaktoren, z. B. Fibrinogen, Prothrombin	Abbau von Ammoniak zu Harnstoff Abbau von Nukleinsäuren zu Harnsäure Abbau von Hämoglobin zu Bilirubin Abbau von Alkohol und Medikamenten	Eisen Vitamin B12 fettlösliche Vitamine

Die Leber ist das zentrale Stoffwechselorgan. Sie liegt unter dem Zwerchfell im rechten Ober-bauch. Mit ca. 1,5 kg Gewicht ist sie das größte Bauchorgan mit vielen wichtigen Aufgaben.

Die Leber besteht aus einem rechten und einem linken Lappen (Bild 22, S. 403). An der Unterseite liegt die Leberpforte. Hier verlaufen

- die Leberarterie (führt sauerstoffreiches Blut zur Leber),
- die Pfortader (führt nährstoffreiches Blut vom Darm zur Leber) und
- die Gallengänge (führen Gallensaft von der Leber zum Dünndarm).

Am Unterrand liegt die Gallenblase, die den Gallensaft sammelt. Die Lebervenen führen über die untere Hohlvene das Blut zum Herz.

Bedeutung des Gallensafts. Er wird in den Leberzellen gebildet und enthält Gallensäuren und -farbstoff. Über den Gallenblasengang gelangt der Gallensaft in die Gallenblase, wo er zwischengespeichert und eingedickt wird.

Bei fettreichen Mahlzeiten oder Kaffee zieht sich die Gallenblase zusammen, dadurch fließt der Gallensaft über den Gallengang in den Zwölffingerdarm und emulgiert dort Nahrungsfette.

Ein großer Teil der Gallensäuren wird im Dünndarm wieder ins Blut aufgenommen und der Leber zugeführt. So können sie erneut die Fettverdauung unterstützen.

Der Gallenfarbstoff wird im Darm teilweise zersetzt und dann mit dem Stuhl ausgeschieden. Daher bekommt der Stuhl seine braune Farbe. Ein Teil des Gallenfarbstoffes wird im Dickdarm wieder ins Blut aufgenommen und dann von den Nieren ausgeschieden. Daher hat der Harn seine gelbe Farbe.

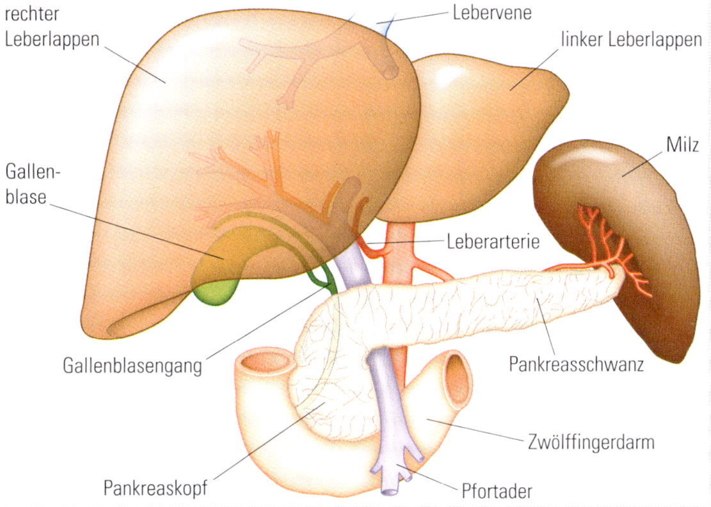

Bild 22 Die Oberbauchorgane Leber, Gallenblase, Bauchspeicheldrüse.

Entgiftungsfunktion. Beim Abbau von Eiweiß entsteht das giftige Ammoniak, das in Harnstoff umgewandelt wird. Beim Abbau von DNA entsteht Purin, das in Harnsäure umgewandelt wird. Harnstoff und Harnsäure werden mit dem Blut zur Niere transportiert und mit dem Harn ausgeschieden (harnpflichtige Stoffe).

Alle vom Darm aufgenommenen Stoffe werden von der Pfortader erst einmal zur Leber gebracht: die Nahrungsbausteine, aus denen die Leber körpereigene Stoffe bildet, und körperfremde Stoffe (Alkohol, Medikamente), die von der Leber entgiftet werden. Wegen dieses unmittelbaren Abbaus von Medikamenten in der Leber muss bei oraler Gabe der Wirkstoffe viel höher dosiert werden, als wenn das Medikament i. v., i. m. oder rektal verabreicht wird.

Bedeutung für das Blut. Alte Erythrozyten werden auch von der Leber abgebaut. Das Eisen des Blutfarbstoffes Hämoglobin wird in der Leber gespeichert. Der Rest des Hämoglobins wird zum Gallenfarbstoff Bilirubin abgebaut, dem Gallensaft beigefügt und so in den Dünndarm ausgeschieden.
Die Leber bildet Fibrinogen und Prothrombin für die Blutgerinnung und das Bluteiweiß Albumin, das das Wasser in den Blutgefäßen hält.

Pfortader ▸ S. 286

3 Erkrankungen des Verdauungssystems und ihre Behandlung

3.1 Erkrankungen im Bereich der Mundhöhle

Stomatitis ist eine Entzündung der Mundschleimhaut. Die Symptome sind:
- Rötung und Schwellung der Schleimhaut,
- Beläge der Zunge,
- Mundgeruch,
- Schluckbeschwerden.

Eine Stomatitis kann durch Bakterien, Viren und Pilze verursacht werden. Meistens ist sie eine Folge der geschwächten Abwehr. Soor heißt eine häufige Infektion mit dem Pilz Candida albicans.

Soor ▸ Bild 12, S. 439

Karies (Zahnfäule) entsteht durch Bakterien im Mund, die zuckerhaltige Nahrungsreste in Säuren umwandeln. Diese Säuren entkalken den Zahnschmelz. Er verfärbt sich braun und wird weich. Der Karies kann vorgebeugt werden durch

- regelmäßiges Zähneputzen nach dem Essen (entfernt zuckerhaltige Nahrungsreste),
- weniger Zucker (Süßigkeiten) essen,
- regelmäßige Kontrollen durch den Zahnarzt,
- ausreichende Gabe von Fluorid.

Fluorid sorgt für einen härteren Zahnschmelz. Es wird bei Säuglingen in Form von Tabletten in Kombination mit Vitamin D zugeführt oder später als fluoridhaltige Zahnpasta.

Parodontitis (veraltet: Parodontose) bezeichnet eine meist bakterielle Entzündung des Zahnhalteapparates. Die Krankheit beginnt oft schleichend und vom Patienten unbemerkt und kann zur Lockerung und zum Verlust der Zähne führen. Über die Hälfte der Erwachsenen, vor allem Diabetiker, sind betroffen.

3.2 Erkrankungen der Speiseröhre

Ösophagusvarizenblutung ▸ S. 237

Ösophagitis. Durch Rückfluss (Reflux) von Magensäure kommt es zu Entzündungen der Speiseröhre. Die Beschwerden sind

- brennendes Gefühl im Brustbereich („Sodbrennen"),
- saures Aufstoßen,
- Schmerzen beim Schlucken.

Der Reflux wird durch einen mangelhaften Verschluss des Ringmuskels im Bereich des Mageneinganges bewirkt.

Leberzirrhose ▸ S. 410

Ösophagusvarizen. Erweiterte Venen (Krampfadern) in der Schleimhaut der Speiseröhre entstehen bei einer Leberzirrhose. Die Leber schrumpft, was den Blutstrom durch die Leber erschwert. Dadurch staut sich das Blut in der Pfortader und strömt an der Leber vorbei über die Venen der Speiseröhre zurück zum Herzen.

Durch den vermehrten Blutstrom erweitern sich die Speiseröhrenvenen zu Ösophagusvarizen.

Lebensgefährliche Blutverluste drohen, wenn die Ösophagusvarizen platzen. Der Patient verliert große Mengen Blut, das in den Magen fließt. Wird dieses Blut erbrochen, dann erscheint es „kaffeesatzartig", da es durch die Magensäure geronnen ist.

Ösophaguskarzinom. Speiseröhrenkrebs macht sich meistens durch zunehmende Schluckbeschwerden bemerkbar, zunächst bei fester dann bei flüssiger Nahrung. Er ist sehr bösartig, trotz Therapie (Bestrahlung, evtl. Operation) sterben vier von fünf Patienten innerhalb von fünf Jahren. Risikofaktoren sind Rauchen, Alkohol und eine chronische Ösophagitis durch den Reflux von Magensäure.

3.3 Erkrankungen des Magens

Akute Gastritis ist die plötzliche Entzündung der Magenschleimhaut. Beschwerden:

- Übelkeit und Erbrechen,
- Aufstoßen,
- Druckgefühl im Oberbauch.

Gastroskopie ▸ S. 414 f.

ASS = **A**cetyl**s**alicyl**s**äure

perniziös = bösartig

Verursacht wird die akute Gastritis durch Stress, Exzesse (übermäßiges Essen, Trinken, Rauchen) oder entzündungshemmende Medikamente wie ASS und Diclofenac. Als Therapie legt man eine „Teepause" mit Zwieback ein, dann baut man die Kost langsam auf.

Chronische Gastritis. Die chronische Magenschleimhautentzündung macht oft kaum oder unklare Beschwerden wie Müdigkeit und Appetitlosigkeit. Trotzdem kann die Magenschleimhaut erheblich verändert sein. Man unterscheidet drei Formen (Tabelle 9, S. 405).

Viele Patienten haben nur geringe Beschwerden, deshalb ist eine Gastroskopie (Magenspiegelung) mit der Gewinnung einer Biopsie (Gewebeprobe) wichtig. Beim Typ A wird durch den Mangel an „Intrinsic factor" zu wenig Vitamin B12 aufgenommen, was zu einer perniziösen Anämie (Blutarmut) führen kann.

Typ A Autoimmun-Gastritis	Typ B Bakterielle Gastritis	Typ C Chemisch bedingte Gastritis
Körpereigene Antikörper zerstören die Belegzellen der Magenschleimhaut und den „Intrinsic factor".	Stäbchenbakterien (Helicobacter pylori) besiedeln die Magenschleimhaut.	Gallerückfluss oder entzündungshemmende Rheumamedikamente schädigen die Schleimhaut.
ca. 5 % der Fälle	ca. 85 % der Fälle	ca. 10 % der Fälle

Tabelle 9 Formen der chronischen Gastritis.

Beim Typ B kann sich ein Magen- oder Zwölffingerdarmgeschwür entwickeln und das Magenkarzinomrisiko ist erhöht.

Ulkus. Ein Geschwür (Ulkus oder Ulcus) ist ein Defekt der Schleimhaut und kann sowohl im Magen (Ulcus ventrikuli) als auch im Zwölffingerdarm (Ulcus duodeni) vorkommen (Bild 23). Die typischen Symptome sind

- Oberbauchschmerzen (beim Magengeschwür treten sie sofort nach dem Essen auf; beim Zwölffingerdarmgeschwür etwa zwei Stunden nach dem Essen) sowie
- Aufstoßen und Völlegefühl.

Die Ursache für ein Geschwür liegt im gestörten Gleichgewicht zwischen der aggressiven Magensäure und der schützenden Schleimschicht. Dieses Gleichgewicht wird gestört durch

- Bakterien (Helicobacter pylori),
- Medikamente (ASS, Diclofenac, Kortison),
- Rauchen.

Die Diagnose „Ulkus" wird durch eine Magenspiegelung mit Biopsie gesichert. Damit die Geschwüre abheilen, werden säurebindende oder säureblockierende Medikamente gegeben. Die Helicobacter-Bakterien lassen sich durch die Kombination von zwei Antibiotika mit einem Säureblocker (Triple-Therapie) beseitigen.

Der Nachweis von Helicobacter gelingt oft nur, wenn Gastroskopie (Histologie und Bakterienkultur), Serologie (Nachweis von Antikörpern) und der C13-Atemtest eingesetzt werden.

Komplikationen. Das Geschwür kann bluten, dann kommt es zu

- Bluterbrechen („kaffeesatzartig") oder
- Teerstuhl (pechschwarzer Stuhl).

Bei der Perforation durchbricht das Geschwür die Wand des Verdauungstraktes und Speisebrei mit Bakterien gelangt in die Bauchhöhle. Es entsteht eine lebensgefährliche Peritonitis (Bauchfellentzündung). Dann ist eine Operation unumgänglich.

Magenkarzinom. Magenkrebs stellt etwa 4 % aller bösartigen Tumore. Die Patienten haben dabei fast keine oder nur unbestimmte Beschwerden. Deswegen wird Magenkrebs oft zu spät entdeckt. Das Magenkarzinom bildet sehr früh Metastasen, sodass nach 5 Jahren nur noch ca. 15 % aller Patienten leben. Entdeckt man das Magenkarzinom sehr früh, überleben durch die Operation über 90 %.

triple = dreifach

C13-Atemtest: Man trinkt eine Lösung mit etwas Harnstoff, der von Helicobacter gespalten wird. $^{13}CO_2$ lässt sich dann in der Atemluft nachweisen.

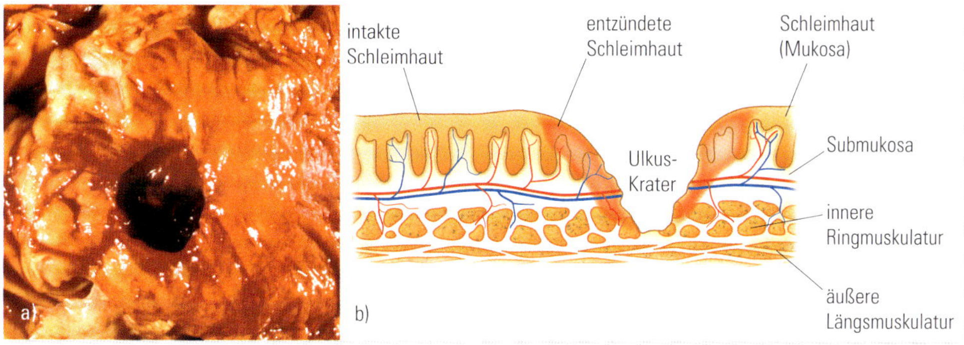

Bild 23 Ulkus. a) Geschwür des Zwölffingerdarms, b) schematische Darstellung.

3.4 Erkrankungen des Darmes

Enteron (gr.) = Darm

Gaster (gr.) = Magen

Durchfallerkrankungen ▸ Tabelle 4, S. 87

Enteritis und Gastroenteritis. Eine Entzündung des Dünndarms wird oft von einer Magenentzündung begleitet und wird meistens durch Bakterien oder Viren verursacht. Symptome:

- Durchfall,
- krampfartige Bauchschmerzen und
- Übelkeit mit Erbrechen.

Kolitis. Eine Entzündung des Dickdarms tritt oft zusammen mit einer Enteritis auf; man spricht dann von einer Enterokolitis. Bei der Gastroenteritis ist dann auch noch der Magen mitbeteiligt, was zusätzlich zu Übelkeit und Erbrechen führt. Bei diesen Erkrankungen des Darmes sind besonders Säuglinge, Kinder und alte Menschen durch den Wasser- und Salzverlust gefährdet.

Zöliakie ist eine chronische, autoimmunologische Erkrankung des Dünndarms, die auf einer lebenslangen Unverträglichkeit gegenüber dem Klebereiweiß Gluten beruht. Gluten kommt in den Halmgetreiden Weizen, Dinkel, Roggen und Gerste vor sowie in den alten Weizensorten Einkorn und Emmer.

Bild 24 Ernährung bei Glutenunverträglichkeit oder Zöliakie.

Hafer enthält von Natur aus kein Gluten – Haferprodukte sind jedoch oft durch glutenhaltige Getreide verunreinigt.

Bei uns ist etwa 1 von 100 Menschen betroffen, jedoch nur 10 bis 20 Prozent davon zeigen typische Beschwerden wie

- massiver Gewichtsverlust,
- Durchfall mit Fettstühlen,
- Erbrechen,
- Verstopfung,
- Appetitlosigkeit,
- Gedeihstörung und vorgewölbter Bauch beim Säugling oder Kleinkind.

Bei den meisten Erkrankten liegen nur untypische oder wenige Beschwerden vor.

Die Diagnose wird gesichert durch

- das Vorliegen der typischen Symptome,
- Serologie (Endomysium-Antikörper, Transglutaminase-Antikörper) und
- Gewebeproben der Dünndarmschleimhaut.

Die Schädigung der Dünndarmzotten kann nur durch eine lebenslange, glutenfreie Ernährung vermieden werden (Bild 24).

Die Deutsche Zöliakie-Gesellschaft e. V. (DZG) informiert und unterstützt als Selbsthilfeorganisation Betroffene. Sie können z. B. über die DZG-App auf tagesaktuelle Daten zugreifen.

Laktoseintoleranz. Milchzucker (Laktose) muss durch das Enzym Laktase auf den Dünndarmzotten gespalten werden, um aufgenommen werden zu können. Durch einen angeborenen oder erworbenen Mangel dieses Enzyms gelangt der Milchzucker unverändert in den Dickdarm. Dort zersetzen Darmbakterien den Milchzucker und verursachen Symptome wie Blähungen und Durchfall.

Die Diagnose kann durch den H_2-Atemtest gesichert werden: Nach Gabe von Milchzucker entsteht durch die bakterielle Zersetzung Wasserstoffgas (H_2), das in der Ausatemluft nachgewiesen werden kann.

Die Therapie besteht je nach Schweregrad in einer laktosearmen oder laktosefreien Diät: Milchzucker kommt in wesentlichen Mengen nur in unvergorenen Milchprodukten vor (Tabelle 10, S. 407).

Das Enzym Laktase kann z.B. als Tablette zu den Mahlzeiten eingenommen werden. Die Einnahme des Medikaments ist jedoch nicht auf Dauer empfehlenswert, da die Dosierung schwierig ist.

Fruktoseintoleranz bedeutet, dass Fruchtzucker (Fruktose) nur eingeschränkt vom Darm in das Blut aufgenommen werden kann. Symptome und Diagnostik sind ähnlich wie bei Laktoseintoleranz. Kleine Mengen an Obst werden oft vertragen.

Morbus Crohn und **Colitis ulcerosa.** Autoimmunologische und genetische Ursachen werden bei diesen chronisch-entzündlichen Darmerkrankungen diskutiert. Betroffen sind vor allem junge Erwachsene (Tabelle 11).

Lebensmittel	g Laktose/100 g
Frischmilch, H-Milch	4,8–5,0
Magerquark	4,1
Rahm-/Doppelrahmfrischkäse	3,4–4,0
Joghurt mit 3,5 % Fett	3,7–5,6
Butter	0,6–0,7
Camembert, Schafskäse, Münsterkäse	unter 0,5
Hart-, Schnitt- und Weichkäse	unter 0,1

Tabelle 10 Milchzuckergehalt in Milchprodukten.

	Morbus Crohn	Colitis ulcerosa
Lokalisation	Endstück des Dünndarms und der Dickdarm	Dickdarm, meist im Mastdarm beginnend
Symptome	3–6 Durchfälle pro Tag, krampfartige Bauchschmerzen	bis zu 30 blutig-schleimige Durchfälle pro Tag, von krampfartigen Schmerzen begleitet
Komplikationen	Verengungen des Darmes, Fisteln, Abszesse	Geschwüre mit Blutungen, toxisches Megakolon (Erweiterung des Dickdarms), erhöhtes Risiko für Dickdarmkrebs
Therapie	medikamentös mit Mesalazin, Corticoiden und Immunsuppressiva, operativ, wenn Medikamente versagen oder Komplikationen auftreten	ähnlich wie bei Morbus Crohn

Tabelle 11 Vergleich von Morbus Crohn und Colitis ulcerosa.

Appendizitis. Die Entzündung des Wurmfortsatzes wird von vielen Patienten irrtümlich als „Blinddarmentzündung" bezeichnet. Sie ist die häufigste akute Baucherkrankung. Die Patienten klagen über

- Schmerzen um den Nabel herum, die sich in den rechten Unterbauch verlagern,
- Appetitlosigkeit, Übelkeit und Erbrechen,
- Fieber bis 39 °C; dabei ist der Unterschied zwischen rektal und axillär gemessener Temperatur (normal 0,5 °C) größer als 1 °C.

Das Blutbild zeigt eine Leukozytose (Anstieg der Leukozyten über 10 000 / µl). Der Wurmfortsatz muss operativ entfernt werden (Appendektomie), denn sonst droht die Perforation (Durchbruch) mit einer lebensgefährlichen Peritonitis (Bauchfellentzündung).

Darmkarzinom. Die meisten Darmkrebse sitzen im Bereich des Rektums und des Sigma-Kolons (Bild 25, S. 408). Bei Männern und bei Frauen ist dies der zweithäufigste bösartige Tumor. Darmkrebs wächst langsam und verursacht oft lange keine Beschwerden.

Bei folgenden Symptomen muss an Darmkrebs gedacht werden:

- Blut im Stuhl,
- plötzliche Änderungen des Stuhlganges; z. B anhaltende Verstopfung (Obstipation), Durchfall (Diarrhö), Winde mit unwillkürlichem Stuhlabgang.

Die Diagnose wird durch eine Dickdarmspiegelung (Koloskopie) mit Biopsie gestellt.

Burrill B. Crohn (1884–1983), amerikanischer Arzt

Koloskopie ▸ S. 415

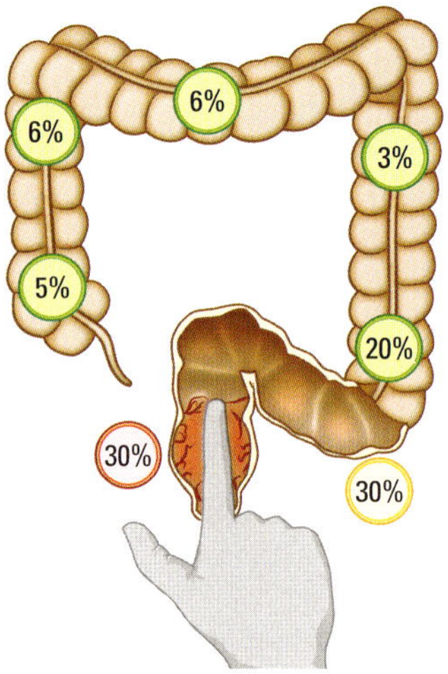

Bild 25 Lokalisationen des Darmkarzinoms.

Ileus: Darmverschluss, aber Ileum = Krummdarm (Teil des Dünndarms); beides von lat. **ile** = Darm

Krebsfrüherkennung. Die gesetzlichen Krankenkassen bieten ab 50 Jahren eine Früherkennungsuntersuchung auf Darmkrebs an. Bei der rektalen Untersuchung mit dem Finger kann der Arzt bereits ein Drittel der Karzinome erkennen (Bild 25). Weiterhin wird eine Stuhluntersuchung auf verstecktes (okkultes) Blut durchgeführt. Als Vorsorge können zwei Koloskopien durchgeführt werden (mit 50 Jahren bei Männern und 55 Jahren bei Frauen).

Stuhluntersuchung ▸ S. 413

Die Heilungschancen sind beim Darmkrebs ziemlich gut – zwei von drei Patienten werden geheilt. Der Tumor wird zusammen mit dem betroffenen Darmstück operativ entfernt. Liegt der Tumor jedoch näher als 5 cm beim Darmausgang, muss das Rektum entfernt und ein künstlicher Darmausgang (Stoma) angelegt werden. Dann mündet der Darm auf der Bauchwand, der Stuhl wird mit austauschbaren Klebebeuteln aufgefangen (Bild 26).

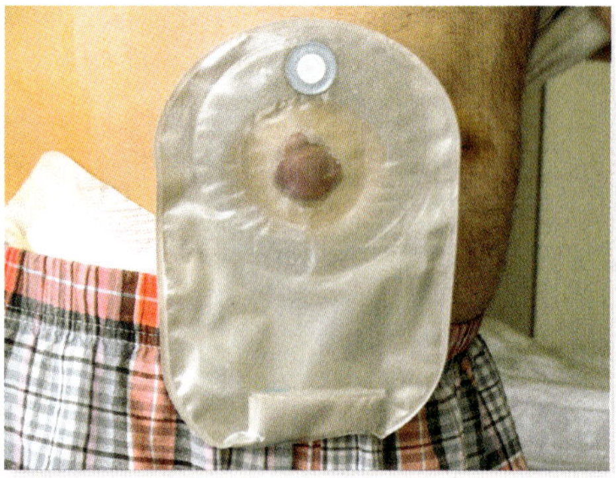

Bild 26 Stoma.

Divertikulose. Zahlreiche Wandausstülpungen (Divertikel) können im Bereich des absteigenden und des Sigma-Kolons auftreten. In der Regel machen solche Divertikel keine Beschwerden. Bei einer Entzündung klagen die Patienten über krampfartige Schmerzen im linken Unterbauch. Da die Schmerzen einer Appendizitis ähneln, wird die Divertikulitis auch als „Linksappendizitis“ bezeichnet.

Ileus. Ein Darmverschluss unterbricht den Transport des Nahrungbreis in Dünn- und Dickdarm. Ein Darmverschluss kann verursacht werden durch einen Tumor oder Fremdkörper oder eine Darmlähmung (z. B. bei Pankreatitis, Peritonitis). Ein Ileus ist lebensbedrohlich und erfordert eine sofortige stationäre Behandlung und gegebenenfalls eine Operation.

Irritables Kolon. Diese Erkrankung wird auch spastisches Kolon oder Reizkolon genannt. Die Patienten klagen über
- abwechselnd Diarrhö und Obstipation,
- leichte Schmerzen und Druckgefühl im Unterbauch,
- Blähungen.

Etwa die Hälfte aller Patienten mit Magen-Darm-Beschwerden hat ein Reizkolon. Verursacht werden diese körperlichen (somatischen) Beschwerden durch seelische (psychische) Belastungen. Das Reizkolon zählt zu den psychosomatischen Krankheiten. Man soll diese Patienten mit ihren Ängsten und Beschwerden ernst nehmen, denn sie simulieren nicht.

Neben einer Umstellung der Ernährung und krampflösenden Medikamenten müssen die Patienten beraten werden, wie sie mit ihren psychischen Belastungen besser umgehen können.

Analfissur. Die Schleimhaut im Bereich des Schließmuskels ist eingerissen. Für den Patienten ist dies sehr schmerzhaft, wenn auch ungefährlich.

Hämorrhoiden sind Krampfadern am Darmausgang (Bild 27). Die Patienten klagen über
- hellrote Blutauflagerungen auf dem Stuhl,
- Jucken und Brennen im Analbereich,
- Schmerzen beim Stuhlgang.

Diese Erkrankung ist ungefährlich, aber lästig. Bringen allgemeine Maßnahmen (Stuhlregulierung, Sitzbäder, Cremes) keine Besserung, können die Hämorrhoiden verödet oder operativ entfernt werden.

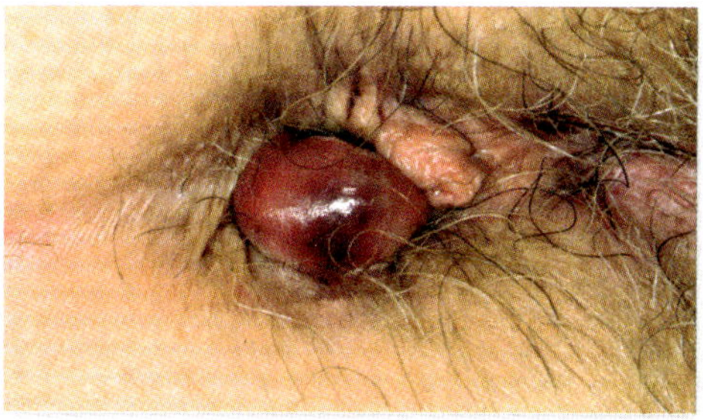

Bild 27 Hämorrhoiden.

3.5 Erkrankungen der Leber

Fettleber. Man unterscheidet zwei Formen der Fettleber. Bei beiden wird Fett in die Leberzellen eingelagert (Tabelle 12 und Bild 28).

NASH (engl.) = **N**on-**A**lcoholic **S**teato**h**epatitis

	Nichtalkoholische Fettleber (NASH)	Alkoholische Fettleber (ASH)
Häufigkeit (Erwachsene)	ca. 30 %	5 bis 10 %
Ursachen	zu 90 %: metabolisches Syndrom, Diabetes mellitus Typ 2 selten: AIDS-Therapie, Chemotherapie	Alkohol (risikoarme maximale Trinkmenge an reinem Alkohol: Männer 24 Gramm / Tag Frauen 12 Gramm / Tag)
Symptome	im Frühstadium meist keine, evtl. Druckgefühl im rechten Oberbauch durch die Lebervergrößerung	
Diagnostik	Sonographie: homogen verdichtete Echomuster = „helle“ Leber Leberenzyme (gamma-GT, GPT, GOT) erhöht In unklaren Fällen: Leberbiopsie	
Therapie	Gewicht normalisieren, körperliche Bewegung, Diabetes optimal einstellen	völliger Verzicht auf Alkohol
Prognose	In frühen Stadien bei erfolgreicher Therapie gut. Aus der reinen Fettleber kann sich aber bei fortgesetzter Schädigung eine Hepatitis entwickeln und in der Folge eine Leberzirrhose und ein Leberzellkarzinom.	

Tabelle 12 Nichtalkoholische und alkoholische Fettleber.

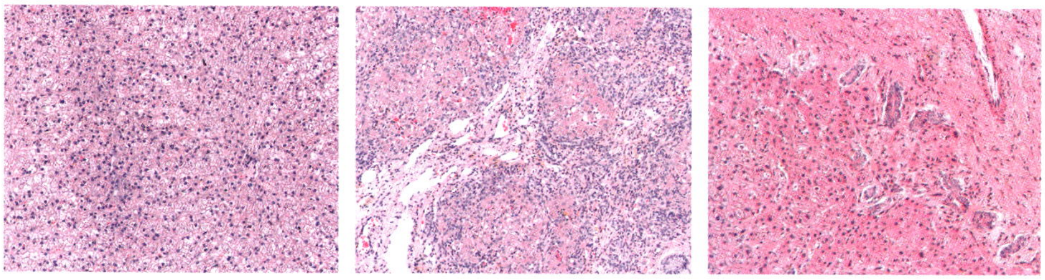

Bild 28 Gewebeprobe aus einer gesunden Leber (links) und einer Fettleber (Mitte). Das eingelagerte Fett ist an den weißen Bereichen zu erkennen. Bei der Leberzirrhose wird das Lebergewebe durch Bindegewebe ersetzt (rechts).

Der Ikterus (Gelbsucht) ist zuerst in der weißen Lederhaut (Sklera) der Augen zu sehen (Bild 29). Der Ikterus entsteht durch eine Erhöhung des Bilirubins und kommt nicht nur bei Lebererkrankungen vor (Tabelle 13).

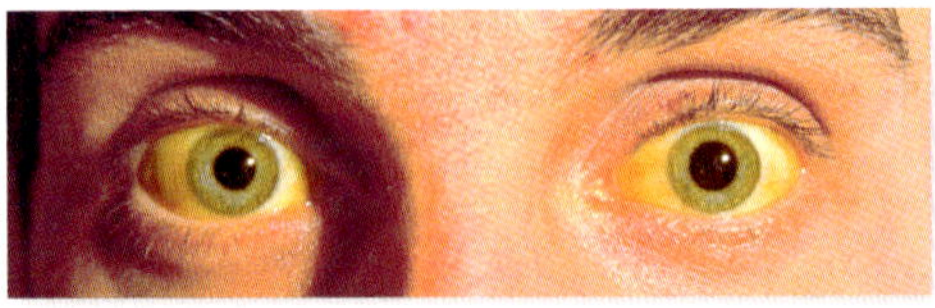

Bild 29 Skleren-Ikterus.

Bilirubin-Stoffwechsel	Störungen mit Ikterus
Beim **Blutabbau** entsteht aus Hämoglobin das Bilirubin. →	• gesteigerter Blutabbau bei Neugeborenen • Zerfall von Erythrozyten bei Malaria
↓ Bilirubin wird von der **Leber** wasserlöslich gemacht. →	Leberzellschaden durch Alkohol oder Viren (Hepatitis A, B oder C).
↓ Über die **Gallenwege** wird Bilirubin in den Darm ausgeschieden. →	Stauung des Gallensaftes durch Gallensteine oder ein Pankreaskarzinom.

Tabelle 13 Verschiedene Ikterusursachen.

Hepatitis ist eine Entzündung der Leber. Nach den Verlaufsformen unterscheidet man eine akute und eine chronische Hepatitis.

Hepatitisviren ▸ S. 93

Leberenzyme ▸ S. 412

Akute Hepatitis. Über 95% der Leberentzündungen werden durch die fünf Hepatitis-Viren A bis E verursacht. Daneben kommen andere Erreger (Herpes-Viren, Malaria-Plasmodien), Giftstoffe (Medikamente, Alkohol) oder der Rückstau von Galle (Stein, Tumor) infrage. Die Symptomatik der Hepatitiden ist ähnlich. Unterschiede gibt es bei den Übertragungswegen, der Inkubationszeit, beim Verlauf und bei den Möglichkeiten der Prophylaxe (s. auch Tabelle 6, S. 94).

Viele Infektionen verursachen kaum Beschwerden. Bei Beschwerden sind es zuerst:
- Übelkeit, Appetitlosigkeit,
- Abgeschlagenheit,
- grippeähnliche Symptome,
- Muskel- und Gelenkschmerzen (Fehldiagnose Rheuma).

Danach folgen:
- Gelbsucht, heller Stuhlgang, bierbrauner Urin,
- Oberbauchschmerzen durch die Leververgrößerung,
- Anstieg der Leberenzyme (GPT, GOT, γ-GT).

Chronische Hepatitis. Wenn eine akute Hepatitis nach 6 Monaten noch nicht ausgeheilt ist, spricht man von einer chronischen Hepatitis. Die Symptome sind meistens schwächer als bei der akuten Hepatitis. Die chronische Hepatitis kann mit der Zeit noch ausheilen oder in eine Leberzirrhose übergehen.

Leberzirrhose. Bei dieser chronischen Erkrankung verhärtet und schrumpft die Leber, weil an der Stelle der untergegangenen Leberzellen Bindegewebe entsteht (Bild 30). Die häufigsten Ursachen sind Alkohol und Hepatitis C oder B. Die Patienten sind schwer krank und leiden an
- Ösophagusvarizen durch den Blutstau in der Pfortader (an ihnen kann der Patient plötzlich verbluten);
- Stoffwechselgiften im Blut (Verwirrtheit, Zittern, Wesensveränderungen bis zur Bewusstlosigkeit = Leberkoma sind die Folgen);
- Aszites (Flüssigkeitsansammlung im Bauchraum;
- Mangel an Gerinnungsfaktoren (führt zu Blutungsneigung und großen Hämatomen).

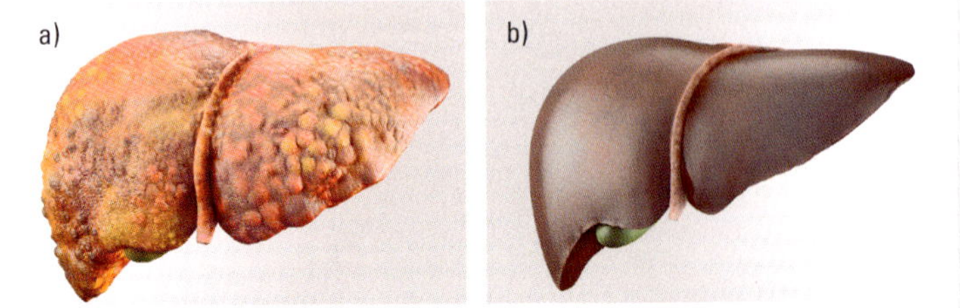

Bild 30 a) Kleinknotige Alkoholleberzirrhose, b) Gesunde Leber.

3.6 Erkrankungen der Gallenblase und Gallenwege

Cholelithiasis. Gallensteine entstehen besonders bei übergewichtigen Patienten mit hohen Blutfetten. Aus den im Gallensaft gelösten Stoffen (Cholesterin, Bilirubin, Kalk) können feste Kristalle und somit Steine entstehen (Bild 31).

Cholelithiasis von chole (gr.) = Galle und lithos (gr.) = Stein

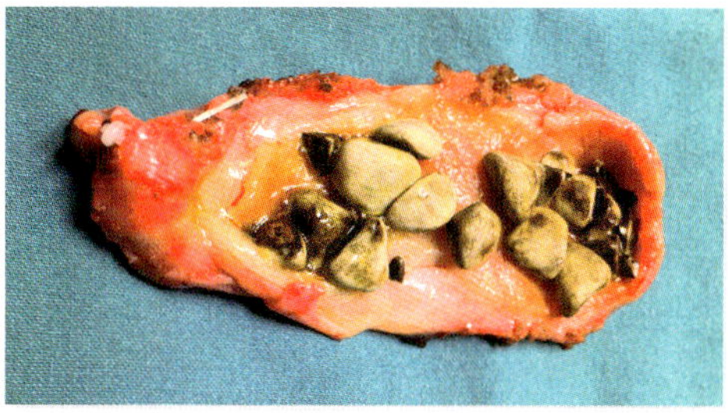

Bild 31 Gallenblase mit Steinen.

Die meisten Patienten haben keine Beschwerden, allenfalls ein Druckgefühl nach fettreichem Essen, denn Gallensaft wird zur Fettverdauung benötigt. Massive Beschwerden treten nur auf, wenn ein Stein in den Gallenwegen eingeklemmt wird:

- anfallsartige, krampfartige Schmerzen (Koliken), die in den Rücken ausstrahlen können,
- Ikterus durch den Gallestau.

Zusätzlich kann es zur Cholezystitis (Gallenblasenentzündung) kommen.

Gallensteine lassen sich durch eine Sonographie feststellen (Bild 32). Bei einer Gallenkolik darf der Patient nichts essen und er bekommt krampflösende Medikamente (Spasmolytika). Wiederholen sich die Gallenkoliken, wird die Gallenblase endoskopisch mithilfe der minimalinvasiven Chirurgie (MIC) entfernt. Nach Entfernung der Gallenblase können sich die Patienten normal ernähren, sie sollten nur auf besonders fettreiches Essen verzichten.

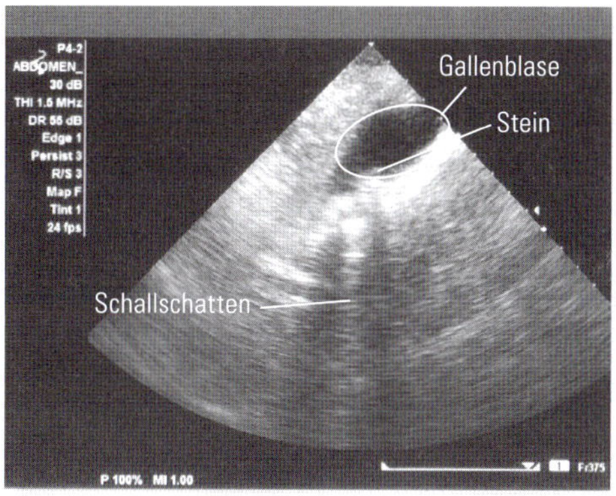

Bild 32 Sonographie einer Gallenblase mit Steinen.

3.7 Erkrankungen der Bauchspeicheldrüse

Die Bauchspeicheldrüse kann sowohl in ihrer Funktion als Verdauungsdrüse als auch als Hormondrüse erkrankt sein.

Akute Pankreatitis. Die Entzündung der Bauchspeicheldrüse wird meistens durch Alkoholmissbrauch oder durch einen Gallenstein im Ausführungsgang der Drüse verursacht. Die Patienten leiden unter

- heftigen gürtelförmigen Oberbauchschmerzen,
- Übelkeit, Erbrechen,
- Schocksymptomatik.

Die Erkrankung ist lebensgefährlich, weil die Selbstverdauung des Pankreas' droht.

Als Diagnostik wird im Serum das Verdauungsenzym Lipase bestimmt – es steigt um das Dreifache. Der Patient darf weder essen noch trinken und er bekommt eine Magensonde, um die Verdauungsdrüse ruhig zu stellen.

Chronische Pankreatitis wird überwiegend durch Alkohol verursacht, selten durch eine Erbkrankheit, z.B. Mukoviszidose. Durch den ständigen Entzündungsprozess verliert die Bauchspeicheldrüse nicht nur ihre Fähigkeit Verdauungsenzyme zu bilden, sondern auch die Hormonproduktion lässt nach und es kommt zum Diabetes mellitus.

Diabetes mellitus
▸ S. 420 ff.

4 Untersuchungsverfahren

4.1 Blutuntersuchungen

U = Unit (engl.) = Einheit

Die Untersuchung von Blutserum bzw. -plasma erlaubt Rückschlüsse auf gestörte Organfunktionen.

Dabei ist zu beachten, dass die Messung der Enzymaktivität (U/L) immer bei 37 °C gemessen wird (Tabelle 14).

Laborwert	Bedeutung/Normalwert	Diagnostische Aussagekraft (↑ = erhöht, ↓ = erniedrigt)
GOT (**G**lutamat-**O**xalat-**T**ransferase) International: ASAT (**As**partat**a**mino**t**ransferase)	Enzym der Mitochondrien in den Leberzellen ♂ bis 50 U/L ♀ bis 35 U/L (kommt auch im Herz- und Skelettmuskel vor)	Eine hohe GOT zeigt besonders schwere Leberzellschäden an, weil dieses Enzym innerhalb der Zellen in den Mitochondrien vorkommt. ↑ bei Leberzellschäden, z. B. durch Hepatitisviren, Alkohol oder Tumoren (↑ auch 4 bis 8 Std. nach einem Herzinfarkt)
GPT (**G**lutamat-**P**yruvat-**T**ransferase) International: ALAT (**Al**anin**a**mino**t**ransferase)	Enzym im Zellplasma der Leberzellen ♂ bis 50 U/L ♀ bis 35 U/L	↑ bei Schäden der Leber mit wenig Ausmaß, z. B. durch Viren, Alkohol, Tumoren ↑ bei Erkrankungen der Gallenwege z. B. Gallensteine
γ-GT (**Gamma-Glutamyl-T**ransferase)	Enzym an der Membran der Leberzellen ♂ bis 66 U/L ♀ bis 39 U/L	↑ bereits bei geringfügigen Leberzellschäden, z. B. durch Alkohol oder andere Ursachen
CHE (**Ch**olin**e**sterase)	5,3–12,9 kU/L (Erwachsene über 40 Jahre)	↓ bei schweren Leberschäden, z. B. Zirrhose, weil die Syntheseleistung (Substanzbildung) der Leber sinkt
Gesamt AP (**A**lkalische **P**hosphatase)	Enzym, das hauptsächlich in der Leber und im Knochen vorkommt ♂ < 180 U/L ♀ < 160 U/L	↑ bei Erkrankungen der Leber und der Gallenwege ↑ bei gesteigertem Knochenabbau, z. B. Osteoporose, Knochenmetastasen
Lipase	Enzym, das Fett spaltet – kommt fast nur in der Bauchspeicheldrüse vor < 13–60 U/L	↑ bei Pankreatitis (da das Enzym fast nur im Pankreas vorkommt, bestätigt seine Erhöhung die Diagnose)
Gesamt-Bilirubin	Gallenfarbstoff: unter 1,2 mg/dl (bei Erwachsenen)	↑ bei gesteigertem Abbau der roten Blutkörperchen, z. B. Ikterus bei Neugeborenen ↑ bei Leberzellschaden, z. B. durch Hepatitisviren, Alkohol ↑ bei Stauung des Gallensaftes, z. B. durch Gallensteine
Gesamteiweiß	66–83 g/L	↓ bei schweren Leberschäden, weil vom Eiweiß Albumin weniger gebildet wird
Gerinnungswerte z. B. Quick-Test (Thromboplastinzeit)	70–100 %	↓ bei Leberschäden durch einen Abfall des Faktors VII ↓ Therapeutisch durch ein blutgerinnungshemmendes Medikament (Marcumar®)

Tabelle 14 Serumdiagnostik bei Erkrankungen des Verdauungstraktes.

4.2 Stuhluntersuchungen

Bei den meisten Toiletten fällt der Stuhl ins Wasser des Abflussrohres – so kann er nicht für die Stuhlprobengewinnung verwendet werden. Mit Zeitungspapier kann man den Abfluss bedecken, sodass der Stuhl nicht mit Wasser in Kontakt kommt.

4.2.1 Bakteriologie

Stuhluntersuchungen auf pathogene Darmkeime sollten wegen der höheren Trefferwahrscheinlichkeit an drei verschiedenen Tagen vorgenommen werden. Eine etwa haselnussgroße Portion wird mit dem Stuhllöffelchen entnommen und im Stuhlröhrchen verschickt. Mehr Stuhl kann wegen der Gasbildung den Deckel hochtreiben. Stuhlproben sollte man immer so schnell wie möglich ins Labor schicken, denn in der Stuhlprobe findet man neben den Krankheitserregern immer auch Bakterien der natürlichen Darmflora, die die Krankheitserreger überwuchern können. Deshalb sollten die Proben bis zum Transport kühl (ca. + 5 °C) gelagert werden.

4.2.2 Test auf okkultes Blut

Nur bei großen Blutungen wird der Stuhl pechschwarz. Kleine Blutungen im Magen-Darm-Trakt (z.B. durch ein Karzinom) können mit dem Auge nicht gesehen werden. Diese versteckten (okkulten) Blutungen können durch eine Stuhluntersuchung nachgewiesen werden. Seit dem 1.4.2017 wurde der qualitative Gujak-basierte Test (Hämoccult-Test) durch den quantitativen immunologischen fäkalen okkulten Bluttest (kurz: iFOBT) abgelöst.

Der Patient erhält in der Arztpraxis ein mit Flüssigkeit gefülltes Stuhlprobenröhrchen (Bild 33). Für die Probenentnahme zieht er den Entnahmestab heraus. Anschließend sticht er den Entnahmestab an drei verschiedenen Stellen in den Stuhl, sodass sich die Rillen der Entnahmestabspitze mit Stuhl füllen.

Nun wird der Entnahmestabstab mit der Stuhlprobe in das Probenröhrchen zurückgesteckt und nicht wieder herausgezogen. Das Probenröhrchen sollte dann am selben Tag oder spätestens am Folgetag in die Arztpraxis zurückgebracht werden. Beim iFOBT erfolgt die Auswertung in der Regel im medizinischen Labor und nicht in der Arztpraxis. Die Analyse liefert eine quantitative Bestimmung des Hämoglobingehalts in der Stuhlprobe. Der Test sollte frühestens 3 Tage nach der Monatsblutung durchgeführt werden.

iFOBT = **i**mmunologischer, **f**äkaler **O**kkult**b**lut**t**est

Der iFOBT bietet folgende Vorteile:

- keine Störungen durch Nahrungsbestandteile,
- keine Beeinflussung durch Vitamin C,
- Erfassung kleinster Blutmengen.

Laut dem Deutschen Krebsinformationsdienst sinkt mithilfe des Tests die Wahrscheinlichkeit an Darmkrebs zu sterben: Wenn 1.000 fünfzigjährige Patienten 10 Jahre lang jährlich einen Stuhltest machen, dann fällt bei 340 von ihnen der Test positiv aus, d.h. im Stuhl wird Blut nachgewiesen. Die anschließende Koloskopie ist bei 200 Patienten unauffällig. Bei 136 wird ein Darmpolyp entdeckt und entfernt, wodurch sie geheilt sind. 4 Patienten erhalten die Diagnose Darmkrebs und müssen behandelt werden. Sehr selten übersieht der Test den Darmkrebs (2 von 1.000 Patienten) – dieser wird dann erst durch andere Symptome (z.B. sichtbares Blut im Stuhl, Änderung der Stuhlgewohnheit) entdeckt.

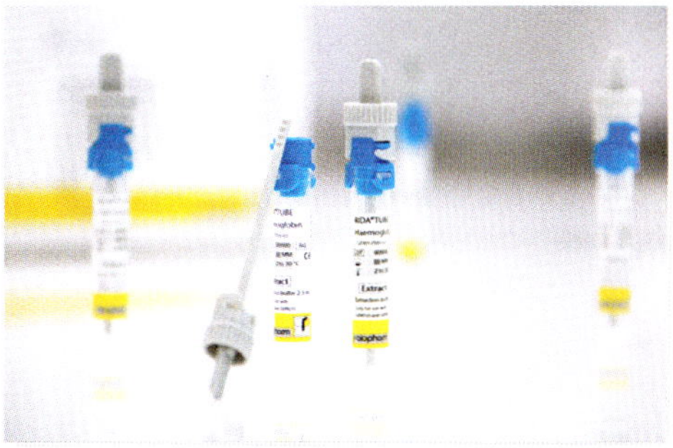

Bild 33 iFOBT-Test.

4.3 Sonographie

Man bestellt den Patienten am besten am Morgen – er sollte noch nicht gefrühstückt haben. Der Grund dafür ist, dass man mit dem Essen auch Luft verschluckt. Luft absorbiert den Ultraschall, sodass man die hinter dem Magen gelegene Bauchspeicheldrüse nicht beurteilen kann.

Außerdem zieht sich die Gallenblase zusammen, sobald Fett (z. B. Milch oder Butter) in den Magen gelangt. Eine mit Gallensaft gefüllte Gallenblase kann aber besser beurteilt werden.

Ein Glas stilles Wasser ist erlaubt, falls der Patient starken Durst hat.

Die Untersuchung erfolgt in einem abgedunkelten Raum. Dabei liegt der Patient auf dem Rücken.

> Halten Sie die Flasche mit Ultraschallgel sowie Zellstofftücher zum Abwischen des Gels nach der Untersuchung bereit.

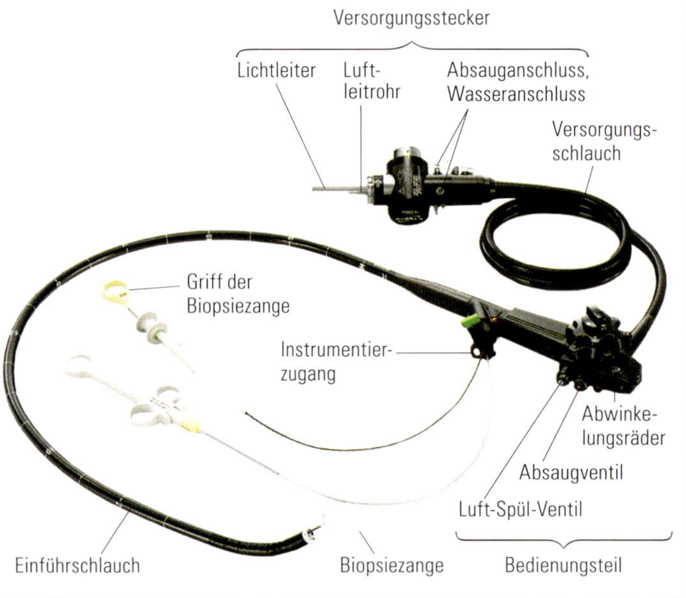

Bild 34 Flexibles Endoskop.

4.4 Endoskopie

Wird nur der kurze Abschnitt des Mastdarms untersucht, geschieht dies mit einem starren Endoskop. Mit einem flexiblen Endoskop können sowohl der obere Verdauungstrakt (Speiseröhre, Magen, Zwölffingerdarm) als auch der untere Verdauungstrakt (Mastdarm, Dickdarm) betrachtet werden (Bild 34).

Gründe für endoskopische Untersuchungen:

- unklare Bauchbeschwerden,
- Durchfälle oder
- okkultes Blut im Stuhl (Krebsvorsorge).

Die Ursachen für diese Beschwerden können relativ harmlos sein (z. B. Magenschleimhautentzündung, gutartige Tumoren) aber auch ernst (Magenkarzinom, Dickdarmkarzinom).

4.4.1 Gastroskopie (Magenspiegelung)

Die Gastroskopie gehört zu den häufigen Untersuchungen in der internistischen Praxis. Sie erfordert eine gute Zusammenarbeit von Patient und Praxispersonal:

- Der Patient wird vom Arzt aufgeklärt. Vor der Untersuchung gibt der Patient sein Einverständnis.
- Ein aktuelles Blutbild und Gerinnungswerte liegen vor.
- Der Patient ist seit dem Vorabend nüchtern, am Morgen trinkt er auch nichts mehr.
- Die Medizinische Fachangestellte deckt den Untersuchungstisch (Bild 35, S. 415).

So läuft die Gastroskopie ab:

- Vor der Untersuchung nimmt der Patient seine evtl. vorhandene Zahnprothese heraus; sein Rachen wird mit Spray betäubt. Er legt sich in Linksseitenlage, den Kopf leicht gesenkt. Den Beißring nimmt er zwischen die Lippen und beißt fest darauf.
- Manchmal muss zur Beruhigung des Patienten ein Sedativum (Midazolam) oder ein kurz wirksames Anästhetikum (Propofol) gegeben werden; dann darf der Patient 12 Stunden lang nicht mehr Auto fahren und muss sich abholen lassen.

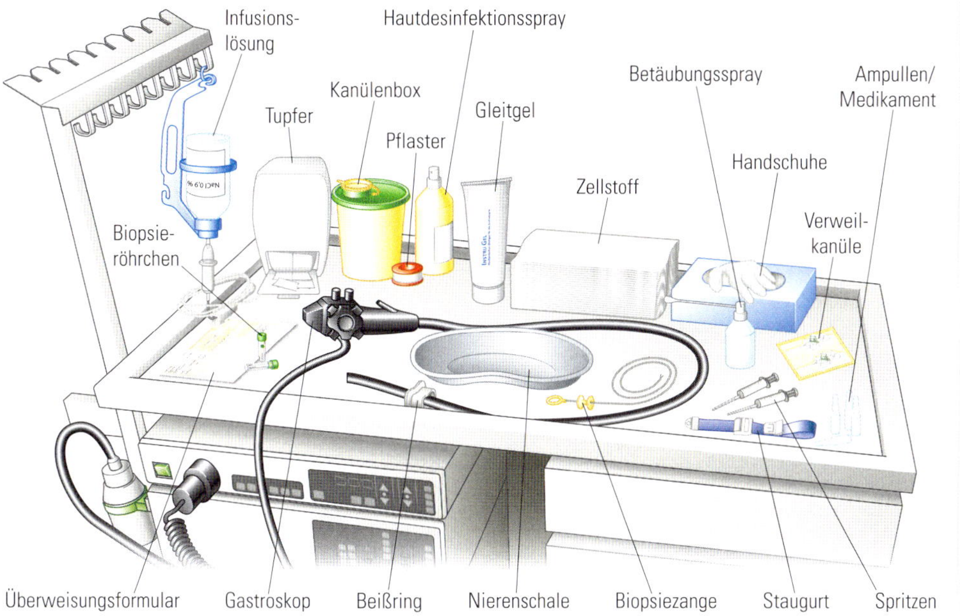

Bild 35 Für die Gastroskopie gedeckter Untersuchungstisch.

- Während der Untersuchung steht die MFA am Kopfende. Sie hält den Kopf des Patienten und den Endoskopschlauch. Sie spricht dem Patient gut zu und achtet darauf, dass er durch die Nase atmet. Bei der Probenentnahme reicht sie dem Arzt Biopsiezange und -röhrchen.
- Nach der Untersuchung wischt die MFA das Gerät mit Zellstoff von groben Verunreinigungen ab, dann reinigt sie es nach Herstellervorschrift mit Desinfektionslösung und klarem Wasser. Bei einem Fiberendoskop darf der Endoskopschlauch nie stark geknickt werden, damit die lichtleitenden Glasfasern im Endoskopschlauch nicht brechen. Fiberendoskope werden zunehmend durch Videoendoskope ersetzt, die dieses Problem nicht haben und eine bessere Bildübertragung bieten. Das getrocknete Gastroskop wird gestreckt und hängend oder liegend gelagert.

4.4.2 Koloskopie (Dickdarmspiegelung)

Im Prinzip verläuft diese Untersuchung ähnlich wie die Gastroskopie. Wichtig ist die Darmreinigung vor der Untersuchung.

Bei der Enddarmspiegelung (Rektoskopie / Sigmoidoskopie) kann ein Miniklistier zur Reinigung ausreichen. Wird der komplette Dickdarm gespiegelt (Koloskopie), muss der Darm in seiner ganzen Länge gereinigt sein. Drei Tage vor der Untersuchung darf der Patient keine Vollkornprodukte, Nüsse oder Lebensmittel mit Kernchen (Kiwi, Trauben) essen. Einen Tag vorher darf nur noch klare Flüssigkeit (Tee, Brühe) getrunken werden und der Patient muss ein vom Arzt verordnetes Abführmittel nehmen, ebenso am Morgen der Untersuchung.

Klistier (oder Klysma): Darmeinlauf zum Abführen

Der Patient muss für die Untersuchung Hose / Rock und Unterhose ausziehen. Mit einer geschlitzten Untersuchungshose wird seine Intimdistanz respektiert.

Die Medizinische Fachangestellte muss Hilfestellung leisten, wenn das Koloskop die Krümmungen des Dickdarms passiert. Nach Anweisung des Arztes drückt sie leicht auf bestimmte Stellen des Bauches, wodurch der Dickdarm festgehalten wird.

5 Stoffwechselerkrankungen und ihre Behandlung

Adipositas (lat.) = Fettleibigkeit

metabolisch: den Stoffwechsel betreffend

Nomogramm: Diagramm, an dem man das Ergebnis einer mathematischen Funktion ungefähr ablesen kann

BMI-Klassifikation der WHO (2000)
Untergewicht
< 18,5
Normalgewicht
18,5–24,9
Übergewicht
- Präadipositas 25–29,9
- Adipositas Grad I 30–34,9
- Adipositas Grad II 35–39,9
- Adipositas Grad III > 40

5.1 Adipositas

Bei der Entstehung der Adipositas spielen genetische, metabolische und psychische Faktoren eine Rolle – entscheidende Faktoren sind jedoch falsches Essverhalten und geringe körperliche Bewegung, sodass die zugeführte Energie über der verbrauchten liegt. In ganz seltenen Fällen ist eine körperliche Störung, z. B. eine Unterfunktion der Schilddrüse, die Ursache.

5.1.1 Diagnostik der Adipositas

Inspektion. Adipositas kann man einfach durch Betrachten des Patienten feststellen.

Body-Mass-Index (BMI). Genauer geht es mit dem Body-Mass-Index: dazu wird die Körperlänge (in Meter) und das Gewicht (in Kilogramm) gemessen. Die Formel lautet:

$$\text{BMI} = \frac{\text{Körpergewicht (kg)}}{\text{Körpergröße (m)}^2}$$

Waist to Hip Ratio (WHR). Der Taille-Hüft-Quotient gibt das Verhältnis zwischen Umfang der Taille und der Hüfte an.
Die Anlagerung des Körperfetts hauptsächlich im Bauchbereich (Apfel-Typ) kann das Risiko für bestimmte Krankheiten wie Diabetes mellitus Typ 2 oder Bluthochdruck erhöhen. Nach WHO ist ein Quotient bei Frauen von > 0,85 und bei Männern von > 0,9 mit einem erhöhten Risiko verbunden.

Waist to Height Ratio (WHtR). Der Taille-Größe-Quotient wird durch das Verhältnis von Bauchumfang und Körpergröße bestimmt.

Der WHtR ist bei der Vorhersage von Erkrankungen wie Herzinfarkt oder Schlaganfall dem Body-Mass-Index überlegen. Der kritische Grenzwert für Menschen unter 40 Jahren liegt bei einem WHtR von 0,5.

Kritik am BMI, WHR und WHtR
- Der BMI berücksichtigt nicht, ob das gemessene Gewicht von der Muskulatur oder vom Fett stammt.
- Der WHR berücksichtigt nur das Verhältnis von Taillenumfang zu Hüftumfang, nicht aber den absoluten Umfang.
- Der WHtR berücksichtigt nur das Bauchfett, nicht aber das viszerale Fett, das die Organe in der Bauchhöhle umhüllt.

Zur genauen Bestimmung des Übergewichts bei Erwachsenen gilt zur Zeit die Klassifikation der WHO. Für Kinder und Jugendliche gelten andere Referenzwerte.

Fettverteilungstyp	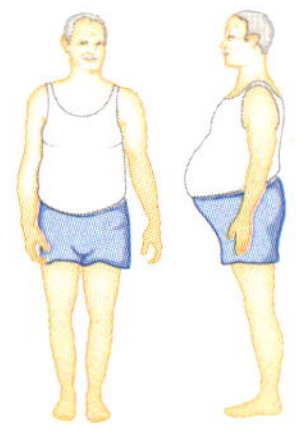 Männlicher Fettverteilungstyp „Apfel-Typ“	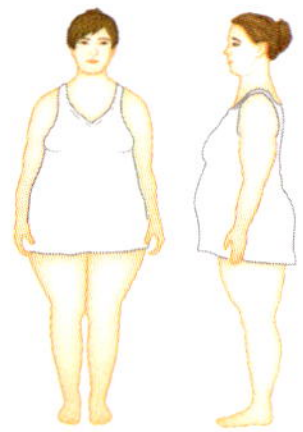 Weiblicher Fettverteilungstyp „Birnen-Typ“
Ort der Fettansammlung	Fett am Bauch, Arme und Beine schlank	Fett an Hüften und Oberschenkeln
Taillenumfang	über 102 cm bei Männern, über 88 cm bei Frauen	unter 102 cm bei Männern, unter 88 cm bei Frauen
Risiko für kardiovaskuläre Folgeerkrankungen	deutlich höher	geringer

Tabelle 15 Fettverteilungstypen.

Fettverteilungstyp. Um den Fettverteilungstyp zu bestimmen, genügt oft die Inspektion. Will man es genau wissen, misst man den Taillenumfang: dabei steht der Patient und atmet normal weiter (Tabelle 15, S. 416).

5.1.2 Therapie der Adipositas

Ernährungsprotokoll. Erster wichtiger Schritt ist das Führen eines Ernährungsprotokolls über eine Woche, um falsche Essgewohnheiten sicher feststellen zu können. Dies kann der Anstoß sein, falsche Gewohnheiten zu ändern.

Erhöhter Kalorienverbrauch. Ein weiterer wichtiger Schritt zum Abnehmen ist die Erhöhung des Kalorienverbrauchs, also mehr Bewegung. Bei einem halbstündigen, schnellen Spaziergang verbrennt man 150 bis 200 Kilokalorien. Ideale Sportarten für Übergewichtige sind schnelles Gehen (Walken), Wandern, Schwimmen oder Fahrradfahren, weil sie die Gelenke schonen. In einem Fitness-Studio kann man gezielt trainieren. Kinder bewegen sich mehr, wenn ihr täglicher passiver Medienkonsum verringert wird.

Kalorienreduktion. Der nächste Schritt ist, weniger Kalorien aufzunehmen, mit:

- einer abwechslungsreichen fettarmen Mischkost mit viel Gemüse und Obst,
- Eiweiß aus fettarmen Milch-, Fleisch- und Fischprodukten,
- wenig Süßigkeiten und wenig Alkohol.

Schnelles Abnehmen mit einer Blitzdiät funktioniert nicht: durch die Senkung des Grundumsatzes nimmt man nach der Diät noch mehr zu

Bild 36 Übergewicht in Deutschland.

(Jo-Jo-Effekt). Mehr als 0,5 bis 1 kg Gewichtsverlust pro Woche sind nicht sinnvoll.

Verhaltenstherapie. In einer Verhaltenstherapie lernen „Kummerspeck"-Esser neue Wege der Stressbewältigung kennen. Oder sie lernen langsamer und bewusst zu essen.

Selbsthilfegruppen. Auf sich allein gestellt, halten viele Patienten nicht lange durch. Selbsthilfegruppen machen das Abnehmen in der Gruppe leichter. Auch regelmäßig Sport treiben wird durch die Bindung an einen Verein leichter.

Formula-Diäten (Trinkmahlzeiten mit unter 1000 Kcal pro Tag), Medikamente zur Gewichtsreduktion oder chirurgische Verfahren wie der Magenbypass, bei dem der Magen umgangen wird, zeigen Erfolge, haben aber auch Nebenwirkungen. Ihr größter Nachteil ist, dass die Patienten kein neues Essverhalten lernen.

5.2 Fettstoffwechselstörung Hyperlipoproteinämie / Hyperlipidämie

Es gibt zwei Arten von Blutfetten:

- die Triglyceride (Neutralfette) und
- das Cholesterin.

Beim Cholesterin unterscheidet man HDL-Cholesterin und LDL-Cholesterin. HDL ist ein Eiweiß, das Cholesterin aus den Arterien zur Leber transportiert, also ein Schutzfaktor. LDL ist ein Eiweiß, das zu Ablagerungen von Cholesterin in den Arterien führt, es stellt somit einen Risikofaktor für Arteriosklerose dar.

Ursachen. Bei den meisten Fettstoffwechselstörungen kommen neben der Veranlagung als Auslöser häufig Übergewicht, Diabetes oder falsche Ernährung sowie Medikamente (Corticoide, Beta-Blocker, orale Kontrazeptiva) hinzu.

Fettstoffwechselstörungen haben eine große volkswirtschaftliche Bedeutung: geschätzte 20 % der Bevölkerung in Deutschland überschreiten die Grenzwerte. Diese Störungen verursachen jahrelang keine Beschwerden.

Hyperlipoproteinämie / Hyperlipidämie: Erhöhung der Triglyceride und / oder des Cholesterins im Blut (auch bei anderen Erkrankungen)

Cholesterin ▸ S. 390

PROCAM-Studie (**Pro**spective **Ca**rdiovascular **M**uenster Study): Bis 2007 wurden 10 Jahre lang 31 000 Männer und 19 000 Frauen zwischen 16 und 78 Jahren beobachtet.

Hat sich eine Arteriosklerose entwickelt, drohen Folgekrankheiten wie Herzinfarkt und Schlaganfall. Die Folgen dieser Erkrankungen sind für die Patienten beträchtlich und die Behandlungskosten sehr hoch.

Formen. Bei einer Fettstoffwechselstörung können entweder nur Cholesterin (speziell LDL-Cholesterin) oder die Triglyceride erhöht sein. Bei einer gemischten Fettstoffwechselstörung sind beide Blutfette gleichzeitig erhöht.

Grenzwerte der Fettstoffwechselstörungen werden unterschiedlich definiert. Sie sollten nicht starr umgesetzt werden, sondern müssen im Zusammenhang mit persönlichen Risikofaktoren gesehen werden.

Folgende Laborergebnisse werden als Normalwerte bzw. tolerierbare Werte mit einem geringen kardiovaskulären Risiko eingestuft, wenn die letzte Nahrungsaufnahme mindestens 8 Stunden zurückliegt und in der Familie keine KHK vorliegt:

- LDL-Cholesterin < 130 mg/dl (3,34 mmol/l)
- HDL-Cholesterin > 40 mg/dl (1,04 mmol/l)
- Triglyceride < 150 mg/dl (1,69 mmol/l)

LDL-Werte über 160 mg/dl (4,12 mmol/l) werden abhängig von den vorhandenen Risikofaktoren als behandlungsbedürftig angesehen.

Risikofaktoren. Um die Gefährdung eines Patienten beurteilen zu können, müssen neben den Blutfettwerten noch andere Faktoren beachtet werden. Dazu zählen folgende Risikofaktoren, die vom Patienten zusammen mit seinem Arzt beeinflusst werden können:

- Rauchen,
- Diabetes mellitus,
- Hypertonie,
- Adipositas,
- vermindertes HDL-Cholesterin.

Weitere Risikofaktoren, die nicht beeinflusst werden können, sind das Alter, die familiäre Vorbelastung für eine KHK und eine bestehende Herzkrankheit.

Anhand der Ergebnisse aus der PROCAM-Studie kann man das individuelle Risiko von Patienten, innerhalb von 10 Jahren einen Herzinfarkt zu erleiden, berechnen:
www.assmann-stiftung.de/procam-studie

Die Bedeutung einer signifikanten Senkung von LDL-Cholesterin ist von vielen anderen Studien in den letzten Jahren bestätigt worden. Deshalb setzten die Europäischen Gesellschaften für Kardiologie (ESC) und Atherosklerose (EAS) im Jahr 2019 strengere Zielwerte für das LDL-Cholesterin in Abhängigkeit von vier kardiovaskulären Risikoklassen fest (Tabelle 16).

Für die Trigyceride wurde kein genauer Zielwert formuliert.

Therapie. Ein Blick auf die veränderbaren Risikofaktoren verdeutlicht, wie die Behandlung des Patienten bei einer Erhöhung des LDL-Cholesterins aussehen soll: eine therapeutische Veränderung seines Lebensstils. Er soll

- sich energetisch ausgeglichen ernähren,
- weniger Nahrungsfett essen,
- gesättigte durch ungesättigte Fettsäuren ersetzen,
- nur 300 mg Cholesterin pro Tag zu sich nehmen (entspricht der Menge in einem Eidotter),
- mehr Ballaststoffe aufnehmen.

Wenn nur die Triglyceride erhöht sind, dann

- auf Alkohol verzichten.

Bei allen Formen der Fettstoffwechselstörungen sind eine Gewichtsabnahme, körperliche Aktivität, die Normalisierung des Blutzuckers und Blutdrucks und der Verzicht auf Rauchen angezeigt. Das LDL-Cholesterin lässt sich auch mit Medikamenten (Statine, Cholesterinresorptionshemmer, Ionenaustauscher, Antikörper gegen das PCSK9-Protein) senken.

Risikoklasse	LDL-Zielwert
Sehr hohes Risiko	< 55 mg/dl (1,4 mmol/l)
Hohes Risiko	< 70 mg/dl (1,8 mmol/l)
Moderates Risiko	< 100 mg/dl (2,6 mmol/l)
Niedriges Risiko	< 116 mg/dl (3,0 mmol/l)

Tabelle 16 Zielwerte für das LDL-Cholesterin in Abhängigkeit von der kardiovaskulären Risikoklasse (Quelle: European Heart Journal 31.8.2019)

5.3 Phenylketonurie

Phenylketonurie ist eine vererbte Eiweißstoffwechselerkrankung (Häufigkeit 1:8000). Die Aminosäure Phenylalanin kann wegen eines Enzymmangels nicht richtig umgewandelt werden, sodass sich ihre Zwischenprodukte im Blut anreichern und im Gehirn ablagern, was zu einer schweren geistigen Behinderung führt.

Im Rahmen der U2 kann diese Erkrankung durch den Guthrie-Test mittels einiger Tropfen Blut frühzeitig erkannt werden. Die Behandlung besteht dann in einer phenylalaninarmen Diät, die nach Abschluss der körperlichen Entwicklung gelockert werden kann.

U2 ▸ S. 468

5.4 Gicht und Hyperurikämie

Harnsäure ist das Endprodukt des Purinstoffwechsels. Die erbliche Störung des Purinstoffwechsels mit Erhöhung der Harnsäure im Serum (Hyperurikämie) kommt häufig vor. Eine Harnsäureerhöhung kann aber auch als Folge einer Therapie mit Zytostatika oder bei Nierenfunktionsstörungen eintreten.

Akuter Gichtanfall. Bei hoher Harnsäurekonzentration bilden sich Harnsäurekristalle insbesondere in den Gelenken. Aus voller Gesundheit kommt es nach einem üppigen Essen mit reichlich Alkohol überraschend und meist nachts, am häufigsten im Großzehengrundgelenk, durch die Harnsäurekristalle zu einer starken Schwellung, Rötung und Schmerzen. Überwiegend Männer sind betroffen, vor allem solche mit Übergewicht, Fettstoffwechselstörungen und Diabetes.

Als Therapie werden entzündungshemmende Mittel wie Ibuprofen oder Diclofenac eingesetzt.

Die chronische Gicht kommt nur noch selten vor bei Patienten ohne konsequente Therapie. Durch die Harnsäurekristalle wird in der Umgebung des Gelenks das Gewebe umgebaut, der Knorpel verdickt und verhärtet sich: sogenannte Gichttophi (Gichtknoten; Bild 37) entstehen.

Die Harnsäurekristalle können sich auch in der Niere zusammenlagern und so zu Nierensteinen führen.

Therapie. Da viele Lebensmittel Vorstufen der Harnsäure enthalten, können durch eine Umstellung der Ernährung Gichtanfälle oft ohne medikamentöse Behandlung vermieden werden. Als Diät wählt man eine purinarme Kost:

- keine Innereien,
- den Fleischverzehr reduzieren,
- den Alkoholkonsum einschränken und
- das Körpergewicht normalisieren.

Als medikamentöse Therapie der chronischen Gicht wird Allopurinol eingesetzt – es hemmt die Bildung von Harnsäure.

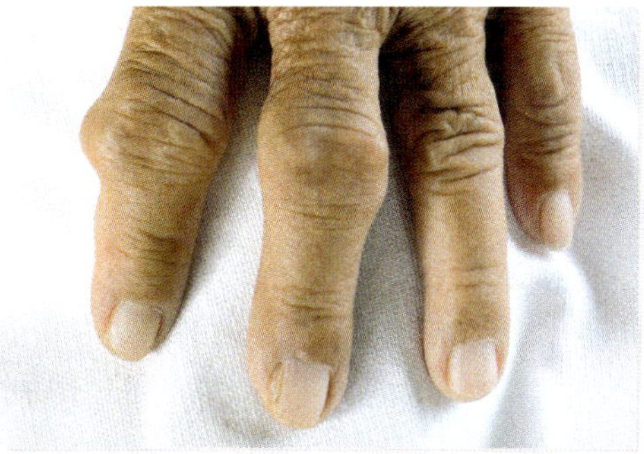

Bild 37 Gichttophi.

Purin: Abbauprodukt von DNA aus den Zellkernen

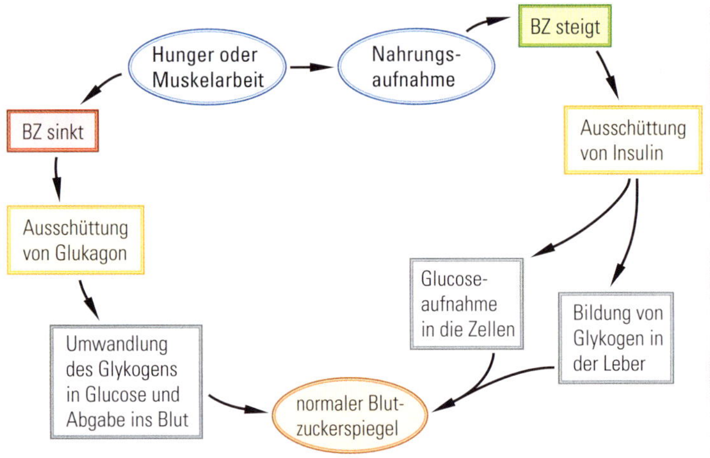

Bild 38 Blutzuckerregelkreis.

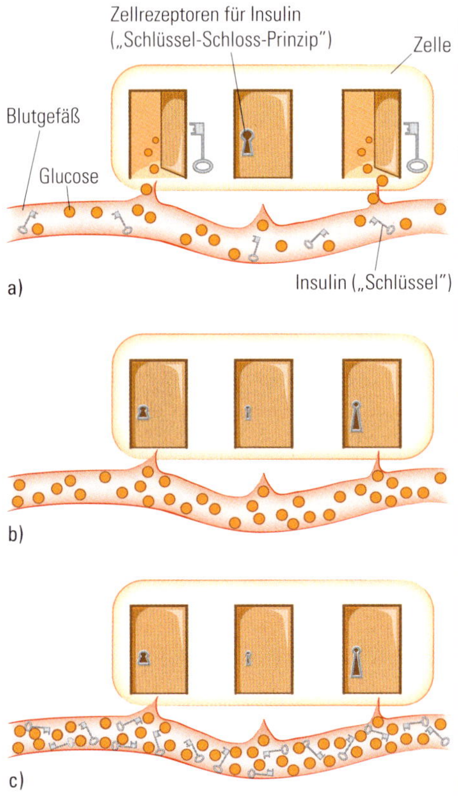

Bild 39 Wirkung des Insulins an den Körperzellen.
a) Gesunder Mensch
b) Typ-1-Diabetiker (Insulinmangel)
c) Typ-2-Diabetiker (Insulinresistenz)

5.5 Diabetes mellitus

5.5.1 Blutzuckerregelkreis

Nehmen wir Nahrung zu uns, so steigt nach der Aufnahme der Kohlenhydratbestandteile der Zuckergehalt (Glucose) im Blut. Dieser erhöhte Blutzucker bewirkt die Ausschüttung des Hormons Insulin aus dem Pankreas. Unter der Insulinwirkung nehmen die Körperzellen, z. B. in der Leber und in der Muskulatur, Zucker auf und verbrennen ihn zur Energiegewinnung zu Kohlendioxid und Wasser. Der Blutzuckerspiegel normalisiert sich. Die Leber kann Glucose auch in Form von Glykogen speichern (Bild 38).

Sinkt der Blutzuckerspiegel zu weit ab, so setzt die Bauchspeicheldrüse Glukagon frei. Glukagon bewirkt, dass gespeichertes Glykogen wieder in Glucose umgewandelt wird und ans Blut abgegeben wird. Der Blutzuckerspiegel steigt.

Da niedrige Blutzuckerwerte für den Körper gefährlich sind, gibt es nur ein blutzuckersenkendes Hormon: das Insulin; aber es gibt mehrere blutzuckersteigernde: das Schilddrüsenhormon Thyroxin, die Stresshormone Adrenalin und Cortisol sowie das Wachstumshormon STH und Glukagon. Die Wirkung von Insulin auf den Blutzucker zeigt Bild 39, das auch das Schlüssel-Schloss-Prinzip (Hormone wirken über Rezeptoren an ihrem Zielorgan) verdeutlicht.

5.5.2 Einteilung des Diabetes mellitus (Zuckerkrankheit)

Einteilung. Der Diabetes mellitus wird derzeit in vier Typen eingeteilt:

- der Diabetes mellitus Typ 1,
- der Diabetes mellitus Typ 2,
- der Diabetes, der aufgrund anderer (z. B. Pankreas-) Erkrankungen entsteht und
- der Schwangerschaftsdiabetes.

Die häufigsten Typen sind der Typ 1 und der Typ 2 (Tabelle 17, S. 421).

Häufigkeit	Typ 1 ca. 10 %	Typ 2 ca. 90 %
Symptome allgemein	vermehrter Durst (Polydipsie) durch starken Flüssigkeitsverlust (Polyurie) über die Niere, Gefahr der Austrocknung	
Symptome, die besonders auf einen Typ hinweisen	Müdigkeit und Leistungsverlust durch Eiweiß- und Fettabbau im Körper, Anstieg giftiger Stoffwechselendprodukte im Körper (Ketonkörper)	allgemeine Immunschwäche: häufige Infektionen, schlecht heilende Wunden, Juckreiz am ganzen Körper
Ursachen	Zerstörung der B-Zellen des Pankreas durch Autoimmunerkrankung, absoluter Insulinmangel	Teil des metabolischen Syndroms, erbliche Belastung, relativer Insulinmangel durch Insulinresistenz (Bild 40, S. 422)
Personengruppe	meist junge, schlanke Patienten	meist ältere, übergewichtige Patienten
Krankheitsverlauf	rasch, oft ausgelöst durch Virusinfekt	oft nur zufällig und erst spät entdeckt
Diagnose	Messung des Blutzuckers zu einem beliebigen Zeitpunkt: Wert über 200 mg/dl Messung des Langzeitblutzuckers HbA_{1c}: ≥ 6,5 %	
Therapie	immer insulinpflichtig	Behandlung des metabolischen Syndroms, mediterrane Kost, falls nicht ausreichend: Tabletten, später eventuell Insulin
akute Gefahren	hohe BZ-Werte: Gefahr des ketoazidotischen Komas, z. B. bei Infekten zu niedrige BZ-Werte: Gefahr des hypoglykämischen Komas, z. B. durch Spritzfehler	hohe BZ-Werte: Gefahr der Austrocknung (hyperosmolares Koma) zu niedrige BZ-Werte durch Medikamente, die Unterzuckerungen fördern, z. B. Sulfonylharnstoffe

Tabelle 17 Vergleich Diabetes Typ 1 und Typ 2.

Ketone ▸ S. 353

metabolisches Syndrom ▸ S. 287

Im Vordergrund steht beim Diabetes mellitus Typ 2 eine Insulinresistenz: die Insulinspiegel sind eher hoch, aber das Insulin kann aufgrund der allgemein schlechten Stoffwechsellage nicht wirken. Ziel der Behandlung ist es daher, die Stoffwechsellage durch Ernährungsumstellung und Bewegung zu korrigieren. Erst wenn das nicht zum Erfolg führt, werden Medikamente eingesetzt. Ist ein Typ-2-Diabetiker jahrelang schlecht eingestellt – d. h. bleiben seine Insulinwerte hoch –, erschöpft sich das Pankreas und es entsteht ein absoluter Insulinmangel. Dadurch wird ein Typ-2-Diabetiker ebenfalls insulinpflichtig.

5.5.3 Diagnose des Diabetes mellitus

- Bestimmung des Nüchternblutzuckers, evtl. gefolgt von einem oralen Glucosetoleranztest (oGTT)
- Bestimmung des HbA1c

Nüchternblutzucker im venösen Plasma. Dazu müssen spezielle Blutentnahmeröhrchen verwendet werden, damit die Glucose nicht abgebaut wird. Eine BZ-Messung mittels Taschengeräten, die den Blutzucker kapillar messen und zur Verlaufskontrolle durch Selbstmessung des Diabetikers eingesetzt werden, ist nicht zulässig.

oGTT. Ergibt die Bestimmung des Nüchternblutzuckers (IFG= impaired fasting Glucose) einen erhöhten Wert (Tabelle 18), so erfolgt ein oraler Glucosetoleranztest (Bild 40).

Die Durchführung des oGTT sollte den WHO-Richtlinien entsprechen. Der Patient soll

- sich drei Tage vor dem Test kohlenhydratreich ernähren, d. h. normale Mischkost essen,
- 12 Stunden vorher nichts essen und nur ungesüßten Tee oder Wasser trinken,
- am Morgen zum Test kommen,
- vor und während des Tests nicht rauchen,
- während des Tests in der Praxis sitzen oder liegen.

Zum Zeitpunkt 0 (d. h. zu Beginn des Tests) werden 75 g Glucose in einem viertel Liter Wasser innerhalb von fünf Minuten getrunken. Die Blutentnahme erfolgt zum Zeitpunkt 0 und nach zwei Stunden.

Die Messergebnisse des oGTT nach zwei Stunden werden nach Tabelle 19 beurteilt.

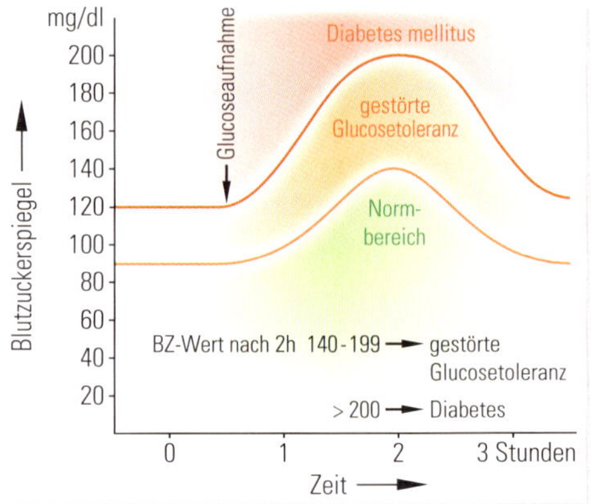

Bild 40 Oraler Glucosetoleranztest (oGTT).

Bei der Diagnose eines Schwangerschaftsdiabetes werden die Normalwerte strenger beurteilt (Tabelle 19). Die Blutglucosewerte werden zum Zeitpunkt 0, nach einer und nach zwei Stunden bestimmt. Ein Gestationsdiabetes (Schwangerschaftsdiabetes) liegt vor, wenn ein gemessener Wert, den Grenzwert in Tabelle 19 überschreitet.

Material	Normbereich	abnorme Nüchternglucose	Diabetes mellitus
Fluorid-Citrat-Plasma / Natrium-Fluorid Plasma venös	< 100	100–125	≥ 126
Alle Werte in mg / dl (Umrechnungfaktor mg / dl → mmol / l: 0,0556)			

Tabelle 18 Beurteilung von Nüchternglucose-Ergebnissen.

Material	Zeitpunkt 0	nach 1 Std.	nach 2 Std.
Fluorid-Citrat-Plasma / Natrium-Fluorid Plasma venös	≥ 92	≥ 180	≥ 153
Alle Werte in mg / dl (Umrechnungfaktor mg / dl → mmol / l: 0,0556)			

Tabelle 19 Diagnose des Schwangerschaftsdiabetes durch oGTT.

HbA_{1C}: glykiertes Hämoglobin; es entsteht durch Anbindung von Glucose an Hämoglobin

alt		neu
6,0 %	entspricht	42 mmol / mol
6,5 %	entspricht	48 mmol / mol
7,0 %	entspricht	53 mmol / mol
7,5 %	entspricht	58 mmol / mol

Tabelle 20 Alte und neue HbA_{1C}-Werte.

HbA_{1c}. Dieser Wert zeigt in % oder mmol/mol (Tabelle 20) die Menge des „verzuckerten“ (glykierten) Hämoglobins an und ergibt damit ein gutes Bild der Stoffwechsellage innerhalb der letzten 8 bis 12 Wochen. Der Normalwert bei Gesunden liegt unter 5,7 %. Ab 6,5 % ist die Diagnose eines Diabetes mellitus zu stellen, Werte zwischen 5,7 % und 6,4 % entsprechen einem Prädiabetes und sollten ebenso wie der pathologische oGTT mit einer Lebensstiländerung (Bewegung, Gewichtsreduktion, Ernährungsumstellung) behandelt werden.

5.5.4 Therapie des Diabetes mellitus

Ernährung. Die Ernährung des normalgewichtigen Diabetikers unterscheidet sich nicht von der eines Gesunden. Es wird eine mediterrane Mischkost mit viel Gemüse, pflanzlichen Ölen und einer mäßigen Zufuhr an Proteinen und Kohlenhydraten empfohlen. Übergewichtige Diabetiker sollten ihr Gewicht reduzieren, indem sie mindestens 150 Minuten Sport pro Woche treiben – Ausdauersport und Kraftsport sollten dabei kombiniert werden – und ihre Kalorienzufuhr reduzieren. Einfacher scheint dabei für viele die Reduktion der Kohlenhydratmenge zu sein, sodass eine proteinlastige, eher fettreiche Diätform (ketogene Diät) daraus resultiert. Empfohlen wird jedoch die Reduktion des Fettverzehrs und die Kohlenhydratmenge für das Sättigungsgefühl eher beizubehalten.

Schlanke Typ-1-Diabetiker, vor allem Kinder und Jugendliche, dürfen sich so ernähren, wie sie möchten. Auch Snacks und Zwischenmahlzeiten sind erlaubt, müssen jedoch jeweils mit Insulin abgedeckt werden. Dazu muss die Kohlenhydratmenge berechnet werden bzw. bekannt sein. Der Patient muss wissen, wie viele KE oder BE er auf seinem Teller hat und dementsprechend seine Insulindosis berechnen.

Alkohol ist in Maßen erlaubt, birgt jedoch für den Typ-1-Diabetiker ein erhebliches Unterzuckerungsrisiko und sollte daher immer mit einer Mahlzeit kombiniert werden.

Medikamentöse Therapie des Typ 2-Diabetes. Diese erfolgt nach einem Stufenschema: Führt eine Änderung des Lebensstils nicht zu einer Reduktion des HbA_{1c}-Wertes, wird zunächst mit Metformin therapiert. Metformin verbessert die Insulinresistenz und hemmt die Glucosefreisetzung aus der Leber. Bei einigen Patienten kommt es unter Metformin zu Bauchschmerzen und Durchfällen, daher muss die Dosis langsam gesteigert werden. Bei Infekten und vor Operationen muss Metformin abgesetzt werden, da es in seltenen Fällen zur Laktatazidose kommen kann. Falls Metformin nicht ausreicht oder unverträglich ist, stehen einige andere Medikamente allein oder in Kombination zur Verfügung (Tabelle 21), um die Stoffwechselsituation zu verbessern. Insulin sollte erst nach Erschöpfung des Pankreas (absoluter Insulinmangel) oder bei schwerer Niereninsuffizienz, wenn eine orale Therapie nicht möglich ist, gegeben werden.

Laktatazidoese: Übersäuerung des Blutes durch Michsäure (Laktat)

Weitere orale Antidiabetika, die heute wegen ihrer Nebenwirkungen nur eine geringe Rolle spielen sind

- Acarbose: verhindert die Glucoseresorption im Darm, verursacht aber Bauchschmerzen und Blähungen.
- Glinide und Sulfonylharnstoffe: haben ein erhebliches Unterzuckerungsrisiko und führen zur Gewichtszunahme.
- Glitazone: sind wegen kardiovaskulärer Nebenwirkungen in Deutschland derzeit nicht gebräuchlich.

Wenn eine Therapie des Typ-2-Diabetikers mit Insulin unumgänglich ist, um die Therapieziele zu erreichen, wird üblicherweise mit einer BOT (basal unterstützte orale Therapie) begonnen: Durch die Applikation eines Verzögerungs-/Langzeitinsulins am Abend sollen gute Nüchternzuckerwerte erreicht werden.

KE oder KHE = **K**ohlen**h**ydrat**e**inheit, 1 KE ≙ 10 g Kohlenhydrate

BE = **B**rot**e**inheit, 1 BE ≙ 12 g Kohlenhydrate

Wirkstoff	Wirkungsweise	Bemerkungen
Gliptine	fördern die Insulinfreisetzung über GLP-1 (siehe unten)	gewichtsneutral; seltenes Pankreatitisrisiko
GLP-1-Analoga (Glucagon-like Peptid Hormon) müssen gespritzt werden	fördern die Insulinfreisetzung in Abhängigkeit von der Nahrungsaufnahme; → **verzögerte Magenentleerung**	Übelkeit, Durchfall zu Beginn, kein Unterzuckerungsrisiko → **Gewichtsverlust durch geringe Nahrungsaufnahme**
SGLT2-Inhibitoren (Sodium-Glucose linked transporter)	fördern die Glucoseausscheidung über die Niere, d. h. 300 kcal werden nicht verstoffwechselt	geringe Gewichtsabnahme Nachteil: Genitalinfekte durch „süßen“ Urin

Tabelle 21 Erweiterte medikamentöse Therapie des Diabetes mellitus Typ 2.

ICT: intensivierte konventionelle Insulintherapie

Sind die gemessenen (Protokoll-)BZ-Werte nach dem Essen zu hoch, so wird auch hier ein Mahlzeiteninsulin appliziert. Meist erfolgt die Applikation nach einem festen Schema je nach Blutzuckerwert vor dem Essen. Eventuell ist auch eine ICT wie bei Typ 1 nötig.

Bei hochbetagten Patienten, die durch einen Pflegedienst versorgt werden, besteht die Möglichkeit, nur 2x/Tag Insulin zu applizieren, indem man ein Mischinsulin wählt, das einen kurz- und einen langwirksamen Anteil enthält, z. B. Actraphane 30/70®. Dabei muss jedoch darauf geachtet werde, dass Zwischenmahlzeiten eingenommen werden, weil es sonst zu Unterzuckerungen kommen kann.

Die subkutane Injektion des Insulins erfolgt heute immer häufiger mittels eines Insulinpens (Bild 41), der entweder eine auswechselbare Patrone hat oder ein Einmalpen ist.

CSII: Kontinuierliche subkutane Insulininfusion

Bolus: schnell wirkende Insuline

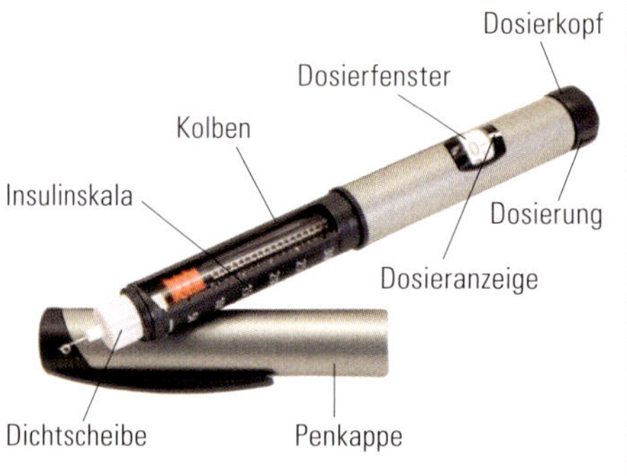

Bild 41 Bestandteile eines Insulinpens.

ICT und CSII im Vergleich

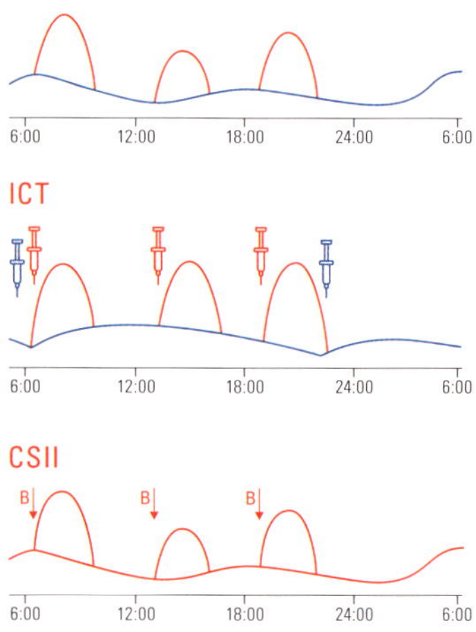

Eine kleine Menge an Insulin versorgt die Zellen ständig mit Energie (blaue Linie). Zu den Mahlzeiten ist der Insulinbedarf erhöht (rote Linie).

Bei der intensivierten konventionellen Insulintherapie wird außer dem lang wirksamen Verzögerungsinsulin (blau) zu den Mahlzeiten schnell wirksames Bolusinsulin (rot) gespritzt.

Die Insulinpumpe gibt ständig kleine Mengen an schnell wirksamem Insulin ab, zu den Mahlzeiten wird zusätzlich Bolusinsulin gegeben.

Bild 42 ICT und CSII im Vergleich.

Therapie des Typ-1-Diabetes. Der Typ-1-Diabetiker benötigt aufgrund des absoluten Mangels an Insulin die regelmäßige Zufuhr des Hormons entweder über eine ICT (intensivierte konventionelle Therapie) oder eine CSII (kontinuierliche subcutane Insulininfusion) mittels Pumpe.

ICT. 1x/Tag oder 2x/Tag wird ein Langzeitinsulin appliziert, um die basale Insulinversorgung zu gewährleisten. Hinzu kommt ein kurzeitig wirkendes Mahlzeiteninsulin, das je nach Menge der Kohlenhydrate individuell dosiert wird. Beispiele für solche Basalinsuline sind Toujeo® und Levemir®. (Bild 42)

Bei den kurz wirksamen Mahlzeiteninsulinen setzen sich zunehmend statt der bis zu 5 Stunden wirksamen Humaninsuline die kürzer wirksamen Analoginsuline durch, da man hier keinen Spritz-/Ess-Abstand einhalten muss und auch auf Zwischenmahlzeiten verzichten kann. Bei kleinen Kindern kann man diese Insuline auch nach dem Essen spritzen, da oft nicht klar ist, wie viel sie tatsächlich essen. Beispiele für diese Analoginsuline sind Humalog®, Novorapid® und Apidra®.

CSII. Hier wird kontinuierlich ein Analoginsulin in angepasster, geringer Dosierung (Basalrate) über eine Pumpe in das Unterhautfettgewebe mittels Katheter abgegeben (Bild 45, S. 425). Dies ermöglicht dem Patienten eine Flexibilisierung: Er kann zu den Mahlzeiten mittels Knopfdruck einen zusätzlichen Bolus abgeben und verschiedene Basalraten für unterschiedliche Tage (Ferien, Arbeitstag usw.) programmieren. (Bild 42)

Therapie des Schwangerschaftsdiabetes (Gestationsdiabetes). Bei dieser Diabetesform geht es darum, eine normale Entwicklung des Kindes zu gewährleisten. Hohe Blutzuckerwerte der Schwangeren erhöhen das Missbildungsrisiko beim Kind.

Weiterhin werden die Ungeborenen durch die Glucosemast zu groß und schwer (makrosom), haben aber nach der Geburt Anpassungsprobleme und ein erhebliches Unterzuckerungsrisiko. Das Erreichen normaler Blutzuckerziele hat bei einer Schwangeren daher hohe Priorität. Daher wird zügig mit einer Insulintherapie begonnen, wenn dieses Ziel durch Ernährungsveränderungen und Bewegung nicht zu erreichen ist. Dabei ist es jedoch dringend erforderlich, Unterzuckerungen zu vermeiden, sodass Schwangere mit Diabetes von einem Spezialisten, einem Diabetologen, behandelt werden sollten. Nach der Geburt sollte bei diesen Frauen regelmäßig ein oGTT durchgeführt werden, da sie ein erhöhtes Risiko für das Entstehen eines Typ-2-Diabetes mellitus haben.

Nebenwirkung der Insulintherapie: Hypoglykämie. Das Hauptproblem der Insulintherapie ist die richtige Anpassung der Insulindosis an die Mahlzeit, sonst drohen Unterzuckerungen, die sofort mit der Gabe von 1–2 KE behandelt werden müssen. Daher muss ein insulinpflichtiger Diabetiker seinen Blutzucker häufig messen, z. B. mithilfe eines kleinen Taschengeräts (Bild 43) oder mit einer kontinuierlichen Messung des Zuckers im subcutanen Fettgewebe mittels FGM (Bild 44) oder bei Typ-1-Diabetikern mittels CGM. Letzteres bietet seit neustem die Möglichkeit, in Verbindung mit einer Insulinpumpe (Bild 45) die Glucosezufuhr zu unterbrechen.

Häufige Ursachen für Hypoglykämien sind:

- Bewegung: Beim Sport muss die Insulindosis reduziert werden oder zusätzliche Kohlenhydrate zugeführt werden (ca. 1 KE/20 Minuten).
- Alkohol: Er führt zu Unterzuckerungen, wenn nicht gleichzeitig genug gegessen wird. Die Freisetzung von Glucose aus der Leber wird gehemmt.
- Veränderte Spritzstellen (Bild 46): Wird in die gleiche Körperstelle wiederholt gespritzt, so entstehen Veränderungen im Fettgewebe, aus denen das Insulin unterschiedlich schnell resorbiert wird, sodass die Insulinwirkung nicht vorhersehbar ist. Ebenso können falsche Nadellängen zu versehentlichem Spritzen in den Muskel führen und dadurch zu einem schnelleren Anfluten von Insulin.

Bild 43 Taschengerät zur Blutzuckerkontrolle.

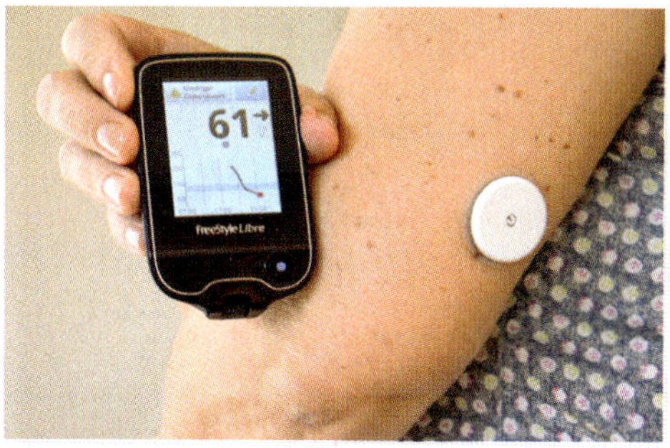

Bild 44 Kontinuierliche Blutzuckermessung im Gewebe.

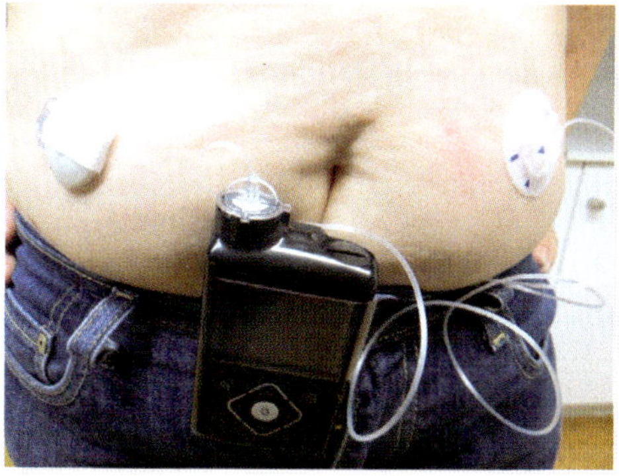

Bild 45 Insulinpumpe für eine kontinuierliche Insulinabgabe. Katheter (links), Insulinpumpe (Mitte), CGM-Sensor (rechts).

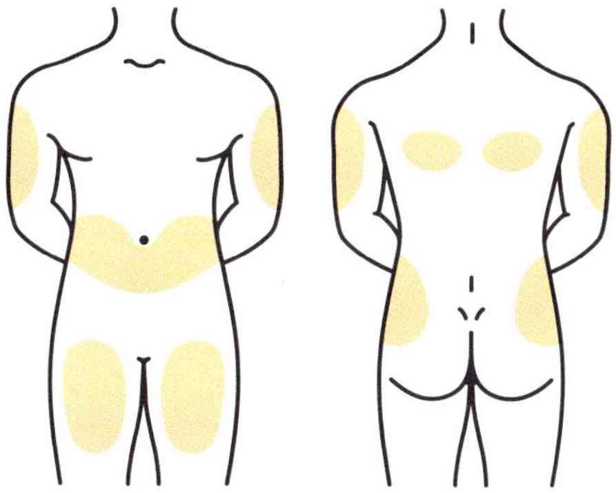

Bild 46 Unterschiedliche Spritzstellen.

FGM: flash glucose monitoring

CGM: continuous glucose monitoring

5.5.5 Folgeerkrankungen des Diabetes mellitus – Veränderungen der Blutgefäße (Angiopathie)

Zu hohe Blutzuckerspiegel schädigen auf Dauer die kleinen Blutgefäße in Nieren und Augen (Mikroangiopathie). Es kommt zur diabetischen Retinopathie und Nephropathie.

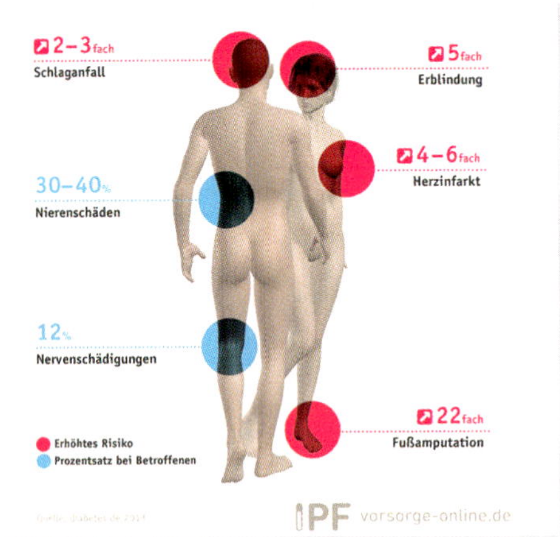

Bild 47 Die häufigsten Diabetes-Folgeerkrankungen.

Weiterhin werden große Arterien geschädigt und das Arterioskleroserisiko steigt (Makroangiopathie). Dadurch sind Herzinfarkt und Schlaganfall häufige Folgeerkrankungen (Bild 47).

Eine Kombination aus beiden Gefäßproblemen führt zum diabetischen Fußsyndrom: Hierbei werden durch die Mikroangiopathie die Blutgefäße, die die Nerven versorgen, zerstört. Der Patient spürt seine Fußsohlen nicht mehr und es kann zu unbemerkten Verletzungen kommen, die sich infizieren können. So können schlecht heilende Geschwüre (Ulzera) entstehen. Wenn durch die Makroangiopathie zusätzlich die Durchblutung des Fußes eingeschränkt ist, steigt das Risiko für eine Amputation.

Patienten mit einem diabetischen Fußsyndrom brauchen eine angepasste Schuhversorgung und müssen ihre Füße selbst regelmäßig kontrollieren (Bild 48).

Druckstellen in Strümpfen oder Schuhen müssen unbedingt vermieden werden: ausreichend große Schuhe aus weichem Leder tragen und kochfeste Baumwollsocken in möglichst hellen Farben, damit blutende Verletzungen besser erkannt werden.

Der Fuß muss vor einer Hautinfektion geschützt werden, d. h. er ist trocken zu halten (schweißaufsaugende Wäsche) und er muss ständig auf Verletzungen kontrolliert werden. Nicht barfuß laufen!

Füße nach dem Waschen gut abtrocknen, besonders zwischen den Zehen, und auf Verletzungen – besonders an den Fußsohlen – kontrollieren.

Fußnägel besser feilen als schneiden; Hornhaut mit Bimsstein entfernen, evtl. durch eine medizinische Fußpflege.

Füße warm halten – beispielsweise durch weiche Bettsocken.

Bild 48 Pflege der Füße bei Diabetikern.

5.5.6 Betreuung des Diabetikers

Gesetzlich versicherte Patienten können in das DMP für Diabetes Typ 1 oder 2 eingeschrieben werden. Dadurch werden sie im Rahmen der Tertiärprävention regelmäßig mit dem Ziel untersucht (Tabelle 22), Folgeschäden zu verhindern.

Weiterhin sollte der Hausarzt verstärkt – eventuell mithilfe eines standardisierten Fragebogens – auf Anzeichen einer Depression achten, weil diese den Diabetes verschlimmert und umgekehrt der Diabetes die Depression ungünstig beeinflusst. Eine Depression kann sich auch in einer mangelnden Therpaieadhärenz zeigen.

Eine Übersäuerung des Blutes beim Typ-1-Diabetiker z. B. im Rahmen von Infekten kann mit den Symptomen eines akuten Abdomens auffallen. Hier ist die Anamnese wichtig und die Testung des Blut-pH-Gehaltes. Unbehandelt führt die Übersäuerung zum Bewusstseinsverlust: ketoazidotisches Koma.

DMP: Disease-**M**anagement-**P**rogramme

Tertiärprävention ▸ S. 467

Therapieadhärenz ▸ S. 219

Was	Wann	Bemerkungen
HbA_{1c}	1 x/Quartal	Therapieziel je nach Behandlungsform und Alter zwischen 6,5 % und 8 %
Nierenwerte Krea und GFR	1 x/Quartal	ggf. müssen Medikamente angepasst werden
Test auf Eiweiß im Urin = Mikroalbuminurie	1 x/Jahr	erster Hinweis auf eine Nierenschädigung, Einstellung des Blutdruckes notwendig
Untersuchung des Augenhintergrundes	1 x/Jahr	beim Augenarzt: Suche nach therapiebedürftigen Gefäßveränderungen (Retinopathie)
Untersuchung der Füße	1 x/Jahr bei Bedarf öfter	Test auf Berührungs-/Wärmeempfinden/Vibration gibt Auskunft über eine Nervenschädigung (Polyneuropathie); Inspektion der Füße auf Verletzungen, Inspektion und Palpation
Untersuchung der Spritzstellen	mindestens 1 x/Jahr	

Tabelle 22 Untersuchungen im Rahmen des DMP Diabetes.

Zur Wiederholung

1. Erläutern Sie den Aufbau des Ernährungskreises.

2. Was versteht man unter Nährstoffen und welche Nährstoffe gibt es?

3. Welche Aufgaben haben
   - Ballaststoffe,
   - Vitamine,
   - Mineralstoffe?

4. Beschreiben Sie die einzelnen Verdauungsvorgänge vom ersten Bissen bis zur Ausscheidung.

5. Erklären Sie den Begriff „Peristaltik":
   - Was versteht man darunter?
   - Wozu dient die Peristaltik?
   - Mit welcher körperlichen Untersuchung kann der Arzt die Peristaltik untersuchen?

6. Erläutern Sie den Begriff „Intrinsic factor".

7. Tragen Sie in Form einer Mindmap alles zusammen, was Sie über Helicobacter pylori wissen (oder noch nicht wissen).

8. Was ist gefährlich an einem Magengeschwür?

9. Der Dichter Theodor Storm, selbst an Magenkrebs verstorben, beschrieb seine Beschwerden so:
   Ein Punkt nur ist es, kaum ein Schmerz.
   Nur ein Gefühl empfunden eben;
   Und dennoch spricht es stets darein,
   Und dennoch stört es dich zu leben.

   Vergleichen Sie das Gedicht mit dem Buchtext zum Magenkarzinom.

10. Warum ist die Bauchspeicheldrüse sowohl eine exokrine als auch eine endokrine Drüse?

11. Frau Formann berichtet: „Seit mir wegen Gallensteinen die Galle herausoperiert wurde, vertrage ich Olivenöl nicht mehr so gut wie früher. Vielleicht haben die Ärzte bei mir zu viel herausgeschnitten. Aber die OP ist sehr gelungen – außer den zwei kleinen Narben am Bauch sieht man gar nichts."
    a) Wo wird der Gallensaft gebildet?
    b) Welche Aufgabe hat der Gallensaft bei der Verdauung?
    c) Welche Symptome können Gallensteine verursachen?
    d) Welche operative Behandlung wurde bei dieser Patientin genau durchgeführt?

12. Herr Steinhager (Leberzirrhose durch langjährigen Alkoholabusus) kommt zur Blutabnahme. Er hat eine gelbbraune Haut, auch die Skleren seiner Augen sind gelb. Beim Blutabnehmen fällt Ihnen sein übler Körpergeruch auf, obwohl er frisch geduscht ist. Der Patient bitte Sie, bei der Blutentnahme vorsichtig zu sein, weil er immer so leicht blaue Flecken bekäme. Beim Patienten liegt zudem eine chronische Pankreatitis vor. Dadurch erfüllt die Bauchspeicheldrüse immer ungenügender ihre Aufgaben.

    Herr Steinhäger schildert Ihnen einige Tage später am Telefon: „Ich fühle mich ganz schwach, mir ist so übel. Außerdem habe ich erbrochen – im Erbrochenen waren lauter schwarze Körnchen, obwohl ich seit gestern nichts gegessen habe."
    a) Stellen Sie bei 3 Symptomen der Leberzirrhose dieses Patienten einen Bezug zu den Aufgaben der Leber dar.
    b) Nennen und erklären Sie vier Sekretbestandteile der Bauchspeicheldrüse.
    c) Erläutern Sie: wie dringend bewerten Sie den Telefonanruf des Patienten?

13. Erstellen Sie eine ausführliche Liste der Lebensmittel, die ein Patient mit Glutenallergie essen bzw. nicht essen darf.

14. Erklären Sie einem Patienten die Durchführung einer Stuhluntersuchung auf okkultes Blut mit dem iFOBT-Test .

15. Was gehört alles auf den Untersuchungstisch für eine Gastroskopie? Erstellen Sie eine Checkliste, nach der Sie den Untersuchungstisch systematisch vorbereiten können.

16. Wie beruhigen Sie einen Patienten vor und während einer Gastroskopie?

17. Drei Freunde gehen zum Essen in ein Restaurant: Max leidet unter einer Glutenunverträglichkeit, Moritz hat eine Lactoseintoleranz und Mecki hat in zwei Tagen einen Koloskopie-Termin. Die Speisekarte ist rechts abgebildet

Was dürfen die drei jeweils nicht essen und nicht trinken? Begründen Sie Ihre Auswahl.

18. Erläutern Sie, wie der BMI errechnet wird. Berechnen Sie Ihren eigenen BMI.

19. Welche Bedeutungen haben die Abkürzungen WHR und WHtR?

20. a) Wie funktioniert der Blutzuckerregelkreis?
b) Was kann bei Entgleisungen passieren?

21. Wodurch unterscheiden sich Typ-1- und Typ-2-Diabetiker?

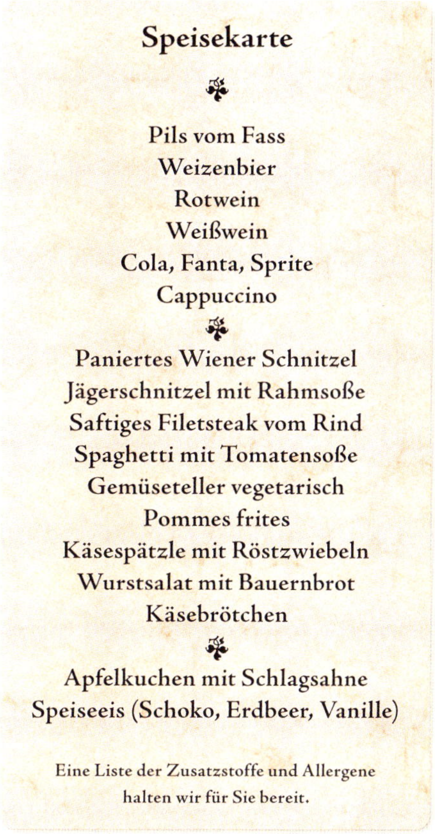
Speisekarte

Pils vom Fass
Weizenbier
Rotwein
Weißwein
Cola, Fanta, Sprite
Cappuccino

Paniertes Wiener Schnitzel
Jägerschnitzel mit Rahmsoße
Saftiges Filetsteak vom Rind
Spaghetti mit Tomatensoße
Gemüseteller vegetarisch
Pommes frites
Käsespätzle mit Röstzwiebeln
Wurstsalat mit Bauernbrot
Käsebrötchen

Apfelkuchen mit Schlagsahne
Speiseeis (Schoko, Erdbeer, Vanille)

Eine Liste der Zusatzstoffe und Allergene halten wir für Sie bereit.

Zur Vertiefung

1. a) Informieren Sie sich z. B. auf der Internetseite www.dge.de über Vollwerternährung. Wie lauten die 10 Regeln zur vollwertigen Ernährung?
b) Auch auf der Seite www.was-wir-essen.de finden Sie interessante Informationen. Was bedeutet der Slogan „5 am Tag“?
c) Es gibt zunehmend verschiedene Kostformen. Informieren Sie sich im Internet über die Steinzeitdiät.

2. Pro und contra: „Strafsteuer für fettes Essen“
Ungesunde Ernährung macht krank und belastet das Gesundheitssystem. Sollten ungesunde Lebensmitte teurer sein als andere, z. B. sehr zuckerreiche Lebensmittel (Zuckersteuer)?

3. Beschreiben Sie, wie man Kindern Lust auf gesundes Essen machen kann.

4. Im Gegensatz zu den Empfehlungen der DGE wird vor allem auch für übergewichtige Typ-2-Diabetiker über den Stellenwert einer ketogenen Diät diskutiert.
a) Erläutern Sie die ketogene Diät.
b) Stellen Sie, z. B. mithilfe einer Internetrecherche, das Für und Wider auch unter ökologischen und ökonomischen Aspekten dar.

Lernsituationen

1. **Lernsituation**
   Eine junge Frau ist an *Colitis ulcerosa* erkrankt. Wegen besonders schwerem Krankheitsverlauf raten ihr die Ärzte zur Operation mit Entfernung eines Darmstücks und Anlegen eines *Colostomas*. Zuerst will sie das gar nicht wahrhaben. Wochenlang verdrängt sie jeden Gedanken an die Krankheit. Dann gehen ihr ständig Fragen durch den Kopf: Werde ich noch meinem *Beruf* als Speditionskauffrau nachgehen können? Welche Auswirkung wird die Operation auf meine *Ehe* haben? Werde ich noch Sport treiben können? Muss ich meine *Ernährung* umstellen? Auf Drängen ihrer Freunde und ihres Ehemannes beginnt sie sich im Internet zu informieren.

   a) Informieren Sie sich über die kursiv gedruckten Begriffe im Text, sodass Sie ggf. die Fragen eines Patienten beantworten können.
   b) Auf welche Veränderungen nach der Operation muss sich die junge Frau einstellen?

2. **Lernsituation**
   Frau Sommer, 20 Jahre alt, ist in der 20. Schwangerschaftswoche, als dem behandelnden Gynäkologen auffällt, dass das Ungeborene relativ groß ist. Er äußert den Verdacht auf einen Schwangerschaftsdiabetes.

   - Welches sind nun die nächsten diagnostischen Schritte?
   - Wenn sich der Verdacht bestätigt, wie wird die Therapie durchgeführt?
   - Welche Insuline können eingesetzt werden? Erläutern Sie die Unterschiede.
   - Wie wird die Therapie gesteuert? Nennen Sie unterschiedliche Möglichkeiten der Blutzuckermessung.
   - Die Patientin erzählt Ihnen später, dass Sie eine Hausgeburt anstrebt. Erklären Sie ihr, weshalb das nicht sinnvoll ist.
   - Was sollte die Patientin nach der Entbindung beachten?

3. **Lernsituation**

   Peter, 5 Jahre alt, dünn, kommt mit seiner Mutter in die Praxis, weil er nach einem Infekt immer noch schlapp und müde ist. Er verlangt ständig nach etwas zu trinken und rennt häufig zur Toilette.

4. **Lernsituation**
   Herr Horn, 50 Jahre alt, leicht übergewichtig, seit 5 Jahren sind Bluthochdruck und eine Fettstoffwechselstörung bekannt. Er klagt über Juckreiz und starken Durst. Auch ist ihm aufgefallen, dass sich kleine Wunden schnell infizieren und dann schlecht abheilen.

Bearbeitung der Lernsituationen 3 und 4

- Um welche Erkrankung handelt es sich bei den Patienten?
- Wie wird diese Erkrankung diagnostiziert?
- Stellen Sie für Herrn Horn ein paar wichtige Regeln auf, die er beachten sollte.
- Weshalb muss sich Peter in Zukunft immer Insulin spritzen, Herr Horn aber nicht?
- Welche Ärzte müssen beide Patienten in gewissen zeitlichen Abständen regelmäßig aufsuchen?
- Klären Sie Herrn Horn und Peters Mutter über die Akut- und die Spätfolgen auf.

Lernfeld 10
Patienten bei kleinen chirurgischen Behandlungen begleiten und Wunden versorgen

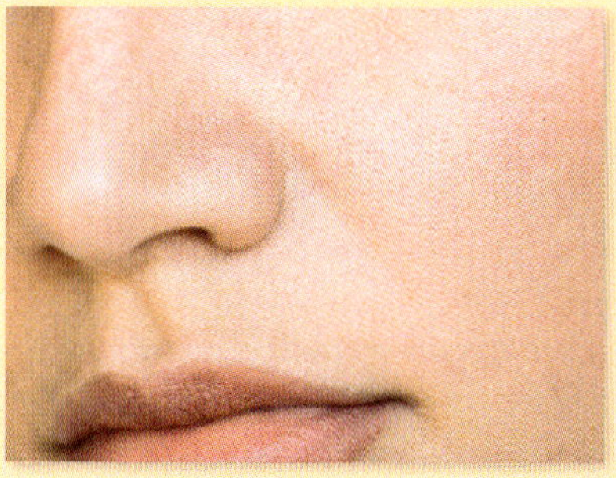

1 **Haut** 432

- Aufbau und Aufgaben der Haut
- Erkrankungen der Haut
- Behandlung von Hauterkrankungen
- Schmerz

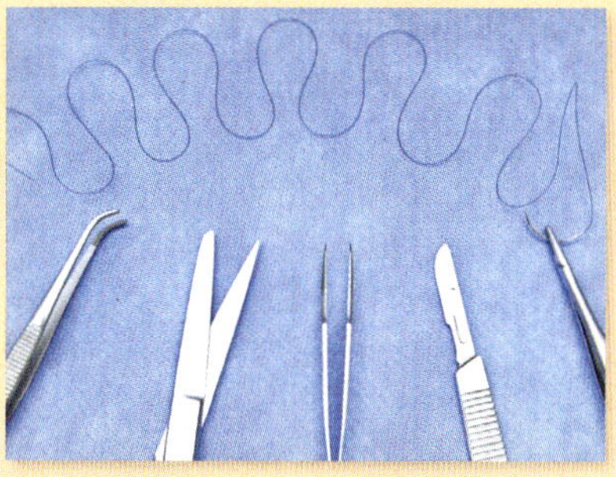

2 **Instrumentenkunde** 448

- Stechende Instrumente
- Schneidende und schabende Instrumente
- Fassende Instrumente
- Haltende Instrumente
- Nahtmaterial

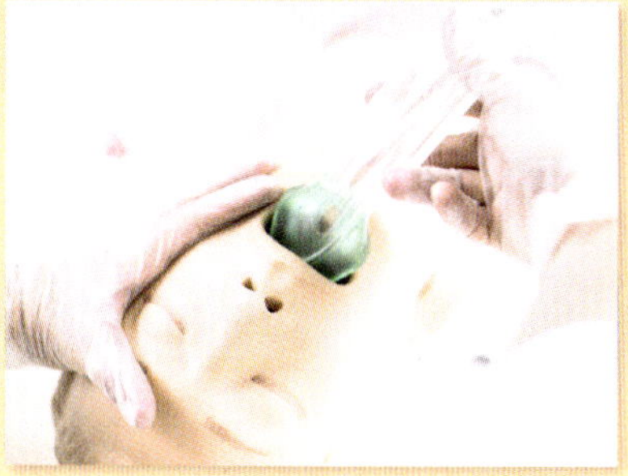

3 **Anästhesie** 454

- Vollnarkose
- Regionalanästhesie

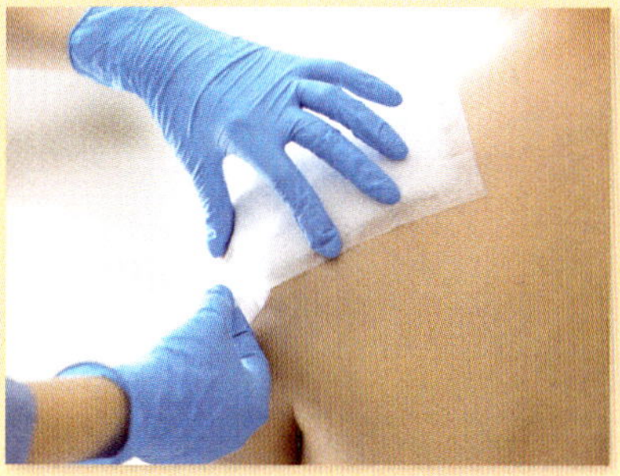

4 **Wundmanagement** 456

- Wunden
- Wundheilung und Wundversorgung
- Verbandswechsel

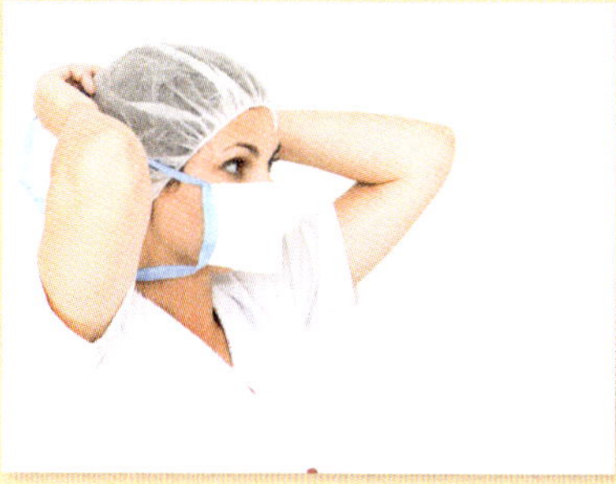

5 **Chirurgische Assistenz** 460

- Kleine Eingriffe
- Vorbereitung und Betreuung des Patienten

1 Haut

1.1 Aufbau und Aufgaben der Haut

1.1.1 Aufbau der Haut

Der Körper eines Erwachsenen wird von etwa 2 m^2 Haut umhüllt. Die Haut ist durchschnittlich 7 mm dick und macht etwa 15 % des Körpergewichts eines normalgewichtigen Menschen aus. Das entspricht bei einem 70 kg schweren Menschen einem Hautgewicht von 10,5 kg. Die Haut ist geschmeidig, glatt, elastisch und zäh zugleich. Bis auf Handflächen und Fußsohlen lässt sich die Haut über ihrer Unterlage verschieben, sodass sich Muskeln und Gelenke ohne Schwierigkeiten bewegen können. Drei Schichten werden unterschieden (Bild 1):

- die Oberhaut,
- die Lederhaut und
- die Unterhaut.

Als Kutis bezeichnet man Oberhaut und Lederhaut; als Subkutis (unter der Kutis) die Unterhaut.

Die Oberhaut (Epidermis) besteht aus Epithelzellen. Sie wird in ihrer untersten Schicht, der Basalzellenschicht, ständig erneuert. Im Laufe eines Monats wandern die Zellen zur Oberfläche, verhornen, sterben ab und werden schließlich abgeschilfert. Diese oberste Hautlage wird als Hornschicht bezeichnet. Bei der Verhornung entsteht Keratin, das chemisch und physikalisch sehr widerstandsfähig ist. Zwischen den Basalzellen liegen vereinzelt pigmentbildende Zellen (Melanozyten), die das schwarzbraune Melanin für den Schutz vor Sonnenstrahlen bilden.

Die Hautleisten der Oberhaut machen die Finger- und Zehenspitzen, Hand- und Fußflächen griffig. Der Verlauf dieses Hautmusters ist bei jedem Menschen individuell unterschiedlich und als „Fingerabdruck" ein persönliches Kennzeichen.

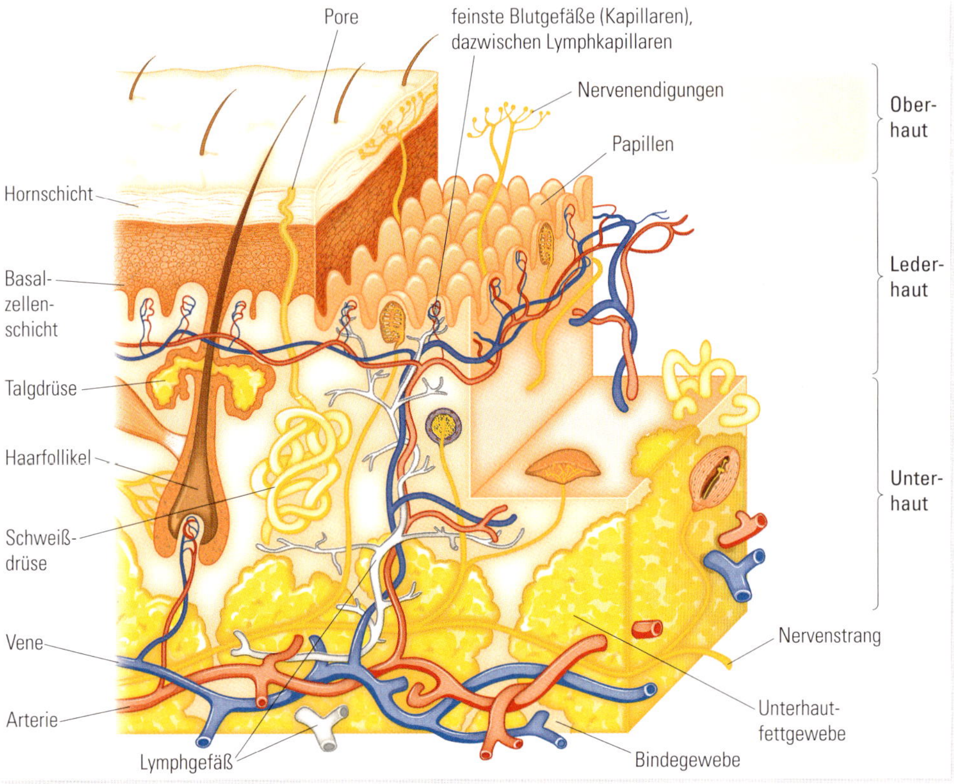

Bild 1 Aufbau der Haut.

Die Lederhaut (Korium) ist durch zapfenförmige Papillen mit der Oberhaut verbunden. Sie enthalten Gefäßnetze zur Versorgung der Oberhaut. Die Lederhaut selbst besteht aus geflechtartigem Bindegewebe mit verschiedenen Zellarten. Bindegewebszellen bilden elastische und kollagene Fasern. Außerdem findet man Sinnesrezeptoren, reichlich Blut- und Lymphgefäße, Abwehrzellen und Muskelzellen.

Die Unterhaut (Subkutis) besteht aus lockerem Bindegewebe, dessen Fettgewebe als Wärmespeicher und Druckpolster dient. Die Fettverteilung ist abhängig vom Ernährungszustand, dem Alter und Geschlecht.

1.1.2 Aufgaben der Haut

Die Haut erfüllt wichtige Aufgaben:
- Sie schützt vor Druck, Hitze, Kälte, Säuren und Laugen.
- Sie ist eine Barriere für Krankheitserreger (Säureschutzmantel).
- Sie ist Sinnesorgan für Schmerz, Kälte, Wärme, Berührung, Druck und Juckreiz (Bild 2).
- Sie dient der Temperaturregelung durch Schweißabsonderung (Verdunstungskälte) und unterschiedliche Erweiterung der Hautgefäße.
- Sie sondert über Talg und Schweiß Salze, Harnstoff und andere Stoffe ab.
- Sie nimmt in begrenztem Umfang Stoffe auf.
- Sie speichert Fett als Depot (Reserve) und als Schutz gegen Kälte.
- Sie bildet eine Vorstufe für Vitamin D.
- Sie ist Kommunikationsorgan und lässt als „Spiegel der Seele" Emotionen erkennen, z. B. Erblassen, Erröten.

1.1.3 Anhangsgebilde der Haut

Die Anhangsgebilde der Oberhaut sind Haare, Nägel und Hautdrüsen. Sie entstammen entwicklungsgeschichtlich einer gemeinsamen Anlage.

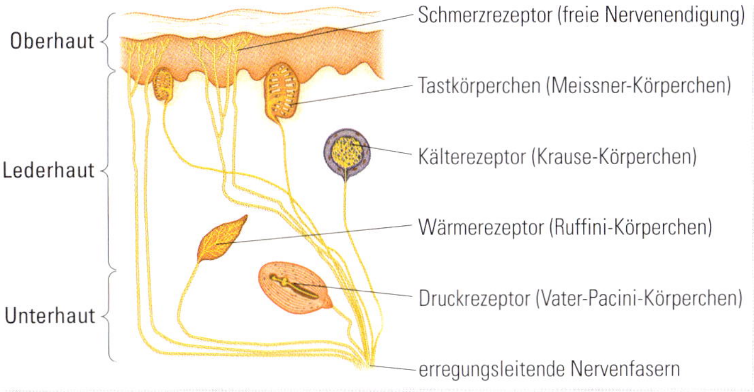

Bild 2 Die Haut als Sinnesorgan (schematisch).

Das Haar entsteht am Grunde einer 3 bis 5 mm tiefen Einsenkung der Oberhaut (Haarbalg) in der Haarzwiebel. Diese sitzt auf der stark durchbluteten Haarpapille. In der Haarzwiebel bilden sich rasch verhornende Zellen, die zum Haar werden (Bild 3). Täglich wächst ein Haar ca. 0,4 mm. Nach einer genetisch vorbestimmten Zeit hört es auf zu wachsen, es bricht ab und ein neues Haar bildet sich. Haarbalg und Haarzwiebel werden Follikel genannt. Jeder Haarbalg besitzt eine Drüse und einen kleinen Muskel. Bei Kälte, aber auch bei Angst oder Zorn, ziehen sich die Haarbalgmuskeln zusammen und richten die Haare auf, eine Gänsehaut entsteht.

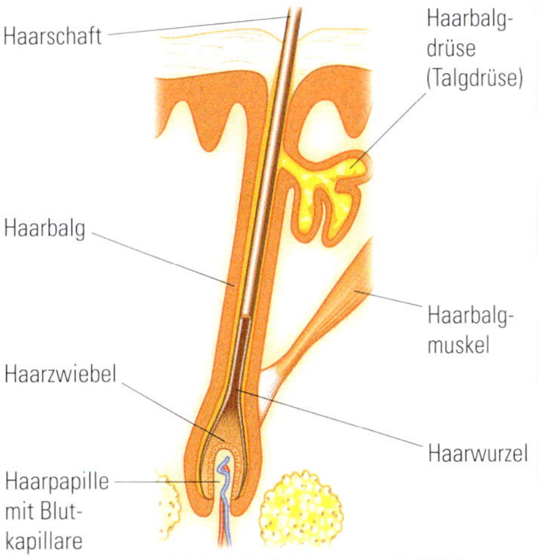

Bild 3 Aufbau eines Haares.

Finger- und Zehennägel. Unter dem weißlichen halbmondförmigen unteren Abschnitt der Nagelplatte liegt die Nagelmatrix in der Nageltasche. Hier entsteht der Nagel, der täglich etwa 0,1 mm wächst (Bild 4). Die Nägel schützen Zehen- und Fingerkuppen. Sie ermöglichen einen pinzettenartigen Griff der Hand und können zur Verteidigung eingesetzt werden.

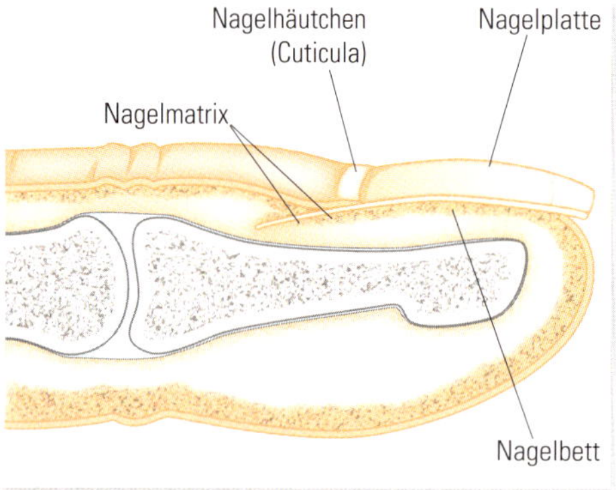

Bild 4 Aufbau eines Nagels.

Die Schweißdrüsen bilden Knäuel und münden in einer kleinen Pore an der Hautoberfläche (Bild 1, S. 432). In der Haut liegen etwa 2,5 Millionen Schweißdrüsen, besonders dicht auf Handflächen, Fußsohlen und Achselhöhlen. Täglich wird unter Normalbedingungen etwa 1 Liter Schweiß gebildet, der neben Wasser etwa 1% Salze enthält und schwach sauer reagiert. Der Schweiß befeuchtet die verhornte Oberhaut, macht sie elastischer, stoppt das Bakterienwachstum und bewirkt die Wärmeabfuhr durch Verdunstung. Der unangenehme Schweißgeruch nach Buttersäure entsteht durch die bakterielle Zersetzung von Fetten und abgestorbenen Zellen auf der Haut.

Die Talgdrüsen münden in die Haarbälge (Bilder 1 und 3, S. 432 f.). Von den sackförmigen Drüsen werden Fettstoffe abgegeben. Dieser Talg schmiert Haar und Hornhaut und wirkt wasserabweisend.

Der physiologische Säureschutzmantel. Talg und Schweiß bilden den sogenannten Säureschutzmantel der Haut, der Bakterienwachstum und Pilzbefall in Grenzen hält. Die Haut sollte täglich gewaschen und gereinigt werden. Übermäßiges Duschen und Baden aber entfettet die Haut, zerstört den Säurefilm und lässt die Haut quellen und runzelig werden. Krankheitserreger können dann besser eindringen.

Durch den natürlichen Alterungsprozess wird die Haut trocken und juckt. Die Talgproduktion nimmt ab (Bild 5) und die Haut benötigt mehr Pflege. Insgesamt wird die Haut dünner, verliert Elastizität, wird schlechter durchblutet und heilt langsamer.

Die Duftdrüsen liegen in der Achselhöhle und in der Scham- und Afterregion. Ihre Sekretabgabe wird psychisch beeinflusst und gibt mit dem Schweiß einen individuellen Körpergeruch.

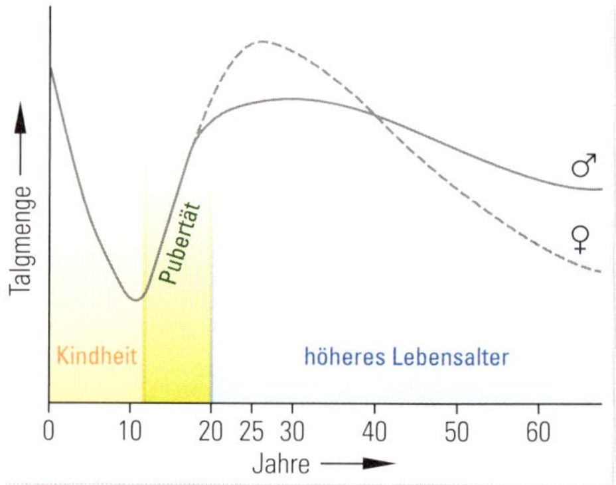

Bild 5 Talgproduktion im Laufe des Lebens.

1.2 Erkrankungen der Haut und ihre Behandlung

Dermatologie: Lehre der Haut und ihrer Krankheiten

1.2.1 Untersuchung der Haut

Die Haut ist ein Organ, das bei vielen Erkrankungen mit reagiert. So ist beispielsweise der Juckreiz Begleitsymptom vieler Hauterkrankungen, tritt aber auch bei Allgemeinerkrankungen auf. Er stellt ein komplexes Geschehen dar, an dem die Schmerzrezeptoren der Haut, das vegetative Nervensystem, die Hautgefäße, die inneren Organe und die Psyche beteiligt sein können. Daher ist es oft hilfreich, nicht nur die Haut des Patienten zu beurteilen, sondern sich auch ein Bild von der allgemeinen Befindlichkeit des Menschen zu verschaffen.

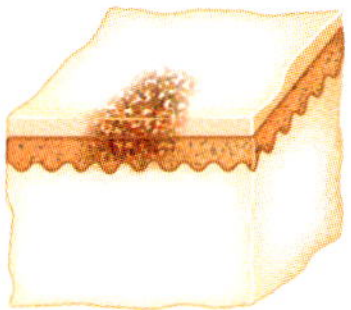

Makula (Fleck): umschriebene Farbveränderung im Hautniveau ohne Konsistenzveränderung

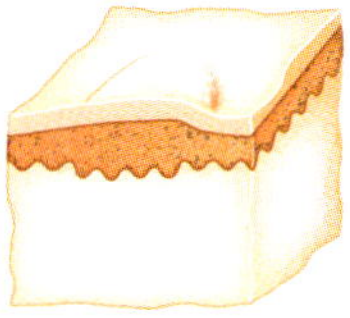

Papula (Knötchen): durch Zellen oder Zellprodukte bedingte solide Erhabenheit bis Erbsgröße

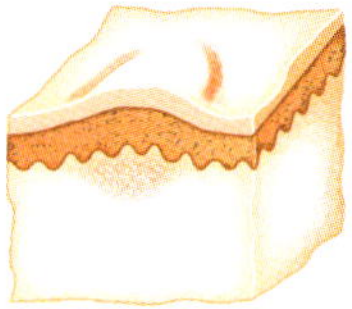

Knoten: durch Zellen oder Zellprodukte bedingte Erhabenheit über Erbsgröße

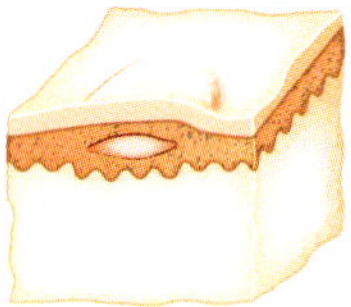

Vesikula (Bläschen): mit Flüssigkeit (Blut, Serum) gefüllter Hohlraum über dem Hautniveau; stecknadel- bis erbsgroß.
Bulla (Blase): wie Vesikula, aber mehr als erbsgroß

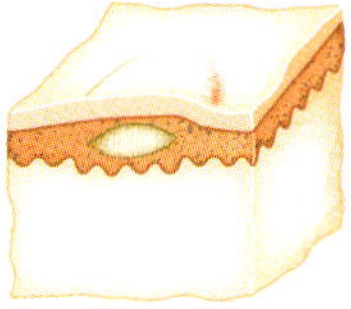

Pustula (Eiterbläschen): mit Eiter gefüllter Hohlraum

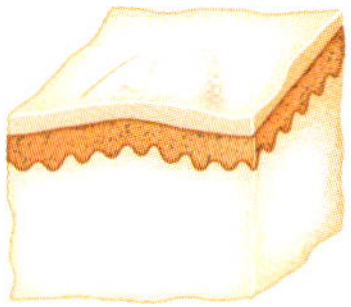

Urtika (Quaddel): durch Ödem in der Lederhaut bedingte flüchtige Erhabenheit

Bild 6 Primäreffloreszenzen.

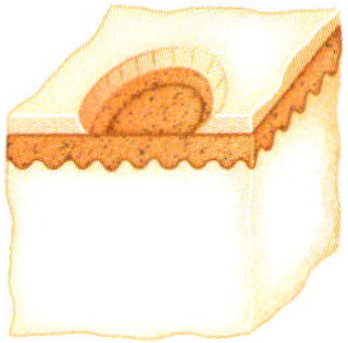

Erosion: auf Oberhaut beschränkter Defekt, heilt ohne Narbenbildung

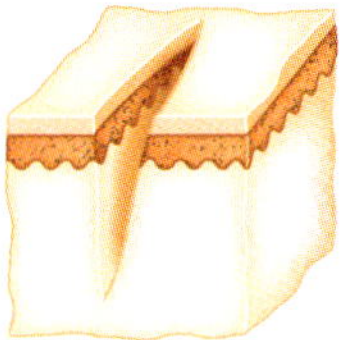

Rhagade: spaltförmiger Hauteinriss, entsteht durch Dehnung ausgetrockneter oder verhornter Hautbereiche

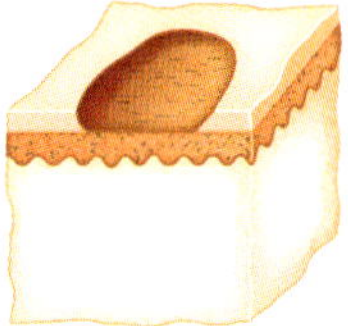

Kruste: entsteht durch Eintrocknen von Sekreten (Serum, Blut, Eiter)

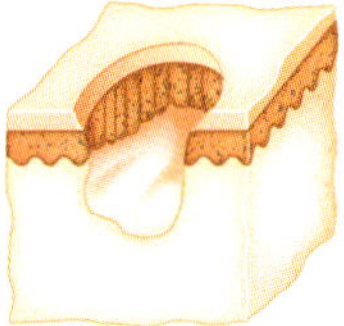

Ulkus (Geschwür): tiefer Defekt von Ober- und Lederhaut, manchmal auch von Unterhaut

Bild 7 Sekundäreffloreszenzen.

Befundaufnahme. Am Anfang der körperlichen Untersuchung steht die Inspektion der Haut, bei der die Grundelemente der Hautveränderungen, die Effloreszenzen, betrachtet werden. Dafür sind öfters Hilfsmittel wie Lampe, Lupe oder Sonde notwendig. Anschließend erfolgt die Abtastung (Palpation) der Effloreszenzen und der oberflächlichen Lymphknoten. Weitere Untersuchungen sind Gewebeentnahme und Begutachtung, Abstrich zum Erregernachweis oder allergologische Testverfahren.

Allgemeine Effloreszenzenlehre. Es wird zwischen Primär- (Bild 6) und Sekundäreffloreszenzen (Bild 7) unterschieden. Die Primäreffloreszenzen entstehen auf vorher gesunder Haut, während sich die Sekundäreffloreszenzen durch Umwandlung, Entzündung, Rückbildung oder Abheilung aus den Primäreffloreszenzen entwickeln.

Effloreszenzen = Hautblüten (wörtlich übersetzt)

Diagnostische Begriffe, die oft zur Beschreibung von Hauterkrankungen benutzt werden, sind in Tabelle 1 aufgeführt.

Fachbegriff	Erklärung	Beispiel
Exanthem	entzündlicher Hautausschlag	Hautausschlag bei Masern
Enanthem	entzündlicher Schleimhautausschlag	Schleimhautausschlag im Mund bei Masern
Ekzem	Juckflechte; entzündliche Hautveränderungen mit Juckreiz	Kontaktekzem an den Händen, z. B. bei Frisören / innen
Erythem	entzündliche Rötung der Haut	rotfleckiger Hautausschlag bei Scharlach
Intertrigo	Hautentzündung an Stellen, wo Hautfalten aufeinanderliegen, oft mit Candida albicans infiziert	flächenhafte und nässende Rötung unter den Brüsten, insbesondere bei Adipösen (Fettleibigen)
Pruritus	Hautjucken	Mückenstich, allgemeiner Juckreiz bei Diabetes mellitus
Prurigo	stark juckender, knötchenförmiger Hautausschlag	während der Schwangerschaft oder bei Leukämie
Pigmentierung	Hauteinfärbung	Leberfleck, Muttermal

Tabelle 1 Diagnostische Begriffe.

Erkrankungen der Haut

- Infektionen
  - Pyodermien
    - durch Staphylokokken
    - durch Streptokokken
  - Hautpilzkrankheiten
    - Dermatophytenmykosen
    - Candidosen
  - virale Hautinfektionen
    - Herpes
    - Warzen
  - durch Parasiten verursachte Hauterkrankungen
    - Borreliose
    - Krätze
    - Insektenstiche
- Schuppenflechte
- Akne
- Neubildungen der Haut
  - gutartige Tumore
    - Atherom
    - Hämangiom
    - Flammennaevus
    - Pigmentnaevus
  - bösartige Tumore
    - Basaliom
    - Plattenepithelkrebs
    - malignes Melanom
- allergisch bedingte Hauterkrankungen
  - Urtikaria
  - allergisches Kontaktekzem
  - Neurodermitis
- Verbrennungen und Erfrierungen

1.2.2 Infektionen der Haut

Eitrige Hauterkrankungen (Pyodermien) werden durch Erreger verursacht, die normalerweise die Haut besiedeln (Tabelle 2, S. 437). Bei lokaler oder allgemeiner Abwehrschwäche dringen sie durch kleine Hautverletzungen ein und steigern ihre Virulenz. Dadurch werden sie auch für andere Menschen pathogen.

Virulenz: Ansteckungsfähigkeit, Giftigkeit von lat. virus = Schleim, Gift

Die meisten Pyodermien werden antibiotisch behandelt. Furunkel, Karbunkel und Panaritium (eitrige Entzündung der Finger und Zehen) werden chirurgisch versorgt.

Hautpilzkrankheiten (Mykosen) werden eingeteilt in:

- Dermatophytenmykosen, die Haut, Haare und Nägel befallen. Sie werden durch Keratin verbrauchende Fadenpilze hervorgerufen.
- Candidosen (Soormykosen, Hefepilzerkrankungen), die Oberhaut, Schleimhäute und evtl. innere Organe befallen (Tabelle 3, S. 438).

Virale Hautinfektionen, die häufig vorkommen, sind in Tabelle 4 auf Seite 438 aufgeführt.

Durch Parasiten verursachte Hauterkrankungen werden in Tabelle 5 (S. 438) beschrieben.

Fachbegriff	Deutsche Bezeichnung	Ursachen / Erreger	Aussehen	Weitere Symptome, Besonderheiten
Impetigo contagiosa	ansteckende Borkenflechte	Streptokokken, Schmierinfektion	gelbe geschichtete Krusten	Juckreiz, meist nur im Gesicht, vornehmlich bei Kindern
Erysipel (Bild 8)	Wundrose	Streptokokken in den Lymphspalten der Lederhaut	scharf begrenzte, leuchtend rote, druckschmerzhafte Hautfläche	Kopfschmerz, Fieber, Schüttelfrost
Phlegmone	eitrige Gewebeentzündung	Streptokokken	blaurote, in die Tiefe reichende, stark nekrotisierte Hautfläche	Fieber, allgemeine Symptome
Abszess	Eitergeschwür	Staphylokokken	Eiteransammlung im Gewebe	Panaritium = eitrige Entzündung der Finger und Zehen
Follikulitis	eitrige Haarbalgentzündung	Staphylokokken	gelbfarbige Pustel „Hautpickel"	
Furunkel (Bild 9)	eitrige Entzündung des Haarfollikels und der Talgdrüse	Staphylokokken	Eiteransammlung in Haarbalg und Talgdrüse	Furunkel im Bereich von Oberlippe und Nase können zur lebensgefährlichen Hirnvenenthrombose führen.
Karbunkel (Bild 10)	beetartiges Auftreten von Furunkeln	Staphylokokken		Vorkommen im Nacken- und Rückenbereich

Tabelle 2 Eitrige Hauterkrankungen (Pyodermien).

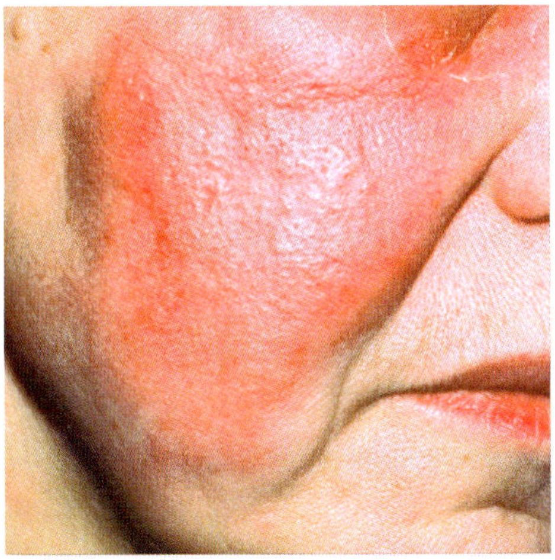

Bild 8 Erysipel.

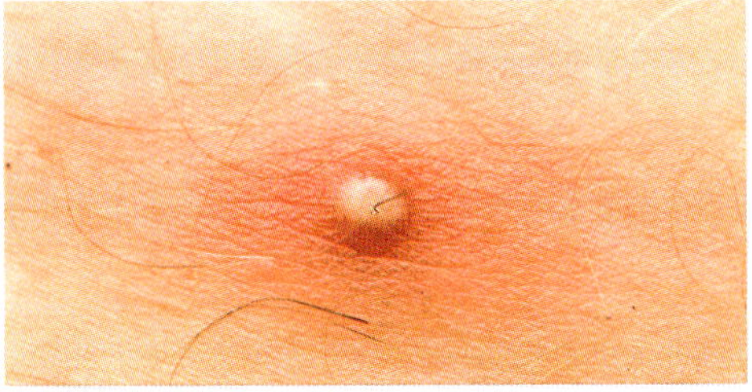

Bild 9 Furunkel.

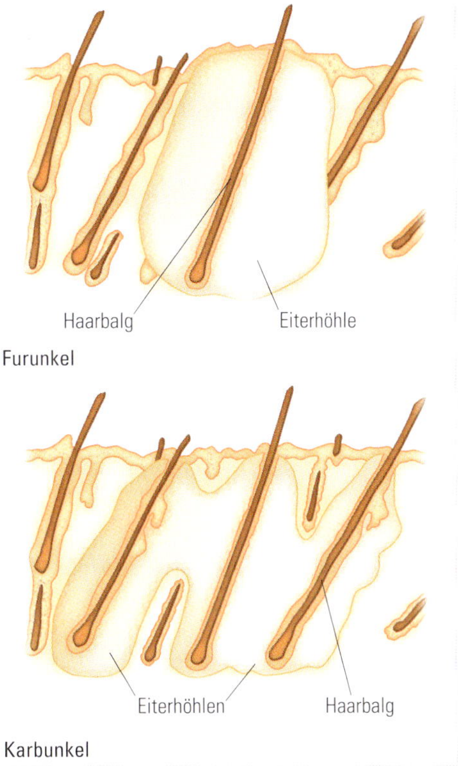

Bild 10 Karbunkel im Unterschied zum Furunkel.

Erkrankung	Erreger	Beschreibung	Besonderheit
Dermatophyten-mykose	Fadenpilz	randbetonte, schuppende Herde mit Rötung und Pusteln, Juckreiz	bei Infektion durch Tiere (Hunde, Katzen) befinden sich die Krankheitsherde oft an Gesicht und Armen („Schmusestellen")
Fußpilz (Tinea pedum) (Bild 11, S. 439)	Fadenpilz	schuppende, gerötete Hautareale, Hauteinrisse zwischen den Zehen	die Infektion kann sich auf umliegende Hautareale ausbreiten
Nagelpilz (Bild 4, S. 76)	Fadenpilz	weisslich gelbliche Verfärbung breitet sich zum Nagelbett aus, Nagel zerfällt krümelig	muss bei Befall mehrerer Nägel mit oralen Antibiotika behandelt werden
Candidose (Soor) (Bild 12, S. 439)	Hefepilz (Candida albicans)	Hautsoor in den Hautfaltenbereichen: hellrote, wie gelackt erscheinende Herde Schleimhautsoor in Mundhöhle und Genitalbereich: cremeweiße, abwischbare Auflagerungen	bevorzugtes Auftreten bei Abwehrschwäche, Antibiotikabehandlung, Diabetes mellitus

Tabelle 3 Hautpilzerkrankungen.

Erkrankung	Erreger	Beschreibung	Besonderheit
Herpes-simplex-Infektion (Bild 13, S. 439)	Herpes simplex Virus (HSV) Typ 1 im Mundbereich; HSV Typ 2 im Genitalbereich	bläschenförmiger Hautausschlag, der sich zu Pusteln und Krusten wandelt	Erreger überdauern Jahre in Nerven, Auslösung durch Fieber, Ekel, UV-Licht, usw. Gefährlich ist der Befall von Augen und Gehirn.
Warzen	Papillom-Viren	(Bild 14, S. 439)	
gemeine Warzen	Papillom-Viren	derbe Knoten mit rauher Oberfläche	einzeln oder ganze Warzenbeete; an der Fußsohle: Dornwarzen
Dellwarzen	gehört zu den Pockenviren	kleine, kugelige Knötchen mit zentraler Eindellung	kommt besonders bei Kindern vor
Feigwarzen	Papillom-Viren	schmal auf der Haut sitzendes blumenkohlartiges Gebilde	Hinweis auf Abwehrschwäche, z. B. HIV-Infektion

Tabelle 4 Virale Infektionen.

Erkrankung	Erreger	Beschreibung	Besonderheit
Lyme-Borreliose	Borrelien (Bakterien), von Zecken übertragen	ausgehend von der Bissstelle breitet sich ein ringförmiges Erythem aus (Bild 15, S. 439)	Begleitsymptome an Herz und Gelenken sind möglich, Antibiotika-Therapie ist erforderlich.
Krätze (Skabies oder Scabies)	Milben (Spinnentiere)	juckende, verkratzte, entzündliche Haut, besonders in Fingerzwischenräumen, Ellenbeuge oder Genitalien (Bild 16, S. 439)	Milbenweibchen graben Gänge in die Hornschicht, in die sie Eier und Kot ablegen. Aktivität der Parasiten ist bei Bettwärme besonders stark.
Insektenstiche	Flöhe Wanzen Mücken	Knötchen, Pusteln, eitrige Entzündungen	oft besteht starker Juckreiz

Tabelle 5 Durch Parasiten verursachte Infektionen.

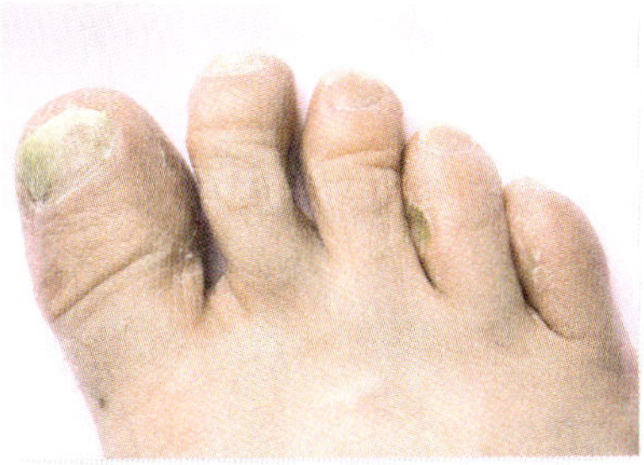
Bild 11 Fußpilz (Tinea pedum).

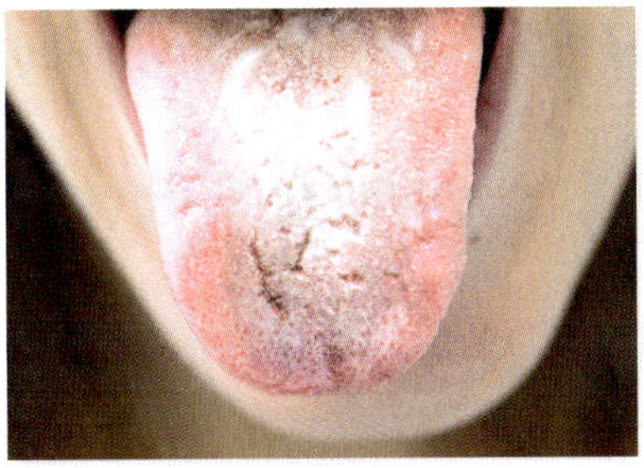
Bild 12 Candidose (Soor).

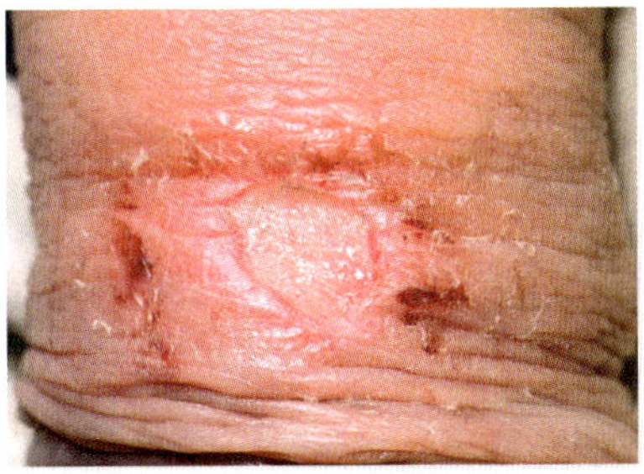
Bild 13 Herpes-simplex-Infektion.

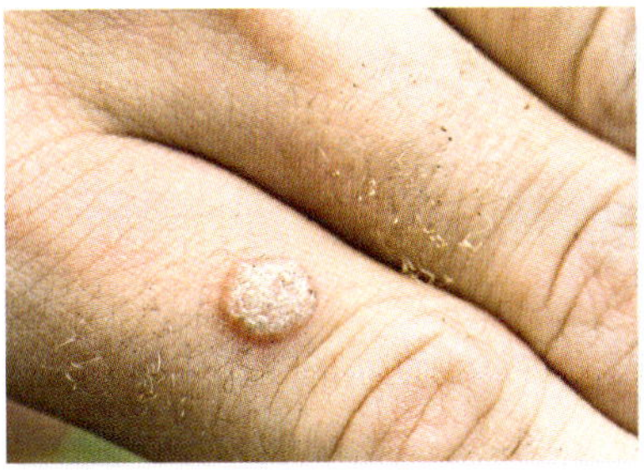
Bild 14 Warze.

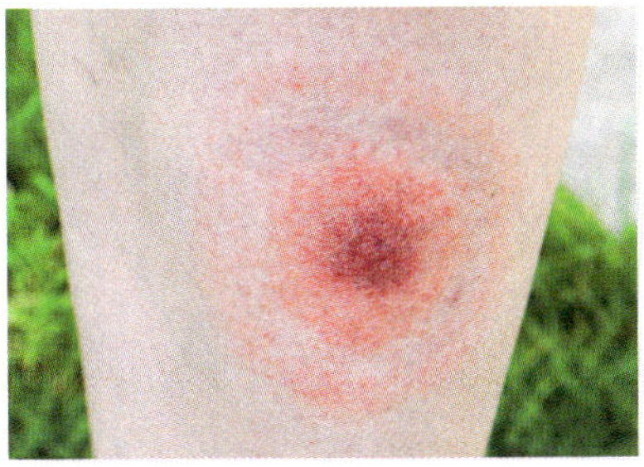
Bild 15 Erythem bei Lyme-Borreliose.

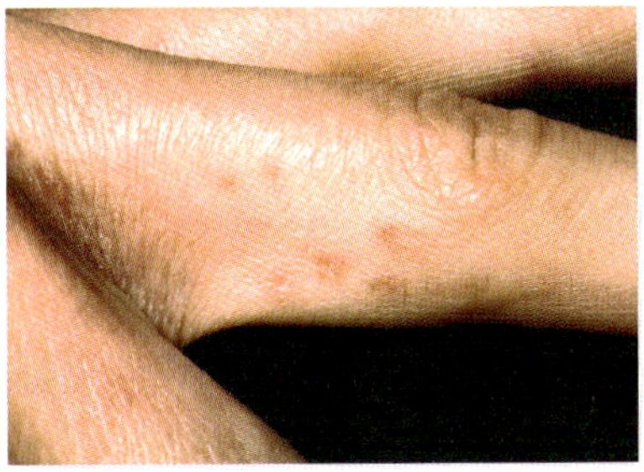
Bild 16 Krätze (Skabies).

Von den viral bedingten Warzen sind die **Alterswarzen** (seborrhoische Warzen) abzugrenzen. Dabei handelt es sich um scharf abgesetzte, anfangs flache, bräunlich pigmentierte linsengroße Hautbezirke, die sich im weiteren Verlauf zu halbkugelig erhabenen dunkel pigmentierten gutartigen Tumoren entwickeln können. Sie haben häufig eine gefurchte Oberfläche und fettig krümeligen Belag. Bei genauer Betrachtung sieht man Hornpfröpfe in den Follikelöffnungen.

Kopflausbefall. Läuse sind Wärme liebende blutsaugende Insekten (2–4 mm lang). Sie werden durch direkten Kontakt, wie Körperkontakt und verunreinigte Wäsche, übertragen. Die befruchteten Weibchen kleben ihre 150 bis 300 Eier (Nissen, Bild 17) mit einem wasserunlöslichen „Kitt" an den Haarschaft der Kopfhaare. Nach einer Woche schlüpfen die Larven und saugen alle 2–3 Stunden das Blut des Wirtes. Nach zwei Wochen sind sie geschlechtsreif. Läuse befallen bevorzugt Stellen hinter dem Ohr.

Durch den Speichel der Läuse entstehen Juckreiz und entzündliche Reaktionen wie Rötung, Quaddeln, Knötchen und die Haare verfilzen. Durch Kratzen werden Hautwunden und Ausschläge mit möglichen Sekundärinfektionen verursacht.

Zur Behandlung werden äußerlich aufgetragene antiparasitäre Mittel verwendet, um die frisch ausgeschlüpften Läuse zu töten. Das Verfahren muss mehrfach wiederholt werden. Die abgestorbenen Nissen werden mit Essigwasser gelöst und mit dem Nissenkamm ausgekämmt. Kleidung und Gegenstände werden desinfiziert, Kontaktpersonen untersucht. Verlauste Personen dürfen keine Gemeinschaftseinrichtungen besuchen.

Krätze (Skabies-Infektion). Die Milbenweibchen (Spinnentiere) bohren Gänge in die Epidermis, in die sie Eier und Kot ablegen. Dies ruft entzündliche Reaktionen hervor (Bild 16). Die Betroffenen leiden unter starkem Juckreiz, der sich durch Bettwärme verschlimmert. Betroffen sind vor allem der Genitalbereich, die Haut zwischen Fingern und Zehen sowie die Achselgegend. Bakterielle Sekundärinfektionen sind möglich. Therapiert wird eine Skabies-Infektion durch sorgfältige Hygiene und gegen die Parasiten geeignete Mittel.

Seborrhoe: Talgfluss; gesteigerte und krankhaft veränderte Absonderung der Talgdrüsen

Bild 17 Nissen im Haar.

1.2.3 Schuppenflechte (Psoriasis)

Etwa 1 bis 3% der Bevölkerung ist von der Schuppenflechte betroffen. Die Anlage wird vererbt. Häufig zeigt sie sich erstmals zwischen dem 20. und 30. Lebensjahr. Verschiedene Auslöser wie Irritation der Haut, Infekte oder psychischer Stress fördern den Ausbruch einer Schuppenflechte (Bilder 18 und 19).

Remission (von lat. remisio = nachlassen): (vorübergehende) Rückbildung von Krankheitserscheinungen

UV-A-Strahlung

▸ S. 196

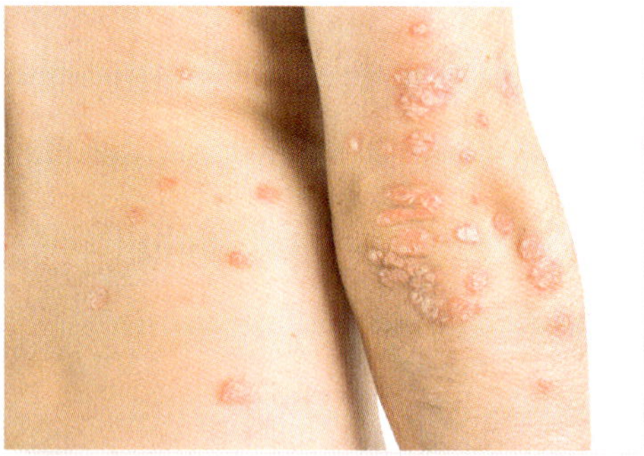

Bild 18 Schuppenflechte (Psoriasis).

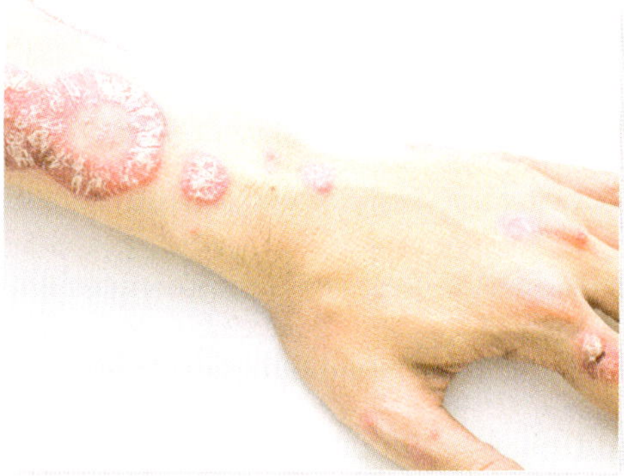

Bild 19 Psoriasis, Detail.

Propionibakterien: hauteigene Bakterien

Die Schuppenflechte ist Folge einer gesteigerten Oberhaut- und Schuppenbildung. Der normale Zellzyklus, der ca. 4 Wochen dauert, ist auf wenige Tage verkürzt. Die Hautveränderung zeigt scharf begrenzte, schuppende, gerötete rundliche Herde. Die geschichtete, fest haftende Schuppung lässt sich mit dem Fingernagel spanartig abheben (Kerzenspanphänomen). Kratzt man etwas weiter, so stößt man auf ein Häutchen, das sich leicht abreißen lässt, und es beginnt zu bluten („blutiger Tau“).

Die Schuppenflechte tritt bevorzugt an Ellenbogen, Knie, behaartem Kopf und in der Kreuzbeinregion auf. Gelenke und Nägel können ebenfalls betroffen sein. Die Schuppenflechte verläuft oft chronisch wiederkehrend. Sie schmerzt nicht und juckt selten. Jedoch kann die Lebensqualität durch die Entstellungen erheblich beeinträchtigt sein.

Therapie. Nach heutigem Kenntnisstand ist die Psoriasis nicht heilbar. Durch therapeutische Maßnahmen ist es lediglich möglich, eine Remission der Krankheitserscheinungen zu erzielen. Dabei werden nicht immer alle Symptome beseitigt, sondern nur Schuppung und Juckreiz vermindert. Wirksam ist eine UV-Therapie, indem Psoralene, z. B. Meladinine®, mit UV-A-Strahlung kombiniert werden (PUVA).

Differenzialdiagnostisch muss die Fischhaut (Ichthyosis) abgegrenzt werden. Dies ist ebenfalls eine erbliche Verhornungsstörung der Haut, die durch raue, trockene, schuppende Haut charakterisiert ist.

1.2.4 Akne vulgaris

Die Akne vulgaris ist eine der häufigsten Hautkrankheiten. Sie tritt bevorzugt in der Pubertät und im Jugendalter auf. Verschiedene Faktoren spielen bei ihrer Entstehung eine Rolle:
- genetische Belastung,
- vermehrte hormonell stimulierte Talgproduktion,
- Bakterienbesiedlung (Propionibakterien),
- Verhornungsstörung,
- psychische Faktoren.

Talgstau führt zu nicht entzündlichen Mitessern (Komedonen), deren schwarze Einfärbung durch Melanin hervorgerufen wird. In der Folge, z. B. nach Ausdrücken der Mitesser, kann es zu Entzündungen und Abszessen im Bereich der Haarfollikel kommen (Bild 20). Diese eitrigen Entzündungen heilen oft narbig ab.

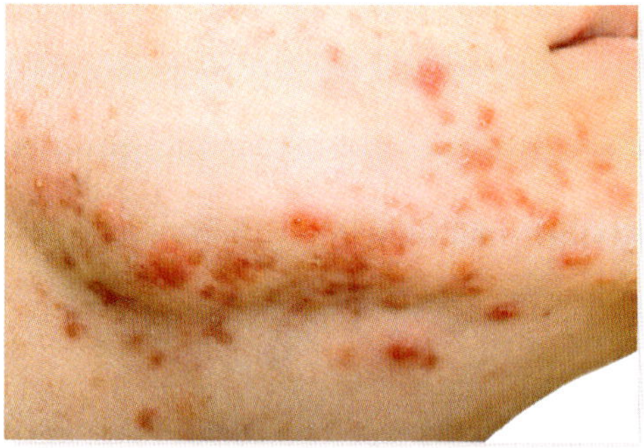

Bild 20 Akne.

1.2.5 Neubildungen der Haut

	Fachbegriff	Aussehen	Vorkommen
Grützbeutel	Atherom	prall, elastisch, kugelig, gelblich gefüllt mit Hornmaterial	Kopfhaut
Gefäßtumor (Bild 21)	Hämangiom	halbkugelig oder flächenhaft, rötlich bis bläulich	überall
Feuermal (Bild 22)	Flammennaevus	• blassrot, „Storchenbiss" • purpurrot	• Gesicht, Nacken • seitliche Gesichtspartie
Leberfleck, Muttermal	Pigmentnaevus	unterschiedliche Größe und Brauntönung	überall, angeboren oder später auftretend

Tabelle 6 Gutartige Tumoren der Haut.

Die Neubildungen der Haut lassen sich in gut- und bösartige Tumoren einteilen. Gutartige Tumoren sind in Tabelle 6 beschrieben. Zu den bösartigen Tumoren zählen:

Das Basaliom (Basalzellkarzinom) geht von entarteten Basalzellen aus. Es wächst zerstörend, metastasiert aber nicht. 80 % der Tumore treten im Gesicht auf. Es handelt sich dabei um hautfarbene Knoten, die geschwürig zerfallen (Bild 23).

Das Plattenepithelkarzinom oder **Spinaliom** (Stachelzellkrebs) geht von entarteten Oberhautzellen aus. Es tritt oft an sonnenexponierten Stellen und Übergangsschleimhäuten auf. Zunächst sieht es wie ein Ekzem aus. Im weiteren Verlauf können geschwürige oder knotig warzige Veränderungen auftreten, die leicht bluten. Tastbare Lymphknotenschwellungen weisen auf eine Metastasierung hin.

Malignes Melanom (MM, Schwarzer Hautkrebs) ist ein bösartiger Hauttumor, der von den Melanozyten ausgeht. In den letzten Jahren ist eine deutliche Zunahme seines Auftretens bei der weißen Bevölkerung zu beobachten. Die eigentliche Ursache ist unbekannt, aber UV-Strahlung wird als krankheitsfördernder Faktor angenommen.

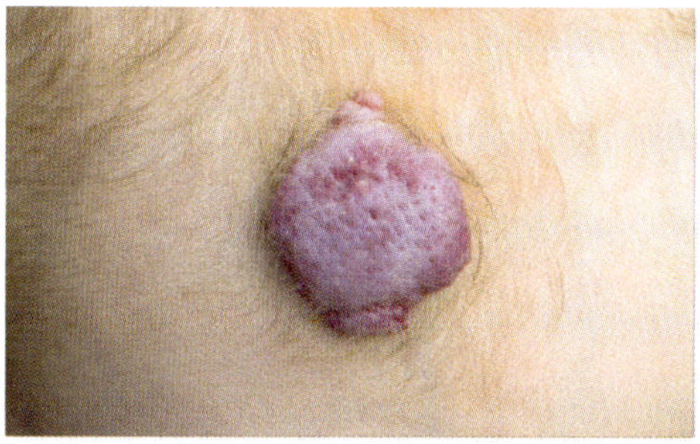

Bild 21 Hämangiom (Gefäßtumor).

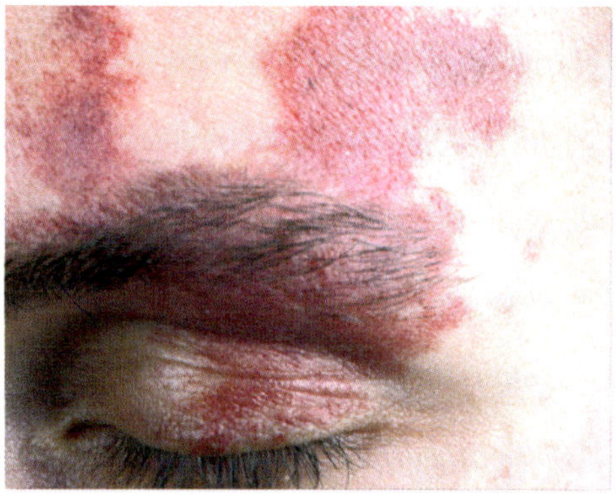

Bild 22 Feuermal.

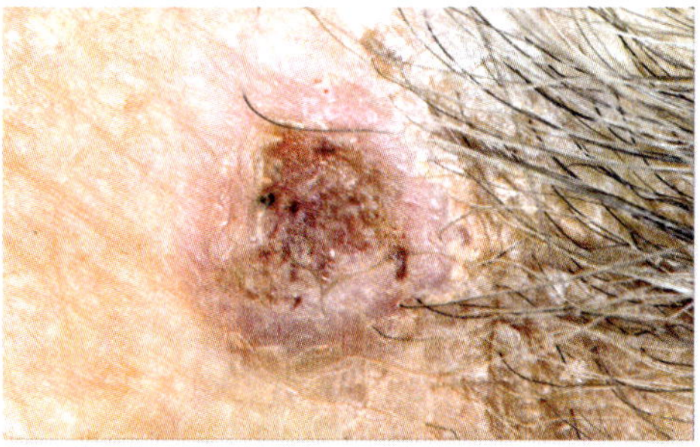

Bild 23 Basaliom.

60 % der malignen Melanome entwickeln sich aus bestehenden Hautmalen (Bild 24). Zwei Drittel der Tumoren wachsen oberflächlich sich ausbreitend (spreitend). Das knotige Melanom (16 % Häufigkeit) ist dunkel pigmentiert, blutet schnell und wächst in die Tiefe (Bild 25). Selten, aber besonders bösartig ist das amelanotische Melanom, dessen entartete Melanozyten kein Melanin mehr bilden.

anaphylaktischer Schock ▸ S. 239

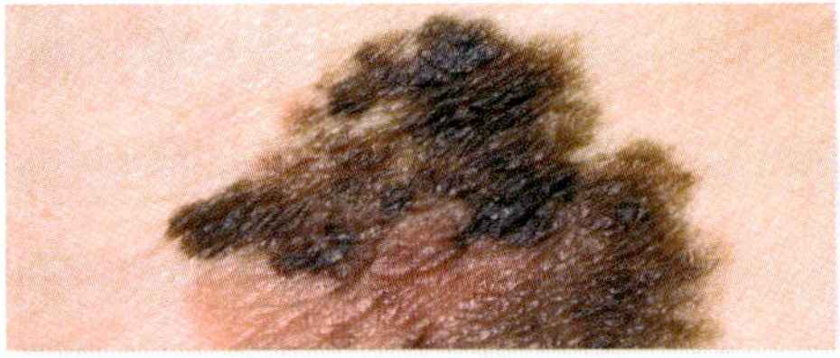

Bild 24 Malignes Melanom, aus Hautmal entwickelt.

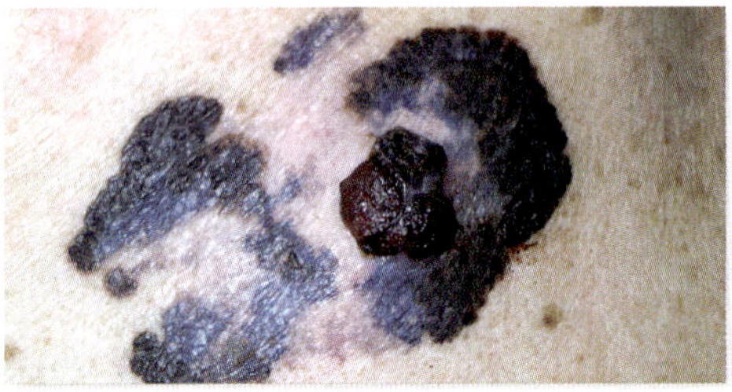

Bild 25 Malignes Melanom.

Im mittleren Lebensalter gibt es die meisten Erkrankungen. Das maligne Melanom bildet relativ schnell Metastasen. Deshalb ist seine frühzeitige Erkennung besonders wichtig. Gesetzlich Versicherte haben ab dem 35. Lebensjahr alle 2 Jahre Anspruch auf ein Hautkrebs-Screening.

Deutlich rasche Größenzunahme eines Hautmales, Veränderung des Farbtons, Nässen, Blutung und Juckreiz sollten Anlass geben, einen Dermatologen aufzusuchen. Als verdächtig gilt ein Hautmal, auf das die **ABCDE**-Kennzeichen zutreffen.

Allergische Veranlagung / Reaktion ▸ S. 272 ff.

ABCDE-Kennzeichen

A = Asymmetrie,
B = Begrenzung: unregelmäßig,
C = Color (Farbe): sehr dunkel oder (innerhalb des Hautmales) unregelmäßig gefärbt,
D = Durchmesser mehr als 5 mm,
E = Erhebung: liegt teilweise über dem Hautniveau.

1.2.6 Allergisch bedingte Hauterkrankungen

Nesselsucht (Urtikaria). Bei der Nesselsucht handelt es sich um flüchtige Ödeme (Quaddeln) der oberen und mittleren Hautschichten (Bilder 26 und 27). Auslösende Faktoren sind u. a. Medikamente, Infekte, Toxine (z. B. nach Wespenstich), Nahrungs- und Konservierungsmittel, aber auch psychische Ursachen. Es besteht meist erheblicher Juckreiz. Manchmal wird die Nesselsucht auch von Schocksymptomen begleitet, z. B. vom anaphylaktischen Schock bei Penicillin- oder Jod-Allergie.

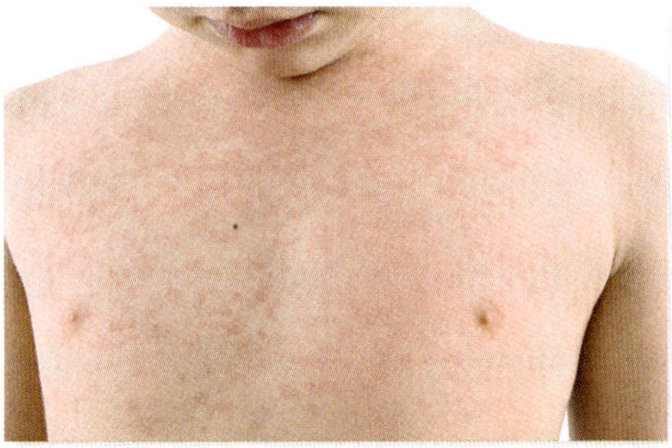

Bild 26 Nesselsucht.

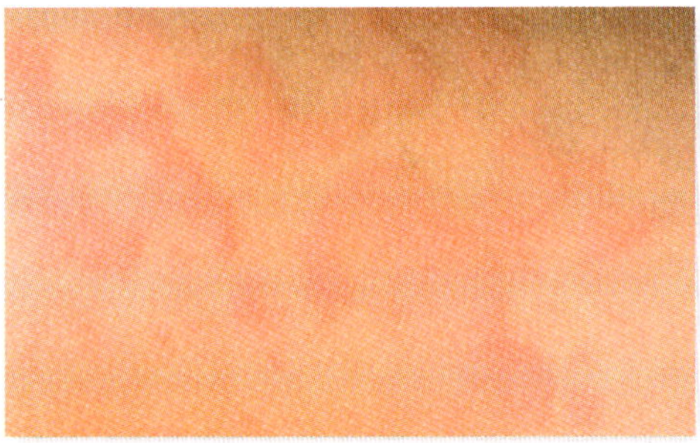

Bild 27 Nesselsucht, Detail.

Das allergische Kontaktekzem (Kontaktdermatitis) entsteht bei entsprechender allergischer Veranlagung / Reaktion

- nach Kontakt mit Pflanzen oder z. B. behandelten Textilien,
- bei äußerlich angewendeten Medikamenten,
- bei Chemikalien, die beruflich benutzt werden,
- durch Hautkontakt mit nickelhaltigem Schmuck, Jeansknöpfen u. a. (Nickelallergie).

Die Symptome treten zumeist einige Tage nach dem allergieauslösenden Kontakt auf. Das Kontaktekzem bietet ein buntes Bild von Hautveränderungen.

Hierzu gehören Rötung, Knötchen, Bläschen, nässenden Flächen und Krusten, die gleichzeitig, einzeln oder nacheinander bestehen können (Bild 28). Im weiteren Verlauf bestimmen Juckreiz, Hautverdickung und Verhornung das Krankheitsbild. Gelegentlich bleibt eine Restpigmentierung zurück.

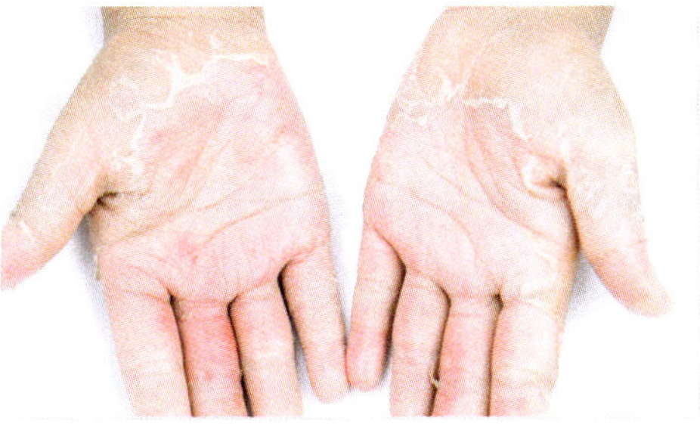

Bild 28 Kontaktdermatitis.

Neurodermitis (endogenes Ekzem, Dermatitis atopica) ist eine Erkrankung, deren Ursachen nicht geklärt sind. Sie wird häufig dem allergischen Formenkreis zugeordnet (Bild 29).

Bereits im Säuglingsalter können entzündliche, nässende, schuppende Ekzeme entstehen, die stark jucken. Sie treten besonders im Gesicht und am behaarten Kopf auf und werden Milchschorf genannt, weil der Ausschlag an angebrannte Milch erinnert. Betroffene kratzen sich blutig und empfinden das als Erleichterung. Deshalb verwendet man Baumwollhandschuhe und Overalls als Kratzschutz. Im späteren Alter ist die Haut eher trocken, gerötet und zeigt Knötchen, Verkrustungen und Kratzeffekte. Die Haut ist verdickt und wirkt vergröbert. Betroffen sind oft Körperstamm und Extremitäten. Das Ekzem kann spontan abheilen, aber die Betroffenen haben ein Leben lang Probleme mit ihrer trockenen Haut.

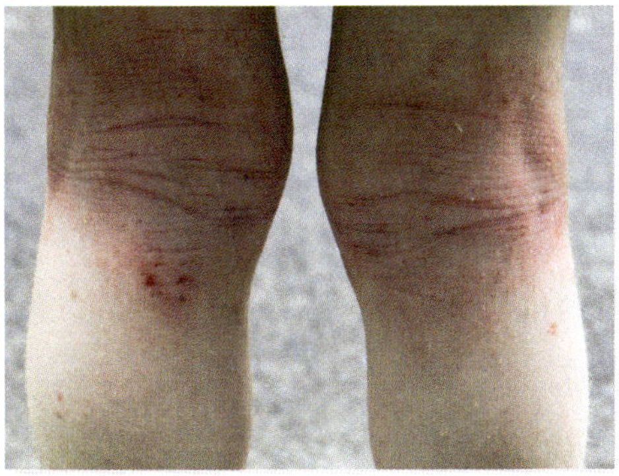

Bild 29 Neurodermitis.

Therapie:

- Allgemeine Maßnahmen wie Urlaub an der See oder im Hochgebirge, Brustmilchernährung bei Säuglingen,
- medikamentöse Therapie bei Bedarf, z. B. bei starkem Juckreiz Einnahme von Antihistaminika oder Glukokortikoiden,
- regelmäßiges Einfetten, Vollbad unter Zusatz rückfettender Substanzen, eventuell Sauna-Besuch und UVA-Bestrahlung.

1.2.7 Verbrennungen

Die Schwere einer Verbrennung wird beurteilt nach

- dem Grad der Verbrennung, der beschreibt, wie tief die Haut betroffen ist (Tabelle 7) und nach
- der Flächenausdehnung, die mithilfe der „Neuner-Regel“ (Bild 30) abgeschätzt wird.

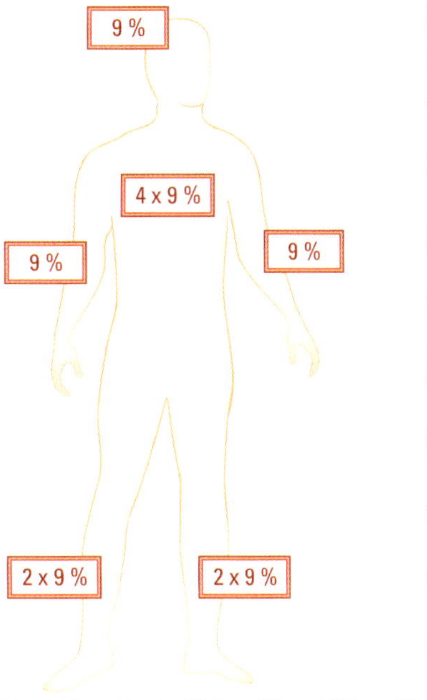

Bild 30 „Neuner-Regel“ zur Abschätzung der verbrannten Hautoberfläche beim Erwachsenen.

Grad	Hautveränderung
I	Hautrötung und Hautschwellung
II	Blasenbildung auf feuchtrotem Grund, Brandblasen
III	Zerstörung der Haut mit lederartigen Nekrosen, die nicht mehr so schmerzhaft sind

Tabelle 7 Verbrennungsgrade.

Verbrennungskrankheit. Die Auswirkung einer großflächigen Verbrennung höheren Grades auf den Gesamtorganismus wird als Verbrennungskrankheit bezeichnet. Direkt nach der Verbrennung steht die Schocksymptomatik im Vordergrund, die durch Flüssigkeits- und Elektrolytverlust bedingt ist. Den weiteren Verlauf der Verbrennungskrankheit bestimmen Schmerzen und toxische Einflüsse (verbranntes Gewebeeiweiß), die zu Darmlähmung, Nieren- und Lungenversagen führen können. Ab 30% verbrannter Hautfläche beim Erwachsenen und 10% beim Kleinkind besteht Lebensgefahr. Die Behandlung wird möglichst in Spezialkliniken durchgeführt.

Erstmaßnahme bei Verbrennungen. Die verbrannte Haut wird lange (mindestens 15 Minuten) mit kaltem Wasser gekühlt. Die offenen Flächen werden anschließend mit sterilem Brandverband oder metallbedampfter Folie abgedeckt.

1.2.8 Erfrierungen

Erfrierung ist ein umgrenzter Gewebeschaden, der bei Temperaturen unter dem Gefrierpunkt auftritt. Wie bei Verbrennungen wird die klinische Einteilung nach dem Ausmaß der Gewebeschädigung vorgenommen (Tabelle 8). Neben der gestörten Blutzirkulation spielen eine direkte Kälteeinwirkung auf die Zellen und evtl. eine Schädigung durch die Eiskristallbildung im Gewebe eine Rolle.

Frostbeulen sind entzündliche Veränderungen, die bei empfindlichen Personen infolge mäßiger Kälteeinwirkung auftreten. Häufig besteht eine funktionelle Durchblutungsstörung, begleitet von kalten und feuchten Fingern und Zehen. Außerdem können weitere Faktoren wie Ernährung, Bekleidung und Luftfeuchtigkeit eine Rolle spielen.

Typisch sind umschriebene blaurote, knotige Schwellungen. Bei Erwärmung kommt es zu ausgeprägtem Juckreiz bis hin zu starken Schmerzen. Vermeiden lassen sich Frostbeulen durch prophylaktische Maßnahmen, wie trockene, warme Schuhe und Kleidung und ein Gefäßtraining (z. B. Wechselbäder).

1.2.9 Grundzüge der Behandlung von Hauterkrankungen

Die systemische Therapie erfolgt durch Spritzen und Tabletten. Dabei gelangt der Wirkstoff auf dem Blutweg zur erkrankten Haut. So werden z. B. bei schweren eitrigen Hautinfektionen Antibiotika verabreicht.

Die Lokaltherapie wird wesentlich häufiger angewendet. Dabei werden auf die äußere Haut pharmazeutisch zubereitete Stoffe aufgetragen. Diese sind je nach Bedarf aus Grund-, Wirk- und Hilfsstoffen zusammengesetzt (Tabelle 9, S. 455). Die verschiedenen Grundstoffe dringen unterschiedlich tief in die Haut ein. Sie werden oft kombiniert, um eine optimale Wirkung zu erzielen (Bild 31, S. 455).

Schweregrad	Hautveränderungen
I	Die Haut im betroffenen Bezirk ist weiß und kalt. Nach Wiedererwärmung kommt es zu einer meist stark juckenden ödematösen Schwellung, die innerhalb weniger Tage folgenlos abklingt.
II	Die Haut zeigt eine wächserne Blässe, nach Wiedererwärmung bilden sich Blasen, evtl. mit Einblutungen, die Haut ist sehr schmerzempfindlich.
III	Im geschädigten Bezirk hält die Weißverfärbung an, es besteht keine Sensibilität, der nekrotische Bezirk wird blau-schwarz und abgestoßen. Als Komplikation ist eine feuchte Gangrän gefürchtet. Bei anfänglich großer Gewebeschädigung bleibt oft nur ein geringer Gewebedefekt zurück. Schmerzen und Missempfindungen können jedoch noch Jahre bestehen.

Tabelle 8 Schweregrade bei Erfrierungen.

Form	Art der Grundstoffe	Anwendung bei	unerwünschte Folge
Fettsalbe	Vaseline	trockener, schuppender Haut	Stau von Sekreten
Lösung/ Tinktur	wasserhaltig/ alkoholhaltig	entzündeter, juckender Haut	Austrocknung
Puder	Talkum	juckender Haut	Verklumpung

Tabelle 9 Grundstoffe für die Lokaltherapie.

Dem Grundstoff wird je nach Krankheitsbild ein Wirkstoff zugesetzt, z.B. Glukokortikoide bei Entzündungen. Die Zusatz- oder Hilfsstoffe verbessern die Vermischung oder die Haltbarkeit eines Präparates.

Häufig stellt der behandelnde Arzt selbst die Stoffe so zusammen, wie es die Hauterkrankung des Patienten erforderlich macht. Diese rezeptierten Stoffe vermengt der Apotheker zu einem gebrauchsfähigen Präparat.

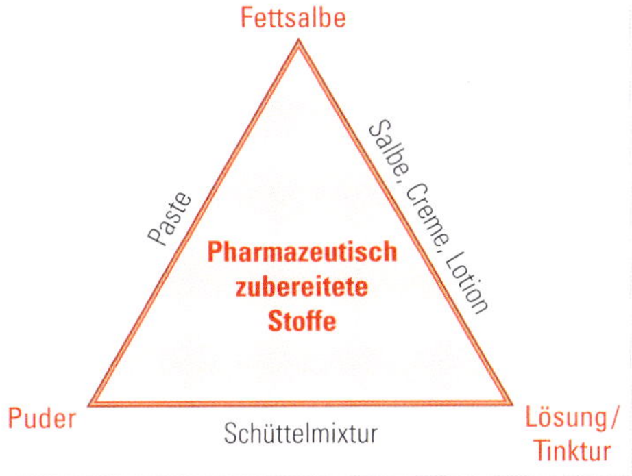

Bild 31 Therapiedreieck.

1.3 Schmerz

Schmerz ist der häufigste Grund, weshalb ein Mensch die ärztliche Praxis aufsucht.

Schmerz ist ein unangenehmes Sinnes- und Gefühlserlebnis, das in der Regel durch eine Gewebeschädigung ausgelöst wird. Schmerz informiert den Organismus über schädigende Einflüsse (Noxen) und soll ihn vor Dauerschäden bewahren.

Schmerzverarbeitung. Bei der Schmerzverarbeitung lassen sich drei Schritte unterscheiden:

- Die Aufnahme des Schmerzreizes geschieht über spezifische Schmerzfühler (Nozizeptoren), die den Sinnesreiz, z.B. Gewebeschädigung durch Sauerstoffmangel, aufnehmen und als elektrische Nervensignale weitergeben.
- Die Schmerzleitung erfolgt über sensible Rückenmarksnervenzellen und -leitungen (Vorderseitenstrang) ins Gehirn. Im Hirnstamm werden die Nervenimpulse zu unbewussten Empfindungen verarbeitet, die vegetative und hormonelle Reaktionen auslösen, z.B. Pulsanstieg.
- Die weitere Schmerzverarbeitung im Großhirn führt zu bewusster Schmerzwahrnehmung (Bild 32).

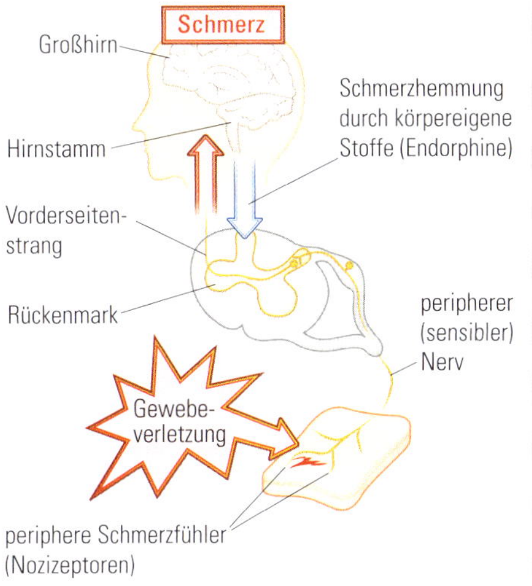

Bild 32 Schmerzentstehung und Schmerzleitung.

Bei der Schmerzverarbeitung stehen erregende und hemmende Mechanismen (Endorphinausschüttung) in einer komplexen Wechselwirkung zueinander. Schmerzverarbeitung wird außerdem beeinflusst durch die Stimmung und die Einstellung der Person zum Schmerz und durch die Bedeutung, die diese Person kognitiv dem Schmerzreiz beimisst.

Nozizeptor (von lat. nocere = schaden): Rezeptor, der auf drohende oder eingetretene Schädigung von Körpergewebe reagiert

So ist Schmerz ein Phänomen (Erscheinung) mit verschiedenen Komponenten:

- sensorisch als „sinnliche" Messfunktion, die über Schmerzlokalisation, Schmerzintensität, Schmerzdauer informiert,
- affektiv als Gefühlsempfindung, als quälender Wehcharakter des Schmerzes, mit Angstgefühlen besetzt,
- vegetativ mit körperlichen Symptomen: Herzrasen, Schweißausbruch, Blässe / Röte der Haut, Übelkeit,
- kognitiv als bewusste Schmerzwahrnehmung: Bewertung und Vergleich mit gespeicherten Schmerzerinnerungen und -erfahrungen, die als Ergebnis in die Ausprägung der affektiven und vegetativen Komponenten einfließen.

Das Schmerzerleben hängt ab von individuellen Faktoren, wie ethnische Herkunft, Erziehung und soziokulturelles Umfeld. Schmerzen werden unterschiedlich kommuniziert. In Mitteleuropa wird eine Schmerzäußerung oft als Schwäche angesehen, während in südeuropäischen Ländern unbefangener mit Schmerz umgegangen wird.

Das Schmerzerleben eines Menschen kann über nonverbale Schmerzäußerungen (Körpersprache) erfasst werden:

- Gesichtsausdruck, z. B. ängstliche Mimik,
- Haltung, z. B. Festhalten oder Reiben einer bestimmten Körperstelle,
- Atmung, z. B. gepresst, beschleunigt, flach,
- Stimme, z. B. leise, Stöhnen,
- vegetative Symptome , z. B. Schweißausbruch, Hautfarbe, Übelkeit.

Schmerzarten. Schmerzen lassen sich nach verschiedenen Kriterien einteilen:

Schmerzen

nach dem Entstehungsort	nach der Entstehungsursache	nach der Zeitdauer	nach der Qualität
• Rückenschmerzen • Kopfschmerzen • Bauchschmerzen ...	• Tumorschmerz • postoperativer Schmerz • nozizeptiver Schmerz (durch Gewebeverletzung) • neuropathischer Schmerz (durch Nervenverletzung) • somatoforme Störung (psychogen)	• akuter Schmerz • chronischer Schmerz	• klopfend, bohrend • krampfartig (kolikartig) • ausstrahlend • hell, stechend, brennend • dumpf, diffus

Schmerzkrankheit. Schmerzen gehören zum täglichen Leben. Je länger ein Schmerz dauert, desto mehr körperliche und psychische Funktionen werden beeinträchtigt. Bei chronischem Verlauf entsteht ein Schmerzgedächtnis, das aktiv wird, ohne dass die Schmerzfühler durch ein entsprechendes Schmerzereignis gereizt werden. Dies wird hervorgerufen durch Veränderungen in Schmerzleitung und Schmerzverarbeitung, d. h. ein Schaden wird weiterhin gemeldet, obwohl kein Schaden mehr vorliegt.

Daneben spielen Lerneffekte oder Erwartungshaltungen des chronischen Schmerzpatienten eine Rolle. Es können sich auch krankhafte Schmerzformen, z. B. Schmerzempfinden bei leichter Berührung, entwickeln. Die veränderte Informationsverarbeitung wirkt sich auch auf vegetative und hormonelle Abläufe aus. Dadurch werden immer mehr Lebensbereiche eingeschränkt und der Schmerz wandelt sich vom Symptom (akuter Schmerz) zur Krankheit selbst (chronischer Schmerz).

Schmerztherapie. Grundsätzlich gilt für die Behandlung eines Menschen mit (chronischen) Schmerzen:

- Die Aussagen des Patienten sind richtig.
- Ein Schmerz ist normal, denn er dient als Warnzeichen.
- Nur anbieten, was möglich ist, um keine übertriebenen Erwartungen und Hoffnungen beim Patienten zu wecken.
- Maßstab für eine erfolgreiche Therapie ist nicht die Schmerzfreiheit, sondern die verbesserte Funktion, welche Leistungs- und Genussfähigkeit zum Ziel hat.

Daraus ergibt sich, dass die optimale Betreuung von Schmerzpatienten eine interdisziplinäre Aufgabe ist.

Wichtig ist, dass frühzeitig mit der Behandlung zur Schmerzlinderung begonnen wird, um eine Chronifizierung zu verhindern.

Bei der medikamentösen Schmerzbehandlung werden angewendet:

- sogenannte periphere Schmerzmittel wie ASS und NSAR, die auf die Schmerzentstehung und -weiterleitung einwirken,
- zentral wirkende Schmerzmittel wie Opioide, die die Schmerzverarbeitung im Gehirn beeinflussen,
- Arzneimittel, die die durch Schmerzen ausgelöste Angst dämpfen, z. B. Antidepressiva,
- Arzneimittel, die die Nebenwirkungen der verwendeten Schmerzmittel gezielt bekämpfen, z. B. Verstopfung und Brechreiz bei Opioiden.

> Bei chronischen Schmerzen ist die reine Bedarfsmedikation (Schmerzmittelgabe nur bei Auftreten von Schmerzen) kontraindiziert.

Bei der interventionellen Schmerztherapie werden

- die Nervenleitungen vorübergehend durch Nervenblockade (Lokalanästhetika, rückenmarksnahe Regionalanästhesie) oder bleibend unterbrochen und ausgeschaltet (z. B. durch Vereisung oder Abtötung eines Nervens mit Alkohol),
- Nervenstimulationssysteme eingesetzt, um damit gezielt die Übertragung der Schmerzsignale zum Gehirn zu verhindern (z. B. **t**ranskutane **e**lektrische **N**erven**s**timulation = (TENS).

Bei der psychotherapeutischen Schmerzbehandlung kommen verschiedene psychologische Therapieformen zum Einsatz, wie Verhaltenstherapie, Biofeedback, Hypnose und Entspannungstechniken. Unter Biofeedback versteht man ein Verfahren, mit dessen Hilfe physiologische Vorgänge bewusst erfasst werden können, z. B. der Herzrhythmus. Hypnose bezeichnet ein Verfahren, in dem man durch unterschiedliche Techniken in eine Trance (tiefe Entspannung mit einem besonderen Bewusstseinszustand) versetzt wird.

Die physikalische Schmerzbehandlung umfasst die Physiotherapie, um falsche Bewegungsmuster (Schonhaltung) und die daraus resultierenden Schmerzen zu vermeiden, damit der Teufelskreis unterbrochen wird: Schonhaltung ▶ Muskelverspannung ▶ Verkürzung einzelner Sehnen und Bänder ▶ verstärkte Schonhaltung und Schmerzen.

Bei den komplementär-medizinischen Behandlungsverfahren sollen vor allem körpereigene Selbstheilungskräfte gefördert werden durch Neuraltherapie, Homöopathie, Phytotherapie (pflanzliche Arzneimittel) oder Akupunktur.

Bei der ganzheitlichen Schmerzbehandlung werden körperliche und psychische Faktoren gezielt zu therapeutischen Zwecken angesprochen:

- Schmerzbewältigungsstrategien durch Hilfe zur Selbsthilfe,
- Einbeziehung von Angehörigen, um das soziale Umfeld so zu gestalten, dass nicht zwischen übertriebener Fürsorge, Resignation und Ungeduld hin und her gependelt wird.

interventionell
von Intervention (Eingreifen, Vermittlung): betrifft Maßnahmen, um den Verlauf einer Krankheit zu beeinflussen

Regionalanästhesie ▶ S. 455

TENS ▶ S. 193

interdisziplinär:
Angehörige verschiedener Fachrichtungen arbeiten zusammen: Mediziner, Psychologen, Physiotherapeuten

2 Instrumentenkunde

chirurgische Instrumente

- stechende Instrumente (Tabelle 10)
- schneidende und schabende Instrumente (Tabelle 11, S.449)
- fassende Instrumente (Tabelle 12, S. 450–451)
- haltende Instrumente (Tabelle 13, S. 452)

Bezeichnung	Arten	Beschreibung	Verwendungszweck
Kanülen (= geschliffene Hohlnadeln)	Einmalkanülen	s. Bild 107, S. 204	Injektion / Punktion
	spezielle Kanülen		Beispiel: Lumbalpunktion (Bild 137, S. 333)
Venenpunktions-besteck	Flügelkanüle (Butterfly)	metallene Verweilkanüle mit Kunststoffflügeln zur Befestigung	kurzzeitiger Gebrauch für Infusion, Injektion oder Blutabnahme
Venen-Verweil-katheter	Braunüle®, Viggo®	Plastikschlauch mit innenliegender Metallkanüle (Mandrin). Nach dem Einstechen wird die Metallkanüle gezogen und der dünne Plastik-schlauch verbleibt in der Vene.	längerfristiger Gebrauch und mehr-malige Verwendung des Zugangs für Injektion oder Infusion
Trokar		schraubenzieherartiges, scharf geschliffenes Instrument zum Durchstechen von festem Gewebe	Anwendungsbeispiel: Blasenpunktion durch die Bauch-decke
Akupunkturnadel		sehr dünne Nadel mit Kunststoff- oder Metallgriff	wird an bestimmten Hautstellen eingestochen, um Energieströme des Körpers zu beeinflussen

Stahlmandrin
Verweilkatheter

Flügelkanülen (Butterfly)

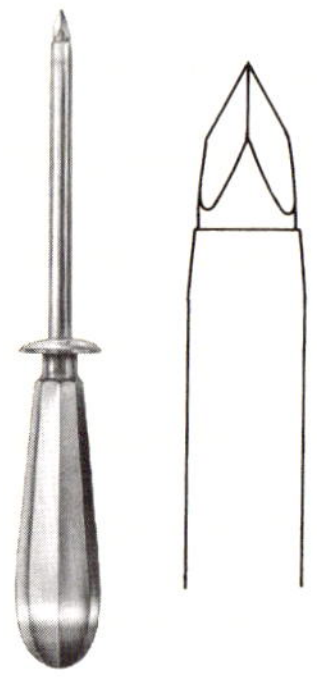
Trokar

Tabelle 10 Stechende Instrumente.

Bezeichnung	Arten	Beschreibung	Verwendungszweck
Skalpell (chirurgisches Messer)	Einmalskalpell, Skalpell mit Metallgriff zum mehrmaligen Gebrauch	Messer mit unterschiedlicher Länge und geformter Klinge	spitzes Skalpell wird zur Stichinzision (z. B. Abszessöffnung) benutzt, bauchiges Skalpell z. B. für Hautschnitte
Scheren	chirurgische Schere	scharfe Schere, die gerade, gebogen, spitz oder stumpf enden kann	bei operativen Eingriffen, oder um Gewebe genau voneinander zu trennen
	Verbandsschere	am Vorderende abgestumpfte Scherenblätter (Branchen), um Verletzungen zu verhindern	Aufschneiden von Verbänden
	Gipsschere	kurze Scherenblätter und lange Griffe zur besseren Hebelwirkung	Auftrennen von Gipsverbänden (heute werden meistens oszillierende Gipssägen verwendet)
scharfer Löffel		kleines Löffelchen mit scharfem Rand und dickem Schaft	Ab- und Ausschaben von Warzen und nekrotischen Wunden
Kürette		ähnlich wie der scharfe Löffel, aber größer, besitzt nur noch den scharfen Rand	in der Gynäkologie zur Ausschabung der Gebärmutterschleimhaut

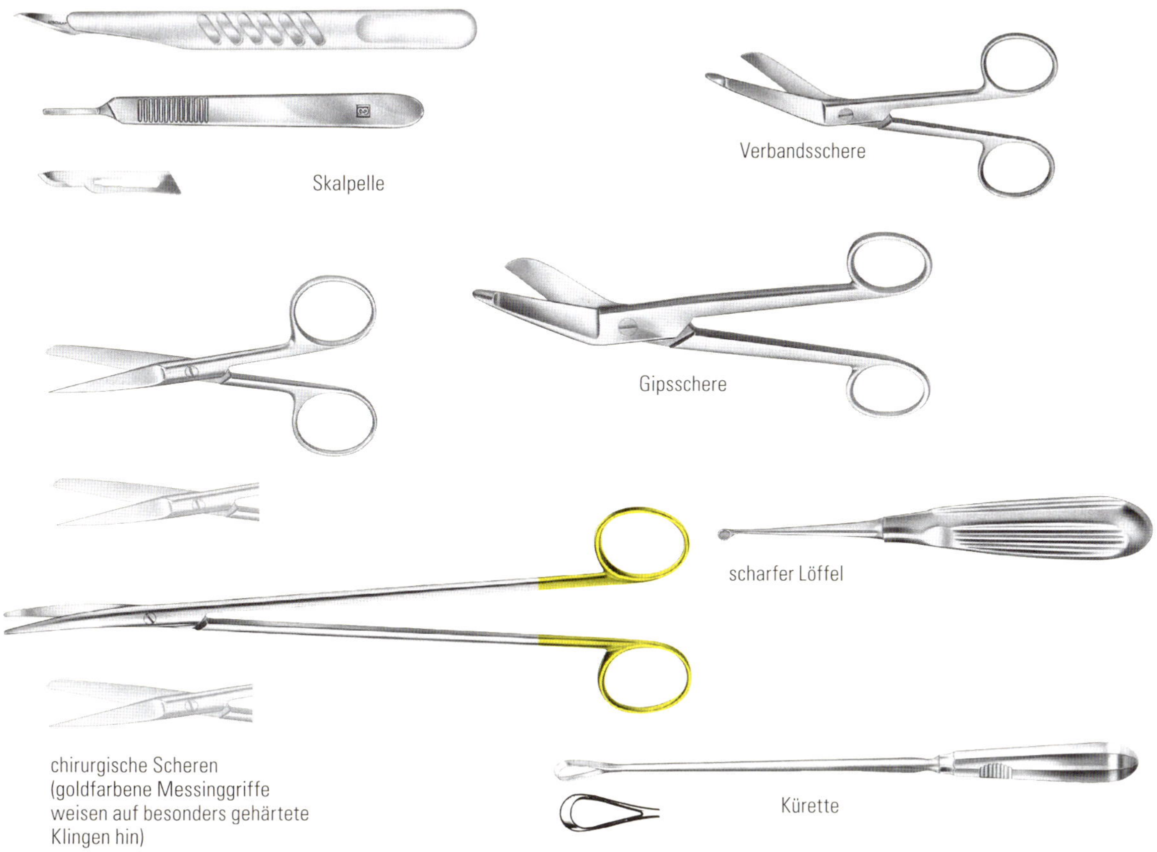

Tabelle 11 Schneidende und schabende Instrumente.

Bezeichnung	Arten	Beschreibung	Verwendungszweck
Pinzetten	anatomische Pinzette	Greifflächen haben Rillen, sind stumpf	Halten von Gewebe, das nicht verletzt werden soll
	chirurgische Pinzette	Greifflächen haben spitze Zähnchen, die ineinander greifen	Festhalten von Nahtfäden oder bereits verletztem Gewebe, z. B. zerfetzte Wundränder
	Splitterpinzette	vorne spitz und geriffelt (anatomisch)	Entfernen von Splittern
	gebogene Pinzette	einfach gebogen, kniegebogene Abknickung	Behandlung in der Nase, z. B. Fremdkörper entfernen
		doppelt gebogen, bajonettförmige Abknickung	Behandlung im äußeren Gehörgang
	Klammerpinzette		Klammern von Wunden
Zangen	Kornzange	Griffe ähnlich wie Scheren, Griffflächen „kornartig" verdickt; können teilweise festgestellt werden (sperren)	Festhalten von Gewebe und Gegenständen, z. B. Tupfer
	Gewebezange	stumpf, anatomisch, geriffelt	werden bei chirurgischen Eingriffen gebraucht
		scharf, chirurgisch, mit scharfen Häkchen	
	Biopsiezange	scharfe Enden	zum Abknipsen von Gewebe
Klemmen	Tuchklemme	spitze Enden	zur Befestigung von OP-Tüchern
	Gefäßklemmen	stumpf, anatomisch (Pean-Klemme)	Abklemmen von Gefäßen
		spitz, chirurgisch (Kocher-Klemme)	
		Moskitoklemme: ganz fein geriffelt (Halsted-Klemme)	Gefäßklemme, die das Gewebe kaum verletzt

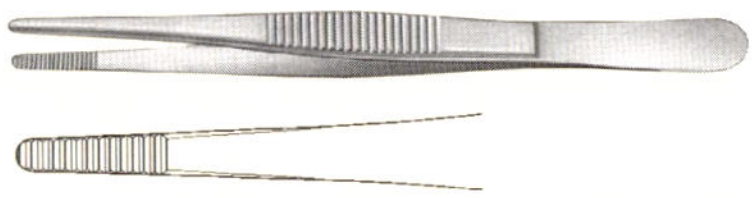
anatomische Pinzette

Splitterpinzette

gebogene Pinzette

chirurgische Pinzette

Klammerpinzette

Tabelle 12 Fassende Instrumente.

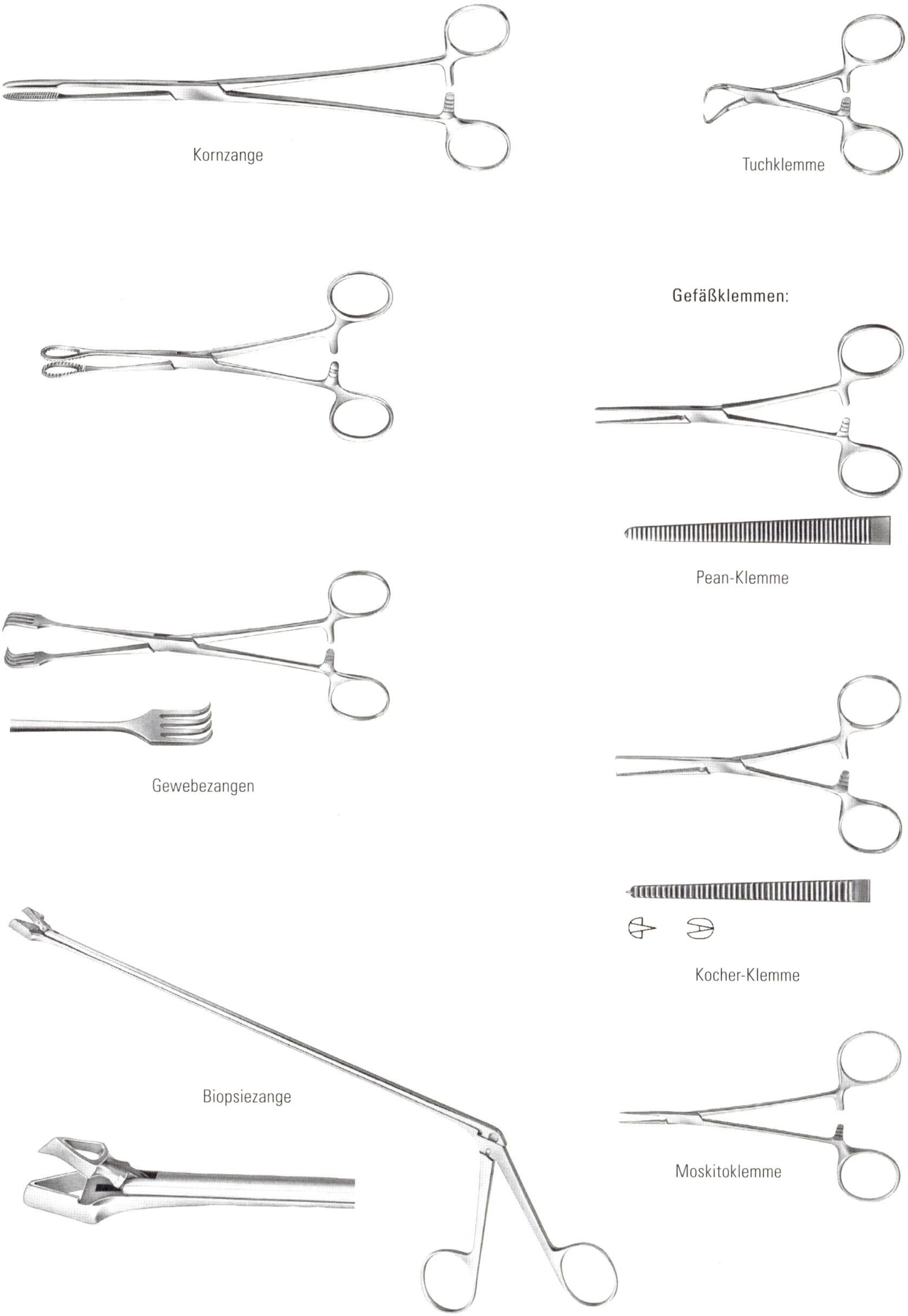

Tabelle 12 Fassende Instrumente.

Bezeichnung	Arten	Beschreibung	Verwendungszweck
Haken	Wundhaken	mit einem oder mehreren Zinken, die stumpf oder scharf und griff-fest sind	abgebogene Halteinstrumente, um das Gewebe beiseite zu ziehen
	Langenbeckhaken	breiter, flacher Haken	
	Rahmen	Haltevorrichtung für Haken	bei Operationen, um das Festhalten der Haken zu erleichtern
Wundspreizer		selbsthaltendes Instrument, um Wunden aufzuspreizen	zur Wundversorgung
Spekulum (Spiegel, Mz: Spekula)		ähnelt langem leicht gewölbten Haken, selbst haltend oder 2 Teile, die gehalten werden müssen	in der Gynäkologie: durch die geweitete Scheide kann der Gebärmutterhals betrachtet werden. in der HNO: Betrachtung der Nasenhöhle
Spatel		flaches löffelgriffähnliches Instrument	z. B. um die Zunge wegzudrücken (Mundspatel)

Wundhaken

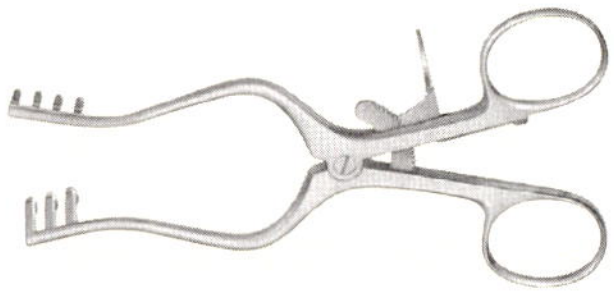
Wundspreizer

Langenbeckhaken

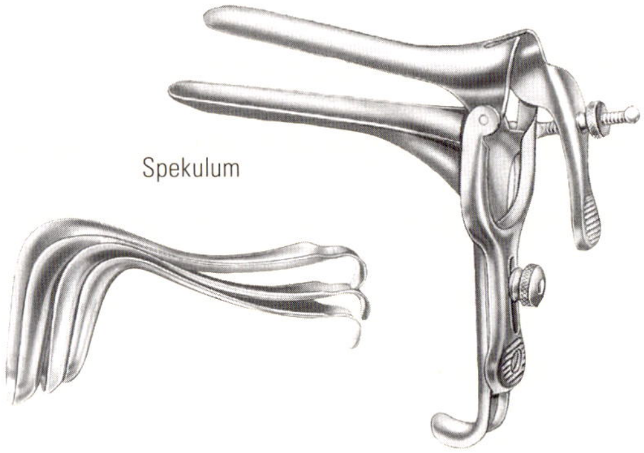
Spekulum

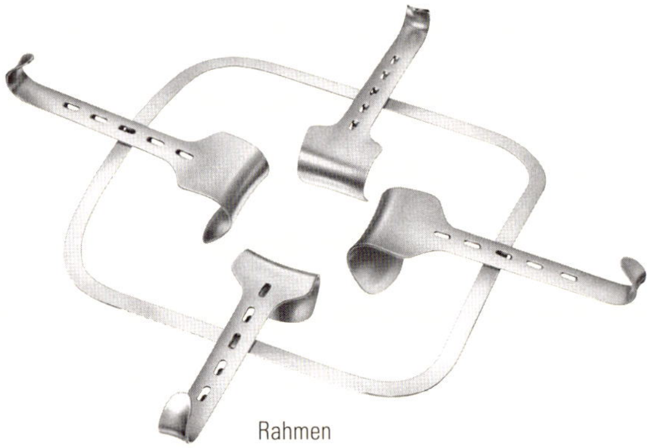
Rahmen

Spatel

Tabelle 13 Haltende Instrumente.

Bezeichnung	Beschreibung	Verwendung
Nadeln (gibt es in verschiedenen Größen und Biegungen)	halbkreisförmig gebogen mit und ohne Öhr	
	scharfkantige Nadeln △	für Hautnaht
	glatte Nadeln mit rundem Querschnitt ○	für Nähte der inneren Organe
	öhrlose (atraumatische) Nadeln sind Nadeln, die bereits mit dem Nahtmaterial verbunden sind	für eine besonders gewebeschonende Naht
Nadelhalter	zangenähnliches Instrument	zum Halten der Nadel mit Nahtmaterial
Nahtmaterial (gibt es in gebrauchsfertigen sterilen Einzelpackungen)	resorbierbares Nahtmaterial löst sich von selbst auf	bei Nähten innerer Organe
	nicht resorbierbares Nahtmaterial muss entfernt werden	Hautnaht
Stahldraht	besonders belastbares Nahtmaterial	Wundverschluss im Thoraxbereich

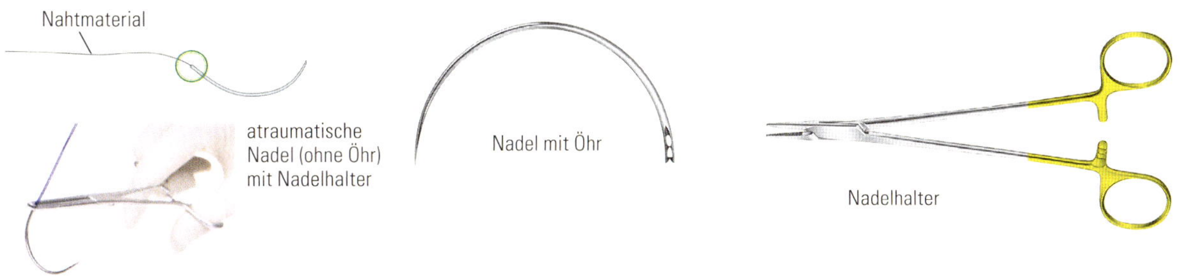

Tabelle 14 Nahtmaterial.

Neben den in den Tabellen genannten chirurgischen Instrumenten gibt es folgende weitere Instrumente:

Sonden sind stab- oder röhrenförmig. Sie können starr oder elastisch sein. Starre Sonden, z.B. Knopfsonden (Bild 33), sind lang, dünn und abgerundet. Mit ihnen können Fistelgänge oder Stichkanäle ausgetastet werden. Mit elastischen Sonden können Hohlorgane untersucht werden.

Hegarstifte (Bild 34) werden in der Gynäkologie zum Weiten des Gebärmutterhalses verwendet. Entsprechend der anatomischen Verhältnisse benutzt man unterschiedliche Größen.

Behälter werden zum Aufbewahren von Sterilisiergut, wie Tupfer und Instrumenten, benötigt. Nierenschalen (Bild 35) werden meist als Ablagebehälter gebraucht.

Bild 33 Sonde.

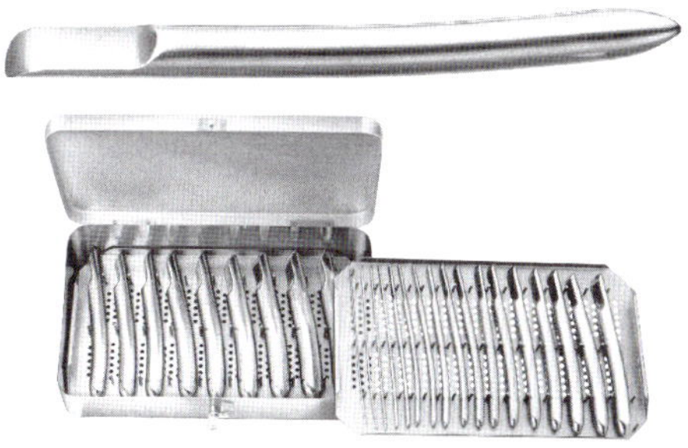

Bild 34 Hegarstifte.

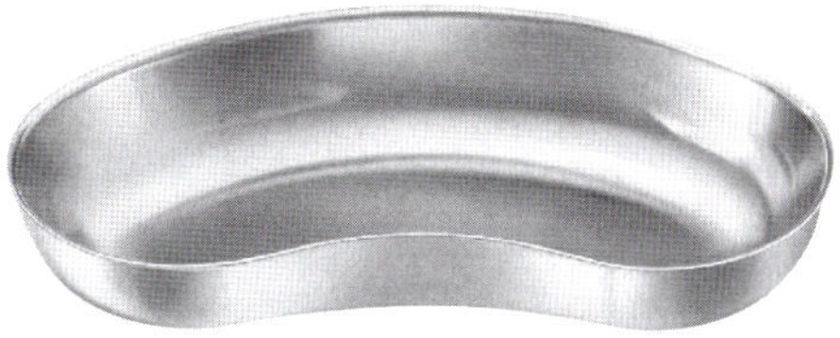

Bild 35 Nierenschale.

Anästhesie: Ausschalten der Schmerzempfindung

Intubation: Einführen eines Schlauches (Tubus) durch Mund oder Nase in Rachen und Luftröhre

3 Anästhesie

Die allgemeine Betäubung oder Vollnarkose wirkt so auf das Gehirn, dass Bewusstsein und Schmerzempfindung im ganzen Körper ausgeschaltet werden. Bei der Regionalanästhesie wird eine örtlich begrenzte Schmerzausschaltung erzielt.

3.1 Vollnarkose

Der Siegeszug der Narkose begann vor etwa 160 Jahren mit der Äthernarkose (Bild 36). Diese wurde hauptsächlich in der operativen Geburtshilfe erfolgreich eingesetzt. Heute werden verschiedene Stoffe verwendet, die ins Gehirn dringen und Schmerz und Bewusstsein ausschalten. Zusätzlich bedient man sich weiterer Substanzen, z.B. Curare, die die Muskelspannung herabsetzen. Das macht eine apparative Beatmung notwendig.

Die Injektionsnarkose wird mit einem kurzfristig wirkenden Narkosemittel i.v. verabreicht. Man wendet sie bei kleineren Eingriffen an oder leitet damit länger andauernde Narkosen ein.

Die Maskennarkose (Gesichts- oder Larynxmaske) ist geeignet für kurz dauernde Eingriffe außerhalb der Körperhöhlen, z.B. bei Entfernung von Krampfadern (Varizen).

Die Patienten müssen nüchtern sein und stabile Vitalfunktionen haben.

Intubationsnarkose. Bei der Intubationsnarkose wird ein Endotrachealtubus in die Luftröhre geführt. Intubationsnarkosen werden bei Notfalloperationen, bei Eingriffen in den Körperhöhlen und im Bereich des Kopfes und Gesichts durchgeführt.

Narkosestadien. Der Mensch gleitet nicht gleichmäßig in die Narkose, sondern durchläuft sowohl bei der Einleitung als auch bei der Ausleitung der Narkose bestimmte Stadien. Sie können individuell unterschiedlich lang und belastend ausgeprägt sein.

- Rauschstadium: Die Schmerzempfindung ist herabgesetzt, evtl. treten Traumbilder auf.
- Erregungsstadium: Unruhe, unregelmäßige Atmung, Steigerung der Reflexe.
- Toleranzstadium: Regelmäßige Atmung, nachlassende Abwehrbewegungen. In diesem Stadium wird operiert.
- Atemstillstand (Asphyxie): Lähmung der Zentren für Atmung und Herz-Kreislauf.

Ziel der Anästhesie ist es, so schnell wie möglich das Toleranzstadium zu erreichen bzw. umgekehrt möglichst schnell den Wachzustand herbeizuführen.

Die Kranke atmet, auf einem Stuhl sitzend, die in einer Rindsblase enthaltenen Schwefelätherdämpfe langsam ein und hält sich dabei selbst die Nasenlöcher zu. Nach wenigen Minuten sinkt die Unterlippe herab, der Mund öffnet sich, der Unterkiefer fällt grässlich herab, beinahe bis auf die Brust herunter, wie solches nur ganz alte zahnlose Weiber nachahmen können.

Die Arme sinken wie leblos an der Seite herab. Das vorher so lebhaft glänzende Auge wird matt und trüb. Sie sieht starr in das Weite, der Puls verlangsamt. In diesem Augenblick löst der Wundarzt auf allen Seiten die Adhäsionen des Zahnfleisches, ergreift den Schlüssel und zieht eine kariöse Zahnwurzel heraus. Alles dies geschah ohne einen Laut des Schmerzes.

Als sie wieder zur Sprache kommt, fragt sie, ob alles schon vorüber sei und erzählt, dass sie während des Einatmens, das weder durch Hustenanfälle noch durch andere beängstigende Zufälle gestört wurde, einen kalten Wind im Kopf gefühlt habe, bald wie eine Windmühle arbeitend in demselben.

Bild 36 Die erste Narkose: Aus dem „Medicinischen Correspondenz-Blatt“ des „Würtembergischen Ärztlichen Vereins“ vom 08. Februar 1847.

3.2 Regionalanästhesie

Sie wird bei operativen Eingriffen sowie bei der Schmerzdiagnostik und Schmerztherapie angewendet.

Die verwendeten Lokalanästhetika, z.B. Procain, Lidocain, Mepivacin u.a. in Lösungen von 0,2 bis 5%, blockieren vorübergehend die Nervenleitung und sind in ihrer Konzentrierung für den übrigen Organismus weitgehend unschädlich.

Je nachdem, wie und wo die Reizleitung unterbrochen werden soll, können verschiedene Verfahren angewendet werden (Tabelle 15).

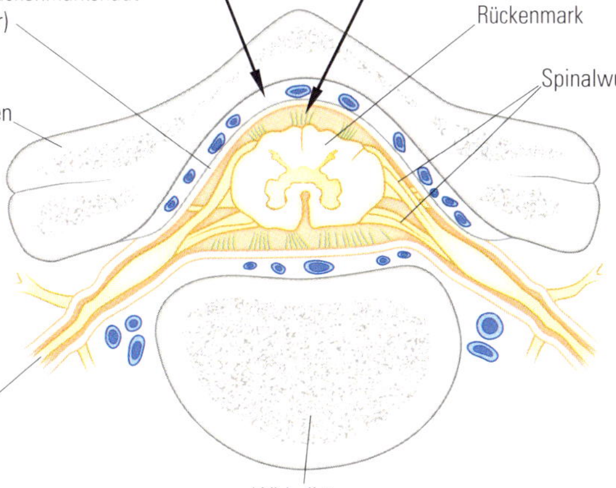

Bild 37 Epidural- und Subduralraum.

Bezeichnung	Betäubung von	Vorgehensweise	Anwendungsbeispiele
Oberflächenanästhesie	Nervenästen in Haut und Schleimhäuten	Anästhetikum wird aufgesprüht, aufgeträufelt oder aufgetragen	Vereisung bei Warzenentfernung, Eingriff am Auge oder im Rachen / Kehlkopfgebiet, Blasenkatheterisieren, Endoskopie
Infiltrationsanästhesie	Nervenaufzweigungen in der Subkutis des zu betäubenden Gebietes	fächerförmig wird in oder um das zu betäubende Gebiet gespritzt	kleine chirurgische Eingriffe, z.B. Tumorentfernung oder chirurgische Wundversorgung
Leitungsanästhesie (LA)	abgrenzbaren Versorgungsgebieten von peripheren Nerven oder Nervengeflechten (Plexus)	Oberst-LA (nach dem Chirurgen M. Oberst): Anästhetikum wird in die Zwischenfingerfalten gespritzt.	bei Eingriffen an Fingern und Fingernägeln bzw. Zehen
		Nervus-ulnaris-Blockade	Schmerzbehandlung oder diagnostische Verfahren im Ellenbogenbereich
		Plexus-brachialis-Anästhesie: Anästhetikum wird in die Skalenusmuskellücke oberhalb der ersten Rippe oder an den Gefäßnervenstrang in der Achsel eingespritzt.	Eingriff im Bereich des Armes, bei dem das Ausmaß der Anästhesie nicht mit Sicherheit vorausgesagt werden kann, z.B. Behandlung von komplizierten Radiusfrakturen. Über einen Katheter ist eine kontinuierliche Verabreichung möglich. Die Operationszeit kann verlängert werden.
Rückenmarksnahe Leitungsanästhesie	Periduralanästhesie (PDA)	Injektion erfolgt in den Epiduralraum (Spaltraum zwischen Wirbelkanal und Dura mater) bei LW 2/3 oder 3/4	Alternative zur Vollnarkose für Operationen unterhalb des Nabels und bei der Geburt, zur Schmerzbehandlung bei Tumorpatienten. Der analgetische Bereich ist abhängig von Injektionsort, Volumen und Konzentration des Lokalanästhetikums. Das Katheterverfahren ist ebenfalls möglich (siehe oben).
	Spinal- oder Lumbalanästhesie	Injektion in den Subduralraum bei LW 2/3 oder 3/4 (Bild 37)	

Tabelle 15 Verfahren der Regionalanästhesie.

3.3 Vor- und Nachteile der verschiedenen Anästhesieverfahren

In einem Aufklärungsgespräch zwischen Arzt und Patient wird entschieden, welches Anästhesieverfahren angewendet werden soll. Die Aufklärung betrifft Diagnose, Verlauf, den beabsichtigten Eingriff und alternative Verfahren sowie Risikoabschätzung und eine eventuell notwendige Prämedikation. Diese soll den Patienten vor der Operation entspannen, um die Wirkung des Narkosemittels zu unterstützen.

Vollnarkose. Bei der Vollnarkose können trotz aller Sorgfalt und Risikoabwägung unvorhersehbare Störungen auftreten:
- Herz-Kreislauf- und / oder Atemstörung,
- allergisch bedingte Zwischenfälle.

Regionalanästhesie wird bei Patienten mit Atemwegserkrankungen bevorzugt. Sie kann nicht durchgeführt werden
- bei Überempfindlichkeit gegenüber dem Lokalanästhetikum,
- bei Störung der Blutgerinnung, da sich besonders bei Katheterverfahren leicht Hämatome bilden,
- bei komplexen Herzrhythmusstörungen,
- bei Patienten, die nicht mitarbeiten können.

Akren: distale Teile des Körpers wie Finger, Zehen, Nase, Kinn, Ohrläppchen, Penis

Die Leitungsanästhesie hat den Vorzug, dass das zu behandelnde Gebiet nicht berührt wird oder aufquillt. So werden mit der Kanüle keine Bakterien eingeschleppt. Sie wird deshalb bei septischen Eingriffen und stark infektionsgefährdeten Wunden durchgeführt.

Bei der Infiltrationsanästhesie wird Adrenalin zugesetzt. Es verengt die Blutgefäße, was die Blutung vermindert und die Aufnahme des Lokalanästhetikums ins Blut herabsetzt.

Adrenalin darf wegen der Nekrosegefahr niemals im Endstromgebiet von Akren eingesetzt werden.

4 Wundmanagement

4.1 Wunden

Eine Wunde ist die Aufhebung der Geschlossenheit von Haut, Schleimhaut und Organgeweben durch äußere Einwirkungen (Tabelle 16, S. 457). Wunden können offen sein (z. B. Schnittverletzung) oder geschlossen (z. B. Prellung oder Quetschung). Die verschiedenen Ursachen führen zu einem typischen Aussehen der unterschiedlichen Wunden (Tabelle 17, S. 457).

Primäre Wundheilung wird abgekürzt pp = per primam intentionem

4.1.1 Wundheilung

Der Organismus ist bestrebt, den entstandenen Schaden schnell zu beheben. Dabei gibt es verschiedene Arten der Wundheilung:
- Regeneration; es erfolgt ein gewebespezifischer Ersatz.
- Reparation; das fehlende oder geschädigte Gewebe wird durch unspezifisches Bindegewebe ersetzt.

Bei der Wundheilung lassen sich verschiedene Phasen beobachten (Tabelle 18, S. 457).

Primäre Wundheilung. Bei der primären Wundheilung liegen die Wundränder fest aneinander. Es treten keine Störungen der Wundheilung auf. Die Wundränder schmelzen schnell ein. Es entsteht eine strichförmige, fast unsichtbare Narbe. Bei einer oberflächlichen Hautverletzung, z. B. einer Schürfwunde, heilt die Wunde unter Schorf und wird so vor Austrocknung und Infektionen geschützt. Sobald die Wunde mit Epithelgewebe verschlossen ist, wird der Schorf abgestoßen.

Sekundäre Wundheilung tritt vor allem dann auf, wenn die Wundränder auseinanderklaffen, also bei Gewebeverlust und / oder Störung der Wundheilung. Das Ergebnis ist manchmal eine störende, oft auffällige und schmerzlose Narbe.

Ursache / Beschreibung	Art der Einwirkung	Krankheitsbild
Verletzung, Unfall, Trauma	mechanisch, thermisch, chemisch	Quetschung, Schnitt, Verbrennung, Erfrierung, Verätzung
ärztliche Maßnahmen	chirurgische Eingriffe	Zustand nach Operation
chronisch schädigende Faktoren	mangelhafte Gewebeversorgung	Dekubitus (Durchliegegeschwür); Gangrän (Brand); Ulcus cruris (Unterschenkelgeschwür)

Tabelle 16 Verursachung von Wunden.

Art	Beschreibung
Platzwunde	Tritt an Hautstellen auf, die direkt den Knochen aufliegen. Sie zeigt unregelmäßige Wundränder, Quetschungen und Verschmutzung.
Schürfwunde	Wird durch Scherkräfte hervorgerufen; schmerzhafte, nässende Wunde an der Hautoberfläche.
Schnittwunde	Weist je nach Tiefe der Wunde klaffende Hautpartien mit glatten Wundrändern auf. Schnittwunden bluten gewöhnlich stark, deswegen haben sie ein geringes Infektionsrisiko.
Stichwunde	Sieht oft harmloser aus, als sie ist. Hohes Infektionsrisiko besteht durch eingebrachte Keime.
Quetschwunde	Kommt durch stumpfe Gewalt zustande. Es entsteht ein Hämatom.
Risswunde	Unregelmäßige Wundränder und Randnekrosen sind typisch.
Bisswunde	Ist oft eine kombinierte Stich- und Quetschwunde mit hoher Infektionsgefahr.
Ätzwunde	Hat oft unscharfe schorfige Wundränder und sieht schmutzig aus.
Brandwunde	Je nach Verbrennungsgrad kommen Rötung, Blasen oder Nekrose vor.

Tabelle 17 Beschreibung der Wundarten.

Phasen	Zeit	Vorgänge
Wundreinigung, Exsudation, Aktivierung des Gerinnungssystems	1.–72. Std.	Blutflüssigkeit „spült" die Wunde. Es bildet sich ein behelfsmäßiger Wundverschluss aus Fibrin und Blutpfropf.
Entzündung / Resorption	1.–3. Tag	Entzündungszellen wandern in die Wundränder. Ein lokales Wundödem entsteht. Überschüssiges Gewebe wird abgebaut / abgeräumt.
Granulationsphase	3.–10. Tag	Ausgehend von den Wundrändern bildet sich neues gefäßreiches Bindegewebe. Die Rötung lässt nach.
Epithelisierungsphase, reparative Vorgänge, Remodellierung	ab 7. Tag	Wundflächen verkleinern sich, Gewebe wandelt sich um und zieht sich zusammen. Nach 3 Monaten werden etwa 80 % der ursprünglichen Festigkeit erlangt.

Tabelle 18 Phasen der Wundheilung.

Wundheilungsstörungen. Lokale Störungen der Wundheilung sind Wundinfektion (Bild 38), Durchblutungsstörung, Nekrose, Hohlräume oder Fremdmaterial in der Wunde. Eine zu hohe Spannung der Wundränder beeinträchtigt ebenfalls die Wundheilung.

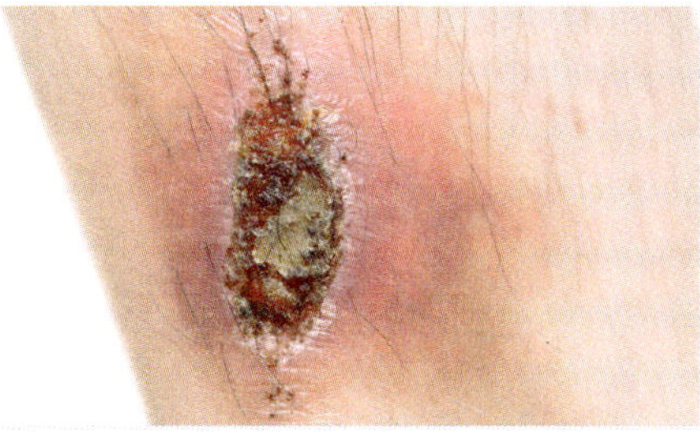

Bild 38 Wundinfektion.

Exsudation: Austritt von Blutflüssigkeit

Epithelisierung: Überwachsen von Wunden durch Epithelzellen

Allgemeine Wundheilungsstörungen treten bei mangelhafter „Rohstoffversorgung" auf, so z. B. bei Eiweiß- oder Vitaminmangel oder bei Behandlung mit Cortison und bei Gefäßveränderung durch Diabetes mellitus und bei chronisch venöser Insuffizienz (CVI).

Schmerzen, Aufplatzen der Wunde und schlecht heilende Wunden sind Folgen der Wundheilungsstörungen (Bild 39). Eventuell treten lokale Gewebereaktionen und überschießende Narbenwucherungen (Keloid) auf. Bei einer Superinfektion können sich Fisteln bilden.

Keloid: Narbenwucherung

Superinfektion: erneute Infektion mit gleichem Erreger

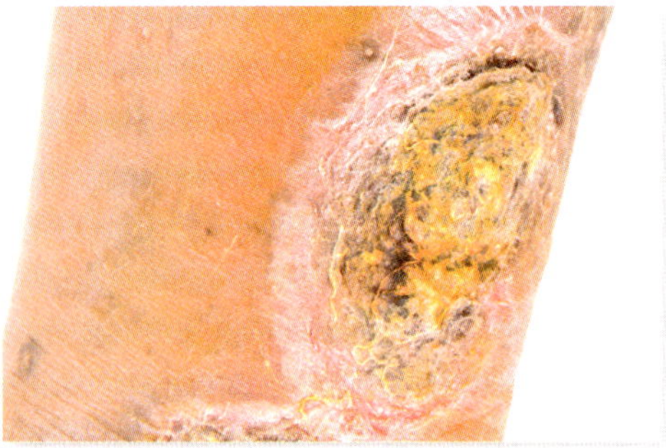

Bild 39 Chronische Wunde (Ulcus cruris).

Verbände ▸ S. 207 ff.

4.1.2 Wundversorgung

Die Erstversorgung besteht darin, dass die Wunde keimfrei abgedeckt und evtl. ruhig gestellt wird. Ein Fremdkörper verbleibt zunächst, da er oft abdichtend wirkt. Wird er bei der Erstversorgung herausgezogen, besteht die Gefahr, dass eine bedrohliche Blutung ausgelöst wird, eine zusätzliche Verletzung entsteht oder dass Teile des Fremdkörpers abbrechen.

Die primäre chirurgische Wundversorgung erfolgt innerhalb von 6 bis 8 Stunden nach der Verletzung bei frischen, unkomplizierten und gut durchbluteten Wunden. Zunächst wird die Wundumgebung mit milder antiseptischer Lösung gesäubert und desinfiziert. Evtl. rasiert man vorher das Wundgebiet (Ausnahme: Augenbrauen). Bei kleineren Wunden wendet man eine Infiltrationsanästhesie an, bei größeren eine Leitungsanästhesie bzw. Vollnarkose. Wenn die Anästhesie wirkt, wird die Wunde mit Kochsalzlösung gespült oder mit Pinzette und Tupfer gereinigt. Dann wird nekrotisches, schlecht durchblutetes oder gequetschtes Gewebe ausgeschnitten. Die Wundränder werden möglichst spannungsfrei durch Hautnaht, Klammern, Gewebekleber oder starke Pflasterkleber verbunden. Danach erhält die Wunde einen sterilen Wundverband (Bild 40).

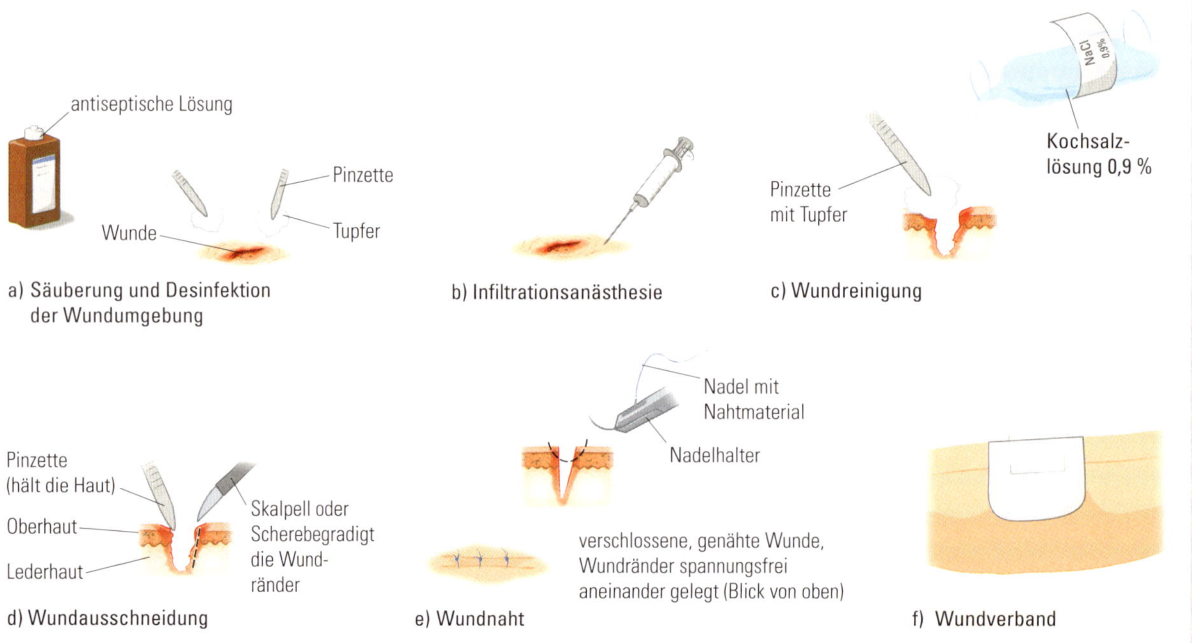

Bild 40 Vorgehen bei der Wundversorgung.

Kontraindikation für die primäre chirurgische Wundversorgung besteht
- bei Bisswunden (Ausnahme: Bisswunden im Gesicht),
- bei tiefen Stichwunden,
- bei stark verschmutzten, infizierten, nekrotischen oder fremdkörperhaltigen Wunden,
- bei Wunden, die älter als 6 bis 8 Stunden sind, da sie als infiziert gelten.

Offene Wundbehandlung. Jede Wunde, die nicht primär chirurgisch versorgt werden kann, wird offen behandelt, d.h. die Wunde wird nicht fest verschlossen. Der Wundverband besteht aus einer Auflage desinfizierender Salbe, Wundgaze oder einem Feuchtverband. Hat sich ein derbes, stabiles Granulationsgewebe ausgebildet und ist der Wundgrund vollständig gereinigt, kann die Wunde zur Abkürzung der Heildauer genäht werden (die sogenannte verzögerte Wundnaht). Gegebenenfalls wird eine Ruhigstellung auf einer Schiene notwendig, besonders bei Wunden über Gelenken.

Klären Sie bei allen Wunden den Impfstatus ab, z. B. Tetanusimpfung.

Wundauflagen. Eine Wundauflage soll alles beseitigen, was den normalen Ablauf der Wundheilung stört. Überschüssiges Wundsekret wird aufgesaugt, weil es einen Nährboden für Keime bietet. Beläge und Nekrosen werden durch Enzyme abgebaut, um eine gründliche Reinigung des Wundbettes zu erreichen. Daher erfordern verschiedene Wunden und Phasen des Wundheilungsprozesses unterschiedliche Wundauflagen (Tabelle 19). Mit modernen Wundauflagen ist es möglich, die Zeitabstände zwischen den Verbandwechseln zu verlängern.

Eine alternative, erfolgreiche Methode zur Reinigung des Wundbettes bei chronischen Wunden besteht darin, sterile, eigens dafür gezüchtete Fliegenmaden einzusetzen. Sie fressen nur das nekrotische Gewebe.

4.1.3 Verbandswechsel

Der weitere Verlauf der Wundheilung hängt auch ab von einem hygienisch korrekt durchgeführten Verbandswechsel. Es werden zwei Arten des Verbandswechsels unterschieden:
- aseptischer Verbandswechsel: Erneuerung eines Verbandes auf einer aseptischen (keimfreien) Wunde mit dem Ziel, Keime von der Wunde fernzuhalten,
- septischer Verbandswechsel: Erneuerung eines Verbandes auf einer septischen (keimbesiedelten) Wunde mit dem Ziel, vorhandene Keime auf der Wunde zu bekämpfen und deren Ausbreitung zu vermeiden.

Kontraindikation: Gegenanzeige, von lat. contra = gegen und indicatio = Anzeige

Enzym: Biokatalysator, der biochemische Reaktionen ermöglicht und beschleunigt

aseptisch = keimfrei von sepsis (gr.) = Fäulnis
septisch = keimbesiedelt

Bezeichnung	Eigenschaften	Anwendung
steriles Wundverbandpflaster	nimmt geringe Sekretmengen auf, ist luftdurchlässig, nicht haftend	Erstversorgung von primär heilenden Wunden
Polyurethan-Schaumwundauflage	kann große Sekretmengen aufnehmen	bei nicht infizierten chronischen Wunden
Calciumalginat-Verband	wirkt blutstillend, bindet Krankheitskeime	bei infizierten Wunden
Hydrogel-Verband	unterstützt die Selbstreinigung der Wunde	bei tiefen Wundhöhlen und trockenen schorfigen Wunden
Hydrokolloid-Verband	nimmt große Sekretmengen auf, baut Beläge ab	bei chronischen Wunden, z. B. Unterschenkelgeschwür
Folienverband	undurchlässig für Wasser und Bakterien	bei Wunden, die bereits granulieren und epithelisieren

Tabelle 19 Wundauflagen.

Vorbereitung des Verbandswechsels. Alle Maßnahmen zum Verbandswechsel müssen genau geplant, zielorientiert und individuell auf den Patienten und die Wunde ausgerichtet erfolgen.

Die benötigten Gegenstände werden auf einer desinfizierten Arbeitsfläche bereitgestellt und auf Vollständigkeit überprüft. Der Patient wird über die geplante Maßnahme informiert. Man sorgt für Sichtschutz. Störende Bekleidung wird entfernt, damit das Wundgebiet gut zugänglich ist. Die Intimsphäre muss beachtet werden. Der Patient wird so schmerzschonend wie möglich gelagert.

Vorgehen beim Verbandswechsel. Zunächst werden aseptische Wunden versorgt, dann kontaminierte und septische. Der Ablauf des Verbandswechsels im Einzelnen ist:
- hygienische Händedesinfektion,
- Schutzkleidung anlegen,
- Material auf desinfizierter Arbeitsfläche vorbereiten,
- Abwurfmöglichkeiten bereitstellen,
- Einmalhandschuhe anziehen,
- alten Verband lösen und entfernen, Wunde dabei nicht berühren. Evtl. ist eine sterile Pinzette notwendig. Verband kontrollieren, z. B. nach Sekreten oder Geruch,
- Verband in den Handschuhen abwerfen,
- Wundkontrolle,
- Händedesinfektion.
- Mit neuer steriler Pinzette und sterilen Handschuhen Wundreinigung durchführen.

Hygiene ▸ Bild 35, S. 108

- Bei aseptischen Wunden erfolgen Reinigung und Desinfektion des Wundgebietes und der Wundränder von innen nach außen, bei kontaminierten Wunden von außen nach innen. Pinzette und Handschuhe entsorgen.
- Bei Verkrustung und Verunreinigung der umliegenden Hautareale wird eine mechanische Reinigung notwendig. Mit steriler Pinzette Tupfer aufnehmen und von innen nach außen mit einer drehenden Bewegung wischen, dabei für jeden Wischvorgang neuen Tupfer nehmen und diesen sofort nach Gebrauch abwerfen.
- Neuen Wundverband / neue Wundauflage bei aseptischen Wunden mit der gleichen Pinzette auflegen, bei infizierten Wunden eine neue Pinzette benutzen.
- Fixierung mit Fixiervlies oder Pflaster, evtl. Hautpflege der umliegenden Hautareale.
- Material entsorgen und Flächendesinfektion durchführen,
- Lage und Halt des Verbandes kontrollieren,
- hygienische Händedesinfektion,
- Dokumentation des Verbandswechsels und des Wundzustandes.

Die Häufigkeit des Verbandswechsels richtet sich
- nach der Sekretion der Wunde,
- nach der Art der Wundversorgung (Hydrokolloidverbände z. B. werden nicht so häufig gewechselt wie Salbenverbände),
- nach dem Wundzustand (infizierte Wunde oder nicht- infizierte Wunde),
- nach sichtbaren Anzeichen eines durchnässten oder kontaminierten Verbandes.

5 Chirurgische Assistenz

5.1 Kleine chirurgische Eingriffe

Inzision (lat.) = Einschneiden

PE = **P**robe**e**xzision

Wundversorgung ▸ S. 458 ff.

Exzision (lat.) = (Her-)Ausschneiden

In der ärztlichen Praxis werden neben ambulanten Operationen auch kleine chirurgische Eingriffe durchgeführt:
- Wundversorgung mit Säuberung und Wundverschluss,
- Exzision (Entfernung) von kleineren Hauttumoren, z. B. Lipom oder Atherom (Grützbeutel),
- Gewebeentnahme kleiner oberflächlicher Hautareale zur Diagnostik (PE),
- Inzision (Einschneiden) von Abszess, Furunkel und Karbunkel,
- Warzenentfernung mit dem scharfen Löffel,
- Keilexzision des Nagelrandes bei eingewachsenen Nägeln,
- Perforation des noch festsitzenden Nagels bei einem Bluterguss unter dem Nagel.

Entfernung von Fäden. Dabei werden eine anatomische Pinzette, eine feine spitze Schere oder evtl. ein Skalpell benötigt. Der Faden wird an einer Seite direkt über der Haut abgeschnitten. Beim Herausziehen dürfen die freiliegenden Teile nicht durch den Stichkanal gezogen werden. Damit wird die Infektionsgefahr verringert.

Entfernung von Wundklammern. Mithilfe des Klammerentferners wird Druck auf die Mitte der Wundklammer ausgeübt (Bild 41). Dadurch werden die seitlichen Anteile der Klammer zur Seite aus der Haut herausgebogen und können entfernt werden.

Material für kleine chirurgische Eingriffe:

- Lokalanästhetikum und Infusionslösung,
- Hände- und Hautdesinfektionsmittel,
- Tücher für die sterile Abdeckung, Loch- und Schlitztücher,
- Verbrauchsmaterialien wie Einmalkanülen, Einmalspritzen, Nahtmaterial, sterile Handschuhe (Bild 43, S. 462), Tupfer und Kompressen,
- Instrumente wie Skalpell, Pinzetten, Wundspreizer, Nadeln, Nadelhalter, Scheren und Gefäßklemmen,
- Materialien zur Fixierung von Verbänden, Heftpflaster und elastische Klebebinde,
- Notfallarzneimittel wie Atropin zur Behandlung von Bradykardie, außerdem blutdrucksteigernde und krampflösende Arzneimittel.

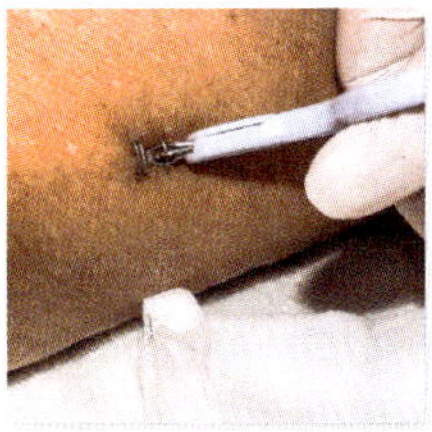

Bild 41 Entfernen von Wundklammern.

5.2 Vorbereitung und Betreuung des Patienten

Die Vorbereitung einer ambulanten Operation ist notwendig, um Unannehmlichkeiten oder Komplikationen zu vermeiden (Bild 42).

Vor dem Eingriff werden die Patientenidentität und die Patientenakte einschließlich der unterschriebenen Einwilligungserklärung überprüft.

Vorbereitung kleinerer chirurgischer Eingriffe. Dabei sollte beachtet werden,

- dass der Patient rechtzeitig seine Blase entleert,
- dass er liegt,
- dass er dem Eingriff nicht direkt zusehen kann, da dies Abwehrbewegungen hervorrufen könnte,
- dass der Körperteil, an dem der Eingriff vorgenommen wird, fest auf der Unterlage aufliegt,
- dass das Gebiet, das versorgt werden soll, großflächig freigemacht wird,
- dass Kinder keine Bonbons oder ähnliches im Mund haben.

Präoperative Blutleere (Blutsperre). Durch die Blutsperre an einer Extremität lässt sich das Operationsgebiet besser überblicken. Zusätzlich verlängert sich die Wirkungsdauer des Anästhetikums.

Checkliste: Ambulante OP

Hinweise für Patienten

- ✔ Bleiben Sie am OP-Tag nüchtern, d. h. 6 Stunden (Kinder: 4 Std.) vorher nichts mehr essen, trinken und rauchen.
- ✔ Nehmen Sie Schmuck ab sowie Zahnprothesen und Kontaktlinsen heraus und lassen Sie dies am besten zu Hause.
- ✔ Verzichten Sie auf Nagellack und Make-up.
- ✔ Haben Sie Fieber über 37,5 °C, Husten und Schnupfen oder andere Infekte, z. B. im Magen-Darm-Trakt? Falls ja, muss die Operation verschoben werden.
- ✔ Sorgen Sie dafür, dass Sie nach der Operation von einer erwachsenen Person abgeholt und nach Hause begleitet werden und bleiben Sie die nächsten 24 Stunden nicht völlig allein.
- ✔ 24 Stunden nach der Operation sollten Sie keine weitreichenden privaten oder geschäftlichen Entscheidungen treffen, kein Auto fahren und keinen Alkohol trinken, da unvorhersehbare Wechselwirkungen nicht auszuschließen sind.
- ✔ Für den Notfall erhalten Sie eine Telefonnummer. Im Falle besonderer Symptome wie Erbrechen, Schmerzen, Fieber oder stark geschwollener, geröteter Wunde können Sie Hilfe anfordern.

Bild 42 Checkliste Vorbereitung zur ambulanten Operation.

Sterile Handschuhe sollten bei allen invasiven Tätigkeiten getragen werden, um eine Übertragung von Krankheitserregern zu verhindern. Nach der chirurgischen Händedesinfektion müssen die Hände komplett trocken sein, bevor die Handschuhe angezogen werden können. Das Anziehen sollte nach einem festen Schema erfolgen, um eine Kontamination zu vermeiden.

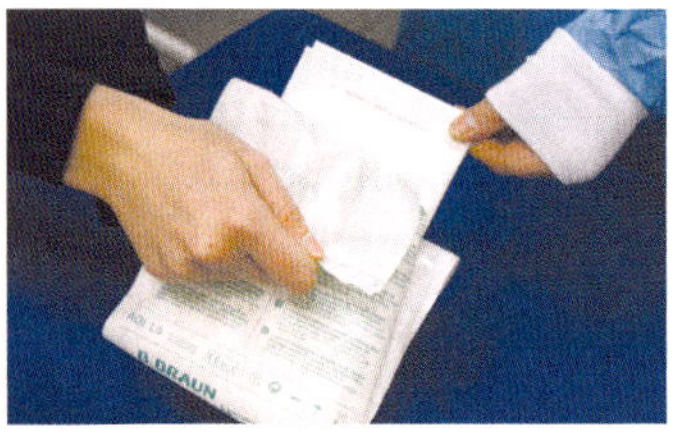

Schritt 1
Die äußere Verpackung von der Assistenz öffnen lassen und die innere Papierverpackung mit den gewaschenen und desinfizierten Händen entnehmen.

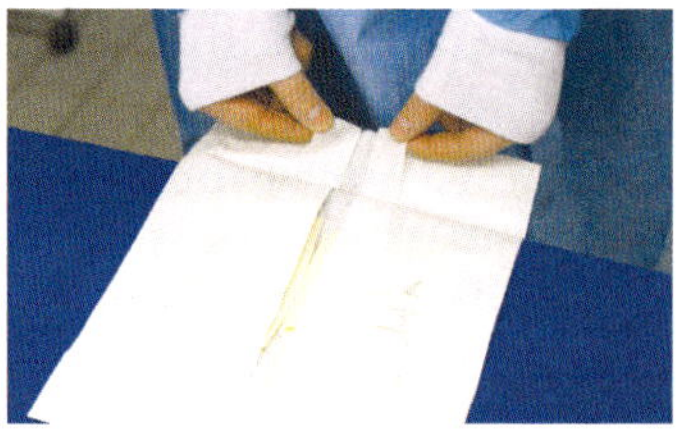

Schritt 2
Die innere Papierverpackung einmal aufgeschlagen an den Tischrand legen und am Knickrand der Verpackung so öffnen, dass die Handschuhe nicht berührt werden.

Schritt 3
Mit den Fingern das umgestülpte Ende des ersten Handschuhs fassen und den Handschuh von der Papierverpackung hochheben.

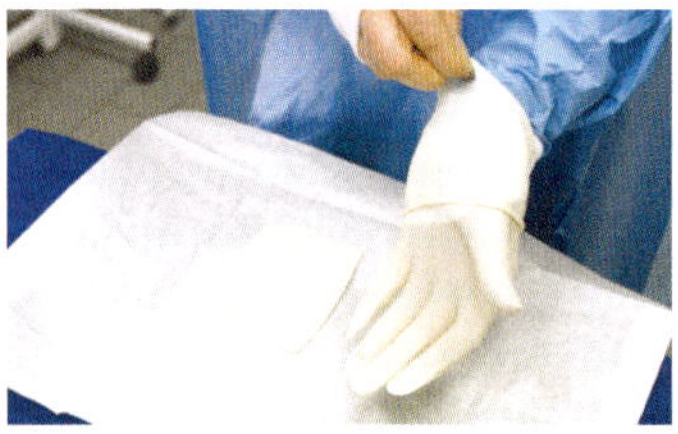

Schritt 4
Mit der anderen Hand hineingleiten und den Handschuh möglichst weit nach oben über den Kittel ziehen – die Krempe bleibt noch umgeklappt.

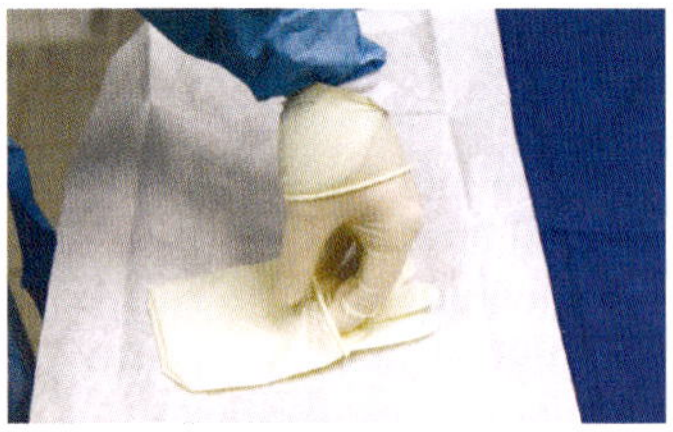

Schritt 5
Mit den behandschuhten Fingern von oben unter die Stulpe des zweiten Handschuhs greifen und diesen von der Papierverpackung hochheben.

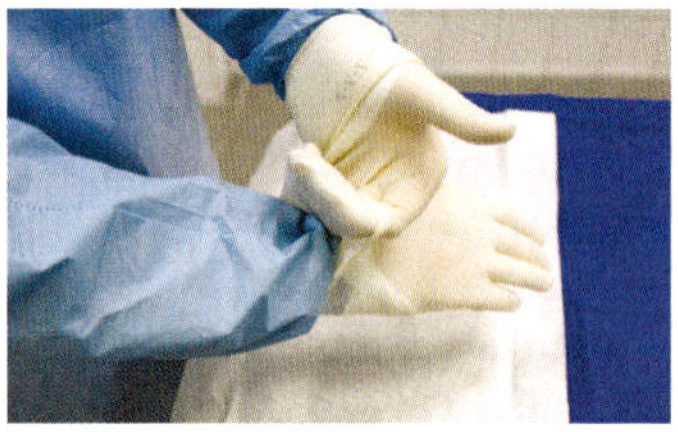

Schritt 6
Mit der freien Hand in den zweiten Handschuh gleiten und diesen weit nach oben über den Kittel ziehen.

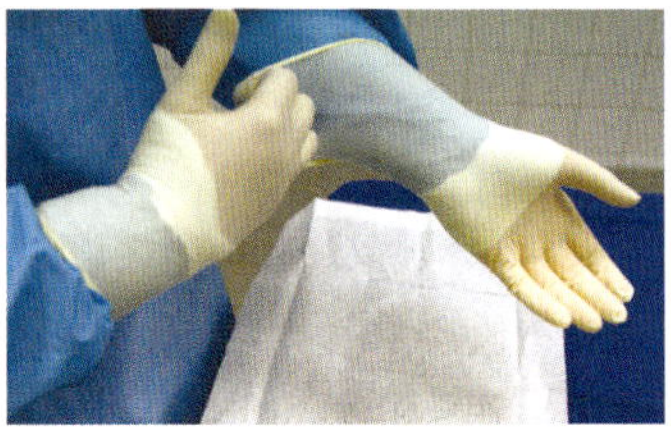

Schritt 7
Mit den Fingern unter die Stulpe des zuerst angezogenen Handschuhs greifen und die noch umgeschlagene Krempe hochziehen.

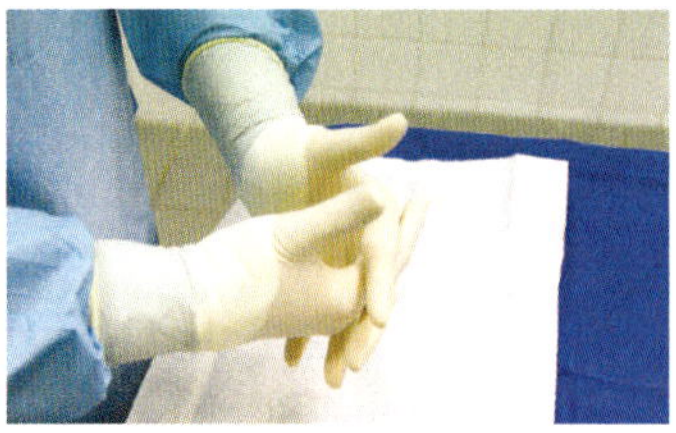

Schritt 8
Restkorrekturen können nun vorgenommen werden, bis die Handschuhe richtig sitzen.

Bild 43 Anlegen steriler Handschuhe.

Zunächst legt man einen peripheren venösen Zugang. An der hochgehobenen Extremität wird das Blut von der Peripherie herzwärts ausgestrichen und evtl. mit Gummibinden (Esmarch-Binden) „ausgewickelt". Man pumpt eine Blutdruckmanschette (Tourniquet-Manschette) bis über den systolischen Wert auf und stoppt damit den arteriellen Blutzufluss. Die Blutsperre darf höchstens 1½Stunden andauern.

Die sachkundige Assistenz während des Eingriffs besteht in Tätigkeiten, wie dem korrekten Öffnen der sterilen Packungen, dem sicheren und schnellen Anreichen von Instrumenten und notwendigen Materialien, dem zuverlässigen Abnehmen von gebrauchten Instrumenten und Materialien und dem Abtupfen von Blut und Sekreten, um das Operationsgebiet übersichtlich zu halten. Wenn nötig, wird später die entnommene Gewebeprobe für den Versand an das pathologische Institut fertiggemacht.
Abschließend werden die gebrauchten Materialien entsorgt, die verwendeten Instrumente zur Sterilisation aufbereitet und die Vorräte an Verbrauchsmaterialien wieder aufgefüllt.

Betreuung. Es ist wichtig, den Patienten mit seinen Fragen, Befürchtungen und Ängsten wahrzunehmen. Sachkompetent, verständnisvoll und gelassen werden ihm patientengerecht die medizinischen Abläufe beschrieben und erklärt. Während und nach dem Eingriff darf der bewusstseinsklare Patient gelobt werden. Man darf ihm Mut zusprechen und eventuell seine Hand halten. Manchmal hilft auch ein humorvolles ablenkendes Wort, denn Lachen entspannt.

Nach angemessener Nachbeobachtungszeit wird der Patient wach und orientiert entlassen. Zuvor wird er darauf aufmerksam gemacht, wie er sich in der nächsten Zeit zu verhalten habe. Das betrifft folgende Punkte:

- Wie er mit der Wunde umgeht, z. B. ob Duschen möglich ist.
- Wann der nächste Verbandwechsel und/oder die Nachuntersuchung stattfinden.
- Verhaltensweise, wenn besondere Symptome wie Unwohlsein, Schmerzen, Fieber usw. auftreten.

Zur Wiederholung

1. Die verschiedenen Aufgaben und Funktionen der Haut lassen sich mithilfe einfacher Versuche nachweisen. Diese sollen Sie nun entsprechend der folgenden Anleitung durchführen.
   Notieren Sie zu jedem Versuch ihre Beobachtung und eine passende Erklärung dafür.
   Sie benötigen:
   - 1 durchsichtige Plastiktüte
   - 1 Gummiband
   - 2 Streifen Klebeband
   - 1 Lupe
   - 2 Stück Alu-Folie
   - 1 Tuch
   - 1 Stück Schleifpapier
   - Stift

   Versuch 1. Eine Schülerin steckt ihre Hand für ca. 5 min in eine Plastiktüte. Diese wird am Handgelenk mit einem Gummiband möglichst luftdicht verschlossen.

   Versuch 2. Legen Sie ein Stück Alufolie mit der blanken Seite auf die (Make-up-freie) Stirn und streichen Sie mit dem Finger fest darüber. Nehmen Sie nun den Streifen wieder ab und vergleichen Sie ihn mit einem zweiten unbenutzten Streifen.

   Versuch 3. Kleben Sie einen Streifen Tesafilm dicht an den Haaransatz an der (Make-up-freien) Schläfe und einen weiteren an die Innenseite des Unterarmes. Drücken Sie die Streifen etwas an und ziehen Sie sie anschließend wieder ab. Untersuchen Sie die Streifen nun mit der Lupe.

   Versuch 4. Einer Mitschülerin werden die Augen verbunden. Berühren Sie deren Haut mit der rauen und der glatten Seite des Schleifpapiers an folgenden Stellen: Stirn, Lippe, Hals, Handrücken, Fingerspitze. Notieren Sie, ob die Versuchsperson „rau" und „glatt" an den jeweiligen Körperstellen richtig gespürt hat.

   Versuch 5. Halten Sie Ihre Hand gegen das Licht, sodass Sie auf dem Handrücken die feinen Härchen sehen können. Streichen Sie nun mit einem Stift so über den Handrücken, dass Sie die Härchen berühren, nicht aber die Haut. Was spüren Sie?

2. Beschreiben Sie Hautkrankheiten (einschließlich Ursachen und Symptomen) mit
   - vesikulärem Exanthem,
   - nodulärem Exanthem,
   - Erythema (migrans).

3. „Die Haut vergisst nichts", sagt man auch im Zusammenhang mit der Tatsache, dass eine Zunahme von Hautkrebs beobachtet wird. Stellen Sie eine Tabelle der verschiedenen Hautkrebsarten zusammen und berücksichtigen Sie dabei deren Häufigkeit, Vorkommen und Prognose.

4. Ein junger Erwachsener hat Verbrennungen am linken Arm und dem oberen Schulterbereich. Besteht Lebensgefahr? Begründen Sie Ihre Aussage.

5. Erläutern Sie die verschiedenen Therapieformen zur Behandlung von Hauterkrankungen.

6. Warum werden Patienten nach Operationen großzügig mit Schmerzmitteln versorgt?

7. Legen Sie bei Ihrer Kollegin Verbände für die folgenden Indikationen an:
   - bei einem Venenleiden,
   - bei einer genähten Wunde im Bereich des Handgelenks,
   - bei einer stark blutenden Wunde am Unterarm,
   - bei einer Bänderzerrung im Knie.

8. Ordnen Sie den Indikationen die passenden Maßnahmen zu:
   - Wunde im Gesicht ( )
   - Sehnenscheidenentzündung ( )
   - Bänderriss im Schulter-Eckgelenk ( )
   - Nagelbettvereiterung ( )
   - Chronisches Unterschenkelgeschwür ( )

   a) Gilchrist-Verband
   b) Oberst-Leitungsanästhesie
   c) Hydrokolloid-Verband
   d) Infiltrationsanästhesie
   e) Gipsverband

Zur Vertiefung

1. Ein 40-jähriger Patient ist bei der Gartenarbeit gefallen und hat sich mit der Hacke am Unterschenkel verletzt. Er kommt nun in die Praxis. Beschreiben Sie schrittweise das notwendige Vorgehen, bis der Patient die Praxis gut versorgt verlässt.
2. Bilden Sie zwei Gruppen und diskutieren Sie das Für und Wider der Vollnarkose und der Regionalanästhesie am Beispiel eines Kaiserschnitts. Jede Gruppe soll die Position einer Narkoseart vertreten.
3. Beschaffen Sie sich Informationen über moderne Wundauflagen von mindestens drei unterschiedlichen Herstellern. Vergleichen Sie die Wundauflagen, indem Sie sich Vergleichskriterien überlegen und eine Tabelle anlegen.
4. Führen Sie im Rollenspiel ein Gespräch zwischen Medizinischer Fachangestellten und Patientin vor einer Gewebeprobeentnahme durch: Die Patientin hat Angst und will wissen, was auf sie zukommt. – Was dürfen Sie der Patientin sagen, was muss ihr der Arzt sagen?

Lernsituationen

1. **Lernsituation**
   Der 47-jährige Langzeitarbeitslose Walter Uhn wird von einem Mitarbeiter der Wärmestube in die Praxis begleitet, weil er von dem Hund eines obdachlosen Mannes in den Oberschenkel gebissen wurde.
   Bei der Untersuchung des Beines wird neben der Bisswunde eine schmierig belegte chronische Wunde im Unterschenkelbereich festgestellt, die behandlungsbedürftig ist. Außerdem sehen einige seiner Fingernägel auffällig krümelig aus. Da der Mann aufgeregt und ängstlich ist, werden Sie gebeten ihm die wichtigsten Schritte der Behandlung zu erläutern.
   - Beschreiben Sie, wie die Bisswunde versorgt wird und begründen Sie Ihre Aussagen.
   - Erläutern Sie den optimalen Verlauf einer Wundheilung.
   - Schildern Sie mögliche Ursachen für das Entstehen einer chronischen Wunde.
   - Unterscheiden Sie arteriell und venös bedingte Geschwüre im Unterschenkelbereich.
   - Beschreiben Sie die Behandlung einer chronischen Wunde.
   - Nennen Sie Punkte, auf die Sie bei einem Verbandswechsel achten.
   - Die Fingernägelveränderungen können durch eine Pilzinfektion oder Psoriasis hervorgerufen werden. Erläutern Sie die beiden Krankheitsbilder.
2. **Lernsituation**
   Eine ältere Patientin (72 Jahre) kommt seit vielen Jahren zu Ihnen. Bei ihren Praxisbesuchen klagt sie Ihnen immer wieder ihr Leid. Sie leidet seit Jahren an Schmerzen, fühlt sich mit den Schmerzen alleingelassen und meint, dass man sie für überempfindlich halte. Sie fragt, wie man ihr helfen kömne.
   - Erstellen Sie eine Liste zu verschiedenen Formen der Schmerztherapie.
   - Unterscheiden Sie akuten und chronischen Schmerz bezüglich Ursachen, Verlauf und soziale Auswirkungen.
   - Den Schmerz ausschließlich als Sinneswahrnehmung zu verstehen, reicht nicht aus. Welche weiteren Faktoren / Umstände müssen Sie noch in Ihre Überlegungen mit einbeziehen?
   - Welche Zeichen nonverbaler Reaktionen können Sie erkennen, wenn ein Mensch Schmerz erleidet?
   - Welche Grundregeln beachten Sie im Umgang mit Schmerzkranken?

Lernfeld 11
Patienten bei der Prävention begleiten

1 Prävention und Prophylaxe 466

- Primäre Prävention
- Sekundäre Prävention
- Tertiäre Prävention

2 Früherkennungsuntersuchungen 468

- Früherkennung im Kindesalter
- Früherkennung bei Erwachsenen

3 Gesundheitsvorsorge 470

- Bewegung und Ernährung
- Psychohygiene
- Abhängigkeit und Sucht
- Arbeitsschutzmaßnahmen

4 Rehabiliation 473

1 Prävention und Prophylaxe

Die Begriffe **Prävention und Prophylaxe** werden häufig synonym gebraucht, meinen aber nicht exakt das Gleiche.
Prävention ist die Stabilisierung der Gesundheit durch vorbeugende Maßnahmen wie gesunde Ernährung. Prophylaxe zielt auf die Verhinderung einer Krankheit, z. B. Kariesprophylaxe durch regelmäßige Besuche beim Zahnarzt mit Zahnsteinentfernung oder antibiotische Prophylaxe bei chirurgischen Eingriffen als Einmalgabe, um eine Infektion zu verhindern.
Man unterscheidet nach der Deutschen Gesellschaft für Nährstoffmedizin und Prävention (DGNP) e. V.:

Prävention

- **Primärprävention** – Erhalt der Gesundheit bzw. Vorbeugung von Erkrankungen
  - **Zeitpunkt:** vor Eintritt einer Schädigung, Krankheit oder eines regelwidrigen Verhaltens
  - **Zielgruppe:** gesunde Menschen
- **Sekundärprävention** – Früherkennung bzw. Verhinderung der Verschlimmerung einer Erkrankung
  - **Ziel:** Schädigung, Krankheit oder regelwidriges Verhalten frühzeitig erkennen, Verschlimmerung einer Erkrankung vermeiden
  - **Zielgruppe:** Menschen, die aktiv dazu beitragen möchten, wieder gesund zu werden
- **Tertiärprävention** – Verhinderung der Verschlimmerung oder des Eintritts von Komplikationen bei einer bereits manifesten Erkrankung
  - **Ziel:** bei manifesten Erkrankungen eines chronisch erkrankten Patienten eine nachfolgende Schädigung und regelwidriges Verhalten frühzeitig erkennen, Komplikationen, Folgeerkrankungen und eine Verschlimmerung vermeiden
  - **Zielgruppe:** chronisch kranke Patienten, die aktiv dazu beitragen möchten, wieder gesund zu werden oder ihren Gesundheitszustand zu halten

1.1 Definitionen

Primärprävention bedeutet die Vermeidung gesundheitsschädlichen Verhaltens und umfasst alle Maßnahmen, die der Gesundheitsförderung dienen. Sie ist immer die beste und auf Dauer auch kostengünstigste Methode Krankheiten zu verhindern. Es wird jedoch ein hohes Maß an Eigenverantwortung des Menschen vorausgesetzt, denn in diesem Moment ist meist keinerlei Gefahr für die Gesundheit zu erkennen. Zur Primärprävention gehören Impfungen genauso wie die Aufklärung über Suchtmittelkonsum und förderliche Ernährung. So könnte man durch richtige Ernährung Übergewicht vermeiden und damit eine wichtige Prävention des Diabetes mellitus Typ 2 erreichen. Auch im Beruf lässt sich durch die Verwendung von Schutzmaßnahmen wie z. B. Gehörschutz bei Lärmarbeitsplätzen die Gefahr von Berufskrankheiten minimieren.

Sekundärprävention setzt bei der Früherkennung von Folgen schädlichen Verhaltens an, damit Schlimmeres verhindert werden kann. Hat ein Patient z. B. einen Diabetes entwickelt, muss er optimal behandelt und aufgeklärt werden (z. B. über richtige Fußpflege), sodass möglichst keine Folgeerkrankungen entstehen. Krebsfrüherkennungsuntersuchungen wie beispielsweise der Zervixabstrich zur Entdeckung des Gebärmutterhalskrebses, das Hautkrebs- und Brustkrebsscreening gehören ebenfalls zur Sekundärprävention. Es zählen auch die Notfallimpfungen (passive Immunisierung) nach vermuteter Infektion mit Hepatitis B oder Tetanus dazu.

Tertiärprävention. Damit möchte man erreichen, dass nach einer Krankheit und ihrer Therapie die Rückkehr in ein normales Leben möglich ist. Rehabilitationsmaßnahmen ebenso wie Hilfen im Alltag gehören zur Tertiärprävention.

Bei chronischen Erkrankungen wie dem Diabetes zählt zur Tertiärprävention z. B. eine richtige Schuhversorgung bei diabetischem Fußsyndrom.

Diese Ziele verfolgen auch Disease-Management-Programme (DMP). DMP gibt es derzeit für gesetzlich versicherte Patienten mit folgenden chronischen Erkrankungen:

- Asthma bronchiale
- Brustkrebs
- chronisch obstruktive Lungenkrankheit (COPD)
- Diabetes mellitus Typ 1 und Typ 2
- Koronare Herzkrankheit (KHK)

Die Umsetzungen der DMP für Osteoporose, chronische Herzinsuffizienz, Depression und chronischen Rückenschmerz stehen noch aus. Ein wichtiges Ziel dieser Tertiärprävention ist die Vermeidung von Krankenhausaufenthalten durch optimale Führung des Patienten.

Disease-Management-Programme (DMP): systematisches Behandlungsprogramm für chronisch kranke Menschen (von engl. disease = Krankheit)

COPD ▸ S. 302

1.2 Die Rolle des (Haus-)Arztes bei der Prävention

Wie kann man erreichen, dass Patienten sich gesundheitsbewusst verhalten?

Man muss sich zunächst überlegen, welche Gründe es geben könnte, damit ein Patient überhaupt Interesse hat, etwas in seiner Lebensführung zu ändern. Beispiel Rauchen: Jeder Mensch weiß, dass es schädlich und dazu noch teuer ist, doch fällt den meisten die Entscheidung und vor allem das Durchhalten beim Rauchausstieg enorm schwer.

Es gilt nun, das Thema anzusprechen und den Patienten aufzufordern über sein Verhalten nachzudenken. Ein Anlass könnte ein Bronchialinfekt sein, der sich hartnäckig entwickelt hat. Falls der Patient dann einen „Ausstiegsversuch" machen möchte, kommt es darauf an, ihn bei der Planung der ersten Schritte zu unterstützen, z. B. durch Hilfen gegen die Entzugserscheinungen. Hat sich der Patient zum Ausstieg entschlossen, so kann man Unterstützung in Form von z. B. Selbsthilfegruppen anbieten und Tipps zur Vermeidung typischer Versuchungssituationen geben.

Hilfreich sind auch Broschüren und Wettbewerbe der Bundeszentrale für gesundheitliche Aufklärung (BzgA) (beispielsweise „Rauchfrei"). Hat der Patient es geschafft mit dem Rauchen aufzuhören, sollte man ihn in diesem Verhalten bestärken und „Rückfälle" keinesfalls dramatisieren.

Ein solcher Veränderungsprozess ist dynamisch; es gibt Fort- und Rückschritte auf dem Weg zu einer dauerhaften Verhaltensänderung.

Ein anderes Konzept, das vor allem im Rahmen der DMP eingesetzt wird, ist das 5-A-Konzept. Es soll die Compliance der Patienten verbessern. Viele Patienten halten sich nicht an die Empfehlungen des Arztes, sowohl was ihr Verhalten betrifft als auch die regelmäßige Medikamenteneinnahme. Beispiel: Ein 50-jähriger übergewichtiger Typ-2-Diabetiker kommt alle 3 Monate zum Labortest und Gespräch in die Praxis. Der HbA_{1c} liegt bei 10,5. Er ist mit einem Langzeitinsulin und Metformin eingestellt. Er ist berufstätig, isst tagsüber wenig, aber abends umso mehr. Das Bild 1 auf Seite 468 zeigt dazu einen möglichen Gesprächsverlauf mit dem Ziel, einen persönlichen Handlungsplan gemeinsam mit dem Patienten zu erstellen.

www.bzgA.de

5 A:
assess = erheben
advice = beraten
agree = einigen
assist = unterstützen
arrange = vereinbaren

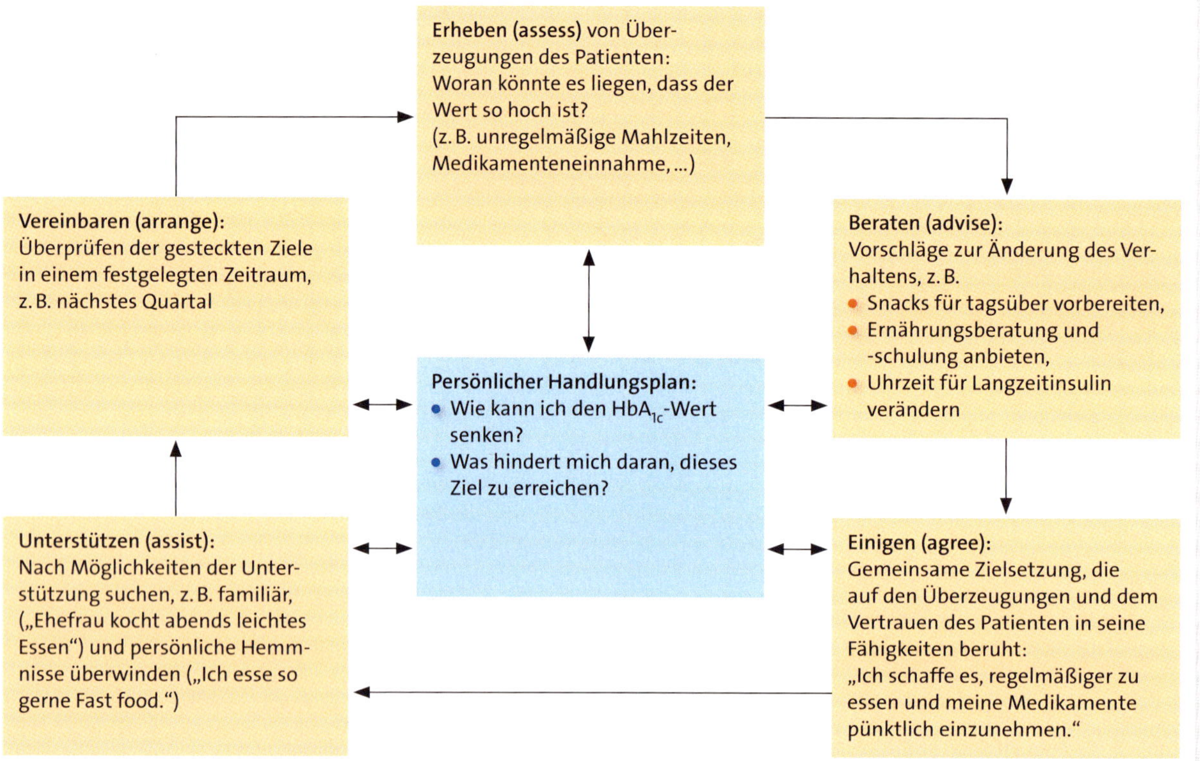

Bild 1 Das 5-A-Konzept.

2 Früherkennungsuntersuchungen

2.1 Früherkennung im Kindesalter: U1–U9

Früherkennungsuntersuchungen werden bei Säuglingen und Kleinkindern von den gesetzlichen Krankenkassen übernommen. Aufgrund von Fällen von Kindesmisshandlung haben einige Bundesländer diese Vorsorgeuntersuchung verpflichtend eingeführt.

Die erste Untersuchung U1 findet unmittelbar nach der Geburt statt; hierbei wird das Kind auf äußere Missbildungen untersucht sowie die Vitalfunktionen mit dem Apgar-Test überprüft.

Apgar-Test ▸ S. 380

Screening: systematisches Testverfahren

Die U2 (Neugeborenenscreening) am 3.–5. (max. 10.) Lebenstag erfolgt meist noch im Krankenhaus. Aus einem Tropfen Fersenblut werden Untersuchungen auf angeborene Stoffwechselstörungen und Hormonerkrankungen durchgeführt, um eine solche Erkrankung baldmöglichst festzustellen und einer Therapie zuzuführen. Am bekanntesten ist die PKU (Phenylketonurie).

Phenylketonurie ▸ S. 419

Auch eine Schilddrüsenunterfunktion, die ebenfalls unverzüglich behandelt werden müsste, kann so rechtzeitig entdeckt werden.

Weiterhin findet ein Screening auf Hörstörungen statt sowie, falls die Eltern zustimmen, ein Bluttest auf Mukoviszidose (cystische Fibrose).

Bei den Untersuchungen U3 bis U9 wird in regelmäßigen Abständen geprüft, ob sich das Kind körperlich, seelisch und in seinem Sozialverhalten normal entwickelt, d. h. es findet eine vollständige körperliche Untersuchung statt, später verbunden mit einem Seh- und Hörtest sowie Tests , die die Sprachfähigkeit und motorische Entwicklung überprüfen. Die Rachitis- und Kariesprophylaxe mit Vitamin D und Fluorid wird ebenfalls mit den Eltern besprochen.

Bei diesen Untersuchungen werden auch die im Impfkalender vorgesehenen Impfungen durchgeführt.

Leider nehmen mit zunehmendem Alter der Kinder immer weniger Eltern diese Vorsorgeuntersuchungen in Anspruch und vergeben sich dadurch die Chance, auftretende Entwicklungsverzögerungen zu erkennen und sofort zu behandeln. So werden heute immer noch Kinder bei der Einschulungsuntersuchung mit Gesundheitsstörungen entdeckt, die viel früher hätten erkannt werden können. Da z.B. der Spracherwerb mit dem 4. Lebensjahr weitgehend abgeschlossen ist, sind spätere Korrekturen schwer durchzuführen, das gleiche gilt für Sehstörungen. Beispiel: Wenn ein schielender Säugling rechtzeitig behandelt wird, kann er eine normale Sehfähigkeit entwickeln, wird dies jedoch versäumt, so kann dies bis zum Sehverlust des schielenden Auges führen.

J1. Zwischen dem 13. und 15. Lebensjahr können Jugendliche an einer weiteren Untersuchung teilnehmen. Dabei haben sie auch die Möglichkeit, den Arzt zu aktuellen Themen wie Pubertät und Sexualität zu befragen. Bei Mädchen und Jungen kann eine Impfung gegen Warzenviren (HPV) durchgeführt werden, die für Gebärmutterhalskrebs bei Frauen und Peniskarzinome bei Männern verantwortlich sind. Bestehende Impflücken werden geschlossen.

Manche Kassen bieten im 16–17. Lebensjahr eine ergänzende J2 Untersuchung an.

Bild 2 Das Untersuchungsheft für Kinder.

Schielfehlsichtigkeit ▸ S. 313

2.2 Früherkennung bei Erwachsenen

Der Check-up 35 wurde 2019 zum Check-up 18. Zwischen 18 und 35 Jahren kann einmalig eine Gesundheitsuntersuchung in Anspruch genommen werden, ab 35 Jahren alle 3 Jahre. Diese umfasst eine Blutentnahme (Blutzucker, vollständiges Lipidprofil: Gesamtcholesterin, LDL-, HDL-Cholesterin, Triglyceride), eine Urinuntersuchung (Teststreifenmethode) und eine Ganzkörperuntersuchung. Weiterhin werden wichtige Krebsfrüherkennungsuntersuchungen angeboten (Tabelle 1, S. 470).

Außerdem kann einmalig ein Test auf Hepatitis B und Hepatitis C erfolgen. Die Risikoanalyse und Beratung wurden ausgedehnt. Der Impfstatus wird erhoben und Nachimpfungen möglichst durchgeführt.

Im Rahmen von individuellen Gesundheitsleistungen (IGel) werden in vielen Praxen noch weitere Untersuchungen angeboten, die der Patient selbst zahlen muss, wenn er sie in Anspruch nehmen möchte.

Für Schwangere gibt es die Mutterschaftsvorsorgeuntersuchungen (MuVo).

Impfkalender ▸ S. 97 f.

IGel = **i**ndividuelle **Ge**sundheits**l**eistung

Mutterschaftsvorsorgeuntersuchung ▸ S. 375 ff.

Frauen	Anspruchsalter	Rhythmus	Erläuterungen
Gebärmutterhalskrebs	• ab 20 Jahre bis 65 Jahre	• alle 5 Jahre	• Einladung zur Gebärmutterhalskrebs-Früherkennung
	• ab 20 Jahre	• jährlich	• Untersuchung der äußeren und inneren Geschlechtsorgane
	• ab 20 bis 34 Jahre	• jährlich	• zusätzlich Abstrich vom Gebärmutterhals (Pap-Test)
	• ab 35 Jahre	• alle 3 Jahre	• zusätzlich ein HPV-Test
Brustkrebs	• ab 30 Jahre	• jährlich	• Tastuntersuchung
	• ab 50 bis 69 Jahren	• alle 2 Jahre	• Mammographie-Screening
Männer	**Anspruchsalter**	**Rhythmus**	**Erläuterungen**
Prostata und Genitale	ab 45 Jahre	• jährlich	Tastuntersuchung
Aortenaneurysma	• ab 65 Jahre	• einmalig	• Ultraschalluntersuchung des Bauches
Frauen und Männer	**Anspruchsalter**	**Rhythmus**	**Erläuterungen**
Hautkrebs	• ab 35 Jahre	• alle 2 Jahre	
Darmkrebs	• Frauen und Männer ab 50 Jahre	• im Alter von 50, 55, 60 und 65 Jahre	Einladung zum Darmkrebs-Screening (inklusive eines einmaligen Anspruchs auf ein ärztliches Beratungsgespräch):
	• Frauen von 50 bis 54 Jahren	• jährlich, wenn sie sich gegen eine Darmspiegelung entschieden haben	• iFoB-Stuhltest (Untersuchung auf verborgenes Blut im Stuhl)
	• Männer von 50 bis 54 Jahren	• jährlich, wenn sie sich gegen eine Darmspiegelung entschieden haben	• iFoB-Stuhltest (Untersuchung auf verborgenes Blut im Stuhl)
	• Frauen und Männer ab 55 Jahre	• alle 2 Jahre, wenn sie sich gegen eine Darmspiegelung entschieden haben	• iFoB-Stuhltest (Untersuchung auf verborgenes Blut im Stuhl)
	• Frauen ab 55 Jahre und Männer ab 50 Jahre	• bei unauffälligem Befund, einmalige Wiederholung nach 10 Jahren empfohlen	• Früherkennungs-Darmspiegelung (Koloskopie)

Tabelle 1 Krebsfrüherkennungsuntersuchungen. Quelle: Gemeinsamer Bundesausschuss (gekürzt).

3 Gesundheitsvorsorge

Durch das Beachten folgender Einflussfaktoren und Regeln wird die Gesundheit gefördert:

- Hygiene,
- Bewegung,
- Ernährung,
- Psychohygiene,
- Verzicht auf Suchtmittel.

Bewegung. Bewegungsmangel fördert die Entstehung von Übergewicht und verringert die Knochenmasse. Typische Zivilisationskrankheiten wie Diabetes Typ 2 und Arteriosklerose sind eng an den Risikofaktor Übergewicht gebunden. Der Entstehung der Osteoporose kann in jungen Jahren entgegengewirkt werden, wenn man ausreichend für Bewegung sorgt und auf eine calciumreiche Ernährung achtet.

Ernährung. Die Energieträger in unserer Nahrung sind Kohlenhydrate (KH), Eiweiß und Fett. Fett enthält am meisten Energie: 1 g Fett erzeugt 37 kJ, Eiweiß und KH jeweils nur 17 kJ. Wir essen meist zu fett und eiweißreich und damit „überkalorisch". Der empfohlene Fettverzehr liegt bei 30 % der Gesamtenergiezufuhr. Auch der Eiweißkonsum ist vor allem durch den Verzehr von Wurst und Fleisch zu hoch: er sollte 10–15 % der Gesamtenergiezufuhr betragen. Der größte Anteil der Gesamtenergiezufuhr – 50–60 % der Gesamtenergiezufuhr – sollte über Kohlenhydrate aufgenommen werden.

Bei einzelnen Bevölkerungsgruppen wie Altenheimbewohnern und Schreibtischarbeitern besteht häufig eine Minderversorgung mit Vitamin D, das für viele Stoffwechselprozesse wichtig ist. Hier sollte bei nachgewiesenem Mangel eine Substitution erfolgen.

Psychohygiene. Jeder Mensch ist im Privatleben oder im Beruf zeitweise enormem Stress ausgesetzt. Die Arbeit unter Zeitdruck und mit schwierigen Mitmenschen, vor allem in einer Arztpraxis, kann zur körperlichen und seelischen Erschöpfung führen. Es ist daher wichtig einen Ausgleich zu finden, um wieder auftanken zu können. Dazu gehören z. B. das Betreiben eines Ausgleichssportes, das gesellige Beisammensein mit anderen, ein Hobby und ein Freundes- und Familienkreis, der durch Zuneigung und Verständnis dem „Ausbrennen" (burn-out) entgegenwirken kann.

Abhängigkeit und Sucht beschreiben das Gleiche, nämlich einen Zustand der periodischen und chronischen Vergiftung durch Suchtmittel. Zu den Kennzeichen der Abhängigkeit gehören

- übermäßiges Verlangen nach dem Suchtmittel,
- die Tendenz zur Dosissteigerung,
- körperliche und seelische Abhängigkeit vom Suchtmittel,
- weiterer Konsum trotz körperlicher und sozialer Folgen sowie
- Entzugserscheinungen nach Absetzen des Mittels.

Viele Menschen neigen dazu, im Stress zum Glas oder zur Zigarette zu greifen, um sich zu entspannen und positive Gefühle zu erzeugen. Dabei sollte aber nicht vergessen werden, dass alle Suchtmittel zu Veränderungen im Hirnstoffwechsel führen und daher abhängig machen können.

Beispiel Nikotinabhängigkeit. Viele Raucher behaupten von sich, sie könnten jederzeit aufhören und seien nicht abhängig vom Nikotin. Der Fagerström-Test für Zigarettenabhängigkeit (Fagerström Test for Cigarette Dependence) kann bei dieser Meinung zu „Aha-Erlebnissen" führen. 20 % der erwachsenen Frauen und 27 % der Männer rauchen. Je früher mit dem Rauchen begonnen wird, umso größer ist das Risiko, abhängig zu werden. Bei Jugendlichen beeinflusst Rauchen die Gehirnentwicklung und ihr Belohnungssystem im Gehirn reagiert empfindlich auf Nikotin. Daher kann schon die erste Zigarette zur Abhängigkeit führen. Da der positive Effekt im Laufe der Zeit immer kürzer anhält (Toleranzentwicklung), entsteht das Verlangen nach der nächsten Zigarette immer früher.

Psychohygiene: Erhaltung der seelischen Gesundheit

Fagerström-Test

Wann nach dem Aufstehen rauchen Sie Ihre erste Zigarette?

- nach 5 Minuten (3 Punkte)
- nach 6–30 Minuten (2 Punkte)
- nach 31–60 Minuten (1 Punkt)
- nach mehr als 60 Minuten (0 Punkte)

Finden Sie es schwierig, an Orten, wo das Rauchen verboten ist, das Rauchen zu unterlassen?
- ja (1 Punkt)
- nein (0 Punkte)

Auf welche Zigarette würden Sie nicht verzichten wollen?
- die erste am Morgen (1 Punkt)
- andere (0 Punkte)

Wie viele Zigaretten rauchen Sie im Allgemeinen pro Tag?
- 31 und mehr (3 Punkte)
- 21–30 (2 Punkte)
- 11–20 (1 Punkt)
- bis 10 (0 Punkte)

Rauchen Sie am Morgen im Allgemeinen mehr als am Rest des Tages?
- ja (1 Punkt)
- nein (0 Punkte)

Kommt es vor, dass Sie rauchen, wenn Sie krank sind und tagsüber im Bett bleiben müssen?
- ja (1 Punkt)
- nein (0 Punkte)

Auswertung des Fagerström-Tests

Die Gesamtpunktzahl liefert eine zuverlässige Einschätzung der Stärke der Tabakabhängigkeit.
- 0–2 Punkte sprechen für eine geringe körperliche Abhängigkeit.
- 3–4 Punkte sprechen für eine mittlere körperliche Abhängigkeit.
- 5–6 Punkte sprechen für eine starke körperliche Abhängigkeit.
- 7–10 Punkte sprechen für eine sehr starke Abhängigkeit.

DHS: **D**eutsche **H**auptstelle gegen **S**uchtgefahren – www.dhs.de

Beispiel Alkoholabhängigkeit. Alkohol ist das am häufigsten gebrauchte Suchtmittel. Der Einstieg erfolgt meist über mehrere Stufen: Alkohol ist die bei uns am meisten gesellschaftlich akzeptierte Droge, sodass die meisten Menschen Alkohol in einem bestimmten Alter ausprobieren, häufig auch im familiären Umfeld. Bei regelmäßigem Genuss kann aus dem „Genussmittel" ein Stoff werden, der gewohnheitsmäßig – in geselliger Runde, zum Essen – getrunken wird. Damit ist das Stadium der Gewöhnung erreicht. Die DHS empfiehlt daher mindestens 2 alkoholfreie Tage pro Woche einzulegen. Aus der Gewöhnung kann sich auch in bestimmten Situationen ein Missbrauch entwickeln, d.h. Alkohol wird nicht mehr zum Genuss getrunken, sondern um bestimmte Effekte zu erreichen, z.B. Ärger auf der Arbeit „herunterzuspülen". Ab hier ist der Schritt in die Sucht nicht mehr weit entfernt.

Beispiel Medikamentenmissbrauch. Werden Medikamente nicht bestimmungsgemäß zum Lindern von Beschwerden eingesetzt, sind sie ebenfalls ein Suchtmittel. Dazu gehören vor allem Beruhigungsmittel wie die Benzodiazepine, die daher nur kurzfristig in besonderen Situationen verschrieben werden sollten. Aber auch bei Essstörungen werden z.B. wassertreibende Mittel oder Abführmittel missbräuchlich verwendet, um Gewicht zu verlieren. Seit einiger Zeit werden zunehmend sogenannte Neuroenhancer verwendet. Dies sind Medikamente, die die geistige Leistungsfähigkeit steigern, sodass die Anwender länger arbeiten können und weniger Schlaf brauchen. Dies geschieht jedoch um den Preis von körperlichen und seelischen Nebenwirkungen.

Tabak und Alkohol sind die vorherrschenden Suchtmittel in Deutschland, dann erst folgen Medikamente und illegale Drogen (Bild 3).

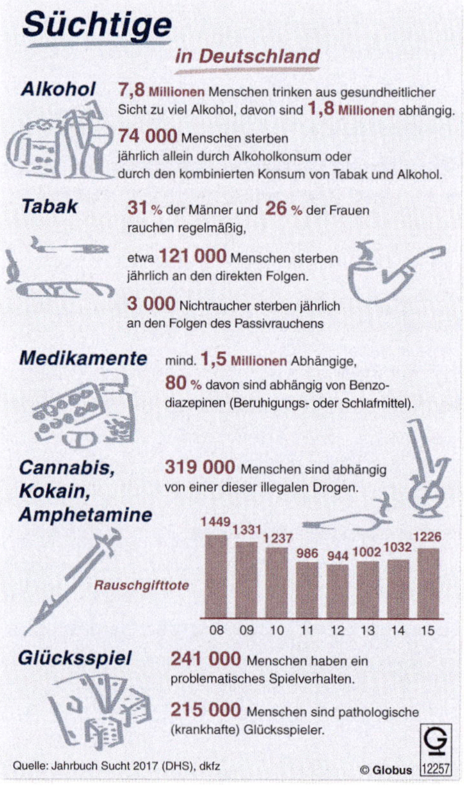

Bild 3 Suchtmittel und ihre Folgen.

Geschätzte 1,8 Millionen Deutsche sind Alkoholiker, bei 7,8 Millionen liegt Alkoholmissbrauch vor, d. h., sie trinken drei oder mehr Flaschen Bier am Tag. Jeder kennt die Folgen:

- Zahlreiche Unfälle und Gewalttaten passieren unter Alkoholeinfluss,
- die Persönlichkeit des Abhängigen verfällt,
- die Abhängigen werden früh invalide,
- die Sucht hat psychische und soziale Folgen für die Familien, besonders für die Kinder.

Die Therapie der Abhängigkeit erfolgt in drei Phasen (Tabelle 2). Am besten ist es, wenn der Abhängige freiwillig an der Therapie teilnimmt. Oft muss Druck ausgeübt werden, z. B. durch drohende Kündigung. Wichtig ist Konsequenz bei den Behandelnden, denn die Patienten versprechen vieles, was sie nicht halten können.

Bei den nicht stoffgebundenen Süchten spielen die Essstörungen die wichtigste Rolle: sowohl das „zuviel" (binge eating disorder, BED) als auch das „zu wenig" (Magersucht bzw. Bulimie) sind risikoreich und häufig lebensgefährlich.

Eine Suchterkrankung ist immer eine chronische Krankheit mit großer Rückfallgefahr. Das macht die Therapie so schwierig. Häufig ist nach einer stationären Phase eine lebenslange ambulante Betreuung, z. B. auch durch Selbsthilfegruppen, notwendig. Auch für Angehörige, die sich häufig in einer Co-Abhängigkeit befinden und lange versuchen das Familiensystem nach außen aufrecht zu erhalten, ist eine Unterstützung wichtig.

BED = **b**inge **e**ating **d**isorder von engl. bing = schlingen und disorder = Störung (Fressattacken)

Magersucht ▸ S. 55

Bulimie ▸ S. 55

AA = **Anonyme Alkoholiker:** Selbsthilfegruppe trockener Alkoholiker

Entgiftung	Entwöhnung	Nachsorge und Rehabilitation
mehrere Wochen	halbes Jahr	langfristig
Stationäre Entgiftungskur, Entzugserscheinungen werden medikamentös behandelt.	Medizinische und psychotherapeutische Behandlung unter Einbeziehung der Familie.	Stabilisierung und Wiedereingliederung in Familie und Arbeitsleben, Unterstützung durch Selbsthilfegruppen.

Tabelle 2 Therapie der Abhängigkeit.

4 Rehabilitation

Rehabilitation umfasst alle Maßnahmen, die darauf abzielen, einen Menschen nach seiner Krankheit wieder in sein berufliches und soziales Leben zurückzuführen. Dazu gehört auch die Eingliederung von Menschen mit geistigen oder körperlichen Behinderungen.

Man unterscheidet

- medizinische Rehabilitation (z. B. Bereitstellung von Hilfsmitteln und Krankengymnastik),
- berufliche Rehabilitation (z. B. Eingliederungshilfen, Umschulung) und
- soziale Rehabilitation.

Träger. Die Kosten der Reha-Maßnahmen tragen im Wesentlichen die Unfallversicherung der BG bei berufsbedingten Erkrankungen, die Rentenversicherung oder die Krankenkassen.

Ablauf. Der Arzt stellt die Notwendigkeit einer Reha-Maßnahme fest. Der (gesetzlich versicherte) Patient stellt einen entsprechenden Antrag an die Krankenkasse, die diesen prüft. Ist die Erwerbsfähigkeit infrage gestellt, geht der Antrag an die Rentenversicherung, bei Arbeitsunfällen an die Berufsgenossenschaft.

Beispiel: Frau Müller ist 80 Jahre alt und lebt selbstständig in ihrer Wohnung. Nach einem Oberschenkelhalsbruch mit anschließender operativer Versorgung kommt sie in eine Reha-Einrichtung zur weiteren Mobilisation. Nach drei Wochen wird sie entlassen. Sie benötigt nur noch eine Gehhilfe, um sich wieder selbstständig versorgen zu können. Die Krankenkasse übernimmt in diesem Fall sowohl die Kosten für die Reha-Maßnahme als auch für die Gehhilfe.

Zur Wiederholung

1. Erläutern Sie die Begriffe Primär-, Sekundär- und Tertiärprävention.
2. Welche Untersuchungen werden bei Kindern durchgeführt?
3. Welche – auch verschreibungspflichtigen – Medikamente werden häufig als Suchtmittel missbraucht?
4. Informieren Sie sich über die Arbeitsschutzmaßnahmen in einer Arztpraxis. Stellen Sie diese übersichtlich zusammen.
5. Wer ist der Kostenträger bei einer Rehabilitationsmaßnahme und wie läuft die Antragstellung ab?

Zur Vertiefung

1. Welches Recallsystem verwenden Sie in Ihrer Praxis? Erreichen Sie damit die gewünschten hohen Durchimpfungsraten oder gibt es Verbesserungsbedarf?
2. Wie motivieren Sie Patienten, an DM-Programmen teilzunehmen?
   Falls Sie in Ihrer Praxis diese Patienten schulen: Worauf achten Sie?

Lernsituationen

1. **Lernsituation**
   Ein 50-jähriger Mann, von Beruf Monteur, kommt häufig wegen verschiedener Infektionen und braucht dann eine AU-Bescheinigung. Zu Vorsorgeterminen erscheint er nicht. Jedes Mal fällt Ihnen auf, dass er nach Alkohol riecht. Bei einer Blutentnahme ergeben sich folgende Werte:
   - Hb 12,5 mg/dl, MCV 100 fl, γ-GT 158 U/l
     Worauf weisen diese Blutwerte hin?
   - Nach einem Autounfall, den er selbst verschuldet hat, kommt die Ehefrau ganz aufgelöst in die Praxis und berichtet, dass er seine Arbeitsstelle verlieren werde, weil er so häufig fehle.
     Wie können Sie weiterhelfen? Wo gibt es Hilfen in Ihrer Nähe für Suchtkranke und deren Angehörige?
   - Üben Sie zu zweit ein Gespräch zwischen dem Patienten bzw. seiner Ehefrau und der MFA. Erläutern Sie dabei den Begriff der Co-Abhängigkeit.

   Der Patient verspricht, keinen Alkohol mehr zu trinken. Auf der Arbeit bekommt er daraufhin noch eine Bewährungsfrist.
   - Wie ist dieses Versprechen einzuschätzen?
   - Welche Hilfen könnte man anbieten?

2. **Lernsituation**
   Frau Kaja, 36 Jahre alt, BMI von 29, also übergewichtig, und Raucherin mit 15 Zigaretten / Tag, von Beruf Krankenschwester, kommt in die Hausarztpraxis, weil sie seit einiger Zeit ein Ekzem an beiden Händen hat. Sie wird mit dem Verdacht auf ein berufsbedingtes Ekzem an den Dermatologen überwiesen. Da Frau Kaja schon einige Jahre nicht mehr beim Arzt war, ist es Ihre Aufgabe, Frau Kaja die Möglichkeiten der Prävention anzubieten:
   1. Welche Früherkennungsuntersuchungen sind bei Frau Kaja vorzusehen?
   2. Für welche Untersuchungen wird sie zum Facharzt überwiesen?
   3. Wie könnte ein motivierendes Gespräch nach dem 5-A-Konzept (siehe Seite 467 f.) zum Rauchverzicht aussehen?

   Der Dermatologe stellt fest, dass das Ekzem bei Frau Kaya durch das Händedesinfektionsmittel verursacht wird.
   1. Welche Möglichkeiten gibt es, dass Frau Kaya in ihrem Beruf weiterarbeiten kann?
   2. Falls dies nicht möglich sein sollte, welche Optionen bleiben dann für Frau Kaya und wer übernimmt die Kosten?

Vorsatzzeichen für Einheiten

T	Tera	10^{12}	1 000 000 000 000		Billion
G	Giga	10^{9}	1 000 000 000		Milliarde
M	Mega	10^{6}	1 000 000		Million
k	kilo	10^{3}	1 000		Tausend
d	dezi	10^{-1}		0,1	Zehntel
c	centi	10^{-2}		0,01	Hundertstel
m	milli	10^{-3}		0,001	Tausendstel
µ	mikro	10^{-6}		0,000 001	Millionstel
n	nano	10^{-9}		0,000 000 001	Milliardstel
p	piko	10^{-12}		0,000 000 000 001	Billionstel
f	femto	10^{-15}		0,000 000 000 000 001	Billiardstel

Im Buch benutzte Einheiten

g	Gramm	Einheit für die Masse eines Stoffes
l	Liter	Volumeneinheit
m^3	Kubikmeter	Volumeneinheit
mmHg	mm Quecksilbersäule	alte Einheit für Druck (wird nur noch verwendet für Drücke in Körperflüssigkeiten, z. B. Blut)
mol	Mol	Einheit für die Stoffmenge (gibt an, wie viele genau definierte Teilchen ein Stoff enthält; ein Mol eines Stoffes enthält ca. 602 Trilliarden Teilchen dieses Stoffes)
Pa	Pascal	Einheit für Druck (der Druck, den eine Kraft von einem Newton auf eine Fläche von einem Quadratmeter ausübt)
U	unit	engl. für „Einheit“

Normwerte / Normbereiche bei Blutuntersuchungen

Blutgasanalyse		
pH-Wert	7,36–7,44	
Sauerstoffpartialdruck (pO_2)	75–98 mmHg 10 – 13 kPa	
Sauerstoffsättigung	95 %–97 %	
Kohlenstoffpartialdruck (pCO_2)	Frauen	32–45 mmHg 4,27–6,00 kPa
	Männer	35–48 mmHg 4,67–6,40 kPa
CK (Creatinkinase)	Frauen	weniger als 170 U/l
	Männer	weniger als 190 U/l
CrP (C-reaktives Protein)	< 5 mg/l (je nach Verfahren und Hersteller unterschiedliche Werte)	
D-Dimer	weniger als 500 µg/l (je nach Verfahren und Hersteller unterschiedliche Werte)	
Differenzialblutbild (mikroskopisch)	Stabkernige neutrophile Granulozyten	3–5 %
	Segmentkernige neutrophile Granulozyten	50–70 %
	Basophile Granulozyten	0–1 %
	Eosinophile Granulozyten	2–4 %
	Monozyten	3–8 %
	Lymphozyten	20–40 %
Erythrozytenkonzentration	Frauen	4,1–5,1/pl 4,1 Mio./µl – 5,1 Mio./µl 4,1 T/l – 5,1 T/l
	Männer	4,5–5,9/pl 4,5 Mio.–5,9 Mio./µl 4,5 T–5,9 T/l
Glucose (nüchtern, je nach Methode)	60 – 99 mg/dl 3,5 – 5,5 mmol/l	
Cholesterin, gesamt	< 200 mg/dl < 5,2 mmol/l	

Anmerkung: Alle Normwerte auf dieser und den folgenden Seiten basieren auf der Internetausgabe von „Labor & Diagnose 2020" von Prof. Dr. med. Lothar Thomas; www.labor-und-diagnose-2020.de

Normwerte / Normbereiche bei Blutuntersuchungen

oGTT (oraler Glucose-toleranztest)	Erwachsene und Kinder (2-h-Wert im Plasma)	bis 140 mg/dl bis 7,8 mmol/l
	Schwangere während SSW 24–28 (Werte im Plasma)	Nüchternglucose < 92 mg/dl < 5,1 mmol/l 1-h-Wert < 180 mg/dl < 10,0 mmol/l 2-h-Wert < 153 mg/dl < 8,5 mmol/l
Hämatokrit	Frauen	0,36–0,48 l/l 36 %–48 %
	Männer	0,40–0,53 l/l 40 %–53 %
Hämoglobin	Frauen	12,0–16,0 g/dl 120–160 g/l 7,45–9,93 mmol/l
	Männer	14,0–18,0/dl 140–180 g/l 8,69–11,17 mmol/l
HbA_{1c} (kein Diabetes)	4 %–6 % 20–42 mmol/mol Hb	
HbA_{1c} (therapeutisches Ziel bei Diabetes)	7 % 53 mmol/mol Hb	
HDL-Cholesterin	> 40 mg/dl > 1,04 mmol/l	
LDL-Cholesterin	< 130 mg/d < 3,34 mmol/l	
Leukozytenkonzentration	Erwachsene	4–10/nl 4000–10 000/µl 4 G–10 G/l
	Kinder (je nach Lebensalter)	4–15/nl 4000–15 000/µl 4 G–15 G/l
MCH	27–34 pg/Erythrozyt 1,67–2,11 fmol/Erythrozyt	
MCHC	32–36 g/dl 19,87–22,35 mmol/l	
MCV	80–96 fl 80–96 μm^3	
Thrombozytenkonzentration	140–400/nl 140 000–400 000/µl 140–400 G/l	
Triglyceride	< 150 mg/dl 1,7 mmol/l	
Troponin POCT (Point of Care Testing)	negativ	

Normwerte / Normbereiche bei Harnuntersuchungen

Makroskopische Harnuntersuchung	
Farbe	gelblich
Geruch	unauffällig
Menge	1,5–2,5 l/24 Std.
Trübung	keine
Chemische Harnuntersuchung	
Bilirubin	negativ
Dichte	1012–1030 g/l
Eiweiß	negativ
Erythrozyten	negativ
Glucose	negativ
Hämoglobin	negativ
Ketone	negativ
Leukozyten	weniger als 10/µl
Nitrit	negativ
pH-Wert	5–7
Urobilinogen	Spuren
Immunologische Harnuntersuchung	
Mikroalbumin	weniger als 20 mg/l
Mikroskopische Harnuntersuchung	
Plattenepithelien	vereinzelt
Leukozyten	0–5/Blickfeld bei 400-facher Vergrößerung
Erythrozyten	0–1/Blickfeld bei 400-facher Vergrößerung

Sonstige Untersuchungen

Stuhluntersuchung	
auf Blut	negativ
Rachenabstrich	
Streptokokken A	negativ
Vaginalabstrich	
Streptokokken B	negativ

Sachwortverzeichnis

3-Wege-Katheter 348
5 A 467
5-A-Konzept 467
5 am Tag 394
5 Indikationen der Händedesinfektion 106
5-R-Regel 202
5 W Notruf 231
10 Regeln der DGE 394
24-Stunden-Sammelurin 350

A

AB0-System 255
A-B-C 232
ABCDE-Kennzeichen 442
Abfallbeseitigung 113
Abfälle 114
Abfallschlüsselnummer 113 f.
Abhängigkeit 471
abhören 23
abklopfen 23
Ableitung EKG 280
Abort 379
Abrasio 368
Abstands-Quadrat-Gesetz 183
Abstrich 85, 133
Abszesse 368
Abtastung 23
Abwehr 268
Abwehrmechanismen 50
Abwehrsystem 268
Abwehrvorgang 268
Achillessehne 156
Achtergang 208
ACTH 356
Adaptation 36
Adenohypophyse 356
Adenom 141
Adenosintriphosphat 122
ADH 356
Adhärenz 219
Adhäsion 219
ADHS 219
Adipositas 416
Adipozyten 127
Adiuretin 356
Adnexitis 368
Adrenalin 292, 359, 456
AED 234
aerob 78
Aerosol 197, 215
affektive Störung 54
Agglutination 256
aggressiver Patient 61
Agonist 148
Agranulozytose 259
AIDS 93, 272
Akkomodation 311
Akne vulgaris 440
Akren 456
Aktin 130
aktive Immunisierung 95
Akupunktur 224
Akustikusneurinom 321
akute Bronchitis 301
akute Erkrankung 134
akute Gastritis 404
akute Hepatitis 410
akute Pankreatitis 411
akutes Abdomen 242
akutes Lungenödem 249
akutes Nierenversagen 346
akutes rheumatisches Fieber 165
Albumin 254
Albuminausscheidung 354
Aldosteron 360
Alkohol 409, 425
Alkoholabhängigkeit 472
Alkoholleberzirrhose 410
Allergie 274, 442
allergische Reaktion 272
allergische Rhinitis 272
allergischer Schnupfen 272
allergisches Asthma bronchiale 273
allergisches Kontaktekzem 273
Alltagshilfen 165
Alter 47
alternative Arzneimittel 221
Altersschwerhörigkeit 320
Altersweitsichtigkeit 313
Alveolen 298
Alzheimer-Erkrankung 53
AMD 314
AMG 214
Aminosäure 389
Amnesie 244
Amnion 373, 377
Amniozentese 377
Amylase 397
anaerob 78
Analfissur 408
Analgetika 221
Anal-Phase 42
Anämie 257
Anamnese 22, 24
anankastisch 58
Anaphase 122
anaphylaktischer Schock 239, 274
Anästhesie 454
Anatomie 21
Aneurysma 287
Anfall 244
angeborene Störungen 136
Angina 297
Angina pectoris 240, 278
Angiographie 179
Angiopathie 426
ängstlicher Patient 60
Angststörung 55
Anhangsgebilde der Haut 433
ankleiden 66
Ankylose 159
Anorexia nervosa 55
Antacida 220
Antagonist 148
Antiallergika 220
Antiarrhythmika 220
Antiasthmatika 220
Antibiogramm 354
Antibiotika 78, 221
Antidepressivum 219
Antidiabetika 220
antidiuretisches Hormon 356
Antiemetika 220
Antigen-Antikörper-Komplex 269
Antigene 95, 269
Antigen-Schnelltest 88
Antihistamin 273
Antihypertonika 220
Antihypotonika 220
Antikoagulanzien 220
Antikoagulation 265
Antikörper 83, 95, 269
Antikörpersuchtest 376
Antimykotika 221
Antiphlogistika 221
Antirheumatika 221
Antitussiva 220
Anurie 346, 351
ANV 346
anziehen 66
Anziehermuskeln 157
Apfel-Typ 416
Apgar-Test 380, 468
Apoplexie 329
Apoptose 118
apothekenpflichtige Arzneimittel 214
Appendektomie 407
Appendizitis 407
Applikationsarten 216
Approbation 14
aqua dest. 349
Äquivalentdosis 182
Arbeitsflächen 105
Arbeitskleidung 102
Arbeitsplatz 13
Arbeitsschutz 25, 100, 113
Arbeitssicherheitsgesetz 27
Arbeitsstättenverordnung 27
Arbeitszeitgesetz 25
ARDS 88
Armbeuger 154
Aromatherapie 223
Arrhythmie 279
Arterie 284
arterielle Embolie 287
arterielle Verschlüsse 287
Arterienpumpe 285
Arteriole 284
Arteriosklerose 286, 287
Arthritis 165
Arthrographie 179
Arthrose 163
Arthroskopie 159
Arzneimittel 212
Arzneimittelabgabe 213
Arzneimittelgruppen 219
Arzneimittel-Interaktionen 212
Arzneimittelkennzeichnung 214
Arzt 14
Arztassistent 15
Ärztekammer 15
Arztpraxis 18
AS 113, 114
Ascorbinsäure 391
aseptisch 459
aseptischer Verbandswechsel 459
aseptische Wunde 460
ASH 409
Aspiration 246
Assistenz 13
Assistenzberufe 17
Asthmaanfall 303
Asthma bronchiale 248, 302
Aszites 369
Atemgeräusch 306
Atemgymnastik 303
Atemluft 299
Atemmuskulatur 152
Atemnot 247, 300
Atemwege 296

Atemwege freimachen 231
Atemwegsinfekte 300
Atemwegsorgane 295
Atherom 460
Athlet 41
Atlas 151
Atmung 295
Atmung kontrollieren 231
Atmungs-Check 247
Atmungssystem 295
ATP 122
Atrophie 139
Ätzwunde 457
Aufbereitungsraum 110
Aufbereitung von Medizinprodukten 110
Augapfel 309
Auge 309
Augenhüllen 310
Augenmuskeln 310
Augenspiegel 315
Augenspülung 315
Augentropfen 312
Augenverätzung 315
Ausatmung 299
auskleiden 66
Auskultation 23
Ausschabung 368
Ausscheidungsmenge 351
äußere Atmung 295
äußere Verletzungen 236
Austreibungsperiode 380
ausziehen 66
Autoantikörper 164
Autoimmunerkrankungen 274
Autoklav 111
Autopsie 21
Autosomen 121
AV-Knoten 276
Axis 151
Axon 130

B

Bach-Blüten-Therapie 224
Bachelor 15
Bakterien 77
Bakterienformen 77
Bakterienspore 77
Bakterienzelle 77
Ballaststoffe 390
Ballondilatation 287
Ballonkatheter 283
Balneotherapie 197
Bänder 146
Bänderriss 159
Bandhaften 146
Bandscheibenvorfall 160
Bandscheibenvorwölbung 160
Barrieremethoden 370
Basaliom 441
Basalmembran 125
Basaltemperatur 370
basophile Granulozyten 252
Bauchatmung 299
Bauchfellentzündung 405
Bauchmuskulatur 152
Bauchspeichel 399
Bauchspeicheldrüse 401
BE 423
Becken 155, 361, 365
Beckengürtel 154
BED 473
Bedürfnishierarchie 42
Befruchtung 372, 373
Behandlungsräume 18
Behinderung 132
Beinhochlagerung 235
Beintieflagerung 235
Beinvenenthrombose 290
Belastungs-EKG 281
Belastungsinkontinenz 346
benigne 140
Berufe 17
berufsbedingte Infektionskrankheiten 93
Berufsgenossenschaft 25
Berufsordnung 15
Berufsqualifikation 12
Berufsverbände 14, 15
Beschneidung 363
Betäubung 454
Betäubungsmittel 214
Betrachtung 23
Betriebssicherheitsverordnung 28
Beuger 148
Bewegung 471
bewegungseingeschränkte Patienten 65
Bewegungsrichtungen 144
Bewusstseinsstörungen 243
BGA 307
B-Gedächtniszellen 269
Bilirubin 403
Bilirubin-Stoffwechsel 410
Binde 208
Bindegewebe 126, 127
Bindehautentzündung 312
Bindenverband 208
Binde- und Stützgewebe 124
Bioindikatoren 112
biologischer Tod 135
Biopsie 21
Biostoffverordnung 27
bipolar 54
Birnen-Typ 416
Bisswunde 457
BKS 260
Blasenentzündung 383
Blasenkarzinom 345
Blasenkatheter 348
Blasenpunktionsurin 350
Blasensprung 379
Blinddarm 396
Blindgangversuch 322
blue bloater 304
Blut 126, 251
Blutbild 259
Blutdruck 291
Blutdruck-Grenzwerte 293
Blutdruckmessung 291
Blutdrucknormwerte 292
Blutdruckselbstmessung 293
Blutentnahme 261
Blutentnahmefehler 265
Blutentnahmesysteme 261
Blutentnahmetablett 263
Bluterkrankheit 259
Blutfarbstoff 252
Blutfluss 266
Blutgasanalyse 307
Blutgefäße 284
Blutgerinnung 255
Blutgruppen 255
Bluthochdruck 288
Blutkreislauf 285
Blutleere 461
Blutplasma 251, 253
Blutplättchen 253
Blutsenkung 260
Blutsperre 461
Blutstillung 255
Bluttransfusion 256
Blutungen 236
Blutuntersuchung 412, 476
Blutvergiftung 138
Blutwäsche 347
Blutzellen 251
Blutzuckermessung 425
Blutzuckerregelkreis 420
Blutzuckerspiegel 420
Blutzuckerwerte 420
B-Lymphozyten 253, 269
BMG 16
BMI 416
BMI-Klassifikation 416
Body-Mass-Index 416
Bodyplethysmografie 307
Bolus 424
Borderline 57
Borreliose 330
bösartig 140
BOT 423
Bowie-Dick-Test 112
Bowman'sche Kapsel 343
Bradykardie 279
Brandwunde 457
breiter Rückenmuskel 154
Brennwert 388
Bronchialkarzinom 305
Bronchien 298
Bronchitis 301
Bronchospasmolytikum 248
Bronchus 298
Brust 367
Brustamputation 265
Brustatmung 299
Brustdrüsenentzündung 369
Brustenge 278
Brustkorb 151
Brustkrebs 369
Brustmuskulatur 152
Brustwandableitungen 281
Brustwirbel 151
BSE 81
BSG 260
BtMG 213
BtMVV 213
Bulimie 55
Bundesministerium für Gesundheit 16
Bundesurlaubsgesetz 25
Burn-out 36
Butterfly 448
Butterflykanüle 262
BWS 159
Bypass 287
BZ 420

C

C13-Atemtest 405
Ca 141
Calcium 392
Calciumalginat-Verband 459
Calciumregulation 359
Calor 136
Campylobacter 87
Candida-albicans-Infektion 383
Candidose 438
Cannabis 223
Carpaltunnelsyndrom 168
CCD 175
Cellulose. 390
Cervix-Ca 368
CGM 425
Chalazion 312

Charge 214
Checkliste Anamnese 22
Checkliste Blutdruckmessung 293
Checkliste Gipskontrolle 211
Checkliste Injektion 202
Checkliste kapilläre Blutentnahme 266
Checkliste Meeting 33
Checkliste Notfall 18
Checkliste Umgang mit gereizten Patienten 61
Checkliste Umgang mit Patienten 59
Checkliste venöse Blutentnahme 263
Checkliste Vorbereitung der Infusion 203
Checkliste Vorbereitung zur ambulanten Operation 461
Check-up 469
Chiropraktik 198
chirurgisch 23
chirurgische Assistenz 460
chirurgischer Eingriff 460
Chlamydieninfektion 383
Chlorid 392
Choleriker 40
Cholesterin 390, 417
Chondrozyten 128
Chorea minor 165
Chorionzottenbiopsie 378
Chromosom 120, 121, 136
chronische Bronchitis 301
chronische Erkrankung 61, 134
chronische Gastritis 404
chronische Hepatitis 410
chronische Niereninsuffizienz 346
chronische Pankreatitis 411
chronische Polyarthritis 164
chronische Pyelonephritis 345
chronischer Schmerz 447
chronisch kranker Patient 61
Citratblut 260
CJK 81
Clearance 350
Cochlea-Implantat 320
Colitis ulcerosa 407
Compliance 32, 219
Computertomographie 179
Conn-Syndrom 360
Contergan 373
COPD 302
Coping 49
Coronavirus Disease 88
COVID-19 88, 95
CPR 232
C-reaktives Protein 84, 138
Creme 215
Creutzfeldt-Jakob-Krankheit 81
CRP 84, 260
CSII 424
CT 179
CTG 379
CTS 168
Cushing-Syndrom 360

D

Damm 364
Dampfdurchdringungstest 112
Dampfsterilisator 111
Darmkarzinom 407
Darmverschluss 408
D-Arztpraxis 267
Datenschutz 34
Datenschutz-Grundverordnung 34
Dauergebiss 397
D-Dimer 290
Defibrillator 234
Degeneration 132, 139
degenerative Wirbelsäulenerkrankungen 159
Dekubitus: 76
Dellwarzen 438
Deltamuskel 154, 206
demente Patienten 64
Demenz 53, 64
Depression 54
Dermatophytenmykose 438
Desinfektion 104
Desinfektionsmittel 105
Desinfektionsmittelkonzentration 105
Desinfektionsmittel-Liste des VAH 105
Desoxyribonukleinsäure 121
DHS 472
DHS-System 75
Diabetes mellitus 420
diabetisches Fußsyndrom 426
Diagnose 22, 24
Diagnostik 84
diagnostisch-technische Berufe 17
Dialyse 347
Diaphragma 370
Diastole 276
Dickdarm 400
Dickdarmspiegelung 415
Differenzialblutbild 260
Diffusion 128
digitale Subtraktionsangiographie 179
Diphtherie 91
Disease-Management-Programme 427
dissozial 57
dissoziative Störung 55
Distorsion 158
Diuretika 220
Divertikulose 408
DMP 427, 467
DMP COPD 302
DNS 77, 121
Dopamin 332
Dopplerechokardiographie 172
Dopplersonographie 172, 295
Dornfortsatz 151
Dornwarzen 438
Dosieraerosol 198, 240, 308
Dosierung 218
Dosimeter 182
Down-Syndrom 136
Dragee 215
Dranginkontinenz 346
dreiköpfiger Oberarmmuskel 154
Dreimonatsspritze 371
Dreitagefieber 91
Drogen 223
Druckstellen 426
Druckverband 211
Drüsen 126
Drüsenepithel 126
DSA 179
DSGVO 34
DSO 135
DTP 91
Ductus deferens 361
Duftdrüsen 434
Dünndarm 399
Duodenoskopie 176
Duodenum 399
Durchfallerkrankungen 87
Dysplasie 139

E

Echokardiographie 283
EDTA 255
EEG 333
Effloreszenzen 435
EHEC 87
Eierstöcke 365
Eierstockkrebs 369
Eigelenk 147
Eileiter 365
Einatmung 299
Eingeweidebrüche 170
Eingeweidemuskulatur 129
Einheiten 475
Einmalhandschuhe 103
Einnistung 373
Einreibemethode 106
Einwirkungszeit 105
Eisenmangel 257
Eiter 252
eitrige Entzündung 137
Eiweiß 254, 389
EKG 280
Ekzem 435
elastischer Knorpel 128
Elektroden 194, 280
Elektroenzephalogramm 333
Elektrokardiogramm 280
Elektrolyte 254
elektromagnetische Wellen 191
elektronische Chips 177
Elektrophorese 254
Elektrotherapie 189
Ellbogengelenk 153
Embolie 142, 250, 287, 290
Embryo 373
Embryonalperiode 373
Empfang 18
Empfängnisverhütung 370
Emphysem 304
emulgieren 399
Emulsion 215
Enddarmspiegelung 415
Endokarditis 279
endokrine Drüsen 126
Endokrinologie 355
Endometriose 369
Endoprothese 163
Endoskop 173, 414
Endoskopie 173, 176, 414
Endosonographie 173
Energiebedarf 388
Energiedosis 182
enteral 216
Enteritis 406
Entgiftung 403
Entnahmestellen 266
Entsorgung 204
Entwicklung 43
Entwicklungsphasen 43
entzündliches Ödem 142
Entzündung 132, 136
Entzündungsprozess 260
Entzündungszeichen 136

Enzym 459
Enzyme 389
eosinophile Granulozyten 252
Epidemiologie 16
Epidermis 432
Epididymis 361
Epikutantest 274
Epilepsie 244, 331
epileptischer Anfall 244
Epiphyse 356
Epithelgewebe 124, 125
Epithelien 125
Epithelisierung 457
Epithelkörperchen 358
Epithelzellen 118
Epstein-Barr-Virus 92
Erbkrankheit 132
ERC 231
ERCP 176
Erektion 362
Erfrierung 444
Ergotherapie 224
Erhaltungsdosis 218
Ernährung 388, 471
Ernährungskreis 394
Ernährungsprotokoll 417
Eröffnungsperiode 379
Erregernachweis 86
Erregungsnachweis 84
Erstversorgung 458
Erwachsene 47
Erysipel 437
Erythem 435
Erythrozyten 252, 257
Erythrozytenzahl 259
Eustress 35
Exanthem 435
exokrine Drüsen 126
Exophthalmus 315
Expektoranzien 220
Exposition 302
Exsudation 457
Extrakt 223
Extrazellulärraum 123
Extremität 153
Extremitätenableitungen 280
Exzision 460
EZR 123

F

Fachinformation 214
Fachsprache 19
Faden 461
Fadenentfernung 461
Fadenpilze 74
Fagerström-Test 471
Fangopackung 188
Farbensehen 316
Farbtafel 316
Faserknorpel 128
Faszie 130
Fäulnis 135
Feedback 33
Fehlbildungen 136
Fehlgeburt 379
Fehlsichtigkeit 312
Fersensporn 170
Fetalperiode 374
Fett 390
Fettgewebe 127
Fettleber 409
Fettleibigkeit 416
Fettstoffwechselstörung 417
Fettverteilungstyp 417
Fettzellen 127
Fetus 374
feuchte Wärme 188
Feuermal 441
FGM 425
Fibrom 141
Fibromyalgie 167
Fibrose 306
Fieber 138
Fieberkrampf 245
Fieberverlauf 138
Filmdosimeter 183
Filtration 343
Filzläuse 383
Fingernägel 434
Fingerverband 209
Fistel 458
flache Knochen 145
Flächendesinfektion 108
Flashback 54
flexitarische Ernährung 395
Flügelkanüle 448
Fluor vaginalis 368
Flüssigkeitsbilanz 401
Follikel 433
Fontanelle 149
Fraktur 158
freiverkäufliche Arzneimittel 213
Fremdkörper in den Atemwegen 247
Frequenz 191
Fresszellen 269
Frontalebene 143
Frostbeulen 444
Fructose 395
Früherkennungsuntersuchung 468
Frühgeborene 375
Frühgeburt 379
Fruktoseintoleranz 407
FSH 356, 366
FSME 97, 330
Fuchsbandwurm 81
Functio laesa 137
funktionelle Störung 132
Funktionsprüfungen 23
Funktionsräume 18
Furunkel 437
Fußböden 104
Fußfehlbildung 169
Fußfehlstellung 169
Fußpflege 426
Fußpilz 438
Fuß-Reflexzonenmassage 199

G

Gallenblase 411
Gallensaft 399, 402
Gallensteine 411
Gallenwege 411
Galvanisation 191
Gangrän 139
Gas 215
Gastritis 404
Gastroenteritis 406
Gastroskopie 414
Gaumenmandeln 272, 297
Gebärmutter 364
Gebärmutterhalskrebs 368
Gebärmutterschleimhautkrebs 368
Gebärmuttersenkung 368
Gebiss 397
Gebrauchsinformation 214
Geburt 379
Geburtszange 380
Gefahrensymbole 28
Gefahrstoffe 28
Gefahrstoffverordnung 27
Gefäße 284
Gefäßreaktion 255
Gefäßtumor 441
Gehirn 325
Gehirnabschnitte 325
Gehirnschädel 149
Gel 215
Gelbsucht 98, 410
Gelenke 146
Gelenkentzündung 168
Gelenkhöhle 146
Gelenkkapsel 146
Gelenkknorpel 146
Gelenkspiegelung 159
Gelenksteife 159
Gemeinschaftspraxis 19
Gene 121
Generika 214
genetische Abweichungen 136
genetische Untersuchung 377
Gerinnungsdiagnostik 260
Gerinnungsfaktor 255
Gerinnungssystem 255, 259
Gerstenkorn 312
Geruchssinn 323
Geruchsstörung 323
Gesamtdosis 218
Gesäßmuskel 157
Geschlechtskrankheiten 382
Geschlechtsorgane 361
Geschmacksfelder 323
Geschmackssinn 323
Geschmacksstörung 323
Geschwulst 132
Geschwür 405
Gesichtsfelduntersuchung 316
Gesichtsschädel 149
Gesprächsführung 31
Gesprächspsychotherapie 59
Gestik 30
Gesundheitsvorsorge 471
Gesundheitswesen 16, 17
Gewebe 124
Gewebearten 124
Gewebeprobe 409
Gewebeverträglichkeitsantigen 256
Gewerbeordnung 27
GFR 351
Gicht 419
Gichtanfall 419
Gichttophi 419
Gilchristverband 209
Gipsverband 210
Glandula thyreoidea 357
Glasknochenkrankheit 162
Glasknorpel 128
Glaskörper 309
Glaukom 314
Glaukomanfall 314
Gleichgewichtssinn 318, 322
Gleichstrom 190
Gliazellen 130
Gliom 131
Globuli 215
glomeruläre Filtrationsrate 351
Glomerulonephritis 345
Glucose 353, 399
Glucosetoleranztest 421
Glukagon 402

Glutenunverträglichkeit 406
Glykogen 420
Golgi-Apparat 120
Gonorrhoe 382
GOT 412
GPT 412
Gramfärbung 77
Grand-mal-Anfall 331
Granulozyten 252
Grauer Star 313
Gray 182
grippeähnliche Erkrankungen 87
Grippevirus 80
großer Brustmuskel 154
Großhirn 325
Grüner Star 314
Grützbeutel 441
Gürtelrose 92, 98
gutartig 140
Gy 182

H

H2-Atemtest 406
Haar 433
Haarmykose 76
Haften 146
Hagelkorn 312
Haken 452
Halbseitenlähmung 329
Hallux valgus 169
Halsschlagader 174
Halsted-Klemme 450
Halswirbel 151
Hämatokrit 259
Hämaturie 345
Hammerzehe 169
Hämodialyse 347
Hämoglobin 252
Hämoglobinkonzentration 259
Hämolyse 261
Hämorrhagie 142
Hämorrhoiden 409
Händedesinfektion 106
Hände waschen 104
Handgelenk 153
Handschuhe 103, 108, 462
Harnblase 344
Harndrang 344
Harninkontinenz 346
Harnkristalle 352
Harnleiter 344
Harnorgane 342
harnpflichtige Substanzen 342
Harnröhre 344
Harnsäure 251, 342, 354
Harnsteinerkrankung 345
Harnstoff 251, 342
Harnsystem 342
Harnuntersuchung 350, 478
Harnvergiftung 346
Harnwege 344
Hausarzt 467
Haut 432
Hautdesinfektion 107
Hauterkrankung 436
Hautkrebs 441
Hautmal 442
Hautpflege 106
Hautpilz 436
Hb 252, 259
HbA1c 422
HDL 390
HDL-Cholesterin 390, 418
Hefepilze 74
Hegarstifte 453
Heilberufe 17
Heilmittel 224
Heilmittelverband 211
Heilpraktiker 17
Heilung 134
Heißluftsterilisation 110
Helferinnenberufe 17
Helicobacter pylori 405
Helix-Test 112
HELLP 379
HELLP-Syndrom 379
Hepar 402
Hepatitis 93, 410
Hepatitis A 94
Hepatitis B 94, 97, 98
Hepatitis C 94
Hepatitis D 94
Hepatitis E 94
Hepatitis G 94
Herdenschutz 99
Hernie 170
Herpes-simplex-Infektion 438
Herpes-simplex-Virus-Infektion 383
Herz 275
Herzaufbau 275
Herzbeutel 276
Herzfehler 279
Herzglykoside 220
Herzhälfte 275
Herzinfarkt 241, 278
Herzinsuffizienz 277
Herzklappen 276
Herzklappeninsuffizienz 279
Herzklappenstenose 279
Herz-Kreislaufstillstand 232
Herz-Lungen-Wiederbelebung 232
Herzmuskulatur 129
Herzrhythmusstörungen 279
Herzscheidewand 275
Herzschrittmacher 279
Herztöne 276
Herzwand 276
Hexenschuss 159
HF-Therapie 194
HiB 91, 96, 98
Hilfsmittel 224
Hilus 299
Hinterhirn 326
Hirnanhangdrüse 356
Hirnblutung 329
Hirndurchblutungsstörung 329
Hirnhäute 325
Hirnhautentzündung 98
Hirnnerven 327
Hirntod 135
Histamin 272
Histologie 133
HIV 93
HIV-Infektion 375
Hk 259
HLA 255
HLA-System 256
HLW 232
Hochfrequenz-Wärmetherapie 194
Hochstetter 205
Hoden 361
Hodenentzündung 362
Hodenhochstand 362
Hodenkrebs 363
Hodentorsion 362
Hohlfuß 169
Homöopathie 23, 221
Hordeolum 312
Hör-Gleichgewichtsnerv 318
Hormone 355
Hormonring 371
Hormonspirale 371
Hormonstörung 132
Hormonsystem 355
Hornhautkegel 313
Hörprüfungen 321
Hörvorgang 317
HPV 98, 383
HSV 383
Hüftbeine 155
Hüftgelenk 155
Hühnerauge 169
Humane Papilloma-Viren-Infektion 383
humanes Papilloma-Virus 98
Humanismus 42
humorale spezifische Abwehr 268
humorale unspezifische Abwehr 268
Hungerödem 142
Husten 300
Hustenreflex 327
HWI 345
HWS 159
HWS-Schleudertrauma 160
hydrogalvanische Bäder 191
Hydrogel-Verband 459
Hydrokolloid-Verband 459
Hydrotherapie 197
Hygiene 100
Hygieneplan 101
Hyperlipidämie 417
Hyperlipoproteinämie 417
Hyperparathyreoidismus 359
Hyperplasie 139
Hyperthyreose 358
Hypertonie 288, 294
Hypertrophie 139
hypertrophiertes Herz 139
Hyperurikämie 419
Hyperventilationssyndrom 306
Hypervitaminosen 391
Hypnotika 219
Hypoglykämie 246, 425
Hypoparathyreoidismus 359
Hypophyse 356
Hyposensibilisierung 273
Hypothyreose 357
Hypotonie 288

I

i. a. 205
i. c. 205
ICD-10 51
ICSH 356
ICT 424
iFOBT 413
IfSG 86
IgA 381
IgE 273
IGeL 469
IgG 84
IgM 84
Ikterus 410
Ileum 400
Ileus 408
i. m. 205
Immunglobulin G 84
Immunglobulin M 84

Immunisierung 95
Immunmangelkrankheiten 272
Immunsuppressiva 165, 220
Immunsystem 95, 268
Impfkalender 97
Impfpflicht 97
Impfschäden 99
Impfstatus 469
Impfstoffe 96
Impfungen 95
Impfungen für medizinisches Personal 97
Impingementsyndrom 168
Impotenz 362
Indikation 213
Indikationsimpfungen 97
Indikator 112
individuelle Gesundheitsleistung 469
Infarkt 142
Infektion 82
Infektionskrankheiten 82, 87
Infektionsschutz 100
Infektionsschutzgesetz 86, 100
Infertilität 372
Infiltrationsanästhesie 455
Influenza 98
Infrarottherapie 195
Infusion 201
Infusionssystem 203
Inhalationstherapie 197, 307
Injektion 201
Injektionsarten 204
Injektionsnarkose 454
Inkontinenz 346
Inkubationszeit 82
Inkubator 379
Innenohr 317, 319
Innenohrerkrankung 320
innere Atmung 296
INR 260
Insektenstich 438
Inspektion 23
Instrument 448
Instrumentendesinfektion 109
Insulin 423
Insulinmangel 421
Insulinpen 424
Insulinpumpe 425
Integumente 109
interdisziplinär 447
Interrollenkonflikt 48
Interstitium 123
interventionell 447
intraarteriell 205
intraartikulär 205
intrakutan 205
intramuskulär 205
Intrarollenkonflikt 48
intravenös 205
Intrazellulärraum 123
Intrinsic factor 398
Intubation 176, 234, 454
In-vitro-Fertilisation 372
Ione 189
ionisierende Strahlen 200
Iontophorese 192
irreversibel 104
irritables Kolon 408
IR-Therapie 195
Ischämie 329
isotonisch 123
IUP 370
i. v. 205
IVF 372
IZR 123

J

J1 469
J2 469
Jejunum 400
Jod 393
Johanniskraut 223
Jo-Jo-Effekt 417
Jugendarbeitsschutzgesetz 26
Jugendliche 46
Jugendzeit 46

K

Kaiserschnitt 380
Kalorienreduktion 417
Kalorienverbrauch 417
Kältetherapie 189
Kaltsterilisation 111
Kammerflattern 282
Kammerflimmern 282
Kammern 277
Kammerwasser 310
Kanüle 114, 204, 448
kapilläre Blutentnahme 266
Kapillaren 284
Kapillarnetz 298
Kapsel 215
Kapsid 79
Karbunkel 437
kardiogener Schock 239
Karies 404
Karzinom 141
kassenärztliche Vereinigung 15
Katheter 202, 348, 448
Katheterurin 350
Kaumuskulatur 150
kausal 23
KE 423
Kehlkopf 297
Keilbeinhöhle 296
Keloid 458
Kernspintomographie 181
Ketonkörper 421
Keuchhusten 91, 98
KHE 423
KHK 278
Kiefergelenk 149
Kieferhöhle 296
Killerzellen 253
Kilojoule 388
Kilokalorie 388
Kinder 45, 60
Kinderkrankheiten 90
Kinderlähmung 91, 98
Kindheit 45
Kitzler 364
Klappen 277
Klassifikation 51
Klemme 450
Klimakterium 47, 366
klinischer Tod 135
Klistier 415
Klitoris 364
Klumpfuß 169
Kneipptherapie 197
Knickfuß 169
Kniegelenk 155, 156
Knieverband 208
Knochen 144
Knochenarten 145
Knochenaufbau 144
Knochenbruch 144, 158
Knochendichtemessung 180
Knochenerkrankungen 161
Knochengewebe 118, 128
Knochenhaften 146
Knochenmetastasen 162
Knochenschwund 161
Knochenszintigramm 162
Knochenszintigraphie 180
Knochentumor 162
Knochenzusammensetzung 144
Knorpel 146
Knorpelgewebe 118, 128
Knorpelhaften 146
Koagulation 197
Kocher-Klemme 450
Kochsalz 393
kognitiv 43
Kohlendioxid. 252
Kohlenhydrate 389
Kokken 77
Kolik 411
Kolitis 406
kollagen 126
Kollagenose 166
Kollaps 288
Kolon 400
Koloskopie 415
Kolposkopie 176
Kommission für Krankenhaushygiene und Infektionsprävention 100
Kommunikation 29
Kommunikationsmodell 29
Komplementsystem 269
Kompression 233
Kompressionsverband 209, 211, 289
Kondensatorfeldmethode 194
Kondom 370
Konflikt 37
Konfliktentwicklung 37
Konfliktfähigkeit 39
Konfliktstrategien 38
Konflikttypen 37
Konjunktivitis 312
konservativ 23
Konstitution 41
Kontaktdermatitis 442
Kontaktekzem 273, 442
kontaminiert 82
Kontraindikation 213, 459
Kontraktur 159, 163
Kontrasteinlauf 178
Kontrastmittel 178
Kontrazeptiva 220
Kontusion 157
Kopflausbefall 439
Kopfschmerz 332
Korium 433
Kornährenverband 208
Kornealreflex 327
Kornzange 450
Koronarangiographie 283
Koronararterien 275
Koronararteriographie 179
koronare Herzkrankheit 278
Koronar-Stent 283
Koronartherapeutika 220
Körperachse 143
Körperebenen 143
Körperkreislauf 286
Körpertemperatur 24
Kortikoide 220, 274
Krallenzehe 169

Krampfader 289
Krampfanfall 244
Krankengymnastik 199
Krankenhauswesen 16
Krankenpflegeberufe 17
Krankheitsentstehung 134
Krankheitserleben 49
Krankheitserreger 74
Krankheitsursachen 133
Krankheitsverarbeitung 49
Krankheitsverlauf 134
Krätze 383, 438
Kreatinin 351
Krebsfrüherkennung 408
Krebsfrüherkennungs-
untersuchung 470
Kreislauf 284, 286
Kreislauferkrankungen 286
Kreislaufstillstand 232
Kreuzbein-Darmbein-
Gelenke 155
Kreuzprobe 256
KRINKO 100
kritische Medizin-
produkte 102
Kropf 358
Krummdarm 400
Kruppsyndrom 300
Kryptorchismus 362
Kübler-Ross 63
Kugelgelenk 147
Kündigungsschutzgesetz 25
künstliche Befruchtung 372
künstlicher
Darmausgang 408
kurativ 23
kurative Medizin 16
Kürette 449
kurze Knochen 145
Kurzsichtigkeit 313
Kurzwellentherapie 194
Kutis 432
Kutschersitz 303
KV 15
Kyphose 166

L

Labordiagnostik 24
Laboruntersuchung 376
Laborwert 412
Lagebezeichnung 21
Lagerung 66, 235
Laktase 406
Laktatazidose 423
Laktose 406
Laktoseintoleranz 406
Langerhans'sche 402
Langzeit-EKG 282
Langzeit-RR-Messung 293 f.
Laparoskopie 176
Laryngitis 300
Laryngoskopie 297
Laser 197
Lasertherapie 197
Laxanzien 220
LDL 390
LDL-Cholesterin 390, 418
Leber 402
Leberfleck 441
Leberzirrhose 410
Lederhaut 432, 433
Leerdarm 400
Leistenbruch 170
Leitungsanästhesie 455
Lendenwirbel 151
Leptosom 41
lernen 43
Leukämie 258
Leukopenie 258
Leukozyten 252, 258
Leukozytose 258
LH 356
Lichttherapie 195
Liderkrankung 312
Lingua 396
Linksherzinsuffizienz 277
Linse 310
Lipid 390
Lipom 141
Lipozyten 127
Lippenbremse 303
Löffel 449
Logopädie 224
lokal 216
Lokalanästhetika 221
Lokaltherapie 445
Long-COVID 89
Lösung 215
Lues 382
Luftröhre 298
Lumbago 159
Lumbalanästhesie 455
Lumbalpunktion 333
Lunge 299
Lungenbläschen 298
Lungenembolie 250, 290
Lungenentzündung 304
Lungenfibrose 306
Lungenkrebs 305
Lungenkreislauf 285
Lungenödem 249
Lupus erythematodes 166
Luxation 158
LWS 159
Lyme-Borreliose 438
lymphatisches System 271
Lymphe 271
Lymphgefäße 271
Lymphknoten 271
Lymphödem 142
Lymphom 259
Lymphozyten 253
Lysosomen 120

M

Madenwürmer 81
Magen 398
Magen-Darm-Passage 178
Magendrüsenzellen 398
Magenkarzinom 405
Magenschleimhaut 398
Magersucht 55
Magnesium 392
Magnetresonanz-
Tomographie 181
Makrophage 270
Makuladegeneration 314
Malaria 81
maligne 140
malignes Melanom 441
Maltase 399
Maltose 389
Mamma-Ca 369
Mammographie 178, 369
Manie 54
männliche Geschlechts-
organe 361
Manschettenmaße 293
Manteltablette 215
manuelle Therapie 198
Masern 90, 91, 98
Maskennarkose 454
Maslow 42
Massage 199
Mastdarm 401
Master 15
Mastitis 369
Mastopathie 369
Mastzellen 273
MCH 259
MCV 259
Mediator 39
Medikamenten-
missbrauch 472
Medizinprodukte 100
Medizinprodukte-
Betreiberverordnung 100
Medizinprodukterecht-
Durchführungsgesetz
(MPDG) 27, 100
Mehrfachimpfung 96
Meiose 121
Melancholiker 40
Melanom 441
Melatonin 356
meldepflichtige
Erkrankungen 86
Menarche 366
Meningiom 141
Meningitis 329
Meningokokken 98
Menopause 161, 366
Menstruation 366
metabolisch 416
metabolisches Syndrom 287
Metaphase 122
Metastasen 140, 162
MIC 411
Midlife-Crisis 47
Migräne 332
Mikroalbuminnachweis 354
Mikroangiopathie 379
mikrobiozide Stoffe 82
Mikroorganismen 268
Mikrovilli 125
Mikrowellentherapie 195
Miktion 344
Milbe 438
Milchgebiss 397
Milchzucker 389
Milz 271
Mimik 30
mimische Muskulatur 149
Mineralstoffe 392
Miosis 315
Missbildungen 136
Misshandlung 60
Mitochondrien 120
Mitose 122
Mittelhirn 326
Mittelohr 317
Mittelohrentzündung 319
Mittelstrahlurin 350
mittleres korpuskuläres
Hämoglobin 259
mittleres korpuskuläres
Volumen 259
mmHg 275, 291
MMR 91
Mobbing 36
Monovette 261
Monozyten 253
Morbus Addison 360
Morbus Bechterew 166
Morbus Crohn 407
Morbus Hodgkin 259
Morbus Parkinson 331
Morbus Perthes 162

Morbus Scheuermann 160
Morgenurin 350
MPBetreibV 100
MPDG 100
MRGN 78
mRNA-Impfstoff 90
MRSA 78
MRT 181, 331
MS 332
Mukoviszidose 136
Multiple Sklerose 332
Mumps 90, 92, 98
Mundhöhle 396
Mund-zu-Mund-Beatmung 233
Mund-zu-Nase-Beatmung 233
Muskel 148, 154
Muskelfasern 129
Muskelfaszie 130, 147
Muskelgewebe 118, 124, 129
Muskelpumpe 285
Muskelrelaxanzien 221
Muskelschwund 136
Muskelverletzung 158
Muskelzellen 118, 129
Muskelzittern 282
Muskulatur 147
Mutterkuchen 375
Muttermal 441
Mutterschaftsvorsorgeuntersuchung 375, 469
Mutterschutzgesetz 26
MuVo 469
Mydriasis 315
Mydriatika 221
Myelin 130
Mykose 75, 436
Myofibrillen 130
Myoglose 159
Myokarditis 279
Myom 141
Myosin 130
Myzel 74

N

Nabelbruch 170
Nabelschnur 375
Nachgeburtsperiode 380
Nadel 453
Nadelhalter 453
Nadelstichverletzung 267
Nagelmykose 76
Nagelpilz 76, 438
Nährstoffe 388
Nahrungsmittelinfektion 82
Nahtmaterial 453
Narkose 454
Narkosestadien 454
Narzisst 56
Nase 296
Nasenabstrich 88
Nasenbluten 237
Nasenhöhle 296
Nasennebenhöhlen 149, 296
NASH 409
Nativaufnahmen 178
Natrium 393
Nebenhoden 361
Nebennieren 359
Nebennierenmark 359
Nebenschilddrüsen 358
Nebenschilddrüsenüberfunktion 359
Nebenschilddrüsenunterfunktion 359
Nebenwirkungen 212
Nekrose 139
Nephron 344
Nerv 130
Nervengewebe 124, 130
Nervensystem 324
Nervenwasser 325
Nervenzellen 118
Nesselsucht 442
Netzhaut 311, 314
Netzhautablösung 314
Neugeborene 380
Neugeborenenscreening 468
Neuner-Regel 443
Neurinom 141
Neurodermitis 443
Neuronen 130
Neurose 54
Neurotransmitter 54
Neurozyten 130
neutrophile Granulozyten 252
Nickelallergie 442
Nidation 373
Nieren 342
Nierenfunktion 344
Niereninsuffizienz 346
Nierenkanälchen 343
Nierenkarzinom 345
Nierenkörperchen 343
Nierenrinde 343
Nierenschale 453
Nierentransplantation 347
Nierenwerte 351
Niesreflex 327
Nikotinabhängigkeit 471
Nissen 439
NMR 181
nonverbale Kommunikation 30
Noradrenalin 359
Normbereiche 476, 478
Normwerte 476, 478
Noroviren 87
Notfall 18, 230
Notfallkoffer 234
Notfallpatienten 230
Notruf 231
Nozizeptoren 445
NPP 160
Nüchternblutzucker 421
Nuklearmedizin 180
Nukleus 119
Null-Linie 282

O

Obduktion 21
obere Extremität 153
obere Luftwege 296
Oberflächenanästhesie 455
Oberflächenepithel 125
oberflächliche Venen 261
Oberhaut 432
Oberkörperhochlagerung 235
Oberschenkelmuskel 157
Obstipation 390
Obstruktion 301
obstruktives Schlafapnoesyndrom 301
Ödem 142, 249
offenes Bein 137
Off-Label-Use 214
oGTT 421, 422
Ohnmacht 243
Ohr 316
Ohrschmalzpfropf 318
Ohrspiegelung 321
okkultes Blut 413
Oligurie 346
Omikron-Variante 88
Operation 460
operativ 23
Ophthalmika 221
oraler Glucosetoleranztest 422
Organspende 347
Organspendeausweis 135
Orthopädie 157
orthostatische Synkope 289
OSAS 301
Osmose 123
Ösophagitis 404
Ösophagus 397
Ösophaguskarzinom 404
Ösophagusvarizen 404
Ösophagusvarizenblutung 237
Osteodensitometrie 180
Osteom 162
Osteomalazie 162
Osteopathie 198
Osteoporose 161
Osteosarkom 162
Osteozyt 128
Östrogen 365
OTC 214
OTC-Mittel 214
Otitis externa 318
Otitis media 319
Otologika 221
Otoskopie 321
Ovar 365
Ovarial-Ca 369
ovo-lakto-vegetarische Ernährung 395
Ovulation 365
Ovulationshemmer 366
Oxytozin 356

P

palliativ 23
Palpation 23
Panikstörung 55
Pankreas 401
Pankreatitis 411
PAP 133
Papillom 141
Papillom-Viren 438
Pap-Test 367
Parasiten 80, 81, 438
Parasympathikus 328
Parathormon 358
paravenös 202
Parenchym 124
parenteral 216
Parkinson 53, 331
Parodontitis 404
Parodontose 404
partielle Thromboplastinzeit 260
passive Immunisierung 96
Paste 215
Patellarsehnenreflex 326, 327
Pathologie 21, 131
Patient 60
pAVK 287
PCR-Test 84, 88
PDA 455
PE 133
Peak-Flow 307
Pearl-Index 370
PECH 158
Penis 362
Peniskarzinom 363
Pepsinogen 398

Periduralanästhesie 455
Perikarditis 279
Periode 366
periphere arterielle Verschlusskrankheit 287
peripheres Nervensystem 327
Peristaltik 344, 390
Peritonealdialyse 347
Perkussion 23
persönliche Hygiene 102
Persönlichkeit 40
Persönlichkeitsprofil 41
Persönlichkeitsstil 56
Persönlichkeitsstörung 56
Pertussis 91, 98
PET 181
Pfeiffer'sches Drüsenfieber 92
Pflastertest 274
Pfortader 286
Phagozyten 252
Phäochromozytom 360
Pharyngitis 300
Pharynx 397
Phenylketonurie 419, 468
Phimose 363
Phlebothrombose 290
Phlegmatiker 40
Physician Assistant 15
physikalische Therapie 186
Physiologie 21
Physiotherapie 199
Phytotherapie 222
Pigmentierung 435
Pille 371
Pilze 74
Pilzerkrankungen 75
Pilzprophylaxe 76
pink puffer 304
Pinzette 450
PKU 468
Placebo 221
Plasmakonzentration 218
Plasmazellen 269
Plattenepithel 125
Plattenepithelkarzinom 441
Plattfuß 169
Platzwunde 457
Plazenta 375
Pleura 299
Pneumokokken 98
Pneumonie 304
Pneumothorax 305
Poliomyelitis 91, 98
Pollen 272
Polyglobulie 258
Polyp 141
Polypen 297
Positionierung 66
Positronen-Emissions-Tomographie 181
Post-COVID 89
postthrombotisches Syndrom 290
posttraumatisch 54
posttraumatische Belastungsstörung 54
Potenz 363
Präeklampsie 378
pränatale Entwicklung 43
Prävention 22, 466
Praxis 18
Praxisformen 19
Praxisgemeinschaft 19
Praxisgestaltung 64
Praxishygiene 100
Praxisorganisation 18
Prellung 157
Prick-Test 274
Primäreffloreszenzen 435
primäre Hypertonie 288
primäre Wundheilung 456
Primärharn 343
Primärprävention 466
Prionen 81
PROCAM-Studie 418
Produktsicherheitsgesetz 28
Prolaps 160
Prophase 122
Prophylaxe 22
Propionibakterien 440
Prostataadenom 363
Prostatahyperplasie 363
Prostatakrebs 363
Prostatitis 363
Proteine 254, 389
Proteinimpfstoff 89
Proteinurie 345, 378
Protozoen 80
Protrusion 160
Prozessindikator 112
Prurigo 435
PSA-Test 363
Pseudokrupp 300
Psoriasis 440
PSR 327
Psychiatrie 51
psychische Störung 51
Psychoanalyse 59
Psychodynamik 40
psychodynamisch 41
Psychohygiene 471
Psychologe 15
Psychopathologie 51
Psychopharmaka 219, 221
Psychose 53
psychosexuelle Entwicklung 42
Psychotherapie 23, 59
PTBS 54
PTCA 179
Ptosis 315
PTT 260
Pubertät 46
Puls 290
Pulsmesspunkte 291
Pulsmessung 291
Pulsnormalwerte 290
Pulsqualitäten 291
Pulver 215
Punktat 85
Punktion 107, 206
Punktionsstellen 263
Pupillenreflex 327
Purin 419
Pyelonephritis 344
Pykniker 41
Pyodermien 436
PZN 214

Q

Quaddel 442
Querschnittssyndrom 330
Quetschung 157
Quetschwunde 457
Quick-Test 260

R

R.A. 164
Rachen 296, 397
Rachenabstrich 88
Rachenmandeln 272
Rachitis 162
Radgelenk 147
Raucherbein 287
RDG 109
Reanimation 232
recapping 114, 204
Rechtsherzinsuffizienz 277
Reflexe 326
Reflexe bei Neugeborenen 381
Reflexzonenmassage 199
Reflux 404
Regelimpfungen 97
Regeln, AHA-L 89
Regeneration 140
Regionalanästhesie 455
Rehabilitation 22, 473
reifen 43
Reifezeichen 381
Reinigung 104
Reinigungs- und Desinfektionsgeräte 109
Reinigungs- und Desinfektionsplan 101
Reiz 309
Reizkolon 408
Reizleitungssystem 276
Reizstrom 191
Reizstromtherapie 193
Rekonvaleszenz 83
Rektoskopie 176, 415
Rektum 401
Relaxation 187
Remission 440
renales Ödem 142
residente Flora 107
resistent 78
Resistenz 36
Resorption 399
Retardtablette 215
Retikulum 120
rezidiv 134
Rhagade 435
Rhesusfaktor 256
Rhesusunverträglichkeit 256
rheumatisch degenerative Erkrankung 163
rheumatische Erkrankungen 167
rheumatisch entzündliche Erkrankung 164
rheumatisches Fieber 165
Rheumatismus 164
rheumatoide Arthritis 164
Rheumatologie 157
Rhinitis 300
Ribosomen 120
Richtungsbezeichnungen 21, 143, 144
Riechfeld 323
Rigor 331
Rippe 151
Risswunde 457
RKI 100
RNS 79
Robert Koch-Institut 100
Röhrenknochen 145
Rolle 48
Rollstuhl 65
Rollvenen 265
Romberg-Stehversuch 322
Röntgen-Abdomen 178
Röntgen-Beckenübersicht 178
Röntgendiagnostik 175
Röntgendurchleuchtung 178
Röntgenfilm 177
Röntgenröhre 177

Röntgen-Thorax 177
Rotaviren 87, 98
rote Blutzellen 252
Röteln 90, 92, 98
Rotlicht 188
RR 292
RR-Messung 292
Rückenmark 326
Rückenmarksnerven 328
Rückenmuskulatur 153
Rückgewinnung 343
Rückresorption 343
Rucksackverband 210
Ruhe-EKG 280
Rumpfmuskulatur 152
Rumpfskelett 150
Rundrücken 166
Ruptur 159

S

Saccharose 389
Sachkundelehrgang 110
Sagittalebene 143
Salbe 215
Salmonellen 87
Salzsäure 398
Samenflüssigkeit 361
Samenleiter 361
Sanguiniker 40
Sanitation 104
SARS-CoV-2 88
Sattelgelenk 147
Saugglocke 380
Säuglingsphase 43
Säureschutzmantel 434
s.c. 205
Schädel 149
Schädelbasis 149
Schädel-Basis-Fraktur 330
Schädeldach 149
Schädel-Hirn-Traumen 330
Schädelknochen 149
Schädelmuskulatur 149
Schallwellen 171
Schambein 155
Schamlippen 364
Scharlach 90, 92
Scharniergelenk 147
Schaufensterkrankheit 287
SCHEF-Regel 262
Scheide 364
Scheidensenkung 368
Schellong-Test 289
Schenkelbruch 170
Schere 449
schielen 313
Schienbeinmuskel 157
Schilddrüse 357
Schilddrüsenregelkreis 357
Schilddrüsenszintigraphie 180
Schilddrüsenüberfunktion 358
Schilddrüsenunterfunktion 357
Schildkrötenverband 208
Schimmelpilz 75
Schizophrenie 53
Schlafapnoe 301
Schlaganfall 329
Schlauchverband 209
Schleim 398
Schleimbeutel 148
Schleimstrukturmethode 370
Schleudertrauma 160
Schließmuskel 401
Schlottergelenk. 164
schlucken 397
Schlüsselbein 153
Schlüssel-Schloss-Prinzip 269, 355, 420
Schmerz 445
Schmerzarten 446
Schmerzen 240
Schmerzentstehung 445
Schmerzerleben 446
Schmerzkrankheit 446
Schmerzleitung 445
Schmerztherapie 447
Schmerzverarbeitung 445
Schmierinfektion 82
Schnecke 317
Schneidermuskel 157
Schnittwunde 457
Schock 238, 274
Schockindex 238
Schocklage 235
Schraubenbakterien 77
Schrittmacher-Ausweis 280
Schulalter 45
Schultergelenk 153
Schultergürtel 153
Schuppenflechte 440
Schürfwunde 457
Schüssler-Salze 224
Schutzbarriere 268
Schutzkleidung 102
Schutzverband 211
Schwangerschaft 256, 373
Schwangerschaftsabbruch 372
Schwangerschaftsdiabetes 422, 424
Schwangerschaftserbrechen 378
Schwangerschaftstest 374
Schwangerschaftsvergiftung 378
Schwarzer Hautkrebs 441
Schweißdrüsen 434
Schwerbehindertenrecht 26
schwerhörige Patienten 67
Schwerhörigkeit 67, 318, 320
Schwindel 319
Screening 468
Seborrhoe 439
Sedativum 219
sehbehinderte Patienten 68
Sehbehinderung 68
Sehnen 146
Sehnenscheiden 148
Sehvorgang 311
Seifen 104
Seitendifferenzen des Blutdrucks 293
Sekretion 343
Sektion 21
Sekundäreffloreszenzen 435
sekundäre Hypertonie 288
sekundäre Pflanzenstoffe 392
sekundäre Wundheilung 456
Sekundärharn 343
Sekundärprävention 466
Selbsthilfegruppe 417
Selbsttötung 62
semikritische Medizinprodukte 102
Sepsis 138
septisch 459
Septumdefekte 279
Serum 254
Sesambein 148
Sharp 114
SHT 330
Shunt 265, 347
Sicherheitsdatenblatt 27
Sievert 182
SIH 378
Simultanimpfung 96
Single-Photon-Emissions-Computertomographie 181
Sinnesepithel 126
Sinnesphysiologie 309
Sinnessystem 309
Sinneszellen 311, 318
Sinusitis 300
Sirup 215
Skabies 438
Skabies-Infektion 383
Skalpell 449
Skelett 144
Skelettmuskulatur 129, 147
Skelettszintigrapie 180
Sklerenikterus 315
Sklerodermie 166
Skoliose 159
Skrotum 361
SLE 166
S-Monovette® 261
Sonde 453
Sondermüllabfälle 114
Sonographie 172, 414
Soor 438
soziale Kompetenz 32
Sozialisation 48
Sozialraum 18
Spacer 308
Spaltlampe 315
Spasmen 242
Spasmolytika 220
Spatel 452
SPECT 181
Speicheldrüse 397
Speicheldrüsen 397
Speicherfett 127
Speiseröhre 397
Spekulum 452
Sperma 361
Spermienbildung 361
Spermium 361
spezifische Abwehr 270
Spina bifida 377
Spinalanästhesie 455
Spinaliom 441
Spinalkanalstenose 160
Spinalnerven 326, 328
Spirale 370
Spirometrie 306
Spitzfuß 169
Spontanurin 350
Spore 77
Spracherwerb 45
Sprachstörung 329
Sprechzimmer 18
Spreizfuß 169
Spritze 204
Spritzstellen 425
Sprosspilze 74
Sprühdesinfektion 108
Spulenfeldmethode 194
Spurenelemente 393
Sputum 85, 95
Stäbchen 77
Stabdosimeter 183
stabile Seitenlage 231
Stabsichtigkeit 313
Stahldraht 453
Stammzellen 123
Ständige Impfkommission 99

Staphylokokken 77
Stärke 389
Status asthmatikus 248
Stauungsödem 142
STD 382
Stechhilfe 267
Stenose 279, 283
Stent 283
sterbenskranker Patient 63
sterile Handschuhe 462
Sterilisation 109, 371
Sterilisationsfreigabe 113
Sterilisationskontrolle 112
Steroidhormon 360
STH 356
ST-Hebung 282
Stichtest 274
Stichwunde 457
STIKO 99
Stimmbänder 297
Stirnhöhle 296
Stoffaustausch 123
Stofftransport 123
Stoffwechsel 122
Stoffwechselerkrankung 416
Stoffwechselstörung 132
Stoma 408
Stomatitis 403
Stoßwellenlithotripsie 345
straffes Gelenk 147
Strahlenbelastung 181
Strahlenschutz 182
Strahlenschutzgesetz 182
Strahlenschutz-verordnung 182
Strahlentherapie 200
Strahlenwirkung 181
Strecker 148
Streptokokken 77
Stress 35
Stressbewältigung 37
Streukügelchen 215
Stroke unit 329
Strom 191
Stromfluss 189
Stromstärke 190
StrSchG 182
StrSchV 182
Struma 358
ST-Senkung 282
Stuhldrang 401
Stuhluntersuchung 413
Stützgewebe 126
Stützverband 211
subkutan 205
Subkutis 433
Sucht 471
Suizid 62
suizidal gefährdeter Mensch 62
Superinfektion 458
Suppositorium 215
Suspension 215
Sv 182
Sympathikus 328, 359
Symptom 22
symptomatisch 23
Synapse 130
Syndrom 22
Synergist 148
Synkope 243
Syphilis 382
systemisch 216
systemische Therapie 59
Systole 276
Szintigramm 357
Szintigraphie 180

T

Tablette 215, 218
Tachykardie 279
Tagesdosis 218
Talgdrüsen 434
Talgproduktion 434
Tannenbaumphänomen 161
Tapeverband 210
Teammeeting 32
TEE 173
Telefongespräch 33
Telematikinfrastruktur (TI) 34
Telophase 122
Tenderpoints 167
Tennisellenbogen 167
TENS 193
Tertiärprävention 466
Teststreifen 351
Tetanie 306
Tetanus 98
T-Gedächtniszellen 270
Thalassämie 257
T-Helferzellen 270
therapeutisch rehabilitative Berufe 17
Therapie 22, 23, 59
Thorax 151
Thrombophlebitis 289
Thrombose 142
Thrombozyten 253
Thrombozytenzahl 260
Thrombus 287
Thymus 271
Tiffeneau-Test 307
Tinktur 215
Tinnitus 36, 319
TI (Telematikinfrastruktur) 34
T-Killerzellen 270
T-Lymphozyten 253, 270
TM 142
Tod 135
Todesursachen 63
Todeszeichen 135
Tokolytika 221
Tonometrie 316
Tonsillen 272
Totenflecken 135
Totenstarre 135
Toxine 78
toxische Dosis 218
Toxoide 95
Toxoplasmose 80, 374
Trachea 397
Tracheoskopie 176
Tränenapparat 310
Tranquilizer 219
Transfer 65
transiente Flora 104
Transmitter 130
Transplantation 135
Transversalebene 143
Trapezmuskel 154
Trauma 54, 132
Traumatologie 157
TRBA 262
Tremor 331
TRH 357
Trichomonadeninfektion 383
Trichomoniasis 81
Triglyceride 390, 418
Tripper 382
Trisomie 21 136
trockene Wärme 188
Trokar 448
Tröpfcheninfektion 82
TSH 356, 357
T-Suppressorzellen 270
TTS 217
Tuba 365
Tuberkulose 95
Tumor 132, 140, 141, 345
Tumormarker 142
Typhus 87
T-Zellen 270

U

U1–U9 468
Übergangsepithel 125
Übergewicht 416
Überlaufinkontinenz 346
Übertragungswege 82
Ulcus cruris 458
Ulkus 140, 405
Ulnardeviation 164
Ultraschall 171
Ultraschalldiagnostik 171
Ultraschalltherapie 199
Ultraschalluntersuchung 377
Ultraviolettherapie 196
Umgang mit Patienten 59
Umklammerungsreflex 381
Unfallverhütungs-vorschriften 27
Unfruchtbarkeit 372
ungeborenes Kind 374
unkritische Medizin-produkte 102
unspezifische Abwehr 270
Unterberger Tretversuch 322
untere Extremität 154
untere Luftwege 298
Unterhaut 433
Untersuchung 23 f., 259, 306
Untersuchungsheft 469
Untersuchungsmaterial 85
Urämie 345, 346
Ureter 344
Urethra 344
Urethritis 345
Uringewinnung 350
Urinkultur 354
Urinsediment 352
Urinteststreifen 351
Urinuntersuchung 351
Uroflowmetrie 350
Urographie 179
Urolithiasis 345
Urtikaria 442
Uterus 364
Uterusmyome 368
UV 195
UV-Therapie 196

V

Vacutainer® 261
Vagina 364
Vaginitis 76, 368
VAH 105
Validierung 109, 110
Varizellen 98
Varizen 289
Vasopressin 356
vasovagale Synkope 288
vegane Ernährung 395
vegetarische Ernährung 395
vegetatives Nerven-system 328
Vektor-Impfung 89
Venen 284, 285
Venenerkrankungen 289

Venenklappen 285
Venenpunktion 264
Venenpunktionsbesteck 448
Venenthrombose 290
Venen-Verweilkatheter 448
Venolen 285
venöse Blutentnahme 261
ventrikuläre Extrasystole 282
verbale Kommunikation 30
Verband 459
Verbandbuch 267
Verbände 207
Verbandsarten 211
Verbandsmaterialien 207
Verbandswechsel 459
Verbrennungen 443
Verbrennungsgrade 443
Verbrennungskrankheit 444
Verdauung 396
Verfallsdatum 216
Verhaltensstörung 51, 56
Verhaltenstherapie 59
Verhütungsmittel 370
Verletzungen 60, 157, 236
Vernebler 308
Verrenkung 158
verschreibungspflichtige Arzneimittel 214
Versorgungszentren 19
Verstauchung 158
Verstopfung 390
Verweilkanüle 448
VES 282
Viren 79
Virulenz 436
Viruserkrankungen 79
Virusgrippe 87
Virushepatitiden 93
Virustatika 80
Virustherapie 80
Viskose 207
Vitalfunktionen 236
Vitamin-B12-Mangel 257
Vitamine 391
Vollnarkose 454
vollwertige Ernährung 394
Volumenmangelschock 238
vorderer Sägemuskel 154
Vorharn 343
Vorhautverengung 363
Vorhöfe 277
Vorsatzzeichen 475
Vulva 364
Vulvitis 76, 368
Vulvovaginitis 76, 368

W

Wachstumshormon 356
Wahrnehmung 309
Waist to Height Ratio (WHtR) 416
Waist to Hip Ratio (WHR) 416
Wärmetherapie 186
Wartezone 18
Warzen 438
Wasser 393
Wasserabgabe 393
Wasserbedarf 393
Wasserzufuhr 393
Wechselfieber 81
Wechseljahre 365
Wechselstrom 191, 282
Wechselwirkungen 212
Wehen 379
weibliche Geschlechtsorgane 364
weiblicher Zyklus 366
Weichteilrheumatismus 166
weiße Blutzellen 252
weißes Blutbild 260
Weitsichtigkeit 313
Wellenlängen 191
WHO 49
WHR 416
WHtR 416
Wiederbelebung 232
Windpocken 90, 98
Wirbel 150
Wirbelformen 151
Wirbelfraktur 160
Wirbelsäule 150, 159
Wischdesinfektion 108
Wochenbett 381
World Health Organization 49
Wundarten 457
Wundauflage 459
Wunde 456
Wundheilung 456
Wundinfektion 457
Wundklammer 461
Wundmanagement 456
Wundrose 437
Wundspreizer 452
Wundstarrkrampf 98
Wundversorgung 458
Wurmfortsatz 396
Würzstoffe 393

Y

Yersinia 87

Z

Zähne 396
Zahnfäule 404
Zange 450
Zäpfchen 215
Zapfengelenk 147
Zehennägel 434
Zellen 118
Zellkern 120
Zellmembran 119
Zellorganellen 119, 120
Zellplasma 119
Zellteilung 121
Zelltod 139
zelluläre Abwehr 270
zelluläre spezifische Abwehr 268
zelluläre unspezifische Abwehr 268
zentrales Nervensystem 325
Zentrosomen 120
Ziegenpeter 92
Zirbeldrüse 356
Zirkulationsstörungen 132, 142
ZNS 325
ZNS-Verletzungen 330
Zöliakie 406
Zuckerkrankheit 420
Zunge 323, 396
zwanghaft 58
Zwangsstörung 55
zweiköpfiger Oberarmmuskel 154
Zwerchfell 152
Zwillingswadenmuskel 157
Zwischenhirn 325
Zwölffingerdarm 399
Zyanose 238
Zygote 122
Zyklus 366
Zyklusstörung 366
Zylinderepithel 125
Zystitis 344
Zystoskopie 173, 348
Zytologie 133
Zytostatika 221
zytotoxische T-Zelle 270
zytotoxische T-Zellen 270

Bildquellenverzeichnis

Aesculap AG, Tuttlingen: S. 448/3; 449/1–9; 450/1–5; 451/1–11; 452/1–6; 453/2–6
Aktion Saubere Hände Institut für Hygiene und Umweltmedizin – Charité Universitätsmedizin, Berlin: S. 106/1
Alamy Ltd., Oxon, Großbritannien: S. 133/1 (Science History Images); 139/2 (Nucleus Medical Media Inc); 175 (Robert Przybysz); 301 (Chalermpon Poungpeth); 307/1 (age fotostock); 357/2 (BSIP SA); 431/3 (Science Photo Library); 442/2 (Massimo Lama)
B. Braun Melsungen AG, Melsungen: S. 114/2; 203/2; 448/1,2
BD Life Sciences – Preanalytical Systems, Heidelberg: S. 261/2
berliner fortbildungen, Berlin: S. 462/1–8
Bettina Herrmann Kommunikations-Design, Stuttgart: S. 15; 307/2; 335/1; 352
BGW Berufsgenossenschaft für Gesundheitsdienst und Wohlfahrtspflege, Hamburg: S. 25; 267/5
BODE Chemie GmbH, Hamburg: S. 106/2; 108/9
Deutsche Gesetzliche Unfallversicherung (DGUV), Berlin: S. 27/2
Deutsche Vereinigung Morbus Bechterew e.V., Schweinfurt: S. 166
Deutsche Zöliakie-Gesellschaft e.V. (DZG), Stuttgart: S. 406/10
DGE-Ernährungskreis®, Copyright: Deutsche Gesellschaft für Ernährung e.V., Bonn: S. 394/1
DIN Deutsches Institut für Normung e.V., Berlin: S. 200/1
Doc-Stock GmbH, Frankfurt am Main: S. 33 (BSIP)
dpa-Picture-Alliance GmbH, Frankfurt am Main: S. 17 (Infografik); 63/1 (Infografik); 63/2 (picture alliance/JOKER); 82 (Infografik); 89/2 (Infografik); 93 (Infografik); 97 (Infografik); 116/1 (picture-alliance/Klett GmbH); 118/2 (picture-alliance/Klett GmbH); 281/3 (imageBROKER/picture alliance); 347/2 (Infografik); 417 (Infografik); 472 (Infografik)
Europa Zentrum Baden-Württemberg, Stuttgart: S. 231/2
Gemeinsamer Bundesausschuss (G-BA), Berlin: S. 375/2,3; 469/1,2
Grafische Produktion Neumann, Rimpar: S. 18; 27/1; 29/1–3; 35; 41/1–6; 44/1–6; 60/2; 61; 65/1–7; 66/1–7; 74; 75/1,2; 76/1; 77/1,2; 78/1,2; 79/1,2; 80; 83/1–5; 95/1–3; 96/1–3; 108/1–8; 111/1,2; 118/1a-i; 119/1,2; 120/1–3,5; 121/2; 122/1–4; 123; 125; 126; 127/1,2; 128/1–3; 128/4; 129; 130; 131; 132/a-f; 134; 137/1; 139/1; 141/1; 143; 144/1,2; 145/1–3; 146; 147; 148/1–3; 149/1–3; 150/1–3; 151/1,2; 152/1,2; 153; 154/1,2; 155/1–3; 156/1,2; 159; 160; 161/3; 163/1; 165/2; 167/1,2; 168/1,2; 169/1–10; 170; 171; 172/1,2; 177/1; 180; 183/1–3; 189; 191; 192/1,2; 194; 204/1,3; 205/1–3; 206/1–3; 208/1a-c; 208/2,3; 209/1a-e,2a-d,3; 210/1a,b,2a-d,3a-e; 217; 231/1,3; 233/1,2; 235/1–8; 252/1; 252/2,3; 253; 255; 256; 258/2,3; 263/2; 264/1a-g,2a-g; 266/1–3; 269/1,2; 270; 271/1,2; 272/1; 273/1,2; 275/1,2; 276/1,2; 277/1a,b,2a,b; 279; 280/1,2; 281/1,2; 283/5; 284/1,2; 285/1,2; 286; 289/1,2; 291/1,2; 292/1,2; 295/2; 296; 297/1,2a-c,3,4a,b; 298/1,2; 299/1,2; 303/1,2; 304/1; 305; 308/1–3; 309/1,2; 310; 311; 312/3; 313/2a-f; 315/2; 317; 318; 320; 322/1–3; 323/1–3; 324; 325/1–3; 326; 327; 328/1,2; 329; 331/2,3; 333/1,2; 335/2; 340; 342/1,2; 343/1,2; 345; 346; 347/1; 348/2; 349/1–10; 350/2; 355/3; 356; 357/1; 359/1,2; 361/1–3; 364/1,2; 365; 366; 367/1; 372; 373; 374; 375/1; 377/2; 380; 381; 390; 396; 397/1–3; 398; 399/1,2; 400/1,2; 401/1,2; 402; 403; 405/2; 408/1; 415; 416/1,2; 420; 426/2a-e; 432; 433/1,2; 434; 435/1–10; 437/3,4; 443/2; 445; 455; 458/2
Hautklinik der Johannes-Gutenberg-Universität, Mainz: S. 273/3; 441/2
Helmut Schwarz GmbH, Isny: S. 201/2
Illustrationsbüro Müller-Wegner, Hamburg: S. 38/1–3
iStockphoto, Berlin: S. 12 (AndreyPopov); 13 (Ikonoklast_Fotografie); 40 (anatols); 55 (Wild Orchid); 60/1 (Squaredpixels); 137/2 (Peterfactors); 283/1,2 (ZU_09); 379 (metinkiyak); 410/2,3 (eranicle)
Kassenärztliche Vereinigung Baden-Württemberg, Stuttgart: S. 103 (Tabelle)
Keystone Pressedienst GmbH&Co KG, Hamburg: S. 50 (TopFoto)
Kramer, Angelika, Stuttgart: S. 354/2–13
Krausen, Scott, Mönchengladbach: S. 120/4
Kruse, Jörn, Lüchow (www.joern-kruse.de): S. 232/1–4
©Laborie Medical Technologies, Kanada – All rights reserved: S. 350/1
Loderbauer, Josef, Deggendorf: S. 392
mauritius images GmbH, Mittenwald: S. 90/1 (Phototake/Allan Harris); 186 (imageBROKER/bilwissedition); 251 (Science Source/Dee Breger); 307/3 (BSIP/Alice S.); 437/1 (BSIP SA/Alamy); 442/1 (Mediscan/Alamy); 443/3 (Joseph Gaul/Alamy)
Mayer, Dr. med. Christa M., Bietigheim: S. 201/1; 203/1; 377/1; 425/2,3
Medizinische Universität Wien – HNO Klinik (Uwe E. Berger MBA): S. 272/2a,b
Miele & Cie. KG, Gütersloh: S. 109
notfallkoffer.de Med. Geräte GmbH, Bad Iburg: S. 234/3
OKAPIA KG Michael Grzimek & Co., Frankfurt am Main: S. 162/1 (NAS/Biophoto Associate); 282 (Klaus Rose); 354/1 (Claude Cortier); 382/1 (Science Source); 383 (Dr.med.J.P.Müller); 410/1 (Vincent Zuber/CMSP); 439/6 (Neufried)
Olympus Deutschland GmbH, Hamburg: S. 414
P. HENKEL GmbH, Kreuztal: S. 114/1
Photographie Annette Clasen, Ellerbek: S. 267/2–4; 348/1
R-Biopharm AG, Darmstadt: S. 413
Robert Koch-Institut, Berlin: S. 99/1; 141/2
Roche Diabetes Care Deutschland GmbH, Mannheim: S. 424/2; 425/1
Roche Diagnostics Deutschland GmbH, Mannheim: S. 355/1,2
SARSTEDT AG & Co. KG, Nümbrecht: S. 261/1; 262/1,2; 263/1
Schmid, Rudolf, Hamburg: S. 395/1–3

Science Photo Library – Ein Unternehmensbereich der StockFood GmbH, München: S. 90/4 (Biophoto Associates); 163/2 (Marazzi, Dr. P.); 259 (Marazzi, Dr. P); 287 (Pr. M. FOREST); 290/1 (King-Holmes, James); 295/1 (PHANIE/BURGER); 304/2 (Biophoto Associates); 405/1 (CNRI); 409/1 (Dr. Marazzi, P.); 439/3 (Marazzi, Dr. P.); 441/3 (Dr. Marazzi, P.)
Servicebüro 5 am Tag e.V., Mannheim: S. 394/2
Shutterstock Images LLC, New York, USA: S. 11/1 (Robert Kneschke); 11/2 (nelen); 11/3 (Image Point Fr); 11/4 (Nok Lek); 11/5 (Tyler Olson); 23 (Stokkete); 34 (Y Photo Studio); 45 (Nataliya Hora); 46/1 (Production Perig); 46/2 (SpeedKingz); 47/2 (Ruslan Guzov); 48 (Sangoiri); 56 (Tinxi); 58/1 (Axel Bueckert); 58/2 (Andrey_Popov); 64 (Edler von Rabenstein); 67 (SpeedKingz); 68 (wavebreakmedia); 73/1 (Crevis); 73/2 (diy13); 73/3 (gpointstudio); 73/4 (Red Confidential); 76/2 (Narin Nonthamand); 84 (Kallayanee Naloka); 88/1 (rawf8); 88/2 (Alexander Raths); 88/3 (tilialucida); 89/1 (Stefanie Keller); 90/3 (PornpipatS); 90/5 (Siarhei Dzmitryienka); 99/2 (Alexander Raths); 116/2 (Choksawatdikorn); 116/3 (Komsan Loonprom); 116/4 (BigBlueStudio); 116/5 (metamorworks); 117/1 (Monkey Business Images); 117/2 (adriaticfoto); 117/3 (REDPIXEL.PL); 117/4 (wavebreakmedia); 117/5 (Bukhta Yurii); 121/1 (Kateryna Kon); 133/2 (Komsan Loonprom); 139/3 (Casa nayafana); 141/2a (Nedelcu Paul Petru); 142 (Amawasri Pakdara); 161/1 (Puwadol Jaturawutthichai); 161/2 (Patricia Chumillas); 165/1 (Blamb); 172/3 (Monet_3k); 177/2 (restyler); 178 (kaling2100); 179 (Xray Computer); 181 (Pavel L Photo and Video); 197 (mkrberlin); 198 (ChooChin); 200/2 (Mark_Kostich); 203/3 (Andrew Rafalsky); 204/2 (Ian Tragen); 207 (Lubos Chlubny); 222/1 (Armin Staudt); 222/2 (Elena Elisseeva); 223/1 (Roxana Gonzalez); 223/2 (Iryna Loginova); 224 (sirtravelalot); 228/1 (StudioByTheSea); 228/2 (EsHanPhot); 228/3 (Yurchanka Siarhei); 228/4 (Liya Graphics); 229/1 (Seasontime); 229/2 (StoryTime Studio); 229/3 (fredredhat); 229/4 (Romaset); 258/1 (SIRIKWAN DOKUTA); 267/1 (IvanRiver); 274/2 (Neeila); 283/3 (Alexey Kamenskiy); 283/4 (BioMedical); 290/2 (Keetapong Pongtipakorn); 304/3 (Tomatheart); 306 (Xray Computer); 308/4 (WH_Pics); 312/1 (Santipong Srikhamta); 312/2 (sakdam); 313/1 (ARZTSAMUI); 314 (S-F); 315/1 (S-F); 316/1 (Chaikom); 316/2 (eveleen); 321/1,2 (Nancy Hixson); 331/1 (Suttha Burawonk); 339 (Jangdragon); 341/1 (Nerthuz); 341/2 (Kateryna Kon); 341/3 (Life science); 341/4 (Sebastian Kaulitzki); 341/5 (kim7); 348/3 (Artemida-psy); 367/2 (Xray Computer); 369 (muratart); 370 (JPC-PROD); 387/1 (KucherAV); 387/2 (POLIGOONE); 387/3 (Romix Image); 387/4 (science photo); 387/5 (Image Point Fr); 406/1–7 (Elena Schweitzer); 406/8 (sima); 406/9 (Nattika); 408/2 (Vadym Zaitsev); 409/2,3 (vetpathologist); 409/4 (Jubal Harshaw); 411/1 (Pthawatc); 411/2 (Suzanne Tucker); 419 (joloei); 424/1 (Ondrej83); 425/4 (Dn Br); 431/1 (Geinz Angelina); 431/2 (unoL); 431/4 (Africa Studio); 431/5 (milaphotos); 437/2 (inxti); 439/1 (David Reilly); 439/2 (sruilk); 439/4 (Marcel Jancovic); 439/5 (AnastasiaKopa); 439/7 (khunkorn); 440/1 (loginovworkshop); 440/2 (Baworn47); 440/3 (Ocskay Bence); 442/3 (Levent Konuk); 442/4 (Levent Konuk); 443/1 (girl-thinkposition); 453/1 (Todor Rusinov); 457 (charnsitr); 458/1 (Myibean); 461 (thawatchai_bandit); 465/1 (Kzenon); 465/2 (zeljkodan); 465/3 (Photographee.eu); 465/4 (ALPA PROD)
Stericop GmbH & Co. KG, Wölfersheim: S. 112/1,2
STERIS Solutions Ltd, Leicester, UK: S. 112/3
stock.adobe.com: S. 32 (kamasigns); 47/1 (Syda Productions); 90/2 (airdone); 215 (Digitalpress); 219 (Robert Kneschke)
Stollmaier, Dr. Winfried, Ludwigsburg: S. 44/7; 274/1
Stryker, Duisburg: S. 234/1,2
Thinkstock, München: S. 441/1 (macroart)
United Nations Economic Commission for Europe, www.unece.com: S. 28/1–9
Universitätsklinikum Heidelberg (www.dermis.net): S. 382/2
VDGH – Verband der Diagnostica-Industrie e.V., Berlin (www.vorsorge-online.de): S. 426/1
Walle, Andreas, Hamburg: S. 173
yourphototoday, Ducke & Willmann GbR, Ottobrunn: S. 162/2 (Phanie)

ISBN 978-3-582-92361-5 Best.-Nr. 5820

Verlag Handwerk und Technik GmbH,
Lademannbogen 135, 22339 Hamburg; Postfach 63 05 00, 22331 Hamburg – 2022
E-Mail: info@handwerk-technik.de – Internet: www.handwerk-technik.de

Satz und Layout: PER MEDIEN & MARKETING GmbH, 38102 Braunschweig
Umschlagmotiv: Shutterstock Images LLC, New York, USA: Hauptmotiv (Lopolo); Bild 1 links (angellodeco); Bild 2 links (MDGRPHCS) iStockphoto, Dublin, Irland: Bild 3 links (kati1313)
Druck: Himmer GmbH Druckerei & Verlag, 86167 Augsburg

Praxisorganisation, Praxisverwaltung und Wirtschaftskunde

Der bundesweit gültige Rahmenlehrplan für den Ausbildungsberuf **Medizinische Fachangestellte / Medizinischer Fachangestellter ist in 12 Lernfelder untergliedert.**

Alle Inhalte zur Behandlungsassistenz und Patientenbetreuung werden im vorliegenden Lehrbuch behandelt.

Alle Inhalte zur **Praxisorganisation, Praxisverwaltung und Wirtschaftskunde** werden im Lehrbuch „Praxisorganisation, Praxisverwaltung und Wirtschaftskunde für Medizinische und Zahnmedizinische Fachangestellte" (Bestellnummer 5896) behandelt.

Themen des Lehrbuchs „Praxisorganisation, Praxisverwaltung und Wirtschaftskunde"

Lernfeld	Bezeichnung	Inhalt
1	Im Beruf und Gesundheitswesen orientieren	• Berufsorganisation • Berufsbildungsgesetz • Berufsausbildungsvertrag • Arbeitsschutz • Jugendarbeitsschutz, Mutterschutz • Haftung und strafrechtliche Verfolgung
2	Patienten empfangen und begleiten	• Gesprächsführung • Konfliktlösungsstrategien • Grundlagen des Vertragsrechts • Behandlungsvertrag • Versichertennachweis • Versichertengruppen, Kostenträger • Formulare (Arbeitsunfähigkeitsbescheinigung, Arzneiverordnung) • Einzel- und Mehrplatzsystem
3	Praxishygiene und Schutz vor Infektionskrankheiten organisieren	• Meldepflicht
6	Waren beschaffen und verwalten	• Bezugsquellenermittlung • Kaufvertrag • Schlechtleistung, Zuspätlieferung (mangelhafte Lieferung, Lieferungsverzug) • Sprechstundenbedarf
7	Praxisabläufe im Team organisieren	• Qualitätssicherung • Dienst-, Urlaubs-, Terminplanung • Erscheinungsbild der Praxis
11	Patienten bei der Prävention begleiten	• Früherkennungsuntersuchungen • Recall
12	Berufliche Perspektiven entwickeln	• Bewerbung • Arbeitsvertrag • Arbeitszeugnis • Tarifverträge • Arbeitsgerichtsbarkeit • Vermögensbildung • Einkommensteuertarif • Private Alterssicherung

Fremdsprachliche Fachbegriffe

advice	beraten
agree	zustimmen, sich einigen auf
AIDS, acquired immune deficiency syndrome	erworbenes Immunschwäche-Syndrom
arrange	vereinbaren
assess	erheben, festsetzen
assist	helfen, unterstützen
Bachelor	unterster akademischer Grad
BED, binge eating disorder	Fress- und Schlingattacken
blue bloater	„blauer Aufgedunsener", ein Patiententyp mit COPD
BMI, Body-Mass-Index	Körpermassenindex, Kennzahl aus Körpergewicht und Körpergröße
boost	verstärken
brightness	Helligkeit
Borderline	„Grenzlinie"; eine Art von Persönlichkeitsstörung
Burn-out	das Ausgebranntsein
Butterflykanüle	Flügelkanüle
Bypass	Umgehen einer Verengung
Cancer	Krebs
CCD, charge coupled device	lichtempfindliches elektronisches Bauteil (moderne Endoskope arbeiten mit diesem Sensor)
Charge (frz.)	in einem Herstellungsgang produzierte Ware
Check-up	Vorsorgeuntersuchung
clearance	Reinigung, Klärung
Compliance	Befolgung einer Therapie; Mitarbeit des Patienten
COPD, Chronic Obstructive Pulmonary Disease	chronisch obstruktive (verengte) Bronchitis und obstruktives Lungenemphysem
Coping	Bewältigung, Auseinandersetzung
disease	Krankheit
DMP, Disease Management Programme	strukturiertes Behandlungsprogramm für chronisch kranke Menschen (Diabetes Typ 1 und Typ 2, KHK, Asthma / COPD, Mammakarzinom)
DNA	Desoxyribonuklein-Acid (-Säure)
empty nest	leeres Nest (wenn die Kinder das Haus verlassen haben)
European Resuscitation Council	Europäischer Rat für Wiederbelebung
Feedback	Rückmeldung
fight or flight	kämpfen oder fliehen
Flash	Blitz
Flashback	blitzartig auftretende Erinnerung an Erlebtes
HDL, High Density Lipoproteins	Lipoproteine hoher Dichte
HELLP, **H**aemolysis, **E**levated **L**iver enzyme levels, **L**ow **P**latelet count	Hämolyse, erhöhte Leberwerte, erniedrigte Thrombozytenwerte (schwerwiegende Schwangerschaftskompliaktion)
HLA, Human Leukocyte Antigen	menschliches Leukozyten-Antigen
human	menschlich